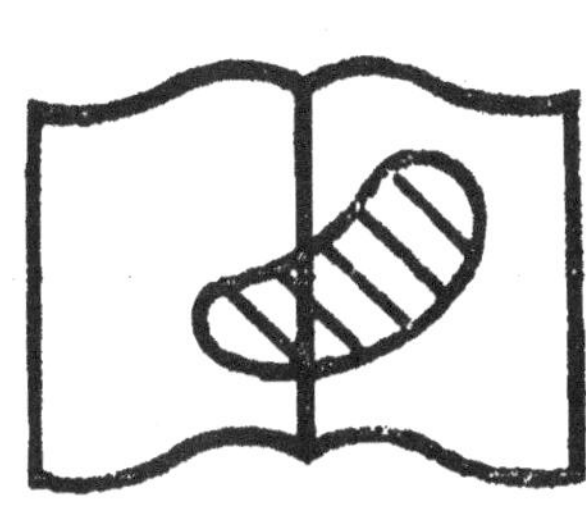

Illisibilité partielle

Couvertures supérieure et inférieure manquantes

COLLECTION

DES

INVENTAIRES-SOMMAIRES

DES

ARCHIVES DÉPARTEMENTALES ANTÉRIEURES A 1790,

PUBLIÉE PAR ORDRE

DE SON EXCELLENCE M. LE COMTE DE PERSIGNY, MINISTRE DE L'INTÉRIEUR.

PREMIÈRE PARTIE.

ARCHIVES CIVILES.

INVENTAIRE-SOMMAIRE

DES

ARCHIVES DÉPARTEMENTALES

ANTÉRIEURES A 1790,

RÉDIGÉ PAR M. CÉLESTIN PORT, ARCHIVISTE.

MAINE-ET-LOIRE.

ARCHIVES CIVILES. — SÉRIES A.-E.

TOME PREMIER.

PARIS,
AUGUSTE DURAND, LIBRAIRE-ÉDITEUR,
7, rue des Grès-Sorbonne, 7.

1863.

RAPPORT

A SA MAJESTÉ L'EMPEREUR.

SIRE,

J'ai l'honneur de présenter à Votre Majesté les deux premiers volumes de l'INVENTAIRE SOMMAIRE DES ARCHIVES DÉPARTEMENTALES ANTÉRIEURES A 1790.

Votre Majesté regrettait, dans la Préface d'une de ses œuvres, que l'idée émise un jour par Napoléon Ier n'eût pas été exécutée. Le fondateur de votre dynastie voulait que les savants créassent des catalogues, par ordre de matières, des sources authentiques où les auteurs écrivant sur une branche quelconque du savoir humain pourraient aller puiser leurs renseignements. « Aujourd'hui,

« ajoutiez-vous, Sire, l'homme désireux de s'instruire ressemble à un voyageur qui, pénétrant dans « un pays dont il n'a pas la carte topographique, est obligé de demander son chemin à tous ceux « qu'il rencontre. »

La publication dont j'ai l'honneur de soumettre la première partie à Votre Majesté est en voie de réaliser ce projet de l'Empereur.

Les Archives départementales, formées en 1790, dans les chefs-lieux des préfectures actuelles, par la réunion de tous les titres provenant des intendances, cours des comptes, bailliages, évêchés, monastères, châteaux, etc., constituent un vaste et magnifique ensemble de documents authentiques, comparable en richesse et de beaucoup supérieur en nombre à l'important dépôt des Archives centrales de l'Empire. — Si ce dernier dépôt renferme le Trésor des Chartes royales et les actes émanés des anciennes administrations établies au siége même du gouvernement, les Archives départementales comprennent, de leur côté, toutes les collections de nature analogue que possédaient nos provinces, c'est-à-dire la France entière à l'exception de Paris. Elles contiennent donc d'abord d'une manière spéciale et complète, ce qui se rapporte à l'histoire des provinces, des communes et des propriétés particulières, ainsi qu'aux intérêts des familles qui les ont habitées.

Elles offrent, en outre, un grand nombre de titres précieux pour l'histoire générale, et notamment les actes promulgués par les souverains dans le royaume pour notifier leur avénement, annoncer leurs plans de réforme, demander adhésion à leur politique, etc. Telles, par exemple, les lettres de Philippe le Bel réclamant l'appui de ses vassaux dans la lutte contre le Saint-Siége, organisant les élections générales des représentants du pays, prescrivant l'arrestation des Templiers et justifiant cette mesure ; telles aussi ces circulaires dans lesquelles Charles IX décline la responsabilité de la Saint-Barthélemy, etc.

A un autre point de vue, les Archives départementales fournissent encore à l'étude de l'histoire générale et de l'administration publique d'innombrables matériaux. Avant l'organisation uniforme de la France en départements, chacune de nos provinces avait conservé plus ou moins son autonomie ; et, à mesure qu'on remonte dans le passé, les individualités provinciales prennent un caractère plus indépendant de l'action du pouvoir central. — Ce ne sont plus alors des parties d'un empire, mais de véritables États souverains (Bourgogne, Provence, Lorraine, Bretagne, etc.), qui traitent parfois d'égal à égal avec le roi de France, possèdent une administration propre, une représentation en quelque sorte nationale, une cour princière protectrice des sciences et des arts et entretiennent des relations diplomatiques séparées, soit avec la France, soit avec l'étranger.

On comprend, dès lors, que les éléments de l'histoire générale et de l'administration publique de notre pays soient aussi divisés que le pays l'était lui-même, et que l'étude de nos provinces dans leurs rapports entre elles et avec Paris, puisse seule donner l'intelligence complète et la juste appréciation de l'ensemble des faits.

S'il était besoin de démontrer cette solidarité d'intérêt historique, il suffirait, Sire, de rappeler un exemple qui a déjà frappé l'attention de Votre Majesté. La précieuse correspondance de Charles le Téméraire, indiquant jour par jour la marche de ses armées et révélant ses projets (documents conservés aux archives de Dijon), n'intéresse-t-elle pas autant l'histoire du règne de Louis XI que celle de la Bourgogne elle-même? Et, pour descendre à une époque plus rapprochée de nous, comment se rendre compte de l'importance de la Ligue, sans en avoir étudié les nombreuses ramifications provinciales, dont les archives de nos départements nous livrent aujourd'hui le secret?

Enfin, si nous abordons l'histoire des sciences et des arts, de l'agriculture, du commerce, de l'industrie, de toutes les branches, en un mot, des connaissances humaines ou de l'administration, l'étude particulière des documents que recèlent nos provinces ne sera pas moins féconde. N'est-ce pas dans les archives de leur patrie ou des villes qu'ils ont habitées que l'on rencontre, sur nos grands hommes, le plus de renseignements? Peut-on faire l'histoire du droit, de la médecine, de la littérature, de la sculpture, de la peinture, etc., sans consulter les titres que nous ont conservés Valence et Toulouse sur Cujas, Montpellier sur Rabelais, Rouen sur Corneille, Marseille sur Puget, Nancy sur Callot, etc.; et, pour des questions que l'on pourrait croire toutes modernes, qui se douterait, par exemple, si les archives des Bouches-du-Rhône n'en fournissaient la preuve, que déjà au XVe siècle la France et le Piémont projetaient de concert le percement des Alpes?

En résumé, Sire, les Archives départementales contiennent l'histoire de nos provinces dans ses moindres détails, des éléments de tous genres pour l'histoire générale du pays et une quantité innombrable d'actes relatifs aux familles et aux propriétés particulières.

Il était donc désirable que ces riches dépôts, inexplorés et trop méconnus jusqu'à ce jour, fussent mis en valeur au profit des intérêts qui s'y rattachent.

La loi du 10 mai 1838, en classant parmi les dépenses ordinaires des départements les frais de garde et de conservation de leurs archives, avait permis d'en effectuer la mise en ordre et de réaliser successivement plusieurs améliorations. Mais il était réservé à l'initiative de Votre Majesté d'imprimer à cette partie de l'administration une impulsion décisive.

Le décret impérial du 22 juillet 1853, que j'avais préparé d'après vos ordres, donna aux Archives départementales une organisation plus large et plus régulière.

Habilement secondé par les chefs de service de mon ministère, et notamment par le personnel du Bureau des Archives, je confiai à l'expérience d'Inspecteurs généraux sortis de notre savante École des Chartes, le soin de visiter les archives des départements, des communes et des hôpitaux, afin d'en surveiller la conservation et le classement, de diriger le personnel, d'après une méthode uniforme, et de relier entre eux les efforts jusque-là isolés des archivistes dans le but de les faire concourir à l'exécution de l'Inventaire que je voulais créer.

Les travaux antérieurs n'avaient eu pour résultat que la publication d'un Tableau général donnant, pour chaque dépôt d'Archives départementales, le titre et l'état numérique des fonds qu'il comprenait; cela ne pouvait pas suffire. Il importait surtout de faire connaître le contenu même de ces fonds, de révéler les ressources qu'ils offrent pour tous les genres de recherches.

Dans ce but, Sire, je prescrivis, en 1853, une méthode d'*inventaire sommaire* qui donne l'analyse de chacun des articles (cartons, liasses ou volumes) dont les archives sont composées. En même temps que ce travail assure la conservation des documents exposés jusques alors à de si regrettables dilapidations, en constatant publiquement leur nombre et leur état matériel, il en indique la date et le contenu par des citations de natures diverses, dont la réunion formera, pour ainsi dire, une table générale des matières.

L'établissement de cet inventaire sommaire donna presque immédiatement d'importants résultats, et, dans un rapport adressé à Votre Majesté le 20 juin 1854, je pouvais déjà lui annoncer que cette opération, en pleine exécution dans toutes les préfectures, avait amené la découverte d'un grand nombre de titres précieux. Les archivistes départementaux, formés pour la plupart à l'enseignement de l'École des Chartes, ont secondé les vues de l'Administration centrale avec zèle et dévouement, et, grâce à leurs efforts, que je regarde comme un devoir de récompenser en faisant améliorer de plus en plus la position de ces fonctionnaires, les inventaires des archives civiles étaient, l'année dernière, après huit ans d'un travail assidu, généralement terminés. Il restait, pour mettre en lumière toute leur valeur, à en entreprendre la publication; dès ma rentrée au ministère de l'intérieur je me suis occupé d'en préparer les voies et moyens.

J'ai fait appel aux départements, plus intéressés que personne à publier le catalogue des richesses historiques qu'ils possèdent et des documents d'intérêt particulier dont la loi les autorise à délivrer des expéditions rétribuées. L'empressement à peu près unanime avec lequel les Conseils Généraux ont adopté ma proposition et voté les frais d'impression nécessaires, montre que les avantages d'une œuvre aussi importante ont été appréciés.

Dès à présent, cette publication s'exécute simultanément dans toute la France, d'après un même modèle, dans un même format, et tirée à un nombre d'exemplaires suffisant pour assurer l'échange entre les préfectures et faire une large part à la publicité ; elle constituera dans chaque département un centre de recherches d'autant plus faciles que, par les soins de mon ministère, il sera dressé une table générale, résumé et complément de l'œuvre.

Les deux volumes que j'ai l'honneur de placer sous les yeux de Votre Majesté concernent 54 préfectures, renferment 1083 pages de texte et présentent l'analyse de 12,000 volumes manuscrits, 5,670 plans, 10,978 liasses contenant un total de 732,946 pièces, dont la plus ancienne remonte au commencement du VIIe siècle.

J'ose espérer que Votre Majesté trouvera ce travail digne de sa haute approbation, surtout si elle daigne considérer que la première feuille n'a été mise sous presse qu'au mois de janvier dernier. Elle peut ainsi prévoir la marche rapide que cette publication est destinée à suivre, et l'importance des résultats qui s'ajouteront chaque jour à ceux que j'ai l'honneur de lui signaler.

A l'exemple des départements, et dans le même format, plusieurs administrations communales et hospitalières ont commencé à faire imprimer l'inventaire de leurs collections, et cette seconde opération, exécutée conjointement avec la première, permet, dès à présent, d'entrevoir le moment où l'ensemble de ces travaux, encouragés par votre auguste patronage, constituera un véritable monument national.

Je suis, avec un profond respect,

Sire,

De Votre Majesté

Le très-humble serviteur et fidèle sujet,

Le Ministre de l'intérieur,

F. de Persigny.

Approuvé :

NAPOLÉON.

Par décret impérial, rendu sur la proposition du ministre de l'intérieur, ont été promus ou nommés dans l'Ordre impérial de la Légion d'honneur :

Au grade d'officier. — M. Eugène de Stadler, inspecteur général des Archives départementales : services exceptionnels dans l'organisation de l'Inventaire.

Au grade de chevalier. — M. Aimé Champollion-Figeac, chef du bureau des Archives départementales, auteur d'ouvrages sur l'histoire de France.

ARCHIVES CIVILES DE MAINE-ET-LOIRE.

Les Archives du département de Maine-et-Loire occupent dans la Préfecture l'immense salle capitulaire de l'abbaye Saint-Aubin. Les collections historiques, longtemps délaissées par indifférence aux greniers et dans les tonneaux où les avait entassées la fortune des guerres vendéennes, remplissent à elles seules aujourd'hui les deux tiers, ou peu s'en faut, de ce vaste local; mais le dépôt s'est surtout formé de chartriers religieux, où la valeur du nombre s'accroît encore de l'intérêt intrinsèque des pièces et de leur antiquité. Sur ce point, au moins, les Archives angevines ont peu d'égales et compensent amplement ce que peuvent présenter d'incomplet quelques-unes des collections de provenance exclusivement laïque, qu'analyse la première partie de cet inventaire.

La série A n'a aucune importance. A l'exception d'un très-mince article qui a trait à la famille royale et qui n'offre pas d'autre intérêt, c'est un assemblage factice d'imprimés épars, dont les exemplaires sont communs ou ne méritent guère de l'être. La réunion de la province à la couronne de France et la constitution du duché en apanage ont amené successivement aux Archives générales de l'Empire la meilleure part de l'héritage historique auquel devaient prétendre les Archives nouvelles de l'ancien Anjou.

Il n'existait pas, l'an passé, de série B. L'Anjou n'avait pas de Parlement, et la Chambre des Comptes d'Angers, dont l'emplacement même est encore ignoré, supprimée avec l'autonomie de la province, n'a conservé de ses précieuses collections que quelques registres réunis à la section domaniale des Archives impériales. Les juridictions secondaires, de création plus récente, n'avaient rien laissé; mais d'heureuses découvertes et des réintégrations intelligentes ont formé et accru successivement la série judiciaire, au point d'en constituer, sinon la plus intéressante, au moins une des plus considérables du dépôt. L'administration des Domaines, celle des Eaux et Forêts ont fait remise de plans et de registres concernant la régie des forêts de Baugé et de Beaufort. Le greffe seul de la Cour impériale d'Angers a, par deux fois différentes, versé plus de 1,500 liasses, parmi lesquelles se sont trouvés douze magnifiques registres in folio contenant les insinuations du Présidial. Un autre envoi comprenait les procès-verbaux de l'élection des bailliages en 1789, les cahiers des paroisses, les productions de titres par les députés du Clergé et de la Noblesse aux États Généraux, les arrêts de taxation des députés du Tiers, et, pour rester absolument dans le cercle étroit de l'histoire locale, des comptes vérifiés de l'Hôtel-de-Ville d'Angers, et de nombreux dossiers concernant des entreprises de défrichement, qui tendaient alors à s'organiser partout, la création d'hôpitaux, la suppression de bénéfices religieux, à tel point multipliés, qu'ils ne donnaient plus à vivre, la réglementation enfin des corporations industrielles, d'autant plus âpres au gain et jalouses qu'elles se sentaient plus vivement menacées par l'esprit nouveau qui allait tout animer. Un groupe particulier, qui se rattache d'assez près au précédent, s'est formé récemment du dépôt consenti par le Tribunal de commerce de la meilleure part de ses archives historiques. On n'y trouvera pas les registres de délibérations que son greffe a gardés; mais la série des comptes bisannuels de ses gardes, qu'il a cédés avec les pièces justificatives, en offrent un commentaire non interrompu, et comprennent tout le détail que des décisions rapidement minutées ne donnent pas. Les titres de propriété des divers immeubles de la Compagnie, ses relations avec les agents de l'administration et du fisc, ses contestations d'intérêt ou de vanité avec les divers corps constitués, et de curieux dossiers de procédures contre les ducs de Laval et de La Trémouille ou entre les communautés des marchands, des notaires, des épiciers, des quincaillers, des enjoliveurs fourniraient à l'histoire industrielle de l'Anjou d'abondants renseignements qui n'ont pas encore été consultés.

La série C, en ce qui regarde l'Anjou, est, à vrai dire, le véritable fonds de l'histoire civile et administrative. Ses deux cents articles occupent peu de place dans le dépôt immense, mais chacun a son intérêt et doit compter, pour qui sait étudier d'un peu près la marche et tous les rouages vivants de l'organisation provinciale. Malheureusement, le mouvement venait du dehors, et Angers, capitale de l'apanage, n'était que le chef-lieu d'une subdélégation de la Généralité de Tours, dont l'Intendance a dû garder dans ses archives, malgré d'importantes réintégrations, nombre de documents, ou particuliers, ou collectifs, précieux aux trois provinces qu'elle embrassait. Le dossier, presque entier, qui concerne les ardoisières, en provient tout récemment et a pu bien à propos fournir les matériaux les plus utiles au travail historique, couronné cette année même au nom du Conseil Général de Maine-et-Loire. Dans le fonds qui nous est acquis de plus ancienne date, la correspondance des ingénieurs, les rapports, les devis, les enquêtes suffisent à renseigner sur le régime général des rivières et en particulier de la basse Loire et de l'Authion, sur la police des bacs, des chaussées, la réglementation des moulins, l'organisation des ateliers de charité, la régie des communau[illegible] création des foires et des marchés, l'administration des revenus des fabriques, la construction de[illegible]uses et des presbytères, sur tant de travaux d'urgence permanente, qui semblent n'avoir pas de passé administratif et dont il pourrait être utile de recueillir les traditions. Le contrôle régulier de la gestion financière des villes d'Angers, de Baugé, de Beaufort, de Saumur, de Cholet, de Doué, de Montreuil-Bellay a fait conserver de curieux mémoires sur l'origine des diverses charges locales, la création de la voirie publique, l'établissement surtout des octrois, ressource improvisée pour des nécessités de passage, et qui devait successivement se prêter et fournir à tous les besoins de la transformation prochaine, à la construction partout réclamée de halles, de colléges, de théâtres, de casernes. C'est à Saumur, au refus d'Angers, si empressé d'abord, puis, l'occasion passée, si contrit de ses résistances, que s'installe le régiment des carabiniers de Monsieur; et les archives de ce corps d'élite, bien qu'incomplètes, comme on doit s'y attendre, présentent une suite de documents d'un caractère distinct, et qui n'est pas commune dans les collections départementales.

Mais la partie vive surtout de la série C, et qui demanderait une étude sérieuse, suivie, c'est le recueil des délibérations, des enquêtes, des projets, la correspondance tout entière de la

Commission intermédiaire qui, pendant deux courtes années, en plein courant déjà des aspirations nouvelles, eut à diriger les derniers mouvements d'un régime épuisé et à organiser, par l'installation des premières municipalités, l'activité d'une société qui se sentait enfin renaître. C'est là, c'est dans ces enquêtes sincères, qu'il faut retrouver, avec toute sa réalité vraie, l'Anjou de 1789, sans industrie, sans commerce, sans routes ni chemins, ni marchés, les rivières fermées ou encombrées de péages, l'agriculture en désarroi par la désertion des campagnes ou l'envahissement de la main-morte et des priviléges, et sur toute la lisière de la libre Bretagne, des deux côtés de la Loire, l'odieuse gabelle, avec ses compagnies franches de faux saulniers, ou, qui pis est, au dire unanime, de gabelous épars nuit et jour sur les champs et dans les chaumières, milice toute prête pour les exploits prochains de la chouannerie.

Le cartulaire de l'Université d'Angers nous reporte, avec la série D, au XIIIe siècle et ne remonte pas pourtant aux origines de cette antique fondation, une des premières et longtemps des plus célèbres de France. Les documents les plus anciens avaient péri déjà il y a deux siècles, quand l'abbé Rangeard et Pocquet de Livonnière épuisaient cette histoire aux sources mêmes. Ce qui en a subsisté, ensemble très-incomplet et relativement moderne, comprend la suite non interrompue des conclusions de l'Assemblée générale pendant près d'un siècle, celles de la Nation de Bretagne depuis 1642, de la Faculté de médecine depuis 1715, des listes de docteurs, les inscriptions des étudiants, nombre de registres de comptes et de réglements intérieurs, qui permettent d'étudier, dans les détails souvent les plus minutieux, la gestion financière et l'administration, les relations journalières des régents et suppôts des Nations et des Facultés. Quelques dossiers sur les écoles affiliées et sur les colléges communaux démontrent assez qu'à côté de ces grands corps, voués exclusivement au maintien solennel des belles-lettres, il restait beaucoup à faire pour inaugurer seulement un régime modeste d'instruction populaire, qui pût suffire aux premiers besoins.

La série E est de beaucoup la plus considérable des archives civiles de Maine-et-Loire, et le classement en a d'autant plus souffert des nombreux bouleversements qu'a dû subir le dépôt, quand, pièce à pièce et souvent sans direction, il fallait reconstituer les fonds violemment confondus.

Le premier groupe, qui comprend à lui seul près de 1500 articles, plus de 70,000 pièces offre un ensemble de chartriers féodaux de caractère presque identique et dont l'inventaire a eu peine à varier l'uniformité; mais il n'est pas d'année où, dans ces recueils de déclarations, d'arpentages, de dénombrements prescrits par la pratique régulière des fiefs et les lois coutumières, quelque particulier ou quelque commune ne retrouve un titre perdu à des droits d'usage ou de propriété. Tout, d'ailleurs, dans ces dossiers, n'est pas non plus matière de greffe ou de procédure, et les plus déshérités en apparence gardent aussi leurs surprises aux curieux d'aventures historiques et de singularités, comme cet aveu informe d'un fief de Brissac, qu'un poète amoureux du XVIe siècle a surchargé de ses vers transis, ou ces trois chartes grossièrement imitées par les officiers de la baronnie de Châteauneuf, qui trahissent assez les pratiques naïves des faussaires et l'ignorance paléographique des contemporains de Mabillon. L'Aubrière, La Bertière, Blou, Châteauneuf, Chavannes, Chement, Doué, où régna l'intendant Foulon, Durtal, domaine des Scépeaux et des Vieilleville, Fontaine-Millon, La Basse-Guerche, Montreuil-Bellay, que possédèrent les d'Harcourt, les La Trémouille, les Longueville, Montrevault, Murs, Noizé, Le Planty, Le Plessis-au-Jau, La Roche-Bousseau, La Rocheferrière, Saint-Jean-des-Mauvrets, Sainte-Gemmes-d'Andigné, Trèves-sur-Loire, qui rappelle les noms du chancelier Lemaczon, du maréchal de Maillé-Brezé et de Condé, tiennent la plus large place où d'autres seigneuries, qui les égalaient en renom et en noblesse, Brissac par exemple et Jarzé et Le Plessis-Bourré et Serrant, sont à peine représentées ou tout-à-fait absentes. C'est au cabinet Grille qu'il faut recourir pour combler le vide.

Une occasion unique et bien à propos venue a doté les Archives départementales de Maine-et-Loire d'un fonds inappréciable sur les familles angevines. Né à Angers le 28 mars 1766, mort le 27 septembre 1850, Toussaint Grille, pendant une si longue vie, fut un collectionneur infatigable. Chassé, sans grand regret, par la révolution du couvent des Génovéfains de Ham, un moment proscrit sous la terreur, puis nommé, dès la création des Écoles centrales, professeur de belles-lettres à celle d'Angers, il avait bientôt trouvé dans la direction de la bibliothèque de sa ville natale des fonctions conformes à ses goûts et qui ne le distrayaient pas trop de ses préoccupations les plus constantes. Son cabinet, refuge ouvert pendant la tourmente à tous les débris d'un passé proscrit, s'était enrichi d'amples acquisitions faites à l'heure propice et n'avait garde de rien laisser échapper de ce que pouvait atteindre une modeste fortune au service d'une science rare et d'une vigilante activité. Les collections de l'abbé Rangeard, du feudiste Audouys, de l'abbé Brossier et de Thorode, secrétaires ou archivistes du chapitre de Saint-Maurice, de Gastineau, Desbié, Renault, agents préposés au triage des titres, de Merlet La Boulaye, de Papin, par fragments ou en masse, par acquêt ou par héritages, accumulées à ce centre commun et, pièce à pièce, triées, classées, notées dans de nombreux cartons systématiquement coordonnés, avaient bientôt formé un de ces ensembles de matériaux tout préparés pour l'érudition locale que peu de provinces ont eu la chance de réunir ou de conserver. Quand vint le jour de la dispersion pour ces richesses si enviées, la bibliothèque de la ville et le département, bornés dans leurs ressources mais unis dans leurs vœux, purent au moins, grâce au désintéressement des héritiers, se faire la part large et belle, et c'est après partage amiable et d'entente commune que les Archives de Maine-et-Loire sont entrées en possession, pour à peine un millier de francs, d'un corps de documents originaux dont l'ensemble dépasse à lui seul l'ensemble entier de bon nombre d'Archives départementales. Une partie de ces titres, timbrés au préalable d'un cachet spécial, garant de l'origine et de la propriété nouvelle, ont retrouvé leur place primitive dans les fonds où leurs rentrées comblaient des vides ; l'immense majorité a conservé sa classification sous des noms de famille, auxquels se sont réunis, sans se confondre, quelques dossiers de même nature et presque toujours d'origine commune que possédaient déjà nos archives. Dans ces six cents cartons où près de quatre mille familles sont représentées, il y a de l'imprévu pour toutes les curiosités. Je cite au hasard des noms qui appartiennent moins encore à l'Anjou qu'à la France, d'Alençon, Amelot de Chaillou, d'Andigné, d'Armaillé, d'Aubigné, Avril de Pignerolles, Baïf, Bardet Des Glèreaux, Barrault, Barrin de La Galissonnière, de Beauvau, Bonin, Bourneau, Bourré, Boylesve, de Brezé, de Broc, de Champagné, de Chambes, de Châteaubriant, de Charnières, de Chérité, Cirot, de Collas, Collasseau, Constantin, de Contades, Corbières, de Cossé-Brissac, de Craon, de Crespy, de Cumont, de Cuissard, Cupif, Daillon, Davy, Desmazières, de Dieusie, Du Bellay, Duboys, Du Guesclin, Duplessis de La Rochepichemer, d'Elliat, Eslys, d'Espinay, d'Estouteville, Éveillon, de Falloux, de Fontenay, de Fontenelle, Fournier, de Gibot, de Goddes, Gohin, Gouffier de Roannès, Grimaudet, d'Harcourt, Hector, d'Houllières, de Jarzé, de Juigné, de La Fayette, de Lancreau, de Lantivy, de La Rouveraye, Lasnier, de La Tour-Landry, de La Trémouille, de Laval, Léaumont de Puygaillard, Lechat, Lefebvre, Lemaczon, Lepore de Vézins, Lesrat, de Lestoile, Letourneux, de Liscoët, de Longueville, Louet, de Madaillan, de Maillé, de Maridor, de Mayenne, de Meaulne, de Melun, de Montberon, de Montecler, de Montjean, de Montmorency, d'Ogeron, Pasqueraye, de Pierres, Poyet, de Quatrebarbes, de Raphaëlis, de La Réveillère, de Ricouard, Roger de Campagnolle, de Rohan, de Rougé, de Saint-Aignan, de Saint-Offange, de Sainte-Marthe, de Scépeaux, de Schomberg, de Sorhoette, de Stapleton, de Terves, de Tessé, Thévalle, Tinténiac, Turpin-Crissé, de Valori, de Villoutreys, Voltaige, Walsh, les illustrations de tout genre, poëtes, ambassadeurs, soldats, la guerre et la robe, la roture et la noblesse de cour, et tout à côté de petites gens, dont plus d'un a fait souche d'aïeux ; immense répertoire où se rencontrent à l'improviste des correspondances intimes de jeunes femmes, de soldats, de commerçants, des comptes secrets, des vers sans nom, des brevets d'apprentissage et des brevets de maréchaux, des thèses, des diplômes, des notes et de ces plaidoiries étranges d'avocats du XVIe siècle, dont l'érudition fait sourire, des inventaires de meubles, d'imprimeries, de carrières, de forges, de livres, des documents sur le protestantisme et des mémoires sur la *fierte* de Saint-Romain, qui en plein XVIIIe siècle servait à un Angevin pour racheter un meurtre juridiquement flétri; et à chaque pas, comme on peut le croire, les autographes des ministres et des rois. Un seul dossier, celui d'un obscur magistrat, Foullon, de Saumur, contient, outre des pièces signées de Goullier, de Lamoignon, de Lemaistre, des lettres de l'évêque Henri Arnauld, du prince de Condé, de Serrant, du maréchal de Brézé et de sa maîtresse, la jeune ouvrière de la rue Saint-Laud d'Angers, qui tint son rang à la cour de Milly et dont Tallemand a raconté l'historiette; un autre, celui des Cossé-Brissac, quoique le château conserve la plus grande et la meilleure part sans doute, offre un nombre des pièces de François Ier, de Henri II, de Charles IX, de Henri III, de Henri IV, de Louis XIII, de Louis XV, du duc de Mayenne, et du roi de Piémont Emmanuel-Philibert. Il y a partout, sinon égale richesse, quelque chose au moins qui peut payer la peine, et dans les plus humbles ou les plus pauvres de ces dossiers, des ressources où recourent souvent d'autres intérêts que ceux de la vanité.

Ces deux grands fonds de la féodalité territoriale et des titres de familles composent, ou peu s'en faut, la série E tout entière. Quelques liasses provenant d'anciennes études de notaires, un groupe formé de doubles réservés dans le classement récent des chartriers municipaux par l'archiviste départemental, quelques dossiers incomplets sur les corporations ouvrières, ont été réunis là par occasion et représentent, au moins pour mémoire, une classe de documents que le hasard des temps a détruits ou a négligé de concentrer.

Tel qu'il est, cet ensemble des archives civiles du département de Maine-et-Loire peut prétendre à une belle place dans la publication ordonnée par M. de Persigny et qui doit rester l'honneur de son ministère.

CÉLESTIN PORT,

Archiviste du département de Maine-et-Loire.

Angers, le 1er juin 1863.

Département de Maine-et-Loire.

INVENTAIRE-SOMMAIRE

DES

ARCHIVES DÉPARTEMENTALES ANTÉRIEURES A 1790.

SÉRIE A.

(Actes du pouvoir souverain. — Domaine public. — Apanages. — Famille royale.)

A. 1. (Carton.) — 12 pièces, papier (10 imprimées).

1570-1659. — Édits, déclarations, lettres patentes, arrêts du Conseil d'État des rois Charles IX, Henri IV, Louis XIII et Louis XIV, portant création d'un office de conseiller-clerc en chaque présidial, — suppression des greffiers des paroisses, — injonction à toutes personnes qui veulent changer leur domicile d'en faire déclaration aux maires, consuls et autres officiers des lieux où ils voudront aller demeurer, — sur le fait des duels, — défense de porter « points coupez et dentelles tant en collets et manchettes qu'en tout autre linge, » — sur le réglement des monnaies, — défense de recevoir les faux « douzains de fer et cuivre vulgairement appelés douzains de La Rochelle, » — sur les formalités des mariages, — contre les officiers qui sont atteints et convaincus par contumace de crime de lèse-majesté, — réglement pour les attributions des officiers des Présidiaux et des maréchaussées.

A. 2. (Carton.) — 31 pièces, papier (30 imprimées).

1659-1698. — Édits, déclarations, lettres patentes, arrêts du Conseil d'État du roi Louis XIV, concernant les droits seigneuriaux, les fiefs, les censives, les rentes foncières de l'Église, — portant défense à tout huissier ou archer de saisir les lits et les instruments de travail, — suppression des offices de secrétaires du roi, — réglement pour le salaire des greffiers, — contre les artisans qui exposent des marchandises défectueuses, — concernant les portions congrues des curés, — réglement pour les tailles, — création d'un conseiller-chevalier d'honneur dans tous les Présidiaux, — interdiction des enrôlements forcés, — contre les détenteurs des îles et îlots, — suppression du privilége pour la vente « du café, thé, sorbec, cacao, vanille, » — concernant les dots des religieuses.

A. 3. (Carton.) — 103 pièces, papier (97 imprimées).

1698-1715. — Édits, déclarations, lettres patentes, arrêts du Conseil d'État du roi Louis XIV, portant réglement pour la propriété des sources et fontaines, — création d'offices de jaugeurs de futailles, — pour les formalités des mariages, — contre le luxe des étoffes et des ameublements, — concernant les facultés de droit, — portant défenses de composer ni débiter aucun libelle concernant la doctrine de Jansénius, — pour la visite des greniers et la vente des grains, — enjoignant le doublement des droits de bacs, pontonages et passages d'eau, — concernant la police et la discipline ecclésiastique, — qui supprime les offices de maire et autres officiers de ville, — qui règle les droits honorifiques des seigneurs de paroisse dans leur église, — pour la marque des toiles peintes.

A. 4. (Carton.) — 93 pièces, papier (91 imprimées).

1716-1773. — Édits, déclarations, lettres patentes, arrêts du Conseil d'État du roi Louis XV, au sujet des faillites et banqueroutes, — portant création d'une chambre de justice, — concernant les bénéfices possédés par des religieux de plusieurs communautés, — la préséance des officiers de la Prévôté sur ceux de l'Élection, — pour la tenue d'assemblées générales de commerce dans les principales villes du royaume, — portant création d'une noblesse militaire, — défenses d'encombrer les rivières, — réglement pour les colléges qui ne dépendent pas des Universités, — pour l'administration des villes et principaux bourgs du royaume, — pour la procédure, — pour le jugement des contumaces.

A 5. (Carton.) — 30 pièces, papier, imprimées.

1774-1790. — Édits, déclarations, lettres patentes, arrêts du Conseil d'État du roi Louis XVI, portant création de six corps de marchands et de quarante-quatre communautés d'arts et métiers, — règlement pour le pacage des moutons et brebis, des boucs et chèvres, — qui fixe les privilèges des Suisses, — sur le roulage, — concernant les privilèges et exemptions des soldats invalides, la composition des Assemblées provinciales, — sanctionnant les décrets de l'Assemblée nationale pour la libre circulation des grains.

FAMILLE ROYALE.

A. 6. (Carton.) — Un cahier de 8 feuillets, papier. — 2 pièces, papier, dont une imprimée, 1 parchemin.

Fin du XVe siècle. — 1717. — Deux tableaux généalogiques des rois de France, de Philippe-Auguste à Louis XI (au dos : *Figura contra Anglos pro regno Francie*). — Mémoire sur le paiement des dettes de la couronne, présenté à S. A. R. le duc d'Orléans, régent de France, par le sieur de Nozar, le 13 septembre 1716 (*on a coupé la signature de l'auteur*). — Édit du roi Louis XV, révoquant l'édit de juillet 1714 et la déclaration du 23 mai 1715 qui attribuaient les qualités de princes du sang au duc du Maine et au comte de Toulouse (1717).

Département de Maine-et-Loire.

INVENTAIRE-SOMMAIRE

DES

ARCHIVES DÉPARTEMENTALES ANTÉRIEURES A 1790.

SÉRIE C.

(Administration provinciale. — Intendances. — Subdélégations. — Élections. — Bureaux des Finances. — États provinciaux. — Principautés. — Régences.)

INTENDANCE DE LA GÉNÉRALITÉ DE TOURS.

C. 1. (Carton.) — 11 pièces, parchemin (6 pièces portant la signature autographe de Louis XV.)

1688-1730. — Lettres de rémission accordées par les rois Louis XIV et Louis XV, en faveur de Claude Baricourt, Mathurin Blot, Jean Buslot, Jean Butourde, de la Roussière, René Chevalier, Antoine Fauveau, J.-B. Gouin, Louis Grolleau, Pascal Jarry, Gilles Leroy *dit* Lapierre, Julien Poisson, tous Angevins.

C. 2. (Carton.) — 23 pièces, papier (15 pièces portant la signature de Louis XV, 6 celle de Louis XVI).

1760-1779. — Lettres de grâce accordées par les rois Louis XV et Louis XVI à Jean Delorme, René Puzol, Mic. Bitault, Mic. Paumier, L. Ratti, J. Mallin, Jos. Neveu, Et. Lourdeau, Mic. Coquet, Jos. Lorié, Jacq. Bouclier, J. Gautier, Fr. Vivier, Ph. Richard, J. Guainot, P. Lebouc, Jos. Denis, P. Blin, pour crime de désertion (contresignées par Choiseul duc de Praslin, Monteynard, de Vergennes, de Montbarey).

C. 3. (Carton.) — 12 pièces, papier.

1776-1790. — Invalides pensionnés. — Ordonnance d'admission des sieurs Chauvin et Crosnier dans la compagnie de Tours, à la résidence de Saumur et d'Angers : — Actes de décès de L. Barré, Et. Lambert, Gab. Virieux, Fr. Jouanne, J. Tranchant, P. Chauvin, J.-B. Duchatel.

C. 4. (Carton.) — 1 pièce, papier (imprimée).

23 juillet 1783. — Arrêt du Conseil d'État portant règlement général pour la navigation de la Loire et des rivières y affluentes.

C. 5. (Carton.) — 20 cahiers in-folio, papier (ensemble 283 feuillets.)

1750-1751. — Turcies et levées. — États de situation des travaux de la basse Loire sur les ateliers ouverts par les entrepreneurs Étienne Desvignes, d'Orléans à Saint-Dié; — Simon Aurioust, de Saint-Dié à Blois; — Ch. Gendrier, de Blois au chemin Frichu; — Claude Mansant, du chemin Frichu à Amboise; — Gabrielle Desmasery, d'Amboise à Tours, etc.

C. 6. (Carton.) — 18 cahiers in-folio, papier (ensemble 193 feuillets.)

1752-1754. — Turcies et levées. — États de situation des travaux de la basse Loire sur les ateliers ouverts par les entrepreneurs Ét. Desvignes, Paul Aurioust, Ch. Gendrier, Cl. Mansant, Gab. Desmasery, d'Orléans à Tours, — André Hullin, de Tours à Planchoury. — Jean Hallouin, de Planchoury à Souzé, — Jacques Maupassant, de Souzé aux Rosiers, etc.

C. 7. (Carton.) — 20 cahiers in-folio, papier (ensemble 204 feuillets.)

1764-1766. — Turcies et levées. — États de situation des travaux de la basse Loire sur des ateliers ouverts par les entrepreneurs Ét. Desvignes, Simon Aurioust, Ch. Gendrier, P. Barais, Gab. Desmasery, Mich. Hullin, J. Hallouin, Jacq. Maupassant, d'Orléans aux Rosiers; — Joseph Drapeau, des Rosiers à la Grande-Maison; — Jos. Lointier, de la Grande-Maison à Sorges; — Mich. Drapeau, pour les îles de Brehemont, Fauchaud, Rupanne, etc.

C. 8. (Carton.) — 13 cahiers in-folio, papier (ensemble 211 feuillets.)

1769-1770. — Turcies et levées. — États de situation des travaux de la basse Loire sur les ateliers ouverts par les entrepreneurs Ch. Gendrier, Simon Aurioust, P. Barais, Gab. Desmasery, Michel Hullin, J. Hallouin, J. J. Maupassant, d'Orléans aux Rosiers; — Claude Mansant, aux îles de Brehemont, Feuchaud, Rupanne; — Fr. Rouet, dans le canton de l'île de Bertenay, côté du Cher, levée de Villandry, Montlouis, etc.

C. 9. (Carton.) — 16 cahiers in-folio, papier (ensemble 230 feuillets.)

1771-1775. — Turcies et levées. — États de situation des travaux de la basse Loire sur les ateliers ouverts par les entrepreneurs Simon Aurioust, Pierre Barais, Gab. Desmasery, L. Hubert, J. Hallouin, J. J. Maupassant, d'Orléans aux Rosiers; — Fr. Drapeau, des Rosiers au pont de Sorges, et sur le chemin de Beaufort, depuis la Loire jusqu'au pont de bois de l'Authion.

C. 10. (Carton.) — 23 cahiers in-folio, papier (ensemble 222 feuillets.)

1776-1780. — Turcies et levées. — États de situation des travaux de la basse Loire sur les ateliers ouverts par Ch. Gendrier, Gab. Desmasery, J. Ripault, P. Barais, Fr. Rouet, Cl. Mansant, etc., d'Orléans aux Rosiers et à Sorges; — Fr. Filledier, pour l'entretien des abords de l'île de Bertenay, du côté de la Loire, les voies marinières de Celles et Saint-Aignan en Berry, et la rivière de Vienne; — Cl. Mansant, pour le balisage de la Loire et des affluents depuis Escures jusqu'en Bretagne.

C. 11. (Carton.) — 14 cahiers in-folio, papier (ensemble 261 feuillets.)

1781-1784. — Turcies et levées. — États de situation des travaux de la basse Loire sur les ateliers ouverts par les entrepreneurs Ch. Gendrier, P. Barais, Fr. Filledier, Simon Aurioust, Gab. Desmasery, J. J. Maupassant, etc., d'Orléans aux Rosiers; — Léonard Perrault, pour la protection du faubourg des Violettes à Amboise; — Cl. Mansant, pour le barrage du Cher près Brehemont; — Joseph Moreau, pour la levée de Montjean.

C. 12. (Registre.) — In-folio, papier, de 273 feuillets.

1785. — Turcies et levées. — États de situation des travaux de la basse Loire sur les ateliers ouverts par les entrepreneurs P. Barais, Gab. Desmasery, Louis Hubert, Fr. Cordier, J. J. Maupassant, Fr. Drapeau, depuis le chemin Frichu jusqu'aux Rosiers et au pont de Sorges; — Fr. Derouet, dans le canton de l'île de Bertenay, côté du Cher, les levées de Villandry et de Montlouis; — J. Ripault, pour la construction de parapets, depuis le chemin Frichu jusqu'à la Bohalle, etc.

C. 13. (Registre.) — In-folio, papier, de 175 feuillets.

1786. — Turcies et levées. — États de situation des travaux de la basse Loire sur les ateliers ouverts par les entrepreneurs Léonard Pérault, P. Barais, Fr. Cardier, Fr. Drapeau, etc., du chemin Frichu au pont de Sorges; — J. J. Maupassant, pour la réparation de la brèche et l'exhaussement de la levée du Chardonnet; — L. Hubert, pour le clayonnage des rives au-dessous de Langeais; — J.-B. Cailleau, pour les remblais, jetées, empierrement du quai de Saumur, de Notre-Dame-des-Ardilliers au port Saint-Nicolas, etc.

C. 14. (Registre.) — In-folio, papier, de 135 feuillets.

1787. — Turcies et levées. — États de situation des travaux de la basse Loire sur les ateliers ouverts par les entrepreneurs L. Pérault, P. Barais, L. Hubert, Fr. Cordier, etc., du chemin Frichu au pont de Sorges; — Joseph Moreau, pour la construction de la levée de Montjean; — S. Perrault, pour l'exhaussement de la levée de Montlouis, de la chapelle Saint-Brice jusqu'à Tours; — Fr. Filledier, pour la pose de 80 bornes milliaires de Blois à Sorges, etc.

C. 15. (Registre.) — In-folio, papier, de 203 feuillets.

1788. — Turcies et levées. — États de situation des travaux de la basse Loire sur les ateliers ouverts par les entrepreneurs L. Perrault, Louis Hubert, J. J. Maupassant, etc., du chemin Frichu au pont de Sorges; — P. Barais, pour la construction d'une digue en amont du pont neuf de Tours pour diriger les basses eaux du côté des ports; — Constantin Lair, pour le balisage de la Loire et des affluents jusqu'en Bretagne; — J. J. Maupassant, pour empierrement au pont de bois de l'Authion, à la levée de Beaufort et aux pavillons de Sorges, etc.

C. 16. (Registre.) — In-folio, papier, de 198 feuillets.

1789. — Turcies et levées. — États de situation des travaux de la basse Loire sur les ateliers ouverts par les différents entrepreneurs, du chemin Frichu au pont de Sorges; — J. J. Maupassant, pour la restauration des vannes dudit pont et l'entretien des chaussées depuis les Rosiers jusqu'à la Pyramide; — J.-B. Cailleau, pour la construction du quai de Saumur, etc.

C. 17. (Registre.) — In-folio, papier, de 148 feuillets, couvert en parchemin, un dessin.

1770-1783. — Livre-copie de la correspondance de M. de Marie, ingénieur de la province de Dombes, nommé en 1783 ingénieur en chef des turcies et levées de la basse Loire (concerne jusqu'au fol. 127 uniquement les affaires de la province de Dombes, et à partir du fol. 128 le service de la Loire et les questions qui s'y rattachent, telles que le droit prétendu de faire pacager sur les talus des banquettes (fol. 131), la construction de la levée de Montjean (fol. 140).

C. 18. (Registre.) — In-folio, papier, de 151 feuillets, couvert en parchemin.

1783-1791. — Livre-copie de la correspondance de M. de Marie, pour le service de la basse Loire. — Prise d'eau à Amboise pour la machine hydraulique de la manufacture d'acier. — Construction des quais de Saumur. — Port de Montjean. — Plantations des levées. — Crues de 1789 et 1790. — Rapports de tournée, etc.

C. 19. (Carton.) — 71 pièces, papier.

1768-1789. — Correspondance et rapports des ingénieurs concernant le bac du gué Daujeau, près Mazé-sur-l'Authion, — les moulins et pêcheries de Dangé, de Ruzécieux et de Briolay sur la Sarthe, — de Varennes sur la Mayenne, — de Durtal et de Chaufour près Huillé sur le Loir, — de la Barillerie sur l'Oudon, dépendant de la Trinité d'Angers, — la levée de Saint-Maurille et les moulins du Louet aux Ponts-de-Cé. — Requête des riverains du Loir, entre La Flèche et Mathefelon, pour faire attribuer au subdélégué « le pouvoir et l'autorité de faire ouvrir, selon sa volonté et le vœu public, toutes les écluses des moulins » notamment dans l'élection de Baugé. (Ont signé : le baron de La Barbée, de Grimaudet, de Gaultier, Hubert des Essarts, Leleu de La Blottière, etc.).

C. 20. (Carton.) — 2 parch., 20 pièces, papier.

1783-1785. — Reconstruction des ponts de Thouarcé sur le Layon. — Devis des travaux. — Actes d'assemblée des paroisses. — Correspondance entre M. de La Millière et l'intendant de Tours au sujet de l'exemption des corvées demandée par les habitants.

C. 21. (Carton.) — 100 pièces, papier.

1784-1787. — Ateliers de charité, dans le ressort administratif d'Angers. — Inspecteur, M. Dupuis. — Correspondance relative aux demandes de fonds pour ouverture de travaux : M. de Caqueray, pour le chemin d'Angers à Saint-Barthélemy; — M. de Pegeon, pour le chemin de Saint-Silvain à la route de Nantes et de la route d'Angers au moulin de Montreuil-Belfroy; — M. de Varennes, pour l'embranchement de la route d'Angers à Sablé sur le port Halbert; — MM. d'Andigné, de la Lorie, de Walsh-Serrant et de Dieusie, pour la route d'Angers à Rennes; — M. de Narcé, pour trois ponceaux sur l'Authion; — M. de Ruillé, pour le chemin de Cheffes au port de Chevigné; — M. Legoux du Plessis, pour le chemin de Chemillé à la Poitevinière.

C. 22. (Carton.) — 97 pièces, papier.

1784-1787. — Ateliers de charité dans le ressort administratif d'Angers. — Correspondance relative aux demandes de fonds pour ouverture de travaux : les religieux de l'abbaye de Pontron, pour le chemin de la Cornouaille au Louroux; — MM. de la Perraudière et de Foucault, pour le chemin de Durtal par Beauvau; — M. de La Villoutreix, pour le chemin de Saint-Florent à Beaupréau; — M. de Bourmont, pour le chemin de Freigné à Candé; — M. de Cossé, pour secours à la paroisse de Gonnord; — M. de Serrant, pour le chemin d'Ingrandes à la Rotière; — M. de Rillé, pour la montagne de Rablay.

C. 23. (Carton.) — 127 pièces, papier.

1783-1787. — Ateliers de charité dans le ressort administratif de Saumur. — Inspecteur, M. Bastier. — Correspondance relative aux demandes de fonds pour ouverture de travaux : M. de Broc, pour le chemin de Vernoil-le-Fourier à Noyant; — M. Desmé, pour le chemin du Pont-Fouchard à Saint-Florent; — M. d'Harcourt, pour celui de Jumelles à Brion; — M. Maillé de La Tour Landry, pour celui de Vernantes à Mouliherne; — M. Pasdeloup, pour celui de Saumur à Vaucains; — M. Guéniveau de La Raye, pour celui de Montreuil-Bellay à Vihiers; — M. de Sourches, pour la chaussée de Montsoreau; — M. de Ternay, pour le chemin de Bué à Loudun; — M. Bitault de Vaillé, pour la route de Vaillé à Taucogné.

C. 24. (Carton). — Un plan, deux dessins, 110 pièces, papier.

1750-1789. — Réparation et construction d'églises et de presbytères. — Suppliques des paroisses, enquêtes et rapports des architectes. — Minutes de lettres des intendants. — Élection d'Angers : églises de Notre-Dame-d'Alençon, Briolay, Chanzeaux, Juigné, Thouarcé; — presbytères de Saint-Pierre-d'Angers, la Bohalle, Bouillé-Ménard, Brissac, Candé, Saint-Mathurin, la Membrolle; — cimetières d'Érigné et de Montjean.

C. 25. (Carton.) — Deux plans, 159 pièces, papier.

1784-1789. — Réparation et construction d'églises et de presbytères. — Élection de Baugé : Églises de Chavaigne, Cheviré-le-Rouge, Échemiré, Gennelay, Lasse; — presbytères de Longué, Marcé, Moulinerne, Pontigné; — prieurés de Breil et de Saint-Martin-d'Arcé.

C. 26. (Carton.) — 3 plans, 13 pièces, papier.

1763-1780. — Réparation et construction d'églises et de presbytères. — Élection de Châteaugontier : église de Chemiré sur Sarthe. — Élection de La Flèche : église de Saint-Germain de Daumeray. — Élection de Saumur : église de Saint-Vétérin de Gennes, Saint-Rémi la Varenne, Rou, Nantilly de Saumur, les Tuffeaux.

C. 27. (Carton.) — 67 pièces, papier.

1757-1784. — Réparation ou construction d'horloges publiques à Baugé, Doué, le Lude, Saint-Pierre de Saumur.

C. 28 (Carton.) — 2 parchemins, 103 pièces, papier, dont 12 imprimées.

1740-1775. — Mémoires statistiques, adressés aux ministres, *sur les ardoisières des environs d'Angers.* — Règlement pour la propriété, l'ouverture et l'exploitation des ardoisières. — Arrêt du Conseil d'État concernant la police *des ouvriers.* — Contestations entre les entrepreneurs des ardoisières de Bouillou et de St-Léonard et les religieux de St-Serge et de St-Aubin d'Angers, à l'occasion du droit de *forestage*; — entre les sieurs Foucher, Charton, Salmon, veuve Heurteloup d'une part, et les sieurs Verrier, Roger et Richard, pour la liquidation de la société du Cordon-Bleu; — entre les sieurs Lambrun et ses associés, pour l'exploitation de l'ardoisière de Masclet; — entre les sieurs Sartre père et fils et leurs associés, au sujet de l'abandon de l'ardoisière de Pigeon et de l'acquisition des Persillères. — Enquêtes administratives et correspondance à l'appui. — Lettres des ministres Orry et Trudaine, de MM. Ducluzel, intendant, de La Guerche et de La Marsaulaye, subdélégués.

C. 29. (Carton.) — 5 pièces, papier.

1763-1764. — *Lettres du ministre Trudaine et de l'intendant de Tours, au sujet de l'autorisation demandée pour l'exploitation de mines d'argent dans la paroisse de Beuxes, par MM. René et Louis Lévèque, négociants de Saumur, dans la paroisse de Fougeré, par M. Maillé de La Tour Landry.*

C. 30. (Carton.) — 29 pièces, papier.

1785-1789. — Demandes en autorisation de plaider présentées par les paroisses de Brezé, Candé, Cantenay, La Chapelle Saint-Florent, Chemiré sur Sarthe, Distré, Échemiré, Martigné, Saint-Florent-le-Vieil, Saint-Silvain, Varrains, Villevêque, au soutien de leurs droits d'usage et de propriété dans les communaux, — par la paroisse de Fougeré, pour le curage du ruisseau de Moulinos. — Enquêtes et correspondance à l'appui. — Minutes de lettres de l'intendant. — Lettres de M. de La Marsaulaye, subdélégué, et Blondé de Bagneux.

C. 31. (Carton.) — 92 pièces, papier, dont une imprimée.

1759-1788. — Procédures soutenues, pour la propriété des communaux, par les habitants d'Écouflant, contre M. Ménage et l'abbesse du Perray; — par les habitants de Soulaire, contre le marquis de Varennes. — Lettres de MM. de Vergonnes, de Ruillé, des Bretesches, de La Marsaulaye, Ménage, Blondel, Halligon. — Minutes de lettres de l'intendant.

C. 32. (Carton.) — 38 pièces, papier (14 imprimées); 3 parchemins.

1570-1787. — *État de la consistance et du revenu du comté de Beaufort.* — Lettres patentes du roi Charles IX, arrêts du Conseil d'État et du Parlement, sentence des *eaux et forêts portant règlement pour le droit d'usage*, de première et seconde herbe dans les communaux. — Arrêts et mémoires pour les usagers contre le sieur de Turbilly, Faribault, Lorry, et les Bénédictins de Saint-Florent. — Sentence rendue en la sénéchaussée de Beaufort, contre le sieur Tessié du Mottay, pour envahissement de partie des communaux dépendant du Domaine. — Autorisation donnée sur requêtes par l'intendant aux habitants des paroisses de Sorges et de la Daguenière, d'ouvrir une instance au *soutien de leurs droits d'usage* et de propriété contestés par les paroisses circonvoisines.

C. 33. (Carton.) — 11 pièces, papier, dont 3 imprimées et un cahier in-folio, papier, de 20 feuillets.

1770-1789. — Curement de la rivière d'Authion. — Projet proposé par le comte d'Essuile. — Requête adressée à M. Daine, intendant, au nom des seize paroisses du comté de Beaufort. (Ont signé : Rangeard, curé d'Andard, Thuau, de Fontenay, de Narcé, de Castelnau, etc.) — Mémoire « dans lequel on établit les avantages des travaux projetés... et les moyens de les faire sans lever aucune contribution en argent », par M. de Narcé. — Autre mémoire couronné par l'Académie des sciences et belles-lettres d'Angers, pour le prix fondé par Monsieur, duc d'Anjou, « sur les moyens les plus simples et les moins dispendieux d'empêcher les débordements de l'Authion, et même de rendre cette rivière navigable », par M. Moret, ingénieur géographe. — Observations sur quelques points du mémoire de M. Moret, par M. Tessié du Mottay, dont l'insertion a été interdite dans les *Affiches d'Anjou*. — Minutes de lettres de l'intendant.

C. 34. (Carton.) — 39 pièces, papier.

1784-1789. — Enquêtes et correspondance relatives à l'établissement de foires et de marchés demandé par les paroisses de Chalonnes-sur-Loire, Champigné-sur-Sarthe et Linières-Bouton. — Lettres de MM. de Bonnaire de Forges, de La Marsaulaye, Tolozan, Monsallier, Lecamus, Devin de Gallande, Boissimon. — Minutes de lettres de l'intendant.

C. 35. (Carton.) — 46 pièces, papier.

1767-1789. — Mémoires à l'appui de requêtes présentées en autorisation de plaider par les paroisses de Chantocé, Coutures, Durtal, Distré, Montreuil-Bellay, Pellouailles, le Puy-Notre-Dame, la Séguinière, Saint-Samson, Saint-Georges-des-Sept-Voies, Saint-Jean-des-Mauvrais et Vihiers, pour abus dans l'assiette des tailles et des impositions; — par les paroisses d'Échemiré, de la Blouère, de Saint-Crespin-en-Mauges, contre les prétentions des décimateurs; — par les paroisses de la Daguenière et de Faye, pour désordres dans l'administration de la fabrique; — par la paroisse de Saint-Pierre de Cholet, contre le titulaire de la chapelle d'Aubigny; — par la paroisse de Souzay, contre le titulaire de la chapelle de Saint-Nicolas, pour irrégularité de service; — par les paroissiens de Saint-Gilles de Chemillé, contre la réunion projetée des cures de Saint-Gilles et de Saint-Léonard à la cure de Notre-Dame.

C. 36. (Carton.) — 6 pièces, papier.

1748-1789. — Nomination du sieur Jean Bertaudeau au titre de garde-étalon pour le canton de Saint-Germain, près Montfaucon. — Certificats de frais de routes et dépenses pour la monte. — Ordonnance de M. de La Guerche, subdélégué, au profit de René Jubin, garde-étalon, pour le canton de Châteauneuf-sur-Sarthe.

C. 37. (Carton.) — 2 pièces, papier.

1784. — Subdélégation d'Angers. — Lettre de M. de La Marsaulaye, subdélégué, contenant avis motivé sur l'opposition mise par partie des maîtres revendeurs, tapissiers et miroitiers d'Angers, au procès intenté par la communauté contre la veuve Jacques Lapierre. — Ordonnance conforme de l'intendant, qui déboute les opposants. (Minute.)

C. 38. (Carton.) — 44 pièces, papier.

1695-1789. — Subdélégation et ville d'Angers. — Mémoires et correspondance relatifs à la fixation des charges ordinaires et extraordinaires de la ville. — États des deniers patrimoniaux et des revenus. — États des dettes contractées pour l'acquisition des offices municipaux. — Extraits du compte des octrois et de la taxe spéciale des lanternes. — Observations sur les frais excessifs de régie. — Exposé historique de M. le contrôleur général en réponse aux questions sur la situation financière. — Renseignements complémentaires. — Lettres de MM. Romain, Gourreau de Lespinay, de La Véroulière, maires; de La Marsaulaye, de La Guerche, subdélégués.

C. 39. (Carton.) — 75 pièces, papier, dont 3 cahiers in-folio (ensemble 128 feuillets).

1751-1789. — Subdélégation et ville d'Angers. — Correspondance, mémoire et rôles d'imposition pour l'éclairage de la ville d'Angers. — Établissement des lanternes. — Offres du sieur Saugrin, entrepreneur de l'éclairage de la ville de Paris. — Délibération du Conseil de ville. — Enquêtes. — Lettres de M. Pays Du Vau, maire; Raimbault de la Douve, Planchenault, Bocage, Boulay. — Plaintes contre le sieur Desnoes, adjudicataire. — Refus de cotisation par les habitants de la rue des Carmes. — Demandes en réduction par les abbayes de Saint-Serge et du Ronceray.

C. 40 (Carton.) — 11 pièces, papier.

1780-1788. — Subdélégation et ville d'Angers. — Lettres de MM. Delessart et Daine, intendant, au sujet de l'arrêté de police qui interdit la sortie des suifs. — Arrêt du Conseil d'État qui le confirme et en commet l'exécution aux employés des Fermes. — Enquête relative à l'établissement de deux romaines pour le pesage des foins. — Lettres de MM. Delessart et de La Marsaulaye.

C. 41. (Carton.) — 17 pièces, papier.

1784-1785. — Subdélégation et ville d'Angers. — Correspondance de l'intendant de Tours avec M. de Miromesnil, ministre, et de La Marsaulaye, subdélégué, au sujet de la demande adressée par l'Université d'Angers pour le renouvellement de ses privilèges. — Mémoires et suppliques à l'appui de ladite requête (signée par MM. Guillier de La Touche, Martineau, Garnier de La Roussière, Louet, Prévost de La Chauvelière, Cl. Robin, Ganault, Brevet, Mame, Bodi). — Observations du conseil de ville. — Lettres de M. Touzé du Bocage et Martineau. — Minutes de l'intendant.

C. 42. (Carton.) — 3 pièces, papier.

1770-1771. — Subdélégation et ville d'Angers. — Mémoires et suppliques du Conseil de ville et des notables, afin d'obtenir l'autorisation d'acquérir une maison pour l'agrandissement du collège et le maintien du pensionnat. (Ont signé : MM. Rousseau des Ruaux, maire; Benoist, Jallet, Mauvif de la Plante, Ayrault, Gaudin-Duplessis, Burolleau, Louet, Boylesve de La Maurousière, Boumard, Chevalier, Hardye, Laboureau, Bourgery, Goupil, Arnoul, Thorode, Brouard, etc.).

C. 43. (Carton.) — 9 cahiers, papier (ensemble 94 feuillets); 80 pièces, pap. dont un plan.

1760-1788. — Subdélégation et ville d'Angers. — Académie d'équitation. — Réclamation du sieur de Pignerolle contre la ville pour l'entretien des bâtiments. — Projet d'y installer la caserne de cavalerie. — Lettres de MM. Villedeuil, Claveau, de Pignerolle, de La Marsaulaye.

C. 44. (Carton.) — 16 pièces, papier.

1778-1788. — Subdélégation et ville d'Angers. — Casernement des troupes. — Fourniture de lits militaires. — Requête du Conseil de ville, afin d'être autorisé à établir la garnison dans les cloîtres et maisons des Minimes et des Augustins, « qui ont de vastes cours, des jardins étendus, » de grands cloîtres, des réfectoires, des chapitres et des » dortoirs immenses, inutiles à quatre ou cinq moines ». — Lettres de MM. de Montbarey, de Ségur, d'Estresses. — Projet de construction d'un corps de casernes.

C. 45. (Carton.) — 48 pièces, papier, dont 14 imprimées.

1735-1779. — Subdélégation et ville d'Angers. — Troupes provinciales. — Relevés statistiques des listes du tirage au sort, pour les paroisses de l'élection d'Angers. — Listes nominatives des exempts pour la ville d'Angers. — Règlement et affiches pour le tirage. — Milice bourgeoise. — Requêtes des officiers de la milice d'Angers, afin d'être exemptés des logements militaires. — Adresse au ministre d'Argenson, pour maintenir le pas à la milice sur les cavaliers de la maréchaussée. (Ont signé : MM. Béguyer du Marais, Burolleau de La Touche, Varocquier, de Châteaubriant, Létourneau, Hardye, Riche, Claveau, Coustard, Péan du Chesnay, Ferdinand de Lachèse, Fortin, Lepage, Miette, Terrasson). — Ordre pour les patrouilles. — Enquête au sujet d'arrestations et de détentions arbitraires imputées à la milice par les commissaires de police.

C. 46. (Carton.) — 112 pièces, papier.

1750-1789. — Subdélégation et ville d'Angers. — Hôpital militaire. — Taxe de la journée des soldats malades. — Observations du Conseil de ville relatives à l'insuffisance de l'allocation. — Requête du sieur Jean Ollivier afin d'obtenir la commission de contrôleur. — Réclamations du sieur Guillaume Ollivier, chirurgien, afin d'être payé de ses appointements, nonobstant l'opposition des chirurgiens de la ville. — Contestation entre la Faculté de médecine d'Angers et les administrateurs de l'hôpital, au sujet de la nomination des médecins et de la visite des malades. — Admission, par ordre supérieur, de Noël Jeannot, soldat invalide. — Observations des administrateurs. — Lettres de M. de Ségur, de La Millière, de Brienne, Guérin, etc. — Minutes de lettres de l'intendant.

C. 47. (Carton.) — 1 parch., 5 plans, 73 pièces, papier.

1756-1785. — Subdélégation et ville d'Angers. — Travaux des portes et boulevards. — Requêtes des propriétaires lésés par l'éboulement de la porte Saint-Aubin. — Suppression du cavalier au-devant de la porte Lyonnaise. — Démolition et reconstruction de la porte Toussaint. — Projets et devis. — Destruction du boulevard de la porte Cupif au port Ayrault.

C. 48. (Carton.) — 69 pièces, papier, une pièce parchemin.

1752-1789. — Subdélégation et ville d'Angers. — Voirie urbaine. — Pavage de la rue Sainte-Catherine. — Suppliques de Mme de Gouffier-Bonnivet et du supérieur des Frères de la Doctrine chrétienne. — Lettres de MM. Blondel, Dupuis, de La Millière. — Place et chemin des Lices. — Devis. — Requêtes de l'entrepreneur. — Levée Besnardière. — Traverse de la ville jusqu'à Brionneau.

C. 49. (Carton.) — 150 pièces, papier.

1739-1789. — Subdélégation et ville d'Angers. — Construction, pavage, entretien des routes et chemins dans la banlieue d'Angers. — Route de Paris à Nantes. — Chemin des Minimes et de Pierre-Lise. — Pont aux Filles. — Faubourg Saint-Michel. — La Barre. — Devis de travaux. — Adjudications. — Mandats de paiements. — Suppliques du Conseil de la ville. — Lettres des ingénieurs Dupuis, Montrocher, de Voglie, des adjudicataires Simier, Gandrée, etc. — Minutes de lettres de l'intendant.

C. 50. (Carton.) — 103 pièces, papier.

1759-1788. — Subdélégation et ville d'Angers. — Construction, pavage, entretien des routes et chemins de la banlieue d'Angers. — Routes des Ponts-de-Cé, de Sorges et d'Avrillé. — Devis de travaux. — Adjudications. — Requêtes des ouvriers Bouchet, Gaultier, etc. — Lettres des ingénieurs de Voglie, Bayeux, de Montrocher, Dupuis, de MM. Romain et de La Véroulière, maires, de La Marsaulaye, subdélégué. — Minutes de lettres de l'intendant.

C. 51. (Carton.) — 4 pièces, papier.

1759-1782. — Subdélégation d'Angers. — Ville de Beaufort. — État des revenus patrimoniaux et d'octroi. — Réponse aux questions de M. le contrôleur général sur la situation financière. — État de situation.

C. 52. (Carton.) — 2 parchemins, 47 pièces, papier, un plan ; débris de sceaux.

1776-1785. — Subdélégation d'Angers. — Ville de Pouancé. — Érection de la paroisse de la Magdeleine. — Actes d'assemblée, requêtes et mémoire à l'appui de la demande des habitants. — Consultation motivée de Me Piales, avocat au Parlement de Paris. — Décret de l'évêque d'Angers, qui érige en cure la chapelle de la Madeleine. — Protestation de partie des paroissiens de Saint-Aubin. — Arrêt pour l'égail des frais de l'instance.

C. 53. (Carton.) — 1 parch., 92 pièces, pap., dont un plan.

1742-1782. — Subdélégation et ville de Baugé. — Requêtes des habitants pour le rétablissement et l'entretien du pavage. — Devis des travaux. — État des dépenses. — Adjudications. — Lettres de MM. de La Blancherie, Lemaignan, Lasnier de Latour, etc. — Acte de cession par le duc d'Estissac de l'étang de Baugé, à la charge par la ville de le dessécher pour y établir une promenade. — Remboursement de rentes dues aux habitants expropriés pour le logement des troupes. — Compte de l'octroi. — Relevé des recettes et des charges communales.

C. 54. (Carton.) — 94 pièces, papier, dont une imprimée.

1744-1789. — Subdélégation et ville de Montreuil-Bellay. — Rétablissement du pavage. — Toisé des parties à la charge de la ville. — Entretien du chemin de la place du marché à la rivière, et des fontaines. — Devis des travaux. — Actes d'assemblée des paroissiens de Saint-Martin de Lenay, Méron, Antoigné, Saint-Hilaire de Rillé, Saint-Hilaire-le-Doyen, Saint-Just, portant offres ou refus de contribuer aux corvées. — Lettres de M. de Cessart, ingénieur, et des officiers de la ville. — Construction d'une salle ou maison de ville sur le corps de garde de la milice bourgeoise, pour les assemblées communales. — Devis. — Requêtes des habitants. — Ordonnance conforme. — Navigation du Thouet. — Instance pour contraindre le duc de La Trémouille à rétablir le bassin rompu de Rimodan. — Lettres de MM. de Calonne, de La Millière, Blondé de Bagneux, Gueniveau de La Raye. — Arrêt qui ordonne les travaux et fixe les droits de péage à percevoir pour remboursement des frais. — Compte de recette des octrois. — États des revenus et des charges de la ville.

C. 55. (Carton.) — 2 parch., 111 pièces, pap.

1771-1789. — Subdélégation de Montreuil-Bellay. — Ville de Cholet. — Pavage et entretien des rues et chemins. — Demande d'un octroi sur le vin pour subvenir aux frais. — Lettres de MM. Lepelletier, de La Houssaye, de Lamoignon, Morin, sénéchal de Cholet; de Beauvau, grand sénéchal du Maine, de Morigny. — Ville du Puy-Notre-Dame. — Compte des octrois. — État de situation des charges et des revenus communaux. — Ville de Vihiers. — Devis pour la réparation des chemins aux abords de la ville. — Adjudication des travaux. — Lettres de MM. Lecreulx et Bastier, ingénieurs; Bouchet, curé, Gueniveau de La Raye.

C. 56. (Carton.) — 19 pièces, papier, dont 2 scellées.

1789. — Subdélégation de Saumur. — Procès-verbaux de naufrages et pertes de bateaux dans la débâcle des glaces en Loire. — Suppliques de J. Altin, Ch. Miet, J. Tesnier, Anne Deshayes, mariniers. — Certificats de curés et de municipalités de paroisses riveraines, produits à l'appui des suppliques.

C. 57. (Carton.) — 3 pièces, papier, dont 2 cahiers (ensemble 39 feuillets) et un imprimé.

1765-1769. — Subdélégation de Saumur. — Carabiniers de Monsieur. — Histoire abrégée des carabiniers. — Almanach militaire pour le corps des carabiniers, dédié à son Altesse Sérénissime le comte de Provence (Mss. de 27 pages, contenant le résumé des ordonnances qui concernent le corps, l'état nominatif des officiers par brigade, le récit des faits de guerre où il a pris part, et paraissant inachevé). — Manuel des manœuvres (fragment de 12 fol.). — Extrait de l'Instruction que le roi a fait expédier pour le service des troupes dans les places.

C. 58. (Registre.) — Grand in-fol., papier, de 64 feuillets.

1774-1776. — Subdélégation de Saumur. — Carabiniers de Monsieur. — Mouvement du corps.

C. 59. (Registre.) — Grand in-folio, papier, de 146 feuillets.

1776-1785. — Subdélégation de Saumur. — Carabiniers de Monsieur. — Copie des lettres adressées à M. le général comte de Chabrillant, concernant l'administration financière du corps, les recrues, l'équipement, la remonte. — Les derniers feuillets contiennent les procès-verbaux de délibérations du Conseil d'administration pour le service des fourrages.

C. 60. (Carton.) — 7 pièces, papier.

1765-1767. — Subdélégation de Saumur. — Carabiniers de Monsieur. — Remonte. — Instructions par M. le chevalier de Montaigu, chargé de la remonte du corps. — États des chevaux achetés par MM. Fortier, Combault, Dessarts, de Montaigu, Dusoulier, avec les noms des vendeurs et les lieux d'origine. — « Observations instructives sur les ravages qu'occasionnent aux chevaux les différentes espèces de morves, et sur la manière de les distinguer. »

C. 61. (Carton.) — 55 pièces, papier.

1763-1780. — Subdélégation de Saumur. — Carabiniers de Monsieur. — Équipement. — État des fournitures livrées par Foucart et Cie, Drely, Chabot, Valot, Chéron, Gouy, etc. — Marchés passés avec Lherminier, éperonnier, Billote et Langlois, armuriers. — Conditions pour la fourniture des lits des deux escadrons logés en ville. — Mandats de paiement sur le trésorier.

C. 62. (Carton.) — 81 pièces, papier.

1763-1775. — Subdélégation de Saumur. — Carabiniers de Monsieur. — Actes d'engagement de G. Richard, Jacq. Chasserot, J. Lépine, Ph. Lécuyer, Ét. Beker, Jacq. Létang, Mat. Ripauchau, Cl. Brigeot, P. Guillotte, L. Luton, Mat. Kauber, P. Chevalier, etc. — Mandats sur les receveurs des tailles du Mans et de Châteaugontier, au profit de recrues de passage pour rejoindre le corps.

C. 63. (Carton.) — 100 pièces, papier.

1763-1775. — Subdélégation de Saumur. — Carabiniers de Monsieur. — Actes de réengagements, pour quatre ou huit ans, de Fr. Lauzée, Cl. Bourin, J. Goubin, Jacq. Lhomme, Cl. Minois, Fr. Nusser, Cl. Bénard, Nic. Esroit, Nic. Valery, Ant. Pader, L. Brifaut, J. Forme, Nic. Bari, Mat. Guillebeau, P. Vivier, Gérard Luder, etc.

C. 64. (Carton.) — 71 pièces, papier.

1763-1775. — Subdélégation de Saumur. — Carabiniers de Monsieur. — Actes de réengagements, pour quatre ou huit ans, de Cl. Jobée, G. Bizot, L. Levasseur, J.-P. Violet, Nic. Mailly, Et. Durry, Et. Canard, Ant. Lesaint, Ant. Lebrun, Jos. Phèdre, J. Lizotte, Ch. Saulnier, J.-P. Gérard, Jacq. Feuillet, Ch. Villier, Cl. Brijeas, etc.

C. 65. (Carton.) — 57 pièces, papier, dont 36 avec cachets.

1768-1775. — Subdélégation de Saumur. — Carabiniers de Monsieur. — Feuilles de route et congés militaires pour P. Ray, J.-B. Lance, Albert Baur, Fr. Gand, L. Luton, Jacq. Tragin, P. Dujardin, L. Revel, J. Planquette, Jos. Grandhomme, Nic. Perron, Jos. Gravelle, J. Chiquet, P. Ragot, P. Hesdin, etc., produits à l'appui de réengagements.

C. 66. (Carton.) — 21 pièces, papier.

1763-1764. — Subdélégation de Saumur. — Carabiniers de Monsieur. — Rôles des hôpitaux. — État des journées de soldats malades aux hopitaux de Metz, du Mans, de La Flèche et de Château-du-Loir. — Certificats de décès.

C. 67. (Carton.) — 128 pièces, papier.

1765-1778. — Subdélégation de Saumur. — Carabiniers de Monsieur. — Procès-verbaux de sommations militaires, contre Mich. Callouin, F. Saudiez, Jos. Brasdefer, J. Leclaire, Nic. Buzy, P. Domino, P. Coustols, Silv. Maton, Marc Cumet, Benoît Guillier, Nic. Groult, Ant. de Barry, Jos. Méroff, Jos. Paris, P. Sibilot, Fr. Vasseur, Nic. Adam, Fr. Dairvaux, Fr. Combis, etc., déserteurs. — Arrêts du Conseil de guerre, qui condamnent à mort contradictoirement ou par contumace J. Damour, Jos. Pelletier, L. Vitard, Fr. Remy, Ant. Herse, Stéph. Arquevicke, Fr. Mollé, Fr. Cornille, Th. Meslin, L. Poulain, Et. Torrel, J. Counon, Henri Poncelet, Mat. Tailleur, J.-C. Richard, etc., pour désertion, vol ou rébellion.

C. 68. (Registre.) — In-folio, papier, de 198 feuillets.

1763. — Subdélégation de Saumur. — Carabiniers de Monsieur. — Journal de dépenses du corps, conforme au modèle de la Cour, pour ladite année.

C. 69. (Registre.) — In-folio, papier, de 126 feuillets.

1763-1766. — Subdélégation de Saumur. — Carabiniers de Monsieur. — Décompte du trésorier pour la subsistance du régiment. — Décompte des retenues sur la solde des officiers.

C. 70. (Carton.) — 123 pièces, papier.

1763-1765. — Subdélégation de Saumur. — Carabiniers de Monsieur. — Lettres de MM. Drouart, de Braux, de La Motte, de Boullongne, de Riencourt, et particulièrement de M. Rattier, trésorier principal de l'extraordinaire des guerres à Tours, adressées à M. Mottet, trésorier, et de Livron, aide-major du régiment, pour affaires de comptabilité.

C. 71. (Registre.) — In-folio, papier, de 101 feuillets.

1767. — Subdélégation de Saumur. — Carabiniers de Monsieur. — Journal de dépenses du corps, pour ladite année.

C. 72. (Carton.) — 146 pièces, papier.

1763-1777. — Subdélégation de Saumur. — Carabiniers de Monsieur. — Quittances et pièces justificatives du compte du corps par brigades. — Frais d'entretien du manége de La Flèche. — États de situation du régiment. — Lettres de MM. de Poyanne, de Saignes, de Castelnau, de Pradel, de Chalup. — Livrets mensuels de paiement pour la subsistance. — Relevé de caisse.

C. 73. (Carton.) — 118 pièces, papier.

1763-1776. — Subdélégation de Saumur. — Carabiniers de Monsieur. — Compte des retenues sur la solde pour dettes ou pour congés. — Billets à ordre. — Récépissés en décharge du trésorier sur le compte des subsistances.

C. 74. (Carton.) — 11 pièces, papier, en mauvais état.

1764-1776. — Subdélégation de Saumur. — Carabiniers de Monsieur. — Décompte des vivres et fourrages. — Détails de la consommation par escadrons. — Relevés des rations avec le prix de revient. — Marchés passés avec les sieurs Bourné, Garnier, Motriau, Pineau, Dolbeau, etc., pour les fournitures de foin et de paille.

C. 75. (Registre.) — In-folio, papier, 187 feuillets.

1769-1779. — Subdélégation de Saumur. — Carabiniers de Monsieur. — Décompte du trésorier pour la subsistance de la cinquième brigade.

C. 76. (Registre.) — In-folio, papier, 40 feuillets.

1776. — Subdélégation de Saumur. — Carabiniers de Monsieur. — Décompte d'indemnités payées aux cavaliers réengagés par suite de la suppression des hautes-payes.

C. 77. (Carton.) — 149 pièces, papier.

1781. — Subdélégation de Saumur. — Carabiniers de Monsieur. — Récépissés en décharge du trésorier pour le compte des subsistances.

C. 78. (Carton.) — 77 pièces, papier.

1776-1789. — Subdélégation de Saumur. — Carabiniers de Monsieur. — Lettres de MM. Bodin, Fourcade, de Montboissier, Maucourt, Fontaine, le comte de Chabrillant, et particulièrement de M. Rattier, trésorier principal de l'extraordinaire des guerres à Tours, adressées à M. Pillerault, trésorier du régiment, pour affaires de comptabilité. — État de l'argenterie et vaisselle de M. de Chabrillant, en dépôt chez le trésorier.

C. 79. (Carton.) — 43 pièces, papier.

1759-1788. — Subdélégation et ville de Saumur. — Convention entre les officiers municipaux et l'état-major du château, pour le rachat des portes de la seconde enceinte et des bâtiments en dépendant. — Arrêt conforme du Conseil d'État. — Lettres de M. Du Petit-Thouars en réclamation de l'indemnité allouée par la ville aux officiers du château. — Supplique du même pour obtenir l'admission de sa fille, Marie-Claudine-Henriette, à Saint-Cyr.

C. 80. (Carton.) — 91 pièces, papier.

1688-1690. — Subdélégation et ville de Saumur. — Logements militaires. — Listes nominatives des habitants qui ont reçu des billets de logement. — État des sommes avancées par la ville aux troupes de passage, et dont elle demande remboursement. — Rôles de répartition de soldats chez les hôteliers et chez les bourgeois.

C. 81. (Carton.) — Un parchemin ; 23 pièces, papier, dont deux imprimées.

1758-1788. — Subdélégation et ville de Saumur. — Établissement d'un tarif dans la ville et les faubourgs de Saumur. — Instance du Conseil de ville pour en obtenir la prorogation. — Charges de l'adjudicataire. — Comptes de régie. — Mesures proposées pour en conjurer le discrédit. — Offres d'une compagnie. — Suppliques de particuliers en réduction de leur part de l'impôt établi pour subvenir au déficit du tarif. — Lettres de MM. d'Ormesson, Blondé de Bagneux, Desmé, etc.

C. 82. (Carton.) — 87 pièces, papier, dont une imprimée.

1785-1789. — Subdélégation et ville de Saumur. — Compte de recette des anciens et nouveaux octrois et des revenus patrimoniaux. — Cahier des charges des adjudicataires. — États de situation. — État des dépenses et des revenus communaux. — Situation de la caisse de l'hôtel de ville.

C. 83. (Carton.) — 2 pièces, parchemin ; 89 pièces, papier.

1740-1789. — Subdélégation et ville de Saumur. — Travaux communaux. — Construction d'une caserne pour le logement des prisonniers de guerre. — Construction de barrières et de corps de garde pour la perception du tarif. — Devis et réception des ouvrages. — Réparation des portes de ville. — Prolongement de la rue basse des Cordeliers. — Opposition des religieux. — Répliques du Conseil de ville. — Restauration de l'hôtel de ville. — Devis des travaux. — Lettres de MM. Budan, Bizard, Desmé, de Marie, Du Petit-Thouars, de La Millière.

C. 84. (Carton.) — 101 pièces, papier, dont deux plans ; deux parch.

1733-1789. — Subdélégation et ville de Saumur. — Travaux des ports et des quais dans la ville de Saumur. — Port des Billanges. — Port Saint-Michel. — Port au Bois. — Construction des quais dans toute la traverse de la ville. — Procès-verbaux d'assemblées des habitants. — Enquêtes et devis. — Ordonnances d'adjudications. — Rapports et lettres de MM. les ingénieurs de Marie, Desmé, Chevalier, Cadet de Chambine. — Restauration du pont Fouchard et de la levée du Chardonnet. — Devis des travaux. — Requête du sieur Cailleau, entrepreneur.

C. 85. (Carton.) — 10 pièces, papier; une pièce parch.

1720-1760. — Subdélégation et ville de Saumur. — Travaux communaux. — Pavage et construction d'égouts dans la rue des Boucheries. — Lettres de M. de Livron, major des carabiniers, et de l'ingénieur Lecreulx, de MM. Bizard et Blondé de Bagneux. — Réparation du Poids-neuf et de la bonde du portail Louis. — Devis et adjudications des ouvrages. — Voirie. — Enlèvement des boues. — Cahier des charges de l'adjudication. — Requête de l'entrepreneur. — Ordre aux habitants de déposer les vidanges dans la place des Chardonnets.

C. 86. (Carton.) — 1 pièce, parch.; 51 pièces, papier, dont un plan.

1760-1788. — Subdélégation et ville de Saumur. — Travaux communaux. — Construction de boucheries. — Lettres de MM. de Montrachor et Blondé de Bagneux. — Magasin à poudre. — Plainte de l'adjudicataire général des poudres et salpêtres de France contre l'incommodité des bâtiments. — Lettres de MM. Blondé de Bagneux, Bizard, Pasdeloup, etc. — Projets et devis pour un établissement nouveau. — Halle et salle de spectacle. — Prospectus d'une tontine pour en réunir les fonds. — Lettres et requêtes du Conseil de ville.

C. 87. (Carton.) — 67 pièces, papier, dont un plan

1742-1780. — Subdélégation et ville de Saumur. — Indemnités à des propriétaires de maisons démolies par la ville pour les travaux des rues Saint-Jean et Saint-Nicolas, la suppression de l'île du Parc et la construction des quais. — Réclamations des sieurs Miette, Alleaume, Esnault, Plumelle. — Lettres de MM. Bizard, Chevalier, Blondé de Bagneux.

C. 88. (Carton.) — 58 pièces, papier, dont 2 plans et 2 imprimés.

1769-1787. — Subdélégation et ville de Saumur. — Requêtes du Conseil de ville, afin d'être autorisé à subvenir à l'insuffisance des revenus du collège. — Projets et devis pour la reconstruction des bâtiments. — Actes d'assemblées des habitants. — Lettres de MM. Bizard et Du Petit-Thouars. — Traité avec le sieur Blondeau, prêtre, pour remplacer les Oratoriens.

C. 89. (Carton.) — 1 pièce, parchemin; 70 pièces, papier

1763-1789. — Subdélégation et ville de Saumur. — Hôpital militaire. — Construction d'une nouvelle salle. — Lettres du Conseil d'administration et du comte de Chabrillant, commandant du corps des carabiniers, Blondé de Bagneux, Pasdeloup, le comte de Brienne. — Requête des directeurs de l'hôpital contre l'insuffisance du tarif d'abonnement des soldats. — Lettres du maréchal de Ségur. — État des charges et des revenus de l'établissement. — Nomination d'un médecin spécial et d'un médecin adjoint. — Brevet du sieur Normand (signé par Louis XV et contresigné par le duc de Choiseul). — Correspondance relative à la nomination des sieurs Barjolle et Oudry. — Lettres de MM. de Choiseul, de Ségur, de Montbarey, Pasdeloup, Du Petit-Thouars. — Réclamations du sieur Oudry, adjoint, et Tessier, chirurgien, pour le paiement de leurs appointements. — Lettres de M. de Ségur.

C. 90. (Carton.) — 63 pièces, papier.

1751-1787. — Subdélégation et ville de Saumur. — Contestation entre l'abbaye de Fontevrault et le Conseil de ville, à l'occasion du droit de Poids-le-Roi. — Mémoires et lettres de Mme de Valencé, abbesse, Lecheteau, maire. — Réflexions sur le projet d'abonnement consenti entre les deux parties. — Réclamations du marquis de Payanne, contre la mauvaise qualité des farines et l'insuffisance des approvisionnements servant aux troupes du roi. — Altercation des officiers municipaux avec l'abbé Barré, lieutenant de police, au sujet de la présence requise des tambours de ville à la procession de la Fête-Dieu. — Lettres de MM. de Saint-Florentin, Amelot, Delessart, Blondé de Bagneux.

C. 91. (Carton.) — 128 pièces, papier.

1751-1789. — Subdélégation de Saumur. — Ville de Doué. — État des charges et des revenus communaux. — Établissement d'un tarif et d'octrois. — Mémoires des officiers municipaux contre l'insuffisance des droits perçus, — sur différentes questions concernant la perception et les récoltes sujettes à la taxe, avec les réponses de l'intendant. — Requêtes en réduction des taxes, adressées par les aubergistes des paroisses de Douces et de La Chapelle. — Comptes de recette et d'emploi des deniers du tarif. — Nominations de contrôleurs.

C. 92. (Carton.) — 60 pièces, papier.

1755-1775. — Subdélégation de Saumur. — Ville de Doué. — Lettres du Conseil de ville, afin d'être autorisé à contracter ou à rembourser des emprunts municipaux (signées par Chevalier, Loiseleur, Thibaut, Chambaut). — État des rentes et des arrérages dus par la ville. — Ordonnances de l'intendant, portant mandats de paiement des gages et indemnités dus aux officiers municipaux sur la ferme du tarif. — Réclamation du maître de poste. — Lettres et minutes de l'intendant.

C. 93. (Carton.) — 34 pièces, papier.

1763-1784. — Subdélégation de Saumur. — Ville de Doué. — Travaux communaux. — Rétablissement du pavage. — Démolition des anciens murs. — Devis et emprunt pour la construction d'une nouvelle enceinte — Lettres de MM. Morin, sénéchal de Cholet, de Cessart, ingénieur, Hureau, voyer d'Anjou.

C. 94. (Carton.) — 40 pièces, papier.

1763-1786. Subdélégation de Saumur. — Ville de Doué. — Établissement et dotation du collège. — Acquisition de la maison de l'école de charité. — Accensement de maisons voisines. — Requêtes des habitants pour exempter le collège des droits de tarif sur les denrées de sa consommation. — Lettre à l'appui de Mme de Goullier-Caravas. — Instance intentée aux officiers municipaux par M. René Marquet, ancien principal, en revendication de partie de son mobilier injustement retenu par la ville.

C. 95. (Carton.) — 391 pièces, papier, [illegible].

1766-1778. — Subdélégation de Saumur. — Ville de Doué. — Restauration de la fontaine. — Requête des habitants en réduction d'impôts, afin de subvenir aux frais. — Projet présenté par M. de Voglie. — Devis estimatif. — Adjudication des travaux. — Règlement des travaux faits et à faire pour la construction des nouveaux bassins de l'abreuvoir et du lavoir, le pavage de la rue Neuve, et autres ouvrages relatifs aux abords et à la restauration de la fontaine.

C. 96. (Carton.) — 11 cahiers in-folio, contenant 316 feuillets; 30 pièces, papier.

1610-1790. — Tailles et impositions. — Élection d'Angers. — Paroisse d'Andrezé : requêtes des collecteurs; réponse des paroissiens. — Beaufort : rôles et égail sur les habitants de la taille et des frais de curement de l'Authion; liste des privilégiés. — Brain-sur-l'Authion : rôle de la taxe sur les propriétaires de biens-fonds. — Brissac : nomination d'un receveur des aides. — Brissarthe : rôle de la taille. — Chalonnes-sur-Loire : rôles et égail des frais de réparation des levées et des ouvrages de l'Ile. — Cheffes. — Corné. — La Bagueniére. — Denée : égail pour l'entretien de la levée du Port Thibault. — Écuillé. — Juigné-Bené : imposition pour les réparations du presbytère. — Longué. — Le Louroux-Béconnais. — La Marsaulaye. — Le Mesnil : extraits du rôle de la capitation. — Le Plessis-Grammoire. — Le Plessis-Macé : taxe pour la réparation du clocher. — Saint-Florent-le-Vieil : rôles des déclarations, rendues par les propriétaires et par les colons, de la contenance de leurs tenures. — Sainte-Gemmes-sur-Loire : cote détaillée et personnelle du revenu des biens-fonds. — Saint-Herblon. — Saint-Jean-des-Mauvrets. — Saint-Mathurin. — Sceaux. — Trélazé. — Vergonnes. — Vern.

C. 97. (Carton.) — 6 pièces, papier, [illegible] cahiers, contenant 170 feuillets.

1631-1790. — Tailles et impositions. — Élection de Châteaugontier. — Paroisse de Chanteussé : rôle de la taille et de la taxe du dixième. — Élection de Montreuil-Bellay. — Comptes rendus par J. Pinnier et Louis Gaillois, préposés, à M. Thomas Siette, sieur du Verger, receveur des tailles; état des frais de recette.

C. 98. (Registre.) — [illegible], papier, 73 feuillets.

1631. — Tailles et impositions. — Élection de Montreuil-Bellay. — Compte de M. Thomas Siette, conseiller du roi, receveur des tailles et taillon, [illegible] des receptes et despence par luy faictes à cause des deniers imposez tant pour la subsistance des gens de guerre, tailles, creues y jointes, ponts et chaussées, que par autres creues particulières, ordonnées estre levées durant ladite année.

C. 99. (Carton.) — 33 pièces, papier, [illegible] 10 cahiers, contenant 178 feuillets.

1634-1774. — Tailles et impositions. — Élection de Saumur. — Ville de Saumur : extraits du rôle des droits d'amortissement; compte de la recette des tailles par Me Est. Achard. — Allonnes-sous-Montsoreau : suppliques de Macé Bellot, collecteur, emprisonné à la requête de M. Siette, receveur des tailles; comptes des frais; ordre d'élargissement. — Bagneux : rôles pour la subsistance des pauvres. — Doué : capitation et accessoires. — Le Thoureil : rôle de la taille. — Trèves et Cunault : égail des frais pour le curement de l'Authion. — Varennes-sous-Montsoreau : rôle de la taille.

C. 100. (Carton.) — 13 pièces, papier, [illegible] en cahier de 12 feuillets.

1700-1789. — Tailles et impositions. — Élection de Saumur. — Varrains : récolement du tableau des habitants pour la nomination des collecteurs; rôles des tailles; égail de la taxe du sel; état des habitants qui doivent travailler aux chemins depuis Varrains jusqu'à Saumur; requêtes en réduction ou en radiation du rôle. — Arrêtés de M. de Lavalette, intendant, et du Conseil de ville de Saumur, concernant les tailles et les corvées. (*Don de M. l'abbé Briffault*).

BUREAU DES FINANCES DE TOURS.

C. 101. (Carton.) — 1 parchemin; 56 pièces, papier, dont 17 imprimés.

[illegible]-[illegible]. — Édits, lettres patentes, arrêts du Conseil d'État, concernant la vente et l'engagement du Domaine royal. — Ordonnances et affiches d'adjudication de terres et droits domaniaux, à Angers, Trélazé, Villevêque, Pellouailles, Beaufort, — des baronnies de Mauges et de La Flèche, — de la châtellenie de Montfaucon, — du duché de Beaumont, — du péage dit Trépas de Loire. — Mémoire produit par messire Henri-Mich.-Augustin de Racapé, engagiste de Saint-Laurent-des-Mortiers, contre Est. Joly, sous-fermier des Domaines.

C. 102. (Registre.) — In-folio, papier, 43 feuillets, dont 23 blancs.

[illegible]. — « État de plusieurs parties de rentes, albergues et redevances dépendantes des domaines du Roy, dont le rachat ou aliénation au denier 12 a été ordonné par les édits des mois d'avril 1702, août 1708 et déclaration du 22 décembre de ladite année » dans les paroisses de La Bohalle, Saint-Mathurin, des Rosiers, de Mazé, dans les villes de Beaufort, Tours, Amboise, Chinon, Angers, Saumur et du Mans.

C. 103. (Cahier.) — Un cahier, papier, 8 feuillets.

1500. — Bail de la recette des droits domaniaux dans la mouvance du château d'Angers à Jean Dolbeau. (*Don de M. de Foy.*)

C. 104. (Cahier.) — 1 cahier, papier, 40 feuillets.

[illegible]. — « Pappier des bleds deuz par chacun an au Roy nostre sire » pour son domaine d'Angers, dans les paroisses de Brain-sur-Longuenée, Marans, du Lion-d'Angers, de La Chapelle-sur-Oudon, Andigné, Brecon, Saint-Lambert-La-Poterie, Montreuil-sur-Maine, La Pouëze, Becon, Villevêque, Bauné, Andart, etc.

C. 105. (Registre.) — Grand in-folio, papier, 407 feuillets.

1539. — Déclarations rendues au Roi (t. I.) par André Cornier, Ch. de Vigré, Fr. Dubellay, Et. de Fleurville, Guy Libureau, P. Cormeray, Math. de Rougé, P. Bitauld, René Pierres, René de Baubigné, Ant. Piédouald, Cat. de La Roussardière, Gab. de La Béraudière, Guill. de Saint-Aignan, Jeh. Delommeau, H. Lebascle, Lancelot de La Valliniére, J. de Vaugirauld, Mat. Héland, P. Cupif, René de La Pommeraye, Sylvestre Frétard, Robert Tillon, Yves de Tessé et autres tenanciers du Domaine dans le ressort de la sénéchaussée d'Anjou.

C. 106. (Registre.) — Grand in-folio, papier, de 431 feuillets.

[illegible]. — Déclarations rendues au Roi (t. II.) par Loys de Montberon, Fr. de Charnaye, Jacq. Aujot, Jeh. Cherbonnel, Anne de Montjean, B. de La Corbière, Cl. Feschal, Jeh. Giffart, P. de Brye, P. Charnières, Ph. de Beaumont, Christ. de La Roussière, Seb. Bohie, Robert de Rotours, G. de Meaulne, Fr. de La Rouvraye, Guill. Chassebeuf, Jehanne d'Andigné, P. Boustille, P. de Cheverue, René Perrault, et autres tenanciers du Domaine dans le ressort de la sénéchaussée d'Anjou.

C. 107. (Registre.) — In-folio, papier, 411 feuillets, plus une table de 32 feuillets.

[illegible]-[illegible]. — Remembrances du fief et domaine du Roi dans la ville d'Angers, « en exécution des lettres patentes du 9 septembre 1663, adressantes à M. le lieutenant général d'Angers, pour faire un papier terrier pour estre mis dans le trésor des chartes de Sa Majesté ».

C. 108. (Carton.) — 155 pièces, papier.

[illegible]. — Déclarations rendues au Roi par devant Mes Casteraault, Bodaire, Charron, notaires, et Jouin, commis greffier, délégués par ordonnance spéciale de M. Tubeuf, intendant, pour la confection du terrier du Domaine dans la ville d'Angers : rue de l'Arbalète, Baudrière, Boisnet, Bourgeoise, des Carmes, du Cornet, des Filles-Dieu, de la Chartre, de la Mercerie, Putibale, Valdemaine, de la Parcheminerie, des Poêliers, de la Poissonnerie, aux portes Saint-Michel, St-Aubin et Chapelière, sur la place Neuve, des Halles, aux Lices, sur les grands ponts.

C. 109. (Carton.) — 105 pièces, papier, dont 1 cahier de 10 feuillets.

[illegible]-[illegible]. — Déclarations rendues au Roi pour la confection du terrier du Domaine dans la ville d'Angers : rue Baudrière, Bourgeoise, Godeline, de l'Ecorcherie, de la Mercerie, de la Parcheminerie, du Petit-Prêtre, du Pilory, des Poêliers, de la Poissonnerie, Saint-Laud, cour Meslière, places Neuve et des Halles, sur les grands ponts, à la porte Chapelière, sur le port Ligner, etc. — Table des déclarations.

C. 110. (Carton.) — 139 pièces, papier.

[illegible]-[illegible]. — Déclarations rendues au Roi pour tenures et maisons sises à Angers, dans la mouvance du château d'Angers, par Louis Ayrault, Jul. Allaire, J. Allaneau, Fr. Audiot, Gab. Besnard, P. Borère, Jacq. Boureau, René Bry, Rob. Cassin, Fr. Chauvin, P. Chouinière, Ant. Coshrou, Jos. Commeau, P. Coullion, G. Dahuron, Mat. Damours, P. Dolbeau, Gasp. Dumesnil, Ant. Favre, J.-B.

Follenfant, G. Froger, M. Gaudais, Marg. Georges, Marie Guinoiseau, P. Hameau, Mar. Huchelou, Noël Jourdan, Anne Lair, Th. Leduc, Jacq. Lemarié, Ch. Louet, et autres tenanciers du Domaine.

C. 111. (Carton.) — 111 pièces, papier, dont une imprimée, et 3 cahiers, ensemble 56 feuillets.

[illegible]. — Déclarations rendues au Roi dans la mouvance du château d'Angers, par P. Mabille, Fr. Maré, René Marquis, René Maunoir, J. Mestayer, André Mordret, P. Nail, Ch. Naudin, Fr. Neveu, Mat. Pasqueraye, Fr. Pinaud, René Porcheron, P. Proust, P. Richou, Mic. Rollée, Mic. Rousseau, Marie Sallot, Mic. Thorode, J. Touraton, J. Vallée, Nic. Verdier, Th. Vinçonneau, etc. — Tables des noms de personnes et des noms de lieux.

C. 112. (Carton.) — 150 pièces, papier.

[illegible]. — Extraits des déclarations rendues au Roi par devant les maire et échevins d'Angers, en exécution des lettres patentes du 11 juillet 1558, pour maisons et tenures dans la ville d'Angers à la porte Angevine, près les Augustins, rue des Aisses, de l'Arbalète, Baudrière, des Bordeaux, de la Bourgeoisie. (Les originaux, conservés autrefois à la mairie d'Angers, font partie de la série E.)

C. 113. (Carton.) — 143 pièces, papier.

[illegible]. — Extraits des déclarations rendues au Roi en 1558 pour maisons et tenures, dans la ville d'Angers, au pont Brionneau, rue des Carmes, de la Chapelle-Fallet, de la Chaussée-Saint-Pierre, Chef de Ville, des Cordeliers, du Cornet, Courte, de la Croix-Blanche, de l'Épine, de l'Écorcherie, de l'École, du Figuier, des Forges, Godeline, Gauvain, des Deux-Hales, de l'Hôpital, de la Lanterne, Lesvière, des Lices.

C. 114. (Carton.) — 120 pièces, papier.

[illegible]. — Extraits des déclarations rendues au Roi pour maisons et tenures dans la ville d'Angers, rue Lionnaise, Malnaut, de la Mercerie, Normandie, Notre-Dame, de la Pâtisserie, du Papegault, des Poêliers, Place-Neuve, carrefours des Petits-Pâtés et du Pilory.

C. 115. (Carton.) — 148 pièces, papier.

[illegible]. — Extraits des déclarations rendues au Roi, pour maisons et tenures dans la ville d'Angers, rue de la Poissonnerie, du Ponceau, sur les grands ponts, aux portes de Fer, Chapelière et Girard.

C. 116. (Carton.) — 111 pièces, papier.

[illegible]. — Extraits des déclarations rendues au Roi pour maisons et tenures dans la ville d'Angers, rue Putibale, Saint-Aubin, Saint-Denis, Saint-Esprit, Saint-Gilles, Saint-Jacques, Saint-Julien, Saint-Laud, et dans les faubourgs Saint-Laud et de Reculée.

C. 117. (Carton.) — 133 pièces, papier.

[illegible]. — Extraits des déclarations rendues au Roi pour maisons et tenures dans la ville d'Angers, rue Saint-Lazare, de la montée Saint-Maurice, Saint-Michel, Saint-Nicolas, dans les faubourgs Saint-Michel et Bressigny.

C. 118. (Carton.) — 81 pièces, papier, dont un cahier de 60 feuillets.

[illegible]. — Extraits des déclarations rendues au Roi pour maisons et tenures dans la ville d'Angers, rue de la Tannerie, du Temple, du Tertre Saint-Laurent, des Tonneliers, Toussaint, de la Trinité, Valdemaine, au carrefour des Trois-Rois, sur la chaussée des Treilles. — Table générale (brouillard informe).

C. 119. (Carton.) — 31 cahiers, papier, ensemble 304 feuillets.

[illegible]. — Déclarations rendues au Roi pour tenures et maisons dans la ville d'Angers, par les abbayes de Saint-Aubin, de Fontevrauld, de Saint-Nicolas, de Saint-Serge et du Ronceray, les chapitres de Saint-Jean-Baptiste, de Saint-Mainbœuf, de Saint-Martin, de Saint-Maurice, de Saint-Pierre, de la Trinité, le prieuré de Lesvière, de l'Hôpital, de Saint-Jean-l'Évangéliste, l'aumônerie de Saint-Michel-du-Tertre.

C. 120. (Carton.) — 150 pièces, papier.

[illegible]. — Déclarations rendues au Roi pour tenures dans la mouvance du château d'Angers, par A. Taupier, G. Louet, Jacq. Raimbault, Cath. Roustel, Fr. Richard, H. de Laudevy, P. Viot, J. Touchais, P. Bourreau de Versillé, P. Mauvif de La Plante, Mat. Esnault, J. Chuppé, Fr. de Roye, Raoul Chaudet, René Maugin, J. Lermite, et autres tenanciers du Domaine.

C. 121. (Carton.) — 150 pièces, papier.

[illegible]. — Déclarations rendues au Roi pour tenures dans la mouvance du château d'Angers, par Jean Baillif, M. Richard, Élie Delabarre, Marc Lemerle, René Gasnier, Fr. Pasqueraie, J. Vimaire, René Gallard, Jos. Ballain, Seb. Serezin, Anne Brossier, P. Girault, Nic. Poirier, André Aubert, Fr. Prévost, M. Goureau, Guill. Coullion, H. Gondouin, Marg. Follenfant, Jacq. Lebreton, Seb. Legros et autres tenanciers.

C. 122. (Carton.) — 70 pièces, papier.

[illegible]. — Déclarations rendues au Roi pour la confection du terrier du château d'Angers, par Al. Guichard,

J. Dareau, Jacq. Gruget, Fr. Métivier, Fr. Coullion, Guill. Moussolat, Perrine Brullé, P. Lhermitier, Joseph Foucquet, Ch. Goizot, P. Baugler, l'abbesse du Ronceray, l'Hôpital-Général, l'Hôtel-Dieu, le Conseil de ville, etc.

C. 123. (Carton.) — 114 pièces, papier, dont 8 cahiers de 118 feuillets.

1788. — Brouillard du dépouillement général des déclarations rendues au Roi pour le Domaine d'Angers, en 1788. — Fragments du terrier du château d'Angers, notamment pour les tenures de La Blanchaye, de La Blancheraye, des Bouveries, de La Bretonnière, de Cellière, du Chaumineau, des Cormiers, de La Flècherie, de La Gastellière, de La Loterie, de Machifrotte, du Melleray, de Montecler, des Gardes-Paumes, de Requiem, du Verger, etc., les moulins de Charlay, du Melleray, de Montecler, des Paunes, des Treize-Vents, etc., les prés de Cosselieri, Lancellee, Tramon, La Traquette, etc.

C. 124. (Carton.) — 6 pièces, papier, dont 10 cahiers de 147 feuillets; 9 pièces parchemin.

1586-1790. — Déclarations rendues au Roi dans la mouvance du château d'Angers, par Guill. Prudhomme, R. de Ligné, Anne Barbelotte, Jeh. Lemaczau, J. Ernault, J. Auzot, Mart. Rabeau, J. Pelletin, Aug. de Contades, le maire et les échevins d'Angers. — « Etat de ceux qui doivent les lods et ventes au domaine d'Angers ». — Table réelle du sommier des contraintes.

C. 125. (Carton.) — 138 pièces, papier.

1788-1790. — Déclarations rendues par devant René-Eugène Aubin, feudiste, commissaire à terrier de Monsieur, pour rentes et tenures dans la mouvance du château d'Angers, rue Saint-Gilles, Toussaint, du Bœuf-Gorgé, Sainte-Croix, de l'Oisellerie, Baudrière, Bourgeoise, des Carmes.

C. 126. (Carton.) — 117 pièces, papier.

1788-1790. — Déclarations rendues par devant René-Eugène Aubin, feudiste, commissaire à terrier de Monsieur pour rentes et tenures dans la mouvance du château d'Angers, rues de la Poissonnerie, Vadaguet, des Chevaux, des Treilles, de la Boulangerie, du Pigeon, quais Thomasseau et Ligny.

C. 127. (Carton.) — 115 pièces, papier.

1788-1790. — Déclarations rendues par devant René-Eugène Aubin, feudiste, commissaire à terrier de Monsieur, pour rentes et tenures dans la mouvance du château d'Angers, rue Saint-Laud, Saint-Gilles, Saint-Michel, de l'Écorcherie, du Petit-Prêtre, du Cornet, des Aisses, des Poëliers, du Collège, Valdemaine, de la Chartre, du Pilory, en Reculée, aux Ponts-de-Cé, à La Barre, etc.

C. 128. (Carton.) — 91 pièces, papier, dont 4 cahiers de 34 feuillets.

1788-1790. — Déclarations rendues par devant René-Eugène Aubin, feudiste, commissaire à terrier de Monsieur, pour rentes et tenures dans la mouvance du château d'Angers, aux portes Neuve, Lionnaise, Saint-Nicolas, Saint-Aubin, Toussaint, Saint-Michel, boulevard des Pommiers. — État des rentes de la chapelle du château. — Extrait des baux à cens conseutis par MM. les commissaires. — Observations du commissaire à terrier du château d'Angers, avec les réponses de M. Maucourt, receveur principal des domaines et des bois de l'apanage de Monsieur, à Tours.

C. 129. (Carton.) — 144 pièces, papier.

1769-1790. — Déclarations rendues par devant René Aubin, feudiste, et extraits des remembrances anciennes, pour la confection du terrier du Domaine relevant du château d'Angers, dans les fiefs de Reculée et de Querqueil, dans les paroisses de la Trinité d'Angers et d'Avrillé.

C. 130. (Volume.) — In-folio, papier, 182 feuillets.

1595-1761. — Censifs des rentes et devoirs dus aux fief et seigneurie de Querqueil, dans la mouvance du château d'Angers, pour les terres, maisons et tenures des Grands-Assis, de La Blanchaie, des Bouveries, de La Bretonnière, de La Bruère, des Celleries, de Cellière, du Grand Challay, de La Charnasserie, du Chesne-Belot, de L'Étang, de La Flècherie, de La Grande-Forêt, de La Gastellière, du Champ-Glastin (avec un plan), de La Loterie, Machifrotte, des Malpeines, du Margat, de Saint-Martin, du Melleray, de Mérefatine, du port Meslet, de Montecler, des Paunes, de La Passaudière, du Perrin, de Savineau, des Piardières, du Poirier, de La Pouverie, du Pré, des Tainières, de Requiem, Rozée, La Turpinière et autres dans la ville d'Angers, et dans les villages de Reculée, Montreuil-Belfroy et Avrillé.

C. 131. (Carton.) — 111 pièces, papier.

1785-1790. — Extraits et brouillards de déclarations rendues au Roi pour la confection du terrier du château d'Angers dans le fief de Vezins, à Angers, rue Lionnaise, Vauvert, des Amandiers, faubourgs Gauvin et Saint-Lazare, à la Barre — Aveu général dudit fief, rendu par Fr. Joseph d'Audigné, prêtre de l'Oratoire.

C. 132. (Carton.) — 12 pièces, papier, dont 1 cahier de 56 feuillets.

1543-1561. — « Ce sont les cens et debvoirs deubz au Roy, nostre sire, duc d'Anjou, aux lieux des Ponts de Sée, à cause de sa recepte ordinaire d'Anjou, au jour de la feste aux morts, à cause des baillées faictes en l'isle desd. Ponts de Sée, commencées à recepvoir par maistre Jehan Belhomme... en l'an mil cinq cens quarante trois. » — Extraits des comptes de recette de Thomas Thibault, Jehan Vergé, Guillaume Deslandes, concernant les bois, pêcheries, accroissements de Loire dépendant du domaine du château d'Angers aux Ponts-de-Cé.

C. 133. (Registre.) — In-folio, papier, 113 feuillets.

1755. — Censif du fief des Ponts-de-Cé, appartenant au Roi en propriété et par engagement à Mre Louis-Georges Érasme, marquis de Contades, lieutenant général des armées du roi et inspecteur général de l'infanterie.

C. 134. (Carton.) — 13 cahiers in-folio, papier, 235 feuillets.

1753. — Censif du Domaine engagé des Ponts-de-Cé. (*Double du précédent article.*)

C. 135. (Carton.) — 141 pièces, papier.

1768. — Déclarations rendues par devant René-Eugène Aubin, feudiste, pour tenures sises aux Ponts-de-Cé dans la mouvance du château d'Angers en la grande rue, rue Bourgeoise, de la barrière Saint-Aubin, du Jeu de Paume, des Lauriers, Courte, en l'Ile forte, sur et sous les ponts de Saint-Maurille, etc. — Brouillard et fragments informes d'un papier terrier.

C. 136. (Carton.) — 58 pièces, papier.

1778-1789. — Déclarations rendues par devant René Aubin, feudiste, et extraits des remembrances anciennes pour la confection du terrier du Domaine relevant du château d'Angers, dans les paroisses de Sainte-Gemme, Saint-Germain-en-Saint-Laud, La Daguenière, des fiefs d'Écharbot et d'Avrillé, de la vicomté de Sorges.

C. 137. (Carton.) — 23 cahiers, papier, in-folio, 274 feuillets.

1766. — Relevé des baux à cens de terrains vagues dépendant du domaine de Baugé, dans les forêts de Monnais et de Chandelais.

C. 138. (Carton.) — 6 pièces, parchemin; 111 pièces, papier, dont 8 cahiers de 186 feuillets.

1459-1787. — Aveux rendus au Roi dans la mouvance de son château de Baugé, pour les terres et seigneuries de La Motte en Corzé, Laillé, La Petite-Mullotière, la baronnie de Mathefelon. — Déclarations, notes, extraits de censifs et de remembrances pour dresser le terrier du domaine de Baugé dans les paroisses de Vivy, La Lande-Chasle, Bauné, Jumelles, Vernantes, Saint-Silvain, Corné, Mouliherne, Pellouailles. — Tables des contrats pour les tomes 12, 13, 15, 16, 17, 19, 20, 21 (ces registres sont perdus). — Ordonnance du lieutenant criminel de la Sénéchaussée, portant mandat au receveur du Domaine de payer 156 l. 10 s. au bourreau d'Angers et à ses deux adjoints ; « pour par eux avoir ce jour pendu et étranglé le nommé René Papot ».

C. 139. (Carton.) — 15 pièces, parchemin; 15 pièces, papier.

1459-1785. — Aveux et hommages liges rendus au Roi dans la mouvance de son château de Baugé par Jacq. de Villiers, pour les seigneuries du Teil et de La Gaignardière (*don de M. Salmon, de Tours*). — par Thibault de Parpacé, Mathurin de Vendomois, Rod. Legouz de Bordes, pour les grands moulins de Baugé. — Acquêt par le sieur de Villiers, bail à cens par les sieurs Parage desdits moulins. — Déclarations par « les habitants de la ville de Baugé, faisant profession de la religion prétendue réformée » du lieu de Beauregard, — par le sieur Falloux de la terre de La Michaudière, — par le sieur de Bompas de la seigneurie de La Poussetière. — État de la consistance du domaine de Baugé, engagé à Mmes les princesses de Carignan et de Nemours. — Aveux rendus au roi, dans la mouvance de son château de Beaufort, par Ch. Rivière de Beauchamp pour la gaignerie de Beauchamp, par Suzanne-Angélique du Tillet, épouse de François de Musset, Élye Du Tillet, Geoffroy de Grenouillon pour la seigneurie de Beaulieu, par Charlotte Grudé, veuve Charles de Maillé, et Renée Grudé, pour la terre du Clocheteau, par Françoise Deville, veuve Louis Verrye, et Mat. Renou pour La Féauté, par P. Martineau Du Plessis et Martin Goiskard pour la seigneurie du Pin.

C. 140. (Registre.) — In-folio, papier, 142 feuillets.

9 janvier 1769-24 juillet 1776. — « Registre pour servir au sieur Nicole de Maisonneuve et autres après lui aiant commission suffisante et serment en justice, à porter et enregistrer par jour et datte la recette des droits domaniaux, casuels et d'ensaisinements, résultants des biens, charges, offices et droits mouvants du Roi à cause de son château de Beaufort ».

C. 141. (Registre.) — In-folio, papier, 269 feuillets.

1771-1775. — « Registre pour servir au sieur Nicole de Maisonneuve ou autre après lui ayant commission suffisante et serment en justice, à porter et enregistrer par jour et date..... la recette..... des droits de mutation résultant des biens, charges, offices et droits mouvants censivement du Roi à cause de son château de Beaufort ».

C. 142. (Registre.) — In-folio, papier, 209 feuillets, plus une table détachée de 105 feuillets.

[illegible]. — Livre des cens et rentes dus à la recette du comté de Beaufort par les tenanciers du Domaine dans les paroisses de La Daguenière, La Bohalle, La Marsaulaye, Saint-Mathurin, des Rosiers, de Mazé, Cunauld, Beaufort, Corné, Saint-Pierre-du-Lac.

C. 143. (Carton.) — 10 pièces, parchemin.

[illegible]. — Aveux rendus au Roi, par F. Serisier, J. Caillaud, Jacq. Durand, Fr. Forcadel, Mat. Jannet, Anne Brétaudeau, Mat. Sorin, Ch. Dreux, pour rentes et devoirs dus à la baronnie de Montfaucon. (*Don de M. Salmon, de Tours.*)

C. 144. (Carton.) — 1 pièce, parchemin.

1389. — Aveu portant foy et hommage simple à dix sols de service et les tailles accoutumées, rendu par Jean de La Forest à la reine de Sicile, duchesse d'Anjou, pour sa terre de La Forest, relevant du château de Sablé. (*Don de M. Fillon, de Fontenay.*)

C. 145. (Carton.) — 51 pièces, parchemin; 2 pièces, papier; débris de sceaux.

1511-1531. — Aveux et déclarations rendus au Roi par P. de La Rochecousse, P. Simonneau, J. de Bueil, René Quartier, le chapelain de Saint-Nicolas-des-Billanges, P. de Laval, R. de La Jumellière, Blanche d'Aubigné, Renée de La Haye, les religieux de Saint-Maur-sur-Loire, Ant. Torpin, de Montberon, P. Blouineau, le chapitre de Faye, Loys de Bueil, les curés de Nueil-sous-Passavant et de Saint-Georges-des-Sept-Voies, Alain Fougerays, Fr. de Blanchefort, Et. Boileau, etc., pour les fiefs et arrière-fiefs de Tigné, Pocé, Blaison, L'Étang de Gennes, La Grellière, Monet, Passavant, Sarrigné, du Thoureil, et autres dans la mouvance du château de Saumur.

C. 146. (Registre.) — In-folio, papier, de 86 feuillets.

1539. — Aveu rendu au château de Saumur, par René Brehier, « pour les deux parts de la châtellenie, terre et seigneurie du Thoureil ».

C. 147. (Carton.) — 94 pièces, parchemin; débris de sceaux.

1540. — Aveux et déclarations rendus au Roi en exécution des lettres patentes données à Compiègne le 15 octobre 1539, par Hector de Vinceneuil, Loyse de Montberon, Cl. Bourgine, M. de Vesde, Mat. Trottereau, Ch. de Riballet, Fr. de Mausson, Anne Duboys, Fr. Pillet, Fr. Grimault, H. de Roffignac, R. Brehier, L. Lebascle, Et. de La Chaussée, Guy de Lespinay, J. de Ver, René de Menou, Cl. de La Fons, Cath. d'Aubigné, Ch. de Marconnay, René Fouppart, R. Dreux, Ch. Des Roziers, etc., pour les fiefs et arrière-fiefs du Vigneau, de La Gaultraye, Poligné, Roort, Saint-Just, Goufeton, La Martelière, les Grenouillères, du Thoureil, de La Motte, Montléon, Étiau, des Rochettes, de Quinchampt, Bouvrou, La Garnerie, La Sicauldière et autres dans la mouvance du château de Saumur.

C. 148. (Carton.) — 101 pièces, parchemin; une pièce, papier; débris de sceaux.

1540. — Aveux et déclarations rendus au roi par Gilles Carré, Cath. de La Chaussée, Jehan Bernardin, Ch. Butault, G. d'Aubigné, le chapitre de Mirebeau, L. de L'Estang, Aubert Amenon, René de La Rodinière, Fr. Fretard, M. de Vinceneuil, Anne Du Theil, M. Cabaret, Jeh. Guionnet, L. Serpillon, L. de Montigonn, Anne Trachon, Ol. de Vesde, Fr. Begeon, L. de Maraffin, R. Gastebled, Th. Renault, G. Herbert, Guill. Nioche, Jacq. Villemereau, Marc de Bec, etc., pour les fiefs et arrière-fiefs de La Cemderie, La Voulte, Poix, Boismozé, Baimbron, Vauvert, Champ-Robin, du Buron, de L'Hospitau, La Roche-Frossart, Chastrigné, Riou, du Puyherbert, du Plessis-en-Saint-Georges-des-Sept-Voies, de Corconé, Nanteré, Arthenay, Brétignolles et autres dans la mouvance du château de Saumur.

C. 149. (Carton.) — 21 pièces parchemin; 21 pièces, papier.

1541-1661. — Aveux et déclarations rendus au Roi par le prieur de Fougereuse, Ch. de Maillé, J. Becerbin, Ph. Viau, les chapitres de Saint-Hilaire de Poitiers et de Faye-La-Vineuse, Nic. Arnoul, le prieur de Cunauld, Ch. de Bournan, l'abbaye de Saint-Florent, J. Hégeon, Fr. Millereau, Martin Delaunay, Urb. Moreau, J. Desgoureaux, etc., pour les fiefs et arrière-fiefs de Louhaut, Jounay, des Murs, Brétegon, Bagneux, du May, Nozelles, Drault, Bizemont, et autres dans la mouvance de Saumur.

C. 150 (Registre.) — Grand in-folio de 212 feuillets, parchemin; plus 60 feuillets, papier, de tables; en tête une pièce parchemin.

1681. — Aveu et dénombrement de la châtellenie de Pocé, rendu au château de Saumur par Louis de Bourbon, prince de Condé, pair de France, duc d'Enghien, et Henri-Jules de Bourbon, duc d'Enghien, pair et grand maître de France, gouverneur et lieutenant général pour le Roi en ses provinces de Bresse et Bourgogne.

C. 151. (Registre.) — Grand in-folio, parchemin, 99 feuillets.

1780. — Aveu rendu au château de Saumur, par Raoul-René Petit, chevalier, ancien capitaine au régiment de Béarn infanterie, et Jeanne Ribault de Liste, demoiselle, son épouse, pour la baronnie du Maison et châtellenie y annexée de Chemelier.

C. 152. (Carton.) — 4 pièces, parchemin.

1680-1781. — Aveux rendus par René et Marc-Antoine de Caulx, Ch. Henri de Lapaye, J. J. Maupassant de La Ronde, pour la haute et basse justice de Chassé, la châtellenie et prévôté de Saint-Généroux et du fief de Velours, la seigneurie des Moriers en Vivy, dans la mouvance du château de Saumur. (*Don de M. Salmon, de Tours.*)

C. 153. (Carton.) — 30 pièces, parchemin; 90 pièces, papier.

1498-1681. — Déclarations de rentes et devoirs dus au Roi dans la mouvance du château de Saumur, notamment dans le faubourg de Fenet, par Ph. Dupont, Jeh. Bourcier, Cl. Loron, J. Vallet, J. Carré, J. Avril, Bertrand Leboucher, Urb. Lefort, J. Guilbert, J. Dugué, Urb. Texier, René Escot, Fr. Franjon, Isaac Chocquet, Rob. Aubry, Jeh. Fougeau, etc.

C. 154. (Registre.) — In-folio, papier, 380 feuillets.

1500-1550. — Extrait du papier censif des rentes et devoirs dus au roi dans la mouvance du château de Saumur, par Et. Leboeuf, J. Mésangier, Christ. Bouin, Mic. Sauvage, R. Camus, P. Davenel, P. Simonneau, Bertrand de Vignolle, P. Cormery, etc., les abbayes de Saint-Florent et de Fontevrault, etc., les curés des Tuffeaux, de Chênehutte, de Trèves, etc. — Certificats de présentation par les pêcheurs du primevert ou premier poisson, saumon, alose et lamproie, pêché en Loire, etc.

C. 155. (Registre.) — In-folio, papier, 240 feuillets.

1527-1550. — « Remembrance et registre des hommes et subgects tenus tant à foy et hommage que autrement de Madame, mère du Roy, duchesse d'Anjou, à cause de son chastel et seigneurie de Saulmur, expédié par monsieur maistre Jeh. Cadu, licencié es loix, juge royal d'Anjou, et François Lebret, juge des cens d'Anjou, commissaire en ceste partye, et continué par maistre Jeh. Regnier, lieutenant général de M. le juge aud. Saumur. »

C. 156. (Registre.) — In-folio, papier, de 156 feuillets.

1577. — « Ce sont les noms de ceux qu'il fault adjourner pour comparoir aux hommages assignez par Monseigneur d'Anjou, en sa ville de Saumur, pour y faire et rendre l'obéissance qu'ilz doivent aud. seigneur. » — Lettre d'Adam Fumée, commissaire du Roi, à ses lieutenants et procureurs de Saumur, pour la convocation des assises

C. 157. (Registre.) — In-folio, papier, de 15 feuillets.

1577. — Livre des hommages du château de Saumur. (*Double du précédent article.*)

C. 158. (Carton.) — Cahier petit in-folio, papier, 23 feuillets.

1595. — « Estat de toultes et chacunes les déclarations rendues aux assises royaulx de la terre et seigneurie de Saumur, tenues par M. le séneschal dud. lieu en l'auditoire royal de Saumur. »

C. 159. (Registre.) — Petit in-folio, papier, 119 feuillets.

1634. — Livre des cens et rentes dus à la recette du domaine de Saumur, pour maisons et tenures dans la ville près le château, en Fenet, à La Billange, près La Tonnelle, sur les ponts, dans les îles de la Loire, et pour les seigneuries de Savigné, du Coudray, de Munet, de Chacé, d'Aubigné, du May, des Moriers, de Saumousson, de Jaunay, de Poré, etc.

C. 160. (Carton.) — Un cahier in-folio, papier, 10 feuillets; 2 pièces, papier imprimées.

1556-1787. — Affiche de bail et adjudication « au proffilt du Roy... pour l'augmentation de son dommaine des communs, landes, terres vagues et bruyères deppendants de la juridiction et ressort d'Angiers ». — Ordonnance de l'intendant de Tours, qui met à exécution l'arrêt du Conseil d'État portant injonction aux particuliers, seigneurs et communautés, qui ont des prétentions sur la propriété des communs ou terres vagues réputés du domaine royal dans la province d'Anjou, de justifier de leurs titres dans le délai de deux mois. — Mémoire et observations sur les terres vaines et vagues de l'Anjou.

C. 161. (Carton.) — 30 pièces, parchemin; 112 pièces, papier.

1499-1787. — Déclarations, jugements d'assises, procès-verbaux, contrats d'acquets, et baux à l'appui des droits du Domaine sur des moulins, îlots, grèves et accroissements de Loire : — Iles des Ardaux, Bremault *alias* d'Avrillé, Buchard, du Buisson-Chauveau, des Buissons, des Buteaux, du Chapeau, du Prieur de Chênehutte, des Ecrois, Glayan.

C. 162. (Carton.) — 27 pièces, parchemin ; 81 pièces, papiers.

1554-1783. — Déclarations, procès-verbaux, baux et contrats d'acquêts à l'appui des droits du Domaine sur les grèves, îles et îlots de Loire : — Iles du Laurier et des Butteaux, Neuve, de Morains et du Patoil, près Dampierre, d'Or, Pelou, Périgot, du prieur de Saint-Lambert.

C. 163. (Carton.) — 3 pièces, parchemin.

1637-1654. — Arrêt du Conseil privé, qui défend aux élus et officiers de l'élection d'Angers d'entreprendre sur la juridiction des Trésoriers généraux au Bureau des finances de Tours, à l'occasion d'ordres pour les corvées, des réparations des ponts du Coullion et du Ponceau, près Écouflant. — Arrêt du Conseil d'État, qui ordonne, conformément à l'avis du Bureau des finances de Tours, la continuation sans adjudication des travaux des Ponts-de-Cé. — Ordonnance du Bureau des finances pour lesdits travaux. (*Don de M. Salmon, de Tours.*)

COMMISSION INTERMÉDIAIRE D'ANJOU.

C. 164. (Carton.) — 3 cahiers, papier, 120 feuillets; 8 pièces, papier, imprimées.

1787-1790. — Règlement royal sur les fonctions des assemblées générales et provinciales. — Instructions nouvelles sur les règlements des assemblées provinciales de Tours. — Procès-verbaux des séances de l'assemblée des trois provinces de la généralité de Tours (11 avril 1787 au 12 novembre 1787). — Procès-verbaux des séances de l'assemblée provinciale d'Anjou (6-20 octobre 1787.) — Procès-verbal des séances de la noblesse des sénéchaussées d'Angers, Beaufort, Baugé, Châteaugontier, La Flèche (1789) (copie d'après l'imprimé). — Adresse de la Commission intermédiaire de l'Orléanais au roi. — Remontrances des États de Bretagne.

C. 165 (Carton.) — 22 pièces, papier, dont 7 imprimées.

1787-1790. — Règlements. — Cérémonial. — Instructions adressées par le roi à la Commission, — par la Commission aux correspondants des districts, aux syndics des paroisses et aux municipalités. — Extrait du registre des séances et des délibérations. — Discours prononcé par M. Claude Du Vivier, de Trèves, devant MM. les députés de la Commission intermédiaire, dans un exercice de mathématiques.

C 166. (Registre.) — In-folio, papier, 317 feuillets.

1787-1790. — Procès-verbaux des séances et délibérations de la Commission intermédiaire de l'assemblée provinciale d'Anjou.

C. 167. (Carton.) — 2 pièces, papier.

1787. — Rapport présenté à la Commission intermédiaire d'Anjou contre les prétentions de la Commission intermédiaire du Maine à comprendre dans son administration 73 paroisses de l'élection de La Flèche. — Mémoire de la Commission intermédiaire du Maine en réponse au précédent rapport.

C. 168. (Carton.) — 17 cahiers in-folio, papier, 311 feuillets; 58 pièces, papier.

1787-1790. — Brouillards et minutes de lettres adressées par la Commission intermédiaire aux ministres, — au contrôleur général, — aux receveurs particuliers, — aux officiers de diverses Élections, — aux correspondants des districts, — aux ingénieurs des Ponts et chaussées.

C. 169. (Registre.) — In-folio, papier, 160 feuillets.

1787-1789. — Transcription de la correspondance et des rapports faits à la Commission intermédiaire, contenant : — rapport sur la formation des districts, — sur la gabelle, — sur la mendicité, — sur l'organisation de la maréchaussée, etc.

C. 170. (Carton.) — 3 pièces, papier.

1788-1789. — Observations relatives à la pauvreté et à la mendicité. — Moyens proposés pour soulager les pauvres et empêcher les mendiants de sortir de leur paroisse. — Plan d'un bureau de charité établi dans la paroisse de Seiches et signalé comme modèle aux autres paroisses.

C. 171. (Carton.) — 22 pièces, papier, dont 3 imprimées et un dessin.

1787-1789. — Ponts et chaussées. — Instructions arrêtées par la Commission sur les obligations générales des cantonniers et des entrepreneurs de routes. — Mémoires sur les abus à réprimer dans la conduite des travaux, — sur la construction des chaussées d'empierrement (avec un dessin), — sur les routes de traverse de l'Anjou, par Desmé du Puy-Girault, — sur les deux projets comparés d'une route à ouvrir de Nantes à Poitiers par le Bas Anjou, — sur la route projetée de Rouen à Alençon, Angers et Nantes par Fresnay, Vallon, Parcé, Durtal. — *Le Cri public*, ou Observations sur l'administration des grandes routes d'Angers à Tours et de Saumur à la Flèche.

C. 172. (Carton.) — 136 pièces, papier.

1782-1790. — Ponts et chaussées. — Correspondance. — Mémoires et projets relatifs à la construction des routes d'Angers à Beaufort, — à Candé, — à Châteaugontier, — à Cholet, — à Chemillé, — à Doué, — à Durtal, — à Laval, — au Lion-d'Angers par Avrillé, — et du Lion-d'Angers à Pouancé et La Guerche par Segré (mémoire original signé par les principaux propriétaires, gentilshommes et autres habitants et négociants de la partie d'Anjou entre Le Lion-d'Angers et Pouancé), — à Nantes. — Traverse de St-Georges-sur-Loire. — Lettres de MM. Castelnau, Boisrobert, Bourgonnier, Joubert, Bourasseau de La Renollière, Cesbron-Laroche, de La Véroulière, etc.

C. 173. (Carton.) — 143 pièces, papier, dont 6 plans.

1782-1789. — Ponts et chaussées. — Correspondance, mémoires, projets, devis. — Routes d'Angers à Rennes par Bécon et Candé, — à Sillé-le-Guillaume par Sablé, — du Château-du-Loir au Lude, — de La Fontaine-Saint-Martin à Sablé par Malicorne et Parcé, — d'Ingrandes à Candé. — Lettres de MM. d'Armaillé, Boisrobert, de La Galissonnière, Blanchard de Pégon, Turpin de Crissé, etc.

C. 174. (Carton.) — 101 pièces, papier.

1782-1789. — Ponts et chaussées. — Correspondance, mémoires, projets, devis. — Routes de Chemillé à Chalonnes, — de Nantes à Poitiers par Gété, Cholet, Maulevrier, Bressuire, — de Sablé à Durtal, par Morannes, — de Saumur à La Flèche, par Longué et Baugé, — au Mans par Le Lude, — à La Rochelle, — aux Sables d'Olonne par Doué, Vihiers, Cholet. — Lettres de MM. de Rougé, d'Argenteuil, de Maulevrier, Joubert, Drouault, Delatour, Ferrière, Du Coudray, Dineau des Terres-noires, etc.

C. 175. (Carton.) — 118 pièces, papier.

1783-1790. — Ponts et chaussées. — Projets, mémoires, devis, correspondance. — Routes de Saumur à Nantes par Doué, Chemillé, Beaupréau, La Regripière, — de Tours à Angers par Château-La-Vallière et Baugé. — Lettres de M. de Scépeaux, de M. le comte de Cossé, de l'ingénieur de Montrocher, de MM. Brunet, Joubert, Leflamong, Cesbron, etc.

C. 176. (Carton.) — 116 pièces, papier, dont 39 imprimées.

1788-1789. — Ponts et chaussées. — Affiches et devis des adjudications de travaux à exécuter sur les routes d'Angers à Rennes par Bécon, — à Laval par Avrillé, Le Lion-d'Angers, — à Longué par Trélazé, — à Sillé-Le-Guillaume par La Guesnerie et Juigné, — à Doué par Les Ponts-de-Cé, Brissac, Louresse, — à Cholet par Saint-Lambert-du-Lattay, — de Saumur à Nantes par La Lande-de-Verchers, Gesté, La Brulaire, — aux Sables-d'Olonne par Trémont et Tiffauges, — à La Rochelle par Bournan et Montreuil-Bellay, — à La Flèche par Baugé, — de Tours à Saumur par Bourgueil, — à Angers par Baugé, — à Rennes par La Flèche, — du Château-du-Loir au Lude, — de La Fontaine-Saint-Martin à Sablé, — de Paris à Nantes par Sablé et Ingrandes, — de Laval à Nantes par Pouancé. — Requêtes d'entrepreneurs.

C. 177. (Carton.) — 106 pièces, papier.

1789-1790. — Ponts et chaussées. — Devis d'adjudications de travaux à exécuter pour l'exercice 1789 sur les routes d'Angers à Cholet par Nuaillé, — à Longué par La Pyramide et Narcé, — à Laval par Châteaugontier, — à Doué par Brissac, — à Rennes par Candé, — à Sillé-Le-Guillaume par Sacé, — d'Ingrandes à Candé par La Cornuaille, — de Tours à Angers par Château-La-Vallière, — à Rennes par Sablé, — de Paris à Nantes par Durtal, — de Saumur à Nantes par Doué, — aux Sables d'Olonne, — de Sablé à Châteaugontier. — Relevé et état d'emploi des économies réalisées par les rabais des adjudicataires. — État des fonds restant libres par défaut d'adjudications. — Tableau de situation des ateliers ouverts de 1788 et 1789 au 20 novembre 1790.

C. 178. (Carton.) — 83 pièces, papier.

1787-1790. — Ateliers de charité. — Lettres de la Commission intermédiaire de l'assemblée générale des trois provinces de la généralité de Tours, à la Commission intermédiaire d'Anjou, portant notification de la répartition des fonds mis à sa disposition pour les travaux de charité (signées l'abbé de Boisdeffe, Chesneau, Desportes, Pouget, le comte de La Béraudière). — Lettres de l'intendant. — Extraits pour la province d'Anjou de l'état général des ateliers établis dans la Généralité. — États particuliers de situation dans les sections administratives de Saumur et de Laval. — Certificats fournis par les ingénieurs de l'emploi des fonds versés par les particuliers qui ont obtenu des ateliers. — Relevé des mandats délivrés sur le receveur général pour l'exercice 1789.

C. 179. (Carton.) — 120 pièces, papier.

1788-1789. — Ateliers de charité. — Demandes d'allocations pour ouverture de travaux. — Requêtes des paroisses et des municipalités d'Angers, La Potherie, Saint-Maurice de La Fougereuse, Nueil-sous-Passavant, Le Puy-Notre-Dame, Cholet, Châteaugontier, Livré, Craon, Ligron, Beaufort, Châteaupanne, Corzé, Villevêque, Bazouges-sur-le-Loir, Vaas, Chalonnes-sur-Loire, Malicorne, Morannes, Brissarthe, Rillé, Durtal. — Offres et requêtes de particuliers : MM. de Maillé La Tour-Landry, pour le chemin de Vernantes à Baugé ; — le baron de Turpin, pour le chemin de Candé ; — de Narcé, pour l'embranchement d'Angers à Beaufort ; — Durand, curé, pour la traverse de Bourgneuf ; — de Varennes, pour un embranchement d'Angers à Sablé ; — de Bercy, pour le chemin d'Avrillé ; — d'Andigné de Maineuf, pour la sortie de Sainte-Gemmes ; — Letort de Vildé, pour le chemin de Pouancé ; — Boguais de La Boissière, pour le chemin de La Meignanne ; — Letourneux de La Perraudière, pour le chemin de Durtal à Beaufort par Jarzé ; — le baron de Princé, pour le chemin de Beaufort à Baugé ; — de Pignerolle, pour le chemin d'Angers à Beaufort ; — Bineau, curé de Douces, pour le chemin de Doué à Montreuil-Bellay ; — le chevalier de Bonchamps, pour un ponteau près Marigné; — le marquis de Clermont, pour un embranchement sur la route du Lude par Luché; — le marquis de Contades, pour le chemin de Sainte-Christine à La Jumellière; — le comte de Cossé, pour les abords de Gonnord; — Desmé, pour le chemin de Saint-Hilaire à Saint-Florent; — Dubois de Maquillé et d'Houllières, pour le chemin de Châteauneuf à Cherré; — le comte de La Galissonnière, pour celui de Durtal à Parcé; — Legouz Du Plessis, pour celui de Rillé au Lude; — le comte de Quatrebarbes, pour deux ponts sur le chemin de Morannes à Châteaugontier; — de Villoutreys, pour le chemin de Chaudron à Saint-Florent; — le comte de Serrant, Coquereau Du Boisbernier, etc., pour un embranchement de la route de Nantes sur Savennières. — Cahier d'inscription de la correspondance. — État des demandes et de la distribution des fonds proposée par la Commission intermédiaire.

C. 180. (Carton.) — 137 pièces, papier.

1787-avril 1790. — Lettres de MM. de Montrocher, Sarbourg, Dupuis, Aubert, Sutil, Leclerc de La Bourée, ingénieurs, portant envoi de pièces, avis et renseignements demandés sur affaires de service.

C. 181. (Carton.) — 6 cahiers, papier, 30 feuillets; 10 pièces, papier.

1788-1790. — Travaux des routes. — États des adjudications, — des mandats de paiement à compte et de paiement définitif aux adjudicataires, — des communautés dont les contributions sont appliquées à la dépense des ateliers, — des travaux de charité. — État général de la situation des routes et parties de routes qui traversent la province d'Anjou, à l'instant que leur administration a été confiée à l'assemblée provinciale, et de leur situation actuelle.

C. 182. (Carton.) — 2 pièces, papier.

1788. — Requêtes de MM. de La Porte, Moreau, Walsh de Serrant, Bassereau, correspondants du district de Segré, — de MM. Gislard, curé, et Grandval, vicaire de Châtelais, pour la canalisation de l'Oudon.

C. 183. (Carton.) — 11 pièces, papier, dont un plan informe.

1780-1790. — Requête des paroissiens de Saint-Mélaine, pour la restauration de leur église. — Plaintes contre les projets des curés de Montilliers et de Saint-Rémy-La-Varenne. — Enquête pour la construction du presbytère de Saint-Christophe-La-Couperie.

C. 184. (Carton.) — 2 pièces, papier.

1788-1789. — Requêtes des paroissiens de Saint-Sauveur-de-Landemont, pour la subdivision de leur paroisse en deux cures distinctes, — des paroissiens de Linières-Bouton, pour la réunion d'une partie de la paroisse de Méon.

C. 185. (Carton.) — 4 pièces, papier.

1788-1789. — Organisation des municipalités. — Instructions et règlements généraux. — Arrêt du Conseil d'État, qui prescrit la réunion des paroisses et hameaux « trop peu peuplés » aux municipalités « dont elles doivent naturellement dépendre, pour ne former avec elles qu'un seul corps régi par les mêmes principes et les mêmes règlements ». — Instructions ministérielles pour la formation et la composition des assemblées municipales. — Extrait des instructions et règlements relatifs aux municipalités et aux Bureaux intermédiaires de district. — Instruction « pour les Commissions intermédiaires, sur les formes dans lesquelles les syndics et membres des assemblées municipales pourront donner leur démission ».

C. 186. (Carton.) — 105 pièces, papier.

1787-1790. — Organisation des municipalités. — Demandes et envois de renseignements. — Réclamations. — Certificats de réception et d'exécution de lois et décrets de l'Assemblée nationale. (Documents classés d'après les districts établis par l'Assemblée provinciale.) — District d'Angers : Beaufort, Longué, La Marsaulaye, Les Rosiers, Saint-Clément, Sainte-Gemmes-sur-Loire, Saint-Jean-de-la-Croix, Saint-Pierre-du-Lac. — District de Baugé : Baugé, Blou, Cré, Marcé, Sermaise, Volandry. — District de Beaupréau : Beaupréau, Botz, Bouzillé, Chemillé, Jallais, La Jubaudière, Montjean, Montrevault, La Pommeraye, Saint-Crespin, Saint-Florent, Saint-Martin-de-Beaupréau, Saint-Pierre-Montlimart, Saint-Quentin-en-Mauges, Saint-Rémy-en-Mauges, Saint-Sauveur-de-Landemont, La Varenne, Villeneuve-en-Mauges.

C. 187. (Carton.) — 107 pièces, papier.

1787-1790. — Organisation des municipalités. — District de Brissac : Allençon, Brissac, Chanzeaux, Denée, Gonnord, La Jumellière, Luigné, Melay, Rochefort, La Salle de Vihiers, Saulgé, Soulaines, Saint-Sulpice-sur-Loire, Thouarcé, Vauchrétien. — District de Châteaugontier : Miré. — District de Châteauneuf-sur-Sarthe : Bourg, Briollay, Châteauneuf, Cheffes, Contigné, Marigné, Seiches et Mathefelon, Villevêque. — District de Château-La-Vallière : Breil, Château-La-Vallière. — District de Cholet : Cholet, Cossé, Maulevrier, Le May, Saint-André, Saint-Georges-du-Puy-de-La-Garde, Saint-Pierre-des-Échaubrognes, Vezins, Yzernay.

C. 188. (Carton.) — 109 pièces, papier.

1787-1790. — Organisations des municipalités. — District de Doué : Ambillou, Bessé, Chênehutte, Coutures, Doué, Gennes, Gohier, Martigné-Briand, Saint-Georges-des-Sept-Voies, Saint-Rémy-La-Varenne, Le Thoureil. — District de La Flèche : Durtal, La Flèche, Huillé. — District de Saint-Georges-sur-Loire : Ingrandes, Linières, Neuville, Saint-Georges, Savennières. — District de Montreuil-Bellay : Antoigné, Faveraye, La Fosse-de-Tigné, Lenay, Montreuil-Bellay, Le Puy-Notre-Dame, Saint-Hilaire-de-Rillé, Saint-Just-des-Verchers, Vihiers.

C. 189. (Carton.) — 81 pièces, papier.

1787-1790. — Organisation des municipalités. — District de Sablé : Daumeray, Morannes. — District de Saumur : Artanne, Blou, La Breille, Chacé, Dampierre, Distré, Fontevrauld, Montsoreau, Saumur, Varennes-sous-Montsoreau. — District de Segré : Aviré, La Boissière, Bouillé-Ménard, Bourg-L'Évêque, Candé, La Chapelle-Hullin, La Chapelle-sur-Oudon, Combrée, Dangé, Freigné, Gené, Le Lion-d'Angers, Loiré, Louvaines, Noellet, La Potherie, Pouancé, Segré, Senonnes, Saint-Aubin-du-Pavoil, Sainte-Gemmes-d'Andigné, Saint-Michel-du-Bois.

C. 190. (Carton.) — 1 cahier, 42 feuillets, papier ; 89 pièces, papier.

1788. — Statistique des paroisses, en réponse aux questions posées, d'après un plan uniforme, aux municipalités nouvelles, par les syndics de la Commission intermédiaire. — District d'Angers : Andard, Blaison, Brain-sur-l'Authion, Corné, Foudon, Gée, Longué, La Marsaulaye, Le Plessis-Grammoire, Pruniers, Les Rosiers, Saint-Augustin-lès-Angers, Saint-Aubin-des-Ponts-de-Cé, Saint-Barthélemy, Saint-Clément-de-Trèves, Sainte-Gemmes-sur-Loire, Saint-Laud, Saint-Léonard, Saint-Maurille-des-Ponts-de-Cé, St-Pierre-du-Lac, Saint-Samson, Saint-Saturnin-sur-Loire, Saint-Mathurin, Sorges, Trélazé. — District de Baugé : Auverse, Baugé, Baumé, Beauvau, Blou, Bocé, Brion, La Chapelle-Saint-Laud, Chartrené, Chaumont, Cheviré-Le-Rouge, Clefs, Cornillé, Cré, Cuon, Échemiré, Fontaine-Guérin, Fougeré, Le Guédéniau, Jarzé, Jumelles, La Lande-Chasles, Lasse, Lézigné, Longué, Lué, Marcé, Mazé, Millon, Montpollin, Montigné, Pontigné, Rigné, Saint-Augustin-des-Bois, Saint-Georges-du-Bois, Saint-Léonard-de-Durtal, Saint-Martin-d'Arcé, Saint-Philbert-du-Peuple, Saint-Quentin, Sermaise, Volandry.

C. 191. (Carton.) — 109 pièces, papier.

1788. — Statistique des paroisses. — District de Beaupréau : Andrezé, Beaupréau, Beausse, La Blouère, La Boissière-Saint-Florent, Botz, Bouzillé, Champtoceaux, La Chapelle-Aubry, La Chapelle-du-Genet, La Chapelle-Saint-Florent, Châteaupanne, Chaudron, Drain, Le Fief-Sauvin, Le Fuillet, Gesté, Jallais, La Jubaudière, Liré, Le Marillais, Le Mesnil, Montfaucon, Montjean, Le Grand-Montrevault, Neuvy, Notre-Dame-de-Beaupréau, Le Pin-en-Mauges, La Poitevinière, La Pommeraye, Le Puiset-Doré, La Renaudière, Sainte-Christine, Saint-Christophe-de-La-Couperie, Saint-Crespin, Saint-Florent-Le-Vieil, Saint-Germain-lès-Montfaucon, Saint-Laurent-des-Autels, Saint-Laurent-du-Mottay, Saint-Laurent-de-La-Plaine, Saint-Lézin et La Chapelle-Rousselin, Saint-Macaire, Saint-Martin-de-Beaupréau, Saint-Philbert-en-Mauges, Saint-Pierre et Saint-Léonard-de-Chemillé, Saint-Pierre-Montlimart et Le Petit-Montrevault, Saint-Quentin-en-Mauges, Saint-Rémy-en-Mauges, Saint-Sauveur-de-Landemont, Tilliers, La Varenne, Villeneuve.

C. 192. (Carton.) — 114 pièces, papier.

1788. — Statistique des paroisses. — District de Brissac : Allençon, Les Alleuds, Beaulieu, Brissac, Chalonnes-sur-Loire, Chanzeaux, Charcé, Chaudefonds, Chavagnes, Cornu, Denée, Erigné, Faye, Gonnord, Joué, Juigné, La Jumellière, Luigné, Melay, Mozé, Murs, Quincé, Rablay, Rochefort, Saint-Aubin-de-Luigné, Saint-Ellier, Saint-Jean-des-Mauvrets, Saint-Lambert-du-Lattay, Saint-Melaine, Saint-Saturnin, Saint-Sulpice, Thouarcé, Vauchrétien. — District de Château-La-Vallière : Breil, Broc, Chalonnes sous Le Lude, Chavaignes, Chigné, Denezé, Genneteil, Linières-Bouton, Meigné-le-Vicomte, Méon, Mouliherne, Noyant, Parcé, La Pellerine, Vernantes, Vernoil. — District de Châteauneuf : Bourg, Briollay, Brissarthe, Cantenay, Cellières, Champigné, Châteauneuf, Chenillé-Changé, Cheffes, Cherré, Contigné, Corzé, Ecouflant, Ecuillé, Feneu, Juvardeil, Montreuil-sur-Loir, Pellouailles, Querré, Sceaux, Seiches et Mathefelon, Seurdres, Saint-Silvain, Soucelles, Soulaire, Thorigné, Tiercé, Villevêque. — District de Cholet : Les Cerqueux-de-Maulevrier, Chanteloup, Coron, Cossé, Le Longeron, Maulevrier, Le May, Mazières, Montigné, Notre-Dame-de-Cholet, Nuaillé, La Plaine, La Romagne, Roussay, Saint-André-de-La-Marche, Saint-Georges-du-Puy-de-La-Garde, Saint-Hilaire-des-Échaubrognes, Saint-Pierre-de-Cholet, Saint-Pierre-des-Échaubrognes, Saint-Pierre-Hors-Marche, La Séguinière, Somloire, Torfou, La Tour-Landry, Trémentines, Vezins, Yzernay.

C. 193. (Carton.) — 118 pièces, papier.

1788. — Statistique des paroisses. — District de Doué : Aubigné, Bessé, Chênehutte, Chétigné, Courchamps, Le Coudray, Cunauld, Denezé, Douces, Doué, Forges, Grézillé, Louerre, Milly-Le-Meugon, Montfort, Noyant, Les Rosiers, Saint-Clément-de-Trèves, Saint-Georges-Châtelaison, Saint-Maur-sur-Loire, Saint-Pierre-en-Vaux, Saint-Rémy-La-Varenne, Saint-Vétérin-de-Gennes, Tigné, Varennes-sous-Doué. — District de Saint-Georges-sur-Loire : Avrillé, Beaucouzé, Bécon, Béhuard, Bouchemaine, Brain-sur-

Longuenée, Chantocé, La Cornouaille, Epiré, Les Essarts, Ingrandes, Juigné-René, Le Louroux-Béconnais, La Meignanne, La Membrolle, Montreuil-Belfroy, Petit-Paris, Le Plessis-Macé, La Pouëze, Pruillé, Saint-Clément-de-La-Place, Saint-Georges-sur-Loire, Saint-Germain-des-Prés, Saint-Jean-de-Linières, Saint-Lambert-de-La-Potherie, Saint-Léger-des-Bois, Saint-Jean-des-Marais, Saint-Martin-du-Fouilloux, Savennières, Saint-Sigismond. — District de Montreuil-Bellay : Antoigné, Les Cerqueux-sous-Passavant, Cernusson, La Chapelle-sous-Doué, Cléré, Concourson, Faveraye, La Fosse-de-Tigné, La Fougereuse, La Lande-des-Verchers, Méron, Montilliers, Montreuil-Bellay, Nueil-sous-Passavant, Passavant, Le Puy-Notre-Dame, Saint-Hilaire-du-Bois, Saint-Hilaire-Le-Doyen, Saint-Hilaire-de-Rillé, Saint-Hippolyte, Saint-Just-des-Verchers, Saint-Paul-du-Bois, Saint-Pierre-à-Champ, Saint-Pierre-des-Verchers, Tancoigné, Trémont, Vihiers, Le Voide.

C. 194. (Carton.) — 63 pièces, papier.

1788. — Statistique des paroisses. — District de Saumur : Allonnes, Artannes, Bagneux, Brain-sur-Allonnes, La Breille, Brézé, Chacé, Courléon, Dampierre, Distré, Fontevrauld, Montsoreau, Neuillé, Parnay, Rou, Russé, Saint-Hilaire et Saint-Barthélemy, Saint-Cyr-en-Bourg, Saint-Lambert-des-Levées, Saint-Martin-de-La-Place, Souzay, Turquant, Varennes-sous-Montsoreau, Varrains, Villebernier, Vivy. — District de Segré : Andigné, Angrie, Armaillé, Aviré, Bourg-d'Iré, La Boissière-en-Craonnais, Bouillé-Ménard, Bourg-l'Evêque, Candé, Carbay, Chambellay, La Chapelle-Hullin, La Chapelle-sur-Oudon, Châtelais, Chazé-sur-Argos, Chazé-Henry, Combrée, Congrier, Ferrières, Freigné, Gené, Grez-Neuville, Grugé-L'Hôpital, Le Lion-d'Angers, Loiré, Louvaines, Marans, Montguillon, Montreuil-sur-Maine, Nioiseau, Noëllet, Noyant, La Potherie, La Magdeleine-de-Pouancé, La Prévière, Renazé, La Rouaudière, Saint-Aubin-du-Pavoil, Sainte-Gemmes-d'Andigné, Saint-Gilles-du-Bois, Saint-Martin-du-Bois, Segré, Sénonnes, Le Tremblay, Vergonnes, Vern.

C. 195. (Carton.) — 12 pièces, papier.

1788-1789. — Essai (anonyme) sur l'impôt du sel. — Mémoire contre la gabelle. — Réponses aux instructions de la Commission intermédiaire sur le régime et le produit des gabelles dans les arrondissements financiers de Cholet, Pouancé, Saint-Florent-le-Vieil. — Lettres de MM. de Caradeuc, Quartier, religieux de Pontron, Monnier, Sutaine, au sujet de faux sauniers arrêtés à Ingrandes, emprisonnés à Saumur. — Délibération des paroisses et communautés du district de Doué pour la suppression de la gabelle.

C. 196. (Carton.) — 5 pièces, papier.

1789-1790. — « Notes intéressantes sur les impositions. » — Observations sur le décret de l'Assemblée nationale qui supprime tous les privilèges et ordonne l'inscription à la taille des anciens privilégiés. — Mémoires sur la répartition des impôts dans les campagnes, — sur la multiplicité et la perception arbitraire des différents droits de traites et autres en Anjou, — sur un nouveau mode de perception des tailles.

C. 197. (Carton.) — 131 pièces, papier.

1787-1790. — Formation des rôles d'imposition par les municipalités. — Lettres d'envoi des rôles. — Demandes d'instructions. — Réclamations des paroisses. — District d'Angers : Beaufort, Brain-sur-l'Authion, Corné, La Daguenière, Longué, Murs, Pellouailles, Les Rosiers, Saint-Léonard, Saint-Mathurin, Saint-Pierre-du-Lac. — District de Baugé : Baugé, Brion, La Chapelle-Saint-Laud, Clefs, Cornillé, Cuon, Fontaine-Guérin, Fougeré, Jarzé, Lué, Marcé, Montpollin, Rigné, Saint-Philbert-du-Peuple, Vernantes. — District de Beaupréau : Andrezé, La Boissière, Botz, Chantoceaux, La Chapelle-du-Genet, Chemillé, Gesté, Jallais, La Jubaudière, Le Mesnil, Montrevault, Le Puiset-Doré, La Renaudière, Sainte-Christine, Saint-Florent, Saint-Georges-du-Puy-de-La-Garde, Saint-Germain-lès-Montfaucon, — Saint-Laurent-des-Autels, Saint-Martin-de-Beaupréau, Saint-Sauveur-de-Landemont, Saint-Sauveur-en-Mauges, Villeneuve. — District de Brissac : Les Alleuds, Brissac, Denée, Faye, Gonnord, Melay, Saulgé-L'Hôpital, Thouarcé.

C. 198. (Carton.) — 109 pièces, papier.

1787-1790. — Formation des rôles d'imposition par les municipalités. — District de Châteaugontier : Miré. — District de Châteauneuf-sur-Sarthe : Bourg, Châteauneuf, Contigné, Feneu, Juvardeil, Soucelles, Thorigné. — District de Château-La-Vallière : Château-La-Vallière, Chavagne-sous-Le-Lude, Denezé, Mouliherne, Noyant. — District de Cholet : Chanteloup, Cholet, Coron, Cossé, La Crilloire, Maulévrier, Le May, Montigné, La Plaine, Le Puy-Notre-Dame, Somloire, La Tour-Landry, Trémentines, Vezins, Yzernay. — District de Craon : Craon, La Salle-Craonnaise. — District de Doué : Ambillou, La Grézille, Bessé, Blaison, Brigné, Cisay, Douces, Doué, Louerre, Martigné, Riou, Saint-Maur, Saint-Rémy, Soulangé, Le Thoureil, Varennes-sous-Doué. — District de La Flèche : Durtal, La Flèche.

C. 199. (Carton.) — 97 pièces, papier.

1787-1790. — Formation des rôles d'imposition par les municipalités. — District de Saint-Georges-sur-Loire : La Cornouaille, Pruillé, Saint-Clément-de-La-Place. —

District de Montreuil-Bellay : Antoigné, Cernusson, La Lande, Montreuil-Bellay, Saint-Hilaire-du-Bois, Vihiers. — District de Sablé : Asnières, Daumeray, Saint-Germain-sous-Daumeray, Sablé. — District de Saumur : Brézé, Distré, Fontevrauld, Parnay, Rablay, Russé, Saint-Lambert-des-Levées, Saumur, Turquant, Verrie. — District de Segré : Andigné, Angrie, Aviré, Bourg-d'Iré, Candé, La Chapelle-Hullin, Châtelais, Chazé-sur-Argos, Congrier, Le Lion-d'Angers, Montguillon, La Potherie, Pouancé, Saint-Herblon, Saint-Martin-du-Bois, Saint-Michel-du-Bois, Segré, Sénonnes.

C. 200. (Carton.) — 90 pièces, papier.

1787-1789. — États particuliers des impositions tant principales qu'accessoires. — District d'Angers : paroisses d'Andard, Avrillé, Beaufort, La Bohalle, Brain-sur-l'Authion, Corné, La Daguenière, Foudon, Longué, La Marsaulaye, Le Plessis-Grammoire, Saint-Mathurin-sur-Loire, Saint-Pierre-du-Lac, Saint-Samson, Saint-Maurille-des-Ponts-de-Cé, Saint-Léonard, Saint-Laud, Saint-Augustin, Saint-Barthélemy, Sainte-Gemmes-sur-Loire, Trélazé. — District de Baugé : Baugé, Brion, Bocé, Blou, Beauvau, Bauné, La Chapelle-Saint-Laud, Chaumont, Chevire, Chartrené, Clefs, Cornillé, Cré, Cuon, Echemiré, Fontaine-Guérin, Fougeré, Jumelles, Jarzé, Lezigné, Lué, Marcé, Mazé, Montpollin, Pontigné, Sermaise, Saint-Georges-du-Bois, Saint-Léonard-de-Durtal, Saint-Martin-d'Arcé, Saint-Philbert-du-Peuple, Le Vieil-Baugé. — District de Beaupréau : Andrezé, La Boissière, Notre-Dame et Saint-Martin-de-Beaupréau, Botz, Bouzillé, Chantoceaux, Châteaupanne, Chaudron, La Chaussaire, La Chapelle-du-Genet, La Chapelle-Saint-Florent, Saint-Pierre-de-Chemillé, Drain, Le Fief-Sauvin, Le Fuilet, Gesté, Jallais, Le Marillais, Le Mesnil, Montfaucon, Montjean, Le Grand-Montrevault, Neuvy, La Pommeraye, La Poitevinière, Le Pin-en-Mauges, Le Puiset-Doré, La Renaudière, Saint-Christophe-La-Couperie, Saint-Crespin, Saint-Florent-le-Vieil, Saint-Germain-lès-Montfaucon, Saint-Laurent-des-Autels, Saint-Laurent-de-La-Plaine, Saint-Laurent-du-Mottay, Saint-Lézin et La Chapelle-Rousselin, Saint-Pierre-Montlimart, Saint-Quentin, Saint-Rémy-en-Mauges, La Varenne.

C. 201. (Carton.) — 88 pièces, papier.

1787-1789. — États particuliers des impositions tant principales qu'accessoires. — District de Brissac : Allençon, Les Alleuds, Beaulieu, Brissac, Chalonnes, Chaudefond, Chavagnes, Denée, Faye, Gonnord, Joué, Juigné-sur-Loire, La Jumellière, Luigné, Melay, Murs, Quincé, Rablay, La Salle-de-Vihiers, Saulgé-L'Hôpital, Soulaines, Saint-Ellier, Saint-Lambert-du-Lattay, Saint-Melaine, Saint-Saturnin, Saint-Sulpice-sur-Loire, Vauchrétien. — District de Château-La-Vallière : Denezé. — District de Châteauneuf-sur-Sarthe : Bourg, Briollay, Brissarthe, Châteauneuf, Contenay, Champigné, Cheillé-Changé, Cherré, Contigné, Corzé, Feneu, Juvardeil, Pellouailles, Querré, Sceaux, Seurdres, Soucelles, Soulaire, Saint-Silvain, Tiercé, Villevêque. — District de Cholet : Cholet, Chanteloup, Coron, Cossé, La Romagne, La Séguinière, La Tour-Landry, Trémentines, Vezins. — District de Doué : Aubigné, Dessé, Blaison, Brigné, Chétigné, Cizay, Coudray, Courchamps, Coutures, Cunauld, Douces, Forges, Gennes, Gohier, Grézillé, Louerre, Louresse, Martigné-Briant, Milly, Noyant, Saint-Georges-Châtelaison, Saint-Georges-des-Sept-Voies, Saint-Maur, Saint-Pierre-en-Vaux, Saint-Rémy, Tigné, Trèves, Les Ulmes, Verrie, Varennes-sous-Doué.

C. 202. (Carton.) — 90 pièces, papier.

1787-1789. — États particuliers des impositions tant principales qu'accessoires. — District de Montreuil-Bellay : Antoigné, Cernusson, Les Cerqueils-sous-Passavant, Cleré, La Chapelle-sous-Doué, Concourson, La Fougereuse, La Fosse-de-Tigné, Faveraye, La Lande-des-Verchers, Montilliers, Méron, Nueil, Passavant, Le Puy-Notre-Dame, Saint-Hilaire-du-Bois, Saint-Hilaire-de-Rillé, Saint-Just-de-Bron, Saint-Just-des-Verchers, Saint-Paul-du-Bois, Tancoigné, Trémont, Vihiers, Le Voide. — District de Saint-Georges-sur-Loire : Béhuard, Bouchemaine, Brain-sur-Longuenée, Bécon, Chantocé, La Cornuaille, Ingrandes, Juigné-Bené, Le Louroux-Béconnais, La Meignanne, La Membrolle, Montreuil-Belfroy, Neuville et Grez, Le Petit-Paris, Le Plessis-Macé, La Pouëze, Pruillé, Pruniers, Savennières, Saint-Martin-du-Fouilloux, Saint-Sigismond, Saint-Léger-du-Bois, Saint-Lambert-La-Potherie, Saint-Jean-des-Marais, Saint-Jean-de-Linières, Saint-Germain-des-Prés, Saint-Clément-de-La-Place, Villemoisant. — District de Segré : Armaillé, Andigné, Angrie, Bourg-d'Iré, Bourg-L'Évêque, Bouillé-Ménard, La Boissière, Carbay, Challain, Chambellay, La Chapelle-Hullin, La Chapelle-sur-Oudon, Chatelais, Chazé-Henry, Chazé-sur-Argos, Combrée, Congrier, La Ferrière, Gené, Grugé, L'Hôpital-de-Bouillé, Le Lion-d'Angers, Loiré, Louvaines et Jaillette, Marans, Montguillon, Montreuil-sur-Maine, Nioiseau, Noellet, Noyant-La-Gravoyère, La Previère, Renazé, Segré, Saint-Martin-du-Bois, Saint-Aubin-du-Pavoil, Sainte-Gemmes près Segré, Saint-Herblon, Vergonnes, Vern.

C. 203. (Carton.) — 33 pièces, papier.

1789-1790. — Requêtes en réduction d'impôt présentées par Leroyer, maître de poste de Sablé, Gab. Lenoir, R. Robat, J. Thibault, veuve Beausire, J. Lelarge, J. Gourdault de La Pinsonnière, Jacq. Rousselot, le duc de Villeroy,

Girard de La Calvinière, Relin de Langlolière, Brillet de Candé, de Cuillé, J. Liger, J. Gillet, Daveau, P. Samson, Du Bouais, curé de Roussay, Maugin, archiprêtre de Feneu, H. Dupin, maître de poste à Saumur, Math. Bertre, P. Rocher, Dronin, curé de La Potherie-Challain. — Suppliques des sieurs Louis Leriche, René Chassé, P. Armenoux, René Chollet, Godiveau, Math. Fourchigo, L. Baudry, Ch. Desbois, J. Fr. Ballu, Mich. Thuau, collecteurs nommés par les paroisses, afin d'être disposés de cette charge.

C. 204. (Carton.) — 83 pièces, papier.

1788-1789. — Tailles et impositions. — Lettres des contrôleurs généraux des finances, Necker et Lambert, portant demande d'avis ou envoi d'instructions ou de décisions sur la perception du droit de franc-fief, la suppression des collecteurs, la confection des rôles, la remise projetée des impositions arriérées, l'inscription au rôle des privilégiés, — et sur les mémoires et requêtes présentés par les paroisses d'Azé, Daucés, Distré, Marcé, Brissarthe, Le Puy-Notre-Dame, Vihiers, et par les syndics du district de Châteauneuf.

C. 205. (Carton.) — 84 pièces, papier.

1788-1789. — Tailles et impositions. — Lettres de M. Daine, intendant de Tours, portant rectification ou ordre de mise en recouvrement des rôles.

C. 206. (Carton.) — 93 pièces, papier.

1788-1790. — Tailles et impositions. — Lettres de MM. l'abbé de Boisdeffre, Pouget, Chesneau, Desportes, Davy de Piltières, de La Béraudière, de La Grandière, procureurs syndics de l'assemblée générale de Tours, portant demande de renseignements ou envoi d'instructions pour la confection des rôles.

C. 207. (Carton.) — 73 pièces, papier.

1788-1790. — Tailles et impositions. — Lettres de MM. Delage, Guyet, Desnoes, Petit, Bodin, Lenoir de La Motte, receveurs particuliers, portant demande d'instructions, avis d'envoi des fonds, plaintes contre les irrégularités des rôles et l'insuffisance des collecteurs.

C. 208. (Carton). — 11 pièces, papier.

1789-1790. — Lettres des contrôleurs généraux, Necker et Lambert, portant instructions pour la confection des rôles de la Contribution patriotique.

C. 209. (Carton.) — 1 cahier grand in-folio, papier, 27 feuillets.

1789. — État général de la taxe faite en exécution du règlement royal du 30 mai 1789, à chacun des députés du Tiers-État de la sénéchaussée d'Anjou et des quatre sénéchaussées secondaires qui ont comparu et formé les assemblées tenues à Angers, pour la convocation des États-Généraux.

C. 210. (Carton.) — 35 pièces, papier.

1789-1790. — État des rôles de supplément à la capitation des nobles et ci-devant privilégiés dans chaque Élection. — Recouvrement de la contribution. — État des recettes arriérées.

C. 211. (Carton.) — 2 pièces, parchemin; 17 pièces, dont 1 cahier grand in-folio, 58 feuillets, et 13 imprimés.

1789-1790. — Répartition de la contribution principale. — Arrêt du Conseil d'État; proclamations du Roi. — Instructions. — Tableau de la répartition par Élections et par paroisses. — États des remises et décharges proposées par les officiers de chaque Élection.

C. 212. (Carton.) — 23 pièces, papier.

1789-1790. — État des frais de casernement des garnisons et des maréchaussées d'Angers, Baugé, Château-Gontier, Châteauneuf, Le Lude, Sablé, Saumur, Segré.

C. 213. (Carton.) — 10 pièces, papier.

1789-1790. — Institution des sourds et muets d'Angers. — États nominatifs des pensionnaires. — Lettres des procureurs syndics de l'assemblée générale de Tours, portant avis d'allocations au profit de la demoiselle Blouin, directrice.

C. 214. (Carton.) — 91 pièces, papier.

1789-1790. — Compte-rendu par les députés composant la Commission intermédiaire de Touraine aux commissaires des départements d'Indre-et-Loire, de Loir-et-Cher, de l'Indre et de La Vienne, en exécution de lettres patentes du roi du 20 août 1790, sur le décret de l'Assemblée nationale du 28 décembre 1789. — Pièces justificatives du compte-rendu pour la partie des ponts et chaussées. — Rapport de la remise des titres et papiers faite par MM. les députés de la Commission intermédiaire à MM. les administrateurs du département.

C. 215. (Carton.) — 138 pièces, papier.

1787-1808. — Compte-rendu des frais d'administration de l'assemblée provinciale et de la Commission intermédiaire, adressé le 17 septembre 1808, avec les pièces justificatives au préfet de Maine-et-Loire, par M. Barbot, ancien secrétaire de l'assemblée provinciale.

Département de Maine-et-Loire.

INVENTAIRE-SOMMAIRE

DES

ARCHIVES DÉPARTEMENTALES ANTÉRIEURES A 1790.

SÉRIE D.

(Instruction publique — Université. — Facultés. — Colléges. — Sociétés académiques.)

UNIVERSITÉ D'ANGERS.

D. 1. (Registre.) — Petit in-folio, papier, 150 feuillets.

[illegible]. — Conclusions de l'Université d'Angers : — en tête : « Nomina graduatorum, qui continentur in presenti registro »; — convention avec le sieur Gault, cirier, pour la fourniture des cierges aux jours de clôture et d'ouverture des écoles; — nomination du messager pour le pays des Mauges; — opposition à l'arrêt rendu en faveur des aubergistes qui logent des écoliers; — examens et procès-verbaux de réception et d'installation de M. Jauneau, dans la chaire de droit vacante par le décès de M. Lézineau; — extrait d'une lettre écrite au recteur sur le cérémonial suivi par l'Université de Paris aux obsèques du roi Louis XIV; — tirage au sort des questions pour les examens du baccalauréat et de la licence.

D. 2. (Registre.) — Petit in-folio, papier, 150 feuillets.

[illegible]. — Conclusions de l'Université d'Angers : — règlement pour les bedeaux; — contestation entre M. Duboys et M. Dartons au sujet du baiser de la patène dans les fêtes solennelles des Nations; — défense de modifier les thèses de théologie après approbation; — mémoire pour l'établissement d'un nouveau collége en ville; — obsèques de M. Pocquet de Livonnière; — mémoire de l'Université de Caen contre les jésuites; — nomination de messagers; — ordre au supérieur du séminaire de fournir annuellement la liste nominative des étudiants.

D. 3. (Registre.) — Petit in-folio, papier, 213 feuillets.

1765-1774. — Conclusions de l'Université d'Angers : — remontrances adressées au Roi pour obtenir le droit de nommer un des quatorze notables créés par l'édit de 1765; — concours pour la chaire de droit vacante par le décès de M. Duboys; — discours de M. Merveilleux, recteur; — arrêt du Parlement qui supprime un imprimé ayant pour titre : « *Clementis papæ XIII litteræ quibus abrogantur a nulla edicta in ducatu Parmensi et Placentino...* »; — concours pour la chaire vacante par le décès de M. Merveilleux; — l'abbaye de Saint-Serge certifiée collége de l'Université; — exercices français de physique au collége d'Anjou; — règlement pour les maîtres ès-arts, répétiteurs et maîtres de pension « sous la dénomination générale de pédagogues »; — visites des « pédagogies »; — mémoire pour solliciter l'établissement à Angers d'un Conseil supérieur de l'Apanage.

D. 4. (Registre.) — Petit in-folio, papier, 31 feuillets.

[illegible]. — Conclusions de l'Université d'Angers : — les étudiants du collége de La Flèche admis à prendre à Angers le titre de maître ès-arts; — réponses aux questions, adressées par l'Université de Caen, sur l'obligation imposée aux écoliers de recueillir par écrit les leçons des docteurs régents; — réparation de la maison des Grandes-Écoles; — règlement pour les rétributions des bedeaux. (La fin du registre manque.)

D. 5. (Registre.) — Petit in-folio, papier, 89 feuillets.

1780-1791. — Conclusions de l'Université d'Angers : — vœux en faveur de l'établissement d'un hôpital d'enfants trouvés, — pour la convocation d'États-Provinciaux, — pour la construction de casernes; — opposition au projet de réunion de l'abbaye Saint-Aubin à l'évêché de Sées; — acte de cession à la ville d'Angers, par la nation d'Anjou, de la prairie d'Allemagne; — liste des gradués dans les quatre facultés.

D. 6. (Registre.) — In-folio, parchemin, 191 feuillets.

[illegible]-1498. — Cartulaire de l'Université d'Angers. — Lettres de Charles V, Philippe IV, et Charles VI, rois de France, bulles du pape Clément IV, portant concession de priviléges au profit des Universités d'Orléans et d'Angers; — statuts généraux (en 62 articles) « corrigés et innovés » par P. Bertrand, docteur en décrets, du consentement des régents; — les mêmes révisés (en 130 articles) par D. de Marle, président du Parlement de Paris; — règlement de la Bibliothèque publique; — statuts des facultés de Théologie, des Arts et de Médecine; — acte de notification d'un arrêt du Parlement de Paris rendu à la requête du maître-école de Saint-Maurice, suivi du procès-verbal de visite et de réformation de l'Université et des nouveaux statuts établis par commission spéciale.

D. 7. (Volume.) — 2 parch., 187 pièces papier, dont 31 imprimées, 618 feuillets.

[illegible]-1780. — Priviléges, statuts, règlements intérieurs, extraits et copies du Cartulaire: — bulle du pape Jean XXII, qui dispense les étudiants de la résidence dans leurs bénéfices pendant leurs sept années d'études; — bulle d'érection de l'Université de Nantes; — concordat entre la faculté de Droit et les facultés de Théologie, de Médecine et des Arts; — arrêt du Parlement de Paris qui interdit aux docteurs de résigner leurs chaires; — qui établit la préséance de l'Université de Toulouse sur le Présidial; — règlement pour l'élection du recteur; — compte du droit d'appétissement; — procès-verbal du concours pour les chaires de droit vacantes par la mort de MM. Chartier et Legros; — édit portant règlement pour l'étude du droit canonique et civil; — harangue prononcée par l'intendant Tubeuf en présentant cet édit; — moyens exposés par les docteurs contre les prétentions du maître-école de l'église d'Angers à la préséance dans les assemblées de la faculté de Théologie; — tarif des droits perçus par les professeurs et les dignitaires sur les inscriptions et les examens; — mémoire sommaire pour l'évêque d'Angers contre le Conseil de ville opposant à l'enregistrement des lettres patentes qui autorisent les étudiants en philosophie du séminaire à prendre leurs degrés en l'Université; — conclusion contre les procureurs des nations « qui avaient arboré la chausse violette » sans autorisation; — supplique au Roi contre la désunion réclamée par le Présidial des fonctions d'avocat et de procureur.

D. 8. (Carton.) — 1 parchemin, 8 pièces, papier.

[illegible]-1760. — Liste des docteurs-régents et des écoliers jouissant des immunités de l'Université d'Angers pour Me Pierre Dégut, receveur de la dîme décrétée dans le concile de Paris. — Lettres patentes portant confirmation du droit de garde-gardienne au profit des dignitaires, étudiants et suppôts. — Arrêt du Parlement de Paris qui astreint les professeurs de philosophie du grand et du petit séminaire d'Angers à justifier devant le recteur de leur titre de maître-ès-arts. — Conclusion du Conseil qui réduit le nombre des clés des archives à trois, au lieu de huit. — Requête à Monsieur, frère du Roi, pour l'établissement d'une chaire gratuite de chimie au profit du sieur Tessier Du Closeau.

D. 9. (Registre.) — Petit in-folio, papier, 148 feuillets.

[illegible]. — Journal de recette des revenus anciens et des deniers casuels, tenu par M. Pierre Bruneau, greffier secrétaire, par acquêt dudit office sur les héritiers de Jacq. Ducorne, son oncle : — recette des droits d'appétissement, des loyers des maisons et caves des Grandes-Écoles, de la librairie et des Grosses-Patenôtres, — des rentes dues par le Bon-Pasteur et les sieurs Creusot, Guérin, Regot, Boulmy, de Narcé, Porquet, Mabille, — des fermes des messageries. — Inventaire des titres et papiers de l'Université dont a pris charge ledit receveur.

D. 10. (Carton.) — 17 cahiers in-folio, papier, 178 feuillets.

[illegible]-1791. — Comptes rendus à MM. les recteur, docteurs et procureurs de l'Université, par MM. J.-B. Fr. Duboys et Mat. Brevet, receveurs-généraux des revenus anciens et des deniers casuels; — recette des droits des jurandes et des licences, — des grands et petits sceaux, — d'appétissement, — des loyers, — des rentes foncières, — des rentes hypothécaires, — des messageries. — Dépense pour indemnité au sacristain de Saint-Pierre; — au sieur Feuillet « pour ses soins de garder la robe du recteur et de l'habiller aux jours de cérémonies »; — honoraires des dignitaires et docteurs régents; — achat de bougies pour l'offrande le jour de la fête de la nation de France, etc.

D. 11. (Registre.) — Petit in-folio, 147 feuillets.

1740-1768. — Livre des acquits des recteurs, chanceliers, docteurs, procureurs des nations d'Anjou, de Bretagne, du Maine, de Normandie, d'Aquitaine, de France, professeurs, bedeaux et autres dignitaires et suppôts.

D. 12. (Registre.) — Petit in-folio, papier, 137 feuillets.

1768-1789. — Livre des acquits des recteurs, chanceliers, docteurs, procureurs des nations, professeurs, bedeaux et autres dignitaires et suppôts.

D. 13. (Registre.) — In-folio, papier, 130 feuillets.

1649-1699. — Nation de Bretagne — « Registrum conclusionum nationis Armoricæ » : — compte-rendu des séances du Présidial dans l'instance soulevée par Me Louis Guibert, procureur-général annuel élu par la nation de Bretagne, au refus d'Étienne Romain de se démettre desdites fonctions ; — assemblée du procureur et des suppôts dans la chapelle St-Luc de l'église St-Pierre ; — procès-verbal de remise de la masse au bedeau ; — inventaire des titres et des meubles de la nation ; — extrait des statuts de l'Université pour ce qui concerne les droits des nations et de leurs procureurs.

D. 14. (Registre.) — Petit in-quarto, papier, 83 feuillets.

1698-1710. — Conclusions de la nation de Bretagne : — amortissement de la rente due au chapitre de Saint-Maurice pour la célébration de la Saint-Yves ; — note sur l'obligation faite aux chanoines de tendre les tapisseries ; — notes historiques, par M. de Crémur, sous ce titre : « Remarques » durant que M. de Crémur a été intrant de l'Université en » 1698 » et « Discours de M. l'abbé Léger à sa sortie du » rectorat ».

D. 15 (Registre.) — Petit in-quarto, 100 feuillets, papier

1710-1792. — Conclusions de la nation de Bretagne : — immatriculation du P. Braindejone « sous la réserve qu'il » ne se trouverait jamais que deux Bénédictins aux assem- » blées » ; — protestation de M. Turquetil contre la nomination du sieur Brelet à la charge de procureur ; — note sur l'emploi des seize boisseaux de farine consacrés au pain bénit de la Saint-Yves, avec la liste des personnes à qui il en est donné, et le cérémonial de la distribution ; — règlement pour la nomination du recteur de l'Université, à l'occasion des oppositions mises à l'intronisation de Me Simon de Vermondans. — Journal historique de Me René Brelet, sous ce titre : « Remarques d'un procureur particulier de la nation de Bretagne (1721) ».

D. 16. (Carton.) — 10 cahiers in-folio, papier, 89 feuillets.

1644-1699. — Nation de Bretagne. — Compte de la recette des rentes et des dépenses, tant ordinaires qu'extraordinaires, pour gages du boursier et du sacristain de Saint-Pierre ; — frais du luminaire de la Saint-Yves ; — « le » chapeau de fleurs mis et posé sur le chef de l'image du- » dit saint » ; — le transport des bancs et des tapisseries ; — l'indemnité des enfants de chœur et du comptable.

D. 17. (Carton.) — 68 cahiers, papier, de 262 feuillets.

1700-1789. — Nation de Bretagne. — Comptes de la recette des rentes et des dépenses tant ordinaires qu'extraordinaires, — pour la solennité de la Saint-Yves, — la confection d'armoiries, — l'achat d'une robe, — les gages du bedeau, — l'indemnité du sacristain et du boursier de Saint-Pierre d'Angers.

D. 18. (Carton.) — 13 pièces, papier ; 6 pièces, parchemin.

1602-1789. — Nation de Bretagne. — Inventaire des titres des rentes qui sont dues par les sieurs Garnier, Simon Thiberge, Ant. Decamp, et sur les tailles. — Extraits des conclusions et des comptes. — Procès-verbal de la visite de la masse par Guill.-René Hardye, maître orfèvre d'Angers. — Mémoire pour la distribution du pain bénit « qu'il convient faire au jour et feste de Monsieur S. Yves en l'église de Saint-Maurice ». — Marché pour la fourniture du luminaire de ladite fête. — Contestation entre les sieurs Brelet et Turquetil, au sujet de la nomination du procureur de la nation.

D. 19. (Carton.) — 7 pièces, parchemin ; 4 pièces, papier.

1508-1600. — Nation de Normandie. — Titres de rentes sur les sieurs Jean de La Coudre, J. Event, J. Guibert, René Augier de Charost, P. Aubert, J. Grignon, Heniau Du Pasty, Marie Lemanceau, Thomas Lepage et Fr. Vielt.

D. 20. (Registre.) — Petit in-folio, papier, 171 feuillets.

1677-1744. — Faculté des Arts. — Journal de recette des revenus tant en rentes foncières que en droits casuels sur les examens et les inscriptions. — Note sur les variations des monnaies d'or et d'argent pendant les années 1702 et 1703.

D. 21. (Registre.) — In-folio, papier, 170 feuillets.

1744-1792. — Faculté des Arts. — Journal de recette des revenus tant en rentes foncières qu'en droits casuels sur les examens et les inscriptions.

D. 22. (Carton.) — Fragments de deux registres : feuillets 1 à 82, 84 et 132, feuillets 23 à 135, plus 9 pièces intercalées.

1678-1789. — Faculté de Droit. — Journal de la faculté, contenant les procès-verbaux d'examens soutenus pour le baccalauréat, la licence et le doctorat, la copie des certificats d'études et de lettres patentes portant dispenses au profit de Nic.-Claude Belingan, Ph. Bougler de La Dennerie, Cl.-Marie Lelaé, René Poilpré, etc.

D. 23 (Registre.) — In-folio, papier, 104 feuillets.

1769-1792. — Faculté de Droit. — Registre d'inscription des étudiants.

D. 24. (Carton.) — 5 pièces, papier, imprimées

1494-1744. — Faculté de Droit. — Extraits des titres et règlements généraux de l'Université d'Angers en ce qui regarde ladite faculté. — Récit de ce qui s'est passé dans les assemblées de la faculté de Droit d'Angers, convoquées par M. Tubœuf, intendant de la Généralité de Tours, les 17 mars et 3 juillet 1680, en exécution de l'édit du mois d'avril 1679, pour le rétablissement des études de droit canonique et de droit civil. — Harangue de MM. Tubœuf et Voisin. — Arrêt du Parlement de Paris qui fait défense d'admettre aux examens de droit les étudiants qui n'ont pas fait résidence.

D. 25. (Registre.) — In-folio, papier, 84 feuillets.

1768-1790. — Faculté de Médecine. — « Liber actuum et conclusionum » : — programmes des cours annuels; — fixation de la limite d'âge d'admission aux examens; — « supplicationes Facultatis Medicæ pro reddita Regi sanitate »; — discours d'ouverture prononcé par Ch. Naudin Des Brosses, doyen; — augmentation des droits d'examen pour frayer aux dépenses d'entretien et de location de la maison et du jardin d'étude, pris à bail par la Faculté sur le Tertre Saint-Laurent; — M. Reyneau, député auprès de l'intendant, pour protester contre l'inscription des docteurs aux rôles des logements militaires; — réponses aux questions de l'intendant sur les causes du refus subi aux examens par le sieur Chartier; — les docteurs malades admis à toucher leurs jetons de présence aux examens; — enquête sur la rixe survenue dans l'amphithéâtre entre les sieurs de Bouvres et Lemonnier; — formule nouvelle du diplôme de docteur; — lettres royaux d'affiliation du collége de La Flèche à l'Université d'Angers; — amende contre les professeurs inexacts.

D. 26. (Carton.) — Cahier, petit in-folio, papier, 20 feuillets.

1549-1791. — Faculté de Médecine. — Actes et conclusions : — défense aux sieurs Meslier et Allard, charlatans, d'exercer la médecine; — création de médecins brevetés pour l'hôpital Saint-Jean; — visite des apothicaires; — MM. Duplessis et Delaunay refusent la prestation du serment civique et sont déclarés déchus de leur emploi par la Faculté; — liste des docteurs-médecins de l'Université d'Angers, avec la date de leur réception; — notes sur l'histoire de la Faculté, etc.

D. 27 (Registre.) — In-folio, papier, 36 feuillets.

1764-1792. — Faculté de Médecine : — « Tabulæ actorum Facultatis Medicæ Andegavensis, in quibus inscribuntur actus eorum, qui in dicta Facultate gradus consequuntur ad extra urbem Andegavum medicinam exercendam. »

D. 28. (Registre.) — In-folio, papier, 101 feuillets.

1759-1792. — Faculté de Médecine. — Registre d'inscription des étudiants.

D. 29 (Registre.) — In-folio, papier, 61 feuillets.

[1786-1791]. — Faculté de Médecine. — Registre d'inscription des étudiants.

D. 30. (Carton.) — 36 pièces, papier.

XVIe siècle - 1790. — Faculté de Médecine. — « Statuta Facultatis Medicinæ in Universitate Andegavensi. » (*Don de M. Henry, ancien recteur.*) — Inscriptions d'étudiants aux divers cours. — Extraits et copies de conclusions. — Lettre circulaire de Vicq d'Azir (avec la signature autographe) au nom de la Société royale de médecine, portant envoi de sujets de prix et demande de communications scientifiques régulières. — Lettre du docteur Gilbert, réclamant des certificats authentiques à produire contre les prétentions des médecins de Rennes, qui contestent ses diplômes pour erreur de date et de copie. — Lettre de M. Boiteu, lieutenant particulier au bailliage de Mortain, portant demande de renseignements sur un sieur J.-Ch. Legeay, qui se prétend docteur-médecin de l'Université d'Angers et produit ses thèses et son diplôme.

D. 31. (Carton.) — 1 parchemin, 47 pièces, papier, dont 13 cahiers (ensemble 62 feuillets).

1500-1783. — Faculté de Théologie. — Arrêt du Parlement de Paris qui lui donne droit de participer aux profits et émoluments casuels de l'Université. — Titres de rentes sur la dame Bachelier de Fleurville. — État des biens et revenus de ladite faculté. — Comptes et quittances à l'appui de la recette des rentes sur la ville, les abbayes Saint-Aubin et Saint-Florent, le chapitre Saint-Laud d'Angers, etc.; — dépenses tant ordinaires qu'extraordinaires pour les jetons de présence des docteurs aux services des confrères défunts, aux examens, à l'ouverture des cours, pour frais de procès, entretien des salles, réparation de la masse, etc.

D. 32. (Carton.) — 10 pièces, papier.

1621-1790. — Collége de Champigné. — Testaments de MM. Mathurin Rainfroy, curé, et Pierre Fauchery de La Laurencerie, portant fondation et dotation dudit collége; — acquêt d'un jardin; — lettres de collation par l'Université d'Angers, au profit de Jacques Houdet, prêtre; — acte d'installation; — état des réparations urgentes aux bâtiments; — relevé des charges et revenus.

D. 33. (Carton.) — 2 pièces, parchemin; 1 pièce, papier.

1612-1684. — École de Marigné. — Testament de Jacques Bourdillon, curé, portant dotation de cent livres de rente au profit du maître, à la charge qu'il soit nommé par la Faculté de Théologie d'Angers. — Arrêt du Parlement qui condamne les héritiers à servir la rente et les arrérages dus.

COLLÉGE DE BEAUFORT.

D. 34. (Carton.) — 1 pièce, papier.

25 janvier 1577. — Procès-verbal de l'assemblée générale des habitants de la ville de Beaufort, pour la création d'un collége.

COLLÉGE DE DOUÉ.

D. 35. (Registre.) — In-folio, papier, 20 feuillets.

1668-1676. — Procès-verbaux des délibérations pour l'administration dudit collége, tenues « conformément à l'article 7 de l'édit du Roi portant règlement pour tous les colléges du royaume qui ne dépendent pas des Universités », — élection des administrateurs ; — règlement pour les études ; — nomination de Me Jean Marquet pour principal ; — ordre pour sa gestion.

D. 36. (Carton.) — 6 pièces, parchemin, 49 pièces, papier.

1655-1789. — Baux et contrats d'acquêts de maisons dans la ville de Doué au profit du collége. — État des meubles qui s'y trouvent.

COLLÉGE DE GREZ-NEUVILLE.

D. 37. (Carton.) — 96 pièces, papier, 4 pièces, parchemin.

1607-1790. — Extrait du testament d'Hélène Fournier, femme de J. de Bréon de La Giraudière, portant création et dotation dudit collége. — Actes de collation du titre de principal par les héritiers de ladite fondatrice et le seigneur de Grez. — Prise de possession par Me Pierre Blanchet, prêtre. — Aveux et déclarations rendus à la châtellenie de Grez pour le temporel dudit collége, notamment pour la métairie de La Charbonnerie, par Seb. Bertrie, J. Ribard, J. Godillon, etc. — Procès-verbaux de visites et de réparations des bâtiments. — Procédures pour obtenir la décharge du droit d'amortissement contre la dame Renée Baudier, veuve P. Chauvet de Boiscoupault, pour la propriété du landreau de La Charbonnerie et le droit de passage pour l'exploitation du taillis.

Département de Maine-et-Loire.

INVENTAIRE-SOMMAIRE

DES

ARCHIVES DÉPARTEMENTALES ANTÉRIEURES A 1790.

SÉRIE E.

(Titres féodaux. — Titres de famille. — Notaires et Tabellions. — Communes et Municipalités. — Corporations d'arts et métiers. — Confréries et Sociétés laïques.)

TITRES FÉODAUX. — SEIGNEURIE D'ARDANNE.

E. 1. (Volume.) — 20 pièces, parchemin; 49 pièces, papier.

1449-1779. — Déclarations, baux, contrats d'acquêts pour terres sises dans la mouvance de la seigneurie, à L'Hommeau, à La Girardière, à La Morelière, à La Tricherie, aux Pélerinnières, dans la paroisse de Corzé.

MARQUISAT DE L'AUBRIÈRE.

E. 2. (Volume.) — 81 pièces, papier, ensemble 140 feuillets; 3 tables de 30 feuillets, papier.

1443-1575. — Déclarations rendues à la baronnie de Briançon en Bauné, membre dépendant du marquisat de L'Aubrière (tome 1er), pour terres et rentes à L'Aireau-Pichon, aux clos de La Barre, de Baudon, de La Décossière, de Montjean, aux Châtillons, à La Forgeaisière, La Rocheguinefoul, La Houssaye, La Porée, près Saint-Victor, à Villardon.

E. 3. (Volume.) — 56 pièces, papier, ensemble 152 feuillets; 3 tables de 26 feuillets, papier.

1516-1610. — Déclarations rendues à la baronnie de Briançon (tome 3e; le tome 2e manque), pour terres et rentes à L'Aireau-Bourgery, au Bois-Barbot, à La Chotardière, aux fontaines Saint-Victor, à La Grenollerie, La Noiraye, La Perraudière, La Porée, La Savarière.

E. 4. (Volume.) — 39 pièces, papier, 128 feuillets; 3 tables de 19 feuillets, papier.

1534. — Déclarations rendues à la baronnie de Briançon (tome 5e; le tome 4e manque), pour terres et rentes à L'Aireau-Cocu, à La Bésiraye, au Champ-Cassin, aux Caves-Fortes, au Desrys, au Fournil, à La Frédonnière, à Paimperdu, à Pierrefolle, à La Roche-Maurice, aux Varennes.

E. 5. (Volume.) — 63 pièces, papier, 150 feuillets; 3 tables de 22 feuillets papier.

1568. — Déclarations rendues à la baronnie de Briançon (tome 7e; le tome 6e manque), pour terres et rentes à L'Asnerie, à La Barre, aux Châteigners, à La Dublière, à Farineau, àL a Frédonnière, à Héline, à La Noiraye, à La Poulinière, au Verger.

E. 6. (Volume.) — 1 parchemin; 11 pièces, papier, ensemble 77 feuillets; 2 tables de 15 feuillets, papier.

1490-1494. — Assises et remembrances de la baronnie de Briançon (tome 1er), pour terres et rentes en Bressigny, dans le fief des Arènes, sur les rives de l'Authion, près Narcé, à La Barbotière, à La Bésiraye, au Carrefour, à La Fouquetière, à La Mabilière, aux Plantes, à Saint-Jean-des-Mauvrets.

E. 7. (Registre.) — In-4°, papier, 122 feuillets; 2 tables de 30 feuillets, papier.

1507-1550. — Assises de la baronnie de Briançon (tome 3e; le tome 2e manque), pour terres et rentes à L'Arpent, La Barbotière, La Barre, Bauné, La Fouquetière, La Grenollerie, La Mabilière, Paimperdu, aux Perriers, aux Robes-Blanches, à La Rossignollerie, à Saint-Victor.

E. 8. (Volume.) — 8 cahiers, in-4°, papier, 73 feuillets; 2 tables de 27 feuillets, papier.

1524-1560. — Assises de la baronnie de Briançon (tome 4e), pour terres et rentes à La Barre, à La Basse-Porée, près Bauné, au Champ-Madame, à La Chesnaye, aux Collinières, à La Perchaudière, aux Quatrevents, à Saint-Victor, aux Trois-Cormiers, à La Frédonnière, à La Grenollière.

E. 9 (Volume.) — 5 cahiers, in-4°, papier, 57 feuillets; 2 tables de 27 feuillets, papier.

1574-1588. — Assises de la baronnie de Briançon (tome 5e), pour terres et rentes à L'Auge-de-Pierre en Brossigny, au Bois-Barbot, à Bauné, à La Bécossière, La Charpenterie, Farineau, La Grenollerie, Paimperdu, La Poulinière, La Tuffe.

E. 10. (Registre.) — In-4°, papier, de 164 feuillets; 2 tables de 21 feuillets, papier.

1558-1588. — Assises de la baronnie de Briançon (tome 6e), pour terres et rentes au fief des Arènes, en Bressigny, à La Bassonnière, La Cave, La Chesnaye, La Cocussière, aux Forgeaisières, à La Hérissière, à Narcé, aux Poupardières, à Soné, aux Tremblais.

E. 11. (Registre.) — In-4°, papier, 219 feuillets; 2 tables de 26 feuillets, papier.

1583-1636. — Assises de la baronnie de Briançon (tome 7e), pour terres et rentes au bois de La Bande, à La Barbotière, à Beauvais, à Bois-Maurice, aux Caves, à L'Épinière, aux Fontenelles, à La Grenollerie, à La Hirtière, à La Houssaye, à Narcé, à La Poulinière, aux Roussières, au Soulage. Signatures autographes, au feuillet 5, de Jehan de Châteaubriand; — feuil. 5 v°, de Susanne de Montausier; — feuil. 6 v°, de Françoise de Schomberg.

E. 12. (Registre.) — In-4°, papier, 93 feuillets; 2 tables de 48 feuillets, papier.

1610-1728. — Livre des cens et rentes dus à la baronnie de Briançon (tome 3e; les tomes 1er et 2e manquent), pour terres et rentes aux Aireaux, à La Bande, au Bouvier, à La Barre, à La Basilière, près Beauvais, à La Bésiraye, aux Caves-Fortes, aux Desris, près Farineau, au Fournil, à Héline, à La Houssaye, La Mabilière, La Pasquellerie, La Perrandière, à Pierrefolle, à La Poulinière, La Roberdière, La Simonnetterie, aux Varennes.

E. 13. (Volume.) — 71 pièces, parchemin, 78 feuillets; 2 tables de 11 feuillets, papier.

1499-1704. — Baux et contrats d'acquêts dans l'étendue de la baronnie de Briançon (tome 1er), à La Barre, à La Bassonnière, à La Boulangerie, près Frogeart et La Houssaye, aux Milleries, aux Perchandières, aux Ragueneaux, à Villardon. — Au feuillet 37, signature de Françoise de Schomberg.

E. 14. (Volume.) — 49 pièces, papier, 99 feuillets; 2 tables de 9 feuillets, papier.

1509-1699. — Baux et contrats d'acquêts dans l'étendue de la baronnie de Briançon (tome 2e), à L'Asnerie, à Bauné, aux Collinières, à Gaudinay, à La Hirtière, au Mortier-Fouchard, à Paimperdu, aux Ragueneaux, à La Varenne.

E. 15. (Volume.) — 52 pièces, papier, 103 feuillets; 2 tables de 9 feuillets, papier.

1561-1668. — Baux et contrats d'acquêts dans la mouvance de la baronnie de Briançon (tome 6e; les tomes 3e, 4e et 5e manquent), à La Barre, aux Châteigners, à La Duboiserie, à Foul-s'y-fie, à Héline, à La Noiraye, La Perraudière, La Poulinière, La Surgetterie, La Thinellerie, au petit fief de Mons.

E. 16. (Registre.) — In-folio, papier, 128 feuillets; 2 tables de 19 feuillets, papier.

1467-1469. — Assises et remembrances de la seigneurie de L'Épinière en Corzé, membre dépendant du marquisat de L'Aubrière (tome 1er), pour terres et rentes aux Barberais, au Bois-Maugis, près la chapelle du Boulay, à La Chaslerie, au Douet, à L'Epinière, à La Henrière, La Maladerie, La Noiraye, La Tardivière.

E. 17. (Volume.) — 2 cahiers, in-folio, papier, 68 feuillets; 2 tables de 13 feuillets, papier.

1565-1610. — Assises et remembrances de la seigneurie de L'Épinière (tome 2e), pour terres et rentes à La Basilière, au Bois-Chantalain, à La Davirie, à La Gibonnière, aux moulins de Corzé, à La Maison-Neuve, à La Taillebrenière, à Souzé.

E. 18. (Volume.) — 1 pièce, parchemin; 32 pièces, papier; 3 tables de 18 feuillets papier.

1505-1578. — Déclarations rendues à la seigneurie de L'Épinière (tome 2e; le tome 1er manque), pour terres et rentes aux Arrabeaux, à La Basilière, à La Bellaisière, au Porossay, à La Cerisaye, au Cocquillay, aux Gastines, à La Gibonnière, aux Guilloteaux, à L'Ognonnet, à La Roullière, à Souzé, aux Varennes.

E. 19. (Volume.) — 45 pièces, papier, 92 feuillets; 3 tables de 14 feuillets, papier.

1560-1599. — Déclarations rendues à la seigneurie de L'Épinière (tome 3e), pour terres et rentes à L'Aireau, au clos de Beauvais, à La Certainerie, La Davière, La Dardauderie, La Freterie, La Jannotière, aux Petiteaux, au Verger.

E. 20. (Volume.) — 56 pièces, papier, 91 feuillets; 3 tables de 17 feuillets, papier.

1609. — Déclarations rendues à la seigneurie de L'Épinière (tome 8e; les tomes 4e, 5e, 6e et 7e manquent), pour terres et rentes aux Baillifs, à La Basillère, La Bellaisière, aux Bourdelais, aux Censifs, aux Couldres, aux Fourmentis, à La Huppe, aux Petits-Noirots, au Pas-Saint-Martin, à La Ribonnerie, au Bois-Sifflant, au Clos-Yvain.

E. 21. (Volume.) — In-4°, papier, 56 feuillets; 2 tables de 44 feuillets, papier.

1579. — Livre des cens et rentes dus au fief de l'Épinière (tome 1er), pour terres et maisons aux Arrabeaux, au Bois-Ancelot, à La Basillière, à Beauvais, au Bois-Maugis, à La Bonnefilière, au Champ-des-Jeux, à La Chaslerie, au Clos-Mariage, à La Coconnière, aux Croix, près le Douet, près L'Écusseau, à La Gibonnière, La Gigonnerie, Grégosson, La Jousselinerie, La Piloisière, au Quartier-Jacob, à La Saillanterie, à Souzé, au Verger-Barbot.

E. 22. (Volume.) — 1 pièce, parchemin; 71 pièces, papier, 208 feuillets; 2 tables de 15 feuillets, papier.

1590-1640. — Baux et contrats d'acquêts dans la mouvance de la seigneurie de L'Épinière (tome 2e; le tome 1er manque), à La Basilière, au clos de Beauvais, au Cellier, à La Cerisaye, à la closerie Doisseau, aux Fougères, à La Jannotière, La Queue-des-Bois, La Saillanterie, La Croix-Soreau, au Clos-Yvain.

E. 23. (Volume.) — 38 pièces, parchemin; 2 tables, in-folio, parchemin, de 5 feuillets.

1509-1586. — Déclarations rendues à la seigneurie de Fromentières en Bauné, membre dépendant du marquisat de L'Aubrière (tome 4e; les tomes 1er, 2e, 3e manquent), pour terres et rentes au moulin des Aulnais, au Champ-des-Barges, au Champ-du-Châtillon, au Bois-Grand'dame, au Fief-Communau, à La Jaudayère, à Poil-de-Grolle, à Trèslebourg.

E. 24. (Volume.) — 27 pièces, papier, 42 feuillets; 2 tables de 14 feuillets, papier.

1520-1594. — Déclarations rendues à la seigneurie de Fromentières (tome 5e), pour terres et rentes à La Grosse-Borne, La Bréchetière, au Clos-Curé, à L'Érable, à Goulle-d'Oye, à La Mesbillaye, à La Pulaye, au clos de Travers.

E. 25. (Volume.) — 98 pièces, papier, 153 feuillets; 2 tables de 7 feuillets, papier.

1529-1668. — Déclarations rendues à la seigneurie de Fromentières (tome 6e), pour terres et rentes à Bauné, près le Bois-Saint-Père, à La Bréchetière, à La Daudinière, à La Durelle, aux Fromentières, à La Héarderie, à La Maladerie, à La Mauricière, à Sacé, aux Vieilles-Vignes.

E. 26. (Volume.) — 67 pièces, papier, 97 feuillets; 3 tables de 19 feuillets, papier.

1540-1681. — Déclarations rendues à la seigneurie de Fromentières (tome 7e), pour terres et rentes au Clos-Avelot, à Boissoleil, au Champ-au-Moine, à La Dibonnière, à L'Érable, aux Gouais, à La Hardouinière, aux Naizes, au Pré-Raveneau, aux Varennes, à La Vincendière.

E. 27. (Volume.) — 57 pièces, papier, 91 feuillets; 3 tables de 21 feuillets, papier.

1617-1680. — Déclarations rendues à la seigneurie de Fromentières (tome 7e), pour terres et rentes aux Bandes, au clos de La Bréchetière, à Clérisson, à La Foucauderie, à La Gaselière, à La Genetière, au Clos-Jouan, aux Naizes, au Petit-Sacé, à Tarticharge, aux Tauperies, à La Vincendière.

E. 28. (Registre.) — In-4°, papier, 168 feuillets; 2 tables de 32 feuillets, papier.

1475-1513. — Assises et remembrances de la seigneurie de Fromentières (tome 1er), pour terres et rentes aux Aulnais, près la chapelle Notre-Dame-de-Bauné, au pont Bignon, près Chastenay, au Cormier, à La Herse, aux Malterres, à Pellegrolle, aux Rablais, à Sacé, à Tartifume.

E. 29. (Registre.) — In-4°, papier, coté par feuillets, de 169 à 207, primitivement relié avec le numéro précédent; 2 tables de 12 feuillets, papier.

1513-1527. — Assises et remembrances de la seigneurie de Fromentières (tome 2e), pour terres et rentes au Bois-Saint-Père, à La Dibonnière, à La Durelle, à L'Hommeau, au pont du Ruisseau, près Sacé, aux Varennes.

E. 30. (Registre.) — In-folio, papier, coté par feuillets de 210 à 271, primitivement relié avec les numéros E. 29 et 30; 2 tables de 11 feuillets, papier.

1520-1597. — Assises et remembrances de la seigneurie de Fromentières (tome 3e), pour terres et rentes au Clos-Avelot, près le moulin des Aulnais, au Clos-Jouan, près le bois de L'Église, à La Goujonnière, à Poil-de-Lièvre, à La Pulaye, aux Terres-Blanches.

E. 31. (Registre.) — In-4°, papier, 73 feuillets; 2 tables de 22 feuillets, papier.

1509-1548. — Assises et remembrances de la seigneurie de Fromentières (tome 5e; le tome 4e manque), pour terres et rentes aux Aulnais, à L'Aireau-Perrier, aux Bandes, aux Champinets, au Clos-de-Cabran, aux Coudreaux, à La

Garellière, près la maladerie de Baumé, à La Perrichère, à La Pulaye, à Tarticharge.

E. 32. (Registre.) — In-folio, papier, 238 feuillets; 2 tables de 10 feuillets, papier.

1636. — Assises et remembrances de la seigneurie de Fromentières (tome 9e; les tomes 6e, 7e, 8e manquent), pour terres au Bois-Boulay, au Clos-Curé, aux Plantes-Prignault, à La Pulaye, à Sacé, au Vau-de-la-Couldre, aux Vieilles-Vignes, à La Vincendière.

E. 33. (Registre.) — Grand in-folio, papier, 146 feuillets.

1798. — Table générale des noms des héritages et des possesseurs contenus aux huit premiers volumes des censifs de la seigneurie de Fromentières (les huit volumes manquent).

E. 34. (Volume.) — 49 pièces, parchemin, 83 feuillets; 2 tables de 8 feuillets, papier.

1470-1653. — Contrats d'acquêts dans la mouvance de la seigneurie de Fromentières (tome 1er), aux Aulnais, à La Bréchetière, au Champ-au-Moine, à Chastenay, à La Garotterie, aux Grands-Champs, au Portuloup, à La Pulaye, à La Roullière, près la chesnaye de Briançon, près la métairie de Mons.

E. 35. (Volume.) — 47 pièces, papier, 114 feuillets; 2 tables de 12 feuillets, papier.

1591-1730. — Contrats d'acquêts dans la mouvance de la seigneurie de Fromentières (tome 4e; les tomes 2e et 3e manquent), aux Arpents, aux Aireaux, à Beaurepaire, au Clos-Briand, à Chérisson, aux Gonjonnières, à Goulle-d'Oye, aux Malterres, aux Mesbillais, à L'Ouche-au-Prêtre, à Pain-Bénit, à La Porte, au Petit-Sacé, au Bois-Sionnay, à Trèslebourg, à La Pasquellerie, La Caillardière, La Saulaye.

E. 36. (Volume.) — 55 pièces, papier, 129 feuillets; 1 table de 2 feuillets, papier.

1686-1761. — Contrats d'acquêts dans la mouvance de la seigneurie de Fromentières (tome 6e; le tome 5e manque), au Portuloup, à Chérisson, aux Bandes, à Poil-de-Grolle, à Baumé, au Petit-Sacé, au moulin de Chantenay, à La Brestière, à Etriché, à La Rochelle, au Clos-Jouan, au Petites-Roullières.

E. 37. (Volume.) — 1 pièce, parchemin; 41 pièces, papier, 120 feuillets.

1762-1781. — Contrats d'acquêts dans la mouvance de la seigneurie de Fromentières (tome 7e), près Montevrou, à Cornillé, Étriché, Corné, à La Bréchetière, à Baumé, à La Garotterie, à La Maladerie, à La Perrière, aux Ferrandries, aux Bougères, à Sarrigné, aux Ruettes, à La Dublière, au bois d'Épinard, au Mortier-au-Roy, à la *closerie de Mons.*

E. 38. (Registre.) — In-folio, papier, 31 feuillets; 4 tables de 28 feuillets, papier.

1454-1492. — Déclarations rendues à la baronnie de La Haye-Joulain en Pellouailles, membre dépendant du marquisat de L'Aubrière (tome 1er), pour terres et rentes près l'Authion, à La Croix-Bardoul, à La Bataillère, près La Bertière, aux boires Bienvenue et Torte, à Cartigné, aux Chalopinières, à Chanceron, aux Chaussées, au clos de La Chapelle-Blanche, aux Coulées, au Douet, à L'Epinay, près Trélazé, à La Fouacière, à La Grée, à Hautebelle, à La Jolissière, aux Landes, près Planchepiau, à La Maussionnière, aux landes de Mollans, à Monceaux, à Montibert, aux Mortiers, près Parigné, au Pelou, aux Perruches, à La Potardière, à La Rouanderie, près Saint-Silvain, à Trélazé, à La Vaquetière.

E. 39. (Registre.) — In-folio, papier, 162 feuillets; 3 tables de 49 feuillets, papier.

1492-1537. — Déclarations rendues à la baronnie de La Haye-Joulain (tome 2e), pour terres et rentes aux Ardrillais, à Bergelé, aux barrières de Sorges, à Bourguillot, au Carreau, aux Champs-Blancs, à Chanceron, à Chermoulin, aux Chênes-Verts, au Coudray, à Durdet, à L'Épervière, à Fosse-Bouguyer, au François, au Clos-Gohard, à La Havardière, à La Jousselinière, aux Lernes, au Clos-de-Montsoreau, à La Morellière, à La Plante-aux-Bretons, au Bois-Pouppin, aux Renaudières, à Roche-d'Oye, à *Souvigné*, à La Varenne, à La Verronnière, au Champ-du-Vivier.

E. 40. (Volume.) — 3 pièces, parchemin; 28 pièces, papier, 196 feuillets; 4 tables de 31 feuillets, papier.

1514-1579. — Déclarations rendues à la baronnie de La Haye-Joulain (tome 3e), pour terres et rentes aux Champs-L'Abbesse, près l'Authion, aux Batailléres, à La Besnaye, aux Bossorics, à Cartigné, aux *Charronnières*, au Chemineau, au Bois-Davy, à L'Enclose, à La Françoiserie, au Gast, au Champ-des-Halles, aux Alixandres, à L'Hermitage, au Bois-Hullin, à La Juiverie, à Mallebeux, à La Mitainerie, aux Pastures, à Pelou, à Saint-Silvain, à La Sionnière, près Toucheronde, à Trélazé, aux Roches-des-Vallées.

E. 41. (Volume.) — 2 pièces, parchemin; 58 pièces, papier, 93 feuillets; 3 tables de 23 *feuillets*, papier.

1542-1634. — Déclarations rendues à la baronnie de La Haye-Joulain (tome 4e), pour terres et rentes aux Alictières, aux Bouchers, à la fontaine des Bruslons, aux Cannes, au Clos-des-Chapelles, aux Coulées, près le port de Sorges, à Fosse-Bouguée, aux Gallaiseries, à Glacheur, à Trélazé, à La Juliennerie, à la mare Bertrand, à La Petite-Nambusche, à La Roche-Engillard, aux Six-Chemins, aux Verdelets.

E. 42. (Volume.) — 57 pièces, papier, 83 feuillets; 3 tables de 22 feuillets, papier.

1582-1625. — Déclarations rendues à la baronnie de La Haye-Joulain (tome 6e; le tome 5e manque), pour terres et rentes à Basmortier, à Becgelé, au carrefour Bourdais, au Brouillard, à Chermoulin, à La Garrasserie, aux Hallegrenières, à Hautebelle, à La Jannotière, à Lantrigné, au Noyer-Creux, à Saint-Malo, en la petite rivière de Trélazé, au Port-aux-Vaches, au Champ-des-Vignes.

E. 43. (Registre.) — Petit in-folio, papier, 64 feuillets; 2 tables de 19 feuillets, papier.

1512-1547. — Assises et remembrances de la baronnie de La Haye-Joulain (tome 2e; le tome 1er manque), pour terres et rentes aux Halixandres, à Andard, aux Béraudières, au clos de la Chapelle-Bausson, à La Havardière, à La Lampe, près le Bois-Maillard, à La Roche-de-Monceau, à Noblet, à Trélazé. — Provisions expédiées à Jean Provins et Pierre Guillet des offices de notaires de la baronnie.

E. 44. (Registre.) — Petit in-folio, papier, 53 feuillets; 2 tables de 23 feuillets, papier.

1516-1532. — Assises et remembrancas de la baronnie de La Haye-Joulain (tome 3e), pour terres et rentes le long de l'Authion, près le grand chemin de Beaufort, aux boires Simon et Bienvenue, à Ladoz, à Montlibert, aux Patrimoines, à Sanganguille, à Sorges, à Trélazé, aux Verreries, à Villeneuve.

E. 45. (Registre.) — Grand in-folio, papier, 192 feuillets; 2 tables de 35 feuillets, papier.

1565-1588. — Assises et remembrances de la baronnie de La Haye-Joulain (tome 5e; le tome 4e manque), pour terres et rentes aux Ardrillers, à la chapelle de La Bataillère, à La Bodinière, au Brossay, aux Chênes-Verts, au Colombier, au Coudreau, à La Fourrerie, à La Havardière, aux Landes-Tricquet, aux Melliers, à La Potardière, aux Cinq-Quartiers, à Saint-Silvain, Souvigné, La Tremblaye. — Provisions expédiées à Jean Corvière, Jean Berthelot, Jean Houdouin et Macé Desbois des offices de notaire et de sergent de la baronnie.

E. 46. (Registre.) — Petit in-folio, papier, 68 feuillets; 2 tables de 20 feuillets, papier.

1609-1621. — Assises et remembrances de la baronnie de La Haye-Joulain (tome 6e), pour terres et rentes à L'Auchupesse, à L'Ansellerie, au Port-aux-Bécheux, au Buisson-au-Prieur, à Cartigné, à La Chevallerie, à La Culasserie, au pont Malambert, à La Porée, Quinquempaye, Trélazé, au Port-aux-Vaches, à Vieille-Haye.

E. 47. (Registre.) — Grand in-folio, papier, 232 feuillets, plus 4 pièces, papier; 3 tables de 55 feuillets, papier.

1602-1629. — Assises et remembrances de la baronnie de La Haye-Joulain (tome 7e), pour terres et rentes à L'Anglaiserie, près l'Authion, aux Bataillères, à Becgelé, à Boismortier, aux Bruslons, à Champ-le-Comte, à la chapelle de La Callerie, à Chancheron, au Coudray, au tertre de l'Épervière, à La Ferrière, à La Frénière, au Grosbillot, à Hautebelle, à La Jousselinière, à La Main-de-Bois, aux Mollans, à Noirieux, aux Patisseaux, près la cure de Pellouailles, près Sorges, à Souvigné, à La Tonnelle, à Villévêque. — Injonction du juge de La Haye-Joulain aux habitants de la dite ville de réparer le pavé devant leurs maisons. — Provisions des offices de notaire et de sergent de la baronnie expédiées à Daniel Breau et René Guespin. — Opposition du procureur fiscal à l'enregistrement des lettres d'avocat obtenues par René Bernard. — Droit de banc dans l'église de Saint-Silvain.

E. 48. (Registre.) — In-4o, parchemin, 21 feuillets; 2 tables de 39 feuillets, papier.

1505. — Censif des rentes et devoirs dus à la baronnie de La Haye-Joulain (tome 1er), pour terres et maisons au pont Audiger, sur l'Authion, à La Babine, à Basmortier, aux Bataillères, à La Bergerie, au bois de Maugardie, aux Chalopinières, aux prés de Chauffour, à La Ciquardière, au Colombier, à Cul-de-Larron, au Douet, à Durdet, La Havardière, Hautebelle, La Hugerie, Landinay, La Maladerie, Malliloge, Monceaux, au Noyer-Trésor, à Parigné, au Pavement, aux Perruches, à La Potardière, au Quartier-Égaré, à La Rallière, aux Sablonnières, à Saint-Silvain, près le bois de Tessé, à Trélazé, à La Tuffière, au Vivier.

E. 49. (Registre.) — In-4o, papier, de 92 feuillets; 2 tables de 45 feuillets, papier.

1512. — Censif des rentes et devoirs dus à la baronnie de La Haye-Joulain (tome 4e; les tomes 2e et 3e manquent), pour terres et maisons à L'Anglaiserie, aux Bataillères, aux Berries, au Clos-au-Bigot, à la mare Bourgault, à La Bretesche, au Brouillart, à Cartigné, à La Cendlière, au Champdieu, au Courtil-Chaperon, au Cormier, au Clos-de-L'Enfermier, à La Fouacière, à La Fourerie, à La Herse, aux Héridannais, au Longréage, à Malliloge, à La Millardière, à Monceaux, au Pavé, à Pélixon, au Pelou, à Sorges, Trélazé, Plaquetote, Raoulchedoye, au Ridereau, à Saint-Silvain, à Touraine, à La Tuffière, au Carrefour-au-Vicaire.

E. 50. (Volume.) — 36 pièces, parchemin; 2 tables de 8 feuillets, papier.

1424-1595. — Contrats d'acquêts dans la mouvance de la baronnie de La Haye-Joulain (tome 1er), au Bois-Brulon, au Brossais, à Chantelou, aux Cloteaux, aux Gastuaulx, à La Ganterie, aux Hommeaux, à Mallelieue, aux Mollans, à La Noue-du-Pin, à Ribonne, à Saint-Silvain, aux Sicots, aux Terrats, près Tessé, à La Valmare.

E. 51. (Volume.) — 34 pièces, papier, 172 feuillets (manquent les feuillets 78-101); 2 tables de 15 feuillets, papier.

1484-1689. — Contrats d'acquêts dans la mouvance de la baronnie de La Haye-Joulain (tome 2e), au pont Alembert, à La Baronnie, aux Grandes-Bosseries, à La Petite-Bosserie, à Boutelou, au Busson, aux Chateliers, au Coudray, aux Courseillons, au Desris, aux Escaubus, aux Gelées, à Gobier, à La Groye, au Hachereau, à La Hardouinière, à La Herse, à La Meslerie, au Mortier-Pitard, à La Noiraye, à La Pélinerie, au Portineau, au Ronceray, à Saint-Silvain, à La Vallinière, à Villeneuve.

E. 52. (Volume.) — 68 pièces, papier, 168 feuillets.

1709-1789. — Contrats d'acquêts dans la mouvance du fief de La Roche-de-Monceaux, en la paroisse d'Andard, membre dépendant du marquisat de L'Aubrière (tome 13e; les tomes 1er-12e manquent), à La Morlière, à La Ségretais, à L'Aubraye, au Clos-des-Chapelles, à Corné, Cornillé, Toucheronde, aux Brandières, aux Bergovinières, à La Guitonnière, à La Réalle, à Sartigné, Montibert, Trélazé, au marais Giloire, à L'Aireau, à L'Hommelet.

E. 53. (Registre.) — Petit in-folio, papier, et 6 pièces intercalées, dont 1 parch., 130 feuillets; 3 tables de 34 feuillets, papier.

1487. — Déclarations rendues à la châtellenie de Saint-Léonard, membre dépendant du marquisat de L'Aubrière (tome 1er), pour terres et rentes près la chapelle Saint-Antoine, à L'Archidiaconé, près l'aumônerie Saint-Aubin, à Ballée, Beaumanoir, Chevigné, près le cimetière de Saint-Léonard, à La Foucaudière, à L'Hermitage, à L'Oisonnière, aux perrières de Rochepinson et de Plainpont, aux Grandes-Perrières, près Petite-Mule, à Pitrouflet, aux perrières de Sorges, à La Trésorerie, à La Trousselière, à La Verranderie, au Vivier.

E. 54. (Volume.) — In-4o, papier, de 62 feuillets; 2 tables de 11 feuillets, papier.

1679-1719. — Assises et remembrances de la châtellenie de Saint-Léonard (tome 4e; les tomes 1er-3e manquent), pour terres et rentes à L'Aiglerie, La Balènerie, La Baudrairie, La Châtellerie, Longboyau, près la chapelle de La Madeleine, à La Moratière, aux Noisettes, à la closerie du Pigeon, au village de La Plaine, à Plainpont, à La Verranderie.

E. 55. (Volume.) — 11 parchemins, 9 pièces, papier, dont un cahier de 35 feuillets, ensemble 160 feuillets; 2 tables de 13 feuillets, papier.

1402-1655. — Contrats d'acquêts dans la mouvance de la châtellenie de Saint-Léonard (tome 1er), près la chapelle Saint-Antoine, à La Bertière, à Boucornu, Champmarais, Chevigné, à La Foucaudière, aux Hommeaux, à Roche-Pinson, à La Trousselière, au Vau.

E. 56. (Volume.) — 58 pièces, papier, de 165 feuillets; 2 tables de 10 feuillets, papier.

1558-1691. — Contrats d'acquêts dans la mouvance de la châtellenie de Saint-Léonard (tome 2e), à Beaumanoir, à La Grande-Maison, au Grand-Noyer, à L'Hermitage, à Longboyau, au Pinault, au village de La Plaine, à La Trésorerie, à La Trousselière, à La Verranderie.

E. 57. (Volume.) — 36 pièces, papier, 164 feuillets; 2 tables de 9 feuillets, papier.

1579-1694. — Contrats d'acquêts dans la mouvance de la châtellenie de Saint-Léonard (tome 3e), à L'Aireau, à La Balénerie, aux Brosses, au Cormier, aux Petites-Fresnayes, à Haute-Mule, Pitrouflet, Roche-Pinson, au Vau, à La Verranderie.

E. 58. (Volume.) — 19 pièces, papier, 173 feuillets.

1726-1789. — Contrats d'acquêts dans la mouvance de la châtellenie de Saint-Léonard (tome 4e), à La Trousselière, Guinefolle, Beaumanoir, Pitrouflet, au Grand-Clos, à La Plaine, à La Verranderie.

E. 59. (Volume.) — 18 pièces, papier, 32 feuillets; 3 tables de 14 feuillets, papier.

1490-1677. — Déclarations rendues à la seigneurie de Mons, membre dépendant du marquisat de L'Aubrière (tome 1er), pour terres et rentes à La Barbière, aux Bouchères, à La Buffe, aux Cartes, au Champ-Hazard, à Chantemellière, à La Chauve, au Chesne-Liger, aux Cheviats, à Corné, à La Frémonderie, au bois du Jart, au Longréage, à L'Ouziller, au Mans, au Ponceau, au Bois-aux-Quiquères, au Bois-Reboudy, aux Tremblais, à La Vincendière.

E. 60. (Volume.) — 89 pièces, parchemin; 3 tables grand in-folio, parchemin, de 9 feuillets.

1527-1578. — Déclarations rendues à la seigneurie de Mons (tome 2e), pour terres et rentes à La Barbière, aux Baulonières, à La Boistelière, au Bouchon, aux Brunetières, au Champ-du-Sang, au Chêne-Pageais, au bois et à la chapelle d'Épinard, aux Genets, aux Herses, au pâtis des Joncs, à Longueraye, aux Moulins-Ars, aux Perruches, à La Pierre, aux Rairies, à Tourneboeuf, au Bois-des-Tremblais, à La Villecorps, à Virelay.

E. 61. (Volume.) — 135 pièces, parchemin ; 3 tables grand in-folio, de 11 feuillets parchemin.

1699-1681. — Déclarations rendues à la seigneurie de Mons (tome 3e), pour terres et rentes à la Croix-des-Auberts, au Clos-Béguin, à La Buffe, aux Cheviats, à Corné, à La Duranderie, à L'Ébaupin, aux Forges, à Goule-d'Oye, aux Huets, à Laillardière, à Longueraye, aux Maugars, à L'Ouchette, au Ponceau, à La Renardière, aux Roches, à La Vacherie, à La Vigneseule, à La Vionnerie.

E. 62. (Registre.) — Grand in-folio, papier, 28 feuillets.

1788. — Table alphabétique des noms contenus aux quatre premiers volumes des assises et remembrances du fief de Mons, avec une table alphabétique des héritages (les quatre volumes manquent).

E. 63 (Registre.) — In-4o, papier, 34 feuillets ; 2 tables de 20 feuillets, papier.

1439-1480. — Censif des rentes et devoirs dus par chacun an à messire Macé de Beauvau, seigneur de Mons (tome 1er), pour terres, vignes et maisons au Boucheau, au Champ-Hazard, à La Chantemelière, à La Chauve, aux Cartes, à Corné, Épinard, Foussebault, Hault-Tonneau, aux Hayes-Drouard, à Laillardière, Longueraye, Louzille, Maupertuis, Montevrou, au Noyer-Buffet, à Pémeigné, aux Pichonneries, au Pommier-Aigre, à La Poupelinière, aux Ruaux, à La Tremblaye, aux Varennes, à La Vincendière.

E. 64. (Registre.) — In-4o, papier, 70 feuillets ; 2 tables de 26 feuillets, papier.

1474. — Censif des rentes et devoirs dus par chacun an, à noble et puissant seigneur René de Beauvau, seigneur de Mons (tome 1er), et reçus par Jehan de Crépy, fermier de la seigneurie, pour terres, vignes et maisons à La Barbière, à L'Ouche-Barrault, à Beaurepaire, au clos de Bel-Œil, au Boucheau, à La Bouchère, aux Cartes, au Champ-Roger, près la chapelle d'Épinard, à La Chauve, au Chêne-Herpin, à Corné, au Coudreau, à La Fauconnerie, au Bois-Fontenay, à La Garandière, au Geuestay, aux Hauts-Champs, à Longueraye, Mongazon, Maupertuis, au Mortier-Heulin, aux Naizes, aux Perruches, au Ponceau, au Bois-Rebondy, à Rivettes, dans la rue Saint-Laud d'Angers, aux Tremblais, aux Varennes.

E. 65. (Registre.) — In-4o, papier, 154 feuillets ; 4 tables ensemble de 107 feuillets, papier.

1543-1552. — Livre déclaratif des cens, rentes et devoirs dus à cause des fiefs et seigneuries de Mons, des Cartes, du Couldray et de Cornillé (tome 4e ; le tome 3e manque), à noble homme François de La Grandière, seigneur de Montgeoffroy et desdits lieux, pour terres, vignes et maisons à La Barbière, aux Baulanières, à Bauné, à La Boistellière, au Boucheau, au Clos-Bohalle, au Cohereau, à La Canuserie, aux Cartes, à La Chantemelière, aux Chauminières, aux Coings, à Corné, à Cornillé, à La Fosse-à-la-Bannière, à La Frairie, aux Genneries, à La Goulaiserie, La Guillaumière, La Herse, La Massonnerie, Monriflard, La Morelière, Noyau, La Perrichère, au Bois-aux-Quiquères, au Bois-aux-Rebys, à La Ricondière, à La Touche, aux Tremblais, à Trèslebourg, à La Turpinière, à La Viviennerie.

E. 66. (Volume.) — 4 pièces, parchemin ; 50 pièces, papier, 139 feuillets ; 2 tables de 11 feuillets, papier.

1549-1705. — Contrats d'acquêts dans l'étendue de la seigneurie de Mons (tome 1er), au Clos-des-Auberts, aux Baulanières, à La Bellardière, à La Chauve, aux Cheviats, près les ponts de Corné, à L'Ébaupin, La Goujonnière, Longueraye, L'Ouchette, au Mons, à Maupertuis, à Nouzillé, aux Tremblais, aux Trois-Quartiers, au Clos-de-Villiers.

E. 67. (Volume.) — 68 pièces, papier, 150 feuillets ; 2 tables de 13 feuillets, papier.

1604-1781. — Contrats d'acquêts dans la seigneurie de Mons (tome 2e), à la Croix-des-Auberts, à La Besnerie, aux Bouchères, à L'Ouche-Breffert, au Clos-Briant, à La Coulée, aux Desris, à Épinard, au Gibet, à Goule-d'Oye, aux Moulins-Ars, aux Perruches, à La Pierre, aux Bairies, à La Vincendière, à La Maldondière, à La Mauricière, à Poil-de-Grolle.

E. 68. (Volume.) — 74 pièces, papier, 183 feuillets ; 1 table de 2 feuillets, papier.

1785-1788. — Contrats d'acquêts dans la seigneurie de Mons (tome 5e ; les tomes 3e et 4e manquent), aux Tremblais, au Maugas, au village du Mans, au Ponceau, à Nouzillé, à Virelay, aux Charniers, à La Boistelière, au Pé, à La Belaudière, aux Ruettes, près la chapelle d'Épinard, à La Groie, à Corné, Chérisson, Fromentières, Bauné.

E. 69. (Registre.) — Petit in-folio, papier, 44 feuillets ; 3 tables de 13 feuillets, papier.

1393-1490. — Déclarations rendues à la seigneurie de Sacé en Bauné, membre dépendant du marquisat de L'Aubrière (tome 1er), pour terres et rentes à La Bassonnière, Bauné, près les bois de Chemans, à Boissoleil, à Cabran, aux Caves, à La Cronerie, à La Galopinière, à La Malbrenière, à Noyau, au Clos-Papillon, aux Plantes, à La Prioulière, à La Roullière, à Trèslebourg, à Vaubrunet.

E. 70. (Registre.) — Petit in-folio, papier, 68 feuillets ; 3 tables de 12 feuillets, papier.

1501-1517. — Déclarations rendues à la seigneurie de Sacé (tome 2e), pour terres et rentes à Bauné, La Boullerie, aux Caves, au Cormeret, à La Coruarie, à L'Ecusseau, au Bois-Galopin, à Gémindrée, au Clos-Jouan, à La Mare-aux-Prêtres, au Mortier-à-la-Dame, au Mortier-Tacquon, aux Négrières, à Noyau, à Poil-de-Grolle, à La Ricordière, à La Turpinière, au fief de Mené.

E. 71. (Registre.) — Petit in-folio, papier (en tête, 6 pièces, papier, et 1 parchemin), ensemble 45 feuillets; 3 tables de 12 feuillets, papier.

1542-1578. — Déclarations rendues à la seigneurie de Sacé (tome 3e), pour terres et rentes aux Aireaux, à Bataille, à Baune, au Bois-Bélot, au Bois-Corné, à Boullay, aux Brosses-Jumelles, à La Caffinière, près le bois de Chemans, au Chenechais, à La Coudraye, aux Grands-Tranchifs, au Mortier-au-Roy, au Petit-Bois, à La Turpinière, aux Varennes.

E. 72. (Volume.) — 31 pièces, papier, 63 feuillets; 3 tables de 14 feuillets, papier.

1555-1574. — Déclarations rendues à la seigneurie de Sacé (tome 4e), pour terres et rentes au Champ-d'Abault, à Baune, Boissoleil, Cabran, au Clos-au-Roy, aux pâtures des Daburons, à L'Échiquier, aux fontaines de Noyau, aux Gats, à L'Hôtel-Turpin, au Mortier-Tacquon, à Pain-Bénit, La Prioullière, La Ricordière, La Trinettière, au Vigneau.

E. 73. (Volume.) — 66 pièces, papier, 89 feuillets; 3 tables de 18 feuillets, papier.

1608-1611. — Déclarations rendues à la seigneurie de Sacé (tome 5e), pour terres et rentes aux Brosses-Jumelles, à L'Érable, au Clos-Jouan, aux Louettières, à La Malbrenière, au Mortier-au-Roy, à Noyau, au bois d'Arvaux, à Bataille, Baune, La Rangée, au Taudis, au Tertre-Guérin, à La Turpinière, au Vigneau, à La Bande.

E. 74. (Volume.) — 70 pièces, papier, 81 feuillets; 3 tables de 21 feuillets, papier.

1629-1633. — Déclarations rendues à la seigneurie de Sacé (tome 6e), pour terres et rentes à Bataille, à Baune, aux Brégeons, aux Buttes, à Cabran, La Caffinière, Dalesmes, La Cornairie, L'Enclose, aux Louettières, à La Malbrenière, au Mortier-Prémain, à Noyau, Nouzillon, La Rue-Saunière, Trèslebourg, aux Varennes, au Vivier.

E. 75. (Registre.) — In-4o, papier, 36 feuillets; 2 tables de 24 feuillets, papier.

1541. — « Ce sont les cens, rentes et devoirs deuz par » chacun an à noble et puissant messire Urbain Tillon, » chevalier, sieur de La Bertière, de La Rallière, du Grolay, » de Princé, maistre d'oustel de madame Marguerite, fille » de France » (tome 3e des censifs; les tomes 1er et 2e manquent), pour terres, vignes et maisons aux Amelières, à Baune, La Bonne-Jouannière, La Caffinière, La Chantelouère, La Giraudière, La Haye-de-Clefs, Mondegau, au Mortier-au-Loup, à La Peulière, au Vigneau, au Voller.

E. 76. (Registre.) — In-4o, papier, 61 feuillets; 2 tables de 9 feuillets, papier.

1550. — « Ce sont les cens, rentes et devoirs annuels... » deus à noble et puissant Urbain Tillon » (tome 4e), pour terres, vignes et maisons, au bois de Bareilles, à Baune, à Boullay, au Brossay, à La Cognée, au bois de Gemindrée, à La Gennerie, à La Malbrenière, au Mortier-à-la-Dame, aux Négrières, à Noyau, au Clos-Papillon, au Ruisseau, à Trèslebourg, à Vaubrunet, au Voller.

E. 77. (Registre.) — In-folio, papier, 58 feuillets; 3 tables de 21 feuillets, papier.

1455-1581. — Déclarations rendues à la châtellenie de Sarrigné, membre dépendant du marquisat de L'Aubière (tome 1er), pour terres et rentes à L'Ardriller, aux Baudruères, aux Baugères, au Bois-Menou, au champ de la Mare, à La Chevalerie, au Cormier, à La Dublière, à Fosse-Noire, aux Gibarderies, au Martray, à L'Oulay, au Papegault, à La Poupardière, à La Renardière, à La Tuffière, au Verger.

E. 78. (Volume.) — 46 pièces, parchemin; 2 tables de 7 feuillets, parchemin, grand in-folio.

1461-1565. — Déclarations rendues à la châtellenie de Sarrigné (tome 2e), pour terres et rentes à La Barbotière, à La Bellaye, au bois de La Cour, à La Fosse-Gasnier, à La Fouillardière, aux Gallionnières, au Martray, à Mauconseil, à La Maupassière, au Perroux, au Mortier-Robin, aux Varennes.

E. 79. (Volume.) — 106 pièces, papier, 143 feuillets; 3 tables de 33 feuillets, papier.

1565-1608. — Déclarations rendues à la châtellenie de Sarrigné (tome 3e), pour terres et rentes au Bois-Briant, au Champ-Bonhomme, à La Bordière, au Pré-Charpentier, à la pâture Chevau, à La Creusellerie, aux Douets, à la Fourmagère, aux Gallionnières, au Gennetay, au Bois-Jarry, à La Maillée, au Martray, à Morinet, à La Perchaudière, aux Plesses, à La Régie, aux Toulons, aux Vieilles-Plantes.

E. 80. (Volume.) — 115 parchemins, 165 feuillets; 3 tables, grand in-folio, de 9 feuillets, parchemin.

1617. — Déclarations rendues à la châtellenie de Sarrigné (tome 4e), pour terres et rentes à L'Ardriller, au Bois-Bregé, aux Bruères, au Pré-Carré, aux Chaumes, au Chemin-Creux, à La Coualandière, aux Gagneries, aux Gastriaults, aux Gibarderies, au pré des Gonnes, à La Maillée, à La Ménerie, à La Millonnerie, au Moulinet, à Nouzillon, à La Pauverderie, au Bois-Petrault, aux Plantes-Rivières, au Champ-Sarceau, aux Toulons, au Vieil-Aireau.

E. 81. (Volume.) — 69 pièces, parchemin, 110 feuillets; 3 tables, grand in-folio, parchemin, 8 feuillets.

1616-1691. — Déclarations rendues à la châtellenie de Sarrigné (tome 5e), pour terres et rentes au Pâtis-Bataille, à La Bédouaudière, au Bois-des-Bergers, aux Bracères, à Champlin, à La Chesnaye, à La Creusolerie, à l'Étang, à La Fatèrerie, à La Grisière, à La Heurière, au Jardin-Neuf, à La Lièverie, aux Martraugères, à La Millonnerie, au Papegault, à La Pauverderie, au Bois-des-Prieures, à La Règle, à La Tufflière.

E. 82. (Volume.) — 91 pièces, parchemin, 93 feuillets; 3 tables, grand in-folio, 8 feuillets, parchemin.

1609. — Déclarations rendues à la châtellenie de Sarrigné (tome 6e), pour terres et rentes à La Barbotière, à La Bréchurie, aux Buissons, à Castillon, à La Chantelouière, à La Creuselerie, à La Festière, au Gennetay, à La Grisière, à La Listre, aux Monts-Joullains, aux Nouettes, aux Poissonneries, aux Varennes, au Verger.

E. 83. (Volume.) — In-quarto, papier, 40 feuillets; 2 tables de 23 feuillets, papier.

1532-1549. — Assises et remembrances de la châtellenie de Sarrigné (tome 1er), pour terres, rentes et maisons à Banet, au Bois-Bataille, à La Bellaye, à Bezain, au Bordeau, à Champillon, aux Chesnots, au Cormier, à La Fournière, à Gréaillon, à La Maillée, aux Manseaux, à Mauconseil, au Bois-Ménistre, au Bois-Perrigault, à La Poupardière, à La Queue-Bécusse, aux Vieilles-Plantes.

E. 84. (Registre.) — Petit in-folio, 51 feuillets, papier; 2 tables de 16 feuillets, papier.

1609-1642. — Assises et remembrances de la châtellenie de Sarrigné (tome 2e), pour terres, rentes et maisons au Champ-Bataille, à Bezain, à Bigorre, à La Bouteillerie, à La Chesnaye, aux Gilbardières, aux Gonnes, à La Guignemaignerie, à Hautebelle, à Lonchamps, au Martray, au Morier, à Moutortier, à La Perchaudière, aux Plesses, à La Thinelière, à Villefray.

E. 85. (Registre.) — In-folio, papier, 43 feuillets; 2 tables de 4 feuillets, papier.

1642. — Assises et remembrances de la châtellenie de Sarrigné (tome 3e), pour terres, rentes et maisons à La Bédouaudière, à Lonchamps, à La Maillée, à La Perchaudière, au Perroux, à Poliguet, à La Renardière, à La Rose, aux Saulais, à Tessé.

E. 86. (Registre.) — In-quarto, papier, 73 feuillets; 4 tables de 37 feuillets, papier.

1405. — « C'est le papier censif, auquel sont contenuz » et déclairez les cens et debvoirs deuz par chacun an à » M. de Sarrigné, en sa terre et seigneurie dudit lieu » (tome 2e; le tome 1er manque), pour terres, vignes et maisons à l'Auragis, La Barre, La Bellaye, au Clos-Regnie, au Boismont, à Bridoire, au Buron, à Champlin, à La Chevalerie, aux Courtillaux, à La Dubelière, à Foisard, à La Herse, au Clos-de-la-Loire, à La Mantourblière, à La Mercerie, au Colinrobin, à La Saumuraiche, au Veillereau, au Bois-au-Vicaire.

E. 87. (Registre.) — Grand in-folio, papier, 103 feuillets.

1585. — Table générale alphabétique des noms de lieux et des noms de tenanciers contenus aux six premiers volumes des censifs de la châtellenie de Sarrigné. (Les tomes 1er, 3e, 4e, 5e et 6e manquent.)

E. 88. (Volume.) — 31 pièces, papier, 121 feuillets; 2 tables de 14 feuillets, papier.

1550-1610. — Contrats d'acquêts dans l'étendue de la châtellenie de Sarrigné (tome 5e; les tomes 1er-4e manquent), aux Aireaux, aux Bangères, à Bois-jarry, aux Buissons, aux Châteaux, à Fosse-Garnier, aux Gilbarderies, à La Lamnerie, au Martray, à La Maupassière, aux Perchers, aux Petits-Champs, à La Pichonnière, au Sainfoin, au Bois-Sarceau, à La Tufflière, aux Varennes.

E. 89. (Volume.) — 66 pièces, papier, 188 feuillets; 2 tables de 13 feuillets, papier.

1561-1595. — Contrats d'acquêts dans la châtellenie de Sarrigné (tome 6e), à La Barbotière, à La Bellaye, au cimetière de Sarrigné, au Cormier, au Clos-Demeure, au Desris, à La Dubelière, à La Fouillardière, à La Pâture-Haudouin, aux Marchais, au Mortier-Barlaistre, à L'Oullaye, au Petit-Pré, à La Renardière, à La Tufflière, au Clos-des-Veilles.

E. 90. (Volume.) — 4 pièces, parchemin; 49 pièces, papier, 122 feuillets; 2 tables de 11 feuillets, papier.

1623-1660. — Contrats d'acquêts dans la châtellenie de Sarrigné (tome 7e), à La Bédouaudière, à Bourg-Joly, à La Bouteillerie, aux Étangs, à Gastesel, aux Genets, aux Gibarderies, à La Grande-Listre, à La Milonnerie, à La Miotterie, à Nouzillon, au Pâtis-aux-Boucs, au Poirier, à La Rangée, à La Régerie, aux Saulaies, à Tessé, à La Tufflière, aux Varennes, au Verger.

E. 91. (Volume.) — 4 pièces, parchemin; 41 pièces, papier, 63 feuillets; 4 tables de 18 feuillets, papier.

1455-1526. — Déclarations rendues à la seigneurie de

Saint-Victor, membre dépendant du marquisat de L'Aubrière (tome 1er), pour terres et rentes à L'Aubenage, près le bois de Briançon, à La Brasserie, à La Ribonnière, à Fossebouette, à La Fouchardière, au Champ-Fouillart, aux Gennebrais, à L'Étang-Girouin, à La Godière, au Grenolier, à Guyabon, près Le Haut-Solage, à Longueraye, au Molleray, au Mortier-Martin, à La Renardière, aux prés de Rivière, aux Rossais, près Sené, aux Varennes.

E. 92. (Volume.) — 3 pièces, parchemin; 24 pièces, papier, 70 feuillets; 3 tables de 16 feuillets, papier.

1590-1600. — Déclarations rendues à la seigneurie de Saint-Victor (tome 2e), pour terres et rentes, aux Aireaux, au Bois-Bertrand, au Boullé, à La Brosserie, au Chauminet, à La Clergerie, à La Fosse, aux Garauldières, aux Gennebrais, à La Giraudière, au moulin d'Harolet, aux Landes, au Plantin, au moulin Prime, aux Riachênes, aux Roches, à Sené, à La Varenne.

E. 93. (Registre.) — Grand in-folio, papier, 24 feuillets.

1788. — Table générale alphabétique des noms des héritages et des tenanciers, dont les déclarations sont comprises aux trois premiers volumes des déclarations. (Le tome 3e manque.)

E. 94. (Registre.) — In-folio, papier, 30 feuillets; 2 tables de 13 feuillets, papier.

1471-1550. — Assises et remembrances de la seigneurie de Saint-Victor (tome 1er), pour terres, rentes et maisons à L'Aubenage, au Bois-à-la-Dame, près la borne de Briançonneau, au chemin Bremais, à La Draanderie, à La Bruslère, au Haut-Château, au Chêne, à L'Essarterie, au Mortier-Fouchard, aux Giraudières, à La Renardière, aux Rossais. — Procès-verbal de l'abornement des propriétés de Jehan Joulain et du seigneur de Saint-Victor.

E. 95. (Registre.) — Petit in-folio, papier, 54 feuillets; 2 tables de 15 feuillets, papier.

1499-1522. — Assises et remembrances de la seigneurie de Saint-Victor (tome 2e), pour terres, rentes et maisons au Pâtis-au-Fort, à La Fontaine, au Mortier-Fouchard, à La Giraudière, à L'Étang-Girouin, à La Godière, au Grenolier, au Haut-Solage, au Mortier-Martin, au moulin Prime, à La Nouelle, à La Renardière, aux Rossais, près Les Rottes, aux Sablonnais, près Sené, aux Voluetteries. — Les religieux de Chaloché se reconnaissent tenus à célébrer une messe annuelle au jour de saint Gilles, dans la chapelle du château de Saint-Victor.

E. 96. (Registre.) — Petit in-folio, papier, 60 feuillets; 2 tables de 15 feuillets, papier.

1500-1505. — Assises et remembrances de la seigneurie de Saint-Victor (tome 3e) pour terres, rentes et maisons au Boullé, aux Brégeons, à La Clergerie, à La Giraudière, à La Motte-du-Grenollier, au Pré-Martin, au Champ-des-Perriers, au Quartier-Chêreau, aux Rivières, à La Roberdière, à La Pullaye, à Sené.

E. 97. (Volume.) — 44 pièces, parchemin; 13 pièces, papier, 150 feuillets, plus une lettre attachée au dos du titre; 2 tables de 10 feuillets, papier.

1504-1793. — Baux et contrats d'acquêts dans la mouvance des seigneuries de Briançon et de Saint-Victor (tome 1er), à La Lande-au-Bousier, à Beauvais, à Bois-Maurice, aux landes de Briançonneau, aux Buttes, à La Chamarettrie, aux Cosneberdières, à La Coudraye, au bois de L'Escot, à L'Écusseau, aux Fontenelles, à La Forgeaisière, aux Hayes-Goujon, à La Houssaye, à La Pasquetterie, au Portineau, aux Ragueneaux, aux Bonauldières, à La Surgetterie, aux Tremblais, aux Vallières.

E. 98. (Volume.) — 41 pièces, papier, 110 feuillets; 2 tables de 10 feuillets, papier.

1439-1784. — Contrats d'acquêts dans la mouvance de la seigneurie de Saint-Victor (tome 1er) au Bois-Bertrand, aux Brégeons, à La Broisserie, à La Fontaine, aux Glatines, au moulin Harolet, au Jardin, au Mortier-Barrier, au Pommier-Herbert, aux Riachênes, aux Voluetteries, à La Pullaye.

E. 99. (Volume.) — 31 pièces, parchemin, 82 feuillets; 2 tables in-quarto, papier, de 7 feuillets.

1471-1610. — Contrats d'acquêts dans la mouvance de la seigneurie de Saint-Victor (tome 2e) à l'Aubenage, au Carrefour-des-Bois, aux fontaines de Saint-Victor, aux Garauldières, à La Giraudière, aux Grenouillères, aux Praistaux, aux Rossais, à La Rossignollerie, à Noizé, dans le fief de La Godière, aux Coudreaux, dans le fief de Mons, à La Pullaye, dans le fief de Fromentières.

E. 100. (Volume.) — 39 pièces, papier, 88 feuillets; 2 tables de 8 feuillets, papier.

1475-1641. — Contrats d'acquêts dans la mouvance de la seigneurie de Saint-Victor (tome 3e) aux Aireaux, près Baumé, au bois Gourault, au village du Chesne, à La Fosse, à Fossebouet, au Champ-Gallet, aux Hayes-Goujon, aux Journaux, à Longueraye, à La Renardière, aux Riachesnes, aux Rossais, près Sené, au Champ-Toisnault, à La Perraudière, en Briançon.

E. 101. (Registre.) — Grand in-folio, papier, 91 feuillets.

1602. — Livre de recette des sommes dues par les sujets et vassaux des différents fiefs du marquisat de L'Aubrière, pour les arrérages de cens et rentes à La Bellaye, aux Ronanlais, à La Barbellière, au Champ-Bonhomme, aux Daugères, aux Gibardières, à La Panverderie, au Bois-Jarry, aux Aireaux, à La Poissonnière, à La Maillée, à La Mercerie, à La Barbottière, aux Champs-Baudons, à La Barre, aux Perrières, aux Varennes, à Baunê.

BARONNIE D'AVRILLÉ.

E. 102. (Registre.) — In-quarto, papier, 57 feuillets, couvert en parchemin; 9 pièces, papier, en lambeaux.

1590-1658. — Papier terrier du fief dans les paroisses de Beaufort, des Rosiers, de Saint-Pierre-du-Lac. — Terres et rentes aux Courtillaux, à La Rousseline, au Champ-Grolier, sur l'Authion, aux Petits-Essars, près les marais de Beaufort, aux Mortiers, à La Sautaye, à La Marcelière, à Dessé, à La Bourdinière, à La Vieille-Haye, à La Croix-Jolie, à La Petite-Poissonnière, à La Gravelle.

COMTÉ DE BEAUFORT.

E. 103. (Carton.) — 22 pièces parchemin, dont 2 cahiers de 20 feuillets; 23 pièces, papier, dont 7 cahiers de 133 feuillets. — Débris de sceaux.

1358-1477. — Fois et hommages rendus au château de Baugé pour le comté Beaufort. — Revendication du dit comté par Alix Des Vaux, comtesse d'Avelin, héritière d'Antoinette de Turenne, contre Jean Lemeingre, dit Boucicault, maréchal de France, et par Loys de Ventadour, sieur Des Granges, au nom de Catherine de Beaufort, sa femme, contre le roi de Jérusalem, duc d'Anjou, Jacques d'Armagnac, comte de La Marche, Agnès de La Tour, vicomte de Turenne et Anne de Beaufort. — Commissions et mémoires à l'appui.

E. 104. (Carton.) — 33 pièces, papier.

1580-1698. — Baux et déclarations pour les terres et tenures de La Boueste, La Métivière, Les Fromentages dans les paroisses des Rosiers et de La Daguenière.

DUCHÉ DE BEAUPRÉAU.

E. 105. (Carton.) — 11 pièces, parchemin, dont une avec sceau; 3 pièces, papier.

1478-1768. — Contrats passés devant la cour du duché de Beaupréau, pour terres et métairies sises dans les paroisses de La Chapelle-du-Genest, du Fief-Sauvin, de Saint-Christophe, de La Blouère, de Chaudron et de Saint-Martin-de-Beaupréau.

SEIGNEURIE DE BEAUVAIS.

E. 106. (Carton.) — 1 cahier, papier, in-fol. de 56 feuillets; 3 pièces, papier.

1784. — Assises de la seigneurie de Beauvais, appartenant à messire Claude Rozallis de Cuissard, pour terres et rentes aux Grippes, à L'Humeau, à La Nouette, aux Tullois, aux Vignes-Douces, aux Pantageries, dans les paroisses de Saint-Just et de Saint-Pierre-des-Verchers.

BARONNIE DE BEAUVAU.

E. 107. (Carton.) — 5 pièces, parchemin; 13 pièces, papier.

1516-1788. — Extraits d'aveux rendus au château de Jarzé pour la seigneurie de Beauvau. — Prisée des bestiaux de la métairie de La Halletière. — Procès-verbal de l'état des maisons et bois de Beauvau. — Acquêts de la seigneurie par messire Charles de Crouillon, sieur de La Motte-Crouillon, et par messire Jacques Giroust, sieur Des Vaudelières.

E. 108. (Registre.) — Petit in-folio papier, 236 feuillets.

1578. — « S'ensuit le papier censif des cens et debvoirs » deux à ... messire Charles de Beauvau » pour terre, prés et maisons à La Fréminière, à La Violette, près le prieuré de Beauvau, aux Noirais, à La Bussonnière, à La Tranchaudière, au champ de La Coudre, au Fourneau, aux Ruettes, à la cave de La Forge. — « Inventaire des adveuz, » papiers, censifs, remembrances, déclarations, sentences, » transactions, accords, contrats et autres titres dépendant » de la terre, fief et seigneurie de Beauvau. »

BARONNIE DE BÉCON.

E. 109. (Carton.) — 10 pièces, papier; 1 pièce, parchemin.

1360-1681. — Aveux rendus au duché de Beaupréau, par Guillaume de Montjean et Jacques Leveneur, seigneur de Bécon; — au château de Bécon, par René de Meaulne, Jean de Saint-Lidier, Thibaut de Lespine, Gilles Lejeune, pour les terres de Landeronde et de La Chanterie, en Saint-Augustin-des-Bois.

E. 110. (Carton.) — 29 pièces, papier; 55 pièces, parchemin, dont 10 en lambeaux, le reste en mauvais état; débris de sceaux.

1483-1691. — Titres de rentes et de propriété près le prieuré de Bécon, à La Prochinière, près Gaste-Argent, aux

Herses, à La Veslairie, au Chateigner, à Martineau, à La Roullerie, à Malpaire, à La Cachetière, dans les paroisses du Louroux-Béconnais, de Saint-Augustin-des-Bois, de Bécon et de Brain-sur-Longuenée.

E. 111. (Carton.) — 70 pièces, papier; 30 pièces, parchemin.

1450-1755. — Titres de propriété des terres et métairies du Chateigner, du Bois-Guignot, de La Burellière, de La Goupillère, de La Hgussaye, de La Rousselière, de Longueraye, du Clos-Gallien, de La Coudre, de La Terreraye, dans les paroisses de Bécon, de Saint-Augustin-des-Bois et de Savennières.

SEIGNEURIE DU BELLAY.

E. 112. (Carton.) — 10 pièces, parchemin.

1551-1665. — Déclarations rendues à la seigneurie du Bellay pour les terres et métairies du Haut-Blé, de la Haute-Noue, du Brénil, du Chêne-Rond, du Chantier, du Bas-Vau, des Quartiers, de La Louetterie, de Cravante, de La Coulonnière, de La Jusquetterie, du Gué-de-Louet, dans la paroisse d'Allonne-sous-Montsoreau.

CHATELLENIE DE LA BERTIÈRE.

E. 113. (Carton.) — 39 pièces, papier; 6 pièces, parchemin, dont une avec initiale columinée.

1461-1774. — Aveux rendus pour les fiefs de La Bertière, au château d'Angers, par Louis et Urbain Tillon et Nicolas Martineau; — à la seigneurie du Plessis-Grammoire, pour les droits seigneuriaux dans les églises du Plessis-Grammoire et d'Étiau. — Contestation avec le chapitre de Saint-Maurice d'Angers. — Aveux reçus au château de La Bertière, pour les différents fiefs, notamment pour les terres de Tartifume et de Pressiac en Villévêque, La Charbonnerie, et Le Petit-Frémoulin.

E. 114. (Carton.) — 6 pièces, parchemin; 127 pièces, papier.

1561-1680. — Baux et contrats d'acquêts à La Joússelinière, au Clos-Pruneau, à La Mallièvre, à Vélimon, à La Vallée, à La Varenne, aux Courris, à Bélitourne, au Bois-André, à Touraine, à La Noiraye, au chemin Corzays, aux Cosses, au Clos-Herbert, aux champs de La Barre, à La Granderie, à Bléré, au village de Préaux, aux Grilles, à Lifrasaye, à Landevy, aux Fromentières, aux Hommeaux, à La Tourisière, dans les paroisses de Villévêque, du Plessis-Grammoire, de Corzé, de Pellouailles, de Saint-Silvain et de Saint-Samson d'Angers.

E. 115. (Carton.) — 8 pièces, parchemin, dont 2 avec sceaux; 106 pièces, papier.

1621-1680. — Baux et contrats d'acquêts à Bléré, au Grand-Frémoulin, près La Maussionnière, à La Johallerie, à Molière, à Plante-Moreau, à Téruse, à La Glotterie, à La Miranderie, au Grand-Champ, à La Joulainerie, aux Raguinières, aux Écottières, à Pain-Bénit, à La Porte, à La Crouzobitène, à Fontenay, aux Champs-Chétifs, à La Varenne, au Préclos, à Beauregard, à La Sorerie, à La Marquaire, dans les paroisses du Plessis-Grammoire, de Villévêque, de Pellouailles, de Corzé, de Saint-Silvain et de Saint-Samson d'Angers.

E. 116. (Carton.) — 1 pièce, parchemin; 118 pièces, papier.

1601-1780. — Baux et contrats d'acquêts au Gouesche, aux Assis, au Champ-Poulain, à La Perruche, au clos de Préaux, au clos de Pruneau, à La Plante, au Champ-Tronson, à La Noiraye, aux Prés-Piette, aux Granderies, aux Hommeaux, au clos de La Porte, à Mallièvre, à Sauvigné, à La Petite-Remière, à La Touche, au Fourneau, à La Barre, à L'Écottière, à La Mercerie, à Bléré, au champ des Préaux, au Clos-Turgis, à La Méranderie, à La Jousselinière, au Petit-Darigné, aux Loges, aux Grands-Champs, aux Mesliers, à La Chéhuère, à Molière, au Clos-Herbert, à L'Anguillère, aux Joindrées, à La Brisepotière, à Sansay, à La Chaiière, à la butte de Gémindrée, à Castillon, dans les paroisses du Plessis-Grammoire, de Saint-Silvain, de Corzé, de Villévêque et Saint-Samson d'Angers.

E. 117. (Carton.) — 93 pièces, papier; 1 pièce, parchemin.

1541-1699. — Baux et contrats d'acquêts à Roullon, au Brossay-Gallet, à Touraine, à La Potardière, à La Fresnaye, L'Écottière, à La Barre, à Lifrasaye, au Clos-Herbert, à La Miraudorie, à La Girardière, au Bois-aux-Pies, en la rue Saint-Laud d'Angers, aux Gats, aux Ormeaux, à Molière, à La Bigotière, à Querbaye, au Bois-Foussard, à La Boutillerie, aux Desris, à La Tourisière, au Bois-Aural, etc., dans les paroisses du Plessis-Grammoire, de Villévêque, de Corzé, de Saint-Silvain, de Pellouailles, de Saint-Samson et de Saint-Maurille d'Angers.

E. 118. (Carton.) — 8 pièces, parchemin; 121 pièces, papier.

1609-1784. — Baux et contrats d'acquêts à La Pannerie, à La Noiraye, à Durdet, à La Sicaire, à La Callerie, aux Bigottières, à Épluchart, au Pin, aux Boursays, aux Cheveleux, à Souzé, au Brossais, aux Havardières, à La Girardière, à La Présellerie, aux Chasles, à Vélieur, à La Chassetière, etc., dans les paroisses du Plessis-Grammoire, de Villévêque, de Corzé, de Saint-Silvain, de Pellouailles et de Saint-Samson d'Angers.

E. 119. (Registre.) — In-folio, papier; 181 feuillets; 2 tables de 18 feuillets, papier.

1561-1600. — Déclarations rendues aux assises des fiefs et seigneuries de La Ballière, La Charbonnerie, La Bertière, par Jean Allard, Aubert, Alairault, Gilles Andrieu, Le Bouteiller, Hérault, Binot, Brifaut, Bigeard, Baudon, Bouvery, Courion, Chalopin, Cousin, Chemineau, Dupin, Fouquet, Genest, Goupilleau, Gallopin, Hamon, Herpin, Jouffray, Langlois, François de La Chapelle, Landais, Mirande, Du Moulinet, Lemesle, Perdriau, Pigeon, Ribourg, Restif, Roustière, Sigonneau, Trouillart, Veillard, Vigan, Voluette et autres tenanciers dans les paroisses de Villévêque, de Saint-Samson, de Saint-Maurille et de Saint-Laud d'Angers, du Plessis-Grammoire et de Corzé.

E. 120. (Carton.) — 48 pièces, papier, 114 feuillets; une table de 2 feuillets, papier.

1588-1649. — Déclarations pour terres et rentes foncières à La Varenne, au Pineau, à La Hamonnerie, à La Petite-Bertière, à Mallière, au Quartier-de-Sacé, à Molière, à La Garde-de-Dieu, aux Heulaires, à La Mercerie, au Tertre-Guérin, à Géméndrée, aux Airgoyauls, à Vaubrune, au Mortier-Grand, en la Grande-Carye, à La Gazelière, près Sarrigné, aux Galleries, dans les paroisses du Plessis-Grammoire, de Villévêque, de Corzé, de Saint-Silvain, de Pellouailles, de Bauné et de Saint-Samson d'Angers.

E. 121. (Volume.) — 100 pièces, papier, 232 feuillets; une table de 3 feuillets, papier.

1646-1669. — Déclarations pour terres et rentes foncières à La Brisepotière, à La Tourisière, à La Miranderie, à Vieille-Vigne, à La Pasquerie, à La Rabinière, à Bélitourne, aux landes de Saint-Silvain, à La Motte, à La Noue-aux-Chasles, à L'Écotière, au Ruisseau, près le Grand-Ruigné, à La Barre, aux Rabinières, à La Troisse, à La Gilberdière, à Frémoulin, au Clos-de-Souzé, à La Frairie, à Turgis, à La Joulainerie, aux Grands-Champs, à Bléré, au Bois-au-Geai, à Aurigné, à La Pignanerie, à La Noiraye, à La Chesnaye, à La Tourichère, à L'Anguillère, dans les paroisses de Corzé, de Villévêque, de Pellouailles, du Plessis-Grammoire, de Saint-Samson d'Angers, de Saint-Silvain et de Bauné.

E. 122. (Registre.) — In-8°, papier, 124 feuillets; une table de 3 feuillets, papier.

1545-1580. — Déclarations rendues aux assises seigneuriales, en présence de Jehan Joustault, Urbain Lebourcier, Jehan Paillard et Olivier Cador, sénéchaux de la seigneurie, par Jean Allard, Aubin Bienvenu, Anne Bouvery, Barbereau, de Boissimon, Boileau, Bertrand de Blavon, Bontemps, Mathurin Boilesve, Olivier et Jean Cupif, Chalopin, Courion, le chapelain de La Callerie, les curés de Saint-Julien, de Saint-Michel et de Saint-Samson d'Angers, Michel Dahuron, Lézin Debonnaire, François Dumaine, Gatebois, Guépin, Gripon, Haron, Landais, Langevin, Lavocat, Lescat, Lefrère, Merseron, Du Moulinet, Mireleau, Nourry, Oudin, Papillon, Pigeon, Perdriau, Répussart, Riotte, Ragaru, de Sarra, Trouillard, le curé de Villévêque, Voluette et autres tenanciers dans les paroisses de Bauné, de Corzé, de Pellouailles, de Saint-Silvain, du Plessis-Grammoire, de Saint-Laud, de Saint-Maurille et de Saint-Samson d'Angers.

E. 123. (Registre.) — In-folio, papier, 177 feuillets, plus 12 pièces intercalées; une table de 9 feuillets, papier.

1624-1644. — Déclarations rendues aux assises des fiefs et seigneuries de La Ballière, La Charbonnerie, La Brisepotière, Épluchard, La Marquerie, Les Hommeaux et Bléré, appartenant à demoiselle Perrine Avril, veuve de noble homme Nicolas Martineau, conseiller du Roi, par Pierre Allard, Bellhomme, Bienvenu, Belot, de La Chaussée, Baudraie, René Charette, de La Chalerie, Nicolas Cupif, Julien Chaffeau, de Crespy, Dalibon, Pierre Etrier, Fleuriot, Guesdon, Gilbert, François Héard, Harangot, Jacob, Joulain, les curés de Saint-Samson et de Saint-Maurille d'Angers, les chapelains des chapelles de Heurtevent, de La Callerie et du Cormier en Saint-Maurille, les curés de Saint-Jean et de Saint-Michel-du-Tertre d'Angers, Françoise Montergon, René Ouvrard, André Pivert, Répussard, Silvache, Julien Touchalaume, Jacques Voluette et autres tenanciers dans les paroisses du Plessis-Grammoire, de Villévêque, de Saint-Silvain, de Corné, de Bauné, de Saint-Samson, de Saint-Maurille et de Saint-Michel d'Angers.

E. 124. (Registre.) — Petit in-folio, 175 feuillets, papier.

1624-1673. — Remembrances des déclarations rendues aux assises seigneuriales par Tiennette Auger, Jean Allaume, Briffault, Bariller, Bardoul, Jean Balue, Isaac Barbereau, René Brégeon, Espérance Chesneau, le curé du Plessis-Grammoire, Antoine Courault de Pressiac, Gilles Cathelineau, Daudonet, Dalibon, Marie de L'Hommeau, Éveillon, chanoine de Saint-Maurice d'Angers, Claude Foussier, René Guilet, Sébastien Galland, Jouarron, Lourdillon, Lemmée, Lemesle, Urbain Leloyer, André Ouvrard, Perrauteau, de Pescherat, le curé de Saint-Silvain, Étienne Raveneau, Louis de Rohan, Touchalaume, Voluette, de Villetrouvée et autres tenanciers dans les paroisses de Villévêque, de Saint-Silvain, de Bauné, de Corné, de Saint-Samson, de Saint-Maurille et de Saint-Michel d'Angers.

E. 125. (Carton.) — 2 cahiers, ensemble 133 feuillets, papier; 2 tables de 12 feuillets, papier.

1702-1741. — Déclarations rendues aux assises de la châtellenie et des fiefs et seigneuries de La Rallière, La Charbonnerie, Tartifume, La Brisepotière, Épluchard, Bléré, Les Hommeaux, appartenant à M. Trouillet, sieur de la Bertière, par Barbot, Bardoul, Boutreux, Battereau, Courion, Courballay, Coquillon, Chevrette, Couraudin, Dibon, Daburon, Denyau, Dallibon, Ducerne, Frémond, Gerbé, Gillet, Hamard, Joullain, Joubert, Lelièvre, Lepot, Mongodin, Pineau, Pilette, Poitevin, Richomme, Répussard, Saulnier, Vaugoyau, les curés de Saint-Maurice, Saint-Samson, Saint-Maurille, Saint-Maimbœuf, Saint-Martin et Saint-Jean-Baptiste d'Angers, les chapelains de La Callerie, du Crucifix, de Saint-Mathieu et de Saint-Hervé, les religieux Cordeliers d'Angers et autres tenanciers dans les paroisses de Villévêque, de Saint-Silvain, de Bauné, de Corné et de Pellouailles.

E. 126. (Registre) — In-folio, papier, 81 feuillets, plus une pièce parchemin, et 4 pièces, papier; une table de 5 feuillets, papier.

1730-1745. — Assises de la seigneurie tenues, au nom de messire René Trouillet, conseiller au Parlement de Bretagne, par Urbain Marchant, docteur-ès-droits, pour terres, rentes et maisons au Bourg-Guillot, à La Mercerie, aux Gémindrées, aux Ergoyaux, au Tertre-Guérin, au Mortier-Grand, aux Champillons, à La Guyonnière, aux Épinettes, aux Quartiers-de-Seurre, au Champ-Long, à La Garde-Dieu, à Vaubrunet, au Galopin, à La Pantière, au Gratejean, à La Charbonnerie, à La Maussionnière, au Mortier-Tac, aux Prioullières, dans les paroisses de Villévêque, de Bauné, de Pellouailles, de Saint-Silvain, de Corné et du Plessis-Grammoire.

E. 127. (Registre.) — In-folio, papier, 71 feuillets, plus 4 pièces, papier, intercalées; une table de 3 feuillets, papier.

1745-1750. — Assises des fiefs et seigneuries de La Bertière, La Rallière, Bléré, Les Hommeaux, tenues pour messire Trouillet, conseiller au Parlement de Bretagne, par Urbain Marchant, docteur-ès-droits, pour terres, rentes et maisons à Bélitourne, à La Noiraye, à La Croix-de-Pellouailles, aux Arguzeaux, au Petit-Frémoulin, à La Brisepotière, à Forte-Terre, à La Porte, aux Perrières, à La Meslerie, à Touraine, au Clos-Flon, à La Tourisière, à La Varenne, à La Callerie, à La Brelandrie, à La Paumerie, à La Girardière, au Genièvre, dans les paroisses de Villévêque, de Pellouailles, de Corné, de Bauné, de Saint-Silvain et de Saint-Samson.

E. 128. (Registre.) — Grand in-folio, papier, 64 feuillets, sans couverture; 2 tables de 9 feuillets, papier.

1740. — Terrier du fief et seigneurie de la Bertière. — Terres au Bouillard, à Bauné, à La Charbonnerie, au Cormier, à Dieurdet, au Desry, aux Épinettes, au Fauconneau, à La Giraudière, aux Gémindrées, au Galopin, au Bois-Haunet, au Millet, à La Marquerie, au Mortier-à-la-Dame, à La Maison-Neuve, aux Perruches, à Pied-Pourri, à La Ramée, à Vaubrunet, dans les paroisses de Bauné, de Villévêque, du Plessis-Grammoire, de Saint-Silvain, de Corné et d'Andard.

E. 129. (Registre.) — In-4°, papier, 135 feuillets, en mauvais état, sans couverture, le premier feuillet en lambeaux.

1468-1471. — « C'est le compte que rend à noble » et puissant seigneur messire Ollivier Tillon, chevalier, » seigneur de La Bertière, La Rallière, Sacé, La Charbonnerie et Chevigné près Angers, Gervais Hanri, son recepveur, des receptes » de rentes en grains, vin et deniers dues pour terres, vignes et maisons à La Grandière, à Blanchart, au Bois-Baron, à Mocé, près Les Perruches, à Ribonne, à La Reilletière, au Drossay, à Aiguillon, à La Brisepotière, au Pré-Coton, à Épluchard, à La Giraudière, à La Motte, à La Bourgonnière, à La Sourerie, aux Varonneaux, à Foussart, à L'Anguillerie, aux Hommeaux, à La Chauvelaye.

E. 130. (Registre.) — In-folio, papier, 124 feuillets; une table de 4 feuillets, papier.

1531-1542. — « C'est le papier des cens, rentes et » devoirs deubz par chascun an à noble et puissant sei» gneur Louys Tillon, escuyer, seigneur de La Bertière, La » Rallière, La Charbonnerie et Sacé, » pour terres, vignes et maisons à Pellouailles, aux Hommeaux, à La Paumerie, à Beauregard, à La Hamelinière, à Herbert, à La Fourrerie, à La Gilberdière, aux Gats, à La Gadifferie, à Ruigné, à Mauverdier, à La Tardinière, à La Marquerie, à Pré-Rond, aux Vieilles-Vignes, à La Tranchée, au Bois-au-Ralle, à Pleumoison, à Mucé, à La Bigotière, à L'Anguillerie, à Corzé, près Molière.

E. 131. (Registre.) — Petit in-folio, papier, 84 feuillets; une table de 4 feuillets, papier.

1551. — « Papier des cens et debvoirs deuz par cha» cun an à noble et puissant messire Urbain Tillon, cheva» lier, seigneur de La Bertière, La Rallière, La Brisepo» tière et Épluchart, » pour terres et maisons aux Hommeaux, au Clos-Herbert, près La Barre-Saint-Maurice, à La Fourerie, à La Tourisière, au Bois-au-Ralle, aux Rainières, à Frémoulin, aux Loges, au Clos-Félon, à La Granderie, en Lifrazaie, à La Paumerie, au Pré-Gallery, à Pré-Rond, à La

Tremblaye, à Landinaye, à Maurerdier, au Brossay, à La Bouteillerie, au Clos-Pruneau, à La Fresnaye.

E. 132. (Carton.) — Cahier de 33 feuillets, papier, en lambeaux; une table de 3 feuillets, papier.

1684. — « Registre des ceus et debvoirs deubs par » chascun an au lieu de La Bertière ou au lieu des Hom- » meaux, tenus de la châtellenie de Pellouailles, à foi et » hommage simple et six sols de service avec droit de basse » et moyenne justice, et autres droits qui en dépendent, sui- » vant la coutume, mesme d'avoir et prendre les dixmes » tant de bled, vin, pois, febves, lins et autres grains; les- » quelles dixmes appartiennent, avec les dixmes qui relèvent » de La Barre-Saint-Maurice, à noble homme Jehan Mar- » tineau. »

E. 133. (Volume.) — In-folio, papier, 100 feuillets.

1520-1764. — Extrait de la fondation de la chapelle de La Bertière. — Papier des dîmes inféodées des fiefs et seigneuries de La Bertière et de La Rallière, appartenant à messire Urbain Tillon, chevalier. — Papier décimal contenant les droits de dîmes inféodées de tous les fruits croissant sur les terres et vignes appartenant à messire René-Charles-Marie Trouillet, chevalier, seigneur de La Bertière, La Rallière, Bléré et Les Hommeaux, dans les paroisses de Villévêque et de Pellouailles.

E 134 (Registre) — In-8°, papier, 70 feuillets, plus 2 pièces, papier, annexées à la fin.

1764. — Papier décimal contenant les droits de dîmes inféodées de tous les fruits croissant sur les terres et vignes appartenant à Messire René-Charles-Marie Trouillet, chevalier, seigneur de La Bertière, La Rallière, Bléré et Les Hommeaux, dans les paroisses de Villévêque et Pellouailles.

E 135. (Registre) — In-4°, papier, 72 feuillets; reliure du XVIe siècle en mauvais état; 2 tables de 13 feuillets, papier.

1518-1531. — Livre des contrats exhibés au fief de Bléré, pour terres et maisons au clos de Forbanni, à Bélitourne, aux Champs-Hubert, à La Giraudière, au Cléray, à La Frémondière, à Forte-Terre, à La Hamelinière, à La Miranderie, à La Polardière, à La Picainerie, à Fontenay, à La Fourmentière, au Gay, aux Arsis, à La Gilberdière, à La Callerie, aux Renardières, à La Bataillerie, aux Plantes-Moreau, près Ruigné, dans les paroisses de Pellouailles, de Corné, de Villévêque et de Corzé.

E. 136. (Registre) — In-4°, papier, 84 feuillets, tout délabré; 2 tables de 7 feuillets, papier.

1404-1489. — Déclarations rendues au fief de Bléré pour terres et maisons à Bonnitourne, au Brossay, à La Grande-Bergerie, au Bout-Blanc, à La Bonne-Bardière, à La Callerie, au Chandelier, à Bolentine, aux Épineaux, à Foussart, à Fontenay, aux Goatières, à La Goubergerie, à La Gilberdière, à La Hamelinière, à La Joulainerie, à Longueraye, à La Marmonnelle, à Préaux, à La Paumerie, au Vaige.

E. 137. (Carton.) — Deux cahiers, papier, in-folio, 120 feuillets; une table de 3 feuillets, papier.

1545-1684. — Déclarations rendues au fief de Bléré pour terres et maisons à Mallièvre, à La Noiraye, à Champ-Gohier, à La Giraudière, aux Arsis, à Frémoulin, à La Chesnaye, à Bélitourne, à Vélimon, à Préaux, au Petit-Parigné, au Clos-Pruneau, à La Varenne, à La Valée, à La Pignonnière, aux Humeaux, aux Épinettes, aux Loges, aux Perrières, aux Plantes-Moreau, au Clos-Turgis, dans les paroisses de Corné, de Villévêque, de Pellouailles et de Corzé.

E. 138. (Registre.) — In-folio, papier, 108 feuillets; une table de 2 feuillets, papier.

1634-1643. — Déclarations rendues au fief de Bléré, appartenant à messire René Trouillet, sieur de La Bertière, conseiller au Parlement, pour terres, rentes et maisons à La Callerie, à La Gilberdière, aux Grandes-Noirayes, à La Chastière, à Bélitourne, au Petit-Parigné, au clos de Préaux, au Clos-Herbert, à La Varenne, à Courtil-Creux, aux Grois, aux Assis, à La Pasquerie, à L'Écotière, à Touraine, aux Cormiers, à La Joulainerie, au champ de Claye, dans les paroisses de Corzé, de Corné, de Saint-Silvain, de Villévêque et de Pellouailles.

E. 139. — (Carton). — 135 pièces, papier, 255 feuillets; une table de 3 feuillets, papier.

1686. — Déclarations rendues au fief de Bléré, pour terres, rentes et maisons à La Girardière, à La Varenne, à La Croix, en la prairie de Souvigné, à La Mélerie, au Bois-des-Baudons, à La Tourisière, aux Plantes, à Parigné, au Pineau, à Bélitourne, aux Grattines, à Vélimon, au Clos-Turgis, aux Grands-Champs, à Basseteau, au Bois-Bruslon, aux Épinettes, aux Gats, à La Coudraye, aux Loges, au Clos-Herbert, dans les paroisses de Corzé, de Corné, de Villévêque, de Pellouailles et de Saint-Silvain.

E. 140. (Carton.) — 39 cahiers, in-folio, 25 pièces, papier; 268 feuillets.

1773-1775. — Déclarations rendues au fief de Bléré, appartenant à messire Charles-Auguste Trouillet, pour terres, rentes et maisons à La Varenne, aux Cossières, à Souzé, aux Bois-Foussards, à Rafreteau, aux Fresnayes, à Frémoulin, à Vieille-Vigne, à La Mélerie, à Bélitourne, au champ des Vignes, au Clos-Herbert, au Clos-Turgis, aux Arsis, aux Perrières, aux Chesnayes, au Clos-Funault, aux Grandes-Noirayes, aux Grands-Hommeaux, au Mortier-Blet, à La Girardière, à Mallièvre, dans les paroisses de Corné, de Corzé, de Pellouailles, de Saint-Silvain et de Villévêque.

E. 141. (Carton.) — 21 cahiers, papier, petit in-folio, 267 feuillets; une table de 5 feuillets, papier.

1624-1669. — Remembrances des déclarations rendues aux assises du fief et seigneurie de Bléré, appartenant à damoiselle Perrine Avril, veuve de noble homme Nicolas Martineau, garde de la prévôté d'Angers, par l'abbesse du Perray, les sieurs Baudon, Balue, Brifault, Barbereau, Bonneau, Botereau, Biseul, Bonvoisin, le chapelain de Saint-Jean de Villévêque, les curés de Saint-Maurice d'Angers et de Pellouailles, Christophe Cupif, Jacquine Cador, Chastier, Cerceau, Détriché, Daburon, Drouin, Doublard, Dalibon, Ernoul, Fleuriot, Galliot, Gaignard, Gisteau, Lhoustelier, Lestourneau, Lavairie, Lemeslo, Moutardeau, Merseron, de Narbonne, Proust, Répussart, de Rohan, Thiberge, Tardif, Valée et autres tenanciers dans les paroisses de Saint-Sylvain, de Villévêque, de Corzé, de Corné et de Pellouailles.

E. 142. (Registre.) — In-folio, papier, 186 feuillets, plus 35 pièces, papier, intercalées; une table de 7 feuillets, papier.

1740. — Assises du fief et seigneurie de Bléré, tenues au nom de messire René Trouillet, conseiller au Parlement de Bretagne, seigneur de La Bertière et dudit fief, par Urbain Marchant, docteur ès-droits, pour terres, rentes et maisons au Bois-au-Dru, aux Assis, aux Baudonneries, à Bélitourne, à Beauregard, à Basteau, à Bréhoret, à La Brétauderie, à La Bonairie, à La Conquête, à La Callerie, au Courtil-Creux, au Chandelier, à La Chevelue, à Dolentine, à L'Enfer, aux Épinettes, à Frémoulin, à Forte-Terre, à La Girardière, à La Groie, au Clos-Herbert, à La Joulainerie, à Longueraye, à La Mairerie, au Mortier-Blet, au Bois-Oudin, à La Piguairie, au Bois-du-Pavé, au Bois-des-Raguinières, au Clos-Turgis, dans les paroisses de Corzé, de Corné, de Villévêque, de Saint-Silvain et de Pellouailles.

E. 143. (Registre.) — Grand in-folio, papier, 160 feuillets; 2 tables de 16 feuillets, papier.

1740. — Terrier du fief de Bléré — Terres à Bléré, aux Baudonneries, au Bois-Brullon, au Champ-Bourdon, à La Brétauderie, à Courte-Pièce, aux Cossières, à La Chesnaye, à La Conquête, à La Cloche, au Chandelier, à La Fosse-Chalopin, aux Épinettes, à L'Enfer, au Funeau, au Clos-Jumeau, à Forte-Terre, au Fourneau, aux Grilles, à La Grâce, à La Joulainerie, à La Lusette, à La Mare, au Champ-Mullot, à La Marquerie, à La Présidente, au Pineau, à La Pasquerie, à La Protterie, à Panloup, aux Perriers, aux Pignaries, aux Raguinières, à Répussard, à Souvigné, au Champ-des-Vignes, dans les paroisses de Corné, de Corzé, de Villévêque, de Saint-Silvain et de Pellouailles.

E. 144. (Registre.) — Petit in-4°, 73 feuillets, papier; 4 tables de 13 feuillets, papier.

1629. — Papier des cens, rentes et devoirs dus à la recette du fief de Bléré en Villévêque et Pellouailles, pour terres et maisons à Pré-Rond, à La Petite-Mallièvre, à Vélimon, près Pressiac, à Bélitourne, à La Joulainerie, au Bois-de-la-Perruche, à Préaux, au Bois-Brullon, au clos de Pruneau, à Herbert, à La Sicaire, à La Girardière, au Geai, à La Parerie. — Note autographe de René d'Ogeron, sur la construction de la chapelle de La Bertière (1628) et le vol commis le 21 janvier 1629 dans l'église du Plessis-Grammoire.

E. 145. (Registre.) — In-folio, papier, 43 feuillets; une table de 6 feuillets, papier.

1634. — Papier des cens, rentes et devoirs dus à la recette du fief et seigneurie de Bléré, appartenant à demoiselle Perrine Avril, veuve de noble homme Nicolas Martineau, conseiller du Roi, par Symphorien Allard, Bardoul, Briffault, Boulanger, Barbereau, Boureau, Baussay, Busson, Cottereau, Chuppé, le curé de Saint-Barthélemy, de La Grandière, Macé Détriché, Daudouet, Guill. d'Escorce, Fleuriot, Foureau, Frain Du Plantis, Guespin, Girault, Jean Hiret, l'abbesse du Perray, le curé de Pellouailles, le chapelain de Chauvon, Lanier de La Brosse, Lelièvre, Ribourg, François Ménard, Ouvrard, Poullain, Piolin, Thiberge, Thuau, Voluette, et autres tenanciers dans les paroisses de Villévêque et de Pellouailles.

E. 146. (Registre.) — Grand in-folio, papier, 217 feuillets; 3 tables de 19 feuillets, papier.

1740. — Livre des cens et rentes dus à la recette seigneuriale par Symphorien Aubry, Charles Aveline de Narcé, Bardoul, Brihard, Marie Brillet, Bory, Boisard, Bieslin, Boussac, Beaumont, Chapeau, Chedanne, Camus, René Choudieu, Courault de Pressiac, Cochelin, Drouin de Foyer, de Crespy, les chapelains de Saint-Jean, de Saint-Hervé et de La Callerie, Drouard, Delhumeau, Fonteneau, Urbain Gillet, Harangot, Hémon, Lizambart, Lambrun, Lemesle, Lefrère, Lemaître, Métivier, François de Saint-Omer, Piquelin, Poitevin, Rigault, Raveneau, Répussard, Trochon, Toupelain, Trigory, Vaugoyeau et autres tenanciers dans la paroisse de Villévêque.

E. 147. (Carton.) — 2 cahiers in-folio, papier, 11 feuillets.

1461-1520. — Livre des cens et devoirs dus chacun an au lieu de La Bertière, par les fiefs et seigneuries de La Charbonnerie et de Chevigné en Saint-Léonard.

E. 148. (Registre.) — Petit in-folio, papier, 60 feuillets, 5 pièces intercalées, plus un cahier de 83 feuillets, papier (manquent les feuillets 17-28); une table de 8 feuillets, papier.

1550-1552. — Assises du fief et seigneurie des Hommeaux, tenues au nom de messire René Trouillet, sieur de La Bertière et dudit fief, par Urbain Marchant, docteur-ès-droits, pour terres, rentes et maisons à La Petite-Vallée, aux Grandes-Chaleries, à La Tremblaye, aux Bigottières, à La Saulaye, à La Granderie, au Champ-Cordier, aux Loges, aux Hamelinières, au Clos-Herbert, près La Gadifferie, à La Porte, à La Cosse, à La Piellerie, à La Mortonnière, à La Chaveterie, au Champ-Chetier, dans les paroisses de Villévêque et de Pellouailles.

E. 149. (Registre.) — Grand in-folio, papier, 73 feuillets; 2 tables de 8 feuillets, papier.

1550. — Terrier du fief des Hommeaux. — Terres et rentes aux Bigotières, aux Boisselées, à La Baraudière, à La Bouteillerie, au Champ-Cordier, au Cormier, à La Cosse, aux Espoisars, à Foureau, à La Ferrasserie, à La Granderie, à La Hamelinière, au Clos-Herbert, à La Havardière, au Landreau, aux Loges, à La Mairerie, aux Piaux, aux Paumeries, à La Piellerie, au Boisseau-Rolle, à La Saulaye-Brune, à Touraine, dans les paroisses de Villévêque et de Pellouailles.

E. 150. (Registre.) — Grand in-folio, papier, 70 feuillets ; 2 tables de 7 feuillets, papier.

1540. — Livre des cens et rentes dus à la recette seigneuriale par Pierre Bribard, Baudusseau, Bigeard, Bouceau de Versillé, Bardoul, Chotard, Camus, Drouin, d'Éforce, Galland, Guyot, Gillet, Herpin, Joullain, Joubert, Lemesle, Mazure, Moisgart, Oger, Pillette, Poitevin, Répussard, Raveneau, Saunier, Toupelain, Tardif, Tranchu et autres tenanciers dans le fief des Hommeaux en Villévêque et Pellouailles.

E. 151. (Volume.) — 1 parchemin scellé; 110 pièces, papier, ensemble 255 feuillets; une table de 2 feuillets, papier.

1624-1673. — Déclarations rendues au fief de La Rallière pour terres, rentes et maisons à La Paumerie, aux Gats, à La Vallée, au Clos-de-Souzay, à La Tardinière, La Miranderie, aux Tremblayes, à Bélitourne, à La Barre, Touraine, à La Grande-Chalerie, à L'Écottière, à Gallery, aux Bigotières, à La Bière, à Mallièvre, à Russeau, aux Hommeaux, à L'Anguillère, aux Piaux, à Herbert, à Mélinaye, au Pin, à Ruigné, dans la rue Saint-Laud d'Angers, à La Bouteillerie, aux Poiriers, dans les paroisses de Villévêque, de Saint-Samson, de Saint-Maurille et de Saint-Laud d'Angers.

E. 152. (Volume.) — 117 pièces, papier, 231 feuillets; une table de 10 feuillets, papier.

1681. — Déclarations rendues au fief de La Rallière pour terres, rentes et maisons aux Hommeaux, à La Granderie, au Champ-Cordier, à La Girardière, à La Miranderie, au Fourneau, à La Barre, à Daudouet, à La Baraudière, aux Bigotières, à Touraine, à Molière, au Bois-Halbert, aux Gats, à La Noue-Brésil, à La Sicaire, à Lardinaye, aux Tremblayes, aux Desris, à La Saulaye-Bonnie, au Mortier-Blet, à La Jousselinière, à La Potardière, à Ruigné, dans les paroisses du Plessis-Grammoire, de Villévêque, de Saint-Laud, de Saint-Maurille et de Saint-Samson d'Angers.

E. 153. (Registre.) — In folio, papier, 18 feuillets; une table de 5 feuillets, papier.

1748. — Assises du fief et seigneurie de La Rallière, tenues au nom de messire René Trouillet, conseiller au Parlement de Bretagne, par Urbain Marchant, docteur-ès-droits de l'Université d'Angers, pour terres, rentes et maisons aux Gasts, dans la rue Saint-Laud d'Angers, à Souzé, aux Ruisseaux, à La Miranderie, à La Brisepotière, au Grand-Journal, à La Troinse, à La Touche, à La Tourisière, à La Gadifferie, aux Grois, à La Marquerie, à La Bouricherie, à L'Écottière, à La Potardière, à Théouze, aux Carries, à Laudusson, aux Berth[illegible]es, à Lifrasaye, à la Courtillerie, à La Baraudière, à La Renarderie, dans les paroisses du Plessis-Grammoire, de Villévêque, de Saint-Silvain, de Saint-Laud, de Saint-Maurille et de Saint-Samson d'Angers.

E. 154. (Carton.) — 59 cahiers in-folio, papier, 168 feuillets; une table de 7 feuillets, papier.

1772-1774. — Déclarations reçues dans le fief de la Rallière par Joseph Legarze, notaire royal à Angers, et François de Fontenay, notaire royal à Andard, au nom de MM. Trouillet, seigneurs de La Bertière et de Bléré, pour terres, rentes et maisons à La Miranderie, à La Touche, à Souzé, à La Porte, à La Tremblaye, à La Marquerie, à La Noiraye, à La Tardinière, à La Bouricherie, aux Petits-Bois, à La Renarderie, au Grand-Clos, à Épron, au Petit-Épluchard, au Pin, à L'Enclos, aux Garnisons, à Quatre-Miches, à La Barrière, à La Vigne, à La Brisepotière, à La Chaintrerie, au Pré-Marais, au Pré-Colon, au Puits-Rond, près La Chalouère, à Mélinaye, à La Tourisière, à La Cure, dans les paroisses du Plessis-Grammoire, de Villévêque, de Saint-Silvain, de Saint-Laud, de Saint-Maurille et de Saint-Samson d'Angers.

E. 155 (Registre.) — Grand in-folio, papier, 117 feuillets; 2 tables de 13 feuillets, papier.

1550. — Terrier du fief de La Rallière. — Terres et rentes aux Aireaux, à L'Aubépin, rue Saint-Laud d'Angers, à Bourienne, à La Baraudière, à Beauvais, aux Bertries, à La Coudraye, au Pré-Chartrain, à La Chalouère, à La Courtillerie, au Desry, à Gallery, à La Gaignorderie, aux Geneviéves, aux Hommeaux, à l'Ile-Pipy, à Mussé, à La Maladerie, à Pressiac, aux Robinières, à La Saillanterie, à Théouze, dans les paroisses du Plessis-Grammoire, de Corzé, de Villévêque, de Saint-Silvain, de Saint-Laud, de Saint-Maurille et de Saint-Samson d'Angers.

E. 156. (Registre.) — In-8°, papier, 90 feuillets, le premier feuillet détaché, le reste en mauvais état; une table de 8 feuillets, papier.

1590-1606. — Livre des rentes et devoirs de la seigneurie de La Rallière et des fiefs de La Charbonnerie et Tartifume, reçus par maître Jacques Gohorry, pour messire Antoine Tillon, seigneur desdits fiefs, dans les paroisses du Plessis-Grammoire, de Corzé, de Villévêque, de Saint-Silvain, de Saint-Laud, de Saint-Maurille et de Saint-Samson d'Angers.

E 157. (Registre.) — In-folio, papier, 43 feuillets, en mauvais état; une table de 7 feuillets, papier.

1646. — Livre des cens, rentes et devoirs des fiefs de La Rallière, La Brisepotière et Épluchard, rendables en la galerie de Saint-Pierre d'Angers, par Jacques Belavoine, Bardoul, Botereau, Bodraye, Chevrolier, Camus, Cupif, le chapelain du Crucifix, Daburon, Dalibon, Foussier, Foureau, Gaignard, Grézillon, Goullay, Guespin, Harangot, Herpin, Hubert, Joulain, Joubert, Lemesle, les curés de Saint-Samson, de Saint-Maurille, de Saint-Julien et de Saint-Michel d'Angers, Ouvrard, Saulnier, Sereeau, Salmon, Voluette et autres tenanciers dans les paroisses du Plessis-Grammoire, de Corzé, de Villévêque, de Saint-Maurille et de Saint-Samson d'Angers.

E. 158. (Registre.) — In-folio, papier, 23 feuillets, en mauvais état; une table de 2 feuillets, papier.

1644-1649. — Livre des cens, rentes et devoirs des fiefs de La Rallière, La Brisepotière et Épluchard, rendables en la galerie de Saint-Pierre d'Angers, par l'abbé de Mélinais, Bienvenu, Baudon, Belet, Chevrolier, Cornières, Clavier, Davy, Dupont, Ferré, Frémont, Guespin, Gripon, Galopin, Harangot, Landillon, Lochet, Maubert, Mestivier, Pasquerayе, Périer, Perdriau, Rattier, Rogues, les curés de Saint-Samson, de Saint-Michel et de St-Julien, le doyen de Saint-Pierre, le curé du Plessis-Grammoire et autres tenanciers dans les paroisses du Plessis-Grammoire, de Saint-Silvain, de Corzé, de Villévêque, de Saint-Maurille et de Saint-Samson d'Angers.

E. 159. (Registre.) — Grand in-folio, papier, sans couverture, 97 feuillets, (manquent les feuillets 91-96); 2 tables de 7 feuillets, papier.

1740. — Livre de recette des cens et rentes dus au château de La Bertière par le fief de La Rallière pour terres et maisons au Petit-Bois, à La Coudraye, à L'Ébaupin, à Bourienne, à La Tardinière, à Souzé, à La Saillanterie, à La Groge, à La Bouricherie, à La Noiraye, à La Chaillerie, à La Challinière, à La Brisepotière, à Beauvais, rue Saint-Laud d'Angers, au Petit-Épluchard, à Théouze, à La Renarderie, à La Miranderie, au Gros-Chêne, à Landusson, aux Aireaux, à La Courtillerie, à Ruigné, à Landinaye, à Gallery, au Bois-Simon, à Mélinais, aux Carries.

BARONNIE DE BLOU.

E. 160. (Carton.) — 7 cahiers, in-folio, papier, 400 feuillets; 1 pièce parchemin; 1 pièce, papier.

1460-1686. — Aveux rendus à la baronnie de Ramefort par la baronnie de Blou, — à la baronnie de Blou, par les fiefs de L'Asnerie, du Gué-Collet, du Plessis et du Champ-Bérard, de La Cour-de-Ramefort, de La Chouanière, de Longué, des Bassanges et de La Roche-de-Blou. (Brouillons et copies informes.)

E 161. (Carton.) — 4 cahiers, in-folio, papier, 311 feuillets.

1701-1760. — Extraits des fois et hommages dus à la baronnie pour les fiefs de La Guignardière, La Jumeraye, la maison du Lys, la cure du bourg de Blou, Rouillon, L'Epinay, Mazanger, La Grézille, Bareilles, La Cateraye, Les Fouaudières, La Baraudière, La Pierre-Pucelle, Champ-Bérard, Bassanges, La Bélinière, les dîmes de Pocé et de Vieille-Truie, La Guignairie, Le Pont-Doré, Veaux, Nazé, La Grisonnière, La Couture, Chevré, La Chouanière, La Bataillère, Maupas, La Mulotière, Les Tabardières, Souvenet, La Brocheterie, la grande dîme d'Avoir et de Chandeliveaux, Chappes, Mons, Rougé, le Champ-des-Salles, dans les paroisses de Blou, de Longué, de Saint-Philbert, des Tuffeaux, de Saint-Georges-du-Bois, de Denezé et de Saint-Lambert-des-Levées.

E. 162. (Carton.) — 10 cahiers in-folio, papier, ensemble de 326 feuillets.

1760. — Papier terrier du fief, dans la paroisse de Blou. — Confrontations modernes du bourg de Blou. — Extraits des aveux rendus à la baronnie, à raison des héritages et des dîmes relevant de la paroisse de Blou.— Fragments du terrier et confrontations modernes des seigneuries des Perrières et de La Ribonnière, dans la paroisse de Blou. (Brouillards et fragments informes.)

E. 163. (Carton.) — 6 cahiers in-folio, papier, 402 feuillets.

1760. — Papier terrier et relevé des héritages situés dans le canton de Chappes en Longué, à La Haye-Guilloiseau, à La Grande-Maison, au Sentier, au Clos-Bouquet, aux Cognées, à La Baillée, au Desris, à La Délogerie, à L'Ouche-à-la-Reine, à La Boire, à La Jonchère, à L'Enclose, au Pré-Gasnier, à La Pinellerie, à La Davonnerie, à La Poupardière, à Launay. (Brouillards informes.)

E. 164. (Carton.) — 4 cahiers in-folio, papier, de 301 feuillets.

1750-1760. — Fragments de papier terrier et confrontations d'héritages dans le canton de Château-Gaillard en Longué, au Billot, à L'Ouche-au-Moine, au Champ-Cailleau, aux Normandières, aux Longuerayes, aux Vieux-Champs, à L'Arguebœuf, à La Caillaudière, aux Gilberdières, à La Blancheterie, aux Martinais, à La Tour, aux Bricardières, à La Rechignée, aux Noirettes, aux Vernailleries. (Brouillards informes.)

E. 165. (Carton.) — 5 cahiers in-folio, papier, 374 feuillets.

1760. — Fragments de papier terrier et confrontations d'héritages dans le canton de Goulièvre, en Longué, au Pré-Morin, à La Chaintre-Millette, à La Malardière, à La Bataillère, à La Faderie, au Petit-Paradis, à La Caillaudière, aux Morpionnières, à La Cocarderie, aux Bondes, à La Grepezière, aux Fricadaises, à La Tabauderie, à La Juquellerie, à La Chouannière. (Brouillards informes.)

E. 166. (Carton.) — 11 cahiers in-folio, papier, 125 feuillets; 6 pièces, papier.

1680-1787. — Aveux rendus pour la châtellenie de Neuillé et Vivy au château de Saumur par Saladin d'Anglure de Savigny, marquis Du Bellay, — au comté de Trêves, par Toussaint-Henri Lejumeau, baron de Blou. — Mémoires pour dresser les blâmes contre l'aveu de 1786.

E. 167. (Carton.) — 2 cahiers in-folio, papier, 159 feuillets.

1760.—Fragment du terrier de la châtellenie de Neuillé. — Confrontations d'héritages à La Brosse, à La Belle-Effray, à La Poitevinière, à La Grande-Ouche, au Fief-Violette, à La Meschinière, au Cormier, à Gaignard, au Poirier-Docouard, à La Grifferie, dans la paroisse de Neuillé.

E. 168. (Carton.) — 4 cahiers in-folio, papier, 284 feuillets.

1760. — Fragments du papier terrier de la baronnie, dans les paroisses de Neuillé et de Vivy. — Confrontations d'héritages aux Bois-Mallon, aux Chesnayes, au Peau-Georgis, aux Gilberdières, à La Sibellerie, à La Haute-Roche, à La Cave-Gilbert, aux Donaiseries, à La Chevarderie, à La Poussinière, aux Noirais, aux Bertières, aux Baraudières, aux Souaudières, à La Couture, à Mauquartier, aux Longs-Sillons, à La Templerie, aux Trotouimeries, au Boisjumeau, aux Martinayes. (Brouillards informes.)

E. 169. (Carton.) — 5 cahiers in-folio, papier, 197 feuillets.

1760. — Fragments de terrier du fief de Vivy, relevant de la châtellenie de Neuillé.— Confrontations d'héritages aux Guigniers, aux Nérons, à La Pichonnière, à L'Ouche-Bontemps, aux Mufotières, aux Prés-Gilbert, au Mortier-Riou, aux Guiomardières, à La Censée, aux Rousses, aux Patras, aux Grandes-Folies, aux Marais-aux-Filles, à la levée de Belair, à L'Anerie, dans la paroisse de Vivy. (Brouillards informes.)

E. 170. (Carton.) — 11 cahiers in-folio, papier, 155 feuillets; une pièce, papier.

1760-1778. — Fragments du papier terrier du fief et seigneurie de Souvenet. — Confrontations d'héritages à Chambaugé, aux prés Pissebuche, à La Belotière, à La Marchanderie, à La Gilleterie, au Pont-à-la-Barbée, à Coutance, au Mortier-Rouet, à La Gamacherie, à La Bérarderie, aux Halleries, à La Renarderie, à La Ravaudière, à La Bourderie, à L'Écusson, à La Pataudérie, aux Blanchardières, à La Porcheraye, aux Milletières, à La Bouquetière, dans les paroisses de Blou, de Longué et de Vivy.

E. 171. (Carton.) — 4 cahiers in-folio, papier, 235 feuillets.

1750-1760. — Confrontations de tous les héritages relevant du fief et seigneurie des Tuffeaux. — Projet pour dresser le papier censif et terrier de la baronnie de Blou, dans les paroisses des Tuffeaux et de Cheuchutte. — Fragment du brouillard du papier censif et terrier. — Terres au Châtellier, au Petit-Vau, à La Cave-Forte, à La Mussetière, au Bois-de-la-Coulloire, à Bouchet, à Pontpierre, à La Hardouinière, aux Marchais, à Montrobert, à La Noiraye. (Brouillards informes.)

E. 172. (Carton.) — 17 cahiers, papier, grand in-folio de 420 feuillets.

1760. — Fragments du terrier général de la baronnie pour les fiefs du Mazanger, de La Galeschère, de Vourné, dans les paroisses de Blou, de Linières, de Verneuil, de Saint-Philbert-du-Peuple, de Breil, de Longué et du Gué-Déniau. — Table de registres perdus. (Brouillards informes.)

E. 173. (Carton.) — 403 feuillets, débris d'un registre grand in-folio, papier.

1760. — Fragments du terrier général de la baronnie. — Confrontations d'héritages aux Hommois, au Chenevreau, aux Marchais, à Noyé, aux Bossons, au Lion, à La Noe, aux Rochettes, au Surdon, à La Mustière, au bourg des Tuffeaux, à Chenehutte, à La Coulloire, à La Noiraye, au Bouchet, en la prairie d'Avoir, à La Prée-Fourcelles, à La Morellerie, aux Épinettes, aux Corvées, aux Martinières, à La Pironnaye, à La Mafraire, au Gué-Rousseau, au Pont-Mallet, aux Poux, aux Rigolles, au Mouchet, à La Barangeraye, aux Vaux-de-Villiers, aux Perrières, aux Aubiers, dans les paroisses de Blou, de Longué, des Tuffeaux, de Chenehutte, de Vivy, de Neuillé, de Verneuil et de Saint-Philbert.

E. 174. (Carton.) — 207 feuillets, débris d'un registre grand in-folio, papier.

1760. — Fragments du terrier général de la baronnie. —Confrontations d'héritages au pré Morin, à La Mallardière, au Buignet, au Petit-Paradis, aux Bondes, aux Fricardières, à Goulièvre, aux Sablons, à La Juquellerie, à La Chouannière, aux Bourellières, à La Faderie, à La Grépezière, aux Morpionnières, au Clos-Bouquet, aux Sentiers, à Chappe, en La Grande-Baillée, au Billot, aux Normandières, aux Longueraycs, à Château-Gaillard, aux Gilberdières, aux Martinais, à La Rechignée, aux Noirettes, à La Gravonserie.

E. 175. (Carton.) — 18 pièces, papier.

1750-1769. — Mémoires au soutien de la mouvance de la baronnie sur le fief des Aulnais contre Mme Valbois, — sur le fief des Tuffeaux contre le prieur de Chenehutte, — sur le fief de L'Asnerie contre M. Berthelot de Villeneuve, — sur le fief du Pont-de-la-Ville contre le prieur de la Roche-au-Moine, — dans le canton de Château-Gaillard contre Mme de Saint-Germain, — dans les fiefs de La Maudetaye de La Cour-de-Ramefort et d'Anthenaise. — Consultations de Mrs Luciot, Gouin, Harel, avocats, et transactions entre Louis de Bouschet, comte de Montsoreau, et Le Jumeau de Salvert, sur le droit de dépié de fief prétendu par suite d'une aliénation de la terre de La Brosse.

E. 176. (Carton.) — 6 plans, papier.

1760. — Plans des fiefs de Blou, Neuillé, Mazanger, Souvenet, L'Asnerie, et de terres et tenures sur la rivière de l'Authion et dans les paroisses de Neuillé, Vivy, Saint-Philbert, Verneuil, etc.

SEIGNEURIE DE BOISBIGNON.

E. 177. (Carton.) — 1 cahier in-folio, papier, 8 feuillets (incomplet).

1687. — Table de comparaison des aveux du fief et seigneurie de Boisbignon, paroisse de Marcé, rendus à la seigneurie de Cingé.

SEIGNEURIE DE BOISMOREAU.

E. 178. (Volume.) — 166 pièces, parchemin; 26 pièces, papier; 2 tables de 33 feuillets, papier.

1374-1650. — Baux à cens, contrats d'acquêts, déclarations, sentences et autres titres au soutien de la mouvance de la seigneurie pour terres et rentes à L'Asnerie, sur le ruisseau d'Arglance, aux Brauseaux, à Rouillé, aux Bournais, à La Bignonnière, à L'Épinay, à L'Échange, près l'étang de La Fouqueraye, à La Gauchotière, aux Journaux, à La Jouennière, à La Loge, aux Martinières, à Maubrossay, à La Pichardière, à Pauloup, à La Pierre-Percée, aux Perrons, à La Quantinière, aux Ratteries, aux Robinières, aux Vallées, au Vigneau, dans la paroisse de Gouis.

E. 179. (Volume.) — In-folio, papier, 119 feuillets; 2 tables de 78 feuillets, papier.

1602-1735. — Remembrances des déclarations rendues aux assises de la seigneurie par Aubineau, Amiel, l'abbaye Saint-Aubin d'Angers, Jean Bodin, Bazeau, Busson, Corvoisier, Guill. Charnacé, Chapillon, de Forges, Fontaine, Fardeau, Freslon, Gonnet, Gaudin, Groffard, Gorenfleau, Goguelet, Guehery, Hiret, Hautonnière, Hamelin, Jameron, Joze, Lemonnier, Leroyer, Livache, Letheule, Mézange, Morabin, Marion, Nouvel, Ollivier, Odiau, Panneau, Paillau, Pion, Ricain, Rondeau, Royné, Raveneau, Sorin, Salmon, Sauvegrain, Toutain, Touzé, Vaslin et autres tenanciers dans la paroisse de Gouis.

E. 180. (Carton.) — 5 pièces, parchemin; 2 pièces, papier.

1524-1626. — Titres au soutien de la mouvance de La Borderie, des Châteigners, du Perron, relevant du fief de La Motte-Grenier, dans la paroisse de Gouis.

SEIGNEURIE DE BORDES.

E. 181. (Volume.) — 139 pièces, parchemin; 19 pièces, papier, 190 feuillets; 2 tables de 39 feuillets, papier.

1312-1599. — Déclarations rendues à la seigneurie de Bordes (tome 1er), pour terres, rentes et maisons à Baugé, à Beaulieu, aux Bouviers, à Bray, aux Dregeons, à La Taillée, près la forêt de Chandelais, à La Chanonnière, au moulin de Chinzé, au Cointrel, au Cormier, aux Croix, à La Croix-Déniau, à La Baillée-d'Étiau, au Pont-des-Fées, à Fortière, au Gaguelin, au Genièvre, aux Glorières, à La Grenouillère, à La Guillotière, à L'Hommelais, à La Jametière, à Lassé, à Longueraye, à Lorivière, à Maucour, au faubourg Saint-Michel d'Angers, aux Ollizières, à La Pégauderie, au Perray, aux Picoullières, au Pré-Pigeon, aux Pironnelles, au Planis, à Pontigné, à La Poterie, à Ribert, aux Rivières, à La Rouennellière, à La Sametonnière, aux Soquetières, à La Truisse, au Bourg-Tournais, sur le chemin de La Bretesche, à Vandangé, au Vau-de-Villiers, aux Vollières, à Vieil-Baugé.

E. 182. (Volume.) — 88 pièces, parchemin ; 36 pièces, papier, 301 feuillets ; 2 tables de 27 feuillets, papier.

1600-1610. — Déclarations rendues à la seigneurie de Bordes (tome 2e), pour terres, rentes et maisons à Baugé, à Bourdigale, au Pau-Brulé, à La Camusière, à la grange des Champs, au carrefour du Cygne, à Cointrel, à La Cour, aux Croizettes, aux Étangs, au Pont-des-Fées, à La Foudrière, aux Frisches, au Genièvre, aux Glorières, aux Groas, à L'Hommelais, au Fourneau, au Marais, à Maucourt, au Petit-Mont, à L'Ornière, à La Borne-Percée, aux Picoullières, aux Prés-Pignon et Pigeon, aux Plains, à Pontigné, aux Rondes, aux Soquetières, à La Truisse, au Tabosseau, aux Vallettes, au Vau-de-Villiers.

E. 183. (Volume.) — 22 pièces, parchemin ; 69 pièces, papier, 280 feuillets, 2 tables de 23 feuillets, papier.

1530-1680. — Titres et contrats d'acquêts à Baugé, sur le chemin de Chemiré, au Vieil-Baugé, à Beaulieu, aux Benestries, à Pierrebise, à La Maison-Blanche, à Bourdigale, à La Bordellerie, au Bourg-Salé, aux Brisolles, à Bray, au Pau-Brulé, à La Camusière, à Chauboisseau, aux Chaperonnières, à Château, près le moulin du Choisellier, à La Coullée, à La Baillée-d'Étiau, aux Fontaines, à La Galloisière, à L'Hommelais, à l'Échigné, aux Mazarains, aux Minseries, au Pally, aux Picoulières, à Pontigné, près Les Ponts-de-Cé, à Priqueline, à Ribert, aux Rivières, à La Rousselière, à Trénaunay, aux Voliers.

E. 184. (Volume.) — 3 pièces, parchemin ; 79 pièces, papier, 530 feuillets ; 2 tables de 30 feuillets, papier.

1622-1769. — Titres et contrats d'acquêts à La Bataille, à Baugé, à Pierrebise, au Bouchet, à Brizay, à La Camusière, à Chinzé, au Poirier-Chiot, aux Corbinières, à La Courière, aux Croisettes, au Champ-Damerouze, au Dirais, au Pont-des-Fées, aux Fontaines, à Montigné, à Cheviré, à Fougeré, à La Croix-aux-Foulons, à La Gouberie, à La Hamonnellerie, aux Ormeaux, à Jarzé, au Champ-Lezin, à Maupas, au faubourg Saint-Michel d'Angers, aux Olisières, au Paturet, au Pau-Brulé, à Pontigné, à La Rondellière, aux Sangliers, au Tremblay, à La Verdoisière, à La Vincelotterie.

E. 185. (Volume.) — 10 pièces, parchemin ; 13 pièces, papier, 80 feuillets ; 2 tables de 20 feuillets, papier.

1448-1581. — Déclarations, contrats d'acquêts, titres de propriété des fiefs de Boistanfray et de Vernusse, à Baugé, à Bournois, à La Bonde, aux Chesneaux, à L'Étang, aux Fournais, à La Garenne, à La Gatevinière, à La Croix-Foreau, à La Prée-Neuve, aux Olisières, aux Perrais, à La Pinarderie, au Rayagin, à Ruigné, aux Toises, aux Truisses, dans la paroisse de Pontigné.

E. 186. (Carton.) — 97 pièces, papier, dont 4 plans informes ; 19 pièces, parchemin, en mauvais état.

1460-1788. — Déclarations et titres de propriété des fiefs de La Roche-Gatevin et des Rosiers, pour terres et rentes, à Beaulieu, à Boisselet, à La Bordellerie, aux Bougreaux, à l'Étang-Chamoisant, aux Croix-aux-Desris, à La Vieille-Fontaine, à La Croix-aux-Foulons, à l'Ouche-Pelletier, près Pontigné, à Pré-Rond, aux Rondellières, aux Sablonnières, aux Tertres, à La Pierre-Valette. — Débris de censifs et d'assises, de procédures et de mémoires judiciaires pour le maintien des fiefs dépendants de la seigneurie de Bordes.

SEIGNEURIE DU BOUCHET.

E. 187. (Carton.) — 4 plans, dont 2 informes ; 53 pièces, papier, dont un cahier de 14 feuillets, papier.

1778. — État et dénombrement des héritages mouvant du fief du Bouchet, sur la paroisse de Blou, appartenant à madame Leblanc, et des devoirs qui y sont dus, conformément aux titres rapportés sur chaque article, pour tenir les assises. — Brouillards d'aveux et fragments d'assises. — Note sur la série des propriétaires de la seigneurie. — Plans de la seigneurie.

SEIGNEURIE DE BOUILLÉ.

E. 188. (Volume.) — 6 cahiers, in-folio, papier, ensemble 249 feuillets ; 2 tables de 31 feuillets, papier.

1495-1555. — Remembrances des assises de la seigneurie de Bouillé, pour terres et rentes à L'Angevinière, à Bordeline, à La Bourdaiserie, à Bourg, à La Bretouère, à Brunesard, à La Blairie, à La Barberie, à La Brosse, à La Bommerie, au Bougreau, à La Brossinière, au Bérardais, à La Dabinière, aux Boisards, à La Bodinière, à La Ceriseraye, à Chemazé, à La Cormeraye, à La Cosnerie, à La Clopière, à La Croix-Taupier, à La Coignardière, au Corbillon, à La Courtillerie, à La Cornée, à La Cothinerie, aux Davis, aux Écorces, à La Frogerie, à La Forge, à La Giboulière, à La Godellerie, à La Girardrie, à La Giraudière, aux Herpinières, au Houssay, à La Horlière, à La Huetterie, au Jeu-d'Espagne, au Lattay, à La Lohorie, à La Mullonaye, à La Meletière, à Molière, à La Mogayère, à La Marionnière, à La Pommeraye, au Percher, à La Poissonnière, à Pierre-Frite, à Pont-Girault, à La Pinelaye, à La Raguinière, à Saint-Sauveur-de-Flée, à La Tiriaye, à La Taconnière, à Troisnelais, aux Vérauldes, dans les paroisses de Saint-Sauveur-de-Flée, d'Aviré, de Chemazé, de Monguillon, du Mesnil et de Mollière.

E. 189. (Volume.) — 3 registres in-folio, papier, 275 feuillets; 2 tables de 35 feuillets, papier.

1558-1690. — Remembrances des assises de la seigneurie de Bouillé, pour terres et rentes à L'Angevinière, à La Barberie, à La Brétouère, à Bordeline, à La Blairie, à La Bédunerie, aux Beaunes, à Brunesard, aux Boulais, au Bois-Saulin, aux Brandes, à La Bommerie, à La Bigotrie, à La Coignardière, à La Chaintre, à La Chauvinière, à La Corne, à Chartenaye, à La Carie, à Chéripeau, à Corbillon, aux Écorces, à La Frogerie, à Ferchault, à La Giraudière, à La Godellerie, aux Herpinières, au Houssay, à La Hersandaie, à La Huetterie, à La Hervayère, à La Lohorie, au Lattay, à La Mullonaye, à La Marandière, à La Meletière, à Pierre-Frite, à La Poupaillerie, à La Pinelaye, à La Pommeraye, à Pont-Garreau, au Perrier, à La Raguinière, aux Ruelles, à Saint-Sauveur-de-Flée, à La Taillanderie, à La Taconnière, à La Talvasserie, au Vau, dans les paroisses de Saint-Sauveur-de-Flée, d'Aviré, de Chemazé, de Monguillon, du Mesnil et de Mollière.

E. 190. (Volume.) — 1 pièce, parchemin; 5 cahiers, in-folio, papier; 11 pièces, papier, 291 feuillets; 2 tables de 23 feuillets, papier.

1619-1727. — Remembrances des assises de la seigneurie de Bouillé pour terres et rentes à L'Angevinière, à L'Aubrière, à L'Aubinais, à La Besnerie, à La Blairie, à La Blutteraye, à La Bodinière, aux Baisards, au Bois-de-Bouillé, à Bardeline, aux Boulais, à La Bordaiserie, aux Brandes, à Brunesard, à La Cattinerie, à La Cerisaye, à Chemazé, au Petit-Chemin, à La Clopière, à La Cossonnerie, à La Cointrie, à Corbillon, aux Couères, à La Courtinière, à L'Éguiller, à Ferchault, aux Petites-Forges, aux Frogeries, à La Giraudière, à La Godellerie, à La Grézille, au Griollier, au Herpinières, à La Horlière, à La Huetterie, au Lattay, à La Marionnière, à La Motte-Millon, au Percher, à Pierre-Fritte, à La Poupaillerie, à La Rehorie, à La Taconnière, à Troisnelais, à La Vrillère, dans les paroisses de Saint-Sauveur-de-Flée, de Chemazé, d'Aviré, de Mollière, du Mesnil et de Monguillon.

E. 191. (Registre.) — In-folio, papier, 330 feuillets; une pièce, papier, annexée au feuillet 221; 2 tables de 20 feuillets, papier.

1749. — Remembrances d'assises des fiefs et seigneuries de Bouillé et Saint-Sauveur-de-Flée, appartenant à messire Antoine-Hercule Leshénault, chevalier, seigneur de Bouillé, Saint-Sauveur, L'Épinay, Le Lattay, Marigné, pour terres et rentes à L'Aribart, à Brunesard, aux Bignons, à La Brisaltière, aux Brandes, aux Boisards, au Bougreau, à La Briardière, à Beauchesne, à La Brulerie, à Corbillon, à La Cognardière, au Chemin, à La Carie, à La Grande-Forêt, aux Petites-Forges, à Ferchault, aux Frogeries, aux Faux, à La Gautraye, au Genet, à Guertinays, à La Godellerie, à La Grande-Maison, à La Grézille, à La Horlière, à La Herpinière, au Houssay, au Lattay, à La Maladrie, à La Motte-Millon, à La Mainguère, à La Marionnière, à La Michellerie, à La Pommeraye, à La Pitauderie, au Percher, à La Pinelaye, à La Quartronnie, à La Raguinière, à La Rehorie, à Saint-Eutrope, à La Cerisaye, à Samoigné, à La Tremblaye, à La Templerie, à La Tiriaye.

SEIGNEURIE DE LA BOULLAYE.

E. 192. (Carton.) — 17 pièces, papier.

1727-1749. — État de la consistance de la seigneurie de La Boullaye, dans les paroisses de Trémentines, de Nuaillé et du May. — Relevé de ce qui est dû par les métayers à M. Amelot de Chaillou, seigneur.

SEIGNEURIE DE BOUZILLÉ.

E. 193. (Registre.) — In-folio, papier, 369 feuillets, en mauvais état; 3 tables de 42 feuillets, papier.

1750. — Relevé général des terres et fiefs tenus de la seigneurie de Bouzillé et *du fief de Mélay*, à La Petite-Aubrière, aux Ageons, à L'Orzillon, à Bouzillé, à Bihain, à La Boutinerie, à La Basse-Brosse, au Bibardeau, à Bionnelle, à La Brétaudière, à Baratton, à Belle-Teste, aux Boistelleries, à La Baillerie, au moulin de Brulon, à La Brétonnière, aux Brandes, au Besle, à La Boulaye, à La Boite, au Bellier, au Bon-Pas, aux Bourcaux, à La Barbote, à La Charpentrie, à La Croix, à Chizé, à Cossé, à La Cailloude, à La Corbière, à Cotte-Rouge, aux Coullées, à Chemillé, à La Corbinière, aux Daudelières, à La Durgonnière, aux Épinais, aux Forges-Brioul, à La Fresnaye, au Guyon, près l'étang de La Gourdoire, à La Godelière, au Bois-Girault, à La Goisbellerie, à La Garotinière, à La Girardière, à La Garde, à La Houdrière, à L'Humeau, à La Halbaudière, à La Jacusière, à La Fontaine-au-Ladre, à

L'Oliverie, à La Lizardière, à La Libergère, à Mélay, à La Marsauderie, à La Massicotière, aux Maudonières, aux Montalières, aux Mouldoires, à La Miletière, au Noyer, à La Nouëte, au Bois-Oger, aux Palenets, à La Pinardière, aux Perruches, au Pontaugis, à La Quintaine, à La Rorthe, à La Raillerie, à La Croix-Rouge, à La Salmonerie, à La Sècherie, à La Saulnerie, à La Treille, au Bois-de-Volande.

E. 194. (Carton.) — 30 pièces, papier, dont 20 plans.

1780. — Plans de fiefs et tenures relevant de la seigneurie au Houx, aux Durgeonnières, aux Patis, à Novat, à Belle-Teste, à La Charpenterie, à La Corbière, à La Ballerie, à La Goisblerie, à La Bertaudière, à La Houdrière, aux Forges-Brioul, au Pâtis-Saurage, à Chizé, au Pré-Ferron, à La Massicotière, à La Quintaine, au Noyer, aux Prés-Sollets, au Bois-Oger, à La Salmonière, à La Basse-Brosse, à La Girardière, à La Bretonnière, à La Libergerie, à La Croix, à L'Oliverie, dans la paroisse de Mélay.

CHATELLENIE DE BRAIN-SUR-L'AUTHION.

E. 195. (Registre.) — In-folio, papier, 196 feuillets, plus 22 pièces, papier, intercalées ; une table de 12 feuillets, papier.

1747-1749. — Remembrances des déclarations rendues aux assises de la châtellenie de Brain-sur-L'Authion et du fief de L'Hommelet, appartenant à Son Altesse Sérénissime le Prince de Rohan de Guémené, chanoine, comte de Strasbourg, abbé commendataire de l'abbaye royale de Notre-Dame-de-Liré, pour droits de pêcheries dans L'Authion, terres et rentes à La Roche-Murée, au Guéliveau, aux Pommiers, près La Croix-Combault, aux Brosses-Bannier, aux Sablons, au Plessis, près La Crétaudière, au champ de Narcé, aux Poteries, aux Hureaux, aux marais de Brain, près le Pont-de-Loy, à Prédanière, aux Chèvreries, au Pré-Bannier, près Les Guériveaux.

E. 196. (Registre.) — In-folio, papier, 81 feuillets, plus 3 pièces en tête, dont une table de deux feuillets et 1 parchemin.

1591-1592. — Papier terrier des cens, rentes et autres devoirs dus chaque année à la châtellenie de Brain et au fief de L'Hommelet, pour terres aux Grands-Champs, aux Alleuds-d'Andard, à La Jamerie, aux marais de Brain, au Petit-Bessard, aux Aubrayes, au Pâtisseau, aux Plesses, à La Potherie, à La Claverie, au Grand-Chemin. — Droits de pêche dans L'Authion « et de pescher oyseaulx en la dite terre de Brain. »

E. 197. (Registre). — In-folio, papier, 114 feuillets.

1642. — Censif des rentes et devoirs dus à la châtellenie de Brain, par René Bariller Des Broces, Séb. Rattier, Math. Houdouin, Franc. Leheurt, Mat. Bassiquot, R. Davy, P. Linceul, Louis Raimbourg, J. Rohard, André Guinebault, P. Lesourd, Mat. Belet, J. Lepoictevin, R. Fortin, P. Chauveau, François Maugin, J. Arthus et autres tenanciers.

SEIGNEURIE DE BRAY.

E. 198. (Carton). — 20 cahiers in-folio, papier, en lambeaux ; 5 pièces, papier.

1758. — Livre de recette de la seigneurie de Bray, pour les fiefs de La Faucherie et du Chatelier-Porteau, dans la paroisse de Saint-Macaire. — Fragments de tenues d'assises.

SEIGNEURIE DE BRÉHABERT.

E. 199. (Carton.) — 7 cahiers, papier, in-folio, 313 feuillets.

1780. — Papier terrier du fief de Bréhabert en Saint-Philbert-du-Peuple — Terres à La Croix-Blondeau, à La Truisse, à La Fauvelière, au Champ-Pichot, aux Basses-Laurières, aux Basses-Barbées, à L'Ouche-Rougé, au Joncheray, à La Martinière, à La Méchinerie, etc. (Brouillard informe).

SEIGNEURIE DE BRÉMORAL.

E. 200. (Carton.) — 1 cahier, in-folio, papier, 22 feuillets ; une table de 2 feuillets, papier.

1780. — Brouillard du papier terrier de Brémoral. — Terres à Jumelles, à La Rouillardière, à La Garenne, à La Parée, à L'Ouche-Montjean, à La Bulotière, aux Catelinières, aux Manières.

SEIGNEURIE DE BRÉZÉ.

E. 201. (Registre.) — In-4°, papier, en mauvais état, 230 feuillets.

1579-1616. — Remembrances des déclarations rendues aux assises de la seigneurie de Brézé, par demoiselle Marthe Foulon, René de Clefs, Louis Bonnerrier, Ét. Trotereau, Ét. Picard, René Simoneau, René Vallet, Florent Molay, Ét. Bonguereau, J. Caillard, Guill. Matignon, Louis Genceteau, René Hamon, J. Roberdeau, Louis Molay, Simon Charbonneau, Lucas Autrusson, Jeh. Trahan, Guyon Moreau, Estienne Nau, Mathurin Batailleau, Claude Espert, Clément Gasnault, Jeh. Testeblanche, Jeh. Groignet, Jeh. Royer, Jacques Augeart et autres tenanciers.

SEIGNEURIE DES BRIFFIÈRES.

E. 202. (Registre.) — In-folio, papier, 41 feuillets, le 1er est détaché.

1641-1671. — Remembrances des déclarations rendues aux assises de *la seigneurie des Briffières en Sainte-Christine*, par les sieurs Des Grandes-Chalonges, de La Trébeschère, de La Cheminerie, de La Cudeloire, de La Brosse-Chevreau, du Cormier, de La Trullière, de La Fontelaye, de Pié-donault, Des Noullis, le curé et la fabrique de Sainte-Christine en Mauges, le chapelain de Saint-Denis-Du-Teil en Saint-Laurent-de-La-Plaine, le curé de Saint-Quentin en Mauges et autres tenanciers.

BARONNIE DE BRIOLAY.

E. 203. (Carton.) — 4 cahiers in-folio, papier, 12 feuillets; 4 pièces, papier.

XVe siècle-1768. — Extrait de l'aveu rendu par Charles Leroy à hault et puissant prince Charles de Lorraine, duc d'Aumale, baron de Briolay, pour la seigneurie de La Vérouillère. — Mémoire sur le depié de fief encouru par le prince de Rohan, par la vente de la majeure partie des domaines de la baronnie. — Mémoire au sujet de la métairie de La Troussellière, relevant de La Vérouillère, prétendue par le seigneur de Juvardeil, à l'encontre des droits du baron de Briolay. — Fragments d'un ancien livre de recette des cens et d'un registre d'assises.

E. 204. (Registre.) — Petit in-folio, papier, couvert en peau de bique, 173 feuillets; une table de 18 feuillets, papier.

1540-1585. — Papier de recette des cens en argent, avoine, seigle, corvées, dus à la baronnie pour tenures à La Guichaumerie, aux Raisées, dans les marais de Bousse, à Peschévesque, à Mirande, au Bois-Nail, à Prédarche, au commun des Motais, à Marchepalle, à La Brérardière, en Longue-Ile, à La Chaussonnière, à Noirieux, au Parement, au bois de Poisieux, dans les paroisses de Briolay et d'Écouflant. — Droit de pêche dans Le Loir et dans La Sarthe.

E. 205. (Registre.) — Petit in-folio, papier, 127 feuillets, couvert en peau de bique.

1480-1485. — Papier de recette des cens et rentes, *dus à la seigneurie de La Motte-de-Thiercé, dépendant de* Briolay, pour terres et maisons à Thiercé, à La Pauverdière, à L'Hermelière, à Grippegirard, à La Coutamière, à La Jaunetière, à La Croix-Faubry, à Angène, à Feneu, à La Potironière, à La Mécheste, à La Salmonnière, au Vau-de-Cimbré, aux moulins de Portebize, au Ré, près La Pentière, à Poulleau, à La Fleurisière, à La Bonnechère.

DUCHÉ DE BRISSAC.

E. 206. (Carton.) — 2 pièces, parchemin; 21 pièces, papier, dont une imprimée.

1442-1790. — Fragments d'inventaires de titres. — Lettres d'érection de la baronnie en comté et en duché-pairie. — Consistance du duché-pairie de Brissac et des terres, fiefs et seigneuries en dépendant. — Aveux rendus par Pierre et Jean Aménard, pour la seigneurie de Mont-bénault en Rablay (l'aveu de 1478 a servi de brouillon à un poète du temps et contient six feuillets de vers). — Déclarations rendues au duché par les seigneuries de Béligné, Bonnezeaux, Mons en Faye, Le Pineau en Thouarcé, Gastine, Mauny en Saint-Jean-des-Mauvrets, La Barangerie et La Touche en Rablay, Mirebeau, Le Fresne, La Sansonnière, L'Ourcelière, L'Épinay-Maillard, Sauvigné et La Rabatière en Rablay, Le Verger en Brigné, Pontlevoy, Linières, La Jarrie, Luigné, L'Orchère. — Fragments de la table du fief de La Moussellerie. — Baux du duché et de la prévôté. — Extrait de la pancarte des droits de prévôté, perçus sur les marchandises. — Avis de M. Fréteau inspecteur général du Domaine de la couronne sur la question de savoir si les droits de lods et ventes et le centième denier sont dus à cause de la mutation du duché de Brissac. — État des revenus du duché. — Papier de recette des revenus du duché et des fiefs annexes.

CHATELLENIE DE BRISSARTHE.

E. 207. (Volume.) — In-folio, papier, 219 feuillets, plus 1 cahier de 19 feuillets, papier; 2 tables de 133 feuillets, papier.

1736. — Remembrance des déclarations reçues aux assises de la chatellenie de Brissarthe et des fiefs de La Morlière et Villechien, pour terres et rentes au Tertre-Allairé, à L'Atelier, au Cloteau-Aubry, aux Aumôneries, aux prés Badiveaux et Saint-Barnabé, à La Baronnie, au Bas-Pineau, à Bastestre, à Beaumont, à La Belluardière, à La Beuricherie, à La Bougrie, à L'Ile-Boulay, à La Bouvardière, à La Brainderie, aux Brétonnières, aux moulins de Brissarthe, au Brossay, aux Marais-Brunard, au Buisson-Durand, au Pré-Bureau, à La Cailleterie, aux Chalons, aux Champs-Frogeart et Turquée, aux Chantiers, à La Chapitière, à La Changuinière, à La Chesnaye, à La Chicotière, à La Coltière, au Congre, au Cormier, aux marais de Coulière, à La Coutardière, aux Crèches, aux Daires, au Déry, à L'Enclose, à L'Essart, à La Faucille, à L'Ile-aux-Fessarts, à La Fillolière, à La Fontaine, à La Forge, à La Fouquetière, au Fourneau, au Four-Carré, à La Gaudonière, à La Gasnerie, aux Gaudineries, aux Genetay, à La Gileterie, à La Grifferaye, à La

Godiverie, aux Gouéteries, à La Gourmandière, aux marais de La Gousserie, au Gravier, aux Grenouilleries, à La Grousinière, à La Guilloterie, à Herbert, à L'Hommeau, à L'Hotjambu, à L'Ile-d'Igné, à L'Ile-Moussaint, au Pré-Langlois, au Léard, à La Lice, à Longuereau, à La Loritière, à Malabry, à Malaquet, aux Marais, aux marais de La Noe et de Pontverdier, au Marais-Leroy, à La Martinière, à La Mérouzière, au Meslier, à Monterbault, au Port-Moreau, à La Morlière, au moulin et aux prés du Porage, à L'Ile-Moussaint, à Orgebec, aux Onglées, aux Pérelles, à La Pillarderie, à La Pierre, aux Pineaux, à La Planchette, au Poirier-Verdet, au Pommier-Aigre, à La Poterie, au Pouriau, aux Pressoirs, à La Rainfrairie, à La Réauté, à La Renouardière, aux Rondes, au Roty, à La Rue-Gourmond, aux Sablonnières, aux Salmonnières, aux Saulais, à La Sauvagère, aux Soudées, à La Suzonnière, à La Table, à La Triocherie, aux Trouées, à La Turquandière, à La Turquée, à La Varenne, au Verger, au Vigan. — Note sur un accident survenu au port de Brissarthe, le jour du pèlerinage de Sainte-Émérance (23 janvier 1763); — procès-verbal de plantation de poteaux pour tirer la quintaine.

E. 208. (Registre.) — In-folio, papier, 142 feuillets; 2 tables de 101 feuillets, papier.

1549-1792. — Remembrances des déclarations reçues aux assises de Brissarthe, La Morlière et Vilchien, pour terres et rentes aux Altres, à L'Atelier, aux Aumôneries, au Badiveau, à La Barboterie, à La Baronne, au Bastestre, à Beauçay, à Beaumont, au Bédaudier, aux Prés-Bernard, au Dessier, au Blanchard, à La Boëte, au Bois-au Mesle, à Boucandestre, à L'Ile-de-Douillé, à L'Ile-de-Boulay, aux Bourgeons, à La Brauderie, au Brossay, à La Brosse, aux Brouillards, au Buisson, aux Chailloux, à Chamotz, à Champeaux, aux Chantiers, à Charnacé, à La Charonnerie, à La Chesnaye, au Chesne-Gillier, à La Chicoterie, à La Coltière, à La Commission, aux Coullières, aux Crèches, à La Crétinière, à La Croix-Verte, à La Croix-Villefeu, à Dangé, à La Demanserie, à Dongeau, à La Faucille, à La Fessardière, aux Fouganières, à La Filloliêre, aux Forges, au Fourneau, à La Fresnaye, à La Gendonière, aux Ganteries, au Genièvre, à La Griffraye, à La Gileterie, à La Glotière, aux Goueteries, à La Goupille, à La Gourmandière, au Gravier, aux Grenouilleries, à La Guilloterie, au Pré-Heulin, à L'Ile-d'Igné, à L'Isambardière, aux Hettes, à La Jonchée, aux Landes, à La Lice-aux-Caillets, au Longuereau, aux Prés-Malaquet, aux Malitournes, à Maquillé, aux Marais, aux marais de La Mérouzière et de Pontverdier, aux Mariages, à Monterbault, au moulin de Brissarthe, à L'Ile-Moussaint, aux Neuf-Sillons, à La Noe, à La Noirie, aux Onglées, aux Orgeries, au Panduau, au Parois, aux Payas, au Pouvereau, au Pineau, à La Pichonnerie, à La Piqueraye, aux Pierres-Brossières, au Pommier-Aigre, aux moulins et aux prés du Porage, à Précourt, aux Pressoirs, aux Priquelières, aux Primaux, à La Quertière, aux Ragalleries, à La Rainfrairie, aux Roches-Charpy, au Roty, aux Sablonnières, aux Saulais, aux Soudés, à La Table, à L'Ile-Teinturier, au Traffeteau, à La Tricaudière, aux Trifouilleries, à La Turquée, à La Vallée, à La Varenne, au Vau-Germain, au Verger, aux Vigneaux.

SEIGNEURIE DE LA BROSSE.

E. 209. (Volume.) — 23 pièces, parchemin; 109 pièces, papier, 413 feuillets.

1589-1668. — Déclarations, baux et contrats d'acquêts à Chanzeaux, sur le ruisseau de Douy, aux Coutières, à la fontaine de Rabailloux, près l'étang de Mirebeau, à La Bélinière, aux Pineaux-Noirs, au ruisseau de La Guionnière, aux Nouelles, sur les chemins de Beaulieu et de Rablay, aux Rivières, etc.

E. 210. (Carton.) — 2 pièces, parchemin; 93 pièces, papier.

1663-1703. — Baux et contrats d'acquêts aux Nouelles, à La Prévaudrie, sur le chemin de Beaulieu à Chanzeaux, aux Rivières, à Rabailloux, au clos du Puy, au Chesneau, au Roullier, aux Musseaux, sur le chemin de Rablay, aux Longeais, aux Puisselières, sur le chemin de Saint-Lambert, à Douce, aux Vergers.

SEIGNEURIE DE BRON.

E. 211. (Registre.) — Petit in-folio, papier, couvert en parchemin, 98 feuillets; les feuillets 84, 87, 88, 89, 94, 96 ont été coupés ainsi que la fin du registre; les feuillets 86, 93, 97 sont détachés

1614. — Recette des rentes dues à la seigneurie de Bron par Espérance Berthelot, le chapitre de Montreuil-Bellay, Louis Achard, Pierre Moreau, Michel Marquet, François Po[illegible]in, Droueteau, Math. Cassin, Bastien Texier, Ch. Lamoureux, Christ. Burgevin, Guill. Tellier, Lachèze, Nic. Rebeilleau, Guy Garnier, Ant. Beloteau et autres tenanciers du fief.

E. 212. (Carton.) — 1 cahier, in-folio, papier, 43 feuillets.

1660-1665. — Recette des cens et rentes dus à la seigneurie de Bron par l'abbaye d'Asnières-Bellay, le chapitre de Montreuil-Bellay, la veuve Conquet, Michel Marquet, Marie Grislard, Anne Berthelot, Emery Drouetteau,

J. Poidevin, P. Gerbier, le chapitre Saint-Martin de Tours, Urbain Dézé, Séb. Tessier, René Falligan, F. Laurent, et autres tenanciers du fief.

SEIGNEURIE DE LA BRUÈRE.

E. 213. (Carton.) — 8 pièces, papier; 3 pièces, parchemin.

1625-1776. — Contrat d'acquêt de la seigneurie de La Bruère par MM. de Saint-Offange. — Aveux rendus par messire Henri de La Lande, pour ses fiefs d'Épeigne, du Sablon et de La Moinerie, en Grézillé. — État des bois vendus en 1772. — Baux de la seigneurie.

E. 214. (Volume). — In-folio, contenant 317 pièces, parchemin; 23 pièces, papier; 1 table de 16 feuillets, papier.

1516-1595. — Aveux et déclarations rendus aux fiefs de La Bruère et de La Fosse (tome 1er), pour tenures à Argonne, aux Aubœufs, aux Baschers, aux Boceaux, au Bouc, en Champ-Perdu, au Chatelier, aux Chauveaux, à La Frairie, aux Gabillards, aux Guignes, aux Gougeons, à Grézillé, aux Guérineaux, aux Houssinières, en L'Ile-du-Douet, aux Mazières, à La Moinerie, au Mousseau, aux Ogers, à La Papotière, aux Pecques, aux Robinières, aux Rondeaux, aux Rois, au Sablon, aux Sancereaux, aux Trembliers, au Vau-Guillaume. — Vente de la seigneurie de La Bruère par Elyot de Trèves à Pierre de Boumois.

E. 215. (Volume.) — In-folio, contenant 24 pièces, parchemin; 224 pièces, papier; 1 table de 14 feuillets, papier.

1601-1674. — Aveux et déclarations rendus aux fiefs de La Bruère et de La Fosse (tome 2e), pour tenures dans les paroisses de Chemellier, Cré, Grézillé, à Argonne, aux Baschers, aux Boceaux, au Bouc, au Bouchet, aux Chauveaux, aux Daviaux, à La Frairie, aux Gabillards, aux Gilberts, aux Guignes, aux Gougeons, à la cure de Grézillé, aux Grilleaux, aux Guérins, aux Houssinières, dans l'Ile-du-Douet, à La Moinerie, aux Nouelles, aux Ogers, à Épeigne, aux Quélins, aux Robinières, aux Rois, au Sablon, aux Trembliers, à La Coullée.

E. 216. (Volume.) — In-folio, contenant 8 pièces, parchemin; 224 pièces, papier; 2 tables de 22 feuillets, papier.

1677-1739. — Aveux et déclarations rendus aux fiefs de La Bruère et de La Fosse (tome 3e), pour tenures à Argonne, aux Aubœufs, aux Baschers, au Chemin-Blaisonneau, aux Boceaux, au Carrefour-Bonhomme, au Bouc, au Champ-Perdu, à La Chesnaye, à La Gabillarderie, au Gâté, aux Guignes, aux Gougeons, à Grézillé, aux Grilleaux, aux Guérins, à La Guinardière, aux Joyaux, dans l'Ile-du-Douet, à La Moinerie, aux Ogers, aux Robinières, aux Rois, au Sablon, aux Sancereaux, à La Casse-de-Sazé, aux Trembliers.

E. 217. (Registre.) — In-folio, papier, 21 feuillets; reliure gaufrée ancienne, en mauvais état.

1580. — « Réceptions d'hommaiges, offres et acceptions de respits et autres actes et exploicts des terres et seigneuries de La Fosse et de La Bruère » appartenant à messire Charles de Cossé, baron de Brissac, pour les fiefs tenus par M. Duboys, Olivier Béritault, Pierre Gougeon, Pierre Sancereau, P. du Moullinet, Guillelmine Poyet, Marie de Bussy, Benoît Lebaillif, J. Guillemet, René Barjot, Charles Clèreau (chaque feuillet est signé par les tenanciers ci-dessus nommés et contresigné par Payen d'Esquetot, évêque de Coutances ou par François de Cossé).

E. 218. (Registre.) — Petit in-folio, papier, 180 feuillets; 1 pièce, papier, et 1 pièce, parchemin, intercalées au feuillet 5.

1506-1553. — Remembrances des contrats et déclarations fournis aux assises des fiefs de La Bruère et de La Fosse, par André Béritault, le curé de Grézillé, J. Picault, Macé-Duveau, Fr. Cordier, Gr. Goujon, M. Grille, J. Baschier, J. Guigne, M. Aubin, J. Beauvois, J. Nourry, J. Boceau, J. Perdriau, J. Cailleau, S. Tremblier, J. Courjaret, V. Lebreton, André Cigogne, J. Marquis, P. Gendron, P. Gigault et autres tenanciers dans les paroisses de Cré, Chemellier et Grézillé.

E. 219. (Registre). — In-folio, papier, couvert en parchemin, 182 feuillets.

1619. — Déclarations rendues aux assises des fiefs de La Bruère et de La Fosse par A. Morin, Béritault, Ch. Moron, Fr. Richomme, J. Reverdy, Jacq. Bucquet, Jeh. Frémantier, Jacq. Priou, Jeh. Caillier, Jacq. Jagot, le curé de Grézillé, Et. Ermenier, Maurice Lebreton, Maurille Lepage, P. Boceau.

E. 220. (Carton.) — 15 pièces, papier, en lambeaux.

1490-1628. — Fragments de registres d'assises des fiefs de La Bruère et de La Fosse. — Noms et ajournements des tenanciers qui doivent la foi et l'hommage.

E. 221. (Carton.) — 37 pièces, papier.

1762. — Déclarations rendues aux assises des fiefs de La Bruère et de La Fosse pour terres et rentes au Carrefour-Bonhomme, aux Gasts, au Carrefour-Gilbert, à La Bacherie, dans l'Ile près Gasté, au pont de Montsenil, aux Aubœufs, à La Gabillarderie, sous Le Paillé, à La Maillée, à Orfeuille, à La Moinerie, au Pé-de-La-Fosse, au Vivier, à La Fontaine-Fullaire, au Clos-Briand, au Carrefour-Hellault, à La Pâture, à Grézillé.

E. 222. (Carton.) — 130 pièces, papier; 18 pièces, parchemin.

1604-1768. — Baux et contrats d'acquêts dans les fiefs de La Bruère et de La Fosse, à La Petite-Chesnaye, à La Noinerie, à Alligné, au Vau-Guillaume, au Ruau-de-Jallette, au Palier, à La Gamardière, à La Coulée, à La Noueille, au Carrefour-de-Cré, à Chemellier, à La Minée, à Gréaillé, à La Montée, au Peiré, au pont de Monteeaux, etc.

E. 223 (Registre.) — In-4°, papier, 49 feuillets; à la fin 11 pièces, papier, annexées.

1530-1540. — « Compte premier que rend et baille » à hault et puissant messire Charles de Cossé... Jehan Mo- » rineau, recevour des seigneuries de Cré, La Fosse, La » Bruère, Le Bouschet... » des recettes et mises du produit des baux et fermes, des coupes de bois, ventes de poissons des étangs, du méteil, froment, seigle, orge, vesce, fèves, noix, poules, chapons, vin, laine, chanvre, des métairies des dits fiefs.

E. 224. (Registre.) — Petit in-folio, papier, couvert en parchemin, 57 feuillets; à la fin 14 pièces, papier, annexées

1566-1567. — « Compte troisiesme que Mr Mathurin » Mabille, receveur de la terre et seigneurie de Cré, La » Fosse, La Bruère, Le Bouchet et Le Grolay, rend à haulte » et puissante dame madame Charlotte d'Esquétot... veuve » de messire Charles de Cossé » des recettes et mises du produit des baux et fermes, de la vente des herbes des prés, des coupes de bois, des saulaies, du froment, orge, avoine, noix, chapons, poules, oies, vins, laine, des métairies des dits fiefs.

E. 225. (Registre.) — Petit in-folio, papier, 141 feuillets; au feuillet 40, 2 pièces, papier, intercalées.

1670. — Livre de recette des rentes dues aux seigneuries de La Bruère et de La Fosse, par Noel Guibert, Mich. Moreau, Louis Cailler, Jean Mabille, Louis Girault, M. Sigogne, Fr. Martin, Fr. Roy, André Guitonneau, Mat. Grugé, M. Viau, J. Béritault, L. Gabillard, R. Cordier, L. Richard, L. Lebreton et autres tenanciers.

E. 226. (Registre.) — In-folio, papier, 137 feuillets.

1742-1743. — Livre de recette des cens et rentes dus aux seigneuries de La Bruère et de La Fosse par Pierre Erraud, René Prouteau, Simon Priou, L. Marchand, Et. Béritault, Maurice Giroult, Guill. Gasnault, Fr. Billard, Jacq. Gendron, Et. Duveau, René Leroy, Anne Sigogne, P. Chauveau, Louis Bourgeois, Fr. Gasche, J. Gasnier, et autres tenanciers.

E. 227. (Registre.) — Petit in-folio, papier, 94 feuillets.

1748-1760. — Livre de recette des rentes dues aux seigneuries de La Fosse et de La Bruère par P. Boisseau, J. Béchet, F. Bucquiet, P. Chauveau, R. Chicoteau, A. Chevalier, R. Daviau, Cl. Guibert, S. Priou, P. Salmon et U. Lecesvre.

E. 228. (Carton.) — 115 pièces, papier; 8 pièces, parchemin.

1696-1751. — Procédure entre M. Béritault, seigneur de La Bruère et Du Ponteeau, contre M. René de La Tremblaye, seigneur Du Pimpéan et de Gréaillé, pour faits de chasse dans les bois de La Bruère et de La Fosse, et pour la mouvance prétendue des dits fiefs; — contre le sieur Bosseau, fermier des seigneuries de La Bruère et de La Chesnaye; — contre Michel Pinson d'Angers.

SEIGNEURIE DE BUSSY-FONTAINE.

E. 229. (Carton.) — 2 cahiers in-folio, papier, 19 feuillets; 1 pièce, papier.

1757-1784. — Recette des cens et rentes dus pour terres et maisons au village des Fontaines, au Bois-Joly, au Saugour, aux Terres-Noires, aux Salines, aux Ajoncs, dans la ville de Doué, au village d'Argentay, dans les paroisses Saint-Just et de Saint-Pierre-des-Verchers.

BARONNIE DE CANDÉ.

E. 230 (Carton.) — 11 pièces, parchemin; 18 pièces, papier, dont 2 cahiers in-folio, de 65 feuillets.

1407-1787. — Déclarations, baux et contrats des fiefs de La Burelière, paroisse de La Cornuaille, de La Hingaudière en Freigné, de La Piquelière, de La Jauneraye, de La Mauvoisinière, de La Rigoudière, de La Basse-Prévôté, de Moiron, d'Auneau. — Table personnelle et réelle des remembrances de la baronnie.

CHATELLENIE DE CANTENAY.

E. 231. (Volume.) — In-folio, contenant 70 pièces, parchemin, dont 9 pièces françaises du XIVe siècle; 61 pièces, papier; 2 tables de 11 feuillets, papier.

1302-1509. — Baux et contrats d'acquêts à Aigrefoin, au pré Andouard, au pré de La Baillie, à Bonrenard, aux Bretons, au ruisseau des Brillons, aux prés du Carrouer et de La Chapelle, à Châtillon, au Chauffet, à La Charreterie, aux Communaux, à La Coquerie, à L'Éguillier, au Clos-d'Épinard, aux Fosses, aux Fourceaux, aux Godes, à La Gouinerie, au Léard, à Linelière, à La Maille, au Melleray, au

Fossé-Merlet, à La Moulineterie, à La Papillaye, au Périer, aux Trois-Perrins, à La Picaudière, à Pierre-Aigue, aux Rogueux, dans les marais de La Sarthe, près Saint-Serge, à La Souzelle, à La Teillaye, à Toucheronde, à La Tour-de-Maine, à La Trotterie, au Vau, au Verger. — Sentence concernant le droit de quintaine.

E. 232. (Carton.) — 4 pièces, parchemin; 44 pièces, papier.

1480-1778. — Baux et contrats d'acquêts dans les paroisses de Cantenay, Écouflant et Soulaire, à Noyant, à La Grande-Baillie, à Toucheronde, à La Grande-Garenne, aux Godes, à Mauny, au Clos-d'Épinard, dans La Prée-des-Bois, à Linelière.

E. 233. (Registre.) — In-folio, papier, 239 feuillets; 3 pièces intercalées; 2 tables, ensemble de 19 feuilets papier.

1608-1642. — Remembrances des déclarations rendues aux assises des fiefs de Cantenay, Clefs, La Teillaye, par Pierre Allard, Nicolas Bachelot, le chapelain de La Bardouillère, de Beaurepaire, Étienne Bodère, de Bonrenard, Vincent Bougler, Bernardin Cador, Ét. Chassebœuf, Pierre Coullon, André de Clermont, Nicolas de La Joyère, Charles de Portebize, Pierre de Sorhoette, Jean Foussier, Michel Gault, Jacq. Gobard, Jeanne Gravereuil, Hiret de Malpaire, Jean Javard, le chapitre Saint-Jean-Baptiste d'Angers, Gilles Ledevin, J. Lefaucheux, Marie Legouz, Jean Limières, Nicolas Miette, Jean Nourrisson, Jean Olivier, le prieur de La Papillaye, Goddes de La Perrière, le prieur des Trois-Perrins, Louise Rebours, Olivier Savary, Gaspard Varice, Louis Villechien. — Procès-verbal du jeu de quintaine.

E. 234. (Registre.) — In-4°, papier, 250 feuillets, avec initiales dessinées à la plume aux feuillets 1, 64, et 107; 4 tables, ensemble de 33 feuillets, papier.

1557. — « C'est le papier des cens, rentes et debvoirs » deuz par chascun an à noble homme René Guyot, escuyer, » seigneur de La Fourrerie, de Pressiac et du fief de La » Papillaye, en la paroisse de Cantené et ès-envyrons... » membre dépendant du fief et seigneurie de Cantené », par les abbayes du Ronceray et de Saint-Aubin d'Angers, le seigneur d'Aigrefoin, Pierre Bontemps, le chapelain de La Bardoulière, Math. Bachelier, le curé de Cantenay, Jul. Cireul, Pierre de Clermont, Yves Daudée, René Lefaucheux, Lucas Gorel, Michel Gault, Sébastien de La Haye, Ch. de La Joyère, Jean Langevin, Julien Maillard, René Noguette, Jean Patrin, Math. Picault, Jean Porcher, Jean Russon, Marie Salmon, René Trotier, Olivier Levenier — et par les manants et habitants de Cantenay pour un chemin concédé par le seigneur.

SEIGNEURIE DE CHALONGE.

E. 235. (Carton.) — 1 pièce, parchemin; 8 cahiers, papier, 98 feuillets; 9 pièces, papier.

XVe siècle-1791. — Papier censif des rentes de seigle et blé dues à la seigneurie par Joh. Lelardeulx, Perrine Gaschet, Marin de La Barre, Bertr. Ferré, Joh. Laurens, Math. Varenne, Joh. Éveillard et autres tenanciers. — Tenue d'assises pour terres, rentes et maisons à La Sallière, à La Ribaudière, à La Baudonnière, à La Fillonnaye, au Buron, à La Chesnaye-Cornuau, à La Cheminée, au Vaugrésil, à La Bertelottière, à La Brilleterie, à La Chesnaye-Hiret, à La Brouillerie, à La Savariaye, aux Molières, à Carbay, aux Vialières, dans la paroisse de Chatelais. — Contestation entre le sieur de La Barre, sieur de Chalonge, et son tenancier, le sieur Du Buron, pour le droit de chasse et garenne — avec requête au lieutenant général d'Anjou, pour faire abattre les fortifications induement élevées au dit lieu du Buron, « n'estant la dite maison chastellenie. »

BARONNIE DE CHANTOCEAUX.

E. 236. (Carton.) — Débris d'un cahier, parchemin, grand in-4°, 24 feuillets cotés 40-109; les feuillets 64-88, 93-105, 107 et 108 manquent; le feuillet 63 est détaché.

1430-1450. — Fragments d'aveux rendus au château de Chantoceaux par Jean Chapperon et François Maufras, pour terres et maisons, à Chantoceaux et aux environs; — par Louis de La Tour de Bourmont, pour la terre de La Galouère, paroisse de Drain; — par Maurice Lemeignan, pour l'hôtel et herbergement de La Guilletière, avec le droit de chasser « à toutes manières de bestes à pié rond, rouges, » rousses et noires; » — par Guill. Lecointe, pour la terre de La Richondière en Saint-Sauveur-de-Landemont; — par Olivier Vincent, pour son hébergement du Frétiz; — par Guill. Flourie, pour le domaine de La Rogerie, dans la paroisse de Drain, avec droit de chasse en la garenne de Chantoceaux; — par Jean de Savennières, pour son hôtel de La Bretesche.

BARONNIE DE CHATEAUNEUF.

E. 237. (Carton.) — 65 pièces, papier.

1596-1741. — Inventaires des titres de la baronnie (incomplets). — Lettres de MM. Goujon de Gasville et Pillastre de La Chesnaye, concernant la remise des titres confiés au sieur Alaneau. — État des titres remis au sieur Monsallier, procureur fiscal.— Notes et mémoires produits pour le règlement de compte des travaux de restauration exécutés au château. — Relevé des titres et pièces concernant les terres et biens vendus à M. Cohon.

E. 238. (Carton.) — 10 pièces, papier.

1764. — Brouillards de mémoires sur le double droit de ventes et issues; — sur le droit de banc dans le chœur de l'église de Champigné-sur-Sarthe, prétendu par la dame de La Hamonnière.

E. 239. (Carton.) — 28 pièces, papier.

1647 - XVIIIe siècle. — Débris et extraits d'aveux de la baronnie. — Brouillards de tables. — Baux à ferme de la baronnie, terres, fiefs et seigneurie de Châteauneuf. (Brouillards informes.)

E. 240. (Carton.) — 1 rouleau, parchemin, de 4 mètres 0m65 de long.

1479. — « C'est le rolle de la taille de Chasteauneuf, » que doibvent à Monseigneur, chascun an, au dymenche de» vant l'Angevine, les bourgeoys, manans et habitants et » autres tenans maisons et places subjectes à la dite taille » en la ville et seigneurie dudit lieu de Chasteauneuf, par » Philippon Dorsoir, esleu à lever la dite taille, et par Jehan » Nepveu, sieur Du Petit-Maillé, son compaignon »

E. 241. (Carton.) — 2 cahiers, petit in-folio, papier, 20 feuillets, dont 1 en mauvais état.

1632.— « C'est le rolle de la taille bourgeoise de la ba» ronnye de Chasteauneuf-sur-Sarthe, due à monseigneur » du dit lieu par les bourgois du dit Chasteauneuf, au di» manche de devant Notre-Dame-Angevine par chascun an, » à cause de leurs maisons et jardins et autres héritages » subjectz à la dite taille bourgeoise. »

E. 242. (Carton.) — 7 pièces, papier, dont 2 cahiers, in-folio, de 24 feuillets.

1762. — Mémoires pour dresser le papier décimal de la grande dîme de Châteauneuf, commune au prieur de Séronne et au seigneur. — Brouillons informes de plans.

E. 243. (Registre.) — Petit in-4°, 34 feuillets, papier, les 2 premiers détachés.

1724-1772. — Recette des droits de ventes, rachats et issues payés par les tenanciers des fiefs et arrière-fiefs de la baronnie.

E. 244. (Registre.) — In-folio, papier, 234 feuillets; les 30 premiers en lambeaux, le reste taché par l'humidité. — 2 tables de 7 feuillets, papier.

1600-1620. — Assises de la baronnie pour terres, fiefs et maisons à L'Arche-Cornille, à La Buronnière, à La Beausseraye, à La Besnerie, à Changé, à Chambillé, à Châteauneuf, à Cheffes, à La Cheminerie, à Couture, à Gatines, à Goubis, à Port-L'abbé, à Princé, à La Roche-Foulques, à La Petite-Rivière, sur La Sarthe, à La Sionnière, à Thinonalle, à Tessecourt, à Tucé, à Vilchien, à Clos-Villain.

E. 245. (Registre.) — In-folio, papier, 330 feuillets, les 64 premiers en lambeaux, le reste en très-mauvais état; 2 tables de 14 feuillets, papier.

1628-1652. — Assises de la baronnie pour fiefs et tenures à L'Aumônerie, à L'Arche-Cornille, à L'Ile-à-L'Ane, à La Baufrairie, à La Barbotonnière, à Chamos, à Chantemerle, à Tullay, à Contigné, à Cherré, à La Daguenetière, à L'Échelle-de-Pierre, à L'Ile-Fouqueris, à La Flotterie, à La Godebillerie, au Haras, à Huillé, à Marcadeu, à La Lande-aux-Nonains, à Pommerieux, aux Picaudières, à Poullet, à Remfort, aux Roches, aux Robionnières, à Salechien, à Séronnes, à Tucé, à Tourais, à l'Ile-de-Vaujoux, à Vauvelles.

E. 246. (Registre.) — In-folio, papier, 191 feuillets, les derniers en mauvais état; 3 tables de 19 feuillets, papier.

1678. — Déclarations rendues aux assises de la baronnie par Aubin, Aigremont, Boisard, Buscher, Bournée, Barille, Bruneau, Bordeaux, les curés de Cherré et de Saint-André, Coquereau, Chapillon, Doublard, Davy de Chauvigné, de La Fuye, de La Potherie, les fabriques de Brissarthe et de Séronnes, Guilloteau, Gobin, Guillier, Huchelou, Hérussard, Hibon, Logerais, Lemanceau, Lemesle, le prince de Montauban, Morin, Poupier, Rousseau, Salmon, Taugourdeau, Torillaye, Trioche et autres tenanciers.

E. 247. (Registre.) — In-folio, papier, 138 feuillets; 2 tables de 12 feuillets, papier.

1709. — Assises de la baronnie pour terres, fiefs et maisons, au Bois, à La Barbotrie, à Boucandestre, à La Cornillerie, à La Chicoterie, au Cormier, à La Fougerie, aux Gaulteries, à La Gasnerie, à La Giletrie, à Monterbault, à La Noirie, à La Piqueraye, à La Piverdrie, au Perray, aux Plantes, au Vau-Germain, aux Vieilles-Vignes, au Vigneau.

E. 248. (Registre.) — In-folio, papier, 139 feuillets; 2 tables de 29 feuillets, papier.

1709-1726. — Assises de la baronnie pour terres et fiefs aux Aubinais, à L'Arche-Cornille, à Argenton, au Buron, à La Beausseraye, à La Beaufrairie, à La Boullerie, à

La Bertonnière, à Changé, à Contigné, à Chantemerle, à Châteauneuf, à La Cosse, à Cullay, à La Daguenetière, à La Fontaine, à La Godefrairie, à La Louvarderie, à La Quentinerie, à La Rocherie, à La Roche-Foulques, à La Robinière, à Séronne, à Sélaine, à Vilchien, à La Morlière.

E. 249. (Registre.) — In-folio, papier, 298 feuillets ; 2 tables de 56 feuillets, papier.

1744-1769. — Déclarations rendues aux assises de la baronnie par Abafour, Jérôme Alaneau, René Allaire, J. Allard, Louis Adenet, le curé de Saint-André, Aubin de La Bouchetière, René Auis, P. Bachelot, Cl. Bellanger, Jul. Bernoux, G. Bolin, René Bertron, R. Boussicault, P. Boreau, M. Bruneau, Math. Blettreau, Pillastre de La Brardière, J. Brault, Louis Buscher, les religieuses de Sainte-Catherine, P. Catherrault, Lechat de Vernée, Jacques Charbonneau, le curé de Cherré, René Leclerc, J. Coquereau, les cordeliers d'Angers, Noel Crosnier, Jul. Desnoes, Nic. Édin, Et. Étienne, Mic. Gabeau, Girard de Gastine, René Gaugain, René Goret, P. Goujon, Fr. Goupil, Math. Haran, Séb. Hulin, P. Joubert, Jos. Jubeau, René Jubin, Jacq. Lemesle, Ch. Lorilleult, Charles Monsallier, J. Pancelot, René Périgois, Marie Prioleau, René Provost, Joachim Proust, René Roucin, Urb. Roulière, Louis Salmon, Jos. Saulnier, le curé de Séronne, Math. Tessier, Jacq. Vissault, etc.

E. 250. (Volume.) — In-folio, contenant 2 pièces, parchemin ; 13 cahiers, papier, ensemble 180 feuillets, le tout en lambeaux et dans le plus déplorable état ; 1 table de 10 feuillets, papier.

1478-1660. — Déclarations rendues aux assises de la baronnie, pour terres et maisons à L'Arche-Cornille, à La Baufrairie, aux Bertonnières, à Châteauneuf, à La Couture, à Cherré, à Coquenpot, à La Daguenetière, au Fief-le-Roy, à Frémur, au Port-Guiteau, à La Godefrairie, aux Gravettes, à La Pivardière, aux Petites-Rivières, à La Rocherie, à La Turancherie, à La Vacherie, au Clos-Villain, etc.

E. 251. (Registre.) — In-8°, papier, en mauvais état ; 101 feuillets, plus 25 pièces, papier.

1554-1772. — Déclarations rendues aux assises de la baronnie, pour terres et maisons à La Noe, à La Barbotoire, au Clos-Fessart, à La Vacherie, aux Gravelles, à L'Ecoublère, à La Giraudière, à La Coquetterie, à La Ratterie, à La Davière, aux Giraudières, à Châteauneuf, à La Cheminerie. — Fragments de registres de déclarations.

E. 252. (Registre.) — Petit in-folio, papier, 53 feuillets, en mauvais état.

1595. — Papier des cens, rentes et devoirs dus à la recette de la baronnie, par Allain Leroy, sieur de La Véroullière, Guill. Bouju, Guill. Deslandes, Rob. Bouquet, le curé de Séronne, P. Viau, Math. Tourteau, J. Moreau, Fr. Fougère, Amb. Donyau, le curé de Saint-André de Châteauneuf, Guill. Quentin, René Geré, J. Doré, Nic. Martineau, René Besnard, J. Mignot, Fr. Hérisson, Geoffroy Regnard, P. Passart et autres tenanciers.

E. 253. (Registre.) — In-4°, papier, 231 feuillets, en mauvais état.

1640-1641. — Greffe ordinaire de la baronnie (1er registre) : Lettres de provision des offices de notaire pour Pierre Quentin et Noel Bachelot.

E. 254. (Registre.) — In-4°, papier, 417 feuillets ; les feuillets 416, 417 détachés ; le tout en mauvais état.

1642-1644. — Greffe ordinaire de la baronnie (2e registre), tenu par Me Jean Sohier, commis au greffe d'icelle. — Procédures et interrogatoires de témoins : — René Tiberge contre François Pagerie ; — Pierre Périgois contre Jean Aubert ; — René Rousselet contre P. Périgois ; — Judith Gauthier contre René Bellesme ; — François Fléchard contre Jean Leroy ; — René Girault contre Ant. Yvon ; — George Robineau contre J. Legagneux, etc.

E. 255 (Registre.) — Petit in-folio, papier, 283 feuillets, en mauvais état.

1650-1652. — Greffe ordinaire de la baronnie (3e registre), tenu par Pierre Leconte, greffier d'icelle. — Procédures et interrogatoires de témoins : — René Ollivier contre Nicolas Cottereau ; — Jeanne Dubois contre Simon Gasteau ; — Mathieu Bachelet contre Jacq. Godin ; — Louis Briand contre Franc. Hahier ; — Claude Guillot contre Jean Robin ; — Jean Pelletier contre P. Quinebèche, etc.

E. 256. (Registre.) — In-folio, papier, couvert en parchemin, 235 feuillets ; un cahier, papier, de 9 feuillets, annexé à la fin, en mauvais état.

1663-1665. — Greffe de la juridiction ordinaire de Châteauneuf sur Sarthe, tenu par Pierre Escheré, sieur de La Chapitière, sénéchal, juge civil et criminel de la baronnie, en présence de Pierre Leconte, substitut du procureur fiscal. — Procédures et interrogatoires de témoins : — Jean Duboul contre Claude Dutay ; — François Trioche contre Perrine Goret ; — Gilles Coquereau contre Mathurin Hérard ; — René Labbé contre Julien Bourné, etc.

E. 257. (Registre.) — Petit in-folio, papier, 94 feuillets.

1666-1669. — Greffe ordinaire de la baronnie. — Procédures et interrogatoires de témoins : — Denis Quincé contre Marguerite Souralle ; — Simon Gasnier contre Perrine Morin ; — Jean Pigeon contre Mathieu Allard ; — Julien

Bertron contre Urbain Roisné; — Gabriel Rondeau contre Jean et Pierre Jauneau, etc.

E. 258. (Registre.) — Petit in-folio, papier, 134 feuillets.

1619. — Greffe ordinaire de la baronnie. — Procédures et interrogatoires : — Jean Rochereau contre René Ollivier; — *Jacq. Marais contre P. Crosnier*; — *René Leclerc contre* Bertrand Goret; — Pierre Paumier contre Alexandre Hardouin; — Jean Crosnier, curé de Brissarthe, contre René Saudrille; — Madeleine Pigeon contre Jean Jeaunaux, etc.

E. 259. (Carton.) — 20 cahiers, petit in-folio, papier, ensemble 201 feuillets, 22 pièces, papier.

1680-1781. — Greffe ordinaire de la baronnie. — Répertoires des registres du greffe pour les années 1752-1777. — Baux à ferme du greffe.

E. 260. (Carton.) — 1 pièce, parchemin ; 147 pièces, papier.

1682. — Enquêtes, procès-verbaux, dépositions de témoins, fragments de procédures civiles et criminelles jugées par devant le sénéchal de la baronnie : — David de Sorhoette contre Anne de Lenfernat; — Marguerite Rondeau contre P. Coheu et Perrine Chalumeau; — Rolland Mestayer contre Pierre Viollas, etc.

E. 261. (Carton.) — 2 pièces, parchemin ; 99 pièces, papier.

1701-1786. — Enquêtes, procès-verbaux, dépositions de témoins, fragments de procédures civiles et criminelles jugées par devant le sénéchal de la baronnie. — Lettres de provision de l'office de sénéchal en faveur de Pierre Gautier, sieur de La Morlière. — Brevets et commission de gardes des chasses et bois de la baronnie.

E. 262. (Carton.) — 11 pièces, parchemin, dont 2 cahiers de 12 feuillets; 77 pièces, papier, dont 12 cahiers de 131 feuillets.

1449-1761. — Aveux, déclarations, contrats, titres de propriété des fiefs et arrière-fiefs de la baronnie : — Aubriet. — Argenton : aveu rendu à Châteauneuf, par Franç. Gossard. — La Basinière. — Beaurepaire : aveu rendu à Juvardeil par Simon de Clers, Charles de Clers, Jeh. de La Barre, Madame de Genouillac, Anne-Angélique Boussion, veuve de messire Guill. Bedanne. — La Besnerie. — La Bodinière en Contigné. — Bois-Rolland : aveu rendu à Juvardeil par Jean Gohin. — Les Briottières. — Brissarthe. — La Brulonnière en Cherré. — La Bourdelière.

E. 263. (Carton.) — 6 sceaux frustes; 5 cahiers, papier; 113 feuillets; 16 parchemins, 40 pièces, papier.

1459-1786. — Aveux, déclarations, contrats des fiefs et arrière-fiefs de la baronnie. — Le Buron de Craon : aveu rendu à l'évêché d'Angers, par Catherine de L'Isle, dame de La Trémouille, François de La Trémouille, Denis Amelot pour le fief du Buron de Craon en Morannes; — au Buron, par Gervaise de Rougé et Jacques Crosnier pour le fief de La Clergerie, par les chapelains de La Fresnaie en Morannes, Gilles Le Mareschal, Catherine Luce, Louis Moreau, Jacques Moreau, Ambroise *Huguet*, pour *Le* Grand-Thorigné en la paroisse de Notre-Dame-du-Pé. — Baux et contrats d'acquêts.

E. 264. (Volume.) — In-folio contenant 3 registres et 9 pièces, papier, ensemble 123 feuillets; le tout maculé et en mauvais état : une table de 11 feuillets, papier.

1540-1693. — Fiefs et arrière-fiefs de la baronnie. — Le Buron de Craon : déclarations rendues aux assises de la seigneurie du Buron de Craon, pour les Aulnais, Beaussé, Blaige, Bouvet, Champrond, Charnacé, La Coqueterie, Crèche-Neuve, La Davière, Champ-Failli, Les Giraudières, Henriot, La Motte-de-Montplan, La Poustelière, La Tuffière, La Vannerie.

E. 265. (Registre.) — In-4°, papier; 165 feuillets; au feuillet 135 une pièce, papier, intercalée; une table de 2 feuillets, papier.

1603-1688. — Fiefs et arrière-fiefs de la baronnie. — Le Buron de Craon : remembrance des déclarations rendues aux assises de la seigneurie du Buron de Craon, pour terres et maisons aux Grands-Champs, à La Clergerie, à La Davière, à La Dohinière, à Hautefolie, aux Foucaudières, à La Groie, à Laigné, à Lantivelle, à Maupertuis, à La Motte-aux-Trumeaux, à La Petitière, à Thorigné.

E. 266. (Registre.) — In-folio, papier; 270 feuillets; 2 tables de 8 feuillets, papier.

1629. — *Fiefs et arrière-fiefs de la baronnie.* — *Le* Buron de Craon : remembrances des déclarations rendues aux assises de la seigneurie du Buron de Craon, par Adam Guesdon, Ant. Challigné, Ant. Périer, Lebouvier, Christ. Bastard, Catherine Germain, Et. Minée, Et. Huet, Hilaire Lebreton, Georges *Préaubert*, *Macé Rahier*, *Jeh. Segrée*, P. de La Planche, Fr. Coignard, P. Jacquelot, Urbain Joubert et autres tenanciers.

E. 267. (Registre.) — Petit in-folio, papier; 134 feuillets, une table de 2 feuillets, papier.

1611-1635. — Fiefs et arrière-fiefs de la baronnie. — Le Buron de Craon : déclarations rendues au Buron de Craon, par Antoine Périer, Jul. Hardouin, J. Turquais, P. Préaubert, René Rahier, Et. Roger, Jean Lebouvier, Jeanne Mauxion, Christ. Bastard, André Gaultier, Mich. Béron, P. Trumeau, Jean Minée, René Nail, J. Crosnier, J. Guesdon, René Fessard, J. Leliepvre, J. Lebourcier, René Gaudon, Nic.

Dutronchay, Perrine Sigongne et autres tenanciers dans la paroisse de Morannes.

E. 268. (Volume.) — 13 cahiers, papier, in-folio; 3 pièces papier; 173 feuillets en mauvais état; 3 tables de 8 feuillets, papier.

1610-1656. — Fiefs et arrière-fiefs de la baronnie. — Le Buron de Craon : déclarations rendues au Buron de Craon, *en Morannes*, pour terres et maisons aux Écoublères, à La Fosse-de-Lantivelle, aux Girauldières, à Champrond, à Châteauneuf, à Cherré, à Couture, à *La Daguenetière*, à *La* Fessardière, au pré Guichet, à La Godebillerie, aux Gravettes, à Marcadé, aux Mesliers, à Longueray, à La Quintinerie, à La Robinière, aux Vacheries, au Clos-Villain, à Villeneuve.

E. 269. (Registre.) — In-folio, papier, 233 feuillets; 1 table de 4 feuillets, papier.

1660. — Fiefs et arrière-fiefs de la baronnie. — Le Buron de Craon: déclarations rendues aux assises de la seigneurie du Buron de Craon, par *Louis Bazile*, Ad. Crosnier, Georges Jaquelot, Ant. Huet, Barth. Dampol, Christ. Nourrison, P. Liénard, Math. Morin, Nic. Turquais, René Brichet, Vincent Daillère, Simon Portais, René Fontaine, Et. Sallé, André Préaubert, et autres tenanciers.

E. 270. (Registre.) — In-folio, papier, 220 feuillets dont 118 blancs; 3 tables de 15 feuillets, papier.

1660-1662. — Fiefs et arrière-fiefs de la baronnie. — Le Buron de Craon : déclarations rendues aux assises de la seigneurie du *Buron de Craon*, appartenant aux enfants de messire Abel de Servien, pour terres et tenures à Chandelaire, à Beaussé, à Boisseau, à Bonnet, à La Bohilière, à La Bourdrie, à Charnacé, à La Clergerie, au Douet, à La Dohinière, à Champ-Failli, à Haute-Folie, aux Giraudières, à La Groye, à Laigne, à Lantivelle, à Morannes, à La Piardière, à La Pierre-aux-Roy, à Quinquenpoix, à La Rainière, à La Sachée, à La Vannerie.

E. 271. (Registre.) — In-folio, papier, 104 feuillets; une table détachée de 6 feuillets, papier.

1709-1718. — Fiefs et arrière-fiefs de la baronnie. — Le Buron de Craon : déclarations rendues aux assises de la seigneurie du Buron de Craon, en présence de messire Jean Goujon, baron de Châteauneuf, par Nicol. Saulais, Mic. Gaudron, Ch. Gaudichon, Louis Grémont, René Lidoret, Anne Brichot, Marie Aubry, Mich. Brehuier, J. Poirier, Gab. Chotard, René Chaudet, Ant. Huet, René Lebourcier, René Desplaces, P. Tirot, P. Jarry, Mich. Fleuriot, René Rousselin et autres tenanciers dans la paroisse de Morannes.

E. 272. (Carton.) — 1 cahier, in-folio, papier, 39 feuillets, couvert en parchemin.

1722. — Fiefs et arrière-fiefs de la baronnie. — Le Buron de Craon : assises de la seigneurie du Buron de Craon, tenues à la réquisition de messire Jean Goujon, baron de Châteauneuf, pour terres et maisons aux Grands-Champs, à Crèche-Neuve, à Morannes, au Saullay, à Laigné, à L'Écoublère, à Lantivelle, au Carrefour, aux Giraudières, aux Romarins, à Champ-Rouge, à La Courière, au Clos-Gatine, à La Tremblaye, au Brossay, à La Huetterie.

E. 273. (Carton.) — 20 cahiers, in-folio, papier, 391 feuillets; au feuillet 150 un plan.

1747. — Fiefs et arrière-fiefs de la baronnie. — Le Buron de Craon : assises du fief et seigneurie du Buron de Craon, en Morannes, tenues à la réquisition de messire Denis Amelot, marquis de Chaillou, baron de Châteauneuf, pour terres et maisons au Champ-Rouge, à Lantivelle, aux Giraudières, à Bouvet, au Chateigner, aux Écoublères, à Champ-Failli, à La Nouette, à La Couldre, à La Motte-aux-Trumeaux, à La Dohinière, à Crèche-Neuve, à Chandelaire, à Laigné, à Champ-Rond, à Boisseau, à La Goupilière, à La Huetterie, à La Poustellière, aux Romarins.

E. 274. (Registre) — In-4°, papier, 60 feuillets; en mauvais état.

1585. — Fiefs et arrière-fiefs de la baronnie. — Le Buron de Craon : recette des cens, rentes et devoirs dus à la recette de la seigneurie du Buron de Craon, pour terres et tenure à *La* Couldre, au *Bois-Charnacé*, aux Vallières, à Laigné, aux Écoublères, à Charocière, à La Prestelière, à La Tufflère, à Lantivelle, à Morannes, à Crèche-Neuve, à La Bourdrie, à La Motte-de-Monceaux, à Champ-Failli, au Clos-Jamet.

E. 275. (Registre) — Petit in-folio, papier, 108 feuillets; une table de 3 feuillets, papier.

1644. — Fiefs et arrière-fiefs de la baronnie. — Le Buron de Craon : recette des cens, rentes et devoirs dus à la recette de la seigneurie du Buron de Craon, pour terres et maisons à La Couldre, à La Barrière, au clos du Ré, à La Tufflère, à Champ-Rond, à Bouvet, à Haute-Folie, à La Coquetière, à La Bourdrie, à L'Écoublère, à La Rousselière, à Monceaux, à La Gandonnière, au Clos-Jamet, à La Giraudière, à Laigné, à Morannes.

E. 276. (Registre.) — Petit in-folio, papier, 217 feuillets; une table de 29 feuillets, papier.

1699-1753. — Fiefs et arrière-fiefs de la baronnie. — Le Buron de Craon : recette des cens, rentes et devoirs dus à la seigneurie du Buron de Craon, pour terres et maisons à La

Couldre, à Monceaux, à La Poustelière, à Laigné, à La Bourgeaudière, à La Nonette, à Valtière, à Maupertuis, à Crèche-Neuve, à L'Écoublère, à La Bourdrie, à Bouvet, aux Culleaux, à Lantivelle, à L'Heullerie, au Chateigner, à Morannes, à La Piardière, à La Fosse, à La Roche-Bruneau, à Quinquempoix, à La Foucaudière, à La Noirie, à la fontaine de Jodelle, à Daumeray, à La Poquinière. — Notes et mémoires pour dresser le censif.

E. 277. (Registre.) — In-folio, papier, 311 feuillets; plus 12 plans intercalés; 2 tables de 36 feuillets, papier.

1758. — Fiefs et arrière-fiefs de la baronnie. — Le Buron de Craon : recette des cens, rentes et devoirs dus à la seigneurie par J. Andouard, Anne Bastard, Renée Bigeot, Séb. Bodin, Et. Chabin, Jul. Chauvigneau, André Terranlt, Fr. Freslon, Simon Hamelin, Fr. Lehay, Pocquet de Livonnière, Mme Leroy de La Potherie, René Moulins, Madeleine Lemonnier, René Renou, M. de Saint-Brice, Mic. Trumeau, Marie Vacquier et autres tenanciers dans la paroisse de Morannes.

E. 278. (Registre.) — In-4°, parchemin, 19 feuillets.

1545. — Fiefs et arrière-fiefs de la baronnie. — La Buronnière : aveu rendu à Jehan de Bueil, sieur de Juvardeil, par François Sebille, pour sa seigneurie de La Buronnière, les fiefs de Charotz, Basins et partie de La Haute-Réité.

E. 279 (Carton.) — 7 cahiers, petit in-folio, papier, 90 feuillets; 9 pièces, parchemin; 11 pièces, papier.

1500-1750. — Fiefs et arrière-fiefs de la baronnie. — La Buronnière : aveu rendu à Antoine de Loubbes, sieur de Juvardeil, par Fouques Sébille, pour la seigneurie de La Buronnière et les fiefs de Charotz, Basins et partie de la Haute-Réité ; — mémoire pour régler les contestations de fief entre le seigneur de Juvardeil et le seigneur de La Buronnière; déclarations et pièces à l'appui.

E. 280. (Carton.) — 42 pièces, papier; 2 pièces, parchemin.

1542-1768. — Fiefs et arrière-fiefs de la baronnie. — Mémoires et pièces de procédures à l'appui des prétentions du seigneur de Juvardeil sur la mouvance des fiefs de Beaurepaire et des Landes contre le seigneur de Cellières.

E. 281. (Carton.) — 6 pièces, parchemin; 40 pièces, papier.

1485-1775. — Fiefs et arrière-fiefs de la baronnie. — Chambille : table de l'aveu rendu à Châteauneuf par Gui Faubert. — Champeaux : aveux rendus par Jehan de Champeaux, François Pian, Jacques Berton et Louis Champillon, Marin Bescon et Guillaume Goasnier pour les fiefs de Champeaux et de La Gasnerie en Brissarthe; fragments de registres d'assises; tables de censifs; mémoires pour la mouvance contestée entre les seigneurs de Champeaux et de La Réité.

E. 282. (Registre.) — Petit in-folio, papier, 190 feuillets; 2 tables de 4 feuillets, plus une table détachée de 15 feuillets, papier.

1691-1698. — Fiefs et arrière-fiefs de la baronnie. — Champeaux : remembrances des déclarations rendues aux assises dudit fief, par Pierre Allard, Jacques Aubert, Joseph Bertron, J. Beault, Pierre Bélin, le curé de Brissarthe, Joseph Courbalay, Louis Lecomte, Jean Davy, René Goret, Madeleine Ivon, Jos. Jubeau, Pierre Logerais, J. Langevin, Fr. Piau, Guill. Renard, Pierre Richard, Math. Tessier et autres tenanciers dans la paroisse de Brissarthe.

E. 283. (Carton.) — 4 pièces, parchemin; 22 cahiers petit in-folio, papier; ensemble, 197 feuillets; 61 pièces, papier.

1494-1780. — Fiefs et arrière-fiefs de la baronnie. — Chandemanche : aveux rendus à la seigneurie de Juvardeil par Thugal Aubin, prêtre, et Marie Du Serreau. — Chartres : aveu rendu à la seigneurie de Chartres en Morannes par Amelot de Châillou, pour la métairie de La Coudre ; — mémoires et pièces de procédure contre les dames Marguerite Renault, veuve de Jérôme Tardif, et Louise de Champ-Chevrier, veuve de messire Antoine Veillant, sieur d'Oche, au sujet de la mouvance contestée entre les seigneurs de Chartres et du Buron. — Cherré et Marthou : aveu rendu par François Bouestelivre de la grande dime; — tables des censifs.

E. 284. (Carton.) — 2 cahiers, in-folio, parchemin, 16 feuillets; 12 cahiers, papier, 131 feuillets; 3 pièces parchemin; 20 pièces, papier.

1449-1748. — Fiefs et arrière-fiefs de la baronnie. — La Couraudière : aveux rendus à Juvardeil et aux fiefs des Landes et de Monterbault par Guillaume Pasqueraye, Marie Hameau, Pierre Hameau, pour les fiefs et seigneuries de La Couraudière, des Deffais, des Montils et de La Roirie ; — assises desdits fiefs pour terres et tenures, dans les paroisses de Cheffes et de Juvardeil; — droits dans la rivière de Sarthe; — tables de censifs.

E. 285. (Carton.) — 2 cahiers, in-folio, papier, 79 feuillets.

1506-1560. — Fiefs et arrière-fiefs de la baronnie. — La Couraudière : recette des cens et devoirs dus chaque année à honorable homme Guillaume Pasqueraye, sieur de La Place, à cause des fiefs et seigneuries de La Couraudière, des Montils et du Deffais en la paroisse de Juvardeil ; — remembrances des assises desdits fiefs pour terres et maisons à La Ferronnière, à La Lande, à La Rabergerie à La Chiroinelle, à La Roirie, à La Raisterie, dans les paroisses de Cheffes et de Juvardeil.

E. 286. (Carton.) — 1 cahier, parchemin, 38 feuillets; 6 pièces, parchemin; 17 pièces, papier.

1398-1787. — Fiefs et arrière-fiefs de la baronnie. — La Daguenetière et Daviet : baux et contrats d'acquêts dans les paroisses de Séronnes, de Juvardeil et d'Étriché; — mémoires sur les droits de chasse et de seconde herbe dans la prairie de Daviet. — L'Étang : aveux rendus à Juvardeil par Marguerite de Chivré.

E. 287. (Carton.) — 2 pièces, parchemin; 26 pièces, papier.

1495-1658. — Fiefs et arrière-fiefs de la baronnie. — La Ferronnière : mémoires pour la mouvance dudit fief, prétendue par les seigneurs de Briolay et de Juvardeil. — La Fessardière : projet d'aveux des fiefs et seigneuries de La Fessardière, des Briottières et de La Roussière; — tables d'anciens censifs.

E. 288. (Registre.) — Grand in-8°, parchemin, 12 feuillets; en tête une table de 4 feuillets, papier.

1518. — Fiefs et arrière-fiefs de la baronnie. — La Fessardière : aveu rendu à Loys de La Trémoille, prince de Talmond, seigneur de Craon, de Briolay et de Châteauneuf, par Pierre Coaisnon, sieur de La Roche-de-Noirieux, pour la seigneurie de La Fessardière en Cherré.

E. 289. (Carton.) — 7 pièces, parchemin; 23 pièces, papier; 15 cahiers, papier, 293 feuillets.

1461-1764. — Fiefs et arrière-fiefs de la baronnie. — Fontaine *alias* Le Pressoir-des-Champs : brouillard de la recette des cens dus audit fief, pour terres et maisons à La Guillaumerie, à La Mancellerie, à La Joliettterie, à Harambourg, à La Fraronnière, à La Margotière, à L'Echilarderie, à La Bigeaudière, à La Greulerie, aux Ilettes, dans les paroisses de Cheffes, de Cellières et de Juvardeil; — tables d'anciens censifs. — La Fontaine : répertoire des aveux et autres actes produits par les fiefs de La Fontaine en Miré, Visouef, Bonnoiseau, La Moisandière, aux assises de la seigneurie de Juvardeil. — La Fouquerière : relevé des titres. — Le Genetay : rente due dans la paroisse de Contigné. — La Girardière *alias* La Fosse : titres de propriété dans la paroisse de Cheffes. — La Jariaye : extrait de l'aveu rendu à Morannes par Guillaume de Clermont, Jehanne Lenfant, Math. Deniau, Guillaume Malchère. — La Brocherie : extrait des titres dudit fief.

E. 290. (Carton.) — 4 pièces, parchemin; 41 pièces, papier, dont 9 cahiers, papier, in-folio, 167 feuillets.

1690-1769. — Fiefs et arrière-fiefs de la baronnie. — Châtellenie de Juvardeil : inventaires des titres et papiers; — répertoires et analyses, en forme de terrier, des hommages et aveux rendus par les différents fiefs; — arrêt du Parlement de Paris à l'appui du droit de châtellenie et de justice contentieuse du seigneur.

E. 291. (Carton.) — 1 cahier, parchemin, 12 feuillets; 3 cahiers, papier, 92 feuillets.

1469. — Fiefs et arrière-fiefs de la baronnie. — Juvardeil : aveu rendu à messire René de Rais, seigneur de Briolay, par Jean de Daillon, sieur Du Lude.

E. 292. (Registre.) — In-4°, parchemin, 63 feuillets; 3 cahiers in-folio, papier, 115 feuillets.

1559. — Fiefs et arrière-fiefs de la baronnie. — Juvardeil : aveu rendu à Loys de Bourbon, duc de Montpensier, seigneur de Briolay, par Guy de Daillon, comte Du Lude; table et copies modernes dudit aveu.

E. 293. (Registre.) — In-folio, papier, 110 feuillets; 2 tables de 48 feuillets, papier.

1763. — Fiefs et arrière-fiefs de la baronnie. — Juvardeil : aveu rendu à Jules-Hercule de Rohan, duc de Montbazon, pair de France, baron de Briolay, par Michel-Denis Amelot, marquis de Chaillou.

E. 294. (Registre.) — Petit in-folio, papier, 98 feuillets; 2 tables de 19 feuillets, papier.

1492-1506. — Fiefs et arrière-fiefs de la baronnie. — Juvardeil : remembrances des déclarations reçues aux assises de la châtellenie, pour terres, prés, maisons à Aubriet, aux Angerais, à Bougreau, à La Bourdelière, aux communs de Bonnemaison, près le bois de Cheffes, aux Chapronnières, à Champ-Renaud, à Daviet, à Étriché, à La Foussière, à La Girardière, à La Prée-Hameline, à la maladrerie de Juvardeil, aux clos Delaunay, de Longueromme et des Monts, à La Margattière, au port Joret, à l'Étang-Pierremain, à La Torillaye, à Travaillé; — pêcheries et moulins dans la Sarthe.

E. 295. (Volume.) — In-folio, contenant 34 pièces, parchemin; 2 pièces, papier; une table de 6 feuillets, papier.

1516-1526. — Fiefs et arrière-fiefs de la baronnie. — Juvardeil : *déclarations rendues* à la châtellenie de Juvardeil, pour terres et maisons aux Angerais, à L'Aubépin, à Bougreau, près la Boire-Fontaine, à Cornilleau, près le bois de La Roche-Coursillon, à Daviet, aux Deffais, à Grignon, à La Giletterie, à La Gaboissière, à Juvardeil, à Lucé, à La Manourière, à La Noirie, au Mortier-Riant, à La Sorinière, à La Torillaye, aux Varannes.

E. 296. (Registre.) — Petit in-folio, papier, 67 feuillets; une table de 3 feuillets, papier.

1524-1547. — Fiefs et arrière-fiefs de la baronnie. — Juvardeil : remembrances des assises de la châtellenie pour terres et maisons à Aubriet, à La Basinière, à Bachelot, au Bois-Chaillou, à Chênedé, à Coupeaux, à Daviet, à L'Échelarderie, à La Gandonnière, à La Prée-Hameline, à Juvardeil, à Lucé, à La Moricière, à Nid-de-Pie, à Noirieux, à La Réité, à l'Ile-au-Roux, à l'Ile-de-Vaujours.

E. 297 (Volume.) — In-folio, contenant 18 pièces, parchemin; une table de 5 feuillets, papier.

1519-1565. — Fiefs et arrière-fiefs de la baronnie. — Juvardeil : déclarations rendues aux assises de la châtellenie, pour terres et tenures aux Angerais, sous le bois de Cheffes, à Bouchereau, à La Croix-Robin, à Chauriot, à Daviet, aux Fresnays, à La Georgerie, au Port-Joret, à Lucé, à La Martinière, à La Rabergerie, aux Valinières, à Viviers.

E. 298. (Volume.) — In-folio, contenant 34 pièces, parchemin; 2 pièces, papier; une table de 10 feuillets, papier.

1518-1576. — Fiefs et arrière-fiefs de la baronnie. — Juvardeil : déclarations rendues aux assises de la châtellenie pour terres et tenures aux Angerais, à Aubriet, à La Basinière, près le bois de Cheffes, à Cornilleau, à Chênedé, à La Croix-Fautier, au Douaire, aux Deffais, à La Feslière, au Genetay, à Lucé, à Longueraye, au pont Libron, à Lattay, à La Mémorandière, près le Port-Partry, à La Ramière, aux Valinières.

E. 299. (Volume.) — In-folio, contenant 39 pièces, parchemin; 1 pièce, papier; une table de 9 feuillets, papier.

1520-1565. — Fiefs et arrière-fiefs de la baronnie. — Juvardeil : déclarations rendues aux assises de la châtellenie pour terres et tenures aux Angerais, à La Bourdelière, à La Brosse, à Cellières, à Champ-Renaud, à Champ-Bréant, à Daviet, à La Dannière, à La Fosse-Mulotte, à Guilopin, près le Port-Moreau, à La Ruchenière, aux Salonières.

E. 300. (Volume.) — In-folio, contenant 26 pièces, parchemin; 1 pièce, papier; une table de 6 feuillets, papier.

1516-1573. — Fiefs et arrière-fiefs de la baronnie. — Juvardeil : déclarations rendues aux assises de la châtellenie pour terres et tenures aux Angerais, à Cornilleau, au pont des Boires, à Daviet, à La Dannière, à La Fontaine, à La Friandière, à La Girardière, aux Ilettes, à La Jolietterie, à Lucé, aux Montils, à Maupérier, à La Pagerie, à La Sorinière, à La Torillaye, à l'Ile-de-Vaujours.

E. 301 (Volume.) — In-folio, contenant 41 pièces, parchemin; une table de 5 feuillets, papier.

1515-1576. — Fiefs et arrière-fiefs de la baronnie. — Juvardeil : déclarations rendues aux assises de la châtellenie, pour terres et tenures à Baugreau, à La Boissandière, à Cornilleau, à Champ-Renaud, au Cahier, au Douaire, à L'Échelarderie, à La Fresnaye, à La Girardière, à La Prée-Hameline, à Longueraye, à Molains, aux Papinières, à La Saintinière, au Visouef.

E. 302 (Volume.) — In-folio, contenant 31 pièces, parchemin; une table de 3 feuillets, papier.

1516-1576. — Fiefs et arrière-fiefs de la baronnie. — Juvardeil : déclarations rendues aux assises de la châtellenie, pour terres et tenures à L'Aubépin, à Champ-Girard, au Cahier, à La Guyardière, à La Gileterie, à Lucé, à Manourières, aux Montils, à La Moisandière, aux Papinières, à La Rotte-aux-Prêtres, à La Saugère, à La Sinardière, aux Vigneaux.

E. 303. (Volume.) — In-folio, contenant 19 pièces, parchemin; 2 pièces, papier; une table de 4 feuillets, papier.

1476-1603. — Fiefs et arrière-fiefs de la baronnie. — Juvardeil : déclarations rendues aux assises de la châtellenie, pour terres et tenures aux Angerais, à Aubriet, à Daviet, aux Gautières, à La Prée-Hameline, à Launay, à Poupeline, à l'Ile-aux-Poulains en Étriché, au Marais en Cellières, à La Sintinière.

E. 304. (Volume.) — In-folio, contenant 11 pièces, parchemin; 1 pièce, papier; 1 table de 4 feuillets, papier.

1517-1603. — Fiefs et arrière-fiefs de la baronnie. — Juvardeil : déclarations rendues aux assises de la châtellenie, pour terres et tenures à Baugreau, à La Basinière, aux communs du Pont-des-Boires, au Cloteau-Noir, aux Fresnais, à La Prée-Hamard, à La Margatière, à La Pagerie, aux Papinières, à La Rabergerie, à Viviers.

E. 305 (Registre.) — In-4°, papier, 174 feuillets

1597-1671. — Fiefs et arrière-fiefs de la baronnie. — Juvardeil : déclarations, contrats, fois et hommages rendus à la seigneurie, pour terres et tenures en Contigné, aux Sablonnières, à Lucé, à La Manousière, à La Greulerie, à Sœurdres, près La Boire-Saunière, au Mortier-Riant, à La Croix-Fautier, à La Friandière, à La Dannière, au Guéau-Loup, à La Poitevinière.

E. 306. (Registre.) — In-folio, papier, 169 feuillets; 2 tables de 14 feuillets, papier.

1586-1681. — Fiefs et arrière-fiefs de la baronnie. —

Juvardeil : déclarations, hommages, exhibitions de contrats et autres exploits de justice produits aux assises de la châtellenie, par devant Guy Ladvocat et René Jallet, pour terres et tenures aux Angerais, à Bouchereau, près le bois de Cheffes, au pré de Beaurepaire, à La Béraudière, à La Chicotaelle, aux Cormiers, à Cherré, à Daviet, à La Dannière, à Drouault, au Marais-Fouchard, au Gravier, au Puyguillé, aux Guenettes, à La Jolietterie, aux Ilettes, à l'étang Pierremain, au Liage, à La Martinière, à Noirieux, aux Papinières, à La Sorinière, à La Torillaye, au Volier.

E. 307. (Registre.) — In-folio, papier, 227 feuillets, en partie pourris ; 2 tables de 8 feuillets, papier.

1649-1659. — Fiefs et arrière-fiefs de la baronnie. — Juvardeil : déclarations rendues aux assises de la châtellenie, pour terres et tenures à Aubriet, à Beauchesne, à La Chalousière, à La Fellière, à L'Évesquerie, au Gravier, à Longueraye, à Lucé, à La Moisandière, à La Réité, à La Roussière, aux Poussinières, aux Perriers, à l'Ile-aux-Roux, aux Varennes, au Vivier en Contigné.

E. 308. (Registre.) — Petit in-folio, papier, 162 feuillets, en mauvais état ; 2 tables de 3 feuillets, papier.

1666. — Fiefs et arrière-fiefs de la baronnie. — Juvardeil : remembrances des déclarations rendues aux assises de la châtellenie, pour terres et tenures à Bougreau, à La Dannière, au prieuré de Cheffes, à La Prée-Hameline, aux Petites-Landes, à la cure de Juvardeil, au Pont-Perrin, au Mortier-Riant, à La Sorinière, à Travaillé, à La Ragotière, à l'Ile-aux-Roux.

E. 309. (Registre.) — In-folio, papier, 97 feuillets, en mauvais état ; 2 tables de 8 feuillets, papier.

1690-1691. — Fiefs et arrière-fiefs de la baronnie. — Juvardeil : remembrances des déclarations rendues aux assises de la châtellenie pour terres et tenures à Aubriet, à La Bodinière, à La Bidalière, à Beauvais, à Cornilleau, à Chénedé, à Daviet, à La Fassière, à La Girardière, à La Prée-Hameline, à Launay, à Lucé, aux Matraz, aux Ménillères, à La Noirie, à La Saulinière, au Volier.

E. 310. (Registre.) — Petit in-folio, papier, plus 7 pièces, papier, ensemble 111 feuillets, en partie pourris ; 2 tables de 20 feuillets, papier.

1709. — Fiefs et arrière-fiefs de la baronnie. — Juvardeil : déclarations rendues aux assises de la châtellenie, pour terres et tenures à Aubriet, à Bouchereau, à La Bourdelière, à La Cornillerie, au Douaire, à La Fassière, à Haute-Folie, au Gravier, à Lucé, à Pontmoreau, à Pincart, à La Sorinière, à La Saugère, au pré de Vieille-Vigne, à La Chalousière, à Charotz, à Moiré, à Maquillé, à Travaillé.

E. 311. (Registre.) — In-folio, papier, 34 feuillets, en partie pourris ; en tête 2 pièces, papier ; 2 tables de 8 feuillets, papier.

1720. — Fiefs et arrière-fiefs de la baronnie. — Juvardeil : assises de la châtellenie, tenues, au nom de messire Charles de Rohan, par François Guérin, sénéchal, pour terres aux Angerais, à Bouchereau, à La Basinière, à Cellières, à Daviet, à La Greulerie, à L'Échélarderie, aux Gautières, à La Niquelle, aux Molains, à La Paquerie, à Champ-Renaud, à Viviers, à La Béraudière.

E. 312. (Registre.) — In-folio, papier, 370 feuillets ; 2 tables de 21 feuillets, papier, incomplètes.

1725-1730. — Fiefs et arrière-fiefs de la baronnie. — Juvardeil : assises de la châtellenie tenues, au nom de messire Sébastien Cohon, auditeur honoraire en la Chambre des Comptes de Bretagne, par François Gouin, sénéchal, pour terres et rentes à La Basinière, aux Basins, à Bellebranche, à Beaurepaire, à La Bigeauderie, à La Bidalière, à La Bodinière, à Charots, à Cellières, à Champdoré, à Chandemanche, à La Chaponnière, aux Chicoinelles, à La Chaussée, au Desris, à La Dube, à La Ferrière, à La Friandière, à La Giletterie, au Grès, à La Prée-Hameline, à La Jolietterie, au Port-Joret, à Lattay, aux Moineries, à Maupérier, à Menilleray, à La Noirie, à La Picaudière, à La Ramière, aux Sables, aux Sablonnières, à Tartifume, à La Vigrouse.

E. 313. (Registre.) — In-folio, papier, 110 feuillets ; 2 tables de 116 feuillets, papier.

1752-1767. — Fiefs et arrière-fiefs de la baronnie. — Juvardeil : déclarations rendues aux assises de la châtellenie par le prieur de Saint-Aignan, René Allaire, l'aumônerie de Châteauneuf, P. Bachelot, René Bellanger, Élie Berthelot, André Blot, Marthe Boureau de Versillé, Ch. Bréhier, Jacques Chanteau, le prieur de la confrérie de Cheffes, Joseph Coquereau, Anne Davy de Chavigné, Jacques Édin, le chapelain de La Ferrière, Jean Guillois, le chapelain de La Hérissonnière, Fr. Jouanne, le curé et les habitants de Juvardeil, Georges Lemotheux, l'abbaye de Saint-Nicolas, Math. Noguette, Pierre Ouvrard, Anselme Papiau, Julien Picoureau, J. Portier, Jacq. Remoué, Fr. Riveron, Germain Terrasson, la fabrique de Tiercé, Pierre Viel, Volaige de Vaugirault et autres tenanciers de la châtellenie.

E. 314. (Carton.) — 1 cahier, in-8°, parchemin, 16 feuillets ; 15 cahiers, papier, petit in-folio, 180 feuillets ; 3 pièces, papier.

1508-1764. — Fiefs et arrière-fiefs de la baronnie. — Juvardeil : aveux et déclarations rendus à la châtellenie par l'abbaye de La Roë et le collége de La Flèche, pour les terres et domaines de La Francerie, des Souchettes, du Brossay, de Chênepierre, et des Bois-Rogues.

E. 315. (Carton.) — 30 pièces, parchemin ; 131 pièces, papier.

1515-1770. — Fiefs et arrière-fiefs de la baronnie. — Juvardeil : déclarations rendues à la châtellenie, pour terres et tenures à La Touche, au Port-Moreau, à La Rabergerie, à La Torillaye, à La Pasqueraye, à La Mullote, aux Pochetières, au Pont-Libron, aux Manouvrières, à La Petite-Lande, aux Ilettes, à La Hamonière, à Cornilleau, à Champ-Renaud (fragments informes).

E. 316. (Registre.) — In 4°, papier, 170 feuillets.

1545. — Fiefs et arrière-fiefs de la baronnie. — Juvardeil : cens, devoirs, tailles, rentes et services dus à la châtellenie par Olivier Lapye, Jeh. Leveau, le sieur de La Hamonnière, Jeh. Labbé, Robert Jamyn, l'abbesse du Ronceray d'Angers, Colin Jouet, J. Chesneau, J. Nepveu, Math. Maillé, Guill. Guilloteau, Guill. de Chantepie, Jacq. Lenfant, Marie Basourdy, René Lelou, le sieur de La Véroullière, Mic. Lenoir, Simon de Clers, Guill. Leber, Jeh. Eschalard, Jacq. Tardif et autres tenanciers.

E. 317. (Registre.) — In-4°, papier, 343 feuillets.

1560-1561. — Fiefs et arrière-fiefs de la baronnie. — Juvardeil : « C'est le compte que rend à hault et puissant seigneur Monsieur Guy de Daillon..., Jacquine » Yvain, veufve de deffunct André Pasqueraye, sa fermière » des terres, fiefs et seigneuries de Juvardeil et de Petit-» Fontaine, des receptes par elle faictes des cens, debvoirs, » tailles, rentes et services deubz chacun an » par Ant. Legay, Simon Aigleau, Math. Champain, P. Souvestre, Jeh. Bouju, Thibault Basourdy, Guill. Pasqueraye, Jeh. Bourdais, Mic. Guerrier, André Jouet, Arthur Brillet, Math. Foussier, Simon Faultier, René Dumortier, Pierre Godier, Anne Chacebœuf, Jeh. de Goubis, Cath. Patrin, Jeh. Bouju et autres tenanciers desdits fiefs.

E. 318. (Registre.) — In-4°, papier, 99 feuillets ; une table de 3 feuillets, papier.

1558-1562. — Fiefs et arrière-fiefs de la baronnie. — Juvardeil : « C'est le compte que rend à hault et puissant seigneur Monseigneur Guy de Daillon, gentilhomme » ordinaire de la chambre du Roy nostre sire, cappitainne » de cinquante hommes d'armes, séneschal d'Anjou, comte » Du Lude, baron d'Illiers, Saulteré, Brianzon et seigneur » de Juvardeil et des fiefs du Petit-Fontainnes, sis entre » Sarte et Maine.., Jacquine Yvain, veufve de deffunct André » Pasqueraye, sa fermière de sa dicte terre et seigneurye de » Juvardeil et dudict Fontainnes, des receptes par elle » faictes des ventes et yssues, rachaptz, épaves, aulbanaiges, » prinses par deffault d'homme, chevaulx de service et » aultres émoluments de fief dudict Juvardeil et Petit-» Fontainnes... pour neuf années entières. »

E. 319. (Registre.) — In-folio, papier, 87 feuillets.

1569-1571. — Fiefs et arrière-fiefs de la baronnie. — Juvardeil : « C'est le compte que rend à hault et illustre » prince Monseigneur Charles de Lorraine, marquis d'El-» beuf, baron d'Ancenis, seigneur d'Ussé et de Juvardeil » maistre Charles Brillet, notaire, son recepveur en sa » terre et seigneurie de Juvardeil, » des cens et rentes dus par Pierre Poisson, Jeh. Leber, le prieur de Juvardeil, Laurent Souvestre, Guill. Chesneau, Mic. Jouanne, Math. Guinemer, Math. Portin, Math. Champain, Ant. Chevallier, Jeh. Aulbin, Jeh. Noguette, Robert Deffaye, Jeh. Gannes, le prieur de Cheffes, Perrine Bourreau, Simon Faultier et autres tenanciers.

E. 320. (Registre.) — In-folio, papier, 268 feuillets.

* **1698.** — Fiefs et arrière-fiefs de la baronnie. — Juvardeil : recette des cens, rentes et devoirs dus à la châtellenie par Marc Basourdy, Ant. Legay, Math. Foussier, Pierre Poisson, Jean Aulbin, Cath. Potrin, Marie Hardouin, Guill. Pasqueraye, Mic. Huet, Jean Bouju, Jean Perrault, André Jouet, Guill. Renauldier, François Sebille, Guill. Chesneau, Math. Allaire, Louis Noguette, Guill. Hayeneuve, l'abbé de Bellebranche, Mic. Leguerrier et autres tenanciers.

E. 321. (Registre.) — In-4°, papier, 206 feuillets ; 1 table de 31 feuillets, papier.

1656-1679. — Fiefs et arrière-fiefs de la baronnie. — Juvardeil : recette de cens, rentes et devoirs dus à la châtellenie par Jean Basourdy, Ch. Courtois, P. Gasnier, Hardouin, Pasqueraye, Fr. de La Coussaye, René Mortier, Vincent Quentin, Ch. Brillet, Noël Cottin, Jean Jouet, Math. Portin, Jean Joret, René Vallier, Pierre Ogereau, Hugues Blanchard, Jean Noguette, Jacq. Simon, Jean Girard, Guill. Ysambart, René Cotin, René de La Jaille, René Guyot.

E. 322. (Registre.) — In-folio, papier, 247 feuillets ; 2 tables de 59 feuillets, papier.

1764. — Fiefs et arrière-fiefs de la baronnie. — Juvardeil : recette des rentes, cens et devoirs dus à la châtellenie pour les fiefs tenus tant en régale de la baronnie de Briolay, qu'en comté du seigneur de Châteauneuf, par Christ. Allard, la fabrique de Saint-André de Châteauneuf, Avril de Charnacé, Élie Berthelot, Ch. Bréhier, René Campeau, Pierre

Cartier, Fr. Collet, Jacq. Colombeau, René Doublet, la dame Girault veuve Falloux du Lys, Jean Godin, Marie Guibert, René Jubin, Georges Limier, Pierre Lemesle, Gaspard Ollivier, Pierre Paignier, Math. Presselin, Jacq. Provost, René Riveron, Hellaud de Vallière, Pierre Voisin.

E. 323. (Registre.) — Petit-in-folio, papier, 49 feuillets.

1441-1464. — Fiefs et arrière-fiefs de la baronnie. — Les Landes : livre des cens dus annuellement à la recette et des baux et contrats passés par messires Raoulet et Pierre Honoré, seigneurs dudit lieu. — Notes généalogiques sur les familles Boistesson et Honoré; — droits dans l'église de Juvardeil; — marché pour le pressoir; — marché pour la construction du château des Landes avec Étienne Haren, maçon perrier de Juvardeil; — mémoire de ce qui a été baillé à Estienne Haren sur le marché de la maçonnerie de la maison des Landes.

E. 324. (Carton.) — 2 pièces, parchemin; 20 cahiers, petit in-folio papier, 271 feuillets; 53 pièces, papier.

1457-1763. — Fiefs et arrière-fiefs de la baronnie. — Les Landes : tables et extraits de censifs et d'assises de la seigneurie et du fief du Terrage; — procédure entre MM. de Genouillac et de Raffetot, pour droits de chasse sur les communs de Bonnemaison et droits de pêche dans la Sarthe; — contrat d'acquêt de la closerie de La Lande-Judas *alias* Échalard.

E. 325. (Registre.) — In-folio, papier, 26 feuillets; une table de 20 feuillets, papier.

1467. — Fiefs et arrière-fiefs de la baronnie. — Le Margat : « S'ensuivent les services, cens, devoirs et rentes » dus d'ancienneté à la recepte de la seigneurie du Margat » en Contigné, tant à cause des fiefs de Hellaud que de » l'Espinay », pour terres et tenures aux Apris, à La Basinière, à Bois-Germont, à Bois-Richard, à *Boutigné*, à Brissarthe, à Charots, à Châteauneuf, à La Cointerie, à Contigné, à La Cordonnaye, à La Foucaudière, à Genetay, à La Haye-Quentin, aux Landes, à *La Maladerie*, aux Martinets, à Moulineau, à Pellouailles en Contigné, à Pierre-Blanche, à Pontricoul, à La Rifferaye, aux Rouabières, à La Ruchesnière, aux Simonneaux, à *Tuaison*, à Vaunaise, à Vergeau, à Vieille-Fontaine.

E. 326. (Registre.) — In-folio, papier, 59 feuillets; une table de 22 feuillets, papier.

1471-1472. — Fiefs et arrière-fiefs de la baronnie. — Le Margat : « C'est le compte que rend à noble homme » Jehan Lemoyne, escuyer, seigneur du Margat et des » fiefs de Hellaud, Michel Maillé, son recepveur en icelles » terres, des receptes et mises », pour terres et tenures au Clos-Alloe, à La Basinière, au Bois-des-Monts, à Boutigné, à La Bricoisnière, à Brully, à Chapon, à La Cordonnaye, à La Coquillerie, à La Foucaudière, aux Gardes, à Guinefolle, à Laitay, à Longuerommue, à La Meslière, à La Nançonnière, aux Pastorelles, aux Picoulières, à Pineroche, aux Rouabières, à La Ruchesnière, à Vaunaise, à Vorzé.

E. 327. (Registre.) — In-folio, papier, 92 feuillets.

1642. — Fiefs et arrière-fiefs de la baronnie. — Le Margat : recette des cens, rentes et devoirs dus à ladite seigneurie et aux fiefs de Hellaud et des Goubis, par Claude Duboys, sieur de Maquillé, Pierre Ayrault, sieur de La Haye-de-Brissarthe, P. de Sallaye, Gilles Jouanneaux, Pierre Doublard, Jeh. de Sorhoette, Mich. Chesneau, la fabrique de Contigné, René Aubry, P. Hullin, Gilles Vigan, Nic. Quinebèche, Jeh. Paré, Jeh. Sallais et autres tenanciers.

E. 328. (Registre.) — Petit in-folio, papier, 44 feuillets; 2 tables de 9 feuillets, papier.

1612-1619. — Fiefs et arrière-fiefs de la baronnie. — Le Margat : assises du fief annexé de Gastines, pour terres et tenures à Aigrefoin, aux Apris, à Bois-Germont, à La Coquillerie, à Contigné, à La Haye-Quentin, à La Pellerie, à La Salmonière, au Vieux-Pré.

E. 329. (Carton.) — 16 pièces, parchemin, dont 3 cahiers, de 50 feuillets; 62 pièces, papier, dont 17 cahiers de 133 feuillets.

1449-1757. — Fiefs et arrière-fiefs de la baronnie. — Maquillé en Contigné : aveux rendus à la châtellenie de Juvardeil par François et Claude Duboys. — Le Grand-Monterbault : débris de censifs et de registres d'assises, pour terres et tenures dans la paroisse de Cellières. — La Morlière; le Pont-à-l'Abbé et Vilchien : tables d'aveux et de censifs perdus. — La Mortière : déclaration rendue à Juvardeil pour les fiefs de La Mortière, du Crucifix et du Gravier. — La Mothe-de-Moiré et La Chollerie : actes de fois, hommages, baux et contrats desdits fiefs dans la paroisse de Sœurdres. — Les Perriers en Contigné : aveu rendu à Juvardeil par Henriette Lefebvre de L'Aubrière. — Le Plessis-de-Chivré : aveux rendus à Juvardeil par Charles et Hector de Chivré; — inventaire de titres perdus.

E. 330. (Registre.) — Grand in-4°, 36 feuillets, parchemin; jolie initiale avec un bouquet de pensées sur fond d'or; la première ligne en lettres d'or, sur fond d'azur.

1520. — Fiefs et arrière-fiefs de la baronnie. — Le Plessis-de-Chivré : aveu rendu à messire Jehan de Bueil, sieur Du Boys en Touraine, de La Motte-de-Souzay, de

Fontaine-Guérin et de Juvardeil, par Hector de Chivré, écuyer, pour sa terre du Plessis-de-Chivré « que anxiennement l'on nommoit du Plesseys d'Estriché. »

E. 331. (Carton.) — 83 pièces, papier; 3 pièces, parchemin.

1260-1778. — Fiefs et arrière-fiefs de la baronnie. — Le Plessis-Lisiart : acquêt par Macé d'Anjou sur noble homme Robert de Sillé du domaine dans la paroisse de Souvigné; — aveu rendu pour ledit fief à Juvardeil, par Pierre d'Anjou et Bertrand de La Jaille; — offres de fois et hommages; — répertoire des aveux et autres actes des fiefs du Plessis-Lisiart et du Boulay-Rabinard.

E. 332. (Carton.) — 3 pièces, parchemin; 48 pièces, papier.

1469-1759. — Fiefs et arrière-fiefs de la baronnie. — Pommérieux : déclarations et censifs du fief (fragments) dans la paroisse de Contigné; — quittances de rentes perçues par M. de Sorhoette; — notes et mémoires à l'appui de la mouvance de la féodalité prétendue par madame de Campagnolle et M. Amelot de Chaillou.

E. 333. (Registre.) — In-folio, papier, 121 feuillets.

1755. — Fiefs et arrière-fiefs de la baronnie. — Pommérieux : remembrances des déclarations rendues, en présence de dame Françoise-Claude de Montplacé, veuve messire Louis-Anne Roger de Campagnolle, pour terres et tenures à Boutigné, à La Beunochère, à La Coquinerie, à La Croix-Boulay, à La Gentillerie, à La Hainrière, à Jochepie, à La Marinière, au Poirier-de-Magdeleine, à Pigneroche, à La Pesatière, à La Pierre, à Touvais, au Tail, à Ussé, dans les paroisses de Juvardeil, Contigné, Châteauneuf.

E. 334. (Registre.) — In-folio, papier, 37 feuillets.

1474-1490. — Fiefs et arrière-fiefs de la baronnie. — Pommérieux : remembrances des déclarations rendues aux assises du fief de Contigné, dépendant de la seigneurie de Pommérieux, par Guill. Duhaulme, Michel Quarteron, Jeh. Sébille, Jeh. Taffoil, Ambroise Hellaud, Laurens Lemaçon, Jeh. Robelot, Guill. Sallais, Jeh. Bocereau, le curé de Contigné, Jeh. Defail, Pierre Guespin, Hélie de Charnacé, Jeh. Lemorgue, Th. Maugendre, Yvon de Villeprouvée, Thibault Du Boys et autres tenanciers.

E. 335. (Registre.) — In-folio, papier, 64 feuillets.

1492-1510. — Fiefs et arrière-fiefs de la baronnie. — Pommérieux : remembrances des déclarations rendues aux assises du fief de Contigné, dépendant de la seigneurie de Pommérieux, par Franç. Pasquier, Guill. Sivart, Jacq. Vaunaise, Mic. Gasteau, Laurent Doublard, Colin Tardif, Jeh. Souvestre, André Lerminier, Macé Chevalier, Guill. Laumonier, Jeh. Renaudier, Guill. Lemaçon, Pierre Dauneau, Macé Baron, Jeh. Faultier, Guill. Leblastier et autres tenanciers.

E. 336. (Registre.) — In-folio, papier, 98 feuillets; une table de 8 feuillets, papier.

1614. — Fiefs et arrière-fiefs de la baronnie. — Pommérieux : recette des cens dus au fief de Contigné, dépendant de la seigneurie de Pommérieux, pour terres et tenures à La Barillerie, à Bois-Germont, au Buisson-Turpin, au Chêne-Bonneau, aux Coutures, à Favery, aux Foucaudières, à La Lampe, à Maugendrée, à Morières, à La Pichonnière, au Pont-Dréon, au Vergeau.

E. 337. (Registre.) — In-folio, papier, 88 feuillets.

1626. — Fiefs et arrière-fiefs de la baronnie. — Pommérieux : recette des cens dus au fief de Contigné, dépendant de la seigneurie de Pommérieux, pour terres et tenures, à la Rue-Gasnier, au Pont-Hullin, près Vergeau, aux Favris, aux Coutures, à La Noirie, à La Barillerie, à La Forge, à La Barre, à Hounierre, près Le Mortier-Fouchard, au Buisson-Turpin, au Pont-Brayon, à La Cour, au Quartier, au Bounard, au Puits-Besnier.

E. 338. (Carton.) — 30 pièces, papier.

1681-1770. — Fiefs et arrière-fiefs de la baronnie. — La Poulainerie et La Bodinière : mémoires sur les droits d'usage et de propriété dans les landes communes de Juvardeil, prétendus par le seigneur desdits fiefs; — extraits d'aveux à l'appui. — Puymoisan et La Saulaye : titres de propriété dans les paroisses de Cherré et de Saint-André de Châteauneuf.

E. 339. (Carton.) — 46 pièces, papier; 8 pièces, parchemin.

1456-1737. — Fiefs et arrière-fiefs de la baronnie. — La Roche-Coursillon : pièces de procédure et mémoires pour le droit prétendu par MM. Amelot de Chaillou et René de Serreau, sur la féodalité de La Roche-Coursillon, Bas-Marais et Les Georgeries, dans les paroisses de Cheffes et de Champigné. — La Roussière : aveux et déclarations rendus à Juvardeil par Jean Daumerès. — Les Rues et La Réité : aveux rendus à Juvardeil par Georges de La Rouaudière, Étienne Regnard, Jeh. Guérin, Guill. Pasqueraye, Christ. Girault, sieur de Mozé; — blâmes produits contre l'aveu de la dame Girault de Mozé, veuve du sieur Falloux du Lys; — note sur la construction du château de La Réité en 1737.

E. 340. (Carton.) — 16 pièces, papier.

1456-1566. — Fiefs et arrière-fiefs de la baronnie. — Sélaine en Tiercé : aveu rendu à Châteauneuf par Antoine

Meslet, sieur de La Besnerie ; — débris de censifs et de registres d'assises ; — déclarations rendues au fief de Sélaine par Guill. Potery et Juliot Duchet, pour les domaines de La Motellerie et de La Maçonnerie.

E. 341. (Carton.) — 16 pièces, parchemin ; 73 pièces, papier.

1614-1786. — Fiefs et arrière-fiefs de la baronnie. — La Sorinière *alias* Lucé : déclarations rendues à Juvardeil. — Soucelles : aveu rendu à la seigneurie de Fontaine en Cellières par Hardouin de Soucelles, pour les fiefs de Soucelles et de Vaujoux ; — mémoires concernant la mouvance desdits fiefs, prétendue par M. Amelot de Chaillou, sieur de Juvardeil, et M. de Beuvron, sieur de Fontaine-Guérin ; — lettres de MM. de Soucelles, Rolland, sénéchal de Fontaine-Guérin et ancien maire de Beaufort, et Amelot de Chaillou. — Thinoualle : déclarations rendues à Châteauneuf par le collége de La Flèche ; — baux et contrats d'acquêts des métairies du *Grand-Cimetière et des Airaudières* en Brissarthe. — Travaillé : aveux rendus à Juvardeil par Maurice de La Possonnière, Jean et *René Dumortier* ; — *mémoires* pour la mouvance contestée entre les seigneurs de Travaillé et de Juvardeil.

E. 342. (Registre.) — In-4°, parchemin, 14 feuillets ; une table de 6 feuillets, papier.

1545. — Fiefs et arrière-fiefs de la baronnie. — Travaillé : aveu rendu à *Jehan de Bueil, sieur* de Fontaine-Guérin et de Juvardeil, par René Dumortier, pour la seigneurie de Travaillé et les *fiefs* de La *Sorinière* et du Mortier-Riant.

E. 343. (Registre.) — In-4°, parchemin, 13 feuillets.

1521. — Fiefs et arrière-fiefs de la baronnie. — Tucé : *aveu rendu* à François de La Trimoille, seigneur de Châteauneuf, par Foucques Sébille, sieur de La Huronnière.

E. 344. (Carton.) — 3 cahiers, petit in-folio, papier, ensemble 168 feuillets.

1491-1584. — Fiefs et arrière-fiefs de la baronnie. — Vauvelles : remembrances des assises des fiefs de Vauvelles *alias* Les Porcs, La Ruchesnière et Le Pressoir-des-Champs, pour terres et tenures au Bois-des-Monts, au Brossay, *aux Brulonnières*, au Cordonnais, à La Croix-Pourial, à La Daguenetière, à La Feuillerée, à La Guinoisellerie, à La Haumerie, à La Maussonière, à La Resnière, à La Sourdière, à La Ruchesnière, à La Tardinerie, à Lodigon, à Vauvelles.

E. 345. (Carton.) — 20 pièces, parchemin ; 64 pièces, papier, dont 9 plans informes.

1459-1755. — Fiefs et arrière-fiefs de la baronnie. — Vauvelles : aveux et déclarations rendus aux fiefs de Vauvelles, de La Ruchesnière en Séronne et du Pressoir-des-Champs, pour terres et tenures à La Brulonnière, aux Trois-Chênes, à La Resnière en Cherré, aux Petits-Grois, aux Cordonnais, à La Croix-Pourial, à La Daguenetière, à La Guinoisellerie, à La Haumerie, au Lattay, à La Maussonnière, à La Sourdière, à La Tardinerie ; — contrats d'acquêts de La Hulloterie, du Brossay, des Grois et de La Jaunaye.

E. 346 (Carton.) — 138 pièces, papier ; 19 pièces, parchemin.

1571-1764. — Fiefs et arrière-fiefs de la baronnie. — La Véroulière : aveux rendus à la baronnie de Briolay, par Charles Leroy, pour la seigneurie de La Véroulière ; — à la seigneurie de Juvardeil, par Robin Leroy et demoiselle Marie de La Grandière, pour le fief de Beauchêne ; — baux et contrats d'acquêts de La Godefrairie en Séronne, du Cable, de La Cave et de La Féronière en Briolay ; — extraits informes de déclarations, notes et mémoires concernant la mouvance desdits fiefs.

E. 347. (Registre.) — In-folio, papier, 96 feuillets ; 8 pièces, papier.

1449-1777. — Fiefs et arrière-fiefs de la baronnie. — La Vigrousière : extrait des *remembrances dudit fief*, pour terres et tenures à La Basinière, aux Ballets, à Blancvilain, au Bois-de-Bou, au Brossay, à *La Chalerie*, à *Coupeau*, à Cordonnais, à La Courairie, à La Daguenetière, au Grès, à La Guinoisellerie, à La Herse, à Lattay, aux Meslières, au Pressoir-Meslet, aux Pantières, aux Vacheries, au Clos-Vigrou ; — répertoire des titres du Pressoir-Meslet.

E. 348 (Carton.) — 6 pièces, parchemin ; 32 pièces, papier.

1309-1779. — Fiefs et arrière-fiefs de la baronnie. — Viviers : aveux rendus à la seigneurie de Fontaine par Estiennette, veuve Jehan Des Moulins, et le chapitre St-Martin d'Angers, pour les fiefs de Viviers en Cheffes et de Pierremain en *Cellières* ; — *mémoires* et pièces à l'appui pour la mouvance contestée entre le chapitre de St-Martin d'Angers et les seigneurs de Juvardeil, des *Landes et de Fontaines*. — Le Vivier : déclarations et contrats d'acquêts dans la paroisse de Contigné.

E. 349. (Carton.) — 20 cahiers, petit in-folio, papier, 229 feuillets ; 3 pièces, parchemin ; 4 pièces, papier.

1555-1760. — Titres et contrats d'acquêts dans La Prée-Hameline, relevant censivement de Juvardeil, de Fontaine et des Landes. — Relevé informe du plan figuré de La Prée-Hameline et des prairies de Signé, dans la paroisse de Cheffes. — Tables des noms de fermes et de propriétaires portés audit plan.

E. 350. (Carton.) — 18 pièces, papier.

1555-1785. — Extraits informes de titres et brouillards de mémoires relatifs aux droits de propriété et d'usage de la baronnie, dans les prairies communes de Châteauneuf, Juvardeil, Morannes et Etriché.

E. 351. (Carton.) — 4 pièces, parchemin; 58 pièces, papier, 6 imprimées et 1 plan.

1582-1787. — Enquêtes et mémoires des habitants et du seigneur de Châteauneuf concernant les réparations du pont et de la chaussée de Châteauneuf; — la navigation de La Sarthe et le passage des trains de bois; — l'établissement d'un bac; — les péages et le droit de prévôté sur les bateaux et les marchandises. — Lettres de MM. Trudaine, de La Marsaulaye, de Voglie, Cohon, Amelot de Chaillou, Mabout, Bastier. — « Pancarte des droits de » prévôté, péages, acquits, travers sur les denrées et mar- » chandises, montant et baissant sur la rivière de La » Sarthe. »

E. 352. (Carton.) — 7 pièces, parchemin; 73 pièces, papier, dont 2 plans.

1162-1778. — Droits de propriété et d'usage dans la rivière de Sarthe. — Déclarations rendues au duc d'Anjou par les seigneurs de Cellières et de Beaurepaire pour la Boire-Saulnière (la déclaration de 1162 est une copie notariée du XVIIe siècle, celles de 1380 et de 1502 sur parchemin sont produites comme originales, toutes trois ont des caractères évidents de fausseté). — Procédure et mémoires justificatifs de la propriété de ladite boire prétendue par MM. Amelot et de Genouillac.

E. 353. (Carton.) — 11 pièces, parchemin; 99 pièces, papier.

1509-1770. — Baux des pêcheries de La Sarthe dans l'étendue des seigneuries de Juvardeil et de Châteauneuf. — Arrêts de la Maîtrise des eaux et forêts d'Angers contre les pêcheurs en contravention. — Quittances des fermiers de Juvardeil. — Procédure de M. Amelot, marquis de Chaillou, contre René Chaslot et René Touschet, pêcheurs.

E. 354. (Carton.) — 12 pièces, parchemin; 27 pièces, papier, 1 sceau fruste.

1461-1757. — Baux et contrats d'acquêts du moulin à tan de Juvardeil.

E. 355. (Carton.) — 15 pièces, parchemin; 85 pièces, papier; 2 sceaux frustes.

1409-1755. — Moulins d'Yvré et de Juvardeil. — Contestations entre demoiselle Renée de Daillon et M. Amelot, seigneurs de Juvardeil, Jehan de Chivré et Alexandre de Raffetot, seigneurs d'Yvré, pour la propriété desdits moulins.

E. 356. (Carton.) — 60 pièces, papier, dont 26 plans informes.

1775-1780. — Plans et relevé des plans de la baronnie de Châteauneuf. — Plans du bourg de Châteauneuf et de ses environs, de la Godefrairie, de Thinonaile; — des Roches à la métairie de L'Arche; — de L'Étang du Margat au grand chemin de Contigné; — du cimetière de Séronnes au chemin de La Guinoisellerie; — du Cordonnais, des Vacheries, du Cable, de La Daguenetière, des Brénartinières, de La Corairie, du Pressoir-Meslet, de La Véroulière, du Clos-Vilain, du Port-Gaiteau, de la chaussée sur La Sarthe, de Boutigné, de l'île de Coupeau, des prés le long de la levée, des Briotières, de Puimoisan.

E. 357. (Carton.) — 98 pièces, papier, dont 93 plans informes.

1773-1780. — Plans et relevés de la châtellenie de Juvardeil. — Procès-verbal de montrée des dépendances de la châtellenie. — Plans de la rivière de Sarthe et du rivage entre Juvardeil et le moulin d'Yvré; — du bourg et des environs; — du Volier, du Crucifix, du Puyguillé, du Grand-Cimetière, de La Poitevinière, de La Croix-Faultier, du Gravier, du Port-Joret, des Chicoinelles, de La Béraudière, des Petits-Deffais, des Landes, de La Prée-aux-Moines; des Hettes, des Caillonnières, de L'Échilarderie, de La Margatière, du Joncheray, du grand clos de Cellières, du Pressoir-des-Champs, de La Greulerie, de La Pasquerie, de La Barre en Cheffes, de L'Écotière, des Gasts, de Cellières, du Pont-Perrin, des environs de Lucé, de La Gaudonnière, de La Bodinière, de Pont-Libron, des Sables, de La Moisandière, du clos du Grès, de La Friandière, de La Perrière, de La Bourdelière, de l'Étang-Pierremain, de Bougreau, de la prée d'Aubriet, de Daviet, des grands prés de Châteauneuf et de l'Ile-de-Vaujoux, du Vivier en Contigné, de La Prée-Hameline.

E. 358. (Carton.) — 85 pièces, papier, dont 46 plans informes.

1775-1780. — Plans et relevés de plans de fiefs et tenures détachés. — Plans de L'Auneau, de Bouvet, près l'étang Henriot en Morannes, du Buron, de Champ-Rond, de Charnacé en Morannes, de la chaussée de Châteauneuf, de La Davière, de Gelinon ou petit Longrais, des Giraudières, des Gravelles, de La Lande, de Lantivelle, de Lattay, de La Piardière, de La Ruchesnière.

SEIGNEURIE DU CHATEIGNER.

E. 359. (Registre.) — In-folio, papier, 16 feuillets.

1510-1560. — Déclarations rendues aux assises de la seigneurie du Chateigner en Tiercé, pour terres et tenures au Pré-Allaire, à l'Ile-Bruneau, à La Brégée, à La Béraudière, à La Crècherie, aux Colassières, au Cléray, au Cassereau, à La Frélonnière, aux Fontenelles, à La Gousserie, au Bois-Halbert, à La Minsonnière, aux Pinoises, aux Roberdières, à La Réauté, aux moulins de Vesnée. — Le parchemin qui sert de couverture, est le récit de l'établissement à Laval des Frères-Prêcheurs, par Guy, comte de Laval et de Montfort (1548).

E. 360. (Registre.) — In-folio, papier, 92 feuillets, plus 1 pièce papier annexée en tête; une table de 4 feuillets, papier.

1727-1732. — Remembrances des déclarations rendues aux assises seigneuriales, au nom de messire Adam Boucault, seigneur dudit lieu, pour terres et tenures à La Brunellière, au Brossay, à La Chesnaye, aux Colassières, à La Crècherie, aux Fontenelles, à La Julienniére, à La Minsonnière, à Montargis, aux Picardières, aux Ricolets, à La Roberdière, à La Réauté, à La Sibolière, à Varanne.

CHATELLENIE DE CHATELAIS.

E. 361. (Registre.) — In-folio, papier, 44 feuillets; une table de 2 feuillets, papier.

1585. — Papier seigneurial et terrier de la châtellenie de Châtelais, appartenant à haut et puissant seigneur messire Louis de Rohan, prince de Guéméné, dressé par Guill. Moreau, sieur de La Villate, pour les terres et tenures de La Guertaye, Pisserotte, Les Bourdais, La Girarderie, La Maladerie, La Salle de La Blairie, Les Meillorayes, La Loge, Les Refoullées, La Perrière, La Jaunaye, Les Repinclayes, La Chaufretière.

SEIGNEURIE DE CHAUVIGNÉ-LA-COUDRE.

E. 362. (Registre.) — Petit in-folio, papier, 123 feuillets; 2 tables de 24 feuillets, papier.

1761. — Recette des dîmes dues à la seigneurie de Chauvigné et aux fiefs de L'Isle et de La Guichardière pour terres et tenures au Clos-de-Chantepie, à La Coulée, aux Évêques, à La Tremblairie, au Clos-des-Ronces *alias* Gilberge, aux Creux-Chemins, aux Bas-Champs, au village du Pé, au Clos-des-Perrières, à La Ferrandrie, à La Guichardière, aux landes de Chauvigné, à La Dutte, à La Botte-Brétonneau, aux Jolis, dans la paroisse de Denée.

CHATELLENIE DE CHAVANNES.

E. 363. (Cahier.) — In-folio, papier, 84 feuillets.

1565. — Inventaire des titres, papiers et enseignements de la terre et seigneurie de Chavannes, appartenant à messire François de La Noue.

E. 364. (Registre.) — In-folio, papier, 238 feuillets; 2 tables de 3 feuillets, papier.

1466-1502. — Aveux rendus à la seigneurie de Chavannes pour les fiefs de Liré *alias* Bahort, Pleinemore, La Touchotière, La Vacherie, Brénezay et autres dans les paroisses de Saint-Martin de Sanzay, de Brion, de Montreuil-Bellay, du Puy-Notre-Dame, du Vau-de-Lenay, de Bagneux-en-Marche, de Saint-Hilaire-de-Rillé et de Thouars.

E. 365. (Carton.) — 15 pièces, papier, 4 pièces, parchemin.

1581-1778. — Projet informe d'aveu de la seigneurie de Chavannes au château de Thouars. — Aveux rendus à Chavannes par le chapitre du Puy-Notre-Dame pour le fief de Chandelivaux et partie de la dîme de Sanziers.

E. 366. (Carton.) — 47 pièces, papier; 1 pièce parchemin.

1559-1691. — État de la valeur et des revenus de la seigneurie. — Vente, par le seigneur de Chavannes au seigneur de Thouars, de cens, rentes et maisons sis à Thouars. — Baux à ferme de la seigneurie et du four banal à Jeh. Joullain, Jacques Quetineau, François Joubert, Barthélemy Fournier. — Prisage et affermement des moulins de Crotte sur L'Argenton en la paroisse de Bouillé-Loret. — Quittances des dites fermes.

E. 367. (Registre.) — Petit in-folio, papier, 80 feuillets.

1590-1619. — Contrats d'acquêts passés dans la mouvance de la châtellenie par Salomon Puyguyon, Pierre Barangier, Sébastien Chabert, Jeh. Godelier, Laurent Paillard, Pierre Boylesve, Pierre Raimbault, René Gourault, André Ragot, Bastien Merceron, Jérôme Girard, Christophe de La Coste, André Allard, Jean Gaultier, Thomas Barrault, Madeleine Audin, Lucas Ragot, Louis Lundi, Collas Foulques et autres tenanciers.

E. 368. (Carton.) — 4 cahiers, papier, dont trois in-folio de 235 feuillets, et un in-4° de 80 feuillets.

1589-1790. — Contrats d'acquêts passés dans la mouvance de la châtellenie par Ambroise Gallon, Louis Thévenot, Jean Girardeau, Charles Blondé, André Lévesque, Jean Morin, Pierre Falloux, Jean Baillergeau, Michel Douart, Gilles Pirault, Pierre Auger, François Guignon, René Desplaces, Laurent Reverdy, Jean Bellemère, Pierre Clément,

Aubin Caillard, François Durandeau, Mathurin Langlois, Jean Joullain et autres tenanciers.

E. 369 (Registre.) — In-4°, papier, 72 feuillets, les derniers manquent.

1470. — Extraits des déclarations produites aux assises par Jean Bouschet, Et. Pousineau, Guill. Perrault, Perrin Gautier, Jean Lebrun, Guill. Guyon, Jean Barbotin, Clément Girard, Guill. Langlais, Colas Baranger, Pierre Pinton, Guill. Joubert, André Souleau, Jean Faucheux, Macé Boureleau, Jean Gabillaud, Jean Bardoux, André Morillon, Robin Guillot et autres tenanciers.

E. 370. (Registre.) — Petit in-folio, papier, 81 feuillets; une table, en tête, 9 feuillets, papier.

1493-1506. — Déclarations rendues aux assises par André Durandeau, Guill. Piochon, André Robin, Pierre Morineau, Olivier Rangeard, Ant. Falloux, Jeh. Mestreau, René Chassé, Vincent Leroy, Christophe Tranchant, Thomas Testefolle, Simon Ruzan, Philippon Pocquereau, Pierre Bazille, René Gelle, Louis Chollet, Jean Sohier, Hilaire Bourgeois, Et. Sorin, Benoit Bazin et autres tenanciers.

E. 371. (Registre.) — Petit in-folio, papier, 126 feuillets

1509-1520. — Extraits des déclarations rendues aux assises par Méry Pasquier, Gatien Jousset, Ét. Regnault, René Métau, Pierre Malescot, Jean Rangeard, Pierre Lemoine, Jean Picart, Pierre Martineau, Colin Lussay, Jean Julien, Louis Poquereau, Simon Girait, Maurice Faligon, Jean Durandeau, Ant. Morillon, Jean Chollet, René Roux, Ant. Falloux, Jean Tranchant et autres tenanciers.

E. 372. (Carton.) — 5 cahiers, in-folio, papier, 371 feuillets.

1521-1592. — Déclarations rendues aux assises pour terres au Saulbrault, au Champ-du-Four, à La Sablonnière, à La Croix-Maugeart, à La Tessonnière, au Champ-Boureau, à La Gronelle, à Crottes, aux Guichardes, à La Galetrée, à Haute-Brosse, à La Plusonnière, à Champineau, à La Bourdelière, aux Brosses, à La Sarzaye, à Argenté, à L'Humelaye, à L'Étang, à Champ-Dacier, à La Garde, au Vigneau, au Carries-Vignault, à Rougon, à Monceaux, à Artenay, à Saint-Pierre-des-Verchers, près Glandes, à La Croix-Cassée, aux Greslons, à Pancon.

E. 373. (Registre.) — In 4°, papier, 88 feuillets.

1593. Extrait informe des déclarations rendues aux assises par René de Rohan, Franc. Ogeron, Franc. de Beaumont, Louis de La Rochefoucauld, le chapitre du Puy-Notre-Dame, Charles Deshommes, Jacq. Bénardin, Jérôme Gendron, l'abbé de Saint-Nicolas, Christ. Lepauvre, Christ. Delacoste, René de Bouillé, Louis Duverger, Louis de Lesperonnière, Simon Boismoreau et autres tenanciers.

E. 374. (Carton.) — 5 cahiers in-folio, papier, 132 feuillets.

1591-1620. — Rôles et copies informes des déclarations rendues aux assises pour les fiefs et tenures de La Tronière, Champ-Bertaut, La Charpenterie, Quiquengogne *alias* Fief-Gary, Vérines, Courcelle, Raussay, Gloriette, Grenouillon, Argenté, La Rogerie, Messené, La Gilbretière, Ridejeu, La Sablonnière, La Galeterie, La Sauvagère, L'Humelaye, Champ-Rigault.

E. 375. (Carton.) — 8 cahiers in-folio, papier, 178 feuillets.

1529-1709. — État des vassaux à assigner pour les assises des fiefs. — Sentences de défaut rendues contre les tenanciers qui n'ont point répondu aux assignations.

E. 376. (Carton.) — 2 cahiers, papier, in-8° et in-12, 77 feuillets.

1617-1621 — « S'ensuivent les vignes deppendantes » de la seigneurye appartenant à hault et puissant seigneur » messyre Odet de La Noue, chevallier de l'ordre du Roy, » et cappitayne de cinquante hommes d'armes, et conseiller » en son conseil d'Estat et privé, seigneur de La Noue, » de Montreuil-Bonnin et dudit Chavannes, tenues aulx » terrages... à moictyé, tiers et quart des fruitz. » — Recette des vendanges, faites en la seigneurie par Jacques Questineau.

E. 377. (Carton.) — 6 cahiers, in-8°, papier, dont 5 incomplets, 204 feuillets.

1624-1667. — Recette des droits de moitié, tiers, quart et quints dus pour terres et vignes dans la mouvance de la châtellenie par René Faligan, Jacq. Hullin, Gilles Gaillart, Arthur Malécot, Math. Thibaud, Guill. Barbot, Jean Baillergeau, René Joullain, Jean Porquereau, P. Rouzan, René Reverdy, P. Durandeau, Claude Hervé, J. Crossonneau, Math. Chollet, Math. Davy, Franc. Desloges, Math. Quétineau, Jacq. Dousset, J. Chateigner, Louis Angibault, Jean Maistreau, Jull. Fresneau, François Pillet, P. Baudry, René de Craon, Mic. Merlaut, René Carré, Mic. Picart, René Audebert et autres tenanciers.

E. 378. (Registre.) — In-folio, papier; une table de 32 feuillets, papier.

1671. — Droits de quint, quart, tiers et moitié dus pour vignes et terres dans la mouvance de la châtellenie, par P. Pantecouteau, Mic. Carré, René Desplaces, René Quétineau, Vincent Robin, René Cholet, René Falloux, J. Neprouet, Mic. Baudouin, René Lepicart, Louis Maistreau, Martin Carret, René Landais, Martin Pomeau, René Roy, P. Poupart, Gab. Achard, Ch. Joullin, Louis Gendron,

J. Rabier, P. Gourdeault, Ant. Maurin, Louis Hastier, J. Bichon, Ant. Bouchard, Jean Durandeau et autres tenanciers.

E. 379. (Registre.) — In-folio, papier, 184 feuillets; le premier feuillet détaché et en lambeaux.

1500. — Relevé des terres et vignes tenues de la seigneurie aux droits de moitié, tiers et quart des fruits, par J. Cherbonneau, René Roy, J. Roujou, Louis Davy, Pierre Robin, J. Bazin, Jacq. Gautier, René Picart, J. Bichon, Louis Reverdy, René Guérineau, René Pasquier, Louis Doureau, Aubin Laumonier, J. Gallon, J. Sansier, J. Lucazeau, J. Malescot, Gervaise Durandeau, P. Bouerre, Jacq. Guyon, P. Carret, Louis Lebascle et autres tenanciers.

E. 380. (Registre.) — in-4°, papier, 110 feuillets.

1471-1472. — « C'est le comte des prouffiz, revenues » et esmolumens de la terre et seigneurie de Chavennes, » appartenant à très noble et puissant seigneur messire » Théaude de Chasteaubriont, chevalier seigneur de Chalin, » des Roches et dudit lieu de Chavennes, conseiller et chambrelain du Roi notre sire, que baille et rent Jehan Drouet, » son receveur dudit lieu de Chavennes, des receptes et mises, » de rentes, froment, seigle, poules, oisons, pois, fèves, toile, laine, « faictes par ung an commançant le jour et feste de » Noël mil cccc soixante et onze, icelluy jour et terme inclus, » et finissant icelluy jour l'an révolu, icelluy terme exclus, » mil cccc soixante et douze comme de ce puet apparoir » par l'institucion du dit receveur. »

E. 381. (Registre.) — In-4°, papier, 42 feuillets.

1481-1482. — « C'est le compte de la terre et seigneurie de Chavannes, les proffitz et esmolumens d'icelle, » que Guion Royer, recepveur en ladite seigneurie pour » noble et puissant seigneur monseigneur René de Chasteaubriant... rend et baille à mondit seigneur et ses » auditeurs de comptes, pour luy ad ce commis en sa » chambre et audicion de comptes » des recettes de deniers, froment, seigle, avoine, chapons, poules, pourceaux, chevreaux, noix, vin, laine « pour ung an entier commençant » le deuxiesme jour de may l'an de grâce mil quatre cens » quatre-vingts et ung, iceluy jour inclus, et finissant ledit » jour de l'an de grâce mil quatre cens quatre-vingts et deux, » celuy jour exclus, comme appert par ses lettres d'institution seignées de la main de mond. seigneur et scellées » de son scel. »

E. 382. (Registre.) — In-4°, papier, 55 feuillets.

1538. — Recettes des menus cens dus à la seigneurie par les habitants d'Artenay, le sieur de Saint-Macaire, Louis Fouscher, Grantjean, Durandeau, Jeh. Malescot, René Hastier, Abel Rousselet, Guill. Besnart, Louis de Vallée, Mic. Chevau, Louis Bichon, Gab. Loiseau, Gab. Desplaces, P. Colleau, Franc. Préhout, René Bouciron, Jeh. Bardoux, Laurent Frappery, Louis Falloux et autres tenanciers.

E. 383. (Registre.) — In-4°, papier, 127 feuillets.

1561-1564. — Recette des rentes tant de deniers, que de blé, chapons, poules, vin, laine, dus à la seigneurie par Gab. de Saint-Georges, Jeh. de Sanzay, Guill. Bénard, Gilles Guyot, René Durandeau, Abel Rousselet, René Tourrond, Christ. Lepauvre, Louis Aschard, Mic. Hubelot, Raimond Patillon, René Desplaces, Georgin Quétineau, Laurent Moron et autres tenanciers.

E. 384. (Registre.) — In-4°, 145 feuillets, papier.

1581. — Recette des droits dus à la terre de Chavannes en Poitou, « appartenant à messire François de La » Noue, chevalier de l'ordre du Roy, et gentilhomme ordinaire de sa chambre, consistans en cens, rentes, tiers et » quarts, tant en deniers, blés, vins, chapons, bois, eaux, » pescheries, prés, moulins, four à ban, dîmes, droits de » rachat, proficts de fief et autres droits » dus à la seigneurie par André Morillon, le sieur des Roches-Jarret, Paul-Émile de Fiesque, Ant. Mestreau, Rob. Lebreton, René Quétineau, René Legeard, André Hubelot, Gilles Guyot, André Lejoy, René Falloux, Ant. Joullain, Macé Rabut, Ch. Thibault, Pierre Picart, René Gautier, Greg. Chastégnier, Jeh. Reverdy, Pierre Ysorin et autres tenanciers.

E. 385. (Registre.) — In-4°, papier, 328 feuillets.

1581-1597. — Recette, faite par Charles Favereau, des cens et rentes dus à la seigneurie, par Méry Huslin, Mic. Drouard, P. Morent, P. Baillergeau, René Gilard, Math. Carré, P. Pirault, Jean Langlois; Aug. Pichault, Franc. Ginot, J. Hastier, Blaise Falaiseau, Jacquette Faucheux, René Desplaces, Jean Brioleau, Math. Bichon, Franc. Chatigner, Jean Picard, Jacq. Ragot, P. Malécot, Mic. Neprouet, Olivier Baudouin, P. Maistreau et autres tenanciers.

E. 386. (Registre.) — In-4°, papier, 98 feuillets.

1595-1600. — Recette faite par Charles Favereau, des cens et rentes dus à la seigneurie, tant en froment, seigle, avoine, qu'argent, chapons et poules, par Girard Périgon, Marie Thouret, Adrien Bazin, Rolland Joullain, Macé Quétineau, Ch. Thibault, Girart Picart, Gabriel Bénardin, Collas Combault, Macé Robin, Ant. Lucazeau, Louis Morin, Math. Viger, André Châteigner, Collin Cherbonneau,

Jean Hastier, Jean Digneron, Louis Huguet et autres tenanciers.

E. 387. (Carton.) — 3 cahiers, petit in-folio, papier, 70 feuillets.

1591-1600. — Comptes rendus par Charles Favereau de la recette du revenu de la seigneurie et des mises et dépenses pour voyage à Saumur, à Loudun, à Thouars, réparations des chaussées, solde des maçons, ports de lettres, achat d'ardoises, honoraires d'avocat, vendanges et autres menus frais.

E. 388. (Carton.) — 12 cahiers, petit in-folio, papier, 339 feuillets.

1601-1627. — Comptes rendus par Charles Favereau, Étienne Mayoul, Pierre Dunoyer, Pierre Fresneau et Jacq. Quétineau, de la recette des cens et rentes dus à la seigneurie par Jacq. Joullain, André Bougie, René Hugueneau, Pierre Roy, Nic. Phelipon, Vincent Raimbault, Jeh. Chevau, Blaise Fardillon, René Robin, Louis Fillocheau, Lucas Sansiers, Méry Taharit, Jeh. Malescot, Mic. Durandeau, Girart Hervé, Adrien Lejay, Eustache Falloux, Ch. Souvestre, Gilles Doissin, Perrine Aubin, Catherine Foucault, Jeh. Amonillin, Lucas Venard, Guill. Rahier, Louis Bigeard, Julien Soulier, Jacq. Morillon, Jeh. Lucazeau, René Collineau, Blaise Garescher, Charlotte Picard, Pierre Rousseau, Joachim Goupil et autres tenanciers.

E. 389. (Carton.) — 2 cahiers in-4°, papier, 191 feuillets.

1628-1631. — Recette faite par Jacq. Quétineau, des cens et rentes, dus à la seigneurie par Franc. Ballin, René Boislaine, Franc. Guiart, Mic. Picart, René Landais, Anne Hastier, Pierre Reverdy, Philippe Maurin, René Grohier, Ch. Joulain, Mic. Carré, Jeh. Cormier, André Baradeau, Jeh. Crossonneau, P. Hullin, Jeh. Rozais, René Macé, P. Bouteau et autres tenanciers.

E. 390. (Registre.) — In-folio, papier, 189 feuillets.

1638-1639. — Recette des cens et rentes dus à la seigneurie par Perrine Roy, Louis Rullier, Math. David, René Falloux, René Courtois, Jean Crossonneau, André Bougie, Louis Thibaut, Gaspard Bascher, P. Heulin, Clément Davy, J. Baillergeau, Franc. Robin, Jacq. Rabier, Nic. Guion, René Pinaut, Philippe Richoust, Mic. Lévesque, André Renard, P. Sailland, Guill. Hervé, Noël Digneron, Jean Janderon, René Maistreau et autres tenanciers.

E. 391. (Carton.) — 2 cahiers in-folio, papier, 113 feuillets.

1640-1641. — Recette des cens et rentes, dus à la seigneurie par René Falloux, Franc. Robin, P. Heulin, Mic. Doussin, J. Guion, René Maistreau, Franc. Couteleau, Jacq. Carré, Gab. Achard, Cl. Durandeau, Maurice Bousteau, Abel Renard, Martin Robineau, Franc. Desloges, Guy Dutertre, Louis Valée, J. Baillergeau, René Bourdais, P. Pocquereau, René Colineau et autres tenanciers.

E. 392. (Carton.) — 2 cahiers in-folio, papier, 203 feuillets.

1642-1643. — Recette des cens et rentes dus à la seigneurie par Vincent Morillon, Jeanne Prouet, Martin Richoust, Mic. Neprouet, Claude Miracleau, Jean Ribeneau, P. Dunoyer, Blaise Chevalier, Jean Crossoneau, Anne Lebascle, René Pasquier, Jacq. Guillot, René Heulin, Ch. Joulain, Jean Mestreau, Thomas Lévesque, Mic. Durandeau, Jean Bardoux, Franc. Vallier et autres tenanciers.

E. 393. (Registre.) — In-folio, papier, 69 feuillets.

1644. — Recette des cens et rentes dus à la seigneurie par J. Aigreteau, P. Reverdy, Louis Maistreau, Ch. Carré, Macé Thibaud, André Bougie, Ch. Halberd, Mic. Durand, Cl. Davy, Gab. Heulin, Louise Foucher, Ant. Digneron, Louis Valée, Ant. Morin, Math. Neprouet, J. Molay, Guill. Colineau, Franc. Chelet, Louis Delacourbe, René Bougie, Anne Lebascle et autres tenanciers.

E. 394. (Registre.) — In-folio, papier, 77 feuillets.

1645. — Recette des cens et rentes dus à la seigneurie par André Bougie, Jean Colin, Gilles Durandeau, Clément Davy, J. Neprouet, Mic. Carré, Louise Foucher, Louise Pairaud, P. Falloux, L. Chataigner, Jean Quinot, Jacq. Rabier, Nic. Guyon, Philippe Haudebert, P. Leroy, Joach. Goupy, P. Reverdy, René Heulin, André Cornu, J. Dubois, Girard Beaudouin et autres tenanciers.

E. 395. (Registre.) — In-folio, papier, 89 feuillets

1646. — Recette des cens et rentes dus à la seigneurie par Perrine Neprouet, Adrien Chauveau, Thomas Basille, Louis Villiers, Ant. Digneron, Girard Caillin, André Carré, P. Aubin, Fr. Desloges, Fr. Robin, René Charton, Jean Neprouet, Jean Haudebert, André Cornu, Maurice Coluceau, J. Cormier, Gab. Hullin, Benoist Fouscher, Jean Crossonneau, Marie Jaunay, Math. Percevan, Guy Dutertre et autres tenanciers.

E. 396 (Registre.) — In-folio, papier, 80 feuillets.

1647. — Recette des cens et rentes dus à la seigneurie par Jacq. Baudouin, Jeh. Collin, René Bry, Jean Rabier, Fr. Pantecousteau, Ch. Halbert, Lucas Choquet, Louis Chateigner, Mic. Carré, Louis Martineau, Vincent Morillon, Franc. Rangeard, René Lucazeau, René Morisset, Urbaine Gallée, René Charton, Ant. Pasquier, Louis Lebascle, Jeh. Page, Math. Pocquereau et autres tenanciers.

E. 397. (Registre.) — In-folio, papier, 94 feuillets.

1648. — Recette des cens et rentes dus à la seigneurie par René Falloux, Jacq. Beaudouin, André Bousteau, Adrien Chauveau, Mic. Durandeau, Math. Cruchon, Jean Villière, André Bougie, Ant. Digneron, Gab. Heulin, Louis Maistreau, J. Molay, Ant. Pasquier, P. Angeard, Louis Vallée, Ant. Morice, Gilles Blondé, Guill. Hervé, Mic. Bazille, Renée Bellemère, Fr. Rangeard, Louis Lebascle, Pierre Pineau, P. Roy, Jacq. Dousset, Jean Neprouet et autres tenanciers.

E. 398. (Registre.) — In-folio, papier, 72 feuillets.

1649. — Recette des cens et rentes dus à la seigneurie par René Lepicard, René Espron, Nic. Testefolle, Louis Maistreau, Jeanne Beaumont, P. Villiers, P. Gruchon, Ch. Carré, Ant. Pocquereau, J. Bousteau, Claude Benardin, René Baillergeau, Gilles Durandeau, J. Rabier, François Pantecousteau, Anne Vollant, Nic. Guyon, André Regnard, P. Reverdy, Thoinette Morillon, Math. Davy, René Pineau et autres tenanciers.

E. 399. (Registre.) — In-folio, papier, 85 feuillets.

1651. — Recette des cens et rentes dus à la seigneurie par André Bousteau, J. Davy, Jacq. Baudouin, Math. Cruchon, P. Reverdy, Jean Baillergeau, Perrine Aubin, Girard Caillin, Nic. Guyon, René Moricet, Fr. Robin, Hilaire Halbert, P. Bellemère, Gilles Blondé, Jacquette Rabier, Guill. Hervé, André Metard, Ysaac Béranger, Fr. Couteleau, Jull. Fresneau, Mic. Chapin, Vinc. Baudouin, Jean Neprouet et autres tenanciers.

E. 400 (Registre.) In-folio, papier, 139 feuillets.

1654. — Recette des cens et rentes dus à la seigneurie par René Falloux, Jacq. Baudouin, Mic. Gadras, Perrine Neprouet, Math. Cruchon, Et. Bonnet, J. Villiers, Fr. Joubert, Nic. Patillon, Innocente Chateigner, Suzanne Hubert, Math. Poquereau, Nic. Delaveau, Mic. Carré, René Robineau, Ant. Digneron, André Bouesteau, Guill. Hervé, Gab. Heulin, Louis Morin, Jacq. Rabier et autres tenanciers.

E. 401. (Registre.) — Petit in-4°, papier, 118 feuillets.

1655. — Recette des cens et rentes dus à la seigneurie par Adrien Reverdy, Julienne Crossonneau, Louis Maistreau, Pierre Beuchon, Macé Thibaud, J. Collin, Ch. Halbert, J. Hastier, Gab. Heulin, J. Digneron, Mic. Durandeau, J. Lucet, Cl. Sailland, André Bouteau, Cl. Miracleau, Julien Bertineau, P. Davy, Gilles Morillon, Fr. Babin, Cl. Cholet, G. Vallée, J. Bougron et autres tenanciers.

E. 402. (Registre.) — Petit in-4°, papier, 125 feuillets.

1656. — Recette des cens et rentes dus à la seigneurie par René Falloux, Benoît Foucher, Gab. Hulin, P. Prault, Aubin Neprouet, J. Boureau, Cath. Quétineau, Louis Robin, J. Razin, Fr. Joubert, Math. Baugouin, André Milcteau, René Legeard, Fr. Cohin. René Hulin, Gilles Morillon, Ant. Babin, L. Martineau, J. Durot, Martin Rabier, P. Prouteau, L. Gendron, Nic. Samoyaut et autres tenanciers.

E. 403. (Registre.) — Petit in-4°, papier, 92 feuillets.

1659. — Recette des cens et rentes dus à la seigneurie par André Bouteau, P. Poupart, René Censier, René Picard, P. Villiers, Louis Thibaud, Ant. Poquereau, J. Desplaces, L. Martineau, P. Hulin, J. Robin, Mic. Dalin, Robin Desajoncs, André Motard, J. Mollay, L. Quillet, Mic. Basile, Nic. Liernoy, Cl. Miracleau, Fr. Robin, J. Ribeneau, Gab. Aschard, Martin Crossonneau et autres tenanciers.

E 404. (Registre.) — In-folio, papier, 134 feuillets.

1661. — Recette des cens et rentes dus à la seigneurie par Isaïe Bigeard, André Béliard, Ant. Digneron, René Heulin, Jacq. Charton, Nic. Guyon, P. Drouineau, Fr. Prion, Nic. Quétineau, René Baudouin, J. Lamoureux, André Levesque, Mic. Delavau, Cl. Lepage, Nic. Maistreau, André Cornu, Gilles Heulin, P. Bellemère, L. Halbert, Gilles Blondé, Fr. Saucier et autres tenanciers.

E. 405. (Registre.) — In-folio, papier, 152 feuillets.

1666. — Recette des cens et rentes dus à la seigneurie par Girard Caillin, Dupont, Falloux, Yves Pilard, Fr. Marchais, André Lebascle, Jouach. Goupil, Aug. Rangeard, Nic. Rivillault, J. Mollay, P. Pantecousteau, René Anginard, Cl. Collineau, Jacq. Chuche, J. Carré, André Bousteau, Charlotte Quétineau, P. Cormier, Guy Davy, P. Dousset, Ant. Digneron, J. Docq, P. Sailland et autres tenanciers.

E. 406. (Registre.) — In-4°, papier, 209 feuillets; une table en tête de 22 feuillets, papier.

1667. — Recette des cens et rentes dus à la seigneurie par Gab. Achard, Guill. Barbot, L. Lebascle, Grég. Chateigner, René Durandeau, Jules Lefebvre, J. Guillot, Gab. Hullin, J. Joulain, J. Marchais, Jacq. Malécot, Ol. Neprouet, Georges Ogeron, J. Pocquereau, Guill. Quétineau, Fr. Robin, J. Razin, Anne Sorin, Aubin Tessier, J. Delaville, Guill. Valée et autres tenanciers.

E. 407. (Registre.) — In-folio, papier, 187 feuillets; une table de 23 feuillets, papier.

1669. — Recette des cens et rentes dus à la seigneurie par Gab. Aschard, René Baudouin, le curé de Bagneux, Louis Bienvenu, Girard Caillin, Greg. Chateigner, J. Commandeur, Mic. Durandeau, Jacq. Dousset, Mat. Egroteau,

Louis Fouscher, Jacq. Guillon, Gab. Hullin, Marie Jaunay, Fr. Levesque, P. Dunoyer, Fr. Priou, J. Bille, Marie Quétineau, J. Bazin, Georges Richoust, J. Ribeneau, J. Rigault et autres tenanciers.

E. 408. (Registre.) — In-4°, papier, 186 feuillets.

1670. — Recette des cens et rentes dus à la seigneurie par André Bouteau, J. Robin, Mic. Joullain, Jacq. Douet, J. Girard, Ch. Carré, P. Hullin, J. Neprouet, P. Cormier, Aubin Guiard, P. Bougros, René Reverdy, André Lévesque, Amb. Gallon, René Lefebvre, P. Robin, Marie Landais, Gilles Hullin, Ant. Digneron, Jacq. Charton, P. Angeard, P. Sailland, J. Rangeard, Cl. Miracleau, J. Maquigneau, René Michelin et autres tenanciers.

E. 409. (Registre.) — Petit in-folio, papier, 234 feuillets.

1671-1672. — Recette des cens et rentes dus à la seigneurie par Françoise Gauchère, René Ballin, J. Joullain, Fr. Buron, P. Falloux, G. Maistreau, Yves Pitard, J. Auger, P. Reverdy, L. Valée, J. Carré, Math. Migneau, Ph. Baranger, René Pasquier, Greg. Chasteigner, Benoit Foucher, Louis Quétineau, P. Proult, Ollivier Neprouet, J. Billault, J. Cormier et autres tenanciers.

E. 410. (Registre.) — Petit in-folio, papier, 170 feuillets.

1676-1678. — Recette des cens et rentes dus à la seigneurie par Ch. Cruchon, Jean Girard, Ch. Michelin, Mic. Baudouin, Ch. Couriault, Yves Pitard, Fr. Cottereau, René Guion, Ch. Desloges, Nic. Langlois, Mic. Guiltonneau, L. Reverdy, Marie Crossonneau, Ch. Quétineau, Ph. Lamoureux, Louis Blanchard, J. Airault, J. Bessier, René Joubert, René Falligan, André Pineau, Carret et autres tenanciers.

E. 411. (Registre.) — In-folio, papier, 133 feuillets.

1682. — Recette des cens et rentes dus à la seigneurie par Marin Picard, Franc. Boutelle, André Pocquereau, J. Bretineau, J. Duloup, Mic. Baudouin, J. Gendron, Ch. Cruchon, J. Boucher, René Joubert, Anne Joullain, Ant. Maistreau, J. Lamoureux, Jean Digneron, René Docq, Simon Robin, René Dion, P. Chauveau, Guy Davy, Renée Chevallier, P. Renard, Ch. Desloges, Ant. Falloux et autres tenanciers.

E. 412. (Registre.) — In-folio, papier, 138 feuillets.

1682. — Recette des cens et rentes dus à la seigneurie par René Leroy, René Pocquereau, Ant. Robin, René Maistreau, P. Chasteigner, Jacq. Billault, J. Joullain, Marie Jaunay, Lucas Bousseau, G. Guérineau, P. Pasquier, Math. Bichon, Ph. de Malliverne, P. Hullin, Jacq. Gourdeault, P. Hervé. René Reverdy, Jacq. Poitevin, René Aschard et autres tenanciers.

E. 413. (Cahier.) — In-folio, papier, 10 feuillets.

1683. — Compte que rend Pierre Tabarit de la recette et mise qu'il a faites pendant sa gestion de la terre, seigneurie et châtellenie de Chavannes, à noble homme Joseph Girard, sieur de La Colombrie, intendant de messire Ollivier de La Muce.

E. 414. (Registre.) — In-folio, papier, 168 feuillets.

1685. — Recette des cens et rentes dus à la seigneurie par Martin Boureau, René Picard, J. Gendron, Ch. Cruchon, Mic. Baudouin, Mic. Baslin, J. Auger, J. Tabarit, René Maistreau, Mic. Guyon, René Morillon, René Lefebvre, Mic. Audeger, Ch. Desloges, Fr. Doussard, René Filocheau, Jean Davy, René Prault, André Patillon, Louis Hervé, André Maillet, Mic. Poudry, Jacq. Maquineau et autres tenanciers.

E. 415. (Registre.) — In-folio, papier, 117 feuillets.

1686. — Recette des cens et rentes dus à la seigneurie par Martin Boureau, Jean Martin, René Picard, Pierre Saillant, Pierre Malécot, L. Delacombe, René Morillon, Mat. Davy, René Lefèvre, René Maistreau, Ant. Robin, P. Chateigner, Fr. Massonneau, P. Prault, P. Dunoyer, J. Cormier, Math. Prouvault, René Chevallier, P. Faligan, Math. Meignan, J. Digneron et autres tenanciers.

E. 416. (Registre.) — In-folio, papier, 78 feuillets.

1688. — Recette des cens et rentes dus à la seigneurie par René Albert, Marie Poullain, André Fillion, P. Blandeau, René Bichon, Noël Digneron, René Pocquereau, René Leroy, Ch. Deschamps, Ph. Hullin, J. Launay, Et. Bougron, Jacq. Carré, Marie Chotard, P. Châteignier, J. Marchais, André Maillet, Gilles Docq, L. Fouscher, J. Desplaces et autres tenanciers.

E. 417. (Registre.) — Petit in-4°, papier, 89 feuillets.

1689. — Recette des cens et rentes dus à la seigneurie par J. Martin, Martin Boureau, J. Carré, P. Michelin, Mic. Baudouin, Ch. Cruchon, Mat. Gouré, Mat. Doué, Urbain Chevau, René Halbert, René Bazin, L. Lebascle, René Reverdy, P. Blandeau, J. Joullain, Ch. Desloges, P. Prault, J. Billé, J. Ribeneau, Ant. Falloux, P. Chasteigner, L. Poupard et autres tenanciers.

E. 418. (Registre.) — Petit in-folio, papier, 82 feuillets.

1691. — Recette des cens et rentes dus à la seigneurie par L. Carré, René Foullard, Bart. Poudry, Girard Caillin, Yves Pitard, J. Tabarit, René Guyon, L. Lebascle, Ch. Michelin, P. Picard, J. Poitevin, Ch. Desloges, J. Morin, Mat. Hullin, P. Chateigner, Joseph Baillergeau, René Bichon, Gab. Aschard, René Nicolas, Joachim Bousteau, Jacq. Piau, P. Faligan, René Legeard, J. Rangeard et autres tenanciers.

E. 419. (Registre.) — In-folio, papier, 93 feuillets.

1769. — Recette des cens et rentes dus à la seigneurie par Mic. Audoyer, René Bichon, Eust. Joullain, P. Blandeau, Cl. Brochard, L. Patillon, J. Launay, Denis Tabarit, J. Bigneron, Ch. Desplaces, Ant. Marchais, Ph. Borq, J. Girardeau, Martin Boureau, Fr. Carrot, André Noulin, Et. Blanchard, J. Poudry, Urb. Chateigner, Ch. Michelin, Vinc. Girard, René Chasteaux, Julien Rabineau, Mat. Chevallier et autres tenanciers.

E. 420. (Carton.) — 71 pièces, papier, dont 13 imprimées; 4 pièces, parchemin.

1608-1640. — Mémoires et pièces de procédure pour le débat de la féodalité de la terre de Préneuf, dépendant de la métairie du Coteau, prétendue par dame Anne de La Noue, baronne de La Muce, contre dame Charlotte Deshommes, femme de Messire Jonas de Béranger, les héritiers du sieur Charles Blondé, Pierre Pierre, sieur de La Pérandière et messire Henri d'Orléans, duc de Longueville.

E. 421. (Carton.) — 5 cahiers, papier, in-folio, 17 feuillets; 3 pièces, papier.

1647-1777. — « Mémoire que Mme de La Muce et de » Chavannes supplie estre considéré sur le trouble qu'on lui » prétend faire en la jouissance des droits de sa terre de » Chavannes » à l'occasion du droit de chasse dans la paroisse de Bagneux-en-Marche. — Mémoire du duc de Thouars en réponse aux plaintes de la dame de Chavannes. — Mémoire pour servir de réplique à la réponse faite par MM. les officiers de Thouars aux plaintes de Mme de Chavannes. — Baux à ferme de la chasse des pluviers sur la prairie de Coufans.

E. 422. (Carton.) — 3 pièces, parchemin; 28 pièces papier, dont 3 cahiers de 63 feuillets.

1718-1784. — Mémoires et pièces de procédure pour René-Luc de Gibot, sieur de Moulinvieux, gouverneur du Puy-Notre-Dame, adjudicataire de la seigneurie de Chavannes, contre Michel Falloux, sieur du Lys, maire d'Angers. — Procédure à la requête du seigneur de Chavannes, en revendication de créances sur la succession abandonnée du sieur René Beusnier, maître en chirurgie, au Puy-Notre-Dame.

E. 423. (Carton.) — 5 cahiers, papier, 107 feuillets, dont un taché.

1729-1789. — Relevé de ce qui appartient à M. le comte de Chavannes, avant tout droit de Mme de La Périnière sur la recette des années 1739-1740. — Compte que rend à messire René-Louis Gibot, chevalier, comte de Chavannes, le sieur Ravisy, de la régie de ladite terre à partir du 27 janvier 1772. — Compte que doivent rendre les héritiers du sieur Ravisy à M. le marquis de Gibot, des terres de Chavannes, La Haye et annexes. — État des fresches qu'il reste à faire servir à Chavannes.

CHATELLENIE DE CHEFFES.

E. 424. (Cahier.) — In-folio, papier, 49 feuillets; une table de 3 feuillets.

1740. — Procès-verbal de visite des maisons usagères de la châtellenie, ordonnée par arrêt de la Table de marbre du 9 janvier 1740.

SEIGNEURIE DE CHEMENT.

E. 425. (Volume.) — In-folio, contenant 71 pièces, parchemin, 36 pièces, papier, 916 feuillets, 2 tables de 69 feuillets, papier.

1301-1640. — Baux et contrats d'acquêts de terres et tenures à La Barbarie, au Cleau, à La Chaourie, à Bourgneuf, à La Grenèche, à Jouralan, dans la prée de Blaison, à Tourhebœuf, près La Boutonnière, près La Boisrichardérie, à Bossard, à Coquereau, aux Pouquelières, au Ruau-Potard, à La Rabasterie, aux Renardières, à Raganne, à La Saillandrie, à Vieille-Vigne, dans la paroisse de Blaison.

E. 426. (Volume.) — In-folio, contenant 49 pièces, parchemin; 79 pièces, papier, 800 feuillets.

1601-1765. — Baux et contrats d'acquêts à La Goisillerie, à Bossard, à La Boisrichardérie, à La Gendronnerie, aux Hayes, aux Jars, à La Valliolière, à La Jonchère, à La Rabasterie, aux Pouquelières, à La Martinière. — Titres de rentes sur les moulins du Bourgdion, de La Chesnaye et d'Étiau dans les paroisses de Couture et de Saint-Rémy-la-Varenne, aux Verdelets près Port-de-Vallée, sur le Moulin-Viau.

E. 427. (Volume). — In-folio, contenant 9 pièces, parchemin, 47 pièces, papier, 717 feuillets; les feuillets 472-473 manquent.

1418-1769. — Titres de rentes sur le moulin de Marsolleau et le moulin Caron à Frédelin. — Aveux rendus à la baronnie de Blaison par Jean de Marettes, Pierre Lebrun, Pierre de Cheverue, Gobin de Montreuil pour la seigneurie de Chement, — par Geoffroy Cotelle, César-Pierre de Cheverue, pour le fief de La Barbarie, par César-Pierre de Cheverue, Gobin de Montreuil, pour le fief Bossard. — Déclarations et procédure concernant des services, cens et rentes dus à la baronnie de Blaison pour lesdits fiefs. — Déclaration rendue au fief de L'Ambroise pour partie du domaine de Chement. — Hommages rendus à la baronnie de Montreuil-Bellay par les seigneurs de Chement, à raison du droit de présentation à la chapelle de L'Étang-de-Grunes, desservie en l'église de Blaison.

E. 428. (Volume.) — In-folio, contenant 130 pièces, parchemin; 16 pièces, papier; 308 feuillets; 2 tables de 23 feuillets, papier.

1501-1574. — Contrats d'acquêts, déclarations, sentences, baux à cens et autres titres au soutien de la mouvance du fief, pour terres et tenures à Bolsbrinson, à Blaison, à La Bodinière, à Chement, à La Degaserie, à La Gallaisière, aux Hommelets, à Jouralan, à La Lonjaumée, à Marsoleau, à La Nouraye, à Pissot, aux Roches-Grand-Champ, aux Richards, aux Sauleaux, à Toucheboeuf, à La Valliotesie, aux Moulins-Viau, à Vieille-Vigne.

E. 429. (Volume.) — In-folio, contenant 91 pièces, parchemin, 101 pièces, papier; 319 feuillets; 2 tables de 23 feuillets, papier.

1575-1593. — Déclarations, sentences, baux et contrats d'acquêts pour terres et tenures aux Auboeufs, à La Batiounellerie, à La Butte-Marquis, à Blaison, aux Cotelles, à La Croix-Piron, à Charruau, à La Degaserie, à Fresneau, à La Goisellerie, à La Harielle, à Jouralan, aux Landes, à Marsolleau, aux Pouquetières, à Rue-Chèvre, au Rocher-Grand-Champ, à La Thourondière, à Toucheboeuf, aux Vaurasseries.

E. 430. (Volume.) — In-folio, contenant 187 pièces, parchemin; 58 pièces, papier; 331 feuillets; 2 tables de 23 feuillets, papier.

1594-1610. — Déclarations, sentences, baux et contrats d'acquêts pour terres et tenures au Chemin-Angevin, à Bossard, à La Boutonnière, aux Chesneaux, à Coquereau, à La Degaserie, aux Gats, à La Goupillère, à La Gaignerie, à La Harielle, à Jouralan, aux Landes, à Marsoleau, à La Pinsonnière, au Ruau-Potard, aux Rives, à Toucheboeuf, à La Valiotterie, à Port-de-Vallée, aux Vaurasseries.

E. 431. (Volume.) — In-folio, contenant 20 pièces, parchemin; 144 pièces, papier; 416 feuillets; 2 tables de 23 feuillets, papier.

1611-1629. — Déclarations, sentences, baux et contrats d'acquêts pour terres et tenures aux Auboeux, à La Boisrichardarie, à Bourg-Neuf, à Blaison, aux Collineaux, à La Coulée, à La Croix-Prion, à La Fosse-au-Roi, à La Giraudière, à La Harielle, à La Jonchère, aux Mollées, à La Maillée, à Marsoleau, à La Noiraye, à La Pinsonnière, à La Rabasterie, à Toucheboeuf, à La Véronnière, au Vaudelion, aux Basses-Vignes.

E. 432. (Volume.) — In-folio, contenant 28 pièces, parchemin; 140 pièces, papier; 481 feuillets; 2 tables de 23 feuillets, papier.

1630-1690. — Déclarations, sentences, baux et contrats d'acquêts pour terres et tenures aux Baurnes, à Baugin, à Blaison, aux Collineaux, à La Coulée, à la Degaserie, à l'Ébaupin, aux Fosses, à La Giraudière, à La Garde, aux Hommelets, à Jouralan, à La Mollée, aux Nouelles, à La Pinsonnière, à Pissot, au Rocher-Grand-Champ, aux Renardières, à Toucheboeuf, à La Travaillerie, aux Moulins-Viau.

E. 433. (Volume.) — In-folio, contenant 3 pièces, parchemin; 211 pièces, papier, 303 feuillets; 2 tables de 23 feuillets, papier.

1691-1700. — Déclarations, sentences, baux et contrats d'acquêts pour terres et tenures aux Ageons, à La Bodinerie, à Bossard, à Bourgneuf, à Blaison, aux Chateigners, au Cormier, aux Collineaux, à La Degaserie, à La Fosse-au-Loup, à Frédelin, à La Gervaisière, à La Harielle, à Jouralan, à La Mollée, à Marsoleau, aux Nouelles, aux Oliviers, à La Pierre, à La Pinsonnière, à La Rabasterie, à Rousselin, aux Renardières, à Raindron, à Toucheboeuf, à La Valliotterie, à Port-de-Vallée.

E. 434. (Volume.) — In-folio, contenant 2 pièces, parchemin; 218 pièces, papier, 539 feuillets; 2 tables de 24 feuillets, papier

1700-1761. — Déclarations, sentences, baux et contrats d'acquêts pour terres et tenures aux Aubiers, à Blaison, à Bois-Richard, à Bourg-Neuf, aux Collineaux, à La Degaserie, à l'Ébaupin, à La Godonnerie, aux Hommelets, à La Harielle, à Jouralan, aux Landes, à La Martinière, à Marsoleau, à la Pinsonnière, aux Pouquetières, à Pissot, au Ruau-Potard, à La Renardière, à Toucheboeuf, à Terre-Noire, à La Valliotterie, à La Véronnière, aux Verdelets.

E. 435. (Volume.) — In-folio, contenant 3 cahiers, papier, 303 feuillets; 3 tables de 13 feuillets, papier.

1589-1608. — Remembrances des déclarations rendues à la seigneurie par P. Aillard, J. Atourneau, Guill. Baudriller, J. Brégin, Mat. Barbereau, Mat. Chaslon, J. Daviau, P. Esnou, Guill. Frémont, Mat. Grille, René Gigault, P. Janin, G. Maillet, René Marquis, J. Orthéon, J. Proust, René Péan, J. Portier, Vic. Richard, Mic. Reverdy, P. Saillaut, Guill. Toqué, J. Tisseau, Jean Vallée et autres tenanciers.

E. 436. (Volume.) — In-folio, contenant 3 cahiers, papier, 376 feuillets; 2 tables de 48 feuillets, papier.

1620-1754. — Remembrances des déclarations rendues aux assises par Mat. Auboeufs, Mic. Avril, René Angevin, Mat. Balaizonnue, René Burgevin, J. Bouricher, J. Béritault, Mat. Chaslon, Marthe Commeau, J. Camus, Et. Dubló, Joseph Daviau, J. Esvois, J. Frementier, J. Guiard, Denis Guédier, Fr. Guillot, Mat. Grangeard, P. Guyard, Louis Gastineau, Vincent Henry, Julien Hardouineau, René Justeau, René Lebreton, P. Ladouhe, Cl. Lejean, Guil. Marsaye, Mat. Niveleau, Mat. Noury, Daniel Pichot, Nic. Piau, J. Quénion, Gab. Rogeron, Ch. Richard, Mat. Saillant, J. Sigerro, Jacq. Thibaudeau, René Viau, J. Vidamour.

E. 431. (Registre.) — In-folio, papier, 366 feuillets, 2 pièces, parchemin, annexées en tête.

1595-1610. — Remembrances des déclarations rendues aux assises par Jacques Augereau, Ch. Benoist, Jehan Briand, Ch. Bouhier, Vincent Béritault, Ès. Bodin, Cl. Brean, Jos. Cereau, André Couturier, P. Chartelais, René Chauveau, J. Davy, P. Dron, Mic. Fouchard, Nic. Frémy, Al. Garreau, J. Grangeard, Ch. Girardeau, Fr. Héry, P. Leroux, Jacq. Laurandeau, Blaise Lecomte, Aimé Legagneux, J. Maron, Louis Marais, P. Marquis, Cl. Paquet, André Proust, J. Pauneau, Sulpice Quénion, Gilles Cereau, René Sorreau, René Saudubois, Jacq. Taupin, J. Vallet, Cl. Viau et autres tenanciers. — En tête: lettres royaux autorisant le sieur de Chement à faire tenir ses assises à Angers. — Lettres de nomination par le sieur Gohin de Montreuil, seigneur de Chement, du sieur Desportes à l'office de sénéchal de la seigneurie.

E. 430. (Volume.) — 10 cahiers, in-folio, papier, 323 feuillets; 2 tables de 86 feuillets, papier.

1525-1587. — Recette des cens et rentes dus à la seigneurie par Nic. Adam, J. Argent, Mat. Avril, J. Amonet, René Aubeufs, J. Amoureux, Nic. Amiot, René Aubière, Mic. Boussineau, Raoul Bodin, Mat. Bretin, J. Bouricher, René Béritault, Mat. Bordier, Perrin Benoist, Gugon Branlard, Fr. Bardin, Et. Cotelle, P. Chaslon, J. Colasseau, P. Daviau, Fr. Davy, Louis Duveau, P. Fresneau, J. Fremond, J. Fribault, J. Gendron, J. Goullard, André Grangeard, Mat. Hunault, J. Hamonet, Mic. Jounault, Guill. Lucas, P. Lair, Vict. Lebreton, Mic. Martineau, René Marquis, Guil. Nourry, J. Négrier, Jacq. Ollivier, P. Pinson, P. Piquart, J. Rogeron, P. Saullaye, Olive Thibault, Martin Vallée, J. Versillé.

E. 432. (Registre.) — In-4°, papier, 273 feuillets

1609-1615. — Recette des cens, rentes et devoirs dus à la seigneurie par P. Girardeau, Marie Camus, Lucas Pinault, Blaise Sauleau, P. Hardouineau, Jeh. Boyer, Jeh. Richomme, Mat. Camus, Fl. Moron, J. Ollivier, P. Couleon, Gilles Gendron, Jacques Marchand, Jeh. Fremont, André Rodais, J. Bouricher, P. Girardeau, Martin Ollivier, J. Proust, J. Boucler, Mat. Lebreton, F. Tangourdeau, Jacq. Boyer, P. Saillant, Blaise Sauleau, Philippe Maugin, Fr. Chauveau, Fr. Héry, Nic. Richard et autres tenanciers.

E. 440. (Registre.) — In-folio, papier, 193 feuillets.

1630-1656. — Recette des cens et rentes dus à la seigneurie par René Bregevin, Fr. Girard, P. Véron, Mat. Couturier, P. Nourry, Daniel Gardier, Maurice Barbereau, Mat. Chalon, J. Halbert, Nic. Niveleau, Urbain Couleon, Jean Quatrembat, P. Commeau, J. Camus, Fr. Daviau, Vincent Héry, P. Saillant, René Pinault, Mat. Machefer, Marie Solais, Mat. Marion, Mat. Richomme, Ollivier Lallemand, P. Guéret, Louis Blondeau, René Chauvin, François Saillant.

E. 441. (Registre.) — In-folio, papier, 110 feuillets; une table de 3 feuillets, papier.

1756. — Recette des cens et rentes dus à la seigneurie pour terres et tenures à L'Aubépin, aux Aulders, à La Rodinerie, à Blaison, à Bourg-Neuf, à Bréchereau, à La Boutonnière, au Chesne-au-Roi, au Coquereau, au Clos-Richard, à La Croix-Blanche, à la Degaserie, à la Gervaisière, aux Hommelets, à La Harielle, à Jouralan, à Marsolleau, à La Martinerie, à Moncoutant, aux Quatre-Chemins, à La Raboterie, aux Renaudières, à Touchebœuf, à La Vallotterie.

E. 442. (Registre.) — Grand in-folio, papier, 338 feuillets, 10 plans; 2 tables de 33 feuillets, papier.

1772. — Recette des cens dus à la seigneurie pour terres et tenures à Blaison, à Brèbe, à La Boutonnière, à Chement, aux Chateigners, à La Degaserie, à L'Ébaupin, à La Garde, à Jouralan, aux Jars, à La Martinière, aux Nouelles, à La Pinsonnière, aux Pouquetières, aux Renardières, à Touchebœuf, aux Vaillotteries, à Port-de-Vallée, au Moulin-Viau, à La Prée-de-Vihiers.

E. 443. (Volume.) — In-folio, contenant 63 pièces, parchemin; 38 pièces, papier; 409 feuillets; 2 tables in-folio, papier, 30 feuillets.

1489-1761. — Contrats d'acquêts, baux et titres de propriété du fief de Bois-Richard, pour terres et tenures à La Brutonnière, au Pré-Belin, à Blaison, aux Collineaux, à Courte-Quesse, à Chement, à Faye, à Feu-Clair, à Forges, à La Fontaine-Pauvert, à Francard, à Montsabert, à La Marionnière, à Marsolleau, au Rochay, aux Sicardières, à Saint-Sulpice, aux Touches, à Touchebœuf, à Thouarcé. — Aveux rendus au fief du Grand-Sazé par Joseph Richard et Gilles Piolin, seigneurs du Bois-Richard.

E. 444. (Volume.) — In-folio, contenant 10 pièces, parchemin; 80 pièces, papier, 340 feuillets; 2 tables de 13 feuillets, papier.

[illegible]. — Déclarations rendues aux assises du fief du Bois-Richard pour terres et tenures au Chemin-Angevin, à Blaison, aux Brulées, à Billé, à Couture, aux Coullées, à Chantelou, aux Collineaux, aux Freiches, aux Jonchères, à Marsoleau, aux Marchais, aux Poiriers, à la Pauverdière, à Bois-Richard, à La Rousselinière, au Rochay, au Sablon.

445. (Carton.) — 70 pièces, papier, 8 pièces, parchemin.

[illegible]. — Recette des cens et rentes dus au fief des Mollons [illegible] Bois. — Baux, déclarations, contrats d'acquêts de terres et tenures en dépendant, aux Perruches, au Clos-Moreau, aux Quénardières, à La Guaiserie, aux Bois-des-Adellus, aux Pelleries, aux Coquereaux, dans la paroisse de Saint-Saturnin-sur-Loire.

E. 446. (Volume.) — In-folio, contenant 21 pièces, parchemin; 61 pièces, papier; [illegible] feuillets; manquent les feuillets [illegible], 3 tables in-folio, papier, de 64 feuillets.

[illegible]. — Fiefs du Grand et du Petit-Sazé et de Raindron. — Contrats d'acquêts dans les paroisses de Chemellier, de Blaison, de Couture, à La Fontaine-Boulanger, aux Bournais, au Breil, à La Chausardière, à Chantemerle, à La Fresnaie, à Frédelin, à La Goulnière, à Longueville, à La Meletrie, à La Perrière, à La Pierre, aux Perruches, aux Renardières, à La Roche-Chapeau, à La Saillarde, à Terre-Blanche, au Vau-de-Sazé. — Aveux et déclarations rendus à Blaison par Jeh. Corailleau, Julien Du Vau, Hardy de La Court, René Gohin seigneurs de Sazé. — Déclarations rendues au fief du Breil en Couture, pour le bois de Roche-Bélot dépendant de Sazé; — au fief de Chavagne, pour partie du fief de Raindron; — au fief de Raindron, pour partie des domaines du Grand et du Petit-Sazé.

E. 447. (Volume.) — In-folio, contenant 42 pièces, parchemin; 84 pièces, papier; 369 feuillets; 2 tables in-folio, papier, de 32 feuillets.

[illegible]. — Titres au soutien de la mouvance du fief de Raindron pour terres et tenures au Chemin-Angevin, à L'Aubier, à La Fontaine-Boulanger, à La Croix-Blanche, à Bossard, à Blaison, au Chauvereau, au Défroux, à La Guignardière, au Mabiller, aux Molons, aux Nouelles, aux Noues, aux Pâtures, à L'Ouche-au-Prêtre, à Raindron, au Rocher-Grand-Champ, à Sazé, aux Saulayes, à Terre-Noire.

E. 448. (Volume.) — In-folio, papier, 404 feuillets; 3 plans, reliés à la fin du volume; 4 tables de 33 feuillets, papier.

[illegible]. — Remembrances des déclarations rendues aux assises du fief de Raindron par le curé de Blaison, le chapelain de La Blanchardière, Luc Baudriller, Jacq. Lebreton, Ch. Brunet, J. Chenuau, Joseph Chatelais, Mic. Davy, J. Deléon, J. Gaulu, René Grelet, P. Gigault, Franc. Hervé, P. Hardouineau, J. Lallemand, J. Lecomte, Gab. Maillet, René Pelletier, P. Raltoain, René Pihouée, René Prousteau, Louis Portier, Sulpice Quénion, J. Tixier, Math. Vallet, Franc. Vallée. — Censif du fief de Raindron pour tenures à Blaison, à La Fontaine-Boulanger, aux Mabilles, aux Terres-Noires, à La Saulaye et dans le village de Raindron.

E. 449. (Volume.) — In-folio, contenant 63 pièces, papier, 418 pièces, parchemin; [illegible] feuillets; 2 tables de 19 feuillets, papier.

[illegible]. — Déclarations, baux et contrats d'acquêts au soutien de la mouvance du Grand-Sazé, dans les paroisses de Chemellier et de Blaison, aux Auboeufs, aux Aiguillons, aux Billards, aux Bournais, au Bois-Brinson, à Blaison, à La Brossardière, aux Boulins, aux Châtaigniers, à La Chemandière, à La Clouetterie, au Coquereau, à La Dégaserie, aux Favaudières, à Frédelin, à La Goudinière, à La Gervaisière, aux Gids, à Gravelet, à La Hatielle, à La Havardière, aux Jonchères, aux Landes, aux Lucas, à La Maillée, à Marsoleau, à Mauny, aux Moisons, aux Nouelles, à La Pestrie, à La Pauverdière, au Passoir, au Ponceau, aux Quarts, aux Ravaudières, aux Renardières, à La Rousselinière, à La Remonde, à La Ratelle, à La Saullaye, aux Vacannes, au Vau-de-Sazé.

E. 450. (Volume.) — In-folio, contenant 31 pièces, parchemin, 167 pièces, papier; [illegible] feuillets; 2 tables in-folio, papier, de 31 feuillets.

[illegible]. — Déclarations, baux et contrats d'acquêts au soutien de la mouvance du Grand-Sazé, dans les paroisses de Chemellier et de Blaison, aux Auboeufs, aux Billards, à Bangin, à Beaulieu, à Bédouaille, à La Fontaine-Boulanger, à Chement, à Chemellier, à La Conetetie, à La Chantrerie, au Champ-Perdu, à La Cosse-de-Sazé, à La Dégaserie, aux Épinettes, aux Échelettes, à Frédelin, à Grézillé, aux Grilles, à La Gervaisière, aux Guédiers, à La Halvardière, aux Jaquelins, aux Landes, aux Lucas, aux Morons, à Marsoleau, aux Maligrattes, aux Nouelles, à La Pauverdière, à La Pautière, à Pissot, aux Plantes, aux Quarts, aux Ravaudières, à Raindron, à La Ratelle, au Rochay, aux Saulais, aux Travaillères, au Vau-de-Sazé.

E. 451. (Volume.) — In-folio, contenant 12 pièces, parchemin; 102 pièces, papier; 492 feuillets; 2 tables in-folio, papier, de 30 feuillets.

[illegible]. — Déclarations, baux et contrats d'acquêts au soutien de la mouvance du Grand-Sazé, dans les paroisses de Chemellier et de Blaison, aux Auboeufs, à Bédouaille, aux Billards, à Bois-Billé, à Blaison, à Bois-Brinson, aux Bournais, à La Butte-au-Poirier, à Chement, à Chemellier, à La Chantrerie, au Coquereau, aux Collineaux, à La Coulée, à Frédelin, à La Fosse-au-Loup, à La Gervaisière, aux Gobinières, à La Justice, aux Landes, à Marsoleau, aux Morons, à La Pauserdière, aux Pouquetières, à Pissot, au Porray, aux Pinaudières, aux Ravaudières, aux Renardières, à Raindron, à La Ratelle, à Roussolin, à La Siguenerie, à La Travaillère, à La Véronnerie.

E. 432. (Volume.) — In-folio, contenant 9 pièces, parchemin; 210 pièces, papier; 339 feuillets; 2 tables de 30 feuillets, papier.

1620-1763. — Déclarations, baux et contrats d'acquêts au soutien de la mouvance du Grand-Saré, dans les paroisses de Chemellier et de Blaison, aux Aiguillons, aux Bournais, à La Billardière, à Bois-Brinson, à Bédouaille, à La Blanchardière, à Jaunayer, à Bois-Richard, à Chement, à Chenedé, à La Chouetterie, à La Claie-Saillant, à La Coulée, au Coquereau, à Frédelin, aux Fosses, aux Friches, à Guériveau, à La Gervaisière, aux Lucas, aux Montrots, aux Morons, à La Motinière, aux Nouelles, à La Pauserdière, à La Pestrie, au Passoir, aux Pouquetières, aux Renardières, à La Roussinière, à Raindron, au Ruau, à Champ-Segrétin, au Vau-de-Saré.

E. 433. (Volume.) — In-folio, papier; 309 feuillets; 2 tables de 32 feuillets, papier.

1538-1630. — Remembrances des déclarations rendues au fief du Grand-Saré par René Aubry, J. Aunillon, David Atourneau, J. Aubin, René Autrusson, Jacq. Angevin, Guill. Boulanger, J. Béritault, Math. Bourichon, Joach. Basille, J. Bechet, Guil. Barbereau, J. Blaisonneau, Gilles Bouttin, Symphorien Boyer, J. Chouinière, les curés de Charcé et de Chemellier, la fabrique de Couture, P. Clerambault, P. Duveau, Guill. Dinan, René Baudé, P. Ernoult, J. Étourneau, Macé Foucher, Lézin Fromentier, François Favereau, René Triau, Guill. Guérin, Mic. Goujon, Marin Guillemot, René Guédier, Simon Halbert, le curé de Saint-Hilaire, Ant. Lebigot, Jacq. Lebreton, Macé Lallemand, P. Levillain, Ant. Morin, P. Mabille, Mat. Marion, Franç. Neau, Rob. Orquet, Jacq. Perdriau, J. Portet, P. Pineau, René Prouteau, Jacq. Piolin, Jacq. Reverdy, Mat. Subleau, Jos. Saillant, P. Villermé, René Viau, P. Vallée, J. Véron et autres tenanciers.

E. 434. (Volume.) — In-folio, papier, 193 feuillets; 2 tables de 39 feuillets, papier.

1686-1752. — Remembrances des déclarations rendues aux assises des terre, fief et seigneurie de Saré, par Jean Avril, René Aubin, Pierre Babonneau, René Bouisseau, Gilles Béritault, P. Bimboire, Mat. Bélot, P. Bergereau, Fr. Breau, Luc Baudriller, Élie Baranger, P. Ciret, Jacq. Chauveau, René Caillot, P. Duveau, P. Dron, Gab. Deniau, Nic. Blonneau, Mat. Fevais, Mic. Frementier, J. Fresneau, Fr. Foucher, René Foussard, Mat. Guillemet, Louis Garnier, Mic. Guédier, René Gigault, Jos. Hilaire, P. Hamonet, Urbain Justeau, J. Lecomte, Daniel Lebreton, Cl. Lejau, P. Legaigneux, Fr. Meunier, J. Macé, J. Mabille, René Marquis, René Piau, J. Pinereau, Philippe Poitevin, Paul Poulle, J. Quénion, Ch. Reverdy, Et. Rogeron, Fr. Saulleau, P. Sortant, P. Tesnier, Cl. Teloche, Fr. Vallée, Laurent Véron et autres tenanciers.

E. 435 (Volume.) — In-folio, papier, 331 feuillets; une table de 20 feuillets, papier.

1578-1754. — Recette des rentes et devoirs dus au fief de Saré pour terres et tenures aux Aiguillons, à Blaison, à La Butte-au-Poirier, à La Boutonnière, à Bédouaille, aux Collineaux, à La Coulée, au Coquereau, à Chénedé, à La Favaudière, à Frédelin, à Grésillon, à Guériveau, à La Hariette, à La Lance, aux Lairs, à Marsoleau, aux Mabilles, à Pissot, à La Pontière, à La Pinsonnière, à La Ratelle, aux Renardières, à La Saulaye, aux Sauleaux, à Touchebœuf, aux Varennes, au Vau-de-Saré.

E. 436. (Volume.) — In-folio, papier; contenant 3 pièces, parchemin; 7 pièces, papier; ensemble 163 feuillets; manquent les feuillets 12, 15, 16, 19, 21, 23, 41-46, 67, 83-93, 114, 149, 162, 165, 168, 169, 175-182, 187, 188, 207, 209, 210-223, 233-240; entre les feuillets 210-231 une pièce parchemin, de 4 feuillets, cousue; 22 tables de 9 feuillets, papier.

1770. — Remembrances des déclarations rendues aux assises de Bois-Richard et de Saré par F. Aubœufs, Jacq. Aubin, Marie Baudin, René Béritault, Ch. Bechet, Fr. Bouet, le chapitre de Blaison, Ch. Boisseau, Joseph Chatelais, Anne Chevalier, le curé de Charcé, F. Cotelle, Th. Camus, P. Dron, Gab. Deniau, Cl. Foucher, Mic. Guédier, René Greslet, P. Girardeau, J. Guezil, Jul. Marsandeau, Jeanne Hilaire, Catherine Jousnault, P. Leroux, René Loiseau, René Marquis, Ch. Mabille, René Montouchet, J. Noury, P. Niveleau, P. Prouteau, René Pihouée, Jacq. Pihu, P. Rogeron, L. Renou, Mat. Reboudy, P. Tesnier, F. Vallée, J. Vinet et autres tenanciers.

E. 437. (Registre.) — In-folio, papier, 271 feuillets; 13 plans, papier; 2 tables de 31 feuillets, papier.

1771. — Papier terrier des fiefs de Saré et de Bois-Richard dans les paroisses de Blaison, de Couture et de Chemellier, pour terres et tenures aux Aubœufs, à Baugin, à Blanchard, aux Bournais, à Bois-Boisteau, à Balaine, à Bédouaille, aux Billards, à Bois-Brinson, à La Boutonnière, à La Chouetterie, au Coquereau, à Chenedé, à La Chantrerie, à La Noue-aux-Clercs, à Chemellier, au Collineau, à La Coulée, à Frédelin, à La Favaudière, à Grézillé, à La Giraudière, au Guérivean, à Grosse-Hure, à Longueville, à La Martinière, à Marsoleau, à La Maillée, aux Nouelles, au Passoir, à La Pantière, à La Porée, à Pissot, à La Pinsonnière, à La Roche-Hélot, aux Renardières, aux Ravaudières, au Ruau-Potard, au Rocher, au Champ-Segretin, à Touchebœuf, à La Saulaye, au Vau-de-Sazé.

SEIGNEURIE DE CIERZAY.

E. 458. (Carton.) — 3 pièces, papier.

[illegible]-1784. — Brouillard de projets d'aveux du fief de Cierzay au comté de Chemillé; — lettres de MM. Cesbron-Laroche et de Bougé concernant la mouvance du bordage de Bourulgal; — note sur la mouvance de la métairie des Arondelles.

E. 459. (Registre.) — In-folio, papier, contenant 1 plan, 65 feuillets; 3 cahiers de 19 feuillets, papier.

17[illegible]0. — Brouillard du dépouillement des aveux et déclarations rendues à la seigneurie de Cierzay, pour les fiefs et tenures du Pont-Augis, de La Bernardière, de La Claverie, de Coudray, de La Forêt-Bonamy, du Fouy, de La Giraudière, de La Guguelerie, du Bois-du-Gué, du Houx-Palluère, de La Lande-Dunan, de L'Hommeau, de L'Enclose, de La Mareille, de La Motte, de Montelais, des Nanes, de La Primaudière, de La Prioulaye, de La Ricoulière, des moulins de Salvert, de La Thibaudière, de La Trévellière, du Vert, de Volande. — Plan informe de l'église de Jallais.

E. 460. (Carton.) — 3 pièces, papier, dont 1 cahier in-folio de 30 feuillets.

1780. — Brouillard du relevé des cens dus à la seigneurie de Cierzay pour La Gauchelière, La Fuye, Les Aveaux, La Lande-Dunan, Pont-Augis, La Thébaudière, Le Houx-Palussière, Le Foray, Le Coudray, Montelais, La Petite-Roche, La Rondelle, Le Pré-Chapeau, La Forêt-Bonamy, Les Gats, La Mastine, La Ricoulière, La Giraudière et autres fiefs ou tenures dans les paroisses de Jallais, Trémentines, à La Chapelle-Rousselin, Saint-Georges-du-Puy-de-la-Garde.

E. 461. (Carton.) — 19 plans, papier.

1780. — Brouillards des plans du domaine et de la métairie de Cierzay, du Bois-Janris, de La Lande-Dunan, de La Gauchelerie, du Vert, de L'hommeau, de La Fuye, de La Primaudière, du Pont-Augis, de La Poironnière, de Volande, de l'église de Jallais, de La Grande-Gourdonnière, de La Forêt-Bonamy, de Montalais, du Coudray, de La Ricoulière, du Pré-Chapeau, des Buissons, de La Gournoire, du Fouy, du Houx-Palucière.

BARONNIE DE CLAYE.

E. 462. (Carton.) — 14 pièces, parchemin; 41 pièces, papier.

[illegible]-1789. — Adjudication par les créanciers de M. le duc de Brissac à M. de Raphaëlis de la baronnie de Claye. — Arrêts du Parlement de Paris qui confirment l'adjudication. — Vente de la baronnie à M. Legros de Princé par l'abbé de Raphaëlis et M. de Meaulne. — Aveu (incomplet) rendu au duché de Brissac par Gilles-René de Meaulne, baron de Claye. — Titres au soutien des droits de ban de vendanges dans toute l'étendue de la baronnie. — Procès-verbal de réparations des maisons et appartenances de Claye. — Baux à ferme des revenus de la baronnie. — Baux à ferme et devis des réparations des moulins à eau de Claye. — Requête de M. de Princé et ordonnance de la maîtrise des eaux et forêts d'Angers, qui enjoint aux propriétaires riverains de curer la rivière d'Aubance. — Procès-verbal de l'état des chemins de la paroisse de Mûrs dont l'entretien est à la charge du baron de Claye.

E. 463. (Volume.) — In-f[illegible], contenant 151 p[illegible], parchemin, 30 pièces, papier; 259 feuillets; manquent les feuillets 2, 3, 5, 13, 14, 16, 19-20, 78, 82, 95, 107, 109, 122, 125, 127, 130, 133, 143, 151, 152, 211, 213-215, 231, 232, 250-252, deux tables, composées de [illegible] feuillets, papier.

1408-149[illegible]. — Baux, contrats d'acquêts et déclarations au soutien de la mouvance de la baronnie pour terres et tenures dans les paroisses de Mûrs, de Mozé, de Brissac, d'Érigné, dans les marais de l'Aubance, aux Batuères, au Barreau, à La Baste, aux Boites, à Bougré, au Bignon, à Bois-Bruord, à La Chalandrie, aux Chalonnières, à Cheré, à Coins, à La Fontaine-du-Mont, à L'Échalier, à Fontenay, à Gaigné, aux Jonchères, à Limelle, à Méance, aux Nouelles, aux Perrières, à Raffray, à La Rebillardière, au Rivage, à La Saulaye, au Temple.

E. 464. (Volume.) — In-folio, contenant 162 pièces, parchemin; 8 pièces, papier; 255 feuillets; les feuillets 23, 24, 25, 27-29, 37-39, 63, 64, 94, 184 manquent.

1500-1549. — Déclarations, baux et contrats d'acquêts au soutien de la mouvance de la baronnie pour terres et tenures au Temple, à Gaigné, à Claye, à Brissac, sur l'Aubance, aux Baluères, à Raffroy, à La Jodouinière, à Bougré, à Limesle, à La Baste, au Bignon, à Puligné, à Coin, à Mûrs, à Soulaines, au Barreau, à Fontenay, à Méance, à La Rebillarderie, au Puits-au-Sourd, aux Fougerais, à La Brégée, à La Guyonnellerie, aux Proustières, à L'Échalier, à Dinechien, aux Vieilles-Maisons, à Cahier, à La Billardière.

E. 465. (Volume.) — In-folio, contenant 61 pièces, parchemin; 191 pièces, papier; 433 feuillets; les feuillets 1, 9, 47, 59, 481-423 manquent.

[illegible]. — Déclarations, baux et contrats d'acquêts au soutien de la mouvance de la baronnie aux Gains, à Limesle, à Juigné, aux Proustières, aux Nouelles, à Fontenay, à La Bourellière, à La Baste, à Putigné, à Bourg-Neuf, à Bougré, à Colas, à La Rebillardière, au Bugnon, aux Rivages, à La Biglaudière, à La Croix-Burgevin, aux Colinelles, à Barreau, à La Gillardière, à La Corbinière, à La Crossonnière, au Moulin-à-Vent, à La Perrière, au Grand-Claye.

E. 466. (Volume.) — In-folio, contenant 1 pièce, parchemin; 159 pièces, papier; 853 feuillets; 3 tables de 60 feuillets, papier.

1635-1674. — Déclarations, baux, contrats d'acquêts au soutien de la mouvance de la baronnie au Barreau, à La Barangerie, à La Baste, à La Bergerie, au Bugnon, à Bougré, au Chateigner, à Cherré, dans les communs de Claye et de Gaigné, à Colas, aux Colinelles, à Gâtepain, au Hersis, aux Houmelles, aux Jonchères, à La Fontaine-du-Mont, aux Halles, aux Nouelles, aux Orgeries, à Princé, aux Proustières, à Putigné, à Raffray, à La Rebillardière, au Rivage, aux Roncières, aux Saules, au Temple, aux Varannes.

E. 467. (Cahier.) — Petit in-folio, papier; 24 feuillets.

[illegible]. — Brouillard sommaire des procès civils et criminels jugés par Guillaume Hellouet, sénéchal de la baronnie : — délit de chasse dans la garenne seigneuriale; guet-à-pens et vol sur les grands chemins; — défaut de messe par le curé de Muré, etc.

E. 468. (Registre.) — In-folio, papier; 149 feuillets; une table de 4 feuillets, papier.

1644-1657. — Remembrances des déclarations rendues aux assises de la baronnie par Maurice Fourher, Jean Duveau, André Poirier, Catherine Bouvet, J. Bigotière, André Torchon, Charles Gentien, Et. Gillet, Denis Rafray, Germain Vauvert, Mic. Bonamy, Hilaire Roulard, Julien Jarry, René Garreau, Pierre Brouillet, Olivier Dureau, Noël Testu, Toussaint Cordon, Vincent Macé, Thomas Lespron et autres tenanciers.

E. 469. (Registre.) — Petit in-4°, papier, 136 feuillets.

1691. — Remembrances des déclarations rendues aux assises de la baronnie par Mat. Cordon, René Billard, Franc. Garreau, René Desmazières, J. Lucas, René Guérin, Urbain Richaudeau, J. Jarry, J. Bonvalet, Et. Chauvigné, Maurice Vauvert, Franç. Daudriller, Th. Gillet, Laurent Cointrie, René Blanvillain, J. Lemonnier, Mat. Peltier, Louis Macé, Seb. Guérin, Vincent Gallard, Fr. Binet, Paul Durafteau, Fr. Davy, René Pasqueraye, Louis Fillon, Julien Challon, Anne Brouard, J. Chauvigné, et autres tenanciers.

E. 470. (Carton.) — 10 cahiers in-folio, papier; 3 pièces, papier; 887 feuillets; 2 tables in-folio, papier, de 31 feuillets.

[illegible]. — Remembrances des déclarations rendues aux assises de la baronnie par René Aubert, Jean Avenier, Nic. Aigrefeuille, J. Barillet, Claude Bautin, Franç. Bougère, P. Bidet, Franç. Beaumier, P. Blanvillain, Louis Burgevin, Mic. Crespeller, Jul. Challon, Jac. Dessommes, J. Durocher, P. Degaigné, Aug. Évellion, Mat. Fresnaye, Cl. Godineau, René Guillot, J. Grenon, Ét. Gautier, J. Jarry, Cl. Joyau, Marie Lemonnier, P. Lambert, René Planchard, Ant. Pannetier et autres tenanciers.

E. 471. (Cahier.) — In-4°, papier, 28 feuillets.

[illegible]. — Compte des arrérages de cens et rentes « que rendent Salmon de Vauvert et Robin Luyneau » et autres commissaires ordonnez à icelle et gouverner » la terre de Clays... en et soubs la main du Roy de Sécille, » duc d'Anjou..., à très-noble et puissant seigneur Monseigneur de Passavent, de Brochesac et dudit lieu de Clays... » à la requeste duquel ladicte terre.. estoit saisie. »

E. 472. (Carton.) — 2 cahiers in-folio, papier, ensemble 23 feuillets.

[illegible]-1601. — « Compte et estat en abregé que rend.. » Jeh. Nycolas à hault et puissant seigneur Jacq. de Brezé... » seigneur de Brochesac et de Clays. » — « Brief estat de » compte fourni par Olivier Boudineau, fermier » des cens et rentes dus à la baronnie en argent, froment, oies, échaudés, et des mises et dépenses pour travaux de vendanges, gages d'officiers, nourriture d'ouvriers, frais de procédures.

E. 473. (Registre.) — In-folio, papier, 67 feuillets.

1603-1607. — Cens et rentes dus à la baronnie par René Pineau, Mat. Soret, Vincende Dupé, Jeh. Degaigné, Guy Garnier, Jeh. Vauvert, Jeh. Versillé, Cl. Brouard, René Guinais, Marguerite Haran, Laurent Cointrie, André Bonvalet, Simon Morice, Guill. Richard, Jeh. Georges, Mat. Trouillet, Hélie Dufay, René Godillon, Martin Liénord, Jeh. Rontard, Jeh. Lemonnier, Fr. Pasqueraye, René Gillet, Lucas Goujon et autres tenanciers.

E. 474. (Registre.) — In-folio, papier, 189 feuillets.

1649. — Recette des cens et rentes dus à la baronnie par René Vallée, Fr. Bonamy, André Torchon, P. Nourry, René Georget, Mat. Ponceau, P. Maulion, Mat. Guillot, Germain Vauvert, Cl. Thibaudeau, Maurice Maingot, René Pineau, J. Grudé, P. Tesnier, Fr. Chesneau, Seb. Macé, P. Levesque, Mat. Vercille, René Piffard, P. Bonvallet, J. Dureau, Cl. de La Crossonnière, Jacq. Debourg, Toussaint Prévost et autres tenanciers.

E. 475. (Registre.) — Petit in-folio, papier, 85 feuillets; 1 table de 18 feuillets, papier.

1681. — Recette des cens et rentes dus à la baronnie par J. Renault, J. Davy, P. Millon, Denis Vallée, Fr. Baudriller, René Pineau, Cl. Braye, René Rideau, Nic. Torchon, Fr. Davy, Jul. Tesnier, René Mingot, J. Jarry, Maurice Vauvert, J. Lambert, J. Maumoussart, Mat. Guillon, André Vallée, Marie Pineau, Nic. Girault, René Pasqueraye, Cl. Verger, P. Lambert, P. Ponceau, J. Grudé, Ant. Godier, P. Éveillon et autres tenanciers.

E. 476. (Registre.) — In-folio, papier, 190 feuillets; manquent les feuillets 143-165; 1 table de 15 feuillets, papier.

1707. — Recette des cens et rentes dus à la baronnie par J. Ponceau, J. Versillé, Mat. Bélolneau, Maurice Vauvert, Mat. Guillot, P. Merceau, P. Baumier, René Brouillet, F. Bonamy, Ét. Chauvigné, J. Guillot, Simon Bélot, J. Ordon, Fr. Bougère, Seb. Sailland, J. Ducerne, René Tacheron, J. Boucher, All. Belhommeau, René Blanvillain, Cl. Lambert, Maurice Foucher, J. Bruneau, Ch. Chauvin, J. Méliver et autres tenanciers.

E. 477. (Carton.) — 16 cahiers in-folio, papier, 267 feuillets.

1720-1733. — Dénombrement des sujets relevant de la baronnie, avec le relevé des terres qui appartiennent à chaque tenancier pour servir de tables aux censifs antérieurs et tenir les assises.

E. 478. (Registre.) — In-folio, papier, 42 feuillets.

1749-1750. — Recette des rentes dues à la baronnie pour les fresches des Humelles et des Proustières, par P. Testu, Haumont, Goiraud, André Gautier, Fr. Brouillet, Jacq. Godineau, J. Jarry, Fr. Joullain, J. Denechère, Noël Bompas, P. Émery, P. Fouin, Marguerite Baudriller, Mat. Lemeusnier, J. Bernier, Jacq. Gelineau, P. Frémont, Fr. Leury.

E. 479. (Registre.) — In-folio, papier, 499 feuillets; 2 tables détachées de 11 feuillets, papier.

1760. — Dépouillement général des titres de la baronnie et des terres et tenures qui en relèvent à hommage ou à cens dans les paroisses de Murs, d'Érigné, de Mozé, à La Baste, au Bugnon, à Bougré, au Champ-Bouvard, à La Crossonnière, au Chateigner, à Dinechien, à La Fontaine-du-Mont, à Gaigné, à Catepain, à La Herpinière, au Hutreau, aux Jonchères, aux Mauginières, aux Orgeries, aux Fourmenteries, au Temple-de-Gaigné, au Rivage, aux Varennes.

E. 480. (Carton.) — 23 plans informes; 9 pièces, papier.

1760. — Brouillard des plans de la maison seigneuriale et du domaine du Chateigner, du commun des Gats, des prés de Claye, des Nouelles, de Biéhard, de Raffray, de Puligné, des Fromenteries, de La Brégée, des Basses-Vignes, du Grand et du Petit-Claye, des Humelles, des Briands, des Mauginières, de Gaigné, du Poirier, du Buisson-Mortier, du commun des Jonchères et de Chantemesle, des Petrelles, de Gastepain, de Fontenay, de Coins, des terres et tenures dépendant de la baronnie dans les paroisses de Murs, Érigné, Mozé.

E. 481. (Carton.) — 9 pièces, papier; 2 pièces, parchemin.

1488-1760. — Aveux rendus au duc de Brissac, seigneur de Claye, par Macé Billard, Guillaume Levêque, Jean Jobeau, François et René Pasqueraye, seigneurs des fiefs et seigneuries du Bordage, Coins et Nouril.

E. 482. (Registre.) — In-folio, papier, 210 feuillets; 2 tables de 32 feuillets, papier.

1524-1611. — Remembrances des assises des fiefs du Bordage et de Coins, pour terres et rentes aux Allinans, au clos du Bordage, aux Grands-Champs, au Coteau, au Chêne-de-Gaigné, au Clos-Godin, à la Chapelle-des-Jobeaux, aux Nouelles, aux Plantes, dans les paroisses de Murs et de Mozé.

E. 483. (Volume.) — In-folio, contenant 9 pièces, parchemin, 30 pièces, papier; 203 feuillets

1489-1567. — Déclarations rendues aux fiefs du Bordage et de Coins pour terres et rentes sur les chemins de Chemillé à Angers, au Grand-Beaumont, près La Fontaine-de Coins, au Gué-de ...lee, à Falaise, à Gaigné, à L'Hermitage, au Mau... Moulin des Ponts-de-Cé, à La Fontai... ...ais-du-Vivier.

E. 484. (Volume.) — In-folio, con... papier; 234 feuillets; 2 tables de ...

1570-1625. — Déclarations rendues aux fiefs ... dage et de Coins pour terres et rentes aux Allinans, sur le chemin de St-Lambert-du-Lattay à Angers, au Barreau, aux Grands-Champs, au petit pré de Claye, à La Fontaine, à Gaigné, au Herci, à La Fontaine-du-Mont, au Moulin-à-Vent, au Champ-Mounet, à Raffray, à La Vieille-Vigne.

E. 485. (Volume.) — In-folio, contenant 69 pièces, papier; 217 feuillets; 2 tables de 20 feuillets, papier.

1626-1669. — Déclarations rendues aux fiefs du Bordage et de Coins, pour terres et rentes aux Allinans, au clos du Bordage, sur le chemin de Claye, à Fontenay, à

Gaigné, à Coins, au Clos-Godin, au Hercis, sur le chemin de La Jaudouinière, près la cure de Soulaine, aux Lutinières, près Mozé, sous Les Nouelles.

E. 486. (Volume.) — In-folio, contenant 1 pièce, parchemin; 93 pièces, papier; 2 tables de 18 feuillets, papier.

1631-1654. — Déclarations rendues aux fiefs du Bordage et de Coins pour terres et rentes aux Allinans, au Bordage, au clos de Sous-Coins, à Gaigné, au Clos-Godin, aux Plantes, aux Grands-Champs, sur le chemin de Saint-Lambert à Angers, aux Arcis, au Petit-Pré.

E. 487. (Volume.) — In-folio, contenant 97 pièces, papier; 3 pièces, parchemin; 2 tables de 23 feuillets, papier.

1612-1700. — Déclarations rendues aux assises du Bordage et de Coins pour terres et rentes aux Allinans, aux Grands-Champs, à Claye, à Gaigné, aux Arcis, à La Courte-Pièce, aux Plantes, aux Rissiers, à La Roirie, aux Sauvagères, au Temple.

E. 488. (Registre.) — Petit in-4° de 67 feuillets, papier.

1515-1516. — Remembrances des déclarations rendues aux assises des fiefs de Coins et du Bordage, appartenant à Pierre Lévesque de Denée, par René Girard, Clément Duveau, J. Lemonnier, P. Dubourg, J. Ponceau, G. Barangier, Michel Gachet, J. Bouclier, J. Gorion, P. Vétault, J. Versillé, J. Cointherie, J. Bodinier, N. Proustière, J. Chauvigné, J. Vivian, Denise Chauveau, G. Godelier, J. Mauriceau et autres tenanciers dans les paroisses de Murs et de Mozé.

E. 489. (Registre.) — In-4°, papier, 103 feuillets.

1628-1645. — Déclarations rendues aux assises des fiefs de Coins et du Bordage, en présence d'André Pasqueraye, seigneur desdits fiefs, par P. Gougeon, P. Degaigné, M. Plessis, J. Billard, J. Ciret, F. Salmon, F. Saumureau, M. Bouton, C. Maugrain, M. Millet, J. Godelier, J. Bigottière, J. Gareau, P. Jarry, M. Plubon, J. Verron, R. Lemaugin, C. Délot, P. Henry, A. Testu, J. Tribale, F. Versillé, J. Gasnier, M. Dureau, M. Delaporte et autres tenanciers dans les paroisses de Murs et de Mozé.

E. 490. (Carton.) — 99 pièces, papier; 2 tables, 12 feuillets, papier.

1701-1789. — Déclarations rendues aux fiefs du Bordage et de Coins pour terres et rentes aux Allinans, au Bordage, aux Grands-Champs, à Coins, au Chesne-de-Gaigné, au Clos-Godin, à La Herse, aux Arcis, aux Nouelles, par les sieurs Albert, Béguier, Bonamy, Bougère, Cesbron, Cloquet, de Glatigné, Dolbeau, Égrefeuille, Gazeau, Gendron, Grille, Guibert, Juin, Lagroye, Lamouroux, Langevin, Lorioux, Marchand, Métivier, Pinson, Porcher, Rocher, Tesnier, Thuleau, Vétault et autres tenanciers dans les paroisses de Murs et de Mozé.

E. 491. (Carton.) — 90 pièces, papier.

1701-1788. — Déclarations rendues aux fiefs et seigneuries du Bordage et de Coins pour terres et rentes aux Grands-Champs, au Chesne-de-Gaigné, aux Arcis, au Clos-Godin, aux Allinans, aux Nouelles, à La Jaudouinière, à La Herse, dans les paroisses de Murs, de Mozé et de Denée.

E. 492. (Volume.) — In-folio, contenant 21 pièces, parchemin; 45 pièces, papier; 264 feuillets; 2 tables de 23 feuillets, papier.

1481-1599. — Baux et contrats d'acquêts pour les fiefs de Coins et du Bordage, aux Allinans, à L'Aubinière, à La Balluère, à La Baste, au Bougré, aux Marais-Boureau, à Bourg-Neuf, au Pré-Bouvier, au faubourg Bressigny d'Angers, à La Brosse, près La Chaussée-Bureau, au Clos-Chauvigné, à Claye, aux Closeries, à La Crossonnière, près Érigné, à L'Épinay, à Fourment, à La Gachetière, au Clos-Gatepain, aux Gillardières, à La Jouberderie, à La Juqueterie, au Clos-de-Lièvre, au Gué-des-Meslons, au Morier, à Noizé, au village du Pé, aux Perrières, à Prédauard, aux Vieux-Pressoirs, aux Raberdes, à Raffray, en Terre-Noire, à Trésputigné, au Bois-de-Véo, à Verdeline.

E. 493. (Volume.) — In-folio, contenant 1 pièce, parchemin; 100 pièces, papier; 317 feuillets; 2 tables de 20 feuillets, papier.

1600-1649. — Contrats d'acquêts pour les fiefs de Coins et du Bordage au Champ-Aubin, au Champ-Aval, aux Aveneaux, aux Balluères, au Barreau, à La Baste, à La Motte-Bazouge, au Petit-Benoiston, à Bonamy, à Bougré, à Bourg-Neuf, à L'Enclose-Callichon, aux Basses-Cartes, au Clos-de-Chalouème, à Champ-de-Pie, aux Chateigners, au marais des Chatelliers, au marais de la Chaussée, à Chauvigné, aux Collinelles, au Grand-Courtil, à L'Ébaupin, à La Gachetière, aux Gains, au Clos-Garoche, à Gloriette, au Champ-de-Grenouille, aux Hugeries, à La Jodouinière, aux Jouberges, aux Landes, à La Loge, en la prée du Louet, à Maugrain, aux Buissons-aux-Morts, à La maison-Neuve, au Pré-Piron, à La Boire-Croissant, au Port-Gaurion, à Rabault, aux Rorbelles, aux Rivages, derrière l'église de Soulaine, à La Verdière, à Versillé.

E. 494. (Volume.) — In-folio, contenant 2 pièces, parchemin; 112 pièces, papier; 363 feuillets; 2 tables de 34 feuillets, papier.

1650-1699. — Baux et contrats d'acquêts pour les fiefs de Coins et du Bordage, à La Fosse-Alline, aux Aveneaux, à La Barre, au Clos-de-l'Abbesse, à La Motte-Bazouge, aux Closeries-Benault, à La Bergerie, à La Bigotière, à La Bourlière, aux Bréhaux, à La Brézonnée, aux Champs-Boyards, aux Brulons, au Bugnon, au Pré-Cayer, aux marais de Chauvigné, ou la prée des Châtelliers, à Claye, aux Closeries, à La Coulée, à Dinechien, au Clos-Falaise, aux Fougères, aux Garoches, aux Grollières, au Chêne-Guibert, au moulin de Lhumeau, à Montjoye, aux Lutinières, au clos de Manteton près la chaussée de Murs, aux Mortiers, aux Proustières, au Putage, à Rabault, aux Rabardes, à la coulée de Robinée, à Rogerie, aux Roussières, à Soulaines, au Bois-Trinoau, à Vauchrétien, à La Verdelière, aux Yvonnières.

E. 495. (Volume.) — In-folio, contenant 70 pièces, papier, 318 feuillets; 2 tables de 31 feuillets, papier.

1600-1710. — Baux et contrats d'acquêts pour les fiefs du Bordage et de Coins, à L'Amelasne, aux Aveneaux, aux Balludres, au Bois-Béart, aux Bayes, à La Bande, aux Boumais, à La Brunellerie, à La Chesnaye, au Carmier, au Clos-Hureau, à Follet, aux Fromentières, aux Gagneries, à La Garenne, aux Garoches, au Gouas, à Hilaine, à Longras, à Loriette, au pré du Louet, aux Lunelles, aux Mazières, à Mouchaille, à Mozé, aux Pavillons, aux Proustières, à Putigné, aux Raberdes, au Renroray, au Rangoux, aux Sauvagères, à Soulaine, au Bois-Tresneau, à Verdeline, à Villeneuve.

E. 496. (Volume.) — In-folio, contenant 85 pièces, papier, 21 pièces, parchemin, en mauvais état.

1467-1710. — Baux et contrats d'acquêts dans les fiefs du Bordage et de Coins, près le Chêne-de-La-Bataille, à Gaigné, sur la rivière d'Aubance, à Gourmont, à L'Écotière, près Pusseau, près le cimetière d'Érigné, à La Treille, au Port-Thibault, dans les paroisses de Denée, Mozé, Murs, Rochefort, Érigné. — Débris de registres d'assises.

E. 497. (Carton.) — 16 cahiers in-folio, papier, dont 2 en lambeaux, ensemble 103 feuillets.

1481-1600. — Débris et extraits de papiers de recette des cens et rentes dus aux fiefs du Bordage et de Coins, par Jean Bourlier, le curé de Soulaine, Ét. Andrault, Godillon, J. Gaultier, Colas Bélot, Moriceau, Fillon, Pelletier, Gourrion, Vétault, Maugrain, Billard, Bougler, Julien Prévot, Jacquine Chauveau, René Pineau, Jean Dolbeau, François Vauvert, Guill. Esnou et autres tenanciers dans les paroisses de Murs et de Mozé.

E. 498 (Registre.) — In-8°, papier, 150 feuillets.

1614-1640. — Recette des cens et rentes dus à M. Pasqueraye, seigneur des fiefs de Coins et du Bordage, par René Girardière, le curé de Soulaine, P. Gascher, Fr. Gaultier, J. Bigottière, P. Herry, P. Guillotteau, J. Boylesve, M. Chevallier, J. Lemonnier, J. Fourmageau, P. Godebin, F. Herbert, P. Vaudelon, Ét. Marreau, J. Billard, F. Versillé, S. Bélot, O. Godillon, J. Maugin et autres tenanciers dans les paroisses de Murs et de Mozé.

E. 499. (Registre.) — Petit in-folio, papier, 78 feuillets papier.

1641-1674. — Recette des blés dus au jour de Notre-Dame-Angevine sur les fiefs de Coins et du Bordage, « appartenant par droit successif à René Pasqueraye, bourgeois d'Angers, héritier d'André Pasqueraye, marchand droguiste. »

E. 500 (Registre.) — In-4°, papier, 159 feuillets.

1675-1780. — Recette des blés dus au jour de Notre-Dame-Angevine sur les fiefs de Coins et du Bordage, pour les fresches de Coins, du Bordage, du Hersis, des Grands-Champs, de Gaigné, du Clos-Godin et des Allinans.

E. 501. (Carton.) — 11 cahiers grand in-folio, papier, 104 feuillets; 2 tables de 18 feuillets, papier.

1765. — Recette des fiefs et seigneuries de Coins et du Bordage pour terres et rentes aux Allinans, au Bordage, aux Grands-Champs, au Chêne de Gaigné, au Clos-dessous-Coins, à Gaigné, à La Herse, au Hersis.

E. 502. (Registre.) — Grand in-folio, papier, 144 feuillets; plus 10 plans et 12 tables de 16 feuillets, papier.

1765. — Terrier des fiefs du Bordage et de Coins, confrontations et plans de tenures sises aux Allinans, aux Grands-Champs, au Chêne-de-Gaigné, au Clos-Godin, à La Herse, au Hersis et à La Gaignerie.

SEIGNEURIE DE LA CLERGERIE.

E. 503. (Carton). — 12 cahiers in-folio, papier; 125 feuillets.

1740. — Remembrances des déclarations rendu
de La Clergerie, pour les fiefs de La Taupinerie, I
naye, La Fauvelaye, La Trenclaye, La Brunelièr
terie, La Ribardière, Les Ardrillers, Les Hautes et ..
Bouères; — au fief des Jonchères pour La Plançonnière, Le Roquet, La Jalloterie, La Pandoirie, La Pasqueraye, Havary, le pré Caron, La Rionnaye, L'Aubertière, Le Puids, La Rondonnaye, La Robidalaye, L'Angleucherie, La Babinaye, Pomme-Poire, La Fleuriaye, Les Béziers.

SEIGNEURIE DU GRAND-COUDRAY.

E. 504. (Carton.) — 2 cahiers in-folio, papier, ensemble 32 feuillets.

1789. — Dépouillement général des titres de la seigneurie du Grand-Coudray et du fief y annexé de La Courie en Saint-Martin-du-Bois, pour terres et tenures à La Hinobaudière, à La Chesnaye, à Suchard, à L'Ouche-Pourrie, à La Blinière, à La Vauvelle, à La Chasselouère, aux Thuillandières, à La Fontaine et à La Roche-Hinebaut.

SEIGNEURIE DU COUDRAY-AUX-ROUX.

E. 505. (Carton.) — 4 pièces, papier, dont 1 plan informe, et 1 cahier in-folio, papier, de 30 feuillets.

[illegible]. — Brouillard du livre des cens et rentes dus à la seigneurie du Coudray-aux-Roux, pour les fiefs de La Gancherie-aux-Dames, Pont-Péru, Blavereuil, La Richardière, Vieilpré, Jodouine, La Bénestrie, La Grande-Godinerie, Le Petit-Coudray, La Petite-Godinerie, Le Champ-Blanc, La Noue, Gourichon, Triénon, Gatebourse, dans les paroisses du Voisde et de Montilliers.

SEIGNEURIE DU COUDRAY-MONTBAULT.

E. 506. (Carton.) — 0 pièces, papier; 3 pièces, parchemin.

[illegible]. — Baux et contrats d'acquêts des métairies de La Potinière, de La Barrée, des Godineaux, du Grand-Moulin, des Chemineaux, du Tail, du Pré-de-La-Fontaine, dans la paroisse du Voisde.

SEIGNEURIE DE LA CROSSONNIÈRE.

E. 507. (Carton.) — Débris de sceaux; 1 sceau; 11 pièces, parchemin, dont 3 en mauvais état.

[illegible]. — Déclarations rendues à Mortagne par les seigneurs de La Crossonnière, pour les domaines du Tasle, des Aiguionnières, de La Vergne, de La Corbière, du Grand-Bois-Girart, de La Varenne.

SEIGNEURIE DE DANNE.

E. 508. (Registre.) — In-folio, papier, 97 feuillets; table de 6 feuillets, papier.

[illegible]. — Remembrances des déclarations rendues à la seigneurie de Danne et aux fiefs y annexés de La Blinière et du Haut-Rossignol, pour terres et tenures à La Maison-Neuve, à La Chataigneraye, à La Marionnière, à La Plante, à L'Oiseau, à La Tercouère, aux Cormiers, aux Friches, au Pâtis-Marin, au Ruau, à La Conillière, à La Barbière, à La Rondière, à La Bassellière, à La Pironnaye, à La Rabinne, à La Tricardière, à La Gratellerie, dans les paroisses de Saint-Martin-du-Bois et de Louvaine.

E. 509. (Carton.) — 11 cahiers in-folio, papier, 101 feuillets; 39 pièces papier; 4 tables de 43 feuillets, papier.

[illegible]. — Remembrances des déclarations rendues à la seigneurie de Danne et aux fiefs annexés de La Blinière et du Haut-Rossignol pour les terres et tenures de La Barbière, Blanchepierre, La Bastière, La Cercouère, La Chateigneraie, Les Cormiers, Chêne-Creux, La Goderie, La Gilletterie, La Maison-Neuve, L'Oiseau, La Pironnaye, Les Pingrollières, Rocheman, La Rondière, La Tricardière, Vigré, La Vigne. — Transaction entre MM. de Saint-Thénis et Bernard de Danne pour la féodalité contestée de La Bouserazière.

BARONNIE DE DOUÉ.

E. 510. (Carton.) — 80 pièces, papier, en mauvais état, endommagées par le feu.

[illegible]. — Aveux rendus au château de Saumur par Georges de La Trémouille et par Louis de Gouffier. — Saisies opérées sur les seigneurs de Doué et de Moncoutan, pour défaut d'hommages. — Procédures à l'occasion des droits de banalité prétendus sur le four de Doué. — Aveux des fiefs de La Crilloire, des Écotiers, du Vau-de-Verchers. — Débris de tables des seize volumes perdus de la baronnie de Doué.

E. 511. (Carton.) — 30 pièces, papier.

[illegible]. — Fragments de brouillards de censifs et de terriers des fiefs de La Blotière, de Chartrigné, de Concourson, des Écotiers, du Pont-de-Varenne, de Rochemenier, de Soulangé, du Vau-de-Verchers.

E. 512. (Carton.) — 3 plans informes, 30 pièces, papier.

[illegible]. — Fragments de l'arpentage général des terres, vignes, prés et autres domaines dépendant du château de Doué et des fiefs de La Crilloire, du Marchais, des Basses-Minières, de La Proutellerie et du Grand-Rouau.

E. 513. (Carton.) — 32 pièces, papier, en partie brûlées.

[illegible]. — Procès-verbal de relevé du plan de la partie méridionale de la ville de Doué, y compris les terres jusqu'aux Verchers. — Débris de censifs et d'arpentage des fiefs de la baronnie.

E. 514. (Carton.) — 99 pièces, papier, en mauvais état.

[illegible]. — Dépouillement analytique des censifs et terriers des domaines et tenures de la baronnie à Doué, à Chartrigné, à La Bouvetterie, à La Barre, à Chapet, à La Champagne, à La Chapelle, à Douces, à Fourchettes, à La Galarderie, à La Croix-Saint-Marc, à Rue-Chèvre, à Rétireau, à Richaussée, à la Maliasse. — Contestation avec M. Treton de Saquenville au sujet de la mouvance du fief de Machefer. — Mémoires et consultations sur le droit de dépié de fief.

COMTÉ DE DURTAL.

E. 515. (Carton.) — 2 sceaux, débris de sceaux; 36 pièces, parchemin, dont 1 cahier in-4° de 12 feuillets; 8 cahiers, papier, 78 feuillets; 62 pièces, papier.

1471-1768. — Saisie par le Roi de la terre de Durtal, jusqu'à la reconstruction des ponts de Mathefelon. — Établissement d'un marché franc à Durtal. — Baux à ferme des seigneuries de Durtal et de Vieillevigne. — Procès-verbal d'exécution par le sénéchal d'Anjou de l'arrêt rendu le 6 septembre 1500 par le Parlement de Paris, en faveur de François d'Espeaux, lieutenant du Roi à Metz, pour la réunion sous les mêmes fois et hommages, que les baronnies de Durtal et Mathefelon, des terres, fiefs et seigneuries de Lezigné, Saint-Léonard, Baracé, Despreignes et Vieilleville. — Acte de réunion des terres de Lézigné et de Baracé. — Acquêt de la seigneurie de Vergeau en Chambellay. — Droit d'usage et de propriété dans les forêts de Chambiers et de Chaillou.

E. 516. (Carton.) — 3 pièces, parchemin, dont 1 rouleau de 2 m. 70 c. de long; 48 pièces papier.

1498-1769. — Enquête pour madame Marie de Partenay, comtesse de Tonnerre, dame de Durtal, contre le duc d'Alençon, vicomte de Beaumont et seigneur de La Flèche, pour la mouvance et propriété de l'île et des moulins de La Barbée. — Baux et réparations des moulins de Durtal, d'Ignerelles, de Prigné, de Mathefelon et de Gouis. — Entretien des étangs de la baronnie. — Pêcheries dans la rivière du Loir. — Ordres pour l'ouverture des portes marinières.

E. 517. (Carton.) — 58 pièces, parchemin; 67 pièces, papier.

1458-1554. — Mémoires et pièces à l'appui des prétentions de François d'Espeaux, sieur de Vieilleville et de François Crespin, sieur Du Gast, pour la propriété de la seigneurie de Baracé.

E. 518. (Carton.) — 92 pièces, parchemin; 8 pièces, papier.

1380-1751. — Déclarations et contrats produits aux assises de Durtal, de Mathefelon et de Vieilleville, pour fiefs et arrière-fiefs sis dans les paroisses de Tiercé, de Princé, de Marcé, de Mathefelon, de Durtal, de Baugé, de Chaumont, de Montigné, de Jarzé, de Courcelles, d'Auverse, de Lézigné, de Gouis, de La Chapelle d'Aligné, de Gravant, de Bailleul, des Rairies, de Baracé.

E. 519. (Carton.) — 1 sceau, 110 pièces, papier; 18 pièces, parchemin.

1575-1681. — Débris de registres d'assises et déclarations rendues à la seigneurie de Durtal pour fiefs et tenures dans les paroisses de Durtal, de Marcé, de Princé, de Baugé, de Chaumont, de Montigné, des Rairies, de Lézigné, de La Chapelle d'Aligné. — Baux et contrats d'acquêts du Petit-Verger, de La Goulerie, de L'Hôtelière, de La Chignardaye, de La Motte-Crouillon.

E. 520. (Registre.) — In-folio, papier, 307 feuillets; 1 cahier de 32 feuillets, papier.

1700-1774. — Déclarations rendues par devant le sénéchal de la comté-pairie de Durtal, au regard des fiefs d'Auverse, de La Grasse-Vachère et du Serin. — Noms des sujets des fiefs d'Auverse, de La Cosneraye et de La Grasse-Vachère.

E. 521. — 1 plan papier, en mauvais état.

XVIIIe siècle. — Plan des fraux de Goneze dans la paroisse de Gouis, contenant une vue de l'abbaye de Chaloché.

E. 522. (Carton.) — 1 pièce, parchemin; débris de 8 registres, papier, sans commencement ni fin, ensemble 162 feuillets.

1431-1434. — « Ce sont les cens du fié Boureau, sis » en la paroisse de La Chapelle-d'Aligné, appartenant à » Machelin Damours, receus par Jehan Choyesy, son ser- » gent. » — Débris de censifs de la seigneurie de Durtal.

E. 523. (Carton.) — 8 cahiers, petit in-folio, papier, 200 feuillets; 35 pièces, papier.

1475-1692. — Compte ordinaire des services, c et devoirs de la terre et seigneurie de Durtal, rendu Macé Caroceau, receveur pour noble et puissante dame dame Ysabeau d'Usson, dame de Mathefelon, et de Durtal. — « C'est le compte que rend à très noble et puissante » dame madame Ysabeau d'Usson... et à noble et puissant » seigneur Monseigneur François de La Jaille, sieur de » Saint-Michel et fils aîné de madite dame, Geoffroy Chare- » lier, chastellain et receveur de Durtal. » — « C'est le compte » que rend à... messire Jehan de Daillon, comte Du Lude, » Estienne Desrues, son receveur de Reillé, du Tertre Go- » dicheau, Chauvaiz, L'Estang-Gourmais, Champeigné, La » Maillerie, Le Pin en Parçay. » — Recette du fief de Chemens, de Lézigné. — Mandats et quittances à l'appui des comptes. — Autographes de Marguerite de Scépeaux, de Jean Ayrault, d'Ysabeau de Husson, d'Hector de La Jaille.

E. 524. (Carton.) — 114 pièces, papier.

1460-1760. — Notes, mémoires et quittances à l'appui des comptes de Leleu, Lalande, Trocherie, Lemercier de Genlebvre, receveurs et intendants des seigneurs. — Recette des fermes, réparations du château et des métairies, gages des officiers, du garde, du maître d'école, service des rentes dues par les seigneurs de Durtal au chapitre de Saint-Laud d'Angers, au prieuré de Gouis, à la chapelle Sainte-Anne du château de Cingé, au chapelain de La Cohuère. — Lettres du duc d'Estissac, du chevalier de Montreuil, du duc et de la duchesse de La Rochefoucauld, des dames de Scépeaux.

SEIGNEURIE D'ÉCHEMIRÉ.

E. 525. (Carton.) — 2 plans, papier; 5 sceaux frustes; 22 pièces, parchemin; 26 pièces, papier.

1611-1698. — Baux et contrats d'acquêts des métairies de La Bouquetière, des Essars, de La Fosse, des Cars, de L'Orgerie, dans les paroisses de Rigné et d'Echemiré. — Plans d'un chemin contesté sur la ferme de La Bouquetière.

SEIGNEURIE DE L'ÉCHIGNÉ.

E. 526. (Volume.) — In-folio, contenant 51 pièces, parchemin; 21 pièces, papier, 177 feuillets.

1394-1591. — Aveux et déclarations rendus à la seigneurie de L'Échigné et au fief des *Milliers*, *pour* les fiefs et tenures de La Chalopinière, de La Turpinière, de La Turbaudière, du Bois-Bureau, de La Cave, de La Hurollerie, des Cormiers, de La Ricagnerie, de Coutrolles, de Carcoul, de Hautlieu, de La Huberdrie, du Pin, de La Hurolerie, de La Guitoisière, de La Noue, de La Mauclerdière, dans la paroisse du Vieil-Baugé.

E. 527. (Volume.) — In-folio, contenant 39 pièces, parchemin, 47 pièces, papier; 264 feuillets; *manquent les feuillets* 1-7, 9, 60, 71.

1610-1678. — Déclarations, baux, contrats d'acquêts des fiefs et tenures du Perray, de La Chalopinière, du Pavé, de Hautlieu, de L'Aupignelle, de Carcoul, des Chemiées, du Pin, des Sablonnières, de L'Arquegnerie, de La Turbaudière, des Encloses, dans le bourg et dans la paroisse du Vieil-Baugé. — Transaction entre messire de Bueil, seigneur châtelain du Vieil-Baugé et la dame de *L'Échigné*, au sujet des droits honorifiques dans l'église Saint-Symphorien du Vieil-Baugé.

E. 528. (Volume.) — In-folio, contenant 31 pièces, parchemin, 81 pièces, papier; 319 feuillets; manquent les feuillets 8, 32, 46, 54, 69.

1641-1791. — Déclarations, baux, contrats d'acquêts des fiefs et tenures du Petit-Échigné, de La Polivière, de Saugé, de Grand-Fontaine, de Bourgsalle, du Mousseau, du Plessis, de La Plesse, du Martray, des Chapelles, des Aubus, *de* La Foussardière, de La Varenne, de La Janvierie, dans le bourg et dans la paroisse du Vieil-Baugé.

E. 529. (Registre.) — In-folio, papier, 173 feuillets, plus 10 pièces, papier, annexées; 1 table de 6 feuillets, papier.

1756. — Remembrances des déclarations reçues aux assises de la seigneurie de L'Échigné et des fiefs annexes des Milliers et de Ribard, *pour les terres* et tenures de La Chalopinière, de Poillé, de La Huberderie, du Pin, des Tranchans, du Pavé, de Hautlieu, de La Vallière, de La Turpinière, de Bourgsalle, de Beausoleil, de La Barangerie, du Porteau, des Argentières, d'Aussignolle, des Cormiers, dans la paroisse du Vieil-Baugé.

E. 530. (Volume.) — *In-folio*, 293 feuillets; 3 tables de 8 feuillets, papier.

1549-1780. — Recette des cens, rentes et devoirs dus aux seigneurs de L'Échigné, des Milliers et de Ribard, *pour les* fiefs de La Barrière, de La Drouaudière, de La Polivière, de La Poussemotière, de La Barangerie, de La Châteigneraye, de Barilleau, du Pin, de La Chalopinière, de La Vallière, de La Rousselière, des Cheminées, de La Guitoisière, de La Jariaye, de La Hurollerie, dans la paroisse du Vieil-Baugé.

E. 531. (Registre.) — Petit in-folio, papier; 140 feuillets; 1 table de 4 feuillets, papier.

1756. — Terrier de la seigneurie de L'Échigné et des fiefs des Milliers, pour les terres et tenures des Varannes, des Crespinières, de La Drouaudière, de Gadon, du Petit-Échigné, de Bois-Gallois, des Tranchans, de Ribard, de Bourgsalle, de La Pierre, de La Turpinière, de La Chalopinière, de La Barrière, du Pavé, du Pin, de Grand-Fontaine, de Barilleau et autres dans le bourg et dans la paroisse du Vieil-Baugé.

SEIGNEURIE DE L'ÉPINAY.

E. 532. (Volume.) — In-folio, papier, 250 feuillets, le 1er en mauvais état; 2 tables de 33 feuillets, papier.

1482-1584. — Recette des cens et rentes dus au fief et seigneurie de L'Épinay en Combrée. — Remembrances des déclarations rendues pour terres et tenures au clos des Aires, à Beauchêne, à La Boucherie, à Champblanc, à *La*

Blancheraye, à La Boulaye, à Capeleu, à Challain, à La Dandaye, à La Follinière, à La Fuzelière, à La Giquelaye, à La Guesdonnière, aux Loges, à La Maladrie, à Maulusson, à Minstin, à La Pironnaye, au Pont-Doré, à La Poilevraye, à La Raoulerie, au Toulon, à Villeneuve.

E. 533. (Volume.) — In-folio, papier, 177 feuillets; 2 tables de 27 feuillets, papier.

1599-1687. — Remembrances des déclarations reçues aux assises de la seigneurie de L'Épinay en Combrée, pour terres et tenures à Beauchêne, à La Bigrotière, aux Chopinières, aux Fuzellières, à La Grioche, aux Guesdonnières, à Minstin, à La Piquelaye, à La Primauderie, à Rompé, à La Thibauderie, à Villeneuve.

E. 534. (Volume.) — In-folio, contenant 45 pièces, parchemin, 68 pièces, papier; 2 tables in-folio, papier, de 28 feuillets.

1581-1790. — Baux, contrats d'acquêts, titres de rentes et de propriété des fiefs et tenures de la seigneurie de L'Épinay, à La Blottaye, à La Bretellière, au Buisson-Marquer, à La Chandraye, à La Chérotaye, à La Duboiserie, à La Filousière, à La Giquelaye, à La Guédonnière, à La Houssaye, à La Joulinière, à La Maladrie, à La Pironnaye, au Pont-Doré, à La Russellière, aux Sables, aux Touches-Martin, à Ville-Neuve.

E. 535. (Carton.) — 85 pièces, papier; 1 pièce, parchemin.

1459-1788. — Aveux rendus à la seigneurie de Champiré, par Prudence de Complude et Gabriel Morel pour leur fief et seigneurie de L'Épinay. — Débris de censifs et de registres d'assises. — Déclarations isolées pour terres et tenures au pré des Eaux, à Villeneuve, à La Chesnaye, au Mortier-Primault, aux Landelles. — Procédure contre Julien Baratte et De Champagné, seigneur de La Roche-Normand.

E. 536. (Carton.) — 90 pièces, papier; 1 table in-folio de 4 feuillets, papier.

1789. — Brouillard du terrier de la seigneurie pour les fiefs et tenures de Villeneuve, du Buisson-Marquer, de La Fuzellerie, de Minstin, de La Grioche, de Maupertuis, de Bretagne, de Beauchêne, des Guédonnières, de Pont-Doré, de La Beucheraye, du Poirier, du Moulin-Collin, de La Pironnaye, de La Souche, de La Tannerie, de La Brientaye, de La Roullerie.

E. 537. (Carton.) — 6 cahiers grand in-folio, papier, de 53 feuillets; 2 tables de 11 feuillets, papier, dont 2 en lambeaux.

1789. — Censif de la seigneurie, pour les fiefs et tenures du Buisson-Marquier, des Champs, du Pont-Doré, des Estres, de La Forge, de La Fuzellerie, de La Giquelaye, de Grioche, des Guédonnières, de La Maladrie, de Maupertuis, du Clos-Mélot, de Minstin, de La Roullerie, de Villeneuve.

SEIGNEURIE DE L'ÉPINAY-MAILLARD.

E. 538. (Carton.) — 41 pièces, parchemin; 13 pièces, papier, 303 feuillets; 3 tables in-folio de 26 feuillets, papier.

1491-1766. — Aveux, déclarations, baux, contrats d'acquêts pour terres et tenures dans la mouvance de la seigneurie de L'Épinay-Maillard en Thouarcé, au Petit-Bail, au Buterneau, à Beauvais, à La Fontaine-de-Châles, à La Chesnaye-Hureau, aux Fondreaux, à Grolleau, aux Guitelloires, à La Masse, à La Minée, à Orillé, à Pompenié, aux Rétusses, à La Trotière, dans les paroisses de Thouarcé, de Faveraye, de Gonnord, de La Salle-de-Vihiers.

E. 539. (Registre.) — In-folio, papier, 33 feuillets; plus 6 pièces, papier, annexées en tête; 3 tables, 12 feuillets, papier.

1778. — Censif de la seigneurie de L'Épinay-Maillard et du fief des Brosses y annexé, pour les terres et tenures du Petit-Bail, du Bordeau, de Bray, de La Fontaine-de-Châles, de La Chesnaye, de Hureau, des Fondreaux, de La Gruandière, des Guitelloires, de La Masse, des Minées, d'Orillé, de Pompenié, des Rétusses, de La Trotière.

SEIGNEURIE DES ESSARDS.

E. 540. (Carton.) — 33 pièces, parchemin; 41 pièces, papier.

1495-1784. — Aveux rendus aux seigneurs d'Angrie par Louis Cuissard et Prosper de Colasseau pour la seigneurie des Essards. — Déclarations pour les terres de La Gaudinière, de Montergon, de La Malfouassière, de Préfouré, de La Beauchetaye, des Armentières, de Tallourd, du Fougeray, dans les paroisses d'Angrie et de Challain. — État des rentes dues à la recette de la seigneurie pour lesdites terres et tenures. — Transaction pour le droit de chasse avec les seigneurs d'Angrie.

SEIGNEURIE DE L'ÉTANG-GOURMAS.

E. 541. (Carton.) — 1 cahier, papier, in-4°, de 27 feuillets, en mauvais état.

1491-1492. — « Compte que rend à très noble et puissant seigneur monseigneur de Maillé de Rochecorbon et de Champchevrier, Guillaume Brunet, receveur de la terre et seigneurie de L'Estang-Gourmas, des receptes et mises par lui faictes... pour ung an; » — réparations du logis; — nourriture des ouvriers; — achat de toile; —

plantation de cerisiers et de vignes; — envoi au seigneur de 10 sous un denier « pour aller au pardon à Tours; » — de 8 sous 5 deniers « pour avoir un *perpetuum* de 11 ensains... pour soy confesser et faire ses offrandes à Pasques; » — A Girardin Collonche, barbier, « 4 sols 7 deniers » pour avoir abillé la bauche dudit seigneur, en laquelle il » avoit mal, et pour luy avoir fait sa barbe. »

MARQUISAT D'ÉTHIAU.

E. 542. (Carton.) — 3 pièces, papier, dont 1 imprimée.

1710-1769. — Ordonnance de publication de la mise en vente du marquisat d'Éthiau, saisi judiciairement sur messire Jacques de Shéridan. — Démission par M. Louis Ledoyen de sa charge de sénéchal dudit marquisat. — État du domaine réservé au château d'Avoir.

SEIGNEURIE DE LA FERRIÈRE.

E. 543. (Carton.) — 4 pièces, papier, dont 1 cahier de 23 feuillets.

1585. — Aveu rendu à la seigneurie de La Ferrière, par *Jehan Lepoulere*, pour le fief de La Georgetaye. — « Missive servant de mémoyre pour dresser l'adveu et déclaration dudit fief. » (Lettre olographe signée : Vostre pauvre voysin Alexandre Huchelou.) — Confrontation des terres qui sont sujettes à la grande dîme dans la paroisse de La Ferrière. — Acquêt par J. Bourage de la closerie de La Bouverie.

SEIGNEURIE DE FESLE.

E. 544. (Volume.) — In-folio, contenant 233 pièces, parchemin, 14 pièces, papier; 411 feuillets; les feuillets 14-31 manquent; 3 tables de 33 feuillets, papier.

-1604. — Aveux et déclarations rendus à la seigneurie de Fesle pour les terres et tenures de Cré, du Vau-de-Cré, de Champ-Failli, de Boisbourget, de Chassouailles, de La Casse, des Grois, de La Gilberdière, des Jumereaux, du Lys, de La Morinière, des Mares, des Mesliers, de La Perrucherie, du Pigeonnier, du Puisard, de La Rougelle, de Saint-Sulpice, des Varennes.

E. 545. (Volume.) — *In-folio, contenant 3 pièces, parchemin, 237 pièces* papier; 602 feuillets; 2 tables de 30 feuillets, papier.

1606-1639. — Déclarations, baux et contrats d'acquêts au soutien de la mouvance de la seigneurie de Fesle et du fief du Lys, sur terres et tenures aux Bruyères, à Bacon, à Chassouailles, à La Casse, aux Esviers, à Champ-Failly, aux Fougères, à La Fontaine-de-La-Greslière, à La Gilberdière, aux Jumereaux, au Lys, à La Marionière, au Puy, aux Raguideaux, dans les paroisses de Saint-Sulpice-sur-Loire et de Saint-Jean-des-Mauvrets.

E. 546. (Volume.) — In-folio, contenant 231 pièces, papier; 657 feuillets; 2 tables de 23 feuillets, papier.

1639-1669. — Déclarations, baux et contrats d'acquêts au soutien de la mouvance de la seigneurie de Fesle et du fief du Lys, sur terres et tenures aux Avolleries, à Boisbourget, à Chassouailles, à La Casse, à Cadis, à La Chesnaye, à Chantepie, à Cré, aux Fontenelles, aux Grois, à La Gilberdière, au Hallay, aux Jumereaux, au Lys, à La Morinière, au Ruau, à Vollières, à Valory, aux Zamettes.

E. 547. (Volume.) — In-folio, contenant 313 feuillets, papier; 2 tables de 24 feuillets, papier.

1650-1691. — Assises et terriers de la seigneurie de Fesle et du fief de Gaudebert, pour les terres et tenures des Brilluties, de La Casse, des Esviers, de Champfailly, de La Gilberdière, de Juigné, du Lys, de Martigné, du Plessis. — Recette des cens et rentes dus pour lesdites tenures par les sieurs J. Avril, Et. Aufray, P. Beaumont, Robert Bodin, René Château, Math. Chatelais, J. Daudet, J. Élie, René Fouchier, Jacq. Grallier, Macé Genet, J. Gousse, Colas Lebreton, Jul. Leclerc, Denis Merteau, P. Moron, Jacq. Pinson, J. Perrouin, Guill. Robert, Martin Sortand, Franc. Trouillet, Mich. Versillé.

E. 548. (Volume.) — In-folio, papier, 316 feuillets.

1649-1693. — Recette des cens et rentes dus à la seigneurie de Fesle, par Floury, Beauvais, Jacques Girault, Urbain Robais, Cath. Gasnier, Mat. Atourneau, P. Avril, René Lecomte, J. Bouricher, René Chastelais, Fr. Perrouin, Gilles Blouin, Symphorien Sailland, J. Gasnier, Jul. Marquis, Maurice Pelletier, Mat. Lemée, P. Sortant, Nic. Rogeron, Marin Guillot et autres tenanciers dans les paroisses de Saint-Sulpice et de Saint-Jean-des-Mauvrets.

E. 549. (Volume.) — In-folio, papier; 289 feuillets; 3 tables de 13 feuillets, papier.

1703-1725. — Recette des cens et rentes dus à la seigneurie par Mic. Rogeron, Et. Gasnier, P. Sortand, Ét. Baudriller, Mat. Lemée, Mat. Goisnard, Marie Gervaise, J. Orthion, J. Camus, J. Chastelais, Fr. Chauveau, James Martin, J. Cailleaut, René Viau, Fr. Bourgineau, Ant Henry Chauvelon, René Richer, Vincent Nivelleau, Sébastien Avril, J. Conin, André Davy, Jul. Marquis et autres tenanciers dans les paroisses de Saint-Sulpice et de Saint-Jean-des-Mauvrets.

E. 550. (Carton.) — 3 cahiers, petit in-folio, papier ; 117 feuillets.

1555-1665. — Projet informe d'aveu rendu à la seigneurie de Saint-Jean-des-Mauvrets par Charles Rogeron, pour le fief de Fesle. — Débris de livres de recette des cens et rentes dus à la seigneurie de Fesle et au fief de Gaudebert en Juigné par James Gonet, J. Hamon, Ét. Hantan, Franç. Tiercelin, Clément Touzé, Fr. Robin, René Mahiet, P. Beaumont, J. Orthion, Guill. Aguillon, Maurice Lecomte, Gabriel Cousin, J. Chauveau, Louis Amoureux et autres tenanciers dans les paroisses de Saint-Sulpice et de Juigné-sur-Loire.

E. 551. (Carton.) — 5 pièces, papier, dont 1 plan informe.

1608-1709. — Bail à ferme par Mᵉ Jean Gasnault, curé de Saint-Saturnin, procureur de M. de Cossé-Brissac, au sieur Jacques-Rogeron des fiefs et seigneurie de Fesle et de Gaudebert. — Acquêt desdits fiefs par Charles Rogeron, Jean de Loubes et Jean Cherouvrier des Grassières. — Arpentage et plan de la garenne de Fesle.

SEIGNEURIE DE LA FLEURIAYE.

E. 552. (Registre.) — Petit in-4°, papier; 152 feuillets; 2 tables de 3 feuillets, papier.

1639-1641. — Déclarations rendues aux assises du fief et seigneurie de La Fleuriaye, appartenant à Mᵉ Pierre Foyer, sieur de Launay, avocat au présidial d'Angers, pour les tenures des Ardrillais et de La Babinaye, dans la paroisse d'Aviré.

BARONNIE DE FONTAINE-GUÉRIN.

E. 553. (Volume.) — In-folio, contenant 62 pièces, parchemin, 31 pièces, papier, ensemble 396 feuillets; 2 tables de 18 feuillets, papier.

1481-1701. — Aveux de la baronnie de Fontaine-Guérin, des seigneuries de La Cousinière, de La Brideraye, de Montgeoffroy en Mazé, de Buigné, du prieuré de Fontaine-Guérin, de La Chaussée-au-Bariller, de Palée, de La Minotière, du Coudray, de La Hairie, du Grand-Jusson, de Landifer, de Montais, de Bouchillon, de Noirieux, du Bois-Saint-Aubin, de Nibeau. — Déclarations, baux et contrats d'acquêts dans les paroisses de Mazé, Bocé, Beaufort, Gée, de Saint-Georges-des-Bois et du Vieil-Baugé. — Obligation consentie par la dame de Fontaine-Guérin d'entretenir l'arche près La Croix-Orée de Beaufort sur les fossés servant d'écoulement aux marais de Gée et de La Brideraye.

CHATELLENIE DE FONTAINE-MILLON.

E. 554. (Registre.) — Grand in-folio, papier, incomplet, 134 feuillets.

1428-1461. — Remembrances des déclarations rendues aux assises de Fontaine-Millon (tome 1ᵉʳ), pour les fiefs et tenures du Grand-Azé, de La Baronnière, de La Chesnaye, du Gué-de-La-Coudre, de La Clérembaudière, de La Chantemellière, de Douzillé, de Fougeré, de La Guérinière, de La Machefferière, de Montivert, de La Maillardière, des Monts, de Préhervé, de Parpacé, de La Roche-aux-Moines, de La Singerie, de La Taillebotière.

E. 555. (Registre.) — In-folio, papier, de 212 feuillets (les 2 derniers en mauvais état); 1 table de 13 feuillets, papier.

1447-1479. — Copie des contrats d'acquêts et de vente passés par-devant Mᵉ Morigan, notaire de la châtellenie de Fontaine-Millon (tome 3ᵉ, le tome 2ᵉ manque), pour les fiefs et tenures d'Angoust, des Brichellières, de Boisrobert, de Champferron, de Courtilbrée, de La Buchère, de Foliquet, de La Georgerie, de La Giraudière, de La Mazurerie, des Marchandières, de La Pichardière, de La Simonière, de La Touche-au-Bourg, de Tassé, de La Vinceletière.

E. 556. (Registre.) — In-folio, papier, 283 feuillets, en mauvais état; 1 table de 11 feuillets, papier.

1501-1503. — « Tenue de la sénéchaussée des châtellenie, terre, fief et seigneurie de Fontaine-Millon et de » Douzillé, appartenant à nobles personnes Mᵉ Jeh. Le » Maczon et Jeh. de Massailles (tome 6ᵉ, les tomes 4ᵉ et 5ᵉ » manquent)... mineur... sous le bail de Jehanne Berruer, sa mère, » pour les terres et tenures de La Bourgettière, des Bretons, des Bonnettes, de La Coudre en Sermaise, de Douzillé, de Fougeré, de La Guérinière, de La Guyardière, de Lohéac en Corné, de Maupertuis, de La Marée, du Perray, du Plessis-au-Jau, de La Sauverie, de Terriz.

E. 557. (Registre.) — In-folio, papier, 275 feuillets; 1 table de 8 feuillets, papier.

1561-1650. — « Registre des déclarations de la sénéchaussée des chastellenie, terre, fief et seigneurie de » Fontaine-Millon et de Douzillé » (tome 7ᵉ) pour les fiefs et tenures de Chemens, de La Toucheboisard, de La Brosse, de Parpacé, du Perray, de Montivert, de La Machefferière, des Monts, de La Guérinière, du Tremblay, de La Giraudière, de La Maillardière, de Chauferron, de La Guyardière, des Bretons, des Maillarts, de Maupertuis, de La Taillebotière, des Volleries.

E. 558. (Volume.) — In-folio, papier, 245 feuillets; 1 table de 6 feuillets, papier.

1599-1610. — Déclarations rendues aux assises des fiefs de Fontaine-Millon et de Douzillé (tome 8ᵉ), pour terres et tenures à La Baronnière, à La Brosse, à Chemens, à La Chantemellière, à La Chalopinière, au Gault, à La Giraudière, à Loriatière, à La Martinière, à Montivert, aux Monts, à Marcou, à La Flesse, à Parpacé, au Plessis-au-Jau, à Richelieu, à Vaux.

E. 559. (Volume.) — In-folio, contenant 144 pièces, parchemin, 81 pièces, papier; 214 feuillets, en mauvais état; 1 table de 42 feuillets, papier.

1360-1400. — Aveux, déclarations, baux, contrats d'acquêts dans la mouvance de la seigneurie de Fontaine-Milon (tome 13e, les tomes 9e, 10e 11e et 12e manquant), pour les fiefs et tenures de L'Aumônerie, d'Angoust, d'Azé, des Baurichères, des Bonnettes, de La Bachelinière, des Brosses, de La Chevallerie, de La Coudre, de Chamferron, de La Chifaudière, de La Bolbellière, de Fougeré, de La Grippière, des Gasselinières, de L'Hamelinière, de La Jaulerdière, de Liserais, de La Malabrière, de La Martinière, des Monts, de La Marée, de La Nouchetière, de Pénelgaé, des Pèlerins, des Perrières, des Pichardières, de La Rabinière, de La Simonière, de La Singerie, de Thibouard, de Tacheron, de La Templerie, de La Vallière, de La Velluellerie.

E. 560. (Volume.) — In-folio, contenant 97 pièces, parchemin, 52 pièces, papier; 157 feuillets, en mauvais état.

1500-1553. — Aveux, déclarations, baux et contrats d'acquêts dans la mouvance de la seigneurie de Fontaine-Milon (tome 14e), pour les terres et tenures de L'Audiellerie, de La Beluettière, de La Brouterie, de La Baronnière, de La Bedouaudière, de La Cousinerie, de Clérembaut, de La Croye, de La Bavière, des Esards, du Fourier, de La Grippière, de La Guérinière, des Hamelinières, de La Joulainerie, de La Malabrière, de La Motte, du Mazouan, de La Noiraye, des Pichardières, de La Pierre, de La Pillière, de Primerouge, de Salvert, de La Touche-au-Bourg, des Varennes.

E. 561. (Volume.) — In-folio, contenant 146 pièces, papier, 18 pièces, parchemin; la table et les pièces autrefois cotées 1, 2, 5 et 6 ont été arrachées, le reste en mauvais état.

1551-1573. — Déclarations, baux et contrats d'acquêts (tome 15e), pour terres et tenures à Lavau, à La Guérinière, à Loullière, à La Nouchetière, à La Touche-au-Bourg, au Bois-Rasteau, à Champ-de-Pie, à La Simonnière, à Vivent, à La Martine, à La Pigardière, à La Pillière, aux Proutières, aux Thibaudières, à La Mare, à Parpacé.

E. 562. (Volume.) — In-folio, contenant 96 pièces, parchemin; 63 pièces, papier, en mauvais état; 162 feuillets; 1 table de 30 feuillets, papier.

1574-1587. — Déclarations, baux et contrats d'acquêts (tome 16e, le tome 17e manque), pour les terres et tenures de L'Audiellerie, des Brosses, de La Brechetière, de La Bourgetière, de Clérembault, de Chamferron, de La Durbellière, de La Durinière, de La Guyardière, de Genetay, de La Georgerie, de La Ligererie, des Loges, des Millonnières, de Malabry, des Michellières, de La Vouchetière, de Vivent, de Pontplau, des Perrières, du Rochereau, de La Singerie, de La Simonière, de La Taillebotière, de Villemoisan.

E. 563. (Volume.) — In-folio, contenant 102 pièces, parchemin, 60 pièces, papier, en mauvais état; 201 feuillets; 1 table de 38 feuillets, papier.

1600-1606. — Déclarations, baux et contrats d'acquêts (tome 18e), pour les terres et tenures d'Angoust, de La Bodinerie, de Blanche, de Chemens en Saint-Martin-d'Arcé, de Carcassonne, de La Cousinière, de La Durbelière, du Fourier, des Gasselinières, de Grandchamp, des Hamelinières, des Loges, de L'Oye-Blanche, de Lavau-Festu, de La Malabrière, de La Nouchetière, de L'Hache-Tollé, du Pin, du Palais, de La Sauverie, de La Simonnière, de La Touche-au-Bourg, des Varannes.

E. 564. (Volume.) — 68 pièces, parchemin, 64 pièces, papier; 135 feuillets, en mauvais état; 1 table de 24 feuillets, papier.

1607-1614. — Déclarations, titres de rentes et de propriété (tome 19e), pour les terres et tenures de L'Audiellerie, de Bois-Rateau, de La Bédouaudière, des Courses, de La Chalopinière, de Dinechien, de La Durbellière, des Figuiers, de La Georgerie, des Grands-Champs, de La Gasselinière, de Longueraye, des Marchandières, de La Maladrie, des Primetières, des Perrières, de Richelieu, de La Simonnière, de La Taillebotière, du Vau.

E. 565. (Volume.) — In-folio, contenant 31 pièces, parchemin, 71 pièces, papier, en mauvais état; 210 feuillets; la table et les pièces autrefois cotées 1, 2, 11-20, 32-48, 69, 70, ont été arrachées.

1615-1626. — Déclarations, baux et contrats d'acquêts (tome 20e), pour les terres et tenures des Monts, de La Talbotière, de Launay, de La Chalopinière, de La Touche-au-Bourg, du Perray, de La Renardière, de La Cousinière, de La Croix-aux-Bouteaux, du Fief-Marcou, de La Grippière, de La Taille-de-Lohéac, des Pelotières, des Varannes, du Grolay, de Primerouge, de Champnoiron.

E. 566. (Volume.) — In-folio contenant 141 pièces, parchemin, 46 pièces, papier, 410 feuillets; 1 table de 41 feuillets, papier.

1627-1639. — Déclarations, baux et contrats d'acquêts (tome 21e), pour les fiefs et tenures de L'Audiellerie, des Ardrillères, de La Chevallerie, de Chemens, de Clérembault, de Dinechien, de La Durbellière, de Foussebault, des Figuiers, de La Georgerie, des Gasselinières, des Gravots, de Lavau-

Fétu, des Milonnières, de Malabry, de La Masurerie, de Morigné, de La Nouchellère, de La Pillière, des Perrières, du Rocheteau, de La Simonnière, du Tremblay, de La Thibaudière, de Villeneuve.

E. 567. (Volume.) — In-folio, contenant 8 pièces, parchemin, 69 pièces, papier, 152 feuillets, les 41 premières pièces et la dernière ont été arrachées; 1 table de 23 feuillets, papier.

1631-1648. — Déclarations, baux et contrats d'acquêts (tome 22), pour les fiefs et tenures de L'Aumônerie, de La Bataille, de La Bourgetière, de La Brosse, de La Bavière, de Binechien, des Fers, de La Guérinière, de La Guichardière, de L'Hamelinière, de La Lande, de La Ligerie, de La Martinière, des Michellières, de Piétu, de Parpacé, de Richelieu, de La Singerie, de Thirouard, de La Vincelotière.

E. 568. (Volume.) — In-folio, contenant 63 pièces, parchemin, 81 pièces, papier, en mauvais état, 303 feuillets; 1 table de 10 feuillets, papier.

1648-1659. — Déclarations, baux et contrats d'acquêts (tome 23), pour les fiefs et tenures des Ardrillères, de L'Audiellerie, de La Bourgetière, du Champ-de-Cour, des Carmiers, de La Coudinière, de La Durbellière, de Gaday, de La Guyardière, des Hamelinières, de La Ligerie, de Bauchamp, de Malabry, de La Motte, de Montivert, de La Nouchellière, des Proutières, de Parpacé, de La Piverdière, de La Perannière, de Richelieu, de Souvigné, de La Tallebotière, des Varannes.

E. 569. (Volume.) — In-folio, contenant 19 pièces, parchemin, 91 pièces, papier, en mauvais état, 312 feuillets; 2 tables de 12 feuillets, papier.

1659-1673. — Déclarations, baux et contrats d'acquêts (tome 24), pour les terres et tenures des Boulineries, de La Bourgetière, de La Brosse, de Carcassonne, de Clos-Joly, de La Durbellière, de La Durinière, de Fourrier, de La Guyardière, de La Giraudière, de La Gonnetière, de La Licoiserie, de Lavau-Fétu, des Malabrières, de La Martinière, de La Masurerie, de Longlée, de La Pillière, des Plantes, de La Rue-Conste, de La Singerie, de La Simonnière, de Tassé, de Villeneuve.

E. 570. (Volume.) — In-folio, contenant 13 pièces, parchemin, 180 pièces, papier, en mauvais état, 337 feuillets; 2 tables de 16 feuillets, papier.

1610-1699. — Déclarations, baux et contrats d'acquêts (tome 25), pour les terres et tenures des Ardrillères, de Bois-Rateau, de La Bodinerie, de La Bédouaudière, de Beauvais, des Bas-Champs, de Carcassonne, de La Durbellière, de La Bavière, de La Georgerie, des Gravots, de La Ligerie, de Loullière, de La Masurerie, des Millonnières, de Malabry, des Marchandières, de L'Ouche-Basin, des Palais, des Perrières, de Piétu, de La Simonnière, de Salvert, de La Vallellère, des Verdures, des Voteries.

E. 571. (Volume.) — In-folio, contenant 6 pièces, parchemin, 116 pièces, papier, 316 feuillets; 1 table de 13 feuillets, papier.

1700-1708. — Déclarations, baux et contrats d'acquêts (tome 26), pour les terres et tenures du Barault, des Belloteries, des Bouchelières, de La Chauvelière, de La Choulinière, de Bousillé, de La Guyardière, des Grands-Champs, de La Grange, des Gravots, de La Jaulainière, de Montivert, de La Martinière, des Malabrières, de La Nouchellère, de Pivert, de La Pierre, de La Plesse, du Perray, de Richelieu, de La Simonnière, de Salvert, de La Vincelotière.

E. 572. (Registre.) — In-folio, papier, 363 feuillets [illegible], papier.

1500. — Recette des cens et rentes dus à la seigneurie pour les terres et tenures des Angounis, de L'Aumônerie, des Ardrillères, de Bois-Hobert, de La Burbellière, des Rousses, des Bruères, des Michelières, de La Coudinière, de La Chevallerie, des Chiffaudières, des Châteliers, de La Chabossière, de Courtillerie, de La Bavière, de Binechien, des Essards, de Fougeré, de Goletge, de La Gautraye, de La Gasselinière, de La Guyardière, de La Georgerie, de La Hamelinière, de Lavau-Fétu, de La Malebrie, de Maupertuis, des Michellières, de La Morellière, de La Nouchellère, de Piétu, de La Pierre, de La Masonne, de La Piverdière, des Palais, de Richelieu, de Souvigné, de La Sicardière, de Tassé, des Trocaudières, de La Vincelotière, des Varannes.

E. 573. (Registre.) — In-4°, papier, 311 feuillets, [illegible] 1-8 et 41.

1522. — Procès-verbal d'enquête dressé par René Brinon, commissaire député par le Roi pour la levée du plan de la châtellenie de Fontaine-Millon, à l'occasion du procès mu entre Thomas Millet, seigneur Du Châtelet, d'une part, et Jehanne de Peigné, veuve de Pierre de Masseilles, Jehan et Lancelot de Masseilles, ses fils, François de Lournay, Antoine Pascher, François Moreau et Jeachim de Coulons, d'autre part, pour le partage des fiefs.

E. 574. (Volume.) — In-folio, contenant 4 pièces, parchemin, 31 pièces, papier, 180 feuillets; 2 tables de 9 feuillets, papier.

1423-1770. — Aveux, déclarations, baux et contrats d'acquêts dans la mouvance du fief du Fougeré, pour terres et tenures à La Botte, à La Chesnaye, à La Choulinière, aux Deffais, aux Ferronnières, à Gée, au Laudreau, aux Millionnières, à La Pinzaudière, à Sermaise, au Tremblay, à La Vallière, au Vivier. — Transaction entre Jean de Maillé, seigneur de Saint-Georges-du-Bois, et le prieur de Fontaine-Millon, au sujet de la perception des dîmes.

E. 575. (Volume.) — In-folio, contenant 89 pièces, parchemin, 11 pièces, papier; 105 feuillets; 2 tables de 18 feuillets, papier.

[illegible]-1680. — Aveux, déclarations, baux et contrats d'acquêts dans la mouvance du fief du Fougeré, pour terres et tenures à La Réluaudière, à La Camusetie, à Chantepie, au Bois-Fouquet, à La Goutardière, à La Haynière, aux Mares, aux Millonnières, à Pontruelle, à Salvert, aux Valluaux, aux Touches en Marcé.

E. 576. (Volume.) — In-folio, contenant 31 pièces, parchemin, 41 pièces, papier; 116 feuillets, 2 tables de 13 feuillets, papier.

1680-1760. — Aveux, déclarations, baux et contrats d'acquêts dans la mouvance du fief du Fougeré, pour les terres et tenures de l'Arche, de La Baudinière, de La Cablière, de La Croix-Blanche, de La Burellerie, de La Goupillère, de l'Ile, de La Noue, de Salvert, de La Singerie, des Touches, de La Vallière. — Sentence au profit du seigneur contre le curé de Fontaine-Millon, au sujet des dîmes.

E. 577. (Carton.) — 4 pièces, parchemin; 15 pièces, papier.

[illegible]-[illegible]. — Procédure entre le seigneur et le curé de Fontaine-Millon, au sujet des dîmes à percevoir dans le fief du Fougeré.

E. 578. (Carton.) — 13 pièces, papier, dont 13 plans informes.

[illegible]. — Projet d'aveu à rendre à la châtellenie de Fontaine-Millon pour le fief du Fougeré par Anne-Louise-Élisabeth Boucault, veuve d'Ignace Trovit de La Gasnerie; — notes et observations sur ce projet. — Plans informes du fief.

E. 579. (Carton.) — 33 pièces, papier, dont 4 cahiers, papier in-folio, en mauvais état, 106 feuillets.

[illegible]-[illegible]. — Recette des cens dus au fief du Fougeré, par Louis Guineau, Valentin Buret, le prieur de Saint-Georges-du-Bois, Macé, Maucours, Colin Lepelletier, René Maillard, René Veluau, Franc. Taulnais, Nic. Maillard, Symphorien Aurain, Jeh. de Masseilles, Jacq. Hamelin, Guill. Avril, Gilles Raveneau, P. de La Croix, Urbain Bordeau, Jeh. Gommeau, P. Rousseau, Guill. Goussault, P. Péan, Léonard Roch, Marguerite Mondret, Ét. Rozier, Claude Chandoineau, Toussaint Durand, Antoine Vigneau et autres tenanciers. — Débris et extraits informes de censifs.

E. 580. (Carton.) — 43 pièces, papier; 3 pièces, parchemin.

[illegible]-[illegible]. — Procédure entre Ambroise de Masseilles, seigneur de Petite-Mulle, et Louis de Masseilles, pour le retrait féodal des fiefs des Touches et de La Singerie. — Lettres de Lemonnier, Pineau, de Crochard (avec cachet aux armes), Buret, de Contades, de Mme de La Gasnerie, concernant la féodalité des terres de La Singerie, des Touches, de La Poterie en Pontigné, du Gué-Raimbault.

SEIGNEURIE DES FONTAINES.

E. 581. (Carton.) — 23 pièces, papier, dont 1 plan et 13 cahiers, in-folio, de 231 feuillets; 2 pièces, parchemin.

[illegible]-[illegible]. — Mandement rendu par le sénéchal de la seigneurie des Fontaines en Saint-Just-des-Verchers, pour les assises des fiefs de Beauvais, de Savonnières, du Tronchay, du Petit-Taunay, de Marteau, de La Cochonnerie. — Écrou général des héritages mouvant desdits fiefs au Bois-Joly, à La Gasserie, aux Basses-Vignes, à La Régalle, à La Motelle, à La Fontenelle, à La Maillochie, à La Grande-Rivière, à La Herse, à La Noue-Girolleau, à La Croix-de-Gain, à Pierre-Plate, à Beauregard, aux Brunellières, à Baubinier, à La Grappe, aux Fourchettes, aux Grois, au Petit-Maupertuis, à Terre-Noire, à La Paraudière, à La Masse-Turquais. — Brouillards et débris de tables et de registres d'assises.

E. 582. (Registre.) — In-4°, papier, 118 feuillets.

[illegible]-[illegible]. — Recette des cens et rentes, tant en blé, froment, avoine, poules et chapons, qu'en argent, dus à la seigneurie des Fontaines par Macé Gervaise, P. Richard, Jeh. Gaufreteau, P. Besnard, Guill. Girard, Jeh. Nicolas, Simon Péan, Mic. Roland, Maurice Bouteau, René Leroyer, Jeh. Sauvestre, René Hallert, Jacq. Gélineau, Jeh. Martineau, Jeh. Vouvett, André Legay et autres tenanciers dans la paroisse de Saint-Just-des-Verchers.

E. 583. (Registre.) — In-4°, papier, 89 feuillets.

[illegible]-[illegible]. — Recette des rentes nobles et féodales dues chaque année, le jour saint Michel, à la seigneurie des Fontaines par Sébastien Malécot, René Sorin, François Mestrean, Mic. Gervais, André Fillon, P. Monbalais, Math. Bérard, René Coutelleau, François Thibaut, Jean Fillorhean, P. Hubert, J. Gay, René Gaullay, Macé Bienvenu, Mic. Salmon et autres tenanciers dans la paroisse de Saint-Just-des-Verchers.

E. 584. (Registre.) — In-folio, papier, 158 feuillets.

[illegible]-[illegible]. — Recette des cens et rentes dus à la seigneurie des Fontaines par Gabriel Maillé, J. Berge, René Cousineau, Jeh. Malescot, René Deschamps, J. Dion, P. Achard, René Baché, Fr. Robereau, René Gervais, P. Faradon, René Hubert, P. Bory, Louis Renard, Fr. Hardouin, L. Lamy, P. Meunier, Ch. Brossard, Ch. Raymond,

René Branchu, P. Bonéchaux, Jacq. Poquereau et autres tenanciers.

E. 588. (Registre.) — Grand in-folio, papier, 338 feuillets.

1701. — Recette des rentes, tant en grain, qu'en argent et volailles, dues à la seigneurie des Fontaines par Louis Blain, P. Chouteau, René Gervais, André Renard, Franc. Godin, Jacq. Mirandeau, P. Letouille, Franc. Gervais, Ét. Jousset, Franc. Beaumont, P. Bonéchaux, Mic. Froger, Jul. Piau, Gab. Davian, Louis Moreau, René Boucher et autres tenanciers.

E. 589. (Carton.) — 6 pièces, papier, dont 1 plan informe.

1601-1774. — Lettre de M. Loiseleur et extraits de titres à l'appui concernant la mouvance de la seigneurie au regard du château de Tannay.

BARONNIE DE FOUGERÉ.

E. 587. (Volume.) — In-folio, contenant 21 pièces, parchemin, 66 pièces, papier ; 103 feuillets ; 2 tables in-folio de 14 feuillets, papier.

1404-1690. — Baux, contrats d'échange et d'acquêts de terres et tenures dans le fief de La Chiquenetière en Montigné, à L'Aubépin, au Plessis-des-Aulnières, aux Barres, à La Bineraye, à La Buchetière, à La Charpentraie, à La Croix, au Moulin-à-Vent, à La Faclère, à La Fontaine, au Fresne, au Gât, au Gouffier, à La Hardie, à La Lardière, au Lierru, à La Martinière, à Montigné, à La Mulotière, à Nestré, à La Pépinière, à La Pierre, à La Rouillère, à La Varenne, au Vigneau, à La Vivantière

E 588. (Volume.) — In-folio, contenant 7 pièces, parchemin, 87 pièces, papier ; 292 feuillets ; 3 tables de 15 feuillets, papier.

1689-1749. — Baux, contrats d'échanges et d'acquêts de terres et tenures dans le fief de La Chiquenetière, à La Baillée, à La Béchellière, à La Charpentraye, au Clos-Chupin, aux Écraudières, aux Exemples, à Farineau, à La Fontaine, au Gouffier, aux Lambardières, à Champ-Rézin, à La Martinière, à Montigné, à La Mulotière, aux Papinières, à La Rouillère, aux Sablonnières, à Villebrune, au Vivier.

E. 589. (Volume.) — In-folio, 330 feuillets ; 2 tables de 40 feuillets, papier.

1508-1787. — Déclarations rendues aux assises des fiefs de La Mulotière, de Mené, de La Roussière et de La Chiquenetière, pour terres et tenures au Gué-Angevin, à L'Aubépin, à La Béchellière, à La Bodinière, à La Bordais, à La Bonetière, à La Bruletière, aux Grands-Champs, à La Charpentraye, aux Cinq-Chemins, aux Essards, à La Faronnière, à Haute-Folie, à Fougeré, aux Gillotières, au Clos-Hamelin, à La Herse, à Maupas, à Montigné, à La Mulotière, à Nestré, à La Pépinière, aux Cinq-Quartiers, à La Rouznelière, aux Ruaux, au Tertre, au Champ-Vallée.

SEIGNEURIE DE LA FRESNAYE.

E. 590. (Registre.) — In-4°, papier, 91 feuillets.

1470-1481. — « Compte que rend à noble et puissant « Jacques Fresneau Jehan Gohory le jeune, son receveur « en ses terres et seigneurie de La Fresnaye et Fenouillères » des cens et rentes dus par Jeh. Girard, Colas Guesdon, Louis Grippon, Jeh. Blanche, Jacq. Rougeon, Jul. Bertin, Macé Guitrau, Jeh. Guy, Tresteau, Desheraux, Geoffroy, Picault, Jacq. Delaunay, Jeh. de Vieuxmont, Jeh. Goudin, P. Maury, Ét. Chabault, Jacq. Tabureau, Jacq. Béron, Amaury Delacroix et autres tenanciers dans les paroisses de Cheviré-Le-Rouge, Jarzé et Échemiré.

E. 591. (Registre.) — In-4°, papier, 30 feuillets, les deux premiers enlevés.

1539. — Compte des cens et rentes dus à la seigneurie par Ambroise Bertin, Math. Guimoiseau, P. de Montplacé, Mic. Raveneau, Jeh. Gohory, Guill. Leseigneur, Jeh. Gauteron, Guill. Huault, Gab. Couillard, Mat. Beaussier, Loys Floreau, Jacq. Lhomme, Macé Girard, P. Crespin, Colas Picault, P. Caille, Colas Guedon, Jeh. de Vieuxmont, Jacq. Béron et autres tenanciers dans les paroisses de Cheviré-Le-Rouge, d'Échemiré et de Jarzé.

E. 592. (Registre.) — In-folio, papier, 242 feuillets.

1640. — Cens et rentes dus à la seigneurie dans les fiefs y annexés des Fenouillères, de Rogé, de Montplacé, de Ferrière, de Glené, de La Haie-de-Clefs, du Plessis-Hamelot, aux Arcis, à Boussandon, à La Blanconardière, au Bournais, à La Boirie, au Bois-Morin, à La Bachotière, à La Cassinerie, à La Cropetière, à Chanteloup, à La Chapelle-Saint-Clair, à La Fonassière, à La Gaudinière, aux Grimaudières, à La Giraudière, aux Jouberdières, aux Landelles, à La Morellière, à La Voiraiye, à La Poiroussorie, à La Perrouche, à La Roche-Thibaut, à Taluère, à La Thibaudière, à La Teillotière, à La Vatinière.

E. 593 (Carton.) — 6 pièces, papier, dont 4 cahiers, in-folio, papier, 109 feuillets.

1678-1785. — Écrous des déclarations rendues aux assises de La Fresnaye, des Fenouillères et autres fiefs y annexés pour les terres des Aubus, d'Ardrillé, de L'Aistre, de Boussandon, de La Blanconardière, de La Borderaye, du Bois-de-Mont, des Petits-Bournais, de Blanfour, de La

Barbotière, des Brébannières, de Beaulieu, de La Bouvrière, de La Blancherie, de La Cropetière, de La Croix-Fortin, des Colombiers, de La Cassinerie, de La Palifardière, des Dauphinières, de La Fouletière, de La Farinière, des Ferrandières, de La Gultière, de La Gaudinière, de La Galbauchère, de La Giraudière, de La Louisière, des Landelles, de Noirieux, de La Pillardière, de La Perruche, des Roberdières, de La Sasserie, de La Tallemaignerie, de La Valinière, des Varannes.

E. 594. (Carton.) — 2 cahiers, in-8°, papier, ensemble 15 feuillets, en mauvais état.

XVe siècle - 1670. — « Extraict du pappier censif de « la terre, fief et seigneurie de Chevyré-le-Rouge des « services cens et debvoirs deus à icelle seigneurie par le « fief de La Haye-de-Clefs, » annexé depuis à La Fresnaye. Extrait du censif du fief de Montplacé, certifié par René de Montplacé.

E. 595. (Carton.) — 91 plans, papier, en mauvais état.

1740. — Plans des fiefs et tenures des Fresnayes, du Petit-Bois, de La Maudronsière, de La Poulière, des Giraudières, de La Verglassière, de La Bolinière, des Grands Essards, de La Haye-de-Clefs, de L'Asnerie, des Cherbonnières, de Bois-Morin, de La Touche, du Buisson, du Clos-Chapin, du Champ-Beaucorps, de La Blancherie, de La Gasellerie, des Bordelais, des Vaux, des Boiries, de La Crochardière, de Linesle, de La Foulletière, de La Bourneteière, de La Richarderie, des Caves, des Borderies, des Malvoisines, des Baillons, des Fremières, de Bois-de-Mont, de La Gonardière, de La Tallemaignerie, des Sourderies, du Clos-au-Procureur, des Marguerites, des Groiselles, des Monneries, etc. (Brouillards informes.)

SEIGNEURIE DU FRESNE.

E. 596. (Carton.) — 2 pièces, papier.

1770. — Consistance de la terre, fief et seigneurie du Fresne et annexes, dans les paroisses d'Auverse, de Noyant, du Guédeniau et de Mouliherne. — État pour parvenir à la ventilation de ladite seigneurie et de la terre de la Blanchardière.

SEIGNEURIE DU FRESNE.

E. 597. (Carton.) — 2 pièces, papier.

XVIIIe siècle. — Mémoire des héritages dont le seigneur du Fresne, dans la paroisse de Faye, a reçu obéissance et dont la dame des fiefs de Mons et de La Guespière prétend revendiquer la mouvance.

SEIGNEURIE DE GASTINES.

E. 598. (Carton.) — 61 pièces, papier.

1658-1781. — Baux et contrats d'acquêts dans la mouvance des fiefs de La Ferronnière et de Maquillé, aux Plantes, à La Cosbronnière, à La Fleurisière, à La Hériplère, à Saint-Nicolas, à La Rougeardière, à La Guimeraye, à La Triquetière, à La Barre, à Galène, à La Cheminière, à Toucheronde, à La Briquerie, à la Basse-Hardye, à La Grole, près Vérigné, à L'Écoterie, à La Massiguère, aux Bois-Noirs, dans les paroisses de Briollay et de Tiercé.

E. 599. (Carton.) — 2 cahiers petit in-folio, papier, ensemble 61 feuillets.

1500-1575. — Cens, rentes, devoirs et services annuels dus à la recette des fiefs, terres et seigneuries de L'Aunerie et de La Chevrière, par Math. Boisteau, P. Rivecain, P. Ogereau, Seb. Lemarié, Raoul Proust, Jeh. Gouzault, Franc. Tart, Jullien Chaillou, Franc. Galton, Jeh. Herrouy, Jeh. Lecommandeux, F. Guyot, Simonne Paillette, Blaise Buret, Robert Lebreton, Jeh. Rousselet, Est. Durant, Jeh. Allard et autres tenanciers dans les paroisses de Briollay et de Tiercé.

SEIGNEURIE DE LA GAUCHERIE-AUX-DAMES.

E. 600. (Carton.) — 10 pièces, papier, dont 9 cahiers in-8°, ensemble 95 feuillets.

1607-1720. — Recette des cens et rentes dus à la seigneurie de La Gaucherie-aux-Dames en Montilliers, par Est. Vaillant, Jacq. Poineau, Macé Veau, Fr. Leteulle, René Buor, Fr. Gaschet, André Fabureau, Nic. Mallot, P. Godineau, P. Guiguard, Nic. Homeau, le prieur de Montilliers, de La Roche Bréchart, Alain Davy, Martial Blouin, Fr. Renou, André Boussion, Urbain Fretière, Fr. Godineau, Louis Hector, le curé de Faveraye, J. Lepin, J. Pellerin, et autres tenanciers. — Lettre de M. Du Coudray-Montbault, au sujet d'une redevance prétendue par le sieur de La Gaucherie sur un quartier de vigne.

SEIGNEURIE DE LA GAUCHERIE-DITAULT.

E. 601. (Registre.) — In-folio, papier; 72 feuillets; 2 tables de 11 feuillets; papier.

1681. — Assises des fiefs et seigneuries de Turgis-Collin et des Vauxprés, dépendant de la terre et seigneurie de La Gaucherie-Bilault en Faveraye, pour les tenures du Coteau-Berger, de Baursault, du Bois-Collin, de La Fontaine, de La Guillonnière, du Marchais, de Hachelette, des Ouches Sourdigné.

CHATELLENIE DE GENÉ.

E. 602. (Plan.) — 1 pièce, papier.

1660. — Plan de la terre, fief et châtellenie de Gené.

SEIGNEURIE DE LA GIRAUDIÈRE.

E. 603. (Volume.) — In-folio, contenant 59 pièces, parchemin, 46 pièces, papier; 268 feuillets; une table de 7 feuillets, papier.

1450-1600. — Aveux et déclarations rendus aux assises de la seigneurie de La Giraudière, pour les fiefs des Sauvagères et de La Bardelière, par Mat. Audureau, Franc Ayrault, Mat. Regault, Louis Rousselon, Fr. Cholloux, J. Dutour, Georges Davy, F. Guissard, P. Grellet, Math. Humeau, André Jouet, J. Lemelgnan, P. Métayer, Nic. Merlet, Guill. Ogier, René Rullier, P. Serpillon et autres tenanciers dans la paroisse de La Tour-Landry.

E. 604. (Volume.) — In-folio, contenant 51 pièces, parchemin, 27 pièces, papier; 260 feuillets; 1 table de 7 feuillets, papier.

1611-1710. — Aveux, déclarations, baux, contrats d'acquêts produits aux assises de la seigneurie de La Giraudière et du fief de La Haute-Sauvagère par J. Aunillon, J. Baucheteau, Jacques Boisdron, Vic. Brunet, René Catroux, Fr. Cottenceau, P. Dutour, René Denecheau, Mic. Fonteny, René Guillot, P. Guillet, René Hilaire, René Jouet, Fr. Lefaril, Louis Loriot, P. Merlet, Fr. Pigeon, Jacq. Piffard, Jacq. Rullier, Th. Thibault, Mic. Viau et autres tenanciers dans la paroisse de La Tour-Landry. — Fondation par Messire Michel Catrou d'une chapelle près le bourg des Échaubrognes en l'honneur de Notre-Dame-de-Bon-Secours.

E. 605. (Registre.) — Petit in-folio, papier, 42 feuillets; 1 table de 2 feuillets; papier.

1600-1614. — Remembrances des déclarations reçues aux assises de la seigneurie pour les fiefs et tenures de La Hancelière, de La Touchebérue, de La Mailleterie, du Grand-Aulnay, du Puy-de-La-Garde, des Coteaux-Brunet, de L'Angellier, de La Bourgevinière, de La Boullaye, de La Brunetterie et de La Chaimbaudière.

E. 606. (Registre.) — Grand in-folio, papier; 217 feuillets; 2 tables de 4 feuillets, papier.

1650-1671. — Déclarations rendues aux assises de la seigneurie de La Giraudière et du fief de La Sauvagère, par Math. Audureau, Barthélemy Besnard, Jacq. Brunet, Guill. Bernier, Fr. Baussand, J. Catroux, le curé de La Tour-Landry, Jacq. Grellet, Jacq. Grégoire, J. Gourichon, André Jouet, P. Métayer, Nic. Pigeon, Louis Prissé, Vincent Roupillon, Jacq. Réthoré, Simon Blouin, Ph. Gault, Fr. Léger, Mat. Merlet, René Rullier, P. Serisier, Michel Viau et autres tenanciers.

E. 607. (Cahier.) — [illegible], in-folio, papier; 139 feuillets.

1701-1727. — Déclarations rendues aux assises de La Giraudière et du fief de La Haute-Sauvagère, pour les terres et tenures de La Brunetterie, de La Boulaie, de La Chaimbaudière, de La Boullaye, du Puy-de-La-Garde, de La Grenauderie, de L'Angellier, de L'Aureslière, de La Pinière, de la Mailleterie, de La Hougotière, de La Hancelière, de La Touchebérue, du Bordage, de La Giraudière, de La Bardelière, du Verger.

E. 608. (Registre.) — Petit in-folio, papier; 43 feuillets; 2 tables de 6 feuillets, papier.

1727. — Déclarations rendues aux assises du fief de La Giraudière par P. Airault, Fr. Belliard, les paroissiens de Trémentines, les religieux de Bellefontaine, le prieur de Saint-Pierre-de-Chemillé, Firmin Bovieux, Al. Fonteny, André Moreau, Hardoin Merlet, René Plessis, Math. Papin, Jeanne Réveillère, Gab. Supiot et autres tenanciers.

E. 609. (Registre.) — Petit in-folio, papier; 42 feuillets; 2 tables de 8 feuillets, papier.

1787. — Déclarations rendues aux assises du fief de La Haute-Sauvagère par René Bordron, Mat. Bernier, Louis Blanchet, Jos. Basantay, Ch. Chemineau, Jacq. Grellet, les paroissiens de La Tour-Landry et de Saint-Georges-du-Puy-de-La-Garde, J. Gourdon, P. Hallert, Jacq. Mesnard, René Ponceau, Fr. Rabin, Mic. Supiot, Jos. Samoiseau.

E. 610. (Cahiers.) — 22 pièces, papier, dont 3 cahiers in-folio, 137 feuillets; 4 pièces, parchemin.

1630-1765. — Projet informe d'aveu de la seigneurie de La Giraudière et du fief de La Haute-Sauvagère à rendre au château de La Tour-Landry. — Brouillards des déclarations rendues aux assises des dits fiefs par P. Blanchet, Fr. Boussion, P. Bernier, J. Caillault, René Ponceau, P. Merlet, les paroissiens de La Tour-Landry et de Saint-Georges-du-Puy-de-La-Garde, le curé de Saint-Pierre-des-Échaubrognes, Charles de Billon, Fr. Piffard, Nic. Boussicault, Jacq. Mesnard, J. Guinoiseau, Ch. Prudhomme, Al. Fonteny, les religieux de Bellefontaine, P. Herrault, Fortuné Merlet, Marie de Villeneuve. — Déclarations, baux et contrats d'acquêts détachés pour les terres de La Boullaye, de La Chalumaudière, de La Bordelière. — Lettres de MM. de La Sauvagère, Bodié, du prieur de Champfleury, de M. Gesbron, de Madame Du Plantis, concernant des rentes ou des devoirs féodaux desdits fiefs.

SEIGNEURIE DE LA GOHELLIÈRE.

E. 611. (Carton.) — 13 pièces, papier, dont 1 cahier in-folio, 20 feuillets.

1403-1780. — Déclarations rendues aux assises de La Gohellière pour terres et tenures à La Caillelière, à Pasdagré, à Vielmur, à La Poblère, aux Moulins-de-Chauvreau, à La Gadine, à L'Écarpière, à La Moussandière, à Cherprais, à Beaucout, au Chatelier, à Rousseau, à La Chouperillère, aux Charrières-Bernard, à La Bertauderie, à La Pierrelevée, à La Gressière, à L'Écurneslière, à l'Éclusseau, à Goulegaste, dans les paroisses de Saint-André-de-La-Marche, de Roussay, de La Séguinière, de Torfou, de Gétigné, de Saint-Macaire et de Saint-Germain de Montfaucon.

SEIGNEURIE DE LA GOUBERIE.

E. 612. (Carton.) — 85 pièces, papier.

1710-1780. — Fragments de terriers, de censifs et de registre d'assises des fiefs d'Auverselle, de Bois-Laufray, de Champagne, de Glené, de La Grifardière, de Guibernois, de La Rocheperron, dépendant de la seigneurie de La Goubetie, dans les paroisses du Vieil-Baugé et de Baugé.

SEIGNEURIE DU GRAND-GRASSIGNY.

E. 613. (Volume.) — In-folio, contenant 11 pièces, parchemin; 71 pièces, papier, ensemble 219 feuillets; 2 tables de 10 feuillets, papier.

1457-1689. — Déclarations rendues aux assises de la seigneurie du Grand-Grassigny (tome 1er), pour terres et tenures aux Bastardières, à La Cassinerie, à Chalonnes, au Champil, au marais de Châteaupanne, aux Cottereaux, aux Ébaupins, à La Fortune, à Gastelet, à La Grange, à La Jaltière, à La Manginerie, à La Pierre, à La Roblinière, à La Triballerie. — Aveux rendus à la baronnie de Chalonnes par Jeh. Leboreau et René Binault pour la métairie de La Haute-Charpentraye en Saint-Laurent-de-La-Plaine. — Lettres olographes de Jehanne de La Jaille, du sieur de La Ferté, de René de Mergot à leurs fermiers.

E. 614. (Volume.) — In-folio, contenant 138 pièces, papier, 3 pièces, parchemin; ensemble 303 feuillets; 2 tables de 23 feuillets, papier.

1519-1589. — Déclarations rendues aux assises de la seigneurie du Grand-Grassigny (tome 2e), pour les terres et tenures d'Armangé, du Bout-du-Bois, de La Brétaudrie, de La Chartebouchère, de La Couperie, de La Fortune, des Goulidons, de La Guinière, des Malingeries, du Côteau-Moreau, de La Marousière, des Sisellos, du Pin, des Pommeaux, du Pressoir-Rouge, du Pressoir-Barrault, de La Rouarderie, du Côteau-Viau.

E. 615. (Volume.) — In-folio, contenant 3 pièces, parchemin, 60 pièces, papier, ensemble 131 feuillets; 2 tables de 10 feuillets, papier.

1580-1680. — Déclarations rendues aux assises de la seigneurie du Grand-Grassigny (tome 3e), pour terres et tenures des Alliers, de Beauvais, de La Brunetière, de La Caressorie, de La Chenehaudière, des Cottereaux, des Couverrées, de La Décollerie, de La Fortune, des Goulidons, de La Guilmetrie, des Malingeries, des Mousseaux, du Portail, du Pressoir-Rouge, de La Pierre, de La Rouarderie, de La Raissière, de La Saulaye, de La Triballerie.

E. 616. (Volume.) — In-folio, contenant 170 pièces, papier, 350 feuillets; 2 tables de 33 feuillets.

1604-1684. — Déclarations rendues aux assises de la seigneurie du Grand-Grassigny (tome 4e), pour les terres et tenures de Sainte-Anne, de La Bituzerie, des Brégeons, de La Brétaudrie, de La Cassinerie, du Cestre, de La Chartebouchère, de La Coucterie, des Couverrées, de La Boleuserie, des Garavats, de La Grange, des Gros, de La Jaltière, de La Manginerie, des Pommeaux, de La Roblinière, de La Botte-au-Loup, des Tonnières, de La Triballerie, du Verdelay, de Saint-Vincent.

E. 617. (Volume.) — In-folio, contenant 1 pièce, parchemin, 162 pièces, papier, 416 feuillets; 2 tables de 26 feuillets, papier.

1609-1680. — Déclarations rendues aux assises de la seigneurie du Grand-Grassigny (tome 5e) pour les terres et tenures de Beauvais, de La Bétuzerie, des Petits-Bons, de La Brétaudrie, de La Cassinerie, du Cestre, du Champil, de La Chartebouchère, de La Cochellerie, des Cottereaux, de La Couperie, des Couverrées, de La Fortune, des Garavats, de Gastelet, des Malingeries, des Mareaux, de l'Ouche-aux-Moines, de La Pesotterie, du Portail, du Pressoir-Rouge, de La Botte-au-Loup, de La Rouarderie, de La Roullière, de La Tonnerie, de La Triballerie, de La Varenne, de La Vésinerie.

E. 618. (Volume.) — In-folio, contenant 234 pièces, papier, 324 feuillets; 2 tables, de 37 feuillets, papier.

1566-1693. — Déclarations rendues aux assises de la seigneurie du Grand-Grassigny (tome 6e), pour les terres et tenures des Alliers, des Arzillais, de Beauvais, de Pierre-

Blanche, du Bois-de-la-Pierre, de Sainte-Catherine, du Champil, de La Chartebouchère, des Chantiers, de La Couperie, des Ébaupins, des Garavats, de La Grange, de La Herse, des Malingeries, des Mareaux, de La Poitrée, des Pommeaux, du Portail, du Quinzain, de La Rouillère, de La Rouarderie, de La Triballerie.

E. 619. (Volume.) — In-folio, contenant 10 cahiers, petit in-4°, papier, 1 pièce, parchemin, 134 pièces, papier, ensemble 531 feuillets; 3 tables de 18 feuillets, papier.

[illegible]. — Déclarations rendues aux assises de la seigneurie du Grand-Grassigny (tome 7e), pour les terres et tenures des Alliers, des Bastardières, de La Bourigaudrie, de Bouroche, de La Cassinerie, des Chantiers, du Cestre, des Cottereaux, des Couverrées, de La Caresserie, de Feuille-d'Or, de La Fontaine-Bordier, de La Fortune, du Gastelet, des Goullidons, de La Grange, de La Herse, des Malingeries, de La Marzelle, de La Mauginerie, des Nouettes, du Pin, du Pressoir-Rouge, du Portail, de La Rouanderie, de La Roussière, des Sixtes, du Soldoreau, de La Triballerie, de Saint-Vincent.

E. 620. (Registre.) — In-folio, papier, 529 feuillets; 2 tables de 39 feuillets, papier.

[illegible]. — Déclarations rendues aux assises de la seigneurie du Grand-Grassigny, pour les terres et tenures des Alliers, des Arzillais, de La Bastardière, de La Cassinerie, des Chantiers, de La Chartebourchère, du Cestre, de La Couperie, des Ébaupins, des Filloires, du Gastelet, de La Grange, de La Herse, de La Jaltière, de La Mauginerie, de La Marzelle, des Oiselles, des Pommeaux, du Pressoir-Rouge, de La Rouarderie, de La Roblinière, du Soldoreau, de La Triballerie, de Saint-Vincent.

E. 621. (Carton.) — 43 cahiers in-folio, papier, 420 feuillets.

[illegible]. — Déclarations rendues aux assises de la seigneurie du Grand-Grassigny, par César Maurat, Louis Tresneau, Urbain Davy, P. Granger, Marie Boutin, André Carteau, Marie Durand, Louis Donneau, Ét. Pelletier, Gab. Poissonneau, Fr. Guillory, Fr. Froger, Vic. Macquin, Jul. Chuleau, Toussaint Bastard, Claudine Vallée, Marie Juret, Maurille Danneau, P. Soreau, le curé de Montjean, Laurent Bourdeil, Marie Blanvilain, Fr. Guerinet, Toussaint Boisault, P. Boureau, Ét. Métayer, André Bourgeais, René Toberteau et autres tenanciers dans les paroisses de Chalonnes et de Saint-Laurent-de-la-Plaine.

E. 622. (Registre.) — In-folio, papier, 112 feuillets.

[illegible]. — Projet d'aveu à rendre à la baronnie de Chalonnes pour la seigneurie du Grand-Grassigny, par Jacques-Charles Brunet de Grassigny, curé d'Azé-lès-Châteaugontier.

CHATELLENIE DE GREZ.

E 623. (Carton.) — 48 pièces, papier; 6 pièces, parchemin; 6 plans.

[illegible]. — Aveux rendus au château de Sautré par René Dubellay et Palamède-Guy-Marie de La Grandière, pour partie de la seigneurie de Grez-sur-Ma[illegible]; — à la châtellenie de La Roche-Joullain pour le fief du Joncheray. — Mémoires et répliques pour soutenir ou combattre les blâmes portés contre les dits aveux par messire Auguste-Claude-François de Goddes, marquis de Varennes, seigneur de Sautré.

CHATELLENIE DE LA BASSE-GUERCHE.

E. 624. (Volume.) — In-folio, contenant 10 pièces, parchemin, 244 pièces, papier, ensemble 469 feuillets; 2 tables de 21 feuillets, papier.

[illegible]. — Déclarations rendues aux assises de la châtellenie de La Basse-Guerche (tome 1er), pour terres et tenures aux Arzilleux, à La Pierre-Aigue, à Ardenay, à La Bouteillerie, à La Brosse, à La Bellouetterie, à La Brisardière, aux Cottes-Rouges, aux Croizettes, au Deffais, à L'Épingalière, à La Fougereuse, à Follet, à La Genaiserie, au Hous, aux Hérinnes, aux Ludinières, à Longhomme, près la rivière du Layon, aux Maltachères, au Varineau, à Princé, à La Sauvagère, à La Soulardière, à La Turpinière, aux Varennes, à La Fontaine-de-Valette, à Vaugirault, dans les paroisses de Saint-Aubin-de-Luigné, de Chalonnes et de Chaudefonds.

E. 625. (Volume.) — In-folio, contenant 12 pièces, parchemin, 224 pièces, papier, ensemble 483 feuillets; 2 tables in-folio, papier, de 34 feuillets.

[illegible]. — Déclarations rendues aux assises de la châtellenie de La Basse-Guerche (tome 2e), pour terres et tenures à Ardenay, aux Bruandières, à La Billarderie, à La Brosse, à Bidolle, aux Croizettes, à Cotterouge, à Caillé, au Deffais, à La Dube, à L'Épingalière, à Follet, aux Fosses, aux Gourdinières, à La Genaiserie, au Hous, aux Hérinnes, à La Jailletière, aux Ludinières, aux Orgeries, aux Perr[illegible], à La Perrotinière, à Princé, aux Maltachères, à La Maubechée, aux Noguettes, à Rochefort, aux Sauvagères, au Vauguérin, aux Varennes, au Vauzeau, aux Vallettes.

E. 626. (Volume.) — In-folio, contenant 1 pièce, parchemin, 199 pièces, papier, ensemble 416 feuillets; 2 tables in-folio, papier, de 30 feuillets.

1618-1655. — Déclarations rendues aux assises de la

châtellenie de La Basse-Guerche (tome 8e), pour terres et tenures à Ardenay, aux Bruandières, à La Brisardière, à Bédolle, au Courtilsau, au Chêne-Ba'mon, à Chaudefonds, à Chalonnes, aux Croisettes, à La Charrière, au Carrefour-Corbin, à La Fougereuse, à Follet, aux Gourdinières, à La Genaiserie, aux Hérinnes, au Houx, à La Jaltière, aux Ludinières, à La Minée, aux Maltachères, à Maupas, aux Orgeries, à La Perrotinière, à Princé, au Roc, à La Sauvagère, à Tirechan, à Vauguérin, aux Varennes, aux Vallettes.

E. 627 (Volume.) — In-folio, contenant 12 pièces, papier, 160 feuillets; 1 table de 14 feuillets, papier.

1520-1618. — Déclarations rendues aux assises de la châtellenie de La Basse-Guerche (tome 5e, le tome 4e manque), pour terres et tenures à Ardenay, à La Brosse, à La Brisardière, à La Roche-Blanche, à Chaudefonds, à Chalonnes, à La Dauphinette, à La Fougereuse, aux Gourdinières, au Houx, aux Hérinnes, à La Jaltière, à L'Épine, à L'Orchère, aux Maltachères, à La Maubechée, à La Motte-au-Moine, aux Nouelles, à La Noiraye, aux Orgeries, à La Perrotinière, au Perray, à La Prugalière, à Pain-Perdu, à La Sauvagère, à Vallette, aux Varennes

E. 628 (Volume.) — In-folio, contenant 130 pièces, papier, 262 feuillets; 2 tables in-folio, papier, de 23 feuillets.

1572-1655. — Déclarations rendues aux assises de la châtellenie de La Basse-Guerche (tome 6e), pour terres et tenures dans le fief de La Mâzure, à Saint-Aubin-de-Luigné, à La Coulée-Bastais, aux Courtils, à L'Épinardière, à La Gourdinière, à La Genaiserie, à La Haye-Guichard, à L'Énauderie, à La Motte, à Marteau, à Métoine, au Puy, à La Renardière, dans la vallée de Rochefort, près Saint-Symphorien, à Vallette.

E. 629 (Volume.) — In-folio, contenant 4 pièces, parchemin, 24 pièces, papier, 59 feuillets; 2 tables in-folio, de 10 feuillets, papier.

1510-1662. — Déclarations rendues aux assises de la châtellenie de La Basse-Guerche (tome 7e), pour terres et tenures au Bois, aux Croisettes, à Chaudefonds, à La Gourdinière, aux Hérinnes, sur la rivière du Layon, à La Minée, au Puy, aux Genets, à Princé, à Valette.

E. 630. (Volume.) — In-folio, contenant 4 pièces, parchemin, 38 pièces, papier.

1460-1710. — Aveux rendus aux assises de la châtellenie de La Basse-Guerche (tome 8e), par Hardy de La Béraudière, pour La Roche-Serpillon; — par Michel Lefèvre, pour L'Écoublaudière; — par Jehan Cierzay et Robert Legay, pour La Raimbaudière; — par Jehan Baudry et Louis Baudry, pour La Turpinière; — Notes et extraits des dits aveux, par M. Lanier, seigneur de La Basse-Guerche.

E. 631. (Volume.) — In-folio, contenant 10 pièces, parchemin, 131 pièces, papier, 338 feuillets.

1470-1760. — Baux, contrats d'acquêts, actes d'échange, titres de propriété, de terres et tenures, dépendant de La Basse-Guerche, à L'Épinardière, à Rochefort, à Chaudefonds, aux Sauvagères, à La Bruandière, aux Noulis, au Vau-Guérin, au Bois, à La Jaltière, à L'Épine, à La Métoine, à La Mahoterie, à Princé, à Valette, à Noguette, à Rouetilles, aux Hérinnes, aux Paragères, aux Brisardières, au Houx, à La Perrotinière, aux Perrais, aux Maltachères, à L'Onglée, à La Houssaye, à Chanzeau, à La Turpinière, à La Haye-Longue, à La Leu en Savennières, au Paradis, à La Pommeraye, dans la Vallée, à Chalonnes, à La Coulée-Verte, à La Genaiserie.

E. 632. (Volume.) — In-folio, contenant 21 pièces, parchemin, 80 pièces, papier; 503 feuillets; 2 tables de 23 feuillets, papier.

1459-1788. — Déclarations rendues aux assises de la châtellenie de La Basse-Guerche, pour terres et tenures à L'Abbaye, aux Barres, à Bédolle, aux Brisardières, à Chalonnes, à Chaudefonds, à La Coulée-Verte, au Deffais, à Dinechien, à L'Épine, à L'Épingalière, à Follet, à La Fougereuse, à La Genaiserie, aux Gourdinières, à La Haye-Longue, aux Hérinnes, au Houx, à Jouhannette, aux Ludinières, à La Mâsure, aux Maltachères, aux Minées, à Noguette, à Olivet, aux Orgeries, aux Perrais, à La Perrotière, à Pierre-Cou, à Princé, aux Raimbaudières, à La Roche-Serpillon, aux Sauvagères, à La Turpinière, aux Varennes, à Vau-Guérin, — Procuration autographe de Mme de Villoutreys. — Transactions entre M. de Contades d'une part et MM. de La Paumelière, de Mergey, de La Galissonnière, Charles Bernard, concernant la mouvance de leurs fiefs respectifs dans les paroisses de Neuvy, Chaudefonds, Saint-Aubin-de-Luigné, La Jumellière, Chalonnes, Rochefort. — Aveux rendus à la seigneurie du Lavouer, par J. de Bourbon, comte de Vendôme, pour La Basse-Guerche; — à Chalonnes, par J. de Beauveau, pour le fief des Orgeries; — à La Motte-des-Marchais, par René Rousseau, pour le fief de La Mâsure. — Droit de pâturage dans l'île de Chaudefonds.

E. 633. (Volume.) — *In-folio, contenant 180 pièces, papier, 310 feuillets; 2 tables de 20 feuillets, papier.*

1703-1789. — Déclarations rendues aux assises de la châtellenie de La Basse-Guerche par J. Blanvillain, Jacq. Boulestreau, P. Doré, Phil. Bossoscille, F. Charbonnier, Maurice Château, Louis Chevreul, Laurent Chasseloup, Mat. Chiron, Ch. d'Andigné, Perrine Éon, Jacq. Frémondière,

René Forest, Marguerite Gautier, Ant. Guais, Ét. Garot, Ant. Houdet, P. Houdin, Jacq. Hunault, J. Ledoyen, Élisabeth Loriost, L. Lethoule, Amaury Marinière, Yves Normand, Pierre Oger, Ch. Poisson, J. Poitevin, Mic. Réthoré, Rousseau de L'Orchère, J. Robineau, J. Verdier et autres tenanciers dans les paroisses de Saint-Aubin-de-Luigné, de Chaudefonds, de Chalonnes et de Rochefort.

E. 634. (Registre.) — Petit in-folio, papier; 83 feuillets

1571-1578. — Remembrances des déclarations rendues aux assises de La Basse-Guerche par Math. Barbot, Noël Chevallier, P. Robin, Nic. Drouault, P. Marais, Jeh. Louettier, Ét. Mortier, Jacq. Gourdon, Jeh. Lambert, Perrine Grenot, P. Monnet, Jacq. Moussaint, Marc Allain, Mat. Mousseau, Christ. Moguyon, Jeh. Guischet et autres tenanciers dans les paroisses de Chaudefonds, de Saint-Aubin de Luigné, de Chalonnes.

E. 635. (Registre.) — In-folio, papier, 447 feuillets; 1 table de 20 feuillets, papier.

1580-1605. — Remembrances des déclarations rendues aux assises de La Basse-Guerche par Abel Barbot, Aub. Bidusneau, Bart. Johannet, Barbe Hubert, Ch. Blouin, Ch. Besnard, Damien Dubois, Denise Cailleau, Fr. Naudin, Laurent Fribault, Louis Gazeau, Zorobabel Huguet, Yves Rousseau, Sylvestre Chesneau, René Ménard, P. Gerfault, P. Toisnon, Paul Cherbonneau, Nic. Lemaulgin, Nic. Guichet, Macé Roulleau, Mic. Yvon, Mat. Doteau, Louis Trottier, Louis Réthoré, Jeh. Taupin, Jacq. Cady, Fr. Gasnier, Claude Amyot et autres tenanciers dans les paroisses de Chaudefonds, de Saint-Aubin-de-Luigné et de Chalonnes.

E. 636. (Registre.) — Grand in-folio, papier, 378 feuillets; 1 table de 4 feuillets, papier.

1618-1626. — Remembrances des déclarations rendues aux assises de La Basse-Guerche par Mic. Chesneau, Jacq. Blouin, Louis Moreau, Ant. Barbot, René Épegeot, Vincent Massonneau, Mic. Réthoré, Jeh. Bourigault, René Maingot, Jacq. Branlard, la fabrique de Chaudefonds, les chapelains du Jeu et de La Madeleine, Gilles Guérif, Math. Chobet, P. Gâlard, Mat. Boulestreau, Mic. Delastre, Noël Favereau, René Leteulle, Bertrand Ogeron de La Bouère, Guill. Neau, André Bourbet, Jacq. de Cordon, Jeh. Taupin, Jacq. Poisot, Jeh. Siret, Jacq. Desbarres, Jeh. Cohuau et autres tenanciers dans les paroisses de Chaudefonds, de Saint-Aubin-de-Luigné, de Chalonnes et de Rochefort-sur-Loire.

E. 637. (Regisire.) — In-folio, papier, 280 feuillets.

1648-1655. — Remembrances des déclarations rendues aux assises de la Basse-Guerche par Jacq. Blouin, René Réthoré, P. Guychet, Luc Payneau, Perrine Gaultier, Jacq. Petit, J. Mesnard, Maurice Dangeau, P. Marchays, Fr. Maurtier, Luc Chassé, Jacq. Garreau, J. Landreau, Simon Chevaye, Gabrielle Boullaye, Jacq. Barbot, Jacq. Verdier, Marie Gaultreau, Julienne Mussault, P. Simon, Macé Siret, P. Richoust, P. Leduc, Maurice Lusson, Renée Guillonneau, Claude Dagouleau, René Baillif, Jeh. Boussier, René Mesnard, René Henry, P. Pelé, J. Cailleau, J. Vallin, Jacq. Boulestreau, Mic. Davy, J. Fournier, Barbe Bicou et autres tenanciers dans les paroisses de Chaudefonds, de Rochefort-sur-Loire, de Saint-Aubin-de-Luigné et de Chalonnes.

E. 638. (Registre.) — In-folio, papier, 63 feuillets; 1 table de 8 feuillets, papier.

1693. — Remembrances des déclarations rendues aux assises de La Basse-Guerche par P. Boulestreau, P. Boré, Mat. Boulet, J. Barbot, J. Belon, Mic. Chevreuil, Jacq. Cercueil, L. Cherbonnier, J. Chaulebert, Jacq. Dairau, Mic. Froumageau, Math. Goguer, René Griffon, Fr. Gaudicheau, Fr. Hunault de La Peltrie, Jacq. Jubin, Nic. Ogereau, Mic. Pelé, Mic. Ponasneau, Renée Petit de La Pichonnière, Mat. Trottier, Ét. Théard, J. Vaslin, Jacq. Verdier et autges tenanciers dans les paroisses de Chaudefonds, de Chalonnes, de Rochefort, de Saint-Aubin-de-Luigné.

E. 639. (Registre.) — In-folio, papier, 184 feuillets, 2 tables de 51 feuillets, papier.

1758-1759. — Remembrances des déclarations rendues aux assises de la Basse-Guerche et du fief y annexé de La Mazure, par Jacq. Augereau, Ét. Boré, J. Besnard, Mat. Bestier, Mic. Belouin, Ét. Cherbonneau, Franc. Coiscault, Marie Cottenceau, Mic. Douvy, les fabriques de Chaudefonds et de Saint-Aubin-de-Luigné, Fr. Esseau, J. Frémy, Mic. Giffard, Suzanne Godard, Joseph Humeau, César Houdet, Jacq. Jollivet, Guy Ledoyen, Jul. Leduc, Louis Maurice, Fr. Mallineau, Denis Ogereau, J. Parant, Simon Piffard, Mat. Reullier, Fr. Rethoré, Mat. Sécher, Maurice Trottier, Aug. Trouillet, Louis Vallin et autres tenanciers dans les paroisses de Chaudefonds, de Saint-Aubin-de-Luigné, de Chalonnes et de Rochefort. — Procuration olographe de R. Béguier, docteur, professeur en la Faculté de médecine de Nantes.

E. 640. (Registre.) — In-folio, papier, 248 feuillets; 2 tables de 29 feuillets, papier.

1563. — Recette des cens et rentes dus à la châtellenie de La Basse-Guerche, par Fr. Louettière, Ét. Leteulle, Denis Leduc, Damiens Dubois, Hector Baronneau, Hierosme Blouin, Guill. Monsaint, Gilles Cailleau, Mat. Roulleau, Louis Poupart, Lézin Meguyon, Luc Chassé, Vic. Houdin,

Macé Bautet, Mat. Simon, P. Tiffaugin, P. Gronet, René Haran, Vincent Marionneau, Yves Bestier, René Boislesve et autres tenanciers dans les paroisses de Chaudefonds, de Saint-Aubin-de-Luigné, de Chalonnes et de Rochefort.

E. 641. (Registre.) — In-folio papier, 299 feuillets; 1 table de 8 feuillets, papier.

1770. — « Papier censif des cens, rentes et devoirs » deus chacun an à la châtellenie de La Basse-Guerche et » fief de La Mazure, divisé en quatre parties, dans la pre- » mière desquelles sont employez les sujets que le seigneur » de La Basse-Guerche reporte en plein fief à la baronnie » du Lavouer; dans la deuxième, les sujets que ledit sei- » gneur reporte à la baronnie de Rochefort; dans la troi- » sième, les sujets que ledit seigneur reporte à la baronnie » de Chalonnes; et dans la quatrième est le fief de La Ma- » zure, relevant du fief de La Motte-Saint-Aubin. »

E. 642. (Registre.) — In-folio papier, 620 pages; 2 tables de 19 feuillets, papier.

1764. — « Papier terrier et censif du fief de la châtel- » lenie dans les paroisses de *Saint-Aubin-de-Luigné* et de » Chaudefonds, en lequel terrier et censif sont compris et » confrontés tous les héritages qui en dépendent, avec leurs » confrontations *modernes prises sur* les lieux, avec les » noms, surnoms desdits héritages, avec les noms de ceux » qui les possèdent et les devoirs et services qui sont dus » chacun an sur iceux au *terme* d'Angevine et de Saint-Au- » bin, » par René Audineau, Louis Reziau, Fr. Bourdeil, P. Boré, René Chalonneau, Fr. Chiron, Louis David, Mme de la Villoutreys, P. Guignard, P. Grosneau, P. Hilaire, Ant. Houdet, Simon Janneteau, Gay Ledoyen, Mic. Launay, Louis Lhumeau, Jacquine Moresve, Fr. Métivier, René Morinière, Fr. Normand, Nic. Oger, Simon Piffard, Marin Paignon, J. Perrotteau, Mat. Rullier, René Ribault, Alexis Richou, Mat. Sécher, P. Taupin, J. Verdier, L. Vaslin et autres tenanciers.

E. 643. (Registre.) — Grand in-folio, papier, 434 feuillets; 2 tables de 18 feuillets papier.

1789. — « Papier terrier général des domaines, fief et » châtellenie de La Basse-Guerché, paroisse de Chaudefonds et paroisses circonvoisines, mentionnant, avec les » titres qui s'y rapportent, les cens et rentes dus sur cha- » que tenure par l'abbesse du Ronceray, » par Alloux, Barrin de La Galissonnière, Jacq. Blancvillain, Geneviève Boulitreau, Nic. Bry, P. Chateau, les chapelains de Sainte-Barbe, de La Madelein et des Noullis, Charles Cissé, J. Chiron, Nic. Cloud, Mic. Douvry, René Dusouchay, les fabriques de Chaudefonds et de *La Jumellière*, Ch. Gasté, P. Guimbretière, P. Jurot, Ét. Jouet, Jul. Leduc, J. Massicot, Fr. Métivier, J. Moresve, J. Musseau, P. Pellé, Pissonnet de Bellefonds, René Réthoré, Cl. Rullier, P. Subille, Jacq. Tigeau, de Villoutreys et autres tenanciers.

E. 644. (Volume.) — In-folio, contenant 12 pièces, parchemin; 75 pièces, papier; ensemble 192 feuillets.

1481-1656. — Baux et contrats d'acquêts dans le fief de La Barbottière en Chalonnes, à La Gasnerie, et aux Charrières. — *Aveux rendus pour ledit fief à la seigneurie de La Jumellière, par Andrée Frotier, comme mère et tutrice de René de Saint-Georges.* — Billet olographe de M. de Sanzay.

E. 645. (Volume.) — In-folio, contenant 32 pièces, parchemin; 11 pièces, papier; 1 table in-folio de 10 feuillets, papier.

1515-1729. — Aveux rendus au fief de La Petite-Barbotière, par Ét. Paisot, Pépin Piffard, Jean Duppé, Simon, Louise et Perrine Paisot, Nicolas Cherreau, Julien Piffard, Vincent Lemée, Jean Paisot, Julien Martin, Macé Onillon, Jean Jollivet, Augustin Landreau, Denis Jubin, Julien Métivier, Macée Piffard, veuve Jacques Blanvillain, Jean Deffaye, Mathurin Piffard, Guillaume Perrault, *Henri* de Samson pour partie du village de La Petite-Barbotière.

E. 646. (Volume.) — In-folio, contenant 12 pièces, parchemin; 79 pièces, papier; 2 tables de 17 feuillets, papier.

1398-1787. — Aveux, déclarations, baux et contrats d'acquêts pour terres et tenures à La Barbotière, au Petit-Grassigny, à L'Angevinière, au Champ-Cureu, à Vieille-Morte, à La Prière, aux Charrières, au Clos-du-Perrier, à La Gloire, à Baing, à La Prieullerie, à La Quentinerie, à La Michelindrie, à La Varenne, au Verger, aux Plantes, à La Normanderie, dans les paroisses de Chalonnes et de Saint-Lézin.

E. 647. (Volume.) — In-folio, contenant 68 pièces, papier; 2 pièces, parchemin; ensemble 279 feuillets.

1495-1761. — Aveux, contrats d'acquêts et déclarations du fief de La Barbotière. — Vente de la seigneurie de La Petite-Barbotière par Marguerite Dubois, veuve Fr. Legay de La Fautrière, à Jean *Béguier* de *La Guesnerie*. — Aveux rendus par Jean Piédouault pour la gagnerie de Grassigny et par Madelon de Brye pour La Grande-Barbotière. — *Déclarations rendues aux assises dudit fief par* René Cesbron, Jean Dumeau, Fr. Froger, J. Gélusseau, Mat. Moreau, Gilles Marais, Louis Puissant, Claude Taulpin, Jacques Vallin, P. Gallard, J. Cherbonneau, Antoine Musseau, Jacques Guilbault, René Picherit, Gervais Couppel, Henriette de Meaussé, Onésime Tarin, P. Bastard, J. Frémondière, *Louis Rosmier*, P. Soreau, Fr. Farion, P. Gallard, Jacq.

Huvelin, J. Lambert, Nic. Préhomère et autres tenanciers dans la paroisse de Chalonnes-sur-Loire.

E. 648. (Carton.) — 9 pièces, papier, dont 1 cahier de 16 feuillets

1667-1787. — Papier des cens et rentes dus au fief de La Petite-Barbotière par Jul. Thuleau, Jacq. Oger, Fr. Guay, Fleury Piffard, P. Gallard, René Juret, Jacq. Vaslin, Fr. Froger, Gilles Flandrin, Louis Puissant, Jacq. Martin, Michel Cassin, René Verron, J. Blanvillain et autres tenanciers dans la paroisse de Chalonnes-sur-Loire. — Mémoire de M. Phelippeau, avocat, au soutien de la féodalité de la métairie de L'Angevinière en St. Lézin, reportée à tort par Madame de Crapado au comté de Chemillé.

E. 649. (Registre.) — Petit in-4°, papier, 203 feuillets; 3 tables de 13 feuillets, papier.

1741-1758. — Déclarations rendues aux assises du Deffais pour terres et rentes à La Bibonnière, à La Fosse, au Fourneau, à La Forêt, à La Grande-Maison, à La Noue-Guérin, au Perray, a Painperdu, au Paradis, à Vanguérin, à La Dougellerie, à La Croix-de-L'Orchère, au Bois, au bourg et dans la paroisse de Chaudefonds.

E. 650. (Cahier.) — In-folio, papier, 32 feuillets; 2 tables de 11 feuillets, papier.

1741-1782. — Relevé des cens et rentes dus au fief du Deffais en Chaudefonds par les religieux de Bellefontaine, J. Béliard, le curé de Chaudefonds, Fr. Cossé, J. Boutel de La Ducherie, J. Godelier, P. Houbin, J. Louettière, Jacq. Misandeau, René Michau, J. Paizot, Louis Perroys, Mat. Thuault, Charles Rousseau, Jacq. Rullier, René Vaslin, Jacq. Viau, Robert Levacher.

E. 651. (Volume.) — In-folio, contenant 11 pièces, parchemin; 63 pièces, papier; ensemble 117 feuillets; 2 tables de 11 feuillets, papier.

1507-1612. — Déclarations rendues aux assises du fief de La Houdrière en Chalonnes pour rentes et tenures aux Arzillais, à La Couperie, aux Coulées, aux Chenneteries, à La Chansonnière, au Creux, à Chantemerle, à la Filllauderie, à Gastelet, à La Giraudière, à La Gesmère, aux Logerais, au Mauvray, aux Ogerais, à La Croix-Turquard, aux Vaux.

E. 652. (Volume.) — In-folio, contenant 24 pièces, parchemin; 37 pièces, papier; ensemble 74 feuillets; 2 tables in-folio, papier, 14 feuillets.

1545-1665. — Déclarations rendues aux assises du fief de La Houdrière en Chalonnes, pour rentes et tenures aux Augustineries, à La Baluetterie, à La Brunetterie, à Bariller, à La Bodinière, aux Coteaux, à La Chartraine, à La Donglerie, à La Fouquetterie, aux Fougerais, à Fongerouge, aux Vauxfaillis, aux Hannequines, aux Marchanderies, à La Noue, à Painperdu, aux Plantes, au Grand-Pé, à Taconneau, à Toucheronde, à Vallette, aux Varennes. — Aveu rendu au comté de Chemillé pour la seigneurie de La Basse-Guerche (avec signature autographe de Loys de La Trémoille).

E. 653. (Volume.) — In-folio, contenant 71 pièces, parchemin; 6 pièces, papier; 124 feuillets; 2 tables de 18 feuillets, papier.

1450-1666. — Déclarations rendues au fief de La Houdrière, pour terres et tenures dans le village de La Robelinière, aux Ageons, à La Bergerie, à La Bourgonière, aux Branlarderies, à La Bodinière, au Poirier-de-Fer, à La Hamelaye, à La Minée, aux Prévenderies, à L'Oucheron, à La Varenne et aux Verdelets.

E. 654. (Volume.) — In-folio, contenant 16 pièces, parchemin; 97 pièces, papier, 110 feuillets; 2 tables in-folio, papier, 8 feuillets.

1512-1675. — Aveux et déclarations, actes de foi et hommage, rendus au fief de La Houdrière, pour les terres de Valettes et du Deffais par René Branlard, Jacques Bénion, J. Chauvigné, Gilles Épegeot, J. Gazeau, P. Legeart, J. Métivier, P. Robin, Guill. Lebaillif, Guill. Pierres. — Procédures entre M. de Brissac et demoiselle Charlotte Amoureuse, veuve de Jacques de Cordon, pour la mouvance du Deffais. — Consultation judiciaire, signée G. Élys, avec l'acte de notification, signée par le sergent-royal Louvet

E. 655. (Volume.) — In-folio, contenant 3 pièces, parchemin; 66 pièces, papier; 137 feuillets; 2 tables de 12 feuillets, papier.

1598-1665. — Déclarations rendues au fief de la Houdrière, pour rentes et tenures aux Arzillers, à La Bodinière, aux Borderies, à La Chaussonnière, à Chantemerle, à La Chenetterie, à La Couperie, aux Courtils, au Mauvray, à La Vieille-Estouble, aux Fillarderies, à La Fosse, à La Girardlerie, à La Gloire, à Gastelet, à La Gouetterie, à Maupertuis, aux Perrières, au Pressoir rouge, à La Robelinière, aux Roulières, à La Croix Turquart, aux Triots, aux Viviers.

E. 656. (Volume.) — In-folio, contenant 8 pièces, parchemin; 41 pièces, papier; 131 feuillets.

1574-1743. — Contrats d'acquêt et d'échange, baux à rentes, partages dans le fief de La Houdrière, à L'Avineau, au Verdaillay, à La Belluetterie, à Vauperdieu, à Bourg-Poiloux, aux Préaux, aux Coteaux, à La Haye, à La Chaumerie, à Chaudefonds, à Chalonnes, aux Turcaudières, à Saint-Aubin-de-Luigné, aux Vallettes, à La Normandrie, au Pressoir-Rouge, aux Varennes, à La Coulée-Verte.

E. 657. (Volume.) — In-folio, contenant 29 pièces, parchemin; 50 pièces, papier; 193 feuillets; 2 tables in-folio, papier, de 19 feuillets.

1406-1696. — Aveux et déclarations rendus au fief

de La Houdrière, pour terres et tenures à Beaumont, à Beauvais, à La Brosse, aux Brégeons, à Chaudefonds, à La Chartraine, aux Coteaux, à La Dangellerie, à Follet, aux Fosses, à La Fougereuse, aux Gats, aux Maltachères, à La Noue, aux Nouettes, aux Orgeries, aux Ouches, au Pé, au Pin, au Buisson-Pouilloux, au Chêne, aux Cerisiers, à Pain-perdu, aux Rues, au Tulleau, aux Veaux, au Vaufailly, aux Vallettes.

E. 658. (Registre.) — Petit in-folio, papier, 29 feuillets; 2 tables de 9 feuillets, papier.

1454-1470. — Remembrances des *déclarations* rendues au fief de La Houdrière, pour tenures à L'Arzillay, à Ardennay, à L'Aillerie, à La Brosse, à Beauvais, à La Beluetterie, à La Coulée, au Cormier, à Chaudefonds, à Chalonnes, à La Chenotterie, à La Chaussonnière, à La Couperie, aux Courtils, à La Dangellerie, à Dinechien, à La Fuye, à Follet, à Vauguérin, à La Gainière, à La Jaltière, à Lallier, à Maupertuis, aux Maltachères, à La Maryelle, à La Noue, à Pain-perdu, au Grand-Pé, aux Sigouins, aux Treillots, aux Vaux, à Valette.

E. 659 (Registre.) — In-folio, 141 feuillets; 3 tables de 22 feuillets, papier.

1665-1677. — Remembrances des déclarations rendues aux assises du fief de La Houdrière, par le chapelain de La Madeleine, Jacq. Rullier, Renée Boumard, Gab. Marais, J. Belon, Jacques Gays, Yvonne Houdet, Franc. Guichet, Geneviève Chauvet, Jacq. Rozé, Mat. Louettière, J. Binet, le curé de Chaudefonds, P. Martin, J. Pineau, René Cormerit, Denis Jubin, Louis Normandin, Gab. Landeau, P. Vieil, F. Calot, René Perrigault et autres tenanciers dans les paroisses de Chaudefonds, de Chalonnes et de Saint-Aubin-de-Luigné.

E. 660 (Registre.) — In-folio, papier, 49 feuillets; 2 tables de 12 feuillets, papier.

1786. — Remembrances des déclarations rendues aux assises du fief de La Houdrière, par J. Binet, Jac. Blond, René Blanvillain, Fr. Chantelou, Gilles Cellier, Maurice Cassin, P. Dallaine, Mat. *Frémont*, Fr. Flandrin, *Philippe* Guays, J. Gélusseau, Ét. Grézil, Mat. Humeau, Fr. Hunault, P. Jouet, J. Lusson, Louise Lemoine, Louis Montaillé, René Mousseau, Jacq. Mondain, Denis Oger, J. Paillochère, P. Pineau, René Rethoré, Martin Sibille, Jacq. Tiffauges et autres tenanciers dans les *paroisses* de Chalonnes et de Chaudefonds.

E. 661. (Registre.) — In-folio, papier, 88 feuillets; 2 tables de 24 feuillets, papier.

1758-1759. — Remembrances des déclarations rendues aux assises du fief de La Houdière, par P. Blanvillain, J. Boussion, Martin Bouet, René Blouin, René Brillet, de Marpallud, Jacq. Bourdeil, Gabriel Collin, René Cherbonnier, *Jean Cady*, Julienne Coult, J. Chauvin, les curés de La Jumellière et de Chaudefonds, Louis Deffois, J. Frémond, G. Guignard, J. Goulet, Louis Juret, Seb. Lizée, Ch. Lorieux, Guill. Moulinard, J. Massicot, J. Onillon, J. Paillochère, J. Rullier, Jacq. Richou, Jos. Suplot, Ch. Taulpin, Jacq. Tricouère et autres tenanciers dans les paroisses de Chalonnes et de Chaudefonds.

E. 662. (Volume.) — In-folio, contenant 12 pièces, parchemin; 84 pièces, papier; 140 feuillets; 2 tables de 21 feuillets, papier.

1457-1771. — Déclarations rendues au fief de La Houdrière, pour *terres et tenures* aux Augustineries, à Beauvais, à La Borderie, à La Brunetière, aux Baudinières, aux Coteaux, à Chaudefonds, à La Couperie, à La Chartraine, aux Chaussonnières, à Chalonnes, aux Fosses, à La Fougereuse, à Gastelet, au Mauvray, aux Maltachères, à Pain-perdu, *à La Pellerie, aux Croix-Murquart*, à Vallette, à La Noue-Vaslin.

E. 663. (Registre.) — In-folio, papier, 447 feuillets; 1 table de 3 feuillets, papier.

1611-1696. — Remembrances des déclarations rendues au fief de La Houdrière, par Fr. Métivier, Fr. Baillif, Louise Gazeau, Jacq. Dallaine, Fr. Guichet, Mat. Maurat, J. Binet, Jeh. Papin, Jeh. Drouet, Jac. Leduc, Macé Moussault, René Siret, Ét. Chauvigné, Jacq. Brun, Jeh. Chauvigné, Jeh. Hunault, Macé Onillon, Guill. Chailloux, Mic. Chabosseau, André Jollivet, *René Ogereau, Simon Rullier*, J. Roze, Jul. Tulleau, Barbe Boureau et autres tenanciers dans les paroisses de Chalonnes et de Chaudefonds.

E. 664. (Volume.) — In-folio, contenant 4 pièces, parchemin; 81 pièces, papier; 303 feuillets; 2 tables de 28 feuillets, papier.

1449-1788. — Remembrances des déclarations rendues au fief de La Houdrière par P. Toussaint, J. Barranger, Mic. Belet, *Anne* Blanvillain, René Bourdeuil, Ant. Cande, Simon Cesbron, Fr. Charrier, Fr. Cognée, Mat. Daviau, P. Dailleux, René Duchemin, J. Frémondière, J. Gélusseau, Gilles de Fontemilles, Mat. Grégoire, Jacques Guillory, René Guiton, Ét. Jouet, P. Lusson, P. Marsais, P. Métivier, René Misandeau, P. Oger, Mat. Parent, Ét. Poillière, Jacques Richou, Fr. Subille, Jacq. Tijou, Fr. Turquais, Jacq. Vallin et autres tenanciers. — Aveu rendu à la seigneurie du Lavouer pour le fief de La Houdrière par Jacq. *Duplessis*. — Contract d'acquêt dudit fief par M. de Maisonneuve, pour Mme veuve René Charlot. — Baux, contrats d'échange et d'acquêts de terres aux Augustineries, à La Dougellerie, à La Fougereuse, à La Houssaye, au Fresne, aux Marchanderies, aux Plantes, à Rosé, aux Robelinières, aux Rues, à Taconneau, au Vaufailly, à Valettes.

E. 665. (Registre.) — In-folio, papier, 335 feuillets; 2 tables de 17 feuillets

1704. — « Papier terrier et censif du fief et seigneurie » de La Houdrière, situé dans les paroisses de Chaudefonds » et de St-Maurille-de-Chalonnes, dépendant de la châtel- » lenie de La Basse - Guerche, en lequel sont compris et » confrontés tous les héritages qui en dépendent avec leurs » nouvelles confrontations prises sur les lieux, avec leurs » noms et surnoms et de ceux qui les possèdent et les de- » voirs et services qui sont dus annuellement sur iceux », par P. Bénion, Martin Bouet, Jacq. Bisnier, Jul. Cesbron, Fr. Colscault, P. Dallaine, Maurille Dauneau, J. Fonteneau, J. Froger, J. Goulet, P. Guillot, Mat. Grégoire, Ét. Jouet, Clément Lorieux, Mat. Leduc, P. Mesnard, René Oger, Mat. Parent, Phil. Pineau, J. Paillochère, Cl. Rullier, Maurille Simon, Mat. Thulteau, René Vallin.

E. 666. (Registre.) — Grand in-folio, papier, 241 feuillets; 2 tables de 13 feuillets, papier.

1788. — Terrier général de la seigneurie de La Houdrière, récapitulatif des titres de rentes dues à la recette du fief par P. Bastard, René Barbot, J. Barranger, René Besnard, Mat. Binet, Jacq. Blanvillain, P. Blon, Marie Boumier, René Bonneau, René Bourdeuil, J. Brevet, Simon Cesbron, Marin Chauvin, René Chaperon, P. Chesné, René Duchemin, Mat. Daviau, Jean Dailloux, Adrien Denecheau, Thomas Forest, P. Gaté, Jacq. Guillory, Mat. Grégoire, René Guitton, Jacq. Hilaire, Et. Jouet, Cl. Lorieux, J. Mapicot, J. Méron, René Misandeau, Nic. Oger, P. Pécantin, Et. Poillière, Jacq. Richou, René Rullier, Louis Thuleau, Fr. Turquais, Louis Vallin.

E. 667. (Volume.) — In-folio, contenant 2 pièces, parchemin, 31 pièces, papier; 202 feuillets; 4 tables de 14 feuillets, papier.

1464-1785. — Aveux et déclarations rendues aux assises du fief de Longhomme par J. Boutin, L. Boumier, Henri Bichet, René Chevrier, Jacq. Dutertre, P. Delfois, René Esnault, Fr. Denescheau, P. Guignard, Fr. Granger, P. Gazeau, Ét. Jouet, Simon Janneteau, Mic. Juret, Guy Ledoyen, P. Lusson, P. Ménard, J. Miot, Mantaille, René Macé, Denis Ogereau, J. Pejot, Jacq. Pionneau, P. Robin, Jacq. Richou, René Rochard, Mat. Rohard, René Seicher et autres tenanciers dans la paroisse de Chaudefonds. — Transaction entre les sieurs de La Jumellière et de La Basse-Guerche pour la mouvance contestée de fiefs dans la paroisse de Chaudefonds. — Aveu du fief de Longhomme au fief du Vau, — du fief de Gloire à la baronnie de Chalonnes, — de La Godinière à La Turpinière.

E. 668. (Volume.) — In-folio, contenant 19 pièces, parchemin; 48 pièces, papier; 108 feuillets; 2 tables de 8 feuillets, papier.

1548-1788. — Contrats d'acquêt et d'échange, baux à rentes, partages dans le fief de Longhomme, de terres et tenures aux Apris, à La Baraude, à La Bosse, à La Branlardière, à La Béhettière, à La Chalotterie, à Chaudefonds, à La Godinière, à La Houssaye, à L'Hommais, à Longhomme, au Vau, à La Minée, aux Masureaux, aux Oiselles, à La Pierre, à Painperdu, aux Places, aux Perrières, aux Perrais, à La Rebetellière, aux Rochelles, au Verger.

E. 669. (Volume.) — In-folio, contenant 10 pièces, parchemin; 13 pièces papier; 130 feuillets; 2 tables de 10 feuillets, papier.

1540-1677. — Déclarations rendues aux assises du fief de Longhomme pour terres et tenures à La Bosse, aux Baraudes, à La Croix, aux Coteaux, au Coutil, à La Chalotterie, à La Chaussonnière, au Carrefour, aux Girardes, au Gué, à La Maison-Rouge, à La Godinière, à L'Hommais, à La Herse, au Masillé, aux Noues, aux Oiselles, à L'Onglée, au Coteau-Parent, aux Places, aux Perrais, à La Rebetellière, à La Tribauderie, au Verger, aux Voleries.

E. 670. (Volume.) — In-folio, contenant 4 pièces, parchemin, 62 pièces, papier; 70 feuillets; 4 tables in-folio, de 12 feuillets, papier.

1510-1788. — Déclarations rendues aux fiefs de Longhomme pour terres et tenures aux Baraudes, à Chaudefonds, aux Coteaux, à Chalonnes, à La Chalotterie, à La Guillaumière, à La Glanerie, à La Godinière, à L'Hommais, aux Oiselles, aux Places, aux Perrais, à La Tribauderie, à La Treille, aux Vaux, à Vau-de-Saule, aux Maillées, à La Volerie, aux Herinnes, aux Étaupinettes et au village de Longhomme.

E. 671. (Registre.) — In-folio, papier, 30 feuillets; 2 tables de 6 feuillets, papier.

1760. — Remembrances des déclarations rendues aux assises du fief de Longhomme par Math. Boulestreau, P. Benoit, Fr. Belon, Cl. Bordereau, Jacq. Cerqueil, Fr. Crétin, P. de Cossé, P. Fruchault, Ant. Guais, Mat. Huneau, L. Houdin, J. Ledoyen, Mat. Morlier, Ét. Maillet, Jacq. Mesnard, P. Oger, Mat. Pollière, Mic. Pelé, Mat. Parent, J. Sorin, Vincent Thuleau, J. Vaslin et autres tenanciers dans les paroisses de Chaudefonds et de Chalonnes.

E. 672. (Registre.) — In-folio, papier, 144 feuillets; 2 tables de 11 feuillets, papier.

1788. — Papier terrier du fief de Longhomme analytique des cens et rentes dus à la recette annuelle du fief pour terres et tenures aux Appris, aux Baraudes, à La Bossaye, à La Branlarderie, à La Chalotterie, à Chalonnes, aux Coulées, à La Fougereuse, à L'Hommais, aux Maillées, à La

Maison-Rouge, à Montaigu, aux Oiselles, à L'Angérie, à La Perrière, aux Places, à La Rochelle, à Terregat, au Verger, à La Vallerie, à La Viennière.

E. 613. (Registre.) — Petit in-folio, 86 feuillets, papier; 1 table de 8 feuillets, papier.

1599. — Remembrances des déclarations rendues aux assises du fief de La Mazure par B. Jaunet, J. de Trochard, Ét. Pineau, Cl. Legouz, Ét. Boré, Gabriel de Goulaines, Hiérome Blouin, Ét. Allaire, Jacq. Pelé, P. Verdier, René Hamon, Toussaint Cordon, Mic. Jary, Mat. Girault, Jeh. Saulnier, Jul. Hodée, Jacqueline Lambert, Fr. de Méguyon, P. Barbot, Mat. Girault, Maurice Ribault, Isaac Desmazières, Macé Charruau et autres tenanciers dans la mouvance de la baronnie de Rochefort.

E. 614. (Registre.) — In-folio, papier, 163 feuillets.

1618-1668. — Remembrances des déclarations rendues aux assises du fief de La Mazure par Bertrand Jaunet, Marin Moguet, P. Verdier, Jeh. Petit, Jacq. Pelé, Jeh. Oudet, Jacq. Cailleau, Fr. Batanger, Jeh. Desbarres, Fr. Leduc, René Gannes, Anne Houssaint, Jeh. Brouillet, Jeh. Girardin, Lucas Guichet, Mat. Simon, P. Dupas, P. Barbot, Denis Cailleau, Louis Bethoré, Mic. Gareau, Jeh. Cordon, Mat. Blouin, Alex. Teinon, Jeh. Richard, P. Béguier, P. de Méguion, René Boyleuve, Jul. Gazeau et autres tenanciers.

E. 615. (Registre.) — In-4°, papier, 143 feuillets; 2 tables de 21 feuillets, papier.

1696-1789. — Remembrances des déclarations rendues aux assises du fief de La Mazure, par Fr. Barault, J.-B. Bizot, Joseph Bautru, P. de Cossé, J. Chauvin, Bernard Colas de L'Épronnière, J.-B. Douvry, P. Bavy, Mic. Giffard, Jacq. Houdin, Ant. Houdet, P. Lehay, Fr. Ledoyen, Jacq. Leblanc, Louis Lecomte, Fr. Méry, Louise Miollet, Amaury Morinière, Mat. Ogereau, Guy Petit de la Pichonnière, René Parant, Franç. Bethoré, J. Richoust, Jacq. Ropart, René Romain, Cl. Taupin, René Trébuchet, J. Vaslin et autres tenanciers.

E. 616. (Registre.) — In-folio, papier, 160 feuillets.

1785. — Cens et rentes dus à la châtellenie et au fief de La Mazure, par Lejeune de La Grandmaison, P. Courgeon, le chapelain des Noulis, Fr. Lambert, Jacq. Houdet, Michel Pellé, Mic. Ledoyen, Fr. Lhommeau, J. Boulestreau, Yves Normand, Cl. Taupin, J. Binet, Christ. Beslier, Guill. Papin, Jacq. Hunault, P. Verdier, J. Pellé, Ét. Trottier, Ét. Taupin, Cl. Martin, Louis Chevreul, P. Tamis, Marguerite Gautier, Jul. Blouin, Fr. Crétin, J. Chapelais et autres tenanciers.

E. 617. (Volume.) — In-folio, contenant 11 pièces, parchemin; 110 pièces, papier; ensemble 144 feuillets; 2 tables de 9 feuillets, papier.

1466-1789. — Contrats d'échange et d'acquêts, baux, partages, déclarations de rentes foncières dans le fief du Grand-Pé, à La Belusterie, à La Bossaye, à La Chartraine, à La Croix, aux Essards, à La Fresche, à Fromenteau, au Hous, à La Houssaye, à La Mahoterie, à La Minée, à L'Olivet, à Chaudefonds, au Pé, à La Rochelle, au Vau et aux Vieilles-Vignes.

E. 618. (Volume.) — In-folio, 160 feuillets, papier.

1555-1766. — Aveux rendus pour le fief du Grand-Pé à la seigneurie du Lavoir par Perrine de La Roche et Radegonde Maruilleau. — Remembrances des déclarations rendues au fief du Grand-Pé par Louis Hordier, Guill. Bardoul, Jul. Cesbron, L. Courant, J. Godellier, Jacq. Houdin, Ét. Jouet, Gilles Marais, Ch. Pellé, Mat. Poisson, Simon Piffard, P. Tijon, L. Vaslin, Jacq. Picherit, Mat. Parant, René Guitton, J. Massicot, les curés de Chaudefonds et de Beaulieu, Franç. Daulneau et autres tenanciers.

E. 619. (Registre.) — In-folio, papier, 91 feuillets; en tête, un parchemin détaché; 2 tables de 10 feuillets, papier.

1738. — Remembrances des déclarations rendues aux assises du fief du Grand-Pé par M. Mettéard, J. Courand, Luc Chauvigné, Jul. Cesbron, J. Chasteau, Jacq. Caillaud, le curé de Chaudefonds, P. Espégeot, Louis Gazeau, Mat. Hunault de La Pelerie, Luc Houdin, Mat. Humeau, Jacq. Landrault, Jacq. Perrais, René Pasquier, Ét. Pollière, Louis Paisot, P. Hullier, Claude Hullier.

E. 620. (Registre.) — In-folio, papier, 23 feuillets; 2 tables de 6 feuillets, papier.

1780. — Terrier du fief du Grand-Pé, analytique des titres de rentes dues à la recette annuelle pour les terres de La Bellusterie, des Chartraines, de La Houssaye, des Essards, de Fromenteau, des Minées, de La Mahoterie, de La Madelaine, d'Olivet, des Pla..., des Vieilles-Vignes, du Vau.

E. 621. (Volume.) — In-folio, papier, 183 feuillets; 1 table de 4 feuillets, papier.

1520-1789. — Aveux rendus au fief et seigneurie de La Turpinière pour le fief de *La Briqueterie*, — à La Basse-Guerche, pour le fief de la Turpinière et du Vau, — à La Jumellière pour les fiefs des Paragères, des Thébaudries, et de La Contrie. — Déclarations rendues au fief de La Turpinière pour cens et rentes dus par P. Bastard, Charles Béritault, Jacques Boulestreau, Mat. Binet, Nic. Couvreux, J. Cesbron, Jacq. Coigné, René Estron, J. Fonteneau, Fr. Gasté, J. Godellier, Ant. Houdet, J. Juret, P.

Jouet, J. Loyseau, J. Mortier, René Michau, Simon Pillard, Jacq. Planneau, J. Péjot et autres tenanciers dans les paroisses de Chaudefonds et de St-Aubin-de-Luigné.

E. 681. (Volume.) — In-folio, contenant 31 pièces, parchemin; 23 pièces, papier; 170 feuillets; 2 tables de 10 feuillets, papier.

1505-1660. — Aveux, déclarations, contrats d'acquêt, baux, titres de rentes dans le fief et seigneurie de La Turpinière, à La Biquerie, à La Blinière, à La Baubinière, à Badouville, à Chaudefonds, aux Cormiers, à La Douerdrie, au Bellaie, à La Feslière, à La Garnerie, aux Grées, à La Hunaudière, aux Herrines, à La Jumellière, à La Jailletière, à Laglan, à L'Orchère, aux Malécots, à L'Olivet, aux Paragères, à La Pionnerie, aux Rochettes, à La Tesserie, à Tartifume, au Vau.

E. 682. (Volume.) — In-folio, contenant 33 pièces, parchemin; 31 pièces, papier; 230 feuillets; 2 tables de 33 feuillets, papier.

[illegible]. — Contrats d'échange et d'acquêt, baux, pour terres et tenures dans le fief de La Turpinière, aux Appris, aux Bretesches, à La Blinière, à La Bosse, aux Coulées, à La Chalotterie, aux Tréteaux, à Chaudefonds, à Chantemerle, à La Cochardière, au Chêne-Rond, aux Épinardières, aux Fourneaux, à La Farinelle, aux Feslières, à La Godinerie, aux Grées, à La Guillorie, à La Hunaudière, aux Herrines, au Joncheray, à L'Hommeau, à Laglan, à L'Hommelay, à Longhomme, à L'Orchère, à L'Olivet, au Pé, à La Perronerie, aux Rochettes, à La Tesserie, à Vaugelmault, à La Vionnière. — Droit de pêche dans la rivière du Layon.

E. 684. (Volume.) — In-folio, contenant 11 pièces, parchemin; 64 pièces, papier; 318 feuillets; 2 tables de 23 feuillets, papier.

1447-1610. — Baux, contrats d'acquêt et d'échange dans le fief de La Turpinière, à La Boislevrie, à Badouville, aux Bretesches, aux Brisarderies, aux Chenaudières, à Chaudefonds, à La Douerdrie, à La Feslière, aux Grées, à La Godinière, aux Herrines, à La Jailletière, à Longhomme, à L'Hommeau, à L'Orchère, à L'Hommais, à Saint-Aubin-de-Luigné, à L'Olivet, à La Perronnerie, au Perray, à La Perrière, aux Paragères, aux Robertelières, aux Rochettes, à La Ricasserie, aux Varannes, au Vau-de-Saule.

E. 685. (Volume.) — In-folio, contenant 11 pièces, parchemin; 111 pièces, papier, 330 feuillets; 2 tables de 21 feuillets, papier.

1498-1609. — Baux, déclarations, contrats d'acquêt et d'échange dans le fief de La Turpinière, aux Aillons, à La Biquerie, aux Gillières, aux Hautes-Vignes, aux Herrines, à Longhomme, à Laglan, à L'Orchère, aux Frémondières, à L'Ouche-Longue, aux Marzelles, à La Noue-Ronde, à L'Olivet, aux Paragères, au Plantis, au Perray, aux Plantes, à Raudet, aux Rochettes, aux Thébaudries, aux Varannes.

E. 686. (Volume.) — In-folio, contenant 11 pièces, parchemin; 10 pièces, papier; 111 feuillets, 2 tables de 23 feuillets, papier.

1660-1702. — Déclarations, baux, contrats d'acquêt et de rentes dans le fief de La Turpinière, aux Aillons, à La Biquerie, à La Batellerie, à La Blinière, à La Billaudrie, à Chaudefonds, à La Chartraine, au Francomte, à La Godinière, à La Jailletière, à Longhomme, à L'Orchère, à L'Hommais, aux Marzelles, aux Maltechères, à La Noue-Ronde, aux Oiselles, aux Paragères, au Plantys, aux Batelleries, à La Richardière, aux Thibaudries, à Vaugelmault.

E. 687. (Volume.) — In-folio, contenant 4 pièces, parchemin, 11 pièces, papier; 125 feuillets; 2 tables de 10 feuillets, papier.

[illegible]. — Déclarations, baux et contrats d'acquêt produits aux assises du fief de La Turpinière, pour terres et tenures aux Brisardries, au Bréheret, au Champ-de-Bataille, à La Blinière, aux Barandes, à La Biquerie, à Chaudefonds, à La Chedotterie, au Bellaie, à La Feslière, à La Godinière, aux Grées, à Longhomme, à L'Orchère, à L'Hommais, à La Maison-Rouge, aux Oiselles, à Olivet, aux Paragères, à La Perronnerie, à La Roullerie, aux Robertelleries, à Haute-Ruette, à La Thébaudrie, à Vau-de-Saule.

E. 688. (Registre.) — Petit in-folio, papier, 75 feuillets; 2 tables de 20 feuillets, papier.

1750-1759. — Remembrances des déclarations rendues aux assises du fief de La Turpinière, par Ch. Bériault, Jacq. Bouleau, P. Belon, Nic. Couvreux, J. Chauvin, Mat. Coicault, Gab. Cadin, Noël Dupas, René Esnou, Ét. Fouchault, Fr. Gasté, J. Godellier, Fr. Hunault, Jos. Juret, André Ledroit, Ant. Latouche, Jacq. Mortier, René Moussin, P. Menard, Simon Pillard, P. Pelé, Fr. Robineau, Mat. Rullier, F. Sibileau, Ét. Thiard, René Verdier.

E. 689. (Registre.) — Petit in-folio, papier, 47 feuillets; 2 tables de 15 feuillets, papier.

[illegible]. — Remembrances des déclarations rendues aux assises des fiefs de La Turpinière, de La Biquerie et des Paragères, par Fr. Binet, J. Bordron, Toussaint Blanvillain, J. Barbot, Ant. Candé, P. Cantileau, Louis Davy, René Flandrin, René Frémondière, Mat. Guichet, P. Godineau, P. Jatty, Mat. Mortier, J. Menard, Mic. Pineau, P. Pelé, Mat. Rochard, René Tromé.

E. 690. (Registre.) — In-folio, papier, 158 feuillets; 1 table de 5 feuillets, papier.

1535-1600. — Remembrances des déclarations rendues aux assises des fiefs de La Turpinière et de la Ferlière, par Ch. Méguyon, Ant. Legros, Bertrand Guillon, Gill. Poisseau, Guill. Boutelou, Fr. Courant, Ét. Macé, Fr. Autier, Guill. Lemeunier, Jeh. Hallert, Jacq. Moussaint, Jacq. Gordon, Jeh. Quatres, Yves Restrau, Thomas Trébuchet, Sylvestre Chesneau, René Richomet, P. Baudrier, Nic. Myrais, Mat. Rousseau, P. Legay, Nic. Lemaignan et autres tenanciers.

E. 691. (Registre.) — In-4°, papier, 111 feuillets; 1 table de 30 feuillets, papier.

[illegible]. — Remembrances des déclarations rendues aux assises des fiefs de La Turpinière, de Vaux, de La Biquerie, des Patagères, par J. Rouxpas, J. Mercier, Mat. Binet, Jacq. Courcault, P. Gesbron, P. Chesnay, René Chatier, Fr. Couraud, P. Baligre, René Ernou, Ét. Fruchault, Jul. Flandin, P. Gastó, René Grenouilleau, René Gasceau, Louis Gusteau, P. Jouet, Seb. Lirée, J. Massicot, René Ménard, Ch. Martineau, Jul. Moussaint, Fr. Pabot, Ch. Pelé, Jacq. Richou, Fr. Réthoré, P. Verdier.

E. 692. (Registre.) — In-4°, papier, 39 feuillets.

[illegible]. — Remembrances des déclarations rendues aux assises du fief de La Turpinière, par J. Gourdon, Hardouin, Chasteau, Fr. Blanvillain, Louis Moliteau, Jeh. Savareau, Jeh. Pabot, Jeh. Rousseau, Jeh. Gareau, André Marchant, P. Boudault, Jeh. Lesaige, Jeh. Belon, Jeh. Vallin, Mat. Bonamy, Mat. Basteau, André Belon, Marie Gaillard, Martin Rompas, René Rochard, Jeh. Lesage, Jeh. Neau et autres tenanciers.

MARQUISAT DE LA GRANDE-GUERCHE.

E. 693. (Carton.) — 1 pièce, parchemin; 3 pièces, papier, dont 1 cahier, in-folio, de 7 feuillets.

[illegible]. — Contenance du domaine de La Grande-Guerche d'après l'aveu rendu au Lavouer. — Livre de réception des officiers du marquisat. — Baux de vendanges. — Sentence contre les aubergistes, qui donnent à boire pendant les offices. — Avis pour la tenue des audiences de la juridiction.

E. 694. (Registre.) — In-folio, papier, 27 feuillets.

[illegible]. — Sentences de la juridiction civile, criminelle et de police du marquisat de La Grande-Guerche : — réception des sieurs Charron, procureur fiscal, Davian, greffier, Durand et Piton, commissaires de police; — défense aux aubergistes de donner à boire pendant les offices; — arrêt du Parlement de Paris, qui interdit de sonner les cloches en temps d'orage; — jugement d'un voleur.

E. 695. (Registre.) — In-folio, papier, 60 feuillets, [illegible].

[illegible]. — Sentences de la juridiction civile, criminelle et de police du marquisat de La Grande-Guerche : — réception d'officiers; — édit concernant ceux qui ne font pas profession de la religion catholique; — déclaration des droits de l'homme; — enregistrement des décrets de l'Assemblée nationale.

SEIGNEURIE DE LA HAYE-DU-PUY.

E. 696. (Carton.) — 1 pièce, parchemin; 11 cahiers, 160 feuillets, papier.

[illegible]. — Baux, contrats d'acquêts, débris de censifs et de registres d'assises pour terres et tenures aux Rosses, au Bois-Sicard, à La Palaine, à l'Étang-Pencon, à Chavannes, dans les paroisses du Puy-Notre-Dame et de Vaudelenay.

SEIGNEURIE DE LA HAYE-EN-HERBAUDAIS.

E. 697. (Registre.) — In-4°, papier, 181 feuillets.

[illegible]. — « Inventaire des déclarations et autres obéissances rendues au fief et seigneurie de La Haye-en-Herbaudais, dépendant de la terre des Brichetières, paroisse de Rocé, représentés par messire Paul-Philippe de Gremaillon, chevalier, seigneur de Fonneux, mari de dame Anne Rolineau, seigneur de la terre. »

E. 698. (Registre.) — Petit in-folio, papier, 81 feuillets; 1 table de 6 feuillets, papier.

[illegible]. — Recette des rentes dues à la seigneurie pour les fresches des Gautelerles, du Jouchet, du Jouchetais, des Guénerets, de La Giraudière, de La Miotière, des Perchais, des Trévelles, de La Sablonnière, des Rigaudières, de La Milatrie, de La Vincendière, de La Brabanière, des Coulons, des Buissons et de La Caillerie.

E. 699. (Registre.) — In-folio, papier, 131 feuillets; 1 table de 8 feuillets, papier.

[illegible]-1735. — Recette des cens, rentes et devoirs dus à la seigneurie pour les fresches et tenures du Pré-aux-Anes, des Bridellières, de La Brabanière, du Complant, des Coulons, de La Clemencière, de La Durandrie, de La Fauvellerie, des Gantelleries, de La Giraudière, des Milliatries, de La Croix-de-Maillée, des Perrais, du Pont-Huet, des Raguenières, de La Sablonnière, des Tortilles, de La Vincendière.

E. 700. (Carton.) — 1 pièce, parchemin; 50 pièces, papier, dont 2 plans [illegible].

[illegible]-1702. — Débris informes de censifs et de registres de déclarations. — Dépouillement des titres au soutien de la mouvance des Gastelleries. — Notes et extraits concernant la féodalité de La Mottière, du Petit-Mandon en Pocé et de la cure de Guédéniau. — Procédure entre M. de Jousselin et Mme Anne de L'Étoile, veuve Du Rideau de Parpacé, au sujet de la mouvance du Château et de La Maillée. — Relevés authentiques du prix des grains sur le marché de Baugé.

SEIGNEURIE DE LA HUBAUDIÈRE.

E. 101. (Volume.) — In-folio, contenant 10 pièces, parchemin, 118 pièces, papier, 368 feuillets; table de 10 feuillets, papier.

[illegible]. — Déclarations rendues aux assises de la seigneurie de La Hubaudière pour rentes et tenures à Neuvy, à La Chaussée-Ferrée, à La Caillerie, aux Gautinières, à La Poissonderie, au Gritay, aux Rochettes, aux Turcanderies, à La Binauderie, aux Crépinières, à Chambrette, à La Herse, à Piratel, aux Préaux, aux Souches, à La Vigonnerie, aux Guibourgères, à L'Allerie, au Poirier-de-Madeleine, à La Pataule, à La Pommeraye, à Montjean, à La Petite-Tréchère.

E. 102. (Registre.) — In-folio, 60 feuillets, papier; 2 tables de 10 feuillets, papier.

[illegible]. — Remembrances des déclarations rendues à la seigneurie par P. Aurillon, Marin Avril, Guill. Benoît, René Bélon, P. Binault, Charlotte Boisineau, Franc. Babin, Jacq. Blanvillain, le chapitre de Chemillé, Claude Chiron, Mic. Cormeraye, César Cadigné, René Bureau, Guill. Gingueneau, Mat. Gendron, P. Guyot, P. Gillot, René Grégoire, René Guilhelé, Maurice Leboteau, Ant. Jubin, Madeleine Lecorcher, René Marcial, le curé de Neuvy, Ant. Oger, J. Pairot, Julien Piron, J. Richon, René Leroy, J. Sureau, J. Tertin, Françoise Tabary, Marin Vétillé, Mathurin Vergeon, Jacques Viot, Thomas Lesvenier et autres tenanciers dans les paroisses de Montjean, de Neuvy et de La Pommeraye.

CHATELLENIE DE HUILLÉ.

E. 103. (Carton.) — 150 pièces, parchemin.

[illegible]. — Aveux et déclarations rendus aux assises de la seigneurie de Huillé pour les terres et tenures de La Tabarderie, du Port-Moreau, de Malvoisine, de La Girardière, des Grandes-Rivières, de La Puisardière, du Mortraineau, de La Forgerie, du Fief-le-Comte, de La Gu[illegible], des Crois, de La Croix-Georget, de La Rivaudrie, de La Bucherie, dans les paroisses d'Huillé et de Morannes (*Don de M. de Blois*).

E. 104. (Carton.) — 61 pièces, parchemin, 5 pièces, papier.

[illegible]. — Aveux et déclarations des terres de La Roillerie, de La Bucherie, du Brossay, du Champ-de-Bicrné, de La Balnière, de La Forgerie, de La Mabillonnière, de Liguerelle, de La Cheraye, de Cimbré, du Plessis-Greffier, dans les paroisses d'Huillé, de Morannes et de Tiercé. — Vente des moulins et pêcheries de La Motte et du Fief-au-Jau (*Don de M. de Blois*).

E. 105. (Carton.) — 61 pièces, papier, dont 1 cahier de 63 feuillets et 3 pièces [illegible].

[illegible]. — Assises du fief de Raif en Huillé, relevant du seigneur du Plessis-Greffier. — Déclarations pour terres et rentes au Jouch[illegible]ay, au Pré-Lardu, à La Mélinière, à L'Être-Portier, à La Sulaye, au Vieil-Clos, au Picard, au Charet, au Clos-de-l'Étang, au Petillard, à Raigné, à La Tabardière, à La Maillardière, à La Blime, à Fougeré.

E. 106. (Registre.) — In-folio, papier, 23 feuillets.

[illegible]. — Copie du fief de Raif, « appartenant à demoiselle Élisabeth Marie de Béringhen, dame de Huillé, lequel fief relève de messire François Lejeune, sieur de La Forjonnière et du Plessis-Greffier, à foy et hommage simple et un demi-cheval de service, lequel se reporte par son aveu au comté-pairie de Durtal, qui relève du roy, par son château de Baugé, fait par Julien Vallée, avocat-procureur au siège de la châtellenie d'Huillé. » — Cens et rentes à La Huinnière, à Reigné, au Clos-Charot, à L'Étang, à L'Être-Portier, aux Fontaines, à Huillé, etc.

E. 107. (Registre.) — In-folio, 45 feuillets, papier; 2 tables de 14 feuillets, papier.

[illegible]. — Terrier du fief de Raif en Huillé, contenant les plans et abornements de l'île de La Huinnière, de La Longueraye, de La Tabardière, de La Garenne, de La Mélinière, du Vieux-Clos, de L'Être-Portier, de partie du bourg d'Huillé, du Joncheray, de La Tabarderie, des Fontaines, du Picard, de Raigné, des Ronelles, du Clos-de-l'Étang, du Clos-Charot.

MARQUISAT DE JALESNES.

E. 108. (Carton.) — 7 cahiers in-folio, papier, 68 feuillets, 18 pièces, papier, dont 8 plans informes.

[illegible]. — Recette des cens et rentes dus à la seigneurie par René Desbordes, Ét. Duperray, P. Esnault, René Duveau, Ét. Cornilleau, René Hubé, Marie Licois, Simon Moriceau, Urbain Ragain, Louis Videgrain, Jean Chuche, Fr. Bureau, René Faifeu, P. Lecerf, P. Ossant, J.

Cornilleau, J. Audebert, J. Marandeau, Louis Renaut, Jacq. Létourneau et autres tenanciers. — Débris de registres d'assises concernant Le Plessis-Ridard, La Barbotterie, Le Pin, La Papotière, La Chesnaye, La Thomasserie, Poligné.

E. 709. (Carton.) — 51 pièces, papier.

[illegible]-[illegible]. — Extraits informes des anciens registres d'assises de la seigneurie concernant les tenures de La Portasie, des Vergers, du Champ-de-Vallière, des Champs-Servin, des Caves, des Barons, des Jouberdières, de La Guyotterie, de La Françoise, de La Cognée, des Hayes-Bruneau, des Aubus, des Bordeaux, des Aulères, des Bouches, des Angelais, des Marais, du Terrage, du Puy, du Frapier, de La Grellière, dans la paroisse de Vernantes.

E. 710. (Carton.) — 11 pièces, papier, dont 1 plan.

1780. — Plans de la seigneurie et des terres et tenures en dépendant dans le bourg de Vernantes et aux environs, à La Roche, à La Bourrelière, à La Frelonnerie, à Champ-Gasteau, au Moulin-du-Pin, à La Goupillère, au Bois Poullain, aux Grolards, aux Terres-Rouges, au Mastray, aux Fourniers, à La Grande-Maison, aux Hautes-Coudrelles, à La Vente, au Pignon-Blanc, etc.

MARQUISAT DE JARZÉ.

E. 711. (Cahier.) — In-folio, papier, 6 feuillets.

1780. — État et consistance de la terre de Jarzé avec les revenus tant du domaine que des fiefs qui en dépendent.

SEIGNEURIE DU JAU.

E. 712. (Carton.) — 2 cahiers in-folio, papier, de 61 feuillets; 2 tables de 5 feuillets, papier.

1618-1633. — Remembrance des déclarations rendues aux assises de la seigneurie du Jau et du fief d'Ureaux, par Jeh. Bigottière, P. Guilloteau, P. Vallée, J. Tessier, Seb. Baudonnière, Mat. Soulaine, Jeh. Trehis, Seb. Tourhais, Laurent Aufray, Clément Gaultier, Ét. Bonvallet, Fr. Herbert, P. Tesnier, Marie Cousin, Math. Dugrée, Jacq. Bouvet, Jul. Lambert, Louis Bonvallet, Mat. Georget, Robert Gresle, René Pineau et autres tenanciers dans les paroisses d'Érigné, de Mûrs et de St-Maurille-des-Ponts-de-Cé.

SEIGNEURIE DU JEU.

E. 713. (Carton.) — 13 pièces, papier, dont 1 plan informe.

1715-1782. — Déclarations rendues à la châtellenie de La Barbottière et à la seigneurie de La Poitevrière pour les moulins du Jeu et de La Roche-Aireau, dépendants de la terre et seigneurie du Jeu en Chalonnes.

SEIGNEURIE DE LA [illegible].

E. 714. (Carton.) — 10 pièces, papier, dont 4 cahiers de 134 feuillets.

17[illegible]. — État général et bail de la seigneurie. — Consistance du domaine et des métairies du Bois, de La Noue, de La Pouèze, du Mesnil-Bouteille, de La Coquerie, de La Bogonnière, de La Vieillère, de La Juinière, de La Sarrazinière, de La Hersonnière, de La Gillière, des Arcis, du Bois-Morille, des Chêneaux, de La Tuilerie, des Chateigneraies, des forges, des étangs qui en dépendent. — Table alphabétique réelle du dépouillement des fiefs du Mesnil-Bouteille, de La Pouèze et de La Juinière. — Table alphabétique des noms des cantons où sont situés les héritages mouvants des fiefs de Mont et de La Guépière.

SEIGNEURIE DE JUIGNÉ.

E. 715. (Carton.) — 11 pièces, parchemin, 15 pièces, papier.

14[illegible]-17[illegible]. — Baux et contrats d'acquêts dans la mouvance des fiefs de Clervaux et de Juigné [alias Le Pavement-de-Juigné ou Tigné]. — Droits de dîmes dans la paroisse. — Censif du fief de Gaudebert. — Aveux rendus au Vau-de-Denée par Guyon de La Jaille et Louis Hugant. — Procès-verbaux de plantations de poteaux seigneuriaux au bourg et près l'église de Juigné. — Levée d'enfants trouvés. — Baux à ferme d'îlots et d'atterrissements de Loire. — Révocation de bouchers. — Exploitation de la carrière d'ardoises derrière l'église.

E. 716. (Carton.) — 6 pièces, parchemin, 143 pièces, papier.

XVIe siècle-1780. — Déclarations, baux, contrats d'acquêts de terres et tenures dans la mouvance de Juigné, pour les fiefs de Clervaux et de Pellouailles. — Fragment d'un arrêt portant règlement pour les dîmes entre le seigneur et le curé. — Extraits informes de terriers et de censifs.

E. 717. (Volume.) — In-folio, papier, 410 feuillets.

1608-1649. — Recette des cens, rentes et devoirs dus aux fiefs de Clervaux, des Granges et de Pellouailles par J. Aveline, René Angoulant, Jacq. Baudriller, René Bougère, René Brouillet, Mag. Bériau, Fr. Baré, Jull. Héritault, J. Bousseau, Louis Deniau, J. Étourneau, Denis Guesdier, Vincent Guillot, Cath. Ganier, Cl. Hyvert, Fr. Lemée, Ant. Lebraire, Jull. Lebreton, René Moreau, Léonard Madiet, J. Orthion, Martin Patarin, René Prastier et autres tenanciers.

E. 718. (Volume.) — In-folio, papier, 340 feuillets.

[illegible]. — Recette des cens, rentes et devoirs dus aux fiefs de Pellouailles et de Clervaux pour terres et tenures aux Agouts, à La Bodinière, à Chantepie, à La Coppardière, à Gaudebert, à Guinemore, à Juigné, à La Pierre-Martin, aux Paumelières, au Rochay, à Vezillé.

E. 719. (Registre.) — In-folio, papier, 616 feuillets, en mauvais état.

17[illegible]. — Remembrances des déclarations rendues aux assises du fief de Clervaux pour terres et tenures au Bois-Cœur-de-Roy, à La Coppardière, à Froide-Écuelle, à Chateau-Rousset, aux Grenneries, à Guinemaure, à Juchepie, à Landusson, à La Masse-Hutault, au Pont-Pillet, à La Pierre-Martin, à La Perrière-au-Blé, aux Quartes, à La Saullaye-Grandin, dans les paroisses de Juigné-sur-Loire, de Saint-Jean-des-Mauvrets, de Saint-Saturnin et de Saint-Maurille des Ponts-de-Cé.

E. 720. (Carton.) — 180 pièces, papier.

17[illegible]. — Confrontations nouvelles pour dresser le terrier du fief de Clervaux sur les tenures de Pierre Aubin, Luc Brunet, L. Brault, M. Bouvault, Jacq. Baudriller, J. Beaumont, Jos. Bertrand, J. Blain, P. Brouillet, P. Chevalier, Jos. Chethounder, M. Conet, Jacq. Chatelais, Fr. Cotel, J. B. Davlau, J. Durant, P. Dureau, J. Desmazières, Jean Daudée, etc.

E. 721. (Carton.) — 130 pièces, papier.

17[illegible]. — Confrontations nouvelles pour dresser le terrier du fief de Clervaux sur les tenures de P. Geslin, Élisabeth Guérinière, André Gallais, Pierre Girardeau, J. Girardin, Yves Grangeard, J. Gelineau, R. Gaultier, V. Goudron, Jul. Hamon, P. Halbert, Casimir Jallet, J. Lemée, Mic. Lebreton, Pierre Lefevre, Ét. Leroux, etc.

E. 722. (Carton.) — 149 pièces, papier.

17[illegible]. — Confrontations nouvelles pour dresser le terrier du fief de Clervaux sur les tenures de Fl. Leroux, P. Lepron, Ch. Marchais, Fr. Maillet, René Morin, Urb. Metais, René Moron, René Montouchet, J. Poitevin, René Pihoué, Fr. Poitteau, J. Proutière, René Quelin, Germain Quénion, Jacques Renault, J. Simon, Germain Tiercelin, P. Viau, Marin Vétault, etc.

E. 723. (Carton.) — 2 pièces, parchemin, 12 pièces, papier.

1600-1748. — Hommages et déclarations rendus aux seigneurs de Gilbourg et de Saint-Alman, par le fief de Mécrain, et au fief de la chapelle des Biards pour partie de la métairie de La Touche.

E. 724. (Volume.) — In-folio, contenant 9 pièces, parchemin, 16 pièces, papier, 172 feuillets.

[illegible]. — Aveux, déclarations, baux et contrats d'acquêts de terres et tenures dans le fief de Mécrain, à La Boutelle, à La Lampe, à La Maganfière, à Marpault, à Pilonleau, à Trompetonneau, dans les paroisses de Saint-Jean-des-Mauvrets et de Saint-Remy.

E. 725. (Cahiers.) — 2 cahiers, in-folio, papier, 34 feuillets.

17[illegible]. — Projet de censif du fief de Mécrain dans la paroisse de Saint-Jean-des-Mauvrets. — Dépouillement des titres anciens à l'appui des cens et rentes dus audit fief.

E. 726. (Carton.) — 133 pièces, papier.

17[illegible]. — Confrontations nouvelles pour dresser le terrier des fiefs du Pavement-de-Juigné et de Mécrain sur les tenures de Laurent Aufray, Fr. Bachelais, Mat. Brault, P. Blouin, P. Cesbron, Fr. Conin, Marie Granry, P. Gaultier, René Girardeau, Laurence Lepeu, Mat. Desbois, J. Lebreton, P. Lefevre, P. Moreau, Nic. Renou, Germ. Tiercelin, etc.

E. 727. (Volume.) — In-folio, contenant 10 pièces, parchemin, 156 pièces, papier, 361 feuillets.

[illegible]. — Déclarations, baux et contrats d'acquêts de terres et tenures dans le fief de Pellouailles, sur le ruisseau d'Aubance, à Binoiseau, à La Bastille, à La Barbotte, aux Fontaines, à Guinemaure, au Bois-Guillou, aux Mottes, à Niort, au Pavement, aux Basses-Quartes, au Rochay, à Tilouère, au Moulin-Vallée, à Vezillé.

E. 728. (Volume.) — In-folio, contenant 181 pièces, papier, 836 feuillets.

[illegible]. — Déclarations, baux, contrats d'acquêts de terres et tenures dans le fief de Pellouailles au Chêne-Brichet, à La Billerie, à La Chaussée, au Champ-Chauveau, au Hardas, à Juigné, près Pinont, près Pellouailles, au Plessis, à Haute-Perche, aux Varennes.

E. 729. (Volume.) — In-folio, papier, 136 feuillets.

17[illegible]. — Relevé des cens et rentes dus aux recettes des fiefs de Pellouailles et de Clervaux par Fr. Alleaume, Ant. Baudriller, J. Conin, Mic. Desbois, J. Foucher, L. Legaigneux, René Héry, le curé de Juigné, Ch. Leau, Urb. Metais, J. Lepeu, René Quénion, J. Rideau, Jos. Sailland, Vinc. Viau et autres tenanciers.

E. 730. (Registre.) — In-folio, papier, 139 feuillets.

1769. — Remembrances des déclarations rendues aux assises du fief de Pellouailles par J. Aufray, J. Dreau, André Conin, René Desbois, F. Fruslon, Ét. Gauthier, Mic. Halbert, Th. Jamin, P. Leconte, René Moron, P. Orthion,

J. Pihoué, P. Rideau, A. Sarinier, J. Touchateaume, Joseph Villain.

E. 131. (Cahier.) — 112 pièces, papier, dont 1 cahier de 13 feuillets, in-folio.

[illegible]. — Confrontations nouvelles pour dresser le terrier du fief de Pellouailles sur les tenures de Simph. Avril, J. Brunet, P. Barbot, J. Challet, Marie Durant, Fr. Gallet, Nic. Gaigneux, Lur. Lecomte, Anne Lemeunier, René Métivier, M.-J. Rideau, Nic. Tourmerie, etc. — Table des confrontations des fiefs de Clervaux, Juigné, Mécrain et Pellouailles.

E. 132. (Registre.) — In-folio, papier, 103 feuillets; 2 tables de 13 feuillets.

[illegible]. — Dépouillement général des titres de Pellouailles et du Pavement-de-Juigné pour dresser le terrier du fief dans la paroisse de Juigné-sur-Loire.

E. 133. (Volume.) — In-folio, papier, 303 feuillets; 3 tables, papier, 80 feuillets.

[illegible]. — Recette des cens et rentes dus au fief de Pellouailles en Saint-Jean-des-Mauvrets, pour terres et tenures à l'Argenterie, à Binoiseau, aux Châteaux, à Érigné, à La Guinardière, à Guinemaure, au Merdreau, à Niort, à La Perrière, aux Quartes, au Rochay.

E. 134. (Registre.) — In-folio, papier, 159 feuillets; 2 tables, papier, 10 feuillets.

[illegible]. — Recette des cens et rentes dus au fief de Pellouailles pour terres et tenures au Champ-Brelault, à La Carinière, aux Fresches, au Bois-Guillou, à Juigné, à Malpoigne, à Niort, à Haute-Perche, au Rocher, à La Tisonnerie.

SEIGNEURIE DE LAILLÉ.

E. 135. (Registre.) — In-folio, papier, 305 feuillets.

1770. — Brouillard du papier terrier du fief de Laillé en Cuon, récapitulatif des cens et rentes dus sur les tenures de La Cacheboutonnière, de La Fosse-Houdon, des Crachoux, de La Marepiau, de L'Énaudière, des Salmonnières, des Richardières, des Berthelotières, de La Boutauderie, de La Bocellière, des Davières, de La Jorhetière, des Chevalleries, de La Grenouillère, de Maupertuis, de L'Auberdière, des Bossardières, de La Tibaudière, de Mortadan, de La Vallayère, des Genièvres.

SEIGNEURIE DE LANCREAU.

E. 136. (Volume.) — In-folio, contenant 11 pièces, parchemin, 147 pièces, papier, 480 feuillets; 2 tables in-folio, de 27 feuillets, papier.

1457-1749. — Aveux rendus à la châtellenie de Champtocé par Guillemine de La Chesnaye, veuve de Jeh. de Lancreau, Girard et Lancelot de Lancreau, Pissonnet de Bellefonds pour la seigneurie de Lancreau, — à la seigneurie de Lancreau par Mathurine de La Rouvraye pour le fief de Verrières, — à la seigneurie de Béron, par Étiennette Rolland, veuve de Louis de Lisle et Guill. Pissonnet de Bellefonds, pour les métairies du Puy-Garnier et de Milandre. — Déclarations rendues aux assises de Lancreau, pour les terres et tenures de La Croix-Berran, de La Boucaudière, du Chêne, de La Corardière, des Caves, de La Faibleterie, de Guénault, de La Guinebaudière, de La Grigonnière, de Houpe-Gouin, de La Justicion, de La Louèterie, des Lambardières, de La Maladrie, de Milandre, du Moulin-Plau, du Pas, des Raimbordières, de La Simondrie, du Tertre-Carlon, des Trigonnières, de La Tremée, de Verrière.

E. 137. (Volume.) — In-folio, contenant 2 pièces, parchemin, 11 pièces, papier, 220 feuillets; 2 tables de 14 feuillets, papier.

[illegible]. — Remembrances des déclarations rendues aux assises de la seigneurie de Lancreau, par Gaspard Abraham, Jacq. Bourcier, P. Belleuvre, P. Bondu, Fr. Chalain, Jacq. Draulu, Nic. Huard, René Hillaire, J. Jouan, René Lecomte, Fr. Roussier, Jacq. Tourleau, Fr. Trigory et autres tenanciers dans la paroisse de Champtocé. — Contrats d'acquêts de terres et de maisons dans le bourg de Champtocé, à La Boucaudière, à Noblet, au Tertre-Carlon et au Poirier-Langlais. — Transaction entre le comte de Serrant, sieur d'Ingrande et de Champtocé, et M. Pissonnet de Bellefonds, sieur de Lancreau, au sujet des blâmes portés contre les aveux de la seigneurie de Lancreau. — Aveu rectifié rendu en conséquence de la précédente transaction.

SEIGNEURIE DE LA LANDE-CHASLE.

E. 138. (Cahier.) — In-folio, papier, 14 feuillets.

1680. — Remembrances des déclarations rendues aux assises du fief et seigneurie de La Lande-Chasle par P. Bault, J. Gaudry, Gilles Joreau, J. Lenoble, André Lemercier, Philbert Ory, J. Triqueneau, Seb. Delan, Ant. Letourneau, Marie Pelault, Ph. Solimon, Jacq. Lejou, et autres tenanciers.

SEIGNEURIE DES LANDELLES.

E. 139. (Registre.) — Petit in-folio, papier, 179 feuillets; 2 tables de 24 feuillets, papier.

1560-1694. — Remembrances des déclarations rendues aux assises de la seigneurie des Landelles pour les fiefs de La Pironnaye et de La Thibauderie et les terres et tenures de La Blotaye, de La Chaintre, de La Mare-de-La-Croix, de la Croix-Fortaye, des Mirouneaux, de Primault, de La Raquerie, de La Resnière, des Souches, de La Tannerie, du Pré-Trepreau, dans la paroisse de Combrée.

E. 740. (Volume.) — In-folio, contenant 34 pièces, parchemin, 38 pièces, papier, 103 feuillets; 2 tables de 10 feuillets, papier.

[illegible]-1603. — Déclarations et aveux rendus à la seigneurie des Landelles pour fiefs et tenures aux Bacheries, à La Blotaye, à La Chaintre, à La Chesnaye, au Moulin-Colin, à Combrée, à La Mare-de-La-Croix, au Bois Giffard, à La Minée, à Mongazon, au Mortier, à La Pironnaye, aux Preudes, au Quartier, à La Resnière, à La Petite-Rivière, à La Tannerie, à La Thibauderie, au Pré-Trépreau. — Droit de pêche dans la rivière de la Verzée.

E. 741. (Volume.) — In-folio, contenant 17 pièces, parchemin, 74 pièces, papier, 310 feuillets; 2 tables de 21 feuillets, papier.

1603-[illegible]. — Déclarations, baux, contrats d'acquêts, produits aux assises de la seigneurie des Landelles, pour terres et tenures aux Bacheries, à La Bevraiserie, à La Blotaye, à La Boisnaudraye, au Buisson-Marquer, aux Châtaigners, à La Chesnaye, au Moulin-Colin, à Combrée, à La Daviaye, au Fagottier, à La Filleraye, à La Forge, aux Gasnières, aux Genetais, au Hédinais, à La Huetterie, aux Jeulleries, à La Minée, aux Nouettes, à La Pironnaye, aux Poiriers, aux Rôtis, aux Saules, aux Souches, à La Thibauderie, à La Vacherie, au Vigneau. — Remembrances des déclarations rendues à la seigneurie des Landelles par Claude Haton, P. Armenault, Louis Bernier, Mat. Boné, Mat. Chevillard, J. Coisseault, Grég. Deniau, Séb. Duroyer, Jacq. Fauveau, Nic. Gaillard, René Garnier, Fr. Giron, J. Gondé, Fr. Houze, René Jallot, Charles Laubin, P. Minier, Guill. Noury, J. Pilon, P. Rabin, Claude Robert, Cat. Rousseau, Louis Thomas, P. Verdier.

E. 742. (Registre.) — Petit in-4°, papier, 57 feuillets.

1515-1557. — Jugements rendus aux assises de la seigneurie contre Jeh. Grosbois, Mic. Raoul, Olivier Garnier, Julien Lemazon, Joachim Meignau, Macé Thomas, P. Rousseau, Louis Cairault, Robin Brullé, P. Mascault, J. Rouet, P. Bernier, Guill. Robin, Guyon Dubreil, Jeh. Robert, Robert Blanchardière, Mat. Couet, Jeh. Baron et autres tenanciers pour défaut d'hommage ou de paiement du droit de lods et ventes.

E. 743. (Carton.) — 90 pièces, papier, 5 pièces, parchemin.

1397-1788. — Déclarations rendues aux assises de la seigneurie par René Duchesne, André Goullier de La Violaie, Julien Baratte, J. Pouriat, René Bouvet, Jean Gaudon, Louis Raoul, André Barin, Anne Robin, René Lemesle, Louis Leroux, Maurice Robert, le curé de Combrée, Fr. Trimoreau, Hyacinthe Piel, Robin Brusló, N. Huldgnen, Yves Jallot, Renée Macault, René Vaslin. — Extraits des livres d'assises de Combrée, de Challain, de Noellet et de Pouancé. — Sentences de la sénéchaussée d'Angers qui condamnent les sieurs Peaudoxie à réparer les brèches du Moulin-Colin, le sieur Morel à 100 livres en augmentation du prix convenu pour achat dudit moulin.

E. 744. (Carton.) — 5 pièces, papier; 13 cahiers grand in-folio, papier, de 813 feuillets; table de 6 feuillets, papier.

1780. — Fragments de terrier de la seigneurie récapitulatif des titres de rentes et de propriété des tenures du Pré-Gasnier, des Resnières, du Rôtis, des Souches, du Chênédé, de La Lande, de La Thibauderie, du Moulin-Colin, de La Blotaye, du Buron, de La Chaintre, de La Minée, de La Pironnaye.

SEIGNEURIE DE LANDERONDE.

E. 745. (Carton.) — 155 pièces, papier, 15 pièces, parchemin.

1320-1711. — Déclarations, baux, contrats d'acquêts des terres et tenures de La Bossellerie, de La Chesnaye, du Pinechien, du Hardas, de L'Écotay, de La Meslairie, de La Pellaudrie, de La Porchinière, des Brossières, de L'Écoublère, de La Chellinière, de La Chevrolaye, de La Robinaye, dans les paroisses de Bécon et de Saint-Augustin-des-Bois.

E. 746. (Carton.) — 104 pièces, papier, 10 pièces, parchemin.

1474-1670. — Déclarations, baux, contrats d'acquêts des terres et tenures de La Bossellerie, du Petit-Châteigner, de Chanteloup, de La Goupillère, de La Guiterie, de L'Espinay-Berthelot, de Pincechèvre, de La Robinaye, des Souches-Moreau, d'Auneau.

E. 747. (Carton.) — 71 pièces, papier, 5 pièces, parchemin.

1460-1781. — Déclarations, baux et contrats d'acquêts des terres et tenures de La Porchinière, de La Houssaye, de La Coudre, du Champ-Thibauld, du Maseril, de L'Hommeraye, dans les paroisses de Bécon et de Saint-Augustin-des-Bois.

E. 748. (Registre.) — In-folio, papier, 84 feuillets; 2 tables de 6 feuillets, papier.

1581-1671. — Déclarations rendues aux assises de Landeronde par les habitants de Chazé et de Brain-sur-Longuenée, pour terres et rentes dans le fief de Martigné, à La Bossellerie, à La Brossière, au Couldreau, au Clotteau, à La Clercière, aux Herses, aux Ormeaux, à Pandouet, au Pont Gourdon, au Pré-Taureau, à La Tremblais.

E. 729 (Registre.) — In-folio, papier, 10 feuillets; 2 tables de 4 feuillets, papier.

1640. — Tenue d'assises de la terre de Landeronde, et des fiefs de Martigné et du Grand-Châteigner, par Claude Chevrollier, conseiller à la Prévôté d'Angers, en présence de M. Gilles Lejeune, curateur de noble homme René Hiret, seigneur desdits lieux.

E. 730 (Registre.) — In-folio, papier, 89 feuillets; 1 pièce, papier, annexée au 1er feuillet.

1616-1670. — Déclarations rendues aux assises des fiefs et seigneuries de Landeronde, de Martigné et du Grand Chateigner, appartenant à noble homme René Hiret, par Jean Bellanger, Hodard, Bougevin, Jacques de Scépeaux, Froger, Gratien, Gallicher, Marguerite Lepreslre, Pierre Marion, Martin Portais, François de Plaincheane, Louis de Varice, Madeleine Lemercier, René Langevin, René Poiphelon, Barthélemy Talourd et autres tenanciers dans les paroisses de Bécon et de Saint-Augustin-des-Bois.

E. 731. (Registre.) — In-folio, papier, 39 feuillets; 2 tables de 3 feuillets, papier.

1670. — Déclarations rendues aux assises de Martigné, dépendant de Landeronde, pour terres, rentes et maisons à Saint-Augustin-des-Bois, à Bécon, au Moulin-Brenier, au Petit-Châteigner, à La Forgetterie, aux Herses, à La Morlais, à L'Aubrière, à La Robinaye, au Clos-de-Puyvieu, à La Fouqueterie, à L'Épinay-Berthelot.

E. 732. (Registre.) — In-folio, papier, 12 feuillets.

1751. — Tenue des assises des fiefs et seigneuries de Landeronde, Martigné et autres dans les paroisses de Bécon, Saint-Augustin-des-Bois, Brain-sur-Longuenée, par Noël Martin, licencié ès lois, au nom de Messire René de Meaulne, seigneur desdits lieux, pour terres, rentes et maisons, aux Herraux, aux Hosties, à La Houssaye, à La Grée, à La Morlais, à Dinechien, au Bois-Guignot, au Pont-Besnard, au moulin de Haute-Folie, à La Maladerie, aux Coudreaux, à La Tonnelle, à La Bossellerie, au Puybrunet, au Champ-Havard, à La Carterie, au Dureau, à La Chaintre, au Rapelé, au Chevrelais, au Châteigner, à La Noue-Moreau, à La Brossière.

E. 733. (Carton.) — 2 cahiers, petit in-4°, papier, 80 feuillets.

1540. — « Censifs des fiefs de Landeronde, Martigné, » Chazé-sur-Argos et Brain-sur-Longuenée, des cens et » rentes deux chacun an, au seigneur dudit lieu de Lan- » deronde, » pour terres, vignes et maisons, au bourg de Bécon, à La Croix-Verte, au Tertre, au Foirault, au Quartier-Fourche, aux Herses, aux Gasts, aux Hommeaux, près La Forgeterie, au moulin de Pendouet, à La Clérielère, à La Tremblaye, à Lavaury, à La Maussionnière, à L'Étang-d'Anneau, au Pont-Besnard, à La Brossière, à La Pierre, au Bois-Robert, au Champ-aux-Moines, à La Pochinière, à Chaillou, à La Bourassière, à La Glenaye, à La Haye-Benoist, à La Morelaye, au Rabineau.

E. 734. (Registre.) — In-4°, papier, 109 feuillets; manquent les feuillets 1, 10-19, 82, 86-91.

1549. — Recette des cens et rentes dus aux fiefs de Landeronde, Martigné, Chazé, Brain-sur-Longuenée, pour terres et maisons, au bourg de Bécon, au Tertre, au Foirault, au Bois-Robert, au Pont-Besnard, à La Perrière, au grand cimetière de Bécon, près La Forgeterie, à La Clériclère, à Taureau, à La Tremblaye, à La Brossière, à La Morelaye, à La Mainetière, à La Hamonnaye, au Parmenier, au Fié-Jehanne, au taillis de Foulessart, au Coudreau, à Jallemain, à La Glenaye, au Rabineau, aux Chasauères, aux Douairoyers.

E. 735. (Registre.) — In-4°, papier, 123 feuillets; 2 tables de 4 feuillets, papier.

1581-1599. — Censif du fief de Martigné, en la terre et seigneurie de Landeronde et de Brain-sur-Longuenée, appartenant à demoiselle Jehanne Dignan, veuve de noble homme François Hiret, conseiller au Présidial. — Déclarations rendues à Landeronde pour terres, rentes et maisons au Clos-Renault, à Macé, au Champ-de-La-Croix, aux Saulgères, aux Champ-Chohue, au Mazery, à La Morelaye, à La Borderie, à Chazé, aux Gasts, à La Forgetterie, à La Robinaye, aux Herses, au Puits-Moreau, à La Carterie, aux Hommeaux, au moulin de Pendouet, à La Tremblaye, au Clos-de-Puyvieu.

E. 736. (Carton.) — 25 pièces, papier.

1677-1769. — Mémoire des griefs de messire René Gilles de Meaulne, sieur de Landeronde, en revendication contre la dame Marie Vivien, veuve Mesnard, d'un chemin commun de la paroisse de Saint-Augustin-des-Bois. — Fragments de censifs et de papiers terriers de Landeronde. — Dénombrement des fiefs qui en dépendent. — Confrontations modernes de la seigneurie et du village de La Robinaye.

SEIGNEURIE DU LANDREAU.

E. 737. (Carton.) — 6 pièces, papier, dont 1 cahier de 10 feuillets.

1692-1791. — Acte de présentation de l'aveu du Landreau [alias Saint-Léger] et du château de La Forêt aux assises de Mortagne. — Acquêt desdites seigneuries par René

Gibot de La Perrinière.— Vente de la forêt de Mortagne par Françoise-Marguerite de Gondy, duchesse de Retz, à François Grimaudet, seigneur de Rochebouet. — Procès-verbal de plantation de bornes dans la forêt. — Abandon du droit de passage dans la forêt du Landreau par les paroissiens de Saint-Léger.— Fragment du livre de recettes et dépenses de la seigneurie.

SEIGNEURIE DE LAUNAY.

E. 758. (Registre.) — Petit in-4°, parchemin, 10 feuillets; la première ligne en majuscules peintes, précédée d'une grande initiale renfermant les armoiries des Montalais; au bas du feuillet, les armoiries des Lemaczon.

1547. — Aveu rendu à Messire Mathurin de Montalais, seigneur de Sceaux, par Michel Lemaczon, seigneur de Launay et d'Escharbot-Niard, pour sa terre, fief et seigneurie de Launay.

BARONNIE DU LAVOUER.

E. 759. (Registre.) — In-folio, papier, plus 11 pièces, parchemin, ensemble 396 feuillets; manquent les feuillets 383-393.

1562-1774.— Aveux rendus à la seigneurie du Lavouer pour la métairie de La Rouère par André Jousseaume, René et André Boulier, Jean et Vincent Drouet, Julien Gault; — pour La Grande-Hourière, en Saint-Aubin-de-Luigné, par François Malineau; — pour Les Essards, en Chaudefonds, par Cesbron de La Rogerie; — pour La Grande-Cheverie, en Neuvy, par Julie Grimaudet; — pour L'Épinay, en St-Laurent-de-La-Plaine, par Françoise de Meaussé. — Baux, déclarations, contrats d'acquêts, produits aux assises de la baronnie, pour terres et tenures à La Barre, à La Blinière, aux Buhards, à Chalonnes, à Chaudefonds, au Coin, à Écorchebœuf, aux Essards, à La Goujonnerie, au Grand-Pé, à Longhomme, à Montcclair, à Neuvy, à La Varanne, à Vaugrimault, dans la partie du fief relevant de la seigneurie de Chalonnes.

E. 760. (Carton.) — 81 pièces, papier.

1752-1784. — Remembrances des déclarations rendues aux assises de la baronnie par Louis Lisée, J. Barault, le curé de Saint-Pierre de Chemillé, la fabrique de Saint-Lezin-d'Aubance, Gabrielle de Grignon, Cesbron-Laroche, Thomas de Jonchère, René Bonneau Des Varennes, Augustin-Félix Barrier, de La Galissonnière, Louis Daviau, Élisabeth Pestriau, P. Humeau, Isaac de Violaine de La Morousière, J. Gélusseau, Marguerite Martin de L'Éjaunay, J. Dagorne, Marc de Jourdan, pour les fiefs et tenures du Chêne-Boisy, de La Gautrie, des Gaudinières, de Villeneuve, du Puy-de-La-Garde, du moulin de Couassin sur l'Irôme, de La Baste, de La Chevallerie, de La Grande-Cheverie, de La Barre-Joullain, du moulin de Rochard sur la rivière du Jeu, de L'Épinay, de La Landellerie, du moulin de La Frémondière, du Jeu, dans la partie du fief relevant des seigneuries de Chalonnes et de Chemillé, dans les paroisses de Neuvy, de Chaudefonds, de La Jumellière, de Saint-Aubin-de-Luigné, de Chalonnes et de Saint-Laurent-de-la-Plaine.

E. 761. (Registre.) — In-folio, papier, 233 feuillets; manquent les feuillets 10-109; 3 tables de 61 feuillets, papier.

1658-1767. — Remembrances des déclarations rendues aux assises de la baronnie par Franç. Allain, les religieux de Saint-Serge d'Angers, Claude Bardoul, Joseph de Bautru, Gilles Bernard de La Barre, Franç. Bérault de La Chaussaire, Jacq. Blanvillain, René Bompois, André Cesbron de La Rogerie, Ét. Cherbonneau, Michel Chevallier, J. Chevrier, Toussaint Cogné, René Collin, Adelaïde de Crespy, Pierre d'Aligre, René Davy, P. Ledoyen, P. Leduc, René Esnous, Ch. Poisson de La Fautrière, Jacq. Gasté, René Guibert, René Guitton, Cl. Hunault de La Peltrie, Marie Juret, Jeanne Laguette, Laurent Leclerc, Joseph Lehay de Villeneuve, P. Malinge, Jacq. Marsais, J. Martin, Jeanne Menuau, Catherine Mussault, Jeanne Méry, Alexandre-Joseph de Montmorency, le curé de Neuvy, Mat. Parent, P. Piffard, Thérèse Péroine, Michel Quesson, J. Renou, René Romain, Jacq. Rorteau, Marie Saullais, Mat. Séché, Fr. Toublanc, J. Tulleau, Marie Turquais, Louis Vaslin, Françoise Verdier, pour les fiefs et tenures relevant de la baronnie de Rochefort. — Droits de pêche dans le Layon et dans la Loire.

E. 762. (Carton.) — 12 pièces, papier, 1 pièce, parchemin.

1589-1765. — Relevé des biens ecclésiastiques tenus de la baronnie. — Déclarations rendues aux assises pour Le Jeu en Chaudefonds, Le Petit-Écorchebœuf, Launay des Briffières, La Petite-Carrée en Chalonnes. — Consistance de la ferme de La Godinière, de Haute-Valette, des Brosses, de La Boirie.

SEIGNEURIE DE LIGNÉ-GODARD.

E. 763. (Carton.) — 1 sceau, débris de sceaux, 3 pièces, parchemin, 3 pièces, papier, en mauvais état.

1507-1565. — Aveux des fiefs de Chartrigné et de La Haute-Minière, rendus à la seigneurie par Claude Laurent et Joseph Foullon. — Contrats d'acquêts et d'échange pour terres et tenures sises dans la mouvance de la seigneurie de Ligné-Godard, à La Dordogne, aux Harouets, près La Casse-Huguet, à Palvereau, au Platis, près L'Ormeau-Bonnehart, au Pouisseux, au Magerit, au champ de La Rivière, à Toucheraine, au pré Besnard, dans la paroisse des Verchers.

SEIGNEURIE DE LINIÈRES.

E. 764. (Carton.) — 3 cahiers, papier, de 77 feuillets.

1619-1672. — Procès-verbaux de cordelages par P. Galicher et Bertrand Courtin, arpenteurs jurés des fresches de La Carrée, des Dureaux et de La Fourerie en Bouchemaine.

SEIGNEURIE DE LONGCHAMPS.

E. 765. (Carton.) — 85 pièces, papier.

1580-1619. — Déclarations, contrats d'acquêts, baux pour les terres et tenures des Varennes, du Breil, du Moulinet, de Lézigné, du Vivier, de La Noiraye, de La Pierre, de Ribonne, de L'Andouillère, de Nantillé [*alias* Le Poirier], de Nidoiseau, du Champ-du-Puy, des Mautroublères et de L'Aumônerie, dans les paroisses de Saint-Silvain, de Foudon, de Brain-sur-L'Authion, de Lézigné, d'Andard, du Plessis-Grammoire.

E. 766. (Carton.) — 73 pièces, papier.

1619-1655. — Déclarations, baux, contrats d'acquêts pour les terres et tenures des Varennes, de La Barbotterie, de La Pierre-Ribonne, des Mautroublères, de La Masure, de Nidoiseau, de La Lampe, de Chanteloup, de Loisron, de Villeneuve, du Moulinet, des Déris, de La Boistière dans les paroisses de Foudon, du Plessis-Grammoire, de Brain-sur-L'Authion, de Saint-Silvain, d'Andard.

E. 767. (Carton.) — 90 pièces, papier; 1 pièce, parchemin.

1655-1777. — Déclarations, baux et contrats d'acquêts des terres et tenures de L'Andouillère, de Ribonne, de La Boistière, de La Pierre, de Nidoiseau, du Chêne-Potard, de Molière, des Clotteaux, du Bueil, des Mautroublères, de La Giraudière, de Vrigné, de La Landaiserie, de Villeneuve, du Jau, dans les paroisses d'Andard, de Brain-sur-L'Authion, de Foudon, du Plessis-Grammoire, de Saint-Silvain.

E. 768. (Carton.) — 31 pièces, papier; 2 pièces, parchemin.

1730-1787. — Déclarations, baux et contrats d'acquêts des terres et tenures de Ribonne, de La Pierre, de Nantilly, de Queue-de-Chèvre, du Jau, de La Voisinière, de L'Andoullère, du Chêne-Potard, des Mautroublères, du Moulin-à-Vent, de Vrigné, du bois de La Grivelle, des Saumurèches, dans les paroisses d'Andard, de Foudon, de Brain-sur-l'Authion, du Plessis-Grammoire, de Saint-Barthélemy, de Saint-Sylvain.

E. 769. (Volume.) — In-folio, contenant 100 pièces, papier, 1 pièce, parchemin, 213 feuillets (les feuillets 132-135 manquent); table de 4 feuillets, papier.

1715-1716. — Déclarations rendues aux assises de la seigneurie par Ét. Alleaume, Symphorien Aveneau, Fr. Bardoul, Ph. Lebourier, J. Beaujouan, P. Cocquereau, Urb. Carré, Fr. Clavier, P. Dupont, J. Desportes, Jos. Dandin, André Frémont, Anne Gaudry, Ét. Guichet, Jacq. Gervaise, Urb. Gillet, Jacq. Javard, Jacq. Ledeau, Ét. Lettéryo, J. Martin, Anne Onillon, Ét. Prestreau, P. Pinson, Ant. Quénion, Ét. Rocher, Madeleine Toutin, Jacq. Vigan et autres tenanciers dans les paroisses d'Andard, de Brain-sur-L'Authion, de Foudon, du Plessis-Grammoire, de St-Sylvain.

E. 770. (Registre.) — Petit in-4°, papier, 210 feuillets; table de 7 feuillets, papier.

1764-1780. — Remembrances des déclarations rendues aux assises de la seigneurie par Jacq. Alleaume, P. Aubin des Bouchetières, Timothée Bahonneau, J. Buret, Guill. Beauvineau, J.-P. Beaujouan, Gab. Chesneau, Michel Coquillard, P. Delalande, Cl. Delépine, Louis Delhommeau, André Flon, Franç. Guépin, P. Gerbé, René Houdet, René Homé, J. Jusquault, Mic. Leduc, Élie Lebaillif, Renée Lesourd Des Forteries, Ét. Lemesle, Fr. Quantin, Jul. Poirier, René Pinson, P. Piffard, Ét. Repussard, P. Trouillard, René Tessier Des Sablons, Simon Vieil de La Plesse, René Vallée et autres tenanciers, dans les paroisses d'Andard, de Brain-sur-L'Authion, de Foudon, du Plessis-Grammoire, de Saint-Silvain.

E. 771. (Registre.) — In-folio, papier, 228 feuillets; table de 14 feuillets, papier.

1749-1752. — Cens et rentes dus à la recette de la seigneurie pour les terres et tenures du Breil, de Bouquet, des Blettières, de La Croix-aux-Merciers, de La Grivelle, de La Galichaye, des Hulleries, de Loiron, des Léardières, de L'Andoullère, de Moulinet, des Masures, de La Monnaie, de Nantillé, de La Pageotterie, de Ribonne, de La Raisnerie, des Saumurèches, du Vivier, de Villeneuve, de Vrigné, des Vallinières.

E. 772. (Registre.) — In-folio, papier, 205 feuillets; 2 tables de 12 feuillets, papier.

1765. — Cens et rentes dus à la recette de la seigneurie pour les terres et tenures du Vivier, de Moulinet, de La Coulée, de Loiron, de Graindor, des Masures, de La Boistière, de La Vannerie, de La Grivelle, des Saumurèches, de La Pierre, de La Pageotterie, du Douaire, de Landoulière, de La Raisserie, de Champigné, du Chêne-Potard, de Ribonne, de Nidoiseau, des Vallinières.

CHATELLENIE DE MARIGNÉ.

E. 773. (Carton.) — 44 pièces, papier, dont 1 plan ; 7 pièces, parchemin.

1450-1782. — Consistance ancienne de la terre de Marigné. — État des tenures qui doivent le rachat à Châteaugontier. — Contrats d'acquêts du Grand-Maillé en Querré, de Mongrignon, de La Harderaye, de La Morinière, de La Touche-Balisson, de La Boe, des Petites-Places, de La Rainerie, des moulins de Gernigon. — Droit de passage dans les bois du Boullay et sur les dépendances de Montessault. — Vente des bois des Perrières.

E. 774. (Carton.) — 24 pièces, papier, 8 pièces, parchemin.

1459-1782. — Aveux rendus à la châtellenie de Marigné pour les seigneuries des Briotières en Champigné, de La Graffinière, de La Chabossière, des Touches, de Lantivelle, de La Bucheraye, de Pontpéroux, du Plessis-Gaudin, de Grez-sur-Maine, de La Percillère, du Plessis-de-Marigné et de La Périne. — Droit de prévôté sur les marchandises de passage dans le bourg de Querré. — Droit de pêche dans la Maine.

E. 775. (Carton.) — 2 cahiers, petit in-folio, papier, 45 feuillets.

1530-1585. — Recette des cens, rentes et devoirs dus à la châtellenie de Marigné pour terres et tenures à Mongrignon, à La Harderaye, à Lande-Fendue, aux Loges, près Longuenée, dans les paroisses de Laigné, de Mesnil, de Querré, de Champigné, de Marigné et dans la ville de Châteaugontier.

E. 776. (Carton.) — 1 pièce, parchemin, 87 pièces, papier.

1502-1782. — Fragments de tenues d'assises et de déclarations rendues à la châtellenie pour les fiefs et tenures de La Fontaine, de La Moisardière, de Chauvon, de Plate-Bourse, des Largères, de La Grande-Mantousière, de La Cointrie, de La Tasserie, de La Chabossière, de La Dauberie, de La Poulinière, du moulin de La Roche. — Temporel de la chapelle du château du Port-Joullain.

E. 777. — 11 pièces, papier.

1555-1780. — Extraits d'aveux, baux et contrats d'acquêts dans les fiefs et seigneuries de Tessecourt et de Vernée en Champteussé. — État estimatif de la partie du fief qui relève de Châteaugontier.

E. 778. (Rôle.) — 1 pièce, parchemin, de 3m40 de long.

XVe siècle. — Recette des rentes en vins et blés dus à La Fillotière et à Vernée par les métairies de Lantivelle, de La Ferme, de La Millonnière, de Maraille, de L'Orillardière.

E. 779. (Carton.) — 26 pièces, papier, dont 4 imprimées.

1700-1740. — Mémoires, répliques et pièces à l'appui des prétentions contraires des seigneurs de Marigné, de La Fessardière et de Chambellay, pour la mouvance contestée des fiefs de La Fontaine, de La Moisardière, de La Touche-Balisson, d'Isle et du Coudray et d'une maison dans la ville de Châteaugontier.

SEIGNEURIE DE MARTIGNÉ-BRIANT.

E 780. (Carton.) — 6 pièces, papier.

1666-1784. — Extrait de la ventilation générale de la seigneurie de Martigné-Briant, des Noyers-Aménard, Villeneuve et leurs dépendances, acquises par les sieurs J. Moyse Béguier de Champcourtois, Louis Béguier et P. Boreau de La Besnardière. — Aveu rendu au château de Martigné-Briant pour la seigneurie de La Gloriette [*alias* La Gaubertière]. — Tables de renvoi au plan dudit fief. — Tables des tenanciers portés au plan (provenant de registres perdus).

SEIGNEURIE DE LA MARTINAYE.

E. 781. (Carton.) — Débris de sceaux ; 2 pièces, papier ; 37 pièces, parchemin.

1553-1638. — Contrats d'acquêts et d'échange de terres et tenures dans la mouvance de la seigneurie de La Martinaye, à La Roirie, aux Traversaines, aux Hautes-Places, aux bois de La Rondaye, à La Bodinière, à La Doucinière, au Gué-de-La-Faverie, aux Vaux-Gardais, à La Poupinotière, à La Grée-Méry, au Pré-du-Palais, aux Geollières, dans la paroisse de Challain.

COMTÉ DE MAULEVRIER.

E. 782. (Carton.) — 15 pièces, dont 1 cahier in-4o, papier, de 20 feuillets ; 1 pièce, parchemin.

1449-1791. — Acte de partage de la seigneurie de Maulevrier entre Baudouin de Tucé, Franç. de Coesmes et Fr. de Montbron. — Aveu rendu par Françoise de Jarzé pour Le Puy-Guilbaut en Trémentines. — Baux des métairies du Pontereau, de La Tour-Guyonneau, de La Croix-

Verte, de La Potironnière, de La Maison-Neuve, des halles, des fours banaux et des prisons du comté.

E. 783. (Registre.) — Grand in-folio, papier, 10 feuillets.

1700-1701. — Sommier général du comté, contenant la recette des cens et rentes dus annuellement par les tenanciers des métairies de La Guyonnière, de La Mousserie, des Grandes-Vannes, de La Richarderie, de Farolleau, de La Guitière, de La Potironnière, de Nyort, de L'Étang-de-Croué, de Nueil-sous-les-Aubiers, de La Croix-Verte, de La Tour-Guyonneau, de Villefort, de La Chartebouchère, dans les paroisses de Saint-Pierre et de Saint-Hilaire-des-Échaubrognes et d'Yzernay. — Gages des domestiques et des gardes-chasse.

SEIGNEURIE DE MAUNY.

E. 784. (Registre.) — In-4°, papier, 28 feuillets; table de 2 feuillets, papier.

1450. — *Contrats exhibés aux assises de la seigneurie de Mauny près Brissac, pour terres et tenures aux Ribougères, aux Brosses-Bonneau, au Genetay, à La Trigalsière, à La Bretonnière et aux Landes.*

SEIGNEURIE DE MAUREPART.

E. 785. (Registre.) — Grand in-folio, papier, 373 feuillets; 2 tables de 26 feuillets, papier.

1768. — Terrier récapitulatif des titres de rente et de propriété des fiefs de La Banlée, de Saint-Jean, de La Chaperonnière, d'Islay, des Brosses, de Pontlevoy, dans les paroisses d'Ambillou, Brigné, Louresse et Martigné-Briant.

E. 786. (Registre.) — Petit in-4°, papier, 53 feuillets; entre les feuillets 4 et 5, 1 pièce, parchemin, intercalée; table de 3 feuillets, papier.

1741-1761. — Remembrances des déclarations rendues aux assises de la seigneurie de Maurepart et du fief de La Banlée par René Abélard, J. Bernier, Fr. Bodet, René Boisbellet, P. Bouhier, Budan de Russé, Perrine Du Rocher, J. Haitreau, P. Lorendeau, P. Loiseleur, Marie Lorin, Jos. Mallier, Jos. Marquis, Ch. Pasquier, Jean TangourJean et René Thibault.

E. 787. (Cahier.) — In-4°, parchemin, 52 feuillets.

1629. — Procès-verbal d'adjudication par décret rendu contre Claude de Trinay et Radegonde de Bouttier sa femme, des fiefs de Saint-Jean et de La Banlée au profit de Nicolas Guéniveau-le-jeune, marchand de Doué.

E. 788. (Volume.) — In-folio, contenant 194 pièces, papier, 132 pièces, parchemin, ensemble 376 feuillets.

1444-1747. — Aveux, déclarations, baux et contrats d'acquêts dans les fiefs de Saint-Jean et de La Chaperonnière, pour terres et tenures à La Balainerie, à La Banlée, à La Croix-Baudin, à La Cave-Houssicault, au Champ-Fromentin, à La Gazellière, à La Gaillardrie, à La Grézille, à La Gontelle, aux Groies, aux Haiteaux, aux Haies-Perrot, à Islay, à Linières, aux Ouches, à La Croix-Robineau, aux Tranchées, aux Varannes, au Petit-Vigneau, dans la paroisse de Brigné.

E. 789. (Volume.) — In-folio, 130 feuillets, papier; table de 7 feuillets, papier.

1721-1769. — Déclarations rendues aux assises des fiefs de Saint-Jean et de La Chaperonnière, en Brigné, par Th. Abraham, P. Aignès, J. Aubin, Fr. Augé, J. Bernier, Denis Bouhier, Catherine Cailleau, Fr. Cherbonnier, René Cochard, René Davy, Thomas Duporteau, Louis Fourdin, René Gelineau, Ét. Guyard, J. Guillemest, Math. Guillon, J. Lamoureux, Cl. Levoye, Jacq. Lhumeau, René Marchand, Jos. Marquis, René Mauriceau, J. Ménard, Maurice Misandeau, Prosper Ortion, Fr. Péhu, Nic. Portier, J. Rabellier, Ant. Rideau, Fr. Roucher, Gaspard Tigeon, Denis Touchais, Jacq. Touret, René Tremblier, Antoinette de Valory.

E. 790. (Volume.) — In-folio, contenant 174 pièces, parchemin, 23 pièces, papier, ensemble 603 feuillets; 2 tables de 13 feuillets, papier.

1585-1595. — Déclarations, baux, contrats d'acquêts et de rentes pour terres et tenures dans la mouvance du fief d'Islay, à Ambillou, à La Barre, à La Bourmandière, aux Bruères, à La Jonnais, à Mondelou, aux Nouelles, à La Sablonnière, aux Saulayes, à La Tranchée et aux Varannes. — Procès-verbaux d'arpentage des fresches des Gasneaux, des Guitonneaux et des Proust.

E. 791. (Volume.) — In-folio, contenant 201 pièces, papier, 47 pièces, parchemin, 593 feuillets.

1600-1759. — Déclarations, baux, contrats de rentes et d'acquêts pour terres et tenures dans la mouvance du fief d'Islay, à Ambillou, à La Barre, à La Fourmandière, à La Brézée, aux Bruères, à La Caillardière, au Chaillou, aux *Quatre-Chemins*, aux Gats-Bigotteau, à La Grézille, à La Jonnais, aux Noues, aux Nouelles, à La Sablonnière et aux Varennes.

E. 792. (Volume.) — In-folio, contenant 103 pièces, papier, 2 pièces, parchemin, 321 feuillets; table de 8 feuillets, papier.

1761-1769. — Déclarations rendues aux assises du fief d'Islay, par P. Aigniès, René Atourné, André Augereau, Gaspard Bascher, J. Bernier, P. Bouhier, Cl. Cailleau, René

Chabosseau, René Chicotteau, Fr. Coullon, René Dutertre, Jul. Fourdrin, Ant. Gaschet, Mic. Gastard, Ét. Gautier, Gr. Goizet, J. Haitreau, J. Lamoureux, P. Laurandeau, René Lebeau, Jacq. Leroye, P. Loizeleur, J. Luceau, Fr. Masse, J. Méran, René Merceron, Mat. Percher, J. Piron, J. Rebellier, J. Taugourdeau, L. Touchais, Marguerite de Valory. — Aveux rendus au château de La Grézille par messire Jacq. Charles Lefebvre de Chasle, pour le fief d'Islay.

E. 793. (Volume.) — In-folio, papier, 411 feuillets.

1595-1666. — Arpentages des fresches des Saullayes, des Guittonneaux, des Proust, de La Bourmandière, des Lusseaux et de La Casse-Mahon, dépendant du fief d'Islay.

E. 794. (Volume.) — In-folio, contenant 40 pièces, papier, 1 pièce, parchemin, 99 feuillets.

1761. — Déclarations rendues pour terres et tenures dans le fief de Pontlevoy, par Fr. Beaufort, René Bertelin, J. Bouchard, Mic. Chartrain, Marie Fournier, J. Gigault, Denis Gruget, J.-J. Guichon, Gilles et Jacques Huet, Louis Jollivet, J. Lhumeau, P. Leteulle, Ch. Renard, P. Robert, P. Sailland et autres tenanciers dans la paroisse de Louresse.

E. 795. (Registre.) — Grand in-folio, papier, 312 feuillets, plus 6 pièces, intercalées, dont 3 en parchemin; 2 tables de 16 feuillets, papier.

1767. — Cens et rentes dus aux fiefs de Maurepart, de La Banlée, de Saint-Jean, d'Islay, de La Chaperonnière, pour les terres et tenures des Ageons, de La Belotière, de La Bourmandière, de La Fontaine-du-Bugnon, du Brigneau, des Trois-Chopines, de Courtillet, de Moulin-des-Champs, de La Fontenelle, de La Fosse-Chanteloup, du Cormier, du Garreau, de La Gazellerie, de La Gontelle, de La Grézille, des Sablonnières, des Varannes et du Vigneau dans les paroisses de Brigné, d'Ambillou, de Martigné-Briand.

E. 796. (Registre.) — Grand in-folio, papier, 71 feuillets; 2 tables de 7 feuillets.

1762. — Recette des cens et rentes dus au fief de Pontlevoy, pour les terres et tenures de Chantort, de La Chesnaye, du Douet-René, du Doyen, de La Fontaine, du Bois-Ribard, des fresches des Valluaux, des Vaslins, des Ballençons, des Maugins, des Piochous, dans la paroisse de Louresse.

SEIGNEURIE DE LA MAUVOISINIÈRE.

E. 797. (Carton.) — 13 pièces, parchemin, 17 pièces, papier, dont 1 cahier de 12 feuillets.

1487-1789. — Déclarations, baux et contrats d'acquêts des terres et tenures du Rafou, de La Pilletière, de La Haie-Bourdin, de La Gaboirie [*alias* La Guettelière], de La Tardivière, des Platineaux, de Chasserat, du Paspéan, du Quarteron, dans les paroisses de La Boissière et de Bouzillé. — Transaction entre le seigneur de La Mauvoisinière et le cellerier de l'abbaye St-Florent pour le droit de vinage. — Mémoire pour les habitants de Bouzillé contre l'abbaye de St-Florent, au sujet de la propriété des communs de La Grande-Noue, de La Haie-Dallot et du Bois-aux-Moines. — Consultation de droit, rédigée par Me Éveillard, sur la transmission par contrat de vente des droits et des honneurs seigneuriaux dans une église de paroisse. — Autorisation par l'évêque d'Angers de célébrer la messe dans la chapelle du château de La Mauvoisinière (Signature autographe de Henri Arnault).

SEIGNEURIE DE MILLY-LE-MEUGON.

E. 798. (Carton.) — 6 cahiers, in-folio, 304 feuillets, papier.

1400-1454. — Comptes des recettes et mises de la seigneurie de Milly-le-Meugon. — Recettes des cens et rentes en deniers, blés, vins, châtaignes. — Mises pour frais de tenures d'assises à Saumur, à Montreuil-Bellay; — travaux des vignes et des vendanges; — récolte des blés et des fruits; — réparations et entretien des bâtiments, des fermes, des greniers; — « despence des chaceurs de connils et de leurs chiens; » — « à Jehan Duboys, perdrioux, pour quatre jours qu'il a vaqué à prendre les perdrix, pour sa paine, 5 sols. »

SEIGNEURIE DE MIREBEAU.

E. 799. (Carton.) — 1 pièce, parchemin, 22 pièces, papier.

1456-1680. — Aveux rendus aux châteaux de Luigné et de Thouarcé par Pierre Du Boispéan, Marin Boylesve, Ennemond de Courtet, François Davy d'Argentré et Anne Du Tertre, veuve de Gabriel Delaunay, pour les seigneuries de Mirebeau et le fief des Roches en Rablay. — Relevé des propriétés comprises dans la dîme. — Cordelage de la fresche des Crosniers. — Contrat d'acquêt de la seigneurie par Mélanie-Françoise Louet, veuve Pierre Dumesnil.

SEIGNEURIE DE MONTBAULT-PAPIN.

E. 800. (Volume.) — In-folio, contenant 42 pièces, parchemin, 76 pièces, papier, 362 feuillets.

1272-1789. — Aveux, déclarations, contrats d'acquêts, titres de rentes pour le domaine et les fiefs des Laurancières, des moulins de Montbault, des étangs des Noues et des Brandes, de La Grollerie, de La Grande-Simonière, du

Breil-Lambert, du pré du Pont, de La Tropée, de La Haye-en-Bureau, de Mauny, de Tombeloup, de La Crillère, de La Tremblaye, de La Marboire, de La Viennière, du Cormier, de La Gibretière dans les paroisses de Trémentines, du May, de Mazières et de Cholet. — Transactions entre Guy de La Possonnière, seigneur de Cholet, et Geofray Leroux de La Roche-des-Aubiers, Olivier de La Haye et Jehan de La Porte-de-Vezins, au sujet du droit de chasse. — Droits d'usage dans les communs de Cholet.

E. 801. (Volume.) — In-folio, contenant 8 pièces, parchemin, 18 pièces, papier, 311 feuillets.

1403-1783. — Aveux et hommages rendus au marquisat de Cholet par Jehan de Clerzay, ayant le bail de Pierre de La Haye, Pierre, Olivier Hardy, René et Joachim de La Haye et Paul-Philippe Camus, seigneurs de Montbault-Papin. — Procédures concernant la mouvance des fiefs de Peineperdue, de La Boissonnière, de La Savarière, des moulins de Montbault et de Braules, de Nuaillé, de La Rainière, dans les paroisses de Cholet, de Mazières et de Trémentines.

E. 802. (Volume.) — In-folio, contenant 116 pièces, parchemin, 17 pièces, papier, 135 feuillets; 2 tables de 19 feuillets, papier.

1608-1697. — Aveux, hommages, titres de rentes et de propriété dans les fiefs et tenures de La Brissonnière, de Beauregard, de La Bonnelière, de La Belonière, du Cazeau, du Bordage-d'Argent, de La Ferronnière, de La Gaudière, de La Gelinière, de La Jarrie, du Landreau, de L'Échasserie, de La Ligenre, de La Marboire, de La Manche, de Peineperdue, de La Pilotière, de La Rainerie, de La Renardière, de La Réauté, des Raffilières, de La Simonière, de La Savarière, de La Tremblaye, du Temple, de La Touche-Hervé, du Verger, de La Vachonnière, dans les paroisses de Mazières, de Trémentines et de Cholet.

E. 803. (Volume.) — In-folio, contenant 84 pièces, parchemin, 40 pièces, papier, 266 feuillets; 2 tables de 19 feuillets, papier.

1498-1654. — Aveux, déclarations, baux et contrats d'acquêts dans les fiefs et tenures des Bouillons, de La Brie, de La Bordelière, de La Béliardière, de La Bossardière, de La Carrelière, du Cazeau, des Écobus, de La Ferronière, de La Gaudrière, de La Gelinière, de La Jarrie, de L'Échasserie, de La Lande, de l'Étoutière, de La Marboire, de La Kallière, de La Pilatière, de La Pelassière, de La Rainerie, des Raffilières, de La Renardière, de La Simonnière, de La Tremblaye, de La Viennière, dans les paroisses de Trémentines, de Mazières et de Cholet.

E. 804. (Volume.) — In-folio, contenant 67 pièces, parchemin, 26 pièces, papier, 296 feuillets; 2 tables de 19 feuillets, papier.

1558-1601. — Aveux, déclarations, baux et contrats d'acquêts dans les fiefs et tenures de La Brie, de Champ-Bardoul, des Bouillons, de La Béliardière, du Cazeau, de Cul-d'Enfer, de La Ferronière, de La Gelinière, de La Grolerie, de La Jarrie, de l'Étoutière, de l'Échasserie, de La Marboire, de La Masserie, de La Pilatière, de Peineperdue, du Paradis, de La Pinelière, de La Haie-Roux, de La Renardière, de La Rainerie, de La Savarière, de La Simonnière, du Temple, de La Turbaudière, du Verger, dans les paroisses de Trémentines, de Cholet et de Mazières.

E. 805. (Volume.) — In-folio, contenant 45 pièces, parchemin, 61 pièces, papier, 181 feuillets; 2 tables de 31 feuillets, papier.

1610-1692. — Aveux, déclarations, baux et contrats d'acquêts, dans les fiefs et tenures de La Brie, de La Bonlinière, des Bouillons, de Beauregard, du Bourg-Baudry, du Cazeau, de La Crillère, du Cul-d'Enfer, de la Ferronière, du Fromenteau, de La Gaudière, de La Gelinière, des Garennes, de Hauteville, de La Jarrie, de L'Échasserie, de L'Étoutière, de La Marboire, de Mélay, de La Marzelle, du Paradis, de Peineperdue, de La Pilatière, de La Pouëze, de La Rainerie, de La Renardière, des Raffilières, de La Simonnière, de La Tremblaye, du Temple, du Verger, dans les paroisses de Trémentines, de Cholet, de Nuaillé et de Mazières.

E. 806. (Volume.) — In-folio, contenant 69 pièces, papier, 5 pièces, parchemin, ensemble 353 feuillets; manquent les feuillets 1-10, 26-44, 50, 81, 86-87, 103-107, 119, 160, 185-191, 301, 309, 332-333, 317-331; 2 tables de 69 feuillets, papier.

1608-1770. — Aveux, déclarations, baux et contrats d'acquêts dans les fiefs et tenures des Amélinières, de Beauregard, de Bodin, de Bégrolle, de La Brie, de La Belonnière, de La Berjonnée, du Bourg-Baudry, du Cazeau, des Étepouères, de La Ferronière, de La Grolerie, de La Gelinière, de La Gaudrière, de Gaubert, de La Touche-Hervé, de La Hautebeure, de La Jarrie, de l'Échasserie, de L'Étoutière, de La Ligence, de La Masserie, de La Maillochère, de La Marboire, du Paradis, de La Pouëze, de La Pinelière, de Peineperdue, de La Renardière, des Raffinières, de La Rainerie, de La Simonnière, de La Savarière, de La Tremblaye, du Verger, dans les paroisses de Cholet, *Mazières*, *Nuaillé* et Trémentines.

SEIGNEURIE DE MONTCHEMIN.

E. 807. (Registre.) — Petit in-folio, papier, 239 feuillets.

1602-1654. — Remembrances des déclarations rendues aux assises de la seigneurie et des fiefs des Touches et de Paillé, par P. Valtin, René Pommereau, Hilaire Mestreau, René Fillon, René Michelet, Mic. Bullier, Nic. Piguier, P. Hubert, Guill. Morineau, Ant. Fillocheau, Hil. Renard, L. Guérineau, Ant. Chicotteau, Jeh. Gay, René Baranger, P. Galteau, L. Viau, René Berder, Gab. Moisant et autres tenanciers, dans la paroisse de Nueil-sous-Passavant.

E. 608. (Registre.) — In-folio, papier, 76 feuillets, plus 1 cahier de 12 feuillets, papier.

1649. — Déclarations rendues à la seigneurie pour les fiefs des Touches, du Grand et du Petit-Paillé, de La Péaudière [*alias* Montpoly] par René Rullier, René Moreau, Fr. Hardouin, P. Blandeau, René David, Fr. Robreau, L. Barbier, Mic. Baille, P. Gaultier, Ét. Ferrand, Fr. Réveillé, René Herouet, Urbain Guillon, Ch. Rousseau, L. Gaullay, J. Gautreau, Fr. Loriot, J. Hervé, J. Burdier, Julien Biron, René Marais, Jeanne Gay, Mat. Hovaux, René Lemoine et autres tenanciers dans la paroisse de Nueil-sous-Passavant.

BARONNIE DE MONTFAUCON.

E. 609. (Carton.) — 4 pièces, parchemin, 17 pièces, papier.

1600-1780. — Mémoire anonyme concernant les différentes mutations de la terre et seigneurie de Montfaucon. — Arrêt de la chambre souveraine du Domaine, qui maintient messire Louis d'Avaugour, comte de Vertus, en la possession de la haute justice de la baronnie. — Aveux rendus au château de Montfaucon pour la seigneurie de La Perrinière par J. Gibot, seigneur de La Perrinière; — pour la seigneurie de La Gohellière, par Pierre-René Gibot; — pour le fief de La Machefollière, par René Colasseau; — pour le fief du Sap, par Fr. de Villeneuve; — pour la seigneurie de La Faye, par Louis Bérault.

BARONNIE DE MONTJEAN.

E. 610. (Carton.) — 26 pièces, papier.

1609-1780. — Procédures soutenues par devant le sénéchal de la baronnie entre J. Cherbonnier et J. Belon, Jos. Renou, et Jeanne Gasnier, veuve Benesteau, J. Guibalès, et Julien Leduc, Mat. Blon et Jean Hudon, Ét. Cailleau et P. Pineau, Marie Delaunay, veuve Benoist et Mat. Bondu, Fr. Gabory et P. Moureau.

BARONNIE DE MONTREUIL-BELLAY.

E. 611. (Carton.) — 2 cahiers, in-folio, papier, 16 feuillets.

1651. — Inventaire des titres concernant les droits de la baronnie et des terres de Fosse-Bellay, de La Marche et de Gennes en dépendant, tirés de la Chambre des Comptes de Dunois, apportés et mis au trésor de ladicte baronnie, par Me Loys Leporquier, conseiller trésorier de Son Altesse Mgr le duc de Longueville. — Inventaire des titres mis au trésor de Montreuil-Bellay, le dernier juin 1643, par Anthoine Lamoureux.

E. 612. (Carton.) — 1 cahier, parchemin, grand in-4o, en caractères; contenant 11 feuillets.

[illegible]. — Fragments du cartulaire de la baronnie. — Charte française constatant la vente d'un hébergement à Noyant.

E. 613. (Carton.) — 3 pièces, parchemin; 3 sceaux brisés.

1380-1392. — Lettres de commission du roi Charles VI, portant établissement de tailles sur les habitants de la ville, pour employer à la fortification du château. — Consentement des ecclésiastiques, des nobles et des bourgeois à la levée de 20 deniers par pipe de vin vendue. — Lettres du roi Charles VI pour contraindre les habitants des paroisses de Méron, St-Just-sur-Dive, Brion, Chaumont et Mollay aux gardes du château. — Arrêt qui y déclare tenus tous les habitants de Brion, de Chaumont et de Mollay. — Ordonnance de Jehan d'Orléans, archevêque de Toulouse, fixant les gages du capitaine du château de Montreuil-Bellay.

E. 614. (Carton.) — 2 pièces, parchemin, 1 pièce, papier.

1401. — « C'est l'appointement fait avec ceulx des « pays d'Anjou, du Maine, du duché d'Alençon, du comté « de Laval, de Chartres et du pays Chartrain, de Verneuil, « de Beaumont, de Fresnoy, de Dreux, de Bonneval et de « plusieurs autres, plus à plain déclarez au registre sur ce « fait, assemblez en la ville de Tours, par l'ordonnance du « Roy en l'ostel de M. son chancellier, » pour la répression des faux sauniers. — « S'ensuivent les procurations baillées « par Hamelot Joceaume, procureur-général de Montreuil- « Bellay, des gens d'église, nobles et procureurs des fabrices « de la seigneurie et baronnie du dit lieu, » portant adhésion à l'acte précédent. — Procuration spéciale de Guill. de Tancarville, seigneur de Montreuil-Bellay.

E. 615. (Carton.) — 16 pièces, parchemin, 11 pièces, papier, dont 1 cahier de 9 feuillets; 3 sceaux brisés.

1408-1599. — Commission pour mettre en la main du Roi la seigneurie de Montreuil-Bellay. — Acte de transport et cession par noble homme Jeh. de Beaucaire, sieur de l'Éguillon, et Jacq. Girard, mandataires de la princesse Marie, reine douairière d'Écosse, duchesse douairière de Longueville, des profits et revenus de la seigneurie, à Pierre de Lommeau, receveur de la terre et seigneurie de Saumur pour M. de Guise. — Baux du domaine de la baronnie. — Rôles des forces pour le comte de Tancarville. — Mandement pour affermer les fresches. — Cueillage des fresches. — Procès-verbal d'antisipation sur le grand chemin de Saumur. — Baux des jardins du château, des greniers de la baronnie, de la ferme du greffe, de la prévôté de Montreuil-Bellay et d'Antoigné, du sceau de Montreuil-Bellay, du droit de mesurage, des cens et rentes féodales, des revenus du droit de banvin, des quarts ou tournais. — Don par Guill. d'Harcourt à Henri Du Terre, écuyer, des droits d'aubenage. — Procès-verbal de la perception du droit de quintaine.

E. [illegible] (Carton.) — [illegible] aveux, [illegible] pièces, parchemin, et [illegible] pièces, papier.

[illegible]. — Convention avec les régisseurs de la baronnie concernant la perception et l'administration des revenus. — Ordonnance des officiers des Comptes du duc de Longueville, adressée au sénéchal de la seigneurie pour faire procéder à la vente des récoltes des blés et des vins. — Quittances données au receveur-général du domaine par le chapitre de Montreuil-Bellay, les chapelains, le sacristain du prieuré de St-Pierre, le maître des enfants de chœur, le portier du château, le sénéchal, le brodeur, le menuisier, pour leurs gages ou leurs pensions de l'année.

E. [illegible] (Carton.) — 3 cahiers, in-folio, papier, [illegible] feuillets; [illegible] [illegible] feuillets, papier.

[illegible]. — Copie authentique, délivrée par la Chambre des Comptes de Paris, de l'aveu rendu au château de Saumur par Guillaume de Harcourt, comte de Tancarville, pour sa baronnie. — Copie informe du même aveu.

E. [illegible] (Registre.) — Grand in-4°, parchemin, 40 feuillets; en tête l'écusson du seigneur de Montreuil-Bellay, supporté par un griffon et un lion [illegible] en pointe [illegible].

[illegible]. — Aveu rendu au château de Saumur par Guillaume d'Harcourt, comte de Tancarville, pour sa baronnie. — Extrait authentique du même aveu.

E. [illegible] (Carton.) — 4 pièces, papier, dont 3 cahiers, in-folio, [illegible] feuillets, dont il manque les premiers et les derniers; [illegible] pièces, parchemin; 3 sceaux [illegible].

[illegible]. — Aveux et hommages rendus au château de Saumur par Marie de Harcourt, Marie de Coissé, duchesse de La Meilleraye, Madeleine Péroil, veuve de Timoléon de Cossé-Brissac, Godefroy de La Trémouille, duc de Thouars, pour la baronnie de Montreuil-Bellay. — Table alphabétique de l'aveu de 1556 (perdu). — Dispenses et délais d'hommages accordés aux seigneurs par les rois de France.

E. [illegible] (Registre.) — In-4°, parchemin, [illegible] feuillets; table de [illegible] feuillets, parchemin.

[illegible]. — Aveu rendu au château de Saumur par Marie de Cossé, duchesse de La Meilleraye, pour sa baronnie de Montreuil-Bellay.

E. [illegible] (Carton.) — [illegible] [illegible] pièces, parchemin, dont [illegible] [illegible] cahiers de [illegible] feuillets; 1 pièce, papier.

[illegible]. — Aveux, fois et hommages, rendus au château de Montreuil-Bellay, pour les fiefs et seigneuries d'Antoigné, du Grand-Avort, de Bagneux en Marche, du Ballais près Nueil, de Bidaine en Mons, de La Bismard en Vaudelenay, de Blanchecoudre, du Bois-de-Sanzay, de Bois-Sicard, des Bouchons, de Brénezay.

E. [illegible] (Carton.) — [illegible] pièces, parchemin, dont [illegible] cahiers de [illegible] feuillets; 1 cahier, papier, [illegible] feuillets, dont manque le 1er.

[illegible]. — Aveux, fois et hommages rendus au château de Montreuil-Bellay, par les fiefs et arrière-fiefs de Cavefont [alias Munet], de Cerpillon, de Charé et de Clervaux, de La Chaintre, de Champagne, de Champdolivaux, de La Chapelle-Bellouin.

E. [illegible] (Carton.) — 1 sceau [illegible]; [illegible] pièces, parchemin, dont [illegible] cahiers, [illegible], [illegible] feuillets; 3 pièces, papier.

[illegible]. — Aveux, fois et hommages rendus au château de Montreuil-Bellay, par les fiefs et arrière-fiefs de Chourses, de Châteaugiron, de La Chavannière près Lenay, de Cizay, des Coteaux, de La Cordière, du Coudray-Macouard, de Couesme et de Mons, de Courchamp, de La Coutume.

E. [illegible] (Carton.) — 2 sceaux [illegible], 30 pièces, parchemin, dont 16 cahiers, in-4°, [illegible] feuillets, 1 cahier, papier, 30 feuillets.

[illegible]. — Aveux, fois et hommages rendus au château de Montreuil-Bellay, par les fiefs et arrière-fiefs de Dousse, de La Duramlière et de La Haye, d'Espinats, d'Estaube, du Fief-Groleau, du Fief-Joubert [alias La Croix-Blanche] en Montreuil-Bellay, du Fief-Pantin, du Fief-Sarrazin, de Fombedoire près Argenton-l'Église, de La Forest, de La Galopinière, de Gatines [alias Bourguesdon].

E. 623 (Carton.) — 16 pièces, parchemin, dont 6 cahiers, in-4°, de 17[illegible] feuillets; 6 pièces, papier, dont 3 cahiers, in-folio, 33 feuillets.

[illegible]. — Aveux, fois et hommages rendus au château de Montreuil-Bellay, pour les fiefs et arrière-fiefs de La Grise, de La Guérinière en Saint-Macaire, de La Haye du Puy-Notre-Dame, du bois d'Igué en Cizay, de La Jaille [alias La Giraudière] en Saint-Martin-de-Sanzay, de Saint-Just-sur-Dive, de La Chaintre et du Grand-Avort, de Launay en Louresse, de Lenay et de Gatines, de Lernay [alias Bouillé ou Fief-d'Oville], du Lys-de-Sanziers [alias La Touche-Cordeau].

E. 613 (Registre.) — [illegible], parchemin, [illegible] feuillets; les feuillets [illegible], comprenant les aveux de Tigné et de Bouillé, ont été arrachés; [illegible] pièces, parchemin, annexées au dernier feuillet.

[illegible]. — Aveux rendus au château de Montreuil-Bellay, par René de Bouillé, pour la seigneurie de Lernay, et autres fiefs relevant à foi et hommage « au nombre de quatre qui sont : Lernay, Tigné, Bouillé et Lorchère ».

E. 614. (Carton.) — 10 cahiers, parchemin, [illegible], [illegible] feuillets, dont en partie [illegible] [illegible] des aveux de François de Villé, [illegible] de Cizay; 16 pièces, parchemin, 1 pièce, papier.

[illegible]-[illegible]. — Aveux, fois et hommages rendus au château de Montreuil-Bellay, pour les fiefs et arrière-fiefs de Maillé [alias Saint-Georges en Mihervé], de La Manche en Cizay, de Martigné-Briant, de Melgné, du Mesnil-Amer-Mesnil-Amesnard en Montilliers, de Messemé en St-Hilaire-de-Rillé, de Mons [alias de La Ville-au-Fourier].

E. 615. (Registre.) — In-folio, parchemin, 84 feuillets.

[illegible]. — Aveux, fois et hommages, rendus au château de Montreuil-Bellay par René Des Roches, écuyer, sieur de Champdeliveaux, à cause de damoiselle Renée Chaudrier, sa femme, pour ses fiefs et seigneurie de Mons, vulgairement appelé le fief de La Ville-au-Fourier, Le Bois-de-Cizay, Le Fief-Sarrazin, Varennes-Lovrault, Igné, Champdeliveaux.

E. 616. (Carton.) — 1 sceau brisé, 12 cahiers, parchemin, 144 feuillets; 10 pièces, parchemin, dont 3 en lambeaux.

[illegible]-[illegible]. — Aveux, fois et hommages rendus au château de Montreuil-Bellay, pour les fiefs et arrière-fiefs de La Motte [alias La Fontenelle], de Mufflet en Sanziers, de Mihervé, de Noyant.

E. 617. (Registre.) — Petit in-folio, parchemin, 14 feuillets en mauvais état.

[illegible]. — Aveu rendu au château de Montreuil-Bellay, par Christofle de Vendel à cause de Katherine Houer, son épouse, pour la terre et seigneurie de Noyant.

E. 631. (Carton.) — Débris de sceaux; 19 pièces, parchemin, dont 11 cahiers, de 69 feuillets.

[illegible]-[illegible]. — Aveux, fois et hommages rendus au château de Montreuil-Bellay, pour les fiefs et arrière-fiefs de Parigné [alias La Chauvinière] en Lenay, de Passay, des Pâtures en Messemé, de Plémont en Cizay, de Penreux, du Petit-Mans, de La Porte en Vaudelnay, de Prénange, de Preuil, de Puygo, de La Roche-d'Argenton-l'Église [alias La Roche-Caillonneau], de Rougeville [alias Tiremouche], du Rosay, de la Rue en Vaudelenay.

E. 632. (Carton.) — [illegible] pièces, parchemin, dont [illegible] cahiers de [illegible] feuillets, en mauvais état, 2 pièces, papier.

[illegible]-[illegible]. — Aveux, fois et hommages rendus au château de Montreuil-Bellay pour les fiefs et arrière-fiefs de La Salle, de Sanzay et du Petit-Sanzay en Saint-Martin de Sanzay, de Sazay en Cizay, de Tigné, de Lorchère, de Villé en Saint-Léger, du Montbrun, de Travaille-Ribault.

E. 633. (Carton.) — 1 sceau, débris de sceaux; [illegible] pièces, parchemin, dont [illegible] en lambeaux et 5 cahiers de 21 feuillets.

[illegible]-[illegible]. — Aveux, fois et hommages rendus au château de Montreuil-Bellay, pour les fiefs et arrière-fiefs de La Treille, de La Varanne en St-Cyr-en-Bourg, de La Varanne-Lovrault [alias Varanne-Millon], en Saint-Cyr-de-La Lande, de Varenne près Montreuil-Bellay, de Vaudelenay [alias La Porte], de Vaujours en Artillee, de Vaurons, de Villeneuve-Maillard.

E. 634. (Carton.) — 1 [illegible] de [illegible] [illegible] de [illegible], en mauvais état.

[illegible]. — Aveu rendu au château de Montreuil-Bellay, par Guyon de La Haye, pour le fief de Gervais-Roulin et « touchant certaines choses sises aux Vaux-Jous et illec environs. »

E. 635. (Carton.) — 16 pièces, parchemin, dont 12 cahiers, de 94 feuillets, 3 pièces, papier.

[illegible]-[illegible]. — Aveux et déclarations rendus au château de Montreuil-Bellay par des ecclésiastiques, — par les abbés de Saint-Nicolas-d'Angers et de Lassé, de Brignon, — par les chapitres de Doué, de Martigné-Briant, de Montreuil-Bellay, du Puy-Notre-Dame, de Thouars, — par les prieurs de Breuil-Bellay, de Fosse-Bellay, de La Madeleine près Brossay, de Saint-Martin de Sanzay, de Saint-Pierre de Montreuil-Bellay, de Saint-Sauveur de Penreux, de Saint-Michel de Thouars.

E. 636. (Carton.) — 31 pièces, parchemin, 6 pièces, papier.

1460-1676. — Aveux et déclarations rendus au château de Montreuil-Bellay par les curés du Coudray-Macouard, de Saint-Cyr en Bourg, de Saint-Hilaire-le-Doyen, de Saint-Just-sur-Dive, de Lenay, de Montfort, de Vaudelenay, — par les chapelains de Sainte-Catherine du Coudray-Macouard, de Saint-Jean, de Martigné-Briant, de Saint-Gilles en Saint-Pierre de Montreuil-Bellay, de Saint-Martin au cimetière d'Argenton-l'Église, de Saint-Nicolas et de Notre-Dame-des-Granges en Saint-Martin-de-Sanzay.

E. 837. (Registre.) — In-4°, papier, 131 feuillets.

[illegible]. — « C'est la déclaration des choses, héri- » taulx, cens, rentes et debvoirs que vénérables et dis- » crets les doyen, chanoines, et chappitre de l'église collé- » giale de Notre-Dame du chastel de Montreuil-Bellay » tiennent et advouent tenir de la baronnye et seigneurye » dudit Montreuil-Bellay. »

E. 838. (Registre.) — Petit in-folio, papier, 100 feuillets.

[illegible]. — « C'est la déclaration des chouses héri- » taulx, cens, rentes, dismes, droits de fiefs, préemy- » nances, prérogatives, prévilleiges et aultres chouses » estant de la fondation, dotation, augmentation d'acqueste, » dons, legs et aulmônes que nous, les doyen, chanoines et » chappitre de l'église collégiale fondée de Nostre-Dame en » nostre chastel de Montreuil-Bellay, tenons et advouons » tenir en communité de nostre seigneur et fondateur à » cause de la baronnie et seigneurie de Montreuil-Bellay. »

E. 839. (Registre.) — In-4°, papier, 308 feuillets; 2 tables de 14 feuillets, papier.

Copie de l'article E. 838.

E. 840. (Registre.) — In-4°, parchemin, 28 feuillets.

1735. — Aveu rendu à très puissante et très illustre dame madame Catherine-Marie Legendre, vicomtesse de Barsy, baronne de Montreuil-Bellay, veuve de très-haut et très-puissant seigneur, messire Claude Peroll, conseiller du Roi en ses conseils, par le chapitre de Notre-Dame du château de Montreuil-Bellay, *pour les cens, rentes et dî*mes qu'il tient de la baronnie.

E. 841. (Carton.) — Débris de sceaux, 48 pièces, parchemin, 15 pièces papier.

[illegible]. — Déclarations, baux et contrats d'acquêts *des moulins dépendant de la baronnie* : — moulins de Montreuil-Bellay, dits Sous-le-Château, d'Antoigné, de Bagneux, de Bron, de Couche, d'Angravez, de Follet, de Fosse-Bellay, de Gatineau, de *Saint-Martin*, de Sanzay, de Prés et de Lenay, de Rimodan, de La Varenne [*alias* La Salle], de Vieilmoulin, de Vignaz.

E. 842. (Carton.) — 1 rôle, parchemin de 7 fragments (incomplet).

1529. — Procès-verbal de mise en adjudication par décret du moulin de *Brosse* [*alias Maurepart*] *saisi sur le* sieur Clérambault.

E. 843. (Carton.) — 11 pièces, parchemin, 1 pièce, papier.

[illegible]. — Déclarations, baux et contrats d'acquêts de maisons et jardins sis rue des *Forges* et de la Boucherie, près le puits Saint-Pierre, près le presbytère de Saint-Pierre, sous le château, près les moulins, dans la ville et les faubourgs de Montreuil-Bellay.

E. 844. (Carton.) — Débris de sceaux, 93 pièces, parchemin, dont 8 en lambeaux, 2 pièces, papier.

[illegible]. — Déclarations, baux et contrats d'acquêts de maisons et jardins sis rue Froide, de La Porcherie, des Forges, au Four-à-ban, près le bois de La Garenne et le Pré-le-Comte, sur les *Douves, près le cimetière* St-Thomas, à La Herse, au Guichet-d'Ardanne, devant le château, près la porte neuve, à la boucherie, à la fontaine, dans la ville et dans les faubourgs de Montreuil-Bellay.

E. 845. (Carton.) — 100 pièces, parchemin, 8 pièces, papier.

[illegible]. — Déclarations, baux et contrats d'acquêts de maisons *et* jardins à la porte neuve, à la place du marché, à La Herse, outre les ponts, à la rue des Forges, au Husset, à La Rage, au Palais, aux Bretonneaux, près les halles, à Baribus, *au carrefour des* Bancs et de Vilaine, dans la ville et dans les faubourgs de Montreuil-Bellay.

E. 846. (Carton.) — 100 pièces, parchemin.

1551-1599. — Déclarations, baux, contrats d'acquêts de maisons et jardins dans les rues des Forges, de La Boucherie, de La Porcherie, de *La* Poterie, du Guichet et du Temple, au Petit-Tertre, à La Porte-Neuve, au Pont-Louis, au carrefour de Guigne, à La Fontaine, à La Fauconnerie, à La Herse, sous le château, au Clos St-Jean.

E. 847. (Carton.) — 85 pièces, parchemin, 10 pièces, papier.

1601-1660. — Déclarations, baux et contrats d'acquêts de maisons et jardins sis à La Fouchetterie, sur la place du Marché, rues des Forges, St-Thomas, du Temple, de La Porcherie, aux Portes Neuve et de La Fontaine, *outre* les Ponts, dans la ville et dans les faubourgs de Montreuil-Bellay.

E. 848. (Carton.) — 50 pièces, parchemin, 10 pièces, papier.

[illegible]. — Déclarations, baux et contrats d'acquêts de maisons et jardins sis aux Hayes-Giraud, à La Carte, *près la porte* Neuve, à La Justice, au Gué-du-Pont, rue du Marché, des Forges et de La Porcherie, près La Fontaine, sous le château, sur les douves, au Petit-Tertre, dans la ville et *les faubourgs* de Montreuil-Bellay.

E. 849. (Carton.) — Débris de sceaux, 100 pièces parchemin, 9 pièces papier.

[illegible]. — Déclarations, baux et contrats d'acquêts dans la prévôté d'Antoigné, à La Loutière, à La Voye-

Lambert, au Buisson, aux Coulons, aux Montils, au Champ-Martin, à La Poulaillerie, au Lac-Martin, à Champrond, aux Masières, au Carrefour-Gobin, au Ruau-de-La-Font, aux Vallereaux, à La Giraudière, à Mara, à La-Voye-de-Majet, à Chauillon, au Pineau, à St-Ladre, à La Bessaudière.

E. 850. (Carton.) — 97 pièces, parchemin, 20 pièces, papier.

1550-1781. — Déclarations, baux et contrats d'acquêts dans la prévôté d'Antoigné, à Champrond, aux Fosses, au Lac-Martin, aux Fougères, au Champ-Bastard, à La Motte-Bourbon, à Maige, à Tésonne, aux Chaufaux, à La Sepiède, aux Jonchères, au Pré-au-Loup, aux Montais, aux Coulons, au Carrefour-Gobin, à Palo, à La Pivoterie, aux Valleaux, à La Perracrie, aux Mottes, au Pideau.

E. 851. (Carton.) — Débris de sceaux, 10 pièces, parchemin, 45 pièces, papier.

1449-1777. — Déclarations, baux et contrats d'acquêts à L'Agasay, à L'Alégeard, à Astanne, à L'Ascension en St-Hilaire de Rillé, aux Aubus-de-Montfort, aux Aubus-de-La-Raye, près Mazières, aux Aubus-de-Sanziers, à Bagneux en Marche.

E. 852. (Carton.) — 92 pièces, parchemin, 19 pièces, papier.

1373-1788. — Déclarations, baux et contrats d'acquêts à La Baste près Fosse-Bellay, à Baugé près Varanne, à Beauvais, à La Bismard en Vaudelenay, aux Bodets, au Bois-Achard, au Bois-de-Sanzay, à Boissicard, au Bouschet, à Bouge près Rimodan, à Breil, à Brion, à La Brosse, à Bron, à La Bruère, au Clos-Burolleau près Sanziers, à La Butte et à La Casse près Fosse-Bellay, à La Carrie-Bourdon, à La Cerisaye près Le Puy-Notre-Dame, à Challouer.

E. 853. (Carton.) — 89 pièces, parchemin, 10 pièces, papier.

1398-1770. — Déclarations, baux et contrats d'acquêts à Champagne en Vaudelenay, à Champboureau, à Champineau, à Champ-Rabault, à La Chauvinière, à La Chapelle-Bellouin, à Charassy près Le Coudray-Macouard, à La Charpenterie, à Chantelaison, à Chavannes près Le Puy-Notre-Dame, aux Chirons, à Chouzé, à Cizay, à Clavières, à Conflans en Bouillé-Loret.

E. 854. (Carton.) — 100 pièces, parchemin, 1 pièces, papier.

1380-1691. — Déclarations, baux et contrats d'acquêts aux Corvées près Fosse-Bellay, à Cossay, à La Coudraye et au Coudray-Macouard.

E. 855. (Carton.) — 60 pièces, parchemin.

1390-1776. — Déclarations, baux et contrats d'acquêts aux Coullons, à Courchamp, à Coursay, aux Coutures, à La Coutanserie, à La Croix-de-Massecousse près Thouars, à La Croix-Niollet près Sanziers, à Croslière, à Crotay, à Crousilles, à St-Cyr-de-La-Lande, aux Déserts, à Distré, à Drezeau, à L'Ébaupin, à Esplosts, aux Espinettes, à Estambe, à Féralles, à Fouchera près La Gastevinière, à La Fontaine-Blanche, à Fontenelles en Cizay.

E. 856. (Carton.) — 68 pièces, parchemin, 3 pièces, papier.

XIIIe siècle-1780. — Déclarations, baux et contrats d'acquêts aux Fontenelles en Cizay et dans les dépendances de Fosse-Bellay, au Carrefour-des-Bretons, près la chaussée de L'Étang-Creux, au Clos-de-La-Baste, à La Rigaudière, à La Voie-de-la-Garenne, aux Pallaines.

E. 857. (Carton.) — 81 pièces, parchemin, 11 pièces, papier.

1380-1701. — Déclarations, baux et contrats d'acquêts dans les dépendances de Fosse-Bellay, au Clos-de-La-Levée, aux Saullayes près Montfort, au Pré-Viau, aux Hautes-Vignes, aux Fontenelles, à La Roche, à L'Hommeau, au Pont-Guyon, à Plainmont, à La Brosse, dans les rues d'Espagne et des Chevaliers.

E. 858. (Carton.) — 91 pièces, parchemin.

1348-1789. — Déclarations, baux, contrats d'acquêts à La Fosse près Bagneux, à La Fosse-aux-Morts en Saint-Martin-de-Sanzay, aux Fosses près Antoigné, à La Fougeraye près La Nesde, à La Galimardière, à La Galopinière, à La Garde, à Gardon, à la garenne de Thouars, à La Gâtevinière, aux Hauts-Gâts, au Pré-Giaumont sur le Thouet, à Gennes en Argenton, à La Giraudière, aux Glandes en Bouillé-Loretz, aux Grezles, à La Gravelle, à Griller, à La Guéritière en Vaudelenay, à La Guichetterie, à La Haye-L'Abbé, aux Hayes, à Saint-Hilaire-de-Rillé, à Saint-Hilaire-le-Doyen, à L'Hommeau-Falloux, à Igué, à Saint-Just-des-Verchers, aux Lacs en Saint-Cyr-de-la-Lande, à La Lande près Passay.

E. 859. (Carton.) — 96 pièces, parchemin, 25 pièces, papier.

1301-1783. — Déclarations, baux et contrats d'acquêts aux Lacs en Saint-Cyr-de-la-Lande, à La Lande près Passay, à La Lande-des-Verchers, aux Landes, à Lenay, à Lernay, à La Levée en Fosse-Bellay, à Haut-Lizon en Coudray, à Louresse, à Louzy, à Luc en Saint-Martin de Sanzay, au Lys [*alias* aux Tousches de Sanziers].

E. 860. (Carton.) — Débris de sceaux, 86 pièces, parchemin, 7 pièces, papier.

1397-1785. — Déclarations, baux et contrats d'acquêts à Luché, à Mâcon, à La Mine en Vaudelenay, à Mayé, à

La Maison-Blanche, à La Malcasse près Saumur, à La Manche, aux Mansais en Saint-Germain-lès-Candes, aux Petits-Mans, aux Marchais-de-Sanziers.

E. 861. (Carton.) — 93 pièces, parchemin.

[illegible]. — Déclarations, baux et contrats d'acquêts dans le fief de Martigné-Briant, au Clos-Pineau, à Souvigné, à La Villaine, à Buchoux, aux Varennes, à Pontlevoy, à Gastines, à Louresse, à La Lande, à Maligné, aux Treilles, au Pré-Long, à La Croix-Orlée, à Villepeau, au Marchais-Viau, à L'Ardrillon, à L'Estang, à Souvigné, à La Croix-du-Pré-Félon, à La Pichardière.

E. 862. (Carton.) — 81 pièces, parchemin, 11 pièces, papier.

[illegible]. — Déclarations, baux et contrats d'acquêts dans le fief de Martigné-Briand, au Clos-Blanchard, à La Haute-Grézille, à Girondeau, à Maligné, à L'Ardrillon, à Buchoux, à Rémartin, à Louresse, à Nonguyet, à Pontlevoy, à Léon, à La Brosse, aux Varennes, aux Loges, aux Gros-Hommeaux, à L'Arcanceau, à Lentigné, au Quartier-Trochon.

E. 863. (Carton.) — 63 pièces, parchemin, dont 1 cahiers de 12 feuillets, 6 pièces, papier.

[illegible]. — Déclarations, baux et contrats d'acquêts à Saint-Martin de Sanzay, dans les communes de Saint-Martin de Sanzay et de Saint-Pierre de Bagneux, à Maular, à Merdillon, à Méron, à Messemé en Vaudelenay, au Mesnil-Amesnard, aux Meuniers, à Mollay, à Monceau en Vaudelannay, à Moncontour, à Mons, à Montpallais en Taizé.

E. 864. (Carton.) — 68 pièces, parchemin, 7 pièces, papier.

[illegible]. — Déclarations, baux et contrats d'acquêts à Montfort en Fosse-Bellay, à Montigné, à Montriveau en Fosse-Bellay, à Mortemer, au Motay, à La Motte-de-Guinecher, au Moulin-à-Vent, à Muez, à Muflet en Sanziers, aux Mureaux, à Mihervé.

E. 865. (Carton.) — 61 pièces, parchemin, 3 pièces, papier.

[illegible]. — *Déclarations*, baux et contrats d'acquêts aux Nouelles, aux Noues en Fosse-Bellay, à Noyant, à Nouzillères, à Ovile [*alias* Bouillé-Lenay], aux Pabots, à Palaines en Fosse-Bellay, à Pancou, au Pas-de-La-Salle.

E. 866. (Carton.) — 76 pièces, parchemin, 4 pièces, papier.

[illegible]. — Déclarations, baux et contrats d'acquêts à Passay, aux Pâtures, aux Pâtureaux près *Artanne*, à Penreux, aux Perranches près Saint-Hilaire de Rillé, aux Pescheux, au Pesseau, à Pétoces, à Piémont près Fosse-Bellay, à La Pierre-Couverte, à La Pierre-Plate près Bouillé-Loretz, au Pineau, aux Planches en Vaudelenay.

E. 867. (Carton.) — Débris de sceaux, 74 pièces, parchemin, 2 pièces, papier.

[illegible]. — Déclarations, baux et contrats d'acquêts à *La Planchette en Fosse-Bellay*, à Plémont, aux Poitevins, à Poiton, à Poligné, au Pont-du-Gué, à Pont-Louis, à La Porte en Vaudelenay, à La Pouletterie près Bagneux.

E. 868. (Carton.) — 74 pièces, parchemin, 1 pièce, papier.

[illegible]. — Déclarations, baux et contrats d'acquêts à Prailles, au Pré-le-Comte, à La Prée en Saint-Cyr-de-La-Lande, à Prémonge et aux Petites-Noues, à Prérond en Rosay.

E. 869. (Carton.) — 10 pièces, parchemin, 10 pièces, papier.

[illegible]. — Déclarations, baux et contrats d'acquêts au Puy-Garnault, au Puy-de-Mons, au Puy-Notre-Dame, au Puy-Rasteau, à La Quarte, aux Quatre-Croix, à l'Ile-Roquart, à La Recognée, aux Rigaudes, à Rimodan, à La Rivière en Fosse-Bellay, à La Roche en Cizay, à La Roche en Argenton-L'Église, à La Roche-au-Loup, à La Rochemenier, aux Rochettes près Le Pin.

E. 870. (Carton.) — 68 pièces, parchemin, 10 pièces, papier.

[illegible]. — Déclarations, baux et contrats d'acquêts à Rogemerle, à Rougeville près Artanne, à La Rouère, à La Rousselière, aux Rosiers, aux Ruais, aux Ruaux en Sanzay, à La Sablonnière, à La Salle, à Sanziers, aux Saulayes, à La Saulaye-Ronde, à Saumoussay, au Sault-de-Clavière, à Sazay en Chandeliveaux, à Sourches.

E. 871. (Carton.) — 83 pièces, parchemin, 15 pièces, papier.

[illegible]. — Déclarations, baux et contrats d'acquêts à *Taizon*, à La Taisonnière, à Terrefort, aux Terres-noires près Penreux, à Terme, à La Thuanderie, à Tillé, à Tiremouche, à Tourtenay, à La Tournière, à La Treille près Chauvon, à Varanne-Levrault en Saint-Cyr-de-la-Lande, à Vau-d'Artanne, à Vaudelenay, à Vaudusseau, à Vaumartin, à Vauvillain, à Vauzelles, aux Vertenaises, à Villaine, à Vignerault, à Vilvert, à Vitray, à La Voie-Artenaise près Le Coudray, à La Voie-de-Luc, à La Vorre près Myhervé.

E. 872. (Carton.) — Débris de sceaux, 97 pièces, parchemin, 3 pièces, papier.

[illegible]. — Déclarations, baux et contrats d'acquêts dans le fief et seigneurie de La Varenne [*alias* La Salle], à Ardanne, à La Saulaye-d'Aunay sur le Thouet, à Bourguesdon, aux Grands et aux Petits-Bournais, au Brossay et au Hault-Brossay, à Buffet.

E. 873. (Carton.) — 94 pièces, parchemin, 11 pièces, papier, dont 3 pièces imprimées.

1448-1680. — Déclarations, baux et contrats d'acquêts dans le fief et seigneurie de La Varenne [*alias* La Salle], à Champ-Chetron, à Champdeliveaux, à Chantelou, à Chestineau, à Chiré, à Coindreau, aux Coulées, à La Croix-Blanche, à La Croix-de-Bois, à La Croix-Hubert, au Fief-Brezé, au Fief-Mauvoisin, à La Folie.

E. 874. (Carton.) — 93 pièces, parchemin, 4 pièces, papier.

1444-1755. — Déclarations, baux et contrats d'acquêts dans le fief et seigneurie de La Varenne [*alias* La Salle], à Greslon, à La Grézille, à Guigné, à Saint-Hilaire-le-Doyen, à La Houdinière, à La Malécasse, à Maupertuis, au May, à Mororon, à La Motelle, à La Perrière, au Poildelièvre, au Pressoir-Artaut, à La Prétaye, aux Punges, à La Renarderie, à La Rochette et à Terrefort en Méron, aux Rolies en Vaudelenay.

E. 875. (Carton.) — 65 pièces, parchemin, 3 pièces, papier.

1404-1788. — Déclarations, baux et contrats d'acquêts dans le fief et seigneurie de La Varenne [*alias* La Salle], aux Salaises, à Taronnet, au Temple, à Terre-Dorée, à Terre-Robert, aux Vacheries, aux Vieilles-Vignes.

E. 876. (Carton.) — 79 pièces, parchemin.

1419-1775. — Déclarations, baux et contrats d'acquêts dans le fief et seigneurie de La Varenne [*alias* La Salle], dans le bourg de La Salle, en Rue-Froide, à La Motelle, en Terre-Dorée, à La Rigarderie, à La Pierre-Converte, aux Neddes, aux Coulées, au moulin de Varennes, près la rivière du Thouet.

E. 877. (Carton.) — 6 pièces, parchemin, 1 pièce, papier.

1537-1679. — Déclarations rendues au seigneur de Montreuil-Bellay par les habitants, en reconnaissance des droits de fournage sur les fours-à-ban de Montreuil-Bellay, au Chesne et à Papin en Saint-Léger-de-Montbrun, à Hayet, à Saint-Martin-de-Sanzay, à Parsay en Saint-Pierre-de-Louzy, à Passay.

E. 878. (Carton.) — 13 pièces, papier.

1458-1560. — Débris de registres d'assises de la seigneurie, contenant déclarations de rentes et devoirs féodaux pour terres et tenures à Muez, à Montreuil-Bellay, à La Gaudine, au Clouseau, à Chauvron, à Puteau, à La Giraudière, à Saint-Hilaire-le-Doyen, à La Louetière, à La Porte-Neuve, à Chiré, à Champagne, à Passay, à Courchamp, à Penreux, à Mollay, à La Salle, à Vaudelenay, en la rivière de Monpertuis.

E. 879. (Registre.) — In-folio, papier, 211 feuillets.

1469-1509. — Remembrances des déclarations rendues aux assises de la seigneurie par Colas Calluau, Aubin Gourdet, René Fleuriau, René Borselat, P. Guérineau, P. Texier, Th. Huguet, Ch. Tetereau, P. Lemoyne, René Gaubert, Jeh. Villetrouvée, Hug. Sappinault, André Galaye, Méry Fournier, René Dupont, P. Couteleau, Jeh. Jago, Simon Lebreton, René Chardon et autres tenanciers.

E. 880. (Carton.) — 80 pièces, parchemin.

1594-1604. — Contrats exhibés par les tenanciers sur la requête du procureur-fiscal de la seigneurie pour terres et rentes à Fosse-Bellay, à La Haye-de-Pallu, à La Fillandrie, à Piteau, à Messemé, à La Cerisaye, à Guinechien, aux Quarts-Thibault, à La Roussellière, au Moulin-de-Couché, à La Motte, à Sanzay, à Souchepillon, à Mascon, aux Vertenaises, au Champ-Bouilleau, à Rabutte, à Poitou-aux-Varennes-de-Courchamp, à La Perrière, aux Pâtureaux, au Pré-Charton, à Coquillay, à Chiré.

E. 881. (Carton.) — 94 pièces, papier.

1701-1789. — Contrats exhibés par les tenanciers à la requête du procureur-fiscal de la baronnie pour terres et rentes au Puy-Notre-Dame, aux Perrières, à La Casse-Baudit, à Antoigné, aux Gouches, aux Épinettes, aux Mathes, à Terreforte, aux Pontagnes, au Pineau, à Muez, à L'Aubus, à Varanne, à Saint-Cyr-de-la-Lande, à Saint-Martin de Mascon, aux Bourres, aux Tirans, aux Caves, à Tastifume, à La Voie-Lambert, aux Coullons, au Champ-Gambin.

E. 882. (Carton.) — 79 pièces, papier.

1780-1784. — Contrats exhibés par les tenanciers à la requête du procureur-fiscal de la baronnie pour terres et rentes à La Voie-Lambert, à Antoigné, à Muez, au Cimetière, au Roullon, aux Bacheliers, à La Chenaye, aux Bournais, au Grand-Montais, à Nerde, au Lac-Martin, à Pinelle, à Nueil, à La Grande-Maison, au Petit-Puy, aux Ardillons, aux Aubus, à La Roche, aux Montais.

E. 883. (Carton.) — 59 pièces, papier.

1785-1787. — Contrats exhibés par les tenanciers à la requête du procureur-fiscal de la baronnie pour terres et rentes à Varanne, à Saint-Cyr-de-la-Lande, à Antoigné, à La Boyaudière, à Giraudet, à Saint-Martin-de-Sanzay, aux Ardillers, à La Butte, au Palais, à La Petite-Voie, au Lac-

Martin, à Lernay, au Champ-du-Prédicateur, à La Fougue, à Mollay, à Saint-Just-sur-Dive, à La Casse-Baudet, aux Patis-Pierre.

E. 884. (Carton.) — 100 pièces, papier.

[illegible]. — Contrats exhibés par les tenanciers à la requête du procureur-fiscal de la baronnie, pour terres et rentes à La Gravelle, au Luc, aux Montais, à Antoigné, aux Gruches, à Lernay, à Laruette, aux Perrières, à Pontaigne, à La Croix-Chamaillard, à La Roudre, au Lac-Martin, au Champ-Bastard, à Saint-Cyr-de-La-Lande.

E. 885. (Carton.) — 81 pièces, papier.

[illegible]. — Contrats exhibés par les tenanciers à la requête du procureur-fiscal de la baronnie pour terres et rentes à La Prée-de-Varanne, à Passay, aux Terres-Noires, à Saint-Martin-de-Sanzay, à La Nesde, à La Palud, aux Chamfaux, à Muez, aux Pontagnes, à Antoigné, à Saint-Martin de Mascon, à La Casse-Pudion, au Bois-Doullin, à Lernay, à La Septrée, à La Prestais, au Roullon, à Bron, à Saint-Just-des-Verchers, à Saint-Cyr-de-la-Lande.

E. 886. (Carton.) — 2 pièces, parchemin.

1360. — Rôle des tenanciers à ajourner aux pleds du fief de Mené, tenus par Guillaume Hamelin.

E. 887. (Registre.) — In-folio, 51 feuillets, parchemin, 3 pièces, parchemin annexées aux feuillets 7, 11, 41.

1359-1365. — « C'est le compte de touz les restez en » quoy monsieur Jehan Millet, prêtre, recepveur de toute la » terre, chastellenie et ressort de Monstreuil-Bellay pour » M. le comte de Tancarville, chambellan de France, est » démouré endebté pour la fin de ses comptes, tant ordinaires » comme extraordinaires, fenix à Noël l'an MCCCLXV. » — Les chapitres des revenus concernent : les cens en argent pour maisons dans la ville et dans les différents fiefs, les amendes des assises, les rentes en chapons et gelines, en vin nouveau, en froment, droit de mouturage. — « Ce sont les receptes et mises de la terre de la Marche » en froment, seigle, gelines, poussins. — Mises pour façons de vignes. — Recette et mises de la terre de Fosse-Bellay; — mises pour la façon des vignes; — « pour faire » espiner en plusieurs lieus et couvrir d'espines plusieurs » terriers en la garenne Monseigneur... afin que les orfrais » ne mangeassent les connilleaux. » — Recettes et mises de la terre du Loudunois; — mises en deniers de la terre de Montreuil-Bellay, « pour recouvrir la grant tour du chas- » teau. » — Réparations des fours-banaux, des moulins et des chaussées. — « Pour la chace Monseigneur... à Robinet de » Louviers, garennier,... pour faire les dépens de trois grand- » chiens appelez alans que mondit seigneur avoit envoiez » de nouvel de France à Montreuil-Bellay, pour demourer » à cause de la garde de la garenne, 4 l. 12 den. — Item, » pour oile, oingt vieil et œufs achetés... pour faire oing- » ture à oingdre lesdits chiens qui estaient galous, 4 sous. »

E. 888. (Registre.) — In-folio, 143 feuillets, parchemin.

1411-1418. — « C'est le compte de toutes les recettes » et mises de la revenue de la terre de La Marche apparte- » nant à noble et puissant seigneur, Mgr le comte de Tan- » carville... faites par Me Pierre Toullemonde, licencié en » loys, son receveur en toute sa terre et baronnie de Mon- » treuil-Bellay. » — Recette de cens, fermages, aubainages, amendes, chapons, gelines, connils, agneaux, vin, froment, seigle, avoine. — Mises de deniers pour façon de busses à vin, garde des vignes, vendanges, entretien des moulins et chaussées; — réparations du château et de l'église seigneuriale, — « à Laurent Hérot et André Dumesnil pour leur » paine et sallère d'avoir fait et forgé de leur fer 5 clefs, » une clauveure pour les huis de la chapelle Saint-Barthe- » lemy, du quer des deux huches où l'on met les calices et » livres et pour l'uys du clochier, et aussi pour avoir aferé le » batail d'un des sains, fait deux coêtes neufves, les bandes » pour lier l'esseul, et chevilles de fer pour coudre lesdites » bandes, et pour deux verges de fer et 4 chesnes de fer » pour y attacher les deux saultiers et les deux antiphoniers » qui sont en chacun cousté des sièges, 45 sols 10 deniers; » — pour messagers : « à Hennequin, varlet de la vanerie de » mondit seigneur, qui, par l'ordonnance de M. de La Salle » et de ses autres gens et officiers, se partit le 8e jour de » septembre pour aller devers mondit seigneur scavoir de » son estat et en quel point il estoit, pour ce qu'on avoit » rapporté... que les Bourguignons l'avoient prin et dete- » noient prisonnier. »

E. 889. (Registre.) — In-folio, 59 feuillets, parchemin.

1432-1434. — « C'est le compte universel des recettes » et mises de la terre et revenue de Montreuil-Bellay, ap- » partenant à très-noble et puissant seigneur Mgr Christofle » de Harecour, ou nom et comme ayant le bail, garde, gou- » vernement et administration de Guillemine et Marie de » Harecourt, ses nepveu et nièce..., faites par Estienne » Houdye. » — Recette des cens, rentes, fermages, aubenages, amendes, chapons, gelines, connils, vin, froment, seigle, avoine, mouture. — Mises de deniers en rentes constituées « à » Mariette de Harecourt, fille batarde de M. Jacques de » Harecourt, à présent religieuse de Fontevrault, 15 l. t. » par an pour soutenir son estat de religion; » — gages d'officiers ; — frais de vendanges, abats de bois, — réparations des ponts, des chaussées, des moulins d'Antoigné ; — frais d'assises ; — « pour despense faicte par M. de Gaucourt et de ses gens et chevaux, lequel vint voir M. de » Tancarville et mademoiselle, 37 s. 4 deniers. »

E. 890. (Registre.) — In-folio, 60 feuillets, parchemin.

1425-1426. — « C'est le compte universel des receptes » et mises de la terre et revenue de Montreuil-Bellay, ap- » partenant à très-noble et puissante dame mademoiselle » Marie de Harecourt, dame dudit Montereul, au nom et » comme ayant le bail de M. Guillaume de Harecourt son » frère, faictes par Estienne Houdye. » — Recette des deniers, des cens, rentes, fermages, aubenages, amendes, chapons, gelines, poussins, froment, seigle, avoine, foin. — Mises en rentes constituées ; — gages d'officiers ; — dépenses imprévues : « à M. de Tancarville, lequel estoit venu à Monstreul » pour veoir mademoiselle sa seur, lequel à son partement a » prins et receu pour poier et fère sa despense en s'en re- » tournant à Tours, tant de luy que ses gens et chevaulx, » 40 roiaux ; » — frais de vendanges, — entretien de la chapelle du château, des ponts, des moulins ; — frais d'assises.

E. 891. (Registre.) — Grand in-4°, 73 feuillets, parchemin.

1439-1440. — « C'est le compte universel des receptes » et mises de la terre et revenue de Monstreul-Bellay, ap- » partenant à très-noble et puissant seigneur M. Guil- » laume de Harecourt, comte de Tancarville... faites par » Pierre Bernart, commis audit lieu... pour un ang. » — Recette des cens, fermages, aubenage, amendes, redevances en deniers, chapons, gelines, vin nouveau, froment, seigle, mouturage, mises en rentes viagères, gages d'officiers, vendanges, réparation du château, des ponts, des moulins, tenue des assises.

E. 892. (Registre.) — Grand in-4°, carré, 23 feuillets, parchemin.

1451-1452. — « C'est le compte des receptes et mises » de la terre et revenue de Fosse-Bellay, appartenant à » très-noble et puissant seigneur, Mgr le comte de Tancar- » ville... tant en deniers, blez, vins, poulailles, que autres de- » voirs, faites par Jeh. Neveu, receveur institué pour ung » an. »

E. 893. (Registre.) — In-folio, 95 feuillets, papier ; entre les feuillets 59 et 60 on a coupé six feuillets.

1453-1454. — « C'est le compte universel des receptes » et mises de la terre et revenue de Monstreul-Bellay, ap- » partenant à très-doubté, haut et puissant seigneur, Mon- » seigneur le comte de Tancarville... faictes par André Le- » breton, commis... son receveur audit lieu pour ung an. » — Recette des cens, fermages, aubenages, amendes, redevances en deniers, chapons, gelines, vin, froment, seigle. — Mises en rentes viagères, gages d'officiers, vendanges, réparations des chaussées et des moulins ; — « pour la » journée de Rogier Chappelain, qui abilla les pippes à » mettre les robes et prepoints de la livrée de monsieur.., » 5 sous. »

E. 894 (Registre.) — In-folio, parchemin, 93 feuillets.

1474-1475. — « C'est le compte des recettes et mises » du revenu des terres de La Marche et de Montreuil-Bellay, » appartenant à très-doubté, haut et puissant seigneur Mgr » le comte Tancarville..., rendu par Colas Ernault, com- » mis... receveur pour ung an... » — Recette des rentes, fermages, blés, gélines, vin, sur les tenanciers de Clavières, de Tourtenay, de Chavigné, de Bagneux, de Mayé, de Lonnay, de Boschet, de Ferrolles, de Tillé, de Grandosme, de Lousy, de Desme, de Vitray, de Parcay, de Varennes, de Luc, de Monceaux, de Baugé, de Tesmé. — Mises pour vendanges, réparations de chaussées et de moulins. — Tenues d'assises.

E. 895. (Registre.) — In-folio, parchemin, 191 feuillets.

1496-1497. — « C'est le compte des receptes et mises » du revenu de la terre et seigneurie de La Marche d'entre » Montreul-Bellay et Thouars, demourée de la succession » de feue madame Jehanne de Harcourt... laquelle terre a » esté saisye en la main du Roy... avecques les seigneuries » dudit Montereul-Bellay, de Fosse-Bellay et de Gennes... » faictes icelles receptes et mises par Bertran Ernault, com- » missaire, autrefois commis au régime et gouvernement » d'icelles seigneuries. »

E. 896. (Registre.) — Grand in-4°, parchemin, 183 feuillets (manquent les feuillets 12, 15, 23, 29, 30, 35-44, 81, 138, 157, 159).

1526-1527. — « Compte quatriesme des receptes et » mises de la baronnie, terre et seigneurie de Monstereul- » Bellay, pour La Marche seulement, que rend et baille René » Davy, receveur, pour ung an. »

E. 897. (Registre.) — In-4°, papier, 81 feuillets.

1556-1560. — « C'est le journal et papier de recepte » des bledz deubz chacun an de rente, au jour et terme » Saint-Michel, à la seigneurie de Monstreul-Bellay. »

E. 898. (Carton.) — 89 fragments de parchemin, provenant de registres perdus.

XVe-XVIe siècles. — Debris de comptes de recettes et mises de la baronnie.

E. 899. (Carton.) — 96 fragments de parchemin en lambeaux provenant de registres perdus.

XVe-XVIe siècles. — Débris des comptes de recettes et mises de la baronnie.

E. 900. (Carton.) — 2 pièces, parchemin, 1 pièce, papier.

1555-1650. — Lettres de commission royale adressées au sieur de Brilhac, pour la confection du terrier de la baronnie de Montreuil-Bellay, Gennes et Fosse-Bellay. — Requête de Mᵉ Jacques Prudomme, pour le paiement de la copie du terrier.

E. 901. (Carton.) — 27 pièces, parchemin, 19 pièces, papier.

1460-1670. — Mémoires, projets et devis soumis à la duchesse de La Meilleraye pour la construction d'une halle et d'un palais de justice dans une maison de la ville. — Acquêt de ladite maison. — Déclaration pour un étal à vendre le pain. — Mémoire au nom de Guicherit contre Pierre et Jeh. Roy, prétendant pour les boulangers lui interdire d'exercer ledit état. — Déclarations et adjudications de bancs de bouchers en la grande boucherie de Montreuil-Bellay. — Procédures entre les bouchers et le procureur-fiscal de la baronnie à l'occasion des ordonnances de police du sénéchal pour la vente de la viande.

E. 902. (Carton.) — 1 cahier, in-4°, parchemin, 10 feuillets.

1472. — « S'ensuyvent les debvoirs seigneuriaux et » droictz antiens et accoutûmez dont Monsieur a droict d'a» voir et prandre et estre payé, tant à cause de sa provosté » que de sa coustume de Montreuil-Bellay, sur toutes les » denrées cy-après déclairées, vendues, eschangées et tres» passées par la ville de Monstreul. » (Copie authentique de 1593).

E. 903. (Carton.) — 4 sceaux, 8 pièces, parchemin, 6 pièces, papier, dont 1 cahier, petit in-4°, de 23 feuillets.

1581-1768. — Navigation du Thouet. — Traités passés entre le seigneur et René Davy, pour l'entretien des écluses, barrages et chaussées de la rivière. — Achat de terrains. — Recueil des arrêts et ordonnances des trésoriers des finances de Tours. — Procès-verbaux d'assemblées des habitants et autres actes concernant les ports et passages de Montreuil-Bellay. — Projet de requête pour le duc de La Trémouille contre l'arrêt du Conseil d'Etat du Roi de 1768, qui supprime le droit d'octroi sur la rivière du Thouet. — Réparations des chaussées des moulins.

E. 904. (Carton.) — 10 sceaux, dont 7 frustes, 36 pièces, parchemin, dont 1 cahier in-4°, de 8 feuillets (incomplet); 29 pièces papier.

1391-1702. — Extrait des registres du greffe ordinaire de la maîtrise des eaux et forêts. — Droits de propriété et d'usage dans les forêts de Brignon, de Brossay, de Chinon, de Fosse-Bellay, de Sanzay. — Nominations de gardes des forêts de Brignon et de Brossay. — Lettres de Louis, duc d'Anjou, portant reconnaissance des droits du seigneur sur les garennes de la baronnie.

E. 905. (Carton.) — 20 pièces, parchemin, 2 pièces, papier.

1625-1749. — État dû produit du greffe en détail et par articles que rend Jacques Pellu. — Extraits des registres du greffe ordinaire, portant sentences contre Louis Archambault, J. Thibault, Fr. Delhummeau, Geneviève Dusoul, les procureurs de la fabrique du Puy-Notre-Dame, Jean Amelin et autres tenanciers.

E. 906. (Carton.) — 13 pièces, parchemin, 6 pièces, papier; 1 sceau.

1475-1786. — Arrêts civils et criminels rendus par le sénéchal de la baronnie, notamment contre le sieur Deslandes, meunier, pour avoir traversé, nu, toute la ville, par gageure. — Exploits contre des malfaiteurs et voleurs des deniers publics. — Exécutoires allouant finances au messager pour transport de prisonniers des prisons de Montreuil-Bellay à Paris et de Paris à Montreuil-Bellay.

E. 907. (Carton.) — 41 pièces, parchemin, 7 pièces, papier; 6 sceaux frustes.

1391-1692. — Procédures pour les seigneurs de Montreuil-Bellay contre le prieur de Saint-Pierre, — les Augustins de la ville, —le chapitre Saint-Martin de Candes, —l'abbaye de Ferrière,—le prieur du Puy-Notre-Dame (une lettre autographe de Guill. de Tancarville), — les chapitres Saint-Laon de Thouars et Saint-Martin de Tours.

E. 908. (Carton.) — 26 pièces, parchemin, 1 pièce, papier.

1376-1632. — Arrêts, déclarations et pièces de procédure à l'appui des droits de justice dans les Marches d'Anjou et de Poitou, contestés entre les seigneurs de Thouars et de Montreuil-Bellay (un parchemin porte la signature autographe de Louis XIII).

E. 909. (Carton.) — 5 pièces, parchemin.

1480-1532. — Commissions d'enquêtes judiciaires à l'occasion des violences commises contre des sergents de la baronnie du Puy-Notre-Dame et à Ferrolles.

E. 910. (Carton.) — 3 sceaux, 39 pièces, parchemin, 1 pièce, papier.

1455-1630. — Exploits des sergents pour la perception du droit de fromentage dans la Grande-Marche entre Thouars et Montreuil-Bellay. — Mémoires à l'appui du droit du seigneur.

SEIGNEURIE DE MONTREUIL-SUR-LOIR.

E. 911. (Registre.) — Petit in-folio, papier, 85 feuillets.

1465. — Remembrances des exhibitions de contrats produits à la cour des pieds de la seigneurie par Ch. Pigeon, Robin Parré, J. Mesnier, Perrin Deslandes, Denis Marquet, Jeh. Richard, Jeh. Hamelin, Guill. Letourneur, Jeh. Leroy, Jeh. Ogier, Jeh. Orillon, Mic. Chesneaux et autres tenanciers.

E. 912. (Registre.) — Petit in-folio, papier, 97 feuillets; 2 tables détachées de 8 feuillets, papier.

1526. — Remembrances des déclarations rendues aux assises de la seigneurie par J. Allaire, J. Babin, J. Challes, Macé Deslandes, G. Esnault, G. Lefebvre, P. Gaulin, — L'hôpital d'Angers, l'abbaye de Chaloché, O. Jourdan, Ch. Langlois, Ch. Marquet, le prieuré de La Lande-aux-Nonains, Ét. Oliveau, L. Poitrineau, Denis Rayne, M. Saget, J. Tarin, René Vallin, Mic. Isambart, pour La Bourgeaiserie, La Brosse-Raine, Le Champdoiseau, La Cormerie, Les Fromenteries, Les Jumeaux, Le Mellier, les moulins de Montreuil, Les Trézellières; — Droits d'aubenage, de boucherie, de pêche dans le Loir.

E. 913. (Registre.) — Petit in-folio, papier, 45 feuillets; deux tables de 7 feuillets, papier.

1537. — Remembrances des déclarations rendues aux assises de la seigneurie de Montreuil-sur-Loir-dit-le-Noble, par Jeh. Marquet, J. Legrou, Guill. Langloys, Jeh. Orillon. J. Letourneux, Mat. Boussin, P. Courbalay, Loys Chastillon, René de La Tousche, Maurice Brehier, pour La Bougraie, Le Champdoiseau, Les Derais, Dinechien, La Fresnaye, Les Goupillères, La Guilloterie, La Huetterie, Le Grand-Fourneau, Longréage, Le Meslier, Le Puy-Guillaume, Le Roty, La Trezelière, Les Vallées, Le Vigneau.

E. 914. (Registre.) — Petit in-4°, papier, 69 feuillets; 2 tables de 5 feuillets, papier.

1595. — Remembrances des déclarations rendues aux assises de la seigneurie par René Arondeau, P. Bellemothe, l'abbaye de Chaloché, Anne Chou, J. Deroucheau, Mat. Ferrand, Jul. Gaultier, Noël Hardye, R. Joubert, Mic. Lorilleux, Ch. Marquet, J. Orillon, L. Panion, Roch Quentin, le curé de Seiches, Marguerite de Torée, pour La Bourgeaiserie, Le Champdoiseau, La Cormerie, Dinechien, les moulins de Montreuil, La Roullinière, le droit de boucherie.

E. 915. (Registre.) — In-folio, papier, 79 feuillets; 2 tables de 6 feuillets, papier.

1612-1621. — Remembrances des déclarations rendues aux assises de la seigneurie de Montreuil-Le-Noble sur le Loir par Fr. Audouin, Ch. Barbe, Anne Chartier, René Dufay, René Étourneau, Grat. Febvrier, J. Gohin, Raoul Hamon, René Joubert, René Lamy, J. Marion, Cat. Olivier, J. Paré, Roch Quentin, Jul. Rivière, P. Turquais, pour le Bois-au-Curé, La Bourgraye, La Cormerie, Le Déry, Les Fourmenteries, Les Grois, Les Trezelières, les droits de boucherie, de patronage de l'Église, de création de notaires.

E. 916. (Registre.) — In-folio, papier, 29 feuillets; 2 tables de 6 feuillets, papier

1717. — Remembrances des déclarations rendues aux assises de la seigneurie par René Barbot, Jaq. Belot, Mic. Chevré, P. Dagonneau, Ch. Eon, André Fardeau, P. Gohin, J. Gremond, Ch. Hédin, P. Hubert, Nic. Jubeau, les curés de Juvardeil et de Seiches, J. Mellet, Urb. Potry, Urb. Rollée, L. Souvêtre, Fr. Trioche, pour La Bélotterie, La Brégée, Dinechien, La Gandonnerie, La Longère, La Vallée, Marion, La Poupinière, Les Trezelières.

E. 917. (Registre.) — In-folio, papier, et 7 pièces, papier, annexées, 80 feuillets; 2 tables de 3 feuillets, papier.

1752-1756. — Remembrances des déclarations rendues aux assises de la seigneurie par René Aubry, B. Bachelot, Louis Chedanne, Élie Cousin, Fr. Hardy, Mic. Jubeau, Nic. Meslet, Mat. Riffault, René Riobé, Jos. Souvestre, les curés de Seiches et de Juvardeil et autres tenanciers.

E. 918. (Registre.) — Petit in-folio, papier, 19 feuillets.

1499-1511. — « Ce sont les cens de Monstereul sur » le Loir appartenant à noble escuyer Jehan de Grantpré » pour la Gandonnerie, Les Goupillières, Les Groas-de-Selaines, Le Puids-Guillaume, Le Rotil et autres fiefs et tenures dans la paroisse de Montreuil.

E. 919. (Registre.) — Petit in-folio, papier, 53 feuillets; table de 2 feuillets, papier.

1534-1552. — « Ce sont les cens et devoirs de la » terre, fief et seigneurie de Montreuil-Le-Noble dit sur le » Loyr, appartenant à honnorable homme et saige maistre » Jehan Gohin, conseiller du Roy en la seneschaussée » d'Anjou à Angiers et eschevin audit lieu » dus à la recette par Colas Oliveau, le curé de Seiches, Ch. Belot, Fr. Buron, Germain Brossay, Guill. Vieille, Jeh. Taumerie, Jeh. Orillon, Mat. Courballay, René de Sarcé, Vincent Jubault, et autres tenanciers.

E. 920. (Registre.) — Petit in-folio, papier, 49 feuillets; table de 2 feuillets papier.

1541-1552. — « Ce sont les cens et devoirs dus à La » seigneurie de Monstereul-Le-Noble dict sur le Loir » appartenant à noble homme Mᵉ Jehan Gohin, par Jeh. Brossay, Jacq. Charles, le curé de Seiches, Math. Belot, Guill. Marquet, Mat. Quetin, René de Sarcé, Simon Bignon, Vincent Jubault, et autres tenanciers.

E. 921. (Registre.) — Petit in-folio, papier, 58 feuillets; table de 3 feuillets, papier.

1559. — « Ce sont les cens et devoirs de la seigneurie » de Montreuil-Le-Noble appartenant à noble homme Jehan » Gohin » dus par le curé de Seiches, Ch. Belot, Colas Oliveau, Et. Bruneau, Fr. Buron, Germain Brossay, G. Babineau, Jacq. Legroux, Jeh. Orillon, Jeh. Letourneux, Mat. Courballay, Macé Deslandes, P. Lorilleux, René Ouvrard, et autres tenanciers.

E. 922. (Registre.) — In-folio, papier, 59 feuillets.

1622. — « Ce sont les rentes et devoirs de la terre, fief » et seigneurie de Monstreuil-Le-Noble sur Le Loir, appar» tenant à noble homme Mᵉ René Gohin » dus par Coustard, Ch. Langlois, Jeh. de Rouscheau, Alexandre Belot, Noël Bastard, P. Boussin, P. Huet, Jull. Gaultier, le curé de Seiches et autres tenanciers.

E. 923. (Registre.) — In-4°, papier, 78 feuillets.

1760. — Arrêt rendu en la sénéchaussée de Baugé au profit de Jeanne-Henriette-Marguerite de Cumont-du-Puy, prieure de Seiches, et en cette qualité patronne et fondatrice de l'église et du cimetière de Seiches, contre Messire Augustin-René-Nicolas Gohin, au sujet des droits seigneuriaux et de paroisse dans la seigneurie de Montreuil-sur-Loir.

E. 924. (Carton.) — 31 pièces, parchemin, 86 pièces, papier.

1636-1778. — Déclarations, baux et contrats d'acquets des fiefs et métairies de La Masure, de La Charpenterie, du Brossay, de La Grandmaison, de Champdoiseau, du Pin, des moulins de Montreuil et autres droits et tenures dans ladite seigneurie, produits à l'appui des prétentions du seigneur de Montreuil.

E. 925. (Volume.) — In-4°, contenant 6 pièces, papier, imprimées; 312 pages (avec de nombreuses annotations manuscrites.)

1775-1779. — Mémoire au sujet des droits seigneuriaux et de paroisse pour messire Augustin-René-Nicolas Gohin contre Madame de Scépeaux, prieure de Seiches, et les abbesses et religieuses du Ronceray. — Mémoire pour dame Marie-Anne de Scépeaux et dame Léontine d'Aubeterre, abbesse du Ronceray, contre messire R. Nic. Gohin. — Mémoire pour messire A. R. Nic. de Gohin contre lesd. dames et encore contre le sieur J. André Abrial de Bourville, curé de Seiches, se prétendant en cette qualité curé de Montreuil. — Réflexions importantes pour le sieur Gohin, sieur de Montreuil-sur-Loir en Anjou. — Réponses sommaires pour le sieur Gohin.

E. 926. (Registre.) — In-4°, parchemin, 297 feuillets, plus 4 pièces, papier.

1775. — Arrêt rendu par la première chambre des enquêtes du Parlement de Paris le 18 août au profit de messire Augustin-René-Nicolas Gohin, contre la prieure de Seiches, relativement à la seigneurie de l'église et du bourg de Montreuil-sur-Loir. — Signification dudit arrêt à l'abbesse du Ronceray, à la prieure de Seiches et au curé de Montreuil-sur-Loir.

E. 927. (Registre.) — In-4°, parchemin, 383 feuillets, plus 10 pièces, papier.

1779. — Arrêt rendu par la première chambre des enquêtes en faveur de messire Augustin-René-Nicolas Gohin, contre la prieure de Seiches, qui confirme ledit seigneur dans ses droits de seigneurie et haute justice sur l'église et le bourg de Montreuil-sur-Loir. — Signification dudit arrêt à l'abbesse du Ronceray, à la prieure de Seiches et à la fabrique de Montreuil-sur-Loir.

E. 928. (Carton.) — 33 pièces, papier, dont 1 plan informe et 8 cahiers in-folio, papier, 133 feuillets; 4 pièces, parchemin.

1460-1788. — Mémoires et pièces de procédure concernant le procès par appel de messire René-Nicolas Gohin, seigneur de Montreuil-sur-Loir, contre messire Pierre-André Gohin, son frère, pour les landes dites de La Bougras; — baux et contrat d'acquêt de ladite lande. — Plan de partie des paroisses de Montreuil, Tiercé et Soucelles.

COMTÉ DE MONTREVAULT.

E. 929. (Volume.) — In-folio, 377 feuillets; table de 11 feuillets, papier.

1458-1766. — Écrous des déclarations rendues aux assises du comté de Montrevault et de la baronnie de Bohardy pour les fiefs et tenures des Auberdières, des Ardennes, de La Baratondière, de La Bodinière, de La Bossardière, de Bourpaillon, de Bossoreille, de La Cahardière, du Chêne-Percé, de Chantemerle, des chapelles Saint-Jacques, Saint-Thomas, de Jésus, de Saint-Mathurin, de Sainte-Marguerite, de Toute-Joie, de La Ménantière, de Sainte-Croix, de Notre-Dame-de-Pitié, des Ferrières, de La Forge, de La Gabardière, de La Gréfumière, des Hayes-Gasselin, de La Jousselinière, de La Louctière, de La Mélière, du Mesnil-Bouteille, de La Minière, de Montbault, de l'Orbière, de La Paillerie, de La Piardière, des prieurés du Lac-Roger, de

La Regrippière, du Bouchet, d'Iseron, de La Ravallière, de Retor, de La Roullière, de La Sireterie, de La Tournerie, de l'étang de Vérette, de La Vieillère et autres dans les paroisses de Saint-Philbert, de Saint-Quentin, de Chaudron, de Saint-Rémy, de La Salle-Aubry, de Montrevault, du Puiset-Doré, de Saint-Pierre-Maulimart, du Fief-Sauvin, de La Chaussaire, de Jallais, de Beaupréau, d'Andrezé, de Gonnord, de La Blouère, de Villedieu.

E. 930. (Volume.) — In-folio, 126 feuillets; table de 6 feuillets, papier.

1478-1778. — Procurations pour hommages et déclarations rendus aux seigneurs de Montrevault et de Bohardy par les seigneurs de Clérambault, de La Bourgonnière, de Toulongeon, Louis Bitault, L. de Vaudray, H. Pantin, R. Du Planty, J. Giffard, Cl. de Laval, M. de Brosselay, J. Gourreau, P. de Rougé, M. Des Hommeaux, Ch. de La Rivière, J. de La Brunetière, M. Barault, G. Grimaudet, l'hôpital Saint-Jean et les abbayes de Toussaint et de Saint-Serge d'Angers, le curé de Saint-Philbert, les prieurs du Bouchet, du Chêne-Courbet, de Saint-Quentin, de Villeneuve et autres tenanciers.

E. 931. (Carton.) — 17 pièces, parchemin; 7 pièces papier.

1614-1677. — Acte de désistement, par M. de Laval, du retrait féodal prétendu sur le comté de Montrevault. — Bannies et criées de ladite terre. — Partage des bois de La Garenne. — Vente de Montrevault et de Bohardy à M. Bonnin de Chalusset. — Arrêt d'ordre entre les créanciers de M. Thévin.

E. 932. (Volume.) — In-folio, 277 feuillets; table de 18 feuillets, papier.

1567-1714. — Baux et contrats d'acquêts des fiefs et tenures de Launay-Barbot, de La Basinière en Saint-Rémy, de La Bécussière, de La Cafardière, des landes du Chêne-Courbet, du Bois-de-Leppo, de Marcillé, de Montbault, d'Olivet, de La Pétraudière, de La Roberdière, de La Treugnardière, dans la mouvance des seigneuries de Montrevault et de Bohardy.

E. 933. (Carton.) — 17 pièces, dont 1 parchemin, débris d'un volume perdu, 290 feuillets; manquent les feuillets 1-56, 61-64, 83-127, 161-170, 173-195, 200-224, 227-243, 262-281, 283-286.

1489-1764. — Baux des métairies de La Brébuère, de La Boue, du Soachay, de La Roussière-Gonnort, des Guérichères, des Chaperonnières, de La Brevetière, dépendant du comté de Montrevault. — Privilèges accordés aux chevaliers de l'Ordre de Malte par le roi Henri II. — Extraits des divers édits portant concession de privilèges au profit des secrétaires du Roi.

E. 934. (Volume.) — In-folio, papier, 489 feuillets.

1416-1500. — Comptes rendus à messire René de Clermont des recettes et mises de la baronnie de Bohardy, et des fiefs de La Haye-Chenue, de Parigné, de La Rivière-des-Sots, en deniers, froment, seigle, vin, pourceaux, foin, bois, gages d'officiers, frais de récoltes et d'assises.

E. 935. (Volume.) — In-folio, papier, 537 feuillets.

1501-1528. — Comptes rendus à messires René et Louis de Clermont des recettes et mises des seigneuries de Montrevault et de Bohardy et des fiefs de La Haye-Chenue, de Parigné et de La Rivière-des-Sots, en deniers, froment, seigle, foin, paille, chapons, pourceaux, vin, gages d'officiers, frais de récoltes et d'assises.

E. 936. (Registre.) — Grand in-folio, papier, 245 feuillets; table de 7 feuillets, papier.

1699. — Sommier général de recettes dans les paroisses du Fief-Sauvin, de Gesté, de Saint-Rémy, du Puiset, de La Chaussaire, de Saint-Pierre-Maulimart, de Chaudron, de La Salle-Aubry, de Saint-Philbert et de Saint-Christophe.

E. 937. (Registre.) — In-folio, papier, 213 feuillets.

1701. — Recette pour les fiefs de La Roussière-Gonnord, du Pont-Rousset, de La Grivelière, de La Brevetière, de Launay-Barbot, de La Pimpenière, du Plessis-Bouteille, du Moulin-de-Point, de La Massonnière, de La Brébuère, de La Cahardière, des Colbrières, de La Glardensière, de La Gaupinière, de La Pouponnière, de La Bauderie, du Guichonnet, de La Boisinière, du Bois-de-Leppo et autres dans la mouvance du comté de Montrevault et de la baronnie de Bohardy.

E. 938. (Registre.) — Grand in-folio, papier, 94 feuillets; 1 cahier détaché de 20 feuillets, papier.

1702. — Recette des fiefs de Montrevault et de Bohardy, dans les paroisses de Montrevault, de Saint-Pierre-Maulimart, de Chaudron, de Saint-Quentin, du Pin, de La Salle-Aubry, de Beaupréau, de Jallais, de Sainte-Christine, de Saint-Laurent-de-La-Plaine, de Saint-Georges-du-Puy-de-La-Garde, de Chalonnes, de La Poitevinière, de Joué, de Gonnord, du Fief-Sauvin, de Villeneuve, de Gesté, de La Blouère, de La Chaussaire, de Saint-Christophe-la-Couperie, du Puiset-Doré, de Saint-Rémy.

E. 939. (Registre.) — Grand in-folio, papier, 200 feuillets, plus 7 pièces, papier, intercalées; table de 16 feuillets, papier.

1712. — Recette des fiefs de La Roussière-Gonnort, du Pont-Rousset, de La Grivelière, de La Brevetière, de Launay-Barbot, de La Pimpenière, du Plessis-Bouteille, de La Massonnière, de La Brébuère, de La Cabardière, des Colbrières, de La Glardensière, de La Gaupière, de La Pouponnière, de La Bauderie, du Guichonnet, de La Boisinière, du Bois-de-Leppo et autres dans la mouvance du comté de Montrevault et de la baronnie de Bohardy.

E. 940. (Registre.) — In-folio, papier, 221 feuillets; table de 13 feuillets, papier.

1737-1746. — Recette des fiefs de Montrevault et de Bohardy, dans les paroisses de Montrevault, de Saint-Pierre-Maulimart, de Chaudron, de Saint-Quentin, du Pin, de La Salle-Aubry, de Beaupréau, de Jallais, de Sainte-Christine, de Saint-Laurent-de-la-Plaine, de Saint-Georges-du-Puy-de-La-Garde, de Chalonnes, de La Poitevinière, de Joué, de Gonnord, du Fief-Sauvin, de Gesté, de La Blaudre, de La Chaussaire, de Saint-Christophe-La-Couperie, du Puiset-Doré, de Saint-Rémy-en-Mauges.

E. 941. (Registre.) — In-folio, papier, 193 feuillets; table de 7 feuillets, papier.

1731-1740. — Recette des fiefs de La Grivallière, de La Brunetière, de La Fouinetière, du Grand-Bois-Robert, de La Chaperonnière, de La Massonnière, de La Gaupière, de La Poupinière, des Bois-de-Leppo, de La Chateigneraie, des Minières, du Plessis-Bouteille, du Moulin-des-Trois-Oyes, de La Pinetterie, de La Barillerie, de La Roche-Gautron, de La Tuilière, de La Bourassière, de La Roche-Pinard et autres dans la mouvance de Montrevault et de Bohardy.

SEIGNEURIE DE LA MORLIÈRE.

E. 942. (Carton.) — 18 pièces, papier, dont 2 cahiers, 118 feuillets.

1733. — Tenues d'assises des seigneuries de La Morlière et de La Jonchère, pour les fiefs et tenures de La Cognardière, de La Perrière, du Vivier-Jallot, de La Forterie, du Clos-Havary, de La Logeaiserie, de La Guyonnais, de L'Aubertière, de L'Oudmonnerie, de La Robidalais, dans les paroisses d'Aviré et de Saint-Sauveur-de-Flée.

SEIGNEURIE DE LA MOROUSIÈRE.

E. 943. (Registre.) — In-4°, papier, 118 feuillets, 2 tables de 28 feuillets, papier.

1766-1770. — Déclarations rendues aux assises de la seigneurie de La Morousière, pour les fiefs et tenures des Aguillonnières, du Bois-Archambault, de La Babinière, de La Bautière, de La Clairetière, des Chartères, de La Frimaudière, de La Gaucherie, de Guillemay, de La Quatremaillère, du Rottay et autres, sis dans les paroisses de Chaudron, La Salle-Aubry, Saint-Pierre-Maulimart, Le Pin en Mauges, Jallais, Saint-Laurent-de-La-Plaine et La Poitevinière.

E. 944. (Carton.) — Fragments d'un registre cotés par feuillets, 1-94; manquent les feuillets 8, 9, 14-16, 25, 26, 49, 50, 56-71; 2 tables de 20 feuillets, papier.

1770-1780. — Déclarations rendues aux assises de La Morousière pour les fiefs et tenures des Aguillonnières, du Bois-Archambault, de La Barbinière, de La Baste, de La Brinière, des Charcières, de Chantemerle, de La Camelotrie, des Crespinières, de l'Éculière, de l'Hommeau, de La Renardière, de la Ripaudière, de La Volerie et autres dans les paroisses de Chaudron, de Jallais, du Pin, de La Salle-Aubry, de Saint-Pierre-Maulimart, de La Poitevinière.

SEIGNEURIE DE MOULINES.

E. 945. (Carton.) — 1 pièce, parchemin; 20 pièces, papier, dont 1 cahier, papier, de 70 feuillets, et un plan.

1560-1770. — Procès-verbal de visite de la terre et dépendances de Moulines en Cheviré-le-Rouge, par Louis Bourdon, notaire-arpenteur, à la réquisition de madame la marquise de Broc. — État du revenu et arpentage du domaine. — Mémoires et relevés concernant la dîme inféodée. — Devis des réparations urgentes du château. — Plan du comble de la fuye. — Décret de l'évêque d'Angers, arrêt homologatoire du Parlement de Paris, consultation de M. Provost, avocat à Angers, pour la translation du château de Moulines, de la paroisse de Cheviré-le-Rouge en la paroisse de Rigné.

E. 946. (Carton.) — 25 pièces, parchemin; 17 pièces, papier; 2 sceaux.

1380-1751. — Transaction entre Simon Pecquain et Jeanne de Curzin, veuve de Fouquet de Moulines, Huet de Courollon et Geoffroy de Chemens, au sujet de la propriété de la terre de Moulines. — Vente de ladite seigneurie à Geoffroy de Chemans par J. de Croullon (*sic*). — Baux à ferme du domaine. — Acquêts, baux, arpentage des métairies de La Boisselière, du Bois-Binteau, de La Chalotière, des Châteigniers près Daon, des Dalemberts et de La Pavrillère, dans les paroisses de Cheviré-le-Rouge et de Rougé.

E. 947. (Carton.) — 10 pièces, parchemin; 31 pièces, papier; 2 sceaux.

1454-1791. — Contrats d'acquêts et baux des moulins et de la terre de Beauvais, de Montchauvron, de l'Ouche-Tembonneau, de La Turpaudière, de La Varenne, de La

Volardière. — Bans de vendange dans les paroisses de Cheviré-le-Rouge et de Rigné.

E. 928. (Carton.) — 63 pièces, papier.

1620-1700. — Contrat d'acquêts, baux, procès-verbaux de visite des terres et métairies du Bois-Hincteau, de La Cour-de-Rigné et de la closerie de Patriau. — Remembrances des assises de Moulines portant retrait féodal desdits fiefs sur les dames hospitalières de Baugé par M. Ch. René de Dron. — Lettres des religieuses Renée Lepelletier et Renée Pironneau.

E. 929. (Carton.) — 15 pièces, parchemin ; 8 pièces, papier.

1451-1760. — Contrats d'acquêts du Bois-Audeau et de La Haye-Châlière dans la paroisse de Cheviré-le-Rouge.

E. 930. (Carton.) — 5 pièces, parchemin ; 13 pièces, papier.

1621-1777. — Baux et contrats d'acquêts de la closerie de La Caillerie dans la paroisse de Rigné.

E. 931. (Carton.) — 31 pièces, parchemin ; 21 pièces, papier.

1460-1778. — Baux et contrats d'acquêts des terres, bois et closeries de La Maugassière, de La Brasserie, de La Morillonnière, de Bois-Clefs, de La Livacherie, dans les paroisses de Rigné et de Cheviré-le-Rouge.

E. 932. (Carton.) — 10 pièces, parchemin ; 39 pièces, papier.

1515-1676. — Baux et contrats d'acquêts des fiefs de La Gilberdière et de La Moussenaudière, en Cheviré-le-Rouge. — Procédure au soutien de la féodalité contre le seigneur de La Houssière.

E. 933. (Carton.) — 41 pièces, parchemin ; 3 pièces, papier.

1490-1570. — Baux et contrats d'acquêts de la terre et closerie de La Mauguinière, dans le fief de La Moussenaudière, en Cheviré-le-Rouge.

E. 934. (Carton.) — 21 pièces, papier ; 3 cachets.

1693-1790. — Mémoires et pièces de procédure, lettres de M. de Jarzé, au sujet des droits de pacage dans les landes de Daon et de La Haye-Gaudin.

E. 935. (Carton.) — 2 pièces, parchemin ; 82 pièces, papier, dont 2 plans.

1638-1791. — Arpentage général et prisée des bois dépendant de la seigneurie et des fiefs de Moulines. — Mémoires et traités pour leur exploitation. — Pièces de procédure au sujet du droit de passage prétendu par les riverains dans les bois de Moulines. — Plan des bois et des chemins contestés. — Sentence des juges de Baugé qui condamne madame de Maugas à rétablir le pont du chemin des Balembesta à La Moussenaudière. — Nominations de gardes.

SEIGNEURIE DE LA MULOTIÈRE.

E. 936. (Carton.) — 8 pièces, parchemin ; 107 pièces, papier, dont 6 cahiers, de 51 feuillets.

1449-1769. — Aveux rendus au château de Baugé, par Guillaume de Tessé, Charles Lablé de Champalgnette et Madeleine Le Cornu, pour la seigneurie de La Mulotière. — Aveu rendu à La Mulotière par Jean Baumeray pour la seigneurie des Petites-Aulnières, en Fougeré. — Pièces de procédure entre Nicolas Hubert, sieur de La Sionnière, à l'égard des Grands-Champs et du Clos-Paris, Noël Bernard et Perrine Sauvegrain, sa femme, fermiers de Bournay en Montigné. — Déclarations des vignes du clos de La Charpenteraye. — Aveu rendu aux Petites-Aulnières par Thibaut Chiquenet. — Débris de déclarations pour le fief de La Chiquenaudière. — Procédures contre les sieurs des Vigneaux et Joly. — Correspondance entre M. de Morant de Lépinay et M. Sallion, avocat à Baugé. — Lettres des sieurs Joly et Moreau, concernant les cens prétendus à La Roullière.

SEIGNEURIE DE MURS.

E. 937. (Registre.) — Grand in-folio, papier, 476 feuillets ; 2 tables de 48 feuillets, papier.

1785. — Aveu rendu par messire Claude Bandard, écuyer, baron de Sainte-Gemmes-sur-Loire, trésorier de la marine, à messire Antoine-Joseph-Philippe Walsh, comte de Serrant, maréchal des camps et armées du Roi, baron d'Ingrandes, de Récon, du Plessis-Maré, pour la terre, fief et seigneurie de Murs.

E. 938. (Carton.) — 41 pièces, papier, 123 feuillets ; débris d'un volume.

1570-1591. — Baux et contrats d'acquêts de terres et tenures à La Herse, au Bois-du-Vau, à La Baugerie, à Soulaines, à Juigné, à Érigné, à La Coudrelle, à Bourre, aux Paux-de-Pierre, à La Fontenelle, à La Justicion, à La Biordière.

E. 939. (Carton.) — 26 pièces, papier, 77 feuillets, débris d'un volume perdu ; manquent les feuillets 1-4, 62, 63, 68-78 et la suite ; table de 33 feuillets, papier.

1590-1596. — Baux et contrats d'acquêts de terres et tenures aux Souzenelles, à La Gilardière, à La Touche, aux Brosses, au Champ-au-Camus, à La Gazellière, aux

Chatelliers, à Moré, à La Cholnetière, à Claye, au Champ-Aubin.

E. 960. (Carton.) — Débris d'un volume comprenant 101 pièces, papier, 173 feuillets.

1650-1685. — Baux et contrats d'acquêts de terres et tenures dans la mouvance de la seigneurie de Murs, à La Planchenaude, au Pas-de-la-Brosse, au Carrefour-au-Moine, à La Fontenelle, à La *Simonellerie*, à Érigné, à La Hamonière, à Longueraye, à Chiennort, à La Rochenaire, aux Rondeaux, à L'Écluse, à La Tremblaye, aux Ménardières, à L'Ouche-Dupont, au Coteau-Maillet, au Moulin-du-Louet, à La Herse, dans les paroisses de Murs, d'Érigné, de Saint-Aubin et de Saint-Maurille des Ponts-de-Cé.

E. 961. (Volume.) — In-folio, contenant 161 pièces, papier; 1 pièce, parchemin, 491 feuillets; table de 12 feuillets, papier.

1664-1709. — Baux et contrats d'acquêts de terres et tenures à La Bélotterie, au Bois-Bourreau, à Rougeé, au Caradon, aux Châteliers, à La Chaussée, à Chivache, à Claye, à La Dube, à L'Échalerie, à Foliette, à Gaigné, aux Garoches, à La Gazellerie, aux Génaudières, aux Huttières, à Islaine, à La Jubaudière, à Juigné, aux Latinières, à La Maillée, à La Martinerie, aux Molnereaux, au Morier, aux Orgeries, aux Philipponnières, au Port-Gorion, au Port-Thibault, aux Roberdes, à Salvert, aux Tresmurs, aux Valeries, dans les paroisses d'Érigné, de Murs, de Saint-Maurille des Ponts-de-Cé, de Soulaines, de Moré, de Saint-Gemme-sur-Loire.

E. 962. (Volume.) — In-folio, papier, 463 feuillets.

1700-1787. — Baux et contrats d'acquêts de terres et tenures au Buisson, à La Dublinière, au Pas-de-La-Brosse, à La Boire-Corbin, à La Tremblaye, à La Couparderie, à La Fontenelle, au Coteau-Maillet, aux Champs-Boyards, aux Piccottes, au Pally, à Vert, à La Nouillerie, à Rabault, à Chiennort, dans les paroisses de Murs, d'Érigné, de Soulaines, de Moré, de Saint-Maurille des Ponts-de-Cé.

E. 963. (Volume.) — In-folio, 340 feuillets; 2 tables de 68 feuillets, papier.

1521-1528. — Déclarations rendues aux assises de la seigneurie, pour fiefs et *tenures au* Ragueneau, à La Barberie, à La Boire-Croissant, à Bougré, à La Bugnonerie, au Caradon, aux Châteliers, à Chivache, à La Cossardière, à L'Échalerie, à Foliette, à La Fosse-Aline, à La Gazellerie, à La Girardière, à La Haye-Boureau, à Jouberge, à Islaine, à La Jubaudière, à Longueraye, à La Malleterie, à La Motte-Hubert, à Noizé, aux Orgeries, à La Pheliponnière, à Poil-de-Lièvre, aux Portineaux, aux Raberdes, à La Roussellerie, à La Saumurerie, à Tire-Oreille, à Tresmurs, à La Vesquetière, dans les paroisses de Murs, d'Érigné, de Sainte-Gemmes-sur-Loire, de Moré, de Soulaines, de Saint-Maurille des Ponts-de-Cé; — et pour les droits d'usage dans les communs, les droits de première et de seconde herbe et les pêcheries du Louet.

E. 964. (Carton.) — 188 pièces, papier, reliées et cotées par feuillets, 316-196.

1594-1662. — Déclarations rendues aux assises de la seigneurie pour fiefs et tenures, au Buisson, à La Barberie, à La Boire-Fleurie, à La Dublinière, à La Tremblaye, au Caradon, à L'Échalerie, au Côteau-Maillet, au Port-Gorion, à La Fosse-Aline, aux Champs-Boyards, à Islaine, à La Jubaudière, à La Nouillerie, à Longueraye, à Noizé, à Chiennort, à Poil-de-Lièvre, aux Raberdes, à La Roussellerie, à Rabault, dans les paroisses de Murs, de Moré, de Soulaines, d'Érigné, de Saint-Maurille des Ponts-de-Cé.

E. 965. (Registre.) — In-4°, papier, 223 feuillets; 2 tables de 6 feuillets, papier.

1587-1605. — Remembrances des déclarations rendues aux assises des fiefs d'*Érigné* par P. Andouin, P. Arcain, J. Bonnard, P. Belot, J. Cousin, Fr. Cyre, l'abbaye Saint-Nicolas d'Angers, P. Édelin, René Fourmond, G. Guérin, Et. Hacan, Nic. *Levesque*, Guill. Moreau, P. Planchenault, P. Pinson, René Rideau, Laurent Saillant, Mat. Tesnier, Mich. Vaubert et autres tenanciers.

E. 966. (Registre.) — In-folio, papier, 262 feuillets, incomplet des 37 premiers feuillets et des derniers.

1600. — Recette des cens dus à la seigneurie par Jeh. Gouais, V. Quénion, P. Lemarié, Fr. Pasqueraye, *Lucas* Moreau, René Gaultier, P. Pingault, Jeh. Juin, Jeh. Godeller, J. Delalande, J. Vallée, les abbayes de Fontevrauld et de Saint-Nicolas, Jeh. Veillard, Fr. Gorion, Fr. Lemeusnier, André Cesbron, Jul. Barbot et autres tenanciers.

E. 967. (Registre.) — In-folio, papier, 419 feuillets; table de 46 feuillets, papier, dont les premiers manquent.

1622-1645. — Cens et devoirs dus à la recette de la seigneurie pour les fiefs et tenures de Ragueneau, de La Barillerie, des Bouchées, Béligné, de Beliette, de La Billauderie, de La Boire-aux-Baux, de Caradon, des Chailloux, des Chalonneries, de Chapouin, des Châteliers, de La Choisnetière, de La Claie-Bérard, de La Cossardière, de La Croix-Blanche, de La Debinière, de La Dube, de Foliette, de La Fosse-Aline, du Froc, de Gaigné, de La Gazellerie, de La Godillonnerie, de La Haye-Bourreau, du Hardas, de La Harpinière, de La Hurelière, de Jouberge, des Islaines, de La Jubaudière, de Longueraye, des Lutinières, de La Mailloterie, des Marais-Boureau, de La Motte-Hubert, de La

Normanderie, des Orgeries, d'Orpeau, de La Patarinière, de La Pinauderie, de Puzeaux, des Haberdes, des Charonnelles, du Temple, de Tire-Oreille, de Trésmura, de La Verdière, de La Vesquotière.

E. 968. (Registre.) — In-folio, papier, 152 feuillets.

1604. — Mémoires et pièces de procédures pour messire Olivier de Quélen, seigneur de Murs, et Mr Jeh. Cireul contre Jeh. René Andreau, Maurice Gesbron et consorts, au sujet de la fresche de La Riafanderie.

E. 969. (Carton.) — 14 pièces, papier.

1609-1680. — Mémoires et pièces de procédures pour messire Olivier de Quélen, seigneur de Murs, contre Johanna Soret, veuve Mathurine Regaigné et consorts, au sujet de la fresche de La Gilardière. — Consultation de Me Dupineau, avocat à Angers, Bourbet, avocat à Rennes, Girard, Routhier, de La Martellière, avocats à Paris.

E. 970. (Carton.) — 18 pièces, parchemin; 40 pièces, papier.

1690-1788. — Consistance de la seigneurie. — Consultation de Me Rogier, avocat d'Angers, au profit du sieur Liénor, pour le droit de pacage dans les communs des Varennes. — Propriété des communes de Claye. — Ordres et quittances de rachat pour les corvées des grands chemins. — Assemblée des habitants d'Érigné portant pouvoir de vendre le cimetière. — Accord pour la réduction du boisseau du Plessis-Macé à l'étalon des Ponts-de-Cé. — Baux et contrats d'acquêts de terres et de tenures à La Sablonnière, aux Tertreaux, à Salvert, à La Gilardière, au Coteau-Trioche, aux Mazeries, à La Riafanderie, à La Coulée-Robine, à La Roche-Bourigault, dans les paroisses de Murs, de Mozé, d'Érigné et de Soulaines.

SEIGNEURIE DE NEUVILLE.

E. 971. (Carton.) — 14 pièces, parchemin.

1405-1500. — Aveux et dénombrements rendus à la seigneurie de Neuville-sur-Maine pour les fiefs de Vaux en Pruillé, de La Cornillière en la paroisse du Lion-d'Angers, des Mazières et de La Huetterie.

SEIGNEURIE DE NOIZÉ.

E. 972. (Carton.) — 3 pièces, papier, dont 1 plan.

1768. — « Bref estat des titres estant au château de « Noizé au 20 mai 1768. » — État des titres concernant la féodalité. — Plan partiel de la seigneurie.

E. 973. (Carton.) — 6 pièces, papier.

1480-1610. — Extraits et débris d'aveux rendus au château d'Angers par Thomas et Baudouin de Clermont, et Le Roux des Aubiers, pour la terre de Noizé.

E. 974. (Carton.) — 11 pièces, papier.

1500-1744. — État et consistance de la seigneurie de Noizé. — Acquêt par Me Philippe Thessard, docteur en médecine, de la métairie et des moulins de Noizé; — par messire Emmanuel Leroux des Aubiers, de la seigneurie de Noizé et du bourg de Soulaines. — Baux des revenus du domaine.

E. 975. (Carton.) — 50 pièces, papier, dont 1 imprimée.

1609-1744. — Factums, requêtes, mémoires produits dans la contestation survenue entre M. d'Arnaillé et le Présidial d'Angers pour l'érection de la terre de Noizé en châtellenie.

E. 976. (Registre.) — In-folio, 1075 feuillets, papier.

1510-1610. — Baux et contrats d'acquêts de terres et tenures près la rivière d'Aubance, aux Balluères, à La Chabloterie, à La Chape-Fleurie, à La Goupillerie, à La Hurelière, aux Landes, à La Malnoue, à La Morinière, à La Nobleterie, au Piraison, à La Tuée, aux Champs-de-Ville, dans les paroisses de Murs, d'Érigné et de Soulaines.

E. 977. (Registre.) — In-folio, 731 feuillets, papier; 2 tables de 18 feuillets, papier.

1543-1631. — Baux et contrats d'acquêts de terres et tenures aux Ajoncs, au Pont-du-Chat, à La Bourgerie, au Baubesson, à Charuau, aux Davières, à La Ferrauderie, à La Feuchauderie, à La Grolière, à La Goupillerie, à La Hurelière, à La Morinière, à La Nobleterie, à La Mercerie, à Malnoue, à La Presserie, au Ronceray, à La Verronnière, dans les paroisses de Murs, de Brissac, d'Érigné et de Soulaines.

E. 978. (Registre.) — In-folio, papier, plus 1 parchemin, 913 feuillets; table de 7 feuillets, papier.

1564-1649. — Baux et contrats d'acquêts des terres et tenures aux Ajoncs, aux Balluères, à La Bougrie, à La Croix-Blot, à La Chèvre, à La Chiqueterie, aux Chapelonières, à Charuau, aux Davières, au Ferchaud, à Folliette, au Landreau, aux Murialles, aux Nouelles, à Piédouard, à Putigné, au Carrefour-Tifaine, aux Varennes, dans les paroisses de Murs, d'Érigné, de Mozé, de Soulaines.

E. 979. (Registre.) — In-folio, papier, 396 feuillets.

1580-1699. — Baux et contrats d'acquêts de terres et tenures à La Pinsonnerie, à L'Écotière, aux Perrais, aux

Devalleries, à Bourg, au Plessis, aux Ajoncs, à Charuau, à Bréhard, à La Pellerie, à La Férandrie, au Bardeau, à Piédouard, au Saule, aux Balluères, dans les paroisses de Soulaines, de Murs, de Mozé, d'Érigné, de Faye.

E. 980. (Carton.) — 16 pièces, papier, dont 12 cahiers, ensemble de 210 feuillets.

1600-1760. — Mémoires judiciaires et cordelages des fresches des Balluères, de La Hurelière et des Berthelotières.

E. 981. (Registre.) — In-folio, parchemin, 210 feuillets; 2 tables in-folio de 12 feuillets, papier.

1481-1612. — Déclarations rendues aux assises de la seigneurie pour terres et tenures aux Aireaux, aux Bourges, au Richard, au Charuau, à La Choleterie, à La Douette, aux Barrières, au Champfleuri, à Follette, aux Fontenelles, à La Gloriette, au Gabillard, à La Morinière, à Malnoue, à La Nobleterie, au Noglon, au Poirier-Boiseau, à Piédouard, aux Saules, à La Tuée, au Verdillon dans les paroisses de Soulaines, de Murs, de Faye, d'Érigné.

E. 982. (Registre.) — In-folio, parchemin, 121 feuillets.

1409-1574. — Déclarations rendues aux assises de la seigneurie, pour terres et tenures à Malnoue, à La Herse, à Soulaines, à La Hurelière, à La Fontaine, aux Champs-de-Ville, au Bouhart, au Poirier-des-Gâts, à La Noue, aux Balluères, à Charuau, à Champfleuri, à La Tâcheronnière, aux Hutières, au Busson, aux Nouelles, dans les paroisses de Soulaines, de Murs, de Faye, d'Érigné.

E. 983. (Registre.) — In-folio, parchemin, 372 feuillets.

1456-1569. — Déclarations rendues à la seigneurie pour terres et tenures, aux Balluères, à L'Aireau-au-Moine, à La Perrière-des-Landes, à La Fontaine, aux Tremblayes, à La Grollière, à La Gachetière, à La Bréjonnée, à L'Ouche, aux Pelletiers, à La Hurelière, aux Landes, aux Devalleris, aux Bruères, au Chêne-Rond, aux Coudrais, au Tertre, dans les paroisses de Soulaines, de Murs, d'Érigné, de Brissac.

E. 984. (Carton.) — 106 pièces, parchemin, 184 feuillets.

1461-1659. — Déclarations rendues aux assises de la seigneurie pour terres et tenures à Pyau, au Busson, à Poil-de-Lièvre, à La Hutière, aux Rochettes, aux Martinières, à Champ-de-Ville, à La Tessellerie, à La Grolière, aux Balluères, au Pressoir, à La Gabillarderie, au Landreau, au Fontenil, à La Tremblaye, dans les paroisses de Murs, d'Érigné, de Mozé, de Faye, de Soulaines. — Aveu rendu au château d'Angers par Thomas de Clermont pour la seigneurie de Noizé et le fief commun de Soulaines.

E. 985. (Carton.) — 16 pièces, parchemin; 21 pièces, papier, dont 1 plan.

1468-1780. — Baux, contrats d'acquêts, déclarations pour terres et tenures, à La Chèvre, à Montjoye, à Charuau, aux Balluères, à La Devallerie, à La Tâcheronière, à Gloriette, au Poirier-Boisseau, dans les paroisses de Murs, de Mozé, de Soulaines. — Vente de coupes de bois. — Prisage et baux des moulins de Noizé, de Charuau, de prés et pâtures dépendant de la seigneurie.

E. 986. (Carton.) — 4 cahiers, petit in-folio, papier, 103 feuillets.

1450-1590. — Débris des comptes de la seigneurie. — Recettes et mises d'avoine, de froment, de chapons, de vin, de chanvre, de bois, de pourceaux. — Frais de vendanges. — Gages et pensions d'officiers.

E. 987. (Carton.) — 10 cahiers, petit in-folio, papier, 234 feuillets.

1550-1555. — Comptes des revenus de la seigneurie rendus à René et Thomas de Clermont, seigneurs de Saint-Georges et de Noizé. — Recettes et mises en deniers, chapons, pourceaux, moutons, poules, seigle, froment, avoine, vins. — Frais de vendanges. — Gages et pensions d'officiers

SEIGNEURIE DE NOUZIL.

E. 988. (Carton.) — 4 pièces, papier.

1501-1780. — Aveux rendus au château de Mozé par Claude Haran, Jeh. Grudé, François Grudé, René Pasqueraye, pour le fief et seigneurie de Nouzil (*alias* Les Roches ou la Roulière).

E. 989. (Carton.) — 49 pièces, papier, 180 feuillets; manquent les feuillets 91, 92; 2 tables de 24 feuillets, papier.

1640-1779. — Baux et contrats d'acquêts de terres et tenures à La Babernière, aux Maisons Brûlées, aux Carbanières, à Claye, à Fouleville, à La Carelière, à La Minée, aux Perruches, aux Retraises, à La Roirie, aux Sauvagères, à Souvigné, dans la paroisse de Mozé.

E. 990. (Registre.) — In-folio, 231 feuillets, papier; 2 tables de 20 feuillets, papier.

1631-1787. — Déclarations rendues aux assises du fief pour terres et tenures au Poirier-Augégier, à La Breyée, aux Éguillets, à La Minée, aux Plantes, aux Rifflères, aux Rouillères, aux Sauvagères, aux Tacrières, à Triballe, dans la paroisse de Mozé.

E. 991. (Cahier.) — 69 pièces, papier, dont 1 cahier, in-folio, de 33 feuillets.

1761-1789. — Brouillard de terrier du fief. — Extrait d'assises. — Déclarations rendues pour terres et tenures dans la paroisse de Mozé, par P. Ballard, R. Bazanté, P. Brault, Fr. Gaultier, Ét. Houdet, P. Juin, R. Pasquerayo, Cl. Quénion, R. Richou, Maurice Ruillier, R. Thorel, Et. Thuleau, P. Ménard, R. Lésèque, J. Grudé, P. Bonamy, Ét. Héry, Maurin Bourge, Alex. Rangeard et autres tenanciers.

E. 992. (Cahier.) — In-folio, papier, 52 feuillets ; 2 tables de 12 feuillets, papier.

[illegible]. — Terrier de la seigneurie portant relevé des déclarations pour les terres et tenures du Poirier-Augégier, de La Brosée, des Buissons, du Champ-Gallais, de La Minée, des Rillères, de La Roirie, de La Roullière, de La Sauvagère, des Tardières, du Champ des Vignes, dans la paroisse de Mozé.

E. 993. (Cahier.) — In-folio, papier, 24 feuillets ; 2 tables de 12 feuillets, papier.

[illegible]. — Censif des rentes dues à la seigneurie par P. Ballard, R. Baudriller, J. Bazanté, P. Brault, Fr. Gaultier, Et. Héry, Et. Houdet, P. Juin, Jos. Lemarié, R. Lemercier, R. Pasquerayo, Alexandre Rangeard, J. Richoust, René Thoré, Et. Thuleau, P. Tremblier.

E. 994. (Carton.) — 3 feuillets, papier.

[illegible]. — Plan visuel du fief de Nouzil.

SEIGNEURIE DE PARIGNÉ.

E. 995. (Volume.) — In-folio, 63 pièces, parchemin ; 113 pièces, papier, ensemble 483 feuillets (manquent les feuillets 3-31, 33) ; 2 tables de 12 feuillets, papier.

[illegible]. — Aveux rendus à Maulévrier par Jehanne Aménard et au Petit Riou par René de Clermont, pour la seigneurie de Parigné. — Déclarations, baux et contrats d'acquêts pour les fiefs et tenures de La Buaille, du Petit-Monconseil, du Marché-Constant, de L'Estouble, de La Gretouillère, de La Poupardierie, de Grattebourse, du Coral, de La Renarderie, du bois de Crabats, de La Champierre, de La Richardière, de La Grande-Levée, de La Goronnière, dans les paroisses de Coron, de Montilliers, de Vezins, du Voisde, de Vihiers, de St-Hilaire-des-Échaubrognes, de Gonnord, du Puy-St-Bonnet, de St-Aubin-de-Baubigné, de Mortagne, d'Yzernay.

E. 996. (Carton.) — 6 pièces, papier ; 6 pièces, parchemin.

[illegible]. — Baux et contrats d'acquêts des métairies des Touches et de La Grande-Lefée, dans les paroisses du Voisde et de Vesins.

E. 997. (Registre.) — In-folio, papier, 64 feuillets ; 2 tables de 9 feuillets, papier.

1731. — « Papier censif et terrier du fief... fait et dressé « sur les aveux, titres et déclarations tant anciennes que « modernes, transport sur le terrain et tenue des assises du « dit fief les 12, 13 et 14 août 1731, par lequel on verra « chaque partie du dit fief qui reporte à différents sei- « gneurs, les fresches, les noms des cofrescheurs et dé- « nombrement d'icelles avec leur situation et la citation des « déclarations et titres au soutien, fait et parachevé par Michel « Fortuné Merlet, huissier et audiencier en la Sénéchaussée « d'Anjou. »

E. 998. (Registre.) — In-folio, papier, 64 feuillets, plus 8 pièces intercalées dont 2 parchemin ; table de 2 feuillets, papier.

[illegible]. — Déclarations rendues aux assises du fief par J. Abélard, Fr. Basin, P. Boussion, J. Dudoyer, Cl. Diot, H. de Cumont, N. Fouillole, A. de Pignerolle, P. Grolleau, J. Hector, P. Letheulle, J. Lamoureux, Fr. Roulleau, Fr. Serizier, René Vaillant et autres tenanciers.

SEIGNEURIE DU PATOIL.

E. 999. (Carton.) 18 pièces parchemin, 3 pièces papier.

[illegible]. — Baux et contrats d'acquêts de terres et tenures dans Le Fief-Huet, à Terre-Rouge, près Saint-Vincent, dans la paroisse de Dampierre.

SEIGNEURIE DE LA PERRINIÈRE.

E. 1000. (Carton.) — 2 cahiers, in-8°, papier, 16 feuillets ; 8 pièces, parchemin ; 5 pièces, papier.

[illegible]. — Déclarations, baux et contrats d'acquêts du Bordage, du Pâtis-de-La-Barre, du Bois-Brulé, de La Davière, de La Rogerie, des moulins de Robat sur la rivière de Moyne, de Laveau, de La Chevallerie, dans les paroisses de La Renaudière, de Montigné, de St-Germain, de St-Crespin, de Saint-Macaire, de La Séguinière. — Tenue des assises de la seigneurie. — Requêtes adressées par René de Gibot à l'intendant de Tours, pour être déchargé du droit de franc-fief ; — à l'évêque de Nantes, pour être autorisé à dresser un oratoire dans son château pendant le temps qu'on travaillera à construire la chapelle.

E. 1001. (Carton.) — 11 pièces, parchemin ; 19 pièces, papier.

[illegible]. — Prise de possession du lieu et maison noble de La Barboire en Saint-Germain-lès-Montfaucon, par M. de La Perrinière. — Aveux rendus à Louis de Rochefor et à Louis Gibot, seigneurs de La Barboire, pour la Haute-Barbière et La Guyonnière, en la paroisse de La Romagne, La Christophière, en la paroisse de La Séguinière, La Lunetterie, La Morellière et La Potardière en St-Crespin, La Bouinière, paroisse de La Renaudière. — Contrats et transactions concernant la Haute-Barbière et La Christophière, La Garellière en St-Germain, Lavau, et le droit de pêche dans la Moyne. — Mémoires pour messire René Barjot, baron de Cholet et contredits de messire Louis Gibot, sieur de La Perrinière et de La Barboire, pour la féodalité de la métairie de La Réatière en St-Christophe du Bois, prétendue par les deux seigneurs.

E. 1002. (Carton.) — 2 cahiers, in-folio, papier, 115 feuillets.

1580. — Remembrances des déclarations rendues aux assises du fief de La Barboire et de Beaulieu, son annexe, en St-Germain de Montfaucon, par J. Brun, Guion de Rochefort, Fr. Chapperon, J. Borbant, Fr. Théronneau, J. Méliand, Mat. Grenée, J. Lefebvre, J. Fontaine, Guill. Macé, J. de Thorigné, Guill. de Boisgirault, Jacq. Frain, René Meigret, Claude d'Avaugour et autres tenanciers.

SEIGNEURIE DE PIÉDOUAULT.

E. 1003. (Carton.) — 3 pièces, papier; 1 pièce, parchemin.

1597-1777. — Déclarations rendues aux assises de la seigneurie de Piédouault par Henri de La Tullaye pour les métairies de la Rainebaudère et de La Louetière en Jallais.

CHATELLENIE DU PIN ET PRUINAS.

E. 1004. (Carton.) — 39 pièces, parchemin; 29 pièces, papier.

1493-1681. — Baux et contrats d'acquêts des terres et tenures de La Chauvetterie, des Brulles, de Chioison, de Hautefolie, du Bas-Verdier, de La Violette, du Hardas, de La Massonnaye, de La Rondinière, de La Fresnaye, de Mareschau, dans les paroisses de Chantocé et de St-Germain-des-Prés. — Cordelage des métairies du Pin, de Pruinas, du Moulin, du Haut-Pin. — Concession à Mlle Perrine de Villeprouvée, veuve Girard Cuissart, du droit « d'avoir garenne à congnils, faulx et meurgiers en sa métairie du Breil » par Loys de Montjean.

E. 1005. (Registre.) — In-folio, papier, 382 feuillets; 2 tables de 16 feuillets, papier.

1521-1555. — Déclarations rendues aux assises des seigneuries du Pin, du Breil et de Pruinas, pour terres et tenures à La Busselière, à St-Barthélemy, aux Bruinières, à La Chevallerie, à La Coutaudière, à La Fillonnais, à La Gohardière, à La Guérinière, au Joncheray, aux Rabillières, à La Rondinière, à La Tutainerie, au Vaumarin, dans les paroisses de Chantocé et de St-Germain-des-Prés.

E. 1006. (Registre.) — In-folio, papier, 60 feuillets.

1576. — Remembrances des déclarations rendues aux assises seigneuriales pour terres et tenures à La Brunière, à La Croix-Vincent, à La Crochetterie, à l'Étang-du-Gué, à l'Étang-Barault, à Grain-d'Or, à L'Hermitage, à La Massonnaye, à La Richerie, au Toit-au-Loup, à Vaumarin, dans la paroisse de Chantocé.

E. 1007. (Carton.) — 2 cahiers, petit in-folio, papier, 49 feuillets; table de 2 pages, papier.

1515-1576. — Remembrances des déclarations rendues aux assises seigneuriales pour terres et tenures aux Bruinières, au Clos-des-Mares, à La Chauvetterie, à La Combe-Robin, à Fouquaine, à La Fillonnais, à La Gohardière, à La Rondinière, aux Rabillères, à Réveillon, à Vauregeon.

E. 1008. (Registre.) — In-folio, papier, 281 feuillets; table de 3 feuillets.

1575-1607. — Remembrances des déclarations rendues aux assises seigneuriales par Chesnon, Gabon, Challain, Viau, Perrault, Ch. Courjaret, Christ. de Quatrebarbes, Ét. Lemercier, Fr. Barbereau, J. Godiveau, Mat. Michel, Jeh. Maulnoir, Jeh. Poitevin, Maurice Valuche, Ollivier Bécantin, P. Guitton, René Gauldin, Th. Ramin, Guill. Cherdonneau et autres tenanciers.

E. 1009. (Registre.) — In-folio, papier, 210 feuillets; 2 tables de 8 feuillets, papier.

1578-1607. — Remembrances des déclarations rendues aux assises seigneuriales par Ant. Landried, Allain Barat, Fr. Lebet, Ét. Poirier, Gilette Hauducœur, Gilles Rocappe, Jeh. Dumesnil, Jacq. Perronne, Jacq. Valluche, Louise Cousteux, Jul. Bain, Mat. Chabusseau, P. Tuart, René Grandin, André de Vriz, Fr. Chevreul et autres tenanciers.

E. 1010. (Registre.) — In-folio, papier, 133 feuillets; 4 tables de 7 feuillets, papier.

1611-1686. — Remembrances des déclarations rendues aux assises seigneuriales par Jacq. Bompas, Jul. Bessonneau, Jeh. Cherdavoine, Ét. Delhommeau, J. Faucillon, Mat. Greteau, René Mersan, Samson Jouslain, J. Ouvrard, Jacq. Rolland, P. Thouin, Fr. Vivien et autres tenanciers.

E. 1011. (Registre.) — In-folio, papier, 103 feuillets ; table de 3 feuillets, papier.

1658-1660. — Remembrances des déclarations rendues aux assises seigneuriales par Ant. Aubert, Nic. Bain, Math. Bastonné, René Barbereau, Laurent Chuppé, Jacq. Chesnon, Jeh. Chardavoine, Renée de Quatrebarbes, P. Éveillard, Jacq. Fresneau, Mat. Gallière, J. Hagoullons, Fr. Jaffé, Jacq. L'Hermitte, Cl. Maugras, P. Neau, J. Pallis, Mat. Poilpré, J. Ravary, J. Rat et autres tenanciers.

E. 1012. (Registre.) — In-folio, papier, 104 feuillets ; table de 8 feuillets, papier.

1645. — Remembrances des déclarations rendues aux assises seigneuriales par P. Busnard, Fr. Babin, Ad. Brun, L. Chuppé, J. de Lancreau, Renée de Quatrebarbes, J. Erreau, Gab. Fourmy, R. Guigneneau, P. Garsanlan, Fr. Juffé de Vauboisseau, Mat. Légeard, Seb. Lherbette, P. Morineau, Mic. Neau, Mat. Pallis, J. Quinton, P. Racappé, J. Rabineau, Mat. Terrier, Mat. Valuche, Mat. Voisine.

E. 1013 (Registre.) — In-folio, papier, 64 feuillets.

1680-1689. — Remembrances des déclarations rendues aux assises seigneuriales par Abraham Bachelier, Bédillard, Coiscault, Crochery, Drouault, Daviau, de Lancreau, Fresneau, Guilbaud, Javeleau, Lelarge, Mouillebert, Picquinné, Pallis, Pallussière, Répussard, Ravary, Tallourd, Viau et autres tenanciers.

E. 1014. (Registre.) — Petit in-4°, papier, 31 feuillets et 1 pièce imprimée; table de 8 feuillets, papier.

1701. — Remembrances des déclarations rendues aux assises seigneuriales par A. d'Armaillé, J. Bourgeois, Fr. Boureau de Versillé, L. Carion, R. Crocherie, J. Dauneau, Guill. Douzé, Nic. Guérard, Ant. Gratien, R. Guibert, Mic. Guibault, Maurice Jubin, René Lusson, Mat. Neau, René Palisse, Fr. Ronsin, Ch. Tudon, P. Villain, Jacq. Valuche, Séb. Vieilleville et autres tenanciers.

E. 1015. (Registre.) — In-folio, papier, 48 feuillets, plus 6 pièces, papier, intercalées entre les feuillets 4 et 48 ; table de 10 feuillets, papier.

1719. — Remembrances des déclarations rendues aux assises seigneuriales pour terres et tenures au Champ-aux-Agneaux, au Clos-des-Brodeurs, à La Bussallière, à Saint-Barthélemy, à La Courtaudière, à La Démontrie, à La Fillonnais, à La Gohardière, à La Noue-Hamon, à La Joulainerie, au Toit-au-Loup, à La Massonnais, à Poideniers, à La Rondinière, au Haut-Verdier, dans les paroisses de Chantocé et de Saint-Germain-des-Prés.

E. 1016. (Registre.) — In-4°, papier, 160 feuillets ; table de 9 feuillets, papier.

1553-1559. — « Ce sont les cens et debvoirs seigneuriaulx par deniers deus par chacuns ans à la recepte pour « noble homme Franczoys Guyssart, seigneur du Pin et « Pruinats et du fief du Breil-André, » par Al. Barat, Ét. Poiroux, Ét. Rouault, Guill. Maugeard, Fr. Challain, Gilles Audouin, Jeh. Gerfault, Jul. Joulain, Jeh. Pingre, Jeh. Brisebord, Jul. Poilpré, Yvon Maulnoir, P. Pichère, J. Guilbaud, l'abbesse de Nyoiseau, Macé Bain, Nic. Faisteau et autres tenanciers.

E. 1017. (Registre.) — In-4°, papier, 170 feuillets ; table de 5 feuillets, papier.

1595. — Recette des rentes et devoirs dus à la seigneurie par André de Vris, Denis Meslet, Fr. Forest, Gilles Bréchoret, Anne Trézain, Balthasar Sarrazin, Jeh. Jubain, Mat. Maunoir, Guill. Tertrays, Maurice Gentilhomme, Mauricette Siguand, Macé Guiton, P. Pénault, René Thadon, Raphaël Mesnier, Mic. Chevreul, Macé Roveraye, et autres tenanciers dans la mouvance de la seigneurie du Plessis-Macé.

E. 1018. (Registre.) — In-folio, papier, 181 feuillets ; table de 6 feuillets, papier.

1595. — Recette des rentes et devoirs dus à la seigneurie par Ant. Rivière, Ét. Bastonné, Fr. Babin, Martin Hallopé, Guy Rivière, Ch. de Quatrebarbes, Jacq. Rolland, Jeh. de L'Herbette, Yves Dauyau, Jacq. Valuche, P. Gerfault, P. Baret, Jacq. Ragot, Mat. Buret, Mic. Coquereau, René Pauvert, Jeh. Erreau et autres tenanciers dans la mouvance de la châtellenie de Chantocé.

E. 1019. (Registre.) — In-folio, papier, 218 feuillets ; table de 5 feuillets, papier.

1631. — Recette des rentes et devoirs dus à la seigneurie par Andre Grolleau, Ét. Boislève, Balthasar Sarrazin, Jeh. Leroyer, Fr. Bain, Jacq. Guilbault, Jeh. Lemoine, Guill. Joullain, Louis Richard, la prieure de Bonconseil, Raphaël Duveau, Mat. Mangeard, Maurice Gentilhomme, René Poitou, Th. Leduc, Chr. Sigaud et autres tenanciers dans la mouvance de la châtellenie de Chantocé.

E. 1020. (Carton.) — 6 cahiers, in-folio, papier, 269 feuillets ; 1 plan informe en mauvais état.

1758. — Brouillard du terrier de la seigneurie pour les terres du Clos-Fauché, de La Massonnais, des Brunières, de La Fillonnais, du Buisson, de La Montrie, du Moulin-Brûlé, du Verdier, du Joncherais, du Réveillon, du Massicourt, du Champ-aux-Agneaux, du Champ-à-l'Abbesse, des Rabillères et autres dans la paroisse de Champtocé.

E. 1021. (Carton.) — 28 pièces, parchemin ; 23 pièces, papier.

1462-1641. — Déclarations, baux et contrats d'acquêts des terres et tenures de La Richardière, de Vaumarin, de La Guilonnière, du Breil, des Touches, de Foucaigne, de La

Richerie près Saint-Barthélemy, de La Massonnais, de La Robillarderie, dans la paroisse de Chantocé.

E. 1022. — 14 plans, papier, en mauvais état.

XVIIIe siècle. — Plan du fief des Touches [*alias* Le Toureil], dans les paroisses de Chantocé et de Saint-Germain-des-Prés. — Communs du Joulay, des Rivettes, des Bians, de La Rondinière. — Le marais du Bois. — Le bois de Gastineau. — Villages de Foucaine, de La Jametrie.

SEIGNEURIE DU PINEAU-GILBOURG.

E. 1023. (Volume.) — In-folio, contenant 26 pièces, parchemin, 131 pièces papier, 503 feuillets; 2 tables de 38 feuillets, papier.

1580-1645. — Aveux, déclarations, baux et contrats d'acquêts pour terres et tenures dans la mouvance du fief du Pineau, tenu de la baronnie de Gilbourt, autrement dit fief du Pineau-Gilbourg, à L'Argonnette, aux Bellantes, à La Contresche, à Casseneuve, aux Ébaupins, aux Émeraudes, aux Hallées, à Longueraye, à La Gosserie, sur le Layon, aux Mériaudes, à La Martinière, aux Négrières, au Prestier, à Pochettes, à La Roche-Maillet, aux Violottes, dans les paroisses de Thouarcé et de Rablay.

E. 1024. (Volume.) — In-folio, contenant 4 pièces, parchemin, 184 pièces, papier, 528 feuillets; table de 60 feuillets, papier.

1609-1757. — Aveux, déclarations, baux et contrats d'acquêts, pour terres et tenures aux Aumenières, à Bignanon, à La Belange, au Moulin-Brulé, à La Barbotterie, à La Coudraye, au Champ, à La Chaussée, au Moulin-Cassé, au Formier, à La Gilbaudrie, aux Hellardes, à Javoineau, aux Jubelleries, à Sainte-Martine, à Montbenault, à La Picasse, aux Piffaudes, à La Richarderie, à La Sansonnerie, au Vivier, dans les paroisses de Faye, de Thouarcé, de Rablay.

E. 1025. (Registre.) — In-folio, papier, 387 feuillets; 2 tables de 83 feuillets, papier.

1618-1723. — Remembrances des assises du fief de L'Aumenière [*alias* La Contresche] en Thouarcé, tenues pour honorable homme sire René Guérin, par René Levesque, Hilaire Bertran, sieur du Plessis et Jehan Audouis; — du fief du Pineau, pour messire Henri de L'Estanduère, par Paul Boussicault; — des fiefs du Pineau [*alias* Les Aubiers et de La Chaperonnière], dans les paroisses de Thouarcé et de Rablay, pour messire Henri Dumesnil, écuyer, par Claude Jarry de La Peltrie et Claude Blouin.

E. 1026. (Registre.) — In-folio, papier, 210 feuillets; 2 tables de 15 feuillets, papier.

1736. — « Censif déclaratif et démonstratif de tous les héritages, » tenus par P. Barantay, J. Baudriller, L. Brunet, René Chupin, Urbain Cœurderoy, R. de Montaigu, les chapelains du Champ et de La Mossellière, Y. Gazeau, Fr. Godillon, Nic. Jamineau, René Lizée, J. Métayer, J. Prestreau, Ét. Piffard, Mat. Sublet, Fr. Vernault et autres tenanciers dans les paroisses de Thouarcé et de Rablay.

E. 1027. (Registre.) — In-folio, papier, 189 feuillets, plus 3 pièces, papier, à la suite; 2 tables de 31 feuillets, papier.

1772-1774. — Remembrances des déclarations rendues aux assises seigneuriales pour les terres et tenures de L'Ardoise [*alias* Bignanon], des Bardellières, des Blinières, des Courtiroux, de La Contresche, de La Groye, des Hallées, des Jubellières, de Javoineau, des Mériaudes, des Planches-Noires, des Picasses, des Richardes, de Roche-Maillet, de La Sansonnerie, des Violettes, dans les paroisses de Rablay et de Thouarcé.

E. 1028. (Registre.) — In-folio, papier, 414 feuillets; 2 tables de 35 feuillets, papier.

1736-1762. — Dépouillement du censif du fief, portant relevé des rentes et devoirs dus à la recette seigneuriale, par Fr. Osseré, René Blot, P. Chotard, R. de Montaigu, Mat. Fardeau, Jacq. Goujon, Fr. Godillon, H. Houdet, J. Jamineau, Jacq. Louctière, P. Maquin, P. Ogier, J. Picherit, Fr. Restault, Mat. Sublet, Cl. Tranchet, René Vaillant et autres tenanciers.

E. 1029. (Carton.) — 7 cahiers, in-folio, papier, 61 feuillets.

1779. — Brouillard du censif du fief dans la paroisse de Thouarcé, pour les rentes et devoirs dus par Ant. Cœurderoy, J. Asseray, André Louctière, J. Goujon, P. Janneau, J. Lizée, J. Robin, L. Boudard, Marie Boitreau, A. Cesbron, Fr. Thomas, L. Plessis, Marie Hain, Nic. Bry, Fr. Boussion, Triballe, Jos. Durand, P. Pauvert, P. Chasion et autres tenanciers.

E. 1030. (Carton.) — 2 cahiers, in-folio, papier, 29 feuillets.

1777. — Aveu rendu à René Du Bellay, sieur de Thouarcé, par Jacq. Du Pineau, pour sa seigneurie du Pineau en Thouarcé. — Consistance générale de la terre et seigneurie du Pineau, appartenant aux enfants de feu messire P. Dumesnil et de dame Mélanie-Françoise Louet.

E. 1031. (Registre.) — In-folio, papier, plus 5 pièces, papier, et 3 pièces, parchemin, ensemble 182 feuillets; 2 tables de 40 feuillets, papier.

1772. — Remembrances des déclarations rendues aux assises du fief du Pineau-Thouarcé, dépendant du Pineau-Gilbourg pour terres et tenures aux Argonettes, à La Barangerie, aux Barillères, à La Crosle, aux Fondettes, aux Gonnordes, aux Gosseries, au Mitaineau, à Mouillepied, aux Parmeniers, aux Pellouailles, à Pilpain, à Percepoil, aux

Sables, dans les paroisses de Thouarcé, de Rablay et de Chanzeaux.

E. 1032. (Registre.) — In-folio, papier, 312 feuillets ; 2 tables de 40 feuillets, papier.

1780. — Censif du fief du Pineau-Thouarcé [*alias* Les Aubiers] pour les rentes et devoirs dus par J. Billard, A. Chambault, le chapelain du Champ, Fr. de Brye, le sieur Des Émereaux, L. Fruchard, René Hallaire, Nic. Jamineau, P. Just, Jul. Leau, Jacq. Misandeau, P. Picherit, P. Sublet, Gab. Tacheron, le prieur de Vezins, Fr. Vernault et autres tenanciers.

E. 1033. (Carton.) — 8 cahiers, in-folio, papier, 93 feuillets.

1779. — Censif des fiefs du Petit-Poix et du Pineau, nommés fiefs du Pineau-Thouarcé, comprenant les tenures de La Rabastière, de L'Enclose, des Giraudelles, de Mouillepied, de L'Hommelais, de Mitaineau, des Parmeniers, des Gonnordes, de La Chesnaye, de L'Humeau, des Sablons, du Buisson-du-Musque, de Pellouailles et autres dans les paroisses de Chanzeaux, de Rablay et de Thouarcé.

E. 1034. (Registre.) — In-folio, papier, 198 feuillets, plus 4 pièces, papier, intercalées aux feuillets 1, 10, 36, 100 ; table de 24 feuillets, papier.

1766. — Dépouillement général du fief d'Avrillé pour les terres et tenures de Bouchaux, des Bourdinnes, de Brain, de La Chevallerie, de La Chouetterie, de Chantopie, de Froide-Écuelle, de Pain-Bénit, de Dinechien, de L'Éclancheau, de La Goujardière, de Marpault, de La Magaudière, de La Marionnière, de Mécrain, de Montayer, d'Orseille, de Soullet, de La Versillerie, dans les paroisses de Saint-Jean-des-Mauvrets, de Brissac et de Mozé.

E. 1035. (Carton.) — 8 cahiers, in-folio, papier, 310 feuillets, dont 15 plans informes.

1766. — Brouillard du censif du fief d'Avrillé et des annexes de La Basse-Lhommois, de Mincé et de Beaumont, pour rentes dues par P. Baudriller, P. Proustière, Ch. Chenu, J. Denécheau, P. Deshommeaux, P. Chouinière, René Leroux, P. Huet, Louis Daviau, Jacq. Vallée, Fr. Berlange, André Samson, René Delaunay, J. Maunoir et autres tenanciers dans les paroisses de Saint-Jean-des-Mauvrets, de Vauchrétien, de Brissac et de Mozé.

E. 1036. (Volume.) — In-folio, papier, 237 feuillets, 5 plans, papier ; 4 tables de 47 feuillets, papier.

1580-1772. — Censif et tenue d'assises du fief de La Chaperonnière en Thouarcé, pour terres et tenures à Beauregard, près Bonnezeaux, à Choiseau, au Champ, aux Charnelles, à Chasserat, au Formier, à La Gruechère, à La Hinière, à La Justicion, au Gué-Maubert, à La Pinsonnerie, à La Rigaudière, aux Roches, à La Sansonnière, à La Tremblaye.

E. 1037. (Registre.) — In-folio, papier, 60 feuillets ; 2 tables de 16 feuillets, papier.

1786. — Dépouillement du fief de La Chaperonnière en Thouarcé, pour les rentes dues par P. Airault, R. Blordier, Ét. Bénion, R. Cochard, J. de Clerzay, André Fillon, René Gaschet, Calixte Jarry, Jacq. Lebreton, Mat. Orthion, Mat. Richard, Ch. Raimbault, J. Terrier, la fabrique de Thouarcé et autres tenanciers.

E. 1038. (Volume.) — In-folio, contenant 18 parchemins, 189 pièces papier, 581 feuillets ; 2 tables de 40 feuillets, papier.

1409-1680. — Aveux, déclarations, contrats d'acquêts de terres et tenures dans la mouvance du fief de La Hinière, dépendant du Pineau-Gilbourg et autrefois de La Poissonnière, aux Acquêts, à La Pierre-Blanche, aux Batterelles, aux Frappinnes, à La Guitarderie, aux Halbardières, au Marais, au Mitesneau, à La Pottière, au Puy-Libault, au Sablonnay, dans les paroisses de Thouarcé et de Rablay.

E. 1039. (Volume.) — In-folio, contenant 2 pièces, parchemin, 172 pièces, papier, 579 feuillets ; 3 tables de 41 feuillets, papier.

1531-1759. — Aveux, déclarations, contrats d'acquêts dans le fief de La Hinière, à L'Ardoise, aux Buttes, au Bignapon, aux Botterelles, aux Coudrons, à Cazeneuve, aux Frappines, à La Fontaine, aux Genneteaux, à La Goulle-Besnard, aux Halbardières, à La Planchette, à La Perrière, aux Poirets, à La Périnière, à La Salmonnière, dans les paroisses de Thouarcé et de Rablay.

E. 1040. (Volume.) — In-folio, papier, 232 feuillets ; manquent les feuillets 173, 174, 195, 196 ; 3 tables de 11 feuillets, papier.

1734-1771. — Remembrances des déclarations rendues aux assises de La Hinière par J. Asseré, J. Bompas, Jacq. Bazantay, Séb. Radin, Mat. Cachard, Marguerite Cœurderoy, René Denéchère, Nic. Éon, P. Falligan, J. Gasté, André Harang, Gab. Janneteau, Fr. Louctière, Mic. Métaireau, P. Marionneau, Mat. Parent, Julien Picherit, P. Quénion, René Resteau, J. Rullier, Mic. Tournery et autres tenanciers dans les paroisses de Rablay et de Thouarcé.

E. 1041. (Registre.) — In-folio, papier, 50 feuillets ; 2 tables de 6 feuillets, papier.

1736. — « Censif déclaratif du fief et seigneurie de La « Hinière en la paroisse de Thouarcé, appartenant à Étienne « Dumesnil, escuyer, seigneur d'Aussigné et du château « du Pineau, ledit fief relevant à foy et hommage-lige et en « droit de haute, moyenne et basse justice du château de « Gilbourg ; dans lequel censif sont énoncés les nouveaux « vassaux et sujets, avec ce qu'un chacun possède en dé- « tail soit en frèche ou en particulier, avec les citations des « titres et déclarations au soutien de la mouvance de chaque

« héritage et des devoirs, fait et dressé sur les titres, déclarations, remembrances et aveux. »

E. 1042. (Registre.) — In-folio, papier, 158 feuillets; 2 tables de 8 feuillets, papier.

1726. — Dépouillement général du fief de La Hinière en Thouarcé, contenant relevé des cens et rentes dus pour terres et tenures par Fr. Besnard, Fr. Bourreau, René Berthelot, P. Bompas, Mat. Cochard, René Davy, Jacq. Fardeau, P. Guérineau, Jul. Gendron, Jacq. Louetière, René Lizée, Louis Maugin, René Mocet, Nic. Minseau, Fr. Macé, Marie Neau, J. Pelé, J. Rilier, Mat. Sullé, Mic. Tournerie et autres tenanciers dans les paroisses de Rablay et de Thouarcé.

E. 1043. (Registre.) — In-folio, papier, 305 feuillets, 5 plans reliés à la fin; 2 tables de 26 feuillets, papier.

1772. — *Censif du fief de La Hinière* portant relevé des rentes dues à la recette seigneuriale par Fr. Bompas, Jacq. Bazantay, P. Cordier, P. Courtin, Ant. Cœurderoy, P. Chrétien, Louis Cerisier, Fr. Albert, Gab. Janneteau, le chapelain de Sainte-Catherine de Joué, René Liger, J. Louetière, J. Macé, René Mizandeau, Mic. Marserolle, Ch. Onillon, René Poitevin, Daniel Poisson, René Resteau, J. Savary, Louis Vivien et autres tenanciers dans les paroisses de Rablay et de Thouarcé.

E. 1044. (Carton.) — 69 pièces, papier.

1733-1772. — État et consistance de la terre et seigneurie de Mons. — Devis des réparations des bâtiments. — Bail à ferme des revenus. — Relevé des héritages dont le seigneur du fief du Fresne prétend la mouvance. — Baux et contrats d'acquêts de la métairie de La Brosse dans la paroisse de Faye.

E. 1045. (Registre.) — In-folio, papier, 88 feuillets et deux plans.

1379-1778. — Remembrances de déclarations rendues aux assises du Petit-Poix, en Thouarcé, pour terres et tenures à Bignanon, dans le village du Champ, à La Fontaine, au Gueseier, aux Rivières, aux Sansonnières et aux Varannes.

E. 1046. (Carton.) — 4 pièces, parchemin; 23 pièces, papier.

1602-1789. — Estimation du revenu de la terre, fief et seigneurie du Pineau — Baux détachés des clos et métairies du Verger, du Grand et du Petit-Pineau, de La Mulonière, de La Frapillonière, de Druillé, de L'Angelinière, du droit de pêche dans le Layon. — Droit de passage sur les prés.

SEIGNEURIE DU PLANTY.

E. 1047. (Volume.) — In-folio, contenant 18 pièces, papier, 80 pièces, parchemin, 109 feuillets; 2 tables de 8 feuillets, papier.

1392-1499. — Aveux et contrats d'acquêts des terres et tenures du Grand-Aunay, de La Basterie, de La Boisardière, de La Chantellerie, de La Caillardière, de Gudeloire, de La Grande-Dube, de La Fautelaye, de La Goujonnière, de La Gaillardière, de La Lizardière, de La Métivraye, de La Poissonnière, de Raidebarge, de La Tricollière, dans les paroisses de Jallais, du Pin-en-Mauges, de Saint-Quentin-en-Mauges, de Neuvy, de La Poitevinière, de Sainte-Christine, de La Pommeraye, de Chalonnes.

E. 1048. (Volume.) — In-folio, contenant 37 pièces, parchemin, 3 pièces, papier, 68 feuillets.

1392-1499. — Contrats d'échange et d'acquêts des terres de La Séroudière, de La Bodinière, de La Fléchay, de La Fautelaye, des Landes, de La Goujonnière, de La Rosière, de La Chantellerie et autres relevant de la seigneurie du Planty dans les paroisses de Neuvy, de Montjean, de Saint-Quentin-en-Mauges, de La Pommeraye, de Sainte-Christine, de Gonnord, de Chalonnes.

E. 1049. (Carton.) — Fragment d'un registre petit in-folio, papier, 42 feuillets.

1489-1519. — Aveux rendus à la seigneurie du Planty pour les fiefs et seigneuries de La Basse-Goujonnière, de La Chantellerie, de La Métiveraye, de La Basterie, de La Guillardière-Bahourt, du Fléchay, de La Moissionière, de La Felinière et de La Chabossière.

E. 1050. (Volume.) — In-folio, contenant 89 pièces, parchemin, 97 pièces, papier, 292 feuillets; 2 tables de 11 feuillets, papier.

1460-1659. — Aveux, baux, contrats d'acquêts des terres et tenures de L'Aunay-Chauvet, de La Bouteillerie, de La Brosse-Chevreau, de La Chantellerie, de La Crochetière, d'Écorchebœuf, de La Fribaudière, de La Fautelaye, de La Guillardière, de La Goujonnière, du Griffeau, de La Haye-Longue, de La Lehoraye, de La Moissonnière, du Martreil, du Pally, de Raidebarge, de La Tricollière, de La Varanne, dans les paroisses de Sainte-Christine, de La Poitevinière, de Saint-Quentin-en-Mauges, de La Pommeraye, de Jallais, de Saint-Laurent-de-La-Plaine, de Neuvy, du Pin-en-Mauges, de Chalonnes, de La Chapelle-Aubry.

E. 1051. (Volume.) — In-folio, contenant 27 pièces, parchemin, 49 pièces, papier, 125 feuillets; 2 tables de 6 feuillets, papier.

1476-1694. — Aveux, déclarations, actes de foi et d'hommage rendus à la seigneurie du Planty et au fief des Brifferies par Maurille Bidet, P. Biotteau, J. de Pincé, J. de Vaugirault, G. de Conquessac, P. de La Guinemoire, P. de Caradec, Mic. de Hillerin, J. Formond, J. Levacher, J. Peton et autres tenanciers dans les paroisses de La Pommeraye, de Neuvy, de Saint-Quentin-en-Mauges et de Sainte-Christine.

E. 1052. (Volume.) — In-folio, contenant 37 pièces, parchemin, 60 pièces, papier, 136 feuillets ; 2 tables de 8 feuillets, papier.

1442-1780. — Procurations présentées aux assises seigneuriales pour rendre hommage au nom de Franç. de Beaumanoir, Jacques Duplessis, J. Gourreau, Louis de Beauveau, P. Chaperon, G. Clérambault, Fr. de Maure, J. de Beaumanoir, Agnès de Maigné, J. Pelé, curé de Neuvy, Louis Leroux de La Roche-des-Aubiers, Fr. de La Trémouille, René Des Hommeaux, J. de Daillon, Martin Du Bellay, Jacquine Turquars, Hardy de La Roche, J. de Gabory, René d'Aubigné, Isabeau Chenu, princesse d'Yvetot, Philippe Gourreau, Joachim de La Roche, J. Boislève, Maurille Deslande, Renée Lepage, G. de Vaudry, J. de Hillerin, Marie de Vaugirault, Ph. de Saint-Offange, P. de Caradec, Ch. Du Bellay, les Carmélites d'Angers, Nic. de Gazeau de La Turpinière, Françoise Boislesve, veuve Leroy de La Potherie, le marquis de Jarzé.

E. 1053. (Volume.) — In-folio, contenant 135 pièces, parchemin. 47 pièces, papier, 287 feuillets.

1437-1577. — Déclarations rendues aux assises seigneuriales par Ét. Allis, Jacq. Aurillon, L. Belliard, Fr. Boulestreau, J. Boussicault, Jamet Cailleau, Fr. Coquilleau, J. Duronceray, la fabrique de Bourgneuf, J. de Cierzay, les curés de Jallais et de Sainte-Christine, Ant. Ernoul, Ol. Gohiot, J. Giron, J. Haipelon, Jacq. Jollivet, Fr. Lambert, Marie Marionneau, J. Oullon, Simon Portais, Macé Piffard, J. Pichery et autres tenanciers dans les paroisses de Chalonnes, de Sainte-Christine, de Saint-Laurent-de-La-Plaine, de Saint-Quentin en Mauges, de Montjean, de La Pommeraye, de Jallais.

E. 1054. (Volume.) — In-folio, contenant 12 pièces, parchemin, 139 pièces, papier, 303 feuillets ; 2 tables de 17 feuillets, papier.

1603-1699. — Déclarations rendues aux assises de la seigneurie du Planty et du fief des Briffières pour les tenures de Chesne-Bidault, La Cochetière, La Cocusserie, La Caillardière, La Frairie, La Dube, Les Fossés-Neufs, La Guittonnerie, La Gaudinière, La Prévaudrie, Les Basses-Pierres, Les Perrins, Pontpallais, La Rouetterie, Les Croix-Turquais, La Trocarderie, dans les paroisses de La Pommeraye, de Sainte-Christine, de Saint-Laurent-de-La-Plaine, de Saint-Quentin-en-Mauges, de Chalonnes, de Montjean, de Jallais, de Neuvy.

E. 1055. (Volume.) — In-folio, contenant 2 pièces, parchemin, 187 pièces, papier, 689 feuillets ; 2 tables de 17 feuillets, papier.

1602-1700. — Baux et contrats d'acquêts des terres et tenures de L'Ancelinière, des Briffières, de La Brouarderie, de La Boisardière, de La Batarière, de La Chantellerie, de La Caillardière, de La Coifferie, de Chantelou, de La Dube, de La Fontaine-Nivelle, de La Guinière, de La Guitonnerie, de Juchepie, du Martreil, de La Proutière, de La Roullardière, de La Saillctière, de La Troquarderie, dans les paroisses de Saint-Aubin-de-Luigné, de Sainte-Christine, de La Poitevinière, de Chalonnes, de Saint-Laurent-de-La-Plaine, de La Pommeraye, de Saint-Quentin, de Neuvy, de Jallais.

E. 1056. (Volume.) — In-folio, 263 feuillets ; 2 tables de 23 feuillets, papier.

1446-1554. — Déclarations rendues aux assises seigneuriales (copie partielle de l'article E. 1053).

E. 1057. (Volume.) — In-folio, papier, 215 feuillets ; 2 tables de 13 feuillets, papier.

1702-1705. — Baux et contrats d'acquêts et de rentes pour les terres et tenures des Ageons, de La Besnivière, du Chesne-Boisy, de Cudeloire, des Fosses, du Groseiller, de L'Échalas, de La Moissonnière, du Martreil, du Pressoir-Rouge, de Porteux, de La Papillaye, des Sables, dans les paroisses de Montjean, de Saint-Laurent-de-La-Plaine, de Chalonnes, de Jallais, de Sainte-Christine, de Beaupréau, de Saint-Quentin, de Neuvy, de La Pommeraye.

E. 1058. (Volume.) — In-folio, papier, plus 3 pièces, parchemin, 164 feuillets ; 2 tables de 11 feuillets, papier.

1535-1685. — Aveux, déclarations, hommages rendus aux assises de la seigneurie du Planty et de la châtellenie des Briffières, par le chapelain de Saint-Denis-du-Teil, Louis Belon, Gab. Boylesve, Hercule Bidet, J. Charruau, Christ. de Sanzay, Martin Du Bellay, H. de Sanson, André Goutard, Jacq. Gogue, G. Jamin, M. Lecoq, J. Macé, Jacq. Nipon, René Pineau, J. Réthoré, Jul. Varlet, les curés de Saint-Quentin, de Neuvy, de Sainte-Christine, de La Pommeraye, de Saint-Laurent-de-La-Plaine, de Saint-Maurille de Chalonnes, et les chapelains de La Richardière, de Saint-Sébastien, de Launay-Pichon, de Poislasne, de La Trinité, des Blancheteaux.

E. 1059. (Registre.) — In-folio, papier, 233 feuillets ; 2 tables de 4 feuillets, papier.

1665-1700. — Remembrances des déclarations rendues aux assises seigneuriales par Jacq. Blanvillain, J. Boisson, J. Brun, Jacq. Charbonnier, Cl. Cornillier, Jos. Deffoys, Mat. Daviau, J. Giron, René Guibert, J. Girardeau, P. Macé, Jacq. Maugard, Ét. Métivier, Jacq. Poupelard, P. Pasquereau, Fr. Rétailleau, Mat. Renou, René Verron, Jacq. Vallin et autres tenanciers.

E. 1060. (Registre.) — In-folio, papier, 226 feuillets ; table de 7 feuillets, papier.

1635-1669. — Remembrances des déclarations rendues aux assises des fiefs du Planty, des Briffères et de Sainte-Christine pour les terres et tenures de L'Ancelinière, de La Basterée, de La Beninière, de La Chantellerie, de La Crochetière, d'Écorchebœuf, de La Fautelaye, de La Guillardière, de La Godinière, de La Guigneraye, de La Ligeraye, du Martreil, de La Poissonnière, de La Prousterie, de Raidebarge, de La Tricotière, de La Tullière, de Vaubuisson.

E. 1061. (Registre.) — In-folio, papier, 273 feuillets, plus 9 pièces, papier, annexées en tête.

1511-1616. — Remembrances des déclarations rendues aux assises des fiefs des Briffères, de Sainte-Christine et du Planty, par André Fortier, André Lehoreau, Fr. Méguyon, Ét. Mestivier, Jacq. Cœurdebuche, G. Gindreau, Guill. Renault, Louis Piau, J. Jobin, Jacq. Boutestreau, Mat. Rochard, Nic. Marsais, P. Gazeau, Ph. Coco, P. de La Guinemoire et autres tenanciers.

E. 1062. (Registre.) — In-folio, papier, 243 feuillets; 3 tables de 22 feuillets, papier.

1533-1750. — Remembrances des déclarations rendues aux assises des fiefs du Planty, de Sainte-Christine et des Briffères, pour les terres et tenures de La Bouchonnerie, de La Benivière, de La Bretagne, de La Brosse-Chevreau, de La Fontaine-Viau, de La Chabossière, d'Écorchebœuf, de La Croix-Turquais, de La Godinière, de La Herse, de La Lehorais, du Martreil, de Pontpallais, de La Prousterie, du Quartier, de La Rouillonnière, de La Rocheferrière, de La Tullière, de Vaubuisson.

E. 1063. (Registre.) — Grand in-folio, papier, 326 feuillets.

1524-1612. — Remembrances des déclarations rendues aux assises seigneuriales par Denis Ménuau, Bertrand Boussault, Cl. Béliart, Ant. Thuau, André Giffard, Fr. de La Brunetière, Guill. Alys, Hervé Turpin, J. Boussoreille, les chapelains du Borgne, de Trasseboule, Laurent Chauvet, J. Rou, Davy Du Buhard, Mat. Roulier, René de La Rivière, Simon Tulleau, Vast. de Blavon et autres tenanciers.

E. 1064. (Volume.) — In-folio, contenant 66 pièces, parchemin, 54 pièces, papier, 161 feuillets; 2 tables de 8 feuillets, papier.

1686-1787. — Aveux, *déclarations*, hommages rendus aux assises seigneuriales par P. Leteulle, les Carmélites d'Angers, Jacq. Gauguet, René Gourdon, Mat. Leconte, Henri de Sauson, Gab. Goutard, *Gab. Bernard*, Gab. La Hussaudière, Fr. Gilles, Fr. Graverand, Ét. Claudrain, René Du Plessis de Jarzé, Mic. Lepelletier, Louis Terrien, L. Grellier, L. Couchot, Jacq. Myonnet, René Bausmier, R. Gadras, J. Bouet de La Blonnière, A. Varlet de Lorchère, P. Day, J. Joilivet, Anne Maugars, Noël Erbereau de Beauvais, Gab. Léoté et autres tenanciers dans les paroisses de Sainte-Christine, de Saint-Laurent de La Plaine, de Jallais, de Saint-Quentin, du Pin-en-Mauges, de La Chapelle-Aubry, de Neuvy, de La Poitevinière, de La Pommeraye.

E. 1065. (Volume.) — *In-folio*, 404 *feuillets, papier*; 2 tables de 24 feuillets, papier.

1600-1725. — Remembrances des déclarations rendues aux assises seigneuriales par Th. Aunillon, Mat. Baudrier, Rad. Bruslé, J. Bonet, Mat. Chureau, L. Defoya, J-B. Desmazières, Ch. de Brissac, Fr. Ernault, Fr. Fradin, Anne Godefroy, Fr. Gravereau, Jos. Humeau, M. Jamain, Nic. Lebrun, Mic. Léon, Fr. Moussin, Mat. Maugars, Jacq. Menuau, Fr. Reveillère, G. Raoul, M. Thuau, Gab. Vallin et autres tenanciers.

E. 1066. (Registre.) — In-folio, papier, 112 feuillets; 2 tables de 18 feuillets, papier.

1714-1786. — Remembrances des déclarations rendues aux assises seigneuriales par Th. Aunillon, Cat. Benoist, J. Bonesson, Jacq. *Brehier*, L. *Colommier*, J. Cony, Fr. Chiron, Mat. Chureau, L. Delacouldre, Nic. de Gazeau, Aug. de Meaulne, Jacq. Davy, J. Grimault, Ét. Guibert, J. Giron, Mat. Farion, Jos. Humeau, L. Huet, J. Javeleau, Mat. Leconte, R. Mélivier, J. Menuau, Anne Maugars, Jacq. Poissonneau, P. Plumejeau, P. Pousset, M. Rochart, M. Tulleau, Fr. Varlet et autres tenanciers.

E. 1067. (Registre.) — In-folio, papier, 286 feuillets; 2 tables de 17 feuillets, papier.

1751. — Terrier et censif de la seigneurie et des fiefs annexes, comprenant par ordre de date le relevé des aveux, déclarations, hommages, baux et contrats d'acquêts pour les terres et tenures de La Bouchonnerie, de La Bretagne, de La Brosse-Chevreau, de La Richarderie, de La Grille, des Buis, de La Cormoiserie, de La Cocusserie, de La Fribaudière, d'Écorchebœuf, de La Galletière, du Martreil, de La Moissionnière, de La Prévaudrie, de La Douillonnière, de Raidebarge, de Vaubuisson et autres dans les paroisses de Sainte-Christine, de Saint-Quentin, de Neuvy, de Saint-Laurent-de-La-Plaine, de La Poitevinière, de La Chapelle-Aubry, de Jallais, de La Pommeraye, du Pin-en-Mauges, de Montjean et de Chalonnes.

E. 1068. (Registre.) — *In-folio*, *papier*, 296 pages; table de 11 feuillets, papier.

1754-1792. — Recette des rentes dues à la seigneurie par R. Amaury, Ant. Ambelard, L. Bourigault, J. *Bondu*, Vincent Benou, Ed. Colbert, René Chaperon, Fr. de La Fuye, Simon David, J-B. Desmazières, les curés de Saint-Quentin, de Neuvy, de La Chapelle-Rousselin, de La Poitevinière, de La Jubaudière, de Saint-Laurent de La Plaine, la marquise d'Entraigues, Fr. de Cherreux, Fr. de Rougé, Fr. Fouineau, Guy Guinebertière, Fr. Gilles Du Plessis-Raymond et autres tenanciers.

SEIGNEURIE DE PLÉMONT.

E. 1069. (Carton.) — 9 cahiers, in-folio, papier, 114 feuillets.

1655-1695. — Recette des cens, rentes et devoirs dus à la seigneurie de Plémont et au fief de La Bertaudière, par J. Babin, P. Martineau, L. Écot, Jacq. Colleau, René Bontemps, Ch. Poitou, Ét. Leroy, Fr. Doussin, R. Moreau, Fr. Rou, Fr. Mondin, J. Falligan et autres tenanciers.

E. 1070. (Registre.) — In-folio, papier, 110 feuillets.

1714. — Recette des cens, rentes et devoirs dus à la recette seigneuriale par Phil. Pasquier, R. Écot, J. Cherbonneau, J. Jamin, Mic. Leroy, Louis Bouciron, P. Girault, Fr. Rasin, Christ. Renaud, Ét. Gateau, René Beausse, René Baron, P. Renaud, Jul. Letellier, R. Émery et autres tenanciers.

SEIGNEURIE DU PLESSIS-AU-JAU.

E. 1071. (Registre.) — In-folio, papier, 114 feuillets.

1616. — Inventaire des titres, papiers et enseignements concernant la terre et seigneurie du Plessis-au-Jau en Mazé, dressée par Guy Jarry, procureur fiscal de la baronnie.

E. 1072. (Volume.) — In-folio, contenant 2 sceaux frustes, 66 pièces, parchemin, 23 pièces, papier, 123 feuillets; 2 tables de 13 feuillets, papier.

1361-1595. — Aveux, fois et hommages rendus à Pierre de Bueil, Alain de La Mothe, Jeh. de Daillon, Marguerite de Broc, sieurs du Plessis-au-Jau, pour les fiefs et tenures de Boisfou, du Bois-de-Mazé, du Breil, de [illegible] Chaussée, de La Coudre, de La Courtellière, de Drouin, de La Godinerie, de Landifer, de L'Épinière, de La Macheferrière, de La Minotière, de Montgeoffroy, du Moul-en-Vallée, de La Planche, de La Regnardière, de La Rémonière, de La Roirie, du Verger dans les paroisses de Beaufort, de Longué, de Mazé, des Rosiers, de Sacé et du Vieil-Baugé.

E. 1073. (Volume.) — In-folio, contenant 6 sceaux frustes, 65 pièces, parchemin, 25 pièces, papier, 180 feuillets; 2 tables de 15 feuillets, papier.

1529-1751. — Aveux, fois et hommages rendus à la seigneurie pour les fiefs et tenures du Champ-Bodiau, de Boisfou, de La Boisnière, de Chaisaille, du Chemin-Neuf, de La Chaussée, des Fiefs communs, du Gué-Danjeau, de La Gaudinerie, de Landifer, de La Mare, de Montgeoffroy, de La Papinière, de Paris, de Trisseau, des Vallinières, dans les paroisses de Mazé, Beaufort, Bauné et Vieil-Baugé.

E. 1074. (Volume.) — In-folio, contenant 17 pièces, parchemin, 161 pièces, papier, 483 feuillets; 2 tables de 32 feuillets, papier.

1507-1602. — Contrats d'échange et d'acquêt, baux de terres et tenures à L'Arpentière, au Bariller, à La Bataillerie, à Besnouard, à Bourgneuf, à La Brideraye, au Cachereau, sur le Coisnon, à La Cosinallerie, à La Druinière, au Fayet, à Gardemont, au Grollay, aux Jars, à Longueraye, à La Maladrie, à La Pierre-Rameau, à Tocheron, à La Tuandière, aux Vallinières, dans les paroisses de Mazé, de Gée, de Beaufort, de Saint-Georges-du-Bois, de Baugé.

E. 1075. (Volume.) — In-folio, papier, 486 feuillets; 2 tables de 23 feuillets, papier.

1602-1654. — Contrats d'échange et d'acquêts, baux de terres et tenures à La Baudrairie, aux Baunes, aux Bénouardières, à Conglan, aux Deffais, à La Fauvelière, à Foussebault, à Gardamont, au Grollay, aux Jars, au Jauneau près l'Authion, à Longueraye, à Malduisse, aux Marais, aux Molaines, au Perdsonsac, à La Prise-au-Moine, à La Reculée, à Tacheron, à La Noue-Verdier, dans les paroisses de Mazé, Beaufort, Baugé, Cornillé.

E. 1076. (Volume.) — In-folio, papier, 513 feuillets, 2 tables de 30 feuillets, papier.

1663-1778. — Baux et contrats d'acquêts, aux Aubiers, aux Balises, aux Baunés, à La Beausse, à Besnouard, aux Bigrolles, au Blanc, à La Coispinière, à Conglan, aux Douaires, à La Motte-Fauveau, aux Fontenelleries, à Fayet, au Huau, sur l'Authion, au Loiron, au Mazuau, aux Négrières, aux Pigrelles, au Pontjamin, à Rigourde, au Saule-Aliz, à Tacheron, à La Tirandrie, aux Vallinières, dans les paroisses de Mazé, de Baugé, de Beaufort, de Saint-Pierre-du-Lac, de Bauné, de Millon.

E. 1077. (Registre.) — In-4°, papier, 117 feuillets.

1401-1580. — « Registre auquel sont inscriz plu-« sieurs extraits de contrats d'acquêts, ventes, eschanges, « partages faits entre particuliers, tirez des protocoles de « plusieurs notaires, pour raison de plusieurs héritages te-« nus de la seigneurie du Plessis-au-Jau, énoncez esdits « contracts, avec le prix des dits acquests. »

E. 1078. (Carton.) — 4 sceaux frustes, 89 pièces, parchemin, 65 pièces, papier.

1349-1779. — Fois et hommages, baux et contrats d'acquêts des terres et tenures du Buisson, de Lesvière, de Conglan, sur les rivières du Loir et du Coisnon, de L'Arpentière, de La Brideraie, de Moulines, de La Reculée, des Bonnières, de L'Épinay, de La Butte-Poisson, des Charniers, du Bois-Brault, du Léard, des Jamaux, dans les paroisses de Mazé, de Gée, de Beaufort, de Baugé, de Millon.

E. 1079. (Volume.) — In-folio, contenant 157 pièces, parchemin, 27 pièces, papier, 230 feuillets ; 2 tables de 50 feuillets, papier.

1474-1489. — Déclarations rendues aux assises seigneuriales par J. Allardin, G. Barbereau, G. Belordier, P. Bodiau, J. Calop, les religieux de Chaloché, P. Cuau, Mic. Decoullée, Robin Depérières, G. Furongeau, Th. Fourmy, J. Galsne, Ét. Guy, J. Héronneau, Mat. Lebouyer, Macé Letexier, P. Mitonneau, J. Oriot, G. Pasquereau, G. Pillemil, M. Potart, J. Rebondy, G. Roupigneul, L. Sobier, J. Trigame, J. Véronneau.

E. 1080. (Volume.) — In-folio, contenant 173 pièces, parchemin, 10 pièces, papier, ensemble 212 feuillets ; 2 tables de 46 feuillets, papier.

1490-1519. — Déclarations rendues aux assises seigneuriales par Noël Adelin, Guill. Arronneau, Mic. Baunė, Mic. Bonjuau, J. Boutavent, Macé Chanteloup, Guill. Commeau, P. Coullée, J. Delespine, Fr. Drouetteau, J. Fontenelles, J. Gaultier, André Lebouvier, J. Loisron, P. Mayenne, J. Morin, L. Pichon, Macé Raisse, G. Roupigneul, J. Sourdeau, P. Triganne et autres tenanciers.

E. 1081. (Volume.) — In-folio, papier, plus 2 pièces parchemin, 199 feuillets ; 2 tables de 27 feuillets, papier.

1520-1555. — Déclarations rendues aux assises seigneuriales par P. Aubinet, J. Bertignoles, J. Bontemps, Ol. Crépin, Guill. Drouetteau, P. Forest, René Gasnier, J. Jibeteau, Mic. Hamelin, J. Jusqueau, J. Lepage, J. Leproux, Ét. Machefer, A. Monnet, Guill. Passineau, Mat. Rameau, P. Reisse, Jacq. Lenou, P. Sourdeau, J. Triganne et autres tenanciers. — Enquête et contre-enquête pour Marguerite de Broc, d'une part, L. Drouetteau et J. Passineau d'autre part, au sujet de droits contestés dans les marais et les communs de Beaufort. — Procès-verbal de partage entre les parties par M. de Montmirail, conseiller au Parlement.

E. 1082. (Volume.) — In-folio, contenant 182 pièces, parchemin, 7 pièces, papier, 204 feuillets ; 2 tables de 39 feuillets, papier.

1555-1559. — Déclarations rendues aux assises seigneuriales par Ét. Adelin, Guill. Avinault, l'abbesse du Ronceray, Guill. Baunė, Th. Bodiau, Mat. Boujuau, Guill. Boisfumé, P. Chaussée, J. Cousin, P. Dené, P. Duport, Cl. Écuyer, le seigneur de Fontaine-Guérin, Mic. Gatebois, Mic. Guéricher, J. Hamelin, Guill. Haronneau, Mic. Huet, Mat. Jusquau, J. Lebocé, P. Lebouvier, Mic. Licois, Ét. Maillet, J. Mayenne, Macé Péan, René Pinot, Vinc. Quarré, Guill. Rameau, René Roullin, Guill. Roy, Colas Sohier, Perrine Sourdeau, Mat. Touesnault, Ph. Truchon, Mat. Vaucelles, René Vinault et autres tenanciers.

E. 1083. (Volume.) — In-folio, contenant 185 pièces, parchemin, 2 pièces, papier, 190 feuillets ; 2 tables de 33 feuillets, papier.

1560-1565. — Déclarations rendues aux assises seigneuriales par O. André, Mic. Aubinet, Ysabeau Basseteau, Mat. Rellanger, J. Boutavant, Guill. Bréhier, Simon Charbonneau, J. Commeau, P. Crespiau, Mic. Drouetteau, René Fortier, Louis Godin, Mat. Guéricher, Ol. Hussault, Guy Jameron, Ét. Lebouvier, Mic. Licois, J. Loiron, J. Manbon, J. Passineau, J. Pouzet, Urb. Redessant, J. Roujou, J. Tiercelin, P. Truchon, G. Vincelot et autres tenanciers.

E. 1084. (Volume.) — In-folio, contenant 153 pièces, parchemin, 6 pièces, papier, 198 feuillets ; 2 tables de 39 feuillets, papier.

1567-1606. — Déclarations rendues aux assises seigneuriales par Mat. Adelin, P. Basteau, Lezin Bréhant, J. Bridier, P. Challot, André Coulon, André Courtais, Guill. Desbois, J. Furget, J. Gasnier, René Guiton, P. Hubault, J. Jouenneaux, Guill. Lenfant, René Leproust, J. Lucin, J. Moloré, J. Péan, Symphorien Paré, Mic. Redesson, Denis Soreau, J. Tiercelin, Guill. Vinault et autres tenanciers.

E. 1085. (Volume.) — In-folio, contenant 137 pièces, parchemin, 2 pièces, papier, 205 feuillets ; 2 tables de 34 feuillets, papier.

1606-1617. — Déclarations rendues aux assises seigneuriales par Symph. Adelin, Urb. Aubinet, Fr. Baunė, P. Bacé, Mat. Camus, Mat. Chavenceau, René Courcau, Macé Diette, René Dibaisseau, J. Fortanier, Fr. Gaugain, J. Guiton, René Huet, Ch. Jameron, Ét. Legagneux, J. Machefer, René Marseul, Éloi Moussard, René Ollivier, P. Paulmier, R. Rameau, P. Roullin, P. Saunier, R. Tiercelin, P. Vincelot et autres tenanciers.

E. 1086. (Volume.) — In-folio, parchemin, 203 feuillets ; 2 tables de 31 feuillets, papier.

1617-1622. — Déclarations rendues aux assises seigneuriales par P. Aubert, Éginard Baro, J. Bellenoue, P. Bouequet, Urb. Briant, Noel Carreau, Mat. Chaslot, J. Cuau, G. Desbois, Mic. Garnier, J. Giroust Des Vandelières, Daniel Hestault, Urb. Langlois, Ph. Legentilhomme.

E. 1087. (Volume.) — In-folio, parchemin, 217 feuillets ; 2 tables de 37 feuillets, papier.

1622-1629. — Déclarations rendues aux assises seigneuriales par Urb. Aubinet, Jacq. Baunė, P. Bodin, J. Bonmier, P. Bruslon, Mat. Couriet, P. Delamare, René Denée, Fr. Gaugain, J. Guitton, René Huet, Morille Jacquette, Ol. Legentilhomme, René Marceul, René Mitonneau, J. Normand, P. Nicolas, Urb. Pellé, L. Roujou, J. Soyer, Jacq. Vaslot et autres tenanciers.

E. 1088. (Volume.) — In-folio, parchemin, 217 feuillets ; 2 tables de 33 feuillets, papier.

1629-1634. — Déclarations rendues aux assises seigneuriales par Jacq. Allardin, Louis Basteau, Mic. Beauvillain, J. Bouineau, Louis Bresteau, P. Bruslon, P. Cadon, P.

Chauveau, P. Corquin, René Damon, J. Doublé, J. Fortasnier, P. Guinement, Guill. Jottu, Urb. Leray, P. Marquis, J. Orgery, Fr. Périgois, J. Pirard, P. Poumier, J. Rédelier, J. Riobé, Urb. Soprès, Symph. Tambonneau, Mic. Vinault et autres tenanciers.

E. 1089. (Volume.) — In-folio, parchemin, 231 feuillets ; 2 tables de 31 feuillets, papier.

1634-1655. — Déclarations rendues aux assises seigneuriales par René Antoineau, Gab. Auis, P. Besnerie, René Bidon, Guill. Calop, Mat. Chaveneau, Oll. Chouet, Guill. Cormier, René Davenir, René Diette, René Fortier, Fr. Gaugain, J. Guineman, Fr. Hobé, Macé Jacquet, Urbain Labour, Ab. Lecouvreur, Marie Letrillard, J. Mayenne, Jacq. Menou, Urbain Moigars, J. Nicolas, J. Ogery, René Passineau, Jull. Quentin, Oll. Ripot, Ch. Savine, J. Soyer, Mic. Triganne, P. Villechien et autres tenanciers.

E. 1090. (Volume.) — In-folio, parchemin, 214 feuillets ; 2 tables de 32 feuillets, papier.

1655-1660. — Déclarations rendues aux assises seigneuriales par Mat. Aubinet, Mic. Adriet, J. Bascher, J. Besnerie, Denis Boisfumé, René Boyer, J. Chalopin, Mat. Couriet, René Cuau, Mic. Daudé, J. Doublier, P. Fortasnier, J. Garnier, J. Guéricher, Th. Guinemont, J. Hamelin, P. Joreau, Nic. Laigle, Urb. Lefrère, P. Lemée, J. Loigommier, P. Machefert, J. Néron, P. Ollivier, Mat. Paillard, Jacq. Paré, Mat. Porcher, P. Refoullé, Gab. Sourdeau, Mic. Talluau et autres tenanciers.

E. 1091. (Volume.) — In-folio, parchemin, 323 feuillets ; 2 tables de 36 feuillets, papier.

1665-1670. — Déclarations rendues aux assises seigneuriales par P. Alardin, Guill. Basteau, Mic Blanvillain, J. Besnerie, P. Bréhin, P. Calop, Mat. Chuslot, Mic. Chouette, René Davy, Urb. Deux, Louis Fortasnier, Fr. Gaugain, André Guy, Oll. Huet, J. Justeau, Nic. Laigle, P. Lemée, Nic. Leroy, Louis Lesayeux, Mat. Loiron, P. Lizée, Urb. Mitonneau, P. Oger, René Patault, J. Piaumier, P. Rabouan, Fr. Redessan, Mic. Riotteau, André Sourdeau, René Tranchant, René Vasleau, Louis Vilmorin et autres tenanciers.

E. 1092. (Volume.) — In-folio, contenant 62 pièces, parchemin, 113 pièces, papier, 400 feuillets ; 2 tables de 46 feuillets, papier.

1670-1718. — Déclarations rendues aux assises seigneuriales par les Visitandines d'Angers, Mat. Basteau, J. Béfumé, Mat. Boislin, Jacq. Bouguer, P. Calop, René Chapdelaine, Mic. Charnassé, Ch. Clavier, P. Couriet, L. Deschamps, René Doublier, Ch. Erraud, P. Forest, Ét. Godin, Mat. Haran, Mat. Jouslain, P. Laigle, René Leboucher, Silvestre Lebeu, J. Lemée, Jos. Letoré, Julien Liger, l'hôpital de Mazé, Noel Mesmo, J. Orgery, Fr. Périnelle, Jacq. Pouillaud, L. Rabouan, René Riobé, Ch. Savigne, Jacq. Talluau, P. Touesnault, J. Tollo, René Verrie et autres tenanciers.

E. 1093. (Volume.) — In-folio, papier, 331 feuillets ; 2 tables de 52 feuillets, papier.

1718-1744. — Déclarations rendues aux assises seigneuriales par J. Avenier, l'abbé de Toussaint d'Angers, J. Baillif, les dames hospitalières de Beaufort, Fr. Beaussier, Urb. Blastrier, René Bouguier, P. Brehier, Urb. Collet, René Chapdelaine, Maunoir de Cingerie, Ch. Clavier, L. Commeau, P. Creusot, Ch. Curieux, P. Dalibon, J. Deux, J. Dutertre, Fr. Émery, Ch. Erraud, le chapelain de Saint-Sébastien de Fontaine-Guérin, Mic. Bocé de La Fauvelière, J. Gaugain, Mat. Haran, Ch. Herhay, J. Jouaron, J. Laffay, Ét. Laurent, Élie Lebreton, P. Lefrère, Jos. Leseigneur, P. Letessier, L. Mayenne, René Meffroy, G. G. de Contades, P. Nicolas, André Orfray, Ol. Thomas de Jonchères, J. Verrye et autres tenanciers.

E. 1094. (Volume.) — In-folio, papier, 316 feuillets ; 2 tables de 32 feuillets, papier.

1730. — Déclarations rendues aux assises seigneuriales par Ch. Adelin, Ant. Baranger, P. Besnerie, J. Braud, P. Bucher, Fr. Camus, Ch. Clavier, J. Dallibon, L. Davenier, Mic. Foucault, Denis Gautron, Vincent Guindel, P. Hermenot, P. Jousselin, J.-B. Lahoussaye, P. Licois, P. Meffray, René Nicolas, J. Paré, L. Rouillé, J. Simonneau, J. Soreau, André Touesnault et autres tenanciers.

E. 1095. (Volume.) — In-folio, papier, 326 feuillets ; 2 tables de 31 feuillets, papier.

1750. — Déclarations rendues aux assises seigneuriales par Fr. Alardin, René Barbin, Ph. Blatrier, Mat. Bontemps, P. Bousselin, Noel Chauveau, J. Dalibon, P. Berthelot Du Pasty, René Davenier, P. Gaignard, Ch. Gourdeau, J. Jameron, P. Leboucher, P. Licois, A. de Lhommeau, René Macé, Mic. Machefert, René Michu, P. Nicolas, P. Olivier, Mic. Paillard, J. Pirard, J. Rabouan, René Rameau, Jacq. Roissé, Ch. Sibilleau, Ch. Thélou, P. Toulon, René Vesleau et autres tenanciers.

E. 1096. (Volume.) — In-folio, papier, 310 feuillets ; 2 tables de 36 feuillets, papier.

1750-1752. — Déclarations rendues aux assises seigneuriales par Magd. Archer, M. Balloche, Jacq. Banchereau, L. Bauné de La Gilberdière, Séb. Braux, P. Bossoreille, Guill. Calop, Nic. Clavier, Th. Courjaret, Ch. Curieux, Fr. Daresse, P. Dessillé, Fr. Gandouin, P. Forest, Ant. Fouquereau, René Racloux, Fr. Jeudy, J. Langé, G. Leduc, J.

Lemotheux, M. Macé, Mic. Malville, Mic. Oudin de La Noue, J. Pavy, J. Ravenault, Jos. Thibault et autres tenanciers.

E. 1097. (Volume.) — In-folio, papier, 371 feuillets ; 2 tables de 41 feuillets, papier.

1770. — Déclarations rendues aux assises seigneuriales par P. Aubineau, Mic. Baillif, L. Bergeolle, M. Didault, P. Bourcier, Fr. Brard, J. Busson, Urb. Chicotteau, J. Cormier, Th. Courjaret, P. Davenier, J. Delaire, R. Deux, P. Doublet de La Chesnaye, Jos. Guinemaud, Séb. Guitton, L. Haran, R. Jahier, P. Leproust, J. Pirard, T. Prével, J. Reveillon, P. Raissé, J. Toulon, L. Vézin et autres tenanciers.

E. 1098. (Volume.) — In-folio, papier, 333 feuillets ; 2 tables de 43 feuillets, papier.

1778-1780. — Déclarations rendues aux assises seigneuriales par P. Baillif, P. Bauné, P. Blaisonneau, René Camus, J. Chauveau, Ant. Clavier, Jos. Cuau, Mic. Dalibon, Marthe Dubuy, Mat. Frémond, Jacq. Gauné, Fr. Huard, Jacq. Jarry, Fr. Lambert, P. Lemeunier, L. Lorier, le chapelain de Sainte-Catherine de Montgeoffroy, Mat. Nouchet, J. Piaumier, Symph. Potard, L. Rabouin, Fr. Répussard, M. Réveillère, J. Texier, P. Toullon, Urb. Vaslot et autres tenanciers.

E. 1099. (Registre.) — In-folio, papier, 231 feuillets ; table de 12 feuillets, papier.

1780-1781. — Déclarations rendues aux assises seigneuriales par J. Archer, Ch. Bardet, J. B. Béritault, Urb. Bouillé, Urb. Clavier, J. Davenier, René Écherbault, Gab. Frémond, Yves Godron, Ét. Hamon, Fr. Huard, Ét. Jeudy, And. Latable, P. Lemesle, Fr. Meffray, Fr. Pananceau, Ét. Pitancier, B. Coupard, P. Rabouin, P. Roissé, Mic. Réveillon, René Soreau, Ch. Tiercelin, P. Toulon, René Vidamon et autres tenanciers.

E. 1100. (Registre.) — In-4°, papier, 94 feuillets.

1444-1466. — Remembrances des déclarations rendues aux assises seigneuriales par Macé Licois, l'abbaye de Toussaint d'Angers, Jacq. Barault, Geoffroy Morice, Al. Guiomar, Guill. Dené, Jeh. Grenouilleau, Jeh. Couet, Colin Guibert, Jamet Sourdeau, Macé Bodiau, Perrin Pinault, l'abbé du Loroux, Mic. Lebreton, Jeh. Detrepeau et autres tenanciers.

E. 1101. (Registre.) — In-4°, papier, 190 feuillets.

1516. — Remembrances des déclarations rendues aux assises seigneuriales par Guill. Vausselles, Jeh. Boujuau, Jeh. Martineau, Guill. Chauveau, Mic. Bauné, L. Denyau, P. Lebreton, Mat. Rameau, Jeh. Licois, J. Chrétien, Fr. Lebouvier, J. Courtin, J. Raguine, J. Perrine, J. Ray, P. Delacroix, P. Raisso, Guill. Pouzil, Guill. Lemeignan, L. Faucillon, P. Huet, J. Gibeteau, J. Grollier, Colin Gasnier, André Lebouvier et autres tenanciers.

E. 1102. (Registre.) — In-4°, papier, 69 feuillets.

1500-1508. — Remembrances des déclarations rendues aux assises seigneuriales par Mic. Raisso, J. Aubert, P. Courtais, René Commeau, Mic. Bretonneau, J. Chastou, J. Raisse, J. Bérault, Mic. Lacaloppe, Jeh. Normant, Fr. Trillard, Mat. Touesnault, Raoul Cause, Jeh. Delespine, L. Girard, Ét. Rameau, Jeh. Chausset, Jeh. Leproust, Jeh. Soreau, J. Gasnier, Guill. Baudoin et autres tenanciers.

E. 1103. (Carton.) — 4 cahiers, petit in-folio, papier, ensemble de 58 feuillets.

1510-1544. — Remembrances des déclarations rendues aux assises seigneuriales par Th. Bodiau, P. Lemeignan, Macé Soreau, P. Janvier, Jeh. Bourgineau, Jeh. Raguine, Guill. Lebouvier, Jeh. Tuault, Mic. Bauné, P. Jusquau, L. Raisso, P. Rasteau, Jeh. Sohier, Cl. Velleau, Mat. Pironneau, Jeh. Lebocé, Jacq. Vaucelles, René Lucé et autres tenanciers.

E. 1104. (Registre.) — In-folio, papier, 359 feuillets.

1526-1559. — Remembrances des déclarations rendues aux assises seigneuriales par Macé Adelin, Jeh. Barbereau, Mic. Martineau, Jeh. Bérault, P. Lallemand, J. Sourdeau, Jeh. Sohier, Jeh. Bodiau, Mic. Dupuis, Maurice Deschamps, Jeh. Christien, Jeh. Martineau, Jeh. Lebocé, Jeh. Gasnier, Jeh. Courtin, P. Lepelletier, Guill. Lavenier, J. Hamelin, V. Carré, Colas Texier, Fr. Salle, René Boileau et autres tenanciers.

E. 1105. (Registre.) — In-folio, papier, 80 feuillets.

1560-1561. — Remembrances des déclarations rendues aux assises seigneuriales par Nic. Leblanc, Jeh. Mayenne, André Courtois, Ol. Blanchard, Jeh. Taillandier, P. Caussé, Mat. Vaucelles, Jeh. Tessier, Jeh. Deniau, Jeh. Rameau, Mat. Soreau, Mat. Vallot, Jacq. Donamy, P. Gasnier, Macé Ribemont, L. Reau, P. Poupart, Fr. Lemoine, Maurille Lemesle, Symph. Courtois, René Licois, Jeh. Admiraut, Bertrand Pinault, J. Hamelin et autres tenanciers.

E. 1106. (Registre.) — In-folio, papier, 214 feuillets.

1559-1569. — Remembrances des déclarations rendues aux assises seigneuriales par P. Trouilleau, P. Commeau, Fr. Lecouvreux, Ch. Galicher, André Aubert, P. Huet, Fr. Sourdeau, René Bodiau, P. Martineau, Mat. Guy, Guill. Bauné, Jeh. Courtois, Guill. Boisfumé, G. Delespine, P. Licois, Jeh. Faucillon, Jeh. Boutavant, P. Gasnier, Ét. Gautier, Yves Adelin et autres tenanciers.

E. 1107. (Cahier.) In-folio, papier, 52 feuillets.

1699. — Remembrances des déclarations rendues aux assises seigneuriales par Louis Bodin, Urb. Aubinet, André Rameau, P. Guy, René Marseul, Mat. Chaslot, Ét. Legaigneux, Henri Lesayeux, René Ridellier, Urb. Delacroix, Fr. Gaultier, Jeh. Gaudais, Jeh. Bellenoue, Mat. Huet, Urb. Boutavant, Jeh. Guitton, Jeh. Jusquau et autres tenanciers.

E. 1108. (Registre.) — In-folio, papier, 85 feuillets.

1665. — Remembrances des déclarations rendues aux assises seigneuriales par P. Hubault, Mic. Chouette, Marg. Gervais, Mat. Paillard, P. Mercier, P. Légeard, P. Guinemant, René Davenier, Ét. Lebreton, René Blondeau, P. Bauné, P. Soreau, P. Guy, Urb. Pelé, René Davy, Mic. Rameau, J. Boutavant, Ol. Huet, André Sourdeau, L. Riobé, J. Loiron, Jacq. Belluo, P. Chaveneau et autres tenanciers.

E. 1109. (Carton.) — 36 pièces, papier, dont 11 cahiers, in-folio, papier, de 120 feuillets et 3 plans informes.

1614-1754. — Mémoires, requêtes, copies d'aveux et de déclarations pour délimiter la féodalité des fiefs de Montgeoffroy, de La Macheferrière et de La Minottière au regard du Plessis-au-Jau.

E. 1110. (Carton.) — 9 pièces, papier, dont 2 cahiers de 12 feuillets, papier.

1780. — Mémoire et lettres de M. Delaroque, pour déterminer la féodalité de la maison curiale et de l'église de Mazé, contestée au Plessis-au-Jau par le seigneur de La Macheferrière.

E. 1111. (Carton.) — 4 cahiers, in-folio, papier, 126 feuillets.

1454. — Recette des cens et rentes en deniers, blé, orge et autres redevances dus à la recette des seigneuries du Plessis-au-Jau, de Gée, de La Roche-Abilen par P. Fourquault, Guill. Caré, V. Oriot, Colas Lemoine, Ét. Boureau, Guill. Lecharpentier, P. Tambonneau, Th. Daniau, Ét. Guyet et autres tenanciers.

E. 1112. (Registre.) — In-folio, papier, 67 feuillets, les feuillets 38, 39, 66, en lambeaux.

1460. — Recette des cens et rentes dus à la recette du Plessis-au-Jau, par J. Vallot, Ét. Leroy, J. Bridier, P. Raisse, M. Bodiau, Ét. Munart, Jeh. Barbereau, Jeh. Commeau, Guill. Maupeu, Jeh. Verronneau, Jeh. Hamelin, Robin-Fromont, Jamet Ridouet, Th. Dené, P. Janvier et autres tenanciers.

E. 1113. (Carton.) — 4 cahiers, in-folio, papier, dont 1 en lambeaux, ensemble 73 feuillets.

1497-1545. — Recette des cens et rentes dus à la recette seigneuriale par Jeh. Charron, Jeh. Migon, Guill. Lepoitevin, Jeh. Paillet, Jeh. Gaultier, André Davy, L. Pichon, Jeh. Minot, Col. Dine, Jeh. de La Chaussée, Jeh. Cuau, Guill. Fromy, Guill. Farongeau, Macé Letessier et autres tenanciers.

E. 1114. (Registre.) — In-folio, papier, 210 feuillets.

1550-1648. — Recette des cens et rentes dus à la recette seigneuriale par Fr. Lemoyne, Mat. Triganne, Mat. Rameau, Guill. Bauné, Fr. Commeau, René Ledessan, Guill. Delespine, André Martineau, P. Duverger, G. Jacquet, Jeh. Sicquart, P. Delacouldre, R. Causse, Jeh. Vaucelles, Macé Soreau, Jeh. Tessier, Jeh. Denéchau, Jeh. Meignan, Vinc. Collin, Jeh. Ribemont et autres tenanciers.

E. 1115. (Registre.) — In-folio, papier, 276 feuillets.

1706. — Recette des cens et rentes dus à la recette seigneuriale par Ch. Pingault, P. Laugé, Fr. Chaillou, Mat. Chesneau, J. Rocan, Mic. Latablo, René Guineman, P. Pinault, René Véxins, J. Baudry, Oll. Huet, J. Toullon, J. Bertrand, les hospitalières de Beaufort, René Bridier, René Cyau, J. Bousselin et autres tenanciers.

E. 1116. (Registre.) — In-folio, papier, 276 feuillets.

1729. — Censif de la seigneurie avec la mention des titres à l'appui des cens et rentes dus pour les fiefs et tenures des Arpentières, des Champs-Barbereaux, de Boisfou, des Fontenelleries, de Longueraye, des Charnières, de Champcourtois, de La Controlerie, des Deffais, du Desry, des Éards, de Fayet, des Mauchamps, de Gardamont, de La Béguinerie, des Vallinières et autres dans la paroisse de Mazé.

E. 1117. (Registre.) — In-folio, papier, 329 feuillets.

1780. — Censif de la seigneurie (tome 1er), comprenant, par ordre chronologique, la mention des titres à l'appui des cens et rentes dus à la recette pour les fiefs et tenures du Mortier-Jouesnault, de La Groye, de La Gretellerie, des Prises, de La Bailliverie, du Jauneau, de La Douchée, de La Bataillerie, du Clos-au-Ray, de Fayet, des Ch. pies, du Pré-Madame et autres dans la paroisse de Mazé.

E. 1118. (Registre.) — In-folio, papier, 353 feuillets.

1780. — Censif de la seigneurie (tome 2e), comprenant, par ordre chronologique, la mention des titres à l'appui des cens et rentes dus à la recette pour les fiefs et tenures des Vignes-de-Fontaine, des Vallinières, de La Croix-aux-Farougeaux, de Gardamont, de L'Herbergement, de La Houzetterie, de La Noue-aux-Sasiers, de La Saullaye, de Tacheron, de Montgeoffroy, des Thuaudières et partie du bourg de Mazé.

E. 1119. (Registre.) — In-folio, papier, 374 feuillets.

1780. — Censif de la seigneurie (tome 3e), comprenant la mention, par ordre chronologique, des titres à l'appui des cens et rentes dus à la recette pour les fiefs et tenures de La Rue-Bauné, des Terres-Basses, des Luneaux, du Buisson-Boussière, des Vallotières, de La Pierre-Rameau, des Champs-Courtois, de L'Aunay-Fauveau, des Thibaudières, de La Brouillette, des Jards, des Petits-Marais et partie du bourg de Mazé.

E. 1120. (Registre.) — In-folio, papier, 144 feuillets, plus 23 plans.

1760. — Tables et plans du censif de la seigneurie (E. 1117-1119).

E. 1121. (Carton.) — 12 cahiers, in-folio, papier, 231 feuillets; table de 6 feuillets, papier.

1704. — Brouillard de terrier pour les fiefs et tenures des Arpentières, de La Batailleric, des Vallinières, de La Cocquère, du Courtil-Viau, de La Chouardière, de La Dominerie, de Fayé, des Jars-aux-Raisses, de La Longraie, de Mouchamp, du Mortier-Huchet, de La Pinaudrie, de La Papinière, des Rottes, de La Saillandière, de La Thibaudière.

E. 1122. (Registre.) — In-folio, papier, 234 feuillets.

1724. — « Registre tiré de toutles les anciennes cottes « et articles des anciens terriers pour parvenir à faire le ter-« rier nouveau, » contenant extrait et dénombrement des titres relatifs aux fiefs et tenures de Faye, de Mouchamp, des Rottes, de L'Ouche-Maurice, de La Rapinière, des Vallinières, du Marais, du Poirier-Vacher, du Champ-Renard, de Mazé, de La Croix-Bonjuau, de La Planche-Bariller, de La Noue-Buisson, du Mortier-Huchet et autres dans la mouvance de la seigneurie.

E. 1123. (Registre.) — In-folio, papier, 302 feuillets; 2 tables de 31 feuillets, papier.

1751. — Terrier de la châtellenie du Plessis-au-Jau, dépendant de la baronnie de Fontaine-Guérin, dressé par Louis-Michel Thorode, notaire royal à Angers, sur les aveux, déclarations et autres reconnaissances fournies aux assises de 1750 et 1751 et sur les anciens titres, pour les fiefs et tenures des Arpentières, des Aumônes, de La Beausse, de La Brouillette, du Chiendent, de La Dominerie, de L'Échalier-Potart, des Fontenelleries, des Frémentières, de La Guillonnière, de Landifer, de La Marée, de La Minotière, de Moulines, de La Prise-au-Moine, de La Pierre-Rameau, du Saule-Fouquet, de La Tambonellerie, de La Valotière et autres dans les paroisses de Mazé, de Beaufort, du Vieil-Baugé.

CHATELLENIE DU PLESSIS-BOURRÉ.

E. 1124. (Registre.) — In-folio, papier, 99 feuillets.

1740-1742. — Registre du greffe de la châtellenie, pour recevoir les déclarations des usagers en la prairie de Valesves, dans les paroisses de Bourg et de Cheffes, conformément à l'ordonnance de 1669 et à l'arrêt de la Table de marbre du 9 janvier 1741, tenu par J. Béguyer, avocat au présidial d'Angers. — En tête: Arrêt rendu en faveur de M. de Brèves, seigneur du Plessis-Bourré, contre les habitants de Briollay et les administrateurs de l'Hôtel-Dieu d'Angers, à l'occasion du droit de pacage dans les prairies de Valesves.

SEIGNEURIE DU PLESSIS-DE-GESTÉ.

E. 1125. (Carton.) — 1 pièce, papier.

XVIIIe siècle. — Consistance, état et valeur de la terre du Plessis-de-Gesté, ainsi qu'en jouissait M. le comte d'Escoubleau, lors de son décès.

SEIGNEURIE DU PLESSIS-PRÉVOST.

E. 1126. (Carton.) — 19 pièces, parchemin; 3 pièces, papier.

1442-1711. — Déclarations rendues à la seigneurie pour La Bellière, La Riverie, Les Salles, La Haye-Grennière, La Haye-d'Allot, dans les paroisses de La Chapelle-Saint-Florent, de Bouzillé, du Marillais.

CHATELLENIE DE POLIGNÉ.

E. 1127. (Carton.) — 24 pièces, papier, dont 2 cahiers, in-folio, ensemble 118 feuillets.

1665-1708. — Déclarations des terres et biens dépendant de la châtellenie de Poligné et de la seigneurie de La Chesnaye en Courléon, pour les tenures des Mortiers, de La Loudumerie, du Poirier-Préau, des Vaux-Bernier, de La Fosse, du Fief-Quentin, dans les paroisses de Vernoil-Le-Fourrier, Courléon, Poligné. — Procès-verbaux de visite des seigneuries de Poligné et de Senecé. — Transaction pour le droit de passage dans les landes de Vaux-Bernier et les bois de Salvert. — Quittances des taxes imposées sur le sénéchal, greffier et procureur fiscal de la seigneurie.

SEIGNEURIE DU PONT.

E. 1128. (Registre.) — In-folio, papier, 12 feuillets.

1768. — Censif des rentes et devoirs dus à la recette de la seigneurie du Pont par Perrinne Thibault, F. Brillet, Mat. Plassin, Jacq. Véron, Ch. de Girard, Georges Guilbault, d'Andigné de Maineuf, les Visitandines d'Angers et autres tenanciers dans la paroisse de Chambellay.

SEIGNEURIE DU PONT DE VARENNES.

E. 1129. (Carton.) — 13 pièces, papier.

1640-1774. — Aveux rendus pour la seigneurie du Pont de Varennes à la seigneurie du Grand-Thaunay par Fr. Joseph Foulon, baron de Doué. — Fragments de censifs. — Tables de registres perdus.

SEIGNEURIE DE LA POTERIE.

E. 1130. (Volume.) — In-folio, contenant 26 pièces, parchemin, 20 pièces, papier, ensemble 106 feuillets; 2 tables de 12 feuillets, papier.

1450-1714. — Déclarations, titres de rentes et de propriété pour terres et tenures dépendant de la seigneurie de La Poterie [*alias* Le Gault], à La Racardière, à La Choulinière, à La Grézille, à La Lande-de-Chingé, aux Noirettes, à La Pierre, au moulin de Pillepain, à Vilaine, aux Rivières et autres dans la paroisse de Pontigné.

E. 1131. (Carton.) — 27 pièces, papier, la plupart en mauvais état.

1591-1775. — Extraits informes de terriers et de censifs, déclarations pour les terres et tenures de La Choulinière, des Croix, des Grands-Cahiers, de Guérambault, de L'Aumônerie, des Michellières, de Salvert, du Clos-Pichard, des Millonnières et autres dans la paroisse de Pontigné.

BARONNIE DE POUANCÉ.

E. 1132. (Volume.) — In-folio, papier, 133 feuillets.

1660-1776. — Déclarations rendues aux assises de la baronnie de Pouancé, pour terres et tenures, dépendant des fiefs de La Forest, d'Armaillé, de Boisgeslin, de La Rougerais, de La Brétaudais, de Pasdefeu, des Masnes, de La Jaille, du Fourmenton et autres dans les paroisses d'Armaillé, de Noellet, de La Prévière. — Contestation pour la féodalité et l'entretien de la chapelle de Pruillé (Sept lignes autographes avec signature du duc de Brissac).

E. 1133. (Volume.) — In-folio, papier, 394 feuillets, manquent les feuillets 4, 8, 83-93, 100, 110, 115, 124, 127, 134-162, 177, 187-200, 211, 212, 225, 204-278, 328.

1500-1540. — Déclarations rendues pour terres et tenures relevant des fiefs d'Armaillé, de La Forest, de Boisgeslin à La Gautrais, à La Haye-aux-Joussets, à La Rougerais, à La Chesnais, à Richomer, aux Violiers, à La Pouquerie, à Pasdefeu, aux Fleuriais, à La Prudhommerie, à La Quentinais, dans les paroisses d'Armaillé, de Noellet, de La Prévière, de Saint-Aubin de Pouancé. — Aveu rendu par Gilles de La Barrère, au château de Pouancé, pour la seigneurie de La Pommeraye. — Bail des moulins à eau d'Armaillé. — Contestation à l'occasion d'une dérivation de l'étang de La Quentinais. — Extraits d'aveux rendus à Candé pour les bois des Landes dépendant de la seigneurie de Saint-Michel-du-Bois. — Fondation par René Aubry, curé de Combrée, de la chapelle de Saint-René en l'église Saint-Pierre d'Armaillé. — Lettres de pardon accordées par Johan de Laval, seigneur de Châteaubriant, à Jacques d'Armaillé, pour « avoir prins et tué avec l'arbalestre et « autrement les bestes faulves et noires en nos boys et fo- « restz de Juigné et Chauvaux. » — Aveu et dénombrement de la baronnie de Pouancé. — Aveu de la seigneurie de Combrée.

E. 1134. (Volume.) — In-folio, papier, 123 feuillets.

1539-1568. — Déclarations rendus aux assises des fiefs de Boisgeslin, d'Armaillé, de La Forest, pour terres et tenures aux Landes de La Justice, de La Bossaye, de La Fontenais, du Perrin, de La Roberderie, de La Béraudais, des Grandes-Perrettes, des Glonardières, de La Picherais, de La Cormerais, de La Rougerais, de La Boistelière et autres dans les paroisses de Noellet, La Prévière et d'Armaillé.

E. 1135. (Registre.) — In-folio, papier, 142 feuillets.

1500-1599. — Copies notariées des déclarations rendues aux assises des fiefs d'Armaillé, de Boisgeslin et de La Forest, pour La Rougerais, La Gaudais, La Boistelière, La Fontenais, La Béraudais, La Bernarderie, Launay, La Pouquenais, La Rouzairie, La Goupillère, Le Tertre-Guisneau, La Feuvraye, La Bautelerie, La Raginais et autres dans les paroisses d'Armaillé, de La Previère, de Noellet.

E. 1136. (Volume.) — In-folio, papier, 461 feuillets, les feuillets 5, 190, 199, 200, 205-207, 214, 215, 220, 221, 240-246, 265-268, 279-282, 293-300, 311, 312, 319-328, 407, 441, 442 manquent.

1600-1680. — Déclarations, baux, contrats d'acquêts

passés en la cour de Pouancé, pour terres et tenures dans la mouvance des fiefs d'Armaillé, de Boisgeslin, de La Forest, de La Perrière, de La Haye-aux-Jaussets, du Ruau, du Rocher, de La Gaudais, de La Boistelière, de La Chauvière, de La Pantière, de La Cormerais et autres dans les paroisses d'Armaillé, de Noellet, de La Prévière.

E. 1137. (Volume.) — In-folio, papier, 461 feuillets; manquent les feuillets 1-4, 29-31, 260-303, 425-430.

1659-1667. — Déclarations, baux, contrats d'acquêts passés devant la cour de Pouancé, pour terres et tenures dans les fiefs d'Armaillé, de Boisgeslin, de La Forest, par J. Grudé, J. Robert de La Hussaudaie, Anne Bellescœur, Claude Ravard, P. Planté, René Gault, René Colias, J. Bernier et autres tenanciers. — Censif « des rentes et devoirs tant d'avoine grosse et menue, argent, chapons, gelines, corvées tant à faucher, faner, vendanger, qu'à la réparation de la chaussée des moulins d'Armaillé » dus par lesdits tenanciers, dans les paroisses d'Armaillé, de Noellet, de La Prévière.

E. 1138. (Volume.) — In-folio, papier, 518 feuillets.

1667-1670. — Déclarations, baux et contrats d'acquêts produits aux assises des fiefs d'Armaillé, de Boisgeslin, de La Forest, par J. Provost, J. Boisseau, L. Leroy, Fr. Hunault, René Jaholteau, P. Jauneau, René Planté, le prieur de La Primaudière, Yves Malvault, Claude Alasneau, P. Gault, Ch. Béliard, Séb. Guyard, Marguerite Mahé, Mic. Bouteiller, J. Gisteau et autres tenanciers.

E. 1139. (Volume.) — In-folio, contenant 2 pièces, parchemin, 80 pièces, papier, dont un plan, 132 feuillets.

1700-1777. — Déclarations, baux, contrats d'acquêts produits aux assises des fiefs d'Armaillé, de Boisgeslin, de La Forest, par Catherine Trochon, P. Bellanger, Jacq. Bernier, Jacq. Guyon, Louis Dupré, Guill. Bélot, Geneviève Hergault, Séb. Guyard, Jul. Gohier, J. Cohuau, Ét. Thierry, Vinc. Robin, J. Desgrée, J. Delaunay, Jul. Plessis et autres tenanciers. — Présentations et prises de possession de la chapelle de La Grissière en l'église de La Selle-Craonnaise. — Sommation à la demoiselle Homo, maîtresse des petites-écoles de la paroisse d'Armaillé, d'être plus exacte et assidue à remplir ses devoirs et à résider continuellement, sous peine de destitution immédiate après les premiers trois jours d'absence. — Lettre de M. de Cumont pour la vente à M. d'Armaillé de la métairie de La Basse-Cour. — Mémoire sur le règlement et partage intervenus entre MM. d'Armaillé et mesdames de Juvigné et de La Villoutrais. — Mémoires pour M. d'Armaillé contre le procureur fiscal de la baronnie de Pouancé.

E. 1140. (Volume.) — In-folio, papier, 437 feuillets; manquent les feuillets 177-180, 216-220, 241-243, 252-253, 266-270, 319-321.

1412-1727. — Procédures contre les religieux de La Primaudière, au sujet de la mouvance noble de La Poretterie, en la paroisse d'Armaillé; — contre Henri-Marie de Ghaisne, seigneur de Saint-Michel-du-Bois, pour la propriété du fossé et la délimitation des bois de Boisgeslin et de La Rivière; — contre Guy Planchenault, curé-prieur de Juigné, en Bretagne, au sujet d'une rente prétendue sur les moulins d'Armaillé; — contre le seigneur de Pouancé, pour la mouvance des métairies de La Roulais et de La Ligerais en Armaillé.

E. 1141. (Volume.) — In-folio, contenant 42 cahiers dont 1 en parchemin, ensemble 937 feuillets; manquent 92 feuillets à la fin du volume.

1613-1670. — Recette des rentes et devoirs dus aux fiefs d'Armaillé, de Boisgeslin, de La Forest, par Denis Robin, Ch. Joret, Rob. de Gohier, Denis Letort, Jeh. Faoul, P. Prévost, Simon Fauveau, Raoul Houdemon, P. Lechanteux, Jeh. Bodier, Mic. Chacebœuf, Mat. Leroy, Vespasien Gault, J. Deniau, Nic. Ouvret, Lézin Verdier et autres tenanciers.

E. 1142. (Volume.) — In-folio, papier, 516 feuillets.

1705-1736. — Recette des cens, rentes et devoirs dus aux seigneuries d'Armaillé, de Boisgeslin, de La Forest, de La Marquerais, de La Motte-de-Seillons et du Grand-Moulin, par Vinc. Robin, J. Cabon, J. Gaucher, P. Hunault, Jul. Deniau, Lézin Pouriat, J. Jameron, P. Gasnier, J. Malvault, L. Péterin, Gab. Chaussé, Jul. Lemesle, J. Trocherie, Mic. Janvier, Fr. Delanoue, André Duchesne et autres tenanciers.

E. 1143. (Registre.) — In-folio, papier, 133 feuillets.

1718-1769. — Remembrances des déclarations rendues aux assises du fief de La Forest par René Bouteillier, J. Couet, Jallot de La Chouanière, Seb. Davoines, Louis Collin, Marin Pourias, Mat. Hainault, Gab. Rezé, Louis Guais, Fr. Bourdel, Fr. Buquet, Ant. Poisson, Marg. Ernault, L. Borbeau, La Bodinière, Fr. Manceau et autres tenanciers dans les paroisses d'Armaillé, de Noellet, de Vergonnes, de La Prévière.

SEIGNEURIE DES POUETS.

E. 1144. (Carton.) — 38 pièces papier; 1 pièce, parchemin.

1642-1788. — Aveux, baux et contrats d'acquêts relatifs au bordage de La Glussière, en la paroisse de La Pommeraye. — Quittances de rentes dues à la boîte des trépassés de Saint-Maurille de Chalonnes, au chapelain de

Saint-Jacques en l'église d'Ingrandes, à la fabrique de Saint-Laurent-de-La-Plaine.

SEIGNEURIE DE LA POUVRIÈRE.

E. 1145. (Carton.) — In-folio, papier, 16 feuillets, le dernier en lambeaux, le tout en mauvais état.

1444. — Remembrances des plaids du fief de La Pouvrière, appartenant à noble homme et sage maître Jeh. Guitier, archidiacre d'entre Sarthe et Maine et curé de Soulaines.

SEIGNEURIE DE LA PRÉSAYE.

E. 1146. (Carton.) — 8 pièces, papier.

1601-1785. — Extraits de registres d'assises de la seigneurie de La Présaye et du fief d'Yonne, pour prés et prairies sis dans la paroisse de Vivy et de saint-Lambert-des-Levées, et des pêcheries dans l'Authion.

SEIGNEURIE DE LA PRÉVÔTÉ.

E. 1147. (Volume.) — In-folio, contenant 9 pièces, parchemin, 68 pièces, papier, 118 feuillets.

1603-1781. — Quittances des rentes dues sur la métairie de La Prévôté à la chapelle de Saint-Barthélemy-des-Vignes desservie en l'église de Chantocé. — Contrats d'acquêt de La Prévôté, de La Noue-Hamon et du Haut-Piart, dans les paroisses du Louroux-Béconnais et de Chantocé. — Procédures entre le comte de Seepeaux et Mme de Meaulne au sujet de La Burnelière [*alias* le Moulin-Brûlé].

SEIGNEURIE DU PUTEAU.

E. 1148. (Carton.) — 36 pièces, papier, 2 pièces, parchemin.

1674-1787. — Déclarations et extraits de tenues d'assises de la seigneurie du Puteau, pour les métairies de La Chailloire, de La Bucherie, de Chantemerle, du Muscadet, du Grand-Sablon, de L'Éventard, dans les paroisses de Saint-Germain de Montfaucon, de Saint-Macaire et de La Blouère.

SEIGNEURIE DE PUTILLE.

E. 1149. (Registre.) — In-folio, parchemin, 42 feuillets.

1613. — Aveu de la seigneurie de Putille, rendu à la baronnie de Montjean par Jean de Hillerin, écuyer.

E. 1150. (Registre.) — In-folio, papier, 520 pages.

1750. — Remembrances des déclarations rendues aux assises seigneuriales par René Coiscault, Louis Benoist, Jean Blon, Jeanne Bernier, Jean Humeau, Ét. Charbonnier, Louis Bouguier, Marin Martin, Jean Mestivier, Jacques Lehoreau, Louis Bouguier, Louis Brevet, Jacq. Guillet, Laurent Renou, P. Bastard et autres tenanciers, dans les paroisses de La Pommeraye et de Montjean.

SEIGNEURIE DE RABAULT.

E. 1151. (Volume.) — In-folio, contenant 13 pièces, papier, 2 pièces, parchemin, ensemble 73 feuillets; 2 tables de 15 feuillets, papier.

1552-1750. — Aveux rendus à la seigneurie d'Avoir pour le fief de Rabault, par François de Marmin (avec ses armoiries peintes) et Timoléon Leroux, seigneur de Mazé. — Contrats d'acquêts dudit fief par Françoise et Marie de Rougé. — Extraits d'assises pour les terres et tenures des Aireaux, de L'Aunay-Gagneux, des Bourelières, de La Cognée, de La Corbinaye, de La Damiellerie, des Douaires, de La Maladière, de La Propriété, du Ruisseau-Piau et autres dans la paroisse de Vivy.

E. 1152. (Volume.) — In-folio, contenant 58 pièces, parchemin, 17 pièces, papier, ensemble 116 feuillets; 2 tables de 17 feuillets, papier.

1584-1741. — Déclarations rendues aux assises de Rabault, pour terres et rentes à L'Aubaine, à La Béjaune, aux Brulis, au Champ-Belin, à La Corbinaye, à La Damellerie, aux Douaires, aux Fougères, à La Jouanne, à Loup-pendu, aux Montaux, à La Noue-Ronde, aux Peloux, au Pont-Doré, à L'Usufruit et autres dans la paroisse de Vivy.

E. 1153. (Volume.) — In-folio, 120 feuillets, contenant 10 pièces, parchemin, 23 pièces, papier; 2 tables de 15 feuillets, papier.

1550-1766. — Baux et contrats d'acquêts de terres et tenures aux Aunais, à La Bertelerie, à La Besnarderie, aux Brochis, aux Cahoeres, aux Caharais, à La Corbinaye, au Desris, aux Épineaux, au Fenil, au Loup-Pendu, à La Noue-Conin, à L'Ouche-Jallue, au Poirier-d'Argent, à Seneson, aux Tuandais, dans la paroisse de Vivy.

E. 1154. (Registre.) — In-folio, papier, 40 feuillets.

1687-1712. — Recette des rentes dues au fief de Rabault pour les fresches des Broisiers, du Petit-Rabault, des Guyomars, des Moreaux, dans la paroisse de Vivy.

E. 1155. (Carton.) — 8 plans informes; 9 pièces, papier; 1 pièce, parchemin.

1519-1750. — Fragments et projets d'aveux du fief

de Rabault à la baronnie d'Avoir. — Plans informes des terres et tenures en dépendant dans la paroisse de Vivy.

SEIGNEURIE DE RAZILLY.

E. 1156. (Cahier.) — In-folio, papier, 17 feuillets; 9 plans, papier.

1750. — Terrier des seigneuries de Razilly et de La Hongotière, et plans, à l'appui, de prés et tenures dans les paroisses de Chemillé, Trémentines, Saint-Georges-du-Puy-de-La-Garde, Melay, La Chapelle-Rousselin.

SEIGNEURIE DE LA RÉAUTÉ.

E. 1157. (Registre.) — In-folio, papier, 121 feuillets; 2 tables de 41 feuillets, papier.

1755. — Remembrances des déclarations rendues aux assises seigneuriales par Ch. Allard, P. Bertron, le curé et la maîtresse d'école de Brissarthe, le curé de Châteauneuf, les Carmélites et les Visitandines d'Angers, J. Coquereau, Corbeau Des Mazures, Doublard Du Vigneau, le prieur de Ferrière, Guy Gaugain, Nic. Horpin, les jésuites de La Flèche, Fr. Leconte, Ch. Monsallier, Fr. Prou, Jacq. Ronsin. Toupelin, Verron de La Grée et autres tenanciers dans la paroisse de Brissarthe.

E. 1158. (Carton.) — 23 pièces, papier.

1414-1789. — Extraits de censifs et de registres d'assises pour les terres et tenures de La Foucherie, du Bois-aux-Hérons, de Brasdane, des Sourdières, dans la paroisse de Brissarthe. — Concession temporaire d'un chemin d'exploitation pour le pré de La Noue-Giroir. — Mémoire pour J. B. Du Tertre contre Louis-Anne Roger de Campagnole, au sujet de la mouvance féodale de La Réauté.

SEIGNEURIE DU PETIT-RIOU.

E. 1159. (Volume.) — In-folio, contenant 32 pièces, parchemin, 88 pièces, papier, 394 feuillets; 2 tables de 42 feuillets, papier.

1435-1580. — Déclarations, baux pour les terres et tenures des Bergères, de La Barrée, de La Boussonnière, du Breil, de La Coutellerie, de La Charpenterie, de Clermont, des Druaux, de La Gaucherie, des Grenouillères, du Petit-Mesnil, de Monconseil, des Marchais-Renault, de La Pouparderie, de Parigné, de La Tranchejonnière, des Tesnières, du Visseul, dans les paroisses de Chantelou, du Voisde, de La Salle-de-Vihiers, de Vihiers, de Montilliers.

E. 1160. (Volume.) — In-folio, contenant 37 pièces, parchemin, 53 pièces, papier, ensemble 288 feuillets; manquent les feuillets 154-171; 2 tables de 28 feuillets, papier.

1580-1642. — Déclarations, baux, contrats d'acquêts pour les terres et tenures des Arnault, des Ardillais, de La Brégère, de La Barrée, de La Charpenterie, des Coutelleries, du Chapu, des Épinoches, de La Fromagère, de La Herce, du Monconseil, de Parigné, de La Pouparderie, des Tesnières, dans les paroisses du Voisde, de Chantelou, de Montilliers.

E. 1161. (Volume.) — In-folio, contenant 24 pièces, parchemin, 45 pièces, papier, ensemble 175 feuillets; 2 tables de 30 feuillets, papier.

1646-1741. — Déclarations, baux, contrats d'acquêts pour les terres et tenures de L'Aiguille, de La Barrée, des Buailles, de La Bourgeauderie, du Bois-Bellet, des Coustelleries, du Carrefour-Court, des Épinoches, des Fromentaux, de La Gaucherie, de *Huillé*, de *La Mailleterie*, de La Pouparderie, de Parigné, des Tranchejonnières, des Tesnières, des Varannes, dans les paroisses du Voisde, de Chantelou, de Montilliers, de La Salle-de-Vihiers.

E. 1162. (Volume.) — In-folio, contenant 3 pièces, parchemin, 5 pièces, papier, 32 feuillets; manquent les feuillets 23-30.

1772-1776. — Déclarations rendues aux assises seigneuriales par Jacq. Champion, Marie Baranger, P. Chailloux, André Greslier, P. Triballe, L. Davy, Louis-René de Jousselin, René Prégent et autres tenanciers dans les paroisses du Voisde, de Chantelou et de Montilliers.

E. 1163. (Volume.) — In-folio, papier, 68 feuillets; table de 7 feuillets, papier.

1483-1644. — Aveux et déclarations rendus à la seigneurie du Bellay, par Jacq. Rouault, Claude et Hardy Bérault, pour la terre du Petit-Riou.

E. 1164. (Registre.) — In-folio, papier, 24 feuillets; 2 tables de 14 feuillets, papier.

1750. — Censif des cens et rentes dus à la recette seigneuriale par Fr. Banchereau, F. Blin, Benestreau, P. Chaillou, Jacq. Champion, L. Davy, de La Selle, de La Pastaudrie, Grellier, Huvelin, Abel Jameron, H. Rondeau, P. Triballe et autres tenanciers.

E. 1165. (Volume.) — In-folio, contenant 39 pièces, parchemin, 73 pièces, papier, 265 feuillets; 2 tables de 30 feuillets, papier.

1434-1590. — Aveux, déclarations, baux et contrats d'acquêts pour terres et tenures dans le fief de La Barrée, des Airaudières, des Coutelleries, de L'Épinasserie, des Étoubles, des Gachetières, de La Herse, de La Jaudouine, des Landes, de La Logerie, de La Meriaudière, du Perrier, de La Rucharnière, des Tesnières, dans la paroisse du Voisde.

E. 1166. (Volume.) — In-folio, contenant 78 pièces, parchemin, 132 pièces, papier, 356 feuillets; 3 tables de 42 feuillets, papier.

1571-1785. — Déclarations, baux, contrats d'acquêts pour les terres et tenures de La Barrée, des Ageons, des Coutelleries, du Chappin, de La Croix-Blanche, de Presseron, du Puy, du Pisaloge, des Quartiers, des Riandières, du Champ-Roulleau, des Tesnières, de La Troche, des Varennes et autres dans la paroisse du Voisde.

E. 1167. (Volume.) — In-folio, contenant 3 pièces, parchemin, 14 pièces, papier, 49 feuillets.

1462-1707. — Aveux et déclarations rendues aux assises seigneuriales, pour le fief de La Barrée, par J. Tijou, Christ. de La Tijouère, Fr. de Vert, H. Bérault, René Robert, René Banchereau, Urbain Chaloux et autres tenanciers dans la paroisse du Voisde.

SEIGNEURIE DE LA HAUTE-RIVIÈRE.

E. 1168. (Volume.) — In-folio, contenant 15 pièces, parchemin, 43 pièces, papier, 230 feuillets; 2 tables de 20 feuillets, papier.

1445-1690. — Aveux, déclarations, baux et contrats d'acquêts pour les terres et tenures des Antures, de La Bénardais, de La Bloirie, de La Boussicaudrie, du Chesne, de La Contortière, de Courossé, de La Feuverie, de La Fouardière, de La Fournerais, de La Gaulerie, de La Gemmerie, de La Hamonière, de L'Épinay, de L'Hommelais, de La Mauvoisinais, de La Néue, de Piedgermé, de Quinquempois, de La Réauté, du Refoul, de La Sablonnière, du Bois-Sorin et autres, dans les paroisses de Sainte-Gemmes, de Combrée, de Chazé-sur-Argos. — Pêcheries dans la rivière de Verzée.

E. 1169. (Volume.) — In-folio, contenant 14 pièces, parchemin, 109 pièces, papier, 314 feuillets; 2 tables de 44 feuillets, papier.

1630-1679. — Déclarations, baux, contrats d'acquêts pour les terres et tenures de L'Aubriais, de La Bloirie, de Boisbansais, de La Bourellière, du Brossay, de La Chesnaie, du Chesne, de La Coudraie, du Croiseron, de La Fouardière, de La Gaulerie, de La Guyonnière, de La Hertayère, de La Jacoberie, de L'Épinay-Jean, du Landreau, de La Mauvoisinais, de L'Épinay-Monteclerc, de La Neue, de La Fosse-Péan, de Piedgermé et autres dans les paroisses de Sainte-Gemmes, de Marans, de Chazé-sur-Argos.

E. 1170. (Volume.) — In-folio, contenant 4 pièces, parchemin, 12 pièces, papier, 272 feuillets; 2 tables de 36 feuillets, papier.

1630-1786. — Déclarations, baux, contrats d'acquêts produits aux assises seigneuriales par René Allaire, le chapitre de La Trinité d'Angers, René Bonvallet, R. Bradasne, J. Buret, Mme de La Chabocelaye, le curé de Chazé, Ant. Courboulay, L. de Champagné, G. de Contade, Béatrix de Dieusie, René de Fayau, Noël Desmazières, G. de Scépeaux, Mme de Vouvantes, Nic. d'Orvaux, Fr. Dubellay, Fr. Fauveau, de La Ferrière, J. Gaigneux, J. Gardais, René Gernigon, L. Gislard, Mic. Gohin, Marg. Greslé, Mic. Guillet, Fr. de Hellant, L. Jullivet, de La Lorie, J. Lemesle, R. de L'Épinay, Fr. Lerestre, J. Méchinot, P. Meslet, J. Péan, les religieux de Pontron, Mic. Ricoul, J. Sadet, Fr. Trochon, P. Voisin et autres tenanciers dans les paroisses de Sainte-Gemmes, de Chazé, de Marans, de La Chapelle-sur-Oudon.

E. 1171. (Carton.) — 65 pièces, papier.

1532-1767. — Déclarations rendues aux assises seigneuriales par Clément Giraud, René Esnault, Gab. Poilpré, veuve Jos. Faultrier, L. de Dieuzie, Leclerc de La Ferrière, P. Péan, P. Auduce, Denis Princé, R. de L'Épinay, René Branchu, curé de La Madeleine de Segré, René Guilbault, veuve Fr. Guibourt, François Charron, curé de Sainte-Gemmes, René Pasquier, curé de Saint-Sauveur de Segré, Ch. Esnault de La Gaullerie, P. Ayrault de Saint-Thénis, P. Gilard, vicaire de Châtelais, et autres tenanciers. — Copie informe d'aveu rendu pour La Haute-Rivière à la seigneurie de La Touche-Bureau.

E. 1172. (Volume.) — In-folio, papier, 251 feuillets; 2 tables de 60 feuillets, papier.

1446-1518. — Remembrances des déclarations rendues aux assises seigneuriales pour terres et tenures aux Aubriais, à La Barbotterie, à La Bloirie, à La Boibansaye, à La Bourellière, à La Chapellière, à La Cocherie, à La Contortière, sur la rivière d'Argos, à Dieuzaie, à La Fouardière, à La Fourneraye, à La Gaulerie, à La Gemmerie, à La Girolaye, au Bois-L'Abbé, à La Micaudaye, à Piedgermé, à La Renardière, au Bois-Sorin, à La Tiffenaye, à La Viennaye, dans les paroisses de Sainte-Gemme, de Marans, de Chazé-sur-Argos.

E. 1173. (Volume.) — In-folio, papier, 297 feuillets; 2 tables de 32 feuillets, papier.

1630-1642. — Remembrances des déclarations rendues aux assises seigneuriales par Mic. Allard, René Baudrier, G. Bellanger, Mat. Beucher, R. Boullay, Jacq. Bordillon, René Bradasne, André Buret, Marin Coiscault, Gilles Cornée,

Jul. Dauné, P. de Dieuzie, J. de Vigré, G. Dubellay, Mic. Fouillet, René Gaigneux, R. Gernigon, Cl. Gilard, P. Grandmacé, P. Gérardière, Cl. Hallopé, Nic. Hunault, Grég. Julliot, Nic. Lecomte, Rad. Legault, P. L'Herbette, L. Liboreau, Jacq. Mallinet, Jacq. Mellet, Ab. Naudin, J. Péhu, Rob. Picault, René Plassais, J. Raveneau, M. Ricoul, André Sabin, Jacq. Trigory, J. Vitour et autres tenanciers.

E. 1174. (Volume.) — In-folio, papier, 298 feuillets; 2 tables de 65 feuillets, papier.

1580-1666. — Remembrances des déclarations rendues aux assises seigneuriales par G. Allaneau, J. Alluce, P. Anne, J. Arroudeau, J. Beauvoisin, Mich. Bigaret, J. Blouin, Jacq. Bottereau, J. Boullay, R. Brient, Abr. Brundeau, J. Citoleux, Jacq. Cherbonneau, Fr. Coiscault, Fr. Courant, J. d'Andigné, J. de Chabannay, J. de Cordon, Cl. de Jonchères, J. de La Prignais, J. Delestre, B. de Maumusson, J. Deschères, L. D'Orveaux, Macé Fourmont, Ol. Gallet, Amb. Gaudin, P. Gérardière, Guill. Girard, J. Grandin, Jacq. Grandmacé, Cl. Allopé, J. Leblois, G. Legangneux, P. Lescure, Fr. Liboreau, les religieux de Saint-Georges-sur-Loire, Guill. Malherbe, M. Marquelais, L. Paigis, J. Quettier, P. Ronflé, André Septier, André Toupelain, Noël Varennes, P. Voisine et autres tenanciers.

E. 1175. (Registre.) — In-folio, papier, 62 feuillets, plus 46 plans reliés à la suite (*manquent les numéros 14, 17*); 2 tables de 12 feuillets, papier.

1787. — Censif et terriers de la seigneurie avec récapitulation des rentes dues par J. Bellouis, Fr. Bradasne, Fr. Charron, Auguste de Contades, Esnault de La Gaullerie, P. Gilard, Guilbault veuve Fr. Guibouit, J. César Leclerc, de La Ferrière, René Lemanceau, P. Poilièvre et autres tenanciers.

E. 1176. (Registre.) — In-folio, papier, 62 feuillets, dont 25 intercalés; 2 tables de 11 feuillets, papier.

1787. — Terrier et censif des fiefs de La Fouardière, et du Brossay, dans les paroisses de Sainte-Gemme et de Marans, avec récapitulation des rentes dues par P. Ayrault, J. Buret, Delestre, L. de Dieuzie, René Esnault, Jacq. Ganne, Fr. de Helland, Lemarié, Jul. Marais, Patrix et autres tenanciers.

E. 1177. (Carton.) — 2 cahiers, in-folio, papier, 189 feuillets; 3 tables de 32 feuillets, papier.

1767. — Brouillards d'un censif et d'un terrier du fief de Piedgermé, avec récapitulation des rentes dues par Fr. Bradasne, P. Brisset, Fr. Bédouet, de La Lorie, Jos. Faultrier, Cl. Falloux, Mic. Ganne, Mat. Gislard, L. Mesnard, P. Placé, René Roullière, Fr. Seureau, J. Tournery et autres tenanciers, dans les paroisses de Sainte-Gemme et de Chazé-sur-Argos.

SEIGNEURIE DE LA RIVIÈRE-COULON.

E. 1178. (Carton.) — 2 pièces, parchemin, 13 pièces, papier; 2 tables de 12 feuillets, papier.

1525-1722. — Déclarations rendues aux assises de La Rivière-Coulon [*alias* Carbay], pour terres et tenures, à La Gesnière, à Bridoreille, à Carbay, à L'Éguillon, à L'Étang, à La Grée, aux Griollières, à La Motte-Mangin, au Plessis, aux Rivages, à La Téventière, à Vaugrézil, dans la paroisse de Châtelais.

SEIGNEURIE DU ROCEAU.

E. 1179. (Carton.) — 13 cahiers, in-folio, papier, 156 feuillets.

1769. — Projet d'aveu à rendre au château d'Angers, par François-Charles Pays Du Vau, pour la seigneurie du Roceau, dans la paroisse de Brain-sur-L'Authion.

SEIGNEURIE DE LA ROCHEBOUET.

E. 1180. (Cahier.) — In-folio, papier, 8 feuillets.

XVIIIe siècle. — Table de comparaison des aveux du fief et seigneurie de La Rochebouet dans les paroisses de Chaumont, de Corzé et de Briollay (le volume auquel elle se réfère est perdu).

MARQUISAT DE LA ROCHEBOUSSEAU.

E. 1181. (Volume.) — *In-folio*, *contenant* 16 pièces, parchemin, 15 pièces, papier, 210 feuillets; 1 table de 38 feuillets, papier.

1460-1757. — Aveux rendus au château de Passavant par Guillaume, Urbain et Louis de Souvigné pour la seigneurie de La Rochebousseau et les fiefs de Montchenin et de La Roche-Jouffroy, dans la paroisse de Nueil-sous-Passavant; — au fief des Noyers-Aménard par René de Souvigné pour la métairie de La Lande.

E. 1182. (Registre.) — In-folio, papier, 293 feuillets.

1556-1787. — Transactions, titres nouveaux, quittances et procédures pour la rente de quatre setiers de blé, due par le seigneur de La Rochebousseau au prieuré de La Fougereuse.

E. 1183. (Volume.) — In-folio, contenant 4 pièces, parchemin, 3 pièces, papier, 31 feuillets.

1540-1588. — Pièces de procédures et sentences au profit du seigneur de La Rochebousseau, pour une rente foncière à lui due sur deux pièces de terre sises au sentier de Montfief et près la motte de La Chapelle-sous-Doué.

E. 1184. (Volume.) — In-folio, contenant 41 pièces, papier, 7 pièces, parchemin, 198 feuillets.

1466-1757. — Aveux rendus au château de Passavant, baux, contrats d'acquêts de la seigneurie de Galerne, dans la paroisse de Nueil-sous-Passavant.

E. 1185. (Volume.) — In-folio, contenant 94 pièces, papier, 40 pièces, parchemin, 277 feuillets; 2 tables de 53 feuillets, papier.

1444-1619. — Aveux, déclarations, contrats d'acquêts pour terres et tenures dans le fief de La Veillardière, au Pré-Baudrais, aux Bouzillères, aux Buailles, au Bois-de-La-Casse, aux Chaintres, aux Grands-Champs, à La Dezaizerie, au Chemin-Douart, au Frapereau, à Laveneau, à La Minée, à La Pierre-Blanche, au Roffou.

E. 1186. (Volume.) — In-folio, contenant 8 pièces, parchemin, 108 pièces, papier, 430 feuillets; 2 tables de 67 feuillets, papier.

1681-1743. — Aveux, déclarations, contrats d'acquêts pour terres et tenures dans les fiefs de La Veillardière et des Bouzillères, aux Ageons, au Bois-Alleaume, aux Bellardières, au Bois-de-La-Casse, aux Chesnaies, à La Fontenelle, aux Greffiers, à Laveneau, à Paimperdu, aux Ragotteaux, à Trémont.

E. 1187. (Volume.) — In-folio, contenant 70 pièces, papier, 36 pièces, parchemin, 213 feuillets.

1478-1740. — Aveux rendus à la baronnie de Vihiers, pour les fiefs de La Grise et de La Pommeraye, dans la paroisse de Nueil. — Déclarations, baux, contrats d'acquêts pour terres et tenures en dépendant à Gibron, aux Noues, aux Primetais, aux Aveneaux, à La Chesnaye, aux Grands-Champs.

E. 1188. (Volume.) — In-folio, contenant 50 pièces, parchemin, 116 pièces papier, 378 feuillets; 2 tables de 51 feuillets, papier.

1449-1772. — Déclarations, baux, contrats d'acquêts pour terres et tenures dans le fief de La Lande en Nueil, aux Achets, au Bas-Étang, au Bois-Bourdier, aux Coulées, au Bois-de-Fais, à La Fontaine, aux Foussineaux, entre La Fosse et Trémont, à L'Étang-de-Monsieur, à La Pennetterie, à La Pierre-Blanche, à Tortain, au Verdet.

E. 1189. (Volume.) — In-folio, contenant 48 pièces, parchemin, 117 pièces, papier, 384 feuillets; 2 tables de 48 feuillets, papier.

1418-1774. — Déclarations, baux, contrats d'acquêts pour terres et tenures dans les fiefs de La Grande et de La Petite-Bournée, aux Barbarelles, aux Buailles, au Carroil, au Cloudy, aux Guittières, au Planty, aux Rouissoirs, aux Saules-Davy, aux Vollages et autres tenures dans la paroisse de Nueil.

E. 1190. (Volume.) — In-folio, contenant 53 pièces, parchemin, 97 pièces, papier, 259 feuillets; 2 tables de 46 feuillets, papier.

1407-1619. — Aveux, déclarations, baux, contrats d'acquêts pour terres et tenures dans le fief du Bois-Allaume, à L'Ardilloir, à La Barangerie, à La Bérardière, au Carreau, à La Cohorderie, à La Fontaine, aux Gastineaux, à Paimperdu, à Pissouaille, à La Prévandrée, aux bois de La Roche et de Vilgou.

E. 1191. (Volume.) — In-folio, contenant 7 pièces, parchemin, 103 pièces, papier, 428 feuillets; 2 tables de 53 feuillets, papier.

1680-1741. — Aveux, déclarations, baux, contrats d'acquêts pour terres et tenures dans le fief du Bois-Allaume, aux Bellardières, au Carreau, au Cloudy, à La Fontaine, à La Gouhourderie, au Bois-Livron, à Paimperdu, au Parmain, à Pissouaille, à La Pierre-Blanche, à La Prévaudrée, au Puy, au Saule-au-Piffre, à Vilgou.

E. 1192. (Volume.) — In-folio, contenant 111 pièces, parchemin, 60 pièces, papier, dont 2 plans (feuillets 3-4), 247 feuillets; 2 tables de 33 feuillets, papier.

1377-1659. — Aveux, déclarations, baux et contrats d'acquêts, pour terres et tenures, dans le fief de Prins, aux bois de Mains et du Socheau, à La Bourdigalle, à La Brétollière, à Girande, au Clos-Guérineau, aux Herpins, à Moussicard, au Paris, au Pas-au-Roi, à La Ruette, près Tiffauge et Trémont.

E. 1193. (Volume.) — In-folio, contenant 185 pièces, papier, 3 pièces, parchemin, 367 feuillets; 2 tables de 42 feuillets, papier.

1565-1740. — Aveux, déclarations, baux, contrats d'acquêts pour terres et tenures dans les fiefs de Prins, et de Préguyon, au Bois-de-La-Roche, à La Berthelotière, à La Brosse en Tigné, aux Giraudes, au Clos-Guérineau, à La Jonchère, à La Priolée, au Pas-au-Roi, à La Pamellerie, à La Prévandrée, à La Ruette, à Trémont, à Tancoigné.

E. 1194. (Volume.) — In-folio, papier, 434 feuillets; 2 tables de 37 feuillets, papier.

1700-1742. — Remembrances des déclarations rendues aux assises de La Rochebousseau, et des fiefs de

Montchenin, de La Roche-Jouffroy et de Prins, par Fr. Abélard, P. Angevineau, Jacq. Boisdron, M. Bourier, Paul de Villeneuve Du Cazeau, P. de Chenreux de La Bournée, J. Cassin, G. Delaveau, Marin d'Ahuillé, P. Épondré, L. Foullard, L. Frappereau, Urb. Guittière, Ch. Grimault, Fr. Herpin de La Grandmaison, L. Justeau, Mic. Linières, Fr. Mérienne, les chanoines de Martigné-Briant, J. Mauboucher, R. Monballais, R. Picherit, Fr. Poitou, P. Robereau, Aug. Saillant, le prieur de Tancoigné, le curé de Trémont, L. Varancé, Urb. Vinsonneau et autres tenanciers.

E. 1195. (Volume.) — In-folio, papier, 113 feuillets; 2 tables de 47 feuillets, papier.

1778-1779. — Remembrances des déclarations rendues aux assises seigneuriales par André-Abraham, Fr. Buffard, L. Barré, Fr. Cesbron, Fr. Catroux, P. Fardeau, L. Frappereau, P. Gaignard, Ch. Goubault, Fr. Guittière, Fr. Hilaire, André Janneteau, R. Lépin, Simon Misandeau, J. Merlet, Ch. Nombalais, F. Phelipon, P. Renou, Mat. Rullier, Jul. Tellier, René Yvon et autres tenanciers.

E. 1196. (Registre.) — Grand in-folio, papier, 168 feuillets, plus 18 plans annexés; 2 tables de 34 feuillets, papier.

1778. — Censif des rentes dues à la recette de la seigneurie de La Rochebousseau et des fiefs annexés de Montchenin et de La Roche-Jouffroy, par L. Barré, Fr. Bodine, Mme de Chement, Ét. Catroux, J. Deveaux, la prieure de La Fougereuse, J. Froger, Fr. Gaschet, Nic. Grémillon, Fr. Hamon, les prieurs de Montilliers et de Tancoigné, Fr. Mignot, R. Orioust, R. Robereau, P. Reverdy, J. de La Selle, Urb. Vinsonneau et autres tenanciers, dans les paroisses de Nueil-sous-Passavant, de Cléré, de Tigné, de La Fosse-de-Tigné, de Trémont, de Tancoigné, des Cerqueux.

E. 1197. (Registre.) — In-folio, papier, 89 feuillets.

1767-1791. — Livre de recette des fresches du Bois-Allaume, de La Grande-Bournée, des Guittières, des Frappereaux, de Chandelouineaux, du Bois-de-La-Roche, des Matignons, des Hézeries et autres dans les paroisses de Nueil, de Tigné, de La Fosse-de-Tigné, de Trémont, de Tancoigné, des Cerqueux.

E. 1198. (Carton.) — 84 pièces, papier, 2 pièces, parchemin.

1772-1790. — Pièces de procédure pour le marquis de Fesques et Paul Catroux, fermier, contre Maurier, Pannereau, Phelipon, Moriceau, en revendication de rentes arriérées.

SEIGNEURIE DE LA ROCHE-DE-DENÉE.

E. 1199. (Registre.) — Petit in-folio, papier, 38 feuillets.

1500. — Recette des cens et rentes dus en la paroisse de Denée, pour le fief de La Roche-de-Denée [*alias* La Motte], appartenant à noble homme maître Nycolle Lenfant, écuyer, seigneur de Louzil et de La Jarretière.

SEIGNEURIE DE LA ROCHEFERRIÈRE.

E. 1200. (Registre.) — In-folio, papier, 176 feuillets.

1788. — Recette des cens et rentes dus à la seigneurie pour terres et tenures dans les paroisses de Saint-Quentin-en-Mauges, de Chaudron, du Pin-en-Mauges, de Jallais, de Saint-Laurent-du-Mottay et autres circonvoisines.

E. 1201. (Volume.) — In-folio, papier, 373 feuillets; 2 tables de 30 feuillets, papier.

1460-1559. — Remembrances des déclarations rendues aux assises du fief de Launay-Gobin en Saint-Quentin-en-Mauges par Ét. Aunillon, Mat. Angevin, C. Brevet, G. Bonvallet, J. Brichet, Geoffroy Chaperon, G. Coiffard, Jul. d'Ahuillé, Ol. Époudry, J. Flandrin, J. Guyonneau, J. Gohard, P. Garsanlan, J. Héard, Mic. Jahanneau, G. Lemarié, R. Moriceau, J. Macé, G. Menuau, Ét. Nau, J. Orthion, J. Poupelard, C. Prestreau, P. Rethoré, G. Sorin, G. Turpin, J. Thuau, R. Verron, G. Vaugirault et autres tenanciers.

E. 1202. (Volume.) — In-folio, papier, 486 feuillets; 2 tables de 30 feuillets, papier.

1565-1669. — Remembrances des déclarations rendues aux assises du fief de Launay-Gobin, par Mat. Avril, J. Ballu, Mat. Bourigault, Mic. Chouineau, Ph. Colonnier, le chapelain de Saint-Denis du Teil, J. Deshommeaux, R. d'Aubigné, J. de Maillé, J. Dillé, R. Georget, Jacq. Guyet, J. Jameteau, Simph. Legeay, L. Lamoureux, Mat. Laugevin, le curé du Grand-Montrevault, Jacq. Menuau, R. Pithon, Mic. Poupelard, les prieurs de La Pierre-Aubert et de Saint-Quentin, G. Rivet, J. Souvestre, René Sicher, G. Trotereau, L. Verdon et autres tenanciers.

E. 1203. (Volume.) — In-folio, contenant 47 pièces, parchemin, 111 pièces, papier, 398 feuillets; 2 tables de 30 feuillets papier.

1588-1619. — Aveux, déclarations, baux, contrats d'acquêts pour terres et tenures dans la mouvance du fief de Launay-Gobin, à La Bonetterie, aux Bigaudières, à La Bossoreillerie, au Bois-Châtellier, à La Charonnerie, à La Fleurière, au moulin de La Forge, à Haute-Roue, à La Natterie, à La Pierre, à La Testarderie et autres dans les paroisses de Saint-Quentin-en-Mauges, de Chaudron, du Pin, de Saint-Pierre-Maulimard, de La Salle-Aubry, de Jallais, du Fief-Sauvin, de Saint-Laurent-de-La-Plaine, de Beausse, de Sainte-Christine, de Chalonnes, de La Pommeraye, de Montrevault.

E. 1204. (Volume.) — In-folio, contenant 58 pièces, parchemin, 88 pièces, papier, 346 feuillets; 2 tables de 30 feuillets, papier.

1620-1663. — Aveux, déclarations, baux, contrats d'acquêts, pour terres et tenures dans la mouvance du fief de Launay-Gobin, à La Bricheterie, au Bouffay, à La Chauvellerie, à La Fleurière, aux Galmonchères, aux Gaudineries, aux Grosses-Pierres, à La Longeais, à La Lézardière, à L'Outre, à La Poilechevrie, à La Rebutterie, à Rougemont et autres dans les paroisses de Saint-Quentin, de Chaudron, du Pin, de Saint-Pierre-Maulimard, de La Salle-Aubry, de Jallais, du Fief-Sauvin, de Saint-Laurent-de-La-Plaine, de Beausse, de Sainte-Christine, de Chalonnes, de La Pommeraye, de Montrevault.

E. 1205. (Volume.) — In-folio, contenant 22 pièces, parchemin, 130 pièces, papier, 423 feuillets; 2 tables, de 54 feuillets, papier.

1664-1699. — Aveux, déclarations, baux, contrats d'acquêts pour terres et tenures dans la mouvance du fief de Launay-Gobin, aux Avrils, à La Barillerie, aux Bigaudières, à La Bossoreillerie, au Châtellier, à La Cudeloire, à La Dolmusière, à La Forge, aux Galmonchères, à La Hodellerie, à La Lézardière, à La Mesnarderie, à La Pierre, à Pinoux, à La Rastellière, à La Sablère, à La Testarderie et autres dans les paroisses de Saint-Quentin, de Chaudron, de La Chapelle-Aubry, de Saint-Pierre-Maulimard, de Jallais, du Pin, de Saint-Laurent-de-La-Plaine, du Fief-Sauvin, de Bourgneuf.

E. 1206. (Volume.) — In-folio, contenant 5 pièces, parchemin, 55 pièces, papier, 338 feuillets; 2 tables de 45 feuillets, papier.

1700-1788. — Aveux, déclarations, baux, contrats d'acquêts pour terres et tenures dans la mouvance du fief de Launay-Gobin, aux Barres, à La Bénesterie, aux Bigaudières, à La Blouère, à La Bourellière, aux Combres, à Fontenil, à La Fribaudière, aux Galmouchères, à L'Homme, à L'Hôpital, à Longuehaye, à La Poissardière et autres dans les paroisses de Saint-Quentin-en-Mauges, de Chaudron, de Jallais, du Pin, de Bourgneuf, du Fief-Sauvin, de La Chapelle-Aubry, de Saint-Pierre-Maulimard, de Saint-Laurent-de-La-Plaine, de Beausse.

E. 1207. (Volume.) — In-folio, papier, 375 feuillets.

1460-1559. — Remembrances des déclarations rendues aux assises du fief et seigneurie de Launay-Gobin, pour terres et tenures aux Bigaudières, à Bourgneuf, à Beausse, au Châtellier, au Moulin de La Forge, à La Gontardière, à Haute-Roue, à La Lézardière, à La Poissardière, au moulin de La Pierre, à Saint-Quentin, à La Sublère, aux Vaubertières.

E. 1208. (Registre.) — In-folio, papier, 201 feuillets.

1789. — Censif de la seigneurie de La Rocheferrière et des fiefs annexés de Launay-Gobin, du Plessis-Gobin, de La Minière, des Briacières, rédigé d'après les aveux et déclarations rendus auxdits fiefs aux assises de 1789.

E. 1209. (Volume.) — In-folio, papier, 484 feuillets.

1565-1668. — Remembrances des déclarations rendues aux assises de Launay-Gobin, pour terres et tenures à L'Auperray, à La Bourellière, à Beausse, au Moulin-Cliquet, à La Commanderie de Chaudron, à La Châteigneraye-Chapron, à La Fleurière, aux Galmouchères, à La Largère, au Petit-Noizé, à Saint-Quentin, à La Renouardaye, à La Têtarderie, à La Tuilerie.

E. 1210. (Volume.) — In-folio, contenant 48 pièces, parchemin, 121 pièces, papier, 397 feuillets.

1598-1619. — Déclarations, baux et contrats d'acquêts dans la seigneurie de Launay-Gobin, au Grand-Aveneau, à La Barre, à Beausse, aux Bodinières, à La Crocherie, en l'Ile de Chalonnes, à La Deborairie, à La Fleurière, à La Gontardière, à La Mesnarderie, à La Natterie, à La Poissardière, à La Pierre, à Saint-Quentin-en-Mauges, à Rougemont, à La Turetterie, à Vihiers.

E. 1211. (Volume.) — In-folio, contenant 48 pièces, parchemin, 173 pièces, papier, 346 feuillets.

1620-1663. — Déclarations, baux et contrats d'acquêts de terres et tenures dans la seigneurie de Launay-Gobin, au Grand-Allier, à La Brichetterie, au Moulin-de-Bouffay, à La Bossoreillerie, aux Bigaudières, à La Charonnerie, à La Coiscauderie, à Vieille-Étouble, à La Fleurière, aux Galmouchères, aux Grosses-Pierres, à Hautebelle, à La Lézardière, à La Minière, à La Milleraise, à La Pommeraye, à Saint-Quentin-en-Mauges, à La Rastellière, à La Saulaye, au Vivier.

E. 1212. (Volume.) — In-folio, contenant 23 pièces, parchemin, 131 pièces, papier, 425 feuillets.

1664-1699. — Déclarations, baux, contrats d'acquêts de terres et tenures dans la seigneurie de Launay-Gobin, aux Avrils, à La Barillerie, aux Bigaudières, au Buisson-Richard, à La Chauvellerie, à La Crocherie, à La Dalmusière, au Fontenil, aux Galmouchères, aux Gaudineries, à Hautebelle, à La Hodellerie, aux Landes, à La Lézardière, à La Mesnarderie, à La Pierre, à Rafleau, à Rougemont, à La Testarderie, au Verzeau.

E. 1213. (Volume.) — In-folio, contenant 4 pièces, parchemin, 65 pièces, papier, 338 feuillets.

1400-1722. — Déclarations, baux et contrats d'acquêts de terres et tenures dans la seigneurie de Launay-Gobin, au Grand-Allier, aux Bédouaudières, à La Bénestrie, aux Bertauderies, aux Bigaudières, au moulin de Bouffay, à La Brichetterie, à La Cabardière, à La Chauvellerie, à La Crocherie, à L'Échasserie, à La Fichetorie, à Fonteuil, à La Foutelaye, aux Galmouchères, à La Goupillère, à Hautebelle, à L'Hôpital, à La Largère, à L'Orthionnère, au moulin de La Pierre, à La Poissardière, à La Renardière, à La Tannerie, à La Testarderie, au Verzeau.

E. 1214. (Volume.) — In-folio, contenant 46 pièces, parchemin, 83 pièces, papier, 251 feuillets; 2 tables de 16 feuillets.

1488-1760. — Aveux, déclarations, baux et contrats d'acquêts de terres et tenures dans les fiefs de La Minière et de La Sablère, à La Brosse-Chapperon, à La Dolmusière, à La Fribaudière, à La Gontardière, à La Longère, à La Poissardière, à La Renouardière, à La Taraudière.

E. 1215. (Carton.) — 1 pièce, parchemin, 94 pièces, papier.

1701-1790. — Baux et déclarations de terres et tenures à La Forge, à La Guinebertière, à La Basse-Chauvellière, à Haute-Roue, au Trillot, à La Fleurière, à La Frairie, aux Gaudineries, à La Bossoreillerie, à Rougemont, etc., dans les paroisses de Jallais, du Pin-en-Mauges, de Saint-Quentin, de Chaudron, du Fief-Sauvin, de Saint-Laurent-de-la-Plaine.

E. 1216. (Carton.) — 14 cahiers, in-folio, papier, 210 feuillets.

1755. — Répertoire général des fiefs et seigneurie de La Rocheferrière, sur la paroisse du Pin-en-Mauges, et des fiefs et seigneuries de Launay-Gobin et de La Minière, sur les paroisses de Saint-Quentin, de Chaudron, de Beausse, de Jallais, de La Pommeraye, de Montrevault, de Bourgneuf, de Saint-Laurent-de-la-Plaine, du Fief-Sauvin, du Pin-en-Mauges.

SEIGNEURIE DE LA ROCHEFROMOND.

E. 1217. (Registre.) — In-folio, papier, 111 feuillets.

1560-1563. — Déclarations reçues aux assises de la seigneurie de La Rochefromond-en-Tiercé pour les tenures de La Bremillère, de La Cormerie, de Champquin, de La Fuie, de Grippegirard, de La Léauté, de La Morinerie, de La Picauderie, de La Ragornerie, de La Trotinière.

E. 1218. (Registre.) — In-folio, papier, 38 feuillets.

1580-1591. — Recette des cens et rentes dus à la seigneurie par le prieur de Tiercé, A. Constantin, Fr. Théard, Urb. Duchesnay, Jul. Gouessault, Mat. Ouvrard, Méry Chalopin, P. Bergereau, Raoul Cocu, Samson Calot, Thomas Nepveu et autres tenanciers.

E. 1219. (Carton.) — 8 pièces, papier.

1616-1666. — Baux et contrats d'acquêts de la métairie de La Barre-en-Tiercé.

SEIGNEURIE DE LA ROCHEHUE.

E. 1220. (Carton.) — 11 pièces, papier, dont 10 cahiers in-folio, 134 feuillets.

1610-1616. — Consistance de la seigneurie. — État des déclarations rendues aux assises pour les fiefs de La Sourderie, de Boisbrulé, de La Borderaye, de La Gaselière, dans la paroisse de Cheviré-le-Rouge.

CHATELLENIE DE ROU.

E. 1221. (Registre.) — Petit in-folio, papier, 296 feuillets; 1 table de 10 feuillets, papier.

1639. — Aveu rendu à *messire* Jean de Ruzé d'Effiat, conseiller du Roi en ses Conseils, abbé des Trois-Fontaines et de Saint-Servin de Toulon, et à messire Armand de La Porte, seigneur de La Meilleraye, grand-maître de l'artillerie de France, seigneur de la baronnie de Cinq-Mars-La Pile, par Pierre Le Roux, chevalier, pour son fief et châtellenie de Saint-Sulpice de Rou en Chétigné [*alias* Fromentières].

E. 1222. (Registre.) — In-folio, papier, 115 feuillets.

1776. — Aveu rendu à Louis-Joseph-Charles-Aimable Dalbert, duc de Luynes, baron de Cinq-Mars, par Marie-Françoise de Menou de Chanizay, pour son fief et châtellenie de Saint-Sulpice de Rou en Chétigné.

SEIGNEURIE DE LA ROULLIÈRE.

E. 1223. (Carton.) — 14 pièces, parchemin, 6 pièces, papier.

1551-1689. — Déclarations, baux et contrats d'acquêts de terres et tenures dans la paroisse de Saint-Germain, de Montfaucon. — Déclaration rendue par le curé d'Évrune, pour la métairie de La Rabaière. — Don par Guy de Chemillé seigneur de Mortagne et de Brissac, des métairies de La Gouberte et de La Crespelière dans les paroisses de Saint-André-de-La-Marche et de La Séguinière à Rainaud de La Faye.

SEIGNEURIE DU ROZAY.

E. 1224. (Registre.) — In-folio, papier, 236 feuillets.

1676-1714. — Assises de la terre et seigneurie du Rozay et des fiefs du Soussay et d'Aménard y réunis, tenues par Clément Vallette, seigneur de Champfleury, avocat au siége royal de Saumur, pour Me Philippe Maliverne, conseiller du Roi en ses Conseils d'État et privé, président en la Sénéchaussée de Saumur, seigneur Du Rozay. — Censif de la seigneurie.

CHATELLENIE DE SAINT-JEAN-DES-MAUVRETS.

E. 1225. (Volume.) — In-folio, contenant 63 pièces, parchemin, 103 pièces, papier, 372 feuillets.

1435-1550. — Aveux rendus à la baronnie de Blaison pour le fief vulgairement nommé des Granges, comprenant les cinq fiefs réunis de Congrier, de Raguideau, de Montjean, de Bancelin et de Maillard; — à la châtellenie de Briançon pour Saint-Jean-des-Mauvrets; — à la châtellenie de Saint-Jean-des-Mauvrets pour les fiefs d'Érigné, de Fesle, de La Chouanière, de Charcé [*alias* Bellenoue], de Princé, de Ducois, des Vieillardières. — Déclarations, baux, contrats d'acquêts à Juigné, à Érigné, aux Coutures, à Malitourne, aux Buchenais, à La Coquelinière.

E. 1226. (Volume.) — In-folio, contenant 114 pièces, parchemin, 74 pièces, papier, 338 feuillets; les feuillets 263 à 290 manquent.

1548-1580. — Déclarations, baux et contrats d'acquêts de terres et tenures au Puy, à Chantepie, à Bouhières, à Chement, à Beauvais, à La Roche, à Terreforte, à La Gojardière, à L'Éclancheau, à Longrais, au Fief-Gaillard, à Grenouillon, à Mécrain, à Princé, à La Sénaillerie, à La Grande Voie.

E. 1227. (Volume.) — In-folio, contenant 30 pièces, parchemin, 111 pièces, papier, 420 feuillets; manque le feuillet 253.

1580-1589. — Déclarations, baux et contrats d'acquêts de terres et tenures à Beauvais, aux Branchères, à Blaison, à Buchenais, à Champrouge, à La Coquelinière, à L'Éclancheau, à La Noiraye, à La Gojardière, près la fontaine Saint-Alman, au Perray, à La Rive, au Moulin-Viau.

E. 1228. (Volume.) — In-folio, contenant 6 pièces, parchemin, 130 pièces, papier, 374 feuillets; manquent les feuillets 5-8.

1590-1599. — Déclarations, baux et contrats d'acquêts de terres et tenures, à Saint-Alman, à Buchesne, au Bois-Briand, à Chement, à Chantepie, à Froide-Écuelle, au Bois-Grugé, à La Croix-Gervaise, aux Levraudières, à La Lampe, à La Marionnière, à Orgigné, au Perray, à La Robinière, à Ragot.

E. 1229. (Volume.) — In-folio, contenant 1 pièce, parchemin, 176 pièces, papier, 441 feuillets.

1600-1604. — Déclarations, baux et contrats d'acquêts à Beauvais, à Buchesne, à La Cochardière, près Couture, à Chement, à Dinechien, à La Forge, à Héron, aux Lévraudières, à La Lampe, à La Limousière, à La Marionnière, à Mécrain, au Perray, à Pémeigné, à La Robinière, près Saint-Saturnin, au Tertreau.

E. 1230. (Volume.) — In-folio, contenant 5 pièces, parchemin, 146 pièces, papier, 404 feuillets; manquent les feuillets 152-155, 319-322, 345-350.

1605-1611. — Déclarations, baux et contrats d'acquêts de terres et tenures près la rivière d'Aubance, à Beaumont, à Beauvais, à La Boulonnière, au Bois-Brinson, à Chantepie, à Dinechien, à Froide-Écuelle, à Foucault, à La Gojardière, près le cimetière de Juigné, aux Landes, à La Lampe, à Morton, à La Marionnière, à Marpault, à Château-Rousset, à Ragot, à La Sèverie.

E. 1231. (Volume.) — In-folio, contenant 5 pièces, parchemin, 216 pièces, papier, 582 feuillets; manquent les feuillets 399-402.

1612-1621. — Déclarations, baux et contrats d'acquêts de terres et tenures au Gué-de-L'Alleu, à Beauchêne, à La Bodinière, aux Brulons, à Chantepie, à Chement, à La Croix-Chête, à Dinois, à L'Éclancheau, à Frémur, à La Garde, aux Halvardières, aux Lévraudières, à Marpault, au Moulin-Viau, à Pain-Bénit, à La Rousselinière, à La Souchardière.

E. 1232. (Volume.) — In-folio, contenant 52 pièces, parchemin, 169 pièces, papier, 477 feuillets.

1622-162 . — D:clarations, baux et contrats d'acquêts de terres et tenures à b·llenoue, au Buac, aux Bérardières, à La Coquelinière, à Che·ucnt, à Dinechien, à L'Épinay, à La Fontenelle, à La Greliière, à La Marionnière, à Marpault, à La Pinauderie, à Pistré, aux Roches, aux Ravaudières, à La Tillonnière, à La Vacherie.

E. 1233. (Volume.) — In-folio, contenant 1 pièce, parchemin, 206 pièces, papier, 535 feuillets.

1629-1648. — Déclarations, baux et contrats d'acquêts de terres et tenures à L'Arsillon, au Bois-Briant, à La Brardière, au Bois-Brinson, à La Coquelinière, à La Billarderie, à Chef-de-Bourg, à La Croix-Viau, à L'Enfer, au Buisson-de-Houx, au Pré-Barbe, à La Paumellière, à La Souchardière, à Terre-Forte, à La Vacherie.

E. 1234. (Volume.) — In-folio, contenant 18 pièces, parchemin, 177 pièces, papier, 801 feuillets.

1624-1659. — Déclarations, baux et contrats d'acquêts de terres et tenures à Beauvais, à Buchêne, à La Bergerée, à La Coquelinière, à Château-Rousset, à Dinechien, aux Fondreaux, à La Fontenelle, à La Gojardière, à Gillon, aux Jallières, à L'Hommois, à La Marionnière, au Margat, à Mécrain, à Origné, à La Pierre-Martin, à La Quatiolle, à Ragot, à La Senillière, aux Vendais.

E. 1235. (Volume.) — In-folio, contenant 2 pièces, parchemin, 198 pièces, papier, 808 feuillets.

1660-1709. — Déclarations, baux et contrats d'acquêts de terres et tenures à l'Arsillon, à Saint-Alman, à Beauchêne, à Beauvais, à Chement, à La Choisnière, à Froide-Écuelle, à Faile, aux Groyes, à La Gaignardière, à L'Hommois, à La Limousine, à La Marionnière, à La Noiraye, à Palluau, aux Quartes, à La Rousselinière, à La Souchardière, à Toucheronde, à La Vacherie.

E. 1236. (Volume.) — In-folio, contenant 8 pièces, parchemin, 165 pièces, papier, 537 feuillets.

1702-1753. — Déclarations, baux et contrats d'acquêts de terres et tenures aux Bonnais, à La Bassinière, à Beaulieu, à La Broumanderie, à Bellenoue, à Chement, à Clabeau, à Chef-de-Bourg, à Dinechien, à Frédelin, à Faile, à La Fontenelle, à La Gaulardaye, à La Halvardière, à Juchepie, à La Noue-Macé, près Montaigu, à La Mossuée, aux Prises, aux Ravaudières, à La Saulaye-Grandin, à La Croix-Viau.

E. 1237. (Volume.) — In-folio, 330 feuillets, papier.

1516-1569. — Remembrances des déclarations rendues aux assises de la châtellenie par Jacques Amoureux, Raoul Béreau, P. Bouyer, Bertrand Boissouleil, Guillaume Cuvert, Mat. Delamotte, P. Delagroye, Guill. Gaudinière, P. Hérie, Fr. Jousse, Gilles Lévesque, J. Lamoureux, P. Lesperon, Mic. Morain, J. Maubouchier, Fr. Proustière, Maurice Séverie, Fr. Tremblier, Mat. Urceau et autres tenanciers.

E. 1238. (Volume.) — In-folio, 277 feuillets, papier.

1550-1628. — Remembrances des déclarations rendues aux assises de la châtellenie par Maurice Avolleau, P. Beaupréau, Fr. Cruau, Jacq. Dousset, Mat. Esguillon, Fr. Ferraud, Jacq. Guillemet, Denis Hunault, Guill. Jallereau, J. Lamoureux, Noel Messant, Macé Orthion, J. Ogier, P. Perrigault, J. Richard, P. Sigogne, Aubin Thomas, Ét. Vallée, Mat. Yver.

E. 1239. (Volume.) — In-folio, 346 feuillets, papier.

1600-1606. — Remembrances des déclarations rendues à la châtellenie par J. Auffray, P. Bretonnerie, P. Coicault, Daniel Davau, Denis Esnou, Mic. Forestier, Mat. Gallier, J. Hamon, le curé et les paroissiens de Juigné, Mat. Leconte, Dominique Marie, Marin Nouleau, J. Pelletier, J. Perrier, René Quinion, Gaspard Rouault, Gab. Saurin, P. Tangourdeau et autres tenanciers.

E. 1240. (Volume.) — In-folio, 383 feuillets, papier.

1547-1609. — Sentences rendues aux plaids ordinaires de la châtellenie par Jeh. Richard, sénéchal, contre Denis Britault, P. Bacher, J. Chevallier, Fr. Connain, P. Duron, Fr. Forestier, Fr. Girardeau, Ét. Halbert, Fr. Lecuit, J. Moussion, Mat. Proust, Nic. Sigogne, Noel Tremblaye et autres tenanciers défaillants. — Copie des aveux des fiefs de Belnoue et de Faile.

E. 1241. (Volume.) — In-folio, papier, 434 feuillets.

1608-1691. — Remembrances des déclarations rendues aux assises de la châtellenie par Mat. Chasteau, Aubin Condomine, René Cerizier, Jullien Chevalier, J. Duguet, J. Duron, P. Élys, Fr. Fleuriau, René Gaultier, René Goddon, Nic. Guillot, J. Granry, Mat. Lévesque, Fr. Leroux, J. Maugrain, Mat. Moriceau, P. Péton, J. Ragueneau, J. Tesnier et autres tenanciers.

E. 1242. (Volume.) — In-folio, papier, 381 feuillets.

1644-1658. — Remembrances des déclarations rendues aux assises des fiefs des Granges, de Clervaux et de Pellouailles par Cl. Auffray, J. Boutton, André Chauveau, J. Deschamps, P. Ernault, Jul. Fougeron, Jacq. Gaultier, R. Henry, Ét. Livet, P. Moron, Fr. Oger, Noel Piolin, René Rideau, P. Sallot, P. Toucheronde, Mat. Yvert et autres tenanciers.

E. 1243. (Volume.) — In-folio, papier, 325 feuillets ; manquent les feuillets 34-37.

1608-1690. — Recette des cens et rentes dus à la châtellenie pour terres et tenures à Saint-Alman, à Bois-de-Houx, à Chantepie, à Dinechien, à Foucault, aux Granges, à La Halvardière, au Juchereau, à La Limousine, à Marpault, aux Noyers, à Pémenier, à Rablay, à La Roche, à La Tour.

E. 1244. (Registre.) — In-folio, papier, 242 feuillets.

1650. — Recette des cens et rentes dus à la châtellenie par la fabrique de Saint-Aubin des Ponts-de-Cé, Jacq.

Basourdy, P. Coulléon, J. Duvau, Ch. Favereau, Mat. Gigault, J. Halbert, le curé de Juigné, J. Lévêque, Mat. Lemoine, Mat. Maillet, Ét. Péton, René Rogeron, A. Trouillet, J. Vallier et autres tenanciers.

E. 1245. (Volume.) — In-folio, papier, 370 feuillets.

1664-1684. — Recette des cens et rentes dus à la châtellenie pour terres et tenures à La Boutonnière, à La Coquetinière, à La Coppardière, à Dinois, à Léclancheau, à Foucault, au Hardas, à Juigné, aux Landes, à Marpault, à Montagu, au Perray, à La Robinière, à Soulet, à Versillé.

E. 1246. (Registre.) — In-folio, papier, 940 feuillets.

1728-1740. — Recette des cens et rentes dus à la châtellenie pour terres et tenures à L'Alleu, au Chaillou-Blanc, à Froide-Écuelle, aux Foudreaux, au Clos-Gohellier, à Guinemaure, à Juchepie, à Juigné, à La Marionnière, aux Pêcheries, à Pellouailles, aux Quarts, au Champ-Rouge, à La Sicardière, aux Vieillardières.

E. 1247. (Carton.) — 8 pièces, parchemin; 56 pièces, papier.

1555-1787. — Aveux rendus à Briançon par Jeh. de La Tour-Landry. — Baux, contrats d'acquêts, fragments de censifs et de déclarations pour terres et tenures à Orgigné, aux Ponts-de-Cé, à La Marionnière, à Clervaux, aux Hautes-Rablayes, à Princé. — Nomination d'un garde.

E. 1248. (Registre.) — In-folio, papier, 312 feuillets; plus 3 pièces, papier et 1 pièce, parchemin.

1769. — Remembrances des déclarations rendues aux assises de la châtellenie par Fr. Allain, J. Beaupreau, Noël Crosnier, J. Esnau, L. Gaultier, Fr. Joubert, Gab. Hamon, Fr. Lemée, P. Maugrain, P. Poitevin, Ch. Tesnier, René Voisin, Armand Volaige de Vaugirault et autres tenanciers.

E. 1249. (Registre.) — In-folio, papier, 250 feuillets.

1774. — Recette des cens et rentes dus à la châtellenie pour terres et tenures à L'Arzillon, à Beaumont, à La Chouanière, à Érigné, à Terre-Forte, à Grenouillon, à La Lampe, au Millerit, près Mécrain, à La Marionnière, aux Rochelles, à Soulet, aux Vieillardières.

E. 1250. (Registre.) — In-folio, papier, 234 feuillets; 2 tables, papier, 40 feuillets.

1738. — Remembrances des déclarations rendues aux assises du fief des Granges par le chapelain de Saint-Alman, Cassin de La Grouas, Vincent Breau, Jos. Chastelais, Jacq. de Lugré, P. Fouscher, P. Garreau, Jos. Jouet, Jacq. Langevin, P. Machefer, Fr. Normandin, J. Petit, René Quénion, P. Rogeron, René Sailland, J. Tesnier, P. Vétauld et autres tenanciers.

E. 1251. (Registre.) — In-folio, papier, 359 feuillets.

1770-1791. — Recette des cens et rentes dus au fief des Granges par J. Angevin, René Brunet, L. Cerceau, Gab. Deniau, Fr. Esnon, M. Foucher, P. Gigault, Fr. Joubert, René Lecomte, Gohin de Montreuil, J. Moron, Ét. Proust, Cl. Riotteau, Jacq. Thibault, V. Viceau.

E. 1252. (Registre.) — In-folio, papier, 95 feuillets; 2 tables de 20 feuillets, papier.

1769. — Remembrances des déclarations rendues aux assises du fief de Pémeigné, pour terres et tenures à L'Ardillon, à La Basselinière, à La Cave, à L'Épinaye, aux Fontenelles, au Haguineau, aux Landes, à La Croix-au-Mesle, au Perray, au Traquet, à La Croix-Viau, dans les paroisses de Saint-Jean-des-Mauvrets et de Saint-Saturnin.

E. 1253. (Carton.) — 41 pièces, papier.

1548-1769. — Aveux, déclarations, baux, contrats d'acquêts à l'appui de la féodalité de la châtellenie. — Lettres de MM. de Fontenay, de Murres, de Brie, Du Rouzay, de Laudevy, de La Bretonnière, adressées au feudiste Desportes en réponse aux citations d'assises. — Mouvance contentieuse entre le seigneur de Saint-Jean-des-Mauvrets et l'évêque d'Angers au regard de la châtellenie de Saint-Alman. — Relevé et arpentage des fresches.

E. 1254. (Registre.) — In-folio, papier, 57 feuillets; 2 tables de 19 feuillets, papier.

1712-1791. — Recette des cens et rentes dus au fief de Pémeigné par J. Béritault, René Saudubois de La Chalinière, Mic. Davy, Ch. Foucher, J. Grilleau, Marie Héri, André Joubert, Blaise Lecomte, Jull. Marais, Fr. Ouvrard, P. Pihouée, Maurice Rogeron, René Trégis et autres tenanciers.

COMTÉ DE SAINTE-GEMME.

E. 1255. (Carton.) — 3 cahiers in-folio, papier, 278 feuillets.

1746-1760. — Répertoire général et alphabétique de la châtellenie, fief et seigneurie de Sainte-Gemme près Segré, fait par Me Pierre Leseuvre, avocat au Parlement. — Brouillard du papier-terrier des fiefs du comté, tant dans le bourg de Sainte-Gemme qu'à La Pierre-Longue, aux Douaires, à La Sigonnière, aux Maillées, à La Huetterie, à L'Aupiraye, à L'Anglescherie, à Segré, au Bourgchevreau, au Petit-Bouillé, près La Touche-Bureau, à Beauvais, à La Boëte, à La Coquetterie, au Temple, à La Brosse.

E. 1256. (Carton.) — 70 pièces, papier; 2 tables de 13 feuillets, papier.

1787. — Projet d'aveu à rendre au château d'Angers pour le comté de Sainte-Gemme. — Déclarations reçues aux assises de la seigneurie pour rentes et maisons, sises dans le bourg de Sainte-Gemme, aux Alluces, à Basset, à La Loge-Brûlée, à La Cocaudrie, à La Commanderie, aux Douaires, à La Fromenterie, à La Grée, à La Guilbraiserie, à La Herse, à La Huetterie, à L'Aupiraye, aux Maillées, à La Perrière, aux Sables, à La Sigonnière, à La Touche-à-l'Abbé, au Verger.

E. 1257. (Registre.) — Grand in-folio, papier, 79 feuillets.

1785. — Terrier du fief et seigneurie de Sainte-Gemme-d'*Andigné*. — Tenures des Alluces, de Bourg-Chevreau, de L'Aupiraye, de L'Anglescherie, de La Loge-Brûlée, des Maillées, des Sables.

E. 1258. (Volume.) — In-folio, contenant 6 pièces, parchemin, 27 pièces, papier, 175 feuillets.

1701-1765. — Remembrances des déclarations rendues aux assises des fiefs de Sainte-Gemme et de La Blanchaye, pour les terres et tenures des Alluces, de Basset, de Châtelier, de Bourg-Chevreau, des Douaires, de L'Anglescherie, de La Guilbraiserie, de La Huetterie, des Jeanvries, du Motron, du Perray, des Sables, des Sigonnières.

E. 1259. (Registre.) — In-4°, parchemin, 6 feuillets; deux majuscules initiales peintes en tête, renfermant les armoiries de Robert de Chazé et de Louis d'Orvaux.

1525. — Aveu rendu à Loys d'Orvaux, seigneur de Champiré par Robert de Chazé, pour la terre de La Blanchaye.

E. 1260. (Volume.) — In-folio, contenant 34 pièces, parchemin, 89 pièces, papier, 244 feuillets; 2 tables de 28 feuillets, papier.

1445-1757. — Aveux, déclarations, baux et contrats des fiefs et tenures de La Blanchaye, de La Brientaye, d'Avessé, de Fief-Forêt, de L'Allier, de L'Aubinière, du Moulin-Basset, de La Belinière, du Bois-Jourdan, du Bois-Carré, de La Boête, de La Bourbansaye, de La Bouqueterie, des Bourgeons, du Châteigner, du Chêneau-Blanc, des Corbières, de La Couette, de L'Ébaupin, de L'Écotaye, du Bois-Épron, de L'Étang, de L'Étroisse, de La Frairie, du Friloux, de La Fromentaye, de La Gasneraye, de La Grélardière, du Haligon, de La Heurtebisière, du Landereau, de Lizeulle, de La Maison-Neuve, de La Mérillerie, de La Montaubanerie, du Chemin-Pendu, de La Petitaye, de La Pézelière, du pré de Pissouze, de La Poissonnerie, du Clos-des-Pruniers, des Rufaux, de La Saunerie, de La Tannerie, de *La Troche*, du Tronc, de Verdet, de Vieilleville, de Villemorges, dans les paroisses de Sainte-Gemme près Segré et du Bourg-d'Iré. — Transaction pour droit de chasse. — Lettre de Dom Aimé Surineau, prieur de Saint-Nicolas d'Angers.

E. 1261. (Volume.) — In-folio, contenant 48 pièces, papier, 8 pièces, parchemin, 307 feuillets; 2 tables de 16 feuillets, papier.

1408-1780. — Aveux, déclarations, baux, contrats d'acquêts des fiefs de La Brientaye et de La Haute-Bergée, aux Blanchayes, à La Croix-Brideau, au Petit-Candé, à La Clermondrie, à Dinechien, à La Duvallerie, aux Essards, à La Fontaine, à La Fourchaye, à La Godillerie, à La Guénaiserie, à La Jore'lerie, à Limeslo, à L'Hommeau, au Champ-Macé, aux Mares, aux Monnas, aux *Nouelles*, à Pincoison, à La Pasquerayo, à La Picardière, au Champ-Picou, à La Richardaye, au Ronchay, à Rasibus, à La Tannerie, à Vieilleville.

E. 1262. (Volume.) — In-folio, contenant 32 pièces, parchemin, 21 pièces, papier, 173 feuillets; débris de sceaux; 2 tables de 10 feuillets, papier.

1393-1756. — Aveux rendus par le seigneur de Champiré-d'Orvaux, aux seigneurs du Plessis-Macé et du Bourg-d'*Iré*. — Déclarations, baux et contrats pour les fiefs et tenures des Aprcheis, d'Avessé, de La Bénorière, de Bienseuf, de La Bigeotière, de La Botellerayo, de La Brientaye, de La Buronnière, de La Cottinaye, des Deffais, des Essards, du Friloux, de La Gachelottière, du Bois-Hellot, de La Maboulière, de La Martinaye, de La Petitaye, de La Trimossié, de Villemorge.

E. 1263. (Volume.) — In-folio, contenant 13 pièces, parchemin, 16 pièces, papier, 137 feuillets; 2 tables de 7 feuillets, papier.

1390-1717. — Aveux, déclarations, baux et contrats d'acquêts des fiefs d'Avessé et de Fief-Forest, pour terres et tenures à La Devrière, à La Bigeotière, à Champiré, à Fourneray, à La Jarillaye, au Pré-Long, à La Mabilière, au Pré-Neuf, à La Petitaye, à La Pézelière, à La Presselière, au Ruau, à Villemorge, à Vieilleville.

E. 1264. (Carton.) — 21 pièces, parchemin, 40 pièces, papier; 2 tables de 18 feuillets, papier.

1461-1774. — Aveux, déclarations, baux et contrats d'acquêts du fief d'Avessé et de Fief-Forêt, pour terres et tenures à La Botelleraye, à La Belotrie, à La Bluetrie, au Bois-Carré, au Bois-Épron, aux Bourgeons, au Chardonnet, au Chêne-Pendu, aux Corbières, à La Crapaudrie, à L'Échalier, à La Fougeraye, au Friloux, à La Gallicherie, à La Grée, aux *Haligons*, aux Jariais, à La Jumelière, à Lizeule, à Limesle, aux Miltières, aux Minées, aux Mangeons, au Paradis, au Perron, à La Péraudière, à La Petilaye, au Poirier-Crossé, à *La Poissonnerie*, aux Ribottais, à La Russelée, aux Saulais.

E. 1265. (Carton.) — 44 pièces, papier.

1704-1789. — Déclarations rendues au fief d'Avessé, pour terres et tenures, au Chêne-Pendu, aux Corbières, à

La Gibaudière, au Grand-Journau, à La Jumellière, à Limeslo, à La Miltière, aux Noyers, au Perron, à La Petitaye, aux Vieilles-Vignes, dans la paroisse du Bourg-d'Iré.

E. 1266. (Registre.) — Grand in-folio, papier, 33 feuillets; 2 tables de 9 feuillets, papier.

1785. — Terrier du fief d'Avessé. — Domaines au Bois-Carré, à La Corbière, à La Jumellière, à La Leusonnerie, à Limeslo, à La Martinaye, à La Minée, à La Miltière, au Perron, à La Petitaye, aux Vieilles-Vignes.

E. 1267. (Registre.) — Grand in-folio, papier, 48 feuillets; 2 tables de 9 feuillets, papier.

1785. — Terrier des fiefs de Champiré-d'Orvaux, de L'Aubinière, de La Haute-Bergée. — Terres et domaines à La Touche-L'Abbé, à La Blanchaye, à La Boète, à La Baronnerie, au Châteigner, au Chêneau-Blanc, à La Chétardière, au Bois-Épron, aux Édanes, à La Fourneraye, à La Ganneraye, à La Herse, à La Naudaye, aux Pissouzes, à La Poissonnerie, à La Tannerie, au Tronc.

E. 1268. (Carton.) — 2 cahiers, petit in-folio, papier, 24 feuillets.

1580. — Recette des cens, rentes et devoirs dus chaque année à la terre, fief et seigneurie de Champiré-d'Orvaux et d'Avessé, pour La Poissonnerie, La Herse, La Croix-Mollée, La Naudaye, La Pézelière, La Belinière, Le Bois-Épron, La Vieilleville, La Morfouassaye, L'Oiselaye, Le Bois-Carré, La Jumelière, La Ganneraye, La Burounière et autres tenures des dits fiefs.

E. 1269. (Volume.) — In-folio, papier, contenant 20 cahiers, 267 feuillets.

1430-1665. — Remembrances des déclarations rendues aux assises de La Daviaye en Sainte-Gemme, pour terres et tenures sur la rivière d'Argonne, à Bourneau, à La Chauminière, à La Combaudrie, à La Fraudière, à La Gautraye, au Lavouer, à La Morlière, aux Redalais, à l'étang de Sermont, au Vivier.

E. 1270. (Volume.) — In-folio, contenant 12 pièces, parchemin, 34 pièces, papier, 153 feuillets.

1445-1629. — Aveux, déclarations, contrats produits aux assises de La Daviaye en Sainte-Gemme, pour les terres et tenures d'Argonne, de La Blanchetière, du Grand-Bourneau, de La Chapellerie, de La Dréhormière, de La Fraudière, de La Hérissonnaye, des Limonnières, du Parrain, de La Tiffenaye, du Vivier. — Droits de pêche dans la rivière d'Argos.

E. 1271. (Volume.) — In-folio, contenant 17 pièces, parchemin, 92 pièces, papier, 287 feuillets; 2 tables de 18 feuillets, papier.

1640-1778. — Aveux, déclarations, contrats produits aux assises de La Daviaye, pour les terres et tenures de La Barrière, de La Belletrie, de La Bourbansais, du Grand-Bourneau, de La Fradière, de Jonchère, de La Morelière, de Piedgermé, du Rullier, de La Tiffenaye.

E. 1272. (Carton.) — 1 cahier, parchemin, 11 feuillets; 111 pièces, papier, dont 8 cahiers, 80 feuillets.

1778-1791. — Aveu rendu par la seigneurie de La Daviaye à La Touche-Fureau. — Déclarations rendues aux assises par René-François d'Andigné, Cl. Rédouet, Marie Gardais, J. Manceau, M. Suard, Ch. Chevalier, Mat. Hargué, Ét. Paquier, Leclerc de La Ferrière, Louis de Dieusie, P. Trochon, René Esnault, Renée Bellouis de La Sablonnière et autres tenanciers dans la paroisse de Sainte-Gemme-d'Andigné. — Arpentage de la fresche du Grand-Bourneau. — Fragments et tables de registres d'assises perdus.

E. 1273. (Registre.) — In-folio, papier, 51 feuillets; 2 tables de 7 feuillets, papier.

1785. — Terrier de la seigneurie de La Daviaye dans la paroisse de Sainte-Gemme.

E. 1274. (Volume.) — In-folio, contenant 6 pièces, parchemin, 20 pièces, papier; 2 tables de 4 feuillets, papier.

1468-1767. — Aveux et déclarations rendus au fief de La Haute-Bergée, par l'abbé de Saint-Nicolas d'Angers, Pierre Board, Israël Bourg, Louis de Dieusie, J. Gabory, Pierre de Laval, Julien Lecomte, Simon Lemétayer, Gab. Rangeot, pour les fiefs de La Chétardière et de La Touche-L'Abbé.

E. 1275. (Carton.) — 14 pièces, papier, dont 5 cahiers, in-folio, 80 feuillets; 1 pièce, parchemin.

1610-1769. — Déclarations rendues aux assises des fiefs de La Haute-Bergée et de La Brientaye, pour les terres de La Blanchaye, de La Boète, du Petit-Candé, de La Clermonderie, des Essarts, des Fourchais, de La Godillerie, de La Jorellerie, de La Morlière, de Pincroison, des Rivières, du Ronchay, du Tertre, de La Tannerie, de Vieilleville. — Déclarations rendues à la commanderie de l'ancien Temple d'Angers par le seigneur de La Haute-Bergée pour La Hurlière.

E. 1276. (Carton.) — 99 pièces, papier.

1498-1788. — Fragments de déclarations et mémoires informes pour servir à la tenue d'assises de Champiré-d'Orvaux. — Notes informes sur les confrontations du Friloux, du Bois-Épron, de La Montaubanerie, du moulin de Champiré, de La Poissonnerie, de La Blanchaye, de La Naudaye et autres fiefs. — Fragment d'un projet d'aveu.

— Notes extraites de quatre volumes de déclarations féodales dont 3 sont perdus.

E. 1277. (Carton.) — 55 pièces, papier; 4 tables de 50 feuillets, papier.

1552-1784. — Déclarations rendues aux assises des fiefs de Champiré-d'Orvaux, de L'Aubinière et de La Haute-Bergée, pour les terres et tenures de La Touche-à-L'Abbé, de La Blanchaye, de La Boëte, de La Buronnerie, de La Chétardière, du Bois-Épron, de La Fourneraye, de La Gameraye, de La Naudaye, du Pineau, des Pissouzes, de La Poissonnerie, de La Tannerie, du Tronc. — Mémoires au soutien des prétentions contraires de M. Ribou-d'Andigné et de M. de Dieuzie sur la féodalité de L'Aubinière.

E. 1278. (Carton.) — 23 pièces, papier; table de 3 feuillets, papier.

1784-1786. — Déclarations rendues aux assises du fief de La Mazure pour terres et rentes aux Ricordelières, au Buron, à La Resnaye, près la mare de La Bécassière, de La Cour-Launay, du moulin de Pommerais, de La Dorionnaye et des Bernardières.

E. 1279. (Registre.) — Grand in-folio, papier, 25 feuillets; 2 plans armoriés annexés; 2 tables de 7 feuillets, papier.

1785. — *Terrier* du fief de La Mazure. — Tenures du Buron, des Ricordelières, de La Bécassière, de La Cour, de La Dorionnaye, des Fontenelles, de Pommerais et de La Rennaye.

E. 1280. (Carton.) — 68 pièces, papier; 2 tables de 18 feuillets, papier.

1590-1787. — Déclarations rendues aux assises du fief de La Touche-Bureau, pour les tenures de Beauvais, de La Bizolière, des Châteaux, de La Coquelerie, de L'Ébaupinière, de La Fontaine, de L'Hommée, de La Miraudaye, de La Pouillaye, du moulin Quinquempoix, de La Rangée, de La Sablonnière, du Temple, des Verronnayes. — Baux et contrats d'acquêts de Nuillé, paroisse du Bourg-d'Iré, de La Pouillaye et de L'Aubépinière.

E. 1281. (Volume.) — In-folio, contenant 32 pièces, parchemin, 41 pièces, papier, 193 feuillets.

1329-1757. — Aveux et déclarations rendus à La seigneurie de La Touche-Bureau, pour les fiefs de Friloux [*alias* Entre-les-Eaux] et de La Monnerie; — à la seigneurie de La Bigeotière, pour les fiefs de La Baudouinière, de Haubusson, de La Robelière, de La Gautraye.

E. 1282. (Volume.) — In-folio, papier, 162 feuillets.

1624-1640. — Remembrances d'assises du fief et seigneurie de La Touche-Bureau, pour terres et tenures à Beauvais, à La Chauvinaye, au Friloux, à La Garoulaye, à La Houssaye, au Fief-Lucas, à Maupérier, à La Perrière, à Quinquempoix, à La Roullière, au Temple, à La Visseulle.

E. 1283. (Registre.) — Grand in-folio, papier, 68 feuillets.

1785. — Terrier du fief de La Touche-Bureau. — Tenures d'*Antaize*, de La Bizolière, de La Coquellerie, de La Daviaye, de L'Ébaupinière, de La Garoulaye, de La Minaudaye, de La Fouillaye, de La Sablonnière, des Truichages, des Verronnayes.

SEIGNEURIE DU SAP.

E. 1284. (Carton.) — 20 pièces, parchemin; 20 pièces, papier.

1509-1772. — Aveux et hommages rendus à la seigneurie du Sap, pour La Pennedaire en Torfou, La Coussaye en Saint-André-de-La-Marche, Les Forges et La Foullonnière en Roussay, La Livonnière en Évrunes, La Séraiserie en Saint-Macaire, Les Roblinières du Longeron, Le Vau en La Séguinière, La Clopinière en Roussay.

E. 1285. (Registre.) — In-folio, papier, 83 feuillets (incomplet).

1547. — Hommages rendus à la seigneurie du Sap, pour les tenures de La Boulinière, du Plessis-Régnier, de Livonnière, de La Rélinière, de La Brunetière, de terres et vignes dans les paroisses de Saint-Crespin, d'Évrunes, de Tilliers, de La Séguinière, de Saint-André-de-La-Marche, de Saint-Macaire.

E. 1286. (Carton.) — 3 cahiers, in-folio, papier, 264 feuillets.

1669-1734. — Remembrances des déclarations rendues aux assises de la seigneurie du Sap, par Fr. Crabil, Mat. Chasseloup, René Jamin, Pierre Lamprière, Jacq. Coiffard, Jacq. Guérin, René Martin, J. Aubin, René Chupin, P. Hervouet, P. Foulonneau, René Fillodeau, Jos. Soullard, J. Justeau, P. Coltenceau, Fr. Martin, Jacq. Papin et autres tenanciers.

SEIGNEURIE DE LA SAULLAYE.

E. 1287. (Registre.) — In-folio, oblong, papier, 138 feuillets.

1570-1587. — Recette des cens et rentes dus à la seigneurie de La Saullaye par Mic. Lamy, P. Ripot, Cl. Martin, Guillaume Couraudin, Jeh. Maillet, Jeh. Picart, Gilles Paumier, Pierre Colléon, Fr. Sortant, Gilles Blanchet, P. Girart et autres tenanciers.

E. 1288. (Registre.) — In-folio, papier, 87 feuillets.

1694-1717. — Recette des cens et rentes dus aux seigneuries de La Saullaye en Quincé et de Bellenoue en

Charcé, par P. Rabideau, Mic. Héritaut, Jacq. Richomme, Vincent Esnaud, Fr. Cochard, Gabriel Ménard, J. Collinet, P. Barré, Urb. Viau, Nicolas Chevrier, Simon Nanteau, Michel Béchet, P. Oudin, Louis Lomée, Ch. Denian et autres tenanciers.

E. 1289. (Registre.) — In-folio, papier, 64 feuillets.

1697-1789. — Recette des rentes et devoirs dus aux seigneuries de La Saullaye et de Bellenoue pour les fresches des Gristiers, des Grimaulx, des Bourgineaux, de L'Hommeau, de Mareil, de La Vallière, de La Groye, de la Grange-ferrée, du Clos-Poisson, etc.

SEIGNEURIE DE SAVONNIÈRES.

E. 1290. (Carton.) — 3 pièces, parchemin; 58 pièces, papier.

1612-1768. — Baux de la seigneurie de Savonnières en Saint-Just-des-Verchers, pour L.-Cl.-Nicolas Cuissard, seigneur des Fontaines. — Contestations avec le fermier. — Procès-verbaux d'état des bâtiments et des domaines. — Quittances des ouvriers occupés aux réparations. — Quittances des redevances dues au prieur des Verchers, à la chapelle de la frairie de Concourson, à la chapelle de Marcillière en Saint-Denis-de-Doué. — Papier de recette des rentes dues à la seigneurie.

E. 1291. (Registre.) — In-folio, papier, 190 feuillets.

1791. — Recette des cens et rentes en froment et en argent dus à la seigneurie de Savonnières en Saint-Just-des-Verchers pour les terres et tenures du Petit-Taunay, de La Gasnerie-Hélou, de Haute-Claire, de Rigallau, de La Misère, de La Mellée.

SEIGNEURIE DE SCEAUX.

E. 1292. (Carton.) — 6 pièces, parchemin; 12 pièces, papier.

1547-1671. — Foi et hommages rendus à la seigneurie de Sceaux. — Baux et contrats d'acquêts pour La Poterie-Pellegaut, La Presselière, La Censerie, Le Cormier et autres terres dans la paroisse de Sceaux.

BARONNIE DE SEGRÉ.

E. 1293. (Carton.) — 3 pièces, papier, dont 2 cahiers, in-folio, 128 feuillets.

1542-1782. — Aveu rendu à la baronnie de Château-gontier par Guy-Pierre d'Espinay. — Projet d'aveu par Guy-René-François d'Andigné (avec signature et cachet armorié); — observations au sujet dudit projet.

E. 1294. (Carton.) — 4 cahiers, in-folio, papier, 56 feuillets.

1742. — Remembrances des déclarations rendues aux assises de la baronnie, par God. Bertron, Jos. Moride, J. Journeil, Mat. Malerbe, Jul. Rideau, Marie Galerneau, Yves Mochon, P. Poyet, René Beaudouin, Anne Foubert, Jeanne Bottier, Henri Poilpré, le curé de Sainte-Gemme d'Andigné et autres tenanciers.

E. 1295. (Carton.) — 58 pièces, papier.

1777. — Déclarations rendues aux assises de la baronnie par Fr. Bertron, Marie Hayer, Fr. Morice, Jeanne Trillot, Anne Morel, P. Belot, Guill. Grimault, Fr.-G. Cordier, Onésime Prudhomme, Mat. Huau, Jeanne Vaujoye, René Chevrolier, Pierre Trillot et autres tenanciers.

E. 1296. (Registre.) — In-folio, papier, 31 feuillets.

1725-1749. — Recette des cens et rentes dus à la baronnie par Bellouis, Bourneuf, Fr. Belnoe, Cl. Clôreaux, P. Duval, Alexis Galerneau, Jos. Moride, Mat. Malerbe, P. Poyet, Fr. Pasquier, R. Poilpré et autres.

E. 1297. (Carton.) — 5 cahiers, in-folio, papier, 56 feuillets

1789. — Brouillard du censif de la baronnie pour la recette des rentes et devoirs par J. Bellouis, Fr. Morice, Mat. Huau, Jos. Legueu, Fr. Viel, P. Duval, Ch. Cordier, Ét. Paquier, P. Robot, J. Courault, Guill. Grimault et autres tenanciers dans la ville de Segré.

SEIGNEURIE DE SERMAISE.

E. 1298. (Carton.) — 11 pièces, parchemin; 62 pièces, papier.

1619-1784. — Contrat d'acquêt et prise de possession de la seigneurie par Michel Boylesve, seigneur des Gauldries, Pierre de Méguyon, seigneur de La Houssaye, et Guillaume Potée, seigneur de Chamboisseau, François de Maugas, seigneur de La Pilletière. Louis de Gennes, seigneur de Launay. — Aveux rendus au château de Baugé par Charles de Beauvau. — Prisée des réparations du château, des bois de la seigneurie, des semences livrées au fermier, pour M. de La Girouardière. — Titres en revendication de La Jousselinière en Sermaise sur M. Domaigné, de la métairie du Portail, contre Laurent Hardy. — Échanges de terrain entre le seigneur de La Girouardière et les sieurs Michel Gonne et René Ouvrard.

E. 1299. (Carton.) — 45 pièces, parchemin; 64 pièces, papier.

1483-1684. — Baux et contrats d'acquêts de terres et tenures au Sanger, à Gaigné, aux Bretonnières, au Champ-

Camus, à Foudon, à La Bahinière, aux Varennes, à Villiers, dans les paroisses de Sermaise et de Jarzé.

E. 1300. (Carton.) — 11 pièces, parchemin ; 102 pièces, papier.

1550-1781. — Baux et contrats d'acquêts pour les terres et tenures du Grand-Champ, de La Touche, de Pont-Rouelle, de La Cagnebaudière, de La Coudre, du Genetay, de La Golinière, des Pelouses, de L'Hommeau, de La Pierre, de La Guitelière, de La Lardière, de La Hersandière, dans les paroisses de Sermaise et de Jarzé.

COMTÉ DE SERRANT.

E. 1301. (Carton.) — 8 pièces, parchemin ; 57 pièces, papier.

1602-1789. — Contrats exhibés aux assises du comté de Serrant, pour les terres et tenures des Chaminelles, du Chantier, de Nidepie, de La Varanne, de La Bellengeardière, dans les paroisses de Saint-Georges-sur-Loire, de Saint-Germain-des-Prés, de Savennières et d'Épiré. — Concession du droit d'usage et de pacage dans les bois du Fouilloux aux propriétaires des métairies de La Lambardière, de La Chesnaye, du Pin, des Grifferais, de La Grotte et de La Doublonnière.

BARONNIE DE LA SÉVERIE.

E. 1302. (Volume.) — In-folio, contenant 89 pièces, papier, 3 pièces, parchemin, 137 feuillets ; manquent les feuillets 53, 54, 98-105, 115, 116, 158-182, 188, 189, 193-200 ; les feuillets 140-157 détachés.

1464-1789. — Extraits des registres d'assises de la châtellenie de Daillon. — Aveux rendus par les chapelains de Notre-Dame en Saint-Aubin-de-Baubigné. — Baux à ferme du domaine et des moulins de La Séverie, des métairies de La Roche-Perarnault, en les paroisses des Cerqueux-sous-Maulévrier et de Saint-Pierre-des-Échaubrognes, de La Perrière, de La Lande en Yzernay, de Landebretière. — Aveux rendus au seigneur de La Fougereuse pour Le Fief-Chastin et de La Roche-Mousset.

E. 1303. (Volume.) — In-folio, contenant 19 pièces, parchemin, 70 pièces, papier, 267 feuillets.

1474-1765. — Droits honorifiques dans l'église des Cerqueux de Maulévrier. — Procédures contre Artus Gouffier de Roannès, comte de Maulévrier. — Lettres d'érection de la châtellenie de La Séverie en baronnie au profit de Hilaire de Laval et de Françoise Du Puy-du-Fou. — Lettres de sauvegarde et d'exemption du logement des gens de guerre. — Inventaire de la succession de Jacques Pigeol, curé des Cerqueux. — Procédures à l'occasion de la plantation de poteaux dans ladite paroisse des Cerqueux. — Procès-verbaux du droit de quintaine ou bachelette, « une chanson, une danse et un baiser, » dû au seigneur de La Séverie par les nouvelles mariées de l'année.

E. 1304. (Volume.) — In-folio, contenant 7 pièces, parchemin, 89 pièces, papier, 350 feuillets ; manquent les feuillets 1-10, 193-217 ; les feuillets 218-269 détachés.

1360-1669. — Mouvance féodale de la châtellenie. — Testament de Pierre de Daillon. — Aveu de Jehan de Daillon au château de Maulévrier. — Aveux et extraits d'aveux pour le bordage des Girardeaux. — Enquête contre Joachim de Daillon par les seigneurs de La Séverie, au sujet des droits de sépulture et d'armoirie dans le chœur des Cerqueux de Maulévrier. — Sentence de la maréchaussée d'Angers contre ledit sieur de Daillon. — Décret d'adjudication de la terre de Daillon au profit de M. de La Chaussaye.

E. 1305. (Volume.) — In-folio, contenant 98 pièces, parchemin, 40 pièces, papier, 215 feuillets, 2 tables de 12 feuillets, papier.

1402-1609. — Mouvance féodale et censive de la baronnie de La Séverie et de Daillon pour la métairie de L'Astellier en Somloire, de La Gautresche et de L'Esmonière en Saint-Pierre des Échaubrognes, de La Maurière et de La Tremblaye en Yzernay, de La Bardonnière, paroisse des Cerqueux de Maulévrier, de La Moulière en Nueil et autres dans le bourg des Cerqueux de Maulévrier.

E. 1306. (Volume.) — In-folio, contenant 42 pièces, parchemin, 70 pièces, papier, 249 feuillets.

1407-1785. — Aveux, déclarations, baux et contrats d'acquêts à l'appui de la mouvance de la baronnie, sous l'aveu du fief des Granges, pour les terres et seigneuries de La Grande-Coudraye, de La Grande-Écurie, de La Guichardière et de L'Émonière dans la paroisse de Saint-Pierre-des-Échaubrognes.

E. 1307. (Volume.) — In-folio, contenant 36 pièces, parchemin, 64 pièces, papier, 283 feuillets ; 2 tables, papier, de 39 feuillets.

1460-1684. — Aveux, déclarations, contrats d'acquêts des fiefs du Tahureau [*alias* Le Bois-Robin], en Saint-Pierre-de-Cholet, de La Bétussellerie [*alias* Le Quarteron-Boisseau], en la paroisse du May, de La Piranderie et de La Bourgeaisie en Jallais, de La Grande et de La Petite-Mortinière, de La Brosse-Villain, de La Garde, de La Berthelière, de Champ-Allard et du Grand-Coudray [*alias* Le Coudray-Amiot] en la paroisse de La Tessoualle.

E. 1308. (Registre.) — Grand in-folio, papier, 164 feuillets; 1 table de 44 feuillets.

1779. — Censif de la baronnie dressé sur le dépouillement des titres des fiefs des Granges, des Cerqueux, Chasle, La Séverie dans les paroisses de Saint-Pierre de Cholet, des Échaubrognes, de Maulévrier, Somloire, Le Pin, Saint-Jean-de-Combrée, Saint-Aubin-de-Baubigné, Les Cerqueux, Cernay, Nueil.

E. 1309. (Carton.) — 5 cahiers, papier, in-folio, 46 feuillets.

1775-1779. — Déclarations rendues aux assises du fief des Granges, par Gabrielle Bordage veuve Crision, Joseph Avril, Louis Michel, Jos. Gazeau, Fr. Bourrisseau, Louis Garnier, Jacq. Coutant, J. Brisset, P. Robin, Ant. Jaquet, Ch. Savary, Fr. Marolleau, Jos. Dillon, J. Rétailleau, Fr. Ayrauld et autres tenanciers.

SEIGNEURIE DE SOLBRAY.

E. 1310. (Volume.) — In-folio, contenant 1 pièce, parchemin, 89 pièces, papier; 2 tables, papier, de 24 feuillets.

1565-1657. — Baux et contrats d'acquêts de terres et tenures dans la seigneurie de Solbray, à La Bergerie, aux marais de Chauvigné, à Chantepie, au Duberon, à Dinelieu, à Falloize, à Grollebes, au Gendarmier, aux Grands-Jardins, aux Perrières, à Rogerie, à Roullonne, au Saumuron, aux Viollettes, dans la paroisse de Mozé.

E. 1311. (Volume.) — In-folio, papier, contenant 4 pièces, parchemin, 158 pièces, papier; 2 tables, papier, de 12 feuillets.

1485-1687. — Déclarations, baux, contrats d'acquêts sur terres et tenures à La Croix, au Duberon, à Maupas, au Bois-au-Mangin, aux Vignes-Mousses, à Rogerie, au Saumureau, aux Varannes, dans la paroisse de Mozé.

E. 1312. (Registre.) — In-folio, papier, 107 feuillets.

1615-1679. — Remembrances des déclarations rendues aux assises de la seigneurie de Solbray par Mat. Anault, L. Bouton, Fr. Chollet, Maurice Cesbron, Mic. Davy, Jacq. Fruchault, André Gautier, Fr. Jobeau, Jacq. Lévêque, Malgrappé, Mic. Ormaron, Martin Patarin, Ét. Richoust, Thullault et autres tenanciers dans la paroisse de Mozé.

BARONNIE DE SOUCELLES.

E. 1313. (Carton.) — 8 pièces, parchemin; 121 pièces, papier.

1497-1693. — Procédures entre le seigneur et le curé de Soucelles pour la perception des dîmes dans la paroisse; — notes et extraits d'assises produits à l'appui des prétentions contraires. — Baux et requêtes concernant la propriété des moulins à tan et à blé établis sur une boire du Loir.

SEIGNEURIE DU GRAND-TAUNAY.

E. 1314. (Registre.) — In-folio, papier, 85 feuillets; 3 pièces, papier, intercalées.

1724. — État des cens, rentes et devoirs dus à la seigneurie du Grand-Taunay en Doué, par Denis Ganault, de Villiers, Denis Renault, P. Bascher, Fr. Savary, Guy de La Vau, Fr. Gautier, Mat. Joubert, Denis Pineau, le chapelain de La Rifaudière, René Nicolas et autres tenanciers.

SEIGNEURIE DU TEILLEUL.

E. 1315. (Carton.) — 6 cahiers, in-folio, papier, 60 feuillets.

1740-1787. — Remembrances des déclarations rendues aux assises seigneuriales par L. Gab. Béguyer, P. Gadbin, P. d'Heilland, le chapelain de Saint-Eutrope, le prieur de Saint-Sauveur, René Aubry, Louis Bahut, Fr. Paigis, J. Cusson, Fr. Besnou, Jul. Berthelot et autres tenanciers dans la paroisse Saint-Sauveur-de-Flée.

SEIGNEURIE DE TIGNÉ.

E. 1316. (Carton.) — 8 cahiers, in-folio, papier, 76 feuillets.

1791-1795. — Consistance de la seigneurie de Tigné. — Contrôle de la recette des rentes faites par Jean-Marie Baillergeau au nom de M. de La Perrinière.

SEIGNEURIE DE TIREPOIL.

E. 1317. (Volume.) — In-folio, contenant 50 pièces, papier, 45 pièces, parchemin, 202 feuillets.

1519-1738. — Aveux, déclarations, baux et contrats d'acquêts pour les terres et tenures de La Bernardière, du Costeau-Fresneau, du Champ-Travé, du Feu-aux-Loups et des Rivières, dans les paroisses de Montillers, La Salle-de-Vihiers, Vihiers. (*Don de M. Hector.*)

E. 1318. (Volume.) — In-folio, contenant 131 pièces, papier, 96 pièces, parchemin, 809 feuillets.

1558-1710. — Aveux, déclarations, baux et contrats d'acquêts pour les fiefs et tenures de Bois-Ménier, de La Boirée, de La Brosse-Brulon, de Fruchault, de Giraudeau, de La Gaulerays, de La Pérochère, de La Rimonnière, de La Taunière, des Vinettes. (*Don de M. Hector.*)

E. 1319. (Volume.) — In-folio, contenant 118 pièces, parchemin, 59 pièces, papier, 319 feuillets.

1515-1677. — Déclarations, baux, contrats d'acquêts des terres et tenures de L'Ajon, de La Brosse-Guyon, de Bois-Ménier, de La Boirie, de Fruchault, de L'Humeau, des Landes, du Grand-Fresneau, de La Roche-Brochard, de La Rimonnière, de La Taunière, de La Tabourderie, de Vaufribault.

E. 1320. (Volume.) — In-folio, contenant 53 pièces, parchemin, 102 pièces, papier, 366 feuillets.

1487-1672. — Aveux, baux, contrats d'acquêts des fiefs et tenures de La Rimonière, de La Roche-Brochard, de Boisnault, de La Taunière, du Pré-Gallon, des Landes, de L'Humeau, du Fresneau, de La Boirie. (*Don de M. Hector.*)

E. 1321. (Carton.) — 9 pièces, papier, dont 8 plans.

XVIIe siècle. — Plans des Gaulerais, de Raffou, des Varannes, des Vinettes, de La Taunière, de La Perrochère, du Costeau-Fresneau, de La Boirie. (*Don de M. Hector.*)

COMTÉ DE TRÈVES.

E. 1322. (Volume.) — In-folio, contenant 13 pièces, parchemin, 55 pièces, papier, 279 feuillets.

1070-1606. — Extraits des cartulaires des abbayes Saint-Florent de Saumur et Saint-Aubin d'Angers, concernant les fondations par les seigneurs de Trèves des prieurés de Saint-Aubin, de Saint-Jean d'Herbauld et de Saint-Macé. — Aveux de la baronnie au château de Saumur (avec signature autographe du roi René).

E. 1323. (Volume.) — In-folio, contenant 29 pièces, parchemin, 59 pièces, papier, 253 feuillets.

1419-1780. — Enquête à l'appui des droits seigneuriaux de la baronnie. — Lettres-patentes portant établissement de trois nouvelles foires. — Pancarte des droits de prévôté perçus tant sur terre que sur Loire; — lettres patentes des rois Charles VII et Louis XI, qui les confirment. — Érection de la baronnie de Trèves en comté; — procès-verbaux d'enquête portant consentement des paroisses intéressées.

E. 1324. (Volume.) — In-folio, contenant 32 pièces, parchemin, 37 pièces, papier, 382 feuillets.

1416-1767. — Aveux, baux, contrats d'acquêts des fiefs et seigneuries de Clavières, de La Brismondière, de La Rue, de Grézillé et d'Alligné, dans la paroisse de Grézillé.

E. 1325. (Volume.) — In-folio, contenant 12 pièces, parchemin, dont 1 encadrée d'arabesques et de fleurs avec initiales peintes aux armes de Beauvau, 1 autre avec les mêmes armes soutenues par des supports fantastiques; 28 pièces, papier, 213 feuillets.

1517-1667. — Aveux, déclarations, contrats d'acquêts des fiefs et seigneuries du Pimpéan et de La Brismondière. — Droits honorifiques du seigneur de Trèves dans l'église de Grézillé. — Rente due par le seigneur de Pimpéan.

E. 1326. (Volume.) — In-folio, contenant 1 pièce, parchemin, 14 pièces, papier.

1490-1767. — Réunion des seigneuries de La Rue, de La Sorge, de La Brismondière et d'Alligné, sous l'hommage du Pimpéan. — Aveux rendus pour la châtellenie de Pimpéan au comte de Trèves par René Barjot. — Blâmes contre l'aveu fourni par M. de La Tremblaye.

E. 1327. (Volume.) — In-folio, contenant 9 pièces, parchemin, 67 pièces, papier.

1399-1685. — Aveux rendus au comte de Trèves par la châtellenie de Montsabert. — Droits seigneuriaux dans l'église de Coutures. — Concession par le seigneur de Trèves aux seigneurs de Cumeray, de Richebourg et du Toureil du droit de banc et de sépulture dans le chœur de Saint-Georges-des-Sept-Voies.

E. 1328. (Volume.) — In-folio, contenant 1 pièce, parchemin, 6 pièces, papier, 70 feuillets.

1729-1771. — Aveux, foi et hommages rendus au comté de Trèves pour la châtellenie de Montsabert. — Transaction à l'occasion des blâmes portés contre l'aveu du 28 octobre 1754.

E. 1329. (Volume.) — In-folio, contenant 3 pièces, parchemin, 5 pièces, papier, 164 feuillets, dont 1 porte les armoiries peintes de Louise Prévost, veuve de Thomas Desarches, seigneur de La Gennevraye.

1493-1753. — Aveux, foi et hommages rendus au comté de Trèves par la châtellenie de La Gennevraye. — Droits seigneuriaux dans l'église Saint-Nicolas et dans les fiefs de Sarré et de Linières.

E. 1330. (Volume.) — In-folio, contenant 34 pièces, papier, 11 pièces, parchemin, 144 feuillets.

1460-1753. — Aveux, foi et hommages rendus au comté de Trèves pour la seigneurie de Billé en Coutures.

E. 1331. (Volume.) — In-folio, contenant 8 pièces, parchemin, 18 pièces, papier, 125 feuillets.

1378-1753. — Aveux et hommages rendus au comté

de Trèves pour la seigneurie du Plessis-Thiourt. — Droits seigneuriaux dans l'église de Saint-Georges-des-Sept-Voies. (L'aveu de 1529, rendu par Amaury de Créhallet, à cause de sa femme, Jehanne Du Cloistre, débute par un D majuscule, renfermant une figure de femme, qui paraît être un portrait).

E. 1332. (Volume.) — In-folio, contenant 6 pièces, parchemin, 15 pièces, papier, 148 feuillets.

1416-1754. — Aveux rendus au comté de Trèves pour la seigneurie de La Sansonière. — Droits seigneuriaux et de sépulture dans l'église Saint-Georges-des-Sept-Voies. (L'aveu de 1529 débute par un D majuscule, contenant les armes de Lesperonnière, qui se retrouvent au feuillet 13 en pleine page).

E. 1333. (Volume.) — In-folio, contenant 31 pièces, papier, 7 pièces, parchemin, 151 feuillets; les feuillets 114-131 détachés; le feuillet 118 manque.

1440-1680. — Aveux rendus au comté de Trèves pour la seigneurie du Bois-Noblet en Dénezé. — Procédures pour la propriété du bois de La Cosse-Girouard et d'une terre aux Grois.

E. 1334. (Volume.) — In-folio, contenant 12 pièces, parchemin, 17 pièces, papier, 60 feuillets.

1390-1693. — Aveux et déclarations rendus au comté de Trèves pour les fiefs du Bois-Démion en Vallée, des Grands-Démion et de pièces de prés et de bois près Sarré, La Gruère, Champdoiseau, sur l'Authion, dans les paroisses de Cunault, de Couture et de Saint-Vétérin de Gennes.

E. 1335. (Volume.) — In-folio, contenant 23 pièces, parchemin, 8 pièces, papier, 68 feuillets.

1391-1766. — Aveux, fois et hommages des fiefs et seigneuries des Fouassiers et de Mayet, dans les paroisses de Saint-Georges-des-Sept-Voies, de Chênehutte, de Verrie. — Aveu et dénombrement de la grande et petite dîme de Grézillé.

E. 1336. (Volume.) — In-folio, contenant 13 pièces, parchemin, 21 pièces, papier, 129 feuillets.

1418-1768. — Aveux, déclarations et contrats d'acquêts des fiefs et seigneuries du Buisson-Dorton [*alias* La Bruère-de-Trèves] près les Granges-Florentin, du Bignon, de La Fosse-de-Meigné et de L'Étang-de-Gennes.

E. 1337. (Volume.) — In-folio, contenant 9 pièces, parchemin, 23 pièces, papier, 137 feuillets.

1421-1791. — Aveux, fois et hommages, dénombrement des fiefs et seigneuries de La Fosse-de-Mézanger, dans la paroisse de Chênehutte et de Mazanger dans la paroisse de Blou.

E. 1338. (Volume.) — In-folio, contenant 11 pièces, parchemin, 7 pièces, papier, 72 feuillets.

1437-1765. — Aveux rendus au château de Trèves, pour la seigneurie de La Tremblaye. — Contrat d'acquêt par Foullon, baron de Doué, de ladite seigneurie.

E. 1339. (Volume.) — In-folio, contenant 13 pièces, parchemin, 18 pièces, papier, 82 feuillets.

1415-1768. — Aveux rendus au comté de Trèves pour la seigneurie des Granges-Démion en Vallée.

E. 1340. (Volume.) — In-folio, contenant 8 pièces, parchemin, 14 pièces, papier, 69 feuillets.

1416-1753. — Aveux rendus au comté de Trèves pour le fief et seigneurie de Sarré en Saint-Vétérin de Gennes.

E. 1341. (Volume.) — In-folio, contenant 5 pièces, parchemin, 10 pièces, papier, 77 feuillets.

1419-1770. — Aveux rendus au comté de Trèves pour la seigneurie de La Bruère en Grézillé.

E. 1342. (Volume.) — In-folio, contenant 13 pièces, parchemin, 11 pièces, papier, 146 feuillets.

1444-1755. — Aveux rendus au comté de Trèves pour la seigneurie d'Étiau en Couture.

E. 1343. (Volume.) — In-folio, contenant 17 pièces, parchemin, 35 pièces, papier, 112 feuillets.

1350-1763. — Aveux rendus au comté de Trèves pour les fiefs et seigneuries de Barbacanne, de Belair, de Saugré et de Virolais en Dénezé.

E. 1344. (Volume.) — In-folio, contenant 10 pièces, parchemin, 14 pièces, papier, 203 feuillets.

1374-1774. — Aveux, mémoires judiciaires, transactions, arrêts du Parlement de Paris et de la Sénéchaussée de Saumur, portant règlement des droits honorifiques prétendus contrairement par le comte de Trèves et le seigneur de La Harielle dans l'église Saint-Vétérin de Gennes.

E. 1345. (Volume.) — In-folio, contenant 4 pièces, parchemin, 31 pièces, papier, 214 feuillets.

1429-1784. — Création d'une foire annuelle et de marchés hebdomadaires dans le bourg de Gennes. — Mémoires, enquêtes et transactions au sujet des droits contestés entre le comte de Trèves et le seigneur de La

Harielle sur la propriété des grands et des petits moulins, des boucheries et des halles de Gennes.

E. 1346. (Volume.) — In-folio, contenant 16 pièces, parchemin, 35 pièces, papier, 222 feuillets.

1506-1694. — Aveux, déclarations, baux, contrats d'acquêts produits aux assises du comté de Trèves pour la seigneurie de La Harielle et du Herderon.

E. 1347. (Volume.) — In-folio, contenant 268 pièces, parchemin, 41 pièces, papier, 469 feuillets.

1510-1681. — Déclarations, baux et contrats d'acquêts produits aux assises du comté de Trèves pour terres et tenures dans la vallée de la Loire, au Vieil-Authion, à La Baillée, à Bourepart, à La Bourue, au Buron, à La Chaintre, à La Couture, au Bois-Démion, aux Trous de Beaufort, à La Gruère, à La Harielle, à Longueraye, aux Millerons, à La Pironnière, à La Porte, à La Rigaudière, à Tiremouche, sur la levée de la Loire, à Cunauld.

E. 1348. (Volume.) — In-folio, contenant 148 pièces, parchemin, 34 pièces, papier, 294 feuillets.

1418-1700. — Déclarations, baux, contrats d'acquêts produits aux assises du comté de Trèves pour terres et tenures, à Alligné, à Barberane, à Chênehutte, aux Corniers, dans La Prée-Démion, en la rue d'Enfer, aux Fontaines, à La Gabillardière, au Lys, sous La Motte-de-Montsoreau, à La Noiraye, au Pommier-de-Château, à La Rigoletterie, au Grand-Tranchis, à La Croix-Vauganne.

E. 1349. (Volume.) — In-folio, contenant 107 pièces, parchemin, 78 pièces, papier, 452 feuillets.

1520-1644. — Déclarations, baux, contrats d'acquêts, arpentages, titres de rentes et de propriété produits aux assises du comté de Trèves, pour terres et tenures aux Arrachis-de-Beauvais, aux Bédrusses, à La Calloterie, en La Prée-Démion, à La Fontaine-Bourneau, au Vau-Gasnier, aux Hourdonnières, à La Longueraye, aux Millerons, au Marais-de-Pouillet, dans les îles de Loire, à La Maison-Rouge. — Droits de pêche dans la Loire.

E. 1350. (Volume.) — In-folio, contenant 110 pièces, parchemin, 100 pièces, papier, 435 feuillets.

1688-1789. — Déclarations, baux, contrats d'acquêts, produits aux assises du comté de Trèves, *pour terres et* tenures au Noyer-Anselin, à La Barderie, aux Clavières, à Dromil, à La Gogaille, dans les îles de la Loire, au Miallet, aux Perrières, à *Prébau*, aux Bablais, à La Taconnée. — Droits de pêche en Loire.

E. 1351. (Volume.) — In-folio, contenant 3 pièces, parchemin, 6 pièces, papier, 60 feuillets.

1460-1630. — Aveux, dénombrements, transactions, contrats d'acquêts produits aux assises du comté de Trèves pour la seigneurie de La Harielle.

E. 1352. (Volume.) — In-folio, contenant 189 pièces, parchemin, 69 pièces, papier, 434 feuillets.

1494-1689. — Déclarations, baux, contrats d'acquêts, produits aux assises du comté de Trèves, pour terres et tenures à L'Autruchon, à Avort, à Bourepart, à Chardonnouse, au Bois-Démion, en Saint-Georges-des-Sept-Voies, à La Haute-Gruère, sur la levée de la Loire, aux Millerons, à La Porte, à La Voie-Brune.

E. 1353. (Volume.) — In-folio, contenant 101 pièces, parchemin, 183 pièces, papier, 504 feuillets.

1600-1780. — Déclarations, baux et contrats d'acquêts, produits aux assises du comté de Trèves, pour terres et tenures sur l'Authion, à Saint-Mathurin, près Saint-Macé, à La Fontaine-de-Bourneau, à La Couture, à La Haute-Gruère, à Laussière, à Patault, aux Millerons, à La Voie-Brune, au Quartier-Pointu, en la paroisse des Rosiers, au Vaugourdet.

E. 1354. (Volume.) — In-folio, contenant 60 pièces, parchemin, 60 pièces, papier, 274 feuillets.

1501-1599. — Déclarations, baux et contrats d'acquêts, produits aux assises du comté de Trèves et du fief de La Bournée en Louresse, pour terres et tenures à La Bodinière, à Couture, aux Daviaux, à La Gennevraye, à La Harielle, aux Mollans, au Plessis-Raganne, aux Ruettes, aux Virollais.

E. 1355. (Volume.) — In-folio, contenant 34 pièces, parchemin, 120 pièces, papier, 517 feuillets.

1566-1694. — Déclarations, baux, contrats d'acquêts de terres et tenures dans la vallée de la Loire, à La Baillée, au Bardois, à Beauvais, aux Bouillons, au Brigodeau, à La Chaintre, à Chênehutte, à Clame, à La Couture, à Cunauld, à La Prée-Démion, aux Écoles, à L'Épinais, à L'Étanse, aux Fosses, à Gennes, à Grézillé, à Milly, à Pellegrolle, au Rougeau, à La Rue en Dénezé, au Safranier, aux Sémnies, à Verrie, au Vollier.

E. 1356. (Volume.) — In-folio, contenant 3 pièces, parchemin, 181 pièces, papier, 623 feuillets.

1600-1746. — Déclarations, baux, contrats d'acquêts de terres et tenures à Avoir, à Belair, à La Voie-Brune, à La Charmoiserie, à La Tour-Durand, à La Harielle, à Saint-

Macé, à Péralle, à La Rigaudière, à La Sauvagerie, à Vaugourdet.

E. 1357. (Volume.) — In-folio, contenant 101 pièces, parchemin, 30 pièces, papier, 211 feuillets.

[illegible]. — Déclarations, baux, contrats d'acquêts de terres et tenures au Marchais-Raduel, à La Touche-au-Rascher, aux Rolluès, au Bignon, aux Basses-Chaintres, à Chappe, à La Coudraye, aux Quatre-Crois, à La Prée-Dâmion, aux Desris, à Felines, à La Gabillardière, à Huillé-sur-Loir, à l'Armionnière, au Lys en Chênehutte, à l'Ollie, à Saint-Macé, à Orfeuille, aux Placeaux, à Rablaye, dans les îles de la Loire.

E. 1358. (Volume.) — In-folio, contenant 4 pièces, parchemin, 232 pièces, papier, 636 feuillets.

[illegible]. — Déclarations, baux, contrats d'acquêts de terres et tenures à La Fosse-aux-Ânes, à Barbecane, aux Rardois, à La Bouttinière, à Champeaux, à La Charmoiserie, à Chênehutte, à Clame, à Couture, à Cunauld, au Bois-Dâmion, aux Essarts, à Gennes, aux Gruères, à La Harielle, à Mihallet, aux Mottières, à Mozé, à La Porte, à Préban, au Rocher, aux Ruaux, aux Tuffeaux, dans les îles de la Loire.

E. 1359. (Volume.) — In-folio, contenant 18 pièces, parchemin, 39 pièces, papier, 211 feuillets.

1437-1780. — Chapelles de La Madeleine en l'église Saint-Aubin de Trèves, — de Saint-Jean-Baptiste annexée au prieuré Notre-Dame de La Fidélité de Laval-Lesay à Trèves, — de Saint-Nicolas-de-Bonnezeaux en Sainte-Croix d'Angers, — de l'hermitage Saint-Jean de La Rondière, — des Prés-Noyaux à Trèves, — de Saint-Clément-des-Levées. — Actes de fondation, requêtes et présentation de titulaires par les seigneurs de Trèves.

E. 1360. (Volume.) — In-folio, contenant 34 pièces, parchemin, 98 pièces, papier, 192 feuillets; plusieurs pièces enlevées à partir du feuillet 80.

1691-1774. — Droits seigneuriaux du comté de Trèves sur les prieurés de Saint-Aubin de Trèves, de Saint-Macé, de Chênehutte, de Cunauld, de Saint-Georges-des-Sept-Voies, de Saint-Jean-d'Herbauld.

E. 1361. (Registre.) — In-folio, papier, 261 feuillets.

1680. — Terrier de la baronnie de Trèves, appartenant à haut et puissant seigneur messire Pierre de Laval.

E. 1362. (Registre.) — In-folio, papier, 231 feuillets.

1695. — « Papier terrier, censif et déclaratif des do« maines despendant de la baronnie de Trèves, tant en « chasteau, tours et aultres logemens, jardins, vergers, « terres labourables et non labourables, vignes, prés, isles, « bois et haulte futays, bois taillys, chateignerais, brandes « et aultres héritages, et des cens, rentes tant en deniers « de cens que froment, seigle, febves, avoinne, chappons, « poulles et aultres redebvances... réquérables au chasteau « du dit lieu, avecq les nomps des destempteurs des fres« ches, la quantité, la qualité des bleds, la mesure et les « lieux ou l'on doibt faire la recepte. »

E. 1363. (Registre.) — In-folio, papier, 31 feuillets.

1660-1698? — Recette des cens et rentes dus à la baronnie de Trèves, par Anne Sibran, Cath. Goguelais, Cl. Bodineau, André Cocq, Nic. Jollivet, Fr. Favereau, Louis Bouchevreau, P. Morquin, Mat. Pausanceau, Ét. Maupetit, Hil. Gendron, Silvestre Guillemet et autres tenanciers.

E. 1364. (Registre.) — In-folio, papier, 117 feuillets, 4 tables de 14 feuillets, papier.

1681-1730. — Recette des rentes dues au comté de Trèves par Eustache Gendron, Fr. Achard, Ant. Goguelet, Cat. Coudrais, Mat. Morquin, Cl. Fromager, Mat. Lévêque, Laurent Camus, J. Fournier, Cat. Augereau, André Hatbert, Guill. Perdreau, Franc. Maunoir, Urb. Charlot et autres tenanciers.

E. 1365. (Registre.) — In-folio, papier, 101 feuillets.

1640-1758. — Recette des cens et rentes dus au comté de Trèves par Phelippeaux, Marat, Cath. Boucher, Ant. Patault, André Pihoué, Cl. Bodineau, Christ. Hardouin, Hil. Gendron, P. Leroy, P. Melleau, Salmon de Saint-Martin, Urb. Esnault, Aubin Hardouin et autres tenanciers.

E. 1366. (Carton.) — 14 pièces, parchemin; 18 pièces, papier, dont 1 imprimée.

1464-1769. — Pancarte des droits perçus à Trèves sur les marchandises de passage; — ratification du péage au profit du baron de Trèves, par Charles, duc d'Orléans, et Louis, vicomte de Thouars; — enquête concernant la recette dudit péage; — tables de censifs perdus; — états des arrérages dus dans le fief de Chappes; — vente des dîmes perçues par le seigneur de Billé dans la paroisse de Coutures; — bail des moulins de Praisles; — baux et contrats d'acquêts dans les paroisses de Gennes, de Saint-Clément de Trèves et de Grézillé.

MARQUISAT DE TURBILLY.

E. 1367. (Carton.) — 7 pièces, parchemin; 40 pièces, papier, dont 1 cahier petit in-32 de 48 feuillets.

1466-1768. — Aveu rendu au Roi par François-Urbain de Menon pour ses seigneuries de Turbilly, de Bois-

Lanfray et de Bresteau (en tête sont les armes peintes d'Anjou et des Menon); — aveux rendus à Turbilly pour les fiefs de Rous et de La Bretonnière en Vaulandry; — quittances des fermages et des impositions du vingtième; — carnet de recette des cens et rentes dus au château (autographe du marquis de Turbilly); — vente judiciaire de la seigneurie.

SEIGNEURIE DE LA TURPINIÈRE.

E. 1368. (Registre.) — In-folio, parchemin, 48 feuillets, couvert en bois avec fermoirs, en partie calcinés.

1400-1480. — Aveux rendus par Gilles de Baillon aux seigneuries de Briançon, de Maulévrier, de Piédouault, de La Basse-Guerche, de Montfaucon, pour ses fiefs de La Barbotière, de Noizé, de L'Oisellerie, de Vaux et autres. — Aveux rendus à la seigneurie de La Turpinière en Saint-Aubin de Luigné pour les terres de La Morousière, du Juret, de La Barre, de La Pelletière, de La Ladonnière et du Petit-Grassigny.

SEIGNEURIE DE VARENNES.

E. 1369. (Carton.) — 14 pièces, papier, 3 pièces, parchemin.

1574-1770. — Baux et contrats d'acquêts, des métairies de La Petite-Mesière et de La Bouldonnière; — transactions entre les propriétaires de Varennes et des Forges, pour l'écoulement des eaux et le curage des fossés riverains; — titres de rente sur l'île Gady, près Béhuard.

SEIGNEURIE DE VAUBOISSEAU.

E. 1370. (Carton.) — 3 cahiers, in-folio, papier, 19 feuillets.

1549-1783. — Projets d'aveu du fief et seigneurie de Vauboisseau, à rendre au château de Chantocé, par messire Lefebvre de La Lande-Chasle; — copie d'aveu rendu à Chantocé par Lancelot d'Andigné pour le Fief-Carriou en Chantocé.

CHATELLENIE DE VERN.

E. 1371. (Volume.) — In-folio, contenant 18 pièces, parchemin, 88 pièces, papier, 210 feuillets.

1456-1788. — Aveux rendus pour les fiefs et seigneuries de La Brosse-de-Raguin au fief de Précort; — de Chazé à Bellefontaine; — de La Guiennaye à la baronnie de Bécon; — d'Ingrandes, de Bellefontaine et de la châtellenie de Vern à la baronnie de Candé; — de partie du fief de Raguin à La Chabosselaye; — de La Chabosselaye aux fiefs d'Ingrande et de Précort; — de Précort aux baronnies de Bécon et de Candé; — de la grande dîme de Chazé au château d'Angers; — du Grand-Brachigné à Bellefontaine; — de La Mauvoisinière et de La Gemmerie à La Haute-Rivière. — Autorisation, donnée à M. de La Cour de Du Bellay par René de Rochefort, de fortifier son château de Raguin avec fossés et ponts-levis. — Procès-verbaux et arrêts concernant les droits de banc et de litres dans l'église de Chazé. — Certificat des officiers de Candé, attestant la contenance de la mesure de la baronnie.

E. 1372. (Volume.) — In-folio, contenant 38 pièces, parchemin, 14 pièces, papier, 77 feuillets.

1389-1400. — Aveux rendus à la seigneurie de Vern, pour les fiefs du Haut-Bisson, de Hugnons, du Bois-de-Chazé, de La Chrestiennaye, de La Gemmerie, de Lesnaudière, du Puy, de La Robinaye, de La Hurdellière, de La Tremblaye, de La Varenne, du Verger.

E. 1373. (Volume.) — In-folio, contenant 48 pièces, parchemin, 14 pièces, papier, 83 feuillets.

1500-1588. — Aveux rendus à la châtellenie de Vern, pour les fiefs et seigneuries de La Clercaye, de La Chrétiennaye, de La Bernardaye, de La Guyonnière, de La Sourdellerie, du Puy, de La Pelletraye, de La Varenne, de La Tremblaye.

E. 1374. (Volume.) — In-folio, contenant 80 pièces, parchemin, 9 pièces, papier, 158 feuillets.

1604-1780. — Aveux rendus à la châtellenie de Vern, pour les fiefs et seigneuries de La Tremblaye, de La Chrétiennaye, de La Hurellière, de Mondillé, de La Varenne, de La Chapelle-sur-Argos, de La Leschère.

E. 1375. (Volume.) — In-folio, contenant 80 pièces, parchemin, 91 pièces, papier, 273 feuillets.

1469-1678. — Déclarations, sentences, baux, contrats d'acquêts de terres et tenures aux Brémaudières, à La Bufferie, à La Baudouinière, aux Contansais, à Cuillon, à La Bronère, à La Flaudière, à La Gohardière, à La Janvraye, à La Mafosille, aux Plantes-Blanches, à La Pouëze, à La Robinaye, à La Sourdellerie, à La Thibaudaye, aux Varennes.

E. 1376. (Registre.) — In-folio, papier, 31 feuillets; 2 tables de 19 feuillets, papier.

1778. — Déclarations rendues aux assises des fiefs de La Chabosselaye, de Chazé, de La Brosse-de-Raguin, de

Précort, d'Ingrande, de Vezouvre, de Bellefontaine, de Landeronde, du Haut-Champiré et du Bois-de-Chazé, pour haute et puissante dame Marie Crespin, épouse de haut et puissant seigneur messire Georges Gaspard de Contades, par Charles Allard, Lézin Autry, Nic. Bagusis, Math. Besnin, Simon Brisset, Fr. Bourgerie, Math. Bellenis, Fr. Babin, Louis Buron, J. Bourgeois, René Chapeau, Louis Caillard, Mich. Cherbonneau, J. Chesnon, P. Cadas, le chapelain de la chapelle Sainte-Catherine, Ét. Davy, la fabrique de Chazé, P. Esnault, Math. Fiat, Toussaint Fouillet, P. Forestier, Ch. Goupil, Ét. Gilberge, J. Gastineau, Mich. Gouldé, Ch. Garnier, Math. Huau, Math. Lhermitte, René Launay, J. Lemesle, René Melois, P. Meslet, Pierre Poilièvre, Math. Percher, J. Quinton, P. Roullé, P. Violard.

E. 1377. (Registre.) — In-folio, papier, 151 feuillets; 1 pièce [illegible] en 1817; 2 tables de 35 feuillets, papier.

1580. — Déclarations rendues aux assises des fiefs de Vern, pour terres et tenures aux Avecques, aux Aprils, au Champ-Allard, aux Blandinières, à La Braudière, au Buron, à La Brante, à La Boisselée, à La Blanchardaye, au Pré-Brechet, aux Bouillons, à La Bestiie, à La Boulaye, au Bois-Briand, à La Brientaye, à la mare Baudonaise, au pré de Brault, au Buisson, aux Closeries, à La Chaintre, à La Chupardière, à La Censerie, à La Cheminée, au Chichillon, au Chardonneau, à La Corbinière, à La Lande-Carrée, au Cassejeune, à La Dannière, à L'Ébaupin, à La Fromentelle, au Fougeray, aux Fontenelles, à La Galesdaye, au Genetay, à La Goussée, à La Hurdaudaye, au Hérisson, à La Hache, à Huchevache, au Jouannage, aux Jauges, au Jarselay, à Lavenas, à Lavaury, aux Landes, à la lande de La Croix-Lambourg, à La Minerie, au Mirouault, à La Merceraye, aux Martinais, aux Milletiers, à La Navinne, au Champ-aux-Oies, aux Oniers, aux Oiselais, aux Perrières, au moulin de La Péroussie, à La Quarterie, à La Rousselière, à Rochepault, au Robieu, à Rudeveille, au Ballon, aux Sables, aux Saulais, au Saule, à Tenet, à La Tesnière, à La Tudelière, au Jardin-Tudeau, au Champ-Tobard, à Villebreneu, aux Vergers.

E. 1378. (Volume.) — In-folio, papier, 81 feuillets.

1518-1580. — Baux et contrats d'arquêts dans le fief et seigneurie de L'Aubinière et la mouvance de Dugnons, au Bois-Épron, à La Chardonneraye, au Douaire, à La Guédonnière, à Maupérier, à Navineau, à La Perrière, à La Picotière, à La Roulière.

E. 1379. (Registre.) — Petit in-folio, papier, 20 feuillets; 2 tables de 14 feuillets, papier.

1495-1509. — Remembrances des déclarations rendues aux assises du fief de Bellefontaine, pour terres et tenures au Bois-Aubin, à La Bodinaye, à La Chenaye, à Chazé, à L'Ébaupinaye, à La Grée, à La Herselaye, à La Meignannaye, au Jardin-Meslin, au Pouail, aux Pouceaux, à Reculée, aux Rivières, au Toullon, à La Toisnelaye, aux Villates, à La Valerie.

E. 1380. (Registre.) — In-folio, papier, 101 feuillets; 4 tables de 35 feuillets, papier.

1580-1607. — Remembrances des déclarations rendues au fief de Bellefontaine, pour terres et tenures sur la rivière d'Argos, au Grand-Brochigné, à La Brosse, à La Bodinaye, à La Boisinière, au Champ-Boisnel, près la chaussée de l'étang de La Riscale, à La Châteignaye, au Chardonnet, au Chardonneau, à La Chesnaye, aux Chaufournais, à La Claye, à Chazé, à La Fosse-Berin, à La Fromenterie, à La Fretaye, à La Grée, aux Halligonnières, aux Haguins, au Jouandes, à La Meignannaye, aux Vieilles-Brailles, aux Pins, à La Grande-Pâture, au Pouail, aux Renardières, à La Saulaye, au Toullon, aux Tertres-de-Vezouvre.

E. 1381. (Registre.) — In-folio, papier, [illegible] feuillets; tables de 3 feuillets, papier.

1603-1607. — Remembrances des déclarations rendues aux assises du fief de Bellefontaine par François Adam, Charles Boullay, Jacq. Boiju, Jean Bellanger, Mich. Bertrau, René Babellé, Jul. Colscault, Math. Chaudet, P. Lecerf, Math. Davizé, Ch. d'Andigné, P. Branault, Jacq. Famillon, Gabriel Gaudin, J. Gouallier, P. Gelineau, René Guyet, P. Gaigneux, Christ. Hamelin, J. Joubert, Mich. Laubin, Alex. Moriceau, Fr. Mangeain, Guill. Perrault, Louis Pellier, J. Perron, J. Richard, P. Rebours, P. Suhard, P. Thierry, René Levenier.

E. 1382. (Volume.) — In-folio, contenant 1 pièce, parchemin, 52 pièces papier; 4 tables de 36 feuillets, papier.

1620-1624. — Déclarations, baux et contrats d'acquêts du fief de Bellefontaine, pour terres et tenures sur la rivière d'Argos, au Champ-Boisnel, à La Brosse, aux Bourgeons, à La Boisinière, à La Bodinaye, au Petit-Brochigné, au Chardonneau, à La Châteignaye, à La Chaussée, près les landes de Chazé, à La Fromenterie, à La Halligonnerie, à La Herselaye, aux Haguins, sur le chemin de Loiré, à La Meignannaye, à Nouaillon, aux Renardières, aux Reculées, à La Saulaye, aux Grands-Tertres, à Toullon, à La Tremblaie, aux Tertres-de-Vezouvre, aux Villates.

E. 1383. (Registre.) — In-folio, papier, 161 feuillets; 2 tables de 12 feuillets, papier.

1620-1625. — Remembrances des déclarations rendues aux assises du fief de Bellefontaine pour terres et tenures à Brochigné, à La Bodinaye, à La Boisinière, à La Châteignaye, à La Fosse-Borin, aux Guérins, à La Hervetaye, au Bas-Saint-Julien, à La Meignannaye, près Montarcher, aux Villates, dans les paroisses de Chazé-sur-Argos et d'Angrie.

E. 1384. (Registre.) — In-folio, papier, 104 feuillets; 2 tables de 18 feuillets, papier.

1636-1661. — Remembrances des déclarations rendues aux assises du fief de Bellefontaine, pour terres et tenures à La Bodinaye, à La Boisinière, à La Châteignaie, aux Chaufournais, à Chazé, à Candé, à La Guienaie, à La Houssinaye, à La Hervetaye, à La Logerie, à La Meignannaye, au Bas-Quenault, à Raguin, à La Salmière, aux Tertres, à La Troisnelaye, à Verneuve.

E. 1385. (Volume.) — In-folio, contenant 2 pièces, parchemin, 43 pièces, papier; table de 4 feuillets, papier.

1657-1661. — Procurations authentiques fournies aux assises du fief de Bellefontaine par les représentants autorisés de René Boujou, Jean Boullay, Michel Bradasne, René Bellanger, Michel Baror, Michel Caillard, Claude Drouet, Marguerite de Baillony, Jacq. Delestre, J. Gouffier, Michel Gautier, Math. Gaigneux, Jacq. Gaudin, J. Griel, Math. Gisleau, Jean Hiret, curé de Challain, Jean Huau, Jacq. Hamelin, J. Jallot, J. Joubert, Gabr. Lefort, René Levannier, Louis Nantais, Laurent Pinard, René Perroy, J. Praizelin, Math. Peltier, Guill. Robert, Ét. Vallin.

E. 1386. (Registre.) — In-8°, papier, 10 feuillets; 2 tables de 6 feuillets, papier.

1680. — Remembrances des déclarations rendues aux assises du fief de Bellefontaine, pour terres et tenures au Tertre-Alleaume, à La Bodinaye, aux Borderies, à La Garelière, à La Guibretaye, à Launay-Rollier, à La Logerie, à La Landaye, au Bois-Montarcher, aux Tertres, dans les paroisses de Chazé et de Loiré.

E. 1387. (Volume.) — In-folio, contenant 11 pièces, parchemin, 7 pièces, papier.

1487-1755. — Aveux, baux et contrats d'acquêts des fiefs du Grand et du Petit-Brochigné et de La Hervetaye, dépendant de la seigneurie de Bellefontaine dans la paroisse de Chazé-sur-Argos.

E. 1388. (Cahier.) — In-4°, papier, 44 feuillets.

1506-1507. — « Compte que rend à noble et puissant « seigneur M. Louys Auvé, escuyer, Jehan Proustier... « des receptes et mises par luy faites en la terre et seigneu- « rie de Bellefontaine, » des revenus des métairies en argent, laine, froment, bétail, chapons, vin, cire, bois et autres menus produits.

E. 1389. (Registre.) — In-folio, papier, 33 feuillets; 2 tables de 8 feuillets.

1480-1519. — Déclarations rendues aux assises du fief et seigneurie du Bois-de-Chazé, pour terres et tenures à L'Hommeau-Bourget, à La Bourgetaye, au Bois-de-La-Chaumière, au Châtellier, à La Bohinaye, à La Houssinaye, aux Perrières, à La Pelouardière, au Prieuré, au Clos-de-Raguin, à La Tiefenaye.

E. 1390. (Volume.) — In-folio, papier, 33 feuillets; 2 tables de 6 feuillets, papier.

1550-1593. — Déclarations rendues aux assises du fief et seigneurie du Bois-de-Chazé, pour terres et tenures à Avessé, au Bois-Guibert, à Bonnevault, aux Chaumières, au Cavalier, à La Bohinaye, à La Fourmenterie, à La Gautraye, à La Houssinaye, à L'Hommeau, à L'Hermitage, aux Perrières, au Pâtureau, à La Petite-Rivière, au Saule, au Terras, à La Tiefenaye.

E. 1391. (Registre.) — In-folio, papier, 91 feuillets; 2 tables de 2 feuillets, papier.

1594-1630. — Déclarations rendues au fief et seigneurie du Bois-de-Chazé, pour terres et tenures à Bonnevault, à La Chaintre, à La Chapellerie, à L'Évaillie, à La Fourmenterie, à La Houssinaye, à L'Hommeau, au Pont-Chauveau, aux Rochers, au Saule, à La Tiefenaye, aux Trézures, au Terras.

E. 1392. (Volume.) — In-folio, contenant 7 pièces, papier, 12 feuillets.

1597-1604. — Déclarations rendues aux assises du fief et seigneurie du Bois-de-Chazé, par René Alleaume, Charlotte Beauchesne, Yves Brundeau, le prieur de Chazé, François Cupif, Fr. d'Armaillé, P. Gardais, Ch. Joubert, Mich. Gohin de Montreuil, Jacq. Manceau, Adam Roussier, pour les terres et tenures de La Tiefenaye, de La Haute-Rivière, du Châtellier, de La Houssinaye, du Pont-Chauveau.

E. 1393. (Registre.) — Petit in-folio, papier, 53 feuillets; 2 tables de 14 feuillets, papier.

1608-1614. — Remembrances des déclarations rendues aux assises du Bois-de-Chazé, pour terres et tenures aux Rochers-de-Bonneveaux, au Châtellier, à La Bohinaye, à Avessé, à L'Évaillie, aux Fromenteries, au Frische-Blanc, aux Garennes, au Bois-Gibert, à La Houssinaie, à L'Hermitage, au Moulin-Neuf, à La Nouette, au Prieuré, aux Préaux, aux Perrières, au Clos-de-Raguin, à La Petite-Rivière, au Saule, aux Terras, aux Trezures, à La Tiefenaye, au Vigneau.

E. 1394. (Volume.) — In-folio, papier, 67 feuillets; 4 tables de 59 feuillets, papier.

1560. — Déclarations reçues aux assises du fief de La Chabosselaie, pour terres, rentes et maisons sur les chemins d'Angers à Pouancé et à Loiré, sur la rivière d'Argos, aux Bois-Adam et Bidois, à La Bellangeraye, au Buron, près Doussay, à La Fontaine-Bérault, aux Brustis, aux Bolottières, à La Bodillonnière, au Chaillon-Blanc, à La Bruère, à La Brientaye, à La Bridelaye, à La Cornillière, à La Chesnaye, au Chesneau, aux Corniers, aux Chaintres, aux Couragères, sur le chemin de Charé à Candé, à La Cormeraye, à Doussay, à La Doblère, aux Enaudières, aux Forges, à La Foucheraye, aux Fromenteries, à La Guibretaye, à La Hamonière, à La Hubretière, au Bois-de-Hérisson, à La Lande-Joullain, à La Landaye, aux Minées, à La Maudinière, à La Pichardière, à La Paillardière, à Pacquet, au Perray, au Perrier-Hodéard, au Moulin-au-Hay, à La Roberdière, à La Roussière, à La Rablaye, à La Saulaye, à La Tullière, au Bois-du-Tertre, à La Tranche, au Clos-du-Tail, aux prés de Tirmont, à Vezouvre, à Vallière, sur le chemin de Vern.

E. 1395. (Registre.) — In-4°, papier, 59 feuillets; 1 table de 6 feuillets, papier.

1525-1598. — Tenues des assises de La Chabosselaye, pour terres et féages à La Biscaye, aux Bregeons, à La Cormeraye, au Chêne-Rond, à Doussay, sur la rivière d'Argos, à La Foucheraye, à La Frelaye, aux Fosses, à La Hamonière, à Mauny, à La Minée, à La Pulle, à Raguin, à La Rablaye, à La Sablonnière.

E. 1396. (Registre.) — Petit in-folio, papier, 141 feuillets; 3 tables de 58 feuillets, papier.

1565. — Déclarations rendues aux assises de La Chabosselaye, pour terres et maisons au Bois-Allain, aux Anguières, au Bésier, au Buron, au Pré-Bérault, au Bois-Bidois, aux Blandinières, aux Bougeons, à La Bellangeraye, à La Brossette, au Chesneau-Blanc, aux Brustis, à La Barrière, aux Cormiers, à La Closerie, au Coudreau, à La Chupardière, à La Cormeraye, au Chardonnay, aux Chaintres, au Cormier, à La Claye, à La Dobière, à Doussay, aux Dergouries, au Pré-Bouet, aux Écaubus, aux Épineries, aux Forges, à La Foucheraye, aux Gats, à Hérisson, au Hallay, à La Houssaye, aux Grandes-Landes, au Landereau, au Pré-Lucas, à Longueraye, au Clos-de-Mauny, à La Minière, à La Millonnière, à La Paillardière, à La Pulle, à Raguin, à La Rablaye, à La Roussière, à Tiremont, à La Tuffière, à Vallière, à Vezouvre.

E. 1397. (Registre.) — Petit in-folio, papier, 31 feuillets; 4 tables de 14 feuillets.

1604. — Déclarations rendues au fief de La Chabosselaye, pour terres et maisons au Bois-Allain, au Champ-Asnières, à La Bridelaye, aux Blandinières, aux Bourgeons, à La Bourgoigne, aux Brustis, à La Couraière, au Coudreau, à La Cormerie, au Chardonnay, à La Chauffournaye, à Doussay, à La Brunetière, à La Fouillardaye, à La Grelleterie, à La Gallaiserie, à La Houssaye, à Langelloy, à La Minée, à La Pulle, à La Rablaye, aux Rivières, aux Rois, à Robilly, à La Séjournée, au Tail, au Vigneau, à Vallière, à Vezouvre.

E. 1398. (Registre.) — In-folio, papier, 154 feuillets; 4 tables de 11 feuillets, papier.

1603-1624. — Déclarations rendues aux assises du fief de La Chabosselaye, pour terres et maisons au Clos-d'Argos, au Petit-Boulagné, à La Bradaunaye, aux Borderies, à La Cormeraye, aux Cornillières, à La Chupardière, à La Brunetière, à Doussay, à La Foucheraye, au Champ-Hubert, à La Hubretière, à Nouaillon, à La Paillardière, à La Roberdière, à Robilly, à Vallière.

E. 1399. (Registre.) — Petit in-folio, papier, 21 feuillets; 3 tables de 18 feuillets, papier.

1640. — Déclarations rendues aux assises du fief de La Chabosselaye, pour terres et maisons au jardin des Bourgeois, au Bois-Bidois, aux Bourgeons, à La Cormeraye, aux Cornillières, à Doussay, aux Guittons, aux Hodelles, au Léard, à La Mullonnière, aux Perriers, à La Tullière, aux Vergers.

E. 1400. (Registre.) — Petit in-folio, papier, 52 feuillets; 2 tables de 6 feuillets, papier.

1640-1658. — Assises et seigneurie de Vezouvre, pour terres et maisons à La Bridelaye, à La Blanchardaye, à La Brunetière, à La Foucheraye, au Pré-Lucas, à La Roberdière, à Tiremont, à La Vallière, à Vezouvre.

E. 1401. (Volume.) — In-folio, contenant 5 pièces, parchemin, 81 pièces, papier; 2 tables de 40 feuillets, papier.

1626-1664. — Déclarations rendues aux assises du fief de La Chabosselaye, pour terres et maisons au Clos-d'Argos, à La Brossette, à La Bellangeraye, aux Buissonneaux, à La Bridelaye, à La Cormeraye, aux Landes-de-Cuildepoule, à La Chipardière, aux Cormiers, à La Cormerie, aux Cornillières, à Doussay, aux Dobiers, au Bois-des-Forges, à La Foucheraye, aux Grenons, aux Hamonnières, au Lallier, à Lavauril, aux Morillais, aux Minières, à La Mulonnière, à Nouaillon, au Pré-de-La-Pierre, à La Pulle, à La Paillardière, à Robilly, à La Séjournée, à La Tournée, à La Tuffière, à Tiremont, à Vallière.

E. 1402. (Registre.) — In-folio, papier, 83 feuillets.

1604. — Déclarations rendues aux assises du fief de Vezouvre par René Bulart, Mich. Bradasne, Guy Brundeau, René Borbeau, Laurent Brouet, Pierre Dumont, Jull. Guyet, Fr. Gabory, Jean Gault, René Garnier, Jérôme Malvert, Jean Lemeslo, Guill. Peltier, Math. Pion, Ét. Salault, René Levenier.

E. 1403. (Registre.) — In-folio, papier, 13 feuillets; 2 tables de 1 feuillets, papier.

1601-1605. — Déclarations rendues aux assises de La Chabosselaye par Michel Brossard, Guy Bourg, Guy Dubellay, le prieur de Chazé, Jean Davy, Pierre Éveillard, Louis Fiot, René Freslon, René Grandin, Franc. Gabory, André Gisteau, Mat. Hames, René de L'Épinay, J. Lherbette, Louis Martineau, Math. Pasquier, Urbain Patevin, Ét. Rivière, Jacq. Thierry, René Levenier.

E. 1404. (Registre.) — In-folio, papier, 28 feuillets; 2 tables de 8 feuillets, papier.

1690. — Déclarations rendues aux assises des fiefs de La Chabosselaye et de Vezouvre par René Coué, Pierre Dollé, Pierre Deniau, la fabrique de Chazé, René Forestier, René Forgeais, Franc. Feslet, Mich. Grudé, Pierre Garnier, Sébastien Gaigneux, Mich. Gohin, René Joubert, Fr. Leroyer, René Lhermite, Claude Lepage, Fr. Lemeslo, Jacq. Marchant, P. Navineau, J. Poitièvre, Fr. Pinon, Pierre Pourias, Math. Ricoul, Fr. Sibel, Math. Tardif.

E. 1405. (Cahier.) — Parchemin, 58 feuillets, in-4°, les deux derniers feuillets endommagés.

1697. — Arrêt du Parlement de Paris pour l'éventilation des terres de Bagnin et de La Biscaye, en ce qui relève de La Chabosselaye, à fin de procéder au retrait féodal demandé sur ledit sieur Gohin de Montreuil par René Héard de Boissimon.

E. 1406. (Registre.) — In-folio, papier, 195 feuillets; 2 pièces, papier, annexées en tête; 2 tables de 15 feuillets, papier.

1753. — Remembrances des déclarations rendues aux assises du fief de La Chabosselaye, pour terres et tenures au Bois-Allain, au Pré-Adam, à La Bridelaye, aux Blandinières, à La Brossette, au Petit-Béchet, au Pré-de-Boureau, aux Buissonneaux, au Buron, au Clairay, aux Barres, à La Brientaye, aux Chaintres, au Cormier, à La Chupardière, au Châtellier, à La Courberie, à La Cormeraye, aux Connillières, aux Coulées, au Chardonnay, au Champ-Gasnier, à Roussay, à La Danfelaye, à La Galaiserie, aux Grenons, à La Roussaye, au Hallay, à La Longère, à Mauny, à La Minée, aux Mandinières, aux Nouaillons, à Perpain, à La Prieurée, à La Pulle, à La Paillardière, à La Rablaye, à Robilly, à La Rousselière, à Tiremont, au Tail, aux Tuffières, au Vivier, à Vallière, à Vezouvre.

E. 1407. (Volume.) — In-folio, contenant 2 pièces, parchemin, 83 pièces, papier, dont 1 imprimée; 3 tables de 62 feuillets, papier.

1689-1754. — Déclarations rendues au fief de La Chabosselaye pour terres et maisons au Bois-Allain, à La Bridelaye, aux Blandinières, au Pré-de-Brault, au Pré-de-Boureau, au Béchet, aux Brosses, à La Brossette, dans la lande de La Bête-Couchée, à La Cormerie, aux Chaintres, à La Chipardière, au Châtellier, au Bois-du-Collombeau, à La Croix-Marion, à La Daulière, à La Brouetterie, à La Grelletterie, à La Heurtaudaye, à La Lande-Joullain, au Champ-Maurice, à La Mulonnière, au Prulier, à La Paillardière, au Pommier, à La Rablaye, à La Roberdière, à Robilly, à Tiremont, à Vallière, à Vezouvre.

E. 1408. (Registre.) — In-folio, papier, 90 feuillets; 2 tables de 9 feuillets.

1600-1699. — Remembrances des déclarations et exhibitions de contrats produits aux assises du Haut-Champiré par les sieurs J. Bellanger, J. Bourgeois, Math. Buscher, René Bertron, P. Chicault, René Du Chastelet, Louis Caillard, Marin Coisrault, J. Dubiez, Michel Dumont, Pierre Drouin, René Esnault, Jul. Fournier, Pierre Gaigneux, Yves Grandière, Jul. Guyet, Étienne Hodebert, René Hiret, J. Lherbette, Olivier Delestre, René Lemonnier, Jacq. Peltier, Nicol. Perrault, Math. Ricou, René Leroyer, François Vieul.

E. 1409. (Registre.) — Petit in-folio, papier, 39 feuillets; 2 tables de 11 feuillets, papier.

1580-1699. — Remembrances des déclarations rendues aux assises du fief du Haut-Champiré dans la paroisse de Chazé-sur-Argos par Michel Adam, J. Bourgeois, Mathurin Beuscher, J. Chicault, René Duchastelet, Fr. Cornée, Marin Coisrault, Julien Dubier, Jean Drouet, Mic. Dumont, Math. Godier, Math. Gaudraye, Nicolle Gautier, J. Gillard, J. Moreau, Nic. Manceau, Marguerite Perrault, Jacq. Pellier, René Ricou, J. Robert, Pierre Vieul, Jacq. Vacher.

E. 1410. (Registre.) — In-folio, papier, 35 feuillets; 1 pièce, parchemin, 1 pièce, papier, annexées à la fin.

1754. — Remembrances des déclarations rendues au fief du Haut-Champiré, par les sieurs J. Beauduceau, J. Bellanger, P. Dumont, Catherine Guiller, André Gasté, Adam Guilbault, J. Hayer, Fr. Lasnier, René Lerestre, René Maunoir, René Viau de Boisjauny, pour terres et tenures, au Bois-Aubin, au Bignon, aux Chaintres, à La Glaye, à L'Écaubut, à La Grée, à La Fosse-Herbault, à La Meslaye, à La Picotière, à La Perrière, à La Roullière, à Raguin, aux Vistera, au Bois-Vian, dans les paroisses de Chazé-sur-Argos et de Sainte-Gemmes d'Andigné.

E. 1411. (Volume.) — In-folio, contenant 19 pièces, parchemin, 30 pièces, papier, 118 feuillets; table de 7 feuillets, papier.

1509-1700. — Déclarations, baux et contrats d'acquêts de terres et tenures dans le fief de Chazé-sur-Argos, aux Haies-d'Angrie, à Raguin, à La Chabosselaye, à Doussay, à La Porcheraye, au Tertre, à La Gâtesalaye, à La Galaiserie, aux Grandes-Troches, à La Doldère, au Bois-des-Forges, à Chanteloup.

E. 1412. (Volume.) — In-folio, contenant 8 pièces, parchemin, 11 pièces, papier, 250 feuillets; 2 tables de 14 feuillets, papier.

[illegible]-1740. — Baux, contrats d'acquêts dans le fief et seigneurie de Chazé-sur-Argos, au Bois-Allain, aux Adannières, à La Bertelotière, à La Badinaye, au Pré-de-Boulonne, au Bois-Hideis, à La Rétrie, à La Blanchardaye, à l'Étang-de-La-Riseraye, à Chanteloup, au Bois-de-La-Carmerie, à La Cheminée, à La Chaufournaye, à Doussay, à La Gaulraye, au Bois-de-Fert, à La Grée, à La Galaiserie, à La Hubrelière, aux Grands-Jardins, à Longueraye, au Clos-Mellin, aux Préaux, à La Rohardière, au Saule, à La Tiefenaye, à La Tudelière, à Vallière, à Verouvre.

E. 1413. (Registre.) — Petit in-4°, papier, 82 feuillets; 3 tables de 13 feuillets, papier.

1601-1660. — Remembrances des déclarations rendues au fief de Chazé-sur-Argos pour terres et tenures dans le bourg de Chazé, aux Chaintres, à La Chicaudrie, au Jardin, au Château-Thierry, aux Daviailles, à La Demaiserie, à La Guimarderie, à La Grée, au Clos-Mellin, à La Perrière, à La Viollaye.

E. 1414. (Registre.) — In-8°, papier, 128 feuillets (les coins en partie emportés par l'humidité).

[illegible]-[illegible]. — Remembrances des déclarations du fief et seigneurie d'Ingrande pour terres et tenures aux Apris, à La Béraudière, à La Brientaye, à La Brosse, au Bois-Briand, à Champiré, au Chardonneau, à La Courberie, à La Corbinière, à Chazé-sur-Argos, à La Cheverie, à La Cheminée, au Cormier, à La Daudetaye, à La Dannière, à La Dauderie, à La Faucheraye, à La Goupillière, sur le chemin de Gleury, au Genetay, à La Goussée, à La Houssaye, au Petit-Ray, à Saint-Julien, à Launay, à La Martinaye, à La Maupassaye, à La Perrière-de-Maupas, à La Minerie, à Nouaillon, à La Naslaye, à La Nouette, au Champ-aux-Oies, à La Roussellière, à L'Étang-de-Raguin, sous la chaussée de l'étang de Raffous, au Sollier, à La Tesnière, au Toullon, à Verouvre, à La Viollière.

E. 1415. (Registre.) — In-4°, papier, 112 feuillets; 3 tables de 115 feuillets, papier.

[illegible]-1645. — Déclarations, hommages et autres exploits de justice des fiefs d'Ingrande pour terres et tenures aux Apris, au Pré-des-Avecques, à La Bestrie, aux Brosses, à La Brientaye, aux Bouillons, aux Landes-Brûlées, à La Fontaine-de-La-Buglée, à La Chaintre, à La Chevrie, à La Chesnaye, à La Courberie, à La Coudraye, à La Corbinière, à La Chevallerie, à La Daudetaye, à La Gâtesalaye, au Genetay, à La Grelardaye, au Bois-Gourt, à La Hubertaye, au Hallay, à La Longère, à Loiré, à La Martinaye, à La Motasserie, à La Minerie, au Nouaillon, aux Vieilles-Oreilles, à La Perrière, près Champiré, à La Roussellière, au Hatton, à La Roche, aux Sables, au Saule, à La Tesnière, au Jardin-Tudeau, à Villebrenen, à Vallière.

E. 1416. (Registre.) — In-4°, papier, 198 feuillets; 2 tables de 64 feuillets, papier.

[illegible]-[illegible]. — Déclarations rendues aux assises des fiefs d'Ingrande pour terres et tenures, aux Apris, à La Béraudière, aux Bouillons, au Bois-Briand, à La Brientaye, à La Cheminée, au Pré-des-Chevaliers, à La Courberie, aux Chupardières, à La Corbinière, à La Chevrie, aux Ébaupins, au Fougeray, à La Gâtesalaye, au Hallay, au Landereau, au Pré-Monsergent, à La Milletière, à La Nalaye, à La Roussellière, à La Tesnière, à Tenel, au Verger.

E. 1417. (Registre.) — In-4°, papier, 120 feuillets (alternant ce ...) du XVIIe siècle en mauvais état; 2 tables de 10 feuillets, papier.

[illegible]-[illegible]. — Déclarations rendues aux fiefs d'Ingrande par Math. Adam, Pierre Anne, Jean Bellanger, J. Bodart, P. Lebourdais, Guyon Brudeau, Louis Bourel, J. Babelle, René Babin, P. Lecommandeux, J. Chicault, René Coisnault, P. Cathelinaye, J. Chauveau, René d'Orveaux, le curé d'Angrie, Jean d'Audigné, J. Drouault, P. Des Estres, J. Fouillet, Mic. Fournier, Françoise Lebloy, J. Livenais, J. Mocet, J. Morissault, J. Porcher, J. Poyliévre, P. Rottier, Julien Ravary, Math. Saulnier, Ambroise Thudeau, Macé Turpin, J. Voisine, Macé Vallain, Jean Levenier.

E. 1418. (Registre.) — In-folio, papier, 282 feuillets; 2 tables de 27 feuillets, papier.

1603-1649. — Déclarations rendues aux assises des fiefs d'Ingrande par P. Allain, J. Adam, Jacq. Allusse, Ch. Brindeau, René Belot, René Boullay, Julien Beauchesne, Math. Beauchesne, Jacq. Bodard, J. Bufé, P. Crespin, François Cathelinais, Jacq. Caillard, Math. Chevalier, Adrien Coconnier, Louis d'Uraus, Amaury de Saint-Offange, J. Davy, Pierre Du Hellay, Guill. Daillé, J. Dohin, le curé de Loiré, Pierre Fournier, J. Grisis, Math. Gaudin, Franc. Girardière, J. Gabory, J. Gislard, René Hiret, Samuel Houdemont, J. Joubert, J. Jamet, P. Lepage, Fr. Levenier, Fr. Leroyer, Math. Landais, Mich. Mauriceau, Jacq. Marion, Jul. Marais, René Narineau, Ét. Pinard, Anne Pierre, Gab. Quinton, René Rovers, J. Saret, Madelon Sellier, Ch. Trigory, Jean Turpin, J. Vinsot.

E. 1419. (Registre.) — In-folio, papier, 140 feuillets; 2 tables de 11 feuillets, papier.

1667-1680. — Déclarations rendues aux assises des fiefs d'Ingrande pour terres et tenures aux Apris, au Prédes-Avecques, à La Brientaye, à La Doullaye, à La Brante, aux Brosses, aux Bouillons, à La Coudraye, à La Courberie, à La Corbinière, aux Chipardières, à La Dannière, à La Daulletaye, au Bois-de-Faye, à La Gâtesaïaye, à La Gretardaye, à La Hubretaye, à L'Hostel, à La Longère, à La Martinaye, au Champ-Meslin, à Panloup, à La Plessiserie, aux Perrières, à La Roussellière, au Saule, aux Sables, à La Tesnière, à Toullon, à La Verrière, aux Verdels.

E. 1420. (Registre.) — In-folio, papier, 113 feuillets; 2 tables de 17 feuillets, papier.

1644-1658. — Déclarations rendues aux assises des fiefs d'Ingrande par Fr. Aubé, Jacq. Alleuse, Math. Bellanger, Nic. Beauchesne, Fr. Bodard, Ét. Boullay, P. Bourgeois, P. Cornée, René Crochery, Adrien Coconnier, J. Cadots, Guy Drouin, Math. Dublineau, l'abbé de Saint-Georges-sur-Loire, la fabrique de Chazé, René Fresneau, J. Guyet, J. Gilberge, Fr. Gabory, J. Gratien, Amb. Gaudin, Maurice Hallet, J. Jamet, Fr. Levenier, J. Leroyer, P. Marcé, Jacq. Macault, Fr. Pourias, Laurent Ricou, P. Trigory, Ch. Verger.

E. 1421. (Registre.) — In-8°, papier, 31 feuillets; 3 tables de 17 feuillets, papier.

1680. — Déclarations rendues aux assises des fiefs d'Ingrande par P. Aubé, René Allard, René Bonvalet, Fr. Busché, Louis Bigaret, Ch. Breillet, sieur de Loiré, J. Cousin, J. Curie, J. Dorange, la confrérie du Rosaire de Chazé, Marguerite Drouet, René Fruslon, Sébast. Gaigneux, P. Jamet, René Lhermitte, René Lemesle, J. Méchinot, René Poitevin, J. Pasqueraye, J. Ricou, P. Rouflé, Math. Tardif, J. Veillon, P. Voisine.

E. 1422. (Volume.) — In-folio, contenant 11 pièces, parchemin, 103 pièces, papier, 291 feuillets; 2 tables de 60 feuillets, papier.

1458-1775. — Déclarations rendues aux fiefs d'Ingrande pour terres et tenures à La Brosse, aux Bouillons, à La Bestrie, à La Brientaye, à Chazé, à La Chabossaïaye, à La Courberie, à La Corbinière, à La Dannière, au Bousay, à L'Étranglard, à L'Escaudu, à La Fontenelle, à La Giraudaye, à La Gautraye, à La Gâtesaïaye, au Hallay, au Hérisson, au Champ-Lizaut, à L'Orgeonnière, à La Plesse, à La Tudellière, à La Tranche, au Verger, à Vezouvre.

SEIGNEURIE DE LA VIGNOLLE.

E. 1423. (Registre.) — In-4°, parchemin, 45 feuillets; le feuillet 46 manque.

1516-1577. — Déclarations de rentes rendues en la cour du fief, à Saumur, à noble homme Urbain de La Vignolle par les tenanciers de sa seigneurie.

SEIGNEURIE DE VILOUÉ.

E. 1424. (Carton.) — 2 cahiers, in-folio, papier, 161 feuillets.

1708. — Brouillard du terrier du fief dit Fief-Cuau, dans la paroisse du Vieil-Baugé.

E. 1425. (Carton.) — 2 cahiers, in-folio, papier, 30 feuillets.

1709. — Brouillard du terrier du fief de La Guillière, dans les paroisses du Vieil-Baugé, de Fontaine-Guérin, de Chartrené et de Baugé.

E. 1426. (Carton.) — 2 cahiers, in-folio, papier, 141 feuillets.

1768. — Brouillard du terrier du fief de Marigné dans la paroisse de Fontaine-Guérin.

SEIGNEURIE DE VILLEGONTIER.

E. 1427. (Carton.) — 12 pièces, parchemin.

1601-1717. — Sentence d'adjudication au profit d'Antoine Simon, de la terre et seigneurie de Villegontier, saisie sur Jacques de La Marqueraye. — Rentes dues par le chapitre de Saint-Pierre d'Angers, pour les fiefs de La Rouaudière, d'Asneau, de Pierre-Blanche, de La Houettière en Cornouaille. — Aveux et déclarations rendus à Me René Héard de Boissimon, sieur de La Houettière et du fief d'Asneau, par François Héard, prêtre, pour le fief de La Thibaudaye, Jean et François Denis et Pierre Gaudin pour la prévôté d'Asneau.

SEIGNEURIE DE VIVIERS.

E. 1428. (Registre.) — In-folio, papier, 152 feuillets.

1564-1617. — Remembrances des déclarations rendues aux assises de la seigneurie de Viviers, par Jacq.

Levenier, Gab. Bertho, Jeh. Moutier, Gervaise Garnier, Guill. Chesneau, Guill. Meslet, Pierre Piron, Isaac Lemaçon, Jeh. Noguette, Mat. Jouet, Jeh. Girard, Hugues Constantin et autres tenanciers dans la paroisse de Chuffes.

COLLECTION D'AVEUX FÉODAUX [1].

E. 1429. (Carton.) — 11 pièces, parchemin; 10 pièces, papier.

[illegible]. — Aveux des seigneuries d'Amigné, de L'Angevinière, des Arennes, d'Argonne, d'Armaillé, d'Asneau, de L'Aumenière, d'Aulneau, des Aunais, d'Aupignelle.

E. 1430. (Carton.) — 22 pièces, parchemin; 10 pièces, papier.

[illegible]. — Aveux des seigneuries de La Ballayère, de La Barbarie, de La Barbotière, de Barcil, de La Baronnière, de Baucheron, de La Beaudouinière, de Beaulieu, de Beaumont, de Beauvais, de La Béchalière, de Beauregard, de La Bellaugeraye, de Bellenoe, de La Béraudière, de La Bertière, de La Besnardière, de La Beucheraye, de Beuxon.

E. 1431. (Carton.) — 22 pièces, parchemin; 17 pièces, papier.

[illegible]. — Aveux des seigneuries de La Bigeotière, du Bignon, de Billé, de Blaison, de Blouynes, de Blusse, de La Bodinière, du Petit-Bois, de Bois-Bodard, du Bois-des-Hommes, de Boisdon, de Boishannais, du Bordage, des Bouchères, de La Bouessière, de La Bougrais, de La Bournée, de La Bouteillerie.

E. 1432. (Carton.) — 21 pièces, parchemin; 15 pièces, papier.

[illegible]. — Aveux des seigneuries de La Brahannière, de Brain-sur-L'Authion, de La Bréhandière, de Bréhabert, du Bréhart, des Brifflères, de Brétignolles, de Briançonneau, de La Brideraye, des Brifflères, de Brissarthe, de La Brulière, du Bruhard, du Buisson, de La Burelière, du Buron.

E. 1433. (Carton.) — 17 pièces, parchemin; 43 pièces, papier.

[illegible]. — Aveux des seigneuries de Cangen, de Cantenay, de Centigny, du Cerisier, de La Certainerie, des Cerqueux, de Chailloux, de Challes, de La Challonnière, de Chambellay, de Champbesnard, de Champiré, de La Chantellerie, de Chantelles, de Chanteloire, de La Chapelle-Saint-Laud, de La Chaperonnière, de Charots, de La Chassée, de Châtelais, de Châtelaison, de La Chauvière, de La Chauvinière, de Chavagnes, du Bourg-de-Chazé, de Chemant, de Chérisson, de La Chevrie-Ourseau.

E. 1434. (Carton.) — 40 pièces, parchemin; 13 pièces, papier.

[illegible]. — Aveux des seigneuries de Chlatré, de Cholet, de La Chouanière, de La Chotardière, de Cierzay, de Cimbré, de Clervault, de Clivoy, du Clonneau, du Clos-Davy, de Cœurderoy, de Coins, de Combrée, de Contigné, de La Contresche, de La Corbière, de Cordé, du Cornillier, de Corzé, de Couesmes, de Coutaines, de Coulouenné, de La Courbeure, du Coudray-Montbault, de La Couperie, de La Coutardière, de La Coutellerie, de Craon, de La Crossonnière, de Cussé.

E. 1435. (Carton.) — 34 pièces, parchemin; 19 pièces, papier.

[illegible]. — Aveux des seigneuries de La Davlaye, de La Diablère, de Dinois, du Dominau, de La Douve, de Druillé, du Petit-Épinay, de L'Épinière, de L'Erguère, d'Érigné, de L'Etaupinaye, d'Épeigne, de L'Épinière, des Essards, d'Estauche.

E. 1436. (Carton.) — 32 pièces, parchemin; 27 pièces, papier.

[illegible]. — Aveux des seigneuries de Faisles, de Faye, du Fief-Corailleau, du Fief-Chabel, du Fief-Guichard, du Fléchay, de Fleins, de Fontenay, de La Fougereuse, de La Fourerie, de La Frardière, de La Frapillonnière, de Froide-Fontaine, de La Gailleule, de La Galopinière, de Gasté, de La Gaudinerie, des Gaudinières, de La Gaultrie, de La Gemmerie, de Gilbourg, de La Gillière, de La Girouardière, de La Godière, de La Gontardière, de Gonnord, de La Goupillère, de Gourillon, des Granges, du Grand-Gré, de Grézillé, de Grignon, de La Grise, de La Grue, de La Guibretaye, de La Guette, de La Guilboterie.

E. 1437. (Carton.) — 21 pièces, parchemin; 28 pièces, papier.

[illegible]. — Aveux des seigneuries de La Hamonière, de La Hardouinière, de Hautebreil, de La Haute-Hallière, de La Haye, de La Haye-aux-Bons-Hommes, de La Haye-Joullain, de Helland, de La Hiretière, de La Houdrière, de La Houssaye, du Hullereau, de Jallais, de La Jambuère, du Jau, de La Jodouinière, du Joncheray, de La Jousselinière, de La Jumellière, de La Jumeraye, du Juret.

E. 1438. (Carton.) — 20 pièces, parchemin; 9 pièces, papier.

[illegible]. — Aveux des seigneuries de La Lande, des Landes-de-Bourière, de La Laudrière, de Langelier, de Launay, du Grand-Launay, de Launay-Fournier, de Launay-Chauvet, de Lézigné, de La Basse-Lhommois, de Loi-

[1] Cette collection, ainsi que la presque totalité des titres de famille, provient du cabinet Grille, acheté par le Département en 1851. Chaque pièce est timbrée d'un cachet spécial qui en atteste l'origine.

gné, de Loiron, de Longchamps, de Longueville, de La Lorencière, du Lys.

E. 1439. (Carton.) — 39 pièces, parchemin; 83 pièces, papier.

[illegible]. — Aveux des seigneuries de La Mabillère, de Maillé, de La Maisonneuve, de La Maraudière, de La Mare, de Marans, du Marquet, de Martigné-Briant, du Martreil, de La Massifrotte, de Malhefelon, de La Mauclergerie, de La Maumonière, de Mauny, de Maurepart, de Mayce, de Mazanger, de La Mazure, de Mené, de Mérai, de La Millonnière, de Mirebeau, des Mollons, de La Monneraye, de Mons, de Monterbault, de Monteeaux, des Monts-Joullains, de La Morandière, de Montreuil-sur-Loir, de La Morelière, de La Motte, de La Motte-Montrieux, du Moulinet, de Munet, de Murs, de La Musse.

E. 1440. (Carton.) — 13 pièces, parchemin; 25 pièces, papier.

[illegible]. — Aveux des seigneuries de Narcé, de Neuville, de La Nouraiserie, des Noirais, de Noirieux, de La Noue-Bachelot, d'Orgigné, de L'Oucheraye, d'Ousches, de Parigné, du Paty, du Pavement-de-Juigné, du Grand-Pé, de La Pépinière, du Perray, des Perriches, de La Perrière-d'Avrillé, des Perrières.

E. 1441. (Carton.) — 39 pièces, parchemin; 22 pièces, papier.

[illegible]. — Aveux des seigneuries de La Pidousière, de La Pierre-Baudon, de Pillochet, du Pin, du Pineau, de La Pissachière, du Planty, de La Plesse-Piédouault, du Plessis-Aubry, du Plessis-de-Combrée, du Plessis-de-Denée, du Plessis-Rolard, du Plessis-Lisiard, du Plessis-Macé, du Plessis-Ragot, du Plessis-Salvert, de La Poissonnerie, de Pont-Thibault, de Pont-Leroy, du Port-Joullain, du Port-Thibault, de La Poterie, de La Presteselière, de La Pouëze, de La Poupinière, du Pré-de-La-Selle, de Princé.

E. 1442. (Carton.) — 24 pièces, parchemin; 29 pièces, papier.

[illegible]. — Aveux des seigneuries de La Ragotière, de Raguin, de La Rainière, de La Rallière, de La Reustière, de Rialle, de Richebourg-et-Le-Thooreil, de La Richoudière, de Riou, de La Rivière, de La Rivière-Coullon, de La Rivière-d'Orvaux, de La Roche-Abilen, de La Roche-de-Serrant, de Rochefort, de La Roche-Foulqués, de La Roche-Joullain, de La Roche-Quentin, des Roches, des Rochettes, de La Roirie, du Ronceray d'Angers, de La Rousselle, de La Rousselière.

E. 1443. (Carton.) — 17 pièces, parchemin; 16 pièces, papier.

[illegible]. — Aveux des seigneuries de Sacé, de Sarreau, de Sarrigné, de Sazé, de Saunay, de La Haute-Sauvagère, de Sainte-Christine, de Saint-Jean-des-Mauvrets, de Saint-Sulpice, de Septaignes, de Sourdigné, de Sourigné.

E. 1444. (Carton.) — 23 pièces, parchemin; 19 pièces, papier.

[illegible]. — Aveux des seigneuries du Grand-Tail, du Temple-de-Gaigné, de Terretien, de Tessé, de Tessecourt, de La Teulerie, de La Touche, de La Touche-d'Aubigné, de La Tour-du-Pin, de La Tranchaye, de La Traversière, de La Tremblaye, de Treurie, de La Trotière, de Turquart ou Fief-Turquart.

E. 1445. (Carton.) — 27 pièces, parchemin; 28 pièces, papier.

[illegible]. — Aveux des seigneuries de Valle, des Petites-Vallettes, de La Varenne-Tillon, de La Vau, de Vauenau, du Vau-de-Cré, du Vau-de-Denée, du Vau-Lambert, de La Venelière, de Verdigné, du Verger, de La Verronnière, de Veru, de Saint-Victor, de La Vigrousière, de Vioreau, de Saint-Vincent-des-Bois, de Voisin, de Vorzé.

TITRES DE FAMILLE.

E. 1446. (Carton.) — 1 pièce, papier.

1684. — Abafour. — Partage des deniers provenant de la succession de Pierre Abafour et Michelle Johannier, sa femme.

E. 1447. (Carton.) — 4 pièces, papier.

[illegible]. — Abraham. — Contrat de mariage de Christophe Abraham et de Marie Guittonneau; — renonciation par les héritiers de René Abraham à sa succession; — vente après décès du mobilier de Jean Abraham, fermier du moulin du Layon.

E. 1448. (Carton.) — 3 pièces, parchemin; 2 pièces, papier.

1395-1678. — Aché (d'). — Acquêt par « Jehan de Aché, dit Le Galays, chevalier, » de terres et bois à La Barbée; — mandement de Jehan, comte d'Alençon et du Perche, portant délivrance de « certaine somme d'argent en quoy Jehan d'Achié et Pierres d'Achié, son frère, estoient tenuz... à dame Jehanne de Soucelle, veufve dudit feu Galois, à cause et par raison » de son douaire; — présentation par messire Alexandre d'Aché de Me Pierre Nepveu à la chapellenie de Saint-Gille desservie en l'église de Berné; — note sur les enfants de Charles d'Aché et de Louise de Baron.

E. 1449. (Carton.) — 2 pièces, parchemin; 1 pièce, papier.

[illegible]. — Acigné (d'). — Contrat de mariage de Judith d'Acigné et de Charles de Cossé-Brissac; — lettres-patentes du roi Henri III, portant confirmation de garde-noble au profit de Jeanne Du Plessis, veuve de Jehan d'Acigné, pour l'administration des biens de sa fille, Judith d'Acigné; — présentation par Honorat d'Acigné de Louis Micault, étudiant au collège de La Flèche, à la chapellenie de Bréhabert « vacante par le mariage de René Soyer, dit Rivière, moderne chappellain de ladite chappelle. »

E. 1450. (Carton.) — 1 pièce, parchemin; 3 pièces, papier.

1707-1767. — ADAM. — Fondation d'une mission en l'église Saint-Clément de Craon par Jacques Adam, curé de ladite paroisse; — partage des biens de Jacques Adam, marchand, et de sa femme, Marie Vallée; — partage des biens de Jacques Adam, sénéchal, et de Madeleine de L'Estoille, sa femme.

E. 1451. (Carton.) — 2 pièces, parchemin; 1 pièce, papier.

1610-1701. — ADRIET. — Acquêt par Perrine Lemoine, veuve Louis Adriet, d'une terre en la paroisse de Longué; — contrat de mariage de Joseph Adriet, praticien, avec Marie Drisset; — notes et quittances de baux de terres en Longué.

E. 1452. (Registre.) — In-folio, papier, 74 feuillets.

1700-1708. — Journal de maître Joseph Adriet, notaire royal à Beaufort, contenant l'enregistrement des baux, la recette des fermes et dettes actives, le relevé comparatif de la succession nette, après décès, dressé par ses héritiers.

E. 1453. (Carton.) — 1 pièce, parchemin; 1 pièce, papier.

1616. — ADRON. — Acquêt de terres en la paroisse de La Selle-Craonnaise par Jean Adron, sieur de La Bouharais; — partage de la succession de Jehan Adron et de Catherine Rocher, sa femme.

E. 1454. (Carton.) — 2 pièces, papier.

1689. — AGNÉE. — Inventaire (incomplet) de la succession mobilière de Blaise Agnée et de Perrine Courant, sa femme; — contrat de mariage de Pierre Agnée avec Andrée Trouvé.

E. 1455. (Carton.) — 1 pièce, papier.

1693. — AHUILLÉ (d'). — Acquêt par René d'Ahuillé, marchand, du clos de L'Ardoise à Allonnes.

E. 1456. (Carton.) — 1 pièce, papier.

1727. ALBERT. — Testament de Renée Albert.

E. 1457. (Carton.) — 1 pièce, parchemin.

1884. — ALEMAIGNE (d'). — Acquêt par Michel d'Alemaigne de quatre quartiers de terre à Neuville.

E. 1458. (Carton.) — 2 pièces, papier.

1540-1880. — ALENCÉ (d'). — Notes et extraits, concernant la famille d'Alencé, par le feudiste Audouys, auteur de l'*Armorial d'Anjou* et de nombreux travaux sur les familles angevines, conservés aux manuscrits de la Bibliothèque d'Angers.

E. 1459. (Rôle.) — Parchemin, 11m 10 de larg.

1408-1409. — ALENÇON (d'). — « Procès pour le « conte d'Alençon, tant en son nom, comme ayant le gou« vernement de la contesse d'Alençon, vicontesse de « Beaumont, sa mère, et de toutes ses chouses des assizes « d'Angers tenues par Estienne Fillastre, licencié en lois, « juge ordinaire d'Anjou et du Maine. »

E. 1460. (Rôle.) — Parchemin, 4 mètres de long.

1420. — « Procès pour madame d'Alençon, contesse « du Perche et dame de Fougières et de La Guerche, tant « en son nom comme aiant le bail, garde, gouvernement et « administration de Monsieur Jehan, son fils, duc et conte « desdits lieux, viconte de Beaumont et seigneur de Fou« gières, et de madamoiselle Charlotte, sa fille, mineurs, « des assises d'Angers tenues par nous Estienne Fillastre, « seigneur de Huillé, juge ordinaire d'Anjou et du Maine. »

E. 1461. (Carton.) — 9 pièces, parchemin; 3 pièces, papier.

1402-1561. — Copie de mandement du dauphin Charles, régent de France, portant ordre de procéder contre les bouchers qui portent et vendent chair en la ville d'Azé et dans les faubourgs de Châteaugontier, au mépris des droits de la duchesse d'Alençon; — procès des assises tenues pour la vicomtesse de Beaumont, bail de Monseigneur Charles, duc d'Alençon, son fils, par François Binel, juge ordinaire d'Anjou; — présentation aux chapellenies d'Antenaise en l'église Saint-Martin de Daumeray, de Saint-Pierre du château de Pouancé, de Sainte-Catherine, près ladite ville, à l'aumônerie Saint-Jean de Châteaugontier (5 pièces avec la signature autographe de Marguerite de Lorraine, duchesse d'Alençon); — mémoire « pour mouvoir monsieur le juge ordinaire d'Anjou... à dire... et prononcer par bonne sentence... au prouffit et intencion de très haut et puissant prince Monseigneur le duc d'Alençon, per de France, comte du Perche et vicomte de Beaumont.., que à tort et à très mauvaise cause le procureur d'Anjou a tendu et tend... de muer, oster et changer à mondit seigneur le vicomte de Beaumont son nom et dignité de viconte... »

E. 1462. (Carton.) — 2 pièces, papier; 1 pièce, parchemin.

1534-1692. — ALEXANDRE. — Permission donnée

par le chapitre de Saint-Pierre d'Angers à Mᵉ Clément Alexandre, garde de la Monnaie, d'ouvrir une porte en la maison de la sous-chanterie; — vente par Mᵉ Jean Alexandre, sieur de Bournay, d'une maison rue des Deux-Hayes, à Angers; — partage de la succession de Mᵉ Alexandre, sieur de Bourg.

E. 1463. (Carton.) — 4 pièces, parchemin; 21 pièces, papier.

1542-1752. — Allain. — Inventaires des papiers et des meubles de Mᵉ Germain Allain, avocat à Angers, et de sa veuve, Catherine Bourdays; — acquêt par Mᵉ Loys Allain, notaire royal, de terres en Corzé; — par *Catherine Brecheu*, sa veuve, de partie de maison à Meigné; — partage des successions de Nicolas Allain, et de Françoise Millet, sa femme, de Nicolas Millet et de Symphorienne Millet, veuve Guitonneau; — contrat de mariage de François Allain, huissier, et de *Anne Saulnier*; — de Jacques Allain et de Catherine Dugast; — de François Allain et de Jeanne Chupin; — de François Allain et d'Anne Loricart; — transaction entre les héritiers de Jacques et de Louis Allain et Gabrielle Charrier, seconde femme de Jacques Allain; — inventaire des meubles de Jacques Allain, sieur de La Marre, et de demoiselle Marie Coroller, sa veuve; — quittance de rachat de rente, délivrée au sieur Desnoz-Desfossés et Allain de Montafilan par messire Jacques Du Merdy, marquis de Catuélan, et Madeleine-Céleste Allain, sa femme, leurs cohéritiers dans la succession des sieurs Allain de La Marre et Allain de Morinville; — partage des biens immeubles de Pierre-Jérôme Allain de Montafilan, lieutenant de la vénerie du duc de Berry, entre messires Nic.-Louis de Plœuc, Jacq. Berthou de Querversio, Louis-Florian Desnoz Desfossés, André-Fr. Reger de Campagnolles, Jacq.-Gab.-Alex. d'Ollançon, marquis de Saint-Germain, Hyacinthe de Tinténiac et Ch.-P.-Félicien Du Merdy de Catuélan.

E. 1464. (Carton.) — 1 pièce, parchemin; 20 pièces, papier.

1529-1780. — Allard. — Convention entre le chapitre de la Trinité d'Angers et Mᵉ Pierre Allard pour l'exécution du testament de Mᵉ Loys Allard; — donation par Nicolas Allard, marchand, d'un logis près Montrevault à Mᵉ Pierre Allard, son fils, étudiant en philosophie au collége de l'Oratoire d'Angers, « afin de luy donner moyen de vivre et s'entretenir honestement; » — acquêt par Mᵉ Guy Allard, notaire royal au May, d'une maison rue du Petit-Prêtre, à Angers; — diplôme de docteur en théologie de Marie-Jean Allard; — dispense d'âge au profit de Jean-François Allard Du Haut-Plessis, pour la place de trésorier-receveur des octrois et deniers patrimoniaux d'Angers; — notes généalogiques, extraits des registres baptistaires, lettre du curé Bretault, de Saint-Pierre Maulimart, concernant la famille Allard.

E. 1465. (Carton.) — 2 pièces, parchemin; 7 pièces, papier.

1585-1680. — Allasneau. — Partage des immeubles de la succession de René Allasneau; — présentation à la chapelle de Seillons en l'église de Noellet par Nicolas Allasneau; — sentence du sénéchal d'Anjou contre Perrine Boucault, veuve Des Alleuds, portant remboursement de rente au profit de Michel Allasneau, sieur de Vildé, André Constantin, mari de Marguerite Allasneau et autres cohéritiers; — notes généalogiques, etc.

E. 1466. (Carton.) — 1 pièce, papier.

1628. — Alleaume. — Partage de la succession d'Yves Alleaume et de Louise Fouscher entre Estienne Cassereau, sieur de La Rosée, mari de Perrine Alleaume, Jean Dugué, mari de Louise Alleaume, Gatien, Jacques et Jean Alleaume.

E. 1467 (Carton.) — 1 pièce, papier.

1749. — Allioux. — Copie et extraits de lettres de prêtrise, de diplômes universitaires, de lettres portant nomination à des bénéfices et d'autres titres concernant François-Vincent Allioux, jésuite, supérieur de la communauté de Saint-Louis à Rome.

E. 1468. (Carton.) — 1 pièce, parchemin.

1742. — Allory. — Cession par Anne Allain d'une rente de 150 livres à François Allory, receveur de la grande bourse de l'Église d'Angers.

E. 1469. (Carton.) — 4 pièces, papier.

1682-1696. — Allouel. — Bail par Mᵉ Jean Allouel, curé de Grézillé, à son frère François Allouel, marchand, du lieu des Rogeries, paroisse de Lué; — testament de Mᵉ Jean Allouel, curé de Beaucouzé; — inventaire et vente de ses meubles.

E. 1470. (Carton.) — 1 pièce, parchemin; 2 pièces, papier.

1620-1639. — Allougny. — Acte de prise de possession de la baronnie de Rochefort-sur-Loire et de la châtellenie de La Possonnière par messire Louis d'Allougny, chambellan du prince de Condé et lieutenant de sa compagnie de chevau-légers; — transaction entre le précédent et Mᵉ Marc Château, avocat au présidial d'Angers, pour le service d'une rente; — reconnaissance de la rente due sur la métairie de Toucheronde en Jallais à Madeleine de Laval, dame d'atour de la Dauphine, veuve de Louis d'Allougny, baron de Craon.

E. 1471. (Carton.) — 1 pièce, parchemin.

1734. — Alotte. — Sentence du *Parlement de Paris* qui reçoit l'appel de Charles Alotte et de sa femme contre un arrêt du juge de Montreuil-Bellay, et suspend le décret de prise de corps lancé contre eux.

E. 1472. (Carton.) — 82 pièces, papier.

1670-1787. — AMELOT, marquis de Chaillou, baron de Châteauneuf-sur-Sarthe. — Notes généalogiques par le feudiste Audouys; — journal des recettes et des dépenses personnelles de M. Amelot de Chaillou; — mémoires des ouvrages de menuiserie et de serrurerie, faits pour M. Amelot, conseiller au Parlement de Paris; — mémoires des journées d'ouvriers employés à la reconstruction du château de Châteauneuf-sur-Sarthe.

E. 1473. (Carton.) — 150 pièces, papier.

1721-1789. — Comptes des dépenses faites par M. l'abbé Cohon pour le marquis de Chaillou; — état de la vaisselle d'argent; — mémoires et quittances de procureurs; — contrats de rentes constituées au profit de Denis Jean Amelot de Chaillon sur les PP. Augustins de Châtillon-sur-Indre, Louis Masson de La Croix, procureur fiscal de La Roche-Posay, Silvain Nepveu, Silvain Thion de Picault, Jacques Jagault, médecin ordinaire de la ville de Buzançais, Louis de La Mothe; — accord et partages pour la succession de la marquise de Valençay.

E. 1474. (Carton.) — 116 pièces, papier, dont 12 avec cachets armoriés.

1742-1787. — Lettres d'affaires, concernant des paiements de dettes ou de créances, des règlements de famille, des contestations ou des procédures, adressées à M. le marquis de Chaillou, par M. Amelot, conseiller au Parlement de Paris, et les sieurs Boullaud, Rullière, Barrême, Collet, Monnaye, Préville, Gillot, l'abbé Nau, doyen de Loches, Maleyssie, Joubert, Armenault, Hureau, voyer d'Anjou, Campeau, Leroux, le marquis de Raffetot, Évrat, de La Villeaudray, Mme Amelot de Valençay, Mme de Charnacé, Le Gris-Pommeraye, de Cypierre, de Ravenel, Moutardier; — lettres adressées à MM. de Thierry et Rullière, intendants de M. le marquis Amelot de Chaillou, par MM. de Chaillou, Cohon, de Saint-Romant.

E. 1475. (Carton.) — 4 pièces, parchemin, 2 pièces, papier.

1466-1610. — AMÉNARD. — Lettres-patentes du roi Louis XI, portant autorisation à Loyse de Clermont, veuve de Jean Aménard, seigneur de Chanzé, de traiter avec toutes personnes des affaires de son fils René Aménard « pour ce « que ung nommé Franczoys de La Grue, qui est ung pou- « vre gentilhomme puisné et n'a que très peu, ... se « vente qu'elle luy a autresfois promis par nom de mariage, « et luy... en donné led. de La Grue vexation et procès, « combien que jamais elle ne eust voullu ne vouldroit con- « tracter avecques luy et fust-il des plus riches du pays... « pour ce que led. de La Grue est accusé et suspeczonné « de la mort de feu Jehan Aménard... ; » — contrat de rente passé avec le chapitre Saint-Laud d'Angers, par Anthoine Aménard, seigneur du Mesnil et de Moze; — extraits généalogiques par le feudiste Audouys.

E. 1476. (Carton.) — 2 pièces, parchemin; 3 pièces, papier.

1414-1686. — AMOUREUSE. — Cession d'une rente au chapitre de Saint-Maurille d'Angers par Renée Des Aulnais, veuve de Jean Amoureuse de Vernusson; — contrat de mariage de Jean Amoureuse, seigneur de La Fuye, et de Jacquine Sibille; — notes généalogiques du feudiste Audouys.

E. 1477. (Carton.) — 14 pièces, parchemin; 38 pièces, papier.

1529-1664. — AMYOT. — Prise à bail par Nicolas Amyot, seigneur de Lansaudière, d'une maison en la ville de Craon, appartenant à l'abbaye de La Roë; — sentence de la prévôté d'Angers, qui maintient le service d'une rente due au chapelain de Saint-Hervé sur une maison de Julien Amyot; — partage des biens de Nicolas Amyot entre Guyonne Amyot, veuve Gilles Chalopin de La Félardière, et François Cherbonnier et Étiennette Amyot, sa femme; — contrat de rente sur La Martignère, paroisse de La Tessoualle, au profit de Jacques et de Guy Amyot; — sentence d'émancipation des mineurs Guy et Pierre Amyot, — notes généalogiques du feudiste Audouys.

E. 1478. (Carton.) — 1 pièce, papier.

1689. — AMYRAULT. — Bail à rente de deux jardins par Jean Druet à Jean Amyrault, Me apothicaire, et Madeleine Beaupoil, sa femme.

E. 1479. (Carton.) — 2 pièces, parchemin; 3 pièces, papier.

1640-1763. — AMYS. — Nomination de Gabriel Amys en la charge d'assesseur civil et criminel au présidial de Châteaugontier; — quittances du trésorier des droits casuels; — extrait des registres de décès de la paroisse Saint-Rémy de Châteaugontier.

E. 1480. (Carton.) — 1 pièce, papier, imprimée.

1779. — ANCELOT. — Billet de convocation « aux messes du bout-de-l'an de messire Claude-François Ancelot, protonotaire apostolique du Saint-Siége et chevalier de l'ordre du Christ. »

E. 1481. (Carton.) — 4 pièces, parchemin; 17 pièces, papier.

1426-1782. — ANDIGNÉ (d'). — Lettres du roi Charles VII portant exemption au profit d'Olivier d'Andigné de tout défaut encouru par lui aux assises de La Roche-d'Iré;

— vente par Olivier d'Andigné à Lancelot d'Andigné des Gages de Montarcher et de Saint-Aignan; — sentence « des commissaires généraulx députez par Sa Majesté pour le regaillement des tailles en la Généralité de Tours, » qui donne acte à René d'Andigné de la présentation de ses titres et le maintient dans ses privilèges de noblesse; — présentation par Anne d'Andigné, dame de La Chelluère, à la chapelle de Notre-Dame de La Louettière en l'église Saint-Denis d'Anjou; — contrat de mariage de René-Joseph d'Andigné, seigneur des Écottais, et de Catherine Gencian; — acquêt par Mathurin d'Andigné du domaine et métairie du Vivier; — par messire François Joseph d'Andigné de Vezins, des deux tiers de la seigneurie du Plessis-Bourré; etc.

E. 1482. (Carton.) — 10 pièces, parchemin; 19 pièces, papier.

1505-1681. — ANGEVIN. — Transaction entre Jullien Angevin, sieur de La Chaupinière et Guillaume Nicolon, mari de Perrine Angevin, et Jullien Angevin, le jeune, sur leur compte de tutelle; — inventaire et partage des biens de Jullien Angevin entre ses deux enfants; — inventaire des meubles de Jullien Angevin, sieur de La Tousche, et de Catherine Voysin; — attestation par trois notables d'Angers que Mᵉ Jullien Augevin, clerc tonsuré, possède un revenu personnel de plus de 60 livres de rente; — demandes et prétentions des héritiers Angevin du deuxième lit contre les héritiers Angevin du premier lit, dans la succession Poitevin-Desportes; — lettre de M. Esturmy, d'Ancenis, à M. Angevin de La Bossaire, pour placer à Angers son frère en apprentissage chez un chirurgien.

E. 1483. (Carton.) — 1 pièce, papier.

1685. — ANGOULLANT. — Contrat de mariage de Jullien Angoullant, droguiste, et de Louise Guitton.

E. 1484. (Carton.) — 2 pièces, papier.

1225-1[illegible]. — ANJOU (d'), seigneur de Noirieux, de La Roche-Talbot, etc. — Notes et extraits généalogiques du feudiste Audouys.

E. 1485. (Carton.) — 16 pièces, papier; 7 pièces, parchemin.

1580-1789. — ANTENAISE (d'). — Présentation par Jacques, Jean et Pierre d'Antenaise, seigneurs du Port-Joullain, à la chapelle Saint-Jean-Baptiste du Port-Joullain; — par Charlotte d'Antenaise, dame du Margat, à la chapelle de la Conception [*alias* de La Foucaudière] en l'église de Contigné; — par Augustin d'Antenaise à la chapelle du château de Boisgirault; — partage de la succession de Guy d'Antenaise; — transaction entre Marie de Montesson, veuve de René d'Antenaise, et les autres héritiers; — contrat de mariage d'Augustin d'Antenaise, seigneur de La Fontaine, et de Ursule de Brissac, veuve de Christophe Duval; — productions pour le partage de la succession de ladite dame Ursule d'Antenaise; — notes et extraits généalogiques par le feudiste Audouys.

E. 1486. (Carton.) — 1 pièce, parchemin.

1522. — ANTIER. — Acquêt par Jean Antier, seigneur du Pasty, d'une pièce de terre près Beaupréau.

E. 1487. (Carton.) — 1 pièce, parchemin.

1780. — ANTOINE — Sentence du lieutenant général de police de Saint-Germain-en-Laye, qui autorise le sieur Louis Garnier, capitaine concierge du château neuf de Saint-Germain, oncle et tuteur de François-Claude Antoine, et de Louis-Marie-Joseph Antoine, enfants mineurs de François Antoine, écuyer, garçon ordinaire de la chambre du Roi, et de Marie-Antoinette-Michelle Didier, à accepter la constitution d'une rente sur le sieur Sevelle, aux conditions consenties par le conseil de famille.

E. 1488. (Carton.) — 1 pièce, parchemin.

1589. — ARAMBOURG. — Présentation par Jean Arambourg, écuyer, seigneur de L'Espinay, à la chapellenie de Saint-Jean-Baptiste desservie en l'hôpital de Candé.

E. 1489. (Carton.) — 2 pièces, papier.

1749. — ARDANGE. — Procès-verbal d'apposition de scellés sur la succession d'Urbain Ardange, cabaretier, et de Perrine Maupoint sa femme.

E. 1490. (Carton.) — 1 pièce, papier.

XVIIIᵉ siècle. — ARESSE (d'). — Généalogie de la maison d'Aresse par le feudiste Audouys.

E. 1491. (Carton.) — 6 pièces, parchemin; 41 pièces, papier.

1509-1787. — ARMAILLÉ (d') et LA FOREST D'ARMAILLÉ. — Présentation par Jacques d'Armaillé à la chapellenie de Saint-René, desservie en l'église d'Armaillé; — autorisation donnée par les paroissiens à René d'Armaillé, de faire dresser un banc en la nef de ladite église; — testament de Claude d'Armaillé; — requête des PP. Carmes d'Angers en revendication des fondations instituées à leur profit; — projet d'accord entre François-Pierre de La Forest d'Armaillé et les officiers du Présidial d'Angers pour la reconnaissance de la seigneurie de Noizé au titre de châtellenie; — « mémoire et estat des mises et dépenses faites « par moy, veuve Vétault, pour le bâtiment neuf de la « maison de l'île de Juigné-sur-Loire; » — quittance de l'achat par M. La Forest d'Armaillé de l'office de syndic de la paroisse de Soulaine; — mémoire pour François-Pierre de

La Forest d'Armaillé contre dame Louise Langlois, veuve de Lantivy de Banchamp; — compte rendu par M. Vercillé de deniers provenant de la succession de M. d'Armaillé, baron de Craon, conseiller au parlement de Bretagne; — bail de l'étang neuf de Vernée et du droit de pêche dans la Maine; — notes et extraits par le feudiste Audouys.

E. 1492. (Carton.) — 193 pièces, papier.

1698-1780. — Lettres adressées à M. le comte d'Armaillé, baron de Craon, conseiller au Parlement de Paris, par Mme Blanchard, MM. Chauvelin, intendant de la généralité de Tours, le président Des Émereaux, Dufresne, curé de Soulaine, Dupont, Gillet, Grézil de La Verronnière, subdélégué d'Angers, Guibret, Houdet Du Gravier, sénéchal de Pouzauges, Loysel, de Vozins, Mme Vétault; — à Mme d'Armaillé, par M. Chauvelin, intendant de Tours, Gaubert, Leshénault de Saint-Sauveur; — — à M. le vicomte d'Armaillé, par Mme d'Armaillé, MM. d'Autichamp, Ayrault, Benoist, Bruneau, Clémenceau de La Lande, Delaage, curé de Chanteussé, Deslandes, Duhamel, Du Petit-Bois, de La Forestrie, Gauvillier, Goddes de Varennes, Guérin, docteur médecin, Hazart, Léchalas, Léridon, Meiguan, feudiste, Mme Ménage de La Potherie, Mocquereau, notaire, le chevalier de Montesson, Mme de Saint-Offange, D'Oysonville, Rochecot de Varennes, Sorée, de Souille, de Souvré, de Vassé; — mémoire et quittances du sellier, de l'orfèvre, du tapissier, du parfumeur, du tailleur et autres fournisseurs; — « observations et précis que s'est fait pour lui même un vieux serviteur et ami de M. et Mme de ***, dans la discussion qu'ils ont avec leur tante, Mme de ***; » — lettres non signées ou de signature illisible, dont une d'un peintre : il s'indigne contre le renvoi du portrait d'une jeune personne qui lui avait été désignée; il n'entend pas avoir perdu son temps en vain, et usera de tous ses moyens pour prouver que ses talents ne sont pas faits pour être le jouet de qui que ce soit (sans indication de lieu ni de date).

E. 1493 (Carton.) — 7 pièces, papier.

1524-1759. — ARMENAULD. — Licitation de la seigneurie de Loucheraye entre les héritiers de François Armenauld; — procuration de Mme Bernardine Armenauld, veuve Cohon; — partage de la succession de Pierre Armenauld, conseiller en l'Élection de Châteaugontier; — licitation de la terre de Davy en la paroisse de Bouchamps entre les héritiers du précédent.

E. 1494. (Carton.) — 4 pièces, parchemin; 3 pièces, papier.

1682-1777. — ARNAULD. — Cession par noble homme François Maunoir, sieur des Mazières, à noble et discret Me Arnauld-Coustard, chantre de la collégiale de Saint-Maimbœuf, d'une rente sur le chapitre; — procès-verbal d'apposition de scellés sur les meubles et effets dépendant de la succession de François Arnauld, greffier du Point-d'honneur à Saumur; — don par lui d'une maison à la demoiselle Lamoureux; — certificat de notoriété qui constate que demoiselle Chauvereau, veuve du précédent, a les prénoms de Françoise-Rose-Victoire, au lieu de ceux de Marie-Rose-Rosier qu'elle a pris irrégulièrement dans deux actes; — arrêt du Parlement de Paris au profit de messire Pierre Guitteau, curé de Saumur, exécuteur testamentaire de François Arnauld, contre Jean-Augustin Chédanneau, directeur des Aides aux Sables-d'Olonne, veuf de Françoise-Élisabeth Arnauld, prétendant, au nom de ses enfants, à la succession.

E. 1495 (Cart. a.) — 2 pièces, papier, dont 1 imprimée.

1614-1720. — ARONDEAU. — Lettre du sieur Biatte, de Loudun, à M. Arondeau, conseiller et avocat du Roi au grenier à sel de Saumur, annonçant un envoi d'argent; — arrêt du Conseil d'État, qui condamne les frère et sœur consanguins et légataires particuliers de Jean-Urbain Sauveur, ingénieur ordinaire du Roi, à restituer dans trois mois à Joseph Arondeau, son légataire universel, la somme de 4,000 livres indument enlevée à la succession.

E. 1496. (Carton.) — 4 pièces, papier.

1638-1737. — ARSAC (d'). — Procès-verbal d'information et de preuve de la noblesse de Louis d'Arsac, écuyer, pour sa réception dans l'ordre des chevaliers de Saint-Jean de Jérusalem; — autre enquête pour la réception de Charles-Henri-Louis d'Arsac dans le même ordre; — notes et extraits par le feudiste Audouys.

E. 1497. (Carton.) — 1 pièce, parchemin.

1438. — ARTAYS. — Testament de Coline, veuve de Jean Artays.

E. 1498. (Carton.) — 1 pièce, papier.

1617. — ARTUR. — Contrat de mariage de Me Charles Artur et de Marie Leblanc.

E. 1499. (Carton.) — 1 pièce, parchemin.

1450. — ASSE. — Acquêt par honorable et discret maître Robert Asse, licencié en lois, seigneur de Chauffour, de la closerie de La Jaudette en Saint-Barthélemy.

E. 1500. (Carton.) — 1 pièce, papier.

1452-1510. — ASSELIN, seigneur du Val et du Petit-Chauvigné. — Partage de la succession de Pierre Asselin et d'Olive Baudenis, sa femme, entre Pierre Lebourguignon et Aimery de Chalus, leurs gendres; — notes et extraits par le feudiste Audouys.

E. 1501. (Carton.) — 1 pièce, papier; 1 pièce, parchemin.

1612. — Athon de La Mazure. — Jugement de la Sénéchaussée d'Angers, qui rend exécutoires les contrats de rente à la charge des héritiers d'Élisabeth Athon de La Mazure.

E. 1502. (Carton.) — 5 pièces, parchemin; 33 pièces, papier.

1502-1786. — Aubert. — Acquêt par noble homme Jean Guesdon de Mathurine Aubert, femme de noble homme Thibault Moreau, de tous ses droits dans la succession de messire Aubert, prêtre; — contrat d'acquêt par Pierre Aubert, marchand fondeur et Renée Arondeau, sa femme, de la maison de La Croix-Blanche en Bressigny; — testament de Thomas Aubert, curé de Saint-Pierre d'Angers; — accord entre Jehan Aubert et sa femme Jehanne Moreau, d'une part, et Renée Debonnaire, veuve de Joseph Aubert, marchand; — licitation entre Guillaume Aubert et ses cohéritiers; — contrat de mariage de Michel Aubert et de Jacquine Volleau; — acquêt par Guillaume Aubert, marchand de draps de soie, d'un logis en la rue Chaperonnière et d'une maison près La Roche-Foulques en Sourelles; — prisée des immeubles dépendant de sa succession; — abandon par Jeanne Aubert de tous ses biens à Perrine Giroust, veuve Jacques Jolly de La Blanchetière, et à Me Pierre-François Jolly, à la charge d'être nourrie et entretenue par eux; — vente des meubles de Marie Badiet, veuve de Jacques Aubert; — acquêt par Jean Aubert d'une maison à Montreuil-Belfroy; — par Françoise Crisrel, veuve de Claude Aubert, d'un logis en Bressigny; — acte de société pour le commerce de draps de soie entre ladite veuve et Joseph-François Marchand, son neveu; — partage de la succession d'André Aubert, chanoine de Saint-Just de Châteaugontier, — renonciation de Bernard Maisonneuve, capitaine commandant les milices du quartier du Bergue de Saint-Domingue, à tout bénéfice de la communauté contractée par mariage entre Jeanne Maisonneuve, sa sœur, et Jacques Aubert de Chessé, officier des milices.

E. 1503 (Carton.) — 1 pièce, parchemin; 5 pièces, papier.

1620-1699. — Aubert (d'). — Inventaire des papiers de Madelon d'Aubert, sieur de La Criblerie; — contrat de mariage du même et de Renée Jarret; — nomination de René Couanne, sieur de La Guenerie, à la tutelle des mineurs de Madelon d'Aubert; — inventaire des titres de noblesse produits par-devant M. Voisin de La Noyrais, commissaire royal en la Généralité de Tours, par Pierre d'Aubert, écuyer, sieur de Launay de Beaulieu; — arrêt de maintenue de noblesse au profit de Pierre d'Aubert, sieur de Langron.

E. 1504. (Carton.) — 2 pièces, papier.

1640-1698. — Aubéry. — Contrat de mariage de noble homme Gilles Aubéry, trésorier de France et général des finances en la généralité de Paris, et de Marie Pinson, veuve de Roch Corrard, sieur de Rouville; — notes et extraits par le feudiste Audouys.

E. 1505. (Carton.) — 10 pièces, parchemin; 31 pièces, papier.

1402-1789. — Aubigné (d'). — Testament de Geffroy d'Aubigné; — présentation par François d'Aubigné à la chapelle du Bois-Moré; — accord entre Jehan et François d'Aubigné, pour le partage de la succession de noble homme Charles Marye, seigneur de La Puissaudière et de Beauregard; — vente par Joseph d'Aubigné, seigneur de Belligné, à Antoinette d'Aubigné, d'un jardin à Alligné, paroisse de Grézillé; — concession par François Thévin, vicomte de Sorges et de Montrevault, baron de Bohardy, à Claude d'Aubigné, seigneur de La Varenne et de La Rocheferrière, du droit d'avoir banc et litre en l'église de Saint-Quentin en Mauges et tous droits honorifiques en l'absence du principal seigneur; — don par Louis Gouffier, duc de Roannès, pair de France, à Jacques d'Aubigné, seigneur de La Touche d'Aubigné et de La Salle en Mauges, du droit de fondation de l'église du Fieraye; — transaction entre Claude d'Aubigné, seigneur du Bois-Robert, fils de Marie Verdier, épouse en secondes noces d'Auguste Joubert, seigneur des Assonnières, et honorable homme Jean Prégent, marchand de draps de soie, pour le paiement des dettes de ladite dame; — vente par messire René Lechat, à Jacques d'Aubigné, seigneur de Corné, des arrérages d'une rente constituée sur la dame Ayrault; — testament de Louis d'Aubigné, seigneur de La Rocheferrière; — présentation par Louis-Henri d'Aubigné à la chapelle de Sainte-Catherine de Tigné; — notes et extraits par le feudiste Audouys.

E. 1506. (Carton.) — 31 pièces, papier.

1558-1789. — Aubin. — Acquêt par Jehan Aubin, châtelain de Châteauneuf, du fief de Chambilles; — partage de la succession de André Aubin et de Jeanne Briend, sa femme; — acquêt par noble homme Jean Aubin, sieur de Chevigné, de l'office de conseiller du Roi et lieutenant en la juridiction des eaux et forêts à Angers; — extrait baptistaire de Marguerite-Renée Aubin; — provisions accordées à René-Eugène Aubin des offices de greffier des seigneuries de La Goubrie, de La Poissonnière en Beaufort, de Beauvais, de La Coutancière et du prieuré de Chevrè-le-Rouge. — Compte de la succession bénéficiaire de Louis Aubin de La Bouchetière, rendu par Mᵉ Anne-René Aubin de La Bouchetière, curé de Pellouaille, à messire Anselme-Étienne Pasqueraye Du Rouzay, héritier en ligne maternelle; — délégation par Pierre Tétu, Hilaire Grivet, Pierre Guillory, négociants, François et Guillaume Ollivier, Jean Dupont, secrétaire de l'Hôtel-de-Ville d'Angers, T. Tétu des Brosses, Mathurin Moreau, à René Eugène Aubin et André Letourneau, feudistes, leurs associés dans la concession de terres et landes dans la baronnie de La Flèche, de la perception de tous droits et arrérages dus à la société; — lettres écrites à Eugène Aubin, feudiste, par Aubert, Brindeau de La Devansaye, Delafosse, Ferrière Du Coudray, Maisonneuve, Mozard, R. Pasquier, curé de Saint-Sauveur de Segré, et sœur Sainte-Sophie, religieuse dépositaire de l'abbaye de Nioiseau.

E. 1507. (Carton.) — 2 pièces, papier.

[illegible]. — AUBINEAU. — Acquêt par Pierre Aubineau de la part de Michel Cyrotteau et d'Étiennette Aubineau, sa femme, et de celle d'Émery Thuault, dans la succession de Martine Aubineau, femme de Jehan Thuault.

E. 1508. (Carton.) — 4 pièces, papier; 1 pièce, parchemin.

[illegible]. — AUBRÉE. — Procédure par-devant le prévôt de Saumur, pour la succession de Briand Aubrée, notaire, et de Marie Bazin, sa femme.

E. 1509. (Carton.) — 1 pièces, papier; 1 pièce, parchemin.

[illegible]. — AUBRY. — Partage de la succession d'Étienne Aubry; — requête de Denis Aubry, maître maçon, pour être mis en possession de la maison qu'il a acquise de Guillaume Lefebvre, sieur de La Touche; — bail à Guillaume Aubry, maréchal, d'un jardin dans les faubourgs de Saumur; — testament de Jacquine Aubry; — enquête de bonnes vie et mœurs de Pierre Aubry, praticien à Châteauneuf-sur-Sarthe.

E. 1510. (Carton.) — 1 pièce, parchemin; 1 pièce, papier.

[illegible]. — AUDEMONT. — Ajournement donné à Urbain Audemont, sergent royal, par-devant le sénéchal de Saumur, pour répondre d'arrérages de rentes par lui dues à ses cohéritiers dans la succession de Marie Bonneau, sa mère; — acquêt par le même d'une pièce de pré dans la prée d'Olfart.

E. 1511. (Carton.) — 1 pièce, papier.

[illegible]. — AUDOUET (d'). — Partage de la succession de Nicolas d'Audouet et d'Hardouine Ollivier, sa femme, entre Olive d'Audouet, veuve René Dubays, Thomas Boisneau, curateur de René Hiret, fils de Jehanne d'Audouet, Loys Gaudry et Jacquine d'Audouet, sa femme, noble homme Jehan Apvril, porte-manteau du Roi, et ses co-héritiers.

E. 1512. (Carton.) — 10 pièces, parchemin; 25 pièces, papier.

[illegible]. — AUDOUIN. — Contrat de mariage de Jacques Audouin, avocat au Présidial d'Angers et de Marguerite de Pincé; — acquêt par Jacques Audouin, sieur de Danne, de l'office d'assesseur au siège de la prévôté d'Angers; — contrat de mariage de Jacques Audouin et de Lucrèce Kelys; — de Jacques Audouin et de Françoise de La Noue; — déclaration par Jacques Audouin, écuyer, échevin élu d'Angers, qu'il entend jouir des privilèges de la noblesse municipale; — arrêt conforme du Conseil d'État; — contrat de mariage de Charles Audouin, docteur régent en l'Université d'Angers, et de Madeleine Ménage; — de André Audouin, sieur de La Blanchardière, juge magistrat en la Sénéchaussée d'Angers, et de Simonne Draula; — inventaire de la succession de Jacques Audouin et de Françoise de La Noue; — partage de la succession de Renée Hélot, veuve de François Audouin, sieur des Châteliers; — testament de Charles Audouin, sieur de Danne et de La Minière, doyen de l'Université d'Angers; — certificats d'étude et d'inscriptions, et brevet de licencié en droit civil et canon de Gilles Audouin de Danne; — acte de sa prestation de serment comme avocat au Parlement de Paris; — lettres de conseiller au Présidial d'Angers; — contrat de mariage de Gilles Audouin et de Françoise Frain Du Planty; — de Jacques Audouin et de Catherine Rault; — partage des successions de Charles Audouin de Danne, de Madeleine Ménage et de Charles Audouin de La Minière, leur fils; — sentence de M. Bernard Chauvelin, intendant de Tours, qui donne acte à Gilles Audouin de Danne de la production de ses titres de noblesse et le maintient dans ses privilèges de gentilhomme; — inventaire de ses meubles et de sa bibliothèque, à la requête de sa veuve, Françoise Frain; — accord entre Marie-Madeleine Audouin, veuve de Jacques-Philippe-Bernard de La Barre, et Charles-François Charbonnier de La Guesnerie, mari d'Ursule Audouin, pour la succession des précédents.

E. 1513. (Carton.) — 41 pièces, papier.

[illegible]. — AUDOUYS. — Compte de tutelle rendu par René Cathernault à Joseph Audouys, fils de Jean Audouys, sieur de La Cléraudière et de Marthe Cathernault; — acquêt par noble homme Pierre Audouys et Marie Grésil, sa femme, de la closerie de La Jaudelle en Saint-Barthélemy;

— lettres adressées à René Audouys, feudiste, par le sieur De Vallières, Petit de Blaison, Legoux de Vaux, de La Motte-Baracé, de La Béraudière, Pigeon, Toutain, le marquis d'Hauteville, de Champagné, Du Bust, Riballier, portant envoi de renseignements généalogiques pour la rédaction de l'Armorial d'Anjou; — notes et extraits sur Beaupréau, Baugé, Blaison, Brezé, Brissac, Daué, Éxigné, Le Plimpâu et autres seigneuries angevines.

E. 1514. (Carton.) — 1 pièce, papier.

[illegible]. — Audusson. — Certificat délivré par Vilneau, médecin de Saumur, à François Audusson, piqueur aux ouvrages de corvée, constatant qu'il est atteint d'une infirmité qui le rend incapable « de marche suivie ou de besogne tant soit peu forte. »

E. 1515. (Carton.) — 1 pièce, parchemin.

1650. — Augeneau. — Arrêt du Parlement de Paris, qui ordonne la réception de Pierre Augeneau en ses offices de conseiller du Roi au Présidial de Tours et d'assesseur en la maréchaussée de Touraine, nonobstant l'opposition des héritiers Desrousseaux, dernier titulaire.

E. 1516. (Carton.) — 1 pièce, papier, imprimée.

1760. — Augereau. — Mémoire pour Louis Augustin Augereau et Jeanne Rose Savatier, sa femme, contre Jean et François Simon, au sujet de la succession de Jean Savatier, marchand.

E. 1517. (Carton.) — 2 pièces, parchemin.

1691. — Augier. — Présentation par René Augier, sieur de Charots et de Livré, à la chapellenie de Saint-Julien de Livré.

E. 1518. (Carton.) — 4 pièces, papier.

1599-1756. — Augignard. — Acquêt par Jacques Augignard de partie de maison à Bagneux près Saumur; — déclaration rendue par Pierre Augignard au prieuré du Puy-Notre-Dame, pour sa maison de La Corne-de-Cerf; — transaction entre Pierre Bancheresu, mari de Louise Augignard, et Vincent Meunier, marchand, au sujet d'une somme due à la succession de Mathurin Augignard; — acquêt de terres par Girard Augignard dans la paroisse de Saint-Georges-Châtelaison.

E. 1519. (Carton.) — 1 pièce, papier.

1599-1606. — Aulnières (d'). — Notes et extraits par le feudiste Audouys sur la famille d'Aulnières, seigneur d'Aulnières et de Raguin.

E. 1520. (Carton.) — 3 pièces, papier.

1620-1670. — Aupois. — Testaments de Marie Aupois, d'Hélène et de Jacquine Aupois, portant fondations dans l'église des Augustins d'Angers.

E. 1521. (Carton.) — 2 pièces, papier.

1667-1767. — Auvé. — Enquête, par-devant l'official d'Angers, pour l'entérinement de la bulle portant dispense d'affinité pour le mariage de Louis-Jérôme Auvé d'Aubigny et de Renée-Marie-Anne-Michelle Auvé de La Noiraye; — notes et extraits par le feudiste Audouys.

E. 1522. (Carton.) — 1 pièce, papier.

1800. — Auvers (d'). — Note et extraits d'Audouys sur la famille d'Auvers, seigneur d'Auvers près Durtal.

E. 1523. (Carton.) — 13 pièces, parchemin.

1400-1455. — Auverse (d'). — Acquêts par Guillaume d'Auverse et par Macée, sa femme, de vignes, prés, courtils en la paroisse des Essarts; — par Pierre d'Auverse de terres et vignes en les paroisses de Beaucouzé et de Saint-Léger-des-Bois.

E. 1524. (Carton.) — 2 pièces, papier.

1510-1670. — Auvré. — Testament de Jehanne Auvré, dame des Moulins; — partage de la succession de Pierre Auvré entre Pierre Pelou, marchand, et Françoise Auvré, sa femme, Antoinette Auvré, veuve de Nicolas La Miche, René Gaudrée et Barbe Auvré.

E. 1525. (Carton.) — 6 pièces, parchemin; 2 pièces, papier; 2 sceaux.

1520-1601. — Avaugour (d'). — Présentation par Charles d'Avaugour à la chapelle Sainte-Catherine de son château de Sauné; — par Guyonne de Villeprouvée, veuve de Guy d'Avaugour, à la chapelle desservie en sa maison d'Angers; — fondation par Claude d'Avaugour d'une messe à basse voix, célébrée chaque vendredi en l'église des Cordeliers d'Angers, pour le repos de l'âme de Claude de Clérembauld, sa fille.

E. 1526. (Carton.) — 4 pièces, parchemin; 12 pièces, papier.

1560-1759. — Aveline. — Prise à bail par Pierre Aveline, marchand poêlier, et Anne Pèlerin, sa femme, du jeu de paume des Aisses; — acquêt sur Marin Nouleaux par Daniel Aveline de la closerie du Bout-du-Moulin en Blaison et de prés en la paroisse de La Bohalle; — acquêt par Anne Aveline de la cour des Lauriers aux Ponts-de-Cé; — prisée judiciaire des biens propres de la succession de Louise Aveline, à la requête de Charles Du Tremblier, son mari et légataire, de Laurent Aveline, sieur de Saint-Mars, et de Louis Guérin, sieur de La Guimonnière; — licitation de la terre de Narcé entre lesdits héritiers; — présentation par Charles-Laurent Aveline, écuyer, à la chapelle de Sainte-Madeleine en son château de Narcé.

E. 1527. (Carton.) — 2 pièces, papier; 1 pièce, parchemin.

[illegible]. — Averton (d'). — Présentation par André et Payen d'Averton à la chapelle du château du Perray; — par Henri Lebouvier, avocat, au nom de sa femme Françoise d'Averton, à la chapelle Notre-Dame-de-La-Garde [alias de Raballe] en Saint-Jean-des-Mauvrets; — notes et extraits par le feudiste Audouys.

E. 1528. (Carton.) — 9 pièces, parchemin.

[illegible]. — Avisaut. — Acquêt par Vincent Avisaut de terres, vignes et maisons dans les paroisses de Sainte-Gemmes-sur-Loire et de Frondeis.

E. 1529. (Carton.) — 1 pièce, papier, 1 pièce, parchemin.

[illegible]. — Avoines (d'). — Démission par Jehan d'Avoines, sieur de La Meignannerie, de son office de connétable du portal de Saint-Nicolas d'Angers; — présentation par Jacques d'Avoines, sieur de Gastines, à la chapelle de La Corbinière en l'église de Fougeré; — par François d'Avoines à la chapelle de son château de Gastines; — testament de Jacques d'Avoines, sénéchal gouverneur de Montpellier; — réception de Jeanne d'Avoines chez les Dames de la Foi d'Angers; — notes et extraits par Audouys.

E. 1530. (Carton.) — 1 pièce, papier.

[illegible]. — Avoir (d'). — Note et extraits par le feudiste Audouys sur la famille d'Avoir, seigneur de la baronnie d'Avoir.

E. 1531. (Carton.) — 71 pièces, papier; 13 pièces, parchemin.

[illegible]. — Avril. — Acquêt par Pierre Avril, prieur des Carmes de La Rochelle, de terres et bois en Cornillé; — testament de Jean Avril; — deux lettres adressées à M. le contrôleur Avril par Puygaillard, gouverneur du château d'Angers, dont une autographe : « quant aus « nouvelles de par de sa, Valantianne est prins et Anvers, « et l'a reprins le conte d'Égremont pour le Roy d'Espai- « gne et le prince d'Orange a reprins Anvers, de fason que « toutes les viles de Flandres sont reminses an la sujescion « du Roy d'Espaigne, et vous aseure que sela a bien fait « baiser l'oreille à nos autres huguenos... » — une quittance du même et « mémoire de fagots » à requérir sur les notables y dénommés d'Angers; — fondation par François Avril, chanoine de l'Église d'Angers en l'honneur d'Ulrier d'Andouet, son oncle; — lettres de conseiller au Présidial d'Angers pour Maurice Avril; — testament de Renée Avril; — contrat de mariage de Michel Avril et de Marie Cerisier; — commission de commissaire ordinaire de la marine; — donation mutuelle entre Abel Avril, sieur de Loucil, et sa femme Marguerite Gallisson; — testament d'Abel Avril, sieur de Monceaux; — inventaire de ses meubles; — factum pour Françoise Lemasseau, veuve noble homme Jacques Avril, sieur de La Chaussée, contre Pierre Lebon, sieur de La Touche, médecin à Baugé; — dispense du Pape pour le mariage de Louis Avril et de Marie Tessier; — partage entre Charles-Robert Avril et Françoise-Renée Fleuriot de la succession de Renée Baillif; — lettre de Lomaignan, ancien capitaine d'infanterie, demandant recherche de renseignements sur sa famille dans les titres de la seigneurie des Molans; — plan visuel et vente de l'hôtel de M. Avril de Pignerolles en Lesvières; — accord entre les héritiers de Jeanne Poupard, veuve et donataire de Bernard Avril de Pignerolles, seigneur du Mesnil-Amenard; — notes et extraits par le feudiste Audouys.

E. 1532. (Registre.) — In-folio, papier, 311 feuillets.

[illegible]. — Baux, contrats de rente et d'acquêt, partages et autres actes passés par René-Philippe Avril de Pignerolles, chanoine de Saint-Léonard de Chemillé, et autres membres de la famille; — acquêt du Mesnil-Amenard et copie des titres à l'appui des droits honorifiques dans l'église de Montillers; — contrat de mariage de Bernard Avril de Pignerolle et de Jeanne Poupart; — acquêt de La Guérinière en Trélazé, etc.

E. 1533. (Carton.) — 3 pièces, parchemin, 13 pièces, papier.

[illegible]. — Ayrault. — Acquêt par Jean Ayrault, procureur du Roi en l'Élection d'Angers, de partie d'une maison en la rue Saint-Martin d'Angers; — contrat de mariage de Pierre Ayrault, lieutenant criminel au Présidial d'Angers, et d'Anne Boylève; — fondation par Jacquine Ayrault d'anniversaires en l'église Saint-Jean-Baptiste d'Angers; — accord entre Renée Lanier, veuve de Pierre Ayrault, Pierre Lechat et autres co-héritiers; — présentation par Pierre Ayrault à la chapelle de la Trinité en son château de La Haye de Brissarthe; — contrat de mariage de Pierre Ayrault, conseiller au Parlement de Bretagne, et de Françoise Du Fresne; — de Pierre Ayrault, seigneur de Béligan, lieutenant général criminel en la Sénéchaussée d'Anjou, et d'Anne Lefebvre; — dispense d'affinité pour le mariage de Louis Ayrault et de Jeanne Loyseau; — acquêt par Pierre Ayrault, sieur de Saint-Thénis, de la seigneurie de La Boustrasière; — notes et extraits par le feudiste Audouys.

E. 1534. (Carton.) — 20 pièces, papier.

[illegible]. — BABIN. — Prise à bail par Macé Babin, marchand drapier, du commun des Jaunais à Brain-sur-Allonnes; — lettres de M. Géhère, prêtre, à François Babin, chanoine de l'église d'Angers, traitant d'intérêts privés; — partage des successions de Marie Babin, de Julienne Babin et de René Boré de La Cartaudière entre François Babin, Marie Babin, veuve d'Ollivier Gingats, Louise Babin, veuve de Simon Bardereau et autres cohéritiers; — testament de François Babin, doyen de la faculté de Théologie d'Angers; — inventaire de ses meubles; — requête de ses héritiers pour être dégagés des réparations du prieuré de Pommier-Aigre imputées à sa succession; — bail à François Babin, laboureur, de terres à Chéligné.

E. 1535. (Carton.) — 1 pièce, papier.

[illegible]. — BABINEAU. — Testament de Françoise Babineau, fille de Jean Babineau et de Marguerite Fourreau, portant fondations en l'église de la Trinité d'Angers.

E. 1536. (Carton.) — 4 pièces, papier.

1680-1781. — BACHELIER DE BERCY. — Extrait de l'acte de baptême de Françoise Bachelier; — constitution de 100 livres de rente au sieur Maissonnier par Bachelier de Bercy, seigneur de La Perrière.

E. 1537. (Carton.) — 1 pièce, papier; 1 pièce, parchemin.

1688-1784. — BACHELOT. — Acquêt par Alexandre Bachelot, sieur de La Tassinière, d'une rente de 100 livres sur François de La Forêt-d'Armaillé; — extrait du bilan de Robert Bachelot, marchand de vin.

E. 1538. (Carton.) — 3 pièces, parchemin; 5 pièces, papier.

1619-1686. — BAGUENARD. — Acquêt par François Baguenard de terres et vignes à Champigné-le-Sec; — concordat avec Louis Meschine, son gendre; — traité d'association entre François et Florent Justeau, et François et Michel Baguenard, pour l'exploitation des carrières de Tuffeau de Dampierre; — compte entre René Guillou, François Baguenard et Louis Meschine pour la success[illegible] de François Baguenard.

E. 1539. (Carton.) — 1 pièce, papier.

1580-1691. — BAHOULLIÈRE. — Note et extraits par le feudiste Audouys.

E. 1540. (Carton.) — 2 pièces, papier.

1580-1646. — BAHOURD. — Acquêt par Jean Bahourd, seigneur de La Rougerie, d'un logis au bourg de Neuvy; — notes et extraits par le feudiste Audouys.

E. 1541. (Carton.) — 6 pièces, parchemin; 4 pièces, papier.

[illegible]. — BAIF (DE). — Don par Pierre de Baïf, clerc, du consentement d'Haimery de Baïf, chevalier, son aîné, d'une dîme dans la paroisse de Bouère à Saint-Cyr-le-Vieux; — présentation par Jehan de Baïf aux chapelles de Baguillon en Soulaire et de Saint-Germain de Cré; — inventaire des meubles de la succession de René de Baïf et de Catherine de Champchevrier, sa femme; — don fait en avancement d'hoirie par René de Baïf, mari de Claude de Lépinay, à Isaac de Baïf, leur fils aîné, de la terre de Cré; — notes et extraits par le feudiste Audouys.

E. 1542. (Carton.) — 1 pièce, papier.

[illegible]. — BAGNAILLES (DE). — Cession par André Séron, premier médecin de l'artillerie de France, et Marguerite Absolut, sa femme, à Adrien de Bagnailles, lieutenant particulier au bailliage de Dreux, d'une rente due par Esprit Picquet, sieur de Cisières.

E. 1543. (Carton.) — 1 pièce, parchemin.

[illegible]. — BAIGNEUX (DE). — Contrat de mariage de René Érard de Baigneux, seigneur de Courcival, et de Renée Du Hardas.

E. 1544. (Carton.) — 1 pièce, papier.

1630. — BAILLARGEAU. — Testament de René Baillargeau, sieur de La Fuye, soldat en la garnison du château d'Angers, et de sa femme, Andrée Leroy.

E. 1545. (Carton.) — 7 pièces, parchemin; 14 pièces, papier.

1600-1775. — BAILLIF. — Partage de la succession de Guillaume Baillif, marchand, et de ses deux femmes, Renée Fleury et Michelle Boulon; — transaction entre leurs enfants; — partage entre Pierre Baillif, teinturier à Tours, Jehanne Baillif, femme de René Chesneau, Innocent Baillif, poêlier à Angers, et autres cohéritiers, de la succession d'Adrien Michel, apothicaire à La Flèche, et de sa femme Hélène Baillif; — acquêt par Robert Baillif de terres en la paroisse des Rosiers; — partage entre Jacques Baillif et Simon Baillif, docteurs en médecine de la faculté d'Angers, Michel Dupont et Louise Baillif, sa femme, Pierre Baillif, prêtre, et Robert Baillif, de la succession de Robert Baillif, docteur de la Faculté de médecine d'Angers et de Louise Bouteiller, sa femme; — partage de la succession de Jacques Baillif et de René Léard, sa femme.

E. 1546. (Carton.) — 3 pièces, papier.

1769. — BAIN. — *Retrait lignager par Jean-Charles* Bain, huissier, et Marc Bain, relieur, d'une maison rue de la Tannerie, à Angers, vendue par leur mère à Jean Rossard praticien.

E. 1527. (Carton.) — 1 pièce, papier.

[illegible]. — BALLANDE. — Testament de Jean Ballande, prêtre, portant fondation de la chapellenie du Saint-Esprit, en l'église de Gonnord.

E. 1528. (Carton.) — 1 pièce, parchemin.

[illegible]. — BALLARIN (de). — Déclaration rendue à la seigneurie de Sarrigné par Yves de Ballarin pour sa seigneurie de La Tinellière.

E. 1529. (Carton.) — 15 pièces, papier.

[illegible]. — BALLÉCHOUX. — Procédure pour Louis Andrault, Renée Balléchoux, sa femme, et Gastien Balléchoux, contre François Balléchoux, maître chirurgien, Gilles Dulion, Anne Prieur, veuve de Jacques Balléchoux pour le partage de la succession de Marthe Balléchoux; — trois lettres adressées à Balléchoux, notaire royal à Thouarcé, dont deux d'affaires privées, la troisième par Choudieu Duplessis qui l'invite à retirer son refus des fonctions d'électeur: « Tant de bons patriotes sont volontairement sacrifier leur vie pour la patrie, que vous regretteriez de n'avoir pas couru les risques d'augmenter votre indisposition en répondant aux vœux de vos concitoyens les plus sensés; il ne fault souvent que la voix d'un homme juste et sincère pour opérer un grand bien ou éviter de grands malheurs. »

E. 1530. (Carton.) — 1 pièce, papier.

[illegible]. — BALLUGEON. — Vente à Jehan Ballugeon par Françoise Du Puy-du-Fou, veuve de René de Montalays, de son droit de réméré, par elle réservé sur la terre de Lantivelle.

E. 1531. (Carton.) — 1 pièce, parchemin; 3 pièces, papier.

1630-1646. — BALLODES (de). — Contrat de mariage de Jean de Ballodes, seigneur du Verger, gentilhomme servant de la maison du Roi, et de Jeanne Cuissard, dame du Pin; — amortissement par Jean de Ballodes d'une rente de 10 livres due à Étienne Hiron; — notes et extraits par le feudiste Audouys.

E. 1532. (Carton.) — 1 pièce, parchemin; 2 pièces, papier.

1548-1629. — BALLUE. — Partage du pré de La Borderie entre Jacques Ballue et André Hunault; — notes et extraits par le feudiste Audouys.

E. 1533. (Carton.) — 2 pièces, papier.

1749. — BALSAC. — Procès-verbal d'apposition et de levée de scellés sur les meubles dépendant de la succession de Jacques-Joseph Balsac, courrier d'Angers à Nantes.

E. 1534. (Carton.) — 1 pièce, papier.

[illegible]. — BANCHEREAU. — Rachat par Françoise Drillaud, veuve Jacques Banchereau Du Tail, d'une rente de 80 livres due à Jeanne Banchereau, veuve Louis Guéniveau.

E. 1535. (Carton.) — 16 pièces, papier.

[illegible]. — BARALLERY. — Acquêt pour Jean Barallery, apothicaire, de vignes à Varrains; — décret d'adjudication des biens de Charles Barallery, sieur de Lafeu et de Marie Falligan, sa femme; — acquêt par Jean Barallery, bourgeois d'Angers, de terres à Andard et à Corné; — testament de Jean-Baptiste Barallery.

E. 1536. (Carton.) — 8 pièces, papier.

1694-1699. — BARANGER. — Partage de la succession de Jean Baranger et de Martine Boulin.

E. 1537. (Carton.) — 8 pièces, papier.

1709-1718. — BARAT. — Requêtes d'Urbain Barat, cordonnier à La Flèche, afin d'être déchargé du droit de francs-fiefs sur le bien de La Mollière, acquis par lui de Charles Bellanger; — dispense d'affinité pour le mariage de René Barat et d'Anne Michel.

E. 1538. (Carton.) — 8 pièces, parchemin; 3 pièces, papier.

1480-1628. — BARATON. — Présentation par Jean Baraton à la chapelle de Saint-Mathurin desservie en son manoir de La Motte-Augirard; — par Olivier Baraton aux chapelles de Saint-Jean-Baptiste en son château de La Roche-Baraton, et de Saint-Melaine en Saint-Aubin du Pavoil; — par Loys Baraton à la chapelle de La Madeleine du Chalonge; — notes et extraits par le feudiste Audouys.

E. 1539. (Carton.) — 12 pièces, papier.

1700-1702. — BARBIER. — Lettres d'un sieur Delorme, d'Angers, à M. Barbier, procureur au Parlement de Paris. — Il ne s'agit que d'affaires de procédure. — Dans celle du 27 décembre 1700 sont de mauvais vers contre un débiteur récalcitrant nommé Vallée.

E. 1540. (Carton.) — 1 pièce, papier.

1761. — BARBIER DU DORÉ. — Dispense d'affinité pour le mariage de Michel Barbier Du Doré et de Françoise-Jacquine Hiron.

E. 1541. (Carton.) — 1 pièce, parchemin; 4 pièces, papier.

1680-1691. — BARBEREAU. — Vente par Pierre Poition à Pierre Barbereau, apothicaire, de la métairie de La Grasse-Pierre à Beaufort; — contrat de mariage de René Barbereau, marchand de soie à Angers, et de Françoise Coustard; — inventaire des meubles de Charles Barbereau, receveur de l'abbaye du Ronceray; — partage de la succession de René Barbereau, sieur des Plantes, ancien consul des marchands d'Angers.

E. 1862. (Carton.) — 2 pièces, papier.

1644-1686. — Barberie (de La). — Dispense d'affinité pour le mariage de René de La Barberie et de Madeleine de La Barberie; — pour celui de René-Charles-Louis de La Barberie et de Louise-Claude Maréchal.

E. 1863. (Carton.) — 31 pièces, papier, dont 3 imprimées; 14 pièces, parchemin; 9 cachets armoriés dont 4 brisés.

1670-1784. — Bardet. — Brevets de capitaine de frégate et de capitaine de vaisseau de Charles Bardet, sieur du Boisneau; — inventaire des meubles de sa succession; — certificat d'inscription sur la liste des gardes de la marine, délivré au sieur de Bardet, son fils, par Pontchartrain; — commission pour la levée d'une compagnie d'infanterie; — brevet d'enseigne de vaisseau; — acte de mariage du même avec Catherine de Courpon; — brevets de capitaine général garde-côtes du Montoir et de lieutenant de vaisseau; — consultation judiciaire de me Berroyer sur les dispositions testamentaires de Marie Tersmitte, veuve en premières noces de Charles Bardet, sieur du Boisneau, remariée à Pierre Régnier, conseiller au Présidial de La Rochelle; — contrat de mariage de Charles-Robert Bardet Des Gléreaux et de Françoise-Élisabeth de Chavannes; — brevets de capitaine de la compagnie de milice-cavalerie de Saint-Domingue délivré audit Des Gléreaux; — brevet de garde de la marine, de sous-brigadier des gardes-marine, d'enseigne, de lieutenant de vaisseau pour Charles-Henri-Jacques Bardet des Clereaux; — contrat de mariage du même et de Marie-Henriette-Françoise de Boscals de Réals; — mémoires judiciaires des deux époux pour obtenir leur séparation de corps; — bail par Paul-Louis Duverdier de Genouillac à Charles-Henri-Jacques Bardet Des Glèreaux d'un hôtel près l'Académie d'Angers. (6 pièces de ce dossier portent la signature autographe de Louis XIV, 3 celle de Louis XV, 1 de Louis-Alexandre de Bourbon, comte de Toulouse, 1 de Pontchartrain, 4 de Philippeaux, 2 de De Machault, 1 de Choiseul, duc de Praslin, 1 de Sartines, 1 du chevalier de Chastenoye, commandant du Cap, avec cachet armorié, 3 de Charles Brunier de Larnage, gouverneur des îles françaises de l'Amérique sous le vent, 1 de Louis Guillouet, comte d'Orvilliers, chef d'escadre.)

E. 1864. (Carton.) — 6 pièces, papier.

1597-1703. — Bardin. — Compte entre Jehan Bardin, sieur de La Hobaudière, et Jacques Bizot, son gendre; — acquêt par Louis Bardin, sieur de Bouzanne, d'une maison à Saumur; — contrat de mariage de Pierre Bardin, sieur de La Morinière et de Françoise Liquet; — cession par Henri de Gondy, duc de Retz et de Beaupréau, à Mauricette Davy, veuve de Louis Bardin, d'une rente de 8 setiers de blé due sur Le Chêne-Hubert, La Miotière et autres métairies circonvoisines; — délégation par Antoine Bardin, chanoine de Saint-Pierre d'Angers, à Anne Bardin, sa sœur, pour la gestion de tous ses biens.

E. 1865. (Carton.) — 4 pièces, papier.

1707-1789. — Bardoul. — Nomination de J. B. Michelet pour la curatelle des enfants mineurs d'Elye Bardoul, de Perrine Delisle; — acquêt par Elye Bardoul, notaire royal à Angers, de la closerie du Coudray, au Plessis-Grammoire; — certificat de travaux faits par Étienne Bardoul, fermier, sur la route d'Angers à Durtal.

E. 1866. (Carton.) — 3 pièces, papier.

1621-1659. — Barenger. — Partage des successions de René Barenger et de Françoise Moisant, de Simon Barenger et de Perrine Poupart, et de Jeanne Barenger.

E. 1867. (Carton.) — 2 pièces, papier.

1710-1711. — Barillet. — Acquêt par Jean Barillet d'une maison à Claye près Murs.

E. 1868. (Carton.) — 2 pièces, papier.

1560-1651. — Barillon. — Acquêt par Joachim Barillon du bordage des Veillans; — note du feudiste Audouys.

E. 1869. (Carton.) — 4 pièces, papier; 3 pièces, parchemin.

1559-1609. — Barjot. — Requête de Philbert Barjot, président du Grand Conseil, maître des requêtes, afin d'obtenir délivrance d'une somme déposée chez un notaire par Geneviève Tournebulle; — lettres patentes du Roi Henri III qui annulent au profit de me Claude Barjot et de Philippe de Naillac, sa femme, tout arrêt obtenu contre eux, au mépris des lettres de surséance qui n'ont pu être signifiées à Paris, « celuy qui est allé, s'en estant retourné sans rien faire, ayant déclairé qu'il n'y avoit personne qui les osât présenter ny mesme qui osast seulement en parler, voire qu'estant de bonheur entré jusques aux faulxbourgs sans estre visité, il auroit esté contrainct de laisser lesdites lettres de peur d'estre tué ou mis prisonnier, au cas que en sortant il en eust esté saisy »; — vente par Antoinette d'Aubigné à René Barjot de terres et masures à Alligné; — testament de Marie Sachet, femme du précédent.

E. 1510. (Carton.) — 5 pièces, papier.

[illegible]. — Barnabé (de). — Contrat de mariage de Marie-Alexis de Barnabé, seigneur de La Haye-Fougereuse avec Marie-Joseph Walsh de Serrant; — inventaire des meubles de leur succession; — notes et extraits par le feudiste Audouys.

E. 1511. (Carton.) — 4 pièces, papier.

[illegible]. — Baron. — Distribution des sommes dues à la succession du sieur Deslandes par le sieur Baron du Verger; — partage entre Mathurin Baron et Mathurin Jelandeau de la métairie de La Fresnaye en Gosté; — notes et extraits par Audouys.

E. 1512. (Carton.) — 27 pièces, parchemin; 11 pièces, papier; débris de sceaux.

[illegible]. — Barrault. — Contestation entre Jehan Barrault, suppôt de l'Université d'Angers, et Philippe Legentilhomme, au sujet de la métairie du Pont-Perrain; — acquêt par Jehan Barrault de la terre de La Chaussée-Marquer; — transaction entre l'abbé de Saint-Aubin et Olivier Barrault, secrétaire du Roi, vicomte de Mortaing, pour les droits et servitudes de son logis, à Angers; — don par Jeanne Barrault de tous ses biens à l'abbaye du Perray-aux-Nonains, sous condition d'y être reçue religieuse; — partage de la succession de Jehan Barrault, échevin d'Angers, et de Nicole Collin, sa femme, entre leurs gendres, Guillaume Regnart, André Lepelletier, Antoine Morioux, et Jehan Michel, docteur en médecine.

E. 1513. (Carton.) — 2 pièces, papier; 1 pièce, parchemin.

[illegible]. — Barrier. — Nomination de Jean Baugé à la curatelle d'Urbain et Anne Barrier, enfants de Jacques Barrier et d'Anne Haudebert; — lettres d'émancipation desdits mineurs.

E. 1514. (Carton.) — 3 pièces, papier, dont 1 imprimée.

[illegible]. — Barrin de La Galissonnière. — Présentation par Charles Vincent Barrin de La Galissonnière, marquis de La Guerche, seigneur de Pescheseul, baron de Parcé, à la chapellenie des Fouailleux desservie en l'église Saint-Martin de Parcé (avec cachet armorié); — arrêt du Conseil d'État qui subroge, au lieu et place du sieur L'Herminier, le sieur Aubry pour procéder au jugement des contestations nées et à naître entre les sieur et dame de La Galissonnière et leurs créanciers.

E. 1515. (Carton.) — 2 pièces, papier.

[illegible]. — Barrouel. — Contrat de mariage de Louis Barrouel, sieur de La Frémonnière, capitaine au régiment d'Anjou, et d'Anne Dupont; — sentence du grand sénéchal de Poitou, qui autorise ladite dame à reconstituer ses deniers dotaux.

E. 1516. (Carton.) — 2 pièces, papier; 1 pièce, parchemin.

[illegible]. — Barroys. — Contrat de mariage de Gilles Barroys, sieur de La Barrière, et de Marie Charbonnier; — note et extraits par le feudiste Audouys.

E. 1517. (Carton.) — 1 pièce, parchemin.

[illegible]. — Barrut. — Transport par Antoine de Clèves à André Barrut, bourgeois de Paris, d'une rente de 400 livres sur René Bonvin, sieur de Messignac.

E. 1518. (Carton.) — 1 pièce, parchemin; 6 pièces, papier.

[illegible]. — Bascher. — Requête au grand Conseil par Madeleine Riolland, veuve de Jean Bascher, afin d'être autorisée à continuer ses poursuites contre Pierre de Bonchamps, sieur de Brosses, qu'elle accuse « du cruel assassinat fait de guet-appens en la personne de son mari »; — constitution de rente par Perrine Tremblé à René Bascher, sieur de La Cherbouchère; — inventaire et vente des meubles de la succession de Pierre Bascher et d'Anne Grignon, sa femme; — inventaire et vente des meubles de Charlotte Bascher.

E. 1519. (Carton.) — 6 pièces, parchemin; 21 pièces, papier.

[illegible]. — Basourdy. — Contrat de rente sur dame Claude Trochet, veuve Jehan Basourdy; — présentation par Pierre Basourdy, sieur de La Lande, à la chapelle de Saint-Matthieu en l'église de Juvardeil; — retrait lignager de partie de la terre de La Licorne sur Jean Goussault par Jacques Basourdy, au nom de Marie d'Orléans, sa femme; — acquêt par le même d'un clos de vignes aux Hautes-Fouassières, de terres à Loisseau en Saint-Martin-du-Bois et de prés en Louvaines; — mémoire à consulter pour le maintien de la rente due à Mme de Basourdy par M. de Danne sur la métairie du Chêne-Creux et la seigneurie de La Licorne; — contrat par Louis de Breslay et Christophe Farquet d'une rente de 50 livres au profit de Charles Basourdy, sieur de La Fardière; — acquêt par Charles Basourdy de la clos[illegible] de Vaugoyau en Saint-Barthélemy; — inventaire des pièces produites par Jacques Basourdy, curé de Saint-Aubin de Luigné, Charles Basourdy, échevin d'Angers, Jean Chantelou, Jacques Guinoiseau et autres cohéritiers de Jacques Basourdy, greffier en chef de l'Élection, contre Claude Sibel, sieur de La Coptière; — partage de la succession de Charles Basourdy, Oratorien.

E. 1880. (Carton.) — 3 pièces, papier.

1566-1662. — BASTARD. — Partage des successions de Jean Bastard et de Renée Leduc, sa femme, veuve en secondes noces de René Macé; — bail à René Bastard de terres en l'île de Chalonnes.

E. 1881. (Carton.) — 1 pièce, papier.

1659. — BATONNÉ. — Testament de Jacques Batonné, vigneron, portant fondations de messes en l'église de Sainte-Gemmes-sur-Loire.

E. 1882. (Carton.) — 2 pièces, papier.

1748-1770. — BAUDARD. — Bail par Georges-Nicolas Baudard de Vaudésir, receveur des tailles de l'élection d'Angers, de la seigneurie de La Gontardière en Jallais; — état des revenus de la seigneurie de Sainte-Gemmes-sur-Loire.

E. 1883. (Carton.) — 1 pièce, papier.

1610. — BAUDE. — Acquêt par Martin Baude, marchand, sur les héritiers de Marc d'Ahuillé, d'une maison à Saumur.

E. 1884. (Carton.) — 4 pièces, papier.

1480-1505. — BAUDENIS (de). — Partage de la succession de Jean Baudenis, sieur de La Jobardière, et de Marie Pergaude, sa femme; — notes et extraits par le feudiste Audouys.

E. 1885. (Carton.) — 3 pièces, papier.

1553-1634. — BAUDIN. — Acquêt par Jacques Baudin, prêtre, de vignes à Grézillé; — par Jean Baudin, vigneron, de vignes à Blaison; — note et extraits par le feudiste Audouys.

E. 1886. (Carton.) — 9 pièces, papier.

1649-1724. — BAUDON. — Contrat de mariage d'Antoine Baudon, marchand, et de Perrine Ledoisne; — arrêts et règlement pour le partage de leur succession; — extrait du testament de Jacques Pierre Baudon; — généalogie pour établir les droits de ses héritiers.

E. 1887. (Carton.) — 1 pièce, papier.

1772. — BAUDRILLER. — Acquêt par Pierre Baudriller du moulin des Besneries en Mozé.

E. 1888. (Carton.) — 1 pièce, papier.

1723. — BAUDRON. — Partage de la succession de Jacques Baudron et d'Étiennette Chauveau, sa femme.

E. 1889. (Carton.) — 4 pièces, parchemin; 3 pièces, papier.

1547-1774. — BAUDRY. — Transaction entre Thibaud Baudry, seigneur de La Conterie, et Jehan Drouault, pour l'achat de la métairie des Moulins en Savennières; — constitution de rente par Jehan Baudry, au profit du chapelain de Sainte-Catherine en l'église de La Jumellière; — par les héritiers de Laurent Roger et de Pierre Chantelou au profit de Pierre-François Baudry, sieur de La Chapellière; — accord entre François-Jacques Boylesve, mari d'Anne Baudry, Catherine-Charlotte Baudry, veuve de René Du Laurent, Claude Baudry, directeur des postes de La Rochelle, Charlotte et Charles Baudry, enfants mineurs, et Marguerite Rouillé, veuve de Charles Baudry, pour le partage de sa succession; — note et extraits par le feudiste Audouys.

E. 1890. (Carton.) — 10 pièces, parchemin; 1 pièce, papier.

1683-1772. — BAUDUCEAU. — Diplômes de Laurent Bauduceau pour les grades de bachelier et de licencié en droit de l'Université d'Angers (ont signé: Jauneau, Giraud, Robert, Pacquet, Brouard); — brevet pour le même de la charge de sénéchal de la ville et baronnie de Doué (signé François-Louis Gouffier, comte de Passavant et baron de Doué, avec cachet armorié); — actes de réception en la sénéchaussée de Saumur de ses lettres de provision des offices de sénéchal de Concourson, du Pont-de-Varennes, des Écotiers, de La Gaubretière, de Maurepart, de Pâtures, de Saint-Georges-Châtelaison, des Marchais et de Tigné.

E. 1891. (Carton.) — 3 pièces, papier.

1774. — BAUGÉ. — Nomination de François Trouillard à la tutelle des enfants mineurs de Jeanne Trouillard, veuve de Symphorien Baugé.

E. 1892. (Carton.) — 1 pièce, parchemin; 4 pièces, papier.

1601-1789. — BAULT. — Acquêt par Toussaint Bault, sieur de La Ragotière, de la seigneurie de Charuau; — fondation par Jacquine Allard, veuve de René Bault, sieur de Beaumont, d'un anniversaire en l'église Saint-Maurille d'Angers; — bail par François Duport, veuve de François Bault de Beaumont, de la closerie de La Bousselerie.

E. 1893. (Carton.) — 7 pièces, papier.

1595-1746. — BAUTRU. — Contrat de rente par Julienne d'Arquenay, femme de Nicolas d'Angennes, au profit de Guillaume Bautru, sieur de Chérelles; — autorisation d'ondoyer Marie Bautru de Serrant; — acquêt par Guillaume de Bautru sur Guy de Brieux, de la seigneurie de Segré; — présentation par Nicolas-Guillaume de Bautru de Vaubrun, abbé de Saint-Georges-sur-Loire, comte de Serrant, aux chapelles de Saint-Michel de Serrant, de Sainte-Barbe en Savennières, et du Roger en l'Hôtel-Dieu d'Angers.

E. 1894. (Carton.) — 1 pièce, papier.

1659. — BAYE DE TEILLAY. — Acquêt par Claude Baye

de Teullin, chirurgien, et Catherine Angevin, sa femme, de la closerie de La Grande-Maison à Mûrs.

E. 1595. (Carton.) — 1 pièce, papier.

XVIIIe siècle. — BEAUCÉ (de). — Note et extraits du feudiste Audouys sur la famille de Beaucé, seigneur de Beaucé, de La Roche-Courcillon et de Mellé.

E. 1596. (Carton.) — 1 pièce, papier.

1628. — BEAUCHAMP (de). — Transport par la princesse de La Tour d'Auvergne d'une somme de 3491 livres au profit de Samuel de Beauchamp.

E. 1597. (Carton.) — 4 pièces, papier.

1400-1740. — BEAUDOUIN. — Testament de Guillaume Beaudouin, prêtre, chapelain en l'église St-Martin d'Angers; — partage de la succession de Jean Beaudouin et de Gabrielle de La Fosse; — échange de terre à Vaudelenay entre Marc Antoine Beaudouin de La Roussaye et Jacques Quétineau.

E. 1598. (Carton.) — 1 pièce, parchemin; 149 pièces, papier.

1671-1778. — BEAUJOUAN. — Acquêt par Pierre Beaujouan, marchand voiturier par eau d'Angers, de La Jametterie en Saint-Barthélemy; — par René Beaujouan, d'une maison sur le Port-Ligner; — lettres d'affaires privées ou commerciales adressées à Jean Beaujouan, marchand, ancien consul des marchands d'Angers, ou à sa veuve, par L. Tassin, Létourneau, Robinet, Jary, Bernier, Piquet, Sauvage, Touchet, Salmon, Andronin, Dugué, Labour, Auvé de Poligny, Basteau, Chapelain, Beucher, Dondeau, Jouy, Garot-Duverger, Lenoir, Noel, Ballu, etc. — Mémoire des frais faits pour le fils de la veuve Beaujouan, pendant sa maladie. — Certificats du maire, du commandant du château, de l'évêque d'Angers, du chef de l'Académie d'équitation, et de voisins et amis de Jean-Pierre Beaujouan, conseiller au Présidial, portant témoignage que bien qu'il ait l'esprit aliéné « il est d'une douceur et même d'une politesse extrême, n'insulte à personne, est toujours proprement habillé, et a toujours un maintien convenable dans les églises et dans les compagnies. » (Ont signé, entre autres, Rousseau Des Ruaux, Beaumont d'Autichamp, de Pignerolle, de Landemont, Louet, de Villemorge, Leshénault, de Boissard, de Ruillé, de Cumont, de Contades, Huvelin, Pocquet de Livonnière, de Gizeux, Trouillet de La Berthière, Deville, Bardoul, Vollaige de Vaugirault, de Donon, Bernard de Boismarais, Boguais de La Boissière, La Corbière de Juvigné, de Cantineau, Lesourt de La Clémancière, de Chevereue de Chement, de Narcé, Lehay de Villeufve, Ollivier de La Plesse, Reyneau, Bérault, Bélureau, Parisot, etc). — Comptes de curatelle.

E 1599 (Carton.) — 1 pièce, papier.

1619. — BEAULIEU (de). — Requête de Jean de Beaulieu, « apothicaire vétéran du corps de Sa Majesté », et de Marie Damarron, sa femme, afin d'obtenir l'interdiction de Pierre de Beaulieu, leur fils.

E. 1600. (Carton.) — 3 pièces, parchemin; 7 pièces, papier.

1540-1609. — BEAUMANOIR (de). — Acquêt par François de Beaumanoir, baron de Lavardin et de Tucé, seigneur d'Autoigné et de La Blanchardière, de la part d'Anne de Champaigne, veuve de Georges de Châteaubriand, dans la succession d'Antoine et d'Hardouin de Champaigne; — inventaire et pièces produites par Tanguy Rosmadec, curateur de Toussaint de Beaumanoir et mari de Marguerite de Beaumanoir, pour la succession de Charles Duquellennec, baron du Pont, vicomte du Fou; — arrêt du Parlement de Bretagne, qui condamne Sébastien de Rosmadec à rendre ses comptes de la tutelle d'Hélène de Beaumanoir, dame de La Hunaudaye.

E. 1601. (Carton.) — 1 pièce, papier.

1658. — BEAUMONT. — Inventaire des meubles de la succession de Gilles Beaumont et de Sébastienne Cocquard, sa femme.

E. 1602. (Carton.) — 4 pièces, papier; 8 pièces, parchemin.

1314-1390. — BEAUMONT (de), seigneur de La Forest, du Plessis-Macé, de La Haye-Joullain, de Gonnord, de Béon, de Montjean, etc. — Accord entre Thibaud de Beaumont, chevalier, et Pierre Bouquin, pour le paiement d'une somme de 260 livres, léguée par Aliénor de Derval, dame de Bressuire; — présentation par Thibaud de Beaumont à la chapelle de Sainte-Catherine de son manoir de La Haye-Joullain et à celle de Saint-Vincent en l'église de Gonnord; — note et extraits par le feudiste Audouys.

E. 1603 (Carton.) — 1 pièce, parchemin; 1 pièce, papier.

1329 — XVIIIe siècle. — BEAUMONT (de), seigneur de Beaumont-le-Vicomte, de Pouancé, de Châteaugontier, etc. — Lettres de Jehan, vicomte de Beaumont, sire de Pouancé, qui exemptent Pierre Bretteau, prieur de Vivain, de toutes saisies ou amendes pour défaut de comparution aux assises seigneuriales; — notes et extraits par le feudiste Audouys.

E. 1604. (Carton.) — 5 pièces, parchemin; 8 pièces, papier.

1666-1765. — BEAUMONT (de), seigneur d'Autichamp et de Mirebel. — Bail à rente par Charles de Beaumont, seigneur d'Autichamp et de Mirebel, lieutenant du Roi en Anjou, de maisons et emplacements à la Basse-Chaine, sur le Port-Ligny, sur les fossés du château, au bas de la Tour-du-Moulin; — fondation par le même pour l'entretien d'une lampe ardente en l'église Saint-Aignan d'Angers; — note par le feudiste Audouys.

E. 1605. (Carton.) — 1 pièce, papier.

XVIII° siècle. — BEAUREGARD (de), seigneur du Fresne et de La Lande. — Note par le feudiste Audouys sur la famille.

E. 1606. (Carton.) — 1 pièce, papier.

1767. — BEAUSIRE. — Titre d'une rente consentie au profit de Jean-Louis Allain Beausire, conseiller du Roi en l'Élection de Montreuil-Bellay, par Louis Bertrand Le Livec de Lanvorau, curé d'Antoigné.

E. 1607. (Carton.) — 2 pièces, papier.

1740-1770. — BEAUSSE. — Transaction entre les héritiers de Jacquine Maurice, veuve de Louis Beausse, pour l'exécution de son testament; — prise à bail par Pierre Beausse, laboureur, de terres en la paroisse de Chétigné.

E. 1608. (Carton.) — 8 pièces, papier.

1650-1672. — BEAUTEMPS. — Accord entre Guillaume Beautemps, marchand de draps de soie, et Catherine Beautemps, sa sœur, pour le paiement de la taxe des francs fiefs; — renonciation par Catherine Beautemps à la succession de Mathurin Tezé; — transaction entre Guillaume Beautemps, maître d'école à Saumur, et autres héritiers de Catherine Beautemps pour le partage de sa succession; — lettre de Pierre Beautemps à son oncle Guillaume, pour lui demander secours d'argent, ou de vêtement.

E. 1609. (Carton.) — 7 pièces, parchemin; 4 pièces, papier.

1339-1480. — BEAUVAU (de), seigneur de Beauvau, du Pimpéan, de La (Bessière), de Précigné, Cholet, La Treille, La Séguinière, etc. — Don par Macé de Beauvau, bourgeois d'Angers, d'une maison en la rue Saint-Laud, à Robin Langloys et Juliote Moreau, sa femme; — fondation par Louis de Beauvau, conseiller et premier chambellan du roi de Sicile et grand sénéchal de Provence, d'une messe quotidienne en l'église des Frères Mineurs d'Angers; — vente par Jehan Turquart, curé de Clefs, à Jehan de Beauvau, évêque d'Angers, d'une maison « ascize sus deus piliers de pierre en la rivière de Loire avecques la mothe, estables et greniers, saulayes, isleaux, boires et pescheries » de la boire de l'Asnerie près Chalonnes; — testament (avec signature autographe) de Bertrand de Beauvau, chevalier, seigneur de Précigné, qui lègue outre diverses rentes, aux Augustins d'Angers, « les chambres qu'il y a fait faire pour logier deux notables maistres en théologie et tous les ustencilles de boays qui y sont, c'est assavoir les charlis faiz à escrene et les aultres petits charlis à couschâte, les bancs, tables, scabeaulx et aultres choses de boays », plus trois cents fagots « pour chauffer les chappellains et novices en leur dortouer et non ailleurs, à l'issue de matines, ou temps d'yver »; — retrait par Charlotte de Beauvau, dame de Landevy, des terres de Briançon et de La Porée, vendues par Antoine et Bertrand de Beauvau à Jacques de Bueil; — testament de Bertrand de Beauvau, comte de Policastre, par lequel il « ordonne aux Augustins d'Angers estre faicte une chapelle à l'entrée de l'église à la main destre, et que ladite chapelle soit de pierre voutée, et ung autel intitulé et fondé en l'honneur de la benoiste Trinité de Paradis, et que en icelle chapelle, au bout, soit faict ung sépulcre de nostre Seigneur, et d'une part ung saint Sébastien et d'autre part une ymaige de sainte Barbe; et au-dehors de ladite chapelle, soit élevé ung sépulcre armoyrié » de ses armes.

E. 1610. (Carton.) — 20 pièces, parchemin; 17 pièces, papier, dont 1 imprimée.

1486-1789. — Acceptation par les Augustins d'Angers du legs de 300 écus d'or, fait à leur couvent par Antoine de Beauvau, seigneur de Précigné, pour la fondation de trois messes par semaine; — présentation par Loys de Beauvau, seigneur du Pimpéan, aux chapelles Saint-Gervais de La Bournée et de la Madeleine du Pimpéan; — par Jean de Beauvau à la chapelle de Saint-Ménolé, en la paroisse Saint-Martin de Précigné; — testament de Loys de Beauvau, portant legs et fondation de messes en l'église des Augustins d'Angers; — testament (avec signature autographe) d'André de Beauvau, baron de Vandeuvre, seigneur de Foulletorte, du Pimpéan, de Grollay, de La Bournée. Il donne à treize pauvres filles à marier de ses sujettes et de ses terres, « qui n'ont aucuns biens à chacune... vingt livres, pour les doter »; — présentation par Loys de Beauvau, seigneur des Aulnais et de Rivarennes, à la chapelle Sainte-Barbe, de son manoir des Aulnais, « vacante par le mariage contracté et consommé par Me Pierre Busson le jeune, dernier et immédiat chappellain d'icelle; » — par Charles-Claude de Beauvau à la cure Saint-Pierre de Tigné; — accord entre Claude-Charles de Beauvau, seigneur de La Treille et Saint-Melaine, et ses enfants, pour le partage de la succession d'Eugénie-Placidie Le Sénéchal de Carcado; — mémoire pour Claude-Louis-Jean-Vincent, marquis de Beauvau, officier des vaisseaux du Roi, demandeur en mainlevée d'interdiction, contre Charles-Just de Beauvau, maréchal de France, prince du Saint-Empire, grand d'Espagne de première classe, chevalier des ordres du Roi, gouverneur et lieutenant-général du pays et comté de Provence, marquis de Craon, baron de Lorguin, Saint-Georges, gouverneur de Lunéville et Bar-le-Duc, un des quarante de l'Académie française, et messire Corentin Joseph Le Sénéchal Carcado, marquis de Molac, lieutenant-général des armées du Roi, chef du nom et armes des Grands Sénéchaux féodés et héréditaires en Bretagne, curateurs honoraires de M. le marquis de Beauvau, défendeurs; — notes et extraits généalogiques par le feudiste Audouys.

E. 1611. (Carton.) — 1 pièce, parchemin; 4 pièces, papier.

1609-1712. — BÉCANIÈRE (de LA), seigneur du Plessis, de La Rouaudière, etc.; — acquêt par Jacques de La Bécanière, sieur du Plessis, de terres près Domallain; — partage de la succession de Jacques de La Bécanière, sieur de La Rouaudière, entre Jean de La Bécanière, André Georget, sieur de La Millannière, et sa femme Perrine de La Bécanière, et François Cherbonnel, sieur de La Perraudrie; — acquêt par Jacques de La Bécanière de la part de Pasquier Bourdon dans la succession de Jean Moustelière et Claudine Bachelot.

E. 1612. (Carton.) — 1 pièce, papier.

XVIIIe siècle. — BÉCANTIN. — Fragment d'une généalogie.

E. 1613. (Carton.) — 1 pièce, papier.

1691. — BÉCEL. — Transaction entre Nicolas Bécel, sieur de Marolles, Claude Joyau, sa femme et autres héritiers de Perrine Leroyer, veuve de Maurice Chevaye.

E. 1614. (Carton.) — 7 pièces, parchemin.

1531-1551. — BÉCHEREAU. — Acquêt par Antoine Béchereau de terres et prés au Marais-Griffier, près Verrières.

E. 1615. (Carton.) — 1 pièce, papier.

1761. — BÉDUNEAU. — Contrat de mariage d'André Béduneau et de Catherine Guiton.

E 1616. (Carton.) — 1 pièce, papier.

1630. — BÉGAULT. — Partage de la succession de Pierre Bégault entre Jehanne Rocher, veuve Pierre Bégault, Pierre Brenier, mari de Jeanne Bégault, Antoine Joly, mari d'Andrée Bégault, René et Laurence Bégault.

E. 1617. (Carton.) — 2 pièces, papier.

1664-1696. — BÉGEON (de), seigneur de Villemainseul. — Prise à bail par Marie Hamon, veuve de Philippe de Bégeon, de partie de la maison priorale de Saint-Eutrope d'Angers; — notes et extraits par le feudiste Audouys.

E. 1618. (Carton.) — 5 pièces, papier; 1 pièce, parchemin.

1570-1768. — BÉGUYER. — Partage de la succession de Pierre Béguyer et de Vincende Perrenod, entre Jacquine Guillebault, veuve de Guillaume Béguyer, et ses enfants, François et Pierre Béguyer, Jullien Chauvet et Denise Cailleau; — résignation par Joseph Boncault de Méliand de son office de conseiller du Roi au Présidial d'Angers, en faveur d'Antoine Béguyer, docteur en droit; — cession de rente par Pierre Rivière à Thomas Béguyer, tanneur à Chemillé; — présentation par Jean-Robert Béguyer, avocat, et René Béguyer, docteur-régent en la Faculté de médecine de Nantes, à la chapelle de Sainte-Croix, en l'église Saint-Pierre d'Angers.

E. 1619. (Carton.) — 1 pièce, papier.

1679. — BELHOMME. — Partage des successions de Jacques Belhomme, receveur des tailles à Loudun, et de Jeanne Vallin, sa femme.

E. 1620. (Carton.) — 1 pièce, parchemin; 2 pièces, papier.

1584-1600. — BÉLIARD. — Acquêt par Guy Béliard de partie de la maison de La Rose à Angers; — contrat de mariage de Guy Béliard, marchand, et de Renée Lamoureux; — prise à bail par Étienne Béliard et Jehan Guillot, son gendre, d'une maison à Mozé.

E. 1621. (Carton.) — 3 pièces, papier.

1737-1778. — BÉLIME. — Requête en décharge des droits de francs-fiefs par Charles Bélime, bourgeois de Saint-Florent-le-Vieil; — procès-verbal de visite des biens dépendants de la succession de Charles Bélime, juge grenetier au grenier à sel de Saint-Florent.

E. 1622. (Carton.) — 22 pièces, parchemin; 21 pièces, papier.

1450-1761. — BELIN ou BLIN. — Généalogie de la famille Belin depuis Jean Belin, maire d'Angers en 1493; — bail à rente par Robert Nepveu, écuyer, à Jehan Belin, de terres en la paroisse de Mayet; — acquêt par Jehan Belin, lieutenant du sénéchal d'Anjou, d'un jardin à Angers; — présentation par François Belin, chanoine de Saint-Laud, à la chapelle de son manoir du Perray, près le Vieil-Baugé; — arrêt du lieutenant de la prévôté d'Angers, portant séparation de biens entre Jeanne Belin et Christophe Liger, son mari; — testament de Me François Bélin; — accord entre le chapitre Saint-Martin d'Angers et les exécuteurs testamentaires de Guillaume Belin; — acquêt par Marie et Étiennette

Belin de terres et vignes en la paroisse de Verneil-le-Fourier; — par Jacques Belin, marchand, de terres en Saint-Georges-Châtelaison; — dispenses d'affinité pour le mariage de Sébastien-Pierre Blin de Langlotière et de Marie-Geneviève Blin.

E. 1623. (Carton.) — 8 pièces, parchemin; 22 pièces, papier.

1628-1656. — Belin ou Blain (*de*), *seigneur de La Belinière*. — Vente par Louis de Cheverue de la métairie des Frisches, en Saint-Martin-du-Bois; — par Nicolas Déan du domaine du Haut-Rossignol à Jean de Blain, sieur de La Belinière et des Pins; — testament du sieur de La Belinière, portant diverses donations aux Carmes d'Anvers; — mémoires, enquêtes, exploits et autres pièces de procédure en revendication par Jean de Blain et Marguerite de La Fontaine, sa femme, du droit de sépulture et de banc, à eux concédé dans l'église du prieuré de La Jaillette par les Jésuites de La Flèche, en leur qualité d'abbés de Mélinais, et violemment contesté par Michel d'Espeaux, sieur du Chalonge, et Charles de Sihel, sieur de La Roblière.

E. 1624. (Carton.) — 1 pièce, papier.

1609. — Bellamy. — Testament de Baptiste Bellamy, marchand cierger, et de Renée Boisneau, sa femme.

E. 1625. (Carton.) — 2 pièces, parchemin; 32 pièces, papier.

1559-1784. — Bellanger. — Inventaire et vente des meubles de la succession de Rolland Bellanger; — acquêt par René Bellanger, *sieur de Vaugaillard*, de terres et vignes dans la paroisse de Bailleul; — partage de sa succession entre Charles Bellanger et Christophe Monsteau, mari de Marie Bellanger; — procédure pour obtenir décharge des droits de francs-fiefs sur la terre de La Mollière; — accord entre René-Pascal Cahoreau, mari de Rose Bellanger, Augustin Bellanger, tanneur, René Clavreuil, marchand, mari de Jeanne Bellanger, René Guitet, apoticaire, mari de Madeleine Bellanger, Alexis Chesneau et autres cohéritiers; — acquêt d'une maison dans le faubourg Saint-Laud d'Angers, par René Bellanger, relieur.

E. 1626. (Carton.) — 1 pièce, papier.

1601. — Bellemothe. — Partage de la succession de Françoise Pinault, veuve de René Bellemothe, entre Marie et Anne Bellemothe, Martin Raguideau et Renée Bellemothe, sa femme, et les enfants mineurs de Julien Thibouez et de Catherine Bellemothe.

E. 1627. (Carton.) — 1 pièce, parchemin.

1785. — Bellesœur. — Nomination d'Urbain Bellesœur à la tutelle de René Bellesœur, son neveu.

E. 1628. (Carton.) — 3 pièces, parchemin; 40 pièces, papier.

1600-1679. — Bellet. — Arrêts du Parlement de Paris portant maintenue au profit de Théodore Bellet, gouverneur des pages des écuries du Roi, d'une rente à lui due sur les terres de La Toucheharon et de La Tibergère; — avis sur mémoire de Mᵉ Tevin, avocat au Parlement de Paris, pour le partage de la succession de René Bellet; — partage de la succession de Louis Bellet, tanneur, entre Pierre Cochet, sieur du Pineau, mari de Madeleine Bellet, Gabrielle Bellet, veuve de Martin Ménart, et Pierre Fouquet, mari de Françoise Bellet; — testament de Théodore Bellet, sieur de La Chapelle; — vente de ses meubles et habits; — requête de Guyonne Merineau, veuve de René Bellet, sénéchal du duché de Brissac, afin d'être payée par les fermiers et receveurs du duché des gages dus à son mari; — inventaire des meubles de Louise et de Renée Bellet; — testament de Renée Gauches, veuve de René Bellet, avocat au Présidial d'Angers.

E. 1629. (Carton.) — 1 pièce, papier.

1690. — Bellier. — Contrat de mariage de Pierre Bellier et d'Anne Dugrée.

E. 1630. (Carton.) — 2 pièces, papier.

1658-1700. — Bellière. — Transaction entre le chapitre Saint-Pierre d'Angers et Pierre Allard, Michel Dufour, Jeanne Gilbert et autres cohéritiers de Charlotte Dupuis, veuve Jean Bellière, pour la propriété d'une maison, rue Chaussée-Saint-Pierre; — testament de Renée Bellière, pensionnaire en la Visitation d'Angers.

E. 1631. (Carton.) — 13 pièces, papier.

1727-1789. — Bellion, seigneur de La Bardorgère. — Échange entre René Bellion de La Bardorgère, président au grenier à sel de Pouancé, et Mathurin Lemonnier, de terres dans la paroisse de Carbay; — acquêt par ledit Bellion du vieil étang de Carbay; — partage de sa succession et de celle de Bernardine Letort, sa femme, entre J.-J. Gault de La Chauvais, mari de Thérèse Bellion, Anne Bellion, femme de François Roberdeau, et Fr.-Jacques Bellion; — extraits des registres de baptêmes et de sépultures de la paroisse de La Madeleine de Pouancé.

E. 1632. (Carton.) — 3 pièces, papier.

1556-1668. — Bellon. — Lettre de Louis-Théaudre Chartier, de Paris, à Mᵉ Bellon, avocat à Saumur, concernant la remise de pièces de procédures; — partage de la succession d'Étienne Bellon, vigneron; — contrat de mariage de Michel Bellon, meunier, et de Jeanne Ripoche.

E. 1633. (Carton.) — 1 pièce, parchemin.

[illegible]. — Bellort (de). — Contrat de mariage de Guyon de Bellort et de Marguerite Desnart.

E. 1634. (Carton.) — 1 pièce, papier.

1740. — Belnoue. — Contrat de mariage de René Belnoue, sieur de Hautebise, marchand cierger, à Segré, et de Thérèse Guyon.

E. 1635. (Carton.) — 4 pièces, papier.

[illegible]. — Belocier. — Partage de la succession de Jacques Belocier, sieur de Mauny, et de René Belocier, sieur de Vallière; — testament de Catherine Belocier de Vallière, portant, entre autres legs, une donation de 3,000 livres à l'hôpital projeté de Craon, et la fondation d'une école pour la paroisse de Niafle; — extraits par le feudiste Audouys.

E. 1636. (Carton.) — 21 pièces, parchemin; 19 pièces, papier.

[illegible]. — Bélot. — Acquêt de prés dans les paroisses de Montreuil-sur-Loir et de Soucelles par Mathurin Bélot; — testament du même, avant son départ « en voiage à monsieur Saint-Jacques, en Galice; » — acquêt par Mathurine, sa veuve, du domaine de La Charpenterie, en la paroisse de Seiches; — reconnaissance par André de Beauvau, sieur d'Auvers, d'une somme de 2,000 livres tournois à lui prêtée par Jehan Bélot, conseiller du Roi à Baugé; — accord entre Alexandre Bélot, sieur de La Chaussée, Louis Grimaudet, mari de Marie Bélot, Pierre de Sorhoette, sieur de Beaumont, mari de Charlotte Bélot, François Audouin, sieur du Chasteller, mari de Renée Bélot, Jacques Bélot, sieur de Marthou, avec Marie Belocier, veuve de Charles Bélot, sieur du Navril, pour le partage de sa succession; — accord entre les héritiers d'Alexandre Bélot, prêtre, sieur du Navril; — acquêt par Jacques Bélot, sieur de Marthou, d'une rente de 222 livres sur René Chaston, Michel Avril de Boutigné, et Pierre Leclerc, abbé de Saultré.

E. 1637. (Carton.) — 1 pièce, parchemin; 1 pièce, papier.

1574-1609. — Beloteau. — Arrêt du Parlement de Paris, qui maintient Guillaume Beloteau en ses fonctions de tabellion de la baronnie de Montreuil-Bellay; — arpentage de terres et prés appartenant à Guillaume Beloteau, avocat au Présidial d'Angers.

E. 1638. (Carton.) — 1 pièce, papier.

[illegible]. — Belouin. — Prise à bail par Jean Belouin, boucher, de la maison du Ponceau, en la paroisse de Grez-Neuville.

E. 1639. (Carton.) — 9 pièces, parchemin; 28 pièces, papier.

[illegible]. — Belriant (de). — Contrats de mariage de Claude de Belriant, seigneur de Sainte-Colombe, et de Marie de Siray; — de Bonaventure de Belriant, capitaine du Pont-de-l'Arche, et de Barbe Langlois; — d'Eutrope de Belriant et d'Antoinette Du Bouchet; — brevet de la charge de gentilhomme ordinaire de la chambre du Roi pour Eutrope de Belriant, sieur de La Roche-Tréfou; — certificats de juges-conseillers au baillage de La Montagne, et de conseillers au Parlement de Bourgogne, portant attestation de la noblesse d'Eutrope de Belriant; — contrat de mariage de René de Belriant, sieur de Vilaines, et de Barbe Bastin; — inventaire des titres généalogiques produits par ledit René, pour le maintien de ses privilèges de noblesse; — copie du procès-verbal de réception dudit René de Belriant en l'Ordre royal de Saint-Michel, et de certificats portant attestation de ses services militaires, sous les ordres de M. de Tresmes et du maréchal de La Meilleraye; — contrats de mariage de René de Belriant, son fils, et d'Anne de Saint-Meloir; — de Jacques de Belriant, major de Roze en Catalogne, et de Bonne Marie de La Louppe; — don par Charlotte de La Louppe, veuve Antoine Leboulleur, à Jacques de Belriant, son gendre, et à sa fille, des terres et seigneuries de Chassant, du Vert-Buisson, des Rigaudières, de Grandval et de La Tourche-Briant.

E. 1640. (Carton.) — 10 pièces, papier.

[illegible]. — Bélu. — Extraits des registres de baptêmes, mariages et sépultures de la paroisse du Mesnil, concernant la famille Bélu.

E. 1641. (Carton.) — 1 pièce, papier.

[illegible]. — Benault. — Bail à ferme par messire Louis d'Allongny, des terres, baronnies et châtelleries de Rochefort et de La Possonnière, à Jacques Lefebvre, contrôleur au mesurage à sel d'Ingrandes-sur-Loire, Madeleine Benault, sa femme, Étienne Benault, chanoine de Saint-Maurice d'Angers, et Jehan Benault, marchand.

E. 1642. (Carton.) — 1 pièce, papier.

[illegible]. — Bénion. — Testament de Jean Bénion, vigneron, et de Marguerite Guillehault, sa femme.

E. 1643. (Carton.) — 1 pièce, papier.

1540. — Benoiste. — Testament d'Anceau Benoiste, bachelier-ès-lois, portant fondation de la chapellenie de la Madeleine, en l'église Saint-Pierre de Doué.

E. 1644. (Carton.) — 3 pièces, parchemin; 17 pièces, papier.

[illegible]. — Benoit. — Règlement des dettes de

la succession d'Alexandre Benoit, sieur de La Prousterie ; — comptes du drappier, du tapissier ; frais de sépulture ; — constitution de rente par René Quetineau, maître perruquier d'Angers, et Henri de Ranchamps, seigneur de Maurepart, à Louis Benoit, notaire royal ; — nomination de René Benoit à la tutelle des enfants mineurs de Jeanne Audouin, veuve de Gabriel Benoit, femme en secondes noces de Jacques Margotteau ; — renonciation par Pierre et Urbain Benoit à la succession d'Étienne Benoit, journalier, leur père.

E. 1615. (Carton.) — 1 pièce, parchemin ; 4 pièces, papier.

1644-1690. — Bérard. — Partage de la succession de Robert Bérard et de Claude Cailleau, sa femme ; — sentence des juges-consuls d'Angers, qui condamne Pierre Gaudinier, cabaretier de Vernantes, à prendre livraison de 80 quintaux de foin à lui vendus par Joseph Bérard, de Longué.

E. 1616. (Carton.) — 3 pièces, papier.

1600-1698. — Bérard (de). — Vente par René d'Escoubleau, marquis de Sourdis, à Claude de Bérard, baron de La Croix, de tous ses droits en la succession de François de Bérard, tant sur la terre de La Croix en Touraine que sur la seigneurie de La Goubertie en la paroisse du Vieil-Baugé ; — note et extraits du feudiste Audouys.

E. 1617. (Carton.) — 1 pièce, parchemin ; 60 pièces, papier.

1748-1790. — Béraudière (de La). — Acquêt par Charles de La Béraudière sur Uriel Treton, subdélégué en l'élection de Montreuil-Bellay, de la closerie de La Pouillerie ; — sentence du Présidial d'Angers pour madame Placide-Eugénie-Thérèse de Collasseau, veuve de Charles de La Béraudière, contre Pierre d'Helliand, seigneur d'Ampoigné, au sujet de la succession contestée de Jean-Baptiste de Racappé de La Lizière ; — accord entre la dite veuve et ses enfants pour la succession de Charles de La Béraudière ; — transaction entre Philippe de La Béraudière, sieur de Maumusson, capitaine *aide-major* au régiment de Brissac et J.-B. Chauvière, sieur de Longueville, pour la délimitation du Grand et du Petit-Vilguay en Saint-Aubin de Baubigny ; — contrat de mariage de Jacques-Marie-François de La Béraudière et d'Henriette-Élisabeth-Françoise Lechat de Vernée ; — quittances de rentes dues à MM. de La Boulay et Roger de Campagnolles et à l'Hôtel-Dieu d'Angers ; — Acquêt par Jacques-Marie-François de La Béraudière de la métairie de La Bretaudière et de diverses rentes sur les métairies de L'Aubrière, de L'Olivrie, du Noyer, dans la paroisse de Mélay.

E. 1618. (Carton.) — 1 pièce, parchemin ; 48 pièces, papier.

1588-1750. — Bérault. — Partage de la succession d'Étienne Bérault entre Jehan Paisat, Jehan Jollivet, Marin Martin, Jehan Drouet, Charles Mesnard et Étienne Brichoteau ; — constitution de rente au profit de Jacques Bérault, sieur de Boissoüé, par Joseph de Saint-Bélin, sieur du Ponceau ; — partage entre René Lebouchier et Antoine Bérault d'une terre en la paroisse d'Allonnes ; — acquêt par René Bérault, sieur de La Giraudrie, sénéchal du duché de Beaupréau, d'une terre à La Croix-Davy et d'une rente sur la seigneurie de La Roche-Baraton ; — inventaire des meubles de Julien Bérault, sieur de La Chaussaire, à la requête de Marguerite Bardin, veuve de René Bérault, d'Henri Bérault, curé de Beaupréau, d'Henri Birot, sieur de L'Espine, mari de Marie Bérault et autres cohéritiers ; — acquêt par Michel Bérault, lieutenant criminel en l'élection de Saumur, de la métairie de La Prousterie en Bussé ; — quittances de rentes dues à MM. Normant Du Hardas, Boussac, Manceault, Davy Delaunay, de Roye de La Brunellière, Gourreau Du Pasty, Margalleau de La Morinière, Eslys des Roches, Leroux de La Roche des Aubiers ; — présentation par René-Charles Davy de Vaux, Marie Bérault, sa femme, et François Bérault, de la chapellenie de Saint-Julien desservie en l'église de La Chaussaire.

E. 1619. (Carton.) — 3 pièces, papier.

1735-1754. — Berge. — Réception de Gabriel Berge en l'office de sergent royal de la sénéchaussée d'Anjou à la résidence de Chalonnes-sur-Loire ; — vente par Gabriel Berge à Jean Papin de sa part des ardoises provenant de la carrière des Cloteaux en Trélazé.

E. 1620. (Carton.) — 4 pièces, parchemin ; 31 pièces, papier.

1555-1705. — Béritault. — Acquêt par Macé Béritault de vignes à Grésillé ; — extraits des registres de baptêmes de ladite paroisse ; — consultation sur mémoire de Me Bernard, avocat, à Saumur, pour [illegible]ené Béritault, au sujet du service d'une rente dépendant de la succession de André Morin, son grand père maternel ; — inventaire des meubles de René Béritault et de Renée Guillemet, sa femme ; — testament de René Béritault, notaire de la châtellenie du Pimpéau ; — acquêt par René Béritault, receveur général de la châtellenie, de terres, bois, vignes près La Bruère et à La Fosse en Grésillé ; — contrat de mariage de René Béritault, sieur de La Chesnaye, et de Renée Marquis ; — acquêt par noble homme René Béritault, sieur de La Chesnaye, conseiller du Roi, contrôleur au grenier à sel de Cholet, de la closerie de La Bruère ; — par sa veuve, Renée Marquis, des closeries de La Hardelière et de La Bertaudière dans la paroisse de La Jumellière; — deux lettres de Mr Sigogne, avocat à Saumur, adressées à ladite dame au sujet de contestations avec le seigneur de La Tremblaye; — inventaire et prisée des meubles dépendant de la succession de ladite veuve tant dans sa maison d'Angers que dans ses hôtels de Chalot et de La Chesnaye, à partager entre François-René Héritault, sieur de La Chesnaye, Alexandre Héritault, sieur du Coudray, Charles Héritault, sieur du Pontreau; — partage entre lesdits frères des immeubles et des meubles dépendant des successions de leur père et mère et encore de Charlotte Héritault, femme de Guy Poullain, seigneur de Grée, et de Catherine et Marie Héritault, leurs sœurs; — acquêt par François-René Héritault de la seigneurie de La Cointrie sur Jean-Georges de Giraler.

E. 1651. (Carton.) — 10 pièces, parchemin; 61 pièces, papier.

1702-1789. — Donation mutuelle entre Charles Héritault, sieur du Pontreau, et Marie-Angélique Guibert, sa femme; — acquêt par les mêmes d'un hôtel rue du Figuier, à Angers; — lettres de M. Ayrault, procureur à Paris, et copies de lettres de M. Héritault du Coudray, au sujet de contestations avec le seigneur de La Tremblaye; — état des rentes dues par la seigneurie du Pontreau; — acte d'association entre Alexandre Héritault du Coudray, Catherine Bourdaiseau, veuve de René Héritault de La Chesnaye, et Charles Héritault du Pontreau, pour le partage des charges et bénéfices de la place de fermier général que ledit Alexandre Héritault doit prochainement obtenir. « La puissance qui luy procure ladite place » s'est réservé un quart de la propriété, plus une somme de 73,000 livres une fois donnée; — sentence de séparation de biens au profit de Marie-Angélique Guibert contre Charles Héritault, son mari; — enquêtes et procédures contre Catherine Bourdaiseau, veuve de René Héritault, accusée par ses créanciers de banqueroute frauduleuse; — don par Alexandre Héritault du Coudray, Catherine-Marguerite Avril, sa femme, Catherine Chérot, veuve de Germain Martineau, et Marie Chérot, sa fille, de la seigneurie de La Pinsonnière à Charles Héritault, sieur du Pontreau; — transaction entre Charles Héritault, Catherine Bourdaiseau, veuve de René Héritault, Marie Cholloux, veuve de François Lesourd de La Clémencière, associés pour l'exploitation des carrières à ardoise de Terre-Rouge et du Bois; — inventaire des meubles de la communauté d'Alexandre Héritault du Coudray et de Marguerite Avril, sa veuve; — délégation au profit de ses créanciers du prix de son office de secrétaire du Roi; — titres de rentes sur Cyprien et Jacques Rousseau, Symphorien-Charles Priou, Pierre Salmon; — contrat de mariage de Pierre-Artus Héritault de La Bruère et de Louise-Rosalie Hunault de La Chevalerie; — acquêt par le précédent, sur Joseph Jannet de La Jarrie, de la charge de secrétaire auditeur en la Chambre des Comptes de Bretagne; — testament du même; — inventaire de ses meubles; — bail par Pierre-Germain Héritault de La Bruère à Philippe Serrant, clerc tonsuré du diocèse de Cahors, et à Pierre Nicoleau, avocat au Parlement de Paris, de son hôtel dit l'Hôtel d'Anjou en la rue du Figuier; — autre bail du même hôtel à Louis-Guillaume Ménage; — acquêt par Pierre-Germain Héritault de La Bruère, sur Claude-François-de-Paul Merland de La Cossonnière, de son office de secrétaire auditeur en la Chambre des Comptes de Bretagne; — baux de terres et métairies dans les paroisses de Grézillé et Saint-Mélaine; — lettre de M. Delorme à M. Héritault de La Bruère, son cousin, à l'occasion de la mort de sa femme; — plans informes du fief d'Argenne en Grézillé « dont M. Héritault desire faire l'acquisition. »

E. 1652. (Carton.) — 7 pièces, parchemin; 33 pièces, papier.

1450-1698. — BERNARD. — Constitution de 10 livres de rente par Ambroise Bernard et Perrine, sa femme, au profit de l'Hôtel-Dieu et aumônerie de Beaufort-en-Vallée; — transaction entre Jehan Richomme, seigneur de La Gonberie, et Jehan Bernard, secrétaire de René d'Anjou, seigneur de Bardes, au sujet de la mouvance de leurs fiefs; — lettres du Roi Charles VIII portant nomination d'Étienne Bernard, dit Moreau, seigneur d'Escuillé, en l'office de conseiller et maître d'hôtel de la Reine; — accord pour le partage de sa succession entre Jehanne Berruyer, sa veuve, Florent Thoreau, René Mesdon et autres héritiers; — contrat de mariage de Charles Bernard, sieur du Breil, avocat au Présidial d'Angers, et de Renée Belhommeau; — de Jacques Bernard, avocat au Parlement de Paris, et de Françoise Jarry; — testament de Renée Fournier, veuve de Charles Bernard, sieur de La Rivière, greffier de la Prévôté d'Angers; — prisée des bestiaux de La Mouchetière, en Grez-sur-Maine, pour Gabriel Bernard, sieur de La Hussaudière; — contrat de mariage de Philippe Bernard, juge au Présidial d'Angers, et de Françoise Audouin; — du même et de Marguerite Boceau; — bail à rente de terres en Chétigné par François Bernard, sieur de Haumont; — prisée des meubles et immeubles dépendant de la succession de Jacques Bernard, sieur du Breil, à la requête de Philippe Bernard, François Poullain de Grée, mari de Françoise Bernard, René Lefebvre de Chambourean, mari de Marguerite Bernard, Jacques Bernard, sieur du Ronceray et Joseph Bernard, sieur du Boismarais; — présentation par René Bernard, sieur de La Turmelière, à la chapellenie de Notre-Dame en l'église Saint-Martin d'Angers; — testament de Françoise Jarry, veuve de Jacques Bernard; — inventaire de ses meubles; — brevet pour Jacques-François Bernard, sieur du Ronceray, de l'office de conseiller-chevalier d'honneur au Présidial d'Angers; — contrat de mariage du même et de Françoise Poisson; — généalogie pour justifier que Philippe Bernard est parent au troisième degré d'Henri Drouet, conseiller à la Prévôté d'Angers.

E. 1633. (Carton.) — 3 pièces, parchemin; 48 pièces, papier.

[illegible]. — Contrat de mariage de Jacques-Philippe Bernard, sieur de La Barre, et de Claude Hernault de Montiron; — testament de Philippe Bernard, père du précédent; — inventaire de ses meubles, à la requête de Marguerite Boceau, sa veuve, et de ses enfants; — partage des successions de Jacques-François Bernard, sieur du Ronceray, et de Françoise Poisson; — inventaire de la succession de Marguerite Boceau; — contrat de mariage de Jacques-Philippe Bernard du Ronceray et de Jeanne-Perrine Davy de Chauvigné; — présentation par J. Ph. Bernard à la chapelle de Saint-Martin de La Gascherays desservie en l'enclos de sa seigneurie de La Gouberie; — partage des successions de Jacques-Philippe Bernard, sieur de La Barre, et de Claude Hernault de Montiron, de Philippe Bernard, sieur du Breil, et de Marguerite Boceau, d'Adam Hernault de Montiron et de Louise Pinard, entre Jacques-Philippe Bernard de La Barre, Jacq.-Ph. Bernard de La Gouberie, J. Mat. Bernard de La Liardière, Madeleine-Gabrielle-Charlotte Robert, Augustin Évellon, Jean-Guy Letourneux d'Avrillé, Charles-François Malineau de Lépinay et Claude-Raoul, sieur de La Marousière; — licitation entre les précédents de la terre du Moulinet en la paroisse de Baronge; — thèse soutenue par J. F. Bernard de Barre au collège de l'Oratoire d'Angers (fragment); — dispenses d'affinité pour le mariage de Ch.-Jean-Maurice Bernard et de Marie-Catherine Guérin de La Piverdière; — testament d'Alexandre-Henri Bernard, sieur de La Piverdière; — extraits des actes de baptêmes, mariages et décès des paroisses de Saint-Maurille, de Saint-Denis d'Angers et de Gâtines, près La Flèche.

E. 1634. (Carton.) — 1 pièce, papier.

1930. — Héron. — Nomination de René Joulain à la curatelle des mineurs Michel, Marcel et Marie Héron, enfants de Pierre Héron et de Marie Joulain, femme en secondes noces d'Hilaire Guillemeau.

E. 1635. (Carton.) — 2 pièces, parchemin; 10 pièces, papier, dont 1 imprimée.

[illegible]. — Berthelot. — Transaction entre Guillaume Berthelot et Jehan Godin, sieur de La Garde, au sujet de la propriété de la closerie de Villesicard; — « analyse du système du Prévôt de Restigny sur l'origine et « la nature des Maireries dépendantes de sa Prévôté, pour « messire Berthelot de Villeneuve, seigneur de trois de ces « Mairesies, contre messire de Chapt de Rastignac, pré- « vôt; » — contrat de mariage de René Berthelot, sieur de Bois-Robert, et de Catherine Esnault de La Girardière; — citation de témoins pour la procédure extraordinaire contre René Berthelot de La Besnière, marchand banquier d'Angers, et autres, accusés de billonnage des anciennes monnaies; — protestation de Pierre Berthelot Du Pasty, docteur régent en la Faculté de médecine d'Angers, contre toute conséquence qu'on pourrait tirer d'un acte par lui antidaté pour obtenir le consentement de sa mère à son mariage avec mademoiselle Du Chesnay; — brevet de lieutenant de la milice bourgeoise d'Angers pour Jean Berthelot Du Pasty, ancien consul des marchands; — lettre de M. Lefous à l'abbé Berthelot, instituteur des enfants de France, pour lui recommander un parent, victime d'une lettre de cachet; — état de ce qui est dû à M. Pierre Berthelot, médecin, par René Berthelot, prieur de Chemillé.

E. 1636. (Carton.) — 18 pièces, papier.

[illegible]. — Bertrie. — Quittances des rentes dues par Sébastien Bertrie, vicaire de Neuville, titulaire du collège de Grez et de la chapelle de La Grandière, à la châtellenie de Grez-sur-Maine; — partage de la succession de Gilles Bertrie, journalier, et de Marguerite Garreau, sa femme, entre Pierre Serrue, menuisier, Gabriel Houdebine, closier, et Louis-Sébastien Bertrie, prêtre.

E. 1637. (Carton.) — 1 pièce, parchemin; 10 pièces, papier.

[illegible]. — Besnard. — Partage de la succession de Mathurin Besnard; — testament de Pierre Besnard, curé de Corzé, chanoine de Saint-Pierre d'Angers; il lègue à son cousin Jean Ledevin, principal du collège de Bueil et docteur régent en l'Université d'Angers, un calice d'argent doré, un missel; à son autre cousin Leloyer, conseiller au présidial d'Angers, « quatre bagues d'or où sont enchâssez « une poincte de diamant et un rubis et un petit mariage « d'un diamant et un ruby et une perle »; à l'église de Verron, « sa custode d'argent doré pour y servir de taber- « nacle sur le grand autel »; — partage de la succession de Catherine Lemanceau, veuve de Jean Besnard, sieur du Moulin-Neuf, Anne de Cucillé, veuve de Jean Moreau, et Pierre Chevalier de La Jannerie; — bail à rente par Charles de Beaumont d'Autichamp à Jean Besnard, marchand, du logis des Lauriers [*alias* Le Bout du Monde] à Angers; — constitution de rente au profit de Marie Leproust, veuve de Gilbert Besnard, contrôleur au grenier à sel de Candé; —

acquêt sur Michel de La Gallonnière par Jean Besnard de la closerie de La Villegrasse en Carbay; — fondation par René Besnard, prêtre, de services et messes en l'église paroissiale de Saint-Florent-le-Vieil; — inventaire des meubles de François Besnard à la requête de Madeleine Chauvard, sa veuve; — dispenses d'affinité pour le mariage de Pierre Besnard et de Jeanne Gaurné; — partage des immeubles dépendant des successions de Paul Besnard du Percher et de Renée Jeanne Bridault.

E. 1658. (Carton.) — 1 pièce, papier.

1654. — Besson. — Nomination de Charles Tardif à la curatelle des enfants mineurs de Marie Besson et de Julienne Souvestre.

E. 1659. (Carton.) — 1 pièce, papier.

[illegible]. — Besson. — Acquêt par Perrine Colombeau, veuve d'André Besson, couvreur, d'une maison en la paroisse Saint-Germain de Saint-Laud; — extraits de l'acte de mariage de Michel Besson et de Renée Blu, et de l'acte de baptême de Renée, leur fille.

E. 1660. (Carton.) — 1 pièce, papier.

[illegible]. — Bessonneau. — Partage des successions de Jean Bessonneau, couvreur, et de Jeanne Deshayes, entre Mathurin Bessonneau, leur fils, Nicolas Gilbert et Pierre Bonnier, leurs gendres.

E. 1661. (Carton.) — 1 pièce, papier.

[illegible]. — Bestier. — Testament de Lucas Bestier, chapelain de la chapelle du Coudreau; il donne, entre autres legs, à la fabrique de Thouarcé sa « grande robe de drap noir parée de taffetas, pour servir et en faire un manteau à mener et conduire les commères à l'église. »

E. 1662. (Carton.) — 1 pièce, papier.

[illegible]. — Beuchard. — Partage des maisons et jardins sis à Craon, sur les douves et fossés de la ville, dépendant des successions de Robert Beuchard et de Gabrielle Lemarzon.

E. 1663. (Carton.) — 1 pièce, papier.

[illegible]. — Bevereau. — Extraits généalogiques par le feudiste Audouys sur la famille Bevereau, seigneur du Plessis-Bevereau, des Roches et de La Giberderie.

E. 1664. (Carton.) — 1 pièce, papier.

1660. — Bibard. — Partage des successions de Marie Bibard, religieuse au couvent de Saint-Florent, et de Françoise Bibard, sa sœur, entre René Bibard et Guillaume Legay.

E. 1665. (Carton.) — 1 pièce, parchemin.

[illegible]. — Bidault. — Contrat de rente consenti par Jacques Cochon, Perrine et Renée Bataille au profit de Pierre Bidault et de Suzanne Milleran.

E. 1666. (Carton.) — 5 pièces, papier.

[illegible]. — Acquêt par Jean Bidet de terres en Soulaines; — fragments d'une généalogie.

E. 1667. (Carton.) — 3 pièces, parchemin; 1 pièces, papier.

[illegible]. — Bienvenu. — Acquêt de vignes en Corzé par Aubin Bienvenu; — contrat de mariage de Macé Bienvenu et de Jehanne Hunon; — accord pour le partage des deniers provenant de la vente des biens de Jean Bienvenu, entre Guillaume Amys, chanoine de Saint-Maurice d'Angers, et Françoise Legaigneux, Claude Lebreton, Pierre Thiberge; — acquêt sur Noël Duval par René Bienvenu, sieur de La Bechallière, de la charge d'aide d'échansonnerie de la Reine-mère.

E. 1668. (Carton.) — 1 pièce, papier.

[illegible]. — Biétrix. — Partage des successions de Jean Biétrix, notaire et avocat à Gizeux, et de Geneviève Jouin, sa femme, entre Perrine Notteau, veuve de Michel Gaucher, Jean Hernier, Louis Biétrix, tanneur, Louis Daveau, René Naurais et Jean Biétrix, sergent royal.

E. 1669. (Carton.) — 1 pièce, parchemin; 6 pièces, papier.

[illegible]. — Bignon. — Contrat de rente sur François de Maillon, comte du Lude, au profit de Rolland Bignon, avocat au Parlement de Paris; — partage de la succession de Jean Bignon, sieur de La Croix, prieur de Saint-Nicolas de Candé, entre Renée Barbot, veuve de Yves Hamelin, Claude Deffays, veuve de Charles Goujon, Guillaume Daburon, sieur de Chêne-Vert, et autres héritiers; — notes généalogiques par le feudiste Audouys.

E. 1670. (Carton.) — 1 pièce, papier.

[illegible]. — Bigot. — Inventaire des successions de Nicolas Bigot, sieur du Marais, et de Louise de Saint-Aignan, sa femme.

E. 1671. (Carton.) — 2 pièces, parchemin; 21 pièces, papier.

[illegible]. — Bigotière (de La). — Partage de la succession de Renée Leau, veuve de Jehan Boceau et en secondes noces de Guillaume Bigotière, sieur de Vérinelle; — échange d'immeubles sis en la paroisse de Mûrs entre Jean Bigotière et René Roveau, mari de Jacquette Rigotière; — contrat de mariage de René Rigotière, sieur de Perchambault, et de Judith Guillot; — partage entre Jean Buxau de La Maison-Neuve, et René Rigotière, conseiller et élu en l'Élection d'Angers, des biens tenus en usufruit par Françoise Perdrier, veuve de Jacques Rigotière; — convention avec les Ursulines d'Angers pour la réception de Renée et Judith de La Rigotière; — acquêt de La Marmitière sur Jacques Lagous, sieur du Cltray, par Guy de La Rigotière, juge au Présidial d'Angers; — présentation par le même à la chapellenie des Aycaults en l'église Notre-Dame de Beaupréau; — partage de la succession de Jacquine de La Rigotière, femme de Jean Buxau, entre Guy de La Rigotière, sieur de Perchambault, et Jacques de Girard, sieur de Gastines; — contrat pour la réception de Jacquine de La Rigotière aux Ursulines de Beaugontier; — vente par Guy de La Rigotière de son office de conseiller au Présidial d'Angers à Abel Avril, avocat au Parlement de Paris; — contrat de mariage de René de La Rigotière, sieur du Tertre, et de Julienne Chaslot; — partage et succession de Guy de La Rigotière et de Françoise Quentin, sa femme.

E. 1672. (Carton.) — 2 pièces, papier.

1760. — BILLARD. — Extrait de l'acte de baptême de Jean, fils de Jean Billard et d'Andrée Poidevin, avec certificat du vicaire-général de l'évêché pour authentiquer la *signature du curé*.

E. 1673. (Carton.) — 1 pièce, papier.

1770. — BILLAULT. — Contrat d'une rente de 150 livres constituée à Charles-François-Bonaventure Billault, imprimeur libraire à Angers, pour l'acquisition de son fonds d'imprimerie, par Louis-Victor Pavie.

E. 1674. (Carton.) — 1 pièce, parchemin; 6 pièces, papier.

1557-1595. — BILLÉ (de). — Partage des successions de René de Billé, sieur de La Varenne et de La Héardière, et de Françoise Guesdon; — procurations données par Perrine de Billé, dame de La Roche-Ferrière, et René de Billé, gentilhomme ordinaire de la chambre du Roi, seigneur de La Varenne et du Boisrobert, pour les assises de La Guerche en Savennières, etc.; — notes et extraits du feudiste Audouys.

E. 1675. (Carton.) — 1 pièce, parchemin.

1700. — BILLET. — Ordonnance du lieutenant civil de Paris portant règlement pour l'administration des biens des *enfants mineurs* de Jacques Billet, sieur des Préaux, receveur-général des finances des Flandres et Hainault, et d'Élisabeth Lebouteux.

E. 1676. (Carton.) — 5 pièces, parchemin; 5 pièces, papier.

1460-1599. — BINET. — Acquêt par Yvonnet Binet de la maison de Perrine Huchet au Plessis-Grammoire; — par Jehan Binet, de deux logis, rue Saint-Michel, dépendant de Saint-Serge; — testament de Marie Pennelle, veuve de Jehan Binet, sieur de Malvoisine, portant fondations de messes en l'église des Jacobins d'Angers; elle transmet de plus à sa fille, Aucette Girard, au même titre qu'elle les possédait, « pour prester aux bonnes et pauvres filles à marier, ung demy saint ferré d'argent, une petite bourse de drap d'or, une frontière de perles, une atache d'argent doré et aussi toutes mes perles que je ay pour faire abiller ladite frontière et bourse, et quelconque personne qui les aura après le décès de ma dite fille Aucette, qu'elles luy soient laissées à la charge dessus dite; » — testament de Thibault Binet, chanoine de Saint-Maurice d'Angers; — transaction entre les religieuses du Ronceray et Pierre Binet pour une rente par lui due à l'abbaye sur deux maisons de la rue Baudrière; — acquêt par Charles Binet, sieur des Aunais et d'Auverse, de la closerie des Brosses en Saint-Clément-de-la-Place.

E. 1677. (Carton.) — 3 pièces, parchemin; 10 pièces, papier.

1583-1705. — BINET. — Lettre de N. Binet, de Tours, à un cousin d'Angers, au sujet de leur part à prétendre dans la succession de Jeanne Briçonnet, femme de Macé Binet, avec généalogie à l'appui; — lettre de François Morel, sieur des Landelles, à P. Binet, sieur de Montifray, portant désistement de toute opposition à la vente du Plessis-Greffier; — inventaire des successions mobilières de Victor Binet, sieur de Montifray, et d'Anne-Monique Millon, sa femme; — contrat de mariage de René Binet, *marchand tanneur*, et de Renée Simon; — procès-verbal d'arrestation et de dépôt en l'abbaye Saint-Séverin-lès-Château-Landon de Nicolas Binet, sieur de La Florencière, interdit par sentence du Présidial d'Angers rendue à la requête de Louise-Olympe de *Beaumont d'Autichamp*, veuve de Pierre Binet, sieur de Montifray.

E. 1678. (Carton.) — 1 pièce, papier.

1661. — BIONNEAU. — Testament de Jean Bionneau, *notaire de Cernusson*, portant fondation de messes en l'église de Montilliers.

E. 1679. (Carton.) — 1 pièce, papier.

1749. — BISSY (de). — Testament de Joseph de Bissy, abbé de Saint-Faron, contenant divers legs pécuniaires au profit de l'Hôtel-Dieu et de la Providence de Saumur, des communautés religieuses et des écoles de Meaux, des Capuchins de Paris, et fondation d'un lit en l'hôpital de la Charité de Paris.

E. 1680. (Carton.) — 15 pièces, parchemin ; 19 pièces, papier.

1601-1680. — BITAULT. — Acquêt par Pierre Bitault, sieur de La Gaucherie, de prés sur le Layon ; — retrait lignager de La Gaucherie-Bitault, opéré sur Marie Poitou par Louis Bitault ; — partage entre Louis Bitault, sieur de Launay et du Plessis, et René Bitault, sieur de Beauregard, de la succession de leur frère, Jean Bitault, sieur de Hauteberge ; — prisée des bestiaux des métairies dépendant de La Forestrie ; — présentation par Renée Bitault, dame de La Roche-Joullain, à la chapelle de Saint-Michel desservie en l'église de Feneu ; — fondation par Louis Bitault, conseiller au Parlement de Bretagne et trésorier de l'église d'Angers, et par René Bitault, cellerier de Saint-Florent, de messes et anniversaires en l'église des Augustins ; — par Philippe Bitault d'une chapelle en son manoir de Hauteberge ; — procès-verbal de montrée de la terre de La Gaucherie, à la requête de Françoise de Meurzay, veuve du précédent ; — partage entre Renée Guinoiseau, veuve de François Boylève, sieur de Guismard, René Guinoiseau, sieur de La Giraudière, et Jacques Guinoiseau, sieur de La Sauvagère, de la succession de René Bitault, sieur du Plessis.

E. 1681. (Carton.) — 1 pièce, parchemin.

1586. — BIZEUL. — Testament de René Bizeul, marchand, et de Jehanne Basset, sa femme, portant fondation de messes et anniversaires en l'église Saint-Pierre de Montreuil-Bellay.

E. 1682. (Carton.) — 21 pièces, papier.

1700-1709. — BIZOT. — Quittances de paiements faits par M. Bizot de Champblanc pour la pension de ses filles au couvent de Sainte-Élisabeth de Vezins, l'équipement de son fils, capitaine au régiment de La Raimbaudière, et diverses rentes dues au curé de Saint-Gilles et au chapitre de Saint-Léonard de Chemillé, au chapelain des Noulis en La Haie-Longue, aux Augustins d'Angers ; — lettre de sa fille, religieuse au prieuré de la Regripière ; elle lui envoie des confitures de cerises et de groseilles, et lui demande en retour « un couble de boisseaux de fromant ; on ne trouve plus de pain à acheter ; sy il nous vient une personne, on n'a aucun secours. »

E. 1683. (Carton.) — 1 pièce, papier.

1622. — BLACTOT. — Acquêt par Pierre Blactot, curé de Saint-Pierre des Verchers, Guillaume Blactot, marchand, Pierre Gibourd, avocat, curateur des enfants mineurs de Pierre Blactot et de Françoise Gibourd, d'une maison à Saulanger.

E. 1684. (Carton.) — 8 pièces, papier.

XVIIIe siècle. — BLAISON (de). — Notes et extraits par le feudiste Audouys et Cl. Pocquet de Livonnière sur la famille de Blaison.

E. 1685. (Carton.) — 2 pièces, parchemin ; 18 pièces, papier.

1578-1789. — BLANCHARD. — Contrat de mariage d'André Blanchard, sieur de La Saulaye et de Marguerite Boudeau ; — testament d'Hugues Blanchard, sieur de Maquillé, marchand à Cheffes ; — partage des successions de Jean Blanchard et de Perrine Moustel, sa femme, entre Hugues et Jean Blanchard, leurs fils, et René Gaudon, leur gendre ; — ordonnance d'émancipation pour Jean-Toussaint Blanchard ; — lettre-circulaire de l'avocat Bodi aux créanciers de M. Blanchard de Pégon.

E. 1686. (Carton.) — 8 pièces, parchemin ; 1 pièce, papier.

1609-1781. — BLANCHET. — Acquêt par Mathurin Blanchet, marchand, d'un jardin près la Tannerie d'Angers ; — brevet pour Pierre Blanchet, sieur de La Bastière, de l'office de lieutenant royal des droits de sortie et d'entrée en la ville de Montaigu ; — dispense pour cause de parenté avec Nicolas Payneau, son frère, gardes scel en la juridiction des Traites de la même ville ; — quittances du prix d'achat de son office et des droits du marc d'or et de confirmation ; — acquêt par Jacques Blanchet, sieur de La Martinière, conseiller de la Prévôté d'Angers, de la closerie de La Grande-Turpinière.

E. 1687. (Carton.) — 3 pièces, papier.

1620-1770. — BLANDEAU. — Testament de Christophe Blandeau ; — contrat de mariage de Claude Blandeau, vigneron, et Julienne Huet ; — de Charles Blandeau, veuf d'Anne Falloux, et de Renée Fillon.

E. 1688. (Carton.) — 4 pièces, parchemin ; 23 pièces, papier.

1663-1788. — BLANVILAIN. — Acquêt par Artus Blanvilain, sieur de La Caillère et de La Maubretière, de terres et saulaies près Coron ; — inventaire de sa succession mobilière, à la requête de Philippe Landreau, sa veuve ; — licitation du domaine de Léjaunay en Chaudefonds entre les héritiers de Pierre Blanvilain et de Catherine Drouillé ; — partage de la succession de Jean Arthus Blanvilain, curé de Saint-Hilaire du château de Vihiers ; — de la succession de Marguerite Landreau entre les enfants de Pierre Blanvilain, Marguerite Delaunay et Pierre Martin, marchand de drap de sole; — compte-rendu à Pierre-François Blanvilain de Lisle, procureur au conseil supérieur du bourg Saint-Pierre de la Martinique, par Catherine et Angélique Blanvilain, ses sœurs, et Mathurin Delaunay, son beau-frère, de tous les biens-fonds et revenus à lui échus en diverses successions depuis son départ de France; — acquêt par Jean Blanvilain, curé d'Ingrandes-sur-Loire, des biens immeubles de Jacques Revelière et de Jeanne Landais, et d'un logis à Montrelais.

E. 1689. (Carton.) — 1 pièce, papier.

1698. — BLAVAIS. — Contrat de mariage d'Abraham Blavais et de Marguerite Allard.

E. 1690. (Carton.) — 2 pièces, parchemin; 1 pièces, papier.

1400-1580. — BLAVON (DE). — Acquêt par Jean de Blavon des métairies de La Vallée et du Bourg en la paroisse de Chazé-Henry; — partage des successions de Jean de Blavon, sieur du Plessis-Florentin, et d'Ysabeau Breslay, sa femme, entre leurs enfants et Hélye Chaubret, René de Fondettes, leurs gendres, Robert, René et Jacquette Chevreul, leurs petits enfants; — fondation d'un anniversaire par Perrine de Blavon, dame de La Pingaudière, en l'église Saint-Laud d'Angers; — fragments d'une généalogie.

E. 1691. (Carton.) — 1 pièce, parchemin; 1 pièce, papier.

1589-1650. — BLEDONOUVEAU. — Présentation par Jacquine Blednouveau, dame de La Fellière et de La Roussière de Vaugibert, à la chapelle de Notre-Dame desservie en l'église Saint-Nicolas de Montrevault; — notes et extraits du feudiste Audouys.

E. 1692. (Carton.) — 2 pièces, papier.

1636-1648. — BLESTEAU. — Partage de la succession de Jean Blesteau entre ses enfants et René Martineau son gendre; — acquêt par François Blesteau, maçon, de terres en Saint-Georges-Châtelaison.

E. 1693. (Carton.) — 3 pièces, parchemin; 73 pièces, papier.

1628-1767. — BLONDÉ. — Arrentement par Jean Blondé, sieur de La Bismard, de partie d'une maison en Vaudelenay; — échange entre le même et Pierre Pierre, sieur de La Perraudière, de terres et fiefs près Bois-Suard et La Bismard; — acquêt sur Pierre Bedé, sieur des Pierres, par Charles Blondé, sieur de Chandeliveaux, d'une maison aux Basses-Perrières de Nantilly; — par Jean Blondé, sieur de La Bismard, sur Gilles Blondé, sieur de La Maison-Rouge, de la métairie des Gervais en Messemé; — contestation pour le partage des successions de Gilles Blondé et d'Étiennette Faligan, entre Charles Blondé de Sainte-Marthe, chanoine du Puy-Notre-Dame, Élisabeth Paris, veuve de Philippe Lebascle, Anne Blondé, veuve d'André Guéniveau, Gille Blondé, sieur de Bagneux, Antoine Blondé, sieur de Messemé, et Claude de Lhopiteau, mari de Marie Blondé; — partage de la succession de Jean Blondé de La Bismard entre Charles Blondé, chanoine de Montreuil-Bellay, Joseph Caillio, avocat, mari de Marie Blondé, Catherine Blondé, veuve d'Olivier Sansier; — de la succession de Marie Blondé de Messemé entre Jacques-Alexandre Normand, procureur du Roi en l'Élection du Puy-Notre-Dame, mari de Suzanne Blondé, Madeleine Babin, veuve d'Antoine-Louis Blondé, trésorier de France au Bureau des finances de Poitiers, Louis Defay de La Maison Neuve, mari de Céleste Blondé, et Louis Blondé, sieur de Gamache.

E. 1694. (Carton.) — 6 pièces, papier, dont 1 imprimée.

1680-1741. — BLONDEAU. — Contrat de mariage de René Blondeau, avocat à Saumur, et de Marthe Rousseau; — mémoire à consulter et arrêt du Parlement de Paris pour Philippe Blanché et Lucrèce Caltu, légataires universelles de René Blondeau, curé de Saint-Thibauld de Joigny, contre Joseph Blondeau, substitut en la prévôté de Saumur, Jacques Mossot de Chavaignes, Jeanne-Françoise Boureau de Grand-Pré, René-Jean Valois, Jean-François Raimbault de La Foucherie et autres cohéritiers.

E. 1695. (Carton.) — 3 pièces, papier.

1740-1768. — BLONDEL. — Nomination de Christophe Trochon à la tutelle des enfants mineurs de René Blondel, sieur de Rye, et d'Anne Richeu; — billet d'enterrement de Françoise René Blondel de Rye, officier au régiment de Piémont; — notes et extraits du feudiste Audouys.

E. 1696. (Carton.) — 1 pièce, papier.

1749. — BLONDIER. — Acte d'acceptation par André Blondier de la tutelle des enfants mineurs de Jean Blondier, boucher à Angers, et de Marie Maurier.

E. 1697. (Carton.) — 11 pièces, parchemin; 20 pièces, papier.

1519-1680. — BLOUIN. — Contrat de mariage de Jean Blouin, sieur des Breteschês, avocat à Angers, et de Renée Rousseau; — de Jacques Blouin et de Charlotte Parant; — acquêt par Jérôme Blouin, sieur de Vionnière, de la seigneurie de Bellenoue et de pêcheries dans le Layon près La Basse-Guerche; — par Jacques Blouin, sieur de La Plante, d'un pré en Chaudefonds; — procès-verbal de dégâts causés au logis de Pierre Blouin par les constructions nouvelles de René Barbin; — contrat de mariage de René Blouin, marchand, et de Renée Lemée; — de René Blouin et de

Catherine Blouin; — partage entre René Blouin, sieur de La Brouarderie, et Clément Blouin, des immeubles par eux acquis d'Anne Ménard, veuve de Claude Ménard; — acquêt de la closerie du Mesnil en Chanzeaux, par René Blouin, sieur de La Brouarderie, et François Blouin, sieur des Pilletières; — arrêté de compte entre les héritiers de François Lanier et Jérôme Blouin, receveur des fermes de La Basse-Guerche; — partage de la succession de Jérôme Blouin et de Françoise Barbot entre Mathurin et Jacques Blouin, avocats au Présidial d'Angers, Jullien Chauvel, sieur de La Guibardière, Mathurin Barbot, poêlier, Gabriel Blouin, marchand de drap de laine, et Hélie Goiteau, veuve de Charles Blouin, sieur du Châtelier; — partage de la succession de Charlotte Farant, femme de Jacques Blouin, entre leurs enfants; — testament de Charles Blouin, sieur du Vigneau, procureur fiscal de la baronnie de Rochefort; — de René Blouin, sieur de La Brouarderie; — fondation par le même de dix messes en l'église Notre-Dame de Chemillé à célébrer annuellement par les prédicateurs de l'Avent et du Carême.

E. 1698. (Carton.) — 11 pièces, parchemin; 22 pièces, papier.

1662-1698. — Acquêt par René Blouin, sieur des Coteaux, de terres en Chaudefonds; — prisée des meubles de René Blouin de La Brouarderie et de Mathurine Trébuchet, sa femme; — acquêt sur François Bitault de Chizé, par René Blouin, sieur de La Varanne, des métairies de Laguet et des Petites-Faveries en Gonnord, et par Étienne Blouin, sieur des Galeschères, de la métairie de La Varanne en Saint-Pierre de Chemillé; — partage de la succession de Michel Blouin, curé de Notre-Dame de Chemillé, entre Renée Blouin, veuve de Jacques Richard de La Gaudrière, Maurice Blouin, bourgeois de Paris, René Blouin de La Varanne, François Blouin, curé de Notre-Dame de Chemillé et auparavant du Puy-Notre-Dame, Marie Blouin, veuve de Louis Binet, sieur de L'Harondelle, Philippe Pétineau, veuve de Pierre Blouin de La Chalotière, Étienne Blouin des Galeschères, Antoine Falloux et Mathurine Blouin, sa femme; — état des dettes de René Blouin de La Brouarderie dont sont chargés Jacques Boylesve, sieur du Planty, Jacquet Bisot, Abel Blouin et autres cohéritiers; — quittances des taxes payées par René Blouin Des Coteaux, conseiller du Roi, commissaire général de la marine, ancien échevin d'Angers, pour être maintenu dans les privilèges de sa noblesse d'échevinage; — sommation respectueuse notifiée par René Blouin, sieur du Pin, à ses père et mère, pour requérir leur consentement à son mariage avec Charlotte Jarret; — brevet de capitaine d'une compagnie d'infanterie de marine pour Louis Blouin (sceau et signature autographe de Louis XIV); — certificat de services militaires par le chevalier de Forbin (avec signature autographe); — sentence et procédures pour le règlement de la succession de René Blouin de La Brouarderie entre Pierre Blouin Des Pilletières, Françoise Blouin, sa sœur, Jacques Boylesve Du Planty et Jacques Bisot de Champblant.

E. 1699. (Carton.) — 10 pièces, parchemin; 52 pièces, papier.

1688-1690. — Inventaire et partage des successions de René Blouin Des Coteaux et de Renée Lemée, sa femme, entre Louis Barbot, mari de Marguerite Blouin, René Blouin, sieur du Pin, François Coltas, sieur de La Mare et Jeanne Blouin, François Blouin, aumônier du Roi, chanoine de Meaux, Maurille Blouin, sieur de La Plante, Jérôme Blouin, sieur du Fresnay, et Louis Blouin, capitaine au régiment de marine, Louis Barbot et Marguerite Blouin; — acquêt par Anne Blouin du logis des Trois-Morts à Vihiers; — quittances des taxes payées par René Blouin, sieur du Pin, François Blouin, Louis Blouin et Jérôme Blouin, sieur des Coteaux, pour leur maintenue aux privilèges de la noblesse d'échevinage; — certificat des services militaires de Louis Blouin, capitaine au régiment d'infanterie de marine, délivré par le colonel François de La Rochefoucauld (olographe, avec signature); — inventaire et vente de ses meubles; — acquêt par Michel Blouin de la closerie du Bo en Chalonnes; — brevets (avec signature autographe de d'Hozier) des armoiries de Jérôme Blouin, écuyer, et de François Blouin, abbé de Bourg-sur-Mer

E. 1700. (Carton.) — 53 pièces, papier.

1700-1780. — Inventaire de la succession mobilière de René Blouin, sieur des Varannes, et de Catherine Gurie, sa femme; — partage de la succession de Marguerite Blouin entre Maurice Blouin, avocat au Parlement, Marguerite Blouin, veuve de François Navarre, Claude Blouin, docteur de Sorbonne, Maurice et Claude Meusnier et autres cohéritiers; — testament de René Blouin, sieur du Pin; — apposition de scellés sur la succession de Françoise Blouin de La Picquetière; — partage entre Anne Blouin et René Louet des immeubles de Michel Blouin, curé de Notre-Dame de Chemillé; — inventaire des meubles de René Blouin et de Charlotte Jarret; — testament d'Anne Blouin, portant donation d'une rente à l'hôpital de Gonnord, à la charge de recevoir les pauvres de Joué et Étiau, et au cas que l'hôpital de Gonnord ne subsiste pas, à l'Hôpital-Général d'Angers, à condition de recevoir un pauvre de la paroisse de Joué; — testament de François Blouin, chanoine de Meaux, portant divers legs à l'église et à l'hôpital de Meaux; — inventaire et vente des meubles de Jérôme Blouin, écuyer; —

licitation de la seigneurie du Pin entre Jeanne Colas, veuve de François Jourdan de Fleins, Marie Collas, veuve d'Alexandre de Villeneuve Du Cazeau, Marie Audouin, veuve de François Bernard Collas de L'Esperonnière, Charlotte Blouin, veuve de Mathurin Margariteau de La Morinière, Pierre Lehay de Villeneuve, Louis Barbot, Pierre Fleury et Marguerite Barbot; — brevet, pour Claude Blouin, de l'office de sénéchal des fiefs de La Giraudière et de La Haute-Sauvagère; — acquêt par Michel Blouin, sur Geneviève Goutard, veuve de Gaudin Du Plessis, et Geneviève Gaudin, veuve Jacques Dubois, professeur en la Faculté de droit d'Angers, d'une maison aux Ponts-de-Cé.

E. 1701. (Carton.) — 1 pièce, papier.

[illegible]. — Bluet. — Autorisation pour René Bluet d'accepter, sous bénéfice d'inventaire, la succession d'Urbain Bluet, prêtre, son frère.

E. 1702 (Carton.) — 18 pièces, parchemin; 16 pièces, papier.

1519-1688. — Blaineau. — Partage de la succession de René Blaineau et de Françoise de Brenezay, sa femme; — accord entre Noël Blaineau et Arthus de Maillé-Brezé, au sujet d'une rente de blé prétendue par la seigneurie de La Bouchardière sur des maisons de Champigné-le-Sec; — acquêt par René Blaineau, marchand à Saumur, d'une pièce de vigne en Turquant; — partage des successions de Noël Blaineau, son fils, et de Noël Blaineau, son petit-fils, entre René Goinson, Marthe Martineau, veuve de René Blaineau, et leurs enfants, Antoine Delaunay et Françoise Blaineau; — acquêt par René Blaineau, sieur de La Lande, avocat à Angers, d'une maison en la rue Godeline; — transaction entre René Blaineau, sieur de La Lande, et François Tabary, sieur de La Besneraye, au sujet de la succession de Claude Tabary; — bail à ferme de la métairie de La Grange près La Meignanne; — partage de la succession d'Anne Hubert, veuve de René Blaineau; — testament de Yolande Marsolle, femme de René Blaineau; — de Jérôme Blaineau, chanoine de Saint-Pierre d'Angers; — partage de la succession de René Blaineau entre Antoine Poulain de La Tirlière et Marguerite Godin, sa femme, Jacques Volaige, sieur de Cierzay, et Madeleine Blaineau, Marc-Antoine Bardin, chanoine de Saint-Pierre d'Angers, et autres cohéritiers.

E. 1703. (Carton.) — 2 pièces, parchemin; 24 pièces, papier.

1589-1682. — Boceau. — Inventaire des meubles de Jehan Boceau, à la requête de Renée Leau, sa veuve; — contrats de mariage de Mathurin Boceau, sieur de La Bounosche, et de Marguerite Angevin; — de Jean Boceau, sieur du Pre, receveur ancien des traites au bureau de Rochefort, et de Claude Letourneux; — inventaire des meubles de Nicolas Boceau, sieur des Landes, et de Marie Rivière, sa veuve; — testament de Jean Boceau, sieur du Pré; — de Mathurin Boceau, bourgeois d'Angers, portant fondation d'un service de messes et d'instructions religieuses en la chapelle de sa maison d'Ardenay, pour les paroissiens de Chaudefonds qui n'ont moyen d'aller à l'école, ni à l'église à cause de l'éloignement de la paroisse et des débordements fréquents du Layon; — partage de sa succession entre Jean Robert, sieur de La Hussaudaye, son gendre, et Marguerite Boceau, sa nièce; — transaction entre Jean Robert, sieur de La Hussaudaye, Philippe Bernard, conseiller au Présidial d'Angers, et Gabriel Du Verdier, sieur de La Jousselinière, pour le partage des successions de Jean Boceau et de Claude Letourneux; — inventaire des meubles de Mathurin Boceau et de Marguerite Angevin.

E. 1704. (Carton.) — 1 pièce, parchemin; 1 pièce, papier.

1650-1720. — Bodard. — Contrat de mariage d'André Bodard, praticien, et de Marguerite Guineman; — partage de la succession de Madeleine Bodard entre Guillaume Bodard, curé de La Chapelle-Craonnaise, Pierre Bodard, officier au Grenier à sel de Candé, et Renée Bodard, veuve de J. Martineau, officier de la princesse de Dombes.

E. 1705 (Carton.) — 1 pièce, parchemin.

1590. — Bodet. — Acquêt par François Bodet, marchand boulanger, « d'une pippe de vin blanc bon nouvel et « marchant enfusté en bon fust et raisonnable » de rente annuelle.

E. 1706. (Carton.) — 6 pièces, parchemin.

1441-1466. — Bodiau. — Présentation par Pierre Bodiau, sieur de Nazé et du Bois, à la chapellenie de Notre-Dame, en l'église de Vivy; — testament de Jeanne Ruffières, femme de Pierre Bodiau, sieur de Sainte-Gemmes-sur-Loire, des Moulins et de Voisin, portant diverses fondations pieuses en l'église de Corzé; — quittances de la rente annuelle due par Pierre Bodiau aux Cordeliers d'Angers.

E. 1707. (Carton.) — 1 pièce, papier.

XVIIIe siècle. — Bodieu (de). — Note sur la famille de Bodieu, seigneur des Courans, par le feudiste Audouys.

E. 1708. (Carton.) — 5 pièces, parchemin; 11 pièces, papier.

1633-1746. — Bodin. — Acquêt par Pierre Bodin, sieur de La Forestrie, de la maison de La Guerche et de prés en Savennières; — fondation par Jacqueline Jouet, veuve de Jehan Bodin, sieur de Brizay, de services religieux en l'église des Cordeliers d'Angers; — arrêté de compte entre Anne Pirard, veuve de Pierre Bodin, Madeleine Raneau, veuve de René Bodin, Augustin Grille et Andrée Bodin; — partage des successions de René Bodin et de Renée Burel, sa femme, de Marie Bodin et de Louis Bodin entre Jean Boguais de La Boissière, Philippe Bossoreille, notaire, Pierre Marquis, avocat en la Sénéchaussée de Baugé, René d'Écorce, avocat au Présidial d'Angers et autres cohéritiers.

E. 1709. (Carton.) — 2 pièces, papier.

1684-XVIIIe siècle. — BODINIER. — Distribution entre créanciers du produit de la vente des meubles saisis sur François Bodinier; — billet de faire part du mariage de M. Bodinier, conseiller du Roi, président au Grenier à sel d'Angers, et de Mlle Maugars.

E. 1710. (Carton.) — 1 pièce, parchemin; 9 pièces, papier.

1691-1782. — BODY. — Contrats de mariage de Jean Body et de Perrine Guitière; — de Pierre Body et de Marie-Anne-Louise Brisset; — d'Urbain Body et de Michelle Gallard; — extraits des registres de baptêmes et de mariages des paroisses de Coron et de Chanteloup; — mémoire de Me Victor Body, avocat au Parlement, ex-recteur de l'Université d'Angers, contre l'ordre des avocats d'Angers; — requête du même au Procureur-général du Roi; — arrêt de la Sénéchaussée d'Angers qui déboute l'ordre des avocats de ses prétentions, et lui ordonne d'immatriculer Victor Body au rôle et de recevoir son serment.

E. 1711. (Carton.) — 1 pièce, parchemin; 2 pièces, papier.

1610-1769. — BOGUAIS. — Acquêt par François Boguais, marchand, du clos de Bellebille, près Angers; — inventaire des meubles de Jean Boguais de La Boissière, à la requête d'Antoinette Bodin, sa veuve; — acquêt sur Guillaume-Guy de Lesrat par Louis-Hector Boguais de La Boissière, seigneur de La Plesse, correcteur honoraire en la Chambre des Comptes de Bretagne, de l'hôtel de Vertu à Angers.

E. 1712. (Carton.) — 1 pièce, papier; 3 pièces, parchemin.

1531-1671. — BOHIC. — Acquêt sur Mathurin de Montalais par Pierre Bohic et Jeanne de Sesmaisons du domaine de La Grange en Saint-Georges-du-Bois; — présentation par Guy Bohic, sieur de La Hustière, de la chapelle de Boisbrieuse en l'église Saint-Maurice d'Angers.

E. 1713. (Carton.) — 2 pièces, parchemin; 17 pièces, papier.

1658-1684. — BOIREAU. — Compte de fermages entre Claude Boireau, notaire aux Rosiers, et François Hernoil; — sentence d'émancipation de Suzanne Boireau; — inventaire et vente des meubles de Suzanne Guérin, veuve de Claude Boireau; — compte de curatelle rendu à Suzanne Boireau par Louis Guérin, avocat au Présidial, Jean Guérin, sieur de La Fresnaye, apothicaire aux Ponts-de-Cé, et Renée Guérin, enfants et héritiers de René Guérin, son curateur; — inventaire et vente des meubles de Suzanne Boireau; — mémoire du luminaire fourni pour ses obsèques par le curé de Saint-Michel-de-La-Palud d'Angers.

E. 1714 (Carton.) — 5 pièces, papier.

1668-1709. — BOISARD. — Accord entre Jacques Boisard, chirurgien, Olivier Boisard, droguiste et confiseur, Jeanne Pannetier, veuve de Nicolas Boisard, Geneviève Boisard, veuve en premières noces de Pierre Chartier, chirurgien, et en secondes noces de Jean Rouillé, Jacques Ollivier et Marguerite Boisard pour le partage des successions de Nicolas Boisard et de Geneviève Proust; — partage des successions de René Boisard, sieur de L'Épinière, et de Marguerite Bréchen; — titre nouveau d'une rente de 5 livres consentie au chapitre Saint-Jean-Baptiste d'Angers par Nicolas Boisard, droguiste, Jean Maré, Jean Lepage et Guillaume Boisard, élève au Séminaire d'Angers.

E. 1715. (Carton.) — 2 pièces, parchemin.

1476. — BOISBELLET. — Transaction entre Bertrand Boisbellet, écuyer, et Louis Laurens, sieur de Mauxifrote, pour le partage de la succession de Guillemette Boisbellet, veuve d'Étienne Patillon.

E. 1716 (Carton.) — 3 pièces, parchemin; 1 pièce, papier.

1544-1560. — BOISGUÉRIN. — Commission délivrée par Françoise d'Alençon, dame de Pouancé et de Montreuil-Bellay, à Jehan Boisguérin, « de l'office de mesureur et arpenteur, contregarde pollitieque et visiteur général des poiez, mesures et ballances » en la baronnie de Château-gontier; — fondation par Mathieu de Boisguérin, chanoine prébendé de l'église Saint-Mainbeuf d'Angers, de messes et anniversaires en ladite église; — transaction entre Pierre Gourreau, sieur de La Roche-Joullain, et Jeanne Gaultier, veuve de Jean Boisguérin, sieur du Boisdelhomme, conseiller au Présidial d'Angers, pour le droit de rachat du fief de Marans.

E. 1717. (Carton.) — 2 pièces, parchemin; 2 pièces, papier.

1589-1698. — BOISINEUST. — Quittances des arrérages de rentes dus par Catherine et Jacquine Boisineust aux Cordeliers d'Angers; — constitution de rentes sur René Blouin, sieur du Pin, et Renée Jamet, veuve de René Bienvenu de La Béchalière, au profit de Charlotte Boisineust.

E. 1718. (Carton.) — 2 pièces, papier.

XVIIIe siècle. — Boisjoulain (de). — Notes et extraits par le *feudiste* Audouys *sur* la famille de Boisjoulain, seigneur de Boisjoulain.

E. 1719. (Carton.) — 10 pièces, papier.

1663-1760. — Boisjourdan (de). — Contrat pour la réception de Marguerite de Boisjourdan en l'abbaye du Perray-aux-Nonains, passé entre Marie de Courtavel, abbesse, et Marie Pélisson, femme d'Anseime de Boisjourdan, sieur des Courans et de Longuefuye; — mémoire pour M. de Boisjourdan des hommages qu'il doit rendre à la châtellenie de Rемfort; — lettres des feudistes Gaultier, Meignan, Maillard et Mordret, concernant des devoirs de féodalité.

E. 1720. (Carton) 2 pièces, papier.

1766. — Boison de La Guerche. — Partage de la succession mobilière de Marie-Gabrielle-Catherine Boison de la Guerche entre Et. Martin de La Martinière, avocat, et Antoinette-Élisabeth Boureeau de la Daumerie.

E. 1721. (Carton.) — 1 pièce, papier.

XVIIIe siècle. — Boispéan (de). — Note d'Audouys sur la famille de Boispéan, seigneur de Mirebeau en Rablay.

E. 1722. (Carton.) — 1 pièce, papier.

XVIIIe siècle. — Boisrahier (de). — Note et extraits d'Audouys sur la famille de Boisrahier, seigneur de La Motte.

E. 1723. (Carton.) — 7 pièces, papier; 1 pièce, parchemin.

1609-1747. — Boissard (de). — Déclaration rendue à la seigneurie du Roceau pour la métairie de La Bonnairie par Louis de Boissard, écuyer, sieur de La Rigauderie; — rachat par René de Boissard d'un droit de dîme dû au sacristain de Saint-Nicolas d'Angers sur La Jaquetière en Longué; — présentation par Charles-Isaac de Boissard, en sa qualité de seigneur du Pavillon, de la chapellenie de Saint-Louis et Saint-René desservie en Dénezé; — notes et extraits généalogiques par le feudiste Audouys.

E. 1724. (Carton.) — 1 pièce, papier.

1707. — Boisseau. — Contrat de constitution de rente au profit de Jean Boisseau par Henri Blanchard de Pégon.

E. 1725. (Carton.) — 4 pièces, papier.

1669-XVIIIe siècle. — Boissy (de). — Ordonnance du commissaire chargé de la vérification de la noblesse de Touraine, Maine et Anjou, qui prescrit à Pierre Colnade de restituer à François de Boissy, sieur de La Charlebouchère, les frais compensés, sur lui faits pour production tardive de ses titres; — extrait de l'inventaire des meubles de M. de Boissy; — note et extraits généalogiques du feudiste Audouys.

E. 1726. (Carton.) — 1 pièce, papier.

1462. — Boistravers. — Sentence arbitrale qui condamne Étienne Saucereau à payer à Jean Boistravers une rente de sept septiers de seigle pour sa métairie d'Aulneau en Bescon.

E. 1727. (Carton.) — 1 pièce, parchemin.

XIVe siècle. — Boivin. — Testament de Jean Boivin, valet, portant divers legs aux Frères Mineurs de Loudun et d'Angers et à l'église de Verrières.

E. 1728. (Carton.) — 1 pièce, parchemin.

1685. — Bommard. — Acquêt sur Pierre Haisteau par Pierre Bommard, sieur de *Brouard*, de la métairie de Bellepoule en Lézigné.

E. 1729. (Carton.) — 2 pièces, papier.

1562-1678. — Bommier. — Testaments de François Bommier, écuyer, docteur-médecin, sieur de La Motte, portant donations aux Jacobins d'Angers et aux Cordeliers de Saumur; — de Jacques Bommier, prieur de Ferrières.

E. 1730. (Carton.) — 3 pièces, papier.

XVIIIe siècle. — Bonamy. — Généalogie de la famille Bonamy; — note et extraits du feudiste Audouys.

E. 1731. (Carton.) — 14 pièces, parchemin; 29 pièces papier.

1529-XVIIIe siècle.—Bonchamp (de).—Aveu rendu au château de Saumur par François de Bonchamp pour sa seigneurie de Pierrefille; — présentation par René de Bonchamp, des chapelles de Saint-André de Jallais et de Saint-Julien de Beaupréau; — conventions entre la supérieure des dames de Sainte-Élisabeth de Saint-Florent-le-Vieil et René de Bonchamp pour la réception de sa fille Suzanne dans la communauté; — entre le même et les religieuses de La Fidélité d'Angers pour l'envoi et l'entretien de deux religieuses au prieuré de La Fougereuse; — contrat de mariage de René de Bonchamp et de Catherine de Meulles; — ordonnance royale qui évoque au grand conseil la cause de Pierre de Bonchamp, accusé d'assassinat sur le mari de la veuve Bascher; — inventaire des titres produits par René de Bonchamp, pour justifier de sa noblesse; — lettres de nomination d'Artus de Bonchamp à un canonicat de Notre-Dame de La Grézille; — vente de ses meubles; — collation par René de Bonchamp de la chapelle et ermitage de Maurepart (avec signature autographe et cachet aux armes); — inventaire des meubles de René de Bonchamp; — état des dettes passives de sa succession; — nomination de l'abbé Boylesve du Planty à la curatelle des mineurs Anne, Artus et Hyacinthe de Bonchamp; — mémoire de ce que doit M. de Bonchamp de La Baronnière, officier au régiment d'Aquitaine, à Fontaine, tailleur à Angers; — notes et extraits généalogiques du feudiste Audouys.

E. 1732. (Carton.) — 1 pièce, papier.

1544. — Bondigneau. — Testament de Guillaume Bondigneau, chanoine de Saint-Aubin de Blaison, portant diverses donations, entre autres de ses biens immeubles, à ladite église.

E. 1733. (Carton.) — 1 pièce, papier.

XVIIIe siècle. — Bonet. — Note et extraits par le feudiste Audouys sur la famille Bonet, seigneur de Bouillé.

E. 1734. (Carton.) — 1 pièce, papier.

XVIIIe siècle. — Bonétat (de). — Note et extraits par le feudiste Audouys sur la famille de Bonétat, seigneur d'Estival et des Gringuenières.

E. 1735. (Carton.) — 6 pièces, parchemin ; 19 pièces, papier.

1575-1788. — Bonneau. — Lettres pour Jehan Bonneau de l'office de lieutenant-général au bailliage de Saumur (avec signature autographe de François d'Alençon, pair de France); — testament de Jehan Bonneau, sieur de Maisonneuve; — transaction pour le partage de son héritage entre Julienne Bonvoisin, sa veuve, et Pompée Bonneau, Joachim Mocquereau et Renée Bonneau; — don mutuel entre Jehan Bonneau, sénéchal de robe longue, lieutenant-général en la Sénéchaussée de Saumur, et Renée Collin, sa femme; — contrat de mariage de René Bonneau, sieur de La Barguillère, et d'Anne-Marie Toutain; — acquêt en commun par René Bonneau des Varennes et Guérin de La Chouanière, sur Paul Deslaux de Lescar, de la seigneurie des Buards; — contestation entre les acquéreurs pour le paiement des travaux de menuiserie faits par Louis Colin, du Lion-d'Angers; — livre des avances faites par René Bonneau pour compte commun avec Guérin de La Chouanière.

E. 1736. (Carton.) — 1 pièce, papier.

1715. — Bonnemère. — Factum pour Mathurin Bonnemère contre Michel-Jean Lebeuf, capitaine au régiment de Chartres, au sujet de la propriété contestée de l'office de lieutenant particulier et assesseur criminel en la Prévôté de Saumur.

E. 1737. (Carton.) — 1 pièce, papier.

XVIIe siècle. — Bonnet. — Note sur la famille Bonnet, des Ulmes.

E. 1738. (Carton.) — 1 pièce, papier.

1700. — Bonnin. — Testament de Louis Bonnin, archer de la maréchaussée d'Anjou, et d'Angélique Leroy, sa femme.

E. 1739. (Carton.) — 1 pièce, parchemin.

1679. — Bonnizeau. — Lettres d'ordination de Jean Bonnizeau (avec signature autographe et sceau d'Henri Arnauld, évêque d'Angers).

E. 1740. (Carton.) — 10 pièces, papier ; 1 pièce, parchemin.

1655-1691. — Bontemps. — Partage des successions de Jacques Bontemps, contrôleur des consignations de la sénéchaussée de Saumur, de Jacques Bontemps, lieutenant de la Prévôté de la même ville, et de Julienne Delhommeau, sa femme; — contestation entre Pierre Fournier de Boisairault, Pierre Poitras, Jacques Anceau, Florent Anceau et autres cohéritiers.

E. 1741. (Carton.) — 1 pièce, parchemin.

1572. — Bonvallet. — Partage entre Jacques Bonvallet et René Roullière, mari de Renée Bonvallet, de la succession de Renée Cormier.

E. 1742. (Carton.) — 7 pièces, parchemin ; 3 pièces, papier.

1571-1690. — Bonvoisin. — Acquêt par Jean Bonvoisin du moulin de La Poustière, paroisse de La Cornouaille; — lettres de provision pour Jean Bonvoisin de l'office de Président aux enquêtes du Parlement de Bretagne; — état et partage des dettes passives de la succession de Guillaume Bonvoisin, sieur de La Burelière, juge-prévôt d'Angers, et de Guillelmine Ménard, sa femme, entre François de Bonvoisin, sieur de Villemoisant, et Claude de Montours; — arrêt du Parlement de Paris pour François de Bonvoisin, sieur de La Burelière, contre Yves Guibourg et François de Menon, sieur de Turbilly, au sujet de la féodalité d'une maison de La Cornouaille.

E. 1743. (Carton.) — 1 pièce, papier

1612. — Bordeau. — Testament d'Étienne Bordeau, marchand d'Angers, portant fondation de messes et d'anniversaires en l'église de La Trinité.

E. 1744. (Carton.) — 3 pièces, papier.

XVIIIe siècle. — Boré. — Partages des successions de René Boré, sieur de La Cartaudrie, et de Pierre Boré, sieur de Chanteloup.

E. 1745. (Carton.) — 1 pièce, parchemin ; 2 pièces, papier.

1712-1725. — Boreau. — Réception de René Boreau en l'office de notaire de la châtellenie de Marigné; — arbitrage entre Pierre Boreau, sieur des Landes, Catherine Desnos, veuve de René Boreau, Henri-Louis-Claude Lechat, sieur de Vernée, René et Louis Fourmond et autres héritiers de Michel Boreau, sieur du Houx, et de Françoise Lattay.

E. 1746. (Carton.) — 8 pièces, parchemin; 0 pièces, papier.

1618-1786. — Bory. — Donation mutuelle entre Pierre Bory, notaire, et Élisabeth Gireul, sa femme; — acquêt sur René Louet de Lonchamps, par Jean Bory, maréchal, de La Laudaiserie, à Étiau; — requêtes de Marie Bory et ordonnances conformes du lieutenant général d'Anjou, qui l'autorisent à passer outre, malgré l'opposition de son père, à la publication des bans de son mariage avec Pascal Gaudicher, président en l'Élection d'Angers; — règlement de compte de la succession de N. Bory, conseiller-clerc en la grande chambre du Parlement de Paris, entre Joseph Morna, Rose-Renée Béguyer, Joseph-François Bariller de Bouchillon, Jeanne Béguyer, veuve de L. P. François Le Tavernier de Boullongue et Rose-Françoise Maugin de Lingrée.

E. 1747. (Carton.) — 1 pièce, parchemin; 8 pièces, papier.

1517-1660. — Boscher. — Acquêt sur Thibault Jarrousseau par Gilles Boscher, sieur de La Roche d'Appellevoisin, de la maison de Galibart au bourg de La Flocelière; — plainte par Marie Boscher contre la mauvaise administration de ses biens par Diane de Soussay, sa mère, veuve d'Antoine Boscher, sieur de Flines, et remariée à Baltazar Lenfant, sieur de Malvoisine; — partage de la succession de Pierre de Boscher, sieur du Pré, et de Jeanne Du Breil, entre Jean de Boscher, sieur de La Porte, Jean Guillemet, Pierre Boscher, sieur du Ponceau, Simon Boscher, sieur de La Garde, et autres héritiers; — notes et extraits généalogiques par le feudiste Audouys.

E. 1748. (Carton.) — 1 pièce, parchemin.

1788. — Bossard. — Acquêt par Jean Bossard, praticien, sur Marie Coullion, veuve de Jean Bain, huissier royal, visiteur et réformateur général des moulins à blé du duché d'Anjou, d'une maison en la rue de la Tannerie d'Angers.

E. 1749. (Carton.) — 4 pièces, parchemin; 26 pièces, papier.

1563. — Bossoreille. — Acquêt par Laurent Bossoreille, procureur fiscal de la baronnie de Gonnord, de partie de la dîme de Bafouin en Faveraye; — partage des successions de Pierre Bossoreille, maître chirurgien, et de Jeanne Fougeray, sa femme, de Jacques Chauveau, maître chirurgien, et d'Antoinette Fougeray; — contrat de mariage de Pierre-Martin Bossoreille, juge au présidial d'Angers, et de Madeleine Miltory; — acquêt par les mêmes sur René-Damiens d'Espinay, sieur des Grandes-Villates, de la seigneurie de Ribau; — dispenses d'affinité pour le mariage de Jean Gourdon et de Marie Bossoreille; — règlement entre Pierre-Martin de Bossoreille, conseiller-secrétaire du Roi près le Parlement de Besançon, P. J. Philippe de Bossoreille et René-Marie de Bossoreille pour le partage de la succession paternelle; — contrat de mariage de René-Marie Bossoreille, sieur de La Turpinière, et d'Anne-Thérèse-Françoise Durand de La Sibollière.

E. 1750. (Carton.) — 4 pièces, papier.

1660-1769. — Bottereau. — Factum pour maître Eustache Bottereau, adjoint aux Enquêtes de Saumur, et Louise du Boissard, sa femme, contre J. B. Dugué, poursuivant les criées des biens des sieur et dame de Ruzé, et Charles de Beauclerc, héritier de dame Marguerite d'Estampes, dame d'Achères; — inventaire des meubles de Marguerite Fousché, veuve de René Bottereau; — nomination de Renée Boutin à la curatelle des enfants mineurs de René Bottereau, tisserand, et de Marie Crosnier.

E. 1751. — 16 pièces, parchemin; 33 pièces, papier.

1506-1780. — Boucault. — Partage entre Barthélemy Boucault et Jehanne, sa femme, de la terre de Launay; — testament de Maurice Boucault, prêtre; — bail à ferme par Pierre Boucault de la closerie des Barres; — inventaire des meubles de Jehan Boucault; — partage de la succession de Pierre Boucault et de Michelle Balue, sa femme; — contrat de mariage de Jean Boucault et de Renée Frontault; — testament de Thibaulde de Blavon, veuve de Pierre Boucault, sieur des Molans; — partage de leur succession entre Guyonne Boucault, femme de Donatien Coiscault, avocat, Renée Boucault, femme de Pierre Roncheray, Marie Boucault, veuve de Laurent Louettière, et de Bertrand Boscher, Françoise, Symphorienne et Marie Rétoré; — « libelle accusatoire » au nom de Pierre Boucault, contre Jehan Blandin, qui l'a injurié en pleine église; — acquêt par René Boucault de l'office de greffier au Grenier à sel de Craon; — contrat de mariage de René Boucault, sieur du Houx-de-la-Mer, lieutenant en la sénéchaussée de Craon, et de Renée Fontaine; — inventaire de leurs meubles; — partage de la succession de Jean Boucault, sieur de Launay, entre René Boucault, René Guéniard, sieur de La Loge, Barthélemy Boucault, sieur de La Gilardière, et Jacques Chotard, sieur de Lansonnière; — fondation par Barthélemy Boucault d'une messe en l'église Saint-Denis de Châteaugontier; — acquêt sur François Boylesve de Goismard par Joseph Boucault, sieur de Melliand, de l'office de conseiller du Roi en la Sénéchaussée d'Anjou; — partage de la succession de René Boucault et de Marguerite Jourdan, sa femme, entre René Boucault, sieur des Hommeaux, François Bertereau, sieur de Saint-Mars, conseiller au Présidial de La Flèche, Mathurin Boucault, sieur de La Houssaye, et Joseph Boucault, sieur de Melliand; — testament de Jean Boucault, chanoine de Saint-Nicolas de Craon, contenant divers legs aux Jacobins et aux Bénédictins de Craon et au Séminaire d'Angers; — engagement pris en commun par les officiers du Présidial d'Anjou pour garantir à M. Audouin de Danne la validité de la résignation de l'office de conseiller consentie à son profit par M. Boucault de Melliand, nonobstant toute opposition de Pierre Béguyer; — lettres royaux portant confirmation de l'élection de François Boucault, maire d'Angers (avec signature autographe de Louis XV); — quittance des droits casuels perçus sur François-René Boucault, prêtre, René-Henri Boucault, sieur du Plessis, André-Augustin Boucault, sieur de La Rousselière, Juste-Jean Boucault, sieur de La Grandmaison, pour leur maintenue aux priviléges de noblesse; — bail par René Macé-Desbois, tuteur des enfants mineurs de Juste-Jean Boucault et de Françoise-Urbaine Macé-Desbois, de la métairie de La Guiberdière en la paroisse des Tuffeaux.

E. 1752. (Carton.) — 1 pièce, parchemin; 4 pièces, papier.

1691-1755. — BOUCHARD. — Fondation par Olivier Bouchard, sieur des Moriers, avocat, d'un salut le jour de la Pentecôte en l'église des Cordeliers d'Angers; — acquêt de la seigneurie de Laigné par Claude-Mathieu Bouchard, sieur de Coudray, et Gabrielle Quantin, sa femme, sur Louise de Collins de Mortagne, épouse de Claude de Montboissier-Beaufort, enseigne des mousquetaires du Roi; — par le même, de la seigneurie de Chauvigny, sur Louise de Madaillan de Lesparre, veuve de François de Valladous; — fragment d'une généalogie.

E. 1753. (Carton.) — 1 pièce, papier.

1544. — BOUCHER. — Testament de Mathurine Boucher, dame de La Houssaye, portant, entre autres, legs de cent livres tournois « pour faire construire et bastir une chap« pelle au lieu appellé Le Buisson-aux-Girouppes à servir « et reposer le corps de Notre Seigneur le jour du Sacre et « y mettre une imaige de saint Estienne. »

E. 1754. (Carton.) — 1 pièce, papier.

1620. — BOUCHEREAU. — Testament de Renée Guibreteau, veuve de Louis Bouchereau, portant fondation de messes en l'église Saint-Pierre d'Angers.

E. 1755. (Carton.) — 1 pièce, papier.

1480. — BOUCHERIE (de LA). — Contrat de mariage de Gilles de La Boucherie, sieur de La Gaudinière, et de Jehanne de Daillon.

E. 1756 (Carton.) — 6 pièces, papier.

1661-1766. — BOUCHERIT. — Partages des successions de Mathurin Boucherit et de Perrine Pabin, sa femme, entre Hilaire Guérineau, Mathieu Royer, Estiennette et Marie Boucherit; — licitation de vignes sises en Grézillé entre Élie Trouillard et Nicolas Boucherit, héritiers de Jeanne Grangeard, veuve d'Étienne Boucherit.

E. 1757 (Carton.) — 3 pièces, papier.

1667-1757. — BOUCHET. — Inventaire des meubles de Marguerite Bouchet, à la requête d'Antoine Bouchet, sieur de La Resnardière, son curateur; — partage de la succession de Mathurin Bouchet et de Marguerite Lambert entre leurs enfants; — nomination de Michel Duruisseau à la tutelle des enfants mineurs de Charles Bouchet et de Renée Bresson.

E. 1758 (Carton.) — 2 pièces, papier.

1648. — BOUCLER. — Testament de Pierre Boucler, sieur de La Tremblaye, portant divers legs aux Récollets, aux Capucins, à l'hôpital des Renfermés et à l'église de la Trinité d'Angers.

E. 1759. (Carton.) — 2 pièces, papier.

1646. — BOUCLIER. — Testament de Charles Bouclier, chanoine de Saint-Pierre d'Angers, portant fondation de messes en ladite église et divers legs au chapitre de Saint-Laud et aux Jacobins d'Angers.

E. 1760. (Carton.) — 1 pièce, papier.

1608. — BOUÈRE (de LA). — Testament de Jacques de La Bouère, portant divers legs à l'église de Jallais et aux quatre ordres mendiants d'Angers.

E. 1761. (Carton.) — 1 pièce, papier.

XVIIIe siècle. — BOUESSIÈRE (de LA). — Note et extraits par le feudiste Audouys sur la famille de La Bouessière, seigneur de La Barre, de Launay, de Lourzay, de La Mercerie, du Plessis-Maurice.

E. 1762. (Carton.) — 3 pièces, papier; 2 pièces, parchemin.

1640-1675. — BOUESTAULT. — Bail à rente par

François Bouestault, notaire, d'une maison à Saumur ; — acquêt par le même d'une rente sur Charles Blondé de Chandelinaux.

E. 1763. (Carton.) — 3 pièces, papier.

1616-1725. — BOUET. — Contrat de mariage de Pierre Bouet et de Julienne Colcault ; — testaments de Jacques Bouet, marchand d'Angers ; — et de Mauricette Bergevin, veuve de Pierre Bouet.

E. 1764. (Carton.) — 2 pièces, papier.

1627-1764. — BOUGÈRE. — Saisie des meubles de François Bougère, meunier des moulins de Soiré en Soulaine, et de sa femme Marie Guérin ; — abandon des biens en avancement d'hoirie par Louis Bougère à Marie Bougère, sa fille.

E. 1765. (Carton.) — 3 pièces, papier.

1620-1760. — BOUGLER. — Testament de Marie Barbe, femme de François Bougler, portant diverses fondations en l'église de la Trinité d'Angers ; — contrat de mariage de Vincent Bougler de La Varanne et de Marguerite Houssin ; — nomination de Pierre Mallet, à la tutelle d'Anne Bougler, fille mineure de Louis Bougler, notaire royal, et de Marie Legris, sa femme ; — fragment d'une généalogie.

E. 1766. (Carton.) — 3 pièces, papier ; 1 pièce, parchemin.

1619-1730. — BOUGUEREAU. — Acquêt, sur Gervais Chevrier de La Tranchaye, par Renée Tattoreau, veuve de René Bouguereau, de la closerie de La Gilbertière en Villevêque ; — procédure entre Pierre Hervé, tailleur, Jean Jailler et Henriette Brignault, veuve Joachim Descazeaux, pour le partage de la succession de Louise Bouguereau, dame de La Poulardière.

E. 1767. (Carton.) — 2 pièces, papier.

1607-1708. — BOUGUIER. — Partage de la succession de Maurice Bouguier, notaire, et de Catherine Levannier, sa femme, entre Gervais Sureau et Jean Cony.

E. 1768. (Carton.) — 1 pièce, papier.

1628. — BOUGY (DE). — Attestation par Jehan Ducrestre, sieur de Villebois, Jehan Bridault, sieur des Tournelles, et Charles Du Bigaudet, sieur de La Fosse-Becquard, de la noblesse et des services militaires de François de Bougy, sieur du Bosquet.

E. 1769. (Carton.) — 1 pièce, papier.

1727. — BOUHOURS. — Extrait de l'acte de mariage de Pierre Bouhours et de Renée Besson.

E. 1770. (Carton.) — 1 pièce, papier.

1678. — BOUIN. — Partage de la succession de Pierre Bouin, prêtre, prieur de Simplé, entre les enfants de René Bary et de Françoise Mauxion, d'Étienne Hunault et de Jeanne Bouin, et Marguerite Bouin, veuve de René Hunault de La Hunaultière.

E. 1771. (Carton.) — 2 pièces, parchemin ; 10 pièces, papier.

1601-1688. — BOUJU. — Partage de la succession de Guillaume Bouju, sieur de La Sorinière, entre Jacques de Villamont, Pierre Bouju, Madelon de Bouju, sieur de La Madeleine, et Jehan Quentin, mari de Rose Bouju ; — acquêt par Madelon de Bouju, sur Jacques Lagous, sieur du Cléray, de la seigneurie de La Marmitière ; — prisée et partage des biens immeubles dépendant des successions de Madelon de Bouju, sieur de La Madeleine, et de Marguerite de Bouju, dame de La Grandmaison, entre Jacqueline Bouju, veuve de Jacques de Villamont, Pierre Quentin, sieur de La Terrancherie, Jean de Tessé, sieur de Mergot, et René de Champagné, sieur de La Pommeraye ; — testament de Théophraste Bouju, sieur de Beaulieu et de La Maison-Rouge, aumônier ordinaire du Roi ; — partage de la succession de Jehan Bouju entre Symphorien Bouju et Louis Courbalay ; — note du feudiste Audouys.

E. 1772. (Carton.) — 3 pièces, papier.

1777-1787. — BOULESTREAU. — Sentence d'entérinement de lettres de bénéfice d'âge pour Jean Boulestreau, fils mineur de Luc Boulestreau et de Marie Cruau ; — acquêt de vignes en Saint-Aubin de Luigné et Rochefort par Geneviève Boulestreau, Philippe Boulestreau et Marie Enon, sa femme.

E. 1773. (Carton.) — 2 pièces, parchemin ; 5 pièces, papier.

1598-1783. — BOULLAY. — Acquêt par Mathurin Boullay de la terre de La Brosse près Bazebouc ; — testament de Pierre Boullay ; — acquêt par François Boullay, clerc de carrière, sur Michel Chartier, docteur-régent de la Faculté de Médecine, d'une maison en Bressigny ; — par Jacques Boullay Du Martray, ancien maire d'Angers, sur Antoine-Claude Daprhon, marquis de Montroud, de la terre du Plessis-Bevereau.

E. 1774. (Carton.) — 2 pièces, papier.

1619-1769. — BOUMIER. — Accord entre Jehan Blouin, curé du Plessis-Macé, Yves Belloyr, notaire, Jean Bessonneau, marchand, et autres cohéritiers d'Yves Boumier ; — état des rentes dues à L. J. Boumier de La Rochejaquelein, pour sa seigneurie de La Genevraye, Sarré, La Bournée et La Raye.

E. 1775. (Carton.) — 1 pièce, papier.

[illegible]. — Bouquet. — Testament de René Bouquet, marchand, et de Jehanne Barbelorie, portant fondation de messes en l'église des Carmes d'Angers.

E. 1776. (Carton.) — 16 pièces, parchemin; 56 pièces, papier.

[illegible]-XVIIIe siècle. — Boureau. — Réception d'Antoine Boureau en l'office de monnayeur de la monnaie d'Angers; — contrat de mariage du même et de Jacquine Bourdon; — enregistrement de la déclaration de Jacques Boureau, qu'il entend user des privilèges de noblesse à titre de conseiller perpétuel de la mairie d'Angers; — quittances des droits de confirmation pour Jean Boureau de La Baumerie, et Perrine Herbereau, veuve d'Antoine Boureau; — lettres de tonsure pour Jean Boureau; — acquêt par Antoine Boureau, sieur du Plessis, de la closerie des Hommeaux; — contrat de mariage d'Urbain Boisson et de Marguerite Boureau; — sentence arbitrale de Mes Gouin et Guinoiseau, avocats, portant désignation des immeubles échus à Antoine Boureau dans la succession de son père et de son oncle; — ordonnance de M. Chauvelin qui donne acte au précédent de la production de ses titres de noblesse et le maintient au rôle des gentilshommes; — inventaire et vente des meubles de Françoise-Antoinette-Élisabeth Boureau de La Baumerie.

E. 1777. (Carton.) — 1 pièce, papier.

[illegible]. — Bourdais. — Constitution de rente par Jacques Marais des Landes au profit des enfants mineurs de Jean Bourdais et de Marie Berthelot.

E. 1778. (Carton.) — 1 pièce, parchemin; 51 pièces, papier.

[illegible]-[illegible]. — Bourdeil. — Accord entre Jacques Bourdeil et René, son fils, pour l'exploitation de leurs fermes; — acquêt par René Bourdeil et Marie Barrault, sa femme, de terres en l'île de Chalonnes; — quittances de fermages et d'impositions.

E. 1779. (Carton.) — 2 pièces, papier.

XVIIIe siècle. — Bourdon. — Notes et extraits par le feudiste Audouys sur la famille Bourdon, seigneur de La Bouveraye, du Rocher et de Romfort.

E. 1780. (Carton.) — 2 pièces, papier.

[illegible]. — Bourdonnaye (de La). — Généalogie de la famille de La Bourdonnaye depuis le XVe siècle; — vente de la seigneurie de La Haye à André Basin de Bersan par François de La Bourdonnaye, sieur de Liré et de La Fourmelière.

E. 1781. (Carton.) — 2 pièces, parchemin; 8 pièces, papier, dont 1 cahier de 12 feuillets.

[illegible]-[illegible]. — Boureau. — Procuration pour Louis Poupin, prieur de Chaumont, et Louis de Montalais, pour rendre les fois et hommages dus par Claude Boureau, dame de La Rochetaunel et de Brismonneau, à la baronnie de Briançon; — extraits des registres de baptêmes et de sépultures des paroisses de Montjean et du Puy-Notre-Dame; — testament de Luce d'Aubigné, veuve de Macé Boureau, notaire, portant donation d'une rente sur la closerie des Colinières à la fabrique de Baugé; — livre de recette des rentes dues à Jacques Boureau de Grandpré; — notes et extraits généalogiques par le feudiste Audouys.

E. 1782. (Carton.) — 2 pièces, papier.

XVIIe siècle. — Bourgeois. — Fragments d'une généalogie.

E. 1783. (Carton.) — 1 pièce, papier.

[illegible]. — Bourgoin. — Constitution de rente viagère par Germain Hérisault de La Bruère au profit de Jacques Bourgoin, prêtre, ancien curé de Montboissier en Beauce.

E. 1784. (Carton.) — 3 pièces, papier.

[illegible]-[illegible]. — Bourigault. — Contrat de mariage de Jean Bourigault et d'Antoinette Bernier; — brevet de maître pêcheur pour René Bourigault, de Béhuard; — inventaire des meubles de Maurice Bourigault et de Perrine Courant, sa veuve.

E. 1785. (Carton.) — 1 pièce, parchemin; 3 pièces, papier.

[illegible]-[illegible]. — Bourmont (de). — Extraits d'aveux rendus à la baronnie de Candé, produits contre la comtesse de Laval par Louis, sieur de La Tour et de Bourmont; — inventaire des titres trouvés au trésor du château de Ghaisne (alias Saint-Michel-du-Bois); — transaction entre le comte de Ghaisne et le prieur de La Primaudière au sujet du fossé qui sépare leurs bois.

E. 1786. (Carton.) — 10 pièces, parchemin; 7 pièces, papier; 2 sceaux.

[illegible]-[illegible]. — Bournan (de). — Donation mutuelle entre Pierre de Bournan et Marie Porchier, sa femme; — partage par les précédents de leur fortune entre leurs sept enfants; — inventaire par Robert de Bournan, capitaine du château de Toulon, des armes de guerre dont il prend charge en entrant en fonctions : « tres balistas de thorno; item tres « balistas de girella...; item unam balistam de pede astlatam; « item unam girellam; item unum martinet; item sex pave « sia...; item sex ridellas.., tres licherias lecti.. quatuor

« bombardas,.. duos tornos balistæ.., sex capelas stratonorum,.. quinque curacias, quasdam alias curacias totas fractas,.. quinque capas.., unum barillum in quo sunt circa tres libras pulveris bombarde,.. modicam quantitatem de salpetra et suffré,.. viginti quatuor mantelletos.., unum molendinum desgarnit cum duabus lapidibus » ; — inventaire et prisée des vivres et provisions de guerre « que Pierre de Bournan, escuyer, capitaine de Loches, a laissés à la reddition du chastel dudit lieu faicte par luy à noble et puissant prince monseigneur le duc de Touraine, conte de Douglas, prince de Gallaway, et dont fut appointée par le Roy en son conseil que icculx biens ou la valeur seroit rendue audit escuyer ; » — lettres de Loys, bâtard de Bourbon, comte de Roussillon, amiral de France, qui concède, après la mort de sa mère, tous droits de propriété sur les terres de Montpensier, Aunay et le Petit-Bois, à Louis de Bournan, son oncle ; — testament de Louis de Bournan, seigneur du Couldray, conseiller et maître d'hôtel du Roi ; — transaction entre Charles et Pierre de Bournan pour la propriété de la seigneurie de Targé en Parnay ; — contrat de mariage de Pierre Des Hurans, sieur de La Verrerie, et d'Ambroise de Bournan ; — testament de Jeanne de Bournan ; — présentation par Charles de Bournan de la chapellenie des Trois Maries en l'église Notre-Dame-des-Rosiers ; — par René de Bournan de la chapelle Notre-Dame-de-Thoré en la paroisse de Saint-Eusèbe de Gennes ; — partage de la succession de Charles de Bournan et de Jeanne Loubes, sa femme ; — partage entre René de Bournan et Ambroise, sa sœur, femme de Pierre Des Hurans, des successions de Guy, François et Anne de Bournan ; — opposition mise par René de Bournan à la vente, par ordre du Roi, d'îlots de Loire dépendant de ses seigneuries de Sous-le-Puy et de Montjean de Gennes.

E. 1787. (Carton.) — 9 pièces, parchemin ; 63 pièces, papier.

[illegible]. — BOURNEAU. — Don par Béatrix de Chéritté, veuve de Colas Tournet, de tous ses acquêts à son neveu André Bourneau, en considération « des bons et agréables services, bontés et courtoisies qu'il luy a fais ou temps passé, tant à la conduite de plusieurs des procez et plaidoieries en la court de Chinon, à Poitiers, Montsoreau, Saumur, à l'occasion desquelles, obstant la fortune de la guerre, qui à présent est, ledit Bourneau a grandement frayé du sien et a esté en grant dangier de sa personne ; » — accord entre André Bourneau et Jehan Mabile pour la succession d'Étienne Mabile ; — recette de rentes dues à Jeanne de Chourses, femme d'André Bourneau ; — acquêt par François Bourneau, lieutenant du Roi à Saumur, de terres en la prée de Mollay ; — présentation par Jeanne Regnault, sa veuve, et Raphael Romier, docteur en médecine, de la chapelle St-Julien près Remfort en Blou ; — diplômes de bachelier et de licencié en droit civil et canon de François Bourneau (avec signatures autographes de R. Leland, Dubois, A. Delazuie, Gaultier, professeurs de l'Université de Poitiers) ; — donation par André Bourneau, sieur de Bran, de trois mille livres à Mathurine Oger, « sa future épouse » ; — compte rendu par Mathurine Oger, femme de Christophe Milsonneau, de la tutelle de François, Guillaume, Jacques et André Bourneau, enfants d'André Bourneau, son premier mari ; — compte de la tutelle de François et d'André Bourneau, depuis la mort de Jacques et de Guillaume, leurs frères ; — lettres des sieurs Ruellé et Villamoyne, portant quittances de rentes et de fermages.

E. 1788. (Carton.) — 11 pièces, parchemin ; 110 pièces, papier.

[illegible]-XVIIIe siècle. — Contestation entre François et André Bourneau, avocats, François Binet et Vincent Robin, pour le partage de la succession de Christophe Milsonneau ; — inventaire des meubles de la maison de L'Escait ; — brevet pour François Bourneau de l'office de gentilhomme ordinaire de la grande fauconnerie du Roi, vacant par le décès de son frère Guillaume ; — dispenses de services tant « pour le soing qu'il prend en sa maison aux oiseaux qui sont en mue, » que « attendu le voiage de Sa Majesté à La Rochelle » (avec signatures autographes de Claude de Lorraine, grand fauconnier de France) ; — arrêts sur requêtes du tribunal de l'Élection de Saumur, qui ordonne de rayer François Bourneau, comme privilégié, du rôle des tailles de la paroisse de Saint-Pierre ; — quittances de rentes et de fermages ; — testament de Louis Bourneau, avocat en Parlement, portant entre autres legs, don de ses meubles à M. et à Mme de Montmort, de ses livres à l'abbé de Montmort et à M. Estart ; — note et extraits d'actes authentiques par le feudiste Audouys.

E. 1789. (Carton.) — 15 pièces, papier.

[illegible]. — Mémoires à consulter et plaidoyers de Mes Abel et François Bourneau (minutes autographes) : — pour René Bichon, tuteur naturel de René Bichon son fils, contre Pierre Cerneau, prieur de Saint-Hippolyte : la prescription doit être admise même pour des rentes dues sur des biens d'église ; — pour Nicolas Meschine et Marie Freslon, veuve de Laurent Espaignent : un papier de recette fait-il foi contre un censitaire qui nie la dette ? — pour Claude de Salles, écuyer, sieur de L'Escoublère, François de Jarzé, sieur de Varannes, et le chapitre de Martigné-Briand, contre Jean Bidet, meunier : demande en suppression d'un tableau diffamatoire mis en l'église sans autorisation; — pour Jeanne Regnard, femme de Jean Béraud, greffier, contre Bertrande Rachin, femme de Pierre Salmon, sénéchal de Montsoreau : plainte en diffamation; — pour Jacques Goupil et autres héritiers de Jean Goupil, contre Pierre, soi-disant son fils naturel : un bâtard n'a pas le droit de porter le nom de son père; — pour Louis Letellier contre Renée Dimbayre, veuve d'Antoine Letellier : la veuve, donataire de son mari, peut-elle réclamer ses deniers dotaux? — pour Jean d'Aubigné, sieur de Boismozé, contre Louis de Ver, sieur de Cumeré, et Philippe d'Aubigné, sa femme : qu'entend-on dans le contrat par la légitime de l'épouse? — pour Émery Delalande, curateur d'André Maisdou, contre Charles de Chambes, comte de Montsoreau : du droit de dépié de fief; — pour André Lemétayer, curateur de Louis et Jean Jallue, contre Jean Lamy : récusation de témoins produits pour le soutien d'une rente déniée; — pour Chauvin, exécuteur testamentaire de Jameray, contre les administrateurs de l'Hôtel-Dieu de Saumur : maintien des intentions confidentielles du testateur, qui prescrivent d'appliquer un legs de 1200 livres à l'agrandissement de la salle des malades; — pour Madeleine Guyonneau, veuve de Guillaume Richard, contre Charles Proust, Antoine Gautier et Guillaume Denis, marchands : comment se doivent résoudre les contrats de location.

E. 1790. (Carton.) — 13 pièces, papier.

1600-1680. — Mémoires à consulter et plaidoyers de François et Abel Bourneau (minutes autographes) : — pour René Delaunay contre Renée Poitevin : devoirs de la mère envers ses enfants; — pour les enfants de René Houdin, contre leur belle-mère : du partage des biens de la communauté; — pour Jean Baratery, apoticaire, contre Jacques Duplantis, écuyer, sieur de La Mimerolle : le fils est-il tenu de payer les médicaments fournis à son père, dont il n'est pas héritier? — pour Martin Beaunier, Michel Belin, Pierre de Lopitau et autres contre Charles de Chambes, comte de Montsoreau : le droit de guet ne peut être prétendu par le seigneur en temps de paix; — pour René Pralme, religieux oblat en l'abbaye de Lassée en Brignon, contre Denise Bouchereau, veuve de Jean Leconte : la pension d'un oblat peut-elle être saisie par les créanciers? — pour les héritiers de Nicole Mocquin contre le curé du Coudray-Macouard : de la validité d'un testament sans date, signé de deux témoins seulement et passé par un notaire parent du légataire; — pour Jean Hubert, sieur du Vivier, contre Louis Malescot : plainte en diffamation; — pour François de La Touche contre Georges de La Touche : rapport pour le partage entre frères et sœurs de biens reçus en avancement d'hoirie; — pour Jacques Petit, bourgeois de Paris, fermier général de la baronnie de Montreuil-Bellay, contre Catherine de Gonzagues de Clèves, duchesse de Longueville, demanderesse en indemnités pour gestion mauvaise; — pour René d'Ahuillé, mari de Jeanne Huguereau, contre Allain Brouille : de la validité de l'aliénation des biens d'un mineur par son père; — pour le fils de Pierre Thorades contre sa veuve : donation testamentaire d'un père à son fils bâtard; — pour la nullité d'un mariage clandestin; — pour le doyen du chapitre de Montreuil-Bellay contre ses chanoines : « Je « pourrois dire de Montreuil-Bellay ce que le musicien « Stratonice disoit à quelques Ciconiens de la ville de Maroné, « que toute la cité n'est que taverne; ou comme Martial « chantoit de Rome avant sa restauration par l'empereur « Domitian : *Occupat aut totas nigra popina vias*; car, pen- « sant avoir mis tous les taverniers en leur debvoir par vos « sentances portans déffenses de recevoir les ecclésiastiques « à boire et à manger chez eux, je trouve encore les déffen- « deurs y contrevenant.., etc. »

E. 1791. (Carton.) — 13 pièces, papier.

XVIIe siècle. — Notes et extraits par François et Abel Bourneau, pour la préparation de leurs plaidoyers; — lieux communs : de la dignité des avocats; — ce qu'ils sont à leurs clients; — si l'agriculture déroge à noblesse; — sur les injures; — sur les mariages clandestins; — contre les filles débauchées; — contre l'usure; — de la succession des filles; — de la prescription; — de l'absence septennale et de la prescription de vie pendant l'absence; — copies des deux poëmes latins ayant pour titres : *Triforme duellum Antragi cum Kailuco, Liberaci cum Maugeronio, Chambertii cum Liberoso*; — *Ludi Capilupi cento virgilianus de vita monachorum, quos vulgo Fratres appellant.*

E. 1792. (Carton.) — 2 pièces, papier.

1625-1708. — BOURNEUF. — Testament de Bonaventure Bourneuf, chanoine de Saint-Pierre d'Angers, portant diverses fondations en l'église Saint-Pierre et en celle des Carmes : — partage de la succession de François Bourneuf, huissier audiencier au Présidial d'Angers, entre Jean Coureaudin, huissier voyer et visiteur des Eaux et forêts d'Anjou, Jean Bérault, marchand, François Gabeau, notaire, et Marguerite Bourneuf, veuve de Jean Tollé, notaire.

E. 1793. (Carton.) — 13 pièces, parchemin; 5 pièces, papier.

1464-1503. — BOURRÉ, seigneur du Plessis-Bourré, de Jarzé, de Cheviré-le-Rouge, de Corzé. — Sommation à Charles de Sainte-Maure d'exécuter le contrat de la vente qu'il a faite à Jehan Bourré des seigneuries du Plessis-de-Vent et d'Écuillé; — acquêt par le même d'un hôtel sis à

Tours dans la rue de la Sellerie derrière les Augustins ; — présentation des chapelles de Saint-Julien en Longué, de Montplaré en *Jarzé* ; — patentes du roi Louis XI portant bail et inféodation perpétuelle au profit de Jean Bourré, conseiller maître des Comptes et trésorier de France, de maisons à Angers, de la vicomté de Sorges, du fief de Querqueuil et des bois d'Avrillé, en considération des « bons, très « grands, loyaux, agréables et continuels services, qu'il nous « a par cy devant faits dès son jeune âge, par l'espace de « trente-huit ans, ou environ, tant en notre pays de Dau- « phiné, que devant que y allassions, *lors nous estant dau-* « phin, ès pays de Flandres et de Brebant, que depuis nostre « advènement à la couronne, à la conduicte et direction des « *plus grands* faits et affaires de nous et de nostre Royaume, « en grand soing, cure et diligence, sans varier, ne aban- « donner, quelque temps qu'il aye couru., ainsy que reco- « gnoisons estre raisonnablement tenus et luy et les siens « toujours eslever, augmenter et accroistre en biens, hon- « neurs et chevance, à ce qu'il cède en exemple à *tous nos* « autres serviteurs, qui feront *le semblable* » ; — lettres d'exemption du ban et arrière ban de l'armée de Flandre pour Jean Bourré « ayant ordre de demourer ès marches du pays d'Anjou et de Touraine et mesmement à Amboise, en la compagnie du Dauphin de Viennoys ; » — fondation du chapitre de Jarzé par Jehan Bourré, seigneur du Plessis-Bourré, de Jarzé et de Longué ; — présentation des titulaires aux cinq prébendes et aux deux chapellenies.

E. 1794. (Carton.) — 38 pièces, parchemin ; 13 pièces, papier ; 6 sceaux ou cachets.

1490-XVIIIe siècle. — Lettres royaux portant mandat pour René Bourré, sieur de Jarzé, gentilhomme de l'hôtel du Roi, d'une somme de mille livres parisis « en « faveur des bons et agréables services, qu'il nous a cy devant « faits à l'entour de nostre personne et au fait de nos guerres, « mesmement durant le voiaige par nous fait pour la con- « queste de nostre Royaume de Sicille, où il nous a suyvy « à grans frais et dispenses » (avec *signature autographe* du Roi Charles VIII) ; — *reconnaissance* par René Bourré d'une *somme* de 73 écus d'or, par lui dus à Claude Bonvallet, *marchand* joaillier de Paris « pour vente d'une chaine « d'or, d'un ruby en table, enchassé en ung anel d'or et « compte faict entre eulx de reste d'autre marchandise » ; — présentation par Charles Bourré de la chapelle desservie en son chateau de Vaux, de Saint-Gilles en Bierné, de Sainte-Anne en Jarzé ; — fondation par Anne Bourré d'un service et d'une procession annuelle en l'église Saint-Michel-du-Tertre et de messes en l'église des Cordeliers d'Angers ; — partage entre François Bourré, seigneur de Jarzé et du Plessis-Bourré, et Jean Bourré, protonotaire du Saint-Siège apostolique, de la succession d'Anne Bourré, leur tante, dame de Marans et de Carzé ; — exemption de ban et d'arrière-ban pour Jean Bourré ; — traite sur le duc de Mercœur, délivrée à Mathias de Roussillon, sieur du Plaisir, contrôleur général des guerres en Bretagne, par René de Bourré, d'une somme de 120 écus et demi « qu'il nous a « prestés pendant qu'estions malade à cause de la blessure « que receusmes, lorsque nostre régiment fut dernièrement « deffaict près Clisson, et aussi qu'il a paié en nostre acquit plu- « sieurs marchands de Nantes pour armes et autres marchan- « dises, dont nous avions besoing pour remettre sus le dict régi- « ment » ; — certificat délivré par le duc de Mercœur au sieur Du Plaisir, portant refus de paiement « n'ayant le trésorier des Estats aucuns deniers, et estoit encore débiteur de ce qu'il avoit emprunté pour faire la monstre du dit régi- « ment » (avec signature autographe et cachet aux armes du duc de Mercœur) ; — note et extraits d'actes authentiques par le feudiste Audouys.

E. 1795. (Carton.) — 6 pièces, parchemin ; 8 pièces, papier.

1601-1780. — Boussac (de) — Acquêt par Gilles de Boussac, conseiller au Présidial d'Angers, d'une maison à Angers ; — par Guillaume Boussac, maître apoticaire, à Beaupréau, d'une rente hypothécaire de 30 livres ; — procès-verbal d'apposition de scellés sur les meubles de François-de-Salle de Boussac ; — notes et extraits généalogiques par le feudiste Audouys.

E. 1796. (Carton.) — 3 pièces, papier.

1757. — Boussard. — Procès-verbal d'apposition de scellés sur les meubles d'Urbain Boussard, à la requête de Marie Fardeau, sa veuve.

E. 1797. (Carton.) — 1 pièce, papier.

XVIIIe siècle. — Boussay (de). — Note et extraits d'actes authentiques par le feudiste Audouys sur la famille de Boussay, seigneur de Beauregard, de La Tour et de La Bodinière.

E. 1798. (Carton.) — 1 pièce, papier.

1609. — Bousselin. — Partage de la succession d'Anne Cherbonneau, femme de Michel Bousselin, entre leurs deux enfants, Pierre et Jacquine Bousselin et Ésaye Bouguier.

E. 1799. (Carton.) — 1 pièce, papier.

1722. — Boussicauld. — Inventaire des titres et papiers de la succession de François Boussicauld, seigneur de Chavaignes, conseiller du Roi, garde-scel au Présidial d'Angers, à la requête d'Anne Grimaudet, sa veuve.

E. 1800. (Carton.) — 1 pièce, papier.

1559. — BOUSSION. — Acquêt par Ollivier Boussion, marchand rotisseur, et Marie Neslo, sa femme, d'un logis en la rue de l'Écorcherie à Angers.

E. 1801. (Carton.) — 1 pièce, parchemin ; 1 pièce, papier.

1407-XVIIIe siècle. — BOUTEILLE (de LA). — Présentation par Pierre de La Bouteille, écuyer, seigneur du Boré, d'Anne Louis de La Bouteille, son neveu, à la chapellenie desservie en l'église paroissiale du Boré ; — note et extraits généalogiques par le feudiste Audouys.

E. 1802. (Carton.) — 10 pièces, papier.

1638-1745. — BOUTEILLER. — Donation par Jean Bouteiller, prêtre, à Mathurine Coué d'une maison en la paroisse de Challain ; — inventaire de la succession mobilière de Jean Bouteiller et de Perrine Batteraau, sa femme ; — révocation par François Bouteiller, sieur de La Pinardière, de son testament ; — partages entre le même et Jacques Bernard Du Ronceray, premier président en l'Élection d'Angers, des successions de François Bouteiller et de Marie Boublard, sa femme, de Julien Bouteiller, sieur des Landes, de Guillaume et de René Bouteiller, religieux de l'ordre de Saint-Bernard ; — accord entre Marie Bernard Du Ronceray, Jean Augustin Frain Du Tremblay, Anne Sorhoette de Pommérieux, Claude de Montplacé, veuve Roger de Campagnolle, et Madeleine Roberte de Montplacé, pour le partage de la succession de François Armand Bouteiller de La Pinardière ; — audition de témoins à la requête de Françoise Rosalie Bouteiller, femme de Charles Robert Avril Des Monceaux, demanderesse en séparation de corps et de biens ; — sentence conforme de la Prévôté d'Angers.

E. 1803. (Carton.) — 1 pièce, papier.

1560. — BOUTIN. — Testament de Pierre Boutin, prêtre, portant donation à la cure de Saint-Pierre d'Angers, de la maison de Saint-Yves en la rue Audouin.

E. 1804. (Carton.) — 1 pièce, papier.

1564. — BOUTON. — Acquêt par René Bouton, boucher, d'une maison en la rue de l'Écorcherie d'Angers.

E. 1805. (Carton.) — 1 pièce, parchemin ; 1 pièce, papier.

1535-1572. — BOUVERY. — Lettres de nomination par le maire d'Angers de René Bouvery en l'office de connétable du portal Saint-Nicolas ; — testament de Gabriel Bouvery, évêque d'Angers, portant divers legs, entre autres, à l'abbaye Saint-Nicolas, de sa chapelle « composée de chasuble de satin roge, d'un calice, chopines et bouestte « d'argent à mettre le pain à chanter, les deux parements « de velours noir, qui m'y ont servy ; » 30 écus à Bertran Lyonnet, son argentier ; 40 écus à René Pallusson, son médecin ; 30 à Symon Olive, chirurgien, etc.

E. 1806. (Carton.) — 1 pièce, papier.

1633. — BOUVET. — Relevé des immeubles échus à Pierre Bouvet de la succession de Renée Gasnault, sa femme.

E. 1807. (Carton.) — 2 pièces, parchemin ; 1 pièce, papier.

1510-1757. — BOUVIER. — Acquêt de vignes en Beaufort par René Bouvier, receveur ordinaire du Domaine ; — nomination de Jacques Dunais à la curatelle des enfants mineurs de Joseph Bouvier et d'Anne Lefort, sa veuve, femme en secondes noces de Georges Fouquette.

E. 1808. (Carton.) — 1 pièce, papier.

1516. — BOUX. — Acquêt par Pierre Boux de vignes à La Couture en Turquant.

E. 1809. (Carton.) — 1 pièce, papier.

1780. — BOUZANNE. — Acquêt par Gabrielle Bouzanne Des Mazeries, entrepreneur des ouvrages du Roi, d'une rente de 18 livres sur Pierre Brétignolle.

E. 1810. (Carton.) — 14 pièces, parchemin ; 31 pièces, papier.

1556-1698. — BOYLESVE. — Acquêt par François Boylesve, avocat, sur François Duvau, de la seigneurie de La Biquerie en Saint-Aubin de Luigné ; — partage de la succession de Marin Boylesve, sieur de La Brizarderie, et de Simonne Quentin, entre Charles Boylesve, sieur des Roches, et François Boylesve, lieutenant en la Prévôté d'Angers ; — acquêt par René Boylesve, sieur de Goismard, sur Louis Le Gay de La Faultrière, du domaine de La Touche en Chaudefonds ; — lettres de tonsure pour Gabriel Boylesve ; — compte de curatelle des biens échus à René Boylesve dans la succession de Guillemine Mousseau, veuve de René Boylesve ; — partage de la succession de François Boylesve, sieur de La Brizarderie et de Philippe Prioulleau, sa femme, entre François Boylesve de La Bourdinière, protonotaire du Saint-Siége apostolique, doyen de Saint-Martin d'Angers, Charles Boylesve de La Gillière, conseiller au Parlement de Bretagne, Mathurin Boylesve de La Morousière, conseiller au Présidial d'Angers, Pierre Lechat, lieutenant criminel d'Anjou, Guillaume Avril, sieur de Beusse, Françoise Bluineau, femme de François Lefebvre de L'Aubrière, et Marin Lefebvre de La Blanchaye.

E. 1811. (Carton.) — 13 pièces, parchemin ; 55 pièces, papier.

1621-1789. — Authentique « d'une petite partie des reliquees de l'os de Saint-Sébastien » données par le Provincial de la Province de France des Frères Prêcheurs à Louis de Boylesve, lieutenant général d'Anjou « pour mettre et exposer dans la chapelle de sa maison du Planty »; — partage de la succession de François Boylesve, prêtre, sieur de La Bourdinière; — contrat de mariage de Louis Boylesve et de Perrine Lechat; — factum pour les mêmes contre les créanciers de la succession d'*Urbain de Maliverné*; — contrat de mariage de Jacques Boylesve, sieur du Planty, et de Jeanne Gohin; — acquêt par Claude de Boylesve, intendant des finances de France, sur César de Vendôme, du duché de Penthièvre; — état et consistance du dit duché, comprenant *les terres et juridictions de* Lamballe, Guingamp, Moncontour, La Roche-Suhart et l'île de Bréha; — acquêt par Jacques Boylesve, sur Charlotte de Vaugirault, de la seigneurie des Brillières en Sainte-Christine-en-Mauges; — partage des successions de Jean Boylesve, marchand boulanger, et de Nicole Marais, *sa femme*; — donation par Claude Boylesve à son cousin Charles Boylesve d'une somme de 30,000 livres; — inventaire des meubles de François Boylesve, curé de Sainte-Gemmes-sur-Loire; — partage des successions de Charles Boylesve, de Jeanne Cupif, sa *femme*, et de Renée Boylesve, *leur fille*, religieuse au couvent des Ursulines d'Angers; — transaction entre Louise-Françoise de Grimaudet, veuve de Charles Boylesve de Noirieux, René Louet de Longchamps et Charlotte Boylesve de Soucelle; — dispense d'affinité pour le mariage d'Anne Boylesve Du Planty et de Marie Éveillon; — partage de la succession mobilière de François-René Boylesve, chanoine de Saint-Maurice d'Angers, doyen des Arts en l'Université, entre Claude Boylesve, chanoine de Saint-Pierre, J.-J. Bernard et Henriette de Méguyon, Victoire de Crespy, veuve de Jules Constantin, seigneur de Marans, Marie-Anne-Louise de Crespy, femme de François Legouz Du Plessis; — dispenses d'affinité pour le mariage de Charles-Louis Boylesve et de Marie-Françoise Leroy de La Potherie; — lettre du chevalier de Bonchamps à son cousin Boylesve Du Planty pour le féliciter du mariage de son fils avec Mlle de Raillé, etc.

E. 1812. (Carton.) — 1 pièce, papier.

XVIIIe siècle. — Boynay (de). — Note et extraits d'actes authentiques par le feudiste Audouys sur la famille de Boynay, seigneur de La Mothe-de-Lubin, de Moncreau, de Verrières, de La Brelandière.

E. 1813. (Carton.) — 2 pièces, papier.

XVIIIe siècle. — Bradane. — Notes et extraits par le feudiste Audouys sur la famille Bradâne, seigneur des Bugnons en Sainte-Gemmes-d'Andigné.

E. 1814. (Carton.) — 4 pièces, papier.

1750-1760. — Brault. — Inventaire de la succession mobilière de Jacques Brault, chanoine de Saint-Martin d'Angers; — extrait baptistaire de Perrine Brault; — acquêt par François Brault de terres en Noyant.

E. 1815. (Carton.) — 1 pièce, papier.

1760. — Breau. — Acquêt par Claude Breau, sur Louis Peletier, de vignes en la paroisse de Saint-Saturnin.

E. 1816. (Carton.) — 1 pièce, papier.

XVIIIe siècle. — Bréchanon (de). — Note du feudiste Audouys sur la famille de Bréchanon, seigneur de Villiers près la Flèche.

E. 1817. (Carton.) — 2 pièces, parchemin; 1 pièce, papier.

1499-XVIIIe siècle. — Brée (de). — Présentation par Loyse de Laval, veuve de Guyon de Brée, seigneur du Fouilloux, et par Lancelot de Brée de la chapelle de La Pillorgère *desservie en l'église de* La Chapelle-d'Aligné; — note du feudiste Audouys sur la famille de Brée, seigneur de Brée, du Fouilloux, de Montchevrier et de Saint-Denis du Maine.

E. 1818. (Carton.) — 1 pièce, parchemin; 1 pièce, papier.

1509-1607. — Brémond. — Partages entre Jehan Brémond et René Chastellier de moulins, terres et maisons en La Séguinière; — entre Pierre Brémond, Jehan Moreau et Michelle Moreau de la succession de Jacques Brémond et de Fleurance Dutour.

E. 1819. (Carton.) — 3 pièces, papier.

1657-1770. — Brémont (de). — Inventaire de la succession mobilière de Salmon de Brémont, sieur de Vaudoré, à la requête de Louise Des Cars, sa veuve; — partage entre Jacques-Alexandre, marquis de Brémont, et Marie-Hélène-Sophie de La Lande de Cimbré, sa femme, Paul-François Leshénault, seigneur du Bouillé, et Henriette-Jacquine de La Lande de Cimbré, des successions de Philippe de La Lande de Cimbré, ancien capitaine de grenadiers au régiment du Roi, et de Catherine-Hélène de La Goupillère de Dollon, sa femme; — généalogie de la famille de Brémont d'Ars.

E. 1820. (Carton.) — 2 pièces, parchemin; 1 pièce, papier.

1403-1520. — Brénezay (de). — Contrat de mariage de Pierre de Brénezay et de Marguerite de La Haye; — accord entre Jacques de Brénezay et Robert Lebigot de Chérelles, son gendre, pour le paiement d'une somme de deux cents écus d'or, due par Marguerite de Vallée, veuve de Charles de Bournan; — testament de Christophe de Brénezay, prêtre, portant fondation en l'église de Parnay d'une chapellenie en l'honneur de sainte Catherine.

E. 1821. (Carton.) — 3 pièces, parchemin; 3 pièces, papier.

1502-XVIIIe siècle. — Bréon (de). — Présentation par Jean et Christophe de Bréon, sieur de Bréon et de Champagne, des chapellenies de Réquiem et de Champigné, de La Croirie et de Saint-Jean, desservies dans les églises paroissiales de Saint-Quentin-en-Mauges, de Charencé, de Chastain et de Marigné; — notes et extraits généalogiques par le feudiste Audouys.

E. 1822. (Carton.) — 1 pièce, parchemin; 8 pièces, papier.

1468-1659. — Breslay. — Acquêt par Jean Breslay, sur Guillemine Blanchet, de partie du domaine de Rivettes; — mémoire pour René Breslay, sieur de La Croix, avocat, contre Renée Quétier, veuve de Guillaume Juffé, et les héritiers de Renée et de Maurille Génault; — copie des lettres de nomination de Guy Breslay en l'office de président au grand Conseil; — transaction entre René Breslay, seigneur de Tessé, et René Sérezin, seigneur de Cœur-de-Chèvre, au sujet d'un droit de passage contesté sur une pièce de terre en Saint-Sylvain; — testament de Renée Breslay, portant diverses fondations pieuses en l'église des Cordeliers d'Angers.

E. 1823. (Carton.) — 12 pièces, parchemin; 2 sceaux; débris de sceaux.

1449-1551. — Bretagne (de). — Lettres patentes du roi Charles VII portant confirmation de la donation par lui faite antérieurement à Richard de Bretagne du comté d'Étampes; — abandon par Marie de Bretagne d'une somme de quinze mille écus d'or à elle dus par sa mère Marguerite d'Orléans; — présentation par François de Bretagne, comte d'Étampes et de Vertus, seigneur d'Avaugour, de Clisson et de Chantocé, des chapelles de Sainte-Catherine, de La Trinité, de La Folie, de Saint-Cosme et Saint-Damiens et de Saint-Jean, desservies en l'église Saint-Pierre, en l'aumônerie et en la chapelle du château de Chantocé; — par Claude de Bretagne, comte de Vertus et de Goello, premier baron de Bretagne, baron d'Avaugour, d'Ingrande et de Montfaucon, gouverneur de Rennes, de la chapellenie de La Folie en Chantocé; — par Jeanne de Bretagne, dame de Bressuire, de la chapelle Saint-Sébastien en l'église de Marcilly.

E. 1824. (Carton.) — 4 pièces, papier.

1591-1760. — Bretault. — Acquêt par François Bretault d'une partie de maison à Chavagnes; — nomination de Jean Bretault à la curatelle des enfants mineurs de René Bretault et de Marguerite Oury; — don par Marie-Charlotte Le Roux de La Roche-des-Aubiers, veuve de Jérôme d'Andigné, à Joseph-René Bretault, son intendant, d'une somme de quinze mille livres à percevoir sur la somme due par M. de Villoutreys, pour l'acquisition de la terre de Beaumont.

E. 1825. (Carton.) — 1 pièce, papier.

1621. — Breteau. — Partage de la succession de Jean Breteau et de Marie Regnault, sa femme, entre Mathurin Breteau et Philippe Boureau.

E. 1826. (Carton.) — 1 pièce, papier.

1643. — Bretin. — Accord entre Catherine Bienvenu, veuve de Jean Bretin, ses enfants, et Claude Balet, son gendre, pour le partage de la succession de Jean Bretin.

E. 1827. (Carton.) — 2 pièces, papier.

1786. — Brevet de Beaujour. — Prise à bail d'une maison à Angers, rue des Aix, par Brevet de Beaujour; — note des livres fournis par Mame, imprimeur-libraire.

E. 1828. (Carton.) — 11 pièces, parchemin; 6 pièces, papier; 1 sceau.

1322-1450. — Brezé (de). — Acquêt par Jouffroy de Brezé d'une rente de 5 setiers de froment; — don par Guillaume d'Aubigné à Jouffroy de Brezé, en reconnaissance de ses bons et loyaux services, de tout ce qu'il possédait « au dessous des moulins de La Mote sur la rivière de Thouer, jusques à Bouche-de-Dive »; — confirmation par Macé de L'Estang et Catherine de Brezé, sa femme, des partages faits par Jouffroy de Brezé; — testament de Milon de Brezé; — contrat de mariage de Jean de Brezé et de Marguerite de Bueil; — accord entre Louis Larchevêque et Jeanne de Beaumanoir, Geffroy de Brezé et Héliette de Chemillé au sujet de la succession de Thomas de Mortagne; — quittances de Pierre Chabot, marchand d'Angers, pour solde de fournitures par lui faites à Clémence Carbonelle, dame de La Varenne et de Brezé; — lettre de Marguerite d'Anjou à « son très cher et très amé cousin le grant séneschal, comte de Maulévrier » : « quant est des IIIc escus miz à une part, « en vérité, mon cousin, je n'en sçai riens et riens n'en ai eu; « mais des VIIIc au plaisir de Dieu, j'ai espérance de m'en « descharger et vous aussi, car c'est mon fait, et plus faire « pourvons, s'il m'est possible, en quoi me povez bien aider, « comme nostre homme vous dira, tant devers le Roy que « ailleurs où vous semblera estre neccessaire; aussi Eduard, « mon filz, vostre cousin, se reccommande à vous et voluntiers vous verroit... Escript à Harreflen, le premier jour de « septembre » (avec la signature autographe de Marguerite); — promesse par Guillaume de Neufville, seigneur de Faucomberge, de payer à l'ordre « de madame la séneschale de Poitou » la somme de 10,200 écus d'or, qu'elle lui a prêtée.

E. 1829. (Carton.) — 45 pièces, parchemin; 4 pièces, papier.

1446-1500. — Don par François, duc de Bretagne, comte de Montfort et de Richemont, à son « très cher et grant ami » Pierre de Brezé de la seigneurie de Bron; — bail à ferme par Jacques de Brezé, comte de Maulevrier, des revenus de sa seigneurie de Brissac à Jean Devereau, curé de Quincé; — reconnaissance par Pierre de Brezé, comte de Maulevrier, seigneur des Iles de Jersey, Guernezey « et autres îles adjacentes » d'une somme de cent écus d'or à lui prêtée par Joachim Rouault, maréchal de France; — engagement par Macé Lebarbier, de Saint-Malo, de payer à Pierre de Brezé, comte de Maulevrier, 600 marcs d'argent « à six escus pour « marc, pour cause de certain appoinctement touchant l'exé« cution de 10,255 livres fait faire par icelui Macé sur les re« venues de Monseigneur de Bourgongne, par vertu de cer« tain arrest donné par la court de Parlement à l'encontre de « mondit sieur le duc de Bourgongne et aucuns Portugaloys « et aussi sur les deniers d'une merque.. contre les Zélan« dois... »; — reconnaissance par Jacques de Brezé des avances faites par son oncle, l'archevêque de Narbonne, notamment pour le retrait « d'un fermullet d'or, garny de troys grosses perles, ung gros diament pointu et ung ruby, avecq une salière d'or à pied garnye de perles et de rubys » et autres bijoux, donnés en gages; — quittance donnée par Florentin de Coutes, au nom de Robert d'Estouteville, baron d'Ivry, prévôt de Paris, d'une somme de 500 livres payée par Jacques de Brezé, comte de Maulevrier, seigneur de Nogent-le-Roy et Montchauvet, grand sénéchal de Normandie, pour le premier tiers « des quinze cens livres en quoy il a composé et appointé, à cause de certains délicts faits et perpétrez par mondit sieur le grand sénéchal audit lieu d'Ivry »; — quittance par Nicollas Lenormand, seigneur de Beaumont-le-Bois, lieutenant général du grand sénéchal de Normandie, de vingt-cinq livres, pour moitié des gaiges que le grand sénéchal lui alloue sur son office; — contestation entre Jacques de Brezé, Jehan et Claude de La Banlieue, seigneurs de Montreuil, au sujet de la propriété du comté de Tonnerre; — lettres royaux qui annulent la donation de la terre de Marigny, faite à Lois de La Haye « qui est « homme très-subtil », par Jacques de Brezé, grand sénéchal de Normandie et capitaine de Rouen, « qui lors « estoit jeune et non cognoissant les choses à luy données « à entendre ».

E. 1830. (Carton.) — 2 pièces, parchemin; 13 pièces, papier.

1482 - XVIIIe siècle. — Briand. — Présentation par Lancelot Briand de la chapelle de Saint-Christophe au manoir du Brez; — inventaire des titres trouvés dans la succession de Pierre Briand, sieur de La Grenonière; — testament de Claude Briand et de Christophlette de La Chapelle, sa femme; — bail par Claude Briand de la seigneurie de L'Échigné; — enquête contre Jeanne de Champchevrier, femme de René Briand, pour la collecte de la taille de la paroisse de Contigné; — testament de Jean Briand; — fragments de généalogies; — notes et extraits d'actes authentiques par le feudiste Audouys.

E. 1831. (Carton.) — 2 pièces, parchemin; 58 pièces, papier.

1614-1778. — Brichet. — Contrats de mariage de Pierre Brichet, sieur de La Fontaine, avocat au Présidial d'Angers, et de Françoise Tabary; — de Antoine Brichet, sieur du Châtelier, président au grenier à sel de Saint-Florent-le-Vieil, et de Rose Poullard; — inventaire des meubles de leur succession; — procès-verbal de prisée des immeubles, comptes et transaction entre Pierre Brichet, prieur de Louesme, Denis Brichet, Gabriel Jouet de La Saulaye, François Daigremont, Antoinette Brichet, Pillais de La Fromentière, Michel Trochon de Gaudrée et autres cohéritiers; — procédure pour Guillaume Brichet, président au grenier à sel de Saint-Florent, au nom des paroissiens de Savennières, contre G.-G. Poulain de La Guerche, pour le maintien du chemin du Fresne à la rivière de Loire; — arrêt du Parlement de Paris qui fait droit aux prétentions de la paroisse.

E. 1832. (Carton.) — 12 pièces, parchemin; 13 pièces, papier; 3 sceaux.

1418 - XVIIIe siècle. — Brie (de). — Présentation par René de Brie, seigneur de Beuzon et de Villemoisant, de la chapelle de Sainte-Catherine de Beuzon, près Angers; — par Péan de Brie, seigneur de Serrant, de La Roche de Serrant, de Savennières, de la chapelle de Saint-Michel en son château de Serrant; — par Antoine de Brie, de la chapelle de saint Fabien et saint Sébastien en son château du Jeu; — par J. Fr. Antoine de Brie de la chapelle de L'Asnerie en l'église d'Érigné; — arrentement par Gilles de Brie, seigneur de Serrant, d'un jardin près le portail Lyonnais d'Angers; — accord entre Charles de Brie et René de Tehillac au sujet de la vente de la seigneurie de L'Adriennaye; — contrat de mariage de Joseph-Claude-Charles, marquis de Brie-Serrant, seigneur de Doua, et de Pauline-Modeste-Sophie Jousbert de Rochetemer; — notes et extraits généalogiques par le feudiste Audouys.

E. 1833. (Carton.) — 1 pièce, papier.

1712. — Brière. — Acquêt par René Brière, de Saint-

Michel-du-Bois, d'une rente de 35 livres sur Jacques Malherbe de Chanveaux.

E. 1834. (Carton.) — 1 pièce, parchemin; 93 pièces, papier.

1556-XVIIIe siècle. — BRILLET. — Prise à bail par Macé Arondeau, cierger, et Claude Brillet, cordonnier, des terres et seigneuries de Bourg et Soulaire, dépendant du chapitre de Saint-Martin d'Angers; — procédure entre Thimothée Brillet, avocat, et Pierre Maigret, au sujet d'un droit de passage contesté sur la métairie de Vergeau pour le service de la métairie de L'Écluse, paroisse de La Jaille-Yvon; — acquêt par Thimothée Brillet, sur Louis d'Oestel, d'un logis aux halles d'Angers; — contrat de mariage de Guillaume Brillet, sieur de Loiré, et de Marie-Angélique-Geneviève de Scépeaux; — consultation sur une clause de ce contrat par Me Jousse, avocat de Châteaugontier; — partage de la succession de Noël Brillet et de Mathurine Portier; — bail par Jouffroy Brillet des moulins à eau de La Couère en la paroisse Saint-Aubin-du-Pavoil; — contrat de mariage de Pierre-Clovis Brillet de Loiré et de Marie-Anne-Charlotte de Montplacé; — enquête, ordonnée par l'évêque d'Angers à la requête de Louis-Clovis Brillet, pour supprimer la chapelle du château de La Péroussaye et en réunir le temporel à la chapelle du château du Gué-de-Loiré; — notes et extraits généalogiques par le feudiste Audouys.

E. 1835. (Carton.) — 1 pièce, papier.

1740. — BRIN. — Rapport d'enquête pour obtenir dispense de consanguinité pour le mariage de Jacques Brin et de Marie Macé.

E. 1836. (Carton.) — 1 pièce, parchemin.

1699. — BRIOLLAY (de). — Bail par Anne-Alexandre à François de Briollay, sieur de Boismorier, de terres et maisons en la paroisse de Brain-sur-l'Authion.

E. 1837. (Carton.) — 1 pièce, parchemin.

1404. — BRIONNE. — Transaction entre Guillaume Brionne et Bertrand Lisée pour la succession de Jehan Brionne.

E. 1838. (Carton.) — 1 pièce, parchemin.

1489. — BRISAY (de). — Contrat de mariage de Germain de Brisay et de Perrine Chapperon.

E. 1839. (Carton.) — 1 pièce, parchemin.

1554. — BRISEGAULT. — Procès-verbal de la délibération des habitants d'Argentré, qui déclarent Brisegault Du Mesnil, en sa qualité de noble, exempt des tailles de la paroisse.

E. 1840. (Carton.) — 34 pièces, papier.

1587-1785. — BRISSET. — Contrats de mariage de Jehan Brisset, boucher, et de Jehanne Farion, veuve de Jehan Delaporte; — de Pierre Brisset et de Guyonne Travers; — de Jacques Brisset, bourgeois d'Angers, et de Marguerite Chollet; — de Marie-Françoise Brisset et de Claude-Jacques Aubert, marchand; — démission par Marie de Louzier, veuve de Charles Brisset, de tous ses biens meubles et immeubles au profit de ses enfants; — mémoire des travaux de serrurerie de la maison derrière l'église Saint-Julien; — marché avec le maçon pour la restauration d'une maison rue de la Croix-Blanche.

E. 1841. (Carton.) — 7 pièces, parchemin; 117 pièces, papier; 2 sceaux.

1540-1782. — BROC (de). — Présentation par Julian de Broc de la chapellenie desservie en son manoir de Lizardière; — accord entre François de Broc et Pierre Panetier au sujet des servitudes de jardins et maisons en Échemiré; — règlement de comptes entre Marie-Madeleine Duchesne, veuve de Michel de Broc, et son fils Armand de Broc; — extrait du contrat de mariage d'Armand de Broc et de Françoise de Maugars; — renonciation par Françoise de Maugars et Jacques Vasselot, seigneur d'Annemarie, à tout droit dans la succession d'Armand de Broc; — procédure pour Charles-René de Broc, sieur d'Échemiré, contre Charles Du Pont d'Aubevoys, sieur de La Roussière, Joseph-Urbain de La Courbellière, sieur de La Grise, Jean Oriard, au sujet de la vente judiciaire de la terre d'Échemiré; — partage de la succession immobilière de Françoise de Maugars, veuve d'Armand de Broc, entre Anne-Marie Darroc, veuve de Jacques Vasselot, Charles-René de Broc, Charles Ambrois, abbé de Broc, et Suzanne-Françoise de Broc; — inventaire des meubles de Charles-René de Broc, seigneur d'Échemiré et de Moulines; — inventaire des meubles du château du Grip après décès de Françoise-Suzanne de Broc; — billet d'invitation à l'enterrement de Anne-Françoise de Broc, dame d'Échemiré, du Grip, du Petit Mans, de Mons, etc; — généalogie de la famille de Broc; — notes et extraits d'actes authentiques par le feudiste Audouys.

E. 1842. (Carton.) — 1 pièce, papier.

1546. — BROCHART. — Acquêt par René Brochart, sur Nicolas de Lespine, de la Grande Chouannière en Querré.

E. 1843. (Carton.) — 1 pièce, papier.

[illegible]. — BROISIER. — Acquêt par René Broisier, sur

Madeleine Saulais, de terres et vignes en Saint-Martin-de-la-Place.

E. 1844. (Carton.) — 2 pièces, parchemin.

1528-1540. — BROSSAIS. — Acquêt par François Brossais, marchand drapier d'Angers, sur François de Lanceau, du champ des Fenêtres en Champtocé; — échange entre François Brossais et Jehan Texier de terres et maisons dans les paroisses de Corzé et de Candé.

E. 1845. (Carton.) — 1 pièce, parchemin; 2 pièces, papier.

1724-1744. — BROSSARD (de). — Requête d'Hélène de La Motte, veuve de Thomas de Brossard, contre Laurent Dubosc de La Rivière et la communauté des paroissiens de Parcé, qui ont supprimé le banc qu'elle y possédait dans la nef de l'église; — sentence du sénéchal de Baugé au profit d'Antoine de Brossard, sieur de La Brahannière, contre Michel Pinguet, son débiteur; — note du feudiste Audouys.

E. 1846. (Carton.) — 1 pièce, papier.

1629. — BROSSEAU. — Partage de la succession de François Brosseau, archer des gardes-du-corps du Roi, entre Pierre Ligier, Gilles Lasne et Marguerite Foucqueteau.

E. 1847. (Carton.) — 2 pièces, parchemin; 2 pièces, papier.

1592-1609. — BROSSIER. — Acquêt par Urbain Brossier d'un moulin à vent et de terres à Champigné-le-Sec; — par Jehan Brossier de vignes à Rochefort-sur-Loire; — testament de Jehan Brossier, tisserand.

E. 1848. (Carton.) — 1 pièce, parchemin; 5 pièces, papier.

1724-1744. — BROWNE. — Extrait de l'acte de naissance d'Édouard Browne; — attestation par Georges Browne, « comte du Saint-Empire, comte de Montanii, baron de « Camus, général de l'infanterie et de l'ordonnance des ar- « mées de Sa Majesté Impériale Catholique, conseiller de « guerre aulique et colonel d'un régiment d'infanterie » que « mestre Édouard Browne, controleur-général de la « Maison de la Reine seconde douairière d'Espagne, est « issu de la noble et très-ancienne maison de Browne, venue « d'Angleterre en Irlande l'onzième siècle et établie dans le « comté de Lymerick, de laquelle le comte Ulysses Brown « est le chef.. » (avec signature et cachet aux armes); — arrêt de d'Hozier, juge d'armes de France, portant visa des titres de noblesse d'Édouard Browne et avis favorable pour l'obtention de lettres de nationalité et d'enregistrement d'armoiries (avec signature et cachet aux armes).

E. 1849. (Carton.) — 2 pièces, papier.

1760-XVIIIe siècle. — BROUARD. — Lettre de Letessier, curé de Parnay, à Robert-Florimond Brouard d'Aussigné, conseiller au Présidial d'Angers, pour obtenir une expédition du procès-verbal de vérification de la mesure de Chateaugontier; — inventaire des meubles, titres, livres et papiers dépendant de sa succession.

E. 1850. (Carton.) — 2 pièces, papier.

1675. — BROUILLET. — Partage de la succession de Jean Brouillet, sieur des Hommeaux, et de Charlotte Gallichon, sa femme, entre Jean Brouillet, Jean Papot, sieur de Champeaux, Charlotte Brouillet, veuve de Lenfantin de La Marinière, Maurille Hamelin, sieur de Richebourg, et Pierre Jamet de L'Aubriais; — partage de la succession de Jean Brouillet, sieur des Hommeaux, et de Marie Richer, sa femme, entre Marie Brouillet, Pierre Jamet de L'Aubriais, et François Brouillet.

E. 1851. (Carton.) — 2 pièces, papier.

1749. — BRUÈRE. — Ordre et rapport d'enquête pour dispense d'empêchement au mariage de Jacques Bruère et de Catherine Desvaux.

E. 1852. (Carton.) — 1 pièce, parchemin; 10 pièces, papier.

1593-1751. — BRUNEAU. — Contrat d'acquêt par Guillaume Bruneau, sur Jacques Viel, de la closerie de La Bodinière près La Selle-Craonnaise; — contrat de mariage de Thomas Bruneau, marchand, et d'Élisabeth Godin; — promesse de mariage entre Noel Bruneau, huissier, et Suzanne Fresneau; — présentation par Michel Bruneau, sieur de La Gilletrie, de la chapelle des Séguinières en l'église Notre-Dame de Sablé; — partage entre créanciers du produit de la succession mobilière et immobilière de Gilles Bruneau et de Marie Béron, sa femme; — nomination de Pierre Péan à la curatelle des enfants mineurs d'Urbain Bruneau et de Madeleine Jarossé.

E. 1853. (Carton.) — 2 pièces, papier.

1757-1762. — BRUNET. — Acquêt par Pierre Brunet, sur Mathurin Beneteau, d'une pièce de terre aux Herbiers; — extrait baptistaire de Gabriel-Guy-Marie Brunet, fils de Gabriel Brunet, sieur de La Charie, et de Madeleine-Henriette Jarret.

E. 1854. (Carton.) — 6 pièces, parchemin; 5 pièces, papier.

1390-XVIIIe siècle. — BRUNETIÈRE (de LA). — Bail à cens par Jean de La Brunetière à Jean Bastard d'un quartier de pré à La Boulairie; — présentation par François de La Brunetière de la chapelle de Sainte-Marguerite en l'église Saint-Pierre de Gesté; — par Paul de La Brunetière, seigneur du Plessis-de-Gesté et de La Thévinière, des chapelles de sainte Catherine et de saint Claude en la même église; — par Jacques de La Brunetière, de la chapelle de La Marsaulaye; — notes et extraits généalogiques par le feudiste Audouys.

E. 1855. (Carton.) — 1 pièce, papier.

XVIIe siècle. — Bruslon. — Fragment d'une généalogie.

E. 1856. (Carton.) — 1 pièce, papier.

1786. — Bry. — Acquêt par Nicolas Bry, chirurgien, sur Charles Gazeau, de terres et vignes en Rablay.

E. 1857. (Carton.) — 1 pièce, papier.

1654. — Buberon. — Partage de la succession de Claude Buberon et de Françoise Girard, sa femme, entre André Besson et Marguerite Coulombeau.

E. 1858. (Carton.) — 1 pièce, papier.

1674. — Budan. — Présentation par Jean Cosnard, archer de la maréchaussée de Saumur, des comptes de la tutelle des enfants de Pierre Budan et de Marie Riollan.

E. 1859. (Carton.) — 2 pièces, parchemin; 3 pièces, papier.

1625-1627. — Bude. — Lettres royaux pour Charles Bude de l'état et office de conseiller non originaire et de commissaire aux requêtes en la cour du Parlement de Bretagne; — quittances du trésorier des parties casuelles pour le droit annuel dudit office.

E. 1860. (Carton.) — 3 pièces, parchemin; 2 pièces, papier.

1405-1662. — Bueil (de). — Quittance donnée par Jean de Bueil, sire de Bueil, à Pierre de Bueil, son frère, d'une somme de 1000 livres qu'il lui avait prêtée pour l'acquisition de la seigneurie du Plessis-au-Jau; — acquêt par Jacques de Bueil, sieur du Bois, sur Bertrand de Beauvau, de la seigneurie de Briançon; — saisie de la terre de Coursillon sur Claude de Bueil; — transaction entre Jean de Bueil, seigneur de l'Ile-de-Rhé, baron de Chasteaux, et Louis de Ribier, au sujet de la fresche de La Gantellerie en Montigné.

E. 1861. (Carton.) — 1 pièce, parchemin; 13 pièces, papier.

1575-1640. — Buget. — Échange entre Charles Buget, sieur de Mauveau et des Basses-Minières, et Olivier Texier, de prés et pêcheries à Mollay et à Bouche-de-Dive en Saint-Just-sur-Dive; — procurations de Catherine de Saint-Jouin, veuve de Jean Buget, d'Adrien Du Gast, sieur de Concise et de La Roche de Ciersay, de René d'Escoublant, sieur de L'Espinay et de Souvardaine, de René Jamineau, sieur de La Coudraye, de François Cabaret, sieur du Rivau, de Pierre de Chevigné, sieur de La Sicaudaye, de Renée Danisy, veuve d'Antoine Pineau, sieur de La Rivière-Neuve, de François du Buispéan, de Jean Jouan, sieur de Querquasier, et de Philippe de Marbre, sieur du Fresne, pour consentir en leur nom au mariage de Cyprien Buget, sieur des Landes, et de Charlotte Danisy de La Briardaye; — contrat de mariage des précédents (avec signatures autographes de P. de Gondy de Retz, Catherine de Gondy de Retz, René et Charles de Rougé, Gasparde de Roussillon, etc.); — notes et extraits généalogiques par le feudiste Audouys.

E. 1862. (Carton.) — 1 pièce, parchemin.

1497. — Bugnon. — Testament de Jeanne Bugnon, portant fondation d'une messe en l'église de Cheffes.

E. 1863. (Carton.) — 2 pièces, papier.

1613-XVIIIe siècle. — Bugnons (de). — Acquêt par Jehan de Bugnons, sieur de La Potinaye, sur Jehan Leblanc de La Grasserie, de la maison du Rivau à Angers; — note et extraits généalogiques par le feudiste Audouys.

E. 1864. (Carton.) — 1 pièce, papier.

1782. — Bulot. — Procès-verbal d'apposition de scellés sur la succession de Marguerite Bulot, sourde et muette.

E. 1865. (Carton.) — 1 pièce, parchemin.

1582. — Buor. — Contrat de mariage de Baptiste Buor, sieur du Pin, et d'Olympe de L'Épinay.

E. 1866. (Carton.) — 1 pièce, parchemin; 1 pièce, papier.

1619-1670. — Bureau. — Acquêt par Urbain Bureau, sur Pierre Vincelot, de terres à Vernoil-le-Fourier; — partage de la succession de Jean Bureau et de Charlotte Arnoul, sa femme.

E. 1867. (Carton.) — 3 pièces, papier.

1669-1702. — Buret. — Don par Claude Pauvert, veuve de Jacques Buret, à son fils, Claude Buret, d'une maison rue Saint-Laud, à Angers; — accord entre Pierre Mabit, Joseph Janneaux, Louis Édin, Pierre Martineau et autres créanciers de Philippe Buret et Perrine Édin.

E. 1868. (Carton.) — 1 pièce, papier.

1730. — Burgevin. — Acquêt par Jean Burgevin, sur René Pasqueraye Du Bordage, du moulin à vent des Hommeaux, à Mozé.

E. 1869. (Carton.) — 4 pièces, papier.

1652-1791. — Burolleau. — Partage de la succession de Jeanne Robert, femme de Jean Burolleau, entre Jean de Lopitau, Gilles Leroy, Louis Blanvillain et Jean Burolleau ; — procuration générale consentie par Julien Sorbier, missionnaire, receveur du clergé en la colonie du Cap, à Simon Burolleau, pour gérer et administrer tous ses biens et affaires d'Europe.

E. 1870. (Carton.) — 5 pièces, parchemin ; 11 pièces, papier.

1624-1690. — BURON. — Acquêt par Jean Buron, sur Pierre Guittet, d'une maison et de vignes à Ruzebouc ; — par Jeanne Laguette, veuve de Pierre Buron, de vignes à Bouchemaine ; — échange entre René Hameau, sieur du Haut-Plessis, et Catherine Buron, de terres et vignes à La Pointe et dans la vallée de Fosse ; — fondation par Jacques Buron, « apothicaire de Son Altesse Royale Mademoiselle, souveraine de Dombes », de la chapelle de saint Jacques en l'église paroissiale de Bouchemaine.

E. 1871. (Carton.) — 7 pièces, papier.

1651-1767. — BUSCHER. — Cession par René Sallais, veuve de René Buscher, marchand drapier, à Laurent Buscher, son fils, notaire, d'une rente foncière de 30 livres ; — mémoire pour Laurent Buscher, notaire, contre Nicolas Chevalier de Belessort, héritier de Nicolas Chevalier et d'Anne Rousselin ; — partage de la succession immobilière d'Anselme Buscher, sieur du Cerisier, et de Renée Richard, sa femme, entre Anselme Buscher, sieur de Chauvigné, Pierre Pasqueraye Du Rouzay et Charles Buscher, sieur des Brosses ; — partage entre Anselme-René Buscher de Chauvigné et Anselme-Étienne de Pasqueraye Du Rouzay, de la succession de Charles Buscher, sieur des Brosses.

E. 1872. (Carton.) — 4 pièces, papier ; 3 pièces, parchemin.

1551-1686. — BUSSY (de). — Prise de possession pour Claude de Bussy, de « l'hostel et maison noble » de Vaillé-Brezé ; — compte rendu par René de Bussy, sieur de La Bardomeau, à Jean de Bussy, sieur de La Touche, et François de Bussy, sieur de Méron, de l'administration des deniers provenant notamment de la succession de Geneviève Lefebvre, leur mère ; — procuration donnée par Anne de Boutigny, femme de Claude de Bussy, sieur des Fontaines, pour consentir en son nom au mariage d'Élye de Bussy et de Charlotte Suriette ; — inventaire de la succession de Claude de Bussy ; — accord pour le partage entre Gilberde de Bussy, femme de Pierre Buissard et Marie-Marguerite et Anne de Bussy.

E. 1873. (Carton.) — 1 pièce, papier.

1787. — BUSSON. — Inventaire des biens meubles de Jacques Busson et d'Anne Domard.

E. 1874. (Carton.) — 1 pièce, parchemin ; 1 pièce, papier.

1750. — BUSSONNAIS. — Lettres d'émancipation d'Antoine Bussonnais, fils de Jacques Bussonnais, maçon, et de Marie Rollian.

E. 1875. (Carton.) — 4 pièces, papier ; 1 pièce, parchemin.

1681-1704. — BUTIN. — Requête présentée à la Prévôté de Saumur par Louis Butin, conseiller du Roi, trésorier de France au bureau de Tours, afin d'obtenir le déguerpissement de la succession de Renée Charpentier, saisie par la dame Ledoyen ; — état des dettes passives de la succession de René Butin ; — contrat de mariage de Louis Butin et de Charlotte Boutet ; — acquêt par Louis Butin d'une pièce de terre à La Meignanne.

E. 1876. (Carton.) — 1 pièce, papier.

1724. — BUTTIER. — Inventaire de la succession mobilière de François Buttier.

E. 1877. (Carton.) — 6 pièces, papier, dont 1 imprimée.

1748-XVIIIe siècle. — BUZELET (de). — Extraits des actes de baptême de la paroisse Sainte-Croix de Metz concernant la famille de Buzelet ; — instructions pour M. de Buzelet « ci-devant capitaine dans le régiment des dragons du Dauphin » chargé de recevoir des chevaliers de l'ordre militaire de Saint-Louis ; — notes et extraits généalogiques par le feudiste Audouys.

E. 1878. (Carton.) — 1 pièce, papier.

1699. — CACHET. — Partage entre René Cachet, meunier, Jullien et Mathurin Cachet, et Étienne Dumesnil, marchand, de la succession de René Cachet, et d'Étienne Cocquard.

E. 1879. (Carton.) — 13 pièces, parchemin ; 38 pièces, papier.

1447-1781. — CADELAC (de). — Acquêt par Thomas de Cadelac et Acarise Aubéry, sa femme, de terres en la paroisse de Saint-Pierre de La Court ; — partage entre Jean et Guillaume Cadelac de la succession de Thomas Cadelac, leur père ; — acquêt par Guyon et Étienne de Cadelac de la maison de Lourmel en Saint-Aubin-des-Landes ; — partages entre Georges de Cadelac et Guillemette, Marguerite et Olive de Cadelac, ses sœurs, de la succession d'Étienne de Cadelac et de Jeanne Gérard ; — contrat de mariage de Georges de Cadelac et de Claude de L'Esperonnière ; — de Charles de Cadelac et de Marguerite de Mordret ; — « faicts « et articles de généalogie et qualité » allégués par Charles de Cadelac, sieur de La Bonnelais, contre les paroissiens de Saint-Aignan-en-Craonnais ; — procès-verbal d'enquête sur la noblesse de la famille de Cadelac ; — arrêt de la Cour des Aides portant maintenue de noblesse au profit de Charles de Cadelac ; — contrats de mariage du même et de Jacquine de La Chevalerie ; — de Jehan de Cadelac et de Perrine de La

Béranière ; — « réponses que fait et fournist en la baronnie « de Vitré Jean de Cadelac, sieur de La Chevrie, donataire « d'André Georget de La Milanière, contre l'escript de Michel « Nonail, sieur de Villansault ; » etc.

E. 1880. (Carton.) — 1 pièce, parchemin ; 12 pièces, papier.

1581-1685. — Cador. — Prise de possession par Simon Cador, chanoine de Montreuil-Bellay, curé de Méron, de la closerie de La Bérardière en Champigné ; — donation par le même à Pierre Cador, son neveu, de la closerie de La Barocière, à lui échue dans la succession de René Bordillon, leur grand père maternel ; — partage de la succession de Pierre et de Simon Cador ; — de celle d'Étienne Cador, prêtre, entre Perrine Cador, veuve d'Olivier Cossonné, et Jean de Goubis ; — testament d'Anne Cador, veuve de François de Lanoue, tailleur d'habits.

E. 1881. (Carton.) — 3 pièces, parchemin ; 1 pièce, papier ; 1 sceau

1596-XVIIIe siècle. — Cadu. — Acquêt par Jean Cadu, sieur de La Tousche-Cadu, juge d'Anjou, de vignes à La Possonnière ; — présentation par Renée Lebreton, veuve du précédent, de la chapelle saint Jean de La Foresterie ; — note généalogique du feudiste Audouys.

E. 1882. (Carton.) — 6 pièces, papier ; 1 pièce, parchemin.

1619-1767. — Cady. — Testament de Perrine Rocher, femme de François Cady, pêcheur ; — acquêt par Étienne Cady, de Chalonnes, de prés en Rochefort-sur-Loire ; — partage des successions d'Étienne Cady et de Marie Laguette, entre Jean Thuleau, François Leduc, Jean et Marie Cady ; — constitution par Jean Jubin, boucher, d'une rente de 30 livres au profit de Charles Cady ; — partage de la succession de Sébastien Cady entre Urbaine Goupille, sa femme et leurs enfants.

E. 1883. (Carton.) — 1 pièce, papier.

1786. — Cahouet. — Acquêt par Pierre Cahouet, marchand à Saumur, de vignes aux Aubus en Souzay.

E. 1884. (Carton.) — 1 pièce, parchemin ; 1 pièce, papier.

1569-1616. — Caillé. — Acquêt par Jérémie Caillé, avocat à Angers, de partie de la Grande-Fellerie en Avrillé ; — partage de sa succession entre François Hiret de La Margotière, Mathieu Froger, Jacques Thomas de Jonchères, François Delhommeau, Adam Hernault et Nicolas Fillon de Rougemont.

E. 1885. (Carton.) — 10 pièces, papier.

1707-1780. — Cailleau. — Vente des meubles de Pierre Cailleau, chapelain de Nantilly de Saumur ; — extrait de son testament ; — sentence de la prévôté de Saumur, qui règle les droits de Françoise Declée, Pierre Cailleau, serrurier, René Girard, François Déron et autres cohéritiers ; — prise à bail par Jean Cailleau de la métairie de La Bonnelière.

E. 1886. (Carton.) — 2 pièces, papier.

1679. — Cailleteau. — Saisie des biens d'Étienne Cailleteau, pour défaut de paiement d'arrérages d'une rente foncière due au chapitre de Nantilly ; — partage de la succession de Marguerite Lepoitevin, première femme d'Étienne Cailleteau entre son mari et ses enfants.

E. 1887. (Carton.) — 2 pièces, parchemin ; 9 pièces, papier.

1691-1777. — Caillin. — Constitution de rente sur Philippe de Villebauois, marchand à Saumur, au profit de Pierre Caillin, sieur du Temple, élu en l'élection de Montreuil-Bellay ; — sur Martin Bréhan, au profit de Girard Caillin, avocat ; — nomination de Joseph Caillin, avocat, en l'office de sénéchal de la châtellenie de Courchamps (avec signature et cachet aux armes de Claude de Gallichon).

E. 1888. (Carton.) — 2 pièces, papier.

1514-1515. — Callouin. — Acquêt par Rolland Callouin, licencié ès-lois, de terres et prés en la paroisse de Martigné-Briant.

E. 1889. (Carton.) — 3 pièces, parchemin ; 3 pièces, papier.

1529-1790. — Cambourg (de). — Testament de Jehan de Cambourg, marchand de Confolens ; — quittance par Hélie de Cambourg de 100 livres à lui prêtées par Valérie Baillot ; — contrats de mariage de Jehan de Cambourg, écuyer, homme d'armes de la compagnie d'ordonnance de M. de La Vauguyon, et de Françoise Dupin ; — de Barthélemy-Joseph-Augustin-Michel de Cambourg et de Pauline-Modeste-Sophie de Jousbert, veuve du comte de Brie-Serrant ; — note généalogique par le feudiste Audouys.

E. 1890. (Carton.) — 2 pièces, papier.

1651-1763. — Camus. — Bail à rente par Pierre Vibert à Jacques Camus, marchand, d'une maison sur les ponts de Saumur ; — licitation entre Pierre-Constant Camus, chanoine de Saint-Pierre d'Angers, Siméon Bourgerie, notaire, et Catherine Camus, d'une closerie à Pellouailles, dépendant de la succession d'Olympe Camus.

E. 1891. (Carton.) — 5 pièces, papier ; 1 cachet armorié.

1722-1772. — Canonville (de). — Présentation par Charles-Bernard de Canonville, comte de Raffetot, de la chapellenie de Saint-Louis desservie en l'église de la Trinité d'Angers ; — acquêt par Charles-Louis-Joseph-Alexandre de Canonville, marquis de Raffetot, sur Charles Mulet de

La Sauvagère, de la maison de Préneuf et des métairies de La Chevelière, du Vieil-Aussigné et de Galleau; — accord entre Charles-Louis-Joseph-Alexandre de Canonville et ses enfants, au sujet de la succession de Louise-Marie-Madeleine de Barbaye de Saint-Contest, sa femme; — note généalogique par le feudiste Audouys.

E. 1892. (Carton.) — 4 pièces, papier.

1710-1788. — CANTINEAU (de). — Testament de Claude Blanche, veuve de Charles de Cantineau de La Benècherie; — de Suzanne-Jacquine Sigonneau, veuve d'Henri de Cantineau; — notes et extraits généalogiques par le feudiste Audouys.

E. 1893. (Carton.) — 1 pièce, papier.

1610. — CAPEL. — Acquêt par Louis Capel, écuyer, sur Guillaume Éturmy, marchand, d'une maison à Saumur.

E. 1894. (Carton.) — 4 pièces, papier.

1754-1779. — CAQUERAY (de). — Extrait de l'acte de baptême de Nicolas-Robert de Caqueray; — précis des faits en discussion entre les dames de Caqueray et La Forest-d'Armaillé; — accord entre Charles-Séverin de Caqueray, aumônier de Madame Victoire de France, vicaire-général du diocèse de Verdun, et Jean Marais, curé de Marigné-sous-Daon, pour la perception des deniers dépendant du temporel de la chapelle de Saint-Léger du château de Vernée.

E. 1895. (Carton.) — 1 pièce, parchemin; 3 pièces, papier.

1690-1761. — CARBONNIER (de). — Répartition entre les créanciers des deniers de la vente du Bois-Saint-Père, saisi par décret sur François de Carbonnier; — échange de pièces de terre entre François-Hilaire de Carbonnier, sieur de La Lucasière, et Louis-Pierre-Claude Mabille de La Paumelière; — note généalogique par le feudiste Audouys.

E. 1896. (Carton.) — 2 pièces, parchemin.

1403-1420. — CARDUN (de). — Bail à rente par Jean de Cardun, seigneur des Paynières, de clos et vignes en la paroisse du Genneteil.

E. 1897. (Carton.) — 1 pièce, papier.

XVIIIe siècle. — CAREAU. — Note généalogique par le feudiste Audouys sur la famille de Careau, seigneur de Launay-Bafer.

E. 1898. (Carton.) — 2 pièces, parchemin; 7 pièces, papier.

1448-XVIIIe siècle. — CARION (de). — Quittance délivrée par Abel de Boussay, serviteur de noble homme François Carion, écuyer, seigneur de La Grise, au nom de son maître, à noble homme Héliot Martin, « secrétaire et argentier de Madame la Dauphine de Viennois », d'une somme de trois cents livres; — présentation par Jean Carion de la chapelle Sainte-Anne de Grolay; — notes et extraits généalogiques par le feudiste Audouys.

E. 1899. (Carton.) — 3 pièces, papier.

1669-1678. — CARRÉ. — Partage de la succession de Pierre Carré et de Marie Barbier entre Louis Leroy et Jean Choisnault, leurs gendres; — extrait du testament de René Carré, curé de Soulaire, portant fondation de la chapellenie de Sainte-Anne en son église paroissiale.

E. 1900. (Carton.) — 3 pièces, parchemin.

1659-1684. — CARRÉ (de). — Lettres d'État portant ordre de surséance à trois procès pendants pour François Carré, sieur de La Rouillère (avec la signature autographe de Louis XIV); — contrat de mariage de François de Carré et de Marie Legascoing.

E. 1901. (Carton.) — 28 pièces, papier.

1765-1787. — CARREFOUR DE LA PELOUZE. — Brevets de capitaine en second des bombardiers et de capitaine des canonniers du régiment d'Auxonne pour Abraham Carrefour de La Pelouze (avec signatures autographes de Louis XV et du duc de Choiseul); — modèle d'état à fournir des officiers du bataillon; — arrêté de compte entre M. de La Pelouze, ancien major d'artillerie, et les sieurs Foucault et Pitteu, de Nantes; — lettres de MM. Foullon, baron de Doué, Foucault, l'abbé de Créquy, le chevalier de Savaron, traitant d'affaires privées; — acquêt par Camille-Abraham de La Pelouze des terres et seigneuries de La Tremblaye et de Tiremouche; — état des meubles du château de La Tremblaye, etc.

E. 1902. (Registre.) — In-folio, papier; 104 pages.

1750. — « Mémoire concernant la connaissance, le détail et l'usage des principaux attirails de l'artillerie, l'avantage de rendre leur construction uniforme dans tout le royaume et plusieurs autres réflexions tendantes à réduire et simplifier le service des bouches à feu, par M. Le Duc, chevalier de l'ordre militaire de Saint-Louis, commissaire ordinaire d'artillerie. Strasbourg. MDCCL. » (C'est une copie pour l'usage d'Abraham-Camille Carrefour de La Pelouze, de l'ouvrage imprimé.)

E. 1903. (Carton.) — 10 pièces, papier.

1655-1791. — CASSIN. — Assignation d'une somme de 81 livres, consentie par noble homme Pierre Roullauld à Jean Cassin, maître pâtissier; — vente des meubles de Geneviève Pelé, à la requête de René Cassin, marchand cloutier, son mari, et des autres héritiers ; — contrat de mariage d'Urbain Cassin et de Renée Chauveau ; — consultation de René Robert, doyen des professeurs en droit de l'Université d'Angers, David Gilly et André Gontard, avocat au Présidial « sur la question de savoir de quel jour doit avoir lieu « le douaire dû à la dame Renée Oiner, veuve d'Urbain Cassin « de La Groye », ou du jour de la démission par lui faite au profit de ses enfants ou du jour de son décès ; — constitution par Charles-Melchior-Artus Bonchamps d'une rente de 150 livres au profit de René-Pierre Cassin.

E. 1904. (Carton.) — 1 pièce, parchemin.

1704. — CATHELINEAU. — Bail à rente par Jeanne Cady à Jean Cathelineau, maçon, de maison et jardin dans le bourg du Pin-en-Mauges.

E. 1905. (Carton.) — 3 pièces, parchemin ; 7 pièces, papier.

1610-XVIIIe siècle. — CERISAY (de). — Ordonnance du sénéchal d'Anjou, qui condamne Marin Cerisay, boucher, à payer les arrérages d'une rente due sur le clos du Houx à l'abbaye du Ronceray ; — bail à ferme par Marc Cerisay, marchand, à Macé Goisbault, de la prée de Chauvon en Montreuil-sur-Maine ; — renonciation par Jeanne Boyneau, femme de Guillaume de Cerisay, à la communauté des biens meubles, acquêts et conquêts ; — procuration de Jeanne Raoul, veuve de Jean de Cerisay, sieur de La Guérinière, à Guillaume Ligier, pour la représenter en toute affaire ; — notes généalogiques par le feudiste Audouys.

E. 1906. (Carton.) — 1 pièce, papier.

1709. — CERISIER. — Vente par Marie-Madeleine Cerisier à Louis et Jean Moyse Béguyer, négociants, et à Pierre Boreau de La Besnardière, des terres et seigneuries de Martigné-Briant, Villeneuve et Les Noyers-Aménard.

E. 1907. (Carton.) — 2 pièces, parchemin ; 14 pièces, papier.

1603-1790. — CESBRON. — Acquêt par Jehan Cesbron et Mathurin Dureau de vignes en Brissac ; — inventaire des meubles d'André Cesbron, à la requête de Françoise Durand, sa veuve ; — extraits des registres de baptêmes, mariages et décès des paroisses de Mûrs et de Moré depuis 1618 et notes généalogiques des alliances avec les familles Tournerie et Basanté ; — répartition de deniers entre les créanciers de René Cesbron de La Villette ; — acquêt par J. D. André Cesbron de La Rogerie, négociant, sur Jacques-Thomas de Jonchères, de maison et terres au Chêne-Percé ; — bail à ferme par Michel Cesbron de la closerie des Hérines en Chaudefonds.

E. 1908. (Carton.) — 7 pièces, papier.

1675-1694. — CESVET. — Inventaire et vente des meubles dépendant de la succession de Pierre Cesvet et de Marie Martineau, sa femme ; — comptes rendus par Louis Meschine, sieur de La Sablonnière, de la curatelle de Marie et de Catherine Cesvet.

E. 1909. (Carton.) — 2 pièces, papier.

1777. — CHABAS. — Testament et codicille de Gaëtan-Marie-Françoise Chabas de La Garenne.

E. 1910. (Carton.) — 5 pièces, papier.

16[illegible]-1769. — CHABOT. — Prise à bail par Simon Chabot, laboureur, de maison et jardin à Neuillé ; — inventaire des meubles de Marie Boisgault, veuve de Joseph-Marie de Chabot de L'Épinay, cavalier de maréchaussée ; — procès-verbal d'émancipation de Renée, Marie et Françoise Chabot, leurs filles.

E. 1911. (Carton.) — 2 pièces, parchemin ; 3 pièces, papier ; 2 sceaux.

1500-1633. — CHABANNAY (de). — Procuration passée par Jean de Chabannay à René Sérezin, pour le mariage de Charles de Chabannay, écuyer ordinaire de la grande écurie du Roi, et de Jacqueline de Bueil, veuve de François de Montalais ; — présentation par Charles de Chabannay des chapelles de Saint-Léger de Marigné et de Notre-Dame de Pitié en Chanteussé.

E. 1912. (Carton.) — 1 pièce, parchemin ; 1 pièce, papier.

1756-1790. — CHAINTRIER. — Constitution par Madeleine Hué d'une rente de 30 livres au profit de François Chaintrier, maître boulanger ; — acquêt par Joseph Chaintrier, entrepreneur en bâtiments, d'une maison près le petit pont de la Trinité, à Angers.

E. 1913. (Carton.) — 2 pièces, papier, dont 1 imprimée.

1747-1770. — CHAILLOU. — Copie de lettres de Me Aucent, avocat d'Angers, et Duboys, professeur en droit, concernant la propriété et les arrérages d'une rente due à Jean-Charles et Georges-Louis Chaillou, sieurs de Beauvais ; — affiche d'adjudication des biens de Pierre Chaillou et de Jeanne Prudhomme, sa femme.

E. 1914. (Carton.) — 1 pièce, parchemin, scellée.

1551. — CHALETTE (de). — Présentation par Jean de Chalette, écuyer, sieur de La Bretesche, capitaine de Marcillé, maître-d'hôtel et procureur spécial de Jeanne de Bretagne, dame de Bressuire, de la chapelle Saint-Sébastien de Marcillé (avec sceau et signature autographe).

E. 1915. (Carton.) — 1 pièce, papier.

XVIIIe siècle. — CHALLAIN (de). — Note du feudiste Audouys sur la famille de Challain, seigneur de Challain.

E. 1916. (Carton.) — 10 pièces, papier.

[illegible]-XVIIIe siècle. — CHALOPIN. — Contrat de mariage de René Chalopin, sieur de La Plesse et d'Aubigné, et d'Élisabeth Lejeune ; — requête de ladite dame en séparation de biens pour la conservation de ses deniers dotaux ; — transactions entre Abraham Chalopin, élu en l'Élection d'Angers, et Jacques Chalopin, sieur de Chevigné, pour le partage de la succession de Pierre Chalopin, leur grand-père, et de Jacquette Moysant, sa femme ; — entre René Chalopin, sieur de La Plesse, et Madeleine Chalopin ; — notes et extraits généalogiques par le feudiste Audouys.

E. 1917. (Carton.) — 3 pièces, papier.

[illegible]. — CHALUMEAU. — Lettre de M. Babin à Jean Chalumeau, chanoine de Nantilly de Saumur, concernant des affaires privées ; — testament dudit Jean Chalumeau ; — mémoire de ses dettes actives et passives.

E. 1918. (Carton.) — 2 pièces, parchemin ; 4 pièces, papier.

[illegible]-XVIIIe siècle. — CHALUS (de). — Transaction entre Étienne Chauvigné et Émery de Chalus pour le service d'une rente de deux boisseaux d'avoine, due sur le lieu de La Souricerie ; — accord entre Émery de Chalus, sieur du Val et de Forges, Jean de Chalus, son frère, et Guillaume Gonnardière, sieur de La Guitonière, pour le partage de la succession de Louise de Chalus ; — notes et extraits généalogiques par le feudiste Audouys.

E. 1919. (Carton.) — 2 pièces, papier.

1704-1780. — CHAMBAULT. — Acquêt par François-Thibault Chambault de terres en Saint-Georges-Châtelaison ; — nomination de François Tisseau à la curatelle de René-Thibault Chambault, fils de René-Thibault Chambault et de Claude-Marguerite Millon.

E. 1920. (Carton.) — 1 pièce, papier.

XVIIIe siècle. — CHAMBELLAY (de). — Note du feudiste Audouys sur la famille de Chambellay, seigneur de Chambellay.

E. 1921. (Carton.) — 24 pièces, parchemin ; 3 pièces, papier ; 8 sceaux.

[illegible]. — CHAMBES (de). — Lettres royaux portant confirmation de « Jehan de Jambes, chevalier, seigneur de Montsoreau, ès offices de cappitaine, chastelain et viguier d'Aigues Mortes, conservaterie du port, marchans et marchandises venans à icelui, avec la garde et cappitainerie de La Charbonnière ; » — présentation par Jean de Chambes, baron de Montsoreau, de la chapellenie des Mignons en l'église Saint-Pierre de Rest ; — par Marie de Châteaubriant, sa veuve, de la chapelle Saint-Nicolas du château de Montsoreau ; — par Philippe de Chambes des chapelles des Perrins et de Notre-Dame du Bois audit château, de Notre-Dame-de-l'Annonciation de Vaurelles, de Notre-Dame-de-Rerouvrance en Saint-Doucelin d'Allonnes ; — par Charles de Chambes de canonicats en l'église Sainte-Croix de Montsoreau, du prieuré de Dénais, de la chapelle de Saint-Jacques en Saint-Martin de Restigné (avec sceaux et signatures autographes) ; — acquêt par Anne Lemarié, veuve d'Urbain de Chambes de Maridor, d'une rente de 50 livres sur Philippe d'Andigné Des Écotais.

E. 1922. (Carton.) — 21 pièces, parchemin ; 4 pièces, papier ; 6 sceaux.

[illegible]-XVIIIe siècle. — CHAMPAGNE (de). — Abandon par Jean de Champagne de tout droit d'indemnité sur une terre dépendant de la cure de Louaillé ; — présentation par Anne de Champagne, dame de Bais et de La Suze, de la chapellenie de La Roussière en l'église Notre-Dame de Coesmes ; — par Pierre de Champagne, de la chapelle de Riquebelle en Saint-Martin de Parné, etc. ; — ratification par Baudouin de Champagne, sieur de Saint-Cher et de Pommeray, d'une donation « autrefois faicte et passée, « vingt ou vingt-deux ans sont ou environ, entre luy et noble « dame Marie de La Grésille, sa compaigne ; » — notes et extraits généalogiques par le feudiste Audouys.

E. 1923. (Carton.) — 4 pièces, parchemin ; 12 pièces, papier, dont 1 imprimée, de 53 pages in-folio.

[illegible]. — CHAMPAGNÉ (de). — Généalogie imprimée de la maison de Champagné, seigneur de Champagné, de La Montagne, de Chambellay, de La Motte-Ferchauld, de Moiré, de Folville, de La Pommeraye, de Mossé, avec un tableau gravé des alliances (cette généalogie sera comprise, dit le titre, dans le Registre VIIe de la Noblesse de France, tome XI) ; — sentence du sénéchal de Craon qui adjuge la féodalité de La Morinière à Jean de Champagné, seigneur d'Usure ; — présentation par François de Champagné, sieur de La Lizière, de la chapellenie de Sainte-Barbe du château de La Roche-Ferchauld ; — constitution de 380 livres de rente au profit de Charlotte et Claude de Champagné, sur Symphorien [illegible]ouard, marchand épicier d'Angers ; — inventaire de la succession mobilière de Charlotte de Quentin, dressé à la requête de René de Champagné et de leurs enfants ; — lettres de répit par René de Champagné, seigneur de Moiré, portant suspension de toute action judiciaire à intenter contre lui pour dettes.

E. 1924. (Carton.) — 1 pièce, parchemin ; 9 pièces, papier.

[illegible]-XVIIIe siècle. — CHAMPCHEVRIER (de). — Inventaire des pièces produites par Joseph de Champchevrier, sieur de Souldé, contre Esther de Seillons, pour le partage de la succession de Claude de Seillons ; — prisée des biens immeubles de Benjamin de Champchavrier, sieur de Launay; — règlement d'ordre entre les créanciers; — notes et extraits généalogiques par le feudiste Audouys.

E. 1925. (Carton.) — 1 pièce, parchemin; 3 pièces, papier.

1327-XVIIIe siècle. — CHAMPEAUX (de). — Transaction entre les enfants de Perronnelle de La Rivière, veuve de Guillaume de Champeaux, et Johannin de La Courbe, son second mari, pour la propriété de son douaire; — contrats de mariage de Jean de Champeaux et de Jeanne de Tessé.

E. 1926. (Carton.) — 3 pièces, papier.

1520-XVIIIe siècle. — CHAMPELAIS (de). — Reçu délivré par Jehan de Champelais, sieur de La Bourdelière, à René Leblanc, sieur de La Thibaudière, des meubles à lui échus dans la succession de François Moureux de La Tournerie; — contrat de mariage de René de Mogas, sieur de Sermaise, et de Chrysanthe-Louise de Champelais, fille de Louis de Champelais, baron de Courcelles, mareschal des camps et armées du Roi, lieutenant général de l'artillerie de France; — note et extraits généalogiques par le feudiste Audouys.

E. 1927. (Carton.) — 2 pièces, papier.

1781-1789. — CHAMPFLEURY. — Lettres écrites de Paris et de Saint-Domingue par M. Champfleury, officier réformé, à son frère et à sa sœur, et traitant d'affaires privées.

E. 1928. (Carton.) — 2 pièces, papier.

XVIIIe siècle. — CHANDEMANCHE (de). — Note généalogique d'Audouys sur la famille de Chandemanche, seigneur de Chandemanche en Morannes.

E. 1929. (Carton.) — 3 pièces, papier; 1 pièce, parchemin.

1517-1742. — CHANTELOU. — Lettres de François Lasnier, « docteur ès-droits, régent en l'Université d'Angers, conseiller ordinaire de madame la duchesse en sa court des Grands jours d'Anjou, » portant autorisation à Jehan Chantelou d'exercer l'état et office de notaire des seigneuries de Voisin et de Noyant; — acquêt par Louis Chantelou, marchand, d'une terre aux Champs-de-La-Ville en Corné; — opposition mise par René Davy de Vaux, au nom de Jeanne Chantelou, sa femme, à la vente de la charge de conseiller-procureur du Roi en l'Élection d'Angers, saisie sur Jean-Jacques Chantelou de La Palud; — extrait de l'acte de partage des biens immeubles de Pierre Chantelou et de Renée Leproust.

E. 1930. (Carton.) — 1 pièce, papier.

XVIIIe siècle. — CHAPELLAIS. — Note généalogique du feudiste Audouys sur la famille Chapellais, seigneur de La Tremblaye et de Vaulézart.

E. 1931. (Carton.) — 3 pièces, parchemin; 2 pièces, papier.

1601-1666. — CHAPELLE. — Prise à rente par Alexandre Chapelle, marchand, d'une partie d'île en la rivière de Vienne; — lettre de M. Baluteau à Chapelle, sieur de La Gaigurie, grenetier du Roi à Saumur, concernant une procédure; — cession par Yves Chapelle, marchand teinturier, à Samuel Péricault d'une rente de cent livres sur les Visitandines de Saumur.

E. 1932. (Carton.) — 2 pièces, parchemin; 2 pièces, papier, 1 sceau.

1641-XVIIIe siècle. — CHAPELLE (de La). — Présentation par Henri de La Chapelle, marquis de La Roche-Giffard et Fougeré, seigneur de Careil, Montbarot, La Martinière, La Touche-Moreau, de la chapelle Sainte-Anne en l'église de Seurdre; — notes et extraits généalogiques d'Audouys.

E. 1933. (Carton.) — 28 pièces, parchemin; 8 pièces, papier; 3 sceaux brisés.

1308-XVIIIe siècle. — CHAPERON. — Acquêt par Jean Chaperon de La Chaborière d'une rente sur l'hébergement de La Lande en la paroisse du Pin-en-Mauges; — transaction entre Jean Gousse et Geoffroy Chaperon pour la propriété des dépendances de La Grande-Ferrière; — procuration donnée par Jeanne Daveston à Jean Morin et Jean Fournaget, bourgeois du Mans, exécuteurs du testament de Pierre Chaperon, son mari, pour agir et contracter en son nom; — don par Geoffroy Chaperon à Auverguais Chaperon, des domaines de La Ferrière, de La Pétraudière, de La Chaborière, de La Batterie et de La Châteigneraye; — bail à ferme par Bertrand Chaperon, sieur de Mécrin, à Guillaume de Buschênes, de prés en Saint-Jean-des-Mauvrets; — présentation par Pierre Chaperon de la chapelle de Sainte-Catherine en l'église du Pin-en-Mauges; — prise à rente par François Chaperon, sieur de Mésangeau, des terres de La Grande-Ballière et de La Durancière; — contrats de mariage de Jean Chaperon et d'Aliénor de La Grésille; — de François-Chaperon et de Gillette Du Vau; — de Claude Chaperon et de Charlotte Nodot; — notes et extraits généalogiques par le feudiste Audouys.

E. 1934. (Carton.) — 1 pièce, papier.

1687. — CHAPILLAIS. — Quittance du libraire Ernou, de Saumur, pour acquisition de livres par madame Chapillais.

E. 1935. (Carton.) — 2 pièces, papier.

1720-1757. — CHARETTE (de). — Retrait lignager

par Louis Charette, sieur de Bannemarie, et Jean Charette, sieur de Brior, de la seigneurie des Hayes, sur Jacques Grandhomme, bourgeois de Saumur ; — copie de l'acte de baptême de Marianne de Charette, fille de Michel-Louis de Charette, ancien officier au régiment de Brissac, et de Marianne de Lagarde de Montjus.

E. 1936. (Carton.) — 1 pièce, papier.

1668. — CHARLET. — Acquêt, sur J. Aimé Brouard d'Aussigné, par Pierre Charlet, marchand brodeur, de l'auberge de Saint-Denis à Angers.

E. 1937. (Carton.) — 13 pièces, parchemin ; 28 pièces, papier.

1573-1781. — CHARLOT. — Amortissement par François Charlot d'une rente de 50 sols par lui consentie à Jean Thibault, seigneur du Plessis, son beau-père ; — acquêt par Nicolas Charlot, sur Jeanne Boutonnais, veuve de Nicolas Varlet, d'une maison rue Cordelle, à Angers ; — par Joseph Charlot, secrétaire de la Reine-mère du Roi et valet de chambre ordinaire du duc d'Anjou, des logis de Bellepogne ; — quittance par Joseph Charlot, notaire, de la rente à lui due, comme héritier de Claude Haran, son beau-père, sur le pontonnage de la ville d'Angers ; — lettres d'Étienne Charlot à son cousin Charlot de Princé, conseiller du Roi au Châtelet de Paris, concernant la gestion de ses affaires privées ; — don par Renée Gaultier, veuve de Pierre Charlot, sieur des Bottesforières, de sa maison de la rue du Cornet à Renée Charlot, sa fille ; — contrat de mariage de Jean Leclerc, sieur des Émereaux, et de Renée Charlot, etc

E. 1938. (Carton.) — 4 pièces, parchemin ; 1 pièce, papier.

1543-1683. — CHARNIÈRES (de). — Vente par René de Charnières, avocat à Angers, de vignes à La Goronnière ; — affermement par Claude Trochet, aïeule des enfants mineurs de Jean de Charnières, sieur de La Bouchefollière, de la métairie du Boishonnet en Blaison.

E. 1939. (Carton.) — 18 pièces, papier.

1607-1788. — CHARON. — « Mémoire instructif pour « fournir des griefs contre la sentence du présidial d'Angers, « qui, attendu l'insolvabilité du sieur de Châteaumoreau, « condamne tous les curateurs des enfants mineurs du sieur « Charon de La Blouère à les indemniser ; » — quittances des divers héritiers de Jacques Charon pour leur part dans la succession ; — procès-verbaux d'apposition et de levée des scellés sur le cabinet de René Charon, notaire à Saint-Aubin-de-Luigné ; — inventaires des minutes de son protocole.

E. 1940. (Carton.) — 1 pièce, parchemin.

1509. — CHARONNIÈRE (de LA). — Adjudication par décret à Georges de La Charonnière de la terre et seigneurie d'Orangé.

E. 1941. (Carton.) — 2 pièces, papier.

1684-XVIIIe siècle. — CHARPENTIER. — Distribution entre les créanciers du produit de la vente des biens de Michel Charpentier, prieur-curé de Tiercé ; — note du feudiste Audouys.

E. 1942. (Carton.) — 1 pièce, parchemin ; 2 pièces, papier.

1669. — CHARRUAU. — Ordonnance, sur requête, au profit d'André Charruau, maître-maçon, portant mandat de paiement sur Jean Thibault des frais de construction d'une maison à Chalonnes-sur-Loire ; — toisé des travaux à l'appui.

E. 1943. (Carton.) — 1 pièce, papier.

XVIIIe siècle. — CHARRUAU (de). — Note du feudiste Audouys sur la famille de Charruau, seigneur du Plessis-Charruau, près Sorges.

E. 1944. (Carton.) — 5 pièces, papier

1636-1769. — CHARTIER. — Testament de Jeanne Minerolle, femme de Denis Chartier, dit Louis Carretero, marchand tuilier, portant donation de tous ses meubles à René Chartier, prieur de Monnais en Anjou ; — contrat d'apprentissage entre François Chartier, maréchal en œuvres blanches, à Marigné, et Pierre Tafoireau ; — lettres de M. d'Armaillé à M. Chartier, avocat, au sujet de la féodalité de La Petite-Suhardière.

E. 1945. (Carton.) — 4 pièces, papier.

1510-1785. — CHARTON. — Acquêt par Antoine Charton, maître des comptes de Bretagne, du domaine des Mortiers en Saint-Samson, près Angers ; — procès-verbaux d'apposition et de levée de scellés sur les meubles de Marie Charpentier, veuve de Jacques Charton.

E. 1946. (Carton.) — 1 pièce, papier.

XVIIIe siècle. — CHARTRES (de). — Note du feudiste Audouys sur la famille de Chartres, seigneur de Chartres en Morannes.

E. 1947. (Carton.) — 1 pièce, papier.

1599. — CHASLES (de). — Testament d'Andrée Frogier, veuve d'Antoine de Chasles, marchand drapier.

E. 1948. (Carton.) — 2 pièces, parchemin ; 2 pièces, papier.

1513-1683. — CHASSEBŒUF. — Déclaration rendue par Jeanne, veuve d'Eustache Chassebœuf, des terres qu'elle tient de la seigneurie de Chemans ; — partage de la succession de Philippe Chassebœuf, sieur de La Brilletaye, entre René et Mathurin Jary, Olivier Bouschard, Guillemine Chassebœuf et Maurice Blancvillain; — extrait du partage de la succession de Guillemine Chassebœuf.

E. 1949. (Carton.) — 1 pièce, papier.

1752. — CHASSIER. — Vente des meubles de la succession de René Chassier, prêtre.

E. 1950. (Carton.) — 2 pièces, parchemin; 4 pièces, papier.

1468-1788. — CHASTEAU. — Acquêt par Jehan Chasteau, prêtre, de maisons dans l'avant-cour de Mécrin; — contrat de mariage de Pierre Chasteau, sieur des Moullins, et de Perrine Taillendreau, veuve de Marc Leroy; — de Joseph Chasteau et de Louise Cottin.

E. 1951. (Carton.) — 1 pièce, papier.

1551. — CHASTEAUTROUX (de). — Transaction entre Loys de Chasteautroux, conseiller du Roi et maître des requêtes en Bretagne, et Marie de La Noue, veuve de Guillaume Espinaceau, au sujet de la féodalité de La Mâchefolière et de La Bretaudière.

E. 1952. (Carton.) — 3 pièces, parchemin; 3 pièces, papier.

1469-1691. — CHASTON. — Acquêt par Guillaume Chaston de terres et bois en la paroisse du Bailleul; — par René Chaston, avocat, d'une maison à Angers; — partage des immeubles de Louis Chaston, tanneur; — testament de Pierre Chaston, sieur du Puy-Ansault, portant divers legs aux Carmes et à l'Hôtel-Dieu d'Angers; — abandon par les héritiers de la succession de M. Chaston, chanoine de Saint-Laud, à l'hôpital des Renfermés d'Angers.

E. 1953. (Carton.) — 9 pièces, parchemin; 7 pièces, papier.

1419-XVIIIe siècle. — CHATEAUBRIANT (de). — Exploit, au nom du duc d'Anjou, agissant pour les usagers des Marches, contre Théaude de Châteaubriant et ses officiers, qui ont envahi les communaux de Saint-Martin de Sanzay et de Saint-Pierre de Bagneux, et troublent les habitants dans leur droit; — contrat de mariage de Georges de Châteaubriant, seigneur des Roches-Béritault, et d'Anne de Champagne, dame du Plessis de Tucé; — présentation par Louise et Philippe de Châteaubriant de la chapelle de Notre-Dame de Lorette en Saint-Jean-des-Mauvrets; — « pancarte des droits de prévôté et de minage par le menu, « que hault et puissant seigneur messire Jehan de Chasteau-« briant, chevallier de l'ordre, seigneur de Saint-Jean-des-« Mauvrez, Juigné-sur-Loire et des Granges, peult et a droict « d'avoir et prendre en et au-dedans des seigneuries dudict « Sainct-Jehan et Juigné, pour les marchandises qui pas-« sent; » — requête par Jean de Châteaubriant afin d'être autorisé par l'évêque à transférer dans sa chapelle de Bouessé le service de la chapelle de La Roussière « ruinée par vétusté; » — note du feudiste Audouys.

E. 1954. (Carton.) — 3 pièces, papier.

1410-1618. — CHATEIGNER. — Accord entre Perrin Châteigner, Guillaume Renier, Jeanne Boreau, Olivier Gasnereau et Pierre Des Alleux pour le partage des successions de Guillaume et d'Étienne Châteigner; — adjudication par décret à Mathiau Châteigner, procureur en la Cour du Parlement de Paris, d'une maison en la rue de la Poissonnerie d'Angers; — acquêt par Louis Châteigner et René Couillin, son beau-frère, de vignes en la paroisse du Puy-Notre-Dame.

E. 1955. (Carton.) — 1 pièce, parchemin; 40 pièces, papier.

1608-1790. — CHATELAIN. — Requête de Jacques Châtelain, sieur de Chemas, contre Jean Poisson et autres créanciers de P. J. Courault et de Jeanne Péton; — contrat de mariage de Toussaint Châtelain et de Renée Thibouée; — acquêt sur François d'Andigné, marquis de Vezins, par Toussaint Châtelain, juge-consul des marchands d'Angers, de la seigneurie du Hardas en Louvaines; — extrait de l'inventaire de la succession mobilière du précédent; — vente par Guillaume Châtelain à René Bouchart, sieur des Moriers, avocat, de La Meignannerie en Saint-Clément-de-La-Place; — donation mutuelle entre Antoine Châtelain, sieur de La Coutresche, et Perrine Margariteau, sa femme; — partage de la succession de Toussaint Châtelain, sous-diacre; — partage entre Jacques Volaige de Vaugirault, René Gaudon de Maquillé, François Châtelain Du Hardas, Louis Guérin de La Grimonière, des successions de Jacques Châtelain de Chemas, Antoine Châtelain, avocat, Louise Châtelain et Marguerite Thibouée.

E. 1956. (Carton.) — 1 pièce, parchemin.

1681. — CHAULDET. — Échange entre François Chauldet et Pierre Yvain de vignes en Jarzé.

E. 1957. (Carton.) — 2 pièces, papier.

1655-1666. — CHAULME (de LA). — Acquêt par François de La Chaulme, sur Claude de La Mairerie, sieur de La Berlandière, d'une maison rue Saint-Julien à Angers; — contrat de mariage de Christophe de La Chaulme, sieur de La Bodinière, et de Louise Charon.

E. 1958. (Carton.) — 1 pièce, papier.

1638. — CHAULNES (de). — Lettre close du roi Louis XIII « à ses cousins les duc de Chaulnes et marquis de Brezé, « mareschaux de France et lieutenans généraux en son

« armée de Picardye... La conséquence de la prompte red« dition de La Capelle est si grande pour toutles mes autres « places, que désirant en sçavoir plus particulièrement la « cause, je vous faicts ceste lettre pour vous dire qu'aussy« tost icelle receue vous ayez à faire arrester le baron Du « Bec, qui en estoit gouverneur, de Hupy, son lieutenant, « avec les principaux officiers, qui ont signé la capitula« tion... affin qu'ensuitte l'on les amène en mon chasteau « de la Bastille... A Fontaynebleau le XIIe jour de juillet « 1636 (avec la signature autographe du Roi). »

E. 1959. (Carton.) — 12 pièces, parchemin; 14 pièces, papier

1505-1642. — CHAUSSÉE (de LA). — Testament de Guillaume de La Chaussée, curé de Saint-Michel-du-Tertre, à Angers; entre autres legs, il « donne en pure et perpé« tuelle aumosne à trèze filles à mariez, en âge d'estre « mariez, natives de ladite paroisse, à chacune la somme « de quinze soulz à une fois pour ayder à les mariez...; « item.. ordonne estre baillé aux heritiers de feu messire « Michel Telluer une *Légende dorée*, telle quelle, deux petiz « cahiers de *sermons* et ung petit papier de *fables*..; item « ordonne que ung cours de loix, c'est asçavoir *Code, Di« geste, Viel Digeste*, neuf colations inforciat, escripts en « parchemin.. soit au plus prochain de ma lignée qui voul« dra estudier et profiter en science, etc...; » — acquêt par Nicolas de La Chaussée, sieur de La Bretonnière, d'un logis à Angers et d'une maison à Faye, près Thouarcé; — élection du même à la charge d'*échevin d'Angers*; — contrat de mariage de Jean de La Chaussée et de Claude de Faye; — inventaire, après décès, des meubles de ladite dame; — mémoire des pièces *produites par* Françoise de La Chaussée, femme de Maurice Dumesnil, avocat, héritière de Nicolas et de Gabriel de La Chaussée, contre Philippe de La Chaussée, sa sœur paternelle; — *congé* délivré par Louis de Bretagne, gouverneur de Rennes, maistre de camp du régiment de Navarre, à Georges de La Chaussée, sieur de La Gourdinière, de service en sa compagnie au siége devant Saint-Omer, « pour se faire médicamenter; » — testament de Georges de La Chaussée, sieur de La Rousselière; — *note généalogique* du feudiste Audouys

E. 1960. (Carton.) — 15 pièces, papier; 6 pièces, parchemin.

1569-1775. — CHAUVEAU. — Vente par Michel Chauveau à François Boux et René Tremblier de vignes à Champ-Perdu, près Gennes; — partage de la succession de Marie Leroy, veuve de Pierre Chauveau et en secondes noces de Jean Goussault; — marché passé par Pierre Chauveau, de Saint-Georges-sur-Loire, avec Jacques Bourdais, tanneur à Savennières, pour la vente des cuirs et peaux de ses bestiaux; — acquêt par Andrée Ravard, veuve de Charles Chauveau, de partie de maisons au bourg de La Neignanne; — transaction entre Perrine Collin, veuve de Germain Chauveau, ses enfants, et Jacques Chaillou, docteur en la faculté de médecine d'Angers, au sujet de la propriété de la maison de La Casse, près la porte Toussaint; — entre Françoise Lefebvre, veuve de Pierre Chauveau, sieur de La Chauvellière, et ses enfants, pour le partage de la succession; — testament de Laurent Chauveau, prieur de Saint-Pierre-en-Vaux; — vente par le Roi à Jacques Pascal Chauveau de Mauny, avocat, de la seigneurie et haute justice d'Andard; — arrêt confirmatif du Conseil d'État; — liquidation entre les créanciers de la succession de Jacques Chauveau, d'Andrezé, et de Mathurine Grégoire, sa veuve.

E. 1961. (Carton.) — 1 pièce, parchemin; 19 pièces, papier.

1616-1780. — CHAUVEL. — Lettres adressées à Madame Renée Grimaudet, veuve d'Ignace Chauvel, sieur de La Boulaye, par les sieurs Du Breil-Noblet, de La Bloire, Chrestien de Saint-Antoine et Chrestien de Château-Moreau, concernant le service de diverses rentes; — partage de la succession de Louis-François-Auguste Chauvel de Souvigné, sieur de La Planche, ancien capitaine au régiment d'Aquitaine-infanterie, entre Ignace-Auguste et Eugène Chauvel de La Boulaye, ses fils, François Lefebvre de L'Aubrière et Élisabeth de Crespy, sa femme, Louise, Gabrielle et Félicité de Crespy de La Mabilière, et Rose Chauvel, veuve de Claude de La Faucherie; — ventilation de la terre de La Planche en Saint-Silvain, acquise par Jacques-Thomas de Jonchères sur Marie-Marthe de Moncelet, veuve d'Ignace Chauvel de La Boulaye, etc.

E. 1962. (Carton.) — 3 pièces, papier.

1623-1788. — CHAUVEREAU. — Partage des successions de René Chauvereau et de Florence Nizot; — de Nicolas Chauvereau et de Marie Durand; — testament d'Ursule Chauvereau, femme d'Urbain Baranger.

E. 1963. (Carton.) — 4 pièces, papier; 1 pièce, parchemin.

1473-1756. — CHAUVET. — Transaction entre Hamelot Chauvet, licencié ès-lois, et Jacques de Brezé, seigneur de Brissac, portant suppression du droit de dime dans le vignoble de La Herce; — certificat de fiançailles et des publications du mariage accordé entre Mathurin Chauvet et Renée Lehoreau; — contrat de mariage de Claude Chauvet et de Mathurine Avrilleau; — constitution d'une rente hypothécaire de 125 livres, consentie par la marquise de Maillé au profit de François Chauvet, son intendant.

E. 1964. (Carton.) — 3 pièces, papier.

1600-1684. — Chauvigné. — Testament de Guillaume Chauvigné, meunier, et de Jeanne Freslon sa femme; — distribution de deniers entre les créanciers de Jacques Chauvigné.

E. 1965. (Carton.) — 3 pièces, parchemin; 3 pièces, papier.

1410-XVIIIe siècle. — Chauvigné (de). — Partage des terres de Chauvigné et de Méral, dépendant de la succession de Jean de Chauvigné, entre René, son fils aîné, et Jeanne, sa sœur, femme de Guyon de Bouschet; — présentation par Jeanne de Chauvigné de la chapellenie de La Grande-Chapelle en l'église de Méral; — par François de Chauvigné, de la chapelle de Saint-Martin de La Bécassière du manoir de Chauvigné, et de la chapelle de Villabon en la paroisse de La Chapelle-Craonnaise; — par Renée de Chauvigné de la cure de Niafle, près Craon; — note et extraits d'actes authentiques par le feudiste Audouys.

E. 1966. (Carton.) — 2 pièces, papier; 2 pièces, parchemin.

1598-1784. — Chauvin. — Acquêt par Guillaume Chauvin, procureur fiscal du comté de Montsoreau, d'une pièce de pré en la prée de Grausle; — sentence du sénéchal de la baronnie de Bourgueil, qui maintient ledit Chauvin en son droit de passage sur un chemin dépendant de la métairie du Ruau, paroisse de Brain-sur-Allonnes; — sentence d'ordre entre les créanciers de Laurent Chauvin.

E. 1967 (Carton.) — 1 pièce, papier.

1761. — Chauvineau. — Acquêt sur Françoise-Claude de Montplacé, par Urbain Chauvineau, de maison et jardin au Carrefour en Contigné.

E. 1968. (Carton.) — 2 pièces, papier.

1554-1669. — Chauvron. — Constitution d'une rente de 100 livres par Louis de Barnabé, seigneur de La Haye-Fougereuse, au profit de Barbe Lefebvre, veuve de M. Chauvron, conseiller au Parlement de Paris; — rachat sur Louis Quétineau par Madeleine de Villelongue, veuve de Jean Louis Chauvron, du bail des seigneuries de La Mothe-sur-Indre et du Puy-Doré.

E. 1969. (Carton.) — 1 pièce, parchemin; 8 pièces, papier.

1610-1654. — Chavenier (de). — Sentence du sénéchal d'Anjou au profit de Jean de Chavenier, seigneur de Saint-Victor, contre René de La Roe, seigneur de L'Épinière, au sujet de la mouvance de fiefs contestés; — partage entre Hector de Chavenier, sieur de Saint-Victor, et Renée et Anne de Chavenier, ses sœurs, des successions de Jean de Chavenier, sieur du Faux, et de Renée Goupillean, leur mère; — contre-lettre de Marie de Chavenier portant nullité du contrat d'acquêt de la terre de Saint-Victor, par elle consenti pour obliger son frère, Hector de Chavenier.

E. 1970. (Carton.) — 10 pièces, parchemin; 10 pièces, papier.

1288-XVIIIe siècle. — Chazé (de). — Transactions passées par Jean de Chazé, sieur de La Blanchaye, avec Guillaume de Chauvigné pour le paiement d'une rente due par ce dernier sur la terre de Vergonne; — avec Mathurin d'Orvaux, sieur de Champiré, portant fixation de la hauteur de la chaussée du moulin de Champiré; — avec Guillaume Saulnier, marchand, « demourant à Franchise, autresfois appellée Arras, » pour le rachat d'une rente due sur la seigneurie de Chazé-Henri; — bail de vignes à Jean Rousseau et à Jean de Clermont dans les paroisses de Chantocé et des Essarts; — codicille de Jean de Chazé « pourtant qu'il est « disposé de aller en la guerre en Bretaygne, en la compaignie « des gentilzhommes d'Anjou, où plusieurs et souvant ez fois « y arive de grans fortunez, où plusieurs prennent et font fin « de leurs jours, » il lègue à sa femme, Isabeau de La Jaille, sa maison d'Angers; — donation mutuelle entre François de Chazé et Charlotte de La Mothe, sa femme; — testament de Louise de Chazé, dame du Perrin et de La Martinaye; — présentation par Marguerite de Chazé, veuve d'Aimé de La Loire, et Jacquine de Chazé, de la chapellenie de La Jouberdière en l'église d'Ingrandes; — généalogies et extraits d'actes authentiques par le feudiste Audouys.

E. 1971. (Carton.) — 3 pièces, parchemin.

1450-1561. — Chemens (de). — Acquêt par Jacques de Chemens de vignes au Chesne-Gaultier en la paroisse de Mareil; — par Marguerite de Chemens, dame de Périers et de Mandon, d'une rente sur la métairie de Parigné; — présentation par Marthe de Baïf, veuve de Geoffroy de Chemens, de la chapelle de Sainte-Catherine en son château de Chemens.

E. 1972. (Carton.) — 5 pièces, papier.

XVIIe-XVIIIe siècle. — Chemillé (de). — Notes et mémoires généalogiques sur la famille de Chemillé, seigneur de Chemillé, par le bénédictin Roger et le feudiste Audouys.

E. 1973. (Carton.) — 1 pièce, papier.

1685. — Chemin. — Acquêt par André Chemin, marchand boulanger, sur Jacques Martineau, d'une maison de la place Neuve, à Angers.

E. 1974. (Carton.) — 6 pièces, parchemin ; 6 pièces, papier.

1550-1699. — CHEMINARD. — Rachat par René Cheminard, sieur du Chalonge, de la métairie de Rouge-Écu, *en la paroisse de Chatelais*; — présentation par Pierre Cheminard de la chapellenie de la Madeleine du Chalonge « vacante par le mariage de Jacques Gault, auparavant son mariage chapelain d'icelle; » — arrêt du sénéchal d'Angers rendu à la requête de Pierre Cheminard, sieur du Chalonge, contre François Delabarre, sieur du Buron, au sujet des droits honorifiques dans l'église de Chatelais et de la mouvance du fief du Buron.

E. 1975. (Carton.) — 1 pièce, papier.

1681. — CHEMINEAU. — Contrat de mariage de François Chemineau, sieur de Bourgpailloux, et d'Anne Gaulay.

E. 1976. (Carton.) — 2 pièces, papier.

1574-1684. — CHENAIS. — Testament de Françoise Perdrier, femme d'Hilaire Chenais, sieur de Remichard et de La Bodeferrière; — extrait baptistaire de Renée, fille de Claude Chenais, sieur de La Bénaudière.

E. 1977. (Carton.) — 2 pièces, papier; 1 pièce, parchemin.

1642. — CHENEDÉ. — Acquêt sur Estienne Romain, avocat, par Michelle Bodinet, veuve de Noël Chenedé, de la closerie de Boyère en Blaison; — consistance de ladite closerie; — constitution par René d'Ahuillé d'une rente de 20 livres au profit de ladite veuve Chenedé.

E. 1978. (Carton.) — 3 pièces, papier.

1786-1788. — CHENON. — Sentence d'ordre et distribution de deniers entre les créanciers de la succession de Mathieu-Urbain Chenon, mari de Françoise-Jeanne Challain.

E. 1979. (Carton.) — 4 pièces, parchemin; 14 pièces, papier.

1490-XVIIIe siècle. — CHENU. — Bail à rente par Georget Chenu, sieur de La Bénardière, à Jean Cépiot de Piédonault, près Gesté; — partage entre Jean Chenu, greffier des insinuations ecclésiastiques, et André Berthelie, greffier criminel de l'Officialité d'Angers, de la closerie de Tournemine; — prise de possession par Claude Chenu, sieur du Bas-Plessis, de la métairie de La Grande-Braudière en la paroisse Saint-Laurent-de-La-Plaine; — acquêt par Pierre Chenu, sur Charles Turpin, comte de Crissé et de Montreveau, du droit de châtellenie pour sa terre du Bas-Plessis et tous droits seigneuriaux et honorifiques en la paroisse de Chaudron; — arrêt du Parlement de Paris qui conserve les droits du baron de Bohardy; — extraits baptistaires des enfants de Gilbert Chenu et de Jeanne Charette; — ordonnance du lieutenant-criminel d'Anjou pour la publication de monitoire, portant information des circonstances du duel survenu entre François Chenu, sieur de Boisgarnier, et son frère René Chenu, sieur de Landormière, dans lequel ce dernier a été tué; — notes et extraits généalogiques par le feudiste Audouys.

E. 1980. (Carton.) — 1 pièce, papier.

XVIIIe siècle. — CHEORSIN. — Note du feudiste Audouys sur la famille Cheorsin, seigneur de La Motte-Cheorsin, *près Craon et d'Ampoigné*.

E. 1981. (Carton.) — 1 pièce, parchemin; 17 pièces, papier.

1600-XVIIIe siècle. — CHERBON (de). — Transaction entre René de Cherbon, écuyer, sieur du Sentier et de Parnay, Nicole Lebigot et Sanson de Cherbon, son fils, pour le partage de la succession de Christophe de Cherbon; — procédure entre Pierre Philbert, prêtre, et François de Cherbon, sieur de La Morellerie, au sujet d'une obligation contestée de mille livres; — confirmation par Joseph Duchesne, docteur en médecine de l'Université d'Angers, du contrat de vente consenti par les héritiers de Joseph Duchesne, son frère, de la terre de La Bertelotière, au profit de René de Cherbon; — note généalogique par le feudiste Audouys.

E. 1982. (Carton.) — 3 pièces, papier.

1688-XVIIIe siècle. — CHERBONNEAU. — Amortissement d'une rente due à François Bouteiller, sieur de La Pinardière, par Gabriel Cherbonneau, sieur de L'Échasserie; — testament de Pierre Cherbonneau, sieur du Petit-Bois, portant fondation de messes en l'église des Cerqueux-sous-Passavant; — note généalogique par le feudiste Audouys.

E. 1983. (Carton.) — 12 pièces, parchemin; 52 pièces, papier; 1 plan.

1446-XVIIIe siècle. — CHERBONNIER ou CHARBONNIER. — Déclaration rendue par Perrin Cherbonnier à la seigneurie d'Étanche pour sa tenure en Corzé; — acquêt par Jacques Charbonnier, sieur de La Fauvelière, de terres *en la paroisse de Grugé-L'Hôpital*; — *contrat de mariage* de Jean Cherbonnier, sieur de Meleray, et de Marguerite Garauld; — accusé de réception par Jeanne de Charnacé, veuve de Charles de La Fléchière, du consentement donné par Jeanne Simon, femme de François Cherbonnier, au contrat de mariage de Mathurin Cherbonnier, son fils, et de Perrette de La Fléchière; — transaction entre Jean Trotereau et Charlotte Trotereau, René de Cherbonnier, sieur de

Monternault, Jean d'Andigné, sieur de La Pouqueraye, au sujet de la succession de Nicolas de Cherbonnier, sieur de La Fauvelière; — contrats de mariage de René de Charbonnier, sieur de La Guesnerie, et de Catherine Gouin; — de François de Charbonnier, sieur de La Guesnerie, et de Charlotte Mareschal; — quittances pour René Cherbonnier de Monternault de la pension de ses deux filles chez les dames de La Croix et de son fils à l'Académie d'équitation d'Angers; — des messes célébrées en la chapelle du château de Bédain par les Jacobins de Craon; — du teinturier et de l'apothicaire; — procès-verbal d'arpentage, avec plan à l'appui, de la mine à charbon de terre de La Roncerie, près Chalonne-sur-Loire, dressé par Urbain Prieur, à la requête de René Cherbonnier, bourgeois d'Angers; — notes et extraits d'actes authentiques par le feudiste Audouys, etc.

E. 1981. (Carton.) — 31 pièces, parchemin; 19 pièces, papier; 4 sceaux frustes

1393-XVIIIe siècle. — Chérité (de). — Acquêt par Jean Chérité du lieu des Pineaux et de vignes, bois, prés et marais en Corzé; — rapport de visite par le sergent royal de la loge aux étaux des bouchers de Corzé, contestée entre Macé de Mascon, sieur de La Perrière, le seigneur de Corzé et Jean Chérité, sieur de Voisin; — cession par Jean Chérité, sieur d'Ousche, de partie du moulin à tan de Soucelles, à Ambroise Goubeau, curé de Gastines; — lettre d'Hélène de Gouby au sieur de Voisin; elle le prie de lui confier la fille de leur cousine de Bois-Renard, qu'il a « entre ses mains; » « et si vous voullez la m'amenez ou « envoyez, je la traicteray au myeulx, que pouroy; car je « croy que ne la pourriez mectre en lieu où elle fust « myeulx venue, ne plus songneusement nourrye, ne en lieu « où auriez plus d'espérance que en nostre maison; » — lettre de M. de Boisy, grand écuyer de France, au même : « J'ai quelque affaire qui vous touche bien fort et à moy « aussy, laquelle je ne vous puys déclairer sans parler à « vous; à ceste cause, je vous envoie ce porteur exprès, « vous priant sur tous, pour les plaisirs que me vouldriés « faire, venir jusques ici et incontinant ces lettres veues.. ; « l'affaire pourquoy je vous mande, est pour vostre grant « honneur et proffict... D'Oiron, ce neufiesme jour d'avril. « Vostre meilleur allyé, Boysy »; — donation mutuelle entre Mathurin de Chérité et Phorienne de Pontlevoy, sa femme; — fondation par lesdits époux et Étienne Delaporte, prêtre, de la chapelle de Notre-Dame de Bonnes-Nouvelles en leur château de Voisin; — testament de Mathurin de Chérité; — testament de Perrine Bodiau, mère du précédent; — arrêté du compte de tutelle de Phorienne Avelot, fille de Madeleine Chérité; — échange entre François de La Grandière et Phorien de Chérité de terres et bois en Corzé; — acquêt de la seigneurie de La Grasse sur Jacques Neveu, sieur de La Perrière; — arrêt du sénéchal de Saumur qui déclare exempt du ban et de l'arrière-ban convoqué pour faire service au siége d'Amiens, François de Chérité, sieur de Voisin, Sarré et Montjean de Gennes, « retenu pour sa vieillesse pour les affaires et services secrets du Roi en ce pais d'Anjou, » et dont le fils, « pris prisonnier par les ennemis, et mené à Cran », y est gardé faute d'une rançon de deux mille écus qu'il ne peut payer.

E. 1983. (Carton.) — 17 pièces, parchemin; 44 pièces, papier.

1604-XVIIIe siècle. — Constitution par Jean de Chérité et Madeleine Des Durans, sa femme, d'une rente viagère de 20 livres à Marie de Chérité, religieuse professe au Perray, près Angers; — fondation par Gabrielle de Chérité, prieure du Bourg-des-Moustiers, d'une messe en l'église de La Trinité d'Angers, où « seront leuz à l'offer- « toire haultement, distinctement et intelligiblement la « simbolle des apostres et articles de la foy, les comman- « demens de Dieu et de l'Église en langue vulgaire et fran- « çoise seulement, l'oraison dominicalle et la salutation « angélique en langue latine et françoise, pour l'instruction « des paouvres serviteurs et autres qui n'ont pas le moien « d'aller à l'escolle, ne d'asister aux prédications et caté- « chismes; » — cession par Jeanne de Créalet à François de Chérité de son droit de présentation à la chapelle de l'Annonciade de Beaufort; — testament de François de Chérité et de Louise de La Roussardière, sa femme; — transaction entre le chapitre de Saint-Brieuc et François de Chérité, au sujet de l'exécution du testament d'Alexandre de Chérité; — inventaire des meubles de Catherine de Gouby, veuve de Charles de Chérité; — contrat de mariage de François de Chérité, sieur de Soulpuy, et d'Élizabeth Pantin; — sentence de la Sénéchaussée d'Angers qui maintient le sieur de Chemans en son droit d'avoir banc au chœur de l'église paroissiale de Corzé; — procès-verbal de montrée de la terre du Souchereau en Jallais à la requête de Marie-Christine de Chérité; — compte de curatelle de Marie et Louise de Chérité; — extraits des titres de fondation de la chapelle du château de Voisin; — inventaire des meubles de Françoise Barillon, femme de Charles de Chérité; — ordonnance de l'official d'Angers qui évoque par devant lui le jugement de « certains faits de violences et voyes de fait commises par Charles de Chérité, sieur de Voisin, » contre François de Cheverue, curé de Corzé, « pour la preuve desquelz ledit sieur de Cheverue faisant « publier un monitoire dans sa paroisse, ledit sieur de Ché- « rité monta à l'autel, et violemment l'arracha des mains du

« prestre ; » — généalogies d'auteurs anonymes et notes et extraits d'actes authentiques par le feudiste Audouys, etc.

E. 1986. (Carton.) — 1 pièce, papier.

1617. — Chérot. — Partage des successions de Noël Chérot, avocat au Présidial d'Angers, et de Marie Lemanceau, sa femme.

E. 1987. (Carton.) — 1 pièce, papier.

1646. — Chérottier. — Testament d'Émonde de Breslay, veuve de Gilles Chérottier.

E. 1988. (Carton.) — 1 pièce, papier, imprimée.

1667. — Chérouvrier. — Factum pour Jean Chérouvrier, sieur des Grassières, Noël Drouin, René Bucher, Marguerite Palu, veuve de Louis Chotard, contre les jurés-couvreurs de maisons à Paris, et Simon Provost, Jacques Chauveau, François Piolin et autres marchands d'ardoises au pays d'Anjou.

E. 1989. (Carton.) — 3 pièces, papier.

1540-1660. — Cherpantier. — Généalogie de la famille Cherpantier, de Briollay ; — testament de Guillaume Cherpantier, sieur de La Bodinière, avocat au Présidial d'Angers.

E. 1990. (Carton.) — 1 pièce, papier.

1633. — Chesnaye. — Testament de Gervais Chesnaye, sieur de Champfleury, portant diverses fondations au profit des églises de Fromentières et de la Trinité d'Angers.

E. 1991. (Carton.) — 2 pièces, parchemin ; 2 pièces, papier.

1529-XVIIIe siècle. — Chesnaye (de La). — Présentation par Nicolas de La Chesnaye, sieur de La Lande et de Congrier, de la chapelle de La Chesnaye en l'église de Nialphe ; — notes et extraits généalogiques par le feudiste Audouys.

E. 1992. (Carton.) — 13 pièces, papier.

1547-1788. — Chesneau. — Partage de la succession de Pierre Chesneau, sieur du Jaulnay, entre Thomas et Pierre Chesneau, Léonard Leroyer, et Jean Guinebault ; — acquêt par Jacques Chesneau, receveur au grenier à sel d'Ingrande, du Husteau en Chantocé ; — prise de possession par Guy Mazurais, au nom de Louis Chesneau, étudiant en philosophie à Angers, de la chapelle de Bois-Mancel en l'église de la Madeleine de Vitré ; — accord entre Louise Chesneau, femme de Léon de Lafolie, chirurgien, Louis Lefèvre, chirurgien, Pierre Biars, notaire, Mathurin Chuche, notaire, au nom de leurs femmes, Félix Chesneau, sieur du Parc, greffier au siége royal de Baugé, et Pierre Chesneau, prêtre habitué en l'église de Bazouges, héritiers de Félix Chesneau, notaire, et de Louise Bruneau ; — état des lieux de la maison occupée par René Chesneau, maître-pâtissier à Saumur ; — prise de possession de la chapelle des Douillets en l'église de Soulaire par Pierre Chesneau ; — constitution par René Esnault d'une rente de cent livres au profit de Marthe Chesneau, etc.

E. 1993. (Carton.) — 3 pièces, parchemin ; 19 pièces, papier.

1684-1789. — Chessé. — Contrats de mariage de René Chessé et de Marie Gourault ; — de René Chessé et de Marie Valton ; — cession par René-Philippe Seicher, vicaire de Bournezeaux, de ses biens à Marie-Madeleine Chessé, femme de Jean Chessé, avocat ; — mémoire des droits de francs-fiefs dus par les héritiers de Jean Chessé, sénéchal de Pouzauges ; — commission du directeur général des Fermes d'Angers, adressant au capitaine-général à Mortagne pour l'installation de René-Jean Chessé en la charge de receveur du grenier à sel de Cholet ; — contrat de mariage de Jacques Aubert de Chessé et de Jeanne Maisonneuve ; — partage de la succession immobilière de Marie-Marguerite Aubert, veuve de Jean Chessé, entre Jeanne-Marie-Claude Chessé, veuve de Louis-Pierre Joubert, Madeleine Cerqueux, veuve de Jean-Charles Chessé, François-Marie Chessé et Pierre-Marie Gennet, de Cholet.

E. 1994. (Carton.) — 1 pièce, papier.

1699. — Chétoul. — Acquêt par Adrien Chétoul sur Michel Blouin, de Notre-Dame de Chemillé, du bordage de La Mitaudière.

E. 1995. (Carton.) — 1 pièce, parchemin ; 6 pièces, papier.

1547-XVIIIe siècle. — Chevallerie. — Quittance de Guillaume Cousin, marchand de Châteaugontier, à Georges Chevallerie, sieur de L'Espine et de La Touchardière, pour le droit de réméré de la métairie de La Berteuchère en la paroisse de Fromentières ; — offre d'hommage au seigneur de Grenusses par Amaury Chevallerie, au nom des héritiers de Christophe Chevallerie pour les lieux de Choiseau et de Boullay en la paroisse d'Argentré ; — requête de René Chevallerie, afin d'être maintenu en la jouissance d'un pré dépendant de sa terre de Bigot ; — notes et extraits généalogiques par le feudiste Audouys.

E. 1996. (Carton.) — 44 pièces, papier.

1584-1789. — Chevallier. — Prise à ferme par Pierre Chevallier, sieur de La Rougeraye, avocat à Craon, du temporel du prieuré des Bons-Hommes de Craon, dépendant de La Haye-aux-Bons-Hommes d'Angers; — acquêt par Mathurin Chevallier, marchand, des maisons en Bressigné portant pour enseignes La Pomme-d'Argent et Le Sauvage; — partage des successions de Thomas Chevallier et de Denise Ferrault; — de François Chevallier, président ancien au grenier à sel de Craon, et de Jeanne Ragaru; — lettres adressées par le curé de Bocé, Graffard, fermier du temporel du prieuré de Changé, à Chevallier, prieur, ancien religieux de Saint-Maur-sur-Loire; il n'y est question que des affaires de la régie; — quittances des rentes en froment dues à l'abbaye de Chaloché par René Chevallier, comme fermier de La Présaye; — acquêt par Pierre Chevallier, bourgeois de Versailles, d'une maison à Versailles, sur l'avenue de Paris; — déclaration rendue à la seigneurie de ...inières par Étienne Chevallier, marchand grossier enjoliveur d'Angers, pour son lieu de Malvoisine en Bouchemaine.

E. 1997. (Carton.) — 3 pièces, parchemin; 14 pièces, papier.

1574-1741. — Chevaye. — Acquêt par Maurice Chevaye, marchand, de La Bénaudière en Saint-Georges-sur-Loire; — partage des successions d'Hilaire Chevaye et de Claude Doisseau, sa femme, entre Guillaume Doublard, Jean Chevaye, Pierre Voisin, avocat, et René Jarry, sieur de La Roche; — testament de Marie Gauche, femme de Jean Chevaye; — transaction entre François Chantelou, Étienne Saillard, chirurgien, Claude Jollivet, Mathurin Bralasne et autres cohéritiers de Perrine Leroyer, veuve de Maurice Chevaye; — diplômes de bachelier et de licencié en droit civil et canon de Philippe Chevaye de La Cottière; — accord entre le précédent, veuf et donataire de Madeleine Jourdain, sa femme, et Marie-Françoise-Ambroise Chevaye, sa fille.

E. 1998. (Carton.) — 18 pièces, parchemin; 19 pièces, papier.

1582-1680. — Cheverue (de). — Contrat de mariage de Louis de Cheverue, sieur de Fou...nelles, prévôt de la maréchaussée de France en Anjou, et de Michelle Martin, dame du Chesne, veuve de Michel Pescherard; — jugement de maintenue de noblesse pour Louis, Claude et Jacques de Cheverue; — décharge de l'arrière-ban d'Anjou pour Louis de Cheverue, sieur de Chemans, en sa qualité d'homme d'armes de la compagnie du comte de Rochepot; — commission de l'office de lieutenant du prévôt des maréchaux de France à Châteaugontier pour Jacques de Cheverue (avec signature autographe du roi Henri III); — installation et prestation de serment de Louis de Cheverue, en vertu de la résignation faite en sa faveur par Jacques de Cheverue, son neveu; — testament de Louis de Cheverue; — contrat de mariage de Pierre de Cheverue et de Claude Goderon; — inventaire et vente des meubles dépendant de leur succession, tant dans le château de Chemans que dans leur maison d'Angers; — partage de la succession de Louis de Cheverue, sieur de La Lande, entre Louis et Toussaint de Cheverue, Catherin de Cheverue, chanoine de Saint-Maurice d'Angers, Gilles-Martin, René Girault et Antoine Laillier.

E. 1999. (Carton.) — 13 pièces, parchemin; 37 pièces, papier.

1622-1679. — Partage de la seigneurie de L'Étang-de-Gennes, dépendant de la succession de Michelle Martin, veuve en secondes noces de Louis de Cheverue; — prisée de la terre, fief et seigneurie de Danne en la paroisse Saint-Martin-du-Bois, à la requête de Catherin de Cheverue, Jeanne Pichon, veuve de Louis de Cheverue, Antoine Lailler et Gilles Martin; — partage de la succession de Renée Oger, veuve de Louis de Cheverue, sieur de La Lande; — contrat de mariage de Pierre de Cheverue et de Charlotte Cochelin; — jugement de maintenue de noblesse pour Pierre de Cheverue, sieur de Chemans; — partage des immeubles dépendant de la succession de Pierre de Cheverue et de Claude Goderon, entre leurs enfants; — contrat d'admission de Marguerite de Cheverue, au titre de novice dans le prieuré des Loges, dépendant de Fontevrauld; — testament de Charlotte Cochelin; — fondation par ladite dame et Pierre de Cheverue, son mari, de deux messes par semaine en la chapelle de leur manoir de Chemans; — contrat de mariage de Pierre de Cheverue, sieur de Chemans et des Gandrées, avec Renée Crespin; — de Henri de Cheverue, sieur de La Boutonnière, avec Perrine Esnault; — inventaires des titres de noblesse produits par Louis de Cheverue, sieur de La Boutonnière, et Pierre de Cheverue, sieur de Chemans, pour maintenir leur qualité de nobles et d'escuyers; — engagement pris par René d'Escuillé et René Jousselin, sieur du Perray, de remplacer Pierre de Cheverue, malade, pour le service du ban de la noblesse de la Sénéchaussée de Saumur; — contrat de mariage de Pierre de Cheverue, veuf de Renée Crespin, avec Marguerite Constance Jacquelot; — ordonnance de l'évêque d'Angers qui érige en bénéfice ecclésiastique la chapelle du château de Chemans; — prise de possession de ladite chapelle par Pierre Baratte, premier titulaire.

E. 2000. (Carton.) — 4 pièces, parchemin; 30 pièces, papier.

1679-1696. — Inventaire et partage de la succession de Pierre de Cheverue et de Charlotte Cochelin entre Pierre de Cheverue, sieur de Chemans, Louis de Cheverue, sieur de Vaux, et Marthe de Cheverue, épouse de François de Gondé, sieur de Buc; — de la succession de Louis de Cheverue, sieur de La Boutonnière, et de Jeanne Sicault, sa femme, entre Perrine Esnault, veuve d'Henri de Cheverue, Louis de Cheverue, prieur de Thiercé, François de Cheverue, docteur de Sorbonne, curé de Corzé, Jean de Cheverue, sieur des Mazières et de Souvardaine, et René de Cherbonnier, sieur de Monternault; — acquêt du fief de Raindron; — extraits des registres de baptêmes de la paroisse Saint-Martin d'Angers; — contrat de mariage de César-Pierre de Cheverue, sieur de Chemans, avec Marie de Cheverue, de La Boutonnière; — certificat de la montre en armes faite à Saumur par Gabriel Amoureuse, sieur des Landes, en remplacement de César-Pierre de Cheverue, convoqué par l'arrière-ban d'Anjou; — testament de Frère Jean-François de Cheverue, novice chez les capucins de Blois, portant divers legs aux pauvres de la paroisse de Blaison, aux Capucins d'Angers et « à trois pauvres garçons qui ont esté depuis peu pris prisonniers audit Angers; » — contrat de mariage de Louis de Cheverue et de Perrine Charlotte Sibille.

E. 2001. (Carton.) — 2 pièces, parchemin; 70 pièces, papier.

1709-1768. — Lettres de tonsure pour Julien-Félix de Cheverue; — accord entre les héritiers de Louis de Cheverue de La Boutonnière, prieur de Tiercé; — mémoire fourni à l'intendant de Touraine par Pierre-César de Cheverue de Chemans pour sa maintenue de noblesse; — arrêt conforme de l'intendant; — contrat de mariage de Louis de Cheverue de Souvardaine et de Marie-Anne Poullain; — transaction entre Louis-Pierre de Cheverue de La Boutonnière et Pierre de Cheverue de Chemans, pour le partage des successions d'Henri de Cheverue de Perchambault et de Perrine Esnault; — inventaire des meubles du château de Chemans, dépendant de la succession de César-Pierre de Cheverue; — présentation par Jean-Louis de Cheverue des chapelles de la Passion en l'église de Joué et de Saint-Urbain en son château de Souvardaine; — mémoire pour Modeste-Cécile de Cheverue contre Pierre-Louis de Cheverue, son tuteur; — testament de Pierre-Louis de Cheverue; — arbitrage portant règlement de sa succession entre Françoise-Eulalie d'Orvaulx, sa veuve, Augustin-René-Nicolas de Gohin et Gabrielle-Eulalie, Modeste-Louise, Amélie-Françoise-Antoinette, et Perrine-Eulalie de Cheverue; — notes et extraits généalogiques par le feudiste Audouys.

E. 2002. (Carton.) — 2 pièces, papier.

1777. — Chevière (de La). — Partage de la succession de Jean-Baptiste-André de La Chevière et de Jeanne-Gabrielle de La Motte-de-Senonnes entre leurs enfants, Benjamin-René-Michel de La Chevière, Louis de La Chevière, Jean-Baptiste-Germain de La Chevière, Pierre-Benjamin de La Chevière, Jeanne-Élisabeth de La Chevière, femme d'Augustin-Richard de Beauchamp, et Perrine-Rose-Éléonor de La Chevière, femme de Claude-Louis-Marie de La Faucherie; — note généalogique par le feudiste Audouys.

E. 2003. (Carton.) — 1 pièce, papier.

XVIIIe siècle. — Chevigné (de). — Note du feudiste Audouys sur la famille de Chevigné, seigneur de Chevigné, près Craon.

E. 2004. (Carton.) — 1 pièce, imprimés.

1781. — Chevré. — Fragment des thèses soutenues par Louis-Pierre-Urbain Chevré, pour l'examen de la licence en droit.

E. 2005. (Carton.) — 8 pièces, papier; 2 pièces, parchemin.

1506-XVIIIe siècle. — Chevreul. — Transactions entre Jean Chevreul, prêtre, et Robert Chevreul, licencié-ès-loix, son frère, pour le partage des successions nobles de Jacques Chevreul et de Jeanne Lefebvre, leurs père et mère; — entre Ancelle Chevreul, Antoine Chevreul, abbé de Ferrières, Renée Chevreul, et Madeleine Pauvert, veuve de Pierre Bigotière, pour une rente due à la seigneurie de Chauvigné-la-Coudre en Mozé; — testaments d'Ancelle Chevreul et de Perrine Guibert; — sentence de l'official d'Angers au profit de Madeleine Chevreul contre François Freget, déclarant nul tout accord de mariage entre les parties; — contrat de mariage de Michel Chevreul, marchand apothicaire, et d'Anne Bigotière; — note et extraits généalogiques par le feudiste Audouys.

E. 2006. (Carton.) — 1 pièce, papier.

1709. — Chevreux. — Partage des successions d'Étienne Chevreux et de Jeanne Gazeau, sa femme, entre Michel Raine, Louis Beaussire, Pierre Chevreux, Ambrois Rivier, Étiennette et Catherine Chevreux.

E. 2007. (Carton.) — 1 pièce, parchemin; 3 pièces, papier.

1603-1780. — Chevrier. — Ordonnance d'adjudication de la closerie de L'Hommeau, dépendant de la succession de Renée de Laillée, femme de Gervais Chevrier; — arrêt du Parlement de Paris, rendu sur la requête de Renée de Baucquemare, veuve d'Adam Chevrier, trésorier général de France en Picardie, et portant défenses à André Chevrier, son fils, de contracter mariage sans le consentement de sa mère; — testament de Sébastien Chevrier, portant divers legs aux Cordeliers d'Angers, à la fabrique d'Étriché, aux religieuses de l'Ave-Maria et aux Capucins de Paris; —

sentence d'émancipation des enfants mineurs de Simon Cherrier et de Jeanne Normand.

E. 2008. (Carton.) — 2 pièces, papier.

1676-1709. — CHIMIER. — Extraits des registres de naissances et mariages de la paroisse du Mesnil, relatifs à la famille Chimier.

E. 2009. (Carton.) — 2 pièces, parchemin ; 1 pièce, papier.

1574-1617. — CHIRON. — Sentence du sénéchal de Saint-Macaire, qui enjoint à Julien Martin de compléter, sous peine de restitution, la valeur d'une maison par lui acquise à vil prix de Jean Chiron, marchand ; — reconnaissance par Hilaire Quillet d'une rente due par lui à Suzanne Marillet, veuve de René Chiron, élu en l'Élection de Thouars, sur divers domaines au village du Petit-Sault.

E. 2010. (Carton.) — 16 pièces, parchemin ; 18 pièces, papier ; 6 sceaux.

1090-XVIIIe siècle. — CHIVRÉ (de). — Confirmation par Philippe de Chivré, chevalier, du don fait par Michel de Monterbault et Hodéarde, sa femme, au prieur de Cheffes, d'un pressoir, d'une maison et de vignes à Monterbault ; — don par Philippe de Chivré, au Ronceray d'Angers, de sa fille Marguerite et de 40 sous de rente ; — présentation par Charles de Chivré de la chapelle d'Ygné en Daumeray ; — par Jean de Chivré de la chapelle de Saint-Louis en l'église du Ronceray ; — par François de Chivré de la chapelle de Saint-Symphorien d'Écuillé ; — par Jean de Chivré de la chapelle de La Guénaudière en Miré ; — par Hector de Chivré des chapelles de La Fouchardière et de La Fontaine en l'église de Varennes-Boureau ; — sentence du Présidial d'Angers, qui condamne Simon de Chivré, Charles, Pierre et Mathurin Sibille à payer au chapitre de Saint-Maimbœuf d'Angers les arrérages d'une rente créée par Louis de Chivré et Michel Lemasson ; — testament de Louis de Chivré, sieur de La Chevalterie, portant fondation de deux anniversaires en l'église des Augustins d'Angers ; — commission adressée par Henri de La Trémouille, duc de La Trémouille et de Thouars, pair de France, « général de l'armée du Roi sous l'autorité du Parlement en Poitou, Xaintonge, Aulnis, Angoulmois, Périgort, Limosin, Touraine, Anjou, etc., » à Anne de Chivré, marquis de La Barre, « de lever incessamment jusques à la « concurrence de deux mil hommes de pied armez, de la « meilleur des paroisses et communautez de cette province « de Mayne et d'Anjou ;... desquels » il l'établit « mestre de « camp, avec pouvoir de les diviser par compaignie de cin-« quante hommes chacune et d'y establir les officiers » à son choix, lui attribuant en outre la charge de « lieutenant du « chasteau, ville et gouvernement de Chasteaugontier ; » — notes et extraits généalogiques par le feudiste Audouys.

E. 2011. (Carton.) — 1 pièce, papier.

1655. — CHOL. — Contrat de mariage de Jean Chol, avocat en Parlement, et de Marguerite Bonneau.

E. 2012. (Carton.) — 2 pièces, papier.

1587-1599. — CHOLLEAU. — Partage entre Gervais Tarot, Michel Deniau, Louise Cartier, Perrine et Gabrielle Cholleau, des successions de Jean Cholleau et de Jeanne Bouvet ; — apposition de scellés sur les meubles de Jean Cholleau, de Brissarthe.

E. 2013. (Carton.) — 17 pièces, papier.

1660-1780. — CHOLLET. — Contrats de mariage de Pierre Chollet, maître pâtissier, et de Marguerite Thomas ; — de René Chollet, praticien, et de Charlotte Testard ; — partage de la succession de Louis Chollet et de Mathurine Barenger entre Étienne Rulier et Pierre Salot ; — testament de René Chollet ; — partage de sa succession entre ses enfants ; — fondation par Gervais Chollet, prêtre, d'une distribution annuelle de cierges aux chapelains de la paroisse de Saint-Maurice, moyennant le don par lui fait « des livres de chant de l'église de ladite paroisse au nom-« bre de trois grands volumes et quatre cahiers, à quoy il « a travaillé depuis quatre ans, et employé le nombre de « deux cent quatre-vingts peaux de parchemin ; » — rachat par François Chollet, directeur du séminaire d'Angers, d'une maison en Bressigny, sur Françoise Brisset, veuve Pierre Aubert.

E. 2014. (Registre.) — In-folio, papier ; 38 pages.

1689-1705. — « Mémorial des affaires » de Gervais Chollet, de Châteaugontier, chapelain de Saint-Maurice d'Angers, des Filles-Dieu et de La Madeleine du Bourgneuf en la paroisse Saint-Quentin du Craonais. C'est un résumé de la gestion financière de ces divers bénéfices, entremêlé de détails biographiques intéressants sur l'éducation de l'auteur et ses relations avec Henri Arnauld : « Pendant le temps que je fus au séminaire, voyant les ou-« vrages à la main des livres d'église, que faisoit le sieur « Maillard, notre supérieur, je prins résolution de m'addon-« ner à cette sorte d'ouvrage, pendant le temps et les inter-« sistes de mes ordres ; je me formay la main à ces sortes « d'escritures, qu'on nomme moulées, et comme j'avois un « grand fond des autres sortes d'écritures, je n'eus pas de « peine à me perfectionner, de sorte que j'entreprins dès ce « tems de gros ouvrages, sur lesquels, en continuant depuis « ce temps, j'ay fait des profits asses considérables. On in-

« venta dans ces premiers tems ces sortes d'alphabets coupez « en latin; si tost que j'en vis, j'entrepris d'en faire et y réussy « si bien, que j'en ay fait depuis pour plus de deux mille « livres;... » et ailleurs : « J'ay eu l'honneur de rendre les « plus assidus services à défunct messire Henry Arnaut, évê- « que d'Angers, principalement pendant quatorze à quinze « ans, souvent au défaut de ses aumosniers;... comme sa vue « se diminua notablement peu à peu, jusqu'environ dix-huit « mois avant son décès, le talent que Dieu m'avoit donné « pour les écritures et les différens caractères lui furent d'un « très grand service, pour faire les offices et pour les fré- « quentes ordinations qu'il tenoit régulièrement à tous les « Quatre-Temps; de sorte qu'à mesure que sa vue se di- « minuoit, je luy grossissois les caractères d'écriture, » etc.

E. 2015. (Carton.) — 6 pièces, papier.

1619-1701. — Chomalus. — Partage entre François et Claude Chomalus de la succession de Françoise Richardin, veuve de Gaspard Chomalus, leur père; — requête et mémoire de François Chomalus, notaire à Martigné-Briant, contre Claude Chomalus, et Pierre Bernier, sieur du Verger, au sujet de la succession de Claude Chomalus, notaire.

E. 2016. (Carton.) — 5 pièces, papier; 5 pièces, parchemin.

1399-1580. — Choppin. — Don par Nicolas, Robin et Guillaume de La Chèse, écuyers, à Pierre Choppin, professeur en droit, de deux maisons sises dans les rues Saint-Julien et Saint-Denis d'Angers; — hommage de la seigneurie de Chaston par Mathurin Choppin; — acquêt par le même de vignes sur le chemin du Bailleul à La Vieillère; — par noble homme René Choppin, écuyer, sieur d'Arnouville en Beauce, sur Jacques Choppin, prêtre, bachelier en théologie, son frère, de partie des seigneuries de Chaston, du Buron et de La Guignonnière; — bail à ferme par Augustin Choppin de la seigneurie de Chaston, etc.

E. 2017. (Carton.) — 4 pièces, parchemin; 8 pièces, papier.

1604-1691. — Chotard. — Bail à rente par René Lebouvier à Michel Chotard, sieur de Lausonnière, du lieu des Mortiers en Saint-Samson, près Angers; — requête de Perrine Chotard, afin d'être admise au partage, avec les autres héritiers, du prix de la charge de son père François Chotard, receveur des décimes d'Anjou; — constitution par René Lechat de La Haye-de-Brissarthe d'une rente de 181 livres au profit de Louis Chotard, sieur de La Sablonnière; — par François Grimaudet de La Roirie et François Bérault de Langilière, d'une rente de 15 livres au profit de Pierre Chotard, sieur de La Perrière; — notes et extraits par le feudiste Audouys.

E. 2018. (Carton.) — 4 pièces, papier.

1749-1781. — Choudieu. — Interrogatoire de René Choudieu, avocat, sur les faits et articles portés dans la requête de Pierre-René Choudieu, grenetier au grenier à sel d'Angers, au sujet du partage de la succession paternelle; — rapport d'enquête par G. Gaudin, curé de Saint-Nicolas, sur la demande de dispenses d'affinité pour le mariage projeté entre Louis-Pierre Choudieu Du Plessis, avocat au Présidial d'Angers, et Marie-Jacquine Pasqueraye, veuve de Jacques Denian; — arrêté de compte entre Pierre-René Choudieu, conseiller au grenier à sel d'Angers, et madame de Domagné, pour les frais faits en commun contre Henri Clavel, régisseur de la Régie générale, au sujet de l'office de sergent-aliéneur.

E. 2019. (Carton.) — 1 pièce, papier.

1680. — Chouiloux. — Partage de la succession d'Étienne Chouiloux, sénéchal de la châtellenie de Neuillé, et de Marguerite Gallard, sa femme.

E. 2020. (Carton.) — 1 pièce, papier.

1645. — Chousteau. — Inventaire et prisée des meubles dépendant de la succession commune de Jacques Chousteau et de Clémence Raimbaud.

E. 2021. (Carton.) — 1 pièce, papier.

1787. — Chupin. — Sentence d'ordre pour la répartition entre les créanciers des deniers provenant des biens meubles et grains saisis sur Marie Rabonneau, veuve de Pierre Chupin, et Pierre Chupin, son fils.

E. 2022. (Carton.) — 1 pièce, papier.

XVIIIe siècle. — Cierzay (de). — Note du feudiste Audouys sur la famille de Cierzay, seigneur de Cierzay et du Bois-Bodard.

E. 2023. (Carton.) — 8 pièces, parchemin; 111 pièces, papier.

1690-1786. — Ciret de Bron. — Vente, à la requête de Mathurin Ciret, conseiller doyen honoraire de la Sénéchaussée de Saumur, des biens saisis sur Marie Pineau, femme Camin; — contrat de mariage de Jean-Pierre-François de Ciret avec Françoise-Jeanne Boureau de Grandpré, veuve de Pierre-Joseph de Saint-Germain de Placé; — partage de la succession de ladite dame; — titres et quittances de rentes amorties; — « mémoire des difficultés qui s'élè- « vent entre messire Jean-Pierre-François de Cyret, lieute- « nant-colonel d'artillerie, héritier, quant au bien d'Anjou, « de Jean-Louis-François de Cyret, son fils,.. et messire « Pierre-Joseph de Saint-Germain, officier d'infanterie, frère « utérin du défunt; » — quittances des rôles des vingtièmes; — partage entre Gabriel-Alexis de Ciret de Bron, chanoine et aumônier de Saint-Martin de Tours, Jean-Pierre-François de Ciret de Bron, brigadier des armées du Roi, et Pierre-Jacques Fournier de Boisairault, capitaine de cavalerie, leur beau-frère, des meubles et du linge de Marie-Louise de Beaulieu, leur mère; — déclarations de défrichements dans la terre de Champrobin en Vivy; — mémoire et consultations au sujet du droit des décimateurs dans les terrains nouvellement défrichés.

E. 2024. (Carton.) — 31 pièces, papier.

1616-1789. — Comptes des déboursés pour la reconstruction des fermes et granges des Rivières; — frais d'extraction de pierres dans les perrières de Montsoreau; — exploitation des bois du Ciron; — entretien et récoltes des vignes de Montsoreau; — fragments de livres de dépenses; — lettres adressées à Math. Ciret, doyen de la Sénéchaussée de Saumur, par son fils, prêtre de l'Oratoire; — à MM. Ciret de Bron, prieur et théologal à Chinon, par J. Papot, Mesebine, femme Chesnon; — par le sieur Drouyneau et la dame Baudry, veuve de Saint-Germain, à J. P. Fr. Ciret de Bron, sieur de Champrobin, avec les réponses en minute; — il ne s'agit que d'affaires privées, de la gestion des domaines ou de la recette de rentes.

E. 2025. (Registre.) — In-folio, papier, 100 feuillets.

1755. — État des créances, rentes et fermages dus à Jean-Louis-François de Ciret.

E. 2026. (Registre.) — In-folio, papier, 23 feuillets.

1761. — Recette des rentes et fermages dus par Pierre Hubert, Jean Ernoul, J. Goblet, André Rousse, Yves Moreau, René Beusnier, Gilles Chevalier, Joseph Guespin et autres tenanciers dans les paroisses de Chouzé, Montsoreau, Parnay, Candes, Fontevrault, Varannes et Turquant.

E. 2027. (Registre.) — In-folio, papier, 133 feuillets.

1727-1764. — Recette des rentes dues à M. Ciret de Bron en sa maison de Montsoreau.

E. 2028. (Carton.) — 3 cahiers, in-folio, papier, 19 feuillets.

1766-1786. — « Recepte des rentes dont jouit M. de « Ciret tant de son chef que par usufruit, avec les baux de « la ferme de Belair et de la métairie de Champrobin; » — « comptes des revenus de la métairie de Champrobin.

E. 2029. (Carton.) — 3 pièces, parchemin; 1 pièce, papier.

1472-1722. — Cireul. — Acquêt par Jean Cireul de bois en Saint-Barthélemy, près Angers; — par Timothée Cireul, de la closerie des Liardières; — testament de Jacquine Cireul, dame de L'Ouvrinière.

E. 2030. (Carton.) — 1 pièce, parchemin; 1 pièce, papier.

1545-1589. — Clausse. — Accord entre Jacques Clausse, « homme d'armes des ordonnances du Roi sous la charge du marquis de Conty, » et Jeanne Clausse, dame de Lézigny, veuve de Charles de Pierrevive, au sujet de la propriété du fief d'Arquery, près Clermont en Beauvaisis; — contrat de mariage de Jacques Clausse, sieur de Néry, « conseiller et chambellan ordinaire de Monseigneur, fils « de France et frère unicque du Roy, capitaine et gouverneur « du château des Ponts-de-Sée, » avec Jacquine de Fay.

E. 2031. (Carton.) — 1 pièce, papier.

1755. — Claveau. — Inventaire de la succession mobilière d'Étienne Claveau, meunier des grands moulins de Rillé.

E. 2032. (Carton.) — 1 pièce, papier.

1707. — Clavereau. — Partage des successions de Mathurin Clavereau, voiturier par eau, et de Jeanne Lemonnier, sa femme, entre André Pelou, Michel et Robert Clavereau et François Tuau, corroyeur.

E. 2033. (Carton.) — 2 pièces, parchemin; 13 pièces, papier.

1760-1789. — Clavereuil. — Amortissement par Michel-Antoine Clavereuil, curé de La Jubaudière, d'une rente par lui due à Françoise Bellanger; — lettre du docteur de Boussac à l'abbé Clavereuil, curé de Cromières, près La Flèche, contenant une consultation contre la surdité; — partage entre Michel-Antoine Clavereuil, curé de La Trinité d'Angers, Jeanne Bellanger, veuve de Pierre Clavereuil, et François Drouault, des papiers et titres de Marie Theullier, veuve de René Clavereuil; — quittances de la capitation et de la contribution patriotique.

E. 2034. (Carton.) — 1 pièce, parchemin; 3 pièces, papier.

1429-XVIII° siècle. — Clefs (de). — Acquêt par Simon de Clefs, abbé de Saint-Nicolas d'Angers, des Hommeaux en la paroisse de La Meignanne; — testament de Geffroy de Clefs, chanoine de Saint-Maurice d'Angers, curé d'Azé; — notes du feudiste Audouys sur la famille de Clefs ou de Cleers, seigneur de Cellières, de Champeaux et de Clefs, près La Flèche.

E. 2035. (Carton.) — 2 pièces, papier.

1782. — Clémenceau. — Acquêt, sur Brice Delaunay, par Jean Clémenceau, meunier, du moulin à vent de La Voie en Saint-Florent-le-Vieil; — mémoire pour Louis

Marionneau, domestique, contre René Clémenceau de La Lande, entrepreneur des fours à chaux de Montjean.

E. 2036. (Carton.) — 1 pièce, parchemin; 4 pièces, papier.

1576-1789. — CLÉMENT. — Contrats de mariage de Guillaume Clément et de Renée, veuve d'André Chollet; — d'Étienne Clément et de Françoise Chardon, veuve de Jacques Théard; — lettres des sieurs Thomas, procureur au *bureau des finances de Tours*, et Hardouin, curé des Ulmes, au sieur Clément, procureur en la sénéchaussée de Saumur, portant recommandation pour des plaideurs.

E. 2037. (Carton.) — 18 pièces, parchemin; 13 pièces, papier.

1449-XVIIIe siècle. — CLÉREMBAULD (de). — Présentation par Antoine Clérembauld, sieur du Plessis-Clérembauld et de La Plesse, de la chapelle Sainte-Anne en l'église de Saint-Rémy en Mauges; — offre d'*hommage par le même* au seigneur de La Tour pour la seigneurie de La Giraudière; — arrêt du Parlement de Paris, qui déboute Jeanne Chapperon, veuve de Gilles de Clérembauld, *de ses prétentions* au droit de prééminence seigneuriale en l'église du Grand-Montreveau; — saisie de La Roche-Clérembauld, pour la garantie d'une rente de 30 *écus d'or*, due au chapitre de Saint-Maurice d'Angers par les héritiers de Jacques Clérembauld; — lettres royaux portant provision pour Loyse de Bournan, femme du *sieur de Clérembauld*, de faire le retrait lignager des bois de La Bausonnière, vendus en son absence par son frère Charles de Bournan; — transaction entre Jean de Clérembauld, sieur des Brifflères, et René de Saint-Georges, sieur des Noulis et de Vaubousseau, au sujet d'une rente due sur Les Brifflères; — épitaphes du maréchal *Philippe de Clérembauld* et de Louise Bouthiller de Chavigny, son épouse, dans l'église de l'abbaye Saint-Antoine de Paris; — notes et extraits d'actes authentiques par le feudiste Audouys, etc.

E. 2038. (Carton.) — *10 pièces, parchemin; 9 pièces, papier*

1430-XVIIIe siècle. — CLERMONT (de). — Procuration donnée par Jeanne Chenu, dame de Bohardy et de Lorchère, à Loys de Clermont, son fils, et Robert de Maquillé, *pour rendre* aveu de ses fiefs à la baronnie de Chalonnes; — acquêt par Jean de Clermont du clos du Colombier, près Angers; — présentation par René de Clermont de la chapelle de Saint-Jacques en l'église du Petit-Montreveau; — par Lois de Clermont, de la chapelle Sainte-Catherine en son château du Grand-Montreveau; — « inventaire des meubles trouves au chastel et maison seigneurial de Noizé, après le décès de haulte et puissante « dame Jehanne de Périers, femme de messire Thomas de « Clermont, chevallier, seigneur de Saint-Georges, de Noizé « et de Soulaines; » — notes et *extraits* généalogiques par le feudiste Audouys.

E. 2039. (Carton.) — 1 pièce, parchemin.

1669. — CLÈVES (de). — Cession par Marie de Cossé, veuve de Charles de La Porte, duc de La Meilleraye, à Antoine *de Clèves*, sieur de Rosoy, d'une rente de 416 livres sur René Bonnin de Messignac.

E. 2040. (Carton.) — 2 pièces, papier.

1781-1789. — CLOQUET. — Commissions des offices de greffier d'assises de *la châtellenie* de Latan et de la baronnie de Rillé, délivrées à Jean-Gabriel Cloquet, feudiste, par Jacques-Marie Pays, écuyer.

E. 2041. (Carton.) — 1 pièce, parchemin; 2 pièces, papier.

1601-1665. — CLUNY (de). — Constitution d'une *rente de* 75 livres par Perrine Collas, veuve d'Alexandre Benoît, et Jean Collas, sieur de Boisdurant, au profit de Guillaume de Cluny; — apposition de scellés sur sa succession tombée en déshérence.

E. 2042. (Carton.) — 4 pièces, papier.

1694-1780. — COCHARD. — Acquêts par Mathurin Cochard, meunier, et par Mathurine Lucas, sa veuve, de vignes et prés en les *paroisses* de Faye et de Saint-Lambert-du-Lattay; — partage de la succession de Mathurine-Renée Cochard, entre Mathurin et François Picherit, Louis Jouet et Louis Branchu.

E. 2043. (Carton.) — 4 pièces, parchemin; 1 pièce, papier.

1544-XVIIIe siècle. — COCHEFILLET (de). — Échange de terres dans la paroisse de Saint-Martin de Villenglose entre Michel Lesourt, curé, et Pierre de Cochefillet, seigneur de ladite paroisse; — présentation par Joseph de Cochefillet de la chapellenie de Saint-Georges en l'église de Villenglose; — note du feudiste Audouys.

E. 2044. (Carton.) — 9 pièces, papier.

1569-1678. — *COCHELIN.* — Factum pour Me Mathurin Cochelin, substitut de M. le procureur-général du Roi au siége présidial d'Angers, contre François Boylesve, lieutenant du *juge de la Prévôté*, René Bodet, sergent, et Christophe Lenfant, sieur de Louzil; — arrêt du Parlement de Paris en faveur dudit Cochelin, portant ordre de l'installer en sa charge de procureur-général de la Sénéchaussée d'Angers; — accord entre Marie de Luxembourg, duchesse de Mercœur, dame de la baronnie d'Ancenis, et François Cochelin de La Coutardière, au sujet de la propriété d'un accroissement de l'île de Poullays-en-Loire, vis-à-vis Varades; — contrat de mariage de Pierre de Cheverue, sieur de Chemans, et de Charlotte Cochelin; — partage de la succession de François Cochelin de La Coutardière, et Renée Bitault, sa femme, entre René Cochelin, sieur des Coteaux, leur fils, élu en l'Élection d'Angers, Laurent Pichon de La Paquerie, Étienne Ferraud et Pierre de Cheverue, leurs gendres; — arrêt de la Cour des Aides de Paris, qui déclare René Cochelin, sieur des Coteaux, noble et extrait de noble race, et fait défense aux paroissiens de Saint-Florent-le-Vieil de le porter au rôle de leur taxe.

E. 2045. (Carton.) — 18 pièces, papier.

1619-1701. — COCHET. — Partage de la succession d'Antoine Cochet et de Claude Froger; — quittance des PP. Carmes d'Angers du legs attribué à leur couvent par testament d'Élisabeth Cochet; — compte rendu par Jeanne Haye, veuve de Pierre Cadot, de la curatelle des enfants mineurs de Louis Cochet et de Galienne Cadot; — mémoires et quittances pour le règlement de compte entre les héritiers de Me Ledoyen, avocat à Saumur, et ceux de Jean Cochet, sieur de Boisé.

E. 2046. (Carton.) — 4 pièces, parchemin; 17 pièces, papier.

1414-1785. — COCHON. — Testament de Pétronille, femme de Jean Cochon, portant fondation de messes en l'église Sainte-Croix d'Angers; — fondation par Thibault Cochon, chanoine de Saint-Pierre, de la chapellenie des Cochons en l'église Saint-Maurice d'Angers; — emprunt par Paul Cochon, sieur de Goupillon, « qui a été pris de guerre par l'Espagnol, » d'une somme de 87 écus « en libération de sa rançon; » — bail à ferme par Marguerite Guillemin, veuve d'Alexandre Cochon, écuyer, sieur de La Boire, de sa maison du Goupillon en Longué; — acquêt par François Cochon de la closerie du Pied-de-Lizé en Frémur; — contestation entre Louis Beaudouin et Ch. Marie Sancier, jurés-crieurs d'enterrements, et les héritiers de Gabriel Cochon, boucher à Saumur; — arrentement par Gabriel Cochon, bourgeois, d'une maison sur les ponts de Saumur, à François Lecompte, tanneur.

E. 2047. (Carton.) — 1 pièce, papier.

1647. — COCONNIER. — Vente du mobilier de Jean Coconnier et de Perrine Chuppon, en leur maison de La Martinière à Chanteussé.

E. 2048. (Carton.) — 12 pièces, papier.

1609-1789. — COCQUEREAU. — Partage, entre Pierre Menoir, de Langotière et Jean Cocquereau du Bois-Bernier, de la succession de Léonard Chauvin, de La Hurtaudière, leur beau-père; — entre Jean Cocquereau du Bois-Bernier, Anne-Catherine Cocquereau, veuve de François Rousseau, sieur du Perrin, Françoise et Marie-Thérèse Cocquereau, des successions de Jean Cocquereau, leur père, et de Jeanne Chauvin, leur mère; — présentation par Charles Cocquereau de la chapelle Saint-Jean des Seillons en l'église de Noellet; — licitation de terres et maisons, dépendant de la succession de Maurice Chateau, entre Charles Cocquereau du Bois-Bernier, Paul Volaige de Cierzay, Jacq. François Poulain de La Forestrie, Anne Maugin, veuve de René Jannaux, Marthe Maugin, veuve de Pierre Menoir de Langotière, J. J. Christophe Girault de Mozé, Jean Laurent Trochon et autres cohéritiers; — dispenses d'affinité pour le mariage de François-Charles Cocquereau du Bois-Bernier avec Marie-Anne-Françoise-Perrine Cocquereau; — livre-journal des recettes et mises pour la terre du Bois-Bernier en la paroisse de Noellet.

E. 2049. (Carton.) — 1 pièce, papier.

1790. — COCQUERIE. — Acquêt par Robert Cocquerie, maître de grammaire, de La Théardière en Montreuil-sur-Loir.

E. 2050. (Carton.) — 2 pièces, papier.

1629. — COCU. — Acquêt par Claude Cocu de vignes au Puy-Notre-Dame.

E. 2051. (Carton.) — 1 pièce, papier.

1828. — CŒUR-DE-ROY. — Testament de Jean Cœur-de-Roy, portant divers legs aux fabriques de Brissac, de Vauchrétien et aux Minimes d'Angers.

E. 2052. (Carton.) — 3 pièces, parchemin; 13 pièces, papier.

1610-1759. — COHON. — Lettres de Jean Cohon, sieur du Parc, conseiller en l'Élection de Châteaugontier, à son frère Sébastien Cohon : il lui recommande leur réhabilitation de noblesse; « on ne sçauroit trouver un temps « plus favorable que celuy-ci pour réussir dans ces sortes « d'affaires..; entre nous, ma sœur auroit été fort bien mariée « cette année, si elle avoit été demoiselle; » il lui envoie les armes rectifiées de l'évêque de Nîmes, leur oncle; « mon « épouse vous prie, et moy aussi, de vouloir bien luy faire « chercher une robbe complaite de rencontre, qui fut comme « toute neuve et bien à la mode, qui ne luy coutât que 40 ou « 50 écus; cela se trouve facilement à Paris, principalement « à la cour de la Reine d'Angleterre; on m'a dit qu'il y en « avoit un beau tout neuf à vendre chez madame la comtesse « de Bartholin; il ne faudroit pas qu'on put voir que cette « robbe ût été portée; pour qu'elle vaille 50 écus, vous sçavez

« qu'il fault qu'elle ait vallu neuve 50 pistolles au moins ; » — vente par Sébastien Cohon au sieur Jude Badereau de son office d'auditeur en la Chambre des Comptes de Bretagne ; — bail à loyer par René Cohon, chanoine de Saint-Maurice d'Angers, de sa maison de la rue Saint-Gilles ; — règlement entre Denis Amelot de Chaillou, Élisabeth Cohon et Jean-Joseph Cohon, écuyer, pour le partage de la succession de Pierre Armenault, conseiller au présidial de Châteaugontier.

E. 2033. (Carton.) — 1 pièce, papier.

1585. — Cointereau. — Partage de la succession de Laurent Cointereau entre André Lebouvier, Guy Cointereau et Yves Turciau.

E. 2034. (Carton.) — 2 pièces, papier.

1688. — Coiscault. — Don par Jean Coiscault, chapelain de la chapelle de Montauban, de la closerie du Carrefour en Saint-Sylvain au chapitre de Saint-Maurille d'Angers ; — testament de René Coiscault, sieur de La Forté.

E. 2035. (Carton.) — 10 pièces, papier.

1704-1789. — Colbert. — Quittance pour François-Édouard Colbert, marquis de Maulevrier, colonel du régiment de Navarre, du droit de ventes et issues sur la métairie du Haut-Poiron en Jallais ; — comptes du régisseur de la terre de Maulevrier ; — note du feudiste Audouys.

E. 2036. (Carton.) — 1 pièce, papier.

1650. — Collard. — Partage de la *succession* d'Antoine Collard, peintre-vitrier, et de Jeanne Bretonneau, sa femme, entre leurs enfants.

E. 2037. (Carton.) — 1 pièce, papier ; 1 registre, in-folio, papier, de 338 feuillets.

1620-1632. — Collas (de). — Accord entre Jean Collas de Bois-Durand, Noël Collas de Grandvaux et Alexandre Benoist au sujet des *successions* de Jean Collas et de Suzanne Brillet ; — inventaire des papiers de Jean Collas, sieur de Bois-Durand.

E. 2038. (Carton.) — 9 pièces, parchemin ; 125 pièces, papier.

1622-1766. — Lettres du sieur Guéhéry, sieur du Serrin, au sieur Collas de La Lande-Chasle, lieutenant-criminel de Baugé, portant accusé de réception d'argent ; — acquêt par François Collas de La Marre d'*une rente de* 3 boisseaux de blé sur les Beaudouinières en Chanteloup ; — compte rendu par Jean de Collas, lieutenant particulier en la Sénéchaussée de Baugé, de la tutelle de ses *enfants* ; — acquêt de la closerie de La Berjonnière et du Rocheteau en les paroisses de Chanteloup et de Vezins ; — accord pour le partage de la succession de Jean de Collas et de Louise Guéhéry, sa femme, entre Marguerite Lecouffé, sa *seconde femme*, Marguerite de Collas, femme de Georges Louet, Marie-Renée de Collas, femme de Joseph Foullon, et Jean-René de Collas ; — vente des meubles de Jean-René de Collas, seigneur de La Lande-Chasle ; — « inventaire des livres trouvés dans son estude ; » — compte rendu de la curatelle de ses enfants par Joseph Foullon, lieutenant-criminel en la Sénéchaussée de Saumur ; — déclaration rendue par Charles-François Collas de L'Éperonnière, au chapitre Saint-Maurille d'Angers pour son hôtel d'Angers ; — contrats d'acquêt et baux de la terre de Chateaucoin en la paroisse de Baugé.

E. 2039. (Carton.) — 13 pièces, parchemin ; 14 pièces, papier.

1511-1780. — Collasseau (de). — Cession de rentes par Prosper Collasseau, sieur de Briacé et de La Machefollière, à Charlotte Bonfilz, dame de La Rainière ; — partage de la succession de Marc-Antoine Collasseau et de Louise Thubert, sa première femme ; — preuves de noblesse fournies par Henri-Prosper-Augustin-Marie-François de Collasseau de La Machefollière, *pour être reçu aux* pages du duc d'Orléans, sous la charge du marquis de Basleroy, son premier écuyer ; — certificat des services militaires de Prosper-François-Luc-Annibal-Amant de Collasseau dans le régiment de Foix, portant les signatures autographes du comte de Rougé, commandant, du chevalier de Lesrat, ancien *lieutenant-colonel*, de Champollon, de La Girousière, Du Rosel, capitaines ; — accord entre Henri-Prosper-Augustin-Marie-François de Collasseau, ancien capitaine d'artillerie, *Prosper-Louis-René* de Collasseau de La Machefollière, ancien capitaine d'artillerie, Prosper-Pierre-François de Collasseau, curé de Chétigné, et François-Prosper-Luc-Annibal-Amand de Collasseau de La Bénerie, capitaine au régiment de Foix, pour le partage des successions de François-Urbain-Prégent de Collasseau, de Marthe-Catherine de Montplacé, de Pélagie-Françoise et Françoise-Henriette de Collasseau ; — comptes et mémoires de la blanchisseuse, de l'apothicaire, de l'épicier et d'autres fournisseurs ; — *généalogie* et note par le feudiste Audouys, etc.

E. 2060. (Carton.) — 2 pièces, papier.

1662-1749. — Colleau. — Procès-verbal d'arpentage à la requête de Pierre Colleau et d'André Motard de la frèche du moulin à vent de Crotte ; — acquêt par Martin Colleau de terres en la paroisse de Montreuil-Bellay.

E. 2061. (Carton.) — 1 pièce, parchemin ; 3 pièces, papier.

1559-1616. — Collin. — Sentence du Présidial, qui condamne les héritiers de Hardouin Collin, sieur des

Champs-Renard, à servir la rente par lui léguée à la fabrique de Saint-Pierre d'Angers; — contrat de mariage de François Collin, conseiller au Parlement de Bretagne, avec Jeanne Gaultier; — partage des successions de Clément Collin et de Jeanne Rullier.

E. 2062. (Carton.) — 1 pièce, papier.

1645. — COLLINEAU. — Partage de la succession de Pierre Collineau et de Macée Leduc entre Thomas Renault, Pierre et Jean Coueffé, Pierre Luiller et Blaise Espron.

E. 2063. (Carton.) — 2 pièces, papier.

1754. — COLLINET. — Nomination d'Étienne Collinet à la tutelle de ses deux sœurs, enfants mineurs d'Étienne Collinet et de Jeanne Biémont.

E. 2064. (Carton.) — 1 pièce, papier.

1782. — COLOMBERT. — Licitation de terres et maisons en Juvardeil, dépendant de la succession de Pierre Colombert, tailleur d'habits, entre Marie Leloup, sa veuve, Jean, Charles et Jacques Colombert et autres héritiers.

E. 2065. (Carton.) — 1 pièce, parchemin; 4 pièces, papier.

1641-1760. — COMMEAU. — Acquêt par François Commeau, marchand, d'une maison à Mazé; — abandon par Guillaume Commeau et Jacquine Legentilhomme de tous leurs biens à leurs enfants; — prise à bail par Mathurin Commeau, boucher, d'une maison sur les ponts de Saumur.

E. 2066. (Carton.) — 1 pièce, papier.

1674. — COMPAGNON. — Partage de la succession de Pierre Compagnon et de Marie Négrier entre leurs enfants.

E. 2067. (Carton.) — 1 pièce, papier.

1776. — CONIN. — Acquêt par Mathurin Conin, sur Mathurine Drouin, veuve d'Étienne Lemounier, de maison, terres et vignes à Coins dans la paroisse de Mûrs.

E. 2068. (Carton.) — 1 pièce, parchemin.

1596. — CONSTANT. — Testament de Jeanne Restier, veuve de Jamet Constant, sieur du Vau-Précieux, portant fondation de messes en l'église des Augustins d'Angers.

E. 2069. (Carton.) — 7 pièces, parchemin; 39 pièces, papier.

1505-1774. — CONSTANTIN. — Contrat de mariage d'André Constantin avec Marguerite Alasneau; — présentation par Gabriel Constantin, abbé commandataire de Saint-Jean de Chartres, doyen de Saint-Maurice d'Angers, et Jacques Constantin, doyen de la Chambre des Comptes de Bretagne, de la chapelle Sainte-Anne en la paroisse de Laigné; — fondation par Jacquine Rousseau, veuve de Robert Constantin, sieur de La Fraudière, d'une crastine solennelle en l'église de Saint-Martin d'Angers; — constitution d'une rente de 200 livres par Marie-Urbain-Charles de La Tour-Landry, marquis de Maillé, au profit de Jules-Constantin de Marans, grand prévôt de maréchaussée de la généralité de Tours; — commission pour Gabriel Constantin de l'office de Prévôt général des maréchaux de France en Anjou; — fondation par Jeanne Martineau, veuve de Jacques Constantin de Montriou, de la chapellenie de Varennes en l'église de Savennières; — acquêt et aveu par Jules Constantin de la châtellenie du Planty; — transaction entre Jeanne-Victoire de Crespy, veuve de Jules Constantin, seigneur du Planty et de Sainte-Christine, et les demoiselles Marie-Anne et Charlotte-Françoise de Roncée, dames de La Jumellière et de Chaudefonds, au sujet de rentes et droits contestés; — notes généalogiques par le feudiste Audouys.

E. 2070 (Carton.) — 2 pièces, parchemin; 27 pièces, papier.

1604-1781. — CONTADES (de). — Contrat de mariage d'André de Contades, chevalier, « conseiller du Roi en ses conseils d'État et privé et sous-gouverneur de la personne de Monseigneur, frère unique de Sa Majesté, » avec Françoise de Conignau, fille d'honneur de la Reine; — acquêt par le même de la seigneurie de La Roche-Thibault; — marché passé par les Minimes d'Angoulême avec Jean Verguault, maître-tailleur de pierres, pour la construction dans leur couvent de deux chapelles attenantes, l'une pour le comte de Schombert, l'autre pour M. de Contades, « voûtées de pierres de taille en voûte d'ogive avec deux arcs; » — transaction entre Jeanne-Marie Crespin de La Chabosselaye, épouse de Georges-Gaspard de Contades, dame de Vern, et Jean Levoyer, sieur de La Gautraye, au sujet des landes du Bignon, de La Plesse et du Faux; — présentation par Louis-Georges-Érasme, marquis de Contades, lieutenant-général des armées du Roi, inspecteur de son infanterie, des chapelles de La Landaye, de La Roche-Thibault et de Montgeoffroy; — quittance du droit « de passage de minorité » pour la réception de François-Jules-Gaspard de Contades au rang de chevalier de justice dans la commanderie de La Lande-des-Verchers; — transaction entre Louis-Georges-Érasme, marquis de Contades, maréchal de France, et François-Joseph Lemarié de La Crossonnière, portant renonciation réciproque de leur droit de chasse sur partie de leurs fiefs enclavés de Vern et de La Lussière; — acquêt par Georges-Gaspard-François-Auguste de Contades, colonel du régiment d'infanterie de Berry, des seigneuries de L'Épinière en Bauné et de Montrevault; — lettre du docteur Coutouly à la marquise de Contades, au sujet de la maladie de sa fille; — projet du contrat de mariage d'Érasme-Gaspard de Contades, capitaine de cavalerie, avec Marie-Françoise-Madeleine-Rose de Villiers; — observations sur ce projet; — « état pour servir à M. le marquis de Contades à payer les rachapts qu'il doit des biens qui sont échus à madame la marquise de Contades de la succession de madame de Constantin, sa mère; » — procuration du marquis et de la marquise de Contades portant consentement au mariage de François-Jules-Gaspard de Contades, leur fils, chevalier de Malte et major en second du régiment d'infanterie Bourbonnais, avec Cécilia de Bouillé, etc.

E. 2071. (Carton.) — 4 pièces, parchemin; 46 pièces, papier.

1776-1786. — Brevets pour Louis-Gabriel-Marie de Contades, marquis de Giseux, de lieutenant en second dans le corps royal d'artillerie; — de capitaine d'infanterie dans le régiment de Piémont, avec une lettre d'avis du prince de Montbarey; — de capitaine de cavalerie; — de lieutenant-colonel de cavalerie; — de second lieutenant, avec rang de colonel, à la compagnie des gendarmes Anglais; — de colonel au régiment d'Anjou-infanterie; — certificats de présence au corps délivrés par le comte de Chastellux; — lettres d'avis et instructions du maréchal de Castries (ces pièces contiennent 7 signatures autographes de Louis XVI, 1 du comte de Saint-Germain, 7 du prince de Montbarey, 1 du comte de Chastellux, 5 du maréchal de Castries, 1 du maréchal de Ségur, 2 du comte de Brienne); — correspondance intime de la marquise de Giseux comprenant 32 lettres par elle écrites d'Angers, ou du château de La Lorie à son mari, en garnison à Tours.

E. 2072. (Carton.) — 7 cahiers in-folio, papier, de 186 feuillets; 21 pièces, papier.

1766-1792. — Journal des dépenses de la maison du maréchal de Contades, rédigé partie en italien, partie en français: — en tête, remarques curieuses sur les mesures d'Anjou, le prix des différents objets d'usage ordinaire en 1789, le tarif convenu avec la blanchisseuse pour chaque article de lingerie, la manière d'engraisser les veaux et les dindons, recette pour confitures de groseilles, etc.; — état des moutons des pauvres de Mazé; — liste des pauvres de Mazé fournie par le curé Rousseau; — détail des aumônes pour Mazé, La Roche-Thibault, Bauné et Chazé; — instruction sur l'éducation des abeilles; — deux quittances olographes et une lettre signée du maréchal de Contades; — deux lettres (non signées) de membres de la famille à la marquise de Contades: « M. le maréchal vous prie de continuer les « charités comme ci-devant. Quoiqu'il soit pour ainsi dire « réduit, surtout du côté des bienfaits du Roi, à très peu « de choses, puisqu'il est menacé de perdre son traitement « par son refus à prêter le serment, il trouve avec raison, « que de faire vivre les pauvres est une trop bonne action « pour ne pas la continuer le plus qu'il pourra. Il n'y veut « rien changer. Il aime mieux se gêner de quelque autre « façon, et soulager le malheureux qui a plus besoin que « jamais. »

E. 2073. (Carton.) — 2 pièces, papier.

1720-1769. — Coquart. — Partage de la succession d'Étiennette Coquart, veuve de René Cachet; — extrait mortuaire de Geneviève Coquart.

E. 2074. (Carton.) — 3 pièces, papier.

1621-1688. — Coquereau. — Prise à ferme par Jacques Coquereau de la closerie de La Robinière; — acquêt par Mathurin Coquereau d'une partie de maison en Cheffes.

E. 2075. (Carton.) — 11 pièces, parchemin; 3 pièces, papier.

1390-XVIIIe siècle. — Coquessac (de). — Bail par Jean de Coquessac à Martin de Fontenay, meunier, d'une pièce de pré et du moulin de Verzillé sur l'Aubance; — présentation par René de Coquessac de la chapelle de l'Arceau en son manoir des Landes; — cession par Imbert Leclerc, sieur de Mauny, à Pierre de Coquessac, de la métairie de La Frémonière, près Brissac; — notes et extraits généalogiques par le feudiste Audouys.

E. 2076. (Carton.) — 1 pièce, parchemin; 2 pièces, papier.

1741-1754. — Coquin. — Dispenses d'affinité pour le mariage de Denis Coquin et de Françoise-Antoinette Foyer; — constitution d'une rente de 15 livres par Jeanne Bridault, femme de Paul Besnard, au profit de Mathurin Coquin, sacriste de Saint-Denis d'Angers.

E. 2077. (Carton.) — 1 pièce, parchemin; 2 pièces, papier.

1614. — Corbeau. — Testament d'Antoine Corbeau, portant divers legs aux quatre ordres mendiants d'Angers; — généalogie d'Urbain Corbeau, chanoine de Saint-Julien.

E. 2078. (Carton.) — 1 pièce, parchemin.

1785. — Corbier. — Brevet pour Jean-François Corbier, avocat en Parlement, de l'office de conseiller-juge-garde de la monnaie d'Angers.

E. 2079. (Carton.) — 3 pièces, parchemin; 71 pièces, papier.

1669-1708. — Corbière. — Généalogie de la famille Corbière « suivant l'estat fourni par Georges Corbière « à Me Sigongne, son avocat; » — compte entre Samuel Depont, marchand à La Rochelle, et Pierre Corbière, marchand verrier à Saumur, de la succession de Sébastien rbière et de Jeanne Mauboquit; — carnets de commerce Pierre Corbière; — liquidation de sa succession; — état ses dettes actives et passives; — mémoires des fournies de marchandises faites au compte des sieurs de ouzelos à Fontevrauld, Lepreuil de Saumur, Lorengère Fontenay-le-Comte, Guillaume Martin de Tessé au Maine, né Jusseaume de La Rochelle, Bidat d'Angers, Legoubre de Mortagne, Georges Ballet d'Angoulême, Jean snay de Laval; — traité avec Jean et Claude Bondinet, turiers par eau, pour le transport de Nevers à Saumur une cargaison de faïences et de verrerie; — rapport des perts chargés d'apprécier les meubles et marchandises pendant de la succession de Pierre Corbière; — état de recette provenant des maisons du Minage et autres rentes partenant à Marthe Viguer, veuve de Pierre Corbière.

E. 2080 (Carton.) — 14 pièces, parchemin; 18 pièces, papier.

1540-1695. — Corbière (de La). — Testaments de ançois de La Corbière, écuyer, sieur de La Porcherie; de Bertrand de La Corbière, sieur de Mortelière; — rtage de la succession de Gilles de La Corbière entre colas de La Corbière et ses autres enfants; — contrat de riage de Charles de La Corbière et de Françoise de gaudais; — acquêt sur Henri de La Trémouille par arles de La Corbière, sieur de La Bénéchère, de la seieurie de Juvigné; — contrat de mariage de Claude de La rbière, conseiller au Parlement de Bretagne, avec Marie Poulpry; — testament de Charles de La Corbière; — arbre généalogique de deffunct Claude de La Corbière, présenté par dame Marie Du Poulpry, sa veuve, demeurante en sa maison seigneuriale des Alleus, parroisse du ressort de Cossé-le-Vivien » (avec les armoiries peintes tête); — inventaire des titres de noblesse, produits à Voisin de La Noiraye, par ladite veuve pour maintenir droit qu'avait son mari de prendre le titre d'écuyer; — émoire fourni « devant nos seigneurs du Parlement pour la réformation de la noblesse de Bretagne par ladite veuve à ce qu'il plaise déclarer ses enfants, Charles-François et Charles-Joseph de La Corbière et Élizabeth-Marie, nobles, issus d'ancienne extraction noble, les maintenir et leurs descendans aux qualllitez, sçavoir lesdits Charles-François et Charles-Joseph d'escuyer et de chevallier, et ladite Élizabeth-Marie en celle de damoiselle...; leur permettre de porter armes timbrées, apartenantes auxdites qualitez, et ordonner que leurs noms seront insérés au catalogue des nobles de la jurisdiction de Quimperlé; » procès-verbal des preuves de la noblesse de François-rie de La Corbière, faites pour sa réception en l'ordre de lte; — transaction entre Charles de La Corbière, abbé de Valençay, et dame Marie Du Poulpry, au sujet des successions de Charles de La Corbière et de Marie Pidou; — contrats de mariage de Guillaume de La Corbière avec Marguerite-Françoise de La Monneraye, dame de La Vallée.

E. 2081. (Carton.) — 3 pièces, parchemin; 100 pièces, papier.

1700-1787. — Contrat de mariage de Charles-Guillaume de La Corbière, seigneur de Juvigné, La Bénéchère, Le Bois-Robin, Les Alleus, La Chapelle-Craonnaise, La Courlande, L'Épinay et Romfort, avec Madeleine de Fontenelles; — état des meubles délivrés à ladite demoiselle par madame de Fontenelles, sa mère; — état des héritages dont la mouvance appartient à madame de Juvigné pour son fief de La Forestrie; — consultation de M. Gouin aîné, avocat à Angers, en réponse à un mémoire de madame veuve de La Corbière de Juvigné, sur la garde-noble de ses enfants; — testament de ladite veuve; — licitation entre ses enfants et Charles-Jacques-François de La Corbière de Juvigné, abbé et prieur de Loué et de La Trinité de Guingamp, Charles Desnos de Panard et Charles-Pierre Dubois de Maquillé, des closeries de La Lande, de La Jousse et de La Ligerie en la paroisse de Juvigné; — contrat de mariage de François-Honoré-Hyacinthe de La Corbière, baron de Juvigné, avec Françoise-Thérèse-Perrine de La Forest-d'Armaillé-de-Craon; — devis de la restauration du château de Noizé arrêté entre madame de La Corbière, Louis Boisard, maçon, et Thomas Moreau, charpentier; — inventaire des meubles du château de Noizé; — catalogue de la bibliothèque; — inventaire de la succession mobilière de l'abbé Charles-Jacques-François de La Corbière, décédé à La Bénéchère; — requête de la noblesse d'Angers au tribunal des maréchaux de France, pour demander justice d'un individu nommé Musquinée de La Penne, arrêté après un vol chez madame de La Corbière et l'assassinat d'un gendarme; le procureur-général a suspendu l'instruction : le peuple prétend que c'est parce qu'il est noble « et qu'on ne punit que les petits voleurs et non les grands » (minute non signée); — notes et extraits généalogiques par le feudiste Audouys.

E. 2082 (Carton.) — 63 pièces, papier.

1714-1789. — Correspondance entre M. et Mme de La Corbière de Juvigné et leur famille, traitant d'affaires privées; — lettres adressées à M. ou à Mme de Juvigné par le marquis d'Armaillé : « il y a ici un M. Meismer, qui a fait des « miracles sur les yeux de gens privés depuis fort longtemps « de la vue; si ma sœur exécute son projet de venir ici, je

« serai fort aise qu'elle le consulte; » — Bardoul, avocat à Angers; — Du Bas-Plessis; — Baudry, avocat à Angers; — de Beaumont, religieuse de La Visitation d'Angers; — Benoist, avocat; — Blanchard, banquier à Paris; — le duc de Brissac : « Vos charmes m'ont envoyés l'ambassadeur le « plus aimable pour m'honorer de vostre politesse; tout ce « qui aproche vostre déitée se meuble de grâces; sans la « gloire et vos charmes, les jours d'un vieux soldat sont « surchargés d'ennuys; vostre mine si noblement jolie est « un pétard que l'amour a choisi pour éclairer mon inutille « et maladroite ambition, d'autant qu'il ne peut me prester « ses fonds, pour conquester sa mère. Belle besogne d'ab- « solution de vous avoir vu! Je n'en tricheray pas le repen- « tir; mon spirituel confesseur aura de quoy exercer sa « grande pénitencerie; car j'ay acquis dans vos agréments « de quoy ruiner sa pieuse sévérité. » — Un billet de madame de Juvigné le remercie de l'avoir avertie de son arrivée en Anjou, « ainsi que du projet que vous aviez fait de ne « pas me voir; mais où j'ai le plus admiré votre adresse, c'est « de m'avoir évité mesme sur le grand chemin, où sans un « soin extrême nous nous fussions infailliblement rencon- « trés. Vous avés craint sans doute quelqu'importunité de « ma part, et vous avés eu tort..; je me console dans l'es- « poir que nous nous reverrons enfin à la vallée de Josa- « phat; » — l'abbé de Caqueray; — Cellier, négociant à Paris; — Chevalier, curé de Soulaine; — madame Cohon; — l'abbé de Courtarvel; — Desnos de Panard; — Desprès Du Coudray; — Ducluzel, subdélégué d'Angers; — Dulaurent; — Dupont, notaire; — Fleury; — Gastineau, avocat à Angers; — de La Porte de Gencian; — l'abbé de Grandville; — Jacques de Grasse, évêque d'Angers; — Grézil de La Véronnière; — Guerrier le jeune; — Hussard; — Joubert Du Collet; — de Launay, d'Angers : trois lettres entremêlées de vers et de nouvelles politiques : « Le Roi « est mort mardi à deux heures du soir..; une heure avant « le décès du monarque, il s'étoit opéré un changement « favorable; on dépêcha même des courriers pour annoncer « cette bonne nouvelle à Paris; mais par une révolution im- « prévue, tout changea de face..; le nouveau Roi partit aus- « sitôt avec les princes, ses frères, et leurs dames, pour le « château de Choisy. Mesdames Adélaïde, Victoire et Sophie « partirent aussi pour le même endroit, mais elles logèrent « dans le petit château. On craint peut-être qu'elles n'aient « contracté quelque chose de la maladie funeste..; car elles « ont toujours été à côté de leur père et l'ont servi avec une « tendresse et un courage inexprimables. Le lundi, veille de « la mort du Roi, Mgr le Dauphin donna ordre de distribuer « deux cens mille livres aux pauvres de Paris à prendre sur « sa cassette et celle de Mme la Dauphine. »

E. 2083. (Carton.) — 39 pièces, papier.

1694-1780. — Lettres de M. Leclerc, d'Angers; — Marchand de La Roche; — de Hiromesnil, intendant de Tours; — de Montboissier; — de Monternault; — Mottier, notaire; — Pannetier; — de Pantigny; — Parquet; — Tourton, banquier à Paris; — Toustain, membre des États de Bretagne : « Je me suis trouvé témoin de tout ce qui s'est « passé lors de la rentrée du Parlement; la satisfaction des « honnêtes gens et des patriotes éclairés est noble et dé- « cente; l'ivresse de la populace et de la jeunesse, qui s'y « mêle, est insolente et brutale; » — Vaudichon, négociant de Laval; — Versillé, notaire; — de Voglie; — étrennes et vers galants extraits la plupart du *Mercure*, quelques-uns peut-être inédits : « Oui, vous m'avez dit, je vous aime... « Mais vous l'avez dit en riant; j'aurais mieux aimé qu'en « pleurant vous m'eussiez dit : je vous déteste. »

E. 2084. (Carton.) — 32 pièces, papier.

1772-1775. — Correspondance concernant la fondation d'un bureau de charité dans la paroisse de Soulaine par madame de La Corbière de Juvigné, dame de Noizé; — projet de règlement; — copie du mémoire envoyé en forme de consultation à M. Tavelot des Saulais, procureur général de la Cour souveraine de Blois; — consultation sur le même litige par Me Piales, avocat à Paris; — lettres de madame de Juvigné, l'abbé Cotelle de La Blandinière, Chaissel, curé de Soulaine, Gaubert, recteur de Saint-Similien, Jacques de Grasse, évêque d'Angers, Riolo, Marchand Du Brossay.

E. 2085. (Carton.) — 110 pièces, papier, ou fragments de registres.

1654-1780. — Débris des comptes de la cuisine et du ménage; — recette des fermages; — état de la vaisselle de l'office de Noizé; — prisée des meubles; — inventaire du linge de madame de La Corbière de Juvigné; — mémoire de Pilleau, orfèvre du Mans, etc.

E. 2086. (Carton.) — 1 pièce, papier.

1704. — CORBIN. — Vente par Claude-François Poullart, sieur des Places, garde héréditaire de la monnaie de Rennes, à Pierre Corbin, sieur du Pavé-Neuf, « de l'office « de sergent-royal-général et d'armes en Bretagne héréditaire « et estably à Châteaugiron. »

E. 2087. (Carton.) — 5 pièces, papier.

1579-1653. — CORDIER. — Contrat de mariage de Guillaume Cordier, tonnelier, et d'Anne Desmottes; — accord entre René Cordier, prêtre, Pierre, Jean, Guillaume et Perrine Cordier pour l'entratien de René Cordier leur père ; — extraits des registres baptistaires du Plessis-Grammoire et de Sarrigné.

E. 2088. (Carton.) — 2 pièces, parchemin ; 1 pièce, papier.

1542-1776. — Cordon. — Acquêt par Laurent et Jean Cordon de terres à La Richarderie en Denée et de vignes en Soulaines.

E. 2089. (Carton.) — 1 pièce, parchemin ; 1 pièce, papier.

1690-1699. — Cordon (de). — Procuration générale délivrée par demoiselle Charlotte Amoureuse, veuve de Jacques de Cordon, à Nicolas Ledoyen, marchand de Jallais, pour la gestion de ses affaires ; — arrêt du lieutenant des Eaux et forêts d'Anjou, qui maintient ladite dame « en ses droits de pêcheries, boires et agots » dans la rivière du Layon, depuis la boire (anse ou petit golfe) de La Noue jusqu'à la boire du Grand-Gué en Chaudefonds

E. 2090. (Carton.) — 1 pièce, parchemin ; 16 pièces, papier.

1596-1786. — Cormier. — Partage des successions de Marie, Françoise, Renée et Antoinette Cormier et d'André Clément, fils de Jean Clément et d'Olive Cormier, entre Guillaume Moreau de La Villatte, Jean, Julien et Claude Cormier, Pierre Garaude, Daniel Trioche et autres cohéritiers ; — acquêt par Claude Cormier de La Douve d'une rente de 25 livres sur René Bienvenu de La Déchallière, chef des gobelets de la Reine-mère ; — lettres de Cormier de La Dominière, major du château d'Angers, aux sieurs Calteau et Camus, parfumeurs à Paris, portant demande de marchandises, et produites par les fournisseurs pour le règlement de leurs comptes.

E. 2091. (Carton.) — 1 pièce, papier.

1752. — Corneau. — Acquêt, sur François Poullain de La Guerche, subdélégué à Angers, par Claude Corneau et Jean-Baptiste-Marie, de l'hôtel des Trois-Rois en Bressigny.

E. 2092. (Carton.) — 2 pièces, parchemin ; 12 pièces, papier.

1585-1695. — Cornuau. — Acquêt par François Cornuau, avocat en la Cour de Parlement de Paris, sur Claude de Landevy, veuve de Pierre Poyet, sieur des Granges, du jeu de paume des Aisses, à Angers ; — Bail dudit jeu à Alexis Gagnery, maître-paulmier ; — accord entre Nicolas Cornuau de La Grandière, René Durand, sieur de La Noe, et Nicolas Gigon, au sujet des servitudes de la maison des Granges, rue Valdemaine, à Angers ; — procès-verbal d'experts constatant les droits du propriétaire de ladite maison sur la ruelle d'Écachebreton ; — extrait du testament de Jacques Cornuau de La Grandière, chanoine de Saint-Maurice d'Angers.

E. 2093. (Carton). — 8 pièces, papier.

1720-1789. — Correggio (de). — Mémoire de la comtesse de Correggio, veuve en première noces de M. Robert Des Marchais, contre le sieur de La Boulaye, administrateur de sa fortune pendant son veuvage ; — lettre du légat Filomarino au comte de Correggio « au sujet des vols « et autres désordres qui se commettent journellement à « Sablet, dans le comtat d'Avignon » ; il a donné des ordres pour découvrir les coupables ; — des sieurs Bergeon et Lechalas, notaire à Angers, traitant d'affaires privées.

E. 2094. (Carton.) — 1 pièce, papier.

1707. — Cosnard. — Thèse soutenue par René Cosnard, de Saumur, au collége de l'Oratoire de Saumur.

E. 2095. (Carton.) — 1 pièce, papier.

1762. — Cosnay. — Ordonnance du présidial d'Angers pour la répartition entre les créanciers des deniers provenant de la succession d'Yves Cosnay, curé de Champtoceaux.

E. 2096. (Carton.) — 39 pièces, papier.

XVIIe-XVIIIe siècle. — Cossé-Brissac (de). — Généalogies, notes, extraits d'actes authentiques par Pétrineau Des Noulis, auteur d'une *Histoire d'Anjou*, et par le feudiste Audouys ; — « détail abrégé des pièces et titres honorifiques et domestiques de la maison de Cossé-Brissac sauvés de l'incendie, lors de l'invasion des gens de guerre, qui pillèrent le château ; » — « inventaire des let« tres, titres et enseignements baillés par monseigneur le « maréchal de Cossé pour porter à la cour pour faire assa« voir de l'ancienneté et antiquité de la maison de Cossé ; » — « inventaire des titres de la famille, noblesse, charges et emplois de la maison de Cossé-Brissac, qui ont été remis à Monseigneur le 28 septembre 1784, » etc.

E. 2097. (Carton.) — 32 pièces, parchemin ; 10 pièces, papier.

1445-1548. — Transaction entre Thibauld de Cossé, écuyer, seigneur de Cossé, et André Aleaume, veuf de Richette de Cossé, au sujet de la succession de ladite Richette ; — don par Isabelle de Sicile, duchesse d'Anjou, à Thibauld de Cossé de 40 arpents de terres et bois dans la vallée de Beaufort ; — accord entre Jean de La Jaille et Thibauld de Cossé, pour la survivance de la capitainerie de Beaufort ; — entérinement par les trésoriers de

France des lettres royaux qui octroyent à René de Cossé, premier pannetier ordinaire du Roi, « la couppe et tonture de certains petits boys taillyz appelez les boys du Roy et du Laisy » pendant dix ans; — lettres de prolongation dudit droit par Louise, mère du Roi, duchesse d'Angoulême et d'Anjou et par le Roi François Ier (avec signatures autographes de Louise et de François Ier); — lettres royaux qui confirment les baux, faits sans adjudication par René de Cossé, de partie de la forêt de Longaulnay; — lettres de M. Du Planty à René de Cossé, son oncle : il lui rend compte de ses affaires et de l'argent qu'il a charge de recevoir pour lui; — transaction entre le seigneur de Brissac et le curé de Denée au sujet des droits seigneuriaux de la châtellenie de Denée ; — acquêt sur René Du Bellay par René de Cossé de la seigneurie de Gonnord ; — lettres royaux portant commandement aux gouverneurs et lieutenants généraux de Guyenne et de Bretagne de faire retirer en terre ferme, sous quinzaine, tous les habitants des îles de Belle-Ile et de l'Ile-Dieu, pendant toute la durée de la guerre, « parce que nous avons esté « advertiz que les navires et vaisseaulx de noz ennemys et « adversaires sont venuz par ci-devant et viennent encors « par chacun jour y prendre refroichissement de vivres, « munitions, équipaiges et autres provisions; » — entérinement des lettres royaux qui confèrent à Charles de Cossé « les états et offices de lieutenant-général et gouverneur « des pays, duché et comté d'Anjou et du Maine, ensemble « la cappitainerie du chasteau d'Angiers; » — contrat de mariage du même avec Charlotte d'Esquetot; — acquêt de la seigneurie de Luigné; — autorisation pour Philippe de Cossé, évêque de Coutances, prieur de Saint-Eutrope de Saintes, de faire abattre le petit bois du Gateras, près Saintes; — lettre du roi Henri II au même : « Je veulx et vous « prie, Monsieur de Coustance, que vous aiez à donner « ordre de promptement faire cesser l'empeschement mis « et donné au sieur Du Boucart en la joyssance de son ar- « chidiaconé de Constantin, sans que doresnavant pour rai- « son de vostre prétendu droit de régalle en icelluy, il y soit « plus molesté, ne inquiété en quelque manière que ce « soit » (avec signature autographe du Roi — du sieur de Bocard à Charles de Cossé, gouverneur d'Anjou : « Je « vous supplie me faire tant de bien que mon frère ne « soiest inquiété ny troublé en sa possession qu'il a acquise « depuys neuf ans, et me fairés une obligasion pour vous « faire à jamais service, comme j'ay tousjours heu voulonté. « Monsieur, je avoyes parlé de ceste affaiere à M. de Cous- « tance, lequel me fist si froide responce qu'il me fist per- « dre l'espérance de recebveier plaisir de luy sans le « moieran (moyen) du Roy et le vostre. »

E. 2098. (Carton.) — 15 pièces, parchemin ; 9 pièces, papier.

1548-1557. — Lettres de sauvegarde pour Anne d'Alençon, marquise de Montferrat ; — lettres royaux qui autorisent le transport en franchise pour Charles de Cossé, maréchal de France et lieutenant-général du roi en Piémont, de cent tonneaux de vin de son crû de Brissac en ses maisons de Normandie (avec signature autographe du roi Henri II); — bail du domaine de Beaulieu-en-Vallée ; — promesse par Étienne Martel, chanoine de Rouen, « en foy « de gentilhomme et d'homme de bien avec solennel jure- « ment touchant les saincts Évangilles » de résigner « toutes « et quantefoys et à tel ou tels personnaiges qu'il plairoit au « maréchal de Brissac » l'évêché de Coutances et les abbayes de Saint-Jouin et de Saint-Mélaine, vacants par le décès de Payen d'Esquetot, « et, durant le temps qu'il le tiendroit, d'en- « tendre soigneusement aux affaires de la maison dudit sieur « maréchal; » — acquêt par Charles de Cossé de la closerie de Haupertuis; — ordonnance du maréchal de Cossé, gouverneur du Piémont, qui exemptait « messire George Malo- « pera, habitant de Cony, fermier de la gabelle du sel de « ce païs » de l'arriéré de sa ferme annuelle « pour le res- « tauré des pertes et dommaiges qu'il prétend avoir eus en « quatre navires et autres vaisseaux allantz sur mer pour « charger du sel rouge au païs d'Espaigne, ainsi qu'il a ac- « coustumé, iceulx vaisseaux prins à ses ministres et conduc- « teurs, emmenez et sacaigez., par les cappitaines de Sa « Majesté ès-mers de Provence; » — lettres royaux, qui ratifient la précédente ordonnance (avec signature autographe du roi Henri II); — instructions « pour ce qui est à faire « pour monsieur le mareschal et monsieur le comte de « Brissac, son filz, à Milan et en Ytalie ; » — « mémoire « responsif à ce qu'il a pleu au Roy escrire à monseigneur « le mareschal de Brissac du XIXe décembre sur le faict du « dace du teston; » — « mémoire des particullaritez que « Fournier fera entendre à monseigneur le marchal de « Brissac de la part de monsieur de Sanfré, du sieur Clé- « ment Boylau et de Boyvin, secrétaire de mondit sieur; » — don par le roi Henri II des revenus de la seigneurie de Rennes au maréchal de Brissac (avec signature autographe); — lettres de survivance pour Thimoléon de Cossé de la charge de gouverneur d'Anjou (avec signature autographe du roi Henri II); — inventaire des titres de rente que Charlotte d'Esquetot, épouse de messire Charles de Cossé, « a baillez à noble homme Jehan de La Montaigne, son « maistre d'hostel et négociateur, pour faire payer lesdits « sieurs des arrérages à eulx deubz. »

E. 2099. (Carton.) — 1 pièce, papier ; 1 cahier, in-folio, 22 feuillets.

1557. — Recollement, après décès de Madeleine Le

Picart, dame d'Estelan, veuve de Jean d'Esquetot, à la requête de Charlotte d'Esquetot, sa fille, femme du maréchal de Cossé-Brissac, des meubles et argenterie par elle laissés au château d'Estelan sous la garde d'Antoinette de La Rivière, femme de noble homme Nicolas Le Riche, sieur de La Rivière... : « ung bacin d'argent doré par les bortz, les « armes au fons dorez et gravez des armaries de feux « M. d'Estelan...; ung aultre bacin garny d'un petit biberon « doré par le bort...; deux grandes couppes, qui ont couver- « teure, toultes dorées hors et dedans, taillées au burin;.... « trois salières martelées à pilliers dorées par les bordz et « par lesd. pilliers à plaines armes d'Estelan;... une petite « monstre dorée;... en la salle des pilliers, cinq grandes piè- « ces de tapisserye de l'histoire de Marcirus, rehaulcée de fil « de soye et de fil d'or en aulcunes pièces;... dix pièces de « tapisseryes faite en foeuillaige de chardons et de bestes.. « pour servir en la chambre de la Royne;... dix pièces de ta- « pisserie à personnaiges du temps passé;... ung ciel de lict « de l'histoire de Paris, qui a le fons de velours cramoisy « avecques le dossier, le fons et embassement, les personnai- « ges de toilles d'or et d'argent, leurs coiffures acoustrées de « perles et de boutons d'or...; ung vieil tapis vert ser- « vant sur le jeu de billes..; » suit l'inventaire des tapis velus, carreaux, chaires et tabourets de velours et d'ouvrages, chaires percées, courtepointes, lits de plume, paillasses, couvertures, landiers, couches et lits de camp, linge fin, serviettes de haute lice, draps de lit, toilettes, tayes et couvrechefs, garnitures de coffrets, « autre linge plus rond, » toiles et gros linge de table, « accoustrements de madame d'Esquetot, » tables, bancs, buffets, chaires de bois, escabeaux, petits coffres de chambre, bahuts, chandeliers, hardes, « une chapelle de boys paincte de fleurs de lys à met- « tre sur une cuve baigneresse; une petite table de boys à « mettre sur ung lict pour femme en couche; ung tablier « pour jouer aux dames; six billardz dont il y en a deux « d'ivoire et les aultres de billes pareilles; ung baston de plu- « mes de perroquet; ung bonnet desdites plumes; » — meuble de la cuisine; — meuble de la chapelle : « ung parement de « velours vyolet dont.. y a ung crucifix, une vierge Marye et « ung sainct Jehan, l'embassement de mesme où il y a une « Annonciation, » etc.; — tableaux : « trois tableaux de sainct « Jérosme, ung tableau doré de la vierge Marie, ung autre « où il y a une Annonciation, ung aultre doré où il y a une « Véronicque, ung aultre doré où il y a une Conception, ung « aultre où est la Magdeleine couchée, » etc.; — « au petit ca- « binet où se jouent mesdemoiselles de Brissac a esté trouvé « ung petit mesnaige avec poupines, bouquetz et aultres peti- « tes hardes » dont le détail suit; — meuble d'une petite chapelle; — chevaux de l'écurie et du haras; — vaches à lait et pourceaux. — Mémoire du linge qui a été retrouvé depuis ledit inventaire et de l'argenterie et meubles envoyés au château de Brissac, par ordre de madame la maréchale.

E. 2100. (Carton.) — 21 pièces, parchemin; 12 pièces, papier

1550-1569. — Affermement, par Charles de Cossé à Jean Du Buisson, « de la recette des guetz du château de « Falaise, gaiges et esmolumens des quictances, préhéminen- « ces, dignitez et libertez qui audit seigneur appartiennent; » — provisions pour Thimoléon de Cossé-Brissac des charges de grand fauconnier de France, de gouverneur d'Anjou et du Maine, et de capitaine de Falaise, par la démission de son père, dont il avait la survivance; — donation au même par Charlotte d'Esquetot, veuve de Charles de Cossé, sa mère, « des terres et seigneuries de Caluze et Staponix » en Piémont; — brevet pour le même de « capitaine de cin- « quante lances fournies des ordonnances du Roy; » — requête de Charles de Cossé, comte de Brissac, au Parlement de Paris, afin d'obtenir pour curateur le maréchal de Cossé, son oncle; — extraits des registres de la Chambre des Comptes de Paris, portant attestation de la remise faite par le Roi à Charles de Cossé et à Thimoléon, son fils, des droits de lots, vente et autres dus pour l'acquisition des baronnies de La Guerche et de Pouancé; — lettres royaux, portant provisions pour le comte de Brissac « de l'estat de « colonnel de six cens chevaulx pistolliers François ou autres « à son choix, » attendu « les grandz préparatifz d'armes, che- « vaulx et munitions de guerre que font aucuns de noz sub- « jectz qui se sont ci-devant eslevez contre nous et que desjà « les principaulx chefz d'entre eulx sont partiz de leurs mai- « sons avec grosses trouppes et en armes, sans dire les « occasions » (avec signature autographe de Charles IX); — marché passé par Thimoléon de Cossé-Brissac, capitaine de cinquante hommes d'armes, colonel général des vieilles bandes françaises de Piémont, avec Jean Vivien, marchand drapier de Paris, pour la confection de 600 casaques « à « manches longues pendantes et à poinctes jusques au ge- « noul... de drap noir, garnies de croix de toille d'argent « devant et derrière, lesdites croix bordées d'un petit passe- « ment de soie orange, doublées de bougrant noir, servans à « pistolliers pour le service du Roy; » — quittance pour le paiement de 300 casaques, dont 9 de velours noir; — requête de madame la maréchale de Brissac, veuve du précédent, afin d'être payée de l'arriéré des gages dus à son mari.

E. 2101. (Carton.) — 14 pièces, parchemin; 3 pièces, papier.

1556-1571. — Vidimus délivré par la Chambre des Comptes de Piémont des donations faites « de la chastellenie, terre et seigneurie de Staponis » par le roi François Ier à Jean de Thurin, capitaine de deux bandes de gens de pied français, et *par le roi Henri II au maréchal* Charles de Cossé-Brissac; — requête (en italien) adressée au maréchal de Brissac par nombre de particuliers et de communautés du Piémont (molti particolari et communita del paeso Regio di qua da monti), afin d'être autorisés, *pour fertiliser les terres incultes du pays*, *à creuser* des canaux d'irrigation, avec faculté d'exproprier, moyennant indemnité, tous les terrains jugés nécessaires à l'entreprise, et exemption de toutes charges et impositions sur les rivages des cours d'eau; — avis favorables des Élus et du Parlement de Turin; — *ordonnance* conforme du maréchal « gouverneur lieutenant général pour le Roy de çà les montz » (avec signature autographe de Brissac); — lettres-patentes du roi Henri II, qui confirment l'ordonnance; — vidimus lettres-patentes du même Roi, portant autorisation pour le maréchal de Brissac « *de faire venir ung bras d'eaue de la* « rivière de Lore par canaulx ou petites biallères » jusqu'à la seigneurie de Caluzio, qu'il vient d'acquérir; — lettres-patentes d'Emmanuel-Philibert, duc de Savoie, qui confirme le précédent privilége (en double, avec signatures autographes); — du même, qui, après avoir investi le maréchal du fief et château de Staponis, et reçu son serment de foi lige envers et contre tous, excepte de ces obligations les devoirs envers le Roi de France (avec signature autographe); — du même, portant confirmation nouvelle pour le canal de Caluze; — transaction entre Charles de Cossé et Jérôme et Hardouin de Thurin, au sujet de la seigneurie de Staponis.

E. 2102. (Carton.) — 21 pièces, parchemin; 3 pièces, papier.

1572-1580. — Certificats d'Henri, duc d'Anjou, du Bourbonnais et d'Auvergne, attestant que le comte de Brissac a été, en l'année 1568, nommé par le Roi colonel de 600 chevaux pistoliers français, qu'il a levés et conduits à l'armée, « ayant faict leur devoir, et mesmes se trouvèrent à la ba- « taille de Jarnac, où nous les avons veuz; » — d'Honorat de Bueil, qu'il a chargé, en l'absence du maréchal de Brissac, de conduire « trois cens pistoliers français armez et habil- « lez de casacques faictes à la restre » (avec signatures autographes); — lettres-patentes du Roi Charles IX, *qui déclare* excepter du don de cent mille livres, par lui fait au duc de Montpensier sur ses revenus de Bretagne, le don antérieur au profit de Claire d'Esquetot, veuve du maréchal de Cossé, des deniers à provenir « des droit de lots, arrières-lots, quints, requints, rachapts, soubsrachaptz *et autres* » *sur la* succession du sieur de Pont de Bretagne (avec signature autographe); — du même, portant légitimation d'Artus de Cossé, évêque de Coutances, fils naturel du maréchal Charles de Cossé; — du roi Henri III, qui valide et confirme les précédentes, quoique « le nom de la mère soit demeuré « en blanc, pour, entre aultres choses, pardonner à la « pudeur de ceulx qui s'en feussent peu trouver offencez; » — du même, portant mandat de 34 mille livres au profit de la maréchale de Brissac (avec signature autographe); — mémoire « pour faire entendre à M. le maréchal de Cossé « comme toutes choses sont passées durant la maladie et « à la mort de madame la maréchalle de Brissac, affin qu'il « luy plaise ordonner ce qu'il voudra estre fait pour le re- « gard des affaires de *M. le comte de Brissac, son neveu,* « et madamoyselle de Brissac, sa nièce; » — « responce « aux articles et mémoires que le sieur de Bauguel avoit por- « tés à M. le maréchal de Cossé; » — lettres royaux qui autorisent l'abbé de Jumièges à racheter de la famille de Cossé-Brissac la baronnie de Norville; — *requête du comte* de Brissac afin d'être payé de l'arriéré de ses gages de colonel, de grand fauconnier et grand pannetier de France, avec certificats à l'appui des trésoriers de la maison du Roi, attestant la dette; le roi Henri III a écrit de sa main sur la requête, en manière *sans doute de réponse : B. mai j'ay an mon cousin.* Henry; — lettres du roi Henri III, portant mandat sur son épargne d'une somme de 2,300 livres pour compenser au profit du comte de Brissac et de madame de Saint-Luc une somme égale allouée à leur mère « sur les « deniers *levez pour les francz archers*, afin de fournir aux « frais de l'équipage de l'armée de mer, que nous avions « advisé mectre sus en la coste de Bretaigne; laquelle « néanmoings n'auroit faict voille; » (avec signature autographe); — contrat de mariage de Charles de Cossé, comte de *Brissac, premier pannetier* et grand fauconnier de France, capitaine de cinquante hommes d'armes des ordonnances françaises de Piémont, baron de La Guerche, Pouancé, Luigné, Martigné-Briant, Estelan et Norville, vicomte et baron d'Esquetot, avec Judith d'Acigné.

E. 2103. (Carton.) — 5 pièces, parchemin; 10 pièces, papier.

1581-1589. — Procuration consentie par Charles de Montmorency, général des Suisses, à Renée de Cossé, pour faire partage avec Gilbert Gouffier, marquis de Boisy, et Jacques de L'Hospital, comte de Choisy, de la succession d'Arthus de Cossé, comte de Secondigny, maréchal de France; — « Estat au vray du paiement faict par ordon- « nance de M. le comte de Brissac aux bandes de guerre à « pied françois, composées de six vingtz hommes chacune, « qui s'en vont pour le service du Roy et de la Royne, sa « mère, en son armée navalle, soubz la charge et conduitte « dudict sieur comte..., pour trois mois entiers de la pré- « sente année 1582; » — « ce sont les faicts et articles, con- « cernant le procès pendant en la court de Parlement entre

« messire Charles de Cossé, collonel des vielles bendes de « Piémont, grand pannetier et grand faulconnier de France, « et demoiselle Jehanne de Cossé, sa sœur, dame d'honneur « de la Royne-mère, » femme de François d'Espinay, sieur de Saint-Luc, au sujet de la succession de leur père; — mémoire à l'appui; — lettres royaux, portant ordre au bailli de Caen de procéder à la taxe des journées « tant par « les chemins que séjour qu'a faict Charles de Cossé, comte « de Brissac, grand faulconier, pour la convocation des « Estatz tenuz à Blois, etc. »

E. 2104. (Carton.) — 14 pièces, papier.

1590. — Lettres missives adressées au comte de Brissac, premier panetier de France, gouverneur du Dauphiné par la reine de France, Éléonore d'Autriche : elle lui envoie des lettres du connétable; — par le sieur de La Chapelle : il lui donne avis que le sénéchal de Lion est banni, ses biens confisqués, et qu'il y aurait intérêt à en réclamer une partie, notamment la capitainerie de Loudun, pour le sieur de La Motte; — par le sieur Christophe de Forest : nouvelles de mademoiselle de Chavigny et du jeune de Brissac, « lequel a faict et faict très-bon fruict, et se fait « de plus en plus honneste gentilhomme et sçavant; » — par Montmorency : il allait lui dépêcher un gentilhomme pour lui apprendre ce dont il a été traité avec le connétable de Castille « sur le faict » de sa délivrance; le sieur d'Ysernay, qui a charge du Roi, lui expliquera l'état des choses; — par Fonguion : « à voustre partement de ceste facheuse prisson, « vous supliay de avoir mes affaires pour recommandées en-« vers le Roy et Madame; » leur misère est encore augmentée; l'assurance seule de la paix, que leur a donnée la Reine, entretient leur courage; — par Jean Lefranc : la nouvelle de la paix a rendu « toute leur compagnie si joyeuse « qu'elle a oublié toutes les peines et fascheries » mais l'argent leur manque. Son fils « Brissac a tousjours faict très-« bonne chère, et continue en toutes bonnes vertus, et est en « fort bon voulloir de servir Dieu, car il n'a point failly de « dire ses heures chacun jour, etc.; » — par del Pueveno et de La Fontaine : ils demandent augmentation de gages pour s'habiller et se monter; leur prison de Castille les a ruinés et endettés; — par Charles de Cossé : il a de bonnes nouvelles de madame de Brissac, de Mlle de Chavigny, et attend pour partir ou rester l'ordre de son père; — par Pierre Rousseau : les prisonniers ont obtenu pour prison la ville de Vilepando, où ont été réunis ceux des autres châteaux; ils ont toute espérance en lui, qui a partagé leurs infortunes; madame de Brissac est à Saint-Domingo, et « s'y « trouve bien maintenant pour le beau lieu, belle église et « bonne compaignie qu'elle a; » — par Bennecé : nouvelles du Roi, qui est à Saint-Germain; il court tous les jours le cerf avec le roi de Navarre et le duc de Lorraine, et des fils de Brissac, « qui deviennent grands; » celui qui est d'église, profite fort bien à l'étude; — par Chasteau-Challon : il est dû vingt-un mois de gages « aux pauvres com-« paignons de la bande de M. de Saint-Bonnet; » ils ne peuvent ni partir ni vivre, faute d'argent; s'il pouvait obtenir « ung petit greffe, qui est en ce pays icy, apellé le greffe de « Saint-Sever, » il pourrait s'acquitter de quelques dettes; « si le Roy n'a pitié de moy, je suys ung pauvre gentil-« homme destruyt; » — par Anne de Cossé, sa fille : elle a des nouvelles récentes de son frère « qui est à Paris..., qui « apprent merveilleusement bien; monsieur d'Angolesme « recommande à son filz, et qu'il veult qui luy apporte demain « o matin ung beau poignard; si faict madame Magdalène à « son mary, et qu'il n'oblie pas sa petite hacquenée et le « more; » — par Anne Vernon, sa nièce : « madame d'Angou-« lesme se recommande à vostre bonne grâce, et vous prie « que vous li enveyès quelque chose de beau pour hune petite « chapele qu'elle fet, car elle n'a rien pour mestre dedans. »

E. 2105. (Carton.) — 1 pièce, parchemin; 3 pièces, papier.

1591. — Copie authentique d'une lettre du duc de Mayenne : il rappelle à Alphonse d'Ornano, qu'il a été échangé contre le duc de Brissac, prisonnier du roi de Navarre, moyennant l'obligation prise par ledit duc, de garantir au baron de Senecé 28 mille écus promis pour rançon par d'Ornano; le président Janin est parti pour en retirer décharge; en attendant, le comte de Brissac doit rester libre sur parole de vaquer à ses affaires et ne peut être rappelé à sa prison; — certificat du duc de Mayenne, attestant que, « sur l'instance très-grande que ledit sieur comte « auroit faicte de luy permettre d'aller trouver le roy de « Navarre, ne voullant laisser au jugement de personne, « qu'il voulust contrevenir en rien que ce soit à la parolle « qu'il auroit donnée..., veu encores le brevet dudit Roy « du 24e jour de septembre 1590, par lequel il entend que « ledit sieur comte soit libre, encores que ledit sieur « Alphonse ne tienne ce qu'il aura promis, » ledit duc, « après avoir sur ce prins l'advis des seigneurs gentilshommes et cappitaines estans près de luy, » lui fait défenses « expresses de partir (avec signature autographe de Charles de Lorraine); — lettre d'Alphonse d'Ornano au duc de Mayenne : il ne veut en rien manquer à sa parole qu'il eût aussi bien observée, quand même le comte de Brissac fût venu lui-même; il envoie seulement son secrétaire « pour « prendre les seuretez nécessaires pour sa descharge » envers M. de Senecé, « vous pouvant asseurer, Monseigneur, que « s'il n'y alloit que de mon particullier, je me contenterois

« de vostre parolle, mais il fault que je satisface ceulx qui « sont engagez pour moy » (avec signature autographe); — lettre du sieur Leberche au comte de Brissac : il lui donne avis que le sieur d'Ornano est poursuivi « par ses cautions « pour les deschargés des obligations qu'ilz ont passées pour « luy à M. de Senecey; » « sçavez, Monsieur que le terme que « vous aveez pris pour acquitter mondit sieur d'Ornano... « est de beaucoup passé...; on m'en prand comme à partie « pour avoir manyé ceste affaire...; je serois extrêmement « fasché de venir à chose qui vous desplaust. »

E. 2106. (Carton.) — 11 pièces, parchemin; 1 pièce, papier.

1592-1595. — Commission adressée par le duc de Mayenne au comte de Brissac, avec pleins pouvoirs pour la direction de la guerre contre les hérétiques dans les pays d'Anjou, Touraine, Vendomois, Chinonais et Mirebalais (avec signature autographe); — ordre du même pour l'entretien d'une garnison de 50 soldats à pied dans le château de Pouancé, et rôle du paiement ordonnancé pour ladite garnison (avec signature autographe); — lettres-patentes du duc de Mayenne, qui confirment et valident, pour la sûreté du comte de Brissac, les levées d'argent et de vivres ordonnées par lui sur les paroisses de l'Élection de Poitiers, pour le service de l'Union (avec signature autographe); — du même, qui « considérant que, entre les choses « nécessaires pour éviter la cheute et ruyne dont ce pauvre « royaume est menassé par la rigueur et violence des pré- « sens troubles, l'une des principalles et plus recomman- « dables soyt d'appeller aux premiers états, charges et « dignitez d'icelluy gens exstraictz des maisons illustres « et parens généreux, » et le nombre réduit des maréchaux de France « tant au moyen du décès naguères advenu d'aucuns d'iceulx que pour s'estre les autres retirez au party « contraire à l'union des catholiques, » nomme maréchal de France Charles de Cossé, comte de Brissac (copie authentique); — du même, qui assignent audit maréchal 4,000 écus de gages par an (ni la date ni la signature n'ont été remplies); — du même, qui enjoint au comte de Brissac de laisser en paix Madame de Mortemart dans son château de Lussac et de lui remettre la rançon qu'il a prise d'elle; — du même, portant ordre au Parlement de Paris d'enregistrer les lettres de nomination du comte de Brissac au gouvernement du Poitou, de l'Aunis et de La Rochelle; — du même, qui « approuvent l'estat de recepte des finances » levées par « ledit comte et l'Union des catholicques » en son gouvernement de Poitou (avec signatures autographes).

E. 2107. (Carton.) — 7 pièces, parchemin; 3 pièces, papier.

1598-1600. — Lettres-patentes du Roi Henri IV, qui nomme le maréchal de Brissac au commandement de la province et de l'armée de Bretagne, avec mêmes pouvoirs que son prédécesseur le maréchal d'Aumont (copie); — qui ordonne audit comte de Brissac de procéder en son gouvernement à la levée des 50,000 écus votés par les États de Rouen, le 26 octobre 1596 (avec signature autographe); — qui commet le comte de Brissac, Jean Roger et François Harpin, présidents en la Cour de Parlement de Bretagne, et autres y dénommés, pour assigner les députés des États de la province et leur exposer sa pénurie d'argent, « ayant en leur dernière assemblée faict congnoistre qu'ilz « ne manqueroient de bonne volonté, ceste occasion s'of- « frant pour contribuer, aultant que leurs moiens leur per- « mettroient, à ceste despense qui se faict pour leur seul « salut et repos, » le duc de Mercœur étant le seul auteur de leur ruine et oppression, le Roi ayant fait « tout ce qui « se pouvoit désirer et plus mesme que la bienséance de « sa dignité et majesté ne permettoit à l'endroit dudit « duc, etc. » (avec signature autographe); — qui mande aux mêmes personnages de « faire et dresser estat de tous « les plus aisez, soient d'église, nobles ou autres » pour les taxer en leurs « loyautez et consciences à ce que chacun « d'eulx pourra légitimement et sans beaucoup de foulle et « incommodité fournir, » puisqu'il est réduit « à demander « en prest ce que d'eulx mesmes ils debvroient volontaire- « ment offrir » (avec signature autographe); — qui évoque à son conseil le jugement de l'opposition, mise par le sieur Biet, au nom des États de Bretagne, à la conférence projetée entre le comte de Brissac et le duc de Mercœur pour la levée libre, nonobstant la guerre, de certains impôts (avec signature autographe); — qui donne mandat au comte de Brissac de recevoir les sieurs d'Aradon et de Montigny en l'ordre de Saint-Michel (avec signatures autographes); — qui autorise l'exportation des blés de Bretagne, sous le visa du maréchal de Brissac, et autant qu'il sera possible sans dégarnir la province, à son appréciation (avec signature autographe); — qui ordonne de mettre en adjudication la ferme du subside établi sur le vin en Bretagne, nonobstant toute opposition des États (avec signature autographe).

E. 2108. (Carton.) — 17 pièces, parchemin; 9 pièces, papier.

1601-1608. — Quittance de 28,875 écus payés par le maréchal de Brissac pour l'acquisition des droits provenant des ports et hâvre de la ville de Morlaix; — transaction entre Charles de Cossé, maréchal de France, Thimoléon d'Espinay, sieur de Saint-Luc, et Charles d'Espinay, sieur d'Arles, pour le partage des successions de François d'Espinay, grand-maître de l'artillerie de France, et de Jeanne de Cossé, sa femme; — commissions adressées par le roi

Henri IV à M. de Cossé-Brissac, pour recevoir chevaliers de l'Ordre de Saint-Michel Pierre de Boiséon, sieur de Coetuisan, vicomte de Dinan, le sieur de Graville et André de Bonnerier, sieur de La Chevallerie, et instructions pour le cérémonial de la réception (avec signatures autographes du roi Henri IV); — du même, pour procéder au démantèlement immédiat des fortifications de la ville de Dol (avec signature autographe); — contrat de mariage de Charles de Cossé, comte de Brissac, maréchal de France, avec Louise d'Ougnies, veuve de messire Robert de Sepois, ancien gouverneur de Saint-Quentin; — lettres-patentes du roi Henri IV: adressées aux trésoriers de France et aux présidiaux de Bretagne, pour demander « si la création de quatre receveurs et « payeurs pour leur service est nécessaire, et de l'utilité ou « incommodité qu'elle pourra apporter, ensemble quels gages « devront estre attribuez ausdits offices »; — du même, qui interdisent tout commerce d'importation ou d'exportation avec l'Espagne et les Flandres, jusqu'à la suppression du droit de trente pour cent mis sur les marchandises françaises (avec signature autographe); — du même, aux trésoriers généraux de France en Bretagne, afin qu'ils aient à donner avis « quels deniers et droictz extraordinaires ont esté « levez par les receveurs des fouages audit pays depuis qua- « rante ans; » — du même, portant réception de l'hommage rendu par le comte de Brissac pour ses seigneuries d'Acigné, La Guerche, Châteaugiron, Poligné, Les Huguetières, Malestroit, Marcillé, Saint-Aubin-du-Cormier, etc.; — du même, qui donne charge audit comte de recevoir le sieur de La Roche-Bréhault en l'ordre de Saint-Michel (avec signature autographe); — du même, qui prescrit audit comte de notifier aux États de Bretagne, que nonobstant tout attermoiement de leur part, le Roi entend qu'il soit procédé au rachat de son domaine et à la levée des six et trois livres par pipes de vin (avec signature autographe); — du même, qui donne ordre audit comte, attendu les séditions nouvelles qui appellent le Roi sur les frontières de Champagne, de procéder, toute affaire cessante, à la levée de la solde des francs-archers pour trois mois (avec signature autographe); — du même, qui mande audit comte de s'acheminer promptement en Bretagne, d'y mettre bon ordre, et d'assembler au plus vite, avec la compagnie qu'il commande, le plus grand nombre d'hommes qu'il pourra pour le venir trouver ensuite « aux occasions qui s'offriront sur les frontières, assurant « qu'il reconnaîtra les services, comme aussi les refus qui « lui seront faits de l'assister en affaires de telle importance « à tout son royaume » (avec signature autographe).

E. 2109. (Carton.) — 20 pièces, parchemin; 14 pièces, papier.

1606-1619. — Procès-verbal, à la requête de Charles de Cossé, comte de Brissac, des réparations à faire sur la terre de Daillon; — instructions données audit maréchal pour la réception du sieur de Cavalcabo en l'ordre de Saint-Michel (avec signature autographe du roi Henri IV); — échange de terres entre Jeanne de Cossé, dame de Doué et de Sousigné, et Pierre de Caumont; — dons: par le maréchal Charles de Cossé à Edme de Brissac de la seigneurie du Lavouer; — par le roi Henri IV audit maréchal « de la réserve de l'abbaye d'Estival-en-Charnie, « au cas qu'elle vienne à vacquer par la mort de dame An- « gélique de Cossé, abbesse et sœur naturelle dudit comte, » ainsi que de tous les biens meubles « tant vifs que morts, » qui s'y trouveront (avec signature autographe); — lettres-patentes du roi Henri IV, qui donne charge audit maréchal de recevoir le sieur de Rosaimpoul en l'ordre de Saint-Michel (avec signature autographe); — contrat de mariage de Charles de Cossé, marquis d'Acigné, et d'Hélène de Beaumanoir, veuve du baron de La Hunaudaye; — mémoire pour le comte de Brissac, principal héritier des maisons de Malestroit et Couetmen, contre le duc de Retz, pour le maintien du rang qui appartient aux barons du pays de Bretagne dans les États et assemblées de la province; — acquêt par François de Cossé, sur Alexandre de Rohan, de la capitainerie et gouvernement des ville et fort de Blavet; — lettres-patentes du roi Louis XIII, qui donne mandat au maréchal de Cossé-Brissac de convoquer les États de Bretagne et de leur représenter l'urgence de subsides pour les armées du Roi (avec signature autographe); — commission (en blanc) d'aide de maréchal de camp de l'armée de Bretagne en l'absence de M. de Saint-Luc (avec signature autographe de Louis XIII); — lettres-patentes pour l'enregistrement par les États de Bretagne des lettres de survivance, au profit de François de Cossé, de la charge de lieutenant général audit gouvernement (avec signature autographe de Louis XIII); — arrêt du Parlement de Rennes, qui enjoint « à tous habitans et maîtres de navires des ports « et hâvres de cette province, et particulièrement à ceux de « Guerrande et du Croisic, d'armer et esquipper leurs navires « et assister le comte de Brissac » contre le duc de Vendôme et autres ennemis « qui ont armé tant sur terre que sur mer, « entre autres ung appelé La Salle Bourdonnaye; » — lettres-patentes du roi Louis XIII, qui donnent ordre au comte de Brissac de rappeler et sauvegarder à Poitiers, conformément aux articles 33 et 34 de l'édit de pacification, les habitants, tant ecclésiastiques qu'officiers ou autres de tout état, qui en sont sortis à la suite des troubles advenus le 23 juin 1614 (avec signature autographe du roi Louis XIII); — qui enjoignent à nouveau de procéder audit rappel, nonobstant toute remontrance ou opposition (avec signature autographe); — qui donnent mandat au comte de Brissac d'assister, en remplacement du maréchal, son père, malade, aux États de Bretagne, que va tenir et assembler le duc de Vendôme, frère du Roi (avec signature autographe); — qui, sur le rapport des commissaires spéciaux, notamment du maréchal de Brissac et du sieur Alleaume, *ingénieur*, ordonnent que « le lieu « de Blavet soit *retranché*, *fossoyé* « et *fermé* de murailles, bastions, *remparts*, avec tours, « portes, pont-levis, *barrières*, et doresnavant perpétuel- « lement *soit appelé* le Port-Louis » (avec signature autographe); — arrêts du Parlement de Rennes et de la Chambre des Comptes de Bretagne, qui prescrivent l'enregistrement desdites lettres.

E. 2110. (Carton.) — 2 pièces, parchemin; 7 pièces, papier

1619. — Procédure poursuivie devant l'officialité de Paris par François de Cossé, comte de Brissac, et Jeanne de Schomberg, sa femme, en demande réciproque de nullité de leur mariage, pour cause d'impuissance du mari au dire de ladite dame, pour consentement arraché par violences et menaces, au dire du comte; — sentences de l'official qui ordonnent la preuve des faits et la visite des époux par chirurgiens, médecins et matrones dans la maison de mademoiselle de Montifroy; — prestation de serment et rapport de maistre Nicolas Ellain, docteur régent en la Faculté de médecine de Paris, Jean Riolan, maistre barbier-chirurgien, et Antoinette Ante, dite Dubust, matrone, experts désignés par le tribunal; — procès-verbal d'enquête et d'audition des témoins cités par le comte de Brissac pour déposer des menaces et violences à lui faites par son père pour obtenir son consentement au mariage qu'il refuse de consommer; — récusation par Jeanne de Schomberg desdits témoins comme amis, commensaux ou domestiques des Cossé-Brissac; — réponse aux dires de ladite dame par le comte de Brissac; — sentence de l'official qui annule le mariage, sans spécifier les motifs.

E. 2111. (Carton.) — 6 pièces, parchemin; 13 pièces, papier.

1620-1622. — Procédure intentée devant l'officialité de Paris par Antoinette de Loménie, veuve d'André de Vivonne, douairière de La Châtaigneraye, à François de Cossé, duc de Brissac, afin qu'il eût à tenir sa promesse de mariage et le contrat passé le 8 avril 1620; — original et copie dudit contrat non suivi d'effet; — billet olographe de François de Cossé à ladite dame, accusant réception des nouvelles portées par le sieur de Feins; — contrat de mariage dudit de Cossé avec Guyonne de Ruellan; — sentence de l'official de Paris, qui fait droit aux réquisitions de madame de Loménie, et ordonne de procéder aux cérémonies de l'Église conformément au premier contrat, dans le délai d'un mois; — signification judiciaire de par ladite dame audit duc « qu'elle demeurera pendant un mois « en la ville de Paris pour en l'église de Saint-Germain- « de-l'Auxerrois, sur les dix à onze heures du matin, « recepvoir ensamblement la bénédiction nuptiale; » — procès-verbal de deux notaires apostoliques, attestant que madame de Loménie s'est présentée à l'église, et que le curé a fait réponse qu'il n'avait aucun avis de la part du duc de Brissac; — sentences de l'official, qui ordonne de procéder au mariage dans la quinzaine pour tout délai; — qui frappe d'excommunication François de Cossé pour défaut d'obéissance; — transaction entre Gilles de Ruellan, au nom du duc de Cossé-Brissac, et madame de Loménie, qui consent à se désister de toute procédure moyennant une indemnité de 50,000 livres.

E. 2112. (Carton.) — 9 pièces, parchemin; 16 pièces, papier.

1620-1627. — Lettres de sauvegarde pour les maisons, terres et seigneuries d'Anjou possédées par le maréchal de Brissac; — lettres-patentes portant mandement au duc de Brissac, pair de France, d'aller à Nantes tenir les États avec le duc de Vendôme (avec signature autographe); — extraits délivrés à la requête de François de Cossé, duc de Brissac, des comptes de l'extraordinaire des guerres concernant les traitements et gages arriérés du maréchal son père; — ordonnance du duc de Brissac, lieutenant général de Bretagne, portant mandement aux habitants de Dol, attendu les projets connus des ennemis, de réparer en hâte leurs fortifications et de faire égail sur les paroisses y désignées de la solde de deux compagnies nouvelles de gens de pied pour la garde de ladite ville; — lettres-patentes du Roi Louis XIII, portant imposition sur tout le pays de Bretagne d'une taxe pour le remboursement des avances faites par le duc de Brissac depuis huit ans pour la garde du Port-Louis (avec signature autographe); — inventaire des meubles de la succession de Louise d'Ougnies, veuve de Charles de Cossé, maréchal de France; — lettres-patentes de Louis XIII, portant mandement au duc de Brissac d'aller à Nantes tenir les États avec le duc de Montbazon (avec signature autographe); — avec le prince de Condé (avec signature autographe); — fondation du couvent des capucins d'Hennebon par François de Cossé, duc de Brissac; — contrat de mariage de Marie de Cossé avec Charles de La Porte de La Meilleraye, etc.

E 2113. (Carton.) — 11 pièces, parchemin; 63 pièces, papier, dont 26 imprimées.

1620-1707. — Procédure entre Hélène de Beaumanoir, François de Vignerot et François de Cossé, duc de

Brissac, au sujet de la succession de Toussaint de Beaumanoir, sieur du Pont, d'Anne de Guémadeux, sa femme, et de Charles de Cossé, marquis d'Acigné; — contrat de mariage de Louis de Cossé, duc de Brissac, avec Marguerite de Gondy; — vente par le même à Marie de Cossé, sa sœur, épouse de Charles de La Porte de La Meilleraye, de la seigneurie de Sillé-le-Guillaume; — partage de la succession de Jeanne Despeaux, duchesse de Retz, entre Pierre de Gondy, duc de Retz et de Beaupréau, et Louis de Cossé-Brissac; — mémoire des avances et déboursés faits par Louis de Cossé-Brissac pour Jean-Armand de Cossé, son frère, tant pour le faire recevoir en l'ordre de Saint-Jean de Jérusalem que pour habits, pensions et menus plaisirs; — procurations données par le duc et la duchesse de Brissac pour la gestion de leurs domaines; — état des meubles, linge et bijoux qu'apporte en mariage Élisabeth Lecharron d'Ormeilles au comte de Cossé, son futur époux; — autorisation royale pour Albert de Cossé-Brissac d'afféager les terres vaines et vagues de ses seigneuries de Bretagne; — contrat de mariage de Charles de Cossé, sieur du Lavouer, avec Louise Leroux Des Aubiers; — procédure, requêtes et arrêts pour le règlement des dettes d'Albert de Cossé, duc de Brissac, et de Marguerite de Gondy, sa mère, etc.

E. 2114. (Carton.) — 6 pièces, parchemin; 21 pièces, papier.

1710-1777. — Arrêt du Parlement de Paris, portant sursis de trois années, au profit de Marie-Louise de Béchameil, contre les créanciers d'Arthur-Thimoléon de Cossé-Brissac, son mari; — bail à ferme de la seigneurie de La Grézille; — échange de partie de la seigneurie des Briffières entre Jacques Boylesve, sieur du Planty, et Charles de Brissac, sieur du Lavouer; — dispenses d'affinité pour le mariage de Joseph-Louis de Brissac avec Anne-Charlotte de Champagné; — mémoire et pièces à l'appui pour Jacques-Bernard Du Ronceray, écuyer, contre Jean-Paul-Thimoléon de Cossé-Brissac, au sujet de la propriété des fiefs de La Varenne et de La Valinière en Charcé; — inventaire des meubles du château de Brissac, dressé par suite de la fuite et disparition du concierge; — lettres du Roi : portant avis au duc de Brissac qu'il est appelé à servir sous les ordres du maréchal de Saxe en sa charge de lieutenant général (avec signatures autographes de Louis XV et de d'Argenson); — au duc de Cossé, maître de camp du régiment de cavalerie de Bourgogne, portant avis que le duc de Brissac, lieutenant général des armées du Roi, est chargé de lui transmettre les insignes de chevalier de l'ordre de Saint-Louis (avec signature autographe de Louis XV); — inventaire des meubles du château de Brissac, dressé à la requête des héritiers de Marie-Joseph Durey de Sauroy, duchesse de Brissac; — requête au Conseil d'État par Jean-Paul-Thimoléon de Cossé, duc de Brissac, afin d'être exempté des droits domaniaux prétendus sur son duché par les receveurs des domaines de la Généralité de Tours, etc.

E. 2115. (Carton.) — 41 pièces, parchemin; 3 pièces, papier; 20 sceaux.

1527-1720. — Présentation par les comtes et duc de Brissac des chapelles de Saint-Sébastien de Cré, de Notre-Dame, de Saint-Vincent et de Saint-Jacques desservies en l'église de Gonnord, de Saint-Nicolas de Luigné, de Saint-Mathurin de Charcé, de La Bussonnière en Saint-Léonard de Chemillé, de La Petite-Batterie en Saint-Martin de La Pommeraye, de Martigny, de La Guesdonnière et de La Bouteillerie en Montjean, des châteaux du Lavouer, de Millé, des Marchais-Ravard et de Chanzé, de La Chanterie, de La Grésille, des cures de Martigné-Briand et de La Jumellière; — commissions pour Antoine Moriceau, avocat, et René Bellet, de l'office de sénéchal de Brissac; — pour Eustache Trochon, des offices de bailli et de lieutenant civil et criminel des eaux et forêts de Pouancé; — lettres de maître boucher pour Jacques Simon, de Gonnord (ces titres portent 3 signatures autographes de René de Cossé, 4 d'Artus, 7 de Charles Ier, 9 de Charles II, 2 de Renée, 7 de François, 4 de Louis, 1 de Judith d'Acigné).

E. 2116. (Carton.) — 8 pièces, parchemin; 1 pièce, papier.

1360-1503. — COTTEBLANCHE. — Acquêt par Michel Cotteblanche du domaine de La Courtaille en Martigné; — présentation par Guy de Cotteblanche, écuyer, sieur de La Guiterie, de la chapellenie de La Guiterie en Saint-Maurice d'Angers; — adjudication par décret de la métairie de La Couraye en Savennières et de maisons à Angers, saisies sur Renée Cadot, veuve de Jean Cotteblanche.

E. 2117. (Carton.) — 1 pièce, parchemin; 1 pièce, papier.

1599-1731. — COTTEREAU. — Partage des successions de René Cottereau et d'Étiennette Marais; — vente par Marie Lelièvre, veuve de René Cottereau, à Françoise Hayer, veuve de Gabriel Vaumorin, d'une terre au Lion-d'Angers.

E. 2118. (Carton.) — 2 pièces, papier.

1685-1736. — COTTIN. — Contrat de mariage de Jean Cottin et de Louise Guéniveau; — nomination de Pierre Cottin, de Cherré, à la tutelle des enfants mineurs de Jean Cottin, tailleur d'habits, et de Marie Cochet.

E. 2119. (Carton.) — 1 pièce, papier.

1612. — COTTINEAU. — Contrat de mariage de Jean Cottineau, sieur de La Gaillardière, et de Perrine Bobèche.

E. 2120. (Carton.) — 2 pièces, parchemin ; 4 pièces, papier.

1507-XVIIIe siècle. — COUASNON (de). — Présentation par Anne et Louis de Couasnon de la chapelle Sainte-Catherine de Briacé ; — transaction entre Françoise Marest, femme de Jean de Couasnon de La Barillère, et Charles de La Corbière, au sujet de la propriété des bois de Chatenay ; — notes et extraits généalogiques par le feudiste Audouys.

E. 2121. (Carton.) — 1 pièce, papier.

1747. — COUDRAY. — Nomination de Pierre Montault à la curatelle des enfants mineurs de Mathurin Coudray et d'Anne Loireau.

E. 2122. (Carton.) — 1 pièce, papier.

XVIIIe siècle. — COUÉ (de). — Notes généalogiques par le feudiste Audouys sur la famille de Coué, seigneur de Coué en la paroisse de Seiches.

E. 2123. (Carton.) — 2 pièces, parchemin ; 1 pièce, papier.

1660-1778. — COUEFFÉ. — Acquêt par Macé Coueffé d'une closerie en la paroisse de Brain-sur-l'Authion ; — contrats de rentes au profit de Marie Coueffé sur Guillaume Aubert, marchand d'Angers, et de Madeleine Voisin, veuve de J. B. Coueffé, sur René Béritault de La Chesnaye.

E. 2124. (Carton.) — 8 pièces, parchemin ; 3 pièces, papier.

1392-XVIIIe siècle. — COUESMES (de). — Vente par Jean de Couesmes, sieur de Chemeré-le-Roy, à Guillaume de Champaigne, du pré des moulins de Pailleboul ; — présentation de la cure de Fougeré par Nicolas, Charles et Louis de Couesmes et par François de Bourbon, prince de Conti, mari de Jeanne de Couesmes ; — notes et extraits généalogiques par le feudiste Audouys.

E. 2125. (Carton.) — 7 pièces, parchemin ; 2 pièces, papier.

1585-1600. — COUETTE. — Acquêt par Jeanne Guillou, veuve de Mathurin Couette, et par René Couette, de terres et prés en la paroisse de Dissé.

E. 2126. (Carton.) — 3 pièces, papier.

1773-1786. — COULLION. — Acquêt par P. J. Coullion de La Douve, sur Marin Coullion, de terres et prés aux Ponts-de-Cé ; — sentence d'ordre pour la distribution entre créanciers des deniers provenant de la vente des immeubles de Marin Coullion.

E. 2127. (Carton.) — 1 pièce, parchemin ; 2 pièces, papier.

1585-1782. — COULON. — Vente par François Coulon à Michel Bazile de partie des prés de La Cocuère ; — acquêt par Anselme Coulon, sur Olivier Pannetier, bourgeois d'Angers, de La Rogerie en la paroisse de Bourg ; — nomination de Louis Coulon à la curatelle des enfants mineurs de Pierre Coulon et de Perrine Gourdon.

E. 2128. (Carton.) — 1 pièce, papier.

1782. — COULONNIER. — Fragments de la thèse de baccalauréat en droit soutenue à Angers par Jean-Baptiste Coulonnier, du diocèse de La Rochelle.

E. 2129. (Carton.) — 1 pièce, parchemin ; 1 pièce, papier.

1787. — COURAUDIN. — Contrat de mariage d'Aimé Couraudin, docteur en droit, conseiller du Roi, juge au présidial d'Angers, avec Jeanne Victoire Planchenault de La Chevallerie ; — fragment d'une généalogie.

E. 2130. (Carton.) — 2 pièces, parchemin ; 4 pièces, papier.

1600-1719. — COURAULT. — Contrat de mariage de Jacques Courault et de Mathurine Leroux ; — décret d'adjudication d'une maison en la rue Saint-Michel d'Angers, dépendant de la succession d'Antoine Courault et de Perrine Levenier ; — partage de la succession de Jean Courault et de Jeanne Hérard, sa femme ; — constitution de rente par Jacques-Thomas de Jonchères au profit de Jacqueline Courault de Pressiat, veuve de François Raimbault de La Foucherie, etc.

E. 2131. (Carton.) — 1 pièce, papier.

1685. — COURCIER. — Aveu rendu à la seigneurie de La Haubergée par Louis Courcier pour sa terre de La Chétardière.

E. 2132. (Carton.) — 1 pièce, papier.

XVIIIe siècle. — COURJARET (de). — Extraits généalogiques par le feudiste Audouys sur la famille de Courjaret, seigneur de La Mahoullière et de La Corderie en la paroisse de Livré, près Craon.

E. 2133. (Carton.) — 7 pièces, parchemin ; 2 pièces, papier.

1505-XVIIIe siècle. — COURNEZ (de). — Accord entre Jean Cournez et Guillaume Cournez, seigneur de Bran, au sujet de la succession de Jean Salmon, chanoine de Saint-Maurice d'Angers ; — donation mutuelle entre Claude de Cournez, écuyer, sieur de Maunac, et Louise Ernault, sa femme ; — brevet pour Charles de Cournez, sieur de La Source, de la charge de capitaine appointé de cavalerie (avec signature autographe du roi Louis XIV) ; — déclaration par Claude de Cournez, capitaine exempt des gardes du corps du Roi, élu maire d'Angers, qu'il entend jouir des privilèges de noblesse octroyés au mairat d'Angers ; — notes du feudiste Audouys.

E. 2134. (Carton.) — 1 pièce, papier.

1582. — COURONNEAU. — Acquêt par Pierre Couronneau, boucher, d'un jardin près Montreuil-Bellay.

E. 2135. (Carton.) — 1 pièce, papier.

1503. — COURSEULLE (de). — Offre de foi et hommage au château de Saumur par Jean de Courseulle, au nom de Marie de Rattes, sa femme, pour ses maisons de La Roche à Saint-Cyr-sur-Dive.

E. 2136. (Carton.) — 8 pièces, parchemin ; 6 pièces, papier.

1498-XVIIIe siècle. — COURT (de LA). — Présentation par Jean de La Court de la chapelle de La Bellière, par Jacques de La Court, de la chapelle de La Conception, desservies en l'église de Saint-Pierre-Maulimart ; — enquête concernant le droit de pacage et de pasnage dans les bois du Fouilloux, prétendu par Pierre de La Court comme seigneur de La Guerche et de La Doublonnière en Savennières ; — contrat de mariage de François de La Court avec Jeanne de Courléon ; — note généalogique par le feudiste Audouys, etc.

E. 2137. (Carton.) — 2 pièces, papier.

1668-XVIIIe siècle. — COURTALVERT (de). — « Généalogie pour prouver l'alliance qui est entre la maison « de Courtarvel de Pezé et celle des Lechat ; » — aveu rendu à Martigné-Briant par René Courtalvert pour la seigneurie de La Gaubretière.

E. 2138. (Carton.) — 1 pièce, papier.

XVIIIe siècle. — COURTET (de). — Note du feudiste Audouys sur la famille de Courtet.

E. 2139. (Carton.) — 2 pièces, papier.

1750. — COURTIGNÉ. — Nomination d'Urbain de Lanoue à la curatelle des enfants mineurs de René Courtigné, marchand, et de Renée Aubry.

E. 2140. (Carton.) — 1 pièce, papier.

1742. — COURTILLÉ. — Nomination de Simon Goubault, apothicaire, à la curatelle des enfants mineurs de Jean Courtillé et de Marie Carré.

E. 2141. (Carton.) — 8 pièces, parchemin ; 5 pièces, papier.

1575-XVIIIe siècle. — COURTIN. — Présentation par Anceau Courtin de la chapellenie de Saint-Michel en l'église de Baugé ; — contrat de mariage de Jean Courtin, écuyer, sieur de Contigny avec Anne de Billon ; — donation mutuelle entre Robert Courtin, avocat au Présidial d'Angers, sieur de La Blaiserie, et Renée Mousseau, sa femme ; — acquêt par François Courtin de partie de la métairie du Réseau en la paroisse d'Andard ; — partage de la succession de Renée Mousseau, veuve de Robert Courtin, entre René Boylesve, Julien Angevin, Pierre Éveillard et autres cohéritiers ; — mémoire et consultation de F. Gouin, avocat, sur la validité du testament de Louise Ferrault, femme en secondes noces de François Courtin, menuisier ; — notes généalogiques d'Audouys.

E. 2142. (Carton.) — 1 pièce, papier.

1721. — COURTOIS. — Acquêt par Philippe Courtois, marchand, sur Marthe Amirault, femme de Jean Caillard de La Moinerie, d'une maison et de vignes en la paroisse Saint-Hilaire, près Saumur.

E. 2143. (Carton.) — 6 pièces, papier.

1687. — COURVAL (de). — Lettres adressées à M. de Courval, chanoine de Saint-Pierre de Saumur, par le sieur de Tessé, son chargé d'affaires à Paris ; — à M. de Courval, avocat à Saumur, par Archambault, de Chinon, au sujet d'arrérages de rentes.

E. 2144. (Carton.) — 1 pièce, papier.

1765. — COURY. — Renonciation par Marie et Louise Pichonnière à la succession de leur cousin, Laurent Coury.

E. 2145. (Carton.) — 4 pièces, parchemin ; 9 pièces, papier.

1499-XVIIIe siècle. — COUSTARD. — Présentation par Jean Coustard, sieur de La Coustardière, de la chapelle Notre-Dame de La Fouacière ; — acquêt par François Coustard, marchand de vignes en la paroisse de Brain-sur-l'Authion ; — partage du Moulinet entre Abraham et François Coustard ; — acquêt par Jean Coustard des métairies de La Bourgeoiserie, de La Guimière, de La Jubaudière en Montreuil-sur-Loir ; — contrat de mariage de Daniel Coustard, marchand de draps de soie, avec Marie Charon ; — factum pour Arnauld Coustard, chanoine de Saint-Maimbœuf d'Angers, contre Abel Coustard, son frère, chanoine de Saint-Martin ; — note du feudiste Audouys sur les droits à la noblesse d'échevinage de la famille Coustard.

E. 2146. (Carton.) — 2 pièces, parchemin ; 2 pièces, papier.

1592-XVIIIe siècle. — COUSTARDIÈRE (de LA). — Accord entre Louis de Rohan de Guémené, sieur de Brissarthe, et Antoine de La Coustardière, au sujet de rentes et de droits contestés ; — notes et extraits généalogiques par le feudiste Audouys.

E. 2147. (Carton.) — 2 pièces, papier.

1740. — COUSTIS. — Acquêt par Claude Coustis, procureur du Roi à l'Élection de Saumur, de partie du bois de La Serpillonnière en Neuilly et Vivy.

E. 2148. (Carton.) — 1 pièce, parchemin.

1710. — COUTABLE. — Partage de la succession de Vincent Coutable, curé de Grez-Neuville, entre Pierre Ciret, marchand, Urbain Chaligné et Pierre Denis.

E. 2149. (Carton.) — 2 pièces, papier.

1681-1685. — COUTANCEAU. — Acquêt par Mathieu Coutanceau, de maisons et vignes en Turquant et Parnay.

E. 2150. (Carton.) — 1 pièce, papier.

1749. — COUTANSAYE (de LA). — Sentence d'émancipation des enfants mineurs de Claude Jérôme de La Coutansaye, bourgeois d'Angers, et de Françoise-Christophe de Montigny, sa femme.

E. 2151. (Carton.) — 2 pièces, papier.

1770-1778. — COUTOULY. — Acquêt par Henri Coutouly, docteur en médecine de l'Université de Montpellier, sur Alexandre Mamineau et Claude Lemay, de deux maisons à Angers, près le château.

E. 2152. (Carton.) — 1 pièce, papier.

XVIIIe siècle. — COYRAUD. — Note du feudiste Audouys sur la famille Coyraud, seigneur de La Dinchenière en Querré et de La Maldemeure en Champigné.

E. 2153. (Carton.) — 4 pièces, papier.

1692-1772. — CRASNIER. — Vente des meubles de Jacques Crasnier; — accord entre Michelle Crasnier, Michel Guillotin Du Bignon, lieutenant en la maîtrise particulière des eaux et forêts d'Anjou, et Marguerite Maugars, pour le partage de la succession de Michel Crasnier, ancien juge consul des Marchands.

E. 2154. (Carton.) — 1 pièce, papier.

1718. — CRENEY. — Testament de Pierre Creney, écuyer, seigneur de La Faucille, portant divers legs aux paroisses de L'Hôtellerie-de-Flée et de Saint-Aubin-du-Pavoil.

E. 2155. (Carton.) — 2 pièces, papier.

XVIIIe siècle. — CRÉNY (de) — Extraits des registres baptistaires de la paroisse Notre-Dame d'Aliermont en Normandie, concernant Charles-François de Crény, fils de Louis-Adrien de Crény, capitaine au régiment de La Marche, et de Marie-Madeleine de Caqueray de Valloire.

E. 2156. (Carton.) — 1 pièce, papier.

1727. — CRESPELLIER. — Partage de la succession de Pierre Crespellier, marchand, et d'Anne Moutardeau, sa femme.

E. 2157. (Carton.) — 27 pièces, parchemin; 12 pièces, papier; 3 sceaux.

1404-XVIIIe siècle. — CRESPIN. — Contrat de mariage de Macé Crespin avec Loyse Aubour (au dos du parchemin est un dessin à la plume représentant un fou de cour en costume de chevalier (XVe siècle); — acquêt par Vincent Crespin et Perrine, sa veuve, de vignes en Reculée; — par Vincent Crespin, sieur du Gast, leur fils, de la métairie de La Maussionière en Bécon et de terres en Saint-Augustin-des-Bois; — présentation des chapelles du Mesnil en Saint-Maurice d'Angers et de Sainte-Anne en Baracé par René Crespin; — preuves de noblesse fournies par Pierre Crespin, sieur de La Chabocelaye, contre les manans et habitants de la paroisse de Chazé-sur-Argos, afin d'être rayé des rôles de la taille; — arrêt conforme de la Cour des Aides; — contrat de mariage de Pierre de Cheverue et de Renée Crespin; — brevet pour Pierre Crespin de l'office de sergent royal à la résidence de Sarrigné; — acquêt par Madeleine Nepveu, veuve de Pierre Crespin, sieur de La Chabocelaye, de la châtellenie de Vern; — partage de la succession de Françoise Nepveu, veuve de Pierre Crespin, sieur des Cloteaux; — note généalogique par le feudiste Audouys.

E. 2158. (Carton.) — 20 pièces, parchemin; 38 pièces, papier.

1584-1659. — CRESPY (de). — Échange entre Mathurin de Crespy et Guillaume Lechenu de terres en Corné; — acquêt par Ollivier de Crespy de La Mabilière d'un champ en Corzé; — partage de la succession de Mathurin de Crespy et de Guillaume Laboulle; — contrat de mariage de Julien de Crespy avec Françoise Brossais; — lettres de provision de l'office de maître des comptes de Bretagne en faveur de Julien de Crespy; — lettres-patentes du roi Louis XIII, qui accordent au précédent, démissionnaire de sondit office après 23 ans de bons services, de jouir des mêmes honneurs, rang et préséance, sa vie durant (avec signature autographe); — provision du même office, vacant par la résignation de Pierre Davy, pour Adrien de Crespy; — contrat de mariage du même avec Marie Lasnier; — ordonnance des commissaires députés pour la vérification de la noblesse, qui déclare ledit Adrien de Crespy, sur la production de ses titres, noble d'extraction; — partage entre René de Crespy, échevin d'Angers, et Nicolas Rubion Du Pasty, de la succession de Guy Boullay et de Renée Cornuau; — lettres de sauvegarde pour la maison de La Mabilière; — contrat pour la réception d'Angélique de Crespy aux Ursulines d'Angers; — lettres royaux portant avis à Adrien de Crespy de sa nomination dans l'ordre de Saint-Michel (avec signature autographe de Louis XIV); — donnant mandat au duc de La Meilleraye de faire la réception du nouveau chevalier (avec signature autographe), etc.

E. 2159. (Carton.) — 14 pièces, parchemin; 75 pièces, papier.

1609-1775. — Partage de la succession de Julien de Crespy entre ses enfants et Marie Lasnier, veuve d'Adrien de Crespy; — contrats de mariage de François de Crespy, sieur de La Mabilière, avec Marie Chauvel; — de Julien-François de Crespy, sieur de Chauvigné, avec Marthe de Méguyon; — partage de la succession de Marguerite de Crespy, femme de Jacques Gaultier Des Places et veuve en premières noces de François Cochon de Goupillon; — contrat de mariage de Julien-François de Crespy avec Catherine de La Mothe; — jugement de maintenue de noblesse pour François de Crespy de La Mabilière, Julien-François de Crespy de Chauvigné et leurs enfants; — procès-verbal des titres de noblesse produits par Jean-Baptiste-Charles-Joseph-Camille de Crespy pour sa réception dans l'ordre de Malte; — commission adressée à Dreux de Crespy par Louis d'Orléans, duc de Chartres, premier pair de France, grand-maître général des ordres royaux militaires et hospitaliers, pour la réception d'Annibal-François Luillier de Précy dans les ordres du Mont-Carmel et de Saint-Lazare de Jérusalem (avec signature autographe de Louis d'Orléans); — deux lettres de M. Leclerc, sieur du Fresne, au sujet de la mouvance de terres dans la vallée de Rochefort; — partage de la succession de Julien-François de Crespy et de Catherine de La Mothe entre Jean-Baptiste-Adrien de Crespy, sieur de La Basse-Guerche, Jules de Constantin, sieur de Marans, et Jean-François-Félix de Grimaudet; — testament de Félicité-Aimée Chauvel, veuve de François-Auguste de Crespy, etc.

E. 2160. (Carton.) — 2 pièces, papier.

1744. — CRESSAC (de). — Certificat pour François de Cressac d'assiduité au cours de théologie du collège des Jésuites de Poitiers; — lettres de Louis Cornilliot, prieur de l'abbaye Notre-Dame de Moreau, pour l'admission de François de Cressac, clerc tonsuré, au noviciat dans l'abbaye de Montierneuf de Poitiers.

E. 2161. (Carton.) — 1 pièce, papier.

1665. — CRESSON. — « Généalogie des ancestres de « Mre Marin Cresson, à présent diacre, demeurant aux « fauxbourgs de La Croix-Verte, paroisse de Saint-Lambert-« des-Levées, prouvée par les registres des baptisez et des « épousez en l'église dudit Saint-Lambert. »

E. 2162. (Carton.) — 1 pièce, parchemin.

1700. — CRESTEAU. — Bail par Anne Blancvillain, veuve de Louis Cresteau, sieur de La Motte, de la closerie de La Foresterie en Saint-Barthélemy.

E. 2163. (Carton.) — 1 pièce, papier.

1781. — CREUSOT. — Lettre du sieur Blouin, curé de Saint-Julien d'Angers, à son cousin Creusot, avocat à Beaufort, pour obtenir des renseignements sur le jeune Desmé, qu'il a l'intention de prendre en pension.

E. 2164. (Carton.) — 1 pièce, parchemin; 1 sceau.

1540. — CREVANT (de). — Présentation par Claude de Crevant de la chapelle de La Pinarderie en l'église de Martigné-Briant.

E. 2165. (Carton.) — 6 pièces, papier.

1621-XVIIIe siècle. — CRIQUEBEUF (de). — Transactions entre Jeanne Legauffre, veuve de Jean de Criquebeuf, écuyer, sieur de La Tremblaye, Renée de Criquebeuf, femme de François Jaret, sieur de La Palisse, René Bellet, mari de Guyonne Morineau, au sujet des successions de Jean Criquebeuf et de Guy Morineau; — note généalogique du feudiste Audouys.

E. 2166. (Carton.) — 1 pièce, parchemin.

1643. — CRISPIN. — Contrat de mariage d'Israël Crispin, maître orfèvre d'Angers, avec Catherine Dance.

E. 2167. (Carton.) — 3 pièces, parchemin; 24 pièces, papier.

1621-1766. — CROCHARD (de). — Présentation par Jacques de Crochard, sieur de La Crochardière, de la chapellenie de Saint-Louis et Saint-René en la chapelle du cimetière de Cheviré-le-Rouge; — lettres de provisions pour Armand René Crochard de La Crochardière de la survivance de l'office de gouverneur de la ville et château de Baugé; — arrentement par François de Crochard, chapelain en l'église Saint-Maurice d'Angers, d'une dîme dans la paroisse de Rablay; — lettre du ministre Bertin, au sujet de Buisneau, maréchal à Millon, recommandé par M. de Crochard; — lettre d'un sieur Bretonneau, traitant d'affaires privées et de nouvelles de Paris. « M. le chevalier de Saint-Geor-« ges, écuier de Mr le duc d'Orléans, connu à Paris pour « le plus aimable, le plus brave et la meilleure épée, sans « avoir jamais fait de mauvaises querelles à personne, sor-« tant d'une certaine maison, rue de Richelieu, fut sans « doute attaqué par quelqu'un et mit l'épée à la main. Un « exempt du guet le somma de rendre l'arme; il a eu le « malheur de le faire et au même instant il a été percé, et « on croit qu'il en mourra. M. d'Orléans prend le plus vif

« intérêt à cet assassinat ; » — procédure concernant le retrait féodal exercé par M. de Crochard sur Pierre Vignerais, huissier à Beaufort, de maison, jardin et cave saisis sur René Cailleau, de Baugé ; — bail de la closerie des Petits-Vaux en Chevirè-le-Rouge ; — note généalogique par le feudiste Audouys.

E. 2168. (Carton.) — 1 pièce, parchemin ; 1 pièce, papier.

1761. — Crochet. — Bulle et dispense, avec enquête à l'appui, pour le mariage de Mathurin Crochet et de Marie Fleurs.

E. 2169. (Carton.) — 14 pièces, papier ; 2 pièces, parchemin.

1502-XVIII° siècle. — Croix (de La). — Acquêt, sur Louis Crouin de Chambourg, par Jean de La Croix, sieur de La Plaine, du lieu du Clochereau « où ancienne-« ment estoit l'hostel de Belleuvue, duquel sont encores les « vestiges d'une cheminée de faczon antieque ; » — traité passé par Jean de La Croix, avec les Carmes d'Angers pour la réception de son fils en leur couvent ; — procuration consentie par Charles de La Croix, sieur de Monnet, et Françoise Baro, sa femme, à François-Eginaire Baro, curé de Miré, pour faire choix en leur nom de leur lot dans la succession d'Étienne Quetin, chanoine de Saint-Maurice d'Angers ; — notes et extraits généalogiques par le feudiste Audouys, etc.

E. 2170. (Carton.) — 1 pièce, parchemin ; 3 pièces, papier.

1709-1735. — Crosnier. — Titre nouvel par François Crosnier d'une rente due à Saint-Maurice d'Angers, sur Chandoiseau en Frémur ; — inventaire des meubles de la succession de Jean Crosnier ; — contrat pour l'apprentissage de Pierre Crosnier chez Pierre Rathouis, maître-couvreur.

E. 2171. (Carton.) — 1 pièce, papier.

1471. — Crosson. — Acquêt par Jean Crosson d'une rente de seigle sur la seigneurie d'Auneau en Bécon.

E. 2172. (Carton.) — 6 pièces, parchemin ; 6 pièces, papier.

1494-XVIII° siècle. — Crossonnière (de La). — Déclarations rendues à la seigneurie de Claye par Louis de La Crossonnière pour tenures dans la paroisse de Mûrs ; — acquêt par Roland de La Crossonnière de la terre de La Bougonnière en Mozé ; — présentation par Claude de La Crossonnière de la chapelle de Saint-Léger en l'église de Gohier ; — notes et extraits généalogiques par le feudiste Audouys.

E. 2173. (Carton.) — 1 pièce, parchemin.

1523. — Crouillon (de). — Attestation par Louis de Crouillon, sur la requête de François Crespin, sieur du Gast, qu'il n'a aucun titre concernant la terre de Lézigné.

E. 2174. (Carton.) — 1 pièce, papier.

1597. — Crouin. — Acquêt, sur René Lebouvier, sieur du Cléray, par Louis Crouin, sénéchal de Beaufort, de maison et vignes en Beaufort.

E. 2175. (Carton.) — 6 pièces, papier ; 2 pièces, parchemin.

1442-XVIII° siècle. — Cuillé (de). — Contrats de mariage de Yvon Dubois-Rahier avec Jeanne de Cuillé ; — de Mathurin de Cuillé avec Bertrande de Salles ; — « extrait des objections que font les sieurs Lebœuf contre « le sieur de Cuillé de La Foresterie au lieu et place de « madame de Cuillé au sujet de la succession de madame de « Bessay, veuve en dernières noces du vicomte de La « Nogarès ; » — notes et extraits généalogiques par le feudiste Audouys.

E. 2176. (Carton.) — 28 pièces, parchemin ; 36 pièces papier.

1394-1631. — Cuissart (de). — Bail par Jean Boistravers d'une maison en Chantocé à Girard Cuissart, sieur du Pin ; — acquêt par Jeanne Cuissart, dame de La Bouveraye, du fief de La Verderie en Montrelais ; — échange entre Jean Éliot et Girard Cuissart de terres et gaigneries dans les paroisses de Champtocé, Beausse, Le Mesnil ; — contrat de mariage de Pierre Cuissart avec Jeanne Lebigot ; — donation mutuelle entre Girard Cuissart et Jeanne Ruffier, sa femme ; — partage entre Girard Cuissart et Girard de Lancrau, de la terre de Taillécot ; — requête d'Antoine Cuissart afin d'être autorisé à faire enquête pour remplacer ses titres de noblesse détruits pendant les guerres ; — partage des successions de Jean Cuissart, sieur du Pin ; — d'Antoine Cuissart et de Jeanne Pellaud ; — hommages rendus par les seigneurs du Pin au château de Champtocé ; — consultation de Mes Cador et Altnau sur une clause du contrat de mariage de François Cuissart et de Françoise Duchesne ; — requête de Pierre Cuissart, sieur de Mareil, portant détail des titres produits pour maintenir son titre d'écuyer ; — inventaire et ventes des meubles du château du Pin, dépendant de la succession de Louis Cuissart et de Philippe de Brie, sa femme.

E. 2177. (Carton.) — 2 pièces, parchemin ; 22 pièces, papier.

1540-1652. — Procédure contenant le droit de sépulture dans la chapelle Saint-Martin du cimetière de Champtocé, contesté à la famille de Cuissart ; — « mises et « despenses pour l'enterrage » d'Antoine Cuissart, sieur du Pin, de Marguerite Cuissart, de Jean Cuissart, de René Cuissart ; — « catalogue » des membres de la famille pour qui il est fait prières nominales en la chapelle; — reconnaissance par Jean Dubouschet, sieur de Belligné, Renée de Quatrebarbes, sa femme, et Robert de Quatrebarbes du droit exclusif des membres de la famille Cuissart d'être enterrés dans ladite chapelle fondée par eux; — arrêt du Présidial d'Angers, qui le confirme; — fondation par Jeanne Cuissart, veuve de Jean de Vallodes, sieur du Verger, de messes et services dans les chapelles de Saint-Barthélemy et de Saint-Martin en Chantocé.

E. 2178. (Carton.) — 3 pièces, parchemin; 101 pièces, papier.

1656-1764. — « Inventaire des tiltres de noblesse et « filiations » produits à la Cour des Aides par Pierre Cuissart, sieur de Mareil; — inventaire et vente de ses meubles; — acquêt par Louis Cuissart d'une maison à La Chevallerie en Chantocé; — livre de recette et de dépenses tenu par Louis et Marin Cuissart, avec mention en tête du jour de la naissance de leurs enfants; — transaction entre Anne Sicault de La Noue, veuve de Louis-Claude Cuissart de Mareil, et son fils Claude-Nicolas Cuissart, sieur des Fontaines, au sujet des meubles de la succession paternelle; — partage de la succession de Julienne Poitras, veuve de Marin Cuissart, sieur de Mareil; — inventaire des meubles du château de Fontaines en la paroisse des Verchers, à la requête de Marthe-Marguerite Defay, veuve de Claude-Nicolas Cuissart; — quittances des rôles du vingtième et de la capitation, etc.; — notes et extraits généalogiques par le feudiste Audouys.

E. 2179. (Carton.) — 3 pièces, parchemin; 23 pièces, papier.

1646-XVIIIe siècle. — Cumont (de). — Vente par Mathurin de Cumont et Ambrois Defay à Anne de La Barre, veuve de Louis Boisard, des métairies du Grand-Parigné et de La Vitterie en la paroisse de Lasse; — sentence de la Sénéchaussée d'Angers qui prononce la séparation de biens entre Mathurin de Cumont et Renée Defay, sa femme; — partage de la succession d'Henri-Alexandre de Cumont, seigneur du Puy et du Buisson, et de Jeanne Reverdy; — inventaire des biens meubles de la communauté de Jean-Charles-Marie de Cumont et de Madeleine Renou de La Féauté; — lettre du sieur Potier de La Lande à Marie Cumont de Marcé pour le règlement de la succession de Cumont Du Pruinas; — notes généalogiques par le feudiste Audouys, etc.

E. 2180. (Carton.) — 5 pièces, parchemin; 18 pièces, papier.

1580-1678. — Cupif. — Généalogie anonyme de la famille Cupif; — contrat de mariage de François Cupif, avocat au Parlement, avec Renée Séguin; — lettres de diaconat pour François Cupif, chanoine de Saint-Maurice d'Angers; — présentation par Jean Cupif de la chapellenie de Sainte-Catherine en l'église Saint-Denis de Doué; — acquêt par Urbain Cupif d'une maison rue du Coq, à Angers; — partage de la succession de Jean Cupif de La Robinaye et de Claude Bariller, sa femme; — testaments de François Cupif, chanoine de Saint-Maurice d'Angers; — de Julien Cupif, chanoine de Saint-Martin; — contrats de mariage de Simon Cupif avec Catherine Dostel; — de François Cupif de La Béraudière avec Marguerite Leroyer; — testament de Christophe Cupif d'Aussigné, ancien maire d'Angers, etc.

E. 2181. (Carton.) — 4 pièces, papier.

1661-1751. — Cusson. — Acquêt par Charles Cusson, pâtissier, d'une maison au village de Laleu en Savennières; — par Jean Cusson, curé de Notre-Dame de Beaupréau, du bordage de Gaugy en Jallais; — licitation des biens dépendant de sa succession entre Jacques Cusson, supérieur du séminaire du Mans, Marguerite et Françoise Cusson, Michel Simon Malville, Pierre Baugé et autres cohéritiers.

E. 2182. (Carton.) — 1 pièce, papier.

1697. — Cyrano (de). — Extraits de l'acte et du contrat de mariage de Jérôme-Dominique de Cyrano, écuyer, avec Élisabeth-Henriette de Chéry.

E. 2183. (Carton.) — 4 pièces, papier.

1603-1691. — Dabattant. — Contrat de mariage d'Ambroise Dabattant de La Valinière avec Michelle Leblanc; — donation mutuelle entre lesdits époux; — testament de Michelle Leblanc.

E. 2184. (Carton.) — 3 pièces, papier; 1 sceau.

1632-1774. — Daburon. — Partage de la succession de Pierre Daburon, avocat au Présidial d'Angers, et d'Élisabeth Franchet, sa femme; — mémoire pour Georges Daburon, docteur agrégé à la Faculté de droit de l'Université d'Angers, contre Marguerite Belet, veuve de Mathurin Jourdan de Fleins, pour le partage de la succession de Georges Daburon, son père; — lettres de prêtrise de Pierre-Alexis Daburon, Récollet (signature autographe de l'évêque d'Angers, Jacques de Grasse).

E. 2185. (Carton.) — 1 pièce, papier.

1727. — Daigremont. — Inventaire des meubles de noble homme François Daigremont, dressé à la requête de Marguerite Brichet, sa veuve, et de ses enfants.

E. 2186. (Carton.) — 6 pièces, papier.

1779-1788. — Daillé. — Acquêts par Daniel Daillé, maître-horloger à Saumur, de terres dans la paroisse de Distré.

E. 2187 (Carton.) — 10 pièces, papier.

XVIIe-XVIIIe siècles. — DAILLON (de). — Notes et extraits généalogiques sur la famille Daillon, seigneur du Lude, de Briançon, de Sautray, etc., par Pétrineau Des Noulis, Pocquet de Livonnière et Audouys.

E. 2188. (Carton.) — 34 pièces, parchemin; 27 pièces, papier; 7 sceaux.

1421-1609. — Testament de Pierre de Daillon, sieur de Daillon et de La Charlebouchère, et de Christine, sa femme; — copie des lettres du roi Louis XI, qui donnent pouvoir à Jean de Daillon et à Jean d'Amboise, de traiter de la paix avec le roi Jean d'Aragon; — qui nomment Jacques de Daillon, conseiller et premier chambellan du dauphin Charles; — qui commettent et députent Jean de Daillon et Étienne de Vignolles à la direction générale des affaires de la guerre ès-marches de Roussillon et de Sardaigne et dans le pays de Languedoc; — qui, en reconnaissance des services rendus par Jean de Daillon, le nomment lieutenant général ès-pays de Languedoc, Roussillon, Sardaigne et Perpignan; — qui le nomment gouverneur d'Arras; — qui, pour récompense de son dévouement, lui donnent « les terres, places et sei« gneuries de La Ferté-Millon, Nogent, Lartault, Gan« deluz, Luzarche, Courtenay, etc.; » — acquêt par Jean de Daillon de la seigneurie d'Aubigné, près Le Lude; — testament de Louis de Daillon; — présentation par Thomas de Daillon de la cure de Tigné; — prise de possession par Jacques de Daillon de la baronnie de Briançon; — présentation par le même des chapelles des châteaux du Lude et de Sautré; — dotation de la chapelle Sainte-Anne de Chanzeaux par Anne Acarie, veuve de Joachim de Daillon; — contrat de mariage de Guy de Daillon, comte Du Lude, et de Jacqueline de La Fayette; — vente par Guy de Daillon de la terre de La Barbotière à Antoine de Brie; — lettres du roi Charles IX, qui octroient à François de Daillon « l'estat de connestable de la ville de Nantes; » — contrat de mariage de François de Daillon avec Marie Batault; — acquêt par René de Daillon de la terre de L'Épinière en Corzé; — testament de Louise de Daillon, femme de Barthélemy de Balzac; — don par le roi Henri IV au comte Du Lude du droit de lots et ventes de la terre de Saultré (avec signature autographe), etc.

E. 2189. (Registre.) — In-8°, papier, 69 feuillets.

1616-1619. — « Livre des gages de nos jans; » — en tête cette note : « Nauta que Monsieur de Luine n'est point « écrit dans ce livre, qui s'an étoit alé dès le mois de may « 1606. Yl avoit été sept ans à noz gages et gagnoit par ans « 300 livres de gage; yl a été depuis faict duc et conétable « de France; — Le 20 juillet 1608, M. de Branthe, frère « de M. de Luine, s'an est alé d'auprès de M. le comte Du « Lude, mon mary, qui luy donoit de gage 200 livres par « an; yl a été huict ans à nostre service, savoir quatre ans « page et quatre ans jantilhomme; yl a été depuis duc de « Lusambour an aiant épousé l'éritière; » — sont inscrits au rôle des gages MM. de Villeneuve, de La Neuville, gouverneur des enfants, Du Mont, de La Faiolle, de La Coussaye, de La Lécune, d'Homet, de Murat, Chalvert, précepteur du sieur Des Châteliers, Riette, argentier, Jean Guillot, Péregrin, valet de chambre, Noël, chirurgien du comte Du Lude, Lebal, violon des enfants, Marin, tapissier, Honoré, pâtissier, Mercier, secrétaire, Claude Roussier, Claude Viette, Jacques, Petit-Jean, Nicolas, cuisiniers, Darinet et Jacques, garçons des chiens, Baudet, tailleur, les demoiselles de La Roche, de Bois-Lanfray, de Maillé, etc.

E. 2190. (Carton.) — 22 pièces, parchemin; 52 pièces, papier.

1618-1627. — Copie des lettres royaux qui donnent mandat au cardinal de La Rochefoucauld de recevoir le sieur de Daillon, comte Du Lude, en l'ordre du Saint-Esprit; — testament de François de Daillon, portant entre autres legs, don à M. de Contades de toute sa vaisselle, à Noël Adrien, son chirurgien, de 600 livres, au sieur Donce, « l'un de ses gentilshommes, d'un cheval barbe appelé Le « Tuny; » — lettre du roi Louis XIII qui assigne sur ses épargnes au sieur de Briançon, fils du comte Du Lude, une pension de 4,000 livres (avec signature autographe); — arrêt du Parlement de Paris concernant la succession de François de Daillon, comte Du Lude; — lettres de rémission données à la requête du prince de Galles et des ambassadeurs d'Angleterre, en faveur de Roger de Daillon, comte de Pongibault, « lequel se seroit trouvé inopinément « engaigé, et sans aulcun desseing prémédité, en deux « combatz, le premier le 29 mars 1623 proche la maison « de Nanteuil, où il estoit lors, contre de Saldaigne, sieur « de Saint-Michel; lequel, l'ayant sans sugect provocqué à « se battre, se seroit mis en deffense, et s'estant ledit « Saint-Michel porté l'espée à la main avecq trop de viol« lence sur le suppliant, en parant aux coups qu'il luy « tiroit, l'auroit blessé d'ung seul coup d'espée dans le « corps, dont il seroit déceddé incontinant après, au grand « regret et desplaisir dud. suppliant; le deuxiesme, le jour « de Pasques dernier passé, contre le sieur de Boute« ville, qui, l'estant venu chercher jusques dans le mo« nastère des Minimes, scitué dans le parc du chasteau du « boys de Vincennes, où le suppliant s'estoit retiré dès la « semaine saincte pour le repos et devoir de sa conscience, « et vacquer aveeq moings de divertissement aux œuvres « de piété, l'auroit à desseing prié de sortir..., et l'ayant

« esloigné, mesme contrainct de se battre contre luy, sans « que le suppliant eust pu s'imaginer luy avoir donné « sugect de mescontentement..., auroit ledict suppliant mis « l'espée à la main... et de part et d'autre blessez tous « deux ;... ledit suppliant... en grand hasard de sa vie » (avec signature autographe de Louis XIII); — acquêt par Françoise de Schomberg, veuve de François de Daillon, de la seigneurie de Sacé; — fondation par la même dame d'une chapelle en son château de Briançon; — inventaire des meubles de la communauté d'Érasme de Daillon, comte de Briançon et du Grand-Perray, et d'Anne Hurault, sa veuve.

E. 2191. (Registre.) — In-folio, papier, 89 feuillets.

1626-1638. — « Livre des taires et des rantes dont « je jouis, » écrit tout entier de la main de Françoise de Schomberg, veuve de François de Daillon, et contenant la recette des seigneuries d'Illiers, de Rillé, de Briançon, de la dime du Ronceray, des vignes de La Marche, etc.

E. 2192. (Carton.) — 2 pièces, papier.

1673-1685. — Testament de Gaspard de Daillon, évêque d'Alby, contenant divers legs : — à l'hôpital d'Alby, un lit garni; au duc de Roquelaure, son grand rubis; au président Caulit, son émeraude et une pendule; à l'évêché, sa bibliothèque, à charge d'y entretenir un ecclésiastique, qui la tienne ouverte les lundis, mercredis et vendredis de chaque semaine de midi à quatre heures, « afin que les « religieux, prêtres et autres de la ville aient la liberté d'y « estudier... et à la charge aussi que ses successeurs éves« ques y mettront, tous les ans, de livres pour cent escus, « afin de la rendre complète, etc.; » — inventaire des meubles du château de Briançon dépendant de la succession d'Henri de Daillon, duc Du Lude, gouverneur des châteaux de Saint-Germain, La Muette, Versailles, etc.

E. 2193. (Carton.) — 1 pièce, papier.

1758. — DALAINE. — Acquêt par Julien Dalaine de la closerie du Coin-d'Hirôme en Saint-Lambert-du-Lattay.

E. 2194. (Carton.) — 1 pièce, papier

1767. — DALLIER. — Contrat de mariage de Louis Dallier, contrôleur des Aides en la ville de Candé, avec Anne-Modeste Simon, maîtresse de pension.

E. 2195. (Carton.) — 8 fragments de parchemin.

XVe siècle-1624. — DAMAS DU ROUX. — Notes héraldiques et généalogiques sur la famille et les alliances de Damas du Roux; fragments détachés du livre d'heures de Jeanne de Damas.

E. 2196. (Carton.) — 13 pièces, parchemin; 5 pièces, papier.

1627-XVIIIe siècle. — DAMOURS. — Présentation par Marguerite Bridée, veuve de Mathurin Damours, et François Damours, de la chapelle de Montagu en l'église de Durtal; — transaction entre Pierre Damours et Jean Girard au sujet d'un passage dépendant de La Mabilière; — acquêt par Catherine Tronchay, femme de Jean Damours, de La Ruffière en la paroisse du Lion-d'Angers; — par Jean Damours, conseiller au Parlement de Bretagne, des seigneuries de Chauffour et de La Jaudette en Saint-Barthélemy; — requête du sieur Damours au chapitre de Saint-Laud d'Angers, afin d'être autorisé à faire inhumer Jeanne Bridault, sa femme, en l'église de Saint-Barthélemy, reconnaissant qu'il n'y a point droit; — notes du feudiste Audouys.

E. 2197. (Carton.) — 1 pièce, papier.

1744. — DANICAN. — Partage des biens propres paternels de la succession d'Étienne Danican, prêtre, entre Fr. Gourreau, J. Sansiers, Perrine Goiset et autres cohéritiers.

E. 2198. (Carton.) — 230 pièces, papier.

1748-1759. — DANTON. — Vente des meubles de Henriette-Lucie Pelissier, veuve de Thomas Danton, marchand à Angers; — correspondance commerciale de Danton, Moreau et compagnie, imprimeurs sur étoffes à Angers : lettres de Lallart, de Marseille; Laforest, de Limoges; Lecoq, Lepage, Lambert, Lefevre, Laugevin, de Cholet; Libeau, de La Tessoualle; Luisel, de Lille; Laporte, de Toulouse, et autres; — il ne s'agit que de commandes et d'envois de marchandises.

E. 2199. (Carton.) — 1 pièce, papier.

1589. — DARIEN. — Testament de Jean Darien, doyen de Saint-Pierre d'Angers, portant diverses fondations de messes et services en son église.

E. 2200. (Carton.) — 1 pièce, parchemin; 1 pièce, papier.

1618-1621. — DARTOIS. — Déclaration rendue à la seigneurie de Sarrigné par Hélène de Montortier, veuve de Tristan Dartois, pour sa seigneurie du Verger; — règlement de compte entre ladite dame et son fils Tristan Dartois.

E. 2201. (Carton.) 1 pièce, parchemin; 1 pièce, papier.

1649-1666. — DASTIN. — Testament de Thomas Dastin, sieur de Saint-Laurent, et de Marguerite Deprez, sa femme; — « extrait du registre des généalogies de la noble « famille des sieurs Dastin. »

E. 2202. (Carton.) — 1 pièce, papier.

1557. — DAUDES. — Acquêt par Jean Daudes, sur

Pierre et Ambroise Maugars, des meubles d'Ambroise Turpin, sa femme.

E. 2203. (Carton.) — 2 pièces, parchemin ; 1 pièce, papier.

1580-1622. — DAUDOUET. — Partage entre Jamet Daudouet, Jean Lessaintier et Guillaume Duvau, de la succession d'Adam Pellouin et de Jeanne de Mozay, sa femme ; — vente par Nicolas Daudouet à Jean Trochode de terres à Bécon ; — par Claude Daudouet, chanoine de Saint-Laud d'Angers, Thomas Daudouet, teinturier, et Pierre Goullay à Salmon Amys, sieur d'Ollivet, des domaines de La Planche-Fresneau et du Petit-Aulneau en Bécon.

E. 2204. (Carton.) — 1 pièce, papier.

1600. — DAULDIN (de). — Transaction entre Madeleine Laurent, veuve de Simon Delaporte, chevalier, seigneur de Gorges, et René de Dauldin, écuyer, sieur de La Courneuve, au sujet de la succession de René de Dauldin, leur fils et neveu.

E. 2205. (Carton.) — 1 pièce, papier.

1750. — DAUNEAU. — Procès-verbal d'enquête et dispense d'affinité pour le mariage de *Jacques Dauneau* et de Louise Trotier.

E. 2206. (Carton.) — 2 pièces, papier.

XVIIIe siècle. — DAUVET. — Notes du feudiste Audouys sur la famille Dauvet de La Bourgonnière.

E. 2207. (Carton.) — 10 pièces, parchemin ; 43 pièces, papier.

1659-1789. — DAVIAU. — Acquêt par Pierre Daviau, curé de Louresse, et Gilles Daviau, marchand, de terres en la paroisse de Louresse ; — inventaire des meubles échus à Nicolas et Blaise Daviau *des successions de Perrine* Gremillon, leur mère, et de Jeanne Gremillon, leur tante ; — partage de la succession de Jean Daviau, notaire et arpenteur juré, et de Jeanne Villain, sa femme ; — de Gilles Daviau et de Catherine Hubert ; — vente des meubles d'Étienne Daviau, prêtre ; — cession de rente par Gabriel de Villebois à Gabriel Daviau ; — information de bonne vie et mœurs de Mathieu Daviau et sentence du sénéchal de La Grande-Guerche pour sa réception en l'office de greffier dudit marquisat.

E. 2208. (Carton.) — 2 pièces, papier.

1652-1699. — DAVID. — Déclaration rendue à la seigneurie des Marais par Jean David, sieur de Boismignon, pour terres et métairies sises en la paroisse de Blou ; — acquêt par Sébastien David des bordages de La Brarderie et de La Roche-Gautron en Jallais.

E. 2209. (Carton.) — 43 pièces, parchemin ; 81 pièces, papier.

1462-1680. — DAVY. — Partage de la succession de Jean Davy entre Jean Davy, son fils, et Jean Belhomme, son gendre ; — acquêt par Julien Davy, prêtre, de maisons en Corzé ; — testament de Laurent Davy et de Jeanne Corlaude, portant fondation de la chapelle Saint-Laurent en l'église de La Fosse-de-Tigné ; — lettre de tonsure de René Davy ; — testament de Laurent Davy, sieur de La Faultrière ; — acquêt par Pierre Davy, sieur de Bouligny, de *La Petite-Perrine en la paroisse d'Athée* ; — testament d'Isabelle de La Guette, veuve de Laurent Davy ; — inventaire des meubles de la succession de Sébastienne Lemaine, veuve d'Allain Davy, sieur de *La Diacrays, et en secondes noces femme d'Honoré Fahron*, sieur du Plessis ; — brevet pour René Davy de conseiller-juge honoraire en la Sénéchaussée d'Angers, etc.

E. 2210. (Carton.) — 8 pièces, parchemin ; 53 pièces, papier.

1631-XVIIIe siècle. — Accord entre les héritiers de Julien Davy et d'Andrée Hervé, sa femme ; — prisée et partage des *biens immeubles* d'Allain Davy, sieur de La Bournée, conseiller au Présidial d'Angers, et de Marguerite Volaige, sa femme ; — acceptation par Jacques Davy, sieur du Chiron, des *privilèges de la noblesse d'échevinage* ; — contrat de mariage de René Davy et de Marie Gorge ; — testament de Marie Davy ; — prisée des meubles de Robert Davy, notaire, et de Marie Garnier ; — acquêt par François Davy de Chauvigné *des métairies* de La Goupillère et de La Bourelière ; — par René Davy de Vaux de l'office de conseiller du Roi, correcteur en la Chambre des Comptes de Bretagne ; — testament de Françoise Lancelot, veuve de *Pierre* Davy ; — arrêt du Conseil d'État qui ordonne la rectification de tous les titres et brevets de François Davy de Chauvigné, qui par erreur portent le prénom de Claude ; — note du feudiste *Audouys*.

E. 2211. (Carton.) — 2 pièces, papier.

1689-1749. — DAZAY. — Acquêt par *Pierre* et Michel Dazay de terres et vignes en Saint-Cyr-en-Bourg.

E. 2212. (Carton.) — 1 pièce, papier.

1649. — DÉAN. — Vente par Nicolas Déan, Alexandre Déan, prieur de Daon, Nicolas Déan, le jeune, notaire à Segré, et François Déan, à Jean de Blain, écuyer, de la terre du Haut-Rossignol en la paroisse de Louvaines.

E. 2213. (Carton.) — 4 pièces, papier.

1690-1691. — DEBILLOT. — Partage de la succession de Jean Debillot et de Jeanne Chuppin ; — acquêt par Jacques Debillot sur Jean Debillot, son frère, de partie du Chêne-Percé.

E. 2214. (Carton.) — 1 pièce, parchemin; 1 pièce, papier.

1690-1699. — DEBONNAIRE. — Vente par Renée Debonnaire, veuve de Joseph Aubert, François et René Debonnaire, du lieu de La Licorne, à Jean Goussault, le jeune, praticien; — par Marguerite et Marie Debonnaire et Guy Debonnaire, sieur de La Presselière, des terres de La Graffinière et de L'Artusière en Querré, à maître François Crosnier, notaire.

E. 2215. (Carton.) — 1 pièce, parchemin; 13 pièces, papier.

1651. — DECHAMPS. — Contrat de mariage de Jean Dechamps, écuyer, sieur de La Perrerays, avec Guyonne d'Écuillé.

E. 2216. (Carton.) — 1 pièce, parchemin; 10 pièces, papier.

1605-1720. — DEFAY. — Acquêt par François Defay, sieur de Juilly, d'une terre en la paroisse de Lasse; — procédure pour Urbaine Defay contre François de Brye et Florent de Cumont, sa femme, au regard de la succession de Mathurin de Cumont et de Renée Defay.

E. 2217. (Carton.) — 8 pièces, papier.

1609. — DEFAYE. — Acquêt par Perrine Monceau, femme de René Defaye, sieur de La Grange, sur René Boylesve de Goismard, de sa part d'héritage dans la succession de Juliette Gaudin, veuve de Jean Martin; — inventaire des meubles de ladite veuve; — enquête sur les vie et mœurs de René Defaye, boulanger, sur l'instance de Marie Sinaut, sa femme, plaidant en séparation de biens par devant le sénéchal de la baronnie de Rochefort; — inventaire des meubles dudit Defaye, à la requête de sa veuve.

E. 2218. (Carton.) — 1 pièce, papier.

1759. — DEFFAIL. — Nomination de Jean Bigaret et de Jean Erguais à la curatelle des enfants mineurs de René Deffail, maçon.

E. 2219. (Carton.) — 2 pièces, papier.

1663-1676. — DEFRANCE. — Acquêt par Richard Defrance sur Pierre Legaigneux, de parties de maisons à Angers dans les rues Baudrière et des Lauriers; — transaction entre François Defrance, marchand, Louis Marc, sergent, et Jacques de Scépeaux, pour le paiement de La Hamonnière.

E. 2220. (Carton.) — 1 pièce, papier.

1718. — DEFRESNE. — Copie d'un mémoire de M. de Bois-Béranger, concernant la filiation de la famille Defresne, au soutien des droits successifs de Claude Defresne, sa femme.

E. 2221. (Carton.) — 1 pièce, parchemin.

1400. — DEGRIN. — Testament de Jean Degrin, apothicaire, portant entre autres legs, don de cent sous à la fabrique de la Trinité d'Angers « pour aider à faire ung « beau Jugement en l'arc de dessus le cueur. »

E. 2222. (Carton.) — 7 pièces, papier.

1755-1786. — DELAUGE. — Diplôme pour François Delauge, rhétoricien, de sociétaire de l'association des élèves de l'Oratoire d'Angers; — minutes de sermons de Delauge, curé de Chanteussé : sur le Jugement dernier; — sur la conception de la Vierge; — sur la fausse piété; — pour les quarante heures du carnaval, etc.

E. 2223. (Carton.) — 13 pièces, papier.

XVIIIe siècle. — DELABARRE. — Notes et extraits généalogiques du feudiste Audouys sur la famille Delabarre, seigneur du Buron, de La Roullaye, du Tilleul, de Saint-Sauveur-de-Flée, du Fougeray de Fournieux, du Vauduchon, de La Roche-de-Noyant, des Hayes, de La Tuilière, de La Lucière, etc.

E. 2224. (Carton.) — 22 pièces, parchemin; 33 pièces, papier.

1370-1796. — Acquêt par Jean Delabarre et Jeanne de Monternault, sa femme, des droits de Macée de La Voirie dans la succession de Jean de Monternault, son premier mari; — contrat de mariage de Jean Delabarre avec Isabeau Provost; — cession par Silvestre Delabarre à Jean, son frère aîné, de tous ses droits sur Le Gros-Chêne en la paroisse d'Athée; — contrat de mariage d'Africain Delabarre avec Françoise Bonamy; — partage entre Jean Delabarre, René Rogé et Nicolle Collas, sa femme, de la terre de La Haye en Saint-Augustin-des-Bois; — testaments d'Adam Delabarre, doyen de Saint-Maurice d'Angers, portant entre autres legs, don à son chapitre, d'une mitre « à luy baillée par l'évêque de Ruzé, qui l'avait acheptée « des héritiers de deffunct monsieur Bouvery, vivant évesque d'Angers; » — de Jacquine Delabarre, dame de La Haye; — partage de la succession de Gilles Delabarre, écuyer, sieur du Coudray; — inventaire des meubles de Paul Delabarre, sieur du Coudray; — ordonnance de maintenue de noblesse pour Françoise de Couanne, veuve de Paul Delabarre, et leurs enfants; — sommaire des titres produits par Pierre Raimbaut, Guy Petit et autres héritiers de Louis Delabarre, sieur du Pignon; — bulle de dispense pour le mariage de François Delabarre avec Marie-Anne de Chailland, etc.

E. 2225. (Carton.) — 4 pièces, parchemin ; 4 pièces, papier.

1619-1684. — DELAHAYE. — Lettres du commissaire des Grands Jours d'Anjou, portant pouvoir à Jean Delahaye d'exercer sa charge de notaire ès seigneuries de Voisin et Noyant; — constitution par François de Daillon, comte Du Lude, d'une rente de cent livres au profit de Jean Delahaye, orfèvre du Roi, sur le pont aux Changeurs, à Paris; — décret d'adjudication sur Claude Delahaye et Marie Davy, sa femme, des métairies de La Challière et de La Boullaye; — partage de la succession de René Delahaye, etc.

E. 2226. (Carton.) — 1 pièce, papier.

1600. — DELAMOTTE. — Acquêt par Mélaine Delamotte, receveur des décimes d'Anjou, de la métairie noble de La Caillère en Coron.

E. 2227. (Carton.) — 9 pièces, parchemin ; 6 pièces, papier.

1555-XVIIIe siècle. — DELAROCHE. — Transaction passée entre le chapitre de Saint-Pierre-Montlimard et Georges Delaroche, qui reconnaît au seigneur de La Ménantière son droit de sépulture dans ladite église; — contrat de mariage d'Eustache Delaroche avec Claude d'Ambrois; — notes et extraits d'actes authentiques par le feudiste Audouys, etc.

E. 2228. (Carton.) — 6 pièces, parchemin ; 18 pièces, papier.

1400-1785. — DELAUNAY. — Acquêt par Robert Delaunay de prés en la paroisse de Sainte-Christine, près le moulin de L'Épine; — par Pierre Delaunay, de terres en la paroisse de Montjean; — contrat de mariage de Mathurin Delaunay avec Anne Mercier; — constitution par Charlotte de Gradé, veuve de Charles de Maillé, d'une rente de 30 livres au profit de Madeleine Delaunay; — mémoire pour maître Joseph Delaunay, avocat au Présidial d'Angers, contre Auguste-Claude-François de Goddes, marquis de Varennes, etc.

E. 2229. (Carton.) — 1 pièce, papier.

1680. — DELAVAU. — Contrat de mariage de François Delavau avec Isabeau Garnier.

E. 2230. (Carton.) — 1 pièce, papier.

1752. — DELÉPINE. — Prisée des biens de la communauté de Pierre Delépine et de Jeanne Chrétien, sa femme.

E. 2231. (Carton.) — 1 pièce, parchemin; 15 pièces, papier.

1570-1611. — DELHOMMEAU. — Ordonnance de publication des biens de René Delhommeau; — marché passé par René Delhommeau avec Vincent Texier, marchand charpentier, pour la fourniture « des moules et moulaiges » du moulin Gillet; — fondation par Marie Delhommeau d'un service en l'église Saint-Pierre de Saumur; etc.

E. 2232. (Carton.) — 3 pièces, parchemin; 20 pièces, papier.

1610-XVIIIe siècle. — DELORME. — Contrat de mariage de Jean Delorme, avocat au Présidial d'Angers, avec Françoise Dauineau; — partage de la succession de Pierre Delorme, prêtre; — acquêt par Pierre-Gabriel Delorme, greffier au grenier à sel de Craon, de prés dans les paroisses de Ballots et de Gastines; — par Jean-Guy Delorme, avocat, échevin d'Angers, d'une rente foncière aux Rosiers; — partage des biens de François Delorme, sieur de Hauteberge, et d'Anne Gourreau, sa femme; — testaments de René Delorme et d'Élisabeth Capot de Champeaux; — partage de la succession de Jean-Guy Delorme, docteur agrégé en l'Université d'Angers, et d'Onésime-Marie Tarin, sa femme; — note du feudiste Audouys, etc.

E. 2233. (Carton.) — 1 pièce, papier.

1704. — DENECHÈRE. — Acquêt par Jean Denechère sur François Airault d'un pré en la paroisse du Voide.

E. 2234. (Carton.) — 3 pièces, parchemin ; 11 pièces, papier.

1480-1780. — DENIAU. — Acquêt par Macé Deniau d'une terre près la chesnaye de Launay, en la paroisse de Seiches; — contrat de mariage de Gabriel Deniau avec Michelle Lamy; — inventaire des meubles de Gabrielle Lécrivain, veuve de Jean Denet, aïeule des enfants mineurs de Pierre Deniau et d'Antoinette Denet; — « estat des perruques vendues après la vente des meubles de Pierre « Deniau, maître perruquier d'Angers, et de Tiennette « Denet, par moy Garnier, notaire à Angers, curateur de « leurs enfants; » — mémoire pour Charles-François Deniau, écuyer, Urbain-Charles de Montplacé, Ignace Lebret, et autres contre François Busson, marchand, et Élisabeth Lhommeau, sa femme; — contrat de mariage de Jacques Deniau avec Angélique Dillé, etc.

E. 2235. (Carton.) — 2 pièces, papier.

1759. — DENIS. — Inventaire des meubles de la succession de Jacques Denis et de Marguerite Guinoiseau.

E. 2236. (Carton.) — 3 pièces, parchemin ; 2 pièces, papier ; 1 sceau.

1580-XVIIIe siècle. — DENOUAULT. — Sentence qui condamne Claude de Polaines, mari de Madeleine Denouault, et Mathurin Denouault, sieur de Grandbois, à servir une rente due au chapitre Saint-Maurice d'Angers sur une maison en la rue Saint-Jean-Baptiste; — notes et extraits généalogiques par le feudiste Audouys, etc.

E. 2237. (Carton.) — 1 pièce, papier.

1654. — DENAIS. — Contrat de mariage de Claude Denoue, marchand, avec Jeanne Coullon.

E. 2238. (Carton.) — 1 pièce, papier.

1700. — DEPREAU. — Minute (sans nom d'auteur) d'un plaidoyer pour Jacques Depreau, marchand, demandeur contre Anne Lamiche, en exécution de promesse écrite de mariage.

E. 2239. (Carton.) — 1 pièce, papier.

1605. — DERONAULT. — Déclaration rendue à la baronnie de Bécon par Pierre Deronault pour sa terre du Grand-Quinzé en la paroisse du Louroux-Béconnais.

E. 2240. (Carton.) — 1 pièce, papier.

1764. — DERVAL (de). — Constitution par Louis-Salomon de La Tullaye et René-Henri de La Tullaye, sieur de Varenne, d'une rente de 250 livres au profit de Françoise-Pélagie Odye, veuve de François-Marie de Derval.

E. 2241. (Carton.) — 1 pièce, parchemin.

1626. — DESALLEUX. — Accord entre Olivier Simon, notaire royal, Louis et Jeanne Desalleux, Nicolas Hunault, mari de Julienne Desalleux, Pierre Forestier, mari de Renée Desalleux et autres cohéritiers pour le partage de la succession de Louis Desalleux et de Perrine Mahon.

E. 2242. (Carton.) — 30 pièces, parchemin; 6 pièces, papier.

1507-XVIIIe siècle. — DESAUBIERS. — Transaction entre Luce, veuve de Clément Desaubiers, et Olivier Tillon, au sujet de droits seigneuriaux dépendant de Sacé; — nomination de Guillot Desaubiers, écuyer, sieur de La Guignardière, et de Guillaume Bopin, écuyer, à la curatelle de François Desaubiers; — mémoire des médicaments fournis à M. Desaubiers par Viguier, apothicaire à Saumur; — note et extraits généalogiques par le feudiste Audouys, etc.

E. 2243. (Carton.) — 2 pièces, papier.

1579-XVIIIe siècle. — DESAUBUS. — Accord entre Gaspard Desaubus, Raoul, Louis et Ivonne Desaubus, au sujet de la succession de Raoul Desaubus, leur père; — note du feudiste Audouys.

E. 2244. (Carton.) — 46 pièces, papier, 1 cahier in-folio, 30 feuillets.

1748-1777. — DESBROSSES. — Livre-copie des lettres de commerce adressées par Michel Desbrosses, négociant de Saint-Domingue, à Joseph Théard, Pierre Burgevin, les RR. PP. de Foix et Naudin, jésuites, Mathias Lion, Michel Decamps, Antoine Lebreton, la veuve Geslin et autres correspondants de Bordeaux, Bayonne, Nantes, Angers, La Rochelle; — requête du même au sénéchal du Port-au-Prince, pour obtenir décharge de toute dette prétendue par la succession de Louis Baraud; — règlement de compte passé à Angers entre Michel Desbrosses et Desbrosses-Dessalines, son frère, de leur association commerciale; — règlement de compte avec le sieur Desbarres, etc.

E. 2245. (Carton.) — 3 pièces, papier.

1767-1785. — DESCARS. — Lettre du vicaire de Gouys à l'avocat Descars, de Baugé; — mémoires des sieurs Pignan, tailleur, Hélâne, drapier, Froger, perruquier d'Angers.

E. 2246. (Carton.) — 2 pièces, parchemin; 1 pièce, papier.

1600-1697. — DESCHAMPS. — Acquêt par Mathurin Deschamps de partie du lieu du Vignau en Contigné; — contrat de mariage de Guillaume Deschamps, maître-chapelier, avec Marguerite Durant, veuve de Jacques Mesnil; — testament d'Antoine Deschamps, avocat au Présidial d'Angers; — partage de la succession de Françoise Eslys, sa veuve; — extraits des actes de baptême et de sépulture concernant les enfants de Paul Deschamps, maître-boucher.

E. 2247. (Carton.) — 2 pièces, parchemin; 2 pièces, papier.

1488-1615. — DES DURANS. — Contrats de mariage de Janot Des Durans et de Marguerite de Bonnestat; — de Pierre Des Durans et d'Ambroise de Bournan, etc.

E. 2248. (Carton.) — 1 pièce, papier.

1749. — DESERIT. — Acquêt par René Deserit de vignes à Chalonnes-sur-Loire.

E. 2249. (Carton.) — 1 pièce, papier.

1773. — DES FEUGERETS. — Partage entre Émery-Claude Des Feugerets, capitaine au régiment de Piémont, et Marie-Éléonor Des Feugerets, femme de Louis de Fauchais, sieur de La Faucherie, de la succession de Louis-Jules Bolé, marquis de Chamlay.

E. 2250. (Carton.) — 3 pièces, papier.

1704. — DESFORGES. — Requête d'André Desforges, chevalier de Caullière, à l'intendant de Tours, afin d'être déchargé, comme gentilhomme, de la capitation; — certificat et quittance à l'appui.

E. 2251. (Carton.) — 6 pièces, parchemin; 14 pièces, papier.

1548-XVIIIe siècle. — DESHAYES. — Prise de possession par Pierre Deshayes de la Grande et de la Petite Mothe, de La Courtillerie-aux-Briants et de la closerie des Bois en la paroisse de Ballotz; — cession par François Martineau de La Faverie, avocat au Présidial d'Angers, à Claude

Maillot, veuve de Pierre Deshayes, juge audit Présidial, d'une rente de 10 livres 13 sous 4 deniers tournois; — enquête et dispense pour le mariage de Philippe Deshayes et d'Anne Gallais; — acquêt par Gaston Deshayes, sieur des Chenayes, de la closerie du haut Payet en la paroisse d'Andart; — notes et extraits généalogiques par le feudiste Audouys, etc.

E. 2152. (Carton.) — 5 pièces, parchemin; 9 pièces, papier.

1600-XVIIIe siècle. — Deshommeaux. — Bail par Claude Deshommeaux de la métairie de La Bretaudière en la paroisse de Jallais; — notes et extraits généalogiques par le feudiste Audouys, etc.

E. 2153. (Carton.) — 6 pièces, parchemin; 14 pièces, papier.

1400-XVIIIe siècle. — Deshommes. — Partages et contestation entre Jonas de Beranger, Anne Delaunay, veuve de Davy de La Musse, et autres héritiers de Charles Deshommes, sieur du Lys et de La Gaucherie-aux-Dames; — notes et extraits généalogiques par le feudiste Audouys, etc.

E. 2154. (Carton.) — 4 pièces, parchemin; 4 pièces, papier.

1528-1640. — Deslandes. — Échange entre Thomas Bonassis et Pierre Deslandes de terres et vignes dans les paroisses de Saint-Augustin et de Saint-Aubin des Ponts-de-Cé; — partage entre Guillaume et Jean Deslandes du lieu de Bonrepos sur le chemin d'Angers aux Ponts-de-Cé; — acquêt par Renée Lecouvreux, veuve de Guillaume Deslandes, de la terre de Lantivelle en Querré.

E. 2155. (Carton.) — 20 pièces, parchemin; 33 pièces, papier.

1410-1700. — Desmazières. — Prise à bail par Colas Desmazières d'une vigne en la paroisse de Mûrs; — acquêt par Jean Desmazières, sieur du Gruau, de terres et maisons dans les paroisses d'Andart et de Brain-sur-l'Authion; — vente des biens immeubles dépendant de la succession de Pierre Desmazières, notaire; — diplôme de maître ès-arts pour Jean Desmazières, clerc du diocèse d'Angers; — partage des successions de Pierre Desmazières, avocat au Présidial d'Angers, de Jean Desmazières, curé de Sarrigné, et de Françoise Desmazières; — de Nicolas Desmazières et de Marie Guionneau, sa veuve; — acquêt par Thomas Desmazières, juge-grenetier au Grenier à sel d'Angers, d'une rente foncière sur la maison curiale de Saint-Nicolas d'Angers, etc.

E. 2156. (Carton.) — 1 pièce, parchemin; 1 pièce, papier.

1572-1590. — Desmontils. — Contrat de mariage de Jean Desmontils, avocat, avec Anne Bérard; — partage de la succession de Michel Desmontils, procureur du Roi à Saumur, et de Jacquine de Rennes, sa femme.

E. 2157. (Carton.) — 8 pièces, papier.

1705-1742. — Desnos. — Accord entre les héritiers de Catherine de Brestay, femme de Joseph-Hyacinthe Desnos, sieur de La Mothe-Vallory; — vente par Joseph-Hyacinthe Desnos à Jean Carré, bailli civil et criminel de La chapelle Hainceln, des métairies de La Villaine et de La Verderie, en la paroisse de Nuillé-sur-Ouche.

E. 2158. (Carton.) — 1 pièce, parchemin; 6 pièces, papier.

1587-1710. — Despaigne. — Procuration donnée par Louise Boucault, veuve de Nicolas Despaigne, sieur de La Broce, à Charles Bernard, pour la représenter en ses affaires; — acquêt par Madeleine Goyer, veuve de Jean Despaigne, d'une maison au faubourg Saint-Laud d'Angers; — baux de ladite maison.

E. 2159. (Carton.) — 1 pièce, papier.

XVIIIe siècle. — Des Ridellières. — Note du feudiste Audouys sur la famille Des Ridellières, seigneur de La Paulière en Champtoceaux.

E. 2160. (Carton.) — 2 pièces, papier.

XVIIIe siècle. — Des Roches. — Aveu rendu à Blou par Gabrielle Dorléans, veuve de César Des Roches, pour droits de dîmes en la paroisse de Denneżé; — note du feudiste Audouys sur la famille Des Roches, seigneur de Sablé, de Briollay, du Château-du-Loir, de Longué, de La Roche-aux-Moines.

E. 2161. (Carton.) — 1 pièce, papier.

XVIIIe siècle. — Des Rues. — Note du feudiste Audouys sur la famille Des Rues, seigneur des Rues en Chemillé.

E. 2162. (Carton.) — 2 pièces, papier.

1674-1691. — Destais. — Testament et codicille de Jacquine Chollet, veuve de François Destais.

E. 2163. (Carton.) — 1 pièce, parchemin.

1311. — Destouches. — Vente par Macé de Meauzé à Aymery Destouches, écuyer, d'une foi et hommage lige par lui dûs sur son hébergement d'Étanche en Corzé.

E. 2164. (Carton.) — 2 pièces, parchemin; 4 pièces, papier (1 imprimée).

1616-1780. — Destriché. — Partage de la succession de Guillaume Destriché et de Jeanne Desbois; — constitution par François de Chérité d'une rente de 25 livres au profit de Jean Destriché, contrôleur des Traites à Angers; — acquêt par Jacques Destriché, orfèvre, d'une maison en la rue Saint-Laud d'Angers; — mémoire pour le sieur

Destriché, écuyer, secrétaire du Roi, seigneur de la paroisse de Baracé, contre les sieurs de Grimaudet, seigneur de la paroisse de Huillé, et Benoist, sieur de La Motte-Rigon, au sujet de la propriété des landes prétendues communes par les habitants d'Huillé et de Baracé.

E. 2165. (Carton.) — 2 pièces, parchemin ; 5 pièces, papier.

1593-1604. — DESVAUX. — Testaments de Honneur Desvaux, dame Des Moulins, et de Jeanne Desvaux, dame de Ligné-Godart, portant diverses fondations en l'église Notre-Dame de Lassée en Brignon, et dons et legs aux quatre ordres mendiants d'Angers ; — acquêt sur François Laigle et partage entre Gabriel Desvaux et Jacques Duperray de terres à Verneil-le-Fourier.

E. 2166. (Carton.) — 1 pièce, parchemin ; 4 pièces, papier.

1580-XVIIIe siècle. — DES VENTS. — Don en avancement d'hoirie par Bertranne de Maumusson, veuve de Robert Des Vents, à François Des Vents, son fils, de biens et rentes « dont il se puisse maintenir pour estre « pourveu aux saints ordres de prestrise ; » — note du feudiste Audouys sur la famille Des Vents, seigneur de La Devansaye et du Bois-Bureau.

E. 2167. (Carton.) — 2 pièces, papier.

1598-1616. — DEVAULT. — Contrat de mariage de René Devault, marchand à Parthenay, avec Catherine Gilbert ; — vente des meubles dudit Devault après décès.

E. 2168. (Carton.) — 3 pièces, papier.

1761-XVIIIe siècle. — DEVILLE. — Acquêt par Pierre-Roch Deville, avocat au Parlement, d'une maison en la rue Saint-Gilles d'Angers ; — brevet d'une pension de 600 livres pour Claude-Charles Deville de Fragny, comme « marque de satisfaction des services qu'il a rendus « dans les fonctions de garde des archives » des ordres de Saint-Michel et du Saint-Esprit ; — « tableau des 16 quar-« tiers de André-Pierre-Jacques-Paul Deville. »

E. 2169. (Carton.) — 8 pièces, papier.

1686-1760. — DEZÉ. — Prise à bail par Gilles Dezé de terres en les paroisses de Saint-Just-sur-Dive, Brezé et Saumoussay ; — acquêt par René Dezé de vignes en Turquant ; — enquête et dispenses d'affinité pour le mariage de Jacques-René Dezé, veuf de Marie Merceron, avec Marguerite Merceron.

E. 2170. (Carton.) — 6 pièces, parchemin ; 9 pièces, papier.

1691-1763. — DIDIER. — Contrat de mariage de Claude-Michel Didier, aide de gobelet du Roi et de madame la Dauphine, avec Louise Absolut, fille de François Absolut, président ancien au Grenier à sel de Craon ; — lettres de surséance pour Claude-François Didier, fils de Claude-Michel Didier, chef de la paneterie du Roi ; — partage de la succession de Michel Didier, marchand bourgeois de Saint-Germain-en-Laye, père et grand-père des précédents ; — compte rendu par Claude Didier, chef du gobelet du Roi, exécuteur testamentaire de Jean-Michel Didier, son oncle ; — don par Thérèse Tavernier, veuve de Charles Boutrais, et Catherine-Michelle Didier, veuve de François Boutrais, ancien officier de la Reine, à l'hôpital de la Charité de Saint-Germain de 7,000 livres léguées par ledit François Boutrais ; — partage de la succession de Louise Absolut entre Claude-François Didier, chef de gobelet du Roi, Michel Didier, chanoine de Saint-Pierre de Cassel, Denis Didier, bourgeois de Paris, et Marie-Antoinette Didier, ses enfants, etc.

E. 2171. (Carton.) — 6 pièces, papier.

1608-XVIIIe siècle. — DIEUSIE (de). — Déclaration rendue par Jean de Dieusie au fief d'Armaillé pour sa terre de La Logerie ; — transaction entre René-Charles-François d'Andigné et Louis de Dieusie, portant délimitation pour les fiefs de Champiré d'Orvaux et de Bugnon ; — notes et extraits généalogiques par le feudiste Audouys.

E. 2172. (Carton.) — 1 pièce, papier, incomplète.

XVIe siècle. — DIGNAN. — Partage de la succession de Macé Dignan.

E. 2173. (Carton.) — 1 pièce, papier.

1633. — DOGUÉE. — Testament de Jacques Doguée, de Nouzillon, près Nantes.

E. 2174. (Carton.) — 1 pièce, parchemin ; 2 pièces, papier.

1401-1539. — DOHIN. — Vente par Perrot Dohin à Pierre Bourmaut d'une terre en Saint-Lambert-des-Levées ; — testament de Jean Dohin, avocat à Angers, et de Jeanne Cohin, sa femme, portant fondation de messes et services en l'église Saint-Maurille d'Angers.

E. 2175. (Carton.) — 2 pièces, papier.

1570-XVIIIe siècle. — DOISSEAU. — Partage de la succession de Pierre Doisseau, sieur de La Millardière ; — note du feudiste Audouys.

E. 2176. (Carton.) — 4 pièces, parchemin ; 3 pièces, papier.

1559-XVIIIe siècle. — DOLBEAU. — Partage entre Jacques Dolbeau et André Bouchier des successions de Jean Bouchier et de Marie Normand ; — testament de Pascal Dalbeau, marchand, portant fondation « pour trois fils et trois filles bien pauvres » d'une rente annuelle de 10 livres tournois; — notes et extraits généalogiques par le feudiste Audouys, etc.

E. 2277. (Carton.) — 3 pièces, parchemin; 10 pièces, papier, (6 imprimées).

1414-XVIIIe siècle. — DOMAIGNÉ (de). — Généalogie de la maison de Domaigné de La Roche-Hue, originaire de Bretagne; — cession par Guy de Domaigné, commandeur du Temple d'Angers, d'une place en la rue Neuve au profit des Carmes d'Angers; — procès-verbal d'enquête par les officiers de La Flèche sur le meurtre de Guy de Domaigné, sieur de Tourmenault, et de Jean Émery; — mémoires judiciaires pour Jean-Baptiste-Louis de Domaigné de La Roche-Hue, seigneur de Changé, Millepied, La Galonnière, contre Renée Robert, veuve d'Augustin Éveillon, au sujet des préséances dans l'église de Saint-Augustin-lès-Angers; — contre le marquis de Fromentières, en demande d'indemnité pour une détention de neuf mois subie par lettres de cachet; — notes et extraits généalogiques par le feudiste Audouys.

E. 2278. (Carton.) — 8 pièces, parchemin; 16 pièces, papier.

1614-1742. — DOOSTEL. — Accord entre Marie Girard, veuve de Guillaume Doostel, et Jacquine Deslandes, veuve de Guy Arius, au sujet d'une rente sur Le Figuier; — contrats de mariage de Louis Doostel, greffier de la maréchaussée d'Anjou, avec Marie Guitteau; — de Catherine Doostel avec Simon Cupif; — consultation de Mᵉ Guyot, avocat d'Angers, sur les clauses du contrat de ces derniers; — partage de la succession de Claude Lecocq, veuve Doostel, entre François Du Pont-d'Aubevoie, René de Crochard, Louis Havard et autres cohéritiers.

E. 2279. (Carton.) — 11 pièces, parchemin; 2 pièces, papier; 7 sceaux brisés.

1494-XVIIIe siècle. — DOS-DE-FER. — Présentation par Isabeau Brehier, veuve de Jacques Dos-de-Fer, Simon Dos-de-Fer, Anne Jarry, sa veuve, et François Dos-de-Fer, de chapellenies desservies dans les églises de Saint-Quentin-les-Beaurepaires et de Saint-Nicolas de La Flèche; — acquêt par Julien Dos-de-Fer, sieur de La Gaulleraye, des fiefs et seigneuries de L'Étang et de La Houssaye; — notes du feudiste Audouys.

E. 2280. (Carton.) — 4 pièces, papier.

1735-1768. — DOUBLARD. — Accord entre Simon Doublard, Claude Ernault, Madeleine Boissard et autres cohéritiers de Suzanne Doublard, veuve de René Boizard de L'Épinière; — acquêt de La Martinière en la paroisse de La Jumellière par Joseph-François Doublard; — dispenses d'affinité pour le mariage de Simon Doublard avec Perrine Legouz.

E. 2281. (Carton.) — 6 pièces, papier.

1500-XVIIIe siècle. — DOULCE. — Partage entre Antonin Doulce, Geoffroy Forest et autres de maisons et terres en la paroisse de Noellet; — note du feudiste Audouys sur la famille Doulce, seigneur de La Marqueraye.

E. 2282. (Carton.) — 8 pièces, papier; 1 pièce, parchemin.

1587-1608. — DOUSSARD. — Acquêt par René Doussard, charpentier en bateaux, de vignes à Rochefort; — prise à bail par Mathurin Doussard, voiturier par eau, d'un emplacement sur le château d'Angers.

E. 2283. (Carton.) — 1 pièce, papier.

1606. — DOUSSEAU. — Testament de Barbe Dousseau, portant fondation d'un anniversaire perpétuel en l'église Saint-Martin d'Angers.

E. 2284. (Carton.) — 2 pièces, papier.

1687. — DOUSSIN. — Contrat de mariage de Nicolas Doussin, huissier du Roi en la Cour de Parlement de Paris, avec Catherine Mahieu; — partage de la succession d'Anne Pélu, veuve de René Doussin de Fontenelle, entre Clémence et Marie Chénuau, Jean-Joseph Gault de La Chauvais, Thérèse et René Dellion.

E. 2285. (Carton.) — 3 pièces, papier.

1606-1781. — DOVALLE. — Transaction entre Florent Dovalle, notaire à Saumur, et ses créanciers, portant abandon à Louis Ledoyen d'une maison à Chacé; — lettre du sieur Gain à Dovalle, sénéchal de Montreuil-Bellay, au sujet d'une dîme due sur des vignes de La Varanne; — arrentement par Nicolas-François Dovalle, marchand, de vignes en la paroisse de Varrains.

E. 2286. (Carton.) — 1 pièce, papier.

1611. — DRAPEAU. — Testament de Mathurin Drapeau, sieur d'Étiau, portant divers legs à l'église et aux chapelains de Gohier.

E. 2287. (Carton.) — 3 pièces, papier.

1780-1787. — DREUX. — Procès-verbaux de l'apposition et de la levée des scellés sur la succession de Françoise Harand, veuve de Louis Dreux de La Croix; — licitation entre Joseph et Mathurin Dreux, laboureurs, d'une closerie dans la paroisse d'Hommes.

E. 2288. (Carton.) — 2 pièces, parchemin.

[illegible]. — DREUX (de). — Arrentement par Jean de Dreux, chevalier, baron et vidame d'Esneval, de terres et prés en la paroisse de Manteville.

E. 2289. (Carton.) — 6 pièces, papier.

[illegible]. — DROUAULT. — Partage des successions de Pierre Drouault et de Mathurine Guget entre Pierre Marchais, Pierre Panneau et René Letouille; — acquêt par François Drouault, sur Michel-Antoine Clavereul, d'une maison au bourg de Sœurdres.

E. 2290. (Carton.) — 1 pièce, papier.

[illegible]. — DROUCHENAY. — Partage des successions d'André Droucheau, serrurier, et de Renée Chauveau, entre Étienne Chatelain et Simon Robert.

E. 2291. (Carton.) — 8 pièces, parchemin; 10 pièces, papier.

1684-XVIIIe siècle. — DROUET. — Obligation d'une somme de 420 livres consentie par Mathurin de Montallais, sieur de Chambellay, en faveur d'Isaac Drouet, sieur de La Roche-d'Urson, pour la vente d'un cheval « à poil d'étour- » neau; » — acquêt par François Drouet, contre-garde de la monnaie, d'une maison en la rue de la Bourgeoisie à Angers; — bail par l'évêque d'Angers à Simon Drouet, poissonnier, des pêcheries de la Loire et du Layon, dépendant de la baronnie de Chalonnes; — contrats de mariage d'Henri Drouet, sieur de Grassigny, avec Marguerite Du Roger; — de Gabriel Drouet, juge-garde de la monnaie d'Angers, avec Charlotte-Marie de Garciau; — note et extraits généalogiques par le feudiste Audouys, etc.

E. 2292. (Carton.) — 1 pièce, papier.

XVIIIe siècle. — DROUILLARD. — Note du feudiste Audouys sur la famille Drouillard, seigneur de La Barre et de L'Ébaupinais.

E. 2293 (Carton.) — 7 pièces, papier.

[illegible]. — DROUIN. — Contrat de mariage de Noël Drouin, notaire, avec Marguerite Tessé; — prestation de serment de Pierre Mont, curateur à la succession répudiée de Symphorien Drouin, chapelain de Villevêque; — actes de mariage de Clément Drouin et de Marie Huet et de baptême de Clément, Étienne et Marie Drouin, leurs enfants.

E. 2294. (Carton.) — 3 pièces, papier.

[illegible]. — DROUINEAU. — Acquêt par Anastasie Boudoiron, veuve de René Drouineau, d'une maison à Saumur; — prise à bail par Jeanne Savary, veuve de Jacques Drouineau, d'une cave à Aligné.

E. 2295. — (Carton.) 1 pièce, papier.

[illegible]. — DRUET. — Aveu rendu à la seigneurie des Touches par Jean Druet, marchand, pour la seigneurie des Monceaux de Verché.

E. 2296. (Carton.) — 2 pièces, parchemin; — 1 pièce, papier.

1610-1650. — DRUGEON. — Acquêt par René Drugeon d'une maison à Saumur; — fondation par Jacquine Delaran, veuve du précédent, de messes et services en l'église Saint-Nicolas; — constitution de rente par Sébastien Corbière au profit de Charles Drugeon, sieur des Portes, conseiller en la Sénéchaussée de Saumur.

E. 2297. (Carton.) — 1 pièce, papier.

[illegible]. — DRUSSÉ. — Partage de la succession d'Urbain Drussé entre Michel Hémon, René Hallouin et les enfants d'Étienne Muray.

E. 2298. (Carton.) — 1 pièce, parchemin.

1444. — DUBEC. — Reconnaissance consentie par Guillaume de Harcourt, comte de Tancarville, à maître Guillaume Dubec, maître de la Chambre aux deniers du Roi, de 550 écus d'or qu'il lui a prêtés « en son très-grant « besoing et nécessité. »

E. 2299. (Carton.) — 32 pièces, parchemin; 33 pièces, papier; 5 sceaux brisés.

1400-XVIIIe siècle. — DUBELLAY. — Déclaration rendue à la châtellenie de Montsoreau par Thibault Dubellay, prieur d'Allonnes; — offre de foi et hommage au château d'Angers par Loyse de Clermont, veuve de François Dubellay, pour sa baronnie de La Haye-Joullain; — acquêt par Eustache Dubellay, archidiacre de Paris, de la seigneurie de Neuillé; — requête de Charles Dubellay, sieur du Plessis-Ragane, contre Mathurin Drouineau, tonnelier, pour défaut de fournitures de pipes et busses (grands tonneaux) de vin, avant la vendange; — vente par Charles Dubellay, prince souverain d'Yvetot, marquis de Thouarcé, de sa baronnie du Plessis-Macé à messire Jacques Danès, évêque de Toulon; — par Guy Dubellay à Pierre Planchenault, sieur de La Forterie, des métairies de La Grande Motte-Motreux et de La Beaudouinière en Loiré; — notes et extraits généalogiques par le feudiste Audouys, etc.

E. 2300. (Registre.) — In-folio, papier, 145 feuillets.

[illegible]. — Aveu rendu au château d'Angers par François Dubellay, baron de La Forêt-sur-Sèvre, seigneur du Plessis de Giseux, de La Fougereuse, etc., pour sa baronnie de La Haye-Joullain en Anjou.

E. 2301. (Registre.) — In-folio, papier, 187 feuillets, le premier manque; plus 3 pièces papier, intercalées.

[illegible]. — DUBAILLE. — Journal de vente de Jacquet Dubaille, marchand drapier à Angers; *il contient de curieux renseignements sur les pratiques du commerce au* XVe *siècle, sur le costume, le prix des draps de velours, de damas, de satin,* les achats du marchand à la foire de Genève et la mention de ses clients, parmi lesquels figurent Antoine et Huet de Baïf, les sieurs de Martigné, de La Guerche, de Turé, de La Jumellière, de La Forest, un allemand « qui « demeure où la royne de Sicille, » Claux, tailleur du roi de Sicile, l'écuyer du roi de Sicile, qui pour acheter quatre aunes d'écarlate à 8 écus l'aune, engage « ung diamant « et ungne salade garnie d'orfaverie; » maître Jean le canonnier, le valet de chambre de madame de Calabre, l'amiral de Bretagne, etc. — Rondeau : « Hélas! que doys-je faire? »

E. 2302. (Carton.) — 9 pièces, parchemin; 31 pièces, papier.

XVIIIe siècle. — DU BOIS. — Transaction entre François Du Bois, sieur de La Burelière, et Jean de La Saulaye, au sujet de la délimitation de leurs fiefs; — acquêt par Marie Corisier, veuve de Gabriel Du Bois, bailli de Montrichard, de la closerie de Pontforet en la paroisse des Rosiers; — par Louise Luillier, veuve de Claude Du Bois de Maquillé, de partie du fief de Chambilles; — par Pierre Du Bois, de la seigneurie de Maineuf; — partage de la succession d'Olive Du Bois entre Ambroise Crosnier, Claude Vignault et Charlotte Chevalier; — *contrat de mariage de René Du Bois, sieur de Chanzeaux, avec Madeleine de Follies Des Roses, veuve de Louis de La Ville de Ferrolles;* — partage de la succession dudit René Du Bois de Chanzeaux entre Joseph Du Bois, Charles Thévenin, Louis-Hector de Tiropoil et Jean-Pierre Lebœuf; — notes et extraits généalogiques par le feudiste Audouys, etc.

E. 2303. (Carton.) — 1 pièce, papier.

XVIIIe siècle. — DU BOIS-BÉRANGER. — Note du feudiste Audouys sur la famille Du Bois-Béranger, seigneur de Vigré, du Gué et de Belleplante.

E. 2304. (Carton.) — 1 pièce, papier.

XVIIIe siècle. — DU BOIS-DE-GREZ. — Note du feudiste Audouys sur la famille Du Bois-de-Grez, seigneur du Bois-de-Grez en Neuville et de La Gasnerie.

E. 2305. (Carton.) — 27 pièces, papier; 8 pièces, parchemin.

1402-XVIIIe siècle. — DU BOUCHET. — Enquête sur l'extraction de François Du Bouchet, sieur de Bois-Guignot; — *réponses et contredits des paroissiens de Bécon à ladite enquête;* — lettres de sauvegarde pour Martin Du Bouchet, valet de chambre, garde des clefs des coffres et chef de la fourière du Roi; — partage entre François et Pierre Du Bouchet, Henri d'Espeigne et René Houssaye, de la succession de Jean Du Bouchet et de Jeanne Soyer; — contrats de mariage de Martin Du Bouchet avec Jeanne de Saint-Blançay; — de François Du Bouchet avec Jeanne Guesdon; — de François Du Bouchet, fils du précédent, avec Guillelmine de Morant; — exemption de l'arrière-ban accordée à René Du Bouchet par le duc de Montpensier; — contrat de mariage de Jacques Du Bouchet de Bellignë avec Claude Roirand d'Aubigné; — procès-verbal de compulsoire des titres de la terre du Vau en Savennières, produits par Christophe Du Bouchet à l'appui de sa noblesse; — acquêt par Claude Roirand, veuve de Jacques Du Bouchet, de La Richardaye en Bécon; — notes et extraits généalogiques par le feudiste Audouys, etc.

E. 2306. (Carton.) — 2 pièces, papier.

XVIIIe siècle. — DUBOUCHET. — Notes généalogiques par le feudiste Audouys sur la famille Dubouchet, seigneur de La Haye-de-Turcé, de Méral, d'Erdoul, etc.

E. 2307. (Carton.) — 1 pièce, papier.

XVIIIe siècle. — DUBOUCHET. — Note généalogique du feudiste Audouys sur la famille Dubouchet, seigneur de Villiers-Charlemagne et de La Gaudrée.

E. 2308. (Carton.) — 6 pièces, papier.

1630-XVIIIe siècle. — DUBOUL. — Présentation par Charles Duboul, sieur de Cintré, de la chapelle Sainte-Anne en l'église de Longué; — bail à ferme par Jean-Baptiste Duboul, sieur de Gouby, de la métairie de La Tour; — aveu rendu à Pouancé par Claude Morel, veuve de J. B. Duboul, pour sa seigneurie des Landelles; — notes et extraits généalogiques par le feudiste Audouys.

E. 2309. (Carton.) — 6 pièces, papier; 1 pièce, parchemin.

1574-XVIIIe siècle. — DUBREIL. — Testament et codicille de Jean Dubreil, écuyer, portant fondation d'un service en l'église de Sainte-Gemmes-sur-Loire; — acquêt par Jean Dubreil de vignes en Villevêque; — notes et extraits généalogiques par le feudiste Audouys.

E. 2310. (Carton.) — 1 pièce, parchemin; 12 pièces, papier.

1616-XVIIIe siècle. — DUBREUIL. — Partages des successions de René Dubreuil, baron d'Ingrandes, de Pierre Dubreuil, sieur de Cheminé, de Renée de La Coussaye et de Marguerite Cochelin Des Germonières, entre Pierre Dubreuil, Marguerite Lefebvre, veuve de René d'Hélland et Louis d'Hélland; — sentence de répartition des deniers provenant de la vente d'Ingrandes entre les créanciers de René Dubreuil; — présentation par Louise Dubreuil, femme de Pierre-Gabriel Daury, de la chapelle Sainte-Catherine de son château d'Ingrandes; — inventaire des titres dudit château; — note et extraits généalogiques par le feudiste Audouys.

E. 2311. (Carton.) — 6 pièces, parchemin; 18 pièces, papier.

1403-XVIIIe siècle. — Du Buat. — Sentence des commissaires délégués sur le fait des francs-fiefs et nouveaux acquêts d'Anjou, qui déclare Jean Du Buat, noble et de noble extraction et, comme tel, exempt de finances; — contrat de mariage de Jean Leufant de La Guesnerie avec Marie Du Buat; — de Charles Du Buat de La Soutrardière avec Élisabeth de La Corbière; — dispenses d'affinité pour le mariage d'Élisabeth-Antoinette-Rose-Gabrielle Du Buat avec Jean-Charles-César Daubert; — notes et extraits généalogiques par le feudiste Audouys, etc.

E. 2312. (Carton.) — 1 pièce, papier.

XVIIIe siècle. — Du Buignon. — Note du feudiste Audouys sur la famille Du Buignon de La Foucherie.

E. 2313. (Carton.) — 1 pièce, parchemin.

1508. — Du Butay. — Vente par Méry Du Butay à Odet et Louis Joubert, de La Garellerie en Saint-Germain de Montfaucon.

E. 2314. (Carton.) — 1 pièce, papier.

XVIIIe siècle. — Du Cazeau. — Note du feudiste Audouys sur la famille Du Cazeau, seigneur du Cazeau en la paroisse du May.

E. 2315. (Carton.) — 3 pièces, papier.

1482-1784. — Ducerne. — Partage des successions de Jacques Ducerne, ancien échevin d'Angers, et d'Agnès Blouin, entre Antoine-Pierre Béguyer, garde-marteau en la maîtrise des Eaux-et-Forêts d'Angers, Marie-Thérèze Ducerne, veuve de Pierre Trochon Des Gaudrées, Jacques Ducerne de Trollier, maître ès-arts de l'Université d'Angers, et Pierre-René-Denis Haugin de Lingrée; — licitation de la métairie de L'Empintière en la paroisse de La Tour-Landry entre François Bariller de Bouchillon et Rose-Renée Béguyer, héritiers du sieur Ducerne, leur oncle.

E. 2316. (Carton.) — 11 pièces, parchemin; 18 pièces, papier.

1516-XVIIIe siècle. — Du Chastelet. — Vente par Thibault Du Chastelet à l'abbaye de Pontron d'une rente de neuf boisseaux de seigle sur les métairies de La Pinchère et de La Frémandière, et de la pêche de son étang de Piard; — présentation par Perronnelle Du Chastelet, dame de La Chifolière, de la chapellenie de Sainte-Barbe, en l'église de Saint-Clément-de-La-Place; — contrat de mariage de Jean Du Chastelet, sieur du Rossay, avec Perrine Chotard; — enquête sur la demande en séparation de corps et de biens présentée par ladite Chotard contre son mari; — sommaire du procès pendant au Présidial d'Angers entre Jean Du Chastelet et Louise de Limesle; — notes généalogiques du feudiste Audouys, etc.

E. 2317. (Carton.) — 1 pièce, parchemin; 1 pièce, papier.

1680-XVIIIe siècle. — Duchastelier. — Bail à rente par dame Jeanne, veuve de Jean Duchastelier, sieur du Plessis-Le-Noir, de terres et maison en la paroisse de Hénon; — note généalogique par le feudiste Audouys.

E. 2318. (Carton.) — 2 pièces, papier; 1 cachet.

1722-1749. — Duchesnay. — Procès-verbal de levée des scellés mis sur les meubles d'Anselme Duchesnay; — brevet de capitaine de la milice bourgeoise d'Angers pour Jean Duchesnay (avec cachet aux armes d'Angers).

E. 2319. (Carton.) — 21 pièces, parchemin; 21 pièces, papier.

1493-XVIIIe siècle. — Duchesne. — Vente par Jean Duchesne de la dîme de La Ragotière à l'abbaye du Ronceray d'Angers; — contrats de mariage de René Duchesne, sieur de Vaux, avec Guyonne de Bréon; — d'Étienne Duchesne, docteur-régent en droit de l'Université d'Angers, avec Perrette Leloup; — de Jean Duchesne, sieur de Loucheraye, avec Claude de Juigné; — diplôme de licencié en droit civil et canon pour Étienne Duchesne; — contrat de mariage d'Étienne Duchesne, avocat au Parlement, avec Jacquine Couanon; — partage des terres de Loucheraye et des Vallées entre les héritiers de Jean Duchesne et de Claude de Juigné; — partage de la succession de Claude Duchesne, sieur de Crée, et de Renée de Rallay; — contrat de mariage de René Duchesne, sieur de La Berthelotière, avec Élisabeth Dubois; — inventaire des titres de noblesse produits par Joseph Duchesne pour maintenir son titre d'écuyer; — congé de M. Servien pour le sieur de Charlevoix au service de l'arrière-ban d'Anjou en remplacement de Joseph Duchesne, écuyer; — contrat de mariage de Joseph Duchesne avec Catherine de Montgodin; — inventaire du mobilier d'Henriette-Élisabeth Lepicart, dressé sur requête desdits époux, ses légataires; — testament de Joseph-François-Noël Duchesne, sieur de La Gautraye; — notes et extraits généalogiques par le feudiste Audouys, etc.

E. 2320. (Carton.) — 2 pièces, parchemin ; 41 pièces, papier ; 3 cachets.

1750-1790. — Du Chilleau. — Acte de baptême, certificat d'études de philosophie et de physique, lettres de sous-diacre, de tonsure, de diacre, de prêtrise, diplômes de bachelier et de licencié en droit pour Louis Du Chilleau; — prise de possession par le même de la chapelle de La Tour-Savary ; — procès-verbal de sa réception, comme prébendé, au chapitre de Saint-Martin d'Angers; — comptes avec ses domestiques; — avec M. Des Glaireaux, son pensionnaire; — « mémoire des desserts fournis à M. Du « Chilleau, doyen de Saint-Laud d'Angers ; — mémoire des « effets que Mlle Lapierre a achetés pour son usage ; » — acte de baptême de Gabriel-Louis-Charles-Marie Du Chilleau de La Marsonnière, etc.

E. 2321. (Carton.) — 36 pièces, papier.

1774-1787. — Lettres de Louis Du Chilleau à sa mère et à ses sœurs : « Je suis enfin sous-diacre; j'ay « épousé une femme qui ne me coûtera rien à nourir et par « conséquent ne m'occasionnera pas beaucoup de peine, « ce qui fait aujourd'hui ma contemplation et mon bon« heur; je suis très-satisfait et content d'avoir fait la dé« marche qui dans les commencements coûte beaucoup, mais « à présent ce n'est plus rien. Cependant, je crois que, si on « y avoit pas une grande inclination, que les suites en se« roient dangereuse, mais j'espère que je n'en serai pas « là. Je puis dire me voir un état assuré dont je suis bien « aise.... » — « J'ai une figure on ne peut plus allongé et « je crois même que je maigris à vue d'œil. Pourquoi? « parce que les raisons sont toute simple; je ne suis pas « dans mon centre. L'ennuye fait ma seul satisfaction; je « me déplais, on ne peut davantage, dans ce pays icy ; et si « je pouvois permuté mon canonicat pour le moindre béné« fices quelconque, cela ne seroit pas à faire, c'est que « cela seroit déjà fait ainsi. Tu dois voir en peu de mot ma « façon de penser. Pour répondre au sujet du doyenné de « St-Lô, je vois bien que cela n'est pas pour moy; M. de « Limoge ne paroît pas assez porté en ma faveur ; s'il avoit « envie de me le donner, il ne regarderoit point à la jeu« nesse; on ne regarde à l'âge que les chevaux en foire. » — « J'ay diner avec le marquis de Beauvau, celuy qui a « esté arresté à Angers, il y a sept ans; il plaide actuellement « au palais pour jouir totallement de sa fortune. Comme il « est interdit, il travaille à rentrer dans tous ses biens et à « Paris; il travaille à rendre sa seconde femme fille, attendu « qu'il prétend avoir été marié par un séculier et non un « prêtre; il dit qu'il avoit sa soutane et non la prêtrise. » — Voir la suite de ce dossier à la série L.

E. 2322. (Carton.) — 5 pièces, papier.

1760-1768. — Lettres de Madame Du Chilleau à ses filles : « Sans jamais avoir vu le Sacre d'Angers, j'avois « bien ouy dire qu'il y avoit plus d'indessances que de « dévotion. Pour les voleurs, ont toujours été nombreux « dans toutes ces fêtes. D'ailleurs je t'assure qu'il y en a « nombre partout ; ce monde là devient très commun, sous « prétexte que le paisant prétant que tous les biens sont « communs et que les riches doivent nourir les povres, et « n'atendés pas les charitez; et disent-ils, le grand nombre : « ce n'est pas vollé que de prandre le nécessaire ; les riches « nous le doivent. Plusieurs icy m'ont dit cella résam« ment. — La petite Duplessis a été enlevée de St-Fran« çois au Calvaire avec de terribles défences que personne « ne la voye ; c'est un vraye roman tragique que la vie de « cette petite. J'imagine que la vraye défence n'est que « pour St-Gelin. »

E. 2323 (Carton.) — 4 pièces, papier.

1781-1789. — Lettres de Jean-Baptiste Du Chilleau, évêque de Châlons, à mademoiselle Du Chilleau Du Rétail, sa cousine : « Je suis très-touché des marques de votre « souvenir et des témoignages d'intérêt que vous voulez « bien donner à l'occasion de ma nomination à l'évêché de « Châlons; » — « recevés, je vous prie, mon compliment « bien sincère sur la fin de vos affaires de famille ; je me « suis félicité de me voir à portée d'être utile à des parents « que j'aime et de pouvoir contribuer à établir parmi eux « la concorde et l'union ; » — « je suis chargé pour trois « ans des affaires de toute la Bourgogne, comme élu géné« ral de la province ; mon tems ne suffit pas avec la meil« leure volonté... Si j'étois en Poitou, je m'emploierois « encore de nouveau, ma chère cousine, à ce qui peut vous « intéresser ; mais il ne me sera pas possible d'y aller de « longtemps, » etc.

E. 2324. (Carton.) — 72 pièces, papier.

1779-1789. — Lettres de M. et de Mme Du Chilleau de La Marsonnière à l'abbé Du Chilleau et à mademoiselle Du Chilleau, sa sœur : « Tu sais sans doute l'expédition qui « s'étoit faite pour Jersays. 950 hommes avoient paru sous « le commendement Du Crane de Rullecourt ; ils avoient « fait la plus heureuse dessente, s'étoient emparez de plu« sieurs forts et ensuite de la ville et du château, suivant la « capitulation qui en a esté faite avec 9 millions de ran« çons ; mais comme ceste petite armée n'étoit composée « que de 400 galériens et le surplus de la légion de Luxem« bourg, elle s'est livrée au pillage et laissée aller à la dé« bandade. Les habitants et la garnison ont repris les

« armes, les ont investis et les ont fait prisonniers... M. de « Rullecourt après avoir reçu 3 coups de feu en se rendant « chez le commendant, un habitant luy a tiré un coup de « fusl. par sa fenêtre et l'a getté sur le carreau. Les Anglois « en. perdu 400 hommes et cette petite troupe 200, » etc. — Il n'est question dans les autres lettres que d'affaires d'intérêt, de partages de famille, etc., qui ne se peuvent extraire, ni analyser. — Voir la suite de ce dossier à la série L.

E. 2325. (Carton.) — 43 pièces, papier.

1772-1784. — Lettres de Mme Du Chilleau de Saint-Geslin à son frère et à ses sœurs : « Les nouvelles de la « ville sont un régiment qu'on attent icy sous huitaine; « les casernes sont marquée; la maison du curé en sert « encore; celle de M. de Klatine a été aussi marquée; « on a fait beaucoup de représentations pour en empes- « cher, je ne scai pas si on réussira; il es sûr que des « chambres parqueté, frotée et sirée ne sont pas ordi- « naire à Messieurs les soldats et qu'on n'a pas coutume « de leur fournire des trumeaux pour faire leurs toillet- « tes; » — « Mlle de La Férandière est mariée de mardy « dernier avec un nommé M. de Caumont, très-riche, « et qui n'a voullue aucune dottes, trop heureux de possé- « der Mlle de La Férandière; ils resteront avec leurs beau- « père et belle-mère, tant que cela plaira aux uns ou « aux autres; les noces ont été faites à leurs campagnes « d'un brillant à éblouir; il y avoit trois confisseurs seule- « ment pour les desserts; juge actuellement des cuisiniers... « Les assemblées ont perdu leurs faveurs; la foire de Sainte- « Radegonde n'étoit presque rien. C'étoit hier l'assemblée « à Saint-Junien d'où M. de La Frémandière est seigneur; « il n'y avoit pour tout marchand qu'un boulangers, qui se « cachoit et craignoit beaucoup qu'on ne luy confisca son « pain; » — « nous avons balle public et redoute. Une « scène arrivée à Mme de La Chevallerie au balle public « a été le sujet de l'invention des redoutes; elle fut insul- « tée par un écolier de droit, qui après l'avoir fait danser « de force, en faisant un pas de rigodon, c'est laissé tomber « si cruellement sur cest pieds qu'elle a été obligée de « pleurer et d'estre emmenée promptement. Toutes les « personnes de la première société onts pris faite et cause « de cette insulte et ce sont retiré du balle avec la ferme « résolution de n'y pas retourner; mais pour ne pas se pri- « ver du plaisir de la dance, elles onts établie une redoute; « les hommes paye et les femmes y vont gratis; elles y sont « invitée par des billets; » — « Poitiers n'a pas changé, « depuis que tu l'as quitté; je ne sache pas de grande nou- « velle depuis que tu habites l'Anjou, si ce n'est le mariage « de M. de La Baraudière manqué; et c'est elle qui a été « l'infidelle. Elle c'est mise au couvent des Ursulines; on « croit que ce n'est pas pour longtemps, mais uniquement « pour empescher les reproches de son cher amant qui est, « dit-on, fort affligé; il devoit avoir son âge dans le mois « prochain. Elle a dit, à ce qu'on prétent, qu'elle ne vouloit « pas entrer dans une famille qui ne vouloit d'elle que par « force, en apparence; car on est très-persuadé que le père « en est faché et que le tout étoit un jeu joué pour ne rien « donner à son fils et en être débarrassé. »

E. 2326. (Carton.) — 23 pièces, papier.

1772-1789. — Lettres de M. et de Mme Du Chilleau de Saleine : « Ma femme a reçu, pendant son séjour à La « Tour-Savary, une lettre fort honneste de M. l'évesque « d'Angers, qui ne paroît pas trop consentir à ce que tu « entres dans les ordres à cet ordination, n'avant que trois « mois de théologie. M. l'évêque de Poitiers te donnera « tout ce qui te sera nécessaire lorsque M. l'évêque d'An- « gers ou le supérieur de ton séminaire lui en aura écrit. » — « Le vin tombe; j'en ai encore quelques pièces; le ca- « baret m'en a débité une partie; mais si le chevalier [de « Malthe] restoit longtemps avec moy, je crois, ma foy, qu'il « ne me faudroit pas beaucoup de marchands. Enfin il est « parti pour Poitiers! Il m'a dit en confidence, c'est-à-dire « en présence de tout le monde, qu'il ne pouvoit pas rester « dans un endroit où il n'avoit pas d'intrigues; mais ces « intrigues ne sont pas recherchées; c'est la première venue « des rues de Poitiers, qui voudra. » — « L'abbé Rolland « est mort à Poitiers et Mme de Thiers, qui autrefois étoit « Mlle de Saligny. Elle n'a pas joui longtemps de la succes- « sion de son père, qui n'est mort que du mois d'aoust der- « nier. Mlle de Saligny, qui étoit recluse dans un couvent « par la haine de son oncle, est, dit-on, rendue chez « Mr Babinet à Beaumont et y fait les beaux jours, » etc.

E. 2327. (Carton.) — 4 pièces, papier.

1772-1780. — Lettres de Mme Du Chilleau de Souligné : « Nous attendons, demain ou dimanche, notre ma- « réchal; quoiqu'il y ait provisions de gibier, si vous en « avez, il sera bien reçu; » — « nous avons aujourd'hui « les duchesses, avec lesquelles nous avons diné hier; « comme je n'aime pas beaucoup les grandeurs, cela ne « m'amuse pas prodigieusement; cependant, à rendre hom- « mage à la vérité, elles sont très-aimables, surtout la « jeune, qui est charmante; » — « le bruit court que « Du Chilleau, capitaine du *Prothée*, aura le comman- « dement d'un autre vaisseau; la Reine, dit-on, le protége

« *ouvertement*; ce qu'il y a de certain, c'est qu'il est « échangé; que les Anglois ont eu pour lui des procédés in- « fâmes et qu'il est à Paris, où il travaille à sa justification; « il en a déjà esté question dans les nouvelles et cer- « tainement son affaire n'en restera pas là; c'est le vœu « général de toute la famille. » — « Nous avons *dans ce* « moment une très-aimable société et le projet de jouer la « comédie. J'aurai moins de peine que les autres acteurs « parce que les pièces que nous voulons donner sont *Les* « *Jeux de l'amour et du hazard* et *La Gageure*, dans les- « quels j'ai repris mes anciens rôles. »

E. 2328. (Carton.) — 4 pièces, papier.

1772-1780. — Lettres de M. Du Chilleau Du Châtei- gner *et* du chevalier Du Chilleau : « Il ne faut pas trop se « flatter sur la fortune de notre maison; quand on est sept « cadets en Poitou, il faudroit avoir un bien énorme pour « pouvoir *en* avoir un assez considérable pour être à son « aise chacun, » etc.

E. 2329. (Carton.) — 8 pièces, papier.

1778-1785. — Lettres de Mme d'Alençon de Souligné : « M. l'ancien évêque de Limoges a la goutte depuis deux « mois; il attend qu'il se porte bien pour travailler; je le « vois souvent et le sollicite vivement. J'ay vu M. l'évêque « d'Angers *pour le prier* de se réunir à moi; pour M. de « Seez, mon cousin, il est très-bien disposé, s'il étoit le « maître. Je conseille pourtant à M. Du Chilleau *de lui* « *écrire* en plaisanterie, comme à une ancienne connois- « sance, et de lui demander que si l'incommodité de M. de « Limoges dure et qu'il laisse le travail, qu'elle espère « qu'il ne la chargeroit pas d'une aussi mauvaise commis- « sion que celle d'exclure son frère, » etc.

E. 2330. (Carton.) — 20 pièces, papier.

1773-1789. — Lettres adressées à M. et à Mlles Du Chilleau par MM. Barrin de Prépéan; — Mme Bobin-Dessalines — Mme Bodin Des Forestries : « Vous allez « donc voir cette grande capitalle et vous paressé efrégé « de vous *montré* dans le grand monde; rasuré-vous, « ma bonne; votre mine ne fait pas peur; vous este au « contrère faite pour plaire à tous ceux et celle qui vous « vérons; » — Mme De La Brisolière : « On nous an- « nonce la bien venus du frère du Roy pour le mois de mai « et qu'il veut que les quarabiniers raivienne demeurer à « Angers. Voilà nos nouvelles; mais une plus intéressante « est le mariage de Mlle Gibot avec M. de Varanne, le cegont « fils de la Marquise; elle mérite bien trouver un bon parti; « car ellès bien aimables et d'un joli caractère; » — Cor- beau Des Mazures; — Couet Du Vivier de Lorry, évêque d'Angers : il se tient tout au service de Mlle Du Chilleau et a fait les démarches nécessaires pour obtenir l'admis- sion d'un neveu parmi les pages du duc de Penthièvre; dès qu'il sera en âge, il ne sera pas oublié; — de Cour- cival; — Delisle-Rouhet; — Desbrosses : « M. votre « neveu a été enregistré aux pages de l'écurie de Mgr le « comte d'Artois... il ne peut espérer d'être à pied qu'en « 1790 et même sur la fin... il est aujourd'hui de la plus « grande difficulté de placer les jeunes gens; tous les corps « sont plain et beaucoup de solliciteurs... C'est M. de Gas- « sonville, mon ami, qui a tout fait dans cette affaire; » — Deville; — Duchesnay, curé : « Vous avez donc résolu, « mon cher doyen, de ne plus me revoir; je suis sincère- « ment touché de cette désunion dont nous ignorons tous « les deux la cause. Du moins faites-moi la grâce de m'in- « diquer le moyen de recevoir la somme de 101 livres trois « sols que vous me devez, » etc.

E. 2331. (Carton.) — 46 pièces, papier.

1765-1787. — Lettres de Duplessis-d'Argentré, évêque de Séez : compliments de nouvelle année; — Duran, curé de Foudon : il recommande les pauvres au doyen de Saint-Laud; — Duvivier; — de La Flochereau; — de La Fouchardière : « Vos sauteurs de la procession « du Sacre m'ont l'air bien païens et bien indécents; il « faut aussi dire que MM. les filoux sont bien terribles! « Comment donc est-ce que de bonnes loix ne pour- « roient pas arrêter tous ces abus, rendre à Dieu le culte « qui lui est dû avec décence et aux hommes la sûreté et « la tranquillité; » — Jacques de Grasse, évêque d'An- gers : il espère trouver d'autres occasions de reconnaître mieux les services du sieur Asseline; — de Laugrenière; — Mabille; — Mauny; — de Monthas; — Muller, chanoine de Saint-Laud; — Pallu; — Papillault; — L. Péricault, prieur de Montfaucon; — le duc de Praslin (autographe) priant Mlles Du Chilleau de lui faire l'honneur de souper chez lui; — de Rogé; — Richard; — de La Vrillière; — Villecot de Beaucorroy : « Le chevalier m'a promis de « me faire voir quelque chose qui me fera beaucoup de « plaisir, si dans la réponse, que vous aurois la complai- « sance de me faire, vous lui en donnés la permission. « Jugés, ma chère commère, de toutes les sollicitations que « je lui ai fait, pour me faire voir ce dont il m'avoit parlée; « mais tous mes efforts ont été vaines; c'est ce qui me « persuade que c'est votre porterait. J'ose vous prier de « marquer par un petit billet pour lui de me le prêter pour « en faire faire une copie; je vous jure que personne, que « lui, ne saura que j'en suis possesseur, » etc. — Voir la suite de ce dossier à la série L.

E. 2332. (Carton.) — 2 pièces, parchemin ; 1 pièce, papier.

1551-1619. — Du Cimetière. — Acquêt par Jean Du Cimetière de la closerie de La Licorne en Saint-Nicolas d'Angers; — partage de la succession dudit acquéreur entre Jean Chotard, Nicolle Lepaintre, veuve de Pierre de France, Jeanne Du Cimetière, veuve d'Étienne Terrier, et Renée Lemaczon.

E. 2333 (Carton.) — 4 pièces, parchemin ; 10 pièces, papier ; 1 sceau.

1498-1676. — Dufay. — Accord entre Hélie Dufay, sieur du Jau, Jacques Migon et Michel Lesourt, curé de Villévesque, pour le partage de la succession de François Dufay; — commission donnée par René de Cossé-Brissac, gouverneur du Maine et d'Anjou, à Antoine Dufay, sieur de La Perrière, aux fins d'informer sur le bris et pillage de la forêt de Longaulnay (avec sceau et signature autographe de René de Cossé); — fondation par Barthélemy Dufay, licencié ès-lois, de la chapelle Notre-Dame-de-Pitié dans le cimetière Saint-Laurent d'Angers; — vente par Jeanne Dufay, femme de Moyse Dalesme, chevalier, trésorier de France, à Hélie Dufay, sieur de Grandville, de « deux tables de dyamant en « deux anneaulx d'or couppez; item, ung aultre anneau « ouquel y a une table de dyamant et une table de rubis, « tenans ensemble; item, une aultre bague où il y a ung « saphir blanc; item, vingt grosses perles; item, un ciel de « satin rouge cramoisy avec le doulcier, trois panthes, le « fons et bardes sans rideaulx; item, ung tappis vellu de « Turquye; item, ung coffret de velours viollet cramoisy « enrichy de drap d'or frizé garny d'un petit estuy à mettre « bagues, et ung mirouer d'assier et des espoussettes; » — testament d'Hélie Dufay, par lequel il ordonne qu'à « tous- « jours, soit donné, chasque premier vendredi des mois de « l'année, deulx pains d'ung soulz pièce au chapelain de la « chapele et dix autres pains d'ung soulz pièce à dix « pauvres, » etc.

E. 2334. (Carton.) — 2 pièces, papier.

XVIIIe siècle. — Dufferie (de La). — Note du feudiste Audouys sur la famille de La Dufferie, etc.

E. 2335. (Carton.) — 2 pièces, papier.

1516-1619. — Dufraisier. — Procès-verbal de réception de Jean Dufraisier en l'office de sergent ordinaire de la châtellenie de Chalonnes; — acquêt par Maurice Dufraisier, sergent royal à Angers, d'une maison en la rue de l'Écorcherie.

E. 2336. (Carton.) — 1 pièce, parchemin ; 4 pièces, papier.

1653-XVIIIe siècle. — Dufresne. — Accord entre Madeleine et Antoinette Challopin pour le partage de la succession d'Ollivier Dufresne, doyen de la Faculté de droit d'Angers; — notes et extraits généalogiques du feudiste Audouys.

E. 2337. (Carton.) — 1 pièce, papier.

1661. — Dugrat. — Vente par Pierre Dugrat, sieur de Malvoisine, à Jacques de Varice et Claude Dugrat, sa femme, de la maison de Boisrondeau sur le Tertre Saint-Laurent d'Angers.

E. 2338. (Carton.) — 3 pièces, papier.

1619. — Dugrenier. — Contrat de mariage de René Dugrenier, baron d'Olleron, avec Louise Lecirier; — accord entre René Dugrenier, baron d'Olleron, et René Dugrenier, marquis d'Olleron, pour le partage de la succession maternelle.

E. 2339. (Carton.) — 2 pièces, papier.

1629. — Dugrès. — Acquêt par Mathurin Dugrès, sieur de La Tremblaye, de la seigneurie des Aulnais en Épiré; — partage des successions de Jean Dugrès et de Jeanne Girard, sa veuve.

E. 2340. (Carton.) — 4 pièces, papier ; 2 pièces, parchemin ; 1 sceau.

1519-1776. — Dugué. — Acquêt par Jean Dugué, prêtre, de vignes au Petit-Morier; — testament d'Anne-Françoise Dugué; — présentation par Mathurin Dugué de la chapelle de Sainte-Suzanne de Linières en Brigné; — contrat de rente consenti par Mathieu de Scépeaux Du Bois-Guignot au profit de Marie-Geneviève Dugué et de Jacques-Alexis Roustille de Valleray.

E. 2341. (Carton.) — 2 pièces, parchemin ; 4 pièces, papier.

1445-1707. — Duguesclin. — Testament de Guillemette Duguesclin; — vente par César Duguesclin, sieur de La Roberie, et Bertrand Duguesclin, sieur de Cariquel, à François Lefebvre de L'Aubrière, de la moitié de la dîme de la paroisse de Corseul; — contrat de mariage de René Duguesclin, sieur de Beaucé, avec Marie Sourdrille; — présentation par René Duguesclin, des chapellenies d'Auvers, du Courtin et du Defays en la paroisse de Saint-Pierre-sur-Erve.

E. 2342. (Carton.) — 1 pièce, papier.

1659. — Duhallot. — Acquêt par Jean Duhallot, écuyer de la grande écurie du Roi, de la terre et seigneurie de Sorges.

E. 2343. (Carton.) — 10 pièces, papier.

1678-XVIIIe siècle. — Duhardas, marquis d'Hauteville. — Fragment d'une généalogie; — notes et extraits par le feudiste Audouys; — lettre de M. de Frébourg au marquis Duhardas, son cousin : il le remercie de l'envoi de la généalogie des Beiriant : « Je suis persuadé que, par la « négligence de nos grands-pères, nous avons perdu notre « part dans plusieurs successions. Mme la marquise de « Salins de Marsilly paroit avoir esté la seulle à les recueil- « lir pour les laisser à un fils unique, mauvais sujet; je « sçais qu'il avoit fait un mauvais mariage; j'ignore s'il a « des enfants; mais pour luy n'étoit pas fait pour habiter la « belle maison du fameux Bussy-Rabutin dans laquelle il y « avoit, disoit Mme sa mère, pour plus de 60,000 livres de « tableaux; » — minutes de marchés passés par le marquis d'Hauteville avec Victor Mars, maçon, et François Létourneau, charpentier, pour la construction d'une orangerie.

E. 2344. (Carton.) — 1 pièce, papier.

XVIIIe siècle. — Du Layeul. — Note du feudiste Audouys, sur la famille Du Layeul, seigneur du Layeul.

Du Lauress. — Voyez Laurens (du).

E. 2345. (Carton.) — 8 pièces, parchemin; 3 pièces, papier.

1416-XVIIIe siècle. — Du Mau. — Donation par Jean Du Mar, seigneur de La Vaisousière et de Longchamp, à Jean Du Mar, son second fils, du domaine de Saint-Martin de Villenglose; — cession par Jean Du Mar, baron de Durtal, abbé de Saint-Thierry lès-Reims et grand doyen d'Angers, à François d'Espeaux, du tiers de la succession immobilière de René Du Mar, son père; — testament de Jean Du Mar, évêque de Dol, portant divers legs aux Cordeliers, à La Baumette, à Florent Levayer, son barbier, à François Meslet, à Pierre Barras, son sommelier, à Guillaume Harchier, son chapelain, etc.; — note du feudiste Audouys, etc.

E. 2346. (Carton.) — 1 pièce, papier.

X…e siècle. — Du Margat. — Note du feudiste Aud[illegible], sur la famille Du Margat, seigneur du Margat et de Contigné au XIIIe siècle.

E. 2347. (Carton.) — 1 pièce, parchemin, incomplète.

1655. — Dumaron. — Lettre de prêtrise de Jean Dumaron.

E. 2348. (Carton.) — 9 pièces, parchemin; 35 pièces, papier.

1580-1699. — Dumesnil. — Lettres royaux portant autorisation pour Brisegault Dumesnil, d'entrer en possession de la succession de René de Beschard, par représentation des droits de François Dumesnil, son père, absent depuis plus de sept ans; — contrat de mariage dudit Brisegault Dumesnil avec Millette de Saint-Fraimbault; — lettres d'exemption du ban et de l'arrière-ban au profit de Mathurin Dumesnil, de service « près la personne du sieur « de Matignon » en l'armée royale de Normandie; — contrat de mariage dudit Mathurin Dumesnil avec Marguerite Hamelin; — testament de François Dumesnil portant entre autres legs, don de 60 livres à l'église de Saint-Augustin-des-Bois « pour ayder à faire bastir la chapelle Nostre-Dame; » — acquêt par Jean-Baptiste Dumesnil, conseiller du Roi en l'Élection de Montreuil-Bellay, des deux tiers de la succession d'Huguet Cailleteau, notaire à Antoigné; — partage de la succession dudit Jean-Baptiste Dumesnil entre Jean Letellier, Étienne Bonnet, Guillaume Dumesnil et Catherine Dumesnil, veuve de Pierre Lévesque; — acquêt par Marie Lemercier, veuve de Louis Dumesnil, de la métairie de La Loyère en Chigné; — procès-verbal du domaine d'Antoigné; — inventaire des titres de la châtellenie des Brosses; — hommages et quittances de rachat pour la métairie de La Perrière en Coron, etc.

E. 2349. (Carton.) — 9 pièces, parchemin; 177 pièces, papier.

1727-1789. — Constitution par Henri Dumesnil d'Aussigné d'une rente viagère de trente livres à Bernardine, sa fille, religieuse bénédictine de La Fougereuse; — inventaire des meubles de Catherine Dumesnil, veuve de Charles Lebeuf, et partage de sa succession entre Jean Rondel, marchand drapier, et André Oudry de La Bougrie; — partage des successions de Guillaume Dumesnil, conseiller de la Prévôté de Saumur, et de Catherine Hubert, sa femme; — acquêt par Louis Dumesnil d'Aussigné, capitaine au régiment royal Infanterie, des closeries de La Couraye et de La Fardellière en Tiercé; — baux des métairies de Langelière et de La Frapillonnière, de La Perrière, du Puy-Libault; — acquêt d'un quartier de bois à La Hinière en Thouarcé; — contrat de mariage de Pierre Dumesnil d'Aussigné avec Mélanie-Françoise Louet; — extrait des titres de fondation des chapelles du Pineau et du Champ; — règlement de la succession de Pierre Dumesnil, sieur du Pineau, entre ses enfants et sa veuve; — pièces de compte, mémoires de Lemasson, Girard et Coquereau, menuisiers, d'Arnoul, vitrier, de Martin, arquebusier, de Deville, tapissier, de Roussel-Desloges, drapier; — quittances de la rente servie à Mlle d'Aussigné, religieuse de La Fougereuse; — état du mobilier de la maison de la rue de L'Hôpital à Angers; — note des médicaments fournis par Coustard et Raimbaud, apothicaires; — comptes de dépense de la cuisine de madame de Saint-Sauveur; — mémoires de Mitouflet, serrurier; — billet d'enterrement d'Anne-Marie Bucher de Chauvigné, femme de Pierre-Étienne Dumesnil, chevalier, seigneur du Pineau, etc. — Voir la suite de ce fonds à la série L.

E. 2350. (Carton.) — 2 pièces, parchemin ; 18 pièces, papier.

1629-XVIIIe siècle. — Du Mortier. — Contrats de mariage de René Du Mortier de La Rucheanière avec Renée Merdret, dame de L'Ouvrinière ; — d'Hector Du Mortier avec Antoinette Du Pavillon ; — acte de baptême de Louis, fils de René Du Mortier et de Suzanne Le Roy de La Véroulière ; — sentence des commissaires royaux pour le règlement des tailles de la généralité de Touraine, portant maintenue de la noblesse de René et de Louis Du Mortier ; — transaction entre George Hullin et Renée de La Pouèze, veuve d'Honorat Du Mortier, concernant leurs droits respectifs de propriété sur l'étang du Nargat en Contigné ; — nouvelle maintenue de noblesse prononcée par l'intendant de Touraine au profit de ladite veuve et de ses enfants ; — notes et extraits généalogiques du feudiste Audouys.

E. 2351. (Carton.) — 1 pièce, papier.

1740. — Du Mouchel. — Copie de l'acte de baptême de Jean-Baptiste, fils de Jean-Baptiste Du Mouchel et de Catherine Blondel.

E. 2352. (Carton.) — 1 pièce, parchemin.

1511. — Du Mourisson. — Partage entre Étienne, Laurent et Érard Du Mourisson, de la succession de Perrine, veuve d'Hervé Du Mourisson.

E. 2353. (Carton.) — 1 pièce, papier.

1634. — Dumoustier. — Plainte déposée par devant le sénéchal du duché de Beaupréau par Michel Dumoustier, licencié-ès-lois, contre Baptiste Bizet et ses enfants pour voie de fait et calomnies.

E. 2354. (Carton.) — 3 pièces, papier.

1508-XVIIIe siècle. — Dumur. — Partage de la succession de Françoise Dumur entre Michel Robinet et Fouquet-Benoist, ses beaux-frères ; — transaction entre les héritiers de Michel Dumur ; — note du feudiste Audouys.

E. 2355. (Carton.) — 1 pièce, parchemin ; 2 pièces, papier ; 1 sceau.

1580-XVIIIe siècle. — Du Parc. — Présentation par Claude Du Parc, commissaire des guerres au pays et évêché de Tréguyer, seigneur de Locmaria, de la chapelle de Maupertuis en l'église de Méral ; — note et extraits généalogiques par le feudiste Audouys.

E. 2356. (Carton.) — 3 pièces, papier.

1573-1721. — Du Pas. — Contrat de mariage de Pierre Du Pas, sieur de La Grée, licencié en droit, avec Ysabeau Marchant ; — abandon par François Du Pas à François Doublard de ses droits en la succession de René Cadots, prêtre, etc.

E. 2357. (Carton.) — 1 pièce, parchemin ; 1 pièce, papier.

1691-1700. — Duperray. — Acquêt par Jacques Duperray, tannelier, d'une pièce de terre à Verneil-Le-Fourier ; — constitution d'une rente hypothécaire de 60 livres par André Pissonnet de Bellefonds à Renée Cordier, veuve de Jamet Duperray.

E. 2358. (Carton.) — 1 pièce, papier.

1616. — Dupillé. — Fondation par Françoise d'Ahuillé, veuve de François Dupillé, d'une messe basse par semaine en l'église des Cordeliers d'Angers.

E. 2359. (Carton.) — 2 pièces, parchemin ; 5 pièces, papier.

1497-XVIIIe siècle. — Dupineau. — Aveu rendu à la seigneurie de La Jumellière par Barbe de Lesperonnière, veuve de Simon Dupineau, pour sa gaignerie de La Lesraudière ; — lettres royaux portant don à Gabriel Dupineau de l'office de conseiller au Présidial d'Angers ; — notes et extraits du feudiste Audouys.

E. 2360. (Carton.) — 32 pièces, parchemin ; 28 pièces, papier.

1500-XVIIIe siècle. — Du Planty. — Acquêt par Guillaume Du Planty, d'une rente de seigle sur la gagnerie du Juret en Sainte-Christine ; — contrats de mariage de Jean Du Planty avec Catherine de Vallée ; — de Guillaume, leur fils, avec Jeanne de La Rivière ; — « demande pétitoire que baille par escript par devant vous, messieurs « tenans le Parlement du Roy, Jean de Kercouant, escuier, « à l'encontre de Guillaume Du Plantis », au sujet de la succession de Pierre de Kercouant, son père ; — contrat de mariage d'Hervé Du Planty, sieur des Marchais, avec Françoise Du Puy-du-Fou ; — testaments de Thiephaine de Landerneau, Jeanne de La Rivière et Françoise Du Puy-du-Fou, dames Du Planty ; — contrat de mariage de Jean Du Planty avec Anne d'Averton ; — fondation par ledit Jean d'une chapellenie en l'église paroissiale de Sainte-Christine ; — lettres, vidimées par l'official d'Angers, d'Adrien, légat du Pape, qui autorisent Jacques Du Planty, sieur des Marchais, des Petites-Minières, de Cossé, à faire publier monitoire contre ceux qui pillent et dévastent ses forêts et bois des Marchais, de Montaugibert, de Guérin, d'Alençon, du Bois-au-Moine ; — mémoires et arrêts rendus entre René de Cossé-Brissac et Jacques Du Planty, au sujet des terres de Godonvillers, Courcellêtes et Chenevières en Beauce ; — lettre de René de Clermont à J. Du Planty : « M. mon cousin, j'ay veu ce que m'avez escript touschant « quelques mauvès garsons qui sont allez plaintis vers « vous ; et vous promectz que, sy sçaviez la pietié que j'ay « veue devers les boys, croy que ne feriez requeste pour « eulx... ; je penses avoir veu d'une veue plus de IIIIxx va- « ches dens les tailles qui ne seroient avoir plus d'ung an,

« et puvez pencer le proffict que l'on peult avoir après « cella » (olographe signée); — mémoire des médicaments fournis à Mademoiselle Du Planty par Goupil, apothicaire à Angers; — notes et extraits généalogiques par le feudiste Audouys.

E. 2361. (Carton.) — 23 pièces, parchemin; 1 pièce, papier; 1 sceau; débris de sceaux.

[illegible]-XVIIIe siècle. — Du Plessis. — Procuration donnée par Macé Du Plessis, seigneur du Plessis-Macé, à Pierre Du Plessis, Philippe Du Plessis, Burchard Du Plessis, Briant Boneclerc, Philippe de Saint-Léger, Jean Du Pré et Maurice de La Guillaumière, pour le représenter en toute affaire; — don par Jean Gaitet, chapelain de Notre-Dame en l'église Saint-Martin de Torfou, de tous les arrérages de rentes qui peuvent lui être dus sur la terre de l'Aubraye en Saint-Aubin-sur-Sèvre, à René Du Plessis, clerc, fils de Jacques Du Plessis de La Bourgonnière, « tant pour partie « de son entretenement à l'escole et à l'estude que autre- « ment; » — assignation donnée par l'abbé de Saint-Florent à Jean Du Plessis de La Bourgonnière pour fait de chasse sur ses terres; — sentence du bailli de Touraine portant entérinement des lettres de rémission obtenues par Charles Du Plessis de La Bourgonnière « pour la mort et occision « intervenue en la personne de feu Pierre Lebrun; » — présentation par Jean Du Plessis de La Chaperonnière, de la chapelle de Saint-Sauveur desservie en l'église de Jallais; — note et extraits généalogiques par le feudiste Audouys, etc.

E. 2362. (Carton.) — 64 pièces, parchemin; 9 pièces, papier.

14[illegible]-XVIIIe siècle. — Du Plessis. — Transaction entre Guillaume Du Plessis et Jeanne Triganne, veuve de Jean Du Plessis de La Roche-Pichemer, son frère aîné, au sujet des avances de deniers qu'elle avait faites pour racheter son mari prisonnier des Anglais; — contrat de mariage d'Ambroise Du Plessis de La Roche-Pichemer avec Guillaume Drouault de Villeray; — lettres du roi Henri IV qui maintient le sieur de La Roche-Pichemer en la garde du château de Jarzé : « Nous vous avons, dès l'année 1593, « commis à ladite garde, en jugeant la seureté soubz nostre « obéissance estre si importante... qu'elle méritoit estre « commise à personne qui nous en peust rendre compte; « et d'aultant que jusques à ceste heure plusieurs places « de nostre dit pays dont elle est circonvoisine, continuent « d'estre occuppées par nos ennemys, nous estimons n'estre « moings nécessaire qu'auparavant de vous laisser ladite « charge dudit chasteau... » (avec signature autographe); — du même, portant exemption du service de ban et arrière-ban pour le sieur de La Roche-Pichemer, « scachant combien dignement et « fidellement il nous a servy, tant « près de nous à toutes les occasions qui s'y sont présen- « tées, qu'en noz pais d'Anjou et du Maine, mesme à la « conservation du chasteau de Jarzé... » (avec signature au- « tographe); — du même, qui « désirans gratiffier et fa- « vorablement traicter le sieur de La Roche-Pichemer en « considération de ses services, » l'autorise à chasser et « tirer de l'arquebuze et faire tirer par l'un des siens, « duquel il nous respondra, à toute sorte de gibier « non deffendu par nos ordonnances, tant en ses bois, sur « ses terres et domaines, que sur nos estangs, marais et « rivières... » avec signature autographe; le Roi ajoute de sa main : *J'ay accordé la permission cy-dessus*); — présentation par Renée de Bourré, femme de René Du Plessis, de la chapelle de Saint-Jacques en l'église de Bourg; — arrêt du Parlement de Paris rendu sur requête de Renée de Bourré contre Louis Tourpin, François Macé et autres accusés par ladite dame de l'assassinat d'Ambrois Du Plessis de Jarzé, son fils aîné, qui ordonnent auxdits prévenus, libres sous caution, de se présenter sous quinzaine pour répondre à justice; — lettres d'abolition accordées par le roi Louis XIII à François Du Plessis, marquis de Jarzé, de toutes peines ou poursuites encourues pour le meurtre en duel du sieur de La Roche-Hue (avec signature autographe); — transaction entre René Du Plessis et François de Chérité au sujet des droits honorifiques dans l'église de Corzé; — commission d'aide de camp pour le marquis de Jarzé (avec signature autographe de Louis XIV); — note et extraits généalogiques par le feudiste Audouys, etc.

E. 2363. (Carton.) — 1 pièce, parchemin.

1691. — Du Plessis-Chastillon. — Présentation par René Du Plessis-Chastillon de la chapelle Sainte-Catherine du château des Aubiers.

E. 2364. (Carton.) — 4 pièces, parchemin; 13 pièces, papier.

1599-XVIIIe siècle. — Dupont. — Sentence de curatelle pour les enfants mineurs de Jacques Dupont et Jeanne Robin; — testament de René Dupont, sieur du Plessis de Marans, portant élection de sépulture en l'église des Cordeliers d'Angers; — fondation par Élisabeth Jacquelot, sa veuve, d'un anniversaire en ladite église; — testament de Marie Chenu, veuve de René Dupont, sieur du Plessis de Marans, portant fondation d'un sermon au jour de son anniversaire en l'église Saint-Martin d'Angers; — partage de la succession de Jacquine Dupont entre ses neveux Hardouin Dupont, chanoine de Saint-Martin d'Angers, Jean Dupont, maître-ès-arts, Michel Dupont, sieur de

Damiette, Joseph Dupont, avocat, Marguerite et Marie Dupont; — notification, de par l'abbesse de Fontevrauld, au sieur Goureau de La Blanchardière, acquéreur sur le sieur Guy Dupont de la terre d'Échouilly en Saint-Just-des-Verchers, des titres et arrêts qui assignent hypothécairement sur ladite seigneurie les pensions de Marie et de Guyonne Dupont, religieuses de Fontevrauld; — dispenses, après enquête, d'empêchement d'affinité pour le mariage de Pierre-Jean Dupont et de Marie Bodèche; — partage de la succession de Marie Dragueaux, veuve en premières noces de Pierre Cailleaux, docteur-médecin, en secondes noces de Michel Du Pont, sieur de Bouzné; — note et extraits du feudiste Audouys sur la famille Dupont de La Roussière.

E. 2365. (Carton.) — 16 pièces, papier.

1600-1783. — Duport. — Cession par Julien Duport à Perrine Duport, sa sœur, de tout droit qui lui pouvait appartenir en la succession de leur père dans les paroisses de Contigné, Séronne, Châteauneuf, Juvardeil et Briolay; — constitution par Françoise Duport, veuve de Rault de Beaumont, d'une rente de 350 livres au profit de Marie Duport, sa sœur, veuve d'Aveline de Naré; — extrait des actes de baptême des enfants de François Duport et de Jeanne Aubry; — inventaire des meubles de Marie Duport, veuve en premières noces de François Bréhant et en secondes noces de Sébastien Perrouin. — Voir la suite de ce fonds à la série L.

E. 2366. (Carton.) — 1 pièce, papier.

1784. — Duportal. — Extrait de l'acte de baptême de René, fils de Vincent Duportal et d'Anne Rocher.

E. 2367. (Carton.) — 2 pièces, papier.

1642-1698. — Duportau. — Partage de la succession de Françoise Froger, veuve de Jean Duportau, entre Pierre Dufrou et Paul Duportau; — inventaire des meubles de Claude Martin, veuve de Michel Duportau, sieur de Beauvais, et en secondes noces d'Adam Lebeuf.

E. 2368. (Carton.) — 4 pièces, parchemin; 10 pièces, papier; 2 sceaux.

1492-XVIIIe siècle. — Dupré. — Présentation par Jean Dupré, sieur de La Mabilière, de la chapellenie de Saint-Blaise en l'église de Bessé, près Saint-Maur; — lettres patentes de Marguerite de France, reine de Navarre : « Pour les bons, louables et recommandables services, que « par cy devant nostre cher et bien amé Jacques Dupré, « escuyer, sieur de La Mabilière, maistre d'hostel de nos « cousins, a faictz au service des feuz père et mère de « nosdits cousins, tant de là que de çà les mons et qu'il fait « deprésent ausd. mineurs..., à icelluy Dupré... donnons « et réservons l'estat et office de cappitaine et garde de la « ville et chastel de Frontenay-l'Abatu que tient de présent « Jehan de Villelouzais, toutesfois et quantes que vacation y « escherra » (avec signature autographe); — quittance délivrée par Louis de La Trémoille à Jacques Dupré de La Mabilière des droits dus sur le prix d'acquêt des bois de La Motte-Blondeau et de La Tinardière (avec signature autographe); — baux par Jean-Michel Dupré, sieur de Gentillé, du Coudray en Juigné-René et de La Goulettière en Montreuil-Belfroy; — note et extraits généalogiques du feudiste Audouys.

E. 2369. (Carton.) — 1 pièce, parchemin.

1606. — Dupuy. — Cession par Germain Dupuy, barbier, à Pierre Dupuy, son frère, messager de l'Université de Paris pour la ville et le ressort d'Angers, de tous ses droits sur une maison de la rue Saint-Martin, dépendant de la succession de leur père.

E. 2370. (Carton.) — 5 pièces, parchemin; 6 pièces, papier.

1600-XVIIIe siècle. — Du Puy-du-Fou. — Présentation par Philippe de Champagne, femme de Gilbert Du Puy-du-Fou, des chapelles de La Beauté; — par Gabriel, marquis Du Puy-du-Fou et de Combronde, des chapellenies de Sainte-Marguerite de La Blanchetière et de Champagne en Saint-Martin de Parcé; — notes et extraits généalogiques par le feudiste Audouys.

E. 2371. (Carton.) — 2 pièces, parchemin; 13 pièces, papier.

1492-1718. — Durand. — Acquêt par René Durand de maison et jardin à La Croix-Montaillier; — partage de la succession d'Ysabeau Martineau, veuve de Zacarie Durand; — vente des meubles provenant de la succession de Mathurin Durand; — inventaire des meubles demeurés de la communauté de René Durand et de Charlotte Rottier; — partage des successions de Jacques Durand et de Perrine Justeau.

E. 2372. (Carton.) — 3 pièces, parchemin; 2 pièces, papier.

1511-1630. — Durandeau. — Partage entre Jacques, Mathurin et François Durandeau, de la succession d'Émery Durandeau; — sentence du sénéchal de Saumur, qui condamne Michel Durandeau à payer les arrérages de rentes par lui dus à la seigneurie de Chavannes.

E. 2373. (Carton.) — 1 pièce, papier.

XVIIIe siècle. — Durantière (de La). — Note du feudiste Audouys sur la famille de La Durantière, seigneur des Hautes-Barres et du Verger.

E. 2374. (Carton.) — 2 pièces, papier.

XVIIIe siècle. — DURATEAU. — Note du feudiste Audouys sur la famille Durateau, seigneur de La Gommeraye, du Plessis et d'Aviré.

E. 2375. (Carton.) — 2 pièces, parchemin; 4 pièces, papier.

1663-XVIIIe siècle. — DUREAU. — Aveu rendu à la seigneurie de Murs par André Dureau, pour sa seigneurie de Sourcelles; — acquêt par Mathurin Dureau et Jean Cesbron de quartiers de vignes à La Barangerie; — par Étienne Dureau de maisons à Angers; — mémoire des biens de Saint-Domingue appartenant aux héritiers de Laurent Dureau, capitaine de cavalerie; — notes et extraits généalogiques du feudiste Audouys.

E. 2376. (Carton.) — 4 pièces, papier; 1 pièce, parchemin.

XVIIIe siècle. — DUREIL (de). — Présentation par Jacques de Dureil de la chapellenie de La Marignée en l'église paroissiale de Bazouges; — notes et extraits généalogiques du feudiste Audouys.

E. 2377. (Carton.) — 2 pièces, papier; 1 pièce, parchemin.

1610-XVIIIe siècle. — DU RIVAU. — Serment de René Du Rivau, sieur de Villiers-Boivin, pour sa réception dans l'ordre de Saint-Michel; — note du feudiste Audouys.

E. 2378. (Carton.) — 1 pièce, papier.

1710. — DUROCHER. — Acquêt par Jean Durocher, marchand, sur la dame Madeleine Bucher, veuve de Jean Quellier de Marcé, de la charge de conseiller du Roi, premier lieutenant de la Maréchaussée générale d'Anjou.

E. 2379. (Carton.) — 2 pièces, parchemin; 1 pièce, papier.

1638-XVIIIe siècle. — DUROGER. — Contrats de mariage de Jean Duroger, licencié ès-lois, avec Marie Bénard; — de Jacques Duroger, secrétaire du marquis de Noirmoustier, avec Jeanne Delhommeau, veuve de Julien Michau; — note du feudiste Audouys.

E. 2380. (Carton.) — 1 pièce, papier.

1749. — DUROUX. — Sentence d'émancipation de curatelle des enfants mineurs de Perrine, René, Aubin et Pierre Duroux.

E. 2381. (Carton.) — 1 pièce, papier.

1780. — DUROZEL DE BILLÉ. — Billet d'enterrement de Madeleine Durozel de Billé.

E. 2382. (Carton.) — 21 pièces, papier.

1649-1655. — DURSON. — Lettres du sieur Bigeard et de la dame Anne de La Noue, veuve de David de La Musse, à Durson, avocat à Saumur, au sujet de diverses procédures, notamment pour certains droits prétendus par le sieur de La Varderie en l'église du Puy-Notre-Dame.

E. 2383. (Carton.) — 1 pièce, papier.

XVIIIe siècle. — DUSERREAU. — Note du feudiste Audouys sur la famille Duserreau de La Roche-Courcillon.

E. 2384. (Carton.) — 1 pièce, parchemin.

1593. — DUSILLAS. — Acquêt par Michel Dusillas et Renée Dumortier d'une maison à La Chouanière.

E. 2385. (Carton.) — 6 pièces, papier.

1634-1789. — DUSOUL. — Partage de la succession d'Antoine Dusoul et d'Hélène Bellenaud, sa femme; — lettre de tonsure de Paul Samuel Dusoul; — hommage rendu par Denis-Claude Dusoul de Grissay, garde-du-corps du Roi, au comté de Trèves pour sa seigneurie de La Fosse-Ménager.

E. 2386. (Carton.) — 1 pièce, papier.

1701. — DUTAY. — Partage de la succession de Marie Dutay et de Gabrielle Dasté.

E. 2387. (Carton.) — 1 pièce, parchemin; 1 pièce, papier.

1401-1590. — DUTEMPLE. — Vente par Jean Dutemple à Colin Alain du domaine de La Huberdière; — partage de la succession de Jacques Dutemple.

E. 2388. (Carton.) — 6 pièces, parchemin; 13 pièces, papier.

1693-XVIIIe siècle. — DUTERTRE. — Acquêt par René Dutertre, avocat, d'une maison à Saumur; — partage des successions de Christophe, Jeanne et Françoise Dutertre; — abandon par René Dutertre de Méo, des terres de Chéripeau et de Pommerieux à ses créanciers; — consultation de Mr Dubois, avocat de Tours, sur le droit de rachat de la dame veuve Dutertre Des Roches des rentes aliénées par son mari; — notes et extraits généalogiques du feudiste Audouys, etc.

E. 2389. (Carton.) — 1 pièce, papier.

XVIIIe siècle. — DU TILLEUL. — Note du feudiste Audouys sur la famille Du Tilleul, seigneur du Tilleul en Saint-Sauveur de Flée.

E. 2390. (Carton.) — 3 pièces, parchemin; 2 pièces, papier.

1515-XVIIIe siècle. — DU TOUR. — Acquêt par Florent Du Tour, sieur de La Haye, d'un jardin à La Chapelle-Rousselin et de terres à La Roche-Blanche; — offre d'hommage à la baronnie de Cholet par Amaury Du Tour pour sa terre de La Haye et des Vétillères; — note du feudiste Audouys.

E. 2391. (Carton.) — 1 pièce, parchemin ; 50 pièces, papier.

1609-1787. — Du Tremblier. — Bail par le chapitre Saint-Jean-Baptiste d'Angers à François Du Tremblier, marchand, de la terre de Bois-Brinson ; — acquêt par René-François Du Tremblier, chanoine de Saint-Maurice d'Angers, Catherine, Louise, Virginie et Mélanie Du Tremblier, de la terre de Malcoisine en Bouchemaine ; — baux par Catherine Hunault, veuve de Gabriel Du Tremblier, de la closerie de Louzil ; — par Virginie Du Tremblier, de la métairie d'Écaffard ; — testament de Catherine Du Tremblier, etc.

E. 2392. (Carton.) — 1 pièce, parchemin.

1786. — Du Trembly. — Diplôme de licencié en droit de l'Université de Valence pour Joseph-Alexis Du Trembly.

E. 2393. (Carton.) — 1 pièce, parchemin ; 3 pièces, papier.

1500-1760. — Du Tronchay. — Acquêt par Nicolas Du Tronchay de Ballade, de la terre de Chandemanche ; — « faicts et articles pertinens sur lesquels Nicolas Du Tronchay requiert Urban de La Saille estre ouy et interrogé ; » — testament dudit Nicolas Du Tronchay, portant divers dons aux Cordeliers d'Angers et à l'hôpital de La Flèche ; — arrêt du Conseil d'État qui fait défense à Louis-Joseph-Denis Du Tronchay, lieutenant-général de la Sénéchaussée de Saumur, de prendre la qualité de maire perpétuel de ladite ville.

E. 2394. (Carton.) — 10 pièces, parchemin ; 41 pièces, papier.

1300-XVIIIe siècle. — Du Vau. — Prise à rente par Guillaume Du Vau, chevalier, d'une maison à Andart ; — présentation par Bertrand Du Vau de la chapelle Sainte-Catherine du manoir de Baunè en Ambillou ; — par René Du Vau de la chapelle Sainte-Madeleine du Vau de Chavagnes ; — accord entre Pierre Du Vau, sieur Du Bois-Noblet, Mathurin Du Vau, prêtre, et Jean Du Vau, pour le partage de la succession de François Du Vau et de Jeanne Lemaire ; — acquêt par Anselme Garreau, veuve de Mathurin Du Vau, de la métairie de La Grande-Aubrière en Bécon ; — partage de la succession de Jacquine de La Bigotière, veuve de Jean Du Vau de La Maisonneuve ; — dispenses pour le mariage de Jean-René-François Du Vau de Chavagnes et de Jeanne-Charlotte-Renée de Terves ; — notes et extraits généalogiques par le feudiste Audouys, etc.

E. 2395. (Carton.) — 2 pièces, papier.

XVIIIe siècle. — Du Vau. — Notes généalogiques du feudiste Audouys sur la famille Du Vau de La Jumellière.

E. 2396. (Carton.) — 6 pièces, parchemin ; 1 pièce, papier.

1463-1464. — Duverger. — Acquêt par Thomas Duverger, sieur de La Plesse-Plédanault, de la seigneurie de La Follerie ; — fondation par Jean Duverger, sieur Du Buron, de la chapelle Saint-Jean-Baptiste en l'église de La Trinité d'Angers.

Écluse. — Voyez Cruse (de).

E. 2397. (Carton.) — 2 pièces, papier.

1720. — Édin. — Testament de Marguerite Édin, fille de Jean Édin, maître charpentier, portant fondation de messes et d'offices en l'église Saint-Michel-du-Tertre d'Angers pendant trente années ; — acceptation du testament avec ses charges par les héritiers.

E. 2398. (Carton.) — 14 pièces, papier.

1621-1680. — Effray. — Acquêt par Florence Rougiron, veuve de Florent Effray, de vignes en la paroisse de Chacé ; — testament de ladite veuve ; — procédure pour le partage de sa succession entre Vincent Effray, Doucelin Mottier et François Guilbert

E. 2399. (Carton.) — 1 pièce, papier.

1704. — Émery. — Prise à bail par René Emery de la maison du Réseau en la paroisse d'Andard.

E. 2400. (Carton.) — 1 pièce, papier.

1750. — Éon. — Constitution d'une rente de 100 livres par Charlotte de Grudé, veuve de Charles de Maillé de La Tour-Landry, au profit de Jean Éon, jardinier.

E. 2401. (Carton.) — 1 pièce, papier.

1608. — Enfray. — Partage des successions de René Enfray et de Renée Gersin entre leurs enfants et Julien Morillon.

E. 2402. (Carton.) — 2 pièces, parchemin ; [illegible] pièces, papier ; 1 sceau.

1478-1788. — Ernault. — Bref du pape Sixte IV portant collation au profit de Guillaume Ernault du premier canonicat vacant en l'église Saint-Laud d'Angers ; — acquêt par Jacques Ernault de La Daumerie de la terre et seigneurie de Laigné-Le-Bigot en la paroisse de Ballots ; — transaction entre le chapitre de Craon et ledit seigneur au sujet de la présentation des chapelles du Grand et du Petit-Laigné en l'église Saint-Nicolas de Craon ; — contrat de mariage de François Lefevre de L'Aubrière avec Marie Ernault ; — lettres de décharge pour la veuve de Jean Ernault, grenetier du Grenier à sel de Craon, tué en tentant de réduire le château au service du roi, de tout recours, arriéré et reddition de comptes, au défaut de ses papiers pillés par le peuple ; — vente par René Ernault à René Bouche de vignes à Antoigné.

E. 2103. (Carton.) — 1 pièce, parchemin ; 7 pièces, papier.

1541-1785. — Ernoul. — Acquêt par Jean Ernoul, prêtre, sur Anne de Champaigne, veuve de Georges de Châteaubriand, de la terre et domaine du Verger en la paroisse d'Écuon ; — contrat de mariage de René Ernoul, marchand tanneur, avec Marie Jallet ; — acquêt par Jean Ernoul, arpenteur, d'une maison au bourg de Saint-Martin de Pans ; — par Jean-Gabriel Ernoul, imprimeur et marchand libraire à Saumur, d'un logis derrière les Capucins ; — par Julien et Antoine Ernoul, de terres dans les paroisses de Nantilly et de Soussay.

E. 2104. (Carton.) — 11 pièces, parchemin ; 13 pièces, papier.

1510-XVIIIe siècle. — Erreau. — Généalogies de la famille Erreau de La Nepvoire et de La Brosse-Battardière ; — partage entre René, Martin, Jean et Philippe Erreau, de la succession de Françoise Houdin, femme de Jean Lenfant ; — acquêt par René Erreau de la seigneurie de La Jalletière ; — notes et extraits d'actes authentiques par le feudiste Audouys.

E. 2105. (Cahier.) — 7 pièces, parchemin ; 21 pièces, papier.

1400-XVIIIe siècles. — Écherbaye (d') ou Cherbaye (de). — Acquêt par Jean de Bernay sur Thébaut de Cherbaye, bourgeois d'Angers, d'une maison en la rue Montauban ; — présentation par Jean de Cherbaye, sieur d'Ardanne, de la chapelle de Launay-Sigogne en l'église de Bartal ; — vente par Charles Bourré à Jean de Cherbaye de la châtellenie de Corzé ; — transaction entre Jean de Cherbaye et Mathurin de Chérité au sujet des délimitations du fief de Voisin ; — vente par Gédéon de Cherbaye à Me Louis Allain, notaire royal d'Angers, du domaine de La Mulotière en Corzé ; — requête adressée « à Messieurs les « grands-vicaires du chapitre d'Angers, le siége épiscopal « vacant » par Jean de Cherbaye, sieur de Moréac en Corzé, et Charlotte de La Marzelière, afin de faire régulariser devant l'église leur mariage célébré furtivement et sans publication depuis cinq mois « pour la grande affection qu'ils se « portoient ; » — prise à bail par Marie-Anne de Cherbaye, veuve de Louis-Thomas de La Croix de Ca[illegible]relieu, de la maison dite Saint-Michel en la cité d'Ang[illegible] ; — notes et extraits généalogiques par le feudiste Audouys.

E. 2106. (Carton.) — 13 pièces, parchemin ; 23 pièces, papier.

1409-XVIIIe siècle. — Escoublant (d'). — Acquêt par Jean d'Escoublant, sieur de La Tousche, d'une maison à Saint-Martin de Beaupréau ; — échange entre Jacques d'Escoublant et Guillaume Ricard de terres et rentes dans les paroisses de Saint-Macaire et de Chaudron ; — hommages rendus par Louis et Michel d'Escoublant pour les terres de La Tousche, L'Épinay-Greffier, Le Boullay ; — cession par Hector de Monthron, sieur de Champeaux, à Louis d'Escoublant, de tous ses droits dans la succession de René Cuissart et de François Cuissart ; — requête adressée aux grands-vicaires du chapitre d'Angers, le siége épiscopal vacant, par René d'Escoublant, sieur de L'Espinay, et Renée Garnier, sa femme, pour faire régulariser leur mariage, célébré devant l'Église et par un prêtre autorisé, mais sans fiançailles ni publications préalables ; — lettre, à l'appui, du curé de Thouarcé qui prie François Theulin, prêtre d'Étiau, de procéder audit mariage ; — partage de la succession de Joseph d'Escoublant, sieur du Vivier et de Saint-Sigismond, entre René d'Escoublant, sieur de La Sorinière, Michel d'Escoublant, sieur de La Hardière, Pierre d'Escoublant, sieur de Tourneville, Joachim d'Escoublant, sieur de Brullac, Jean de Dallodes et autres héritiers ; — notes et extraits généalogiques par le feudiste Audouys.

E. 2107. (Carton.) — 1 pièce, papier.

1600. — Escoubleau (d'). — Obligation d'une somme de 10,166 livres 13 sous 4 deniers tournois convenue par Claude de Hérard, au profit de René d'Escoubleau, marquis de Sourdis.

E. 2108. (Carton.) — 7 pièces, parchemin ; 45 pièces, papier.

1585-1680. — Eslys. — Prise à rente par Jean Eslys, sieur de Guilleron, avocat, et sa femme, Françoise Bignon, d'un banc en la chapelle neuve de Saint-Maurille ; — contrat de mariage d'Adam Eslys, sieur de La Renardière, avec Marguerite Ledevin ; — extrait de l'acte de baptême de Lucrèce Eslys, leur fille ; — constitution de rente à son profit pour sa réception en l'abbaye du Nyoiseau ; — testament de Marguerite Ledevin, veuve d'Adam Eslys ; — inventaire et vente des meubles dépendant de leur succession ; — partage de leurs immeubles et domaines entre René Sourdrille, sieur de La Tremblaye, mari de Renée Poisson, veuve de René Eslys, Charlotte Eslys, veuve de René Davy, sieur de Vaux, Jacques Audouin de Danne et les enfants de Lucrèce Eslys, sa première femme ; — extrait de l'acte de baptême de René Eslys ; — testament de Charlotte Eslys.

E. 2109. (Carton.) — 8 pièces, papier.

1578-1775. — Esnault. — Acquêt par Pierre Esnault de vignes au Pont-Fouchard ; — par Michel Esnault de la part de Jean Rivière, son associé dans son commerce de draps de laine ; — contrat de mariage de Henri de Chevegue avec Perrine Esnault; — testament de Jacques Esnault, tailleur d'habits, et de Françoise Labelle, sa femme; — déclaration rendue aux assises de Cherisé-la-Rouge par René Esnault, avocat, pour terres et rentes à Aupignelle et à La Salmonaière.

E. 2410. (Carton.) — 1 pièce, parchemin.

1674. — ESPAGNE (d'). — Ratification par Louis-Paul d'Espagne, marquis de Venevelle, du contrat de rente consenti par Suzanne Levasseur, sa mère, au nom de son fils mineur, au profit de Renée Leboindre, veuve de François Levayer, lieutenant général au Présidial du Mans.

E. 2411. (Carton.) — 1 pièce, parchemin; 1 pièce, papier.

1591-XVIIIe siècle. — ESPERON. — Présentation par Louis Esperon de la chapelle de Saint-Joseph desservie en l'église de Fougeré; — notes et extraits généalogiques par le feudiste Audouys.

E. 2412. (Carton.) — 1 pièce, parchemin.

1605. — ESPINARD. — Contrat de mariage de François Espinard avec Louise Thiphaine, veuve de Méry Carrefour.

E. 2413. (Carton.) — 6 pièces, parchemin; 1 pièce, papier.

1481-1589. — ESPINAY (d'). — Contrat de mariage de Guillaume de Lorgerie avec Anne d'Espinay; — mandement royal qui évoque par devant le Parlement de Rennes la demande en interdiction portée par Guy d'Espinay contre Catherine d'Estouteville, sa mère, et Bonnabes de Pocé, son second mari : à la mort de son père, le suppliant « estoit « jeune soubz l'eaige de vingt ans, n'ayant que bien peu de « cure et soing de ses affaires, serchoit gens de passe temps « et plaisir pour estre avecques luy à le servir; et pourtant « que Bonnabes de Pocé, sieur du Maffay, savoit bien chan- « ter et qu'il n'avoit pas grans affaires ne charges qui l'oc- « cupassent, et partie du temps s'enbesongnoit à faire des « matheratz et arbiers d'arbalestre, et aussy que n'aimoit « guères à se tenir chès lui, à raison que sa femme estoit et « de longtemps paravant furieuse; de tout quoy fust ledit « suppliant averty et le retira et print en son service, luy « donnant sallaire...; et lors estoit la maison d'Espinay « réputée l'une des plus grosses et riches maisons tant en « meuble que autrement de ce pays et duché de Bretaigne, « après celles des principaulx barons...; quoy voyant et « congnoissant, ledit de Pocé, pour s'en enrichir, sercha « moyens de plus avant entrer en icelle maison, et pour « y pervenir, advint que, quelque temps après, sadite femme « déceda...; après lequel déceix... trouva faczon de con- « tracter mariaige... avecques ladite damoiselle Catherine « d'Estouteville,... qu'estoit par ce moyen faire déshonneur, « scandal et dommaige très-grant audit suppliant, » etc.; — lettres patentes portant ordre de procéder, nonobstant toutes vacances du Parlement, au jugement des oppositions formées contre l'érection du marquisat d'Espinay (avec signature autographe du roi Henri III); — abandon par Anne d'Espinay, dame de Tigné, à Guy d'Espinay, son frère, de tous ses droits dans la succession d'Henri d'Espinay et de Catherine d'Estouteville, leur père et mère, etc.

E. 2414. (Carton.) — 13 pièces, parchemin; 23 pièces, papier; 1 sceau.

1548-1600. — Attestation par Antoine Du Prat, garde de la Prévôté de Paris, que Guy d'Espinay est « cap- « pitaine pour le Roy et Monseigneur le duc de Bretaigne, « pour tenir, assister et faire la monstre des nobles, sub- « gectz au ban et arrière-ban de l'évesché de Rennes; » — lettre de M. Duramboit au sieur d'Espinay; il lui renvoie des lettres du connétable « touchant le servise de feu « M. de Bron. De moy me trouverés prest de vous obéyr « pour l'obsèque; car de vaulloy antreprandre l'exécucion « du testament, je ne le ferè pas, veu que c'est une trop « grande charge pour moy; » — marché passé par Jean d'Espinay avec Jean Fleury et Gillette Lecourvoisier, maîtres maçons de Vitré, pour la reconstruction de partie de sa maison d'Espinay, et avec Jean et Jacques Bontvallet, « marchands et ferronniers..., pour les ferrures des cinq « ponts-levels; » — vente par Marie de Buzelin, dame de Villiers-les-Maillets, à Jean d'Espinay, d'une maison en la rue Saint-Germain-l'Auxerrois, à Paris; — échange par Jean d'Espinay avec le chapitre Saint-Laud d'Angers, de la vicomté de Blaison contre la ferme de La Grange en la paroisse de Seiches; — présentation par le même de la chapelle de Saint-Pierre, près Segré (avec sceau et signature) et de l'aumônerie de Mathefelon, etc.

E. 2415. (Carton.) — 3 pièces, parchemin; 22 pièces, papier; 1 sceau.

1601-XVIIIe siècle. — Lettres adressées à la marquise d'Espinay par les sieurs Jolly, Nadault, Dubreuil, Bouchard, Parillon, la veuve François Angron, rendant compte de la gestion de ses fermes de Bretagne et particulièrement des démarches suivies pour la vente de la paroisse de Saint-Médard; — lettres des sieurs de La Vignolle et Martial de Bernard, portant offres d'achat dudit fief; — présentation par Charles d'Espinay, comte de Durtal, de la chapellenie d'Étiau en Coutures; — par Gillette d'Espinay, femme de Gabriel de Bricqueville, de la chapelle de La Madeleine de La Noé-Gareaux en l'église de Nyoiseau; — lettre du sieur Tarneau, syndic de la paroisse de Seiches, attestant la misère réelle du sieur Pauvair, fermier; —

fragments d'une généalogie de la maison d'Espinay; — notes et extraits par le feudiste Audouys.

E. 2416. (Carton.) — 1 pièce, parchemin.

1600. — Espoix (d'). — Partage entre Eustache de Conflans, vicomte d'Auchy, Léonard de Mony, sieur de Véraines, et Louise d'Ougnies, veuve de Robert d'Espoix, des terres et seigneuries de Rumilly et Quincarnon, provenant de la succession dudit sieur d'Espoix.

E. 2417. (Carton.) — 1 pièce, parchemin; 1 sceau.

1220. — Estant (de l'). — Reconnaissance par Macé de L'Estant, valet, de toutes donations faites ou à faire par Geoffroy de Brezé, son beau-père, au profit des enfants d'Alice Lorea, sa seconde femme (charte en français, scellée du sceau de la Cour de Saumur).

E. 2418. (Carton.) — 1 pièce, parchemin.

1750. — Estienvrot. — Acquêt par Jean Estienvrot, serrurier, d'une rente de dix setiers de mouture, deux chapons, un gâteau d'un boisseau de fleur de froment pétri en deux livres de beurre, sur le moulin à vent de Pied-Pourri, à Douces.

E. 2419. (Carton.) — 1 pièce, parchemin.

1614. — Estourmel (d'). — Reconnaissance par François de Cossé d'une dette de 600 livres au profit de Madeleine de Blanchefort, dame de Surville, veuve d'Antoine d'Estourmel.

E. 2420. (Carton.) — 1 pièce, papier.

XVIIIe siècle. — Estouteville (d'). — Note généalogique du feudiste Audouys sur la famille d'Estouteville.

E. 2421. (Carton.) — 12 pièces, parchemin; 29 pièces, papier.

1496-1722. — Éveillard. — Fragment d'une généalogie de la famille Éveillard; — acquêt par Michel Éveillard d'une maison à Craon; — par René Éveillard, sieur de La Croix, du lieu du Pressoir-Gaudin en la paroisse Saint-Michel-du-Bois; — contrat passé par Françoise Renou, veuve de René Éveillard, pour la mise en pension de Pierre Éveillard, son fils, chez David Dion, notaire royal; — brevet de licencié en droits civil et canon pour François Éveillard; — partage entre Laurent Rousseau, Jean Éveillard et René Touret, des successions de Pierre Éveillard et de Judith Gruget; — acquêt par François Éveillard de la terre et seigneurie du Pineau; — inventaire des meubles dépendant de la succession de Jacques Éveillard, sieur de La Besnerie, et de Jeanne Beaunes, sa femme, etc.

E. 2422. (Carton.) — 7 pièces, parchemin; 64 pièces, papier.

1584-1768. — Éveillon. — Acquêt par Jacques Éveillon, boulanger d'Angers, d'une portion de maison à Soulaire; — lettres de maîtrise pour Pierre Éveillon du métier de cirier-clergier; — partage de la succession immobilière d'Antoine Baudon et de Claude Éveillon; — contrat d'apprentissage de Pierre Éveillon chez Pierre Provenchère, marchand de draps de soie à Paris; — brevet pour Pierre Éveillon, marchand, de l'office de bourgeois de l'Université d'Angers; — inventaire des meubles de la maison du Temple en Nozé, appartenant à Pierre Éveillon et à Perrine Provost, sa femme; — partages de leurs successions entre Pierre Provost, marchand droguiste, François Guilet, François Racault, avocat, Renée, Antoine et Jacques Baudon; — partage de la succession de Jacques Éveillon, chanoine de Saint-Maurice, entre Françoise Goutard, veuve de René Delahaye, Nicolas Lefebvre, François Racault; — factums pour Pierre Éveillon contre les héritiers d'Antoine Baudon; — mémoires judiciaires pour J. B. Louis de Domaigné de La Roche-Hue, contre dame Renée Robert, veuve d'Augustin Éveillon, auditeur de la Chambre des Comptes de Nantes; — acquêt par Pierre Éveillon de la métairie d'Épluchard en Saint-Laud, et procès-verbal de l'état desdits lieux, etc.

E. 2423. (Carton.) — 6 pièces, parchemin; 31 pièces, papier.

1540-1771. — Faligan. — Acquêt par Jacques Faligan et Perrine Tranchant, sa veuve, de terres et prés à Concourson; — aveu rendu à la seigneurie de Launay pour le fief de La Galonnière par André Faligan; — testament de Louis Faligan, prêtre; — d'Anne Sorin, veuve d'Antoine Faligan, sieur de La Croix, élu en l'Élection de Montreuil-Bellay; — sentence d'ordre pour la répartition entre créanciers des deniers de la succession de Charles Faligan; — thèses de philosophie soutenues par Pierre Faligan Du Gravier dans le collège de l'Oratoire de Saumur; — ordonnance, sur requête, de l'intendant de Tours qui exempte Martin Faligan, hôte de La Boule-d'Or et maître de la poste d'Angers, de tous droits sur les pailles et foins pour la consommation de ses chevaux de poste, etc.

E. 2424. (Carton.) — 12 pièces, parchemin; 34 pièces, papier.

1599-1789. — Falloux. — « Origine et généalogie « des Falloux... recherchée par le R. P. Durendo, Augus« tin, issu d'une Falloux, et augmentée par maistre Mathu« rin Falloux, sieur de La Hunauldière » (incomplète); — acquêt par Jeanne Dunon, veuve de Pierre Falloux, de terres près Le Puy-Notre-Dame; — vente par Louis Falloux, vigneron, de vignes dans le fief de Virallais; — acquêt par

Pierre Falloux, sergent de Montreuil-Bellay, de vignes au Grand-Champ-Boureau et à La Noue-Gaultier; — requête d'Antoine Falloux, élu en l'Élection de Montreuil-Bellay, afin d'être garanti de tout recours contre les acquéreurs des biens de Guy Garnier, son beau-père; — vente d'une rente de trois cents livres à Anne de Baya, veuve de Christophe de La Coste, gouverneur de Clisson, par Uriel Falloux, sieur de Messemé, receveur des tailles en l'Élection de Thouars; — déclaration rendue par Étienne Falloux, notaire de la baronnie de Montreuil-Bellay, par laquelle il reconnaît devoir au prieur de Méron, dans la saison des métives, « un drap de lict blanc pour coucher l'un des « grangers, et ce par l'espace de quinze jours; » — acte de baptême de Françoise, fille de Pierre Falloux, avocat à Baugé; — acte de mariage de Louis Falloux, sieur de Minière, avec Françoise Goupil; — ordonnance de l'official d'Angers, portant dispense d'empêchement d'affinité pour le mariage d'Adam Poupard avec Françoise Falloux; — testament de Pierre Falloux, lieutenant de la Maîtrise des eaux et forêts de Baugé; — offre d'hommage à la baronnie de Montreuil-Bellay par Michel Falloux, pour la seigneurie de La Touche-du-Lis; — contrat de mariage de Michel-René Falloux, sieur du Lys, lieutenant général en la sénéchaussée d'Anjou, avec Marie-Jeanne Girault de Mozé; — acquêt par Michel Falloux, marchand, de terres et vignes en Saint-Pierre-des-Verchers; — constitution par Michel-Laurent Falloux, sieur du Lys, lieutenant des Suisses et de la garde du comte d'Artois, d'une rente de mille livres au profit de Marie Jubeau.

E. 2125. (Carton.) — 3 pièces, papier.

1740-1752. — FARCY (DE). — Généalogie de la famille Farcy; — présentation par Charles-Philippe-Annibal de Farcy, sieur du Rozeray, de la chapellenie de Saint-Jacques en l'église de Bouchemaine; — déclaration par le même d'une pièce de vignes à Épiré.

E. 2126. (Carton.) — 1 pièce, papier.

1709. — FARDEAU. — Testament de Mathieu Fardeau, paroissien de Trémont.

E. 2127. (Carton.) — 2 pièces, parchemin; 3 pièces, papier.

1744-1768. — FARIBAULT. — Acquêt par Joseph Faribault et Toussaint Avril de l'office de garde et receveur général au passage et mesurage à sel d'Ingrandes; — reconnaissance par Joseph Faribault d'une rente de 450 livres en remplacement de la somme de 9,000 livres, partie du prix dudit office; — ratification par Marie-Anne de Varice de la précédente convention; — garantie donnée par M. Brillet de Loiré; — saisie des meubles desdits sieur et dame Faribault pour le paiement de ladite rente.

E. 2128. (Carton.) — 1 pièce, papier.

1648. — FARION. — Partage entre Julien et René Angoulant de la succession de Renée Farion, leur mère.

E. 2129. (Carton.) — 1 pièce, parchemin.

1680. — FAROUELLE. — Vente par Mathurin Farouelle à Jacques Chauvin de maison et terres en la paroisse de Brain-sur-l'Authion.

E. 2130. (Carton.) — 2 pièces, parchemin; 23 pièces, papier.

1630-XVIIIe siècle. — FAUCHERIE (DE LA). — Notes par le feudiste Audouys sur la famille autrefois de Cordon, autorisée à prendre le nom de La Faucherie, par lettres patentes de 1627; — accord entre Gilles de La Faucherie et Christophe d'Andigné au sujet de la succession mobilière de Jeanne Guissard; — offre d'hommage par Gilles de La Faucherie à la seigneurie de La Chaperonnière en Jallais pour ses terres du Plessis-Bagot et de La Guillonnière; — donation mutuelle entre Jean de La Faucherie, sieur Du Plessis, et Marguerite et Guyonne de La Faucherie, ses sœurs, de tous leurs biens; — entre Claude de La Faucherie, sieur du Pin, et Marie-Louise de Saint-Germain, sa femme; — vente des meubles dépendant de la succession de ladite dame; — enquête concernant l'empêchement d'affinité pour le mariage projeté entre Claude-Louis-Marie de La Faucherie et Perrine-Rose-Éléonore de La Chevière; — sentence du sénéchal de Champtocé au profit de Louis-Marie de La Faucherie, sieur du Pin, officier de dragons au régiment Rohan Chabot, contre François Gretault, Nicolas Legendre et autres, au sujet de la rente due sur la terre de Vaumarais.

E. 2131. (Carton.) — 1 pièce, papier.

1711. — FAUCHEUX. — Contrat de mariage de Pierre-Nicolas Faucheux avec Marie Doussin.

E. 2132. (Carton.) — 1 pièce, parchemin.

1590. — FAUQUEREAU. — Présentation par Guillaume Fauquereau, sieur de La Fauqueraye, de la chapellenie de Saint-Pierre en l'église Saint-Laurent de Baugé.

E. 2133. (Carton.) — 1 pièce, papier.

1730. — FAURE. — Partage des successions d'Antoine Faure, maître menuisier, et de Jacquine Lionnet sa femme, entre leurs enfants et Pierre Coquereau, maître menuisier, leur gendre.

E. 2134. (Carton.) — 1 pièce, parchemin; 2 pièces, papier.

1575-1651. — FAUVEAU. — Quittance par le chapelain de La Saussaye de la rente à lui due par Jeanne Cornilleau, veuve de Raoullet Fauveau, maître apothicaire; —

partage de la succession de Fleurie Fauveau entre Pierre Boisnard, René Bardoul, Jean Rattier, Jacques et Philippe Reveilleau; — de la succession de Renée Martin, veuve de Mathurin Fauveau, entre René Toublanc, Nicolas Fauveau et Julien Garreau.

E. 2135. (Carton.) — 8 pièces, papier, dont 1 imprimée.

1742-1784. — FAVEREAU. — Nomination de Pierre Chevré comme tuteur des enfants mineurs de Philippe Favereau et de Renée Chevré; — arrêt du Parlement de Rennes, qui fait droit à l'appel porté par René-Alexandre-Augustin Favereau, sieur de La Bouffardière, sénéchal d'Ancenis, et Richard-Philippe-Patrice de Nogent, et met à néant l'arrêt porté contre eux.

E. 2136. (Carton.) — 3 pièces, parchemin.

1505-1561. — FAY (de). — Présentation par Jacques de Fay, curé de La Fosse, de la chapellenie de Saint-Ladre en l'église de Nantilly; — vente par René de Fay, sieur de Juillé, à Olivier Rochier, de terres en Saint-Germain de Daumeray; — bail à ferme des seigneuries de Sœurdres et de Saint-Laurent-des-Mortiers par le chapitre Saint-Jean-Baptiste d'Angers à Pierre de Fay, marchand ciergier, Jean Hayeneufve, orfèvre, et Pierre Chaillery, marchand.

E. 2137. (Carton.) — 7 pièces, papier, dont 1 double.

1554-XVIIIe siècle. — FAYAU (de). — Testament de Jeanne Fayau, femme de Jacques Leblanc; — partage entre René et Jean Fayau de la succession paternelle; — entre Jean Fayau, sieur de La Melletaye, François Fayau, sieur de La Brilletaye, René de La Fosse et autres héritiers de la succession de René Fayau et de Guillemine Chassebeuf; — cession par Marguerite de La Fosse, veuve de Jean de Fayau, d'une rente de 17 livres 10 sous à Pierre Daburon, avocat; — déclaration de Marguerite, Marie, Anne et Jeanne de Fayau, au profit de Marguerite de La Fosse, leur mère, veuve de Jean de Fayau, sieur des Aulnais, portant renonciation absolue de prendre part à l'instance intentée contre ladite dame par leur frère, René de Fayau, curé de Saint-Martin-d'Arcé; — notes et extraits généalogiques par le feudiste Audouys.

E. 2138. (Carton.) — 3 pièces, papier, dont 1 double; 1 pièce, parchemin.

1560-1599. — FELOT. — Partage des biens de Jean Felot, sieur du Ponceau, et de Marie Gernigon, sa femme, entre Jean Felot, docteur en médecine, Yves Dupastis, Nicolas Amyot, sieur de Lausandière, et Jean Quatrebarbes; — accord entre les héritiers de Jean Felot, sieur du Ponceau, médecin ordinaire de la reine de Navarre, mère du Roi, et Françoise Richer, sa veuve, au sujet de l'exécution de son testament; — prise en charge par ladite veuve des papiers et titres de son mari.

E. 2139. (Carton.) — 1 pièce, parchemin; 1 pièce, papier.

1621-1747. — FERCHAULT. — Contrat de mariage d'Étienne Ferchault avec Andrée Duvau; — reconnaissance par Mathias Ferchault d'une rente de 9 sols au profit d'Angélique Guibert, veuve de Charles Béritault.

E. 2140. (Carton.) — 3 pièces, parchemin; 2 pièces, papier.

1455-XVIIIe siècle. — FERJON. — Acquêt par Jean Ferjon, secrétaire du roi de Sicile, d'une rente de 50 livres de Jean de Mondion; — déclaration de ladite rente aux assises de La Chauvellière; — accord entre Pierre Hémon, sieur du May, et Jean Ferjon, secrétaire du roi de Sicile, au sujet de la succession d'Anne Ferjon; — entre Raoullet, René et Antoine Ferjon, pour le partage de Jean Ferjon, leur père, et de Philippe Du Hureau, leur mère; — notes généalogiques du feudiste Audouys.

E. 2141. (Carton.) — 3 pièces, parchemin; 24 pièces, papier.

1541-1780. — FERRANT. — Testaments d'Ollive Crespin, dame des Landes, veuve de Guy Ferrant, avocat : « Je veulx et ordonne incontinent que mon âme sera séparée d'avecq mon corps, estre percée la meilleure pippe « de mon vin et estre donnée aux pauvres, » etc.; — de Renée Ferrant, femme de François Callon, président du Parlement de Bretagne : elle donne entre autres legs aux religieux de La Baumette, près Angers, chaque année « une « pipe de bon vin nouveau, » de même aux religieuses de Sainte-Claire de Nantes « une pippe de bon vin d'Anjou « rendue au couvent » et « perpétuellement par chacun an, « à trèze pouvres indigens, à chacun ung acoustrement de « robbe, chausses, soulliers, chemise et bonnet; et s'il y « est comprins des femmes, au lieu de bonnet, deux couvrechefs; » — partage de la succession de Robert Ferrant, sieur de Vauberger, entre Hervé Baraton, sieur des Varannes, Jean d'Andigné, Louis Leroy et autres héritiers; — constitution par François de Chérité de 44 livres de rente au profit de Marguerite Cochelin, veuve de Jean-Baptiste Ferrant, docteur en médecine; — contrat de mariage de Rolland de Marcé avec Renée Ferrant; — testament de Marie Ernon, femme de René-François Ferrant, bourgeois de Saumur, etc.

E. 2142. (Carton.) — 2 pièces, papier.

1621-1724. — FERRÉ. — Prise à bail par Guillaume Ferré Des Coutures de la métairie et des moulins de Bessac en la paroisse de Neuillé; — acquêt par Jean-Baptiste

Ferré, notaire, d'une rente de seize boisseaux de blé sur la métairie de La Chevillerie.

E. 2143. (Carton.) — 1 pièce, parchemin ; 9 pièces, papier.

1610-1707. — FERRON. — Constitution par Marin Colombel et Anne de Kerboudel d'une rente de 250 livres au profit de Jean-Baptiste Ferron ; — acquêt par René Ferron d'une maison aux Ponts-de-Cé ; — consultation de Me Bardoul, avocat, pour René Ferron, chantre du chapitre de Saint-Laud, au sujet de la mitoyenneté d'un mur d'une des maisons capitulaires, en la rue du Temple ; — prisée des hardes de Jacquine Ferron, etc.

E. 2144. (Carton.) — 19 pièces, parchemin ; 7 pièces, papier ; 3 sceaux.

1390-XVIIIe siècle. — FESCHAL (de). — Testament de Jeanne de Feschal, femme de Pierre de La Vaisousière ; — aveu rendu par Renauld de Feschal à la seigneurie de Craon pour son droit « d'usaige à bois vif pour la répara- « tion de ses maisons d'Usure et moullin et portes d'icelui » et autres droits dans la forêt de Craon ; — jugement rendu par le sénéchal de Craon en faveur du droit prétendu par le seigneur d'Usure de contraindre les tenanciers de La Bellangerie à moudre à son moulin ; — présentation par Anne de Feschal, dame de L'Ile-Baraton, de la chapelle du Pineau en l'aumônerie de Saint-Pierre, près Segré ; — hommage rendu à la seigneurie d'Aunay par Louis de Feschal pour sa seigneurie de La Bretonnerie ; — vente par Louis de Feschal à René Augier de la seigneurie de Charots en Contigné ; — notes et extraits généalogiques par le feudiste Audouys, etc.

E. 2145. (Carton.) — 1 pièce, parchemin ; 6 pièces, papier.

1559-XVIIIe siècle. — FESQUES (de). — Testament de Jeanne-Élizabeth Méreau, veuve de Jacques de Fesques ; — transaction entre Jean-Charles de Fesques, sieur de Marmande, et Joseph Jay, sieur de Champigny, au sujet des réparations et des revenus de la maison des Aubiers ; — compromis entre Louis-Joseph de Fesques, seigneur de La Rochebousseau, François-Armand de Fesques, prieur de La Rochebousseau, Charles-Jean de Fesques, seigneur de Marmande, Henri Quirit de Vauricher et Anne Charlotte de Fesques, son épouse, et procès-verbal d'estimation, dressé à leur requête, des terres de La Rochebousseau, Marmande et Coulaine ; — notes et extraits généalogiques par le feudiste Audouys, etc.

E. 2146. (Carton.) — 1 pièce, papier.

1642. — FESSARD. — Acquêt par Étienne Fessard d'une maison en la rue du Pan-Cordier à Saumur.

E. 2147. (Carton.) — 1 pièce, papier.

1624. — FEYDEAU. — Acquêt par Louise Payot, veuve d'Antoine Feydeau, sieur de Bois-le-Vicomte, des terres, fiefs et seigneurie de La Courbe et de La Roche-Sevin.

E. 2148. (Carton.) — 1 pièce, parchemin.

1425. — FILLASTRE. — Acquêt par maître Étienne Fillastre de terres et prairies près Épinard.

E. 2149. (Carton.) — 1 pièce, parchemin.

1610. — FILLOLEAU. — Constitution d'une rente de 40 livres par Alexandre Trovit de La Gasnerie, au profit de Pierre Filloleau, prêtre habitué de Saint-Thomas de La Flèche.

E. 2150. (Carton.) — 1 pièce, papier.

1779. — FLÉCHARD. — Sentence du sénéchal de la baronnie de Châteauneuf, sur l'avis conforme du conseil de famille, portant interdiction, pour cause de démence, de Pierre Fléchard.

E. 2151. (Carton.) — 2 pièces, parchemin ; 3 pièces, papier.

1412-XVIIIe siècle. — FLÉCHÈRE (de La). — Acquêt par Jean de La Fléchère du fief de La Collette en la paroisse de Saint-Martin-de-Limet ; — transport par Jean de La Fléchère, sieur de La Jacquère, à Jean de La Fléchère, son fils, étudiant en l'Université d'Angers, de tous ses droits contre Jean Charbonnier, sieur de Méleray, héritier de Jacques de La Morlière ; — contrat de mariage de Claude d'Armaillé avec Marguerite de La Fléchère ; — notes et extraits généalogiques par le feudiste Audouys.

E. 2152. (Carton.) — 5 pièces, parchemin ; 85 pièces, papier.

1528-1789. — FLEURIOT. — Amortissement par Jean Fleuriot, sieur de La Ferrière, d'une rente due sur la métairie de La Courtinière ; — vente par Pierre Fleuriot, marchand, à Jean Belot, maître pâtissier, d'une maison en la rue de l'Écorcherie à Angers ; — acquêt par René Fleuriot du domaine de Gaigné en la paroisse de Mûrs ; — par Gabriel Fleuriot, ouvrier en la Monnaie d'Angers, de partie de la métairie de La Haute-Brosse en Champtocé ; — partage de la succession d'Hardouin Fleuriot, sieur des Roches, et de Jeanne Ogereau, sa femme ; — offre d'hommage à la seigneurie de La Tour-Landry par Pierre Fleuriot, avocat, pour sa métairie de La Roche-Besnoux en Thouarcé ; — requête de Gabriel Fleuriot, sieur des Roches, au conseil de ville d'Angers, afin d'être déchargé, en qualité de fils d'échevin, du logement des gens de guerre ; — contrat de mariage de Gabriel-François Fleuriot, sieur de La Guichardière, avec Marie-Renée Avril; — sentence de l'intendant de Tours, qui vise les lettres de noblesse de Gabriel et d'Ignace Fleuriot et les maintient dans le droit de prendre le titre d'écuyer; — mémoire pour Ignace Fleuriot, sieur de La Jumeraye, contre les paroissiens de Faveraye, afin d'être rayé, comme gentilhomme, du rôle des tailles; — procès-verbal de l'état de la maison de Haute-Berge en Noré, abandonnée par le fermier de Jacques Fleuriot de La Fleurière; — quittances des frais et dépenses faits par René Fleuriot en sa qualité de tuteur des enfants de Pierre Fleuriot; — contrat passé par ledit tuteur avec Jean Grellet, tailleur, pour l'apprentissage de François Fleuriot, etc.

E. 2453. (Carton.) — 3 pièces, parchemin; 3 pièces, papier.

1540-XVIIIe siècle. — FLEURVILLE (de). — Acquêt et prise de possession par Étienne de Fleurville, avocat, de la métairie de L'Angevinière; — saisie dudit fief par défaut de foi et hommage; — inventaire des titres et papiers d'Étienne de Fleurville et d'Élisabeth Sarcher, sa femme, dressé par Élisabeth de Fleurville, Olivier Dufresne et Simon Haran, leurs héritiers; — partage de ladite succession entre lesdits héritiers; — note du feudiste Audouys sur la famille de Fleurville, seigneur de Montigné.

E. 2454. (Carton.) — 1 pièce, papier.

1745. — FOLLENFANT. — Nomination de Gabriel Follenfant, greffier au Grenier à sel d'Angers, à la curatelle des enfants mineurs de Geoffroy Follenfant.

E. 2455. (Carton.) — 2 pièces, parchemin; 2 pièces, papier.

1551-1587. — FONDETTES (de). — Cession par Jacques Surguin, fermier de La Roche-Joullain, de son droit de rachat de la seigneurie de Marans, à François de Fondettes, licencié-ès-lois; — transaction entre Jean de Fondettes et Guillaume Jucqueau, pour les arrérages d'une rente de 2 setiers de seigle et de 14 boisseaux d'orge; — titre nouveau de ladite rente consenti par ledit Jucqueau; — testament de Sainte de La Coussaye, femme de Michel de Fondettes, juge au Présidial d'Angers, portant fondation d'une chapelle en l'église Saint-Eutrope.

E. 2456. (Carton.) — 3 pièces, parchemin; 2 pièces, papier.

1631-1730. — FONTAINE — Inventaire des meubles et papiers de Christophe Fontaine, sieur de La Crochinière, conseiller au Grenier à sel de La Flèche, et de Françoise Bellet, sa veuve; — acquêt de la métairie de Marigné en la paroisse de Bazouges par René-François Fontaine, sieur de La Crochinière, receveur des tailles en l'Élection de La Flèche; — de la même métairie par Louis Fontaine, fils du précédent; par René Fontaine, de terres en la paroisse de Bazouges; — par Damien Fontaine, sieur de La Crochinière, des seigneuries de Bazouges et de Boismereau.

E. 2457. (Carton.) — 3 pièces, parchemin, dont 1 double; 1 pièce, papier.

1455-1470. — FONTAINE (de). — Amortissement par Jean de Fontaine de rentes dues sur les fiefs de La Godière et de Saint-Victor; — sentence du sénéchal de Briançon, qui maintient Jean de Fontaine, seigneur de Saint-Victor, en son droit de chasse sur les terres de Briançon.

E. 2458. (Carton.) — 3 pièces, papier.

1615-1780. — FONTAINE (de LA). — Lettre de M. de La Fontaine à sa femme : il a été en Bourgogne, y a vu « son bonhomme de père » et arrangé avec lui toutes les affaires de famille. « Il regrettoit fort mourir avant me veoir « encores une foys; mais maintenant, il est contant et le « seroit encores davantage, s'il vous avoit veue. Il vous « escript et m'a prié vous recommender sa petite fille. Il « vous envoye la cuillier de feue ma mère (que Dieu « absolve) qui est bien belle, affin d'avoir souvenance de « luy et d'elle aussy, » etc.; — vente de terre de La Briantaye saisie sur Jacques de La Fontaine et Guillemine de Bréon, sa femme; — répartition entre les créanciers du prix de ladite vente; — requête au lieutenant général de Chinon par François de La Fontaine afin d'être déchargé par son frère aîné, Jacques, des deux tiers d'une rente de 60 livres léguée par leur père aux Augustins de Chinon; — aveu rendu au comté de Trèves par J. B. de La Fontaine, baron de Fontenay, pour sa seigneurie de L'Étang-de-Gennes.

E. 2459. (Carton.) — 1 pièce, papier.

XVIIIe siècle. — FONTENAILLES (de). — Note du feudiste Audouys sur la famille de Fontenailles, seigneur d'Aubert, du Mesnil-Barré et de Hoges.

E. 2460. (Carton.) — 1 pièce, papier.

1578. — FONTENAIS. — Acquêt par Jean Fontenais de partie de la gagnerie de Monnais.

E. 2461. (Carton.) — 2 pièces, parchemin.

1424-1490. — FONTENAIS (de). — Acquêt par Guillaume de Fontenais du moulin à vent de Château-Rousset; — quittance donnée à Jean-François Clerc de Loudun, du droit de ventes et amendes pour acquêt fait en son fief de Saint-Cassien.

E. 2462. (Carton.) — 26 pièces, parchemin; 74 pièces, papier.

1570-XVIIIe siècle. — FONTENELLES (de). — Acquêt par René de Fontenelles de prés en la paroisse d'Ampoigné; — amortissement par le même du cens dû pour son droit d'usage dans les bois de Bois-Raige en la paroisse de Laigné; — acquêt des métairies de La Loge et de La Rainière; — contrats de mariage de René de Fontenelles avec Renée de La Corbière; — de René de Fontenelles, leur fils, avec Philippe Jouet; — de René de Fontenelles, fils des précédents, avec Madeleine de La Grandière; — inventaires de titres produits à l'appui de la noblesse de la famille et sentences qui maintiennent René de Fontenelles en ses droits et privilèges de gentilhomme; — bail de la terre de Tessigné en Charcé; — fondation par René de Fontenelles d'une chapelle en son château de Fontenelles, paroisse de Laigné; — autorisation par Charles de Rohan, duc de Montbason, seigneur de Laigné et de Marigné, à René de Fontenelles, d'établir une clôture en bois entre l'église de Laigné et la chapelle qu'il y possède comme seigneur de Souvigné (double avec signature autographe); — acquêt de la terre de La Forterie en Laigné et de la closerie d'Armaillé; — contrat de mariage de Charles de Fontenelles avec Marie Gourreau; — lettre de Boylesve, lieutenant général d'Anjou, portant ordre au sieur de Fontenelles de payer trois cents livres à M. de Quatrebarbes de Morannes, pour sa dispense de l'arrière-ban; — notes et extraits généalogiques par le feudiste Audouys, etc.

E. 2163. (Carton.) — 18 pièces, papier.

1541-1784. — FORESTIER. — Partage de la succession de Jean Forestier et de sa femme, Jeanne Pihier; — extraits des registres baptistaires de la paroisse de Tigné concernant la famille Forestier; — reconnaissance délivrée par Chabaud, chanoine du chapitre de Saint-Martin, d'une somme d'argent à lui confiée par Jacques Forestier, malade dans la maison du Petit-Louvre en la rue Saint-Aubin d'Angers; — décharge dudit dépôt; — ventes des meubles dudit Forestier, décédé; — correspondance entre le chanoine Chabaud, Dron, curé de Tigné, et Mesnard, prieur d'Aubigné-Briant, au sujet de la succession du précédent et d'une famille Turpault, qui en est héritière.

E. 2164. (Carton.) — 1 pièce, papier.

1589. — FORESTIER (LE). — Testament de Françoise Le Forestier, dame du Pastis, portant divers legs à la fabrique de la paroisse de Vilaine.

E. 2165. (Carton.) — 1 pièce, papier, en lambeaux.

XVIIe siècle. — FORNES (de). — Fragments d'une généalogie de la famille de Fornes, originaire d'Angleterre.

E. 2166. (Carton.) — 1 pièce, papier.

1644. — FORTBOIS. — Contrat de mariage de Toussaint Fortbois, marchand parcheminier, avec Madeleine Legras.

E. 2167. (Carton.) — 1 pièce, papier.

1618. — FORTIN. — Testament de Françoise Belot, femme de François Fortin.

E. 2168. (Carton.) — 1 pièce, papier.

1599. — FOUACIER. — Testament de Maurice Fouacier, chapelain de Saint-Pierre d'Angers, portant fondation de messes et services en son église.

E. 2169. (Carton.) — 8 pièces, papier.

1640-1795. — FOUCAULT. — Vente des meubles dépendant de la succession de Mathurin Foucault et de sa femme Guillelmine Froger; — tableau général en forme d'inventaire de tous les biens mobiliers et effets de commerce dépendant de la succession de Michel Foucault, conseiller, secrétaire du Roi, ancien juge consul d'Angers, et de Thérèse Portier, son épouse, à partager entre leurs enfants et Abraham-Camille Carrefour de La Pelouze, Joseph Du Gouyon et Guillaume-Pierre Fresneau, leurs gendres; — comptes des créances rentrées et de l'emploi des fonds, rendus par F. Foucault et Pitteu aux héritiers; — par Abraham Carrefour de La Pelouze, des biens qu'il a eus de Thérèse Foucault sa femme, en mariage, et de la succession de Michel Foucault, son beau-père; — état de ce qu'a produit la vente des meubles et batterie de cuisine.

E. 2170. (Carton.) — 1 pièce, papier.

XVIIIe siècle. — FOUCAULT (de). — Notes généalogiques du feudiste Audouys sur la famille de Foucault.

E. 2171. (Carton.) — 1 pièce, papier; 1 pièce, parchemin.

1544. — FOUCHART. — Acquêt par Jean Fouchart d'une pièce de bois près Milly-le-Meugon; — inventaire de la succession mobilière de Marie Brèche, femme de Jean Fouchart, maréchal à Saint-Aubin-de-Luigné.

E. 2172. (Carton.) — 4 pièces, parchemin; 7 pièces, papier.

1530-XVIIIe siècle. — FOUCHER. — Testament de Simonne Foucher, portant diverses fondations aux religieux de Toussaint et de La Baumette, près Angers, et don d'un lit garni à Jeanne, sa chambrière; — partage de la succession de Charles Foucher et d'Andrée Deschamps; — acquêt par Jean Foucher, licencié-ès-lois, des terres de Lantivelle en Querré, de La Mothaye et de La Rauldière en Saint-Georges-du-Bois; — vente par Antoine Foucher de la seigneurie du Bois-Rondeau en la paroisse de Pouillé; — acquêt par Pierre Foucher de vignes à Grézillé; — par Guillaume Foucher de terres à Rochemenier; — partage de la succession de François Foucher et d'Anne Blouin; —

inventaire de la succession mobilière de Renée Foucher; — note généalogique du feudiste Audouys.

E. 2473. (Carton.) — 2 pièces, parchemin; 20 pièces, papier.

1513-XVIII° siècle. — FOUCQUET. — Ratification par Guyon Foucquet, sieur des Moulins-Neufs, et Jeanne de Charnacé, sa femme, du contrat de mariage de Mathurin Foucquet, leur fils, avec Marguerite Cuissart; — acquêt par Christophe Foucquet, avocat au Présidial d'Angers, d'une maison près la Chaussée-Saint-Pierre; — présentation par Charles Foucquet, sieur de Marcilly, de la chapelle de ladite seigneurie; — par Foucquet de La Varanne, de la chapelle de Saint-Germain-de-Cré; — arrêt du sénéchal de Saint-Georges portant règlement de la succession de Bernardin Foucquet, comte de Chaltain, entre la dame Catherine Desnos, sa veuve, et Nicolas de Quélen, Stuard de Caussade, prince de Carency, comte de La Vauguyon, Joseph-François de Trevegat et autres cohéritiers; — notes et extraits généalogiques par le feudiste Audouys et par le chanoine Birmand.

E. 2474. (Carton.) — 2 pièces, papier.

1650-1774. — FOUGEAU. — Quittance par Pierre Fougeau d'une rente amortie par Sébastien Corbière; — lettre de l'avocat Monnard concernant la succession de Jean Fougeau et de Marie Dugué.

E. 2475. (Carton.) — 9 pièces, parchemin; 118 pièces, papier.

1570. — FOUIER. — Contrat de mariage d'Antoine Fouier et de Lucette Aubin; — partage des biens immeubles dépendant de la succession de Barbe Poitou, veuve de Macé Fouier; — contrat de mariage d'Urbain Fouier, avocat à Saumur, avec Perrine Verdier; — testament de Jeanne Durand, veuve de Denis Fouier; — fragment de généalogie de la famille; — procès-verbal d'enquête sur la légitimation, bonne vie et mœurs de Jean-Jacques Fouier, pour sa réception en l'ordre de Saint-Jean de Jérusalem; — contrats de mariage d'Antoine Fouier, sieur de La Proutellerie, avec Anne Hubert; — de François Fouier, avocat, avec Marie Texier; — de François Fouier, sieur de Bussy, lieutenant au régiment de Castelnau, avec Marie Pichon; — procédure par Antoine Fouier, avocat, contre Simphorienne Brielle, veuve de Florent Anceau, au sujet de l'acquisition de la charge de juge en la prévôté de Saumur; — abandon viager par Honoré Foullon, sieur de Chaintré, à François Fouier, sieur des Époix, de la maison du Coudray, etc.

E. 2476. (Carton.) — 78 pièces, papier.

1669-1798. — Lettres traitant d'affaires de famille ou d'intérêt, adressées à François Fouier, sieur des Époix, conseiller du Roi en la Sénéchaussée de Saumur, par Aubry, Louise Davy, Delaville de La Pagerie, Demège, Duhamel, Ferrolles, Fouier, chanoine de Nantes, Fouier, prieur de Sainte-Basme, Jenny Fouier, Fournier de Bois-Airault, Gaschignard de Sourche, Girard, Ménard de Longeraie, Métivier, Phelippeaux, Raymond, Riquet, Rouzeau, Rutaud, Thibaud, Thiers, de La Tullaye, de Viellecour et Villeneau.

E. 2477. (Carton.) — 2 pièces, papier.

1495-1650. — FOUILLOLLE. — Testament de Raoullet Fouilloile et de Jeanne, sa femme, portant fondation de la prestimonie des Fouillolles en l'église de Gonnord; — de Guyonne Fouilloile, portant entre autres legs, don à son neveu Mestivier de sa « Légende de la vie des saints. »

E. 2478. (Carton.) — 1 pièce, papier.

1729. — FOUIN. — Partage de la succession d'Henri Fouin et de Symphorienne Lemonnier, sa veuve, entre leurs enfants et ceux de François Éon, mari de Françoise Fouin.

E. 2479. (Carton.) — 14 pièces, parchemin; 126 pièces, papier; 2 sceaux.

1564-1698. — FOULLON — Acquêt par René Foullon, sieur de La Croix, du greffe de l'Élection de Saumur; — contrat de mariage de François Foullon avec Madeleine Giroust; — mémoires du sellier, du passementier et de l'apothicaire; — quittances des taxes; — marché passé par François Foullon, lieutenant général criminel à Saumur, avec Gilles Baudouin, maître maçon, pour la construction « d'un contrétable » d'autel dans la nef des Cordeliers; — acquêt par le même de la terre d'Avrillé, près Beaufort; — compte entre Joseph Foullon, lieutenant général criminel à Saumur, et la veuve Urbain Carré, sa fermière de Poligné; — baux à cheptel de vaches et juments; — contrat de mariage de Joseph Foullon avec Marie-Renée de Collas; — prestation de foi et hommage par ledit Foullon à la seigneurie de La Ville-au-Fourier pour sa terre de La Chesnaye; — diplômes de bachelier et de licencié en droit de l'Université d'Angers pour Jean-François Foullon (avec sceaux); — baux des métairies de L'Oudinière, de La Chesnaye et de La Fontaine, etc.

E. 2480. (Carton.) — 6 pièces, parchemin; 32 pièces, papier.

1701-1779. — Aveu rendu à la châtellenie de Gizeux, par Joseph Foullon, pour le fief Cantin dépendant de la terre de Poligné; — diplômes de bachelier et de licencié en droit canon et civil pour Joseph-Honoré Foullon; — compte avec les fermiers de Poligné; — extrait de l'état des officiers de la Prévôté de l'hôtel du Roi pour René Foullon, sieur des Aubiers, lieutenant; — certificat d'assiduité au barreau du Parlement de Paris délivré à Jean-François Foullon par le doyen et le conseil des avocats; — acte de décès de Joseph Foullon; — mémoire des livres de dévotion et d'étude fournis par le libraire Ernoul; — comptes de l'apothicaire; — partage de la succession de Marie-Renée de Collas, veuve de Joseph Foullon; — épitaphe de Jean-François Foullon; — reconnaissance d'une somme de 40,000 livres due par Camille-Abraham Carrefour de La Pelouze, à Joseph-François Foullon, baron de Doué, pour l'acquisition des seigneuries de La Tremblaye et Tirmouche, etc.

E. 2481. (Carton.) — 50 pièces, papier; 4 pièces, parchemin.

1658-1688. — Procédures pour François Foullon contre Gabriel Lecœur et Claude Lefebvre de La Guiberdière pour la propriété de l'office de lieutenant criminel de robe courte; — contre Adam Deschamps, lieutenant général au siége royal de Baugé, au sujet de la succession de Marguerite Boisard, sa mère; — contre Henri Mocet, lieutenant général civil à Saumur, prétendant en vertu de sa charge au titre de maire.

E. 2482. (Carton.) — 102 pièces, papier; 5 pièces, parchemin.

1644-1709. — Procédures pour Joseph-François Foullon contre René d'Andigné de Ribou, au sujet de la succession de Raoul Legouz et de Marie Charlot; — contre Marguerite de Collas, veuve de Georges Louet, au sujet de la succession de Jean de Collas, sieur de Chasles.

E. 2483. (Carton.) — 6 pièces, parchemin; 114 pièces, papier.

1648-1700. — Procédures pour Jean-François Foullon contre André Guéniveau, sieur de La Félonnière, et René Duterire, sieur des Roches, au sujet de la charge de conseiller-assesseur en la Maréchaussée de Saumur; — par Jacques-René Foullon, sieur des Aubiers, contre Charles Dieu, sieur de Roumilly, au sujet d'empiétement commis sur la terre du Coudray.

E. 2484. (Carton.) — 51 pièces, papier (32 imprimées).

1690-1714. — Taxes des vivres et denrées pour la maison et suite du duc de Bourgogne, publiées par Jacques-René Foullon, sieur des Aubiers, lieutenant de la prévôté de l'hôtel et grande prévôté de France, au Mesnil-Amelot, à Nanteuil, Villers-Cotterets, Soissons, Fimes, Reims, le Petit-Mormelon, Châlons, Vitry, Saint-Dizier, Joinville, Chaumont, Langres, Fayl-Billot, Combeau-Fontaine, Vesoul, Port-sur-Saône, Ronchau, Belfort, Cernay, Colmart, Schlestadt, Strasbourg, Ensisheim, Baume. — Rôles par quartiers des gardes et exempts de service sous la lieutenance des sieurs Du Puy et Des Aubiers.

E. 2485. (Registre.) — In-folio, papier, 115 feuillets.

1670-1690. — Recette des baux et rentes tant foncières que constituées dues à René Foullon; — « mémoire « du linge qui est céans, qui ne sert point. »

E. 2486. (Registre.) — In-folio, papier, 108 feuillets.

1653. — « Papier auquel sont escriptes les rentes qui « sont deues à M. François Foullon, sieur de La Croix, à cause « de la succession de Mr René Foullon, son père. » — En tête, notes autographes de François Foullon sur la naissance de ses enfants. — « Mémoire des contrats qui m'ont esté « donnés de M. et Mlle des Vendélières. »

E. 2487. (Registre.) — In-folio, papier, 130 feuillets.

1677. — « Registre de mes affaires domestiques, » tenu par François Foullon et Madeleine Giroust, sa femme; — mémoire des baux à cheptel, des amortissements de rentes hypothécaires et autres dettes et des paiements des rentes et dettes passives.

E. 2488. (Carton.) — 26 pièces, papier.

* **1685-1717.** — Correspondance adressée à François et à Joseph Foullon. — Lettres d'Amyot, greffier criminel du Parlement de Paris : il donne avis au président de la Prévôté de Saumur de prendre garde à ne pas porter de jugement qui dépasse le ressort de sa justice; — d'Aguesseau : il ne comprend pas comment le prévôt des maréchaux peut disputer à Foullon la connaissance d'une affaire criminelle dans une question d'attribution si clairement décidée par les ordonnances (olographe); — Henri Arnauld, évêque d'Angers : « Je vous envoie le mandement pour la « station de Longué et le rétablissement du sieur Barbin, « auquel je vous conjure de parler fortement sur ses ivrogneries. » — « Vous voulez bien que je vous recommande « les intérêts de M. de Charé comme je ferois les miens « propres. La goutte à la main droitte ne me permet pas de « vous en dire davantage... » — Il lui recommande le porteur de la lettre : « Il est vray qu'on a peine à excuser « l'emportement de la femme; mais en vérité l'action du « prestre est une action si horrible, que je m'assure que « quand vous en serez bien informé, vous en donnerez « quelque chose à son ressentiment » (sept lettres dont 5 olographes); — Arondeau; — Ayrault, lieutenant général criminel d'Angers : il lui demande communication d'un arrêt rendu au profit du lieutenant criminel de Vézelay « où « les avantages de nos charges sont expliqués » (olographe); — Baglion de Saillant, évêque de Tréguier : il félicite madame Foullon d'être installée pour l'hiver à Angers :

« Ce vous sera une grande satisfaction d'entendre de meil-« leurs sermons et de trouver des secours pour passer le « carême plus aisément qu'à Beaufort; » — Barbier, procureur à Paris; — de La Barbinière, juleur de Baugé; — Baudriller; — Belhomme, avocat à Baugé; — P. Bernard : il lui conseille de prendre pour rapporteur de l'affaire qui se plaide au Parlement de Paris M. Broussolle ou M. Laisné, et le remercie « pour l'affaire de M. de Cérisantes, qu'il « vous a pleu faire passer à Saint-Pierre et à Nantilly, « comme nous le désirions. »

E. 2189. (Carton.) — 10 pièces, papier.

1640-1655. — Suite de la correspondance : Bigot de Gatines : il remercie de la bonne justice qui lui a été rendue contre ses chasseurs de gibier et de pigeons, s'excuse de n'avoir pas envoyé son carrosse et prend part à la mort « du « pauvre petit Foulon » (olographes); — Bitault : il recommande l'affaire des sieurs Bachet et Sourice de Doué (olographes); — Boullay; — Borien; — Louis de Bourbon : « J'ay esté bien aise d'estre informé que vous « ayez beaucoup mieux usé au sujet de l'affaire arrivée à « mes gardes que l'on me l'avoit faict entendre; j'avois « aussi eu de la peine à croire que vous n'eussiez point faict « de considération de l'intérest que j'y ay...; » — « ayant « esté adverty que l'on vous a renvoyé la commission pour « informer de l'affaire criminelle qui se poursuit contre « mes gardes de Milly et à cette occasion de la civilité de « vostre procédé..; je trouve bon que vous travailliés à ceste « information tant à charge qu'à descharge; » — « après « la manière obligeante dont vous en avés uzé jusqu'icy « dans l'affaire de nos gardes, j'ay tout sujet de croire que « vous voudrés bien en user de mesme en ce qui regarde « l'entérinement de lettres de grâce qui en ont esté obte-« nues...; » — « j'ay esté le plus estonné du monde d'ap-« prendre que M. de Montsabert vous ayt fait entendre que « j'avois trouvé bon qu'il sollicitast contre ces pauvres « gardes, puisque me trouvant obligé de les protéger « comme j'ai dessein de faire jusques au bout, je n'ay eu « garde de les abandonner au ressentiment dudit sieur de « Montsabert, qui pourroit bien se passer de tesmoigner « tant d'acharnement contre les gens qu'il sait qui sont à « moy; » — « Il est très-nécessaire d'informer à l'advenir « contre tous ceux qui feront des délits dans mes forestz, « soit pour les bois ou pour la chasse sans excepter per-« sonne; mais pour les dégradations qui ont esté faictes par « le passé, il est à propos de n'informer que contre ceux « qui auront le moyen de payer, parce que sy pour le passé « on informoit contre de pauvres gens, cela les consomme-« roit en des fraiz dont je ne retirerois aucune utilité, » etc. (8 lettres avec signatures autographes); — Bousselin; — Boysant.

E. 2190. (Carton.) — 13 pièces, papier.

1660-1700. — Suite de la correspondance; lettres du maréchal de Brezé : « M^rs des mareschaussées de Saumur et « Beaufort, apréhendant qu'on ne les taxe comme aisez, m'ont « fait connoître qu'ils eussent bien désiré de moy que je « m'employasse en leur faveur auprès de vous... ; ce sont « des personnes pour lesquelles j'ay une affection tout en-« tière... je vous conjure de tout l'entier de mon cœur de « leur faire paroistre que vous me faites l'honeur de me « tenir pour vostre très-humble et très-affectionné servi-« teur; » — « Dumont m'a mandé les affectionnés offres « que vous me faites de poursuivre Giraudeau et son fils... « je vous conjure donques, monsieur, de poursuivre avec « vigueur ces petits messieurs qui méritent bien qu'on les « chastie des excès et des violences qu'ils ont commi-« ses...; » — « ayant sceu ce qui est arrivé entre des gens « de qualité d'Alemagne, j'ay creu estre obligé de vous faire « savoir que le service du Roy ne requiert pas que ce pro-« cédé vienne à la connoissance de la justice ordinaire ... « estant expédiant pour le service du Roy que j'en prenne « conoissance; » — Il recommande les intérêts de M. de Choisy, un de ses plus chers et meilleurs amis, et diverses grâces pour Philippe Des Aubeux, Jean Bouderon et autres (olographes); — de Broc : « dans la rencontre que j'ay « faict ces jours derniers d'un homme, qui chassoit « sur vos terres, je jugé par le mauvais usage qu'il faisoit « de vos perdrix que ce ne pouvoit pas estre une personne « commise de vostre part ny de celle de vostre fermier; » il l'a désarmé et envoie son fusil, s'excusant du procédé pour l'intention, si comme on le lui a dit, il appartenait au fermier; — Bruère; — de Bussy : il prie « de parler à « Madame l'abbesse de Fontevrault et la supplier de ne proté-« ger et ne s'intéresser point pour les sieurs de Cuissart-« Mareil, dans l'affaire qui est entre eux et moy au Parle-« ment, » etc.

E. 2191. (Carton.) — 101 pièces, papier.

1660-1710. — Lettres de M. Canaye : « M. de Pom-« pone, nostre parent, secrétaire d'Estat, est disgracié : le « Roy lui donne 700,000 francs et 20,000 livres de rente, « sa vie durant; M. Colbert, l'embassadeur et président au « mortier, est mis à sa place. On croit qu'il guardera la « charge de président, qui est une chose assé extraordi-« naire. M. de Signelay, fils de M. Colbert, est faict ministre. « Ainsy voilà le père et le fils et le frère dans les affaires « du Roy. M. de Pompone a esté disgracié pour n'avoir pas « expédié un coureur de barière, qui apportoit quelque

« nouvelle touchant le mariage de Mgr le Dauphin; » — « La Voisin sera bien tost exécutée; on ne dict rien de « madame Dreux ny des autres. Un prestre de Hollande a « esté amené, qui est accusé du mesme crime; » — de Chaigneau; — Chalopin; — Chapillais, huissier; — Chevrier; — Choiseul-Lebrun; — Clément; — Corbais; — Colevin; — Mme de Collas; — Courault de Pressiat, abbé d'Asnières-Bellay; — Courtin; — Coutance.

E. 2192. (Carton.) — 31 pièces, papier.

1644-1705. — Lettres : de Mlle Darcas, maîtresse du maréchal de Brezé, suivant l'historiette de Tallemant Des Réaux; elle envoie à Foullon deux lettres du maréchal qu'il l'a priée de demander pour lui, l'une pour le surintendant, l'autre pour M. Tubœuf; elle lui recommande la plainte que vont luy porter trois des gardes du maréchal, qui ont failli être assassinés (olographe); — de David; — Delin; — Delabarre; — Delamotte; — Deschamps, président et lieutenant général à Baugé : « Il est « difficile de vous expliquer la place que prend M. nostre « prévost à la chambre, estant hors d'œuvre, sur un siège « esloigné du bureau, à costé de M. le lieutenant criminel, « n'estant point au dessoubs de Messieurs de nostre séné- « chaussée, ny au dessus, qui asseurémant ne le souffriroient « pas. Il faudroit avoir veu nostre chambre et nostre banc..; » — de Diotte; — Drouet; — Dugon, huissier du cabinet de la Reine : il recommande au lieutenant criminel de Saumur, sans le connaître, « l'affaire d'un nommé Thomas ci-devant « lieutenant d'une compagnie au régiment de M. de La Tré- « mouille... en attendant que Sa Majesté en aye escrit à M. le « mareschal de Brezé... affin de donner exemple aux gens « de guerre qui battent la campagne et foulent le peuple; » — de Dugué; — Duperron; — Dupont; — Du Rosay : « Un « nommé Tessier, qui appartient et porte le nom d'un de « mes plus anciens amis, se trouve embarrassé parmy ceux « qui firent n'y a pas longtemps rumeur ou pour mieux « dire sédition au Couldray à l'enlèvement des bleds de « Dlle de La Vau... je vous supplie très-humblement de « faire en sorte que la justice soit satisfaitte par quelque « moien qui ne laisse point de tache au nom et à la « famille; » — de Dutertre.

E. 2193. (Carton.) — 109 pièces, papier; 1 cachet.

1649-1695. — Lettres : d'Esmery; — d'Estampes de Valençay, archevêque et duc de Reims : « Je vous ay « obligation de tesmoignage quil vous pleust me rendre « par la vostre, qu'aiant esgard à la mienne et à ma « prière, vous prendriez soin de ce pauvre garson pri- « sonnier, qui apartient à d'honnestes gens de Rouen... « Vous connoistrez qu'en son affaire il y a plus d'innocence « que de crime. Je vous le recommande de tout mon « cœur » (olographe, avec cachet); — de Ferrolles; — Foullon Des Aubiers; — Foullon d'Aveillé; — Fournier; — Gaugain; — Gault; — Gaultier; — Girault de La Charpenterie : « M. de La Gerd est enseigne de vaisseau du « Roy; il s'est trouvé dans le dernier combat naval; il est « présentement à Rochefort; » — de Marthe Giraust.

E. 2194. (Carton.) — 98 pièces, papier; 1 cachet.

1610-1695. — Lettres : de Godin, avocat; — Gouffier, comte de Caravas : « J'ai receu avec bien du « plaisir la lettre que vous m'avés fait la grâce de m'escrire, « puisquelle m'assure de la disposition où vous estes de « me redonner vos bonnes grâces dont la privation m'avoit « causé beaucoup de chagrin, » etc.; — « madame de Ca- « ravas est en chemin pour Paris, et s'il n'y arrive point « d'accident, elle doit y estre de demain jeudi en huict « jours...; vostre secours luy seroit très-nécessaires dans « les discutions qu'elle a à faire avec le sieur Sebret, qui « est un compère avec lequel il faut avoir bon pied, bon « oeil... Je suis fort aise que si les proffits du greffe sont « moindres, que ce ne soit point par la diminution de la « justice, mais seulemant par la raison que vous accomodés « beaucoup d'afaires... Quant à Aubigné..., cette terre « estant présentemant à l'Esglise, je ne sçay pas commant « on la pourroit aquérir; car à moins que ce ne soit par la « raison du nom, elle n'est pas assés considérable pour en « donner de grandes envies... » (olographe); — Grillon, procureur de Paris; — le cardinal Grimaldi : « Vous aurez « sans doubte sceu comme la cure de Saint-Martin-de-La- « Place a esté donnée à un ami de M. d'Aguillenqui, mon « grand-vicaire... » (avec cachet aux armes); — de Guédreville; — Guéhery : « Il faut que je vous die qu'un « nommé maistre Moussault, procureur du Roy à Loudun « a tous les titres du prieuré de Saint-Michel de Touars, « qui est le bénéfice qu'il a plu au Roy donner à mon fils « aisné, » etc.

E. 2195. (Carton.) — 63 pièces, papier; 1 cachet.

1651-1710. — Lettres : de Heere; — Huntier; — Jacques; — Jameron, procureur du Roi; — Marguerite Janin; — Jaunaye; — Labrosse-Guilgant; — de Lahaye-Maupu; — Lagort; — de Lalourée, procureur au Parlement; — de Lamoignon de Basville : « Le « nommé Landais, qui est du bourg de Chavagnes, qui « m'appartient et qui est beau-frère d'un homme pour qui « j'ay beaucoup de considération, a eu, à ce que j'ay ap- « pris, une malheureuse affaire...; je vous seray extrême- « ment obligé de luy accorder toutte la faveur que l'on peut « espérer de vostre bonne justice » (olographe); — de

Lamotte ; — Leberrier ; — Leblanc ; — Ledoyen ; — Lefebvre de Champhourceau : « Obligés-moy de vouloir « bien me mander si vous estes dans le sentiment de finir « avec M. de Rihou à la moy-mars, et je ne sçay si nous « pourons le faire facillement, ayant une affaire criminelle « de la dernière conséquance, estant accusé d'avoir assassi-« gné un gentilhomme chez leurs prieur, et ses enfans « estant allé chez luy avec des haches pour enfoncer les « portes, et l'ont si maltraitté qu'il en est mort, et la famme « de chambre, qu'ils ont maltraitté, qu'on croit qu'elle en « mourra; on y comprend le père et mesme on veut aussy « y comprendre Mme de Rihou, » etc.

E. 2196. (Carton.) — 38 pièces, papier.

1640-1680. — Lettres : de Lefebvre de Chasles : « Je vous ay tamps connu de bonté pour moy, madame ma « très-chère sœur, je n'ay pas voullu manqué à vous faire « savoir la recherche que M. de Busy fay de moy. Je de-« mande votre agrémant et vous prie... de vouloir venir « me servir de mère ; » — Légier ; — Legaus de Bordes ; — Lejeune de Bonneveaux ; — Lemaistre de Montsabert : « Les accuzes font tous leurs efforts pour détourner les « preuves et moy pour en avoir de la vérité. Ce quidam, « vêtu en soldat, est un garçon chirurgien du pays d'Au-« vergne, neveu du curé, un vray garnement, contre lequel « je croy que l'on doit exécuter un décret le premier, « parce que l'on tirera de luy la vérité constante.., etc. » (olographe) ; — Lemercier, avocat ; — Lemerle, de Baugé : « Bien loin d'aprouver, je me récrie contre vostre usage de « faire un procès-verbal de jurande de tesmoins dans des « matières, qui sont portées à l'audiance et que vous « traittés, touttes sommaires qu'elles soient, avec plus de « coust que vous ne feriés une autre commancée par voye « extraordinaire. Nostre usage icy est de finir à l'audiance « touttes les causes criminelles qui y sont portées... etc. » ; — Lemonnier ; — Lenormand ; — Le Rivau, lieutenant du Roi au Haut-Poitou : « Je joincts volontiers mes très-« affectionnées prières aux très-humbles supplications, que « vous vad fayre le sieur Du Renouoir, de l'appuyer, s'il « vous plaist, de vostre faveur contre le sieur de La Roche « de Nueilly qui veut donner nom de crime à une action « d'honneur ; » — Lesayeux ; — Lestouches ; — de Lossendière.

E. 2197. (Carton.) — 27 pièces, papier.

1688-1691. — Lettres : de Machault ; — de Maillé, abbesse du Ronceray d'Angers : « Encor que la recom-« mendation que Madamoyselle Darras vous a faicte, à « ma prière, pour un pauvre homme, nommé Tessier, pri-« sonnier, vous ait esté en très-particulière considération... « pour ce pauvre homme qui a plus tost failly par nécessité « de guarantir sa vie, qui estoit menassée de la faim que « par aulcune aultre malice, je ne laisse pas de joindre ma « supplication à celle qu'elle vous a faicte pour luy » (olographe) ; — Mesnard ; — Mirebeau ; — de Montmagny : « J'ay appris par madame de La Tremblaye le grand ser-« vice que vous luy avez rendu... ; elle a besoin, comme « moy, que des personnes pleins d'honneur et de cœur, « comme vous, purgent la société de ces sortes de bestes « dont le désespoir est fort dangereux... ; » — de Marin ; — de La Noblaye : « Je vous rends mille actions de grâces « de la part que vous voulez bien prandre dans la malheu-« reuse affaire, que le plus ingrat de tous les frères du « monde veult intenter contre moy ; nostre guerrier estant « sur son départ va vous rendre ses devoirs et vous dira « que M. le comte de Vaubecourt, lieutenant général, a tant « d'honnesteté et de bonté pour luy, qu'il luy a procuré « une lieutenance de pied dans le régiment d'Hunià-« res, etc. ; » — de Nointel.

E. 2198. (Carton.) — 74 pièces, papier.

1648-1710. — Lettres : de Patin : « Landais, « huissier, mon allé, auquel j'ay la dernière obligation, « a un procès devant vous... ; vous savez que des gens « comme luy, qui sont ministres de justice, vont pour « mettre les mandemens de MM. les juges à exécution, ne « vont pas à desseing de frapper ny excedder personne ; » — Pelpoir ; — Pétrineau, président de la Prévôté d'Angers : « ... Cela m'encourage à vous prier de m'acorder la « grâce toute entière ; c'est, Monsieur, de vouloir bien « m'envoier copie d'un traitté que fit M. vostre père avec « feu M. le sénéschal de Saumur et une copie collationnée « d'un arrest qui intervint sur ce traitté par lequel il fut dit « qu'il présideroit à touttes les affaires criminelles de la « jurisdiction en remboursant 3,000 livres à M. le sénes-« chal ; » — Peyralade ; — Poisson ; — de Ridéo ; — Riollan ; — Robert ; — Gabrielle de Rochechouard, abbesse de Fontevrauld : « J'espère, monsieur, que vous aurez la « mesme bonté qu'avoit M. vostre père pour les choses où « je m'intéressois. Il se présente une occasion où je vous « demande cette grâce qui est de vouloir protéger ce jeune « homme qui vous rendra ma lettre... il est à M. de Valen-« tiné, qui est de mes amis... ; je voudrois bien qu'on pust « accommoder une affaire criminelle, qui est devant vous, « entre André Cochet, pour qui je m'intéresse, et Jean « Mignan, tous deux du Vaudelenay » (signatures autographes) ; — de La Roche-Mellet ; — de Royset.

E. 2199. (Carton.) — 73 pièces, papier.

1670-1697. — Lettres : de Sablon, procureur au Parlement de Paris ; — Saint-Marcole ; — Séverin ; — Bautru de Serrant ; « Nous avons tous ouy parler des « calendes grecques, et c'est justement ce que nous veut « faire voir l'homme que vous sçavés en remettant l'examen « de son papier au premier voyage de madame de Bautru à « vostre visite... ; — je ménage l'honneur de vostre crédit « autant qu'il m'est possible ; mais il y a des gens que je « ne sçaurois honnestement refuser comme Gabillar, ce « porteur dont le nom est plus ancien que moy-mesme « dans ma maison... ; je ne suis pas d'humeur à me faire « un procès contre M. le Prince pour peu de chose ; je « laisse cela à des conseillers de Cour souveraine ; comme « il n'y va que d'unze escus, je vous supplie qu'on les « donne *in qui modo*... sans croire que mon honneur soit « attaché à une douzeine de cornes... Depuis quinze jours, « je n'en passe aucun que je ne croye partir pour vous aller « embrasser. Le retour de M. de Bois-Simon m'en empes-« cha la semaine dernière et celle-cy je ne me suis pas « fort bien porté ; mesme Lerat me trouva hyer dans les « remèdes ; je suis encor attaché icy pour quelques jours « par un de mes amis qui veut que je luy nomme un enfant « avec une petite commère quy n'est jamais preste, pour « vouloir estre trop bien, » etc. (olographes).

E. 1300. (Carton.) — 21 pièces, papier.

1674-1700. — Lettres : de Sielle ; — de Sourches : « Tout le monde s'empresse à l'envy de payer la taxe « pour la capitation et la maison du Roy, qui doit donner « l'exemple aux autres, je donne aussy avec tout le zèle « qu'on peut désirer... Comme vous avés l'honneur d'en « estre, Monsieur, il fault, s'il vous plaist, que vous m'en-« voyez au plus tost la somme de 50 livres... il ne faut pas « vous attendre à donner la somme à prendre sur vos « gages ; le Roy veut de l'argent comptant... » « J'ay prié « vostre cadet de s'adresser à moy pour toutes choses ; il « est fort bien fet, de bonne mine, mays j'apréhende que, « s'il n'a une affection grande au métier et profession, que « vous voulés qu'il fasse, qu'il ne tourne à Paris en de « mauvaises habitudes difficiles à quiter ; » — Sourdeau ; — Talon : « Je vous remercie de la peine que vous avés « prise de m'envoyer des greffes et des fruits de vostre jar-« din ; » — Tassin ; — Tessier ; — de Tigné ; — l'abbé Touzelin ; — Trambler ; — Tubeuf ; — Véronneau ; — de La Varenne : « On vient de me dire que le nommé Martin « Avril avoit eu l'insolence de vouloir faire informer contre « moy pour une action qui se passoit y a environ un mois « à Saint-Sulpice... Je n'ay rien à craindre puisque l'affaire « est devant vous. »

E. 1301. (Carton.) — 1 pièce, parchemin.

1600. — Fouqueron. — Partage entre Mathurin Allard et Renée, Rose et Roberde Fouqueron, de la succession de Pierre Fouqueron et de Guillemine Yssambard, sa femme.

E. 1302. (Carton.) — 1 pièce, parchemin ; 3 pièces, papier.

1448-1770. — Fouquet. — Acquêt par Maurice et Pierre Fouquet de terres et de maisons en la paroisse des Essarts ; — contre-lettre de François Fouquet, sieur de La Bosselinière, qui annule le contrat de rente fictif dans lequel est intervenu Guy de La Bigottière, sieur de Perchambault ; — acquêt par Nicolas Fouquet, maître chirurgien, de terres aux Aunières et à Laraillier dans la paroisse de Soulaines.

E. 1303. (Carton.) — 1 pièce, papier.

XVIIIe siècle. — Fourché. — Généalogie de la famille Fourché depuis Jean Fourché, maître des Comptes.

E. 1304. (Carton.) — 1 pièce, parchemin ; 4 pièces, papier.

1574-1767. — Fourmond. — Testament de Catherine Chevaye, veuve de Mathurin Fourmond, sieur de L'Isle, portant fondation d'un anniversaire en l'église Sainte-Croix d'Angers, et aux religieux de La Baumette 25 sous de rente et sa grande Bible française ; — acquêt par Pierre Fourmond, cordonnier, d'un logis rue Lyonnaise ; — contrat de mariage de Claude-Augustin Fourmond avec Françoise-Cécile Delorme. — Voir la suite à la série L : Documents de 1790 à l'an VIII.

E. 1305. (Carton.) — 1 pièce, papier ; 1 pièce, parchemin.

1610-1689. — Fourny. — Partage de la succession de Pierre Fourny, notaire, entre François Fourny, clerc, Toussaint Milcent et Jullien Lhermite ; — sentence de distribution de deniers entre les créanciers de la succession de Bernard Fourny, notaire, et d'Angélique de Sarazin, sa femme.

E. 1306. (Carton.) — 11 pièces, parchemin ; 35 pièces, papier, 1 sceau.

1449-1693. — Fournier. — Constitution par Jean Fournier, licencié-ès-lois, d'une rente de 3 setiers de froment au profit du curé de Sainte-Croix d'Angers ; — transaction entre René de La Chapelle, seigneur de La Ramée, et Jean Fournier, seigneur de La Guérinière et de La Motte-Serrant, au sujet des droits de fief et de rachat de La Motte-Serrant ; — acquêt par Pierre Fournier, sieur de Lancerre et de La Garenne, de la seigneurie du Parc d'Avaugour ; — testament de René Fournier, chanoine de Saint-Martin ; — « mémoire de ce que j'ay dépensé aux estudes en la maison « de M. Dupinay et ailleurs ; » — notes par François Fournier sur la naissance de ses enfants ; — acquêt par Pierre

Fournier d'une charge de procureur en la Cour du Parlement de Paris; — contrat de mariage de Pierre Fournier, sieur de Boisayrault, licencié-ès-droits, avocat au siège royal de Saumur, avec Marie Millocheau; — inventaire des meubles dépendant de leur communauté; — contrat de mariage de Pierre Fournier avec Mathurine Treton; — rente due à Renée et Judith Vallière par Pierre Fournier, conseiller en la sénéchaussée de Saumur; — testament de Marie Racault, veuve de Nicolas Fournier, sieur de Bonacquet; — contrat de mariage de Pierre Fournier, le jeune, président et juge prévôt à Saumur, avec Catherine Lépagneul, etc.

E. 2307 (Registre.) — In-4°, papier, 869 feuillets.

1692. — Inventaire des meubles de Barthélemy Fournier, s… du Mesnil, dressé par André Lesuire, sieur de La Tousche, comme procureur de Judith-Anne de Camain, sa veuve, et de Pierre Fournier, le jeune, et ayant charge de François Ragueneau, sieur de La Chesnaye. — Une note, sur la couverture du volume, dit : « Ledit Fournier « a esté assassiné par Gabriel Bichon, dit Cherpy, le « 20 avril 1692. Il a esté roué vif à Angiers le 27 febvrier « 1693. » — Inventaire des titres du trésor de la seigneurie de Chavannes.

E. 2308. (Carton.) — 7 pièces, parchemin; 83 pièces, papier.

1601-1780. — Procédure au nom d'Henri de Bonchamp, sieur de Maurepart, et de Marie-Madeleine Fournier, sa femme, pour la succession de Pierre Fournier et de Mathurine Treton; — compte rendu par Charles Richard, avocat, à Catherine Vallette, veuve de René Fournier de Boisayrault, Marie Coustis, veuve de François de Caulx de Clairvaux, Catherine-Renée Coustis, veuve de Madeleine Pitatouin de La Tousche et autres, des deniers de la vente de l'hôtellerie de *L'Épée-Royale*, saisie sur Renée Lebœuf; — contrat de mariage de Pierre-Jacques Fournier de Boisayrault avec Louise Geneviève de Cyret de Bron; — mémoire des travaux de menuiserie, de toiture et de maçonnerie faits pour M. de Boisayrault en sa maison de la rue du Dauphin, à Paris, par Goulet, architecte, Leblond maître couvreur, et Poupard, maître menuisier; — notes et extraits d'actes authentiques par le feudiste Audouys.

E. 2309. (Registre.) — In-folio, papier, 186 feuillets.

1709-1791. — Enregistrement des certificats délivrés « par nous, lieutenant général de police à Saumur, aux marchands de bled, propriétaires de terres, fermiers, laboureurs, « et autres particuliers qui ont des bleds et autres grains en leur « possession, de la quantité des bleds et grains, qu'ils « feront aporter au marché dud. Saumur pour y estre ven« dus conformément à l'arrêt du Parlement du 10 avril « dernier…, donné et fait à Saumur, par nous Pierre Four« nier, chevalier, seigneur de Boisairault… le 4 mai « 1709; » — la majeure partie du registre restée en blanc a été utilisée postérieurement sous ce titre : « Livre-jour« nal des biens-fonds, rentes foncières et hypothécaires, « domaines et autres effets, à moy René Clément Fournier, « écuyer, sieur de Boisairault, appartenant. »

E. 2310. (Carton.) — 2 pièces, papier.

1601-1709. — FOURNEAU. — Aveu rendu à la châtellenie de Jallais par René Fourreau, sieur de Barrot, pour sa métairie de La Burgotinière; — « estat et mémoire des tiltres « et papiers qui se sont trouvez après le décès de noble « homme maître René Fourreau de Barrot, conseiller du « Roi, ancien lieutenant en la maréchaussée d'Anjou. »

E. 2311. (Carton.) — 8 pièces, parchemin; 13 pièces, papier.

1408-1770. — FOUSSIER. — Vente par Gilles Foussier à Bertrand Deffaye d'une maison à Champigné; — autorisation donnée par le chapitre Saint-Pierre d'Angers d'enterrer en son église Marc Foussier, sieur de La Cavalnerie; — partage de la succession de Jean Foussier, sieur de Hellault, et de Marguerite Lamy, entre Pierre Foussier, sieur de La Bottée, receveur général des décimes en la généralité de Tours, Charles Héard, Marc Serisay et Jeanne Foussier; — testament de Jeanne Giraudeau, femme de Sébastien Foussier, boulanger, portant don de maisons à La Trinité d'Angers pour la fondation d'un anniversaire; — compte de tutelle rendu par Claude Cheverue, veuve de Guillaume Foussier, à ses enfants; — extrait du registre matricule des avocats en la Cour du Parlement et des registres du Parlement prouvant l'inscription de Claude-Jacques-Henri Foussier au rôle des avocats et sa réception en l'office de substitut du Procureur général du Roi au présidial de Châteaugontier, etc.

E. 2312. (Carton.) — 1 pièce, parchemin; 5 pièces, papier, dont 1 double.

1544-1744. — FRADIN. — Acquêt par Ollivier Fradin, sieur de Malemouche, du domaine de La Veillerie en Saint-Barthélemy, près Angers; — déclaration rendue pour ledit domaine au fief de Villechien; — extraits de censifs relatifs aux terres du Pressoir Franc et de La Petite Malemouche; — transactions entre Joachim Fradin, curé de Rablay, et Mathurine de Saint-Maurice, veuve d'Emmenon de Courtet, au sujet de la dîme de Rablay; — entre Louis Coutanceau et André Thomas au sujet de la succession de Louis Fradin, etc.

E. 2313. (Carton.) — 3 pièces, parchemin; 14 pièces, papier.

1578-1753. — FRAIN. — Don par Pierre Cerceau à

Jacques Frain, curé de Chênehutte, de la dîme des terres qui lui appartiennent en la paroisse; — contrat d'une rente de 60 livres au profit de Jean Frain, sieur du Tremblay; — copie d'une lettre adressée au précédent à l'occasion de la mort de sa femme par Cupif, curé de Contigné; — quittances de la pension de madame Frain Du Plantys, professe du chœur du prieuré de La Regrippière; — partage entre Laurence Boissard, veuve de Michel Falloux du Lis, J. B. Ménage de La Mariuière, Claude-François Gallichon, sieur de Courchamp, et autres, de la succession de Joseph Frain de Veillière, docteur de Sorbonne, doyen de l'église d'Angers.

E. 2314. (Carton.) — 3 pièces, papier, dont 1 incomplète et 1 double.

1684. — FRANCE (de). — Acquêt par Richard de France, docteur en médecine, de deux corps de logis en la rue Baudrière à Angers; — partage entre Richard de France et Pierre Barbetorte, grenetier au Grenier à sel d'Angers, de la succession de Charles de France, docteur en médecine.

E. 2315. (Carton.) — 3 pièces, papier.

1697-1738. — FRANQUETOT (de). — Bail à ferme par Anne de Franquetot, baron de Saint-Thénis, de la terre de La Perrière; — sentences de la sénéchaussée d'Angers, qui ordonnent et qui confirment la rescousse de ladite terre sur les héritiers d'Anne de Franquetot par Pierre de La Perrière, marquis de Crenan.

E. 2316. (Carton.) — 1 pièce, papier.

1676. — FRÉDY. — Transport par François Leblanc d'une rente de 400 livres à Mé..ric Frédy, sieur de Vaubertin, receveur général et payeur des rentes de l'Hôtel-de-Ville de Paris.

E. 2317. (Carton.) — 2 pièces, papier (1 imprimée.)

1754-1789. — FRÉMERY. — Mémoire au Parlement de Paris pour Joseph-Nicolas Frémery, marchand et changeur en titre pour le Roi à Saumur « pour recouvrer son « état et son honneur que l'inimitié de sa mère, obsédée de « mauvais conseils, la passion et la mauvaise humeur des « juges, dont est appel, lui ont ravis injustement; » — notification par Jean Frémery, orfèvre, aux maire, échevins et collecteurs de Doué, de son élection de domicile à Saumur, afin qu'ils aient à le rayer des rôles des contributions.

E. 2318. (Carton.) — 3 pièces, papier.

1571-1627. — FRÉMON. — Vente par René Frémon à Pierre Boux et Lucaze Frémon, sa femme, de vignes près Saumur; — acquêt par René Frémon de deux caves près Saumur; — partage de la succession d'Antoine Frémon et d'Étiennette Bluneau entre leurs enfants et Jean Coquart, leur gendre.

E. 2319. (Carton.) — 1 pièce, papier.

1627. — FRÉMOND. — Partage de la succession de Guillaume Frémond, entre Renée Balliton, Françoise Frémond, veuve de Élye Touraton, Isaac Malabrux et autres héritiers.

E. 2320. (Carton.) — 1 pièce, papier.

1768. — FRÉNY. — Nomination de Jean Challin et René Lemanceau à la curatelle des enfants mineurs de Nicolas Frén.. et de Perrine Chaudon.

E. 2321. (Carton.) — 1 pièce, parchemin.

1400. — FRESNIER. — Sentence du juge ordinaire d'Anjou pour Pierre Frenier, chanoine de Poitiers, contre Jean Lepaige, à l'occasion de droits de vinage dans le fief de La Vau en Savennières.

E. 2322. (Carton.) — 93 pièces, papier.

1763-1786. — FRÈRE. — Comptes (en anglais) rendus à Tobie Frère, esquire, par ses régisseurs, de ses rentes et revenus dans les comtés de Sommers et de Devon; — bail d'un hôtel, rue Montauban, consenti par M. de La Plesse, audit Tobie Frère « gentilhomme anglais; » — mémoires présentés par Saulnier aîné, marchand de vins, Marlin, épicier, Bonnet dit Lagarde, menuisier, Lusson-Chabaud, chapelier, Rozé, boulanger, Maugars, boucher et autres fournisseurs; — règlement des honoraires des chirurgiens Garnier et Bachelier, qui ont soigné le sieur Frère, de la maladie dont il est mort; — contestation avec sa veuve; — mémoire du pharmacien Ollivier; — mémoires au compte de madame veuve Frère, pensionnaire aux Ursulines d'Angers.

E. 2323. (Cahier.) — In-4°, parchemin, 16 feuillets.

1491-1503. — FRESNEAU. — Copie de lettres de tonsure, de prêtrise, dispense d'âge, bulles du pape Jules II, portant collation de bénéfices dans les abbayes de Saint-Florent de Saumur et de Charroux au profit de René Fresneau, fils de Jean Fresneau et de Françoise de Jarzé.

E. 2324. (Carton.) — 10 pièces, parchemin; 17 pièces, papier.

1420-XVIIIe siècle. — FRESNEAU. — Contrat de mariage d'Hardouin Fresneau et de Perrine Chaperon; — bail par Claude de Crevant, mari de Renée Fresneau, de la terre de La Pinauderie; — vente de la seigneurie de Senecé saisie sur Jeanne Des Aubiers, veuve de René Fresneau; — acquêt par Jullienne Faligan, veuve de René Fresneau, de vignes à Sanziers; — partage de la succession de François Fresneau et de Jacquine Prost entre Mathurin Leroy, Renée Fresneau et Louis Trouvé ; — vente des meubles de René Fresneau et de Jeanne Crossay ; — note généalogique du feudiste Audouys.

E. 2323. (Carton.) — 1 pièce, papier.

1548. — Frétellier. — Accord entre Macé Frétellier et Pierre Delalande pour le règlement de la succession de Jacquine Torquat.

E. 2325. (Carton.) — 7 pièces, parchemin ; 7 pièces, papier.

1635-XVIIIe siècle. — Frézeau de La Frézelière. — Vente par Lancelot Frézeau, sieur de La Frézelière, au chapitre de Saint-Martin d'Angers, de la grande dîme de Laigné, près Châteaugontier ; — transaction entre Philippe Frézeau, gouverneur et lieutenant pour le Roi en Poitou, et François de La Rochefoucauld, baron de Montandre, au sujet de la succession de René Goulard ; — traité passé entre Jean-François-Angélique Frézeau, chevalier, marquis de La Frézelière et de Mons, baron de Germigny en Bourbonnais, seigneur de La Chaussée, maréchal des camps et armées du Roi, premier lieutenant général de l'artillerie de France, tant pour lui et en son nom que pour Anne Frézeau, sa sœur, épouse de George-Henri de Maillé, marquis de La Tour-Landry et de Jalesne, et Louis, comte de La Vieuvile, au nom de « messire Simon, milord Frazer de « Louet, premier baron et pair d'Écosse, et messire Jean « Frazer, ses frère et cousin, » en présence des ducs de Luxembourg et de Chastillon, de Jean Gustave, sire de Rieux, de Jean Severt de Rieux, du marquis de Saché et du comte de La Rochemillais, du colonel Frédéric de Cuningham et de Jean de Cuningham « tous parents et aliez desd. « partyes, contenant reconnoissance des filiations respec- « tives dudit seigneur Simon Frazer de Louet, baron et pair « d'Écosse, desdits seigneurs, ses frère et cousin et dudit « seigneur marquis de La Frézelière et des parentez et « alliances qui sont entre eux... pour empescher, autant « qu'à eux est, un si ancien et illustre nom de tomber dans « l'incertitude de son origine ; » — extrait de la généalogie « des seigneurs de La Frézelière en Anjou, marquis de « Mons en Loudunois, du surnom de Frézeau ; » — notes généalogiques par le feudiste Audouys.

E. 2327. (Carton.) — 1 pièce, papier

1776. — Fribault. — Acquêt par François Fribault, de maison et terres à La Chapelle, près Soulaines.

E. 2328. (Carton.) — 1 pièce, papier.

1764. — Fricard. — Nomination de Julien Mandron à la tutelle de René Fricard, enfant mineur de René Fricard et de Françoise Rinocheau.

E. 2329. (Carton.) — 2 pièces, papier.

1599-1600. — Frimeust. — Extrait du testament de Jean Frimeust, prêtre, portant fondation de messes et services en l'église de Saint-Aubin de Vion ; — testament de René Frimeust, chapelain de Saint-Pierre d'Angers, portant fondation d'anniversaire en ladite église.

E. 2330. (Carton.) — 12 pièces, parchemin ; 18 pièces, papier.

1562-1712. — Froger. — Vente par Gillet Froger à l'abbé de La Boissière de terres et vignes en la paroisse de Brain-sur-l'Authion ; — acquêt par Pierre et Mathurine Froger de la closerie du Rosay ; — par François Froger, sénéchal de la prévôté d'Anjou à La Flèche, du lieu de La Bouhourdière en la paroisse de Mayet ; — par Mathieu Froger, sieur de La Rousselière, avocat, et Mathurin Froger, châtelain de Récon, du domaine des Ramiers en la paroisse de Saint-Augustin-des-Bois ; — testament de Catherine Froger, portant fondation d'un anniversaire en l'église des Cordeliers d'Angers ; — partage de la succession de Françoise Froger, femme de Jean Duportau ; — arrêt de la Cour des Aides rendu entre François Froger, sieur de Pontlevoy, juge des Traites foraines d'Anjou, et les paroissiens de Saint-Maurice d'Angers, par lequel ledit Froger est déclaré « noble et extrait de noble race et « lignée » et jouira de tous privilèges de noblesse ; — contrat de mariage de Joseph Froger, maître maçon, et de Marie Hardouin, etc.

E. 2331. (Carton.) — 9 pièces, papier.

1679-1680. — Fromageau. — Procédure au nom de René Fromageau, commissaire des saisies réelles, contre Jacques Bourceau, chanoine de Saint-Julien d'Angers, pour la mutualité d'un mur attenant à la maison de La Tour, derrière les Carmes.

E. 2332. (Carton.) — 6 pièces, papier.

1609-1791. — Fromentier. — Contrat de mariage de Louis Fromentier et de Perrine Brisset ; — partages de la succession de Mathurine Fromentier entre Jacques et Marie Brisset et Antoinette Legris, Guillaume Devasne et Pierre Saultrean ; — abandon par Jacques Brisset d'une rente de 15 livres dépendant de ladite succession ; — sentence de distribution entre créanciers des deniers provenant de la succession d'Agathe Fromentier de Lachèse.

E. 2333. (Carton.) — 1 pièce, parchemin ; 2 pièces, papier (1 imprimée).

1449-XVIIIe siècle. — Fromentières (de). — Testament de Crespine de Fromentières, dame de Lespine ; — « précis pour le comte de Domaigné de La Roche-Hue « contre le marquis de Fromentières, » qui l'a fait détenir, par lettre de cachet, à l'hôpital de Saint-Meen; — notes généalogiques par le feudiste Audouys.

E. 2334. (Carton.) — 1 pièce, papier.

XVIIIe siècle. — Fromont. — Note du feudiste Audouys sur la famille Fromont, seigneur de La Roche-Fromont et de La Martelière.

E. 2335. (Carton.) — 3 pièces, parchemin.

1604-1619. — Frontault. — Acquêts par Paul Frontault, sieur de La Motte, des terres et seigneuries: de La Poupinière dans la paroisse de Chérancé; — de Fontenelle dans la paroisse de Congrier; — partage de la succession de Paul Frontault et d'Olive Saiget, sa femme, entre Catherine Doucault et René Guémard.

E. 2336. (Carton.) — 1 pièce, papier, en lambeaux.

1701. — Frosne. — Acquêt par Jean-Luc Frosne d'une charge d'expert-juré à Paris.

E. 2337. (Carton.) — 1 pièce, papier.

1747. — Frouin. — Inventaire de la succession mobilière de Mathurine Carré, veuve de René Frouin, maître chirurgien.

E. 2338. (Carton.) — 1 pièce, papier.

1668. — Froullin. — Aveu rendu à la seigneurie de La Lande-Chasle, par François Froullin, pour sa terre de La Jamettière.

E. 2339. (Carton.) — 1 pièce, papier.

XVIe siècle. — Frubert. — « Ramage de Claude « Frubert, sieur de La Source, avec les Louetz. »

E. 2340. (Carton.) — 1 pièce, parchemin, incomplète.

XVIe siècle. — Fruschault. — Partage de la succession de Jean Fruschault et de Guillelmine Martin entre Jean, Jacques et Perrine Fruschault, leurs enfants, et Thomas Gardais, leur gendre.

E. 2341. (Carton.) — 1 pièce, parchemin; 23 pièces, papier.

1659-1740. — Fuye (de la). — Procédure au nom de Jean de La Fuye, chirurgien de Châteaugontier, pour la décharge des tailles à raison de sa terre de Malabry en la paroisse de Brissarthe; — partage de la succession de René de La Fuye et d'Élisabeth Lepreul; — comptes par Jean de La Fuye avec Victor Mauxion; — avec Marguerite Pochard, veuve de Pierre Sailland; — état des paiements faits par René de La Fuye à Jean de Lépreul; — acquit de Jean de Lépreul; — protestation par Jean de La Fuye contre le partage de la succession de son père; — nouvel acte de partage; — inventaire des titres produits par le plaignant contre ses cohéritiers; — renonciation à la succession de Charles-Étienne de La Fuye par Catherine Courant, sa veuve.

E. 2342. (Carton.) — 1 pièce, papier.

1699. — Gabard. — Partage entre Jacques Gabard, sieur de La Cremière, Marie Gabard, veuve de François Ribot, sieur de L'Étang, et René Sécher, sieur de La Chalonnière, des successions de Pierre et de Mathurin Gabard et de Madeleine Gabard.

E. 2343. (Carton.) — 2 pièces, papier.

1610-1616. — Gabeau. — Sentence du Présidial d'Angers entre René Gabeau et François Des Varannes, confirmative du bail à ferme des Fourcelles, près Baugé; — lettre adressée à l'avocat Gabeau par Foullon, lieutenant criminel de Saumur, au sujet de la succession de Jean Hervé.

E. 2344. (Carton.) — 2 pièces, papier.

1630-1683. — Gabillard. — Inventaire de la succession mobilière de Jacques Gabillard et d'Antoinette Oger; — prise à bail par Pierre Gabillard, de terres labourables aux Turcaudières, près Saumur.

E. 2345. (Carton.) — 2 pièces, parchemin; 1 pièce, papier.

1570-XVIIIe siècle. — Gabory (de). — Présentation par Jean de Gabory de la chapelle Saint-Jean et Saint-Mathurin en l'église de Saint-Laurent-de-La-Plaine; — notes généalogiques par le feudiste Audouys.

E. 2346. (Carton.) — 1 pièce, papier.

1748. — Gabory. — Congé militaire de Jean Gabory, dit La Marche, soldat au régiment de Royal-infanterie.

E. 2347. (Carton.) — 1 pièce, parchemin; 1 pièce, papier.

1763-1767. — Gadeau. — Acquêt par Renée Guibert, veuve de Luc-Mathieu Gadeau, d'une rente de 50 livres; — partage de la succession de ladite veuve entre Pierre Vallier, Marie Collas, veuve de Dominique Cristiani et Aimée Veillon.

E. 2348. (Carton.) — 1 pièce, papier.

1540. — Gaidon. — Testament de Jean Gaidon, prêtre, portant entre autres legs, don à l'église de La Pommeraye de son missel, d'une aube, d'un fanon, de trois toiles d'autel et de son calice.

E. 2349. (Carton.) — 2 pièces, papier.

1778-1782. — Gaignard. — Acquêt par Charles Gaignard de terres dans les paroisses de Soulaines et de Vauchrétien; — par Pierre Gaignard, vinaigrier, de la maison du Pin en la paroisse d'Andard.

E. 2350. (Carton.) — 1 pièce, parchemin ; 3 pièces, papier.

[illegible]. — GAILLARD. — Acquêt par Pierre Gaillard, enquêteur ordinaire d'Anjou, de la seigneurie du Vau en la paroisse de Savennières et des prés des Guesses ; — entérinement de lettres de bénéfice d'inventaire de la succession de Jean Gaillard, sieur des Essarts, obtenues par Mathurin Blouin, mari d'Élisabeth Gaillard ; — saisie des meubles dudit sieur Blouin, pour garantie des arrérages de la rente léguée par Jean Gaillard aux Cordeliers d'Angers.

E. 2351. (Carton.) — 1 pièce, papier.

1487. — GALARDIN. — Aveu rendu à la seigneurie de La Bournée par Jean Galardin, pour terres et vignes dépendant de la seigneurie de Sauné.

E. 2352. (Carton.) — 3 pièces, papier, dont 1 double.

1631-1738. — GALICHER. — Testament d'Abel Galicher, chanoine de Saint-Pierre d'Angers, portant fondation de divers services en son église ; — nomination d'Antoine Saulon à la curatelle des enfants mineurs de Pierre Galicher et Marie Saulon.

E. 2353. (Carton.) — 1 pièce, papier.

XVIIIe siècle. — GALLAND. — Tableau des alliances de la famille Galland avec les familles Turgot, Dumesnil d'Aussigné et Grimaudet.

E. 2354. (Carton.) — 3 pièces, papier.

1654-1707. — GALLARD. — Licitation entre René Gallard, Pierre Bourdais et Marie Gallard, veuve de Jacques Berger, d'une maison rue de La Tannerie, à Angers ; — inventaire de titres produits par Renée Leveau, veuve René Gallard, contre Madeleine Dessonneau, veuve Louis Belliard, pour le partage des biens de Thomas Cochon ; — testament de Jean Gallard, portant don d'un calice d'argent doré à la fabrique de Coron.

E. 2355. (Carton.) — 1 pièce, papier.

1687. — GALLARD DE BÉARD (de). — Vente par Alexandre de Gallard de Béard, seigneur de Saint-Maurice, à Catherine de Gallard de Béard, sa sœur, de la seigneurie de Boislantour dans la paroisse de Sévigny et la baronnie de Faye-La-Vineuse.

E. 2356. (Carton.) — 3 pièces, papier.

1644-1718. — GALLÉ. — Accord entre Thomas Gallé et Pierre Lapierre au sujet de la succession de Pierre Gallé ; — acquêt par Pierre Gallé de vignes en Parnay ; — testament de Pierre Gallé, portant don de 6,000 livres à la fabrique de Saint-Pierre d'Angers.

E. 2357. (Carton.) — 1 pièce, parchemin.

[illegible]. — GALLERAND. — Acquêt par Perrot Gallerand d'une rente de froment sur un pré voisin du Moulin-le-Roy, en la paroisse de Lonay.

E. 2358. (Carton.) — 14 pièces, parchemin ; 44 pièces, papier.

1580-1785. — GALLICHON. — Contrats de mariage de Gatien Gallichon avec Guillemine Fouscher ; — de Jean Gallichon avec Jeanne Mairesse ; — du même en secondes noces avec Louise Moinart ; — de Jean Gallichon, fils du précédent, avec Isabeau Juffé ; — partage entre René Landevy, mari d'Isabeau Gallichon, Olivier Darien, mari de Jeanne Gallichon, et Jean Gallichon, des successions de Jean Gallichon et d'Isabeau Duchasteau, sa femme ; — inventaire de la succession mobilière de Jean Gallichon et de Louise Moinart ; — contrats de mariage de Zacharie Gallichon, receveur général des traites d'Anjou, avec Charlotte Bitault ; — de Louis Gallichon, sieur de Courchamps, conseiller au Parlement de Bretagne, avec Françoise de Saint-Aubin ; — de Jean Gallichon, sieur de La Motte, avec Françoise Gigon ; — de Gatien Gallichon, sieur de Jarry, avec Madeleine Loloyer ; — de Jean Gallichon, maître orfèvre, avec Charlotte Berthelot ; — hommage rendu à Durtal par René Gallichon pour son domaine de Pincé.

E. 2359. (Carton.) — 1 pièce, papier.

1776. — GALPIN. — Apposition de scellés sur les meubles de Jacques Galpin, marchand droguiste à Angers.

E. 2360. (Carton.) — 4 pièces, papier.

1740-1769. — GAMBIER. — Mémoire pour René-Élie Gambier, prieur de Saint-Vincent, près Saumur, contre René Charbonneau, « se disant pourvu du même prieuré ; » — apposition de scellés sur la succession mobilière dudit Élie Gambier ; — nomination de René Cesbron, à la tutelle des enfants mineurs de René Gambier, notaire apostolique, et de Jeanne Gaultier.

E. 2361. (Carton.) — 1 pièce, papier.

1765. — GAMICHON. — Acquêt d'une portion de maison à Saumur par Jacques Gamichon, marchand.

E. 2362. (Carton.) — 1 pièce, parchemin ; 2 pièces, papier.

1605-1695. — GANCHES. — Acquêt par Pierre Ganches, marchand, de la closerie de La Demoisellerie en Saint-Samson d'Angers ; — hommages rendus à La Haye-Joullain par Hiérosme Ganches pour sa terre de La Fourerie.

E. 2363. (Carton.) — 9 pièces, parchemin ; 23 pièces, papier.

1644-1719. — GANDON. — Inventaires des titres et papiers de Louis Gandon, démissionnaire de tous ses biens en faveur de ses enfants, et de Pierre Gandon; — acquêt par René Gandon de l'office de lieutenant des eaux et forêts en la maîtrise d'Angers; — prisée des immeubles dépendant de la communauté de Louis Gandon et de Perrine Bodin; — contrat de mariage de René Gandon, sieur de Boistesson, avec Renée Chastelain; — partage entre Jacques Gandon, sieur de Boistesson, consul des marchands d'Angers, et René Gandon, lieutenant des eaux et forêts, de la succession de René Gandon et de Marguerite Blanchard; — partage entre Jacques Volaige de Vaugirault, mari de Marguerite Gandon, et Mat. Gandon de Maquillé, des seigneuries de La Ferronnière et de Maquillé, etc.

E. 2364. (Carton.) — 4 pièces, papier.

1644-1695. — GANNES. — Compte rendu par René Gannes, apothicaire, de la tutelle de Fleurance Gannes, sa mère, à Antoine Blouin, son mari; — factum pour Pierre Éveillon contre René Gannes, au sujet de la succession d'Antoine Baudon; — constitution par Prosper de Collasseau d'une rente de 13 livres 6 sous au profit de Louis Gannes, notaire royal et apostolique; — désistement par René Gannes, apothicaire, de tout recours contre Jeanne de Contarini, veuve de Pierre Hatton.

E. 2365. (Carton.) — 1 pièce, papier.

XVIIIe siècle. — GARAULT. — Notes du feudiste Audouys sur la famille Garault, seigneur de La Cointerie.

E. 2366. (Carton.) — 1 pièce, parchemin.

1650. — GARDEAU. — Fondation par Mathurine Baudon, veuve de Jacques Gardeau, de services et anniversaires en l'église Saint-Jean-Baptiste d'Angers.

E. 2367. (Carton.) — 3 pièces, papier.

1580-1700. — GAREAU. — Partage de la succession de Mathurin Gareau entre ses enfants et René Chalon, son gendre; — échange entre Louis Garreau, chirurgien, et René Dumont, de terres et maisons dans la paroisse de Verneuil; — quittances du curé et du fossoyeur pour la sépulture de Louise Goyet, femme de Louis Garreau.

E. 2368. (Carton.) — 1 pièce, papier.

1645. — GARELLIÈRE (de LA). — Aveu rendu à la seigneurie de La Garenne par Pierre de La Garellière pour sa terre de La Verrie en la paroisse de Soudan.

E. 2369. (Carton.) — 1 pièce, parchemin.

1551. — GARENGER. — Acquêt par Michel Garenger de terres, maisons, prés, pâtures, provenant de la succession de Guillaume Gallais.

E. 2370. (Carton.) — 1 pièce, parchemin; 23 pièces, papier.

1685-1758. — GARIMOND (de). — Contrat de mariage d'Alexandre de Garimond, capitaine d'infanterie, avec Antoinette Dagemar; — brevet de capitaine réformé à la suite de la compagnie franche de fusiliers de Mélac pour Alexandre de Garimond (avec la signature autographe de Louis XIV); — de chevalier de Saint-Louis (avec signature autographe de Louis XV) pour Jean de Garimond, lieutenant colonel d'infanterie; — contrat de mariage de Jacques de Garimond, son fils, lieutenant au régiment de Piémont, avec Marie-Angélique-Geneviève d'Espaux, veuve de Guillaume Drillet, seigneur de Loiré; — requête de Jacques de Garimond, afin d'être rayé, comme noble, du rôle des impositions d'Angers; — contrat de mariage de Jacques de Garimond avec Charlotte-Marie Garcian, veuve de Gabriel Drouet de Grassigny; — vente des meubles dudit Jacques de Garimond, au nom de François-Antoine Vogel, bailli de la noblesse de la Basse-Alsace, tuteur de ses enfants.

E. 2371. (Carton.) — 1 pièce, parchemin; 1 pièce, papier.

1679-1685. — GARIOU. — Procédure pour François Gariou et François Morineau contre Pierre Blanchard, au sujet de la succession d'Olivier Bretonneau.

E. 2372. (Carton.) — 8 pièces, parchemin; 13 pièces, papier.

1599-XVIIIe siècle. — GARNIER. — Accord entre Georges Garnier, licencié-ès-lois, mari de Marguerite Allain, Jean Allain et Catherine Bourdais pour le partage de la succession de Germain Allain; — contrat de mariage de Jean Garnier, sieur de Prégarreau, avec Perrine Erreau; — acquêt par Michel Garnier de terres et biens à La Morinière dans la paroisse d'Ampoigné; — par René Garnier, sieur de La Cave, d'un logis en la rue Chaperonnière à Angers; — contrat de mariage d'Étienne Garnier avec Renée Plessis; — testament de Jean Garnier, vicaire de La Trinité d'Angers, portant legs à l'église de Saint-Jean-de-Linières de sa « chasuble violette avec le voile et la bourse « de même couleur garnie de corporaux, palle et purifica- « toire, » à l'église des Essards, de sa « chasuble de « diverses couleurs avec un voile de damas verd; » — testament de Marguerite Garnier, portant fondation de divers services en l'église des Carmes d'Angers; — partage de la succession de Jean Garnier, avocat du Roi au Grenier-à-sel de Saumur; — notes généalogiques du feudiste Audouys.

E. 2373. (Carton.) — 11 pièces, papier.

1664-XVIIIe siècle. — GARSANLAN (de). — Nomination d'Émérance Richard, veuve d'Augustin-Claude de Garsanlan, à la tutelle de ses enfants; — procès-verbal des dires et réponses de la supérieure des Cordelières de Saint-Quentin en Vermandois et de la dame Marthe-Renée Boisard de L'Épinière, femme de René-Charles de Garsanlan de Juillé, qui y est détenue par lettre de cachet; — requête de Pierre-Marc de Garsanlan, maître des comptes de Bretagne, afin d'être autorisé à planter en vignes un terrain inculte dans la paroisse de Sainte-Gemmes-sur-Loire; — lettres écrites au même par Du Mesnil d'Aussigné, son beau-frère, et l'évêque de Rennes, Louis Guy de Guérapin de Vauréal. Ce dernier lui demande de lui communiquer tout ce qu'il sait « au sujet de l'abbaye de Saint-Aubin, soit par rapport « à la nature des biens dans lesquels elle consiste... soit « par rapport à l'état des lieux, maison abbatiale et ferme; » — note généalogique par le feudiste Audouys.

E. 2574. (Carton.) — 8 pièces, papier.

1616-1769. — GASCHET. — Vente par André Gaschet et François Gaschet de terres et vignes dans la paroisse d'Antoigné; — acquêt par Jean Gaschet, boulanger, de la closerie du Puy-Anceau en la paroisse de Saint-Augustin-lès-Angers.

E. 2575. (Carton.) — 2 pièces, papier.

1757-1789. — GASLARD. — Nomination de Jacques Lharmenier à la curatelle de Jacquine Gaslard; — de Simon Pifard à la curatelle de Charles Gaslard. — Voir la suite de ce fond à la série L.

E. 2576. (Carton.) — 2 pièces, papier.

1607-1619. — GASNAULT. — Compte rendu aux héritiers de Guillemine Saumoussay, veuve de Michel Gasnault, sieur du Coustau, par Jean Andriau, exécuteur testamentaire; — partage de la succession de Mathurin Gasnault.

E. 2577. (Carton.) — 6 pièces, parchemin; 34 pièces, papier.

1609-1791. — GASNIER. — Acquêt par Jacques Gasnier, marchand, d'une pièce de terre en la paroisse de Sainte-Gemmes-sur-Sarthe; — échange par le même avec Julien Letort de jardins et vergers au Joncheray; — prise à rente de champs et maison en ladite paroisse par René Gasnier, maître-d'hôtel de la marquise de Lavardin; — procédure au nom de Michel Gasnier, mari de Jacquine Cartier, pour le règlement de la succession d'André Cartier; — partage de la succession de René Gasnier, procureur fiscal à Malicorne, entre René Gasnier, son fils, et Ignace Trovit de La Gasnerie, son gendre.

E. 2578. (Carton.) — 2 pièces, papier.

1787-1788. — GASSEAU. — Acquêt par Pierre Gasseau de terres en la paroisse Saint-Aubin-de-Trêves.

E. 2579. (Carton.) — 7 pièces, papier.

1749-1780. — GASTÉ. — Nomination de Jean Desportes à la curatelle des enfants mineurs de Toussaint Gasté, vigneron; — de Mathieu Piton à la curatelle de la succession répudiée de François Gasté, journalier; — distribution des deniers entre les créanciers.

E. 2580. (Carton.) — 1 pièce, papier.

1524. — GASTEBLÉ. — Testament de Rose Perreau, veuve de Guillaume Gasteblé, portant fondation de divers services en l'église de Nantilly de Saumur.

E. 2581. (Carton.) — 13 pièces, parchemin; 14 pièces, papier.

1703-1778. — GASTINEAU. — Bail à ferme par Anne Gastineau de la closerie de La Benestrie en la paroisse de Chemellier; — testament de Jacques Gastineau, docteur agrégé en la faculté de droit d'Angers; — procédure pour le partage de la succession de René Laurent Gastineau, grenetier au Grenier-à-sel de Brissac, entre Anne Gastineau, sa tante, Marie Janin, veuve de Jean Gastineau, son père, et René Lettrie; — lettre de madame de Juvigné à l'avocat Gastineau, au sujet de l'estimation contestée de sa toilette, etc.

E. 2582. (Carton.) — 2 pièces, papier.

XVIIIe siècle. — GASTINEL. — Notes généalogiques du feudiste Audouys sur la famille Gastinel, seigneur de La Foulletière et du Bois-de-Chazé.

E. 2583. (Carton.) — 3 pièces, papier.

1667-1772. — GAUBERT. — Testament d'Étienne Gaubert, messager de l'Université, d'Angers à Nantes; — fragments de l'inventaire de son mobilier.

E. 2584. (Carton.) — 1 pièce, papier.

1604. — GAUCHAIS. — Partage des biens provenant de la communauté de Macé Gauchais et de Guillemine Morin, sa seconde femme.

E. 2585. (Carton.) — 2 pièces, parchemin; 1 pièce, papier.

1566-1579. — GAUCHES. — Acquêt et procès-verbal de prise de possession par Hardouin Gauches, maître apothicaire, de partie d'une maison au Pilory d'Angers; — acquêt par le même de la closerie du Figuier en la paroisse Saint-Michel-du-Tertre.

E. 2586. (Carton.) — 3 pièces, papier.

1783-1784. — GAUDAIS. — Acquêt par Jean Gaudais, laboureur, de terres en Saint-Martin-de-La-Place; — par René Gaudais, fripier, de partie de maison au faubourg des Ponts de Saumur; — notes généalogiques par le feudiste Audouys.

E. 2587. (Carton.) — 2 pièces, parchemin.

1631-1639. — GAUDEBERT. — Prise à rente par Pierre Gaudebert de vignes en la paroisse de Saint-Samson d'Angers; — retrait féodal par le sacristain de Saint-Aubin d'Angers des vignes de La Demoisellerie arrentées à Pierre Godebert.

E. 2588. (Carton.) — 2 pièces, parchemin; 1 pièce, papier.

1450-1470. — GAUDEL. — Acquêts par Jamet Gaudel de terres et maisons dans les paroisses de Bécon et de Saint-Lambert-de-La-Potherie, à La Chaussée Marquet.

E. 2589. (Carton.) — 4 pièces, parchemin; 21 pièces, papier.

1507-XVIIIe siècle. — GAUDICHER. — Lettres d'anoblissement de Jean Gaudicher, sieur d'Auvercé; — fondation par René Gaudicher, sieur de La Roche, d'une messe annuelle en l'église de La Trinité d'Angers; — autorisation donnée par Louis de Rohan, prince de Guémené, à Jean Gaudicher, sieur d'Auvercé, « de faire bastir et « construire un banc » en l'église de Brissarthe; — contrat de mariage de Pascal Gaudicher, président en l'Élection d'Angers, avec Marie Bory; — notes et extraits généalogiques par le feudiste Audouys.

E. 2590. (Carton.) — 1 pièce, parchemin; 19 pièces, papier.

1619-1780. — GAUDIN. — Inventaire de la succession de Jacques Gaudin, tailleur d'habits, et de Catherine Guillier, sa femme; — acquêt par Pierre Gaudin de vignes à Savennières; — licitation entre Jacques Gaudin et Nicolas Crenais de terres en la paroisse du Lion-d'Angers; — dispenses pour le mariage de Jacques de Boistravers avec Geneviève Gaudin Du Plessis; — acquêts par François-René Gaudin Du Plessis, procureur au Grenier-à-sel d'Angers, de la terre du Ronceray dans les paroisses de Bouchemaine, Pruniers et Denée, etc.

E. 2591. (Carton.) — 3 pièces, papier.

1644-1656. — GAULAVOINE. — Contrat de mariage d'Antoine Gaulavoine avec Simonne Tranchand; — transactions au sujet de la succession de Pierre Gaulavoine, entre Charlotte Delaunay, sa veuve, et Simonne Tranchand, veuve d'Antoine Gaulavoine.

E. 2592. (Carton.) — 1 pièce, parchemin; 15 pièces, papier.

1623-1772. — GAULT. — Contrat de mariage d'André de La Bruère, avocat en Parlement, avec Catherine Gault; — partage entre Pierre Gault, sieur du Tertre, Michel Gault, sieur de La Pommeraye, et Pierre Planchenault de La Forterie, de la succession d'Anne Gault, veuve de Jean Pihu, sieur de Beauvais; — testament de Philippe Gault, chanoine de Saint-Pierre d'Angers; — dispenses pour le mariage de Michel Gault avec Marie Courcier, etc.

E. 2593. (Carton.) — 16 pièces, parchemin; 74 pièces, papier.

1447-XVIIIe siècle. — GAULTIER. — Contrat de mariage de Pierre Gaultier, sieur de La Bourgonnière, avec Rollande d'Orvaux; — testament de Perrine, veuve de Jean Gaultier, avocat en cour laye, portant fondation d'un anniversaire en l'église de La Trinité d'Angers; — contrat de mariage d'Antoine Gaultier avec Marie de Lourme; — partages : des biens d'Urbaine Gaultier; — des successions de Michel, de Macé et d'Hélène Gaultier et d'Olivier Roustille entre Jeanne Gaultier, Jean Forveille et Claude Gaultier; — acquêt par René Gaultier, avocat général du Roi en son grand Conseil, de la seigneurie de Boumois; — par Charles Gaultier, sieur des Places, conseiller au Présidial d'Angers, d'une maison près le cimetière Saint-Martin d'Angers; — contrat de mariage de Mathurin Gaultier avec Mathurine Goujon; — acquêt par François Gaultier d'une maison rue Baudrière; — contrat de mariage de Jacques Gaultier, sieur des Places, avec Marguerite de Crespy; — partage de la succession de Pierre Gaultier, contrôleur au Grenier-à-sel de Cholet, et de Jeanne Blanchard, sa femme; — « preuves de la noblesse de damoiselle Marie-Anne « Gaultier de Launay présentée pour estre receue dans la « communauté des filles demoiselles de la maison de Saint-« Louis; » — testament de Marguerite Fougeau, veuve de Charles Gaultier, notaire; — notes et extraits généalogiques du feudiste Audouys, etc.

E. 2594. (Carton.) — 1 pièce, papier.

XVIIe siècle. — GAURICHON. — Partage de la succession de Pierre Gaurichon et de Louise Bonvallet entre Vincende Béconnais, Pierre Proust et Marie Gaurichon.

E. 2595. (Carton.) — 3 pièces, papier.

1652-1717. — GAUTREAU. — Partage de la succession de Mathurin Gautreau, avocat au Présidial d'Angers, et de Madeleine Delaporte, sa femme, entre François et Pierre Gautreau, leurs fils, et Armand Volaige de Verdigny, leur gendre; — de la succession de Pierre Gautreau, sieur du Plessis, avocat, entre Marie Maillard, veuve de François Gautreau, et Armand Volaige de Verdigny; — vente par René Gautreau à Antoinette Baudouin, veuve de François Durand, d'une maison à Doué.

E. 2596. (Carton.) — 1 pièce, parchemin.

1692. — GAUTRET. — Partage entre Pierre Gautret, René Boissière, Michel Roulleau et Vincent Boussandeau, de la succession de Jacques Gautret.

E. 2597. (Carton.) — 1 pièce, parchemin.

1460. — GAUTRON. — Arrentement par André et Guillaume Gautron d'une pièce de *bruyère* au Caillou-Aigu, près Le Lude.

E. 2598. (Carton.) — 40 pièces, parchemin; 93 pièces, papier.

1377-1749. — GAUVAIN. — Partage entre Jean et Louis Gauvain de la succession d'Esmery Gauvain, sieur de Gatine, et de Marie de La Forest, sa femme; — entre Jean-Mathurin et Catherine Gauvain de la succession de Louis Gauvain, *sieur de La Gauvinière, et de Perrine Buret*; — contrats de mariage de Pierre Gauvain, sieur du Branday, avec Collette Bourcelle; — de François Gauvain, licencié-ès-lois, avec Renée Gaillarde; — acquêt par Jacques Gauvain, marchand, d'une terre aux Fenestres en Chantocé; — *partage de la succession de Jean Gauvain*, sieur de Boussay, entre Charles Gauvain, sieur de Marigny, Jean Gauvain, sieur de Mayé, et Bonaventure Gauvain, sieur du Puy-Anceau; — testament de Charles Gauvain, sieur du Branday et du Plessis-Tristan; — convocation de Charles Gauvain, *sieur de Marigny, à la revue du ban de la* noblesse tenue à Talmont; — partage de la succession de Marie Gauvain, entre Anne Gauvain, veuve de René Gasteau, Michelle Gauvain, femme de Joseph Chotard, Jeanne Gauvain, veuve de Michel Gauvain; — généalogie et inventaire *des titres de noblesse de la famille Gauvain*; — sentence des commissaires généraux qui maintient Charles, François et René Gauvain en leurs titres et droits de nobles et d'écuyers, etc.

E. 2599. (Carton.) — 1 pièce, parchemin; 9 pièces, papier.

1680-XVIIIe siècle. — GAZEAU. — Testaments de Marie Gazeau, portant fondation d'une messe perpétuelle en l'église de *La Trinité d'Angers*; — de *Guyonne Grangeard*, femme de François Gazeau, portant fondation de divers services en l'église de Blaison; — inventaire des meubles de René Gazeau de La Brandanière; — dispenses d'affinité pour le mariage de Philippe de Gazeau avec Marie-*Anne de La Bouère*; — *notes et extraits généalogiques par* le feudiste Audouys.

E. 2600. (Carton.) — 1 pièce, papier.

XVIIIe siècle. — GAZIN. — Note du feudiste Audouys sur la famille Gazin.

E. 2601. (Carton.) — 3 pièces, parchemin; 5 pièces, papier.

1539-1619. — GENAULT. — Procédure au sujet de la succession de Maurille Genault entre Antoine, René et Jean Genault, ses enfants; — décision arbitrale sur les demandes de Marguerite et Renée Genault contre Pierre Oger, Toussaint Bault, Jean Gallichon et Françoise Juffé, au sujet des apports dotaux de Charlotte Lanier; — fragment d'une *généalogie*.

E. 2602. (Carton.) — 2 pièces, papier.

1698-1764. — GENEST. — Requête par Jacques Genest, marchand, afin d'être autorisé à dresser procès-verbal de l'état de la terre de La Bourlière; — nomination de Georges Laroche à la tutelle des enfants mineurs de Mathias Genest et de Marie-Georges Laroche.

E. 2603. (Carton.) — 3 pièces, parchemin; 4 pièces, papier; 2 sceaux.

1540-XVIIIe siècle. — GENNES (de). — Lettres royaux portant ordre de procéder à l'enquête sollicitée par Louis de Gennes, sieur de Launay, sur les faits allégués dans l'instance pendante entre lui et Jacqueline de Gennes, sa sœur; — accord entre Marguerite de Gennes, Gabriel de Gennes, colonel du régiment de La Fère, et Renée, Augustine et François de Gennes, au sujet des successions d'Hector de Gennes, sieur de Launay-Baffer, et de René de Gennes; — notes du feudiste Audouys.

E. 2604. (Carton.) — 1 pièce, parchemin; 2 pièces, papier.

1591-1659. — GENTIAN (de). — Contrat de mariage de Charles Gentian, maître des eaux et forêts de Meaux et de Crécy en Brie, avec Jacquine Dufay, veuve en secondes noces de Jacques Closse, sieur de Néry; — procuration passée par Charles de Gentian, sieur de Saint-Macaire, à Mathurin Jameaux, pour l'autoriser à recevoir en son nom une somme de 1,200 livres; — aveu rendu à la seigneurie de Menon en Anjou par Charles de Gentian, pour son fief d'Orvaux.

E. 2605. (Carton.) — 2 pièces, parchemin; 1 pièce, papier.

1519-1616. — GENDRON. — Acquêts par Jacques et Guillaume Gendron de terres et vignes en Grézillé.

E. 2606. (Carton.) — 1 pièce, parchemin; 6 pièces, papier.

1639-1711. — GENOIL. — Cession par François de Chérité à Jean Genoil, apothicaire à Angers, d'une rente de 55 livres 11 sous 9 deniers; — inventaire et partage de la succession de Perrine Blanchard, veuve de Genoil de La Torillaye.

E. 2607. (Carton.) — 2 pièces, parchemin; 1 pièce, papier.

1489-1745. — GEORGES. — Acquêt par Jean Georges du bois de Treillebois, près Champigné-sur-Sarthe; — retrait lignager par Simon Vincent d'héritages à La Georgerie sur Jean Georges; — inventaire du mobilier dépendant de la communauté de Pierre Georges et de Renée Chevallier.

E. 2608. (Carton.) — 1 pièce, parchemin; 1 pièce, papier.

1515-XVIIIe siècle. — GERMAINCOURT (de). — Procuration donnée par Ambroys de Germaincourt à Yvon de Tinliniac et Jean d'Andigné, pour présenter en son nom la chapelle de Sainte-Catherine de La Jaillette; — note du feudiste Audouys.

E. 2609. (Carton.) — 1 pièce, papier.

1687. — GERMON. — Inventaire des meubles de Michel Germon et de Simonne Oger.

E. 2610. (Carton.) — 2 pièces, parchemin; 11 pièces, papier.

1598-1757. — GERVAIS. — Acquêt par Charles Gervais, sieur du Gué, de 12 livres de rente perpétuelle sur une maison de Beaufort; — arpentage à la requête de Charles Gervais, procureur au Grenier à sel de Beaufort, de terres en friches sises près Moulines; — apposition des scellés sur les meubles de Denis-Antoine Gervais, sculpteur; — nomination de Guillaume Ronsin, sergent, pour curateur de sa succession répudiée par ses enfants.

E. 2611. (Carton.) — 5 pièces, papier.

1670-1683. — GERVAISE. — Contrat de mariage de Charles Gervaise, marchand à Brissac, avec Perrinne Aubert; — inventaire des meubles de Françoise Tourhais, sa première femme; — partage de la succession de Perrinne Aubert.

E. 2612. (Carton.) — 10 pièces, papier.

1699-1700. — GESLIN. — Lettres adressées au sieur Geslin, huissier-audiencier au Présidial de Châteaugontier, par MM. Lejeune de Bonneveau, commissaire provincial de l'artillerie, et Charlet, curé d'Huillé, au sujet d'une contestation entre MM. de Campagnolle et de Pommérieux.

E. 2613. (Carton.) — 1 pièce, parchemin.

1409. — GESMIER. — Acquêt par Perrot Gesmier de vignes en la paroisse des Essards.

E. 2614. (Carton.) — 8 pièces, papier.

1657-XVIIIe siècle. — GHAISNE (de). — Aveu rendu à La Guimondière par Sophie-Julie-Adélaïde de Ghaisne pour partie du lieu de La Foucaudière; — présentation par Louis-Henri de Ghaisne, comte de Ghaisne, seigneur des châtellenies de Bourmont et de La Cornouaille, lieutenant des maréchaux de France, de la cure de Saint-Michel-du-Bois; — notes du feudiste Audouys.

E. 2615. (Carton.) — 2 pièces, papier.

1648-1651. — GIBON. — Extraits des registres des paroisses Saint-Michel-du-Tertre et Saint-Michel-La-Palud d'Angers, concernant le mariage d'Antoine Gibon avec Agathe Guénier et la naissance de leur fille Urbaine.

E. 2616. (Carton.) — 17 pièces, parchemin; 48 pièces, papier.

1569-XVIIIe siècle. — GIBOT. — Acquêt par François Gibot, sieur de La Perrinière, des terres des Arsis et de Moulinvieux dans la paroisse d'Asnières au Maine; — autorisation par l'évêque de transporter en la chapelle du cimetière de La Trinité d'Angers le service fondé en l'église du Ronceray par Hélène de Gibot; — acquêt par René-Luc Gibot de Moulinvieux de la métairie de Beaulieu; — nomination de Guy Lebel de La Jaillère à la curatelle de Marie-Perrine-Renée Gibot, fille mineure de René-Louis Gibot, comte de Chavagnes, et de Marie-Françoise Lebel de La Jaillère; — acquêt par Pierre-René Gibot de La Perrinière, de la forêt de Mortagne, des métairies de La Pinette, de La Bergerie et de la maison noble du Landreau; — par Luc-René Gibot, sieur de Saint-Mesmin, du marquisat d'Érigné; — notes généalogiques du feudiste Audouys. — Voir pour la suite de ce fonds la série L.

E. 2617. (Registre.) — In-folio, papier, 103 feuillets.

1748-1750. — Journal tenu par Pierre-René Gibot de La Perrinière de ses revenus et dépenses, ventes de prés et d'herbages, gages de domestiques et de gardes, frais de vendanges, etc.

E. 2618. (Carton.) — 83 pièces, papier.

1704-1718. — Correspondance adressée à M. Gibot de Moulinvieux. — Lettres : de Barbier, procureur à Paris; — Barre : il lui envoie le détail de ses revenus dans la paroisse de Turquant; — Baudry de Grézée; — Boiron, receveur du duc d'Effiat; — Bourgeteau, curé de Saint-Macaire-en-Mauges; — Brunet; — Buon de La Jousselinière; — Clernot de La Nicolière; — Cornuot; — Duport, avocat au Présidial d'Angers; — Durey : Le sieur Baudry-Dasson auquel il s'intéresse est coupable; il a tué le sieur Martineau de sang-froid et non en cas de légitime défense; il n'obtiendra pas facilement sa grâce; — Gaborin d'Andely; — de Gencian; — Gibot de La Perrinière; — Gouffier de Bonnivet : il lui a obtenu la remise du tiers du droit de lots et ventes sur le prix de l'acquisition faite dans le fief du duc d'Effiat; — Gouin; — de Goulaine; — le chevalier de La Jaillère; — de Longcosme, au sujet de l'acquisition de la terre de Saint-Macaire; — Louzil; — Claude-Gabriel Pocquet de Livonnière : lettres olographes, traitant de l'acquisition de la terre de Saint-Macaire et des questions de droit et de procédure qui s'y rattachaient; — de Puymain; — de Sourdis.

E. 2619. (Carton.) — 2 pièces, papier.

1602-1624. — GIFFARD. — Partage de la succession de Jean Giffard et de Fleurie Toublanc entre Jeanne Giffard, Jacques Regnaultier, Pierre Daviau et Mathurin Bolbeau; — extrait du testament de Claude Delavergée, veuve de François Giffard, chirurgien, portant fondation de messes et services en l'église des Cordeliers d'Angers.

E. 2620. (Carton.) — 1 pièce, parchemin; 11 pièces, papier.

1630-XVIIIe siècle. — GIFFART (de). — Extrait baptistaire de Pierre, fils de Louis Giffart, seigneur de La Perrinne; — transaction pour le partage de la succession de Charles de Giffart, sieur de Neuvourt, entre Claude de Lorgueruene, sa veuve, et leurs enfants; — extrait mortuaire de Louis-Anselme Giffart; — notes et extraits généalogiques par le feudiste Audouys.

E. 2621. (Carton.) — 1 pièce, parchemin; 9 pièces, papier.

1640-1667. — GIGON. — Partage de la succession de Laurent Gigon et de Françoise Vivien, sa femme, entre Laurent Gigon, sieur de La Chesnaye, et Françoise Gigon, femme de Jean Gallichon, sieur de La Motte; — partage entre Laurent Gigon et Jean Gallichon des dettes passives de la succession de Françoise Vivien; — acquêt par Laurent Gigon de partie de la prairie des Marais en Rochefort.

E. 2622. (Carton.) — 1 pièce, parchemin; 4 pièces, papier; 1 sceau.

1539-1788. — GILBERT. — Procuration donnée par Louis Gilbert à Charles Butault, pour donner en son nom déclaration de ses fiefs; — partage de la succession de Jean Gilbert et de Jeanne Delaroche; — acquêt par François Gilbert de terres et vignes dans la paroisse de Varrains.

E. 2623. (Carton.) — 4 pièces, papier.

1687-1697. — GILIER (de). — Acquêt par René de Gilier, marquis de Clérembauld, des terres et seigneuries de Puygarreau, de Marmande, de Haut-Fleuré, de Sigournay, de Puybéliard et de Cellières; — inventaire des titres produits par Jacques Bobin, maître apothicaire à Châtellerault, contre René de Gilier, pour la distribution entre créanciers des deniers provenant de la vente desdites seigneuries; — note généalogique sur la famille Gilier de Puygarreau.

E. 2624. (Carton.) — 11 pièces, papier.

1692-1789. — GILLES. — Partage de la succession de Charles Gilles de Volennes et de Philippe Jouet, sa femme, entre Gilles de Volennes, major au régiment de Blaye, Jean-Jacques Chanteloup, sieur de Portebise, René-Gilles de Volennes, sieur d'Aubigny, Claude-Gilles de Volennes, sieur de Grassigny, Isabelle-Louise Chotard, veuve de Jacques-Gilles de Volennes, sieur de La Chaussière; — testament de Pierre-Gilles de Volennes, commandant de la redoute et bourg d'Andaye au pays de Labour, portant legs aux pauvres d'Andaye de sa tapisserie, sa batterie de cuisine « et quelques autres petits meubles; » à madame Flamboisière, « commandante du château neuf de « Bayonne, » six cuillers, six fourchettes, deux flambeaux d'argent, une sallière d'argent « et une toilette de « femme, » etc.; — procès-verbal d'apposition de scellés sur les meubles d'Anne Gilles de La Grue; — hommage rendu à Chalonnes par Alexandre-Victor Gilles de Fontenailles, pour ses terres du Plessis-Raymond et des Buaux, etc.

E. 2625. (Carton.) — 5 pièces, papier.

1580-XVIIIe siècle. — GILLET. — Compte entre René Delommeau, propriétaire, et Jean Gillet, meunier, locataire du moulin Gillet; — émancipation de Jeanne et Marie Gillet, filles de Pierre Gillet, batelier, et de Jeanne Roussin; — notes généalogiques du feudiste Audouys.

E. 2626. (Carton.) — 1 pièce, parchemin; 11 pièces, papier.

1619-1722. — GILLOT. — Acquêt par Catherine Buron, veuve de Nicolas Gillot, de terres et vignes à Bouchemaine; — extrait de l'état des officiers de la maison de Mademoiselle, qui porte Charles Gillot comme gentilhomme servant; — acquêts par Charles Gillot, sieur de Mauny, de terres et vignes à la Pointe, etc.

E. 2627. (Carton.) — 6 pièces, parchemin; 118 pièces, papier.

1610-1777. — GILLY. — Notes de François Gilly sur la naissance de ses enfants; — lettres des sieurs Marot et Vogel à David Gilly de La Doitée, substitut du procureur du Roi d'Angers, au sujet de la succession de M. de Garimond; — bail par Jean David Gilly à M. d'Autichamp de la maison de Saint-Martial en la cité; — constitution par Marcel Avril de Pignerolles d'une rente de 300 livres au profit de Jean Gilly, avocat au Présidial; — acquêts, baux, déclarations rendues aux assises de la châtellenie de Bourg par Jean Gilly des closeries de La Grande et de La Petite-Doitée et de Beaumont; — arpentage des vignes, terres et prés en dépendant dans les paroisses de Bourg et Soulaire.

E. 2628. (Carton.) — 7 pièces, parchemin; 17 pièces, papier.

1548-1778. — GIRARD. — Partage de la succession de Michelle Blouin, veuve Girard, entre Briand Palluau, son gendre, et Anne et Marie Girard; — acquêt par Maurice Girard d'une maison à Champillon, paroisse des Rosiers; — par Renée Girard, d'une maison à Saumur; — partage de la succession de Simon Girard et de Marie Aschard, entre Roch Audebert et Pierre Formond, leurs gendres; —

inventaire des meubles dépendant de la communauté de Jean Girard, maréchal, et de Mathurine Moraut; — émancipation de Louis Girard, fils de Louis Girard et de Renée Coraau, etc.

E. 2649. (Carton.) — 3 pièces, parchemin; 11 pièces, papier.

1620-XVIIIe siècle. — GIRARD (de). — Partage entre Claude de Charnacé, veuve d'Anselme de Girard, marquis de Salles, et François d'Anthenaise, des terres de Charnacé, Gastines et Le Plessis, dépendant de la succession d'Hercules de Charnacé; — contrat de mariage de Jacques de Girard de Charnacé, sieur de Gastines, avec Catherine de La Bigottière, veuve de Sébastien Rousseau; — transaction entre Philippe de Girard, baron de Vaux et de La Blanchardière, et Yves Bernard, sieur de La Fosse, au sujet de l'hommage de la seigneurie de Princé; — arrêt du Conseil d'État rendu contre Jacques de Girard, sieur de Gastines, qui supprime le péage du pont sur l'Authion dans les dépendances de la seigneurie du Bois-de-Montboucher; — notes et extraits généalogiques par le feudiste Audouys, etc.

E. 2650. (Carton.) — 3 pièces, papier.

1604-1738. — GIRARDEAU. — Acquêts par Jean Girardeau, maréchal ferrant, de vignes au Puy-Notre-Dame; — vente des meubles dépendant de la succession de Charles Girardeau et de Julienne Saillant.

E. 2651. (Carton.) — 3 pièces, parchemin; 12 pièces, papier.

1580-1780. — GIRAULT. — Acquêt par Joseph Girault, comme curateur des enfants mineurs de Mathurin Girault et de Martine Gaultier, d'une maison à Saumur; — prise à bail par Jean Girault, maçon, de la dîme du Petit-Munet; — testament de François Girault, tailleur d'habits, portant fondation d'un anniversaire en l'église de La Trinité d'Angers; — opposition de scellés sur les meubles de Mathieu Girault, métayer, etc.

E. 2652. (Carton.) — 2 pièces, papier.

1504-1661. — GIROIS. — Testament de Jeanne Lair, veuve de Guillaume Girois, portant fondation de divers services en l'église Saint-Michel-du-Tertre et don de 5 livres à dix jeunes filles pauvres; — extrait du testament de Catherine Girois, dame de La Cartrie, portant fondation d'un anniversaire en l'église Saint-Pierre d'Angers.

E. 2653. (Carton.) — 1 pièce, papier.

1670. — GIROIS (de). — Compte des arrérages de rente dus par Barbe de Servian, veuve de Pierre de Grueil, marquis de La Frète, à Antoine de Girois, sieur de Bonneval.

E. 2654. (Carton.) — 1 pièce, papier.

1727. — GIRON. — Acte de décès de Renée Lebaudy, veuve de René Giron.

E. 2655. (Carton.) — 2 pièces, papier.

1581-1608. — GIROUARD. — Acquêts par Antoine Girouard de terres et maison à Contigné.

E. 2656. (Carton.) — 11 pièces, parchemin; 34 pièces, papier.

1608-1769. — GIROUST. — Brevet pour Jacques Giroust, de secrétaire ordinaire du Roi; — acte de baptême de sa fille Jeanne; — diplôme de licencié en théologie de l'Université d'Orléans pour Charles Giroust; — compte par François Foullon de la gestion des deniers provenant de la succession de Jacques Giroust, sieur des Vandelières; — contrat de mariage de René Giroust avec Perrine Godin; — enquête contre Jean Lejeune, sieur de Bonneveau, accusé du rapt de Marthe Giroust; — « mémoire des obsèques et funérailles de M. le baron d'Avrillé ensépulturé dans l'église de Chaunay; » — testament de Madeleine Giroust; — bail par Marthe Giroust, veuve de Jean Lejeune de Bonneveau, de la métairie de La Rotte, paroisse de La Daguenière; — partage de la succession de Perrine Godin, veuve de René Giroust; — diplôme de bachelier en droit canon pour Pierre Giroust, sieur des Motelleries; — dispenses pour le mariage de Louis-Charles-Thibaud Giroust de Marcillé avec Marie-Jacquine-Françoise Dupont, etc.

E. 2657. (Registre.) — In-folio, papier, 123 feuillets.

1610. — Journal tenu par Jacques Giroust, sieur des Vandelières, de la recette de ses rentes de Chandoiseau, Beaulieu, La Mothefauveau, La Fresnaye, La Botte, Le Ruau, Avrillé, Le Logis-Bourceau, Les Touches, Espinay, etc.

E. 2658. (Carton.) — 3 pièces, parchemin; 108 pièces, papier.

1639-1640. — Procédures entre Jacques Giroust, sieur des Vandelières, prévôt des maréchaux à Beaufort, Louise Baudrier, veuve d'Abel Avril, Gaspard Varice, Henri de Beauvau et Michel Boylesve, sieur des Gaudrées, au sujet de la rétrocession faite par Gaspard Varice audit Giroust du contrat d'acquêt de la seigneurie de Beauvau.

E. 2659. (Carton.) — 2 pièces, parchemin.

1594. — GLAGANT. — Acquêts par Joachim et par François Glagant de vignes en la paroisse de Vivy.

E. 2660. (Carton.) — 1 pièce, papier.

1762. — GLAIDU. — Compte rendu par René Boisnault de la tutelle des enfants mineurs de René Glaidu et de Jeanne Boisnault.

E. 2621. (Carton.) — 1 pièce, papier.

1592. — GLATIGNÉ (de). — Partage de la succession de Jean de Glatigné, chanoine de Saint-Laud d'Angers, entre Alexandre et Michel de Glatigné et Jean de Sarra, leur beau-frère.

E. 2622. (Carton.) — 2 pièces, parchemin; 21 pièces, papier.

1500-1603. — GODARD. — Vente par Laurent Godard de terre et maison à Mantelon en la paroisse de Rendé; — partage de la succession de Mathurin Godard et de Jeanne Barault, sa femme, entre leurs enfants; — prise à bail par Toussaint Godard de vignes dans les paroisses de Saint-Georges-sur-Loire et de Chalonnes; — quittances de ses fermages.

E. 2623. (Carton.) — 2 pièces, parchemin; 115 pièces, papier.

1602-XVIIIe siècle. — GODDES. — Acquêt par Charles Goddes du fief de Baindron en la paroisse de Blaison; — arrêts du Conseil d'État concernant les landes de Sautré dans les paroisses de Sceaux et de Feneu; — comptes rendus par J. Lemaine des recettes et dépenses pour François de Goddes, marquis de Varennes; — marché avec Ménard, maître charpentier, pour la restauration de la maison des Rigottières; — lettres des sieurs Dupont père et fils, concernant la régie des biens de M. Goddes de Varennes, à Paris; — de M. de La Lorie au sujet de l'histoire de la seigneurie de Sautré; — du vicomte Goddes de Varennes, portant envoi de nouvelles de Paris : « On est « traité à coup de pière, seulement, quand on n'est pas du « parti du tiers, qui ne veux estre que la nation, témoins « notre archevêque de Paris. Nous avons une grande quan- « tité de troupe; mais ils n'ont pas eu satisfaction du « régiment des gardes suisse et les Français, qui ont fait « un arrêté que l'on vent au Palais-Royal, etc.; » — notes et extraits généalogiques par le feudiste Audouys, etc.

E. 2624. (Carton.) — 5 pièces, parchemin; 1 pièce, papier.

1544-1605. — GODERON. — Procuration passée à Jean Goderon, licencié-ès-lois, par Marie Drouault, veuve de Jean Goderon, Louis Lepeletier, mari de Marguerite Goderon, François et Julien Goderon; — nomination de Jean Bouequet, avocat, à la tutelle de l'enfant mineur de Jean Goderon et de Georgine de La Perretière; — contrat de mariage de Pierre de Cheverue avec Claude Goderon.

E. 2625. (Carton.) — 4 pièces, papier.

1607-1742. — GODIER. — Inventaire des biens dépendant de la communauté de Jean Godier et de Renée Marais; — inventaire et vente des meubles de René-Jacques Godier, prêtre; — transaction entre Pierre Lancelot et Renée Godier, Antoine Godier et Renée Voluette, au sujet de leurs droits respectifs dans la succession de Marie Voluette.

E. 2626. (Carton.) — 1 pièce, papier.

1600. — GODILLON. — Partage de la succession de Jacques Godillon entre Étienne et Toussaint Cœurdesoy, René Godillon et Jean Rabin.

E. 2627. (Carton.) — 10 pièces, parchemin; 9 pièces, papier.

1640-1698. — GODIN. — Testament de Jean Godin, laboureur; — acquêts par Daniel Godin de terres et maisons à Marcé; — provisions des offices de procureur en la maréchaussée de Saumur et de procureur en la prévôté de Saumur pour Jean Godin; — lettres de M. de Charles à l'avocat Godin, au sujet de la recette de ses rentes de Bortal.

E. 2628. (Carton.) — 1 pièce, parchemin.

1780. — GODIVEAU. — Constitution d'une rente de 30 livres par Claude Louis-Marie de La Fancherie au profit de Marie Godiveau.

E. 2629. (Carton.) — 1 pièce, parchemin.

1502. — GODOUET. — Acquêt par Macé Godouet d'une pièce de terre en la paroisse des Essarts, près Récon.

E. 2630. (Carton.) — 2 pièces, papier.

1609-1649. — GODOUL. — Extraits des actes de baptême de Mathurine Godoul et de mariage de Perrine Godoul avec Jean Motais.

E. 2631. (Carton.) — 1 pièce, papier.

1570. — GOGUET. — Acquêt par Louis Goguet, sieur de La Genserie, d'une rente de 6 setiers de seigle, 15 boisseaux d'avoine et 20 livres tournois d'argent sur La Challotière en Saint-Pierre-Maulimard.

E. 2632. (Carton.) — 1 pièce, parchemin; 7 pièces, papier.

1555-XVIIIe siècle. — GOHEAU (de). — Acquêt par Renée de La Haye, veuve de Jacques Goheau, sieur de La Brossardière, de terres en Gréaillé; — aveu rendu à la seigneurie de Combrée par Mathurin de Goheau pour ses seigneuries de Nueillé, La Houssaye et La Rivière; — testament dudit Mathurin de Goheau, sieur de La Brossardière; — notes généalogiques du feudiste Audouys.

E. 2633. (Cahiers.) — In-folio, papier, 107 feuillets

1778. — GOHIN. — Copie notariée des titres de la famille Gohin produits pour sa maintenue de noblesse en 1703, comprenant les lettres de provision de l'office de conseiller à la sénéchaussée d'Angers pour Jean Gohin, son fils Jean, son petit-fils René, etc. ; — contrat d'acquêt par René Gohin, sieur de Montreuil, de la métairie de La Beslandrie ; — nomination de Jean Gohin comme échevin perpétuel et maire d'Angers ; — enquête de vie et mœurs de Michel Gohin, nommé conseiller en la sénéchaussée, etc.

E. 2651. (Carton.) — 10 pièces, parchemin ; 73 pièces, papier.

1603-1680. — Acquêt par Jean Gohin, licencié-ès-lois, de prés en la paroisse de Savennières ; — partage de la succession de Marie Belot, sa femme ; — contrat de mariage de Jeanne Dagues avec René Gohin de La Belotière ; — prise de possession par Michel Gohin des métairies de La Petite-Cherrie-Fouraceau et de La Petite-Boissellière en Curon ; — retrait lignager par Michel Gohin sur René Gohin des moulins de Septaigues ; — attestation par le curé de Saint-Michel-du-Tertre qu'Anne Gohin, fille de René Gohin, sieur de Montreuil, morte de maladie contagieuse « comme « toute personne, de quelque qualité et condition qu'elles « soient, sont subjectes à ce fléau de Dieu, » a été inhumée pour cette cause dans le cimetière et non, « comme ses « ancêtres, » dans l'église devant l'autel de Saint-Jean-Baptiste ; — jugement de la Prévôté d'Angers qui adjuge la terre et seigneurie de Montreuil-sur-Loir à Michel Gohin, fils de René Gohin et de Jeanne Dagues.

E. 2653. (Carton.) — 3 pièces, parchemin ; 48 pièces, papier.

1682-1740. — Requête adressée au Roi par René Gohin, sieur de La Cointerie, Michel Gohin, sieur des Noulis, Nicolas Gohin, sieur de Montreuil, et Pierre Gohin, sieur de Beaumois, afin d'être réintégrés en leurs privilèges de partage noble et d'exemption de la Prévôté d'Angers, abandonnés par leurs ancêtres ; — contrat de mariage de René Gohin de La Cointerie avec Denise Trochon ; — partage des successions de Michel, Marc et Renée Gohin ; — contrat de mariage de Nicolas Gohin, sieur de Montreuil, avec Anne Drouin ; — traité pour la pension de Françoise Gohin, religieuse au Perray, près Angers ; — lettre du roi Louis XIV au duc de Guiches, colonel des gardes françaises, pour la réception du sieur de Montreuil, comme enseigne en son régiment (avec signature autographe) ; — testament et partage de la succession de Pierre Gohin, curé de Seiches ; — contrats de mariage de René Trouillet avec Anne Gohin de Montreuil ; — de Nicolas Gohin de Montreuil avec Françoise Petit ; — lettres royaux portant rétablissement du droit de partage noble pour la famille Gohin ; — traité pour la pension de Nicolas Gohin, novice aux Cordeliers d'Angers, etc.

E. 2656. (Carton.) — 5 pièces, parchemin ; 70 pièces, papier.

1742-1780. — Brevets pour Augustin-René-Nicolas Gohin de Montreuil de lieutenant de la compagnie colonelle du régiment de Piémont et de chevalier de Saint-Louis (avec signatures autographes de Louis XV) ; — certificat de sa réception audit ordre (avec signature autographe du maréchal de Lowendal) ; — contrat de mariage dudit Gohin avec Cécile-Modeste de Cheverue de Chemant ; — consultation de Me Payrault, avocat de Paris, sur le droit de partage noble concédé à l'aîné de la famille Gohin ; — liquidation de la succession de Nicolas Gohin de Montreuil et Monique Petit, sa femme ; — copie des lettres patentes, qui confèrent à Pierre-André Gohin de Montreuil, brigadier des armées du Roi, le commandement général, en cas de mort du chevalier de Belzunce, des îles sous le vent de l'Amérique ; — brevet pour Augustin-René-Nicolas Gohin de Montreuil d'une pension de retraite de 472 livres ; — pour François-Pierre Gohin de Montreuil de sous-lieutenant en la compagnie colonelle du régiment de Piémont, de lieutenant en second en la compagnie de Wallon et de premier lieutenant en la compagnie de Poussargues (avec signatures autographes de Louis XVI, de Louis-Joseph de Bourbon, prince de Condé, et du maréchal de Ségur) ; — contrat de mariage d'Augustin-François-Pierre de Gohin, vicomte de Montreuil, avec Anne-Françoise-Céleste Ayrault de Saint-Hénis, etc. — Voir la suite de ce dossier à la série L.

E. 2657. (Carton.) — 52 pièces, papier.

1770-1780. — Lettres adressées à Augustin-René Nicolas Gohin de Montreuil par M. de Cheverue, ancien officier aux gardes françaises : « J'ai recours à vous et je « vous supplie de faire l'impossible pour me rendre le « service le plus important. Je vous demande en grâce d'y « donner tous vos soins. Je ne vous cacherai point que j'ai « envie que mon fils monte dans les carosses du Roy et luy « soit présenté. Par l'ordonnance de Sa Majesté, il faut re« monter à 1400. Par les pièces que vous avez eu la bonté « de m'envoier et qui prouvent qu'un Cheverue épousa en « 1407 Jeanne d'Orvaux, je suis bien prêt du but, puisqu'il « ne faut plus que sept ans ; et quoiqu'il soit clair que ce « Cheverue prenant les qualités qu'il prenoit dans son con« trat de mariage étoit surement de noble extraction avant « 1400, la rigueur de l'ordonnance exige que je trouve « quelque acte qui parle du père de ce Cheverue. Je vous « suplie donc, Monsieur, de faire examiner chez les notai« res d'Angers et à Nidoiseau, si nous ne pourions point « découvrir quelques pièces qui concernent ce Cheverue ». — Cette recherche est l'unique sujet de cette correspondance ainsi que des lettres de M. d'Andigné, Du Buat, de La Houssaye et Le Bouvier.

E. 2658. (Registre.) — In-folio, papier, 93 feuillets.

1767-1787. — Journal tenu par René-Nicolas Gohin de Montreuil de la recette de ses rentes, fermages de Launay, Les Essards, Villette, Le Vivier, La Thuilerie; — gages de jardiniers et de domestiques.

E. 2659. (Carton.) — 2 pièces, parchemin; 1 pièce, papier.

1660-1680. — Gohory. — Constitution de rentes par Jean Gastineau, sieur d'Épiré, et Anne Gastineau, sa sœur, au profit de François Gohory, receveur général des fermes du Roi au département d'Anjou.

E. 2660. (Carton.) — 2 pièces, papier.

1757. — Goinard. — Lettres de M. Bérthault de La Chesnaye, au sieur Goinard, premier huissier au Grenier à sel de Saumur, traitant de ses impositions et d'affaires particulières.

E. 2661. (Carton.) — 1 pièce, papier.

1756. — Goirand. — *Dispenses pour le mariage* d'Abel-Élie Goirand avec Perrine-Gabrielle Poirier.

E. 2662. (Carton.) — 1 pièce, papier.

1671. — Goisbault. — Certificat de la déclaration fournie à la seigneurie de La Coudre par Jean Goisbault, pour sa seigneurie de La Mulonnière.

E. 2663. (Carton.) — 1 pièce, papier.

1767. — Goislard (de). — Hommage lige rendu à la baronnie de Trèves pour la seigneurie de Montsabert par Anne-Louis-Henri-Charles-Prosper-Ambroise de Goislard de Montsabert, conseiller du Roi en sa Cour de Parlement, baron des *anciennes* baronnies de Richebourg et du Toureil, châtellenies de Montsabert, du Bois-Mozé, de Cumeray et de Vendor, etc.

E. 2664. (Carton.) — 1 pièce, papier.

1665. — Gondet (de.) — Contrat de mariage de François de Gondet, seigneur du Buc, avec Marthe Cheverue.

E. 2665. (Carton.) — 1 pièce, papier.

1744. — Gondouin. — Lettre du sieur Letourneux, d'Angers, à M. Gondouin, conseiller-procureur du Roi en la sénéchaussée de Saumur, au sujet d'un arrêt du 30 décembre 1743 concernant la subsistance des pauvres.

E. 2666. (Carton.) — 2 pièces, papier.

1620-1630. — Gondy (de). — Acquêt par Henri de Gondy, duc de Retz, de la terre et seigneurie de La Grange en la paroisse Saint-Martin de Beaupréau; — ratification par Catherine de Gondy, duchesse de Retz, de l'acquêt par Pierre de Gondy, son mari, des terres et châtellenies de Rodister et Plougasnou.

E. 2667. (Carton.) — 1 pièce, papier.

1618. — Gonnet. — Partage des meubles de la communauté de Louis Gonnet et d'Anne Gartiau.

E. 2668. (Carton.) — 14 pièces, papier.

1566-1770. — Gontard. — Acquêt par Macé Gontard du bordage de *La Drouarderie en Saint-Laurent-de-La-Plaine*; — partage de la succession de Mathurin Gontard et de Marie Drouard; — de Mathieu Gontard, sieur du Hault-Paty; — acquêt par André Gontard, avocat au Présidial d'Angers, des métairies des Frégeolières, de Nauny, de *La Vannerie et de La Moutonnerie en Trémentines*; — *contrat* de mariage de Charles Gontard, avocat au Parlement de Paris, avec Périnne-Marie Legeis; — partage de la succession d'André Gontard et de Marthe Goujon, sa femme, etc.

E. 2669. (Carton.) — 8 pièces, parchemin; 97 pièces, papier.

1771-1775. — Procédure concernant le règlement des dettes et le partage de la succession de Charles Gontard; — vente de ses meubles, de sa bibliothèque et de son linge; — comptes rendus aux syndics des créanciers par le notaire Deville; — affiches des biens à vendre dans les paroisses de Neuvy, Saint-Lézin d'Aubance, Savennières, Jallais, La Jumellière; — procès-verbal d'état du château de *Launay de Thouars*; — *liquidation des droits de la* veuve; — sentence d'ordre pour la répartition de la succession entre les créanciers, etc.

E. 2670. (Carton.) — 1 pièce, papier.

1783. — Got. — Acquêt par René Got, maître menuisier, de vignes en la paroisse du Puy-Notre-Dame.

E. 2671. (Carton.) — 1 pièce, papier.

1504. — Goubeau. — Testament d'Ambrois Goubeau, curé de Gastines, portant fondation d'une chapellenie en l'église de Cantenay.

E. 2672. (Carton.) — 1 pièce, papier.

1785. — Gouberard. — Notification, faite aux paroissiens de Doué, par Pierre Gouberard, horloger, qu'ils aient *à le rayer des rôles du sel, attendu qu'il demeure désormais* à Douces.

E. 2673. (Carton.) — 1 pièce, parchemin; 4 pièces, papier.

1569-XVIIIe siècle. — Goubis (de). — Partage entre Pierre et Jacques de Goubis de la succession de Jean de Goubis et de Jeanne Lemaire; — contrat de mariage de Jean de Goubis, marchand, avec Anne Trioche; — acquêt par Simon de Goubis, sieur de La Rivière, de la terre du Boucherean en Jallais ; — notes et extrait généalogiques du feudiste Audouys.

E. 2414. (Carton.) — 3 pièces, papier.

1620-1707. — Gouezault. — « Manifeste pour Robert Gouezault, conseiller du Roy, premier juge des traites d'Anjou, demandeur et accusateur, tant comme tuteur naturel de Marie Gouezault, sa fille mineure, que comme curateur de damoiselle Marie Chéberé, sa belle-mère, contre Honoré-Hyacinthe de La Lande, se disant chevalier de Saint-Martin, Louis de Houlière, Geneviève Bernard, femme de Jacques Lusson, » au sujet de l'enlèvement de sa fille et de sa belle-mère ; — partage de la succession de René Brossard, sieur de La Martinière, et de Marguerite Gouezault.

E. 2415. (Carton.) — 20 pièces, parchemin ; 33 pièces, papier ; 4 sceaux.

XVIe - XVIIIe siècle. — Gouffier. — Lettre du roi Charles VIII « à Messieurs de Boisy et de La Sellequevant et à madame de Bussières, pour madame l'amyralle : J'ay aujourd'huy chargé à ma seur madame l'amyralle d'aller veoir souvant M. l'escuier... monstrez-luy et ly fêtes bonne chère » (avec signature autographe) ; — présentation par Charlotte Gouffier, gouvernante de Marguerite de France, de la chapellenie de Saint-Pierre en l'église de Coutures (avec sceau et signature autographe) ; — « mémoire des terres et seigneuries de défunct M. le duc de Rouannès, grand escuier de France, avec la distinction de la part qu'en demande et prétend M. le conte de Caravas, l'un de ses enfants ; » — prise de possession du château de Bourg-Charente, au nom de Claude Gouffier, comte de Quarabas et de Passavant ; — lettre de Charles Margot à la comtesse de La Rochepot au sujet de la vente de la terre de Beaumesnil ; — au duc de Roannès par le sieur de Tessac, rendant compte d'affaires privées ; — engagement pris par Louis Gouffier de Boisy comte de Caravas, protonotaire du Saint-Siége apostolique, abbé de ...rnéry, du Moustier-Saint-Jean et Orvault, de payer le legs de 600 livres de rente porté au testament de l'évêque Charles Miron pour son anniversaire ; — présentation par Artus Gouffier, duc de Rouanez, pair de France, marquis de Boisy, etc., des chapellenies de Notre-Dame et de Saint-Pierre de Gonnord (avec signatures autographes) ; — procès-verbal, dressé à la requête de Louis Gouffier, comte de Gonnord, maréchal des camps des armées du Roi, « de pillages et brûlemens » commis tant dans son château de La Riche que dans la seigneurie de Signougnac par les soldats du prince de Condé ; — notes et extraits généalogiques par le feudiste Audouys, etc.

E. 2416. (Cahiers.) — In-folio, papier, dont 1 en lambeaux ; 84 feuillets.

1560-1560. — « Roolle du paiement des gaiges et « solde des cent gentilshommes de l'hostel du Roy estans « soubz la charge et conduicte de messire Claude Gouffier, « chevalier de l'ordre, conte de Carvats, de Maulevrier, « seigneur de Boisy, Maigny, d'Oiron, La Faugerouse, « Saint-Loup, Bourgcharante et Passavent, grant escuier « de France et cappitaine desdits cent gentilzhommes, sa « personne y comprise, servant à l'acquit de Me Françoys « Thierry, trésorier desdits gentilshommes pour le paie- « ment de leurs gaiges et solde pour quatre quartiers ; » — « roolle du payement des gaiges et solde de la bande an- « cienne de l'hostel du Roy... soubz la charge de... messire « Claude Gouffier... à l'acquist de Me Cosme Lhuillier, « sieur de Vaurichart. »

E. 2417. (Registre.) — Petit in-folio, papier, 210 feuillets ; 1 pièce, papier.

1572. — Procès-verbal de la vente, faite en l'hôtel de Boisy, à Paris, des meubles de Claude Gouffier, duc de Roannès, grand écuyer de France. Ce document, par l'abondance et la minutie de ses détails, est une des sources les plus curieuses où l'on puisse recourir pour l'histoire des modes et de la vie privée du XVIe siècle. Il donne de plus le prix des objets et le nom des acquéreurs. « Une toille painct à huille, atachée sur ung châssis sans « moullures, où est paincte la Déesse des fleurs... délivré « à M. le général Camus pour la somme de 100 sols « tournoys ; — ung bec de faucon à haulte taille empoincté « de diamant... à M. Des Buars pour la somme de 70 sols ; « — une tante de lict de veloux noir violet semé de fleurs « de lis aux armes et devises du feu roy Henry, garny de « troys pantes, deulx soubassemens et d'ung dossier avec « le fond de damars violet semé de fleurs de lis accompagné « de troys rideaulx de damas violet... à M. de Bertrand « pour la somme de sept vingts-deulx livres 5 sols ; — une « couppe d'argent vermeilles dorrée, garnye de son cou- « vercle taillée à moresque du poinceon de Paris, sur la- « quelle y a ung petit Bachus... pesant ladite couppe troys « marcs troys gros,... à M. de Largillières à 67 livres 4 sols « tournoys ; — ung petit morion d'argent cizelé sur lequel est « figuré ung petit serpent... à Claude Doublet à 54 livres « 5 sols ; — une paire d'heures en parchemin, escriptes à la « main, enluminées, couvertes de veloux noir enrichies « par les coings et fermoir de pièces d'or pendans à une « chesne d'or... prisez huit vingtz quinze livres tournoys, « délivrée néantmoings après avoir icelle exposé en vente « par chacun jour de ladicte vente et mainte fois criée, à « Claude Doublet, marchant jouaillier, demourans sur le

« Pont-au-Change, à *La Corne-de-Cerf*, pour la somme de « sept vingts quinze livres tournoys, etc.; » — « mémoire « des hardes que madame a laissées chez madame la mar- « quise de Boisy, sa belle-fille. »

E. 2678. (Carton.) — 13 pièces, papier.

1609-1625. — Arrêts et correspondances concernant la nomination des capitaines des compagnies de ville contestée au gouverneur par les échevins de Poitiers; — arrêt du *Parlement qui maintient les capitaines et sergent-major* en charge sans qu'il soit procédé à d'autres élections; — lettre de M. de Tessec au duc de Roannès, gouverneur et lieutenant général pour le Roi en la ville de Poitiers, à qui il rend compte des prétentions du conseil de ville; — des capitaines Chevalier, d'Estivalle, Garnier, Poitevin, Pidoux, au même, l'assurant de leur dévouement en protestant contre l'arrêt « qui leur donne des lieutenants et enseignes, « chose inodite de nous commettre et vouloir obliger nostre « vie et honneur à la garde d'une porte et nous fournir « d'hommes pour ce faire; » — des mêmes au même, à qui ils envoient une récusation à signer du sieur de Vic, juge du procès « autant disposé à favoriser les adversaires « que s'il estoit partie; » — du Conseil de ville au même : il n'a fait que ce qu'il a plu au Roi; « et si quelques parti- « culiers se sentent intéressez, ils doibvent avoir recours « au prince; » — des capitaines de ville au duc pour recommander à sa bienveillance le sieur de La Charoullière : « en toutes controverses et nouveaux effectz de « l'ambition d'aucuns desdits eschevins, ledit sieur n'y a « rien contribué du sien estant lors dudit establissement « absent de ceste ville, ains à son retour a rapporté tout ce « qui estoit en luy d'affection et dilligence pour retenir « lesdits sieurs eschevins; » — de Peyraux, maire de Poitiers, au même : il s'étonne d'apprendre que le duc est courroucé contre lui : « Je suis en une charge publicque « obligé d'exécuter ce qui m'est commandé et résolu par « le corps de ville, qui m'a esleu et faic. ce que je suis et « ne fais ny entreprens chose quelconque de moy-mesmes; » — extrait des registres de la sénéchaussée de Poitiers, portant attestation de l'enregistrement des lettres du sieur de La Rochefoucauld, comme gouverneur.

E. 2679. (Carton.) — 1 pièce, papier.

1760. — Gouffray. — Nomination de curateur aux enfants mineurs de René Gouffray et de Catherine Loizeau.

E. 2680. (Carton.) — 13 pièces, parchemin; 112 pièces, papier.

1606-XVIIIe siècle. — Gouin. — Contrat de mariage de René Gouin, sieur de Livré, avocat, avec Renée Arnoul; — partage de la succession de François Gouin entre René Gouin de Livré et François Gouin d'Ardanne; — licitation entre les deux frères de la métairie de La Cruardière en Saint-Clément de Craon; — provisions pour René Gouin de l'office de secrétaire de la maison et couronne de France; — *lettres royaux qui maintiennent ledit* René Gouin, propriétaire de l'office supprimé, en ses privilèges de noblesse, ainsi que ses deux filles; — contrat de mariage de René Bélocier, sieur de Vallière, avec Renée Gouin; — inventaire des meubles dépendant de la succession de René Gouin, sieur de Livré, et de Renée Arnoul, sa femme; — procédure au sujet du partage entre René Bélocier et Marie Gouin d'une part et Marie Gouin, femme de Louis de Lantivy; — notes généalogiques du feudiste Audouys, etc.

E. 2681. (Carton.) — 1 pièce, papier.

1591. — Gouin (de). — Contrat de mariage de Jean de Gouin, sieur de La Tremblaye, avec Jeanne Legauffre, veuve de Théodore Hayau.

E. 2682. (Carton.) — 8 pièces, parchemin; 27 pièces, papier.

1653-XVIIIe siècle. — Goujon. — Acquêts par René Goujon de vignes en Rablay; — lettres de l'avocat Delamotte au sieur Goujon, secrétaire au Conseil d'État, traitant d'affaires d'intérêt privé; — quittances de Couaillet, menuisier, pour travaux faits à Châteauneuf; — extrait du contrat de mariage de Pierre-François Goujon, avocat, avec Nicolle Simonnin, veuve de Toussaint Cottereau; — dispenses pour le mariage de François Goujon avec Renée Goujon; — note du feudiste Audouys, etc.

E. 2683. (Carton.) — 13 pièces, parchemin; 9 pièces papier.

1595-XVIIIe siècle. — Goulaines (de). — Présentation par Jeanne Pinard, veuve de Claude de Goulaines, *de la cure de* Saint-Aubin de Blaison; — procédure entre Mathurin de Montallais et Christophe de Goulaines au sujet de la succession de Renée de Goulaines; — contrat de mariage de Maurice de Plusquelec, sieur de Bruillac, avec Jeanne de Goulaines; — vente par Beaudouin de Goulaines de la châtellenie de Martigné-Briant à René de Naillac, sieur des Roches et de Chollet; — notes et extraits généalogiques du feudiste Audouys.

E. 2684. (Carton.) — 4 pièces, parchemin; 3 pièces, papier.

1640-XVIIIe siècle. — Goullard. — Acquêts par Jean Goullard, sieur de Chambrètes et de Billé, de terres et prés en Saint-Silvin; — bail à *ferme* par Anne Goullard de la terre de La Barbée; — notes et extraits généalogiques par le feudiste Audouys.

E. 2685. (Carton.) — 1 pièce, papier.

1680. — GOULLAY. — Partage de la succession de Jacques Goullay, sieur des Marais, et de Louis Hunault, sa femme.

E. 2686. (Carton.) — 2 pièces, papier.

1630-1694. — GOULLIER. — Acquêt par André Goullier, sieur de La Viollaye, de l'office de président du Grenier à sel de Pouancé; — cession par Marguerite Michel au profit de Renée Guillotin, veuve de Jean Goullier, sieur du Bois, de tous ses droits en la succession de Jacquine de La Pouèze.

E. 2687. (Carton.) — 8 pièces, parchemin; 4 pièces, papier.

1501-1692. — GOUPILLEAU. — Prise à rente par Guillaume Goupilleau d'une maison rue de la Petite-Boucherie; — acquêt par Michel Goupilleau de prés en Saint-Maurille des Ponts-de-Cé; — par Jullien Goupilleau, contrôleur général des traites d'Anjou, de la métairie de Mucé et des seigneuries de Longchamps et Sancé, etc.

E. 2688. (Carton.) — 12 pièces, papier.

1610-1779. — GOUPPIL. — Acquêt par Urbain Gouppil de vignes à Dampierre; — bail judiciaire des biens de Louis Gouppil, sieur de Bouillé, à Jean Blondé, sieur de La Bismard; — nomination de Gabriel Palluau, à la tutelle des enfants mineurs de Jean Gouppil, ancien juge consul d'Angers; — extraits des actes de baptême, de mariage, de décès de René-Louis Gouppil de Bouillé, etc.

E. 2689. (Carton.) — 1 pièce, papier.

1780. — GOURDAULT. — Procès-verbal de levée de scellés sur les meubles dépendant de la succession de Joseph Gourdault, chanoine et sous-doyen du chapitre du Puy-Notre-Dame.

E. 2690. (Carton.) — 4 pièces, papier.

1599-1664. — GOURDINEAU. — Partage de la succession de Bertrand Gourdineau; — acquêts par Pierre Gourdineau de terres et de vignes à Allonnes; — tableau des héritiers de René Gourdineau et de Jeanne Rou.

E. 2691. (Carton.) — 2 pièces, parchemin; 3 pièces, papier.

1589-1674. — GOURDON. — Cession par Louis Blanche à Jacques Gourdon, marchand, de tous ses droits dans la succession de François Brion; — inventaire de la succession de Louis Gourdon, sieur de Langellier, et de Marguerite Rivière, sa veuve, etc.

E. 2692. (Carton.) — 1 pièce, papier, incomplète.

XVIe siècle. — GOURFAULT. — Partage entre Laurent Gourfault, Claude Gourfault et François Pinier de la succession de Jeanne Pinier.

E. 2693. (Carton.) — 1 pièce, papier.

1606. — GOURICHON. — Partage de la succession de Marguerite Gourichon, femme de Pierre Belliard.

E. 2694. (Carton.) — 1 pièce, papier.

1749. — GOURION. — Aveu rendu à la seigneurie des Touches pour la maison noble des Monceaux par René, Jean et Michel Gourion.

E. 2695. (Carton.) — 3 pièces, papier.

1737-1749. — GOURLADE. — Partage de la succession de Marie Gourlade entre Jacques Carbouillet, son mari, ancien officier de la maison du Roi, Jacques Gourlade, chef du gobelet, Catherine Gourlade, veuve d'Isaac Deshayes, officier de S. A. R. Mademoiselle, Jacques Gourlade, écuyer de la bouche du Roi, Charles Maillard, garde-du-corps; — inventaire de la succession de Jacques Gourlade, écuyer de la bouche du Roi, « décédé à Versailles en service chez M. le Dauphin; » — partage de ladite succession entre Claude Binet, ancien officier du Roi, Jean Drouin, écuyer, Laurent Martin, gendarme du Roi, Raoul Martin, lieutenant d'infanterie, Laurent de Saint-Georges, garde-marteau en la maîtrise des eaux et forêts de Dreux, et Charles Maillard, chef du gobelet du Roi.

E. 2696. (Carton.) — 6 pièces, parchemin; 72 pièces, papier.

1589-1789. — GOURREAU. — Aveu rendu à la seigneurie de Piédouault pour partie de la métairie de La Blanchardière par Maurice Gourreau; — acquêt par Jean Gourreau de la châtellenie de La Roche-Joullain; — testament de Pierre Gourreau, portant entre autres legs don de 60 écus soleil aux Pères Jacobins d'Angers pour l'entretien de trois de leurs religieux en l'Université de Paris; — accord entre Christophe de Sesmaisons, Pierre Cheminard, sieur de Challonges, Jacques de Chaune, Bonaventure de Complude et autres héritiers de Philippe Gourreau, sieur de La Proustière; — lettres de M. de La Champagne, Métayer, curé de Séronnes, Gaujac et Chartier, traitant d'affaires et d'intérêt privés; — aveu rendu à Combrée par Jacques Gourreau pour ses fiefs de La Masure, Neuillé et La Houssaye; — compte rendu par Gourreau de La Blanchardière à Anonyme Michau de Montaran, héritier pour un tiers de Marin Gourreau, oratorien; — lettre de M. de L'Esperonnière : « J'ay pris il y a 5 à 6 mois un billet de « la loterie de Bouillon qui devoit avoir trois tirages;... « comme j'aime les voies les plus courtes, j'envoyai 72 li- « vres à la fois comme plusieurs ont fait; il se trouve

« aujourd'hui, qu'il ne s'est fait que le 1er tirage; je sou« haiterois que vous pussiez prendre la peine d'aller chez « quelqu'un des payeurs de billets de ladite loterie pour « sçavoir d'eux si le second tirage se fera et quand il se « fera ou s'il ne se fait pas, demander qu'on me rende les « 36 livres..., à moins que M. le duc de Bouillon ne voulût, « soit dit entre nous, faire le second tour de Cartouche; » — acquêt par François Gourreau de La Blanchardière, de la terre de Chanteloup en Brigné; — par Jacques-François Gourreau de L'Épinay, des seigneuries de Chanzeaux et de La Girardière, de la closerie de La Bégueric, etc.

E. 2697. (Carton.) — 15 pièces, parchemin; 59 pièces, papier.

1444-1765. — Goussault. — Aveu rendu à la seigneurie de Voisin par Lucas Goussault pour terres et tenures en la paroisse de Corzé; — testament d'Étienne Goussault; — épitaphe de Guillaume Goussault, conseiller au Parlement de Paris; — partage de la succession de Gervaise Goussault et de Marguerite Vivion; — acquêt par Jean Goussault, licencié-ès-lois, de la seigneurie de Fromentières en Baugé; — fondation par Antoine Goussault d'une chapellenie de Saint-Antoine en l'église Saint-Maurille d'Angers; — lettres des sieurs Dupas, Arthaud de Fougeray, Lemasson, Urbain de Monternault, Deniau, de la succession de l'abbé Goussault; — fragment de généalogie, etc.

E. 2698. (Carton.) — 1 pièce, papier.

1665. — Gousselin. — Acquêt par *Claude Gousselin* d'une maison à Allonnes.

E. 2699. (Carton.) — 2 pièces, papier.

1660-1745. — Goyet. — Factum pour les héritiers de la demoiselle Goyet, veuve du sieur de La Sermonnaye, contre les créanciers de la dame de Cossé; — nomination d'André et de René Belordier à la curatelle des enfants mineurs de François Goyet et de Louise Leplat.

E. 2700. (Carton.) — 1 pièce, parchemin.

1690. — Grais (de). — Testament de François de Grais, portant don de 50 écus aux Récollets d'Angers.

E. 2701. (Carton.) — 6 pièces, parchemin; 3 pièces, papier.

1681-1770. — Gramond. — Contrat de mariage de Jacques Gramond avec Louise Sermoise; — constitution de 75 livres de rente au profit dudit Jacques Gramond, greffier en chef de la capitainerie des chasses de Saint-Germain; — transaction entre Antoine Cagnié, garde des plaisirs du Roi, et Jacques Gramond, au sujet du partage de la succession de Jacqueline Mercier, femme de Gervais Gramond; — contrat de mariage de Claude-François Didier, chef de gobelet du Roi, avec Marie-Henriette Gramond, etc.

E. 2702. (Carton.) — 2 pièces, parchemin; 18 pièces, papier.

1644-1780. — Grandet. — Acquêt par Jacques Grandet d'une maison sur le Tertre-Saint-Laurent d'Angers; — aveux rendus à La Roche-d'Iré par Françoise Cormier, veuve de Jacques Grandet, pour sa métairie de La Bouve; — contrat de mariage de François Grandet, juge au Présidial d'Angers, avec Françoise Jousselin; — acquêt par François Grandet, sieur du Lavouer, d'une maison rue Lyonnaise; — partage entre François Grandet, *sieur de La Plesse, Marie Grandet, femme de Joseph Robin*, Jacques Gourreau, sieur de La Blanchardière, et Jacques Grandet, sieur de La Hée, de la succession de Jacques Grandet et de Françoise Cormier; — transaction entre le chapitre de Saint-Maurille et François Grandet, sieur de La Plesse, au sujet d'une maison rue de l'hôpital, etc.

E. 2703. (Carton.) — 3 pièces, parchemin; 18 pièces, papier.

1668-1768. — Grandhomme. — Extraits des registres des paroisses du Lude concernant la famille Grandhomme; — présentation par René-Simon Grandhomme de la chapelle Saint-Nicolas de son château de Gizeux; — billet d'enterrement d'Antoine Grandhomme, abbé de Toussaint d'Angers.

E. 2704. (Carton.) — 11 pièces, parchemin; 14 pièces, papier; 2 sceaux.

1434-XVIIIe siècle. — *Grandière (de La).* — Contrat de mariage de Charles de La Grandière avec Marguerite Du Bois; — présentation par Jean de La Grandière de la chapelle de Saint-Jean-Baptiste de son château de La Grandière; — opposition mise par Geoffroy de La Grandière, sieur de Montgeoffroy, à la vente des communs de Beaufort pour le maintien de ses droits d'usage; — acquêt par Palamède de La Grandière de 27 setiers de seigle de rente sur les moulins de La Grande-Roche en Corzé; — billet de faire part du mariage de M. de La Grandière avec Mlle de La Fautrière; — notes et extraits généalogiques par le feudiste Audouys.

E. 2705. (Carton.) — 1 pièce, parchemin.

1664. — Grandin. — Acquêt par Pierre Grandin, vicaire du Lion-d'Angers, du clos de La Croix en ladite paroisse.

E. 2706. (Carton.) — 1 pièce, parchemin; 3 pièces, papier.

1545-XVIIIe siècle. — Grandmoulin (de). — Testament de François de Grandmoulin : il y ordonne notamment que son fils Louis « soit mintenu aux escolles jusques « à quatre ans après son décès et qu'il luy soit baillé pour

« ce faire par chacun en la somme de 40 livres ; » — procuration donnée par François de Grandmoulin, « détenu « prisonnier ès-prisons du Fort-l'Évesque à Paris, » à Marguerite de Champaigne, son aïeule, veuve de François de Grandmoulin, à Jullian de Grandmoulin et à Ambrois Reverdy, ses cousins-germains, pour le représenter en toutes ses affaires; — notes et extraits généalogiques par le feudiste Audouys.

E. 2707. (Carton.) — 1 pièce, papier.

1697. — Grangeais. — Testament de Perrine Gondouin, veuve de Jean Grangeais, portant fondation d'un anniversaire en l'église de Parnay.

E. 2708. (Carton.) — 1 pièce, papier.

1722. — Grandville. — « Observations pour servir « aux deffenses de Messieurs et Mesdemoiselles de Grand- « ville contre les prétentions de madame de Guer et de « M. son frère, enfants et hérittiers de feu écuyer Hyacinthe « de Chapedelaine, sieur de L'Aumosne. »

E. 2709. (Carton.) — 1 pièce, parchemin.

1669. — Granneau. — Acquêt par Michel Granneau d'un logis en l'île de Culdebœuf, paroisse du Mesnil.

E. 2710. (Carton.) — 1 pièce, papier.

XVIIIe siècle. — Grange (de La). — Note du feudiste Audouys sur la famille de La Grange, seigneur de Vernon, Passé, Vaudelonay, etc.

E. 2711. (Carton.) — 1 pièce, papier.

1603. — Grasenleil. — Acquêt par Jean Grasenleil de la seigneurie de Chauvigné en Corzé.

E. 2712. (Carton.) — 1 pièce, parchemin ; 2 pièces, papier.

1634-1659. — Grasmesnil (de). — Contrat de mariage de René de Grasmesnil avec Urbaine de Montours; — vente par René de Grosmesnil de vignes à Chalonnes; — — transaction entre René de Grasmesnil et Charles de Sanson, au sujet de la vente de la terre du Pineau, etc.

E. 2713. (Carton.) — 4 pièces, papier.

XVIIIe siècle. — Gravé. — Notes et extraits généalogiques par le feudiste Audouys sur la famille Gravé, seigneur de La Roche en Juvardeil.

E. 2714. (Carton.) — 1 pièce, parchemin.

1766. — Grazon. — Acquêt par Gabriel Grazon d'une maison rue Saint-Gilles à Angers.

E. 2715 (Carton.) — 1 pièce, papier.

1634. — Grec. — Cession par Nicolas Bienvenu à Martine Pécard, veuve de Philippe Grec, d'une rente hypothécaire de 50 livres.

E. 2716 (Carton.) — 2 pièces, papier.

1609-1780. — Grégoire. — Contrat de mariage de Mathurin Grégoire avec Marthe Froger; — transport par François Volaige de Vaugirault au profit de François Grégoire et de Pierre Coquin d'une créance de 1,260 livres sur Pierre Briallot, notaire et greffier du comté de Maulevrier.

E. 2717. (Carton.) — 1 pièce, parchemin.

1726. — Grellier. — Constitution par Prosper de Collasseau d'une rente hypothécaire de 4 livres 8 sous au profit de Louis Grellier.

E. 2718 (Carton.) — 1 pièce, papier.

1621. — Grémont. — Contrat de mariage de Guillaume Grémont, serrurier, avec Perrine Cordier.

E. 2719. (Carton.) — 1 pièce, parchemin ; 10 pièces, papier ; 1 sceau.

1588-XVIIIe siècle. — Grenouillon (de). — Acquêt par Marguerite de Lancrau, femme de Louis de Grenouillon, du moulin Fromentin sur le Loir en la paroisse de Lézigné; — reconnaissance par Joachim Lambert, vigneron, d'une rente de blé due à Geoffroy de Grenouillon comme chapelain d'une chapellenie en la paroisse de Dampierre; — acquêt par Marguerite Du Carroy, femme de Jean-Baptiste de Grenouillon, de la terre et seigneurie de Fourneux; — note et extraits généalogiques par le feudiste Audouys, etc.

E. 2720. (Carton.) — 12 pièces, parchemin ; 20 pièces, papier ; 1 sceau.

1406-XVIIIe siècle. — Grézille (de La). — Aveux rendus au château de Saumur pour la terre de La Grézille par Geoffroy de La Grézille, chevalier; — par Jean de La Grézille à la seigneurie de Trèves pour sa terre de La Tremblaye; — par Gilles de La Grézille à la seigneurie de Pocé pour sa terre de Villiers; — testament de Jean de La Grézille, portant élection de sépulture en l'église Saint-Pierre de Meigné, devant l'autel de la Vierge; — partage entre Louis de La Grézille, archidiacre d'Angers, et Charles de Bonchamps, de la succession de Joachine de La Grézille; — fondation par Louis de La Grézille d'un anniversaire à cinq chappes en l'église d'Angers; - - notes et extraits généalogiques par le feudiste Audouys, etc.

E. 2721. (Carton.) — 3 pièces, papier.

1656-1783. — Grignon. — Partage entre Jacques Bodinier, Pierre Grignon, Étienne Havin, Marin et Antoine Grignon de la succession de Marin Grignon et de Guyonne Hardy; — prise à bail par René Grignon d'une maison à La Chapelle-Bellouin; — acquêt par Augustin Grignon d'une métairie dans la paroisse de Brigné.

E. 2722. (Carton.) — 6 pièces, papier.

1582-1769. — GRILLE. — Acquêt par Jean Grille de terres en Grézillé; — extraits des registres de baptême des paroisses Saint-Maurice, Saint-Martin et La Trinité d'Angers, concernant la famille Grille; — acquêt par François Grille, marchand, de la closerie de La Maison-Rouge en Bouchemaine.

E. 2723. (Carton.) — 16 pièces, parchemin; 39 pièces, papier; 2 sceaux.

1497-XVIIIe siècle. — GRIMAUDET (de). — Acquêt par Jean Grimaudet, apothicaire à Angers, des biens immeubles de Jean Garnier, boucher, tant à Angers qu'à Villevêque; — par François Grimaudet, conseiller du Roi, de la closerie de La Planche en Saint-Silvain et d'une maison rue Saint-Jacques à Angers; — présentation par François Grimaudet, sieur de La Croiserie et de La Roche-Bouet, de la chapelle de Saint-Pierre en son château de La Roche-Bouet; — contrat de mariage de Louis Grimaudet, sieur de Chauvon, avec Marie Belot; — sentence d'ordre pour la répartition des deniers provenant de la succession dudit Louis Grimaudet; — acquêt par François Grimaudet, sieur de La Roche-Bouet, conseiller au Parlement de Bretagne, et Gabriel Grimaudet, sieur du Landreau, de la forêt de Mortagne et des métairies de La Bergerie et de L'Épinette dans la paroisse de La Séguinière; - aveu rendu à la baronnie de Chantoceaux par Louis de Grimaudet, sieur de La Varenne et de La Bourgonnière, pour sa seigneurie de La Pierre-Baudron; — dispenses pour le mariage de René-Jean Grimaudet avec Marie-Anne-Mélanie de Bonnétat d'Étival; — contrat de mariage de François-Félix de Grimaudet, sieur de Bouzillé et de La Bourgonnière, avec Marie-Anne-Louise-Adélaïde de Crespy; — fragments de généalogies de la famille Grimaudet.

E. 2724. (Carton.) — 1 pièce, papier.

1570. — GRIMAULT. — Testament d'Étienne Grimault portant élection de sépulture en l'église de Jallais et divers legs à la fabrique.

E. 2725. (Carton.) — 1 pièce, parchemin.

1375. — GRIMAULT (de). — Quittance de Jean de Grimault, capitaine de cent arbalétriers à cheval de Gennes, pour ses gages de capitaine et la solde de ses soldats.

E. 2726. (Carton.) — 1 pièce, papier.

1607. — GROLLEAU. — Acquêt par Michel Grolleau de partie de maison à Brain-sur-Allonne.

E. 2727. (Carton.) — 1 pièce, papier.

1786. — GROSBOIS. — Acquêt par François Grosbois, fermier, de terres dans les paroisses d'Auvers et de Noyant.

E. 2728. (Carton.) — 1 pièce, papier.

1625. — GROSBOIS (de). — Brevet de la charge de gentilhomme ordinaire de la chambre pour Gilles de Grosbois, écuyer, seigneur de Champigny-le-Sec.

E. 2729. (Carton.) — 6 pièces, papier.

1751. — GROSSIER. — Apposition de scellés sur les meubles de Pancrace Grossier, chapelain de Querré; — inventaire, prisée et vente desdits meubles; — distribution du produit entre les créanciers.

E. 2730. (Carton.) — 1 pièce, papier.

1619. — GRUAU. — Acquêt par Pierre Gruau de maison et jardin à Coron.

E. 2731. (Carton.) — 1 pièce, papier.

1641. — GRUDÉ. — Aveu rendu par Jean Grudé, marchand, à la seigneurie de Mozé pour sa terre de Nouzil.

E. 2732. (Carton.) — 2 pièces, parchemin; 1 pièce, papier; 1 sceau.

1516-XVIIIe siècle. — GRUE (de LA). — Présentation par Jacques de La Grue de la chapelle de Sainte-Catherine de son château de La Grue; — par François de La Grue de la chapelle de Saint-Louis en l'église de Jallais; — note du feudiste Audouys sur la famille de La Grue.

E. 2733. (Carton.) — 1 pièce, parchemin; 7 pièces, papier.

1702-1779. — GUAIS. — Extraits des registres de la paroisse Saint-Maurille de Chalonnes concernant la famille Guais; — acquêt par Philippe Guais, pâtissier, d'une maison à Ardenay; — inventaire des meubles de Philippe Guais, pêcheur, et de Marie Montaillé, sa femme.

E. 2734. (Carton.) — 1 pièce, papier.

XVIIIe siècle. — GUAISDON. — Note du feudiste Audouys sur la famille Guaisdon, seigneur des Forges, de La Brinière et de La Fribaudière.

E. 2735. (Carton.) — 1 pièce, papier.

1653. — GUÉDIER. — Testament de Marie Dubois, veuve de Louis Guédier, conseiller en l'Élection d'Angers, portant fondation de divers services en l'église Saint-Michel-du-Tertre et don « d'une de ses juppes pour estre « employée à faire une chasuble. »

E. 2736. (Carton.) — 1 pièce, papier.

1634. — GUÉDILLAC. — Testament de Guillaume Guédillac, maître chirurgien, portant fondation d'un anniversaire en l'église et chapelle de La Colombe.

E. 2737. (Carton.) — 1 pièce, papier.

1787. — Gueffier. — Nomination de Jean Gueffier à la tutelle des enfants mineurs de Jean Gueffier et de Jeanne Bourjon. — Voir la suite de ce dossier à la série L.

E. 2738. (Carton.) — 3 pièces, papier; 1 pièce, parchemin.

1624-1650. — Guehéry. — Extraits des registres des paroisses Notre-Dame et Saint-Pierre de Paris concernant Michel Guehéry, bailli de Saint-Germain-des-Prés, et sa fille Louise; — vente à André Bousselin par Mathurin Guehéry de la métairie du Marquet en Daumeray.

E. 2739. (Carton.) — 1 pièce, parchemin.

1416. — Guenet. — Bail par Jean Guenet, écuyer, sieur des Clavières, du moulin à eau des Clavières en Bourgalesme.

E. 2740. (Carton.) — 1 pièce, parchemin; 2 pièces, papier.

1614-1640. — Guéniard. — Donation mutuelle entre René Guéniard, sieur de Chauvigné, et Renée Frontault, sa femme; — partage de la succession de ladite dame entre René Boucault, Perrine Boucault, veuve de René Guéniard de La Loge, Marguerite Boucault, femme de Jacques Chouard de La Laussonnière.

E. 2741. (Carton.) — 12 pièces, papier.

1680-1721. — Guénier. — Acquêt par Jullien Guénier de terres à Rigné, près Baugé; — inventaire de ses meubles; — renonciation par Françoise Creusot, sa veuve, à sa part dans la communauté; extrait mortuaire de Françoise Creusot, sa veuve; — procédure au sujet de leur succession entre Nicolas Vauvelle et Mauricette Besnard, veuve d'Antoine Rochefort; — mémoires à l'appui des droits dudit Vauvelle; — consultation de l'avocat Gouin; — requêtes et repliques de Mauricette Besnard.

E. 2742. (Carton.) — 9 pièces, parchemin; 139 pièces, papier.

1550-1787. — Gueniveau. — Vente par Jean Gueniveau à Louis Grelepoys de terres à Doué; — transaction entre Denis Gueniveau et René de La Haie, au sujet de la vente du fief de La Porchonnerie; — contrat de mariage d'André Gueniveau, marchand, avec Perrine Riollan; — jugement du sénéchal de Cholet, qui institue André Gueniveau, sieur de La Haye, tuteur des enfants mineurs de Claude Amyot et de Marie Bonin; — partage de la succession d'André Gueniveau et de Perrine Riollan; — consistance de la métairie de Grangebourreau dans la paroisse de Saint-Lambert-des-Levées; — procédure à la requête d'Anne Blondé contre François de Rousselet, marquis de Saché, François de La Noizellée, dit Bourguignon, son valet et Gaucher, prêtre, accusés par elle de l'assassinat d'André Gueniveau, son mari; — sentence du lieutenant criminel de Loudun, qui condamne par contumace les deux premiers à être rompus vifs et le troisième au bannissement; — partage de la succession d'André Gueniveau et d'Anne Blondé; — contrat de mariage de Jean Gueniveau, sieur de Forges, avec Anne Chauvin; — constitution par Gabriel Lenoir de Pasdeloup d'une rente de 2,000 livres au profit de Marguerite Gigault de Targé, veuve de Joseph Gueniveau de La Felonnière, gentilhomme du duc d'Orléans, etc.

E. 2743. (Carton.) — 1 pièce, papier.

1499. — Guénon. — Déclaration rendue au seigneur de Chatelaison par Guillaume et Collin Guénon pour terres et maisons en la paroisse de Saint-Georges.

E. 2744. (Carton.) — 1 pièce, papier.

1626. — Guépin. — Cession par Mathurin Guépin à François Guépin de tous ses droits en la succession de Michel Guépin, leur frère.

E. 2745. (Carton.) — 3 pièces, parchemin; 4 pièces, papier.

1484-XVIIIe siècle. — Guérif. — Contrats de mariage de Guillaume Durans, sieur de La Verrerie, avec Jeanne Guérif; — de Charles Guérif, sieur de Villegrand, avec Marguerite de La Barre; — protestation de Joachim Guérif, prêtre, contre le mariage projeté d'Esther Guérif avec François de La Vaisouzière, sieur de Soudon; — testament d'Anne Cupif, veuve de Jean Guérif, qui ordonne entre autres dispositions que le jour de son décès il soit délivré un des prisonniers détenus pour dettes dans les prisons royales; — partage des successions de Louis Guérif, sieur de La Flondière, et d'Élisabeth Lebarbier, sa femme; — notes et extraits généalogiques du feudiste Audouys.

E. 2746. (Carton.) — 11 pièces, parchemin; 22 pièces, papier.

1512-XVIIIe siècle. — Guérin. — Acquêt par François Guérin, sieur de Poisieux, de partie de la terre de Monnet en la paroisse de Beaufort; — par Pierre Guérin de partie de La Petite-Moinie en Saint-Rémy-en-Mauges; — partage de la succession de René Guérin, sieur de La Bodardière, et de Jeanne Marchant; — transaction entre Étienne Guérin et Denis de Guignet au sujet des réparations d'une maison en la rue de la Tonnelle, à Saumur; — partage de la succession de Julien Guérin, sieur de La Messine, et de Renée Bonneau, sa femme; — testament de Charlotte Guérin portant fondations pieuses en l'église de Toussaint et de Saint-Maimbœuf d'Angers; — lettres de tonsure de Pierre-René Guérin de La Guimonière; —

contrat de mariage de Jean Guérin avec Élisabeth Pineau; — acquêt par Pierre Guérin, sieur de La Chouannière, de terres et bois en Soulaines; — note du feudiste Audouys.

E. 2747. (Carton.) — 1 pièce, parchemin; 3 pièces, papier.

1560-1619. — Guérineau. — Contrat de mariage de Pierre Guérineau avec Fleurance Mongis; — acquêt par Thomas Guérineau de terres à Distré; — partage de la succession de Charles Guérineau et de Marie Bonpas.

E. 2748. (Carton.) — 2 pièces, papier.

1585-1779. — Guérinière. — Partage de la succession d'André Guérinière entre André et Jean Guérinière, ses enfants; — testament de Pierre Guérinière, prêtre, instituant pour son légataire Maurille Guérinière, son frère; — requête adressée au lieutenant-général de la Sénéchaussée d'Anjou, par Marie Guérinière, femme d'Élie Davy, et Jacquine Guérinière, au sujet de la succession de Jean Guérinière, leur frère, et de Marie Béconnais, sa femme.

E. 2749. (Carton.) — 2 pièces, papier.

1659-1715. — Guérinière (de la). — Contrat de mariage de Pierre de La Guérinière, avocat en Parlement, avec Marie Rivière, veuve de Nicolas Boceau, sieur des Landes; — transaction entre Marguerite Boceau, veuve de Philippe Bernard, Jacques-Philippe Bernard, René Dion et autres héritiers pour le règlement des successions de Marie Rivière, femme de Pierre de La Guérinière, et de Marie-Pétronille de La Guérinière, femme de Gabriel Michel, sieur de La Boisfardière.

E. 2750. (Carton.) — 1 pièce, papier.

1699. — Guernon (de). — Contrat de mariage de Charles de Guernon avec Jeanne de Nolent.

E. 2751. (Carton.) — 3 pièces, papier; 1 pièce, parchemin.

1665-1692. — Guerrier. — Constitution par Anne Belocier au profit de Jean Guerrier, sieur des Monceaux, et par Louise de Grat au profit de Mathieu Guerrier d'une rente de 55 livres; — partage entre Nicollas Dupineau et Jean Guerrier de la terre du Verger en Chantocé.

E. 2752. (Carton.) — 5 pièces, parchemin; 3 pièces, papier.

1469-XVIIIe siècle. — Guesdon. — Acquêts par Jean Guesdon, seigneur du Bois-Robert, de vignes à Savennières; — notes et extraits du feudiste Audouys.

E. 2753. (Carton.) — 1 pièce, parchemin; 1 pièce, papier.

1760. — Guet. — Nomination de René Dubois à la curatelle des enfants mineurs d'Urbain Guet et de Louise Boyer; — procès-verbal d'adjudication au rabais de la nourriture desdits enfants.

E. 2754. (Carton.) — 1 pièce, parchemin.

1580. — Guette (de la). — Acquêt par Pierre de La Guette, sieur de La Germonnerie, de la seigneurie d'Estanche en Corzé.

E. 2755. (Carton.) — 14 pièces, parchemin; 18 pièces, papier.

1455-1768. — Guibert. — Reconnaissance par Vital Cohen, juif de Carpentras, d'une somme de 112 florins d'or par lui due à Guillaume Giberti, écuyer [l'acte portait un autre nom qui a été frauduleusement remplacé par celui-ci, pour rattacher les Guibert aux Giberti d'Italie]; — contrat de mariage de Christophe Guibert avec Guillelmine de La Corbière; — de Jean Guibert, leur fils, avec Marguerite Fortune; — acquêt par les mêmes du Deffais en la paroisse de Quelaines; — contrats de mariage de René Guibert avec Jeanne de Brie; — de Jacques Guibert avec Marie Gasnereau; — de Denis Guibert avec Marie Rascher; — inventaire des successions dudit Denis Guibert et de sa femme.

E. 2756. (Carton.) — 1 pièce, papier.

1641. — Guibourg (de). — Contrat de mariage de Pierre de Guibourg, sieur de La Fleuransière, avec Anne Du Chesne.

E. 2757. (Carton.) — 1 pièce, papier.

1698. — Guibret. — Partage entre René, Françoise, Perrine Guibret et François Oger, leur beau-frère, de la succession de Jean Guibret et de Françoise Brossais.

E. 2758. (Carton.) — 1 pièce, papier.

XVIIIe siècle. — Guichardière (de la). — Note du feudiste Audouys sur la famille de La Guichardière, seigneur de La Roche-Charbonneau.

E. 2759. (Carton.) — 1 pièce, papier.

1637. — Guichet. — Partage entre René Blouin, René Leméo et Pierre Garreau de la succession de Luc Guichet et de Noël Richoust, sa femme.

E. 2760. (Carton.) — 1 pièce, papier.

1610. — Guichoulx. — Acquêt par Jacques Guichoulx d'une maison à Saumur.

E. 2761. (Carton.) — 2 pièces, papier.

1608-1700. — Guillard. — Acquêts par Michel Guillard de partie de La Basse-Guerche; — par René-Jean Guillard de la seigneurie du Chiron.

E. 2762. (Carton.) — 4 pièces, parchemin; 7 pièces, papier.

1481-1760. — Guillebault. — Aveu rendu à la seigneurie de La Touche par Jean Guillebault pour tenures près La Morousière; — pour une maison en Champtocé; — bail par le même du temporel du prieuré d'Ingrandes; — procès-verbal des titres trouvés chez Jacques Guillebault, sieur de La Grand'maison, qui appartiennent à l'abbaye de Saint-Nicolas; — inventaire des papiers de Jacques Guillebault, sieur de La Grand'maison; — cession par René Dubreil, baron d'Ingrandes, à Renée Pétrineau, veuve de Hervé Guillebault, d'une rente de 100 livres; — partage de la succession de Louis Guillebault et de Perrine Marchand, sa femme.

E. 2763. (Carton.) — 2 pièces, parchemin; 6 pièces, papier.

1762-1787. — Guillemé. — Aveu rendu à Pacé par Jean Guillemé, maître chirurgien, pour maisons et tenures à Distré; — mémoire des rentes dues au marquis de Maillé par les héritiers de Jean Guillemé; — acquêt par Jacques Guillémé, marchand, de maison et closerie à Saint-Sulpice-sur-Loire, etc.

E. 2764. (Carton.) — 1 pièce, papier.

1745. — Guillemot. — Inventaire de la succession mobilière de Marie Château, veuve de Philippe Guillemot de Lusigny.

E. 2765. (Carton.) — 1 pièce, parchemin ; 1 pièces, papier.

1585-1610. — Guillet. — Annulation réciproque de la promesse de mariage consentie entre Michel Guillet et Antoinette Cadoz; — procédure et transaction entre Jullien Pavet et Nicolas Lemonnier au sujet de la succession de François Guillet, procureur fiscal de la baronnie de Chalonnes.

E. 2766. (Carton.) — 1 pièce, papier.

1619. — Guillier. — Acquêt par Charles Guillier, tailleur d'habits, d'un logis en la rue Baudrière.

E. 2767. (Carton.) — 1 pièce, parchemin.

1540. — Guilloiseau. — Vente par Jean Guilloiseau de La Patauldière à René Redesen d'une maison près la forêt de Monnais.

E. 2768. (Carton.) — 2 pièces, papier.

1190-1777. — Guillory. — Contrat de mariage de Jacques Guillory, maréchal en œuvres blanches, avec Marguerite Lorier; — prise à bail par Louis Guillory d'une maison à Chalonnes-sur-Loire.

E. 2769. (Carton.) — 2 pièces, parchemin; 11 pièces, papier.

1442-XVIIIe siècle. — Guillot. — Aveu rendu à la seigneurie du Mesnil par Geoffroy Guillot pour sa terre des Petites-Vallettes; — testament de Nicolas Guillot, portant fondation de divers services en l'église Saint-Nicolas de Saumur; — acquêt par Jean Guillot, marchand, de caves et jardins à Turquant; — notes du feudiste Audouys.

E. 2770. (Carton.) — 5 pièces, parchemin; 21 pièces, papier.

1509-1789. — Guilloteau. — Acquêt par Jean Guilloteau, prêtre, de vignes dans les paroisses de Saint-Augustin et de Saint-Germain en Saint-Laud; — sentence de séparation de biens entre Jeanne Fauveille et Pierre Guilloteau, sieur de La Giraudorie; — acte de naissance, certificat d'études de droit et d'inscription au registre des avocats-procureurs du présidial de Châteaugontier pour Élie Guilloteau; — transaction entre Élie Guilloteau, sieur de La Villatte, d'une part, et le séminaire de Saint-Nicolas du Chardonet de Paris et l'hôpital Saint-Julien de Châteaugontier, au sujet de la succession de Guillaume Hunault; — inventaire de la succession mobilière dudit Élie Guilloteau, dressé à la requête de Françoise Petit, sa veuve; — acte de naissance de Jacques-Joseph, fils de Jacques Guilloteau, maître chirurgien, etc.

E. 2771. (Carton.) — 1 pièce, papier.

XVIIIe siècle. — Guillotin. — Note du feudiste Audouys relative à Guy Guillotin, bourgeois d'Angers.

E. 2772. (Carton.) — 1 pièce, papier.

1749. — Guimard. — Nomination de René Guimard, tailleur d'habits, et de Pierre Guimard, son frère, prêtre, à la curatelle des enfants mineurs de François Guimard et de Catherine Barault.

E. 2773. (Carton.) — 3 pièces, papier.

1688. — Guinebeuf. — Procès-verbaux d'apposition et de levée des scellés mis sur la succession mobilière de Julien Guinebeuf.

E. 2774. (Carton.) — 1 pièce, parchemin.

1580. — Guimier. — Acquêt par Salomon Guimier, châtelain de Bourmont, de partie du domaine de La Routalière en la paroisse de La Cornuaille.

E. 2775. (Carton.) — 2 pièces, papier.

1572-XVIIIe siècle. — Guinemoire (de la). — Acquêt par Pierre de La Guinemoire de terres en la paroisse de Somloire; — note du feudiste Audouys.

E. 2776. (Carton.) — 4 pièces, parchemin; 44 pièces, papier.

1608-1755. — Guinoiseau. — Aveu rendu à La Tour-Landry par Jacques Guinoiseau pour sa seigneurie de La Giraudière; — décharge de l'arrière-ban par le même; — baux des métairies de La Boudrie, de La Haute-Sauvagère et de La Braudière; — prisée des héritages dépendant de la succession des sieur et dame de La Giraudière, tant à La Giraudière, Maurivet, que Marchelle et Angers, faite à la prière des héritiers par Blouin de La Varanne et Ayrault Du Moteau; — partage entre François Boylesve de Goismard, Jacques Guinoiseau de La Sauvagère, René Guinoiseau de La Giraudière et Philippe Bitault, sieur du Tertre; — enquête pour constater l'âge de Jacques Guinoiseau, clerc postulant à l'ordre du sous-diaconat; — acquêt par François Guinoiseau, sieur de Boismarie, d'une maison rue du Petit-Prêtre, etc.

E. 2777. (Carton.) — 1 pièce, papier.

1600. — Guion. — Acquêt par Pierre Guion d'une maison en la paroisse Saint-Philbert-du-Peuple.

E. 2778. (Carton.) — 1 pièce, papier.

1620. — Guionneau. — Partage entre Allain et Mathieu Guionneau, Jean Buffart et Jacquine Guionneau, Perrine Génin et Marie Poquereau de la succession d'André Taffeudeau et de Renée Guionneau.

E. 2779. (Carton.) — 6 pièces, papier, dont 2 doubles.

1639-1747. — Guiteau. — Acquêts par Claude Guiteau de la part de Philippe et de René Guiteau, ses frères, en la succession de Suzanne Gondonnier, leur mère; — monitoire publié à la requête de Jacob Guiteau, sieur de La Marche, lieutenant général au Présidial de Châteaugontier, contre les officiers dudit siége et autres qui l'ont diffamé, insulté et maltraité publiquement; — dispenses ecclésiastiques pour le mariage de François-Simon Guiteau avec Anne-Catherine Dezerée.

E. 2780. (Carton.) — 2 pièces, parchemin; 10 pièces, papier.

1585-XVIIIe siècle. — Guitet. — Cession par Robert Aillevault et Perrine Guitet à Jean Guitet de tous leurs droits en la succession de Robert Guitet et de Louise Ferré; — acquêt par Jean Guitet, marchand, de vignes et maison à Buzebouc; — contrat de mariage de Pierre Guitet, apothicaire, et de Madeleine Bellanger; — inventaire après décès des meubles dudit Pierre Guitet et notamment des drogues de son magasin; — note du feudiste Audouys.

E. 2781. (Carton.) — 9 pièces, papier.

1582-1759. — Guiton. — Acquêt par Michel Guiton d'un clos de vigne en la paroisse Saint-Samson; — contrats de mariage de Pierre Guiton avec Marie Riobé; — de Louis Doostel avec Marie Guiton; — acquêt par Jean Guiton d'une closerie à Chantoceaux.

E. 2782. (Carton.) — 20 pièces, papier.

1600-1770. — Guitonneau. — Partage des successions de Pierre et de Gabriel Guitonneau entre Jeanne Baraudeau, veuve de Gabriel Guitonneau, Louis Renaudet, mari de Marie Guitonneau, Louis Nisot, mari de Madeleine Guitonneau, et Jacques Guitonneau; — de la succession de Louis Guitonneau et de Mathurine Lebreton entre Pierre Viger, mari de Renée Petit, Jean Froger, mari de Jacquette Petit, François Garnier, mari de Louise Guitonneau, Gabriel et Louis Guitonneau; — affiche de vente des biens de Maurice-Jacques Guitonneau, avocat-ès-siéges royaux de Saumur, et de Marthe-Anne Boureau de Chavigny, sa femme; — mémoires pour Didier Dubois, receveur des Aides à Tours, et Laurent-Charles Maillard, gendarme de la garde du Roi, contre Michel-Étienne Guitonneau, receveur des Aides à Château-Regnault, puis à Lusignan.

E. 2783. (Carton.) — 2 pièces, papier.

1693-1780. — Guitonnière. — Déclarations rendues par Denis Papin et Françoise Allin à la seigneurie de Clervaux comme héritiers de Gilles Guitonière, par Florent Anceau et Simphorienne Briet, comme héritiers de Marguerite Guitonière.

E. 2784. (Carton.) — 1 pièce, papier.

1657. — Guittière. — Prise à rente par Nicolas Guittière, sieur de Varennes, d'une cour avec terrier sur la rivière du Thouet.

E. 2785. (Carton.) — 5 pièces, parchemin; 23 pièces, papier; 1 sceau.

1561-XVIIIe siècle. — Gurie. — Partage entre Jeanne Gurie, femme de Pierre Chabot et Mathurine Gurie, femme de Jacques Lamy, de la succession de leur aïeule, Mathurine Fouilloie; — acte de naissance de Jean, fils de Jean Gurie de La Nouzellerie et de Renée Chabot; — partage des successions de François et Antoine Gurie entre Pierre Gurie, sieur de La Gazellerie, Jean Gurie, sieur de La Nouzellerie, Robert Bodin, sieur de Logerie, René de Vougesve et Étienne Bestier; — testament de Pierre Gurie, sieur de La Gazellerie, portant fondation d'un service solennel en l'église des Augustins d'Angers; — partage de sa succession et de celle de Marie de Serizay, sa femme, entre Pierre Gurie, sieur du Mas, François Gurie, sieur de Tandon, et François Leloyer; — contrat de mariage de René Gurie, sieur de L'Étang, avec Béatrice Ménard; — présentation par Gaspard de Gurie de la chapellenie de Saint-Jacques en l'église de Joué; — cession par Marthe de Gurie, veuve de François de Moncelet, et Guillaume-Célestin de Gurie, abbé de La Beauvais, à Claude-Jean de Gurie, de tous leurs droits en les successions de Claude de Gurie.

sieur de La Tremblaie, et de Jacquine Geneviève Reschaud, sa femme; — note du feudiste Audouys.

E. 2786. (Carton.) — 4 pièces, papier.

[illegible]. — GUYARD. — Testament de Jean Guyard, prêtre, portant legs de trois quartiers de vigne du clos de Châteaupanne à sa chapelle du Ponceau, desservie en l'église Saint-Maurice d'Angers, et 100 écus d'or à la bourse des anniversaires; — contrat de mariage de Jacques Guyard, sieur de Puymothe, avec Jeanne Naudet; — acquêt par Christophe Guyard, cordonnier, d'une maison rue Lyonnaise; — nomination de Claude-Gabriel Guyard à la curatelle d'Étienne Guyard, son frère.

E. 2787. (Carton.) — 2 pièces, papier.

[illegible]-XVIIIe siècle. — GUYARD (de). — Prise à rente par Louis de Guyard, des closeries des Hayes et de La Buchardière; — note du feudiste Audouys.

E. 2788. (Carton.) — 1 pièce, papier.

XVIIIe siècle. — GUYERCHAIS. — Note du feudiste Audouys sur la famille Guyerchais, seigneur de Fontenay en Combrée.

E. 2789. (Carton.) — 3 pièces, parchemin; 4 pièces, papier.

[illegible]. — GUYET. — Prise à bail par Collas Guyet, marchand, du lieu de Grohan, à Angers; — acquêt par Lézin Guyet, suppôt de l'Université d'Angers, d'une maison rue du Petit-Prêtre; — présentation par René Guyet, sieur de La Brullière, de la chapellenie de Saint-Gilles en l'église d'Argenton; — constitution d'une rente de 15 livres au profit de Marie Chaudet, femme d'André Guyet; — transaction entre Gabriel Guyet, chirurgien, François Gourreau et Louis Barbot, au sujet d'une créance sur François Dumesnil, etc.

E. 2790. (Carton.) — 2 pièces, papier.

1595-XVIIe siècle. — GUYON. — Prise à bail par René Guyon, maçon, d'une terre en la paroisse de Vaudelenay; — mémoire généalogique sur la descendance de Laurent Guyon et de Renée Jallet.

E. 2791. (Carton.) — 2 pièces, papier.

1580. — GUYONNEAU. — Acquêt par Pierre Guyonneau d'un pré en la paroisse de Baracé; — partage entre Pierre Richoust, mari de Nicole Guyonneau, Jean Guyonneau et Laurent Guyonneau de la succession de Guy Guyonneau.

E. 2792. (Carton.) — 2 pièces, parchemin; 4 pièces, papier.

1529-XVIIIe siècle. — GUYOT ou DE GUYOT. — Foi et hommage rendus au château d'Angers par Nicole Guyot, licencié-ès-lois, pour son fief de Cantenay; — lettres patentes du roi Charles IX qui maintiennent Charles Guyot, sieur de La Fouverie, en son droit de haute justice sur son fief de Cantenay, tel qu'il l'y pratiquait avant les troubles, et l'autorise à « y plainement jouir de l'exercice de la « religion prétendue refformée; » — nomination de Rolland Lemoine, marchand, à la curatelle des enfants mineurs de Charles de Guyot et de Rollande d'Ardenay; — partage entre Jeanne Arcendeau, veuve de Jean Pauvert, Jacques Janneteau, Michel et Pierre Volleau et autres cohéritiers de la succession de Jean Guyot, prêtre; — notes généalogiques du feudiste Audouys.

E. 2793. (Carton.) — 6 pièces, parchemin; 1 pièce, papier.

[illegible]. — HABERT. — Contrat de mariage de Pierre Habert avec Françoise Reboux; — acquêt par les mêmes de vignes en la paroisse de Lué; — accord entre Pierre et Antoine Habert, et Jean de La Fontaine, leur beau-frère, au sujet de la succession de ladite Françoise Reboux; — procédure par Pierre Habert et Guillaume Bellot contre Mathieu Jollivet au sujet de la curatelle de Louise et Guillaume Bellot; — acquêt par Antoine Habert d'une maison en Baugé; — par Pierre Habert, apothicaire, d'une rente de 12 livres.

E. 2794. (Carton.) — 5 pièces, papier.

[illegible]. — HACQUET. — Contrat de mariage de François Hacquet avec Anne Commeau de Champjaille; — inventaire des meubles appartenant à la communauté desdits époux; — des meubles dudit François Hacquet, après décès; — extrait de l'ordonnance qui a dissous la communauté; — renonciation par Gabrielle Hacquet à la succession de son père.

E. 2795. (Carton.) — 1 pièce, papier.

1780. — HAFER. — Vente par Henri Hafer, maître de musique, de maisons à Saumur et à Saint-Lambert-des-Levées.

E. 2796. (Carton.) — 1 pièce, parchemin; 5 pièces, papier.

1603-1780. — HALBERT. — Acquêt par Louis Halbert, praticien, d'un office de notaire royal à la résidence de Montsoreau; — quittance des droits d'hérédité et de confirmation audit office; — vente par René Halbert d'une partie de maison à La Chaussaire; — nomination de Mathurin Halbert à la curatelle de Marguerite et de Jeanne Halbert, ses nièces

E. 2797. (Carton.) — 2 pièces, papier.

1550-1781. — HALLÉ. — Acquêt par Simonne Pinson, veuve Simon Hallé, de terres à Milly-le-Meugon; — extrait du testament de Marguerite Bavolette, veuve de Jean-Joseph Hallé, portant fondation d'un anniversaire en l'église des Cordeliers de Saumur.

E. 2798. (Carton.) — 1 pièce, parchemin.

1488. — HALLOUET. — Arrentement par Olivier Hallouet du moulin de Saint-Victor.

E. 2799. (Carton.) — 1 pièce, papier.

1644. — HAMAT. — Prise à bail par Jean Hamat, dit d'Olleron, maréchal, d'un logis à Saumur.

E. 2800. (Carton.) — 2 pièces, parchemin; 8 pièces, papier.

1668-1702. — HAMEAU. — Vente par Marin de Marcillé de la terre du Grand-Marais à Jean Hameau, maître cordonnier; — ratification de ladite vente par Arthure de Pays, femme du vendeur; — prise à bail par Jean Hameau et René Avril de la terre de Boisbuinson; — compte entre François de Mesgrigny, comte de Marans, et Pierre Hameau, chanoine de Saint-Pierre d'Angers, pour la résiliation du contrat d'acquêt de la forêt de Vaujours; — billet d'enterrement de Madeleine-Prudence Hameau de La Houssellière.

E. 2801. (Carton.) — 3 pièces, parchemin; 11 pièces, papier.

1493-XVIIIe siècle. — HAMELIN. — Déclaration rendue par Huguet Hamelin au prieur de Saint-Georges-du-Bois d'une terre sur le chemin de Cornillé; — présentation par Jean Hamelin, sieur de Vauléart, de la chapellenie de Noyant en l'église de Saint-Martin du Feneu; — par Marin Hamelin, seigneur de Nazé, de la cure de Brigné; — partage entre René Hamelin, sieur des Moulins de Corzé, et René Bodiau, prêtre, de la succession de Thibault Bodiau; — acquêt par Perrine Grille, veuve de Jean Hamelin, de vignes en Grézillé; — mémoire pour Marin Hamelin contre le chapitre du Puy-Notre-Dame, au sujet des dîmes de la seigneurie des Touches dans les paroisses des Verchers et de Concourson; — partage entre François Hamelin, sieur de La Couture, et Pierre Hergent, de la succession de Marguerite Tallot; — notes et extraits généalogiques par le feudiste Audouys.

E. 2802. (Carton.) — 3 pièces, parchemin; 6 pièces, papier; 1 sceau.

1587-XVIIIe siècle. — HAMON. — Partage entre François et René Hamon des immeubles dépendant de la succession paternelle; — fondation par Marie Hamon d'un anniversaire en l'église de Saint-Denis d'Anjou; — acquêt par Jean Hamon, sieur de La Chouanière, de la closerie de La Villegrosse en Carbay; — legs par Étienne Hamon d'une rente de trois livres à la confrairie du Rosaire de Saint-Denis d'Anjou; — acquêt par Louis Hamon de maison et terres à L'Épinière en Corzé; — note du feudiste Audouys.

E. 2803. (Carton.) — 1 pièce, parchemin; 12 pièces, papier.

1516-1780. — HARAN. — Aveu du fief des Roches rendu par Claude Haran à la seigneurie de Mozé; — acquêt par Mathurin Haran de la maison de L'Écu-de-France en Brossigny; — par Pierre Haran, de la métairie de Germond en Saint-Michel-du-Bois; — partage de la succession de Claude Haran et Anne Allard entre Joseph Charlot et Mathurin Gocholin, leurs gendres; — transaction entre Jacques et Mathurin Haran au sujet de l'acquisition de la terre de Liré; — déclaration rendue par Charles Haran à la seigneurie du Plessis-au-Jau pour ses teneures dans la paroisse de Mazé.

E. 2804. (Carton.) — 5 pièces, parchemin; 6 pièces, papier.

1531-1669. — HARANGOT. — Partage des successions de Guillaume Boueste et de Jeanne Lehayer, sa femme, entre Macé Boueste, Hélye Couet, Jacques Harangot; — transactions entre lesdits héritiers à l'occasion de contestations nées dudit partage; — entre Pierre Harangot, sieur de La Rainière, et Claude de La Tousche, au sujet de la succession de Catherine Bernier et de Jeanne de La Tousche; — inventaire de titres produits par les parties dans lesdits procès; — partage de la succession de Pierre Harangot et de Jacquine Lenfantin; — contrat de mariage de Gilles Godier avec Marguerite Harangot; — partage de la succession de Jacques Harangot, chanoine de Craon; — extrait des partages de la succession de mademoiselle Harangot; — acquêt par Jean Harangot, sieur de La Blairie, des offices de lieutenant général et particulier, civil et criminel et de juge des eaux et forêts de la baronnie de Craon.

E. 2805. (Carton.) — 1 pièce, parchemin.

1778. — HARCHER. — Brevet pour Jean-Baptiste-Louis Harcher, avocat en la cour du Parlement de Paris, de l'office de lieutenant particulier civil en la Sénéchaussée de Beaufort.

E. 2806. (Carton.) — 27 pièces, parchemin; 1 pièce, papier.

1423-1557. — HARCOURT (d'). — Cédule du comte Charles d'Anjou, qui s'engage, conformément aux ordres du Roi, à laisser, en prenant la garde et gouvernement de Thouars, aux mains de Christophe de Harcourt, qui l'y a précédé, les fruits, rentes et revenus qu'il y a perçus pendant son commandement; — décharge délivrée en conséquence dudit seigneur par Louis d'Amboise; — vente par Ysabeau de La Trémoille à Christophe d'Harcourt de la ville et terre d'Issoudun; — contrat de mariage de Guillaume d'Harcourt avec Perronnelle d'Amboise; — copie de lettres du roi Charles VII et bulles du pape Eugène IV, portant légitimation de Mathieu de Tancarville, fils naturel de Jacob d'Harcourt; — lettres de sauvegarde pour Guillaume d'Harcourt, comte de Tancarville et de Montgommery; — charte d'Hubert, abbé de Prémontré, adressant à Guillaume d'Harcourt, pour l'admettre au bénéfice des prières de tout son ordre, etc.

E. 2807. (Carton.) — 1 pièce, parchemin.

1520. — HARDIAU. — Acquêt par Pierre Hardiau d'une terre au champ du Noyer.

E. 2808. (Carton.) — 4 pièces, parchemin; 4 pièces, papier.

1560-1740. — HARDOUIN. — Présentation par Étienne Hardouin et Jeanne Lefeubvre de la chapellenie de Saint-Jacques-le-Majeur desservie en l'église de Soulaines; — contrat de mariage de Jean Hardouin avec Catherine Bouillon; — testament de Macé Hardouin, chanoine de La Grézille; — partage entre Marc Bazin, Pierre Charton, Julien Pellu, Denis Delhumeau des dettes actives dépendant de la succession de Renée Delhumeau, veuve de Jean Hardouin, sieur de La Careye; — consultation par l'avocat Ayrault sur le retrait d'un bail passé par les dames Hardouin d'une maison sise à Saumur; — mémoire des frais de sépulture de Marie Hardouin.

E. 2809. (Carton.) — 1 pièce, parchemin; 31 pièces, papier; 1 plan.

1599-XVIII° siècle. — HARDOUIN (de). — Constitution par Paul-Gabriel Livois de Pasdeloup d'une rente de 60 livres au profit de Jean Toussaint Hardouin de La Coudrière, auditeur en la Chambre des Comptes de Bretagne; — présentation par René-Hyacinthe de Hardouin, sieur de La Girouardière, de la chapelle de Saint-Jean-Baptiste en l'église de Moranne; — partage des successions de Philippe-René de Hardouin, sieur de Chantenay, et Charles-Hyacinthe de Hardouin, sieur de La Girouardière, entre leurs enfants et petits-enfants; — acquêt de la terre de Poillé par Suzanne-Henriette-Victoire de Broc, veuve de René-Charles-Hyacinthe de Hardouin de La Girouardière; — transaction entre ladite dame et Jean Pineau et Jean Pion, acquéreurs des bois de La Touche, au sujet de coupes contestées et du bornage desdits bois; — plan, arpentage, lettres de Louis de Blanchardeau, maître honoraire des Eaux et forêts au Mans, et Besson, avocat à Baugé, concernant cette contestation; — note du feudiste Audouys.

E. 2810. (Carton.) — 1 pièce, parchemin.

1600. — HARDOUINEAU. — Partage des acquêts de la communauté de Jean Hardouineau et Perrine Charbonneau, entre leurs enfants et Jacques Pétreau, second mari de ladite Charbonneau.

E. 2811. (Carton.) — 1 pièce, parchemin.

1690. — HARDRÉ. — Sentence du sénéchal de la baronnie de Doué qui adjuge à Jean Hardré recours sur les meubles de Françoise Deséchaliers, veuve de Jean Besson, en garantie d'arrérages d'une rente.

E. 2812. (Carton.) — 1 pièce, parchemin; 18 pièces, papier.

1480-1769. — HARDY. — Engagement par Guillaume de La Rochepaillère de la terre de La Rochepaillère aux mains de sa femme Catherine Hardy de La Béraudière, jusqu'à concurrence de la valeur de son douaire; — répartition entre créanciers des deniers provenant de la vente des biens de Marin Hardy et de Jeanne Sabourin; — contrat de mariage de Joseph Hardy, droguiste, avec Marie Brisset; — cession par lesdits époux à René et Jacques Brisset de tous leurs droits en la succession de Charles Brisset, moyennant une somme de 2,000 livres; — transport de moitié de ladite somme à Simon Gaumier; — acquit par Joseph Hardy d'une somme de mille livres payée par René Brisset; — offre par René Brisset à Joseph Hardy d'une somme de 70 livres, dont il se reconnaît seulement débiteur; — acquêt par Isaac Hardy de prés et maisons relevant de La Haute-Sauvagère; — déclaration rendue par Marie Hardy à la seigneurie du Lavouer de son domaine de La Rigaudière; — procès-verbal d'apposition de scellés en la maison de l'orfèvre Hardy.

E. 2813. (Carton.) — 1 pièce, papier.

1759. — HARIVEL. — Déclaration rendue au duché de Brissac, au nom des enfants mineurs de Guillaume-Toussaint Harivel, pour une pièce de terre près Quincé.

E. 2814. (Carton.) — 13 pièces, papier.

1603-1659. — HAROUYS (de). — Quittances pour Charles de Harouys, président du Présidial de Nantes, de la rente annuelle de 101 livres par lui due à Yves Toublanc; — bordereau pour l'amortissement de ladite rente; — contrat d'amortissement; — fondation par Françoise de Harouys d'une chapellenie en l'église Saint-Martin d'Angers; — ordonnance épiscopale qui l'approuve; — présentation par ladite dame de ladite chapelle; — aveu rendu par Jean de Harouys à La Grande-Chauvière, pour sa terre des Aulnais en Épiré; — vente de ladite terre à Mathieu Dugrès, sieur de La Tremblaye.

E. 2815. (Carton.) — 1 pièce, papier.

1787. — HARPER. — Testament de Marie-Anne Harper,

douairière comtesse de Serrant, portant donation de partie de ses meubles à Jullien Faugeron, son maître d'hôtel.

E. 2816. (Carton.) — 2 pièces, parchemin; 12 pièces, papier.

1600-XVIIIe siècle. — Haton. — Procuration de Jeanne de Morteroux, veuve d'Olivier Haton, pour le mariage de Jean, son fils, avec Louise de Bournan; — approbation du contrat par ladite dame; — acquêt par Jean et Pierre Haton de La Baudouinière en Loiré et de La Gladusière en Marans; — offre de foi et hommage au comté de La Bigeotière par Françoise Haton, veuve de Bonaventure d'Aulnières, pour la métairie de La Corbière; — mémoire pour Pierre Haton contre François Leroste, en revendication des droits seigneuriaux dans l'église de Sainte-Gemme, près Segré; — acquêt par Pierre Haton, sieur de La Mazure, de terres à La Séreulle dans la paroisse de Sainte-Gemmes, près Segré; — amortissement par Jeanne Cantarini, sa veuve, d'une rente de 55 livres; — quittances d'amortissement par ladite dame de diverses rentes constituées au profit de René Bouchart, Pierre Jamet, Renée Gabory; — notes et extraits généalogiques par le feudiste Audouys.

E. 2817. (Carton.) — 1 pièce, parchemin.

1498. — Hatry. — Procuration donnée par Jean Hatry, sieur d'Aligné, à Pierre Fournier, Abel de Seillons, Guy Ferraud et autres pour le représenter en toute affaire d'église ou séculière.

E. 2818. (Carton.) — 1 pièce, parchemin.

1525. — Haussard. — Aveu rendu à la seigneurie de Boisbillé par François Haussard, pour ses seigneuries du Breil et de La Martinaye.

E. 2819. (Carton.) — 1 pièce, papier.

1740. — Hauteville (d'). — Sentence de la Prévôté d'Angers qui condamne François d'Hauteville, « entrepre- « neur de comédie, » à payer à Jean Launay et François Janiet, maîtres charpentiers, la somme de 307 livres restant due sur celle de 467 livres, prix de construction du théâtre.

E. 2820. (Carton.) — 1 pièce, parchemin; 13 pièces, papier.

1641-1719. — Havard. — Acquêt par Pierre Havard, sieur de Loranderie, des offices de premier assesseur et d'archer en la maréchaussée de Montreuil-Bellay; — par Louis Havard, sieur de La Belotterie, d'une rente de 24 boisseaux de blé; — rétrocession par le même à François Jacquelier, d'une somme de 184 livres à lui due par Fleurance de La Noue; — cession par Nicolas Havard, sieur de La Perrière, gendarme du Roi, à Charles Aubin de Grandchamp, d'une rente de 150 livres sur les héritiers de Louis Gervais de Gastines; — contre-lettre du sieur de Grandchamp qui l'annulle; — constitution par Nicolas Havard, sieur de La Perrière, d'une rente de 66 l. au profit de Pierre Esnault de La Girardière; — saisie des biens de Pierre Havard et de Catherine Defresne, sa femme; — sommation par Faligan de Beauregard au sieur Havard de Loranderie de s'acquitter envers lui d'une dette; — mémoire pour Louis Havard de La Blotterie et François Gillot contre François Barille, au sujet de la succession de Nicolas Havard; — déclaration rendue à la baronnie de La Haye par Catherine Defresne, veuve de Pierre Havard, pour sa métairie de La Poullerie.

E. 2821. (Carton.) — 1 pièce, papier.

1590. — Havres. — Partage entre Robert Lepage, René Autier, Lucas Gendron, Jean Lebreton et René Belhomme, des successions de Pierre Havres et de Catherine Prioulleau.

E. 2822. (Carton.) — 1 pièce, papier.

XVIIIe siècle. — Hay. — Extrait d'une généalogie anonyme de la famille Hay Des Nétumières.

E. 2823. (Carton.) — 2 pièces, papier; 1 pièce, parchemin.

1594-1688. — Hayau. — Acquêt par Israël Hayau d'une maison près La Roë; — contrat de mariage de Théodore Hayau, sieur de La Morinière, avec Suzanne Le Gauffre; — testament de Michel Hayau.

E. 2824. (Carton.) — 6 pièces, parchemin; 6 pièces, papier; 2 gravures.

1375-XVIe siècle. — *Haye de Passavant (de La).* — Accord entre Jeanne de Beaumont, dame de Passavant, tutrice de Bertrand de La Haye, son fils, avec Geoffroy de Brezé, au sujet de la terre de Mortagne; — extrait d'aveu rendu à Brissac par Jean de La Haye; — saisie sur Jean de La Haye de la terre de Claye; — acceptation par Louis de La Haye d'une rente annuelle de 30 sous en remplacement des foi et hommage dus par le chapitre d'Angers à Passavant pour la terre de Pruns; — testament de Jean de La Haye : « Je veil et ordonne deux livres de lin fillé de ma « main estre baillées à ma tante seur Guyonne, pour faire « une toualle à mectre sur l'autel de M. sainct François...; « item, je veil et ordonne que il soit donné à ma cousine « Jacquine Du Vau une robe d'ostadine fourée de blanc, « avecques une paire de manchons de satin cramoisy et « demye aulne de satin broché, » etc.; — fragment d'une généalogie de Pétrineau Des Noulis; — deux gravures annotées par le même, portant les armoiries de Bertrand et de Jean de La Haye de Passavant.

E. 2815. (Carton.) — 20 pièces, parchemin; 1 pièce, papier.

[illegible]. — Haye du Puy (de La). — « Cy-après sont « desclairées les terres labourables et aultres demeurées et « escheues à Guyon de La Haye, escuyer, seigneur de La « Haye du Puy-Nostre-Dame, par partage fait entre luy et « Louis Deshommes, escuyer, sieur du Lys; » — don par Jean de La Haye du Puy, « à Jean le Bastard de La Haye, « son fils, » de deux sexterées de terres près le Puy; — transaction entre Jean de La Haye et son frère Jean au sujet de la dîme de Panreux; — acquêt par Guillaume Pierre, sieur de La Roullière, et Jean de La Haye, des deux tiers de l'hôtel et hébergement de La Haye du Puy-Notre-Dame; — testament de Jeanne de La Haye, veuve de Jean de Chourses; — transaction entre Pierre de La Haye et Jeanne Turgise, veuve de Guillaume de L'Espinay et en premières noces de Jean de La Haye, au sujet du partage de la terre de La Haye-du-Puy; — amortissement par Guillemette de Ponches, veuve de Guillaume de La Haye, au nom de ses enfants, d'une rente de 4 livres due au chapitre de Saint-Denis de Doué; — procès-verbal dressé par le lieutenant du sénéchal de Saumur, à la requête de Pierre de La Haye, de l'état de la maison de La Haye-du-Puy; — nomination de Charles Marcyrion, curé des Verchers, et de Jacques de La Grézille, à la curatelle des enfants mineurs de Pierre de La Haye et de Gillette de La Grézille; — acquêt par Guérin de La Haye de terres près Brigné; — procuration donnée par ladite Gillette de La Grézille à son fils Jean de La Haye, pour la représenter en toute affaire; — don par Jean de La Haye à François de La Haye, son frère puîné, de la terre du Bois-Basset.

E. 2816. (Carton.) — 4 pièces, parchemin; 3 pièces, papier.

1350-XVIIIe siècle. — Haye de Brissarthe (de La). — Testament de Pétronille de La Haye, portant fondation d'un anniversaire en l'église de Brissarthe; — présentation par Pierre de La Haye de la chapelle de la Trinité desservie en son manoir seigneurial; — confrontation des maisons et dépendances acquises au village de La Roche-Foulques par Pierre de La Haye; — hommage rendu par le même à la seigneurie de Briançon pour son fief de Briançonneau; — notes et extraits généalogiques par le feudiste Audouys.

E. 2817. (Carton.) — 3 pièces, papier.

1424-XVIIIe siècle. — Haye-Joullain (de La). — Aveu rendu au château d'Angers par Catherine de La Haye, au nom et comme tutrice de son frère Guillaume, de la seigneurie de La Haye-Joullain; — notes du feudiste Audouys sur la famille de La Haye-Joullain, seigneur dudit lieu, de Savennières et du Plessis-Macé.

E. 2818. (Carton.) — 3 pièces, parchemin; 23 pièces, papier.

1401-XVIIIe siècle. — Haye-Montbault (de La). — « Libelle accusatoire » au nom de Philippe de La Haye, sieur de Montbault, contre Étienne Chasteaulx, pour fait de chasse sur les terres seigneuriales; — prise à rente par le seigneur de Montbault de partie des terres de La Boulinière, de La Grande-Pilletière et du Temple; — aveu rendu à la baronnie de Vihiers par Olivier de La Haye, pour sa seigneurie du Coudray; — testament d'Alexandre de La Haye; — constitution par Antoine de La Haye-Montbault d'une rente de 150 livres au profit des religieuses de La Fidélité de Saumur; — accord pour le partage de la succession de Gabriel de La Haye-Montbault entre ses enfants et Renée-Marie de La Ville-de-Ferrolles, sa veuve; — entérinement de lettres de bénéfice d'âge obtenues par René Guy de La Haye-Montbault; — partage de la succession de Renée-Marie de La Ville-de-Ferrolles; — vente par René-Guy de La Haye-Montbault, chanoine de Saint-Maurice d'Angers, de la métairie de Bois-Brûmault; — déclaration rendue par le même à la seigneurie de La Roche-Foulques pour terres et maisons en dépendant; — notes et extraits généalogiques par le feudiste Audouys.

E. 2819. (Carton.) — 2 pièces, parchemin; 12 pièces, papier.

1556-1780. — Héard. — Acquisition par Gilles Héard du domaine de La Charpenterie en la paroisse de Seiches; — par René et François Héard d'une rente de 37 livres 10 sous; — par René Héard de Boissimon d'une rente de 27 livres 15 sous 6 deniers; — par François Héard de l'office de conseiller-juge en la sénéchaussée d'Angers; — testament de Marie Héard, qui entre autres legs donne à son neveu de Montigny un bréviaire à son choix en deux tomes; elle lui conseille néantmoins de prendre et choisir celui où sont les rubriques, comme aussi elle donne à ses neveux de Boissimon Héard le bréviaire de défunt monsieur Héard, son frère, qui est relié en maroquin noir; — mémoires pour Olivier Du Fresne, seigneur de Montigny, René Du Fresne, curé de Soulaines, et Robert Du Fresne, enfants et héritiers de Perrine Héard de Boissimon, femme du sieur de Montigny, contre Renée Frain, veuve d'André Quatrembat, au sujet de la succession de Marie Héard; — pour René de Carsenlan, sieur de Juillé, Gilles Audouin, sieur de Danne, Bonaventure de Roye, François Brault, sieur de La Chaussaire, contre Olivier Du Fresne, sieur de Montigny, Claude Héard de Boissimon, Madeleine Joulo, veuve de Charles Héard, François et Renée Héard de Boissimon, au sujet de la même succession; — vente par Félix Héard de Boissimon, pénitencier de Saint-Maurice d'Angers, de la terre de Boissimon en Villevêque.

E. 2830. (Carton.) — 1 pièce, parchemin; 1 pièce, papier.

1665-1691. — HÉBERT. — Testament d'Antoine-Guillaume Hébert, seigneur de Villers-aux-Corneilles, portant divers legs à l'hôpital, à l'église Notre-Dame-en-Vaux, aux Augustins et aux Jésuites de Châlons; — acquêt par Mathurin Hébert de vignes en Turquant.

E. 2831. (Carton.) — 4 pièces, parchemin; 11 pièces, papier.

1501-XVIII° siècle. — HECTOR. — Règlement d'eau pour le moulin du Bourg-d'Iré donné sur la requête de Marie Hector, dame de La Douve; — testament de Jean Hector, chantre de Saint-Maurice d'Angers, portant entre autres dons, un legs de 100 écus pour doter des pauvres filles dans les paroisses des Rosiers, de Longué, de Juigné-sur-Loire, de Cantenay, de l'Hôtellerie-de-Flée, de Chantocé et de Saint-Vétérin-de-Gennes; — présentation par Marguerite Hector, veuve de Nicole Girard, de la chapelle de La Malidordière en l'église Saint-Maurille d'Angers; — testament de Jean Hector, doyen de l'Église d'Angers, portant don de 15 livres à treize filles pauvres des paroisses de Juigné-sur-Loire, Chaudron et Saint-Eusèbe-de-Gennes, de 20 écus à François Romier, docteur en médecine, de 40 écus à Pierre Ricoul, son chirurgien, etc.; — accord entre Pierre Lechat, Gaspard Varice et Pierre Reverdy pour le partage de la succession dudit doyen; — entre Georges Hector, sieur de Tirepoil, et Jean Hector, sieur de La Guimonière, pour le partage de la succession paternelle; — testaments de Georges Hector, sieur de Tirepoil et de La Rimonnière et de Madeleine Hector, portant diverses fondations en l'église de Cleré; — acquisition par Georges Hector, Marie, Marthe et Renée Hector, ses sœurs, d'un emplacement de banc en ladite église, etc.; — extraits généalogiques par le feudiste Audouys.

E. 2832. (Carton.) — 3 pièces, parchemin; 13 pièces, papier.

1590-1747. — HÉLIAND. — Procuration passée par Jean Héliand, sieur de La Barre, à son fils Jean Héliand pour le représenter en toute affaire; — présentation par René Héliand de la chapelle de Sainte-Catherine desservie en son château de La Touche-Quatrebarbes; — brevet pour Jean Héliand de notaire et secrétaire honoraire de la maison de France; — présentation par Jean Héliand, sieur de La Barre, de la chapelle de La Grande-Dixme en l'église d'Ampoigné; — partage de la succession de René de La Porte et d'Élisabeth Quentin entre Simon Héliand, Antoine, Jeanne et Élisabeth Héliand; — arrêt du grand conseil qui adjuge à René Héliand, sieur de La Touche, conseiller et auditeur en la Chambre des Comptes de Bretagne, la préséance sur le lieutenant particulier de Châteaugontier; — compte par Guillaume Renoul et Guillaume Hunault des fermages par eux dus à René d'Héliand, sieur de La Barre; — présentation par Marie d'Héliand, veuve de Pierre de La Barre, de la chapelle Notre-Dame-de-Visitation en l'église de Saint-Maurille d'Angers; — par Philippe d'Héliand de la chapelle Saint-Michel en l'église de Juvardeil; — mémoire pour Eugénie-Thérèse de Collasseau, veuve en premières noces de J. R. de Racappé, en secondes noces de Jacques-Charles de La Béraudière, contre Pierre d'Héliand, sieur d'Ampoigné, et Renée-Augustine de Juigné, sa femme, au sujet de la succession d'Augustin-René de Racappé.

E. 2833. (Carton.) — 2 pièces, papier.

1600. — HÉLIE. — Prisée des biens dépendant de la succession de Pierre Hélie et de Renée Baillif; — partage de ladite succession entre Pierre Hélie et les enfants de Renée Hélie et de Mathurin de Crespy.

E. 2834. (Carton.) — 2 pièces, parchemin; 13 pièces, papier.

XVIII° siècle. — HELLAULD. — Injonction à François Hellauld, sieur des Vallières, de produire ses titres de noblesse; — accord entre Jean Hellauld, sieur de La Ménardière, Perrine Hellauld, veuve de Dominique Lenfantin, et Claude Noël, sieur du Chastelet, au sujet du partage de la succession de Jacques Hellauld et de Françoise Rousseau; — dispenses d'affinité pour le mariage de François de Hellauld de Vallières avec Renée Hullin; — déclarations rendues par François de Hellauld à la commanderie du Temple pour sa maison de la rue Chaperonnière; — constitution par François de Hellauld d'une rente de 16 livres 13 sols au profit de Marie-Jeanne Girault de Nozé, veuve de Michel-René Falloux; — notes et extraits généalogiques par le feudiste Audouys.

E. 2835. (Carton.) — 5 pièces, parchemin; 1 pièce, papier.

1563-1734. — HENNEQUIN. — Constitution par Guy de Daillon, comte du Lude, d'une rente de 400 écus d'or au profit de Jeanne Brulart, veuve de Pierre Hennequin, sieur de Boiville; — reconnaissance de ladite rente par François de Daillon; — rachat d'un tiers de ladite rente par le même; — quittance du rachat; — accord pour le partage de la succession de Louis Bachelier, sieur de La Rochejacquelin, entre Marie Hennequin, sa veuve, et Charles Richer de Neuville; — acquêt par ladite dame du lieu de La Grande Maison en Soulaire.

E. 2836. (Carton.) — 1 pièce, parchemin.

1719. — Henriet. — Contrat de mariage de Julien Henriet avec Élisabeth Gourlade, fille de Laurent Gourlade, écuyer de la bouche du Roi.

E. 2837. (Carton.) — 1 pièce, papier.

1605. — Henry (d'). — Bail à cheptel par Jean d'Henry, docteur, conseiller et médecin du Roi, des bestiaux de sa métairie du Ruau.

E. 2838. (Carton.) — 1 pièce, parchemin.

1460. — Hérart. — Échange entre Mathurin Hérart et Pierre Guenais de terres dans les fiefs de Bécon et des Essarts.

E. 2839. (Carton.) — 1 pièce, parchemin.

1593. — Hérault. — Acquêt par Jacquine Jeanne, veuve de René Hérault, et par André Hérault, son fils, d'une maison au faubourg Saint-Jacques d'Angers.

E. 2840. (Carton.) — 10 pièces, parchemin; 23 pièces, papier.

1580-1763. — Herbereau. — Acquêt par Jeanne Berthin, veuve de Guillaume Herbereau, de deux maisons à Vihiers; — présentation par Jacques Herbereau de la chapelle Notre-Dame-de-Pitié en l'église de Denée; — lettres pour Noël Herbereau de l'office de président alternatif héréditaire au Grenier à sel d'Angers; — déclarations par Noël Herbereau, sieur des Chemineaux, et Jacques Herbereau, sieur des Rousses, qu'en leur qualité d'échevins, ils acceptent pour eux et leurs enfants les privilèges de noblesse; — nomination par le Roi de Noël Herbereau, sieur de Beauvais, en la charge de premier échevin d'Angers; — acquêt par Noël Herbereau de la seigneurie de Saint-Léonard; — brevet pour Jacques Herbereau de l'office de secrétaire de la chambre (avec signature autographe de Louis XIV); — aveu rendu à la baronnie de Briançon par Noël Herbereau, pour son domaine de Beauvais; — lettre pour Mathieu Herbereau, sieur de La Chaise, de la charge de président alternatif héréditaire au Grenier à sel d'Angers; — partage de la succession de Jacques Herbereau, sieur des Rousses; — quittances de la taxe des nobles pour Jean Herbereau, sieur des Rousses; — mémoire pour les héritiers de Mathieu Herbereau de La Chaise contre la dame Louet et le sieur de Cheverue; — maintenue de noblesse pour Charles et Noël Herbereau; — transaction entre Mathieu Herbereau et Paul Volleige, au sujet des servitudes de deux maisons attenantes, sises rue Chaperonnière; — inventaire des titres de la famille.

E. 2841. (Carton.) — 2 pièces, papier.

1596-1620. — Herbert. — Vente par Jean Herbert de prés en la paroisse d'Allonne-sous-Montsoreau; — accord entre Marin Herbert et René Perdreau pour le partage de la succession d'Amaury Herbert.

E. 2842. (Carton.) — 1 pièce, papier.

1663. — Hérisseau. — Testament d'Honneur Gastineau, veuve de René Hérisseau, portant fondation d'un anniversaire en l'église Saint-Pierre de Baugé.

E. 2843. (Carton.) — 4 pièces, papier.

1759-1784. — Hérisset. — Baux pour Pierre et Joseph Hérisset de la métairie du Plessis-Aubry, dans la paroisse de Saint-Pierre-des-Échaubrognes.

E. 2844. (Carton.) — 1 pièce, parchemin.

1760. — Herleau. — Constitution d'une rente de 150 livres par Édouard Pissonnet de Bellefonds au profit de René et de Perrinne Herleau, enfants de Henri Herleau, sieur de Sermont, et de Marthe Maugars.

E. 2845. (Carton.) — 9 pièces, parchemin; 40 pièces, papier.

1585-1689. — Hernault. — Testament de René Hernault, sieur de La Fosse-Gasnier, par lequel il ordonne d'offrir et présenter « davant l'ymage Nostre-Dame de « Recouvrance, incontinant après son décès, 178 livres de « cire » pour l'acquit d'un vœu; — présentation par Gabrielle Bouthelie, sa veuve, de la chapelle Saint-Jacques du château du Moulinet; — extrait baptistaire de Françoise Hernault, fille de Jean Hernault, sieur de Montiron; — contrat de mariage d'Adam Hernault avec Louise Pinard; — partage de la succession d'Anne Davy, première femme de Jean Hernault, entre Adam Hernault, Jean-Amand Hernault et Sébastien Sérezin; — inventaire des papiers concernant la succession de Louise Caille, veuve en premières noces d'Adam Hernault; — don par ladite dame à Adam Hernault, son petit-fils, d'une somme de 12,000 livres; — partage de la succession d'Adam Hernault entre Jean Hernault, sieur de Montiron, et Claude Hernault, sa sœur, femme de Sébastien Sérezin; — testament de Jean Hernault : « Pour ce qui est de Marie de Briolay, ma femme, « comme c'est un esprit fort malin, aynsi que plusieurs « l'ont recongnu, mesme son frère aisné qui estoit abé de « Saint-Serge, je suis obligé en l'honneur de Dieu de luy « remettre de bon cœur toutes les offenses et attentats « qu'elle me faict; je la remercie gracieusement de la re- « traitte qu'elle a faict hors ma maison, etc. »; — contrat de mariage de Pierre Maumousseau, sieur de La Gandinière, avec François Hernault; — partage des successions de Jean Hernault de Montiron et de Jean-Amand Hernault, curé de Charcé; — abandon par Renée Hernault de tous ses droits successifs à Adam et Christophe Hernault, ses frères, et Françoise Hernault, sa sœur; — inventaire des meubles de Jean Hernault de Montiron.

E. 2846. (Carton.) — 12 pièces, parchemin; 110 pièces, papier.

1701-1754. — Inventaire des meubles de Christophe Hernault, sieur des Aulnais; — partage de sa succession entre Louise Pinard, veuve d'Adam Hernault, Jacques-Philippe Bernard, sieur de La Barre, Pierre Maumousseau et Renée Hernault; — inventaire des meubles de Renée Hernault, décédée en l'abbaye du Perray-aux-Nonnains; — partage de la succession de Claude Hernault, femme de Sébastien Sérezin, entre Philippe Bernard de La Barre, Charles Hernault, sieur du Moulinet, et Louise Pinard, veuve d'Adam Hernault; — prisée des terres des Aulnais, de Montiron et du Moulinet; — partage de la succession d'Adam Hernault et de Louise Pinard, sa veuve; — contrat de mariage de Charles Barrière, imprimeur-libraire, avec Madeleine Hernault; — testament de René Hernault, imprimeur du Roi; — compte rendu par Jean Heurteloup des deniers provenant des successions de René Hernault et de Renée Hernault, sa sœur; — procès-verbal de la vente des meubles de René Hernault, notamment de ses livres avec les prix et le nom des acquéreurs; — quittances d'impositions, avis d'envois de fournitures de livres et de papier; — inventaire et prisée du fonds et des ustensiles de l'imprimerie de René Hernault par Charles Barrière et Louis Dubé, imprimeurs; — inventaire des livres classiques restant en magasin, etc.

E. 2847. (Carton.) — 3 pièces, papier.

1541-1664. — HERPIN. — *Déclaration rendue par* Yvon Herpin à la seigneurie d'Argenton-de-Gennes, pour terres et tenures aux Aubus-de-Bouchet; — testament d'Urbaine Fortin, femme de René Herpin, portant fondation d'un anniversaire en l'église Saint-Pierre de Saumur; — prise à bail d'une maison de Saint-Martin-de-La-Place par René Herpin, maître de poste.

E. 2848. (Carton.) — 2 pièces, parchemin; 4 pièces, papier.

1599-1787. — HERRAULT. — Bail à ferme par Jean Herrault de la terre de La Forestrie; — cession par Macé et Jean Babin, Louis Riobé, Jean Girardeau, à Étienne Sauvé de tous leurs droits en la succession de Louise Herrault, fille d'André Herrault; — fondation par Renée de Goubin, veuve de Jean Herrault, sieur du Perron, « d'un pain bénist « qui sera donné tous les ans à perpétuité la nuittée de « Nouel à la messe de minuit » en l'église de Sainte-Gemmes-sur-Loire, et d'une messe à haute voix le jour de sainte Anne; — constitution par Charles Poisson de Neuville au profit de Catherine de Garsonlan, veuve de René Herrault de La Simonnière, d'une rente de 136 livres; — nomination de Pierre Boisard à la curatelle d'Anne Herrault, fille mineure de François Herrault et de Françoise Marsollier.

E. 2849. (Carton.) — 1 pièce, papier.

1614. — HERSANDEAU. — Testament de Jeanne Escot, veuve de François Hersandeau, portant fondation de deux anniversaires en l'église de Montfort.

E. 2850. (Carton.) — 4 pièces, parchemin; 8 pièces, papier.

1540-1759. — HERVÉ. — Contrat de mariage de Bonaventure Hervé avec Anne Goullard; — actes, procès-verbaux constatant la notification faite par François Hervé à René Espingault et Jean Bossoreille de la résignation faite à son profit par Mathieu Durgault, son oncle, d'une chapellenie desservie en l'église du Fief-Sauvin; — inventaire du mobilier de Jean Hervé, chanoine de Martigné-Briant; — acquêt par Guillaume Aubert de maisons dans la paroisse de Soucelle dépendant de la succession de Jean Hervé; — apposition des scellés sur les meubles de Jacques Hervé, teinturier; — licitation de la seigneurie des Roches en Mozé entre les héritiers de Michelle Hervé, veuve d'Étienne Bachelier; — transaction, arbitrage entre Pierre Rousseau, Jacques Planchenault, Louis Delaune, Jeanne Goisbault et François Hervé au sujet du partage de la succession de Renée Cointet, veuve dudit François Hervé.

E. 2851. (Carton.) — 1 pièce, papier.

1777. — HERVOIL. — Acquêt par Guillaume Hervoil, *voiturier, d'une pièce de terre aux Rosiers.*

E. 2852. (Carton.) — 3 pièces, parchemin; 39 pièces, papier; 1 sceau.

1721-1789. — HEURTELOU. — Contrat de mariage de Jean Heurtelou avec Jeanne Simon; — notes sur la naissance et la mort de leurs enfants; — acquêt par Jean Heurtelou, maître de forges, de la terre de Guinefolle en Soulaire; — contrat pour la dot de Jeanne Heurtelou, professe aux Ursulines d'Angers; — diplôme pour Julien Heurtelou de maître-ès-arts de l'Université d'Angers (avec sceau); — compte rendu par Jeanne Simon, veuve de Jean Heurtelou, à René Heurtelou, son fils, de la succession paternelle; — inventaire de la succession de Jean Heurtelou, secrétaire en survivance de l'Hôtel-de-Ville; — abandon par ses héritiers à Jean Courcité d'une partie de sa succession; — testament de Jeanne Simon, veuve de Jean Heurtelou; — « précis sur délibéré pour dame Jeanne « Simon » contre René Heurtelou; — « mémoire sur déli- « béré pour René Heurtelou contre la veuve Heurtelou « mère, François Huguet et Marie Heurtelou, sa femme »; — certificats des prix obtenus par Julien-Georges Heurtelou au collége d'Anjou pendant les années 1770-1781; — thèse soutenue par le même pour les diplômes de bachelier et de licencié en droit; — devis des ouvrages de menuiserie pour le château de La Bénaudière; — « journal de dépense « pour mes entreprises en bâtiments » tenu par M. Heurtelou. — Voir la suite de ce dossier à la série L.

E. 2833. (Carton.) — 19 pièces, papier (2 imprimées).

1761-1774. — Comptes du commerce d'ardoises de la *carrière* de La Noue pour Jeanne Simon, veuve Heurtelou; — ordonnance prise par l'intendant de Tours, sur requête d'Heurtelou, Sartre, Roger et Maugars, portant fixation du prix des ardoises; — inventaire de la carrière de La Noue; — compte courant avec Sartre fils; — relevé hebdomadaire de la vente; — marché passé par René Courcité avec Sébastien Leblond, pour une fourniture de 157 milliers d'ardoises; — mémoire par la veuve Heurtelou contre Marie Godillon; — mémoire pour Marie Godillon contre la veuve Heurtelou; — copie de lettres de commerce.

E. 2834. (Carton.) — 21 pièces, papier, dont 6 doubles.

1755-1776. — Mémoire pour Julien Heurtelou, afin d'être réintégré en son office de trésorier-receveur de l'Hôtel-de-Ville d'Angers; — réponse sommaire au mémoire du sieur Allard Du Haut-Plessis; — nouvelles observations pour le sieur Heurtelou; — addition à ses mémoires; — requête au Conseil de Monsieur; — extrait des registres du Conseil de Monsieur, qui rejette « avec indignation » ladite requête où « l'on a osé attribuer à des intrigues et des manœuvres « odieuses les ordres que Monseigneur avoit donnés lui- « même directement. »

E. 2835. (Carton.) — 15 pièces, papier (6 imprimées).

1756-1766. — Vente des meubles des anciens fermiers des forges de La Provotière; — procuration donnée par la veuve de Jean Heurtelou et Michel Ollivier de La Plesse-Clérembault à René Prégent, Pierre Operon, pour suivre au Châtelet le procès contre le duc de Béthune, propriétaire des forges; — état des fers vendus à la balance de La Provostière; — mémoire au sujet de la construction d'un nouveau fourneau; — procès pour le duc de Charost contre Heurtelou et la veuve Gabriel de La Grave, pour défaut de réparation et d'entretien des bâtiments affermés; — pour les sieurs Portail et Pipault, architectes, contre Ollivier et consorts; — pour Ollivier et la veuve Heurtelou contre la veuve de Gabriel de La Grave; — mémoire pour Ollivier et la veuve Heurtelou contre Armand-Joseph de Béthune, la veuve Gabriel de La Grave, Nicolas Portail et Jean Pipault; — arrêt du Parlement de Paris qui condamne la dame Heurtelou et Ollivier à indemniser le duc de Béthune des pertes subies pour défaut de réparations.

E. 2836. (Carton.) — 85 pièces, papier.

1757-1789. — Correspondance. — Lettres adressées à J. Heurtelou par : Abrial : il ne reste plus d'espoir d'appeler de l'arrêt du Conseil de Monsieur; — Allard Du Haut-Plessis; — Allard, de Paris; — d'Aubeterre, abbesse du Ronceray d'Angers; — Aumont; — Bancelin : « Nous n'a- « vons rien de neuf en notre ville, si ce n'est un évêque *in « partibus*, ami de M. Esnault, et à qui Sa Grandeur a « donné à diner malgré elle, en l'assurant qu'elle iroit voir « l'orateur, heure de souper; mais ce Cicéron répondit « sur-le-champ, qu'il ne vouloit donner à diner qu'à « M. Collet et non à l'évêque »; — Bastier; — Beaussier; — Bédane; — Béguyer de Champcourtois; — Benoist, maire d'Angers, au sujet d'achat de grains pour la ville; — Blanchard; — Braud, libraire à Poitiers : il envoie par le R. P. Grillon, cordelier, qui vient prêcher le carême à Angers, l'argent qu'il doit à la succession de René Hernault, libraire, pour fourniture des *Métamorphoses* d'Ovide; — de Brillemont; — Brisson; — Bruley; — de Bulstrode.

E. 2837. (Carton.) — 64 pièces, papier.

1759-1776. — Lettres de : Castelnau; — Chasseray : « L'affaire de madame votre mère contre M. votre frère est « jugée de ce matin; elle a été déclarée follement anticipée « et assignée et il a été condamné aux dépens »; — Chevalier; — Collet; — de Cormeille; — Courcité; — Courier; — Darlus; — Delaroche; — Desbarres; — Desbrosses : « Nous avons esté dimanche à Versailles où après avoir « promené dans le jardin, nous avons assisté à la messe du « Roy, de là au diner de M. le Dauphin, de Mme la Dauphine « et des autres jeunes princes et princesses. L'après-midi, « nous avons esté à la ménagerie où il n'y a rien de mieux « que le pélican; de là, à la sortie du salut; ensuite pro- « mener dans le labyrinthe, le soir au souper, ensuite voir « les appartements du Roy, qui estoient éclairés pour le « recevoir, ce qui luy donnoit un éclat et un lustre admi- « rable, et j'ai mené madame Desbrosses au Voxal, qui est « une espèce de promenade enchantée, à l'opéra des *Fêtes « Grecques et Romaines* qu'on donnoit pour la première « fois et des plus gallantes; ... à la foire de Saint-Ohit, qui « est un spectacle des plus amusants; sur les 9 heures du

« soir, nous eûmes l'avantage d'y causer avec Mme Rampon-« neau, qui est marchande de modes et bijoux, etc. » ; — Desnots : « Le vicaire de Soulaire donna le jour de la « sépulture de son curé des coups de bâton au syndic rece-« veur de Soulaire, pour ses vacations et peine pour avoir « averti MM. de la justice pour apposer les scellés. Le syn-« dic a formé une plainte criminelle, et l'on travaille après « les culottes du vicaire. »

E. 2858. (Carton.) — 120 pièces, papier.

1758-1770. — Lettres de : d'Essuiles : « J'apprends « de différents endroits que les communes de Beaufort « donnent de l'inquiétude aux habitants. J'attendray tran-« quillement l'issue de la contestation, mais sans y prendre « la plus légère part ; ceux qui y ont intérêt m'ont instruit « en danger qu'il y a à vouloir les obliger » ; — Faulcon ; — Fontette ; — Foucault ; — Galpin ; — Gaultier ; — Godillon ; — Gontard, maire d'Angers ; — Hernault ; — Heurtelou ; — Heurtelou-Duvivier : « La nièce de M. le « curé de Rinillé a été enlevée de chez lui, il y a 15 jours, « par le sieur Chollet ; le pauvre curé en a été malade de « chagrin » ; — Heurtelou-Sartre ; — Huguet : « J'ai parlé « à plusieurs négociants pour les ardoises ; ils m'ont tous « dit la même chose, qui est que l'Amérique n'en tire plus « du tout... J'ai appris que le sieur Gervais, sculpteur, et « qui étoit à Angers pour faire l'autel de votre cathédrale, « y estoit mort. M. Mérot luy avoit commandé un boitier de « pendule qu'il avoit commencé icy et qu'on m'a assuré « avoir emporté à Angers pour le finir », etc.

E. 2859. (Carton.) — 107 pièces, papier.

1755-1787. — Lettres de : Jallet ; — Joubert ; — de La Chesnaye : « Je suis persuadé que le ciel récompense la « charité que vous exercés à mon égard ; mes enfants l'en « prient continuellement ; il tiennent de vous le pain dont « ils vivent, et c'est un motif bien juste pour exciter toute « notre gratitude. » — Lallemant ; — Lamotte ; — de La Plesse ; — de La Salle : « Je vas commander les coings des « jettons aux armes de M. Benoist au graveur qui n'est pas « diligent, et aussitost qu'il me les aura remis, je les por-« teray aux médailles. J'aurais bien souhaité que vous « m'eussiez désigné quel est l'oyseau qui fait les armes afin « que le graveur puisse le dessiner mieux qu'il n'est ; — je « viens de voir M. Duvivier le graveur que j'ay employé « pour la ville, et je luy ai proposé les deux coings que « M^rs de l'Université demandent. Il m'a dit que le meilleur « marché qu'il puisse me faire est 300 livres pour les deux. « C'est sans contredit un des meilleurs graveurs de Paris « de la main duquel il ne sort point de médiocre » ; — Il « est bien vray qu'on a trouvé dans le château de Versailles, « à neuf heures du soir, un garde du Roy qui avoit reçu « plusieurs coups de couteau ou de poignard ; il a déclaré « sur-le-champ deux particuliers dont l'un vêtu de vert et « l'autre en abbé, qui luy avoient demandé de les faire « entrer au grand couvert et qu'ils l'en récompenseroient... « On dit aujourd'hui que ce garde est à la Bastille et que « c'étoit un jeu joué », etc. ; — Leblond ; — Lecamus ; — Leroux ; — Letard ; — de Limon ; — de Livonnière.

E. 2860. (Carton.) — 111 pièces, papier.

1759-1778. — Lettres de : Marchand de La Roche : « Nous n'avons plus de poudre de guerre. J'ay écrit à Sau-« mur pour en faire venir ; mais le directeur m'a mandé « qu'il luy estoit deffendu d'en donner ; si vous pouviez « aller à la Bastille demander M. de La Chabersierre-Au-« douin, capitaine de la compagnie des Invalides, qui y fait « le service... C'est un très-galant homme, qui vous recevra « avec beaucoup de politesse. » — « Il est vray qu'il y a « conclusion portant qu'on donnera cinq louis et demi « à M. Bastier pour avoir levé le plan du quay... Je vous « diray franchement que l'ouvrage ne les vaut pas » ; — Maugé ; — Millet ; — Moreau ; — Ollivier ; — de Pantigny ; — Paty ; — de Pétigny ; — Poitevin ; — Portail ; — Pré-gent ; — Quélus ; — Racine ; — Ravaud ; — Rebion ; — Richard ; — Roger ; — Rollin ; — Rousseau de Ruaux ; — de Salbœuf ; — Sartre : « Au sujet des jetons, je crains « de la difficulté dans l'exécution eu égard à la complica-« tion des objets... ils n'auront de rapport qu'à la cérémo-« nie du batême et à la faveur que la ville receut à cette « occasion ; qu'à ce moyen les jettons seront sensés avoir été « frappés par la ville pour conserver à la postérité la mé-« moire d'un événement singulier et intéressant ; d'ailleurs, « comme on ne pourra concillier les dates des faits, il « pourra bien s'en suivre quelque obscurité pour les tems « plus reculés » ; — Sartre fils ; — Sartre-Duverger ; — Sartre-Poitevinière ; — Sengstank ; — Shéridan ; — Verdier.

E. 2861. (Carton.) — 3 pièces, papier, dont 1 double.

1644-1672. — Hibon. — Acquêt par Jacques Hibon, sieur de La Hibonnière, de partie des Grandes-Raimbau-dières ; — accord entre Jean Chotard de La Hardière et René Davy de Chavigné pour le partage de la succession de Jacques Hibon et de Marie Rousseau, sa femme ; — partage en deux lots de ladite succession ; — option par le sieur Davy de Chavigné d'une des deux parts.

E. 2862. (Carton.) — 5 pièces, papier.

1657-1788. Hillerin (de). — Enquête faite à Saumur par devant Mathurin Ciret, conseiller du Roi, sur la requête de Jean de Hillerin, seigneur de Bazouges, à l'encontre de Louis de La Vayelle, au sujet des conditions de la vente d'un cheval; — acquêt par Jean de Hillerin d'une maison au bourg de La Pommeraye; — présentation par le même d'une chapellenie de Putilles desservie en l'église paroissiale de La Pommeraye; — procuration de Françoise d'Écoublant pour Jacques de Hillerin, chargé en son nom du recouvrement de sommes d'argent; — acquêt par Louis-François de Hillerin, sieur du Boistissandeau, de la métairie de Pierreneuf.

E. 2863. (Carton.) — 17 pièces, parchemin ; 16 pièces, papier.

1450-1604. — Hiret. — Acquêts par Geoffroy et Jean Hiret de terres en la paroisse du Bailleul; — par Julien Hiret, marchand, d'une maison en la ville de Tours; — par René Hiret du pré de L'Étang en la paroisse du Bailleul; — contrat de mariage de François Hiret, sieur de Malpère, avec Jeanne Dignan; — partage de la succession de Julien Hiret et de Françoise Barault; — acquêt par François Hiret de la terre de Landeronde; — don mutuel entre François Hiret et Jeanne Dignan, sa femme; — testament de François Hiret, conseiller au présidial d'Angers; — contrat de mariage de René Hiret avec Marie Lejeune; — transaction entre René Hiret et Jeanne Dignan, sa mère, au sujet de la succession mobilière de François Hiret; — partage de la succession de Pierre Hiret et de Jeanne Grudé, etc.

E. 2864. (Carton.) — 4 pièces, parchemin; 33 pièces, papier.

1606-1749. — Extrait du testament de Julienne Bohic, veuve de Lazare Hiret; — contrat de mariage de Charles Hiret avec Louise Moulnerie; — révocation par René Hiret, sieur de Malpère, du don par lui fait à sa fille Marguerite qui l'a quitté « soubz prétexte d'entrer en une « religion, dont elle seroit obligée de sortir pour lui rendre « les debvoirs et assistances auxquelles la nature l'oblige »; — testament de René Hiret de Malpère; — inventaire de la succession mobilière de Pierre Hiret, chanoine de Saint-Maurice d'Angers; — inventaire des titres trouvés en la maison de Landeronde, à la requête de Gilles Lejeune, curateur de René Hiret, écuyer, interdit; — mémoire concernant la succession contestée de René Hiret, sieur de Landeronde; — enquête pour obtenir dispenses des empêchements canoniques « au mariage contracté de bonne foi « entre Joseph Hiret et Marie Dupin », etc.

E. 2865. (Carton.) — 1 pièce, parchemin; 1 pièce, papier.

1639-XVIIIe siècle. — Hiret (de), seigneur de Beaumont, etc. — Présentation par Françoise de Hiret de la chapellenie de Saint-Mars en l'église Saint-Aubin de Pouancé; — note du feudiste Audouys sur la famille de Hiret, seigneur de Beaumont, de La Hée, de La Cailleterie.

E. 2866. (Carton.) — 3 pièces, papier.

1677-1774. — Hirly. — Provisions pour Charles Hirly de l'office de greffier en la maréchaussée de Baugé; — procès-verbal d'émancipation d'Anne-Jeanne Hirly; — certificat de rectification de l'acte de baptême de Marie-Anne Hirly de La Gaste.

E. 2867. (Carton.) — 3 pièces, papier.

1699-1745. — Hiron. — Sentence arbitrale rendue sur compromis pour le règlement des comptes de curatelle entre Jeanne et Perrine Hiron; — partage de la succession de René Hiron et de Claude de Landévy; — prise à bail par Charles Hiron d'une maison à Congrier.

E. 2868. (Carton.) — 2 pièces, parchemin; 2 pièces, papier.

1455-XVIIIe siècle. — Hocquedé. — Testament de Guillaume Hocquedé, chanoine d'Angers, doyen des Mauges, portant fondation en l'église d'Angers d'un anniversaire et don à l'église de Jallais de son missel, de sa chapelle, sauf la dalmatique, et de reliques de la vraie croix et de plusieurs saints; — acquêt par Antoine Hocquedé, sieur de Villamys, d'une rente de quatre boisseaux de seigle sur La Courtillerie; — notes généalogiques du feudiste Audouys.

E. 2869. (Carton.) — 1 pièce, parchemin.

1481. — Hodebert. — Acquêt par Laurent Hodebert du domaine de La Renaudière en la paroisse de Dissé.

E. 2870. (Carton.) — 1 pièce, parchemin.

1539. — Hommeau. — Acquêt par Mathurin Hommeau du domaine de La Choustellerie en la paroisse de Trémentines.

E. 2871. (Carton.) — 1 pièce, papier (imprimée).

1744. — Hortode. — Thèses soutenues par François-Simon Hortode, pour le diplôme de maître-ès-arts.

E. 2872. (Carton.) — 1 pièce, papier.

XVIIIe siècle. — Houdebine. — Prise à bail par Gabriel Houdebine des métairies de Coincé, La Fontaine, Le Maupas, La Luaudière, Les Rosais, La Chartrie, Quincé et Château, dépendant de la seigneurie de Sautré.

E. 2873. (Carton.) — 1 pièce, parchemin; 1 pièce, papier.

1593-1760. — Houdemon. — Partage de la succession de Mathurin Houdemon et de Jeanne Cadotz, sa femme; —

dispenses d'affinité pour le mariage de Joseph Houdeman avec Catherine-Renée Fléchard, veuve d'Eutrope-François Charpentier.

E. 2874. (Carton.) — 2 pièces, papier.

1759-1766. — HOUDET. — Prise à bail par César Houdet de partie du Coteau-Moreau, en la paroisse de Chalonnes; — nomination d'Antoine Houdet à la curatelle des enfants mineurs de Jean Houdet et de Marie Robineau.

E. 2875. (Carton.) — 1 pièce, papier.

1490. — HOUDRY (de). — Contrat de mariage de Floridas de Houdry avec Françoise de Chazé.

E. 2876. (Carton.) — 2 pièces, papier.

1641-XVIII° siècle.—HOULLIÈRES (de). —Procuration consentie à René Chevallier par Charlotte de Chivré, veuve de Louis de Houllières, pour la représenter en ses affaires; — note du feudiste Audouys sur la famille de Houllières, seigneur de La Lande-Jupellière, de Maisoncelle, de Marthon.

E. 2877. (Carton.) — 1 pièce, parchemin.

1631. — HOUSSEMAINE. — Présentation par René Houssemaine de la chapellenie de Saint-Nicolas, *alias* de Donneseaux, desservie en l'église Sainte-Croix d'Angers.

E. 2878. (Carton.) — 1 pièce, papier.

1702. — HOUSSIN. — Partage de la succession de René Houssin et de Françoise Gaillard entre Pierre Daburon, Pierre Lemanceau et François Maurice.

E. 2879. (Carton.) — 1 pièce, papier; 1 plan.

1620. — HUAULT. — Hommage par Jacques Huault à la seigneurie de Meignannes pour son lieu de La Bréhandière; — plan des terres appartenant au sieur Huault de La Potherie, près Saint-Martin-de-Limet.

E. 2880. (Carton.) — 6 pièces, parchemin; 8 pièces, papier.

1594-1776. — HUBERT. — Arrêt de la prévôté de Saumur concernant la curatelle des enfants mineurs de Jean Hubert et de Marie Marsolles; — testament de Jacquine Jaunay, veuve de Jean Hubert, portant fondation d'un anniversaire en l'église Saint-Pierre de Saumur; — acquêt par Guillaume Hubert, messager d'Angers à Tours, de la closerie de La Gendrie en la paroisse de Corzé; — consentement de Guillaume Hubert au mariage de François Hubert, son fils; — partage de la succession de Guillaume Hubert; — inventaire des titres produits par François Hubert contre François, Jean et Catherine Lefoussier, au sujet de la succession de Françoise Allain, sa mère; — contrats d'acquêts par Pierre Hubert de terres et de vignes à Louresse, près Bissé et Rochemenier; — dispenses pour le mariage de François Hubert, de Lasse, avec Madeleine Dupont; — thèses de philosophie soutenues au collége de l'Oratoire de Saumur par Nicolas-André Hubert, de Noyan.

E. 2881. (Carton.) — 1 pièce, papier.

1727. — HUBLÉ. — Partage de la succession de Joseph Hublé entre ses enfants.

E. 2882. (Carton.) — 1 pièce, papier.

1702. — HUBLIN. — Prise à bail par Gabriel Hublin de vignes près Saumur.

E. 2883. (Carton.) — 5 pièces, papier.

1673-1787. — HUCHELOU. — Partage de la succession de René Huchelou et de Louise Lemannier entre Anselme Cherouvrier et René Collineau; — autre partage entre Antoine Bernard et René Aubry; — transaction entre Geneviève Ciret, veuve de Maurice Goislault, Mathurin Goislault, René Després et autres cohéritières dans la succession de Mathurin Huchelou; — acquêt par Abel-Hyacinthe-Jacques Huchelou de La Roche de la maison de La Porée, en la paroisse de Brain-sur-l'Authion; — conversion du prix de vente de ladite terre en une rente viagère au profit de la dame Marguerite Rouiller.

E. 2884. (Carton.) — 3 pièces, papier.

1760-1789. — HUCHET. — Plainte au nom de Jacques Huchet, closier, par-devant le sénéchal de Montjean, contre René Boisselier, qui laisse vaguer ses bestiaux dans ses terrains ensemencés; — défenses du sieur Boisselier; — nomination de Jacques Huchet à la curatelle de la fille mineure de Pierre Huchet et de Perrine Réthoré.

E. 2885. (Carton.) — 1 pièce, parchemin; 6 pièces, papier.

1349-1653. — HUET. — Vente par Jean de La Fresnaye et Colin Lebariller, en exécution du testament de Jean Huet, de ses deux maisons de la rue Saint-Laud d'Angers; — acquêt par Guy Huet, sieur de La Serine, d'un corps de logis rue du Bœuf-Gorgé; — partage entre Noël Huet, Jean Prisset, Antoine, Jacquine et Claude Huet, de la succession de Michel Huet et Jeanne Oger; — consultation de maître Patin, avocat au Parlement, sur le partage de la succession de Guillaume Huet; — nomination de Pierre Huet à la curatelle des enfants mineurs de Louis Huet de La Valinière et de Lucrèce Chotard; — sentence d'ordre pour le règlement des créanciers de Pierre Huet, sieur de La Rivière.

E. 2886. (Carton.) — 4 pièces, papier.

1691-1769. — HUGUET. — Contrat de mariage de Marguerite Huguet avec H. Coustis; — requête au nom des religieux Cordeliers de Saumur, afin d'obtenir paiement des sommes à eux assignées par le testament de Marie Huguet; — lettres d'affaires adressées à F. Huguet, négociant à Nantes, par J. Faulcon et de Vourante : « Trois navires, qui « étoient partis de Morlaix pour se rendre à Brest, ont été « rencontrés par une frégatte angloise. Il y en a eu un re- « pris, et un qui s'est échoué, et le troisième, qui est celuy « du capitaine Geron, s'est brûlé. »

E. 2887. (Carton.) — 16 pièces, parchemin; 39 pièces, papier; 4 sceaux frustes.

1498-1785. — HULLIN. — Contrat de mariage de Michel Hullin avec Thiennoyne de Lancreau; — nomination de Guillaume Lailler à la curatelle de Jullien Hullin; — vente par Jean Hullin, sieur de La Fresnaye, d'une rente de six septiers de seigle sur le moulin de La Rouerie, paroisse de La Selle-Craonnaise; — acquêt par Jean Hullin d'une maison et de servitudes et droits d'usage dépendants de la maison voisine de celle qu'il habite en la ville de Craon; — acquêt et prise de possession par Jean Hullin, sieur de La Grange, des métairie et moulin d'Usure; — brevet pour Jean Hullin, avocat de l'office de sénéchal et juge ordinaire civil de la ville et baronnie de Craon (fragment avec la signature autographe d'Henri de Bourbon, prince de Condé); — prise de possession par le même des terres de la Touche-Giffard et de La Richardière et du moulin de Cherruau; — présentation par Georges Hullin, sieur de La Selle et de La Suhardière, de la chapellenie de La Grignonnière en l'église de La Selle-Craonnaise; — sentence d'émancipation pour les fils mineurs de Tugal Hullin, sieur de La Guilletière; — partage de la succession de Jacques Hullin et de Mathurine Cheheré; — inventaire des papiers de la succession de Jean Hullin, sieur de La Chabossière et de Claude Poullain; — dispenses pour le mariage d'Élie Hullin, sieur des Ajoux, avec Françoise Lenfantin; — acquêt par Jacques Hullin de maisons à Châteauneuf; — dispenses pour le mariage de Georges Hullin de La Selle avec Madeleine d'Orvaux — requête par Marie-Françoise Jallet, veuve de Jacques Hullin, en réduction de sa taxe sur la terre du Margat; — lettre de M. d'Armaillé concernant la généalogie de la famille Hullin et l'inféodation des terres de La Rivière et de La Suhardière; — procédure pour François-Charles Hullin de La Boissonnière, notaire et procureur de la baronnie de Montfaucon, contre Louis Gautret de La Moricière, fermier du greffe de ladite baronnie, etc.

E. 2888. (Carton.) — 1 pièce, papier.

1770. — HUMEAU. — Prise à bail par François Humeau du moulin à eau de La Frémondière, en la paroisse de La Jumellière.

E. 2889. (Carton.) — 3 pièces, parchemin; 31 pièces, papier.

1616-1761. — HUNAULD. — acquêt par Françoise Hunauld de vignes à Épiré; — par Pierre Hunauld, docteur en médecine, de terres à Savennières; — extraits des registres baptistaires des paroisses de Châteaugontier, Ampoigné, Saint-Martin-de-Livré, Congrier et Craon; — contrat de mariage de Mathurin Hunauld avec Marie-Anne Laillault; — partage de la succession de Charles Hunauld de La Chevallerie; — de la succession de Germain Hunauld de La Chevallerie et d'Anne-Marie de Beaumont, sa femme; — état de comptes pour lesdits partages entre Germain Hunault, Urbain-René Richeteau de La Coudre, Pierre-Artus Béritauld de La Bruère et René Hunauld de La Chevallerie; — inventaire des meubles dépendant de la succession de Germain Hunauld de La Chevallerie tant en son hôtel d'Angers qu'en sa maison seigneuriale de La Touche; — vente desdits meubles; — compte rendu par Artus Béritauld de La Bruère à Anne Guillemot Du Kergouet, veuve de Germain Hunauld, de la tutelle de son fils René Girard; — dispenses pour le mariage de René Hunauld avec Marthe-Angélique Guiard.

E. 2890. (Carton.) — 3 pièces, parchemin ; 3 pièces, papier.

1498-XVIIIe siècle. — HUNE (de LA). — Vente par Marguerite de Boumois, veuve de Pierre de La Hune, à Ollivier Govion des prés des Préaux en la paroisse d'Allonnes; — certificat de René de Villeneuve, capitaine de l'arrière-ban d'Anjou, attestant qu'il a reçu René de La Hune comme archer monté en remplacement de François de La Morellière; — vente par Girard de La Hune d'une rente de 40 sous tournois à Pierre Nepveu, prêtre de Bécon; — vente judiciaire des seigneuries de Vauberger et de Landeronde saisies sur François de La Hune; — mémoire des sieurs de Jarzé et Chouinière, concernant la succession de mademoiselle de La Hune; — note généalogique par le feudiste Audouys.

E. 2891. (Carton.) — 1 pièce, papier.

1666. — HUSSON. — Acquêt par Jean Husson des offices de receveur des aides et de receveur des tailles en l'Élection du Mans.

E. 2892. (Carton.) — 1 pièce, papier.

1780. — HUVELIN DU VIVIER. — Déclaration rendue aux assises du Plessis-au-Jau par Pierre-Denis-René Huvelin Du Vivier, pour tenures situées en la paroisse de Mazé.

E. 2893. (Carton.) — 1 pièce, papier.

1749. — HUVINO. — Extrait de l'acte de baptême de César-Louis-Marie, fils de Pierre-Robert-Martin Huvino, *sieur de Bourghelle*, et d'Angélique-Caroline Frans.

E. 2894. (Carton.) — 1 pièce, parchemin ; 6 pièces, papier.

1601-1760. — JACOB. — Testament de Jeanne Hesgron, veuve de Jean Jacob, portant élection de sépulture en l'église Saint-Pierre de Saumur ; — lettres : de Gouin et Riollan à l'avocat Jacob de Tigné, au sujet de la curatelle du mineur Budan ; — de Gouffier de Caravas, au sujet de *ses procès contre les sieurs de* Morlinga et Tassin ; — bulle de dispense pour le mariage de Pierre Jacob avec Jacquine d'Estriché ; — enquête devant l'official pour l'entérinement de ladite bulle.

E. 2895. (Carton.) — 8 pièces, parchemin ; 14 pièces, papier.

1550-1740. — JACQUELOT. — Vente par Marguerite Nepveu, veuve de Pierre Jacquelot, maréchal-des-logis de *la Reine*, et Marin *Jacquelot*, maréchal-des-logis du duc d'Anjou, de terres près Craon ; — enquête au nom dudit Marin Jacquelot, sur le niveau d'eau et les droits de mouture du moulin de La Massiguière dépendant de la seigneurie de Fleins, en la paroisse Saint-Clément de Craon ; — lettres de Louis Hamonnière à Marin Jacquelot, prieur de Balléo, au sujet de monitoires à obtenir contre la dame de Chambellay et le sieur de Baladé ; — acquêt par Jacquine Deslandes, veuve d'Adrien Jacquelot, d'un moulin à vent en la paroisse de Bouchemaine ; — compte entre Louis Jacquelot d'Ydré, Philippe Jacquelot de Sautré et Louis Guderon, pour la succession de Lucrèce de Nouault, femme d'Adrien Jacquelot de La Motte ; — fondation par Jean Jacquelot, doyen de Saint-Martin d'Angers, d'un service en son église ; — vente par Marguerite Rabut, veuve de J. B. Jacquelot, de l'hôtellerie du Grand-Louis en Boisnet ; — notice autographe par Pocquet de Livonnière sur Jacques et Adrien Jacquelot, etc.

E. 2896. (Carton.) — 15 pièces, papier.

1627-XVIIIe siècle. — JACQUES. — « Note des « extraits qui ont été faits à Parcé, en 1787, et collationnés « par trois notaires, sur le vu des titres originaux existants « à *cette époque* dans le chartrier de l'aîné de la famille « des Jacques » ; — extraits des registres de la paroisse de Saint-Vincent du Lude ; — don par Marie Hardyau, veuve d'André Jacques, à Léonard Jacques, clerc tonsuré, du domaine de *La Cave*, en la *paroisse de Vaux-au-Maine* ; — extrait d'inventaire des titres à l'appui de la noblesse de François Jacques, sieur de La Hurlière ; — notes et extraits généalogiques par le feudiste Audouys.

E. 2897. (Carton.) — 2 pièces, parchemin.

1588. — JACQUET. — Acquêt par Mathurin Jacquet du pré de L'Auneau, en la paroisse de Beaufort ; — partage entre Guillaume Reanard et René Jarry, gendres de Mathieu Jacquet, de la succession de Jeanne Guyon, leur belle-mère.

E. 2898. (Carton.) — 2 pièces, papier.

1649-1664. — JACQUIN. — Contrats de mariage de Pierre Jacquin, sieur des Planches, ancien maréchal-des-logis de chevau-légers, avec Anne Leresire ; — d'Antoine Jacquin, sieur de La Roberdière, leur fils, avec Renée Harembert.

E. 2899. (Carton.) — 2 pièces, papier.

1680-1694. — JAGOT. — Prise à rente par Urbain Jagot d'une partie des bois des Serpillonnes ; — acquêt par le même de partie desdits bois.

E. 2900. (Carton.) — 1 pièce, papier.

1697. — JAHANNAULT. — Testament de Marie Jahannault, veuve en premières noces de Michel Babin, en secondes noces d'Urbain Juteau, portant fondation de divers services en l'église de Corné.

E. 2901. (Carton.) — 1 pièce, parchemin.

1349. — JAHÉ (de). — Aveu rendu par Hardouin de Jahé à Hardouin de Fougeré, « pour son hébergement assis en la « ville de Jahé. »

E. 2902. (Carton.) — 23 pièces, parchemin ; 4 pièces, papier.

1379-1409. — JAILLE (*de* LA). — Contrats de mariage de Tristan de La Jaille avec Éléonore de Maillé ; — de Bertrand de La Jaille avec Guillemette Odard ; — « s'en- « suit les faits et articles sur lesquelz noble homme Jehan « de La Jaille et damoiselle Roberde Rabinarde, sa femme, « entendent estre faicte enqueste... par devant le juge ordi- « naire d'Anjou... entre lesditz espoux, d'une part, et Raoul- « lette Dinay, veufve de feu Jehan Rabinart, d'autre part » ; — lettres royaux portant ordre, à la requête de Jean de La Jaille, de faire « information diligemment et secrectement... « sur la manière comme le testament de Jehan Rabinart a « esté passé et des voiez qui y ont esté tenues, leurs cir- « constances et deppendances » ; — offre d'hommage par Hector de La Jaille au duché d'Anjou de ses seigneuries de Durtal et de Mathefelon ; — accord entre Guyon de La Jaille et Jacquet de Mascon, au sujet d'une rente sur le lieu du Vivier ; — aveu rendu à Hector de La Jaille par Geoffroy de Chemens, pour sa seigneurie de Moulines ; — testament d'Hector de La Jaille ; — contrat de mariage de Jean Auvé avec Jacqueline de La Jaille; — compromis entre Isabeau de Hesson, dame de Durtal, et Pierre de Champaigne, au sujet du droit de chasse sur la terre de Lézigné; — lettres royaux portant autorisation à François de La Jaille de reprendre le procès pendant entre Hector de La Jaille, son père, et Jean de Beauvau, au sujet du partage de la terre de Tigné; — accordant à François de La Jaille « en recongnoissance des bons et agréables services que nostre cher et « bien-amé panetier nous a par cy davant faiz en plusieurs « manières » 420 livres tournois de pension annuelle; — constitution par François de La Jaille d'une rente de 25 livres tournois à Arthuse de La Jaille, sa fille, religieuse au couvent de Notre-Dame de Lencloistre, dépendant de l'abbaye de Fontevrauld.

E. 2903. (Carton.) — 25 pièces, parchemin; 18 pièces, papier.

1501-XVIIIe siècle. — Contrats de mariage de Madelon de La Jaille avec Françoise Crespin; — de Charles Bourré avec Jeanne de La Jaille; — de François de Bouillé avec Marguerite de La Jaille; — déclaration rendue en la sénéchaussée d'Anjou par Gilles de La Jaille, pour son hôtel de La Tour-Saint-Geslin; — mémoire pour François de La Jaille et Anne Bourré, sa femme, en revendication de la moitié de la succession de Jean Bourré, sieur du Plessis-Bourré; — mémoire pour Pierre Belocier, prêtre, en réparations de coups et blessures à lui portés par François de La Jaille, sieur du Vivier; — vente par Honorat de La Jaille à Claude de Bucy de la terre de Vaillé-Brezé; — par René de La Jaille à Jean Dobin, de la châtellenie de Lézigné et de la terre du Vivier; — retrait féodal par Claude de La Jaille sur Étienne Berthe, de partie de la terre des Petites-Goulaines en Savennières; — présentation par Pierre de La Jaille de la chapelle de son château de Brosses; — contrat de mariage de Jean de Boislehon avec Françoise de La Jaille; — notes et extraits généalogiques par le feudiste Audouys, etc.

E. 2904. (Carton.) — 1 pièce, papier.

XVIIIe siècle. — Jalesnes (de). — Note du feudiste Audouys sur la famille de Jalesnes, seigneur de Jalesnes et de La Banesche.

E. 2905. (Carton.) — 3 pièces, papier.

1772-1776. — Jallet. — Lettres adressées à M. Jallet, docteur en médecine et échevin à Angers : — par madame Davy de La Guérinière : elle le prie de s'informer dans son voyage à Paris des projets de suppression de certaines charges; — Viel, son parent : il lui donne avis de la succession de Lantivy; — il l'informe de ses projets de mariage; — Chassebœuf, de Craon : il demande à qui doit s'adresser le sieur Lefebvre, employé des gabelles à Renazé, pour percevoir la rente qui lui a été donnée par Mme Viel de La Grange; — Gault, de Pouancé : il le remercie de ses procédés pour le sieur Rabin.

E. 2906. (Carton.) — 1 pièce, parchemin.

1619. — Jalleteau. — Vente par Pierre Jalleteau à Renée Daneschau, veuve de François Ayrault, d'un pré en la paroisse de Faveraye.

E. 2907. (Carton.) — 4 pièces, papier.

1640-1778. — Jallot. — Contrat de mariage de René Jallot avec Anne Haniquet; — état de la contenance de la terre des Miltières, appartenant au sieur Jallot; — dispenses pour le mariage de François Jallot avec Jeanne-Françoise Monnier; — constitution par Louis de Dieusie d'une rente de 150 livres au profit de Michelle et Françoise Jallot.

E. 2908. (Carton.) — 3 pièces, parchemin; 1 pièce, papier.

1498-XVIIIe siècle. — Jamelot. — Acquêt par Guillaume Jamelot de 60 sous tournois de rente sur une maison en la rue de La Petite-Boucherie d'Angers; — par le même, des droits de son frère Christophe sur une maison aux Ponts-de-Cé; — présentation par Anceau Jamelot, sieur de Rouillon, de la chapelle de L'Augerie en l'église paroissiale de Simplé; — note et extraits généalogiques par le feudiste Audouys.

E. 2909. (Carton.) — 9 pièces, parchemin; 18 pièces, papier.

1597-1784. — Jameray. — Déclarations rendues à la seigneurie d'Armaillé par Alexandre Jameray, pour sa métairie de La Miltière; — par François Jameray pour terres près La Pouèze; — vente par François Jameray à François Chemineau de tous les biens à lui advenus de la succession d'Alexandre Jameray et de Guyonne Letourneux, dans les paroisses de Saint-Florent-le-Vieil et de Bouzillé; — acquêt par François Jameray de la closerie de La Mare en la paroisse de Soucelles; — contrat de mariage de François de Jameray, sieur d'Armaillé, avec Élisabeth Lemasle; — donation mutuelle entre François Jameray et Marie de Vaugirault, sa femme; — contrat de mariage de Charles-Prosper Collasseau avec Marie de Jameray; — partage par Marie de Jameray, veuve de Prosper de Collasseau, de la succession de son mari entre ses enfants Charlotte et Marie-Thérèse de Collasseau.

E. 2910. (Carton.) — 3 pièces, papier.

1585-1786. — Jamin. — Acquêt par Étienne Jamin d'une pièce de terre à Fossebellay; — contrat de mariage d'Aubin Jamin avec Jeanne Lusson; — déclaration rendue par René Jamin à la seigneurie de La Forterie pour sa terre de La Crémaillerie, en la paroisse de Laigné.

E. 2911. (Carton.) — 2 pièces, papier.

1624-XVIIIe siècle. — JANNEAUX. — Acquêt par Mathurin Janneaux, sergent royal à Angers, de la closerie de Grandry à Rochefort; — fragment de généalogie de la famille Janneaux, par le feudiste Audouys.

E. 2912. (Carton.) — 1 pièce, papier.

1620. — JANNIÈRE. — Testament d'Étienne Jannière portant fondation aux Augustins d'Angers d'un anniversaire.

E. 2913. (Carton.) — 2 pièces, parchemin; 3 pièces, papier.

1580-XVIIIe siècle. — JARRET. — Acquêts par Charles Jarret de partie du fief des Estres, en la paroisse Saint-Martin-de-Linet; — par Charlotte Jarret, de la closerie de La Haute-Chéransaye, en la paroisse de Bouchamps; — procuration consentie par Jeanne Dupas à René-Antoine Jarret, son mari, pour opter *en son nom dans un partage*; — présentation par René-Antoine Jarret, de la chapelle Saint-Adrien en la paroisse de Brais; — notes du feudiste Audouys sur la famille Jarret, seigneur des Roches et de La Roullerie.

E. 2914. (Carton.) — 1 pièce, parchemin; 2 pièces, papier.

1550-1664. — JARRIL. — Partage des biens de Pierre Jarril entre Jacques, Perrine et Pierre Jarril, ses enfants; — partage des successions de Michel Jarril et Mathurine Catin entre Gilles Jarril, Michel Julliot, Renée et Jean Jarril; — de Michel Jarril et de Jeanne Lorier entre René et Françoise Jarril, Pierre Ferron et Michel Lechanteux.

E. 2915. (Carton.) — 19 pièces, parchemin; 17 pièces, papier.

1517-1597. — JARRY. — Aveu rendu à Durtal par Claude Jarry pour sa seigneurie de Mené; — acquêt par Jacques Jarry de bois en la paroisse de Saint-Barthélemy; — testament de Renée Ledoisne, veuve de Pierre Jarry, portant fondation de messes et services dans les églises Notre-Dame de Sablé et de Juigné-sur-Sarthe; — provisions pour Eustache Jarry, sieur de Maupertuis et capitaine de la ville et château de Sablé, de l'office de louvetier pour les pays d'Anjou et du Maine; — inventaire des biens dépendant de la succession de Pierre Jarry et de Renée Ledoisne; — partages entre Françoise Régny, veuve de Robert Jarry, Madelon, René et Eustache Jarry de la succession de Pierre Jarry, sieur de Vrigné; — entre Madelon, René et Eustache Jarry de la succession de Gabriel Jarry, curé de Juigné-sur-Sarthe; — entre Françoise Choisnet, veuve de René Jarry, Eustache Jarry et Marguerite Lecirier, veuve de François Dosdefer, de la succession de Madelon Jarry; — attestation par les habitants de Sablé « que, l'hors « de la prinse de ceste ville faicte par les ennemys de la « Majesté et repos public, Eustache Jarry, escuyer, capi- « taine du chastel, maistres Mathurin Nepveu, licencié-ès- « lois, François Gaigeard, recepveur, feirent civillement « leur debvoyr de résister ausdicts ennemys »; — lettres royaux pour Eustache Jarry, Jean et François Dosdefer et Marguerite Lecirier, contre Françoise Choisnet, veuve de René Jarry, et ayant le bail de ses enfants; — testaments de Françoise de Tessé, veuve d'Eustache Jarry; — de Charlotte Jarry, dame de Mené; — donation mutuelle entre Claude Jarry et Adrienne d'Orvaux sa femme; — testament de Renée Chacebœuf, femme de Maurice Jarry, portant fondation d'un service solennel le jour de saint René, en l'église Sainte-Croix d'Angers.

E. 2916. (Carton.) — 4 pièces, parchemin; 18 pièces, papier.

1603-XVIIIe siècle. — Acquêt par Simon Jarry de terres à Brain-sur-l'Authion; — testament de Maurice Jarry, sieur du Mesnil, avocat, portant fondation de messes et d'anniversaires dans l'église Sainte-Croix d'Angers et dans celle de Chanzeaux; — acquêt par Jean Jarry, sieur de La Touche, d'une maison près le cimetière de Saint-Martin d'Angers; — partage de la succession d'Eustache Chacebœuf entre René Jarry, sieur du Mesnil, Mathurin Jarry, sieur de La Gautrie, Maurice Jarry, sieur de l'Oisonnerie, Pierre Jarry, chanoine de Saint-Maurille d'Angers, Olivier Bouchard, sieur des Moriers, et Hélène Jarry, Pierre Gourreau, sieur du Pastis, et Catherine Jarry; — quittance par Nicolas Dutronchay d'une rente de 150 livres à lui due et amortie par Claude Jarry et René Hiret; — testament de Briand Jarry, curé de Thouarcé, qui lègue à son église tous ses acquêts, notamment « partie de la motte du chastel », annexée par lui à la maison presbytérale, et le tabernacle qu'il a fait mettre sur le grand autel; — testament d'Hélène Davy, veuve de Michel Jarry, sieur du Verger; — de Renée de Breslay, veuve de Charles Jarry, portant fondation d'une messe hebdomadaire et d'un anniversaire en l'église Saint-Martin d'Angers; — acquêt par Charles Jarry de terres en la paroisse de Soucelles, près les landes de La Bougraie; — testaments de Françoise Jarry; — de Simon Jarry, ancien curé de Thouarcé; — enquête et bulle de dispenses pour le mariage de Claude Auffray avec Madeleine Jarry; — notes et extraits généalogiques par le feudiste Audouys.

E. 2917. (Carton.) — 1 pièce, parchemin ; 14 pièces, papier.

1578-XVIII° siècle. — JARZÉ (de). — Inventaire des biens de la communauté de Mathurin de Jarzé, sieur de Millé, et de Marie Du Ponceau, sa femme ; — déclaration rendue à la seigneurie de La Séverie par Mathurin de Jarzé pour son fief de La Barre ; — accord entre Jean et Renée de Jarzé pour le partage de la succession de Marie Du Ponceau, leur mère ; — entre Mathurin, César, Diane et Marie de Jarzé pour le partage des successions de Jean de Jarzé, leur père ; — contrats de mariage de Mathurin de Jarzé avec Antoinette de Lépronnière ; — de César de Jarzé avec Gabrielle Maubert ; — inventaires des titres de noblesse produits par Mathurin de Jarzé ; — donation mutuelle entre ledit Mathurin de Jarzé et Charlotte de Genelan, sa femme ; — note généalogique du feudiste Audouys.

E. 2918. (Carton.) — 1 pièce, parchemin ; 5 pièces, papier.

1588-1755. — JAUNAY. — Acquêt par Antoine Jaunay d'une maison à Cavefort, dans la paroisse de Rou ; — testament de Thomas Jaunay, sieur de La Mesnage, portant legs à 10 filles des plus pauvres de 20 livres pour aider à les marier ; — contrat de mariage d'Antoine Jaunay, sieur de La Roberie, avec Marie Bernard ; — billet d'enterrement de Charlotte Jaunay, veuve de Méchines de Maisonneuve ; — lettre du notaire Lemonnier, de La Flèche, à Jaunay, négociant d'Angers, au sujet de la succession Guillonneau ; — partage de la succession de Pierre Jaunay, notaire à Angers, entre Marin et Catherine Jaunay et Étienne Cosuard, médecin à Craon.

E. 2919. (Carton.) — 1 pièce, papier.

1699. — JAURET. — Aveu rendu à la seigneurie de Touchebureau par Perrine Jauret, pour sa terre de La Ménaudaye.

E. 2920. (Carton.) — 5 pièces, papier

1644-1703. — JAVARY. — Acquêt par Charles Javary d'une rente de cent sous tournois, sur une maison à Saumur ; — commissions pour le sieur Javary des charges de sous-lieutenant et de lieutenant en la compagnie de Colongnes, dans le régiment de bombardiers, et de lieutenant en la compagnie de Javary, son frère, dans le régiment d'infanterie du Maine (avec 3 signatures autographes de Louis XIV et de Le Tellier) ; — lettre de L. A. de Bourbon, prince de Condé, au sieur de Javary, à Saumur : « La nouvelle de la mort de votre frère, que je regrette fort, m'a « fait beaucoup de peine. Elle est encore augmentée par le « déplaisir que j'ay de ce que vous demandez sa compagnie, « sans que je puisse vous la procurer » (avec signature autographe).

E. 2921. (Carton.) — 1 pièce, papier ; 1 sceau.

1789. — JEANNET. — Lettre de prêtrise de René-Jean Jeannet.

E. 2922. (Carton.) — 1 pièce, papier.

1541. — JEUDI. — Acquêt par Julien Jeudi d'une terre à La Rapinière, en la paroisse de Quélaines.

E. 2923. (Carton.) — 1 pièce, parchemin ; 1 pièce, papier.

1646-1788. — JODONNET. — Vente par Jacques Jodonnet, auditeur de la Chambre des Comptes de Bretagne, de sa terre de Beauvais en la paroisse de Bourg ; — contrat de mariage de Dominique-Alexandre de Jodonnet, seigneur de Grenouillon et de Langrenière, capitaine de dragons, avec Perrine-Renée Méric de Freissinet.

E. 2924. (Carton.) — 1 pièce, parchemin ; 10 pièces, papier.

1504-1754. — JOLLIVET. — Vente par François et Gabriel Jollivet de vignes à Bouchemaine ; — partage entre Jean et Robert Jollivet et Guillemine Pinot, veuve de Pierre Jollivet, de la succession de Jean, Robert et Pierre Jollivet ; — déclaration rendue à La Roche-de-Serrant par René Jollivet pour terres et vignes en la paroisse de Sainte-Gemmes-sur-Loire ; — par Madeleine Jollivet à La Barbotière, pour maison et bordage en l'île de Chalonne ; — fondation par Catherine Jollivet, dame des Rochettes, de messes et services en l'église de La Trinité d'Angers ; — donation par Marie Hervé, femme de Robert Jollivet, à Marie Jollivet, sa fille, de tous ses biens meubles ; — constitution par Pierre Lafaye de dix livres de rente au profit de Marthe Jollivet ; — sentence arbitrale au sujet du partage de la succession de Jean Jollivet, président au Grenier à sel d'Ingrandes, entre Marie Chotard, sa veuve, et Augustin Jollivet, sieur des Mauvrais, son frère ; — inventaire et vente après décès des meubles d'Augustin Jollivet ; — contrat de mariage d'Hilaire Jollivet avec Perrine Frapereau ; — nomination de René Bault à la curatelle des enfants mineurs de François Jollivet et de Jeanne Vallois ; — acte de baptême d'Hyacinthe-Charles-Jean-Baptiste, fils de J. B. Jollivet de La Verronnière, maire de Doué.

E. 2925. (Carton.) — 2 pièces, parchemin ; 30 pièces, papier.

1598-1781. — JOLLY. — Confirmation par Antoine d'Estrées, lieutenant général du Roi au gouvernement de Paris, capitaine général de l'artillerie, de René Jolly en sa charge d'officier ordinaire de l'artillerie (avec signature autographe) ; — partage entre Joseph Jolly et Pierre Solimon de la succession de Nicolas Guineman ; — sentence pour le partage des successions de Joseph Jolly et de Marie Legentilhomme entre René, Jacques et Guillaume Jolly et Julien Baralery ; — prise à bail par Pierre Cottereau et

René Jolly de la terre de Boisbrinson, en la paroisse de Blaison; — inventaire des hardes de René Jolly, sieur de La Saullaye; — don par Marie Moreau, veuve de René Jolly, à Marie Jolly, sa fille, Renée Jolly, veuve de Jean Belhomme, Perrine Jolly, femme de Jean Fleuriot, de tous ses biens à charge d'entretien; — prisée des meubles de Perrine Giroust, veuve de Jacques Jolly, sieur de La Blanchetière; — inventaire et vente des meubles dépendant de la succession de Perrine Jolly, veuve d'Adam Fleuriot; — partages de la succession de Marie Jolly entre Jean-Jacques Belhomme, Anne Jolly, veuve de Jacques Lecomte, et Rose Jolly; — *des successions de Pierre Jolly et d'Anne Jolly*, veuve de Jacques Lecomte, entre René Belhomme et Charles Avril, sieur des Monceaux; — acquêt par Nicolas Jolly de terres à Mazé.

E. 2926. (Carton.) — 1 pièce, parchemin.

1462. — JOPPION. — Vente par Jacquet Joppion, écuyer, à Mathurin Gaultier, marchand, d'une rente de deux septiers de seigle sur sa terre de La Bégouinière.

E. 2927. (Carton.) — 1 pièce, parchemin; 13 pièces, papier.

1722-1746. — JORY. — Brevet de marchand épicier délivré après examen par les gardes des statuts des marchands d'Angers à Christophe Jory, fils de Christophe Jory, marchand droguiste; — attestation par lesdits gardes de la résidence de Jory père et fils à Angers; — requêtes par Nicolas Jory à fin de restitution d'une vache saisie en son domaine de La Bénaudière par le sieur de Villiers; — du même, contre les prétentions du sieur Armenauld sur ladite terre; — contestation au sujet d'un chemin limitrophe entre La Bénaudière et la métairie de Louvières; — lettres de Nicolas Jory à Lemazé, huissier, à M. de La Guerche, Bonin, collecteur, Chaubert, prieur de Saint-Georges, afin de mettre la main sur les meubles du sieur Brossais, son créancier; — testament de Renée Gallet, veuve de Christophe Jory.

E. 2928. (Carton.) — 1 pièce, papier.

1580. — JOUAN. — Vente par Michel Jouan à Jean Blandeau de vignes au Puy-Notre-Dame.

E. 2929. (Carton.) — 18 pièces, papier; 3 pièces, parchemin.

1419-XVIIIe siècle. — JOUBERT. — Contrat de mariage de Guillaume Joubert avec Huguète Pinart; — acquêt par Michel Joubert de vignes dans la paroisse de La Meignanne; — partage des successions de Jean Joubert et de Mathurine Falloux, sa femme, entre Antoine Maliverne, sieur de Chasteau-Rocquet, Guy Drugeon, sieur de Terrefort, et Girard Lebascle; — testament de Guillaume Joubert, sergent royal, portant don aux pauvres de l'Hôtel-Dieu de toutes ses chemises et de 300 livres pour la confection d'une cheminée; — compromis pour le partage de sa succession entre Renée Sohier, veuve de Marin d'Ahuillé, Nicolas Rubion, sieur du Pasty, et René de Crespy; — partage de la succession de Jean Boullay, sieur des Cars, entre Renée Boullay, femme de Charles Joubert, sieur de La Jarrie, Gabrielle, Jeanne et Marguerite Boullay; — transaction entre Agathe de Baye, veuve de Jacques Joubert, sieur de La Batardière, Jean-François Lirot de La Patoulière, Renée Robert, veuve d'Augustin Éveillon, Auguste Letourneux, héritiers de Jacques Joubert, sieur de La Jarrye; — acquêt par Élie Joubert de partie de marais près l'étang de Brissac; — note généalogique du feudiste Audouys.

E. 2930. (Carton.) — 6 pièces, papier.

1578-1749. — JOUET. — Acquêt par Jacques Jouet de vignes en la paroisse de Saint-Ellier; — de la métairie du Champ-Marais, en la paroisse Saint-Germain de Saint-Laud; — partage des successions dudit Jacques Jouet et de Marie Hamelin, sa femme, entre Gabriel Jouet et Jean Bodin, doyen des conseillers du Présidial d'Angers; — contrat de mariage de Gabriel Jouet avec Françoise Brichet; — présentation par Gabriel Jouet, sieur de La Saullaye, de la chapelle de La Saullaye en l'église de Douces.

E. 2931. (Carton.) — 9 pièces, parchemin; 4 pièces, papier.

1538-1780. — JOULLAIN. — Acquêts par Joachim Joullain, sieur du Houx, de quartiers des bois de La Casse à Allonnes; — de terres dans le Fief-Tillon, aux Champs-Bougeault, près le Houx; — d'une maison sur le chemin du Bois-Saint-Marc; — prise à bail par Pierre Joullain d'une maison au Puy-Notre-Dame; — testament d'Anne Boullard, veuve de Charles Joullain, portant fondation d'anniversaires chez les Visitandines et chez les Capucins de Saumur; — acquêt par Louis Joullain de terres à Distré.

E. 2932. (Carton.) — 1 pièce, papier.

1567. — JOUNAULT. — Accord entre Yves Du Pasty, sieur de La Sanguière, Pierre de La Haye, Nicolas Camus, Étienne et Mathurin Vallin, François Delaunay et autres cohéritiers de Marguerite de Broises, veuve de Guillaume Jounault.

E. 2933. (Carton.) — 41 pièces, papier.

1580-1789. — JOURDAN. — Partage de la succession de Pierre Jourdan, sieur de La Roche-Joulain, entre Philippe Gourreau, sieur de La Proustière, François Gourreau, sieur de La Chambrerie, Claude de Villeneufve, Louis Bitault et autres cohéritiers; — reconnaissance par Françoise Lechat, veuve de François de La Forêt, d'une rente de 8 setiers de blé due par elle à Mathurin Jourdan, sieur de Fleins; — transfert par François Bertereau, sieur de Saint-Mars, d'une rente de 45 livres au profit dudit sieur de Fleins; — requête et mémoire pour Marguerite Belet, veuve de Mathurin Jourdan, contre François de La Forest-d'Armaillé, son débiteur; — baux par François Jourdan de la métairie de La Frémondière sur la paroisse de Chantelou; — déclarations rendues par Jean-Baptiste-Joseph Jourdan de Fleins à la seigneurie de Beauregard pour ses terres des Bregeonnières et de La Fresnaye; — à la châtellenie des Semancières pour sa métairie de La Frémondière; — baux de la métairie de La Fresnaye; — quittances de la rente due sur ladite métairie aux curés de Vezins; — lettre du greffier Lettrie, portant avis du refus fait par le curé de percevoir ladite rente à titre de gros de dixme. — Voir la suite de ce dossier à la série L.

E. 2934. (Carton.) — 18 pièces, parchemin; 22 pièces, papier.

1720-1787. — Jousbert (de). — Contrat de mariage de Louis-Pierre Jousbert avec Marie-Anne-Françoise Théronneau; — acquêt par Louis-Pierre Jousbert de la métairie de La Chalonière et des moulins de Caillet en la paroisse Notre-Dame des Herbiers; — baux à ferme de ladite métairie; — mémoire pour servir à la liquidation et partages entre Louis-Pierre Jousbert, sieur de La Rochetemer, et ses enfants, de la succession de Françoise Théronneau, sa première femme; — prise à bail par Marc-Antoine de Jousbert, sieur de La Pépinière, d'une partie de maison près le bourg des Herbiers; — constitution par Louis-Pierre de Jousbert, sieur du Bois-Grolleau, d'une rente de 500 livres au profit de son fils Louis-Félicité; — transfert de ladite rente par Louis-Félicité de Jousbert à son frère aîné Marc-Antoine; — acquêts par Marc-Antoine de Jousbert de prés et jardins près le bourg des Herbiers; — amortissement par ledit acquéreur des rentes foncières dues sur ses nouveaux acquêts. — Voir la suite de ce dossier à la série L.

E. 2935. (Carton.) — 1 pièce, papier.

1722. — Jousse. — Lettre de Lechat de Vernée à l'avocat Jousse, pour lui confier une cause à plaider contre le sieur de Moulin-Neuf.

E. 2936. (Carton.) — 2 pièces, parchemin; 3 pièces, papier.

1556-XVIIIe siècle. — Jousseaume. — Échange de terres dans la paroisse d'Allonne entre Mauricette Jousseaume et Étienne Bourget; — présentation par Gilbert Jousseaume de la chapelle Sainte-Catherine de son manoir de La Grue; — règlement conclu entre Michel Jousseaume, sieur de Sazé, et ses créanciers; — notes généalogiques du feudiste Audouys.

E. 2937. (Carton.) — 3 pièces, papier.

1507-1755. — Jousselin. — Testament de Pierre Jousselin, portant fondation de messes et services en l'église de Gonnord; — saisie des meubles de Jacques Jousselin, avocat à Saumur; — acquêt par Pierre Jousselin de prés en la paroisse de Saint-Georges-sur-Loire.

E. 2938. (Carton.) — 1 pièce, parchemin; 2 pièces, papier.

1767-1780. — Jousset. — Enquête et bulle de dispenses pour le mariage de Jean Jousset avec Renée Jousset; — déclaration rendue à la châtellenie du Plessis-au-Jau par Jean-Marie Jousset, maître chirurgien de Mazé, pour vignes et tenures en la paroisse de Mazé.

E. 2939. (Carton.) — 1 pièce, papier.

1750. — Joyau. — Dispenses pour le mariage d'André Joyau avec Madeleine Guillot.

E. 2940. (Carton.) — 2 pièces, papier.

XVIIIe siècle. — Joyère (de La). — Notes généalogiques du feudiste Audouys sur la famille de la Joyère, seigneur de Beaurepaire et de Trelazé.

E. 2941. (Carton.) — 2 pièces, papier.

1749-1784. — Jubeau. — Nomination de Germain Jubeau à la curatelle de Marie, fille mineure de Pascal Jubeau et de Marie Deshayes; — de Pierre Aubry à la curatelle du fils mineur de Michel Jubeau et de Françoise Aubry.

E. 2942. (Carton.) — 1 pièce, parchemin.

1686. — Jubin. — Acquêt par Nicolas Jubin de terres en l'île de Chalonnes.

E. 2943. (Carton.) — 3 pièces, parchemin; 13 pièces, papier.

1501-1619. — Juffé. — Présentation par René Juffé d'une chapellenie fondée par son père en l'église Saint-Nicolas de Craon; — partage des meubles dépendant de la succession de Jean Juffé et de Jeanne Fayau; — inventaire des meubles appartenant à Pierre Juffé, curé de Pruillé, qui se sont trouvés en la maison desdits défunts; — contrat de mariage de Mathurin Gouin avec Roberde Juffé; — transaction entre René Juffé et Robert Thévin au sujet de la succession de Maurille Genault; — inventaire des meubles, papiers et livres de René Juffé, sieur de La Boissardière, conseiller au Présidial d'Angers.

E. 2944. (Carton.) — 1 pièce, papier.

1549. — Juheau. — Testament de Perrine Juheau, portant fondation de services hebdomadaires en l'église de Trélazé.

E. 2945. (Carton.) — 14 pièces, parchemin; 18 pièces, papier.

1600-XVIIIe siècle. — Juigné (de). — Contrat de mariage de Louise de Juigné avec Jeanne de La Vauguillaume; — présentation par François de Juigné de la chapelle de Saint-Pierre et Saint-René en son manoir de La Brossinière; — contrat de mariage de René de Juigné avec Angélique de Cadelac; — consultation de l'avocat Gouin sur l'exécution de clauses contestées dudit contrat; — testament de René de Juigné, sieur de La Chevrie; — brevets pour le sieur de Juigné de capitaine d'une compagnie du régiment de La Grise (avec signature autographe de Louis XIV); — *de sergent-major au régiment de Montesson* (avec signature autographe de Louis XIV); — de capitaine réformé à la suite du régiment de Beaujolais (avec signature autographe de Louis XIV); — certificat portant décharge de tous ses comptes délivré au sieur de Juigné par le colonel et les officiers du régiment de Montesson; — aveu rendu à la seigneurie de La Brissonnière par Françoise et Jeanne de Juigné, pour leur closerie de La Houssaye; — prise de possession par René de Juigné de la terre de La Bonnelais en la paroisse de Saint-Aubin-des-Landes; — partage des successions de Jacques et de Georges Cadelac entre Angélique de Cadelac, femme de René de Juigné, Marie de Cadelac et Georges Honitte; — inventaire des titres et papiers dépendant de la succession de René de Juigné; — état des lieux du château de Beauchesne, dans la paroisse de Saint-Saturnin, et du château de Parvy, dans la paroisse de La Selle; — lettres de bénéfice d'âge pour Jean-Baptiste de Juigné et Renée-Jeanne, sa sœur; — acquêt par Henri de Juigné, curé de La Pommeraye, d'un terrain près l'enclos du presbytère, *et de partie de* la métairie de La Houssaye; — notes et extraits généalogiques par le feudiste Audouys.

E. 2946. (Carton.) — 1 pièce, papier.

1666. — Juin. — Testament de Catherine Gautier, femme de Mathurin Juin, portant fondation d'un anniversaire en l'église de Sainte-Gemmes-sur-Loire.

E. 2947. (Carton.) — 4 pièces, papier.

1592-1666. — Juliot. — Testament de Pierre Juliot et de Jeanne Goineau, sa femme, portant fondation de messes et services anniversaires en l'église des Cordeliers d'Angers; — partage de la succession de Jacques Juliot, sieur du Pinelier, et de Madeleine Renard, sa femme; — nomination d'Abel Blouin à la curatelle de Marie Juliot, fille de Toussaint Juliot et de Françoise Blouin; — testament de Gillette Juliot portant élection de sépulture en l'église de La Gaubretière.

E. 2948. (Carton.) — 2 pièces, papier.

1540-1599. — Julliotte. — Partages de la succession de Jean Julliotte et de Simonne Leroy entre Collas Noury, Étienne Martineau, Michel et Pierre Julliotte; — de la succession de Michel Julliotte et de Jeanne Marteau entre Étienne Julliotte, Jamet Duboys, Daniel et Pierre Julliotte et Pierre Boux.

E. 2949. (Carton.) — 3 pièces, parchemin; 3 pièces, papier.

1416-1505. — Jumellière (de La). — Contrat de mariage de Lépard de La Jumellière avec Jeanne de Karolay; — accord entre Guillaume de La Jumellière, sieur de Pommerieux, et Hélie Percault, sieur du Margat, au sujet du droit de sépulture et de litre en l'église de Contigné; — présentation par Lépard et René de La Jumellière de la cure de Blaison; — fondation par Françoise de La Jumellière d'un anniversaire en l'église de Martigné-Briant.

E. 2950. (Carton.) — 1 pièce, parchemin; 2 pièces, papier.

1771-1784. — Jumereau. — Acquêt par Louis Jumereau, curé de Saint-Sulpice-sur-Loire, d'une maison au Défrou; — constitution au profit dudit curé par L. A. Duverdier de Genouillac d'une rente de 250 livres; — par J. Veillon, sieur de *La Rivière-Cormier*, d'une rente de 120 livres.

E. 2951. (Carton.) — 2 pièces, papier.

1555-1691. — Jusqueau. — Acquêt par Thomas Jusqueau de terres et vignes en Saint-Lambert-des-Levées; — par Marc Jusqueau d'une maison à Saumur.

E. 2952. (Carton.) — 3 pièces, papier.

1694-1766. — Juteau. — Acquêt par Pierre Juteau d'un pré en la paroisse de Saint-Georges-Chatelaison; — par Louis Juteau, marchand de draps de soie, d'une créance de 70 livres sur *François Jollivet*; — *constitution par* Marcel Avril de Pignerolles d'une rente viagère de 50 livres au profit d'Angélique Juteau, femme de chambre de mademoiselle de La Lorie.

E. 2953. (Carton.) — 9 pièces, parchemin; 4 pièces, papier.

1398-1494. — Karolay (de). — Accord entre Yvon de Karolay et Raoul Godalen au sujet d'arrérages de rentes dues à la succession d'Huet de Kerentray; — échange entre Yvon de Karolay et Yvon de Kerentray de maisons sises à Angers et à Guingamp; — donation par Jean de Karolay, chanoine de Paris, à Yvon de Karolay, son frère, de l'hôtel de Karolay et de tous ses biens meubles et immeubles en Bretagne; — par le même au même, de l'hébergement de La Tinalière; — et du fief de Saint-Aignan et de la terre de La Saumuresche ; — don par Yvon de Karolay à Guyon de Karolay, son fils, de l'hôtel de La Saumuresche ; — contestation entre Typhaine de Landerneau, curatrice de Jeanne de Karolay, et Geffroy Maurice au sujet des droits de paccage et d'herbage dans les bois et paturages sis sur les paroisses de Thouarcé, Allençon, Faye et Vauchrétien ; — fragment de la généalogie des Karolay et des Duplanty.

E. 2934. (Carton.) — 1 pièce, papier.

1384. — KERENTREC (de). — Engagement pris par Bertrand de Rhodes, Pierre Faure, Durand d'Anglars « et « aultres marchands de la principaulté d'Acquictaine » de rembourser à Hues de Kerentrec les mille francs d'or qu'il a déboursés pour obtenir du duc de Bretagne un impôt sur le commerce pendant trois ans, qui les indemnisât du pillage de leurs marchandises pendant la trêve.

E. 2935. (Carton.) — 1 pièce, papier.

1540. — KERVEREC (de). — Transaction entre François Callon, docteur-ès-droits, François de Kerverec, Ollivier de La Tousche, Jeanne et Jacquette de Kerverec, héritiers d'Henri de Kerverec, docteur régent, et Lucas Guyard, René Fournier et Jean Vivant, chanoines de Saint-Pierre et de Saint-Maurille d'Angers, ses exécuteurs testamentaires.

E. 2936. (Carton.) — 1 pièce, parchemin.

1457. — LABBAYE (de). — Contrat de mariage de Guillaume de Labbaye avec Aliette Duval.

E. 2937. (Carton.) — 1 pièce, papier.

1568. — LABOIREAU — Reconnaissance par Jean Cupif d'une somme de 400 livres à lui prêtée par Pierre Laboireau, sieur de La Pasqueraye.

E. 2938. (Carton.) — 1 pièce, papier.

1766. — LABORDE. — Billet d'enterrement de Charlotte Serin, veuve d'Étienne Laborde, ancien chirurgien major des camps et armées du Roi.

E. 2939. (Carton.) — 1 pièce, papier.

1675. — LABORDE (de). — Extrait d'un certificat délivré au Hâvre par le commissaire général de la marine, pour attester que le sieur de Laborde, seigneur de La Grifferie, sert sur le vaisseau de guerre l'*Éclair*, commandé par son frère.

E. 2960. (Carton.) — 1 pièce, papier.

1747. — LABRIFFE (de). — Extrait du testament de Françoise-Marguerite Brunet, veuve de Pierre Arnaud de Labriffe, intendant de Bourgogne, portant désignation de l'avocat général d'Ormesson et de l'abbé Moulin, pour ses exécuteurs testamentaires.

E. 2961. (Carton.) — 8 pièces, parchemin ; 102 pièces, papier ; 6 sceaux ; 1 plan.

1698-1788. — LABRY. — Extrait de l'acte de baptême de Christophe Labry ; — contrat de mariage dudit Christophe avec Jeanne Sué ; — inventaire et vente après décès des meubles de Jeanne Sué ; — acquêt par Madeleine Labry de maisons en Bressigny, à Angers ; — inventaire du linge de Jeanne-Madeleine Labry ; — extrait baptistaire de Christophe-Pierre Labry ; — certificat de publication du mariage d'Auguste Labry avec Marie-Jeanne-Renée Péan Duchesnay ; — contrat de mariage desdits époux ; — extrait mortuaire de Pierre-Philippe-Urbain-Julien Labry ; — brevets pour Auguste Labry d'enseigne, de lieutenant et de capitaine d'une compagnie de la milice bourgeoise ; — état des biens à partager entre Christophe, Jean-Thomas, Pierre-Jacques-Urbain-Julien et Auguste Labry ; — acquêt par Auguste Labry de la terre du Petit-Bois, près Savigné-sous-le-Lude, et d'une maison en la rue de La Croix-Blanche ; — acte d'association entre Charles Roussel de La Guérandrie, Jean Macé de La Motte, Auguste Labry et autres pour l'acensement de terres vaines et vagues du domaine de MONSIEUR ; — plan de terrains pris à cens dans la commune de Cheffes, etc.

E. 2962. (Carton.) — 2 pièces, parchemin ; 7 pièces, papier.

1737-1780. — Procédures pour Jeanne-Madeleine Labry contre Jean Labry, prêtre, vicaire de Longué, Auguste Labry, feudiste, Christophe, Jean-Thomas, Jacques-Urbain-Julien et Jacques Labry ; — pour Auguste Labry contre Denis Quatrembat, bourgeois.

E. 2963. (Registre.) — In-folio, papier, 190 feuillets.

1756-1759. — Recette pour Jeanne Labry des loyers de ses maisons à Angers, rue Chèvre, en Bressigny, et de rentes sur les sieurs Allain et Gourdin, Jean et Auguste Labry.

E. 2964. (Carton.) — 13 pièces, papier ; 8 sceaux.

1759-1779. — Brevets pour Auguste Labry des offices de procureur fiscal des seigneuries de Monnet, Les Roches, Sobs, La Presaye, Champeaux, Le Grand-Gaudry, La Graffinière, Aubigné, Vaucallé, La Gouberie, La Grillardière, Auversette, La Poissonnière en Beaufort, Beauvais, La Coutardière ; — de greffier de la baronnie de Sainte-Gemmes-sur-Loire et de Mûrs.

E. 2965. (Registre.) — In-folio, papier, 89 feuillets.

1770-1785. — Livre d'émargement des gages payés par Auguste Labry, feudiste, à ses clercs Dolbeau, Delamotte, Collineau, Content, Reffeau, Bellœuvre, Ollivier, Macault, Moriceau, Deschères, Mériaud, Létourneau, Hervé, Deschamps, Delbreil, Girault, Moret, Noé, Cherbonneau, Chasteau, Chauvin, etc.

E. 2966. (Carton.) — 28 pièces, papier.

1776-1784. — Traités passés par Auguste Labry avec ses clercs Eugène Aubin, René Blondel, Pierre Buhot, Jacques Buisson, René Dunont, André Cordier, Nicolas Feillatreau, Jacques Foucqué, Louis Gaultier, François Leduc, René Macault, Joseph Maillet, Pierre Réthoré, Honoré Retureau, François Thourault, Louis Trotry.

E. 2967. (Registre.) — In-folio, papier, 144 feuillets.

1775-1787. — « Semainier où sont portées les journées de messieurs mes clercs et pour qui ils les ont « employées. »

E. 2968. (Carton.) — 33 pièces, papier.

1780-1786. — Contestation avec René-Eugène Aubin : compte-rendu par Auguste Labry au sieur Aubin tant de ce qu'il lui doit que des sommes par lui perçues; — réponse aux observations, compte et mémoire du sieur Aubin; — relevés de journées de travail; — états de dépenses; — quittances à l'appui.

E. 2969. (Registre.) — In-folio, 101 feuillets, papier.

1770-1780. — Journal d'Auguste Labry pour tenir note de l'emploi de son temps, de ses avances et recettes, pour le compte des personnes ou communautés dont les affaires lui sont confiées, telles que les abbayes de Saint-Nicolas, Toussaint, Saint-Florent, Saint-Maur, MM. de La Bardoulière, de Shéridan, de Milon, Falloux du Lys, Delaunay de La Mottaye, de La Villenière, de La Devansaye, etc.

E. 2970. (Registre.) — Petit in-4°, papier, 38 feuillets.

1777-1789. — Journal tenu par Auguste Labry, feudiste, de ses frais de route, déboursés, travaux, pour le compte de MM. Delaunay de La Mottaye, de Chasle, de La Bardoulière, de Blou, Mme Quittebœuf, les abbayes Saint-Aubin, Saint-Florent, etc.

E. 2971. (Carton.) — 86 pièces, papier.

1770-1787. — Relevés des heures et journées de travail et des avances d'argent employées par Auguste Labry, pour le compte de MM. de La Bardoulière, Baudriller, Beaufils, Bitteau, le baron de Blou, de La Cartrie, de Dieusie, Du Planty, Falloux du Lys, de Foucault, Leblanc, de Maillé, de La Motte, Pasquerays, de Rougé, l'abbaye Saint-Florent, le chapitre de Saint-Maurice, etc.; — traités passés par Auguste Labry avec Louis-François-Séraphin de Boisjourdan, Charles-Jean-Baptiste Morel de La Motte, le marquis d'Harcourt, le comte de Maillé, Joseph-Charles de Bellère, le prieur de Saint-Florent de Saumur, pour le classement des titres de leurs fiefs et la tenue de leurs assises.

E. 2972. (Carton.) — 15 pièces, papier.

1771-1789. — Lettres d'Auguste Labry, feudiste, à sa femme : « Je t'adresse une femme dont le mari est en « prison à Saumur... Je te prie d'aller avec elle chez le « curé de Lesvière, et d'engager M. Bédasne de parler au « supérieur de l'Oratoire qui est l'ami de M. Hudel; s'il « pouvoit obtenir la délivrance pour 20 écus, la femme « pourroit les faire, en faisant une queste. » — de madame Labry à son mari : « Lamotte est isi de vendredi, parce « que la tantine de Saint-Leaux est toujours bien malade. « Sa leurs a donné à tous la venete... Nous n'avons que des « nouvelles de mort subite, M. Chartre, médecin, une reli- « gieuse des Ursulle, le chirurgien de la rue Saint-Aubin, « tout suptilleman, etc. » Voir la suite à la série L.

E. 2973. (Carton.) — 20 pièces, papier.

1759-1786. — Lettres adressées de la Guadeloupe et de Saint-Domingue par Christophe Labry à son père, à sa mère et à son frère Auguste, à Angers : « J'ay fait connais- « sance avec une demoiselle de ce pays, fille d'un négotiant « de la Basse-Terre, qui a laissé du bien à ses enfants; « comme elle est effectivement aimable, je n'ai pas eu de « peine à l'aimer, quoiqu'autrefois vous m'ayiez peut-être « connu d'autres inclinations, et m'apercevant qu'elle me « vouloit du bien, et qu'avec sa fortune je pourrois pousser « la mienne plus loin,... je l'ay épousée »; — « des pertes « coup sur coup ont fait évanouir tout mon bonheur;... en « moins de dix mois j'ay perdu dix nègres que je n'aurois « pas donnés pour dix mille francs; ma femme a été cotée « impunément dans les partages... cela m'a mis hors d'état « de tenir ma maison... je suis dans un chagrin mortel »; — « si tu étois arpenteur, comme je crois l'avoir entendu « dire, c'est une profession avec laquelle on gagne icy « beaucoup de bien »; — « le gouverneur qui m'a choisi « pour son chirurgien m'a promis le brevet de chirurgien « du Roy, avec les appointements y attachés »; — « je t'en- « voie à défricher une terre bien stérile; c'est mon fils qui « est l'enfant le plus borné que j'aye encore vu, une âme « basse, qui ne se plaist qu'avec les nègres et les mulastres.

« C'est pourquoy je veux qu'il soit mis en arrivant à « Angers, au couvent des Ignorantins, etc. » ; — lettres de sa veuve, Martialy-Labry, femme Legendre en secondes noces : « faitte-moi le plaisir de m'aprandre à quois mon « fils se destine; cart il fault qu'ille prenne un estat à pou« voir se tirer, n'ayant point de rante ni d'aparance à avoir « du bien, m'en trouvant fort cour » ; — « vous avés eu « assez longtamps ma fille ; c'est à mon tour; quant à l'es« pérance que vous avés de mon maris d'avoir des bontés « pour elle, je crain qu'elle n'en ait que trop. C'est à elle « à le ménager, etc. » ; — de M. Legendre : il remercie de l'envoi de sa fille : « elle nous a paru gâtée, et ne le sera « pas moins, je vous assure;... elle n'a pu s'empêcher de « nous dire qu'elle comptoit nous trouver fort indisposé « contre elle ; s.. surprise a été grande d'être reçue comme « elle l'a été. » Il s'indigne des procédés de sa tante qui l'a lancée dans une amourette et qui s'offre à recevoir et à transmettre les lettres. Il renvoie de la part de la jeune fille, lettres, portrait, bague, et prie le jeune homme de ne pas se déranger de ses études; on ne pense plus à lui.

E. 2974. (Carton.) — 17 pièces, papier.

1774-1778. — Lettres de Marie Labry, fille de Christophe Labry, écrites de Saint-Domingue à son oncle Auguste et à sa tante d'Angers, qui l'ont élevée : elle leur donne le détail de sa réception par sa mère et son beau-père et de sa traversée, et se recommande au souvenir de tous ses amis d'Angers; dans les lettres suivantes, elle raconte ses occupations et la vie ordinaire des colons : « J'ai dancés « une fois toute la nuit ; on ne se fait pas plus de pène de « faire trois ou quatre lieu pour s'an revenir au soire que « d'an faire un quar-de-lieu an France ; j'angresse tous les « jours ; je me déplet à moy-mesme... Je vous pry de me « marquer les nouvelles qu'il y orat à Angers, si ma cou« sine Peltié est toujours chez M. Laporte, et si M. Chambot « va toujours voire sa bonne amie ; commant il vit avec sa « famme, s'il ont toujours quastil ensamble, et de la me« son Bardou, si l'anfere est toujours chés eux ; » — « mon « beau-père et mamam m'éme toujours ;... je ne leur ai pas « dit que j'avès une inclination ; j'emme toujours ; je suis « feble mais vertueuse, quoique la religion soit peus exercé « dans le païs ; » — « nous avons eu un coup de vens et un « ouragant affreu depuis onze heures du soire jusqu'à trois « heure du matin ; la ville est tout inondé ; la mer et elle, « tout ne fesoit qu'un ; nous avons resté, depuis que cela a « commencé jusqu'à trois heures après midi, dans l'au jus« qu'à la sinture » ; — son beau-père a décacheté le billet qu'on lui envoyait et l'a lu ; il lui a fait de vives représentations qui l'engagent à écrire de prier « M. Chevreul de ne « plus penser à elle, étant fâchée de s'être tant avancée par « défaut d'expérience » ; — elle renvoie le portrait et une petite bague « qu'elle lui avoit pris en badinant » : — « Je « vous pris de m'excusé ; j'étès une enfant ; je ne savès pas « ce que je fésès ; mès je comence à sentir le torre que je « me seret fait en continuant cette folie-là de si loin » ; — « vous vous moquié quelque fois de moy en me disant que « nous ne mengion dans notre Amérique que des patate et « des banane ; mès pour le coup nous aurion été obligé « d'en mengé malgré nous, n'ayent pas autre chose ; la co« loni été si dépourvu de vivre que si Louis seize ne nous « avest pas envoyée 1800 baril de farine et 1000 baril de « beuf, nous serion presque mort de faim, etc. »

E. 2975. (Carton.) — 13 pièces, papier.

1786-1790. — Lettres écrites de La Guadeloupe par Pierre et Jean-Thomas Labry à Mme Labry, d'Angers, leur mère et à leur frère Auguste : « J'espère de jour en jour « m'embarquer dans un batteau pour naviguer en qualitté de « commis dans les îles de l'Amérique... et par la suitte « m'intéresser avec mon armateur... Cadet est marié à une « demoiselle Massé, dont tu peux avoir vu le frère à Angers ; « mais il n'est pas lieutenant de Provost ; c'étoit moy, mais « j'ay l'ay quitté, n'étant point un poste à fortune. N'y a « rien à gagner » ; — « la plus triste nouvelle que je puisse « te marquer, c'est la mort de notre frère aîné, qui est « décédé, le jour de sa feste, après une maladie de six « mois, dont les trois dernières semaines ont été bien « cruelles pour luy, pour les maux qu'il souffroit et pour « sa femme qui ne pouvoit se tenir de chagrin et de lassi« tude, etc. »

E. 2976. (Carton.) — 7 pièces, papier.

1765-1778. — Minutes des lettres écrites par Auguste Labry, feudiste à Angers, à ses frères de Saint-Domingue : « La demoiselle que j'aime et que je courtise est Mlle Péan « du Chesnay ; elle est plus âgée que moy et n'est pas bien « fortunée ; mais je suis présentement d'un âge à ne pas « bien regarder à tout cela. Je ne cherche pas à m'établir « par amourette. C'est une demoiselle douée de toutes les « bonnes qualités, se faisant aimer du plus petit comme du « plus grand ; » — « vous faites fort bien de mettre un « peut-être, car vous vous êtes toujours beaucoup ruiné à « promettre et enrichi à ne rien tenir ;... dites-moy si vous « ne connoitriez point un nommé François Boiron, qui est « de Cinq-Mars à cinq lieues de Tours ; on a dit aux parents « qu'il étoit à Léoganne ; il y a trente ans qu'on n'a reçu de « ses nouvelles » ; — du même au sieur Legendre : « Sans « vouloir excuser mon épouse, je conviendrai avec vous

« qu'il eût été plus naturel qu'elle eût dit à ma nièce de « vous faire le confident de tout ce qu'elle sentoit pour le « jeune homme en question, qui mérite à tous égards. Il « est rare d'en trouver qui soient aussi rangés et aussi stu- « dieux qu'il est, et qui aura un jour après la mort de son « père au moins 40,000 francs, » etc.

E. 2977. (Carton.) — 119 pièces, papier ; 6 cachets.

1771-1789. — Lettres de famille ou d'affaires adressées à M. et à Mme Labry par d'Ancenay ; — d'Andigné ; — d'Anquetil ; — Aubin, feudiste ; — Bachelier, feudiste ; — Beaufils ; — de Beaumont, notaire ; — Beaussier, curé de Cré ; — Béconnais ; — de Bellère ; — Bellion de La Bardorjère ; — Besrois ; — Bineau ; — Biteau — Bizard ; — Blanchard de Pégon ; — de Blou : « Je ne sçay com- « ment vous l'entendez, Monsieur Labry, de prétendre que « je dois signer un mémoire qui n'en est point un ; lors- « qu'on veut estre payé dés journées, il faut faire voir à « quoy on les a employées, etc. » ; — de Boisjourdan ; — Boisard de Lépinière ; — Bone ; — Boucault de La Gasnerie : « M. de Crochard a fait arpanter toutes les terres de « Fougeray et fait planter un poteau sur mon fief ; je vous « prie exstrêmement que nous finisions cette afferre ; il ne « faute pas luy laisser le temps que son pautau prenne « rasinne. Cette homme est hunique. »

E. 2978. (Carton.) — 139 pièces, papier ; 21 cachets.

1770-1786. — Lettres de Bouffard, procureur du comté de Maulevrier ; — Boumard ; — Branchy, curé de Chemiré-le-Gaudin ; — Brechet ; — Bretonneau : « Je crois « qu'il faut renoncer à la pension de ville pour mon gueux « de fils ; et il n'y aura plus pour lui que celles de force, « s'il ne change pas » ; — « je n'ai point entendu parler de « M. de Maillé ;... l'on est fort à pleindre, quand on a affaire « à de grands seigneurs, parce que le préjugé est presque « toujours pour eux ;... votre affaire fait un très-grand « bruit entre toute la noblesse des environs et ne poura ja- « mais que vous faire de très-grands torts » ; — Brindeau ; — Brocard, prieur du Loroux ; — Bruneau, notaire ; — M. et Mme de La Bardouillère : « Nous partons vendredy « pour Le Coudray, pour nous trouver à la célébration du « mariage de Mlle Du Coudray avec M. de Courtemblay, « gentilhomme du Vendomois, qui est à la teste de son « bien, n'ayant plus ni père ni mère ; c'est un party très- « avantageux. Le mariage n'a été proposé que des premiers « jours de janvier dernier, et le futur épousera à la segonde « visite qu'il verra sa maîtresse, etc. » — « je vous dirai « que mon frère le chevalier a été nommé pour suivre le « roy de Danemarq toutte les fois qu'il monte à cheval, et « que ce monarque luy a donné une bouëte d'or avec son « portrait » ; — « nous n'avions point sçu l'arrangement « pour l'archidiaconay. Ne vous semble-t-il pas que maistre « Simon a été un peu de la partie ? mais chut ! il faut laisser « agir, sans juger, les directeurs de nos consciences. »

E. 2979. (Carton.) — 119 pièces, papier ; 13 cachets.

1771-1788. — Lettres des sieurs Cadock, chevalier de Saint-Louis ; — Cailliot ; — Caminet ; — Carré ; — Chabault ; — Chambault ; — Chapeau ; — Chasteau ; — Chauvin ; — Chevallier ; — Chevreul : « Vous croyez donc qu'il « faut encore hasarder une lettre. En voici une. Je désire « qu'elle puisse réussir à réveiller un amour qui paroît « bien endormi. Je ne sais à quoi imputer ce silence ; ce « qui m'étonne, c'est qu'elle ne vous ait pas écrit. Peut-être « mes lettres ont-elles été découvertes et luy défend-on « d'écrire, etc. » ; — Clément ; — Coupeau ; — Coutelet ; — l'abbé de Crochard ; — Delalande ; — Delaporte ; — Delaroque ; — Delaunay de La Mothaye ; — Denis, capitaine du navire *la Vestale* ; — Desbouliez, curé de Montpollin ; — Desglacières ; — Desportes ; — Destouches ; — Deville ; — Drouin, — Dubois ; — Dubreuil, avocat ; — Dumas de La Forestrie ; — Dupont ; — Dureau ; — Falloux du Lys : « J'avais prié M. Labry de vouloir bien m'envoyer un re- « cueil de poésies et de morceaux de littérature, dont j'avais « été chargé par un jeune homme de Poitiers à mon dernier « voyage pour les faire présenter à l'Académie des Scien- « ces ; et comme l'examen des pièces n'avait pas encore été « fait, j'ay été obligé de les laisser à Angers, et ai chargé « M. l'abbé Jubeau de vous les remettre pour moy », etc. ; — Ferrière du Coudray ; — Follenfant, curé de Blaison ; — Fontenay ; — de Foucault ; — Foucher.

E. 2980. (Carton.) — 50 pièces, papier ; 32 cachets.

1771-1789. — Lettres de Fouquet ; — Fourier ; — Fourmond ; — l'abbé Fournier ; — Gaudon ; — Gaugain ; — Gault de La Chauvais ; — Gaultier ; — Gauné, chapelain de Blou ; — Gendron ; — Girault ; — Giroust Des Morelleries ; — Goujon de La Thibaudière ; — Groleau ; — Guichard, prêtre ; — Guy ; — Guyard-Grandmaison ; — de Harcourt ; — Hardouin ; — Hardy ; — Haye, notaire ; — de La Haye-Montbauld ; — Hérillard ; — Jehors : « Mademoiselle Péan « continue d'être très-contente de son sort, et elle pronon- « cera son *oui* le 3 octobre ; vous ne manquerez pas d'aller « répandre des larmes ; j'ai quelquefois vu pleurer quand « on devroit rire, etc. » ; — « M. de La Gherbonnerie est « premier assistant de son général ; il m'a prié instamment « de ne point en marquer la nouvelle dans vos cantons. « Vous aurez la bonté de n'en point parler. Il partit hier

« pour se rendre à Toussaints, dans le dessein d'y faire ses « paquets tout doucement... Il est remplacé à Toussaints « par M. Compain, qui étoit assistant; c'est un homme de « mérite. Manon le trouvera bien froid, si elle le voit, « comme je le pense; elle regrettera son prieur »; — Jouanneau; — Joubert; — Jouen.

E. 2981. (Carton.) — 44 pièces, papier.

1788-1789. — Lettres d'Auguste Labry, fils, écrites de Nantes à ses parents d'Angers : « Le 25 du présent, « conduit par le F. Monnier, j'ai été visiter les FF. de la « loge Saint-Germain. J'ai donné au vénérable la planche « dont j'étois porteur; il l'a lue lui-même à tous les frères; « le vénérable m'invita à assister au banquet; il y avoit « dans le jardin plusieurs drapeaux que des FF. capitaines « de vaisseaux avoient fait apporter avec une douzaine de canons que l'on faisoit partir à chaque santé »; — « lundi dernier, 13 de ce mois (octobre 1788), la Chambre des Comtes a fait sa rentrée à 10 heures du matin; il y a eu plusieur compliments; toutes les poissardes y furent faire leurs compliments, et ensuite se mirent à danser sous le vestibule, et lorsque madame la première présidente sortit, elles furent se jetter à son col pour l'embrasser; elle s'y prêta de la meilleure grâce... La pluspart des particuliers qui avoient illuminé avoient mis des inscriptions. Un cordonnier avoit mis : « Vive le Roy et le Parlement, ma femme et moy et mes trois enfants! »; un autre : « Rira bien qui rira le dernier! »; un autre avoit mis un petit bonhomme avec des lunettes, qui regardoit en haut, et il avoit mis au dessous : « Voilà un beau temps, pour peu que cela dure! » etc.; — la misère est si grande à Nantes, que malgré les immenses aumônes que l'on fait, il s'assembla hier à la maison de ville plus de 800 personnes; un maçon entra au bureau dire qu'il sçavoit où il y avoit un grenier de grain, dont les portes étoient murées. Un des membres, appelé M. Geslin, un des plus riches particuliers de Nantes, sortit avec cet homme. A peine fut-il dans la cour, qu'une vingtaine d'hommes sautèrent sur lui et l'ont rossé de la bonne manière, etc. » — Voir la suite de ce dossier à la série L.

E. 2982. (Carton.) — 84 pièces, papier.

1704-1789. — Lettres de : Catherine Labry; — Lalande, trésorier du séminaire Saint-Charles; — Lefebvre de Chasles : « J'ay certainement en vous toute la confiance « qui vous est due; mais pour ma tranquilité, vouderés-« vous bien consulter M. Thorode, et sur vos avis réunis, « je soutienderai ce que vous aurés décidés? » — de La Morie; — Lambert, notaire royal à Aubigné; — Lizambert : « M. de Boismarchais vient d'être mis à la maison de force « le huit de ce mois (mars 1785), pour avoir été soubçonné « d'être l'auteur d'une lettre indiscrète; les poètes Baugeois « ne seroient pas à leur aise dans ce païs-là pour se per-« mettre comme ils font parfois des sotises assés piquan-« tes... Depuis votre dernière séance, ces poètes Baugeois « ont fait une pièce de vers sur M. notre maire de ville.. »; — de Lamotte-Morel; — de Lamotte, prieur de Cheviré-le-Rouge; — de Laporte-Richebour; — Leblanc; — Lefebvre; — Legrand, bénédictin de Saint-Maur; — Lehoux; — Lejumeau; — Lemarié de La Crossonnière; — Lemée, notaire; — Lemercier de La Rivière; — Lemonnier; — Lenoir; — Letexier, bénédictin de Saint-Nicolas d'Angers : « Si vous m'aviez prévenu du prix de vos journées et de « celles de Messieurs vos clercs, j'aurois certainement lessé « notre chartrier dans l'état où il étoit avant que vous y « ayez travaillé. Je le connoissois, et je n'aurois pas eu « l'ennui et l'impatience d'en faire une nouvelle étude »; — Létourneau; — Lheureux; — Locheteau; — de Lossendière; — Louet de Cordaix.

E. 2983. (Carton.) — 80 pièces, papier.

1767-1789. — Lettres de Macé de La Motte; — Machefer-Deslormiers; — le comte de Maillé : « Tout le « monde se plaint de vous et moi le premier depuis long-« temps, comme vous savés, car je ne vous l'ai pas laissé « ignorer. Je trouve très-surprenant que vous touchiez mes « rentes et que vous ne m'en rendiez aucuns comptes. On « ne sait trop quel nom donner à cette conduite qui vous « est familière, etc. »; — le marquis de Maillé; — Maisonneuve, feudiste; — Malécot : « M. Maufilastre, porteur « de ma lettre, désire vous convenir; il n'a travaillé que « quatre mois à votre partie, mais il a toutes les disposi-« tions pour faire très-bien »; — de La Marsaulaye; — Marteau; — Massey, prieur de Saint-Florent; — Maugrain; — Mauléon; — Maupoint; — de Meaulne; — Meignan, feudiste; — Meleux, notaire royal; — Ménard; — Milscent, curé de La Flèche; — Mordret.

E. 2984. (Carton.) — 87 pièces, papier; 5 cachets.

1761-1786. — Lettres de Négrier; — Nicole; — Noël; — Normand; — Oreau; — Pasquerays — Pays-de-Lathan : « Je désirerais faire arpenter toutes mes landes;... « cette besogne demande un feudiste habile et intègre; « voilà pourquoi je m'adresse à vous de préférence »; — Pays-du-Vau; — Péan-Duchesnay : « M'étans trouvez « ceulle avec Madame l'abesse, elle m'a demandé mes der-« nières vollontés pour l'état osquel Dieu m'apellet; j'é été « obligée de ne lui rien chachée de ma fasson de pancée.

« *Je lui et dit mon dégous sur ce qu'il m'avet etté dit dans* « *sa maisons; tout cela m'a fait bien du chagrins; mès j'é* « *mieux etmal lui dirre que de mis sacrifier le reste de ma* « *vie, etc.* »; — Perrochel, abbé de Toussaint; — Pesse, curé de Savigné; — Picault; — Pineau : « Le parti que « vous me proposez m'est avantageux; mais un point essen« tiel est celui du goût, que je consulterai toujours. Ce « n'est pas que je sente de répugnence pour la personne en « question; comme cela n'est pas suffisant, je voudrois « avant de me décider la revoir pendant quelque temps « pour savoir si nous pourrions simpatiser ensemble et « vivre heureux »; — Pinson, curé de Brion; — Pont; — Pontonnier; — Poullet; — Prévost.

E. 2985. (Carton.) — 70 pièces, papier.

1760-1789. — Lettres de Rabouin; — Ratouis; — Raveneau; — Renaudin; — Claude Robin, curé de Saint-Pierre d'Angers : « L'on m'a dit qu'on avoit effacé ma « protestation au bas du compte de M. Bachelier; je ne me « souviens pas si nous l'avons mis avec les autres dans les « archives; c'est encore ce que nous devions faire »; — Saillant d'Épinatz; — Saint-Germain; — de La Cherière de Saint-Morand; — Senéchal; — de Shéridan; — Tacheron; — Taveau; — Thébault : « Je viens de vendre la balle de « cotton que M. Legendre m'a adressée. Je l'ai vendu au « comptant à charge d'escompte. Elle a pesée 244 livres, « mesme poids de l'Amérique; tiré 6 pour cent de tare; « c'est pour 232 livres, net, à 118 livres le cent; à déduire « l'escompte, fret du navire, frais de gabare, droits de pré« vosté, portefaix, magazinage, commission, reste net « 219 livres 11 sous »; — Thorode fils : « Je vous prie de « vouloir bien m'informer dans quelle situation est mon « père à mon égard; je suis sans le sou et sans savoir où me « retourner, à moins que je ne sois voleur de grand chemin « ou que mon père ne me fasse renfermer. Je suis sans bas « ni souliers et sans linge, ayant été obligé de laisser partie « de mes effets pour me tirer des auberges, etc. »; — dans une autre lettre, il écrit du Fort-Royal; il a été enrôlé de force et emmené aux Iles : « Je suis obligé de faire l'exer« cice à mon âge, et d'être exposé aux coups de bâton qui « se distribuent dans notre régiment sans aucun ménage« ment... Engagés mon père de diminuer mes peines, non « pas que je lui demande de repasser en France, mais de « me laisser libre dans l'île, et je ferai mes efforts pour « entrer chés un négotiant... sinon qu'il me fasse passer « dans la légion à Saint-Domingue... au lieu que je suis « avec des Allemands qui ne sont autre chose que des che« vaux »; — Tricault; — Trocherie; — de Vallière; — Viau; — Villeneuve, doyen de l'église d'Angers; — Vilmain. — Voir la suite de ce dossier à la série L.

E. 2986. (Carton.) — 1 pièce, parchemin.

1570. — LACHARME (de). — Lettres du roi Charles IX portant exemption du ban et arrière-ban pour N. de Lacharme, sieur de Givay.

E. 2987. (Carton.) — 3 pièces, parchemin; 2 pièces, papier.

1579-1624. — LACHAUSSÉE (de). — Acquêt par Nicolas de Lachaussée, sieur de La Bretonnière, d'une maison au village de Valettes; — et de vignes au clos des Nouelles, en la paroisse de Faye; — compte rendu par Jean de Lachaussée de la tutelle de Georges de Lachaussée, son fils; — partage entre Jean de Lachaussée, sieur des Gastines, et Gabriel Guinoiseau, sieur de La Tremblaye, de la closerie de Valettes.

E. 2988. (Carton.) — 1 pièce, papier.

1519. — LACHÈSE (de). — Acquêt par Nicolas de Lachèse de deux maisons en la rue Saint-Jean d'Angers.

E. 2989. (Carton.) — 2 pièces, papier.

1659-1678. — LADOUBÉ. — Testament de Pierre Ladoubé, maçon, portant fondation d'un service en l'église de Beaufort; — quittance de Pierre Ladoubé, tailleur de pierre, pour la construction d'une voûte sur un ruisseau au compte du sieur Jacques Regnault, chirurgien.

E. 2990. (Carton.) — 7 pièces, parchemin; 2 pièces, papier.

1577-1640. — LADVOCAT. — Procuration de Guy Ladvocat, échevin d'Angers, pour faire foi et hommage du fief de La Savinerie; — lettres royaux portant don et octroi à Maurice Ladvocat de l'office de conseiller laïc au Présidial d'Angers, « que soulloit tenir et exercer M. René « Brisset, vacquant à présent par sa forfaiture et rébellion « comme estant du nombre de nos ennemis ligueurs »; — extrait « des articles accordez par le Roy aux sieurs de « Hurtault et de La Houssaye Saint-Offange » pour la reddition du château de Rochefort, dans lesquels il est stipulé expressément en faveur de la réintégration du sieur Brisset en son office; — arrêts du Conseil et du Parlement de Paris et lettres patentes qui maintiennent Amaury Ladvocat en l'exercice dudit office; — acquêt par François Ladvocat de la métairie de La Savinerie; — fondation par Marie Ladvocat d'une messe hebdomadaire en l'église Saint-Pierre d'Angers.

E. 2991. (Carton.) — 14 pièces, parchemin; 12 pièces, papier (9 pièces doubles).

1480-1619. — LAFAYETTE (de). — « S'ensuit le fait « de noble et puissant missire Gilbert, seigneur de La

« Fayete et de Pontgibaut, mareschal de France, pour veoir « et cognoistre le bon droit qu'il a au chastel, chastellenie, « terre, mandement et seigneurie de Pontgibault, icelluy « soutenir et pour respondre et deffendre contre tout ce « que noble et puissant seigneur Pierre de Beaufort, sei- « gneur de Lymeulle, prétend, voudroit ou pourroit dire au « contraire »; — don par Gilbert de Lafayette à Antoine, son fils, de la seigneurie et du nom, armes et cri de Lafayette; — contrat de mariage d'Antoine de Lafayette avec Marguerite de Rouville; — aveu rendu par Gilbert de Lafayette à l'évêché de Clermont pour son château et forteresse de Pontgibault; — transaction entre Antoine de Lafayette, capitaine de Boulogne-sur-Mer, et Jean de Lafayette, au sujet de leurs droits respectifs dans la succession de la branche aînée; — partage par Antoine de Lafayette de ses biens entre Françoise de Pérousse, sa femme, Louis, Gilbert et Jean, ses enfants, et François de La Tour, son petit-fils; — contrat de mariage de Louis de Lafayette avec Anne de Vienne; — don par Claude de Lafayette à son cousin Louis de Lafayette des seigneuries et châtellenies de Saint-Romain, Menonville et Arominville; — « actes con- « cernant le mariage de dame Jacqueline de Lafayette avec « Messire Guy de Daillon, comte du Lude »; — contrat de mariage de Jean de Lafayette, sieur de Hautefeuille, avec Marguerite de Bourbon-Busset, etc.

E. 2992. (Carton.) — 1 pièce, parchemin.

1758. — Laforgue. — Acquêt par Pierre Laforgue d'une maison et de terres en la paroisse de Vivy.

E. 2993. (Carton.) — 1 pièce, papier.

1654. — Lagouz. — Lettre de Lagouz, administrateur de l'Hôtel-Dieu d'Angers, écrite de Paris à son frère, orfèvre à Angers, pour lui demander compte de ses affaires et l'envoi de papiers nécessaires au jugement des causes qu'il poursuit.

E. 2994. (Carton.) — 2 pièces, papier.

1701-1704. — Lagrue. — Extraits de l'acte de mariage de Guillaume Lagrue avec Renée Delue, et de l'acte de baptême de leur fils, Jean Lagrue.

E. 2995. (Carton.) — 1 pièce, papier.

1556. — Laguette. — Acquêt par Nicolas Laguette de la métairie du Portau en la paroisse de Rochefort.

E. 2996. (Carton.) — 1 pièce, parchemin; 7 pièces, papier; 1 sceau.

1524-XVIIIe siècle. — Lailler. — Acquêt par Jean Lailler des métairies des Cormiers et de La Gorgeardière dans les paroisses de La Chapelle-sur-Oudon et de Marans; — ratification par Jacquette Paillault de l'acquêt fait par François Lailler, son mari, de vignes en la paroisse de Chantocé; — partage entre Jacques et Jacquine Lailler de la succession de Perrine Boureau, leur mère; — contrat de mariage de Jacques Lailler, sieur de Lépinay, avec Anne Pierres; — de René Lailler, marchand bonnetier, avec Jacquine Rousseau; — vente par Antoine Lailler, sieur de La Chesnaye, à Nicolas Déan, de sa terre du Haut-Rossignol en la paroisse de Louvaine; — notes généalogiques du feudiste Audouys.

E. 2997. (Carton.) — 8 pièces, papier.

1700-1764. — Lambert. — Acquêt par René Lambert d'une maison à Mazé; — prise à bail par Michel Lambert de prés en la paroisse de Denée; — fragment de généalogie d'Anne Gaudin et de Mathurin Lambert; — notes du feudiste Audouys.

E. 2998 (Carton.) — 8 pièces, papier.

1591-1711. — Lamoureux. — Testament de Renée Heaulme, veuve de Thomas Lamoureux, portant fondation d'une messe annuelle en l'église de Saint-Maurille; — acquêts par Pierre Lamoureux, huissier, et par Jean Lamoureux, marchand, de vignes en la paroisse du Puy-Notre-Dame; — résolution de la société de commerce conclue entre Brigitte Lamoureux et Victoire Chauvereau; — acquêt par Marie Lamoureux de prés en la paroisse de Soulaine.

E. 2999. (Carton.) — 2 pièces, parchemin.

1745-1765. — Lamy. — Acquêt par Jean Lamy, sieur de La Giraudière, de la métairie de La Gautresche en la paroisse de La Jubaudière; — sentence d'émancipation de Jean, Marie et Félicité Lamy, enfants de Jean Lamy et de Rose-Edmée Jobet.

E. 3000 (Carton.) — 9 pièces, parchemin; 23 pièces, papier; 2 sceaux.

1406-XVIIIe siècle. — Lancrau (de). — Acquêt par Jean de Lancrau de prés en la vallée Bruneau; — contrat de mariage de Girard de Lancrau avec Isabeau Touchard; — testament de Guillemine de La Chesnaye, veuve de Jean de Lancrau, portant fondation de messes en la chapelle de son château de Lancrau; — rachat par François de Lancrau d'une rente par lui due au seigneur de Chantocé sur la terre des Pierres-Blanches; — vente par Jacques de Lancrau, sieur du Tertre, à Jean Chantelou, greffier de l'Élection d'Angers, des domaines de La Haute-Porée, La Jouandière et La Palud; — contrat de mariage de Jacques de Lancrau, sieur de Piard, avec Charlotte Séguin; — présentation par Marc-Antoine de Lancrau des chapelles de La

Motte-Boisrayer en la paroisse de Saint-Péan, et de Saint-Blaise en l'église paroissiale de Méral; — fragment d'une généalogie; — notes et extraits généalogiques par le feudiste Audouys.

E. 3001. (Carton.) — 1 pièce, papier.

1661. — LANDAIS. — Partage de la succession de Marguerite Fillon, femme de René Landais, entre Israël Malville, Sainte Lebouvier, Madeleine Raimbault et Jean Charon

E. 3002. (Carton.) — 2 pièces, papier.

1769-1783. — LANDEAU. — Acquêt par Antoine Landeau de terres et prés dans les paroisses de Juvardeil et de Villevêque.

E. 3003. (Carton.) — 4 pièces, parchemin; 8 pièces, papier.

1519-XVIII° siècle. — LANDEVY. — Procuration passée par Jean Landevy, échevin, à René Landevy, son fils, pour le représenter en toute affaire; — acquêt par Laurent Landevy de la maison de Lavau en Savennières; — extrait de l'acte de partage de la succession de Pierre Landevy, sieur des Vaux-de-Chaumont; — constitution d'une rente de 66 livres au profit d'Ysabelle de Landevy; — présentation par François de Landevy, curé du Louroux-Béconnais, de la chapellenie de Saint-Sébastien; — inventaire des meubles et papiers d'Ély Landevy, licencié en Sorbonne; — fragments de généalogies par le feudiste Audouys.

E. 3004. (Carton.) — 1 pièce, papier.

1687. — LANDREAU. — Acquêt par Augustin Landreau, prêtre, Pierre Landreau, sieur de L'Isle, et Marguerite Landreau, d'une terre dans la grande île de Chalonnes-sur-Loire.

E. 3005. (Carton.) — 1 pièce, papier.

XVIII° siècle. — LANGELLERIE (de). — Note du feudiste Audouys sur la famille de Langellerie.

E. 3006. (Carton.) — 1 pièce, parchemin.

1553. — LANGEVIN. — Acquêt par Jean Langevin de partie du Champ-Marais *alias* des Trois-Maures, à Angers.

E. 3007. (Carton.) — 1 pièce, parchemin; 4 pièces, papier.

1498-1752. — LANGLOIS. — Lettres de libre exercice délivrées à Mathurin Langlois par Jean Peluon, « par la « haulte et divine clémence, Roy triumphant de la basoche « d'Angiers : comme despiecza par meure délibéracion des « gens de nostre conseil eussions ordonné tous ceulx, qui « de la plume font mestier, estre convocquez en nostre dit « conseil pour nous faire hommage une fois en leur vie et « payer le treheu qui nous est deu... sur les peines par « nous indulctes... Mathurin Langloys s'est comparu en « nostre dit grant conseil lors tenant ès-halles... voluntai-« rement a payé son profficial et joyeulx advénement tauxé « à la somme de 27 sols 6 deniers tournois;... lequel avons « reçeu de nostre benigvolance à homme et vassal, et luy « avons permis pour l'advenir joyr par tout nostre dit « royaulme des droitz, honneurs, proufitz, franchises et « libertez basochiaulx »; — *présentation par René-Thomas* et Jacques Langlois de la chapelle des Trois-Échelles en l'église Saint-Jullien d'Angers; — apposition de scellés sur la succession de Jullien Langlois; — acte d'émancipation de Marguerite et Pierre Langlois, ses enfants; — acquêt par Nicolas Langlois de terres à Vaudelenay.

E. 3008. (Carton.) — 1 pièce, papier.

1711. — LANON. — Testament de Marie Lanon, servante de Louis Caton de Court, abbé de Saint-Georges-sur-Loire.

E. 3009. (Carton.) — 1 pièce, papier; 1 pièce, parchemin.

1663-1666. — LANOUE (de). — Acquêt par Pierre de La Noue d'une rente de 47 livres sur les héritiers de Jean Bretheau; — acte baptistaire de Jeanne, fille de Pierre de Lanoue.

E. 3010. (Carton.) — 2 pièces, parchemin; 23 pièces, papier; 1 sceau.

1490-XVIII° siècle. — LANTIVY (de). — Accord entre Guillaume de Lantivy et Marguerite de Lantivy, veuve de Jean Betault, pour le partage des successions de Guillaume et Jean de Lantivy; — contrat de mariage de Jeanne de Lantivy avec Jean de La Villegué; — partage de la succession de Guy de Lantivy; — présentation par Jean de Lantivy de la cure de Niafle; — partage de la succession de Jean de Lantivy entre Pierre de Lantivy et René de Marbré; — contrat de mariage de Pierre de Lantivy, sieur de Quermaingny, avec Françoise de Mauméchin; — de Louis de Lantivy avec Marie Gouin; — *présentation par Louis* de Lantivy, sieur de L'Ile-Tison, de la chapelle seigneuriale de La Charbennais; — accord entre Louis-Pierre de Lantivy, François Lefèvre de Laubriere et René de Dieusie pour le partage de la succession de Renée Guebéry; — lettres de Gastineau, avocat, conseiller de l'Hôtel-de-Ville d'Angers et de MONSIEUR, à M. de Pétigny, et mémoire concernant les droits de la famille Viel dans la succession de mademoiselle de Lantivy; — « mémoire instructif pour « diviser la succession mobilière de Roze-Isidore Duvergier « du Pont dans l'estoc Lantivy »; — note et fragments de généalogies par le feudiste Audouys.

E. 3011. (Carton.) — 1 pièce, parchemin.

1661. — LAPIERRE. — Acquêt par Gilles Lapierre d'une maison rue Lyonnaise à Angers.

E. 3012. (Carton.) — 1 pièce, papier.

1656. — LAPOUSTOIRE. — Acquêt par Étienne Lapoustoire de terres et vignes en la paroisse des Rosiers.

E. 3013. (Carton.) — 8 pièces, parchemin; 16 pièces, papier.

1280-XVIIIe siècle. — LASNIER OU LANIER. — « Essais de généalogies avec extraits des actes de baptême « et de décès » de la famille Lasnier; — fondation par « Herbert Le Lanier » et Alice, sa femme, du prieuré de La Papillaye, près Angers (avec une note autographe de Pocquet de Livonnière); — partage entre François Lasnier et ses frères puînés de l'héritage de Jean Lasnier et de Marie Regnault; — testament d'Isabeau Lasnier, dame de Guillerargues et de Castera en Bazadois, veuve de Pierre de Lavergne; — acquêt par Guy Lasnier, sieur de Leffretière, de 20 livres de rente sur les Tailles d'Angers; — partage entre Jean-Jacques Lanier, sieur de Sainte-Gemmes-sur-Loire, Guy Lanier, sieur de Leffretière, Claude Lanier, sieur des Aistres, René Juffé et Charlotte Lanier, Simon Saguer et Charlotte Lanier, Pierre Jousselin et Isabeau Lanier, de la succession d'Isabeau Collin, leur mère, femme de Guy Lanier de Leffretière; — fondation par Madeleine Lasnier en l'église Saint-Pierre d'Angers d'un salut en musique le jour de la Pentecôte; — lettre du sieur de Lanoue-Collin à Lanier de Leffretière, son cousin : « reste à « respondre touchant les Capucins, lesquelz je désirerois « de très-bon cœur estre bien establis à Saumur, comme « aussi les Pères Récollets. Nous ne pouvons avoir trop de « telz voysins; mais je double que nous puissions parvenir « ni à l'ung ni à l'aultre, veu les contradictions qui ce trou- « vent, les uns désirantz les Récollectz, auquel nombre je « suis embarqué de longue main, et leur misère m'i porte; « les aultres, les Capucins que je souhaiterois pareillement, « les Récollectz estant préallablement placés; d'aultres ne « désirantz ni les uns ni les aultres. Je vous diray, s'il vous « plaist, que ma porte d'affection aux Récollectz, c'est leur « probité, la réformation où ilz tendent, les traverses qu'ilz « souffrent pour le nom de Dieu, l'impossibilité que je « prévoy en la suite de cette réformation... Pour le loge- « ment de messieurs les Capucins, les Récollectz estantz « accommodez, on essaiera à dresser audit couvent quel- « ques cellules pour les recevoir, et jusques à ce que cela « soit faict, j'ay ma maison que je leur offre, et prendray à « honneur de les bienvenir. »

E. 3014. (Carton.) — 26 pièces, papier; 7 pièces, parchemin; 1 sceau.

1602-1644. — Acquêt par Claude Lanier, sieur des Estres, de la seigneurie de Saint-Lambert-la-Potherie; — par François Lanier, de la seigneurie de La Basse-Guerche; — testament d'Angélique Davy, femme de François Lanier, sieur de Sainte-Gemmes-sur-Loire, portant, entre autres legs, don aux Récollets de La Baumette de 400 livres « pour estre employées à la confection et bastiment d'ung « hospice pour la retraicte et commodicté des malades de « ladite maison »; — contrat de mariage de François Lanier, grand rapporteur de France, avec Jeanne Licquet; — acquêt par François Lanier, lieutenant général en la sénéchaussée d'Anjou, de l'office de président au présidial d'Angers; — contrat de mariage d'Adrien de Crespy avec Marie Lanier; — lettres de sauvegarde pour les titres de Sainte-Gemmes, Vernusson, la Basse-Guerche, La Fautière et autres domaines et seigneuries appartenants à François Lanier (avec signature autographe de Louis XIII et sceau); — testament de Renée Grimaudet, veuve de Jacques Lanier, sieur de Leffretière; — cession par le chapitre Saint-Martin de tous ses droits de seigneurie sur la terre de Sainte-Gemme-sur-Loire; — acquêt par Jacques Lanier du fief de Couligné; — contrats de mariage de Jean-Jacques Lanier avec Marie Trouillet; — de Guillaume Lanier, sieur de Baubigné, avec Marthe Lefebvre.

E 3015. (Carton.) — 4 pièces, parchemin; 29 pièces, papier.

1645-1724. — Procès-verbaux d'acceptation par Laurent Lanier, seigneur de La Guerche, en sa qualité de maire d'Angers, des priviléges de la noblesse d'échevinage; — inventaires des titres et papiers de Renée Grimaudet, veuve de Jean-Jacques Lanier; — offre d'hommage par Guillaume Lanier à la seigneurie de Ruillé pour raison de son fief de Méformont et de la forêt d'Aubert; — testament de Guy Lanier, sieur de La Brosse; — partage du tiers de sa succession entre François Lanier, baron de Sainte-Gemme, René Lanier, aumônier du Roi, Laurent Lanier, ancien président au Présidial d'Angers, Adrien de Crespy et Marie Lanier, Jean-Jacques Lanier, sieur de La Guerche; — inventaire des titres et papiers dépendant de la succession de Jean-Jacques Lanier, sieur de La Guerche et de Vernusson; — transaction entre sa veuve et ses héritiers; — consultation de M. Perchambault de La Bigotière au sujet d'une rente constituée par Charlotte Lanier sur le lieu de L'Échasserie; — fondation par André Lasnier, correcteur et chanoine de La Trinité d'Angers, de deux messes hebdomadaires en ladite église; — état des propres dépendant de la succession de Jean-Jacques Lanier; — inventaire des titres et papiers de Louise de Méguyon, sa veuve.

E. 3016. (Carton.) — 2 pièces, papier.

1575-1596. — Lasse. — Partage des successions de Renée Lecommandeulx, femme de Jean Lasse, de Mathurin Hoyau, procureur de Cholet, et de Jean Lasse de Brechigné.

E. 3017. (Carton.) — 1 pièce, papier.

XVIIIe siècle. — Laubier (de). — Notes généalogiques par le *feudiste Audouys* sur la famille de Laubier, seigneur de Laubier, paroisse de Grez-en-Bouère, et du Tertre, paroisse de Chastelain.

E. 3018. (Carton.) — 1 pièce, papier.

1790. — Launay. — Partage des successions de Jean et de Pierre Launay entre Pierre Bassel, Gabriel, Marguerite, Michel et Nicole Launay et Jacques Lebreton.

E. 3019. (Carton.) — 7 pièces, papier.

1617-XVIIIe siècle. — Launay (de). — Inventaire des meubles dépendant de la succession de François de Launay et de Joachine Fautras, sa femme; — acquêt par Pierre de Launay, chirurgien, d'une rente de 20 livres sur Jean Panchien; — notes du feudiste Audouys sur les familles de Launay de La Mottaye et de Launay de La Maldemeure.

E. 3020. (Carton.) — 2 pièces, papier.

1705-1771. — Laurandeau. — Acquêts par Pierre Laurandeau de terres et vignes à La Bantée, paroisse de Brigné, et au Roncheré, paroisse d'Ambillou.

E. 3021. (Carton.) — 1 pièce, papier.

1709. — Lauranceau. — Partage de la succession de Jean Lauranceau, sieur du Reville, entre Jean Lauranceau et Marie, Françoise, Marguerite et Perrine, ses sœurs.

E. 3022. (Carton.) — 6 pièces, parchemin; 12 pièces, papier.

1411-XVIIIe siècle. — Laurens ou du Laurens. — Vente par Jean Laurens, valet, seigneur de Maussifrotte, à Guillemette Gauterelle du lieu de La Billonnière en Cleré; — aveu rendu par Denis Laurens pour son fief de Maussifrotte à la seigneurie de La Fougereuse; — acquêt par Louis Laurens, de tous les droits de Macé Audigier dans le village des Brandes; — contrat de mariage de Philippe Laurens avec Anne Savary; — acquêt par Louis Laurens de tous les droits de François Foucquet de Beaurepaire dans le village de La Billonnière; — don par Antoine Laurens à Françoise Laurens, sa sœur, des métairies de La Hardouinière; — dispenses de *consanguinité* pour le mariage de Pierre Laurens, sieur du Joreau, avec Mélanie Leclerc; — notes et extraits généalogiques par le feudiste Audouys, etc.

E. 3023. (Carton.) — 1 pièce, parchemin.

1501. — Lavaine. — Engagement consenti par Charles du Plessis, sieur de La Bourgonnière, un des cent gentilshommes de l'hôtel du Roi, au profit de Jean Lavaine, trésorier et receveur général de l'artillerie du Roi, « pour « raison de la vendicion d'un diamant en table, une grosse « aymeraulde, et une petite, et d'un ruby en façon de « *lerme*. »

E. 3024. (Carton.) — 48 pièces, parchemin; 34 pièces, papier; 12 sceaux.

1272-XVIIIe siècle. — Laval (de). — Bail par *Guy de Laval à Jean Pichot de vignes à la Croix-Verte*, près Angers; — testament de Guy de Laval; — vente par Jean de Laval de la terre de Louvrinière en Saint-Florent-Le-Viel; — aveu rendu par Guy de Laval au château de Berrye pour sa terre de Baugé, près Le Puy-Notre-Dame; — présentation par Guy de Laval de la cure de Saint-Martin de Parcé; — par René de Laval de la chapelle Saint-Jacques de Loueille; — par Pierre de Laval de la chapelle Sainte-Catherine d'Andrezé; — par René de Laval de la chapelle de Boisdauphin; — par François de Laval de la chapelle de Saint-Sébastien de Marcillé; — par Gilles de Laval de la chapelle de Saint-Jacques de Bené; — par Guy de Laval de la chapelle Sainte-Marthe de La Ménitré; — par Claude de Laval de la chapelle Sainte-Anne du Plessis-Clérembault; — traité entre Madeleine de Laval, veuve *d'Henri-Louis d'Allogny*, maréchal de France, et la supérieure des filles de la Propagation de la Foi d'Angers pour la fondation et le service de l'hôpital de Craon; — état des biens de Guy-André de Laval; — quittance de la somme de 24,300 *livres léguée* par l'abbé Hilaire-Guy de Laval à la marquise de Soyecourt; — constitution par Guy-André de Laval à Anne Parker de Redmond d'une rente de 300 livres; — à Élisabeth Rouillé, duchesse de Châtillon, et à Alexandre-Joseph de Montmorency d'une rente de 1535 livres; — note du feudiste Audouys, etc.

E. 3025. (Carton.) — 2 pièces, papier.

1591-1606. — Lavocat (de). — Lettres de provisions pour Amaury de Lavocat de l'office de conseiller laïc au présidial d'Angers; — testament d'Isabelle Lavocat, portant fondation de trois messes en l'église de La Trinité d'Angers.

E. 3026. (Carton.) — 3 pièces, papier.

1595-1650. — Lavollé. — Acquêt par Jean Lavollé du champ de L'Ouche-Marteau; — de partie de la gagnerie des Prousteaux, paroisse des Rosiers; — et d'une maison au Champillon; — sentences du sénéchal de Fontevrauld portant condamnation contre Julien Lavollé de payer les arrérages d'une rente de 6 sols due par lui à l'abbaye.

E. 3027. (Carton.) — 2 pièces, papier.

1691-1697. — Lavoue (de). — Contrat de mariage d'Antoine de Lavoue avec Marie de Remeffort; — renonciation par lesdits époux à la communauté des biens établie par le contrat de mariage entre M. et Mme de Boisguinaut.

E. 3028. (Carton.) — 1 pièce, parchemin; 1 pièce, papier.

1602-1612. — Leau. — Partage de la succession de Renée Leau, femme de Guillaume Bigotière, veuve en premières noces de Jean Boceau; — testament de René Leau, sieur de Beauchesne, portant fondation d'une messe par semaine en l'église de Chantocé.

E. 3029. (Carton.) — 9 pièces, parchemin; 1 pièce, papier; 6 sceaux.

1568-1597. — Léaumont (de). — Renonciation par Jean de Léaumont, sieur de Puygaillard, « gouverneur et « lieutenant pour Sa Majesté au pays d'Anjou en l'absence « de Monseigneur le duc de Montpensier et de Monsieur de « Chavigny » à tout droit sur le lieu de Varenne, près Moulines; — présentations par ledit sieur de Léaumont et Marie de Maillé, sa femme, aux chapelles de Montplacé, du Plessis-Bourré, de La Conception et de Saint-Jacques en l'église de Bourg, de Sainte-Anne en l'église de Jarzé, de la cure des Tuffeaux (avec 7 signatures autographes de Puygaillard et 1 de Mme de Maillé); — contrat de mariage de Jean de Léaumont, maréchal général des camps et armées de France, baron de Biou, seigneur de Puygaillard, avec Françoise de Puy-du-Fou; — acquêt par Françoise de Puy-du-Fou, veuve du sieur de Puygaillard, d'une maison en la rue Lyonnaise d'Angers; — présentation par ladite veuve de la chapelle de Saint-Jean en l'église de Vern (avec signature autographe).

E. 3030. (Carton.) — 5 pièces, parchemin; 3 pièces, papier.

1519-1647. — Leballeur. — Contrat de mariage de François Leballeur avec Françoise Gouevrot; — partage de la succession d'Alexandre Leballeur entre ses enfants; — offre d'hommage par François Leballeur à Jean d'Étouteville pour son fief de Chanceaux en la paroisse de Saint-Jorm de Blavon; — partage entre François, Jacques et Jean Leballeur des successions et biens restés entre eux en communauté; — contrats de mariage de Jacques Leballeur avec Anne Dubreil; — « information de vie et mœurs, « relligion catholicque, apostolicque et romaine et faicts « d'armes de noble homme messire Robert Leballeur, « chevalier, seigneur de Landres, pourveu de l'estat et office « de bailli du Perche. »

E. 3031. (Carton.) — 2 pièces, papier.

1598-1700. — Lebarbier. — Partage des successions de Jacques Lebarbier et de Marie Roger entre François Mousteau et Pierre Lemanceau, leurs gendres; — de Jean Lebarbier et de Madeleine Pierre entre Madeleine Lebarbier, veuve André Gomme, Jean, René et François Lebarbier et René Rivier.

E. 3032. (Carton.) — 23 pièces, parchemin; 39 pièces, papier.

1485-XVIIIe siècle. — Lebascle. — Mandat d'amener contre Jocale et Jean Lebascle, du Puy-Notre-Dame, « pour excès et violences en la personne de Jean « Quétineau, sa femme et sa chambrière »; — acquêt par Hardouin Lebascle de 30 livres de rente sur la seigneurie de Rouzay en la paroisse de Vaudelenay; — contrat de mariage de Girard Lebascle avec Renée Joubert; — factum pour le même contre Jonas de Baranger, sieur de La Guitterie, et Jacob Fouquet, sieur de Beaurepaire, au sujet de rentes dues pour la seigneurie du Coustau; — lettre du sieur Champeigne au greffier Lebascle, son cousin : il lui donne rendez-vous pour le voyage de Paris « soit en ba- « teaux jusques à Orléans ou à cheval, d'aultant que l'eau « est forte et le vent foible »; — présentation par François Lebascle de la chapelle seigneuriale de son château de La Rivière en la paroisse de Chouzé; — hommage rendu par Louis Lebascle à la seigneurie de Cernusson pour sa terre de La Jumeraye en la paroisse de Faveraye; — procuration de René Lebascle pour vendre ledit fief; — commission pour informer, sur la plainte de Girard Lebascle, sieur de La Haye, des injures et menaces à lui faites par René et Antoine Du Rivau; — présentation par Gabriel Lebascle, sieur du Pin, de la chapelle Saint-Nicolas de Nantilly; — procuration en blanc de Pierre Augeneau pour résigner en son nom, au profit de Philippe Lebascle, sieur de Thaisé, son office de juge-magistrat au Présidial de Tours et d'assesseur en la maréchaussée provinciale de Touraine; — mémoire pour Élisabeth Paris, veuve de Philippe Lebascle, contre Philippe Rochain prétendant droit au prix dudit office; — contrat de mariage de Balthasar Lebascle avec Jeanne Picault; — procès entre Marie-Élisabeth Lebascle, veuve de René-Luc Gibot, et Jeanne de Brion, veuve de François Guitière, au sujet de la succession d'Uriel Chiron; — notes généalogiques par le feudiste Audouys.

E. 3033. (Carton.) — 1 pièce, papier.

1775. — Lebault. — Acquêt par Marie-Renée Lebault de la seigneurie de La Morinière.

E. 3034. (Carton.) — 3 pièces, parchemin ; 3 pièces, papier.

1568-XVIIIe siècle. — LEBEL. — Rachat par René d'Aubigné, sieur de La Jousselinière, sur René Lebel, sieur de La Jaillère, des terres de La Petite-Ferrière et du Hardray; — constitution par Guillaume Lebel, sieur de Bussy, d'une rente de 60 livres au profit de Cyprien Lebel, son fils, prieur de Châteaumur; — vente par Catherine de Blacvot, veuve de Guillaume Lebel, de l'office de président en la sénéchaussée de Saumur; — traité pour la pension de Marie-Renée et de Georgine-Louise Lebel de Lesnen, religieuses novices au Ronceray d'Angers; — vente par Guy-Claude Lebel, sieur de La Jaillère, à la comtesse de Raffetot, d'une maison rue Lyonnaise; — notes généalogiques par le feudiste Audouys.

E. 3035. (Carton.) — 1 pièce, papier.

XVIIIe siècle. — LEBENEUX. — Note du feudiste Audouys sur la famille Lebeneux, seigneur de La Polinière en la paroisse de Saint-Florent-le-Vieil, et de Mermande en la paroisse de La Fosse-de-Tigné.

E. 3036. (Carton.) — 1 pièce, parchemin.

1516. — LEBER. — Testament de Françoise Leber, veuve de Jean Baillard, portant fondation d'un anniversaire en l'église des Carmes d'Angers.

E. 3037. (Carton.) — 2 pièces, parchemin ; 2 pièces, papier, 1 imprimée.

1508-1674. — LEBEUF. — « Généalogie [imprimée] « des Beufs de la ville de Saumur » ; — arrêt du Parlement de Paris qui ordonne le remboursement à François Lebeuf de son office d'assesseur du prévôt des maréchaux de France; — lettres de prêtrise d'Adam Lebeuf; — brevet de lieutenant du prévôt des maréchaux de France pour Adam Lebeuf, sieur de La Motte.

E. 3038. (Carton.) — 1 pièce, parchemin.

1500. — LEBIDAULT. — Testament de Michel Lebidault, prêtre, portant fondation de messes et services en l'église de Pommerieux.

E. 3039. (Carton.) — 3 pièces, parchemin ; 6 pièces, papier.

XVIIIe siècle. — LEBIGOT. — Inventaire de la succession mobilière d'Antoine Lebigot; — contrat de mariage de Louis Lebigot, sieur du Coudray, avec Renée Foullon; — traité pour la pension de Marie et de Marguerite Lebigot, religieuses à Fontevrauld; — cession par François Foullon à Antoine Lebigot d'une créance de 3,617 livres sur François Deschamps, receveur des tailles à Baugé; — arrêt du Conseil d'État portant surséance et délai d'an et jour au profit de Marie Leféron, veuve de René Lebigot, sieur de Cherbon, contre les créanciers de son mari; — mandat d'informer contre les particuliers qui chassent ou pêchent dans les propriétés de Marthe Lebigot de Gastines; — notes du feudiste Audouys.

E. 3040. (Carton.) — 6 pièces, papier.

1553-1749. — LEBLANC. — Acquêt par Jean Leblanc, prêtre, d'un clos de vigne en la paroisse Saint-Samson d'Angers; — testaments de Jeanne Fayau, femme de Jacques Leblanc; — de Michelle Leblanc, femme d'Ambroise Dabattant : « Je veux estre pourtraicte au mieux qu'il soit « possible, et que mon pourtraict soit mins et planthé dans « l'église où sera ma sépulture pendant que l'on y fera le « service à mon intention, et en après mis et porté en tel « endroict qu'il plaira à mondict mary »; — d'Anne Leblanc, dame de La Trimolerie, portant élection de sépulture en l'église des Cordeliers d'Angers; — partage entre Étienne Leblanc et Christophe Trouvé des successions de Louise Morin et de Marguerite, Marie et Louise Leblanc; — nomination de Marc Jolly à la curatelle des enfants mineurs de François Leblanc et de Louise Davau.

E. 3041. (Carton.) — 2 pièces, papier.

XVIIIe siècle. — LEBLOY. — Notes du feudiste Audouys sur la famille Lebloy.

E. 3042. (Carton.) — 10 pièces, papier.

1782-1789. — LEBOLLOCH. — Extrait mortuaire du lieutenant de frégate Lebolloch, décédé au Cap; — testament d'Anne Ton, veuve Lebolloch, portant divers legs au profit du Bon-Pasteur et des Capucins de Saint-Servan; — procès-verbal de l'état de la chapelle de Beaulieu, paroisse de Nozay, appartenant à Robert-Thomas Lebolloch; — accord entre Robert-Thomas Lebolloch, prêtre, et Anne-Catherine Lebolloch, sa sœur, veuve d'Ursin Chenu, pour le partage de la succession d'Yves Lebolloch, leur père; — mémoire de l'argent reçu en avancement d'hoirie par l'abbé Lebolloch; — démission par ledit abbé de sa chapelle de La Rouletrie en la paroisse de Bécon; — baux à ferme par le même de terres et prés en la paroisse de Saint-Augustin d'Angers. — Voir la suite de ce fonds à la série L.

E. 3043. (Carton.) — 2 pièces, papier.

1695. — LEBORGNE. — Acquêt par Claude Leborgne et Antoinette Rogon, sa femme, des seigneuries de La Cochère et du Bois-Tillac en la paroisse du Pèlerin.

E. 3044. (Carton.) — 2 pièces, parchemin; 1 pièce, papier.

1489-1612. — LEBOUCHER. — Accord entre Catherine Robinart, épouse de Jean de Boislanfray, et Henri

Leboucher, écuyer, archer de la garde du Roi, au sujet de la dot de Rose de Boislanfray, femme dudit Leboucher; — entre Robert Bineteau, et Jean Leboucher, au sujet d'une rente due sur la terre de Boislanfray; — acquêt par Jacques Leboucher, bourgeois de Paris, de l'office de conseiller du Roi, receveur des tailles en l'élection du Mans.

E. 3045. (Carton.) — 2 pièces, parchemin; 1 pièce, papier.

1647-1668. — LEBOULLEUR. — Acquêt par Antoine Leboulleur d'une compagnie d'infanterie au régiment de Chemerault; — contrat de mariage d'Antoine Leboulleur, sieur de La Calabrière, maréchal des batailles des armées du Roi, capitaine et major au régiment d'Estrades, avec Charlotte de La Louppe; — partage entre Antoine Leboulleur et Charlotte de La Louppe, d'une part, Jean de La Louppe et Marie de La Louppe, d'autre, des successions d'Anne de Foil, dame de Courcelles, et de René de La Louppe.

E. 3046. (Carton.) — 2 pièces, papier.

XVIIIe siècle. — LEBOUTEILLER. — Notes du feudiste Audouys sur la famille Lebouteiller, seigneur de La Gougeonnaye, de La Gaulerie, de La Meiguanne et de La Bissachère.

E. 3047. (Carton.) — 1 pièce, papier.

1716. — LEBOUTEUX. — Partage de la succession d'Antoinette Regnault, veuve de Michel Lebouteux, entre Charles Billet-Despréaux, sous-gouverneur des pages de la grande écurie, Élisabeth Billet, femme de Pierre de La Vergne, conseiller du Roi au Châtelet, et Claude-Ferdinand Alvarez.

E. 3048. (Carton.) — 3 pièces, parchemin; 12 pièces, papier.

1586-1669. — LEBOUVIER. — Partage entre Charles-Gervais, René Lebouvier, receveur de Beaufort, et Élisabeth Lebouvier de la succession de René Bougnereau; — accord entre René Lebouvier, Jacquette Richard et René Ansin, au sujet de ladite succession; — testament de Marie Lebouvier, femme d'Antoine Bourceau; — inventaire de la succession mobilière de René Lebouvier; — procuration de René Lebouvier, sieur du Cléray, son fils; — transaction portant annullation de la promesse de mariage faite par Mathurin Lebouvier à Isabelle Bellanger; — constitution par Timothée et Claude Breillet d'une rente de 58 livres à Nicolas Lebouvier.

E. 3049. (Carton.) — 3 pièces, papier.

1639-XVIIIe siècle. — LEBRET. — Procuration donnée par Martin Lebret, marchand de Meun-sur-Yèvre, pour percevoir une créance de 1500 livres sur Bertrand Lecourt, notaire à Angers; — requête de Vincent Lebret, écuyer, afin d'être autorisé à faire poursuivre l'enquête pour voies de faits et violences contre Jean-Philippe Basille, receveur des Aides de l'Élection de La Flèche, Adrien Burdent, contrôleur, Henri Arthuys et autres commis; — note du feudiste Audouys sur la famille Lebret, de La Flèche.

E. 3050. (Carton.) — 4 pièces, parchemin; 17 pièces, papier.

1525-1789. — LEBRETON. — Acquêt par François Lebreton d'une rente de 10 setiers de froment et de 4 chapons payable en sa maison de L'Angerie, près Chandoiseau en Sainte-Gemmes; — partage entre René Lebreton, praticien en cour laye, Marguerite Lebreton et leurs enfants, du domaine de La Conqueste en Corzé, dépendant de la succession de Jean Lebreton, marchand; — partage de la succession de René Lebreton, chevalier de l'ordre de Saint-Jean de Jérusalem, entre Jean Faligan, marchand, Jean Lebreton, drapier, Françoise Lebreton, veuve de Mathurin Dugué, avocat, Perrine Gautier, veuve Mathurin Lepoitevin, et Charles Lebec, maître boucher; — acquêt par Pierre Lebreton, vigneron, de terres à Bauné; — par Simonne Foureau, veuve Denis Lebreton, sieur du Boulay, de terres à Saint-Martin de Beaupréau, etc.

E. 3051. (Carton.) — 2 pièces, papier.

1743. — LEBROC. — Consultations de Maîtres Gouin et Doublard, avocats, au sujet du partage de la succession de Gervais Lebroc, veuf de Jeanne Perrault.

E. 3052. (Carton.) — 2 pièces, parchemin; 2 pièces, papier.

1596-XVIIIe siècle. — LEBRUN. — Lettres d'anoblissement de Jean Lebrun, sieur de La Touraudière; — acquêts par Jean Lebrun, marchand boucher, d'une maison à Bouzillé; — et de terres et prés en la petite vallée de Loire; — notes généalogiques par le feudiste Audouys.

E. 3053. (Carton.) — 1 pièce, papier; 4 pièces, parchemin.

1502-1681. — LECAMUS. — Acquêt par Jacques Lecamus, enquesteur d'Anjou, du domaine de La Baudrairie en Saint-Barthélemy, près Angers; — de quartiers de vignes au clos de Tropafèves; — partage de la succession de Mathurin Lecamus, marchand sellier à Brissac, entre Bonaventure Bourneuf, Jeanne Bourneuf, femme d'Urbain Bodin, Marie et Grégoire Lecamus.

E. 3054. (Carton.) — 2 pièces, papier.

1648-1787. — LECERF. — Acquêt par Étienne Lecerf d'une maison à Saumur; — par Joseph Lecerf, maître de poste de Chantocé, du bois des Brunières-Rodais.

E. 3035. (Carton.) — 6 pièces, papier; 1 cachet.

1768-1780. — LÉCHALAS. — Lettres du comte et de la comtesse de Correggio au notaire Léchalas, d'Angers, relatives à la vente des terres de La Turpinière, de L'Orchère et à la mort de Mme de Bercy, etc.

E. 3036. (Carton.) — 3 pièces, parchemin; 1 pièce, papier.

1556-1656. — LECHARRON. — Brevet pour Jean Lecharron de l'office de second président de la Cour des Aides; — extrait authentique des registres de l'Hôtel-de-Ville de Paris, certifiant que Jean Lecharron a été élu prévôt des marchands en l'année 1572; — don par Antoine Lecharron, gouverneur de Montereau, à Élisabeth Lecharron, sa fille, de la seigneurie de Dormelles.

E. 3037. (Carton.) — 23 *pièces, parchemin*; 41 *pièces, papier.*

1310-1786. — LECHAT. — Acquêt par Étienne Lechat d'une rente de seigle sur *Le Plessis-Liger* en la paroisse de Bouessé; — par Pierre Lechat d'une rente de 100 sous sur La Sauvagère dans la paroisse de La Blouère; — et des terres de La Bertinière et de La Rolardière en la paroisse Saint-Germain de Montfaucon; — contrat de mariage de Raoul de Brégel avec *Marguerite Lechat*; — traité pour la pension de Renée et de Marie Lechat, religieuses au couvent des Loges dépendant de Fontevrauld; — contrat de mariage de René Lechat, conseiller au Parlement de Bretagne, avec Louise de La Bigottière; — don mutuel entre lesdits époux; — *vente par Henri Lechat* du bois dit Bois-Sancé; — instruction dans l'affaire de M. Lechat contre sa sœur madame de Laubrière; — inventaire des meubles dépendant de la succession d'Henri-Louis-Claude Lechat de Vernée; — observation pour parvenir aux partages de la succession de Mlle Lechat; etc.

E. 3038. (Carton.) — 63 pièces, papier.

1685-1769. — Lettres d'affaires des sieurs Adam, d'Andillé, d'Aussigné, Avril, Barbier, Bory, notaire, de Bouju de *Marneuf*, *Boucher*, Brichet, de Brion, Bruneau, Boylesve, Chauveau, Corbet de Genlis, de La Coursonnière, Chanoine, Esnault, Faligan, de La Galonnière, Guesdon, Gaignard, Gault, Gérard, de La Guerche, Geslin, Houdbine, vicaire général : « Nous ne possédons nos biens que « sous l'autorité des lois; ainsi on ne peut faire en cons« cience ce qu'elles nous défendent sous peine de nullité. « En user autrement, ce serait ouvrir la porte aux plus « grands abus... Je conclus de ces principes que cette « somme appartient à l'héritier véritable et que la donataire « verbale n'y a aucun droit. Ce serait même pécher contre « la justice... »; — Lasello : « J'ai remis à M. l'abbé de « L'Aubrière un sac remply de fruits de chardon bénit; « l'on ne fait d'autre usage de ces drogues que d'en mettre « trois ou quatre dans la poche de sa culotte. Feu Naudin « m'a dit en avoir vu des effets surprenants. Je crois vous « avoir dit que la propriété de cette graine estoit pour les « hémorrhoïdes »; — Lebouc; — Mme Lechat; — Lechat de Vernée; — Lechat de Chanteil; — René Lechat; — Leclerc Du Chaumineau; — Lefaulcheux; — Leroyer de Chantepie; — Maucourt; — Morinière; — Mocquereau; — Molley de Vandeuil; — Mignon; — de Montallais; — Paradin de Montrif; — Poncet, évêque d'Angers : « Il faut mettre dans « une tasse à caffé et non pas dans une tasse de caffé un « gros de quinquina passé *au tamis*, le *mêler* avec une « cuillerée d'eau-de-vie, et mettre par dessus du vin tant « que la tasse en peut contenir, prendre ce remède le jour « de l'intermission de la fièvre, et dès qu'on l'a pris, man« ger tant qu'on peut »; — Ragot; — de Saultray; — Toupelin; — Védis; — *Villemanguy de Robien.*

E. 3039. (Carton.) — 52 pièces, papier.

1716-1734. — Correspondance de M. Arondeau, adressée de Paris à M. Lechat de Vernée, et contenant le compte *rendu de ses affaires* et les *nouvelles du temps* : « On n'a pu sauver que 18 maisons de l'incendie arrivé en « la ville de Sainte-Ménehould; — j'ai parlé à l'inventeur « du pont du jardin des Thuilleries, dont vous désireriés « modelle. Cela n'est pas aisé. Il m'en demande 20 pistoles. « La construction en sera en petit, de manière qu'avec l'é« chelle tout charpentier l'exécuteroit sur tout terrain »; — « Il y a cinq ou six jours il est arrivé un incendie à Luné« ville dans le palais de M. le duc de Lorraine; tout y a été « consumé, tapisseries que le feu Roy lui avoit données et « mesme, dit-on, ses pierreries. La princesse s'est sauvée « pieds-nuds dans la neige. C'estoit la nuit. » — « André, « personne, qui en 1709 n'estoit pas fort à son aise, a aujour« d'hui promis mademoiselle sa fille à M. de Villars-Brancas, « jeune cavallier, auquel il donne 25,000 livres de rente « jusques à ce que cette demoiselle, âgée de cinq ans, soit « en état nubile, luy fait sa maison cependant, et si elle « mouroit dans l'intervalle, continuera audit sieur cavallier « 20,000 livres de rente pendant sa vie »; — « M. Samuel « Bernard maria mademoiselle sa fille, âgée de douze ans « ou environ avec M. de Molé, et en faveur de ce mariage « donne la charge de président à mortier avec des fonds et « un revenu considérable. Ce mariage se célébra la nuit « du 21 au 22, à une heure : on avoit préparé un *feu* d'arti« fice très-beau avec force illumination en dedans et en de« hors. Cet homme-là est inépuisable d'or et d'argent »; etc.

E. 3060. (Carton.) — 31 pièces, parchemin ; 30 pièces, papier.

1444-1600. — LECLERC. — Compte rendu par Vincent Guérin « aux parents et amis de Jean et Cardine, « enfants mineurs de Thomas Leclerc et de Jeanne Rouse, « sa femme » ; — acquêt de La Trigassière et des droits d'usage et de parnage dans les bois d'Ussé, près Brissac, par Jean Leclerc de Mauny ; — mémoire produit par Gilles Leclerc contre Robert de Conquessac au sujet des dîmes dans les paroisses de Vauchrétien et de Saint-Melaine ; — contrats de mariage de Gilles Leclerc avec Mathurine Fleury ; — de Perrine Leclerc avec Pierre Ricain ; — présentation par Gilles Leclerc de la chapelle du Pin en l'église Saint-Maurice ; — cession par Jean de Fleury, sieur de Cossay, à Ymbert Leclerc, sieur de Mauny, de son droit de rachat sur Jean Brissonnet, président de la Chambre des Comptes, des terres de La Galopinière, Saint-Pierre-en-Vaux et La Didonnière ; — contrats de mariage d'Ymbert Leclerc avec Perrine de Lorière ; — de René Moreau, sieur de La Perraudière, avec Jacquine Leclerc ; — de Fleury Leclerc avec Perrine de Laville ; — testament de Fleury Leclerc, sieur de Mauny et de Vaux ; — inventaire des meubles du château de Mauny ; — contrat de mariage de Claude Leclerc avec Charlotte de Vyron ; etc.

E. 3061. (Carton.) — 20 pièces, parchemin ; 111 pièces, papier.

1602-XVIIIe siècle. — Contrat de mariage d'Hardouin Leclerc avec Marie Du Vau ; — acquêt par René Leclerc, sieur des Roches, des terres des Aulnais en Challain et de La Roche-Joullain en Feneu ; — présentation par René Leclerc, baron de Saultré, de la chapelle seigneuriale de Sainte-Barbe de son château des Aulnais ; — inventaire au sujet de vols de meubles, armes et bijoux commis au château de Sautré et enquête sur le meurtre du sieur Bonsergent ; — procès-verbal de levée du cadavre, rapport des chirurgiens, interrogatoire de témoins ; — condamnation à mort de Mathurin Cadots et de Christophe Lepoictevin ; — évasion de ce dernier ; — sentence du Parlement de Paris rendue sur appel et confirmation de l'arrêt de la baronnie de Sautré ; — quittances du messager qui a transféré à Paris et ramené à Sautré Mathurin Cadots et de Simon Cousinet, exécuteur des hautes œuvres du ressort d'Angers, qui « l'a pendu et estranglé » ; — bail par René Leclerc de ses moulins de Sautré ; — aveu rendu à la seigneurie de Bois-Bodard par Hardouin Leclerc de Mauny, à cause de sa terre de La Bretesche ; — lettre de tonsure de Jean Leclerc (avec signature autographe et cachet d'Henri Arnaud) ; — prisée des meubles et bestiaux de la terre de Vaux ; — mémoire pour la justification de la noblesse d'Hardouin Leclerc, écuyer, sieur de Mauny, et de Charles Leclerc, écuyer, sieur de Vaux ; — généalogie à l'appui ; — contrat de mariage de Louis Leclerc de Mauny avec Louise Trochon ; — testament d'Hardouin Leclerc ; — inventaire de ses meubles ; — inventaire des titres produits par Louis Leclerc de Mauny au soutien de sa noblesse ; — factum pour Julien Leclerc, sieur du Flècheray, au sujet de la succession de Marguerite Touchard ; — monitoire et enquête au sujet de la succession de Pierre Leclerc, abbé de Sautré, léguée par lui à l'Hôtel-Dieu d'Angers ; — interrogatoire de René Leclerc, baron de Sautré, et de Pierre Leclerc, abbé des Aunais, accusés de la recéler ; — don par Marguerite Leclerc, veuve de François Leclerc de Boisjousse, à Jean Leclerc des Emérauх et à Gabriel-Constantin de La Lorie, de tous ses droits en la succession de son mari ; — partage de la succession de Guillaume-Marie Leclerc de La Ferrière et de Marthe-Françoise Rhodais ; — copie en double du rôle de Damon dans *Le Philosophe Marié* ; — notes et extraits généalogiques par le feudiste Audouys ; etc.

E. 3062. (Carton.) — 1 pièce, papier.

XVIIe siècle. — LECŒUR. — Extraits de titres authentiques concernant la famille Lecœur.

E. 3063. (Carton.) — 15 pièces, papier ; 2 pièces, parchemin.

1444-1770. — LECOMTE. — Aveu rendu à Fontaine-Millon par Jean Lecomte pour sa terre d'Azé ; — testament de Marie Lecomte, qui lègue 15 livres à l'Hôtel-Dieu d'Angers ; — acquêt par Hardouin Lecomte de prés en Saint-Laud, près Angers ; — testament de Mathurin Lecomte portant fondation de services religieux en l'église de Bouchemaine ; — acquêt par Jacques Lecomte, curé de Sarrigné, des closeries de La Roë et de La Porte ; — partage des successions de Nicolas Lecomte, notaire, et de Jacquine Dupont ; — de la succession de Jeanne Lecomte ; — contestation entre Louis Lecomte et René Périgois au sujet d'une rente viagère.

E. 3064. (Carton.) — 1 pièce, parchemin ; 7 pièces, papier.

1540-1727. — LECOQ. — Acquêt par Clément Lecoq de la métairie de Chauvon en Thorigné ; — partage de la succession de Jean Hector, doyen de l'église d'Angers, entre René Reverdy et Renée Lecoq ; — acquêt par Jean Lecoq de partie du pré de La Martinière ; — brevet de conseiller-notaire de la couronne de France pour François Lecoq ; — contrat de mariage entre René Lecoq et Marie Bimboire ; — partage de la succession de Claude Lecoq entre René de Crochard, Alexis Fontaine de La Cheviraie et Louis Havard de La Bellonnière.

E. 3065. (Carton.) — 3 pièces, papier.

1591-1699. — LECORDIER. — Partage entre Jacques Blondeau, Guillaume Lecordier et Michel Asselin des immeubles acquis par lesdits Blondeau et Lecordier sur ledit Michel Asselin; — acquêt par Guillaume Lecordier d'une portion de maison à Longué; — « note pour prouver que « Guillaume Lecordier, boucher, était père de Guillaume « Lecordier, prêtre, et celui-ci oncle d'Urbaine Cormier, « femme de Julien Clouard. »

E. 3066. (Carton.) — 12 pièces, parchemin ; 19 pièces, papier; 1 sceau fruste.

1489-XVIIIe siècle. — LECORNU. — Transaction entre Louis de La Tour et Jeanne Lecornu pour le rachat de la terre du Plessis de Cosme; — contrat de mariage de Jean Lecornu avec Marie Lepicart; — de Pierre Lecornu avec Péronnelle Du Hallay; — de Pierre Lecornu avec Anne de Champaigne; — présentation par Pierre Lecornu de la chapelle du Breuil-Bérard en l'église de Pommerieux; — brevet de gouverneur des villes et château de Craon pour Pierre Lecornu du Plessis de Cosme (avec sceau et signature autographe de Henri IV); — contrat de mariage d'Urbain Lecornu avec Marguerite de Rougé; — sentences des commissaires généraux au règlement des tailles de Touraine et de l'intendant, portant confirmation de la noblesse de la famille Lecornu; — inventaire des titres produits à l'appui de sa noblesse par Henri Lecornu, sieur du Plessis de Cosme; — contrats de mariage de Pierre Lecornu avec Madeleine Leforestier de Boisneuf; — de Charles Lecornu avec Anne Dachon; — de Pierre Lecornu de La Mabilière avec Marie Davy; — de François Gouin avec Marie Lecornu; — « histoire généalogique de « la famille Lecornu » autrefois nommée Le Diable et descendue, dit-on, de Robert de Normandie; — notes et extraits généalogiques par le feudiste Audouys.

E. 3067. (Carton.) — 6 pièces, papier.

1716-1766. — LECORVAISIER. — Procès-verbal d'adjudication de la seigneurie de Saint-Jean-des-Mauvrets et des fiefs y annexés au profit de messire François-Jean Lecorvaisier, maître des eaux et forêts de France; — consistance de ladite terre; — prisée des immeubles dépendant de la succession dudit Lecorvaisier; — accord entre Julien-Barnabé Lecorvaisier, capitaine des grenadiers du bataillon de Dol, et Jean-François d'Andigné, au sujet du partage; — consultation de l'avocat Benoist sur le projet d'aveu de la seigneurie de Gilbourg à rendre par les héritiers.

E. 3068. (Carton.) — 1 pièce, parchemin.

1672. — LECOURT. — Arrêt d'enregistrement des lettres de réhabilitation de noblesse obtenues par Guillaume Lecourt.

E. 3069. (Carton.) — 6 pièces, parchemin ; 14 pièces, papier.

1572-1653. — LEDEVIN. — Partage de la succession de Jeanne Belin entre Jeanne Liger, Hilaire Ledevin et René Ledevin; — contrat de mariage d'Hilaire Ledevin, sieur de Beauvoys, avec Marguerite Genault; — acquêt par Gilles Ledevin, sieur de Maury, de la closerie de Beauvais en Bouchemaine; — par Hilaire Ledevin, sieur des Villettes, de cinq écus de rente sur les tailles de l'Élection d'Angers; — vente par Hémar, Claude et Élie Ledevin de partie de La Fellerie en Avrillé; — testament de Marguerite Génault, veuve Ledevin; — partage de sa succession; — inventaire et vente des meubles de sa maison de La Marre en la paroisse d'Allençon; — généalogie de la famille Ledevin; etc.

E. 3070. (Carton.) — 4 pièces, parchemin ; 16 pièces, papier.

1580-1698. — LEDOYEN. — Acceptation par Mathieu Legrant et Jeanne des charges portées par le testament de Nicolas Ledoyen; — partage de la succession de Guillaume Ledoyen, sieur de Parnay; — de la succession d'Antoine Cochon et de Roberde Ledoyen; — cession par Charles de La Roche à son frère Eustache de tous ses droits dans la succession de Tristan et de Nicolas Ledoyen; — transaction entre Anne Babin, veuve d'Eustache Ledoyen, et ses enfants; — partage de la succession d'Eustache Ledoyen, sénéchal de Longué, et de Catherine Bobèche, sa femme; — inventaire et vente des meubles de Renée Charpentier, veuve de René Ledoyen; — mémoires des déboursés de M. Ledoyen de Clenne pour Étienne Blondé de Messemé; — testament de Louis Ledoyen; — procédure pour Louis Ledoyen, avocat, contre Florent Dovalle, notaire, et Jean Treton, docteur en médecine, au sujet de la succession de Pierre Chapelle et de J. B. Dumesnil.

E. 3071. (Carton.) — 2 pièces, parchemin ; 47 pièces, papier.

1700-1789. — Mémoire pour Louis Ledoyen de Clenne contre Julienne Poitras, au sujet de la succession de Florent Dovalle; — bail par Charles Blondé, doyen de Montreuil-Bellay, à Joseph Ledoyen, sieur de Boismozé, prévôt de l'église Saint-Aignan d'Orléans, d'une maison à Saumur, vis-à-vis les Ursulines; — contre-lettre de Joseph Ledoyen de Boismozé au profit de son frère Louis Ledoyen de Clenne, au sujet d'une rente constituée par eux au chapitre de Nantilly de Saumur; — consultation pour madame Ledoyen par le docteur Helvétius, de Paris; — mémoires et pièces de procédure pour Louis Ledoyen, conseiller grenetier garde-scel au grenier à sel de Saumur, contre le président de Losendière, Hallé, grenetier, et le contrôleur Hamelin, en revendication de sa charge dont l'a dépossédé le président et demande en réparation d'injures; — entérinement de lettres d'émancipation pour Marie-Julienne Ledoyen; — nomination de Mathurin Ledoyen à la curatelle de Guy Ledoyen, son neveu; — note sur la famille Ledoyen de Parnay, de Saumur et de Longué.

E. 3072. (Carton.) — 142 pièces, papier.

1692-1777. — Lettres d'affaires privées adressées à Louis Ledoyen de Clenne, avocat à Saumur, par Ch. F. Blondé de Bourneuf, maire et professeur en droit de l'Université de Poitiers, son cousin, et A. Blondé de Messemé, son neveu : « L'on ne parle plus de l'eslection de M. le prince « de Conti et l'on ne scait ce qui se passe à Barcelone. Ces « deux nouvelles qui avoient fait beaucoup de bruit sont « tombé tout d'un coup. » — « Ma mère me dit qu'on lui « coupperoit plustot le col que de me donner 800 livres. « Après s'estre opposé à ce que je me mariasse jusqu'à « l'âge de 38 ans, elle y consentit à la Saint-Martin et m'of- « frit des prières pour dot. Je ne trouve plus à bien m'éta- « blir. Les filles qui ont du bien, en veulent de plus jeunes « que moi... joint avec cela, la belle alliance de mon « frère! » — « On a nommé un nouveau maire; on vouloit « me nommer absolument; mais j'ay remercié pour les « raisons que vous savez. » — « Vous ne scauriez croire « combien nos places sont diminuées par rapport au mal- « heur des temps. En 1726, nous avions 163 escoliers; cette « année-ci à la matricule de novembre qui est la plus forte, « il n'y en a que 79; ainsi c'est plus de moitié de diminu- « tion depuis quatre ans, et depuis 1720 c'est plus des deux « tiers, et la plupart ne prennent point leurs degrés. Le « Roy nous doit nos gages depuis deux ans. » — « On « compte que j'ay donné à mangé depuis mon installation « de maire à plus de 1,200 personnes. Dimanche dernier, « j'ay donné à disné aux doyen et députés de l'Université. « Je fus harangué magnifiquement par M. le recteur dans « l'église des Jacobins en prenant une place dans l'Univer- « sité en qualité de maire. L'après disné, j'ay passé en « reveue au Cours le régiment d'infanterie et de cavalerie « de la ville, dont je suis colonel; ensuite je donné à soup- « per à tous les officiers du régiment jusqu'aux sous-lieu- « tenants. J'ay régalé toutes nos dames à deux différentes « fois. Enfin tout est fini. Tout le monde me paroist con- « tent. » — « Par l'arrest de 1670 qui rétablit la noblesse, « à condition que le maire sera élu deux fois et confirmé « deux autres fois, on m'a élu la seconde fois le 26 du mois « passé. Toutes les voix, à la réserve d'une qui vouloit ma « confirmation, au lieu de l'élection, ont été pour moy. La « différence qu'il y a entre l'élection et la confirmation, « c'est qu'étant élu, on ne peut plus m'ôter de place, et « étant confirmé, je ne le suis que pour un an. Je suis « à présent gentilhomme. Vous voyez que l'on n'a pas été « mécontent de mon administration. » — « Vous auriez « bien dû faire double alliance et me donner quelqu'une de « vos cousines. J'aurois été demeurer dans votre ville, « ayant près de huit mois de vacance. On aime toujours à « retourner dans sa patrie. Si je n'ay pas tant de bien, j'ay « de plus belles places qui font honneur aux enfants et que « des gens riches ne peuvent souvent point avoir. » — « J'ay « reçu hier un ordre de M. le prince de Conti pour faire « faire un feu de joye. Il faut que je donne à soupper à tous « les officiers du régiment dont je suis colonel et qui est « composé de 14 compagnies. Depuis huit jours, je suis « sans un sol. Je me sers d'une somme de 40 livres, qui « m'a été déposée. Vous avez bien raison de me plaindre « d'être forcé de paroître et de ne pouvoir le faire; » etc. — Lettres du Père Moricet, jésuite de Poitiers, à madame Blondé de Messemé, sa cousine, pour lui reprocher avec sévérité sa conduite incompréhensible envers son fils, nommé maire de Poitiers avec l'applaudissement public et délaissé par sa famille « pendant que les étrangers l'ont exalté « d'honneurs et de présens. »

E. 3073. (Carton.) — 148 pièces, papier.

1677-1744. — Lettres d'affaires privées adressées à l'abbé Ledoyen, chanoine de Nantilly de Saumur, par de Baucher; — Ledoyen de Clennes, son frère : il le charge pendant son séjour à Paris de diverses négociations concernant le rachat des charges du Grenier à sel de Saumur et de commissions pour son ménage; — l'abbé Richard; — à Louis Ledoyen de Clonnes, avocat à Saumur, par Bizard; — Boilleau; — Bose : « Le procédé de vostre pré- « sident me paroît fort extraordinaire et peu convenable à « un homme revêtu de son caractère. S'il continue d'en « user de mesme, je seray obligé de me pourvoir contre luy « et d'en porter mes plaintes au ministre, cela n'estant pas « à souffrir »; — Brunet, procureur au Grand-Conseil; — P. Caternault, notaire; — Cherpantier; — Crosnier; — Durand; — Dutemple, de Léogane en Saint-Domingue; — Duverger de La Gauvinière; — Falloux, sieur de Minière; — François; — M. et Mme Gibot de Moulinvieux; — Gontard; — Goujon; — de Grillemont : il lui envoie « un certificat signé de la pluspart de la famille Blondé « pour servir à Blondé, docteur régeand de l'Université de « Poitiers et mère de ladicte ville, contre lequel sa mère « a adressé un mémoire à Mgr le prince de Conty, gouver- « neur du Poitou, qui ne tand à rien moins qu'à le faire « déposer de sa place et l'envoyer en exil »; — Guittonneau; — Hallé : « Nous vous prions de vouloir bien en faisant la « révérence à M^r le Premier Président luy représenter que

« nous avons toujours recherché avec empressement les « moyens de bien vivre avec M. nostre Président et mesme « avec le sieur Lossendière, son père... Nous n'avons pu y « parvenir par l'arrogance du père et du fils et par l'intem- « pérance de leurs langues, nous ayans tous outragés et « particulièrement M. de La Rive et moy, en traittans l'un « de tireur de laine et de scélérat et l'autre de voleur « publicq et de laquais, etc. »; — Lebeuf, lieutenant d'artillerie : « Ne faites voir ma lettre à personne : tous ceux « qui ont des charges militaires et autres tramblent. On craint « aussi la suppression des nouveaux contrats sur l'Hôtel-de- « Ville. En un mot, on ne peut conter sur rien de certain. « Il y a déjà dans la marine une suppression et réforme « terribles » (30 juillet 1716); — Marie Ledoyen; — Ledoyen de Boismozé : « On cherche d'avoir de l'argent comptant « qui est icy d'une rareté extraordinaire dans toutes les « caisses et dans le public. C'est une chose inouïe. On ne « peut deviner le dénouement de la conjoncture présente. « L'on dit que les ennemis, en bonne équipage, sont campés « dans la plaine de Lance entre La Chassée et Béthune, qui « n'est éloignée que de 30 lieues de Versailles; on croit « qu il se donnera dans ceste plaine, dans le mois prochain, « une bataille décisive, si la paix ne se conclud pas. Le « bruit court que M. de Vendosme partit hier au matin « pour se mettre à la teste de l'armée en Flandre. Le ciel « conduise tout à bien ! » (27 avril 1710); — Leroy, huissier; — Levassor; — de Lossendière; — de Nesde, prévôt de l'église de Poitiers; — Normandie; — Richard; — de Richemont; — de Ringère; — Salmon; — de Torpanne; — Trahan; — Mme de La Vacherie, née Ledoyen; — Vaillant, curé de Genneton.

E. 3074. (Carton.) — 44 pièces, papier.

1731-1760. — Lettres d'affaires adressées à Ledoyen de Clenne, sieur de Boismozé, commissaire de l'artillerie, par Adam, de Bourgueil; — Aubert, de Boumois; — Collasseau de La Machefellerie; — Dufour de Vau, son neveu, cadet au régiment Royal-artillerie, bataillon de Fontenay, puis lieutenant au régiment de Montmorin : il lui rend compte de son voyage pour aller rejoindre son corps à Bruxelles, de sa réception par M. de Fontenay, de son installation en ville « chez un habitant. L'hôte doit vous donner une « chambre garnie, c'est-à-dire, un lit, une armoire ou cofre, « une chemise, deux tables, un miroir, des draps tous les « mois, un lit pour le domestique et une écurie; il faut manger « à l'auberge ou faire ordinaire dans sa chambre, si vous avès « un domestique cuisinier. Je fais ordinaire avec un cadet à « 10 écus par mois, où les autres payent 12 écus à l'auberge... « Je n'ay point donné de repas pour mon arrivée, cela ne se « fait plus; » — « La campagne commencera le 4 ou 5 d'avril. « Les officiers qui ont leurs postes dans le païs, arrivent « de jours en jours avec quantité de recrues. M. le maréchal « comte de Saxe arrivera dans cette ville ces jours-ci. On « compte que le Roy se mettra à la teste de ses troupes « en Flandres. Il y a eu, le lundy gras, grande réjouissance « en l'honneur du mariage de Mgr le Dauphin, comédie « gratis pour tout le monde, feu d'artifice après la comédie, « grande illumination dans toute la ville, grand soupé à « dix heures, grand bal qui a duré depuis minuite jusqu'à « huit heures du matin, où le commandant de la ville, les « seigneurs et princes qui demeurent dans la ville et qui « ont leur bien dans le païs, y ont assisté. Les officiers « n'y ont entré qu'avec l'habis uniforme et non masqués et « les bourgeois ne pouvoient qu'ils ne fussent masqués » (25 février 1747); — Il l'informe de « son nouvel éta- « blissement » comme lieutenant dans le régiment de Montmorin : « les messieurs de Montalambard, chevaliers de « Saint-Louis et capitaines au bataillon de Fontenay, avoient « deux lieutenances que M. de Montmorin leurs avoit donné; « ils en ont donnés une à un de leurs parents et l'autre « qu'ils m'ont fait l'honneur de me donner; » — « Je suis « le plus comptant du monde; mes lettres de lieutenant en « pied sont du 7 mars et M. de Sain-Herem de Montmorin, « nostre colonel, m'a déjà parlé pour me mettre dans « l'estat major, c'est-à-dire, me faire garçon major, qui « porte la canne; vous pouvez bien juger que je ne me fais « pas haïr dans le régiment, puisque le colonel veut me « mestre dans l'estat major; je suis dans la compagnie du « meilleur capitaine... Il s'appelle M. de Josselin; il m'ap- « pelle son viquaire et me fait mille amitié... Le nom de « Pontagon est un nom de guerre que l'on m'a donné et « que j'ai pris; je vous pris de le mander à ma sœur, afin « de mettre sur l'adresse des lettres que l'on m'écrira à « M. Dufour de Pontagon; » — Sa lettre, du 8 juillet 1747 est écrite et datée « du camp de la bataille de Lafeld : « Depuis le 28 de juin au soir, nous n'avons pas cessé de « marcher nuite et jour, et cela sans équipage; à peine « avons nous de la paille pour nous coucher... Le 2 du « mois, nous ataquames les enemis qui estoient retranché « dans un village appelé Lafeld, proche Mastrec. Nostre « régiment ne donna que le matin; cependant nous y avons « perdu deux hommes de morts et trois de blessés par le « canon, et mon drapeau cassé par le hault d'un boulet de « canon. Cela ne doit pas vous surprendre, parce qu'on tire « toujours sur les drapeaux, du plus loin qu'on les voit « approcher, surtout sur ceux du premier bataillon. Le soir « on nous fit marcher sur les 5 heures avec les régiments qui « n'avoient pas donné pour attaquer les ennemis par leurs « droites, mais ils prirent la fuite à notre aspect, et on fut

« contraint de leur envoyer la cavalerie et les dragons pour « les obliger de se retirer à Mastrec en passant la Meuse, « où il y en a resté grand nombre des leurs. Enfin la bataille « a duré depuis dix heures du matin jusqu'à deux heures « après midy, avec un feu continuel. Le soir on ne tira pas « coup de fusil... Ce qu'il y a de sûr, c'est que nous avons « acheté le champ de bataille bien chair, ayant perdu plus « que les ennemis; on dit que cela se monte à 17 ou 18000 « hommes de part et d'autres. Je ne connois de blessés du « pays que M. Des Essarts de Chinon. C'est une contusion « causée par une balle morte, qui luy a attaqué la jambe « *gauche. M. de Reux de Chinon a eu le malheur d'estre* « tué après avoir essuyé tout le feu dans le village. M. du « Tronchay, MM. de La Machefolière et MM. de Petit- « Thouars sont tous en bonne santé. Après cela, mon cher « tonton, je puis dire avoir vu une bataille. » — « On parle « beaucoup d'une forte entreprise cet hiver, qui est une « descente en Zélande. On a déjà commencé à faire cons- « truire un grand nombre de bateaux plats et on fait aprendre « à ramer aux soldats du régiment de La Morlière, infanterie « et dragons. » — « De Nivelite dans l'isle Caszand en « Zélande, 25 février 1748 : Nous avons passé un bras de « mer, afin d'exempter huit lieues de terre pour nous « rendre chacun dans nostre village. Celuy où je commande « en personne s'appelle Nivelite. Le service qu'on y fait y « est très-dur, afin de nous mettre à l'abris d'une surprise « de la pair des Anglois, qui y peuvent débarquer de toutes « parts et cela tous les jours. Nous sommes icy comme « permis des sauvages, qui lorsqu'ils nous voient, croient « voir le diable. » — « Je ne vous dirai pour nouvelles qu'on « ne voit toujours que de la pitié et de la misère permis les « officiers reformés et les soldats, jusqu'à de vieux chevaliers « de Saint-Louis, contraint de rendre leur croix aux gou- « verneurs des places où ils sont, pour pouvoir mandier « l'aumône, et obligés de faire perdre l'argent des dettes « qu'ils ont faites, ayant mangé tout leurs biens au service. « Le nombre des malheureux augmentera bien encore dans « deux mois d'icy, quand on fera la réforme de l'infanterie. » — « Il faut que je vous déclare ma maladie, non seulement « la mienne mais celle de plus de mille de mes camarades. « Tous les lieutenants d'infanterie seront réformés. Je ne « suis pas hors de ce cas. Nous sommes sept du mesme « jour qui devons tirer au sort par le rang. Il n'y a que le « 1er lieutenant qui reste, attendu que le Roy conserve les « officiers de fortune au préjudice des autres » (7mai 1749); — Dufour de La Guyardière; — de Fontenay : il lui annonce qu'il a présenté son neveu Dufour de Vau pour une place de cadet à pied; — Guéniveau de La Raye : « Il « n'est pas étonnant que M. vostre fils ne trouve les façons « de son abbé un peu dures. Il a vécu pendant quelques « années avec des religieux qui avoient vécu sous le gouver- « nement de M. le prieur Barbier, qui étoient un peu « mitigés; lesquels ont fulminé contre leur abbé, qui les a « voulu réduire à la régularité de l'ordre. Ceux qui avoient « des bénéfices, pantions de famille ou qui estoient sûrs « d'une retraite dans leur famille, comme M. de Cressac et « autres, ont quitté l'abbaye et l'abbé pour vivre à leur « petite bonne femme de fantaisie, sans surplis, sans règle, « sans office réglé, etc. »; — Ledoyen de Clennes : « Le « bruit court icy que deux soldats de la maréchaussée de « *Saumur ont été rompus pour avoir fait un assassin (sic).* « M. de Pleumartin est party en poste pour Paris il y a « quinze jours, conduit par dix huissiers de la chêne; on « ne sait pas ce qu'il deviendra Depuis ce temps-là, on y a « aussy envoyé ses domestiques par le fourgon »; — madame Février-Thoreau.

E. 3075. (Carton.) — 1 pièce, papier.

1752. — Ledroit. — *Partage des successions de* François Ledroit et de Renée Guyon, sa femme, entre François Ledroit, leur fils, Pierre-Charles Drouard de Clée, docteur en médecine de la faculté d'Angers, et Marie Ledroit, sa femme, Louise Ledroit de La Garde, Anne Ledroit de La Touche et Françoise-Michelle Ledroit, leurs sœurs.

E. 3076. (Carton.) — 2 pièces, parchemin; 4 pièces, papier; 2 sceaux.

1474-1763. — Leduc. — Acquêt par Jean Leduc de maison et jardin au faubourg Saint-Michel d'Angers; — cession par Robin Auber audit Leduc de tout son droit en la succession de Lardine Auber, sa mère; — partage de la succession de Gillet Leduc entre ses enfants; — partage de la succession de Laurent Leduc et de Guyonne Bouschard; — acquêt par Charles Leduc d'une maison au Port-Girauld en Saint-Georges-sur-Loire; — nomination d'Étienne Leduc à la curatelle des enfants mineurs de Pierre Leduc et d'Anne Cady.

E. 3077. (Carton.) — 1 pièce, papier.

1740. — Lefaucheux. — Acquêt d'un pré en la paroisse de Cheffes par Pierre Lefaucheux, pêcheur.

E. 3078. (Carton.) — 1 pièce, papier.

1678. — Leferon. — Don par Marie Leferon, veuve Lebigot de Cherbon, à Jean-Baptiste Leferon, sieur des Arcis, de la métairie de La Trigrenière en la paroisse de Saint-Martin de Précigné.

E. 3079. (Carton.) — 12 pièces, parchemin; 49 pièces, papier.

1460-1599. — Lefevre ou Lefebvre. — Contrats de

mariage de Jean Lefebvre, sieur de Laubrière, avec Jeanne de La Mothe; — d'Agasse Lefebvre avec Jean de Laborre; — de Geffeline Lefebvre avec Guyon de Lespine; — partage de la succession de Jacques Lefebvre entre Jean Lefebvre, sieur de Laubrière, et Jacques Chevreul; — contrat de mariage de François Lefebvre avec Ambroise Amyot; — aveu rendu à la seigneurie de Lespine par *Guillaume Lefebvre pour sa terre de* La Bédoyère dans les paroisses de La Croisille et de Bourgon; — partage de la terre de Laubrière entre les enfants de Vincent Lefebvre et de Françoise Goussé; — inventaire des meubles de la communauté de Jean Lefebvre et de Perrine de Gouesme; — contrat de mariage de François Lefebvre avec Perrine Bonvoisin; — lettres royaux portant autorisation à Jean Lefebvre, visiteur des eaux et forêts du duché d'Anjou, de porter des armes pour sa défense; — acquêt par François Lefebvre des maisons de Jean Fallet en la rue de l'Écorcherie à Angers; — compte par François Sigougneau, sieur du Grip, de la curatelle de Louis et Charles Lefebvre, sieur des Plantes; — testaments de René Lefebvre, sieur des Hayes, et de François Lefebvre; — enquête sur la noblesse de Guillaume Lefebvre de La Bédoyère; — don par le roi Henri III à Jean Lefebvre de Laubrière, capitaine du château de Fontainebleau, « du droit d'avenage deu par « les circonvoisins de la forest de Byère à cause du droit « d'usage et de pasturage »; — « C'est le ramaige de « *Estienne Lefebvre, héritière de Jean Lefebvre*, notaire « royal à Angers, et aussy le ramaige de Françoys Lefebvre, « sieur du Fresne. »

E. 3030. (Carton.) — 10 pièces, parchemin; 62 pièces, papier.

1600-1695. — Mémoire pour maître François Lefebvre, lieutenant criminel et premier conseiller au siége royal de Saumur, accusé de violences et de concussions, à l'encontre de François Dugon, avocat du Roi; — contrat de mariage de François Lefebvre, lieutenant en la prévôté d'Angers, avec Françoise Bluineau; — de Jean Lefebvre, sieur de La Saulaye, avec Suzanne Lenfantin; — enquête faite à la requête de François Lefebvre, lieutenant criminel de Saumur, pour la maintenue de ses exemptions à titre de noble contre les manants de la paroisse de Saint-Pierre; — partage de la succession de René Lefebvre, receveur des tailles à Ingrandes, entre André Rodais, Guy Arthaud et René Lefebvre; — contrat de mariage de Rolland d'Argenne avec Marguerite Lefebvre; — partage de la succession de *François Lefebvre de* Laubrière et de Roberde Bonvoisin; — brevets pour François Lefebvre des charges de conseiller non originaire et de président aux enquêtes en la cour du Parlement de Rennes; — acquêt par Jean Lefebvre de Laubrière, sieur de La Saulaye, de la seigneurie de Lespinay de Poncé en la paroisse de Bouchamp; — contrats de mariage de Pierre de Laugan, baron de Boisfévrier, avec Sainte Lefebvre, veuve d'Isaac de Bragel; — de René Lefebvre, sieur de La Marottière, avec Françoise Frotté; — compte par Nicolas Lefebvre de la tutelle de Gabrielle Lefebvre, sa sœur; — aveu rendu à la baronnie de Candé par François Lefebvre, président au Parlement de Bretagne, pour sa seigneurie de Beuron; — partage de la succession de Nicolas Lefebvre et Marie Évellion entre Nicolas, Philippe, Gabrielle et Marie Lefebvre, leurs enfants, *Pierre Gasnier, François de Lourier, leurs gendres*; — contrat de mariage de René Lefebvre, auditeur en la Chambre des Comptes de Bretagne, avec Catherine Chotard; — état des frais, mises et dépenses de toutes affaires tant d'argent déboursé qu'autrement faits pour l'acquisition de la terre, fief, et seigneurie de Lespinay en Bouchamp, tant en principal que pour les réparations.

E. 3031. (Carton.) — 11 pièces, parchemin; 41 pièces, papier.

1607-1640. — Testament de François Lefebvre de Laubrière; — contrat de mariage de François Lefebvre, sieur de La Ferronnière, avec Marie Lejeune de Ronnevau; — acquêt par Jean Lefebvre, sieur du Tusseau, de la seigneurie de Mantelon en la paroisse de Denée; — inventaire des meubles de la communauté de François Lefebvre et de Barbe Jacob; — contrat pour la pension de Françoise Lefebvre, professe au couvent des Carmélites d'Angers; — inventaire des meubles de la communauté de François Lefebvre de Laubrière et de Françoise Bluyneau; — *lettres de frère Juste, prieur général* de l'ordre des Chartreux, qui accorde à Jérôme Lefebvre « pleine et en« tière participation de toutes les saintes messes, oraisons, « méditations, contemplations, psalmodies, jeûnes, veilles, « abstinences et autres semblables exercices de *dévotion* « qui se font et, avec l'assistance divine, se feront par toutes « les personnes de cest ordre », et à cause de lui, on étend le privilége à dame Françoise Bluineau, veuve de François Lefebvre, ainsi qu'à tous ses frères et sœurs; — contrats de mariage de François Lefebvre avec Jacquine Lebégassoux; — de Pierre de Villiers de Lisle-Adam avec Barbe Lefebvre de Laubrière; — de Jean Du Hallay avec Suzanne Lefebvre de La Blayrie; — de Jean-Baptiste Lefebvre, sieur des Tuffades, avec Marie Arondeau; — de Claude Lefebvre, sieur de La Gilberderie, avec Françoise Peschard; — de Charles Lefebvre de Laubrière avec Renée Guéhery; — de Marie Lefebvre avec Louis de La Roche-Saint-André; — brevet de conseiller d'État pour François Lefebvre de La Ferronnière, doyen des conseillers du Parlement de Bretagne; — inventaire des titres et papiers de François Lefebvre et de Françoise Bluineau.

E. 3092. (Carton.) — 10 pièces, parchemin ; 42 pièces, papier.

1651-1668. — Testament de Jean Lefebvre, sieur du Tousseau; — vente par Charles Lefebvre, sieur de Lespinay, à Charles de Scépeaux des bestiaux de sa terre de La Blairie; — acquêt par Jean Lefebvre de Laubrière, sieur de Beuson, docteur en théologie, abbé chanoine de la sainte chapelle du Palais, de l'office de conseiller clerc d'ancienne érection au Parlement de Paris; — don de 6,000 livres par Françoise Juffé, veuve de Michel Lefebvre, sieur de Vaubousseau, et en secondes noces de Jacques Gourreau, sieur de La Blanchardière, à son fils René Lefebvre de Chamboureau; — contrat pour la réception d'Anne Lefebvre au convent des Ursulines d'Angers; — acquêt par François Lefebvre de Laubrière de la terre et seigneurie de Méral; — transaction entre Catherine Chotard, veuve de René Lefebvre de Chamboureau, Françoise, René, Jean et Geneviève Lefebvre, leurs enfants, Pierre Poisson de Gastines, leur gendre, et Charlotte Lefebvre, veuve de Pierre Licquet de Livois, au sujet du partage de la succession dudit sieur de Chamboureau; — partage de la succession de Michel Lefebvre, contrôleur au mesurage du grenier à sel d'Ingrandes, et de François Juffé, sa femme; — inventaires des titres produits par Charles Lefebvre, sieur de Lespinay, et Claude Lefebvre, sieur de La Guiberdière, pour la maintenue de sa noblesse; — extraits du registre de la Chambre établie par le Roi pour la réformation de la noblesse en la province de Bretagne, au soûtien de la noblesse de Siméon Lefebvre de La Silandais; — testament de François Lefebvre de Laubrière, doyen de la cour du Parlement de Rennes; — arrêt du Conseil qui maintient Jean Lefebvre, sieur des Tuffades, et François Lefebvre de Laubrière, en leurs titres et priviléges de gentilhomme.

E. 3093. (Registre.) — In-folio, papier, 189 feuillets.

1669. — « Inventaire, certiffication, prisage et description des biens meubles, lettres, titres et enseignements de la communauté d'entre Mᵉ François Lefebvre, seigneur de Laubrière, conseiller en ses conseils et doyen du Parlement de ce païs, et dame Jacquemine Lebégassoux, à présent sa vefve, » dressé à la requête de l'abbé Jérôme Lefebvre de Laubrière, François Lefebvre, baron de La Haye-Joullain, François Lefebvre, seigneur de Beuzon, Françoise et Marie Lefebvre, ses héritiers.

E. 3094. (Carton.) — 12 pièces, parchemin ; 33 pièces, papier.

1669-1699. — Lettres d'émancipation par François Lefebvre, sieur des Tuffades; — arrêt de la Chambre souveraine des nobles de Bretagne, qui maintient en sa qualité de noble d'ancienne extraction Siméon Lefebvre, sieur de La Silandais; — exposé des titres produits devant la même Chambre pour la maintenue de sa noblesse par René Lefebvre, seigneur de La Féronnière; — arrêt conforme de la Chambre; — testament de Barbe Lefebvre de Laubrière, veuve de Pierre de Champorson; — aveu rendu au Roi par Jacquemine Lebégassoux pour sa seigneurie d'Orange dans la paroisse de Vieuvy-sur-Couesnon; — contrats de mariage de Charles Du Chastelier avec Françoise Lefebvre de Laubrière; — de Jean de Morillon, conseiller au Parlement de Paris, avec Marie-Madeleine Lefebvre de Laubrière; — partage de la succession de René Lefebvre de Chamboureau et de Catherine Chotard entre Jean Lefebvre de La Boisardière, Geneviève Lefebvre, femme de Paul Volaige de Vaugirault, et Françoise Lefebvre, femme de Marc Arthaud, sieur des Fougerais; — contrat de mariage de François Lefebvre de Laubrière avec Louise Lechat; — acquêt par René Lefebvre, sieur de La Fallucère, de la terre de Varennes; — enquête poursuivie par devant le présidial de La Flèche sur les biens et fortune d'Henri Lefebvre, de La Chapelle-d'Aligné; — testament d'Henri Lefebvre de La Guilleberdecie; — inventaire des meubles du château de Lespinay, dépendant de la communauté de Charles Lefebvre et de Renée Guéhery.

E. 3095. (Registre.) — Petit in-4°, papier, 60 feuillets.

1650-1679. — Livre-journal de notes et renseignements pour François Lefebvre de La Lande-Chasles : « A « Lusignan y a belle foire de chevaux et poulains, le pre- « mier lundy davant la Pentecoste, dont l'on a prix raison- « nable. Pierre Vilain, faiseur de bourse, qui demeure où se « thient la foire, au fauxbourg, me fera connoistre par ces « amis ceulx qui seront du creu de Poithou, des bons « harns. » — « Ce jeudi 15 septembre 1659, ay amené « Renée Leconte, ma cousine, pour la norir et entretenir « trois ans, suivant jugement du 17 septembre 1659 donné « à la Prévosté d'Angers; à quoy me suis offert plutost que « d'estre curateur »; — mention des baux passés avec les métayers et des semences données; etc.

E. 3096. (Registre.) — Grand in-folio, papier, 317 feuillets.

1680-1712. — Livre-journal concernant les affaires domestiques de Jean Lefebvre, sieur de Lespinay : en tête notes sur la naissance de ses enfants; — « Estat des affaires « que j'ay avec mademoiselle de Laubrière, ma mère »; — « Estat des affaires que j'ay avec Jean-Baptiste Lefebvre de « Laubrière, mon fils aisné et principal héritier depuis son « mariage »; — « Estat des affaires que j'ay avec M. de La

« Bigottière, beau-frère de ma femme »; — « Estat des « deniers que j'ay déboursés pour ma niepce Françoise « Damin »; — « Estat des affaires que j'ay avec Jérosme « Gaudé, sieur de Vieillecourt, beau-père de ma femme »; etc.

E. 3017. (Registre.) — Grand in-folio, papier, 430 feuillets.

[illegible]. — Inventaire des papiers et des livres de Charles Lefebvre, sieur de Lespinay, dressé à la requête de ses héritiers, François Lefebvre de Laubrière, Charlotte Maréchal et Madeleine Millet.

E. 3018. (Carton.) — 10 pièces, parchemin ; 80 pièces, papier.

[illegible]. — *Actes de naissance de Jacques-Charles Lefebvre de Chanbureau*; — de décès d'Anne Lefebvre de La Ferronnière; — *partage de la succession de Jacques Lefebvre*, sieur de la Boisardière; — inventaire des papiers de Charles Lefebvre de Lespinay, doyen du Parlement de Rennes; — bail de la métairie de Châteauroin, près le Vieil-Baugé; — brevet pour Charles Lefebvre de Laubrière de l'office de conseiller-lay en la Cour du Parlement de Paris; — contrat de mariage de Charles-François Lefebvre de Laubrière avec Anne-Marie Deblaire; — présentation par Charles Lefebvre de la cure de Laubrière; — lettres de M. de Mondoullié à l'abbé de Laubrière, grand archidiacre d'Angers, en résidence à Paris et à Compiègne, à qui il rend compte des loyers de ses maisons d'Angers et autres revenus; — acquêt par Charles Lefebvre de Laubrière des *seigneuries* de Briançon et de Saint-Léonard; — inventaire des titres et meubles dépendant de la communauté entre Charles-François Lefebvre de Laubrière et Anne Deblaire; — procès-verbal attesté par Charles-François, Jérôme et Henriette Lefebvre de Laubrière *des dernières volontés* de Louise Lechat, veuve de Françoise Lefebvre de Laubrière, leur mère; — partage de sa succession; — *inventaire des* meubles du château de Briançon, appartenant à la succession de Charles-François Lefebvre de Laubrière, évêque de Soissons; — acquêt par Jean-Baptiste-Paul Lefebvre de La Brulaire, de la métairie de Landraudière en la paroisse du Fief-Sauvin; — contrat de mariage de Charles-François Lefebvre de Lauluo avec Élizabeth de Crespy de La Mabilière; — partage des successions de Jacques-Honoré de Boylesve, sieur de Saint-Lambert, et de Marie-Anne Poisson de Neuville, entre Marie-Modeste de Boylesve, veuve de Marin Boylesve de La Morousière, Jacques-Charles Lefebvre, sieur de Maurepart, François Fontaine de Mervé, sieur de Marigné, et Michelle-Aimée Lefebvre de Chasle, André-Édouard Pissonnet de Bellefonds, sieur de Lancrau, et Claude-Honorée Lefebvre de Chasle; — inventaire des meubles du château de Maurepart; — testament de Perrine-Henriette Lefebvre de Laubrière, qui lègue tous ses meubles, argent et bijoux à Louise-Charlotte-Françoise d'Arsac de Ternay « à l'exception neantmoins du tableau et « portrait de monseigneur l'évêque de Soissons, son frère, « qui après la dite demoiselle de Ternay retournera à mes« sire René-Henri-Louis-Jérome d'Arsac de Ternay, capi« taine de dragons, neveu de la testatrice »; — aveu rendu à la seigneurie de La Roderale par Jacques-Charles Lefebvre de La Lande-Chasle pour sa seigneurie de La Bourelière.

E. 3019. (Carton.) — 13 pièces, parchemin; 113 pièces, papier.

[illegible]. — Aveu rendu par Jacques-Charles Lefebvre de La Lande-Chasle à la seigneurie de Launay pour son fief du Layon-en-Louresse; — quittances des dettes de Nicolas Duclos de Kerpont, seigneur de Maurepart, et de Marie-Anne Ranchamp, par Charles Lefebvre de Chasle, en exécution de conditions portées par son contrat de mariage; — acte de baptême de Charles-François de Laubrière; — bail à ferme par Charles Lefebvre de Chasle de sa seigneurie de La Brosse-en-Louresse; — contrat de *mariage de Fiacre-Urbain*, sous-lieutenant aux gardes françaises, comte de Vassé, avec Marie-Louise-Charlotte-*Pélagie Lefebvre de Laubrière*; — lettre de M. Fournier de Boisayrault à Lefebvre de Chasle, au sujet de la réception de son fils à l'École de La Flèche; — *inventaire des* meubles du château de Maurepart appartenant à la succession de Marie-Anne Duclos de Kerpont, *femme de Jacques*-Charles Lefebvre; — baux par Charles Lefebvre de Chasle de la terre et seigneurie d'Islay; — nomination de Clément Fournier de Boisayrault comme subrogé-tuteur des enfants dudit Lefebvre de Chasle; — partage de sa succession; — mémoires de travaux de serrurerie, de vitrerie et autres faits au château de Maurepart; — acquêt par Charles Lefebvre de Chasle des seigneuries du Pineau et de La Barbotière; — requête adressée par ledit seigneur au lieutenant particulier de la Maîtrise des Eaux et forêts d'Angers afin qu'il soit procédé contre les habitants qui envoient pacager dans ses bois; — inventaire de la succession de Jacques-Charles Lefebvre, seigneur de La Lande-Chasle; — testament d'Élisabeth Lefebvre de Brosse; — bail du moulin d'Islay.

E. 3020. (Carton.) — 9 pièces, papier (1 imprimée); 2 gravures.

XVIIe-XVIIIe siècle. — Pennon généalogique du marquis de Laubrière (gravure en double exemplaire); — notes et fragments de généalogies de la famille Lefebvre de Laubrière.

E. 3021. (Carton.) — 1 pièce, parchemin; 8 pièces, papier.

1697-1778. — Leforestier ou Forestier. — Acte

de mariage de Jacques Forestier, sieur de Sévilly avec Marie-Anne Briant; — baptême de Nicolas-Jacques Forestier, sieur de Ransbry; — de Jacques Leforestier de Jamborsille; — inventaire du mobilier dépendant de la communauté de Nicolas-Jacques Leforestier et de Renée Rogeron.

E. 3092. (Carton.) — 1 pièce, papier.

1608. — LEFORT. — Vente aux enchères des biens immeubles dépendant de la succession de Cyprien Lefort, avocat au présidial d'Angers.

E. 3093. (Carton.) — 3 pièces, parchemin; 1 pièce, papier.

1480-XVIIIe siècle. — LEFOURNIER. — Contrat de mariage de Jean de Quinré avec Françoise Lefournier; — prise à bail par Jean Lefournier, sieur de Chistré, d'une maison en la rue d'Ollivet à Châteaugontier; — aveu rendu au seigneur de Hérrault, par Julien Lefournier pour sa terre de Chistré; — notes généalogiques du feudiste Audouys.

E. 3094. (Carton.) — 1 pièce, parchemin.

1650. — LEFRANÇOIS. — Testament de Martin Lefrançois portant divers legs et fondations au profit de l'église Sainte-Croix du Verger et de l'Hôtel-Dieu d'Angers.

E. 3095. (Carton.) — 6 pièces, parchemin; 21 pièces, papier.

1480-1700. — LEFRÈRE. — Acquêt par Jean Lefrère, bedeau de Saint-Maurice d'Angers des domaines de La Motaye et de La Baudière en Saint-Georges-du-Bois; — contrat de mariage de Pierre Lefrère avec Jeanne Lorier; — acquêt par Pierre Lefrère, praticien, des closeries de Chérisson, Le Tertre et La Libergerie dans les paroisses de Cornillé et de Bauné; — brevet pour Urbain Lefrère de l'office de sergent royal en la Sénéchaussée d'Anjou; — inventaire de la succession de René Lefrère; — acte de baptême de Marin Lefrère; — acquêt par Jeanne Bachelot, veuve de Pierre Lefrère, des terres des Hauts-Champs et de La Triboisnelle en Corné; — contrat de mariage de René Lefrère avec Catherine Liger; — partage des successions de René et Pierre Lefrère et de la dame Bachelot, entre J. B. Lefrère, docteur en la Faculté de droit de l'Université d'Angers, René Lefrère, maître chirurgien Perrine, Antoinette et Françoise Lefrère; — testament de Perrine Lefrère; etc.

E. 3096. (Carton.) — 2 pièces, papier.

1656-1727. — LEGAIGNEUR. — Acquêt par Pierre Legaigneur, maître menuisier, de la maison du Laurier, en la rue Baudrière, à Angers; — vente des meubles dépendant de la succession de Jacques Legaigneur; — quittance du curé pour la sépulture et le service; — présentation par Marguerite Gireul, veuve Philippe Legaigneur, procureur du Roi en l'Élection de Baugé, et Marguerite Legaigneur, femme de Jacques-Philippe Bernard, juge au Présidial d'Angers, de la chapelle Saint-Urbain de La Piraudière, desservie en leur maison seigneuriale de La Gouberie, près Le Vieil-Baugé.

E. 3097. (Carton.) — 1 pièce, papier.

1608. — LEGAST. — Acquêt par Grégoire Legast d'une terre en la paroisse de Bistré.

E. 3098. (Carton.) — 1 pièce, parchemin; 8 pièces, papier.

1615-1700. — LEGAUFFRE. — Fondation par Jean Legauffre, notaire royal, d'un anniversaire en l'église des Augustins d'Angers; — constitution par Jacques Payneau d'une rente de 40 livres au profit de Jacquine et de Jeanne Legauffre; — partage de la succession de Jacquine Legauffre de La Chauvelaye.

E. 3099. (Carton.) — 7 pièces, parchemin; 13 pièces, papier.

1580-XVIIIe siècle. — LEGAY. — Vente à Jean Cochart par Pierre Legay, prêtre, sieur de La Fautrière, de la gaignerie de La Martinière en la paroisse de Chalonnes; — partage entre François Herpin et Jean Legay du Petit-Cernay; — acquêt par Jacques Legay, sieur de La Fautrière et du Plessis-Ramon, des moulins de Rochard et de Frottangier en Saint-Laurent-de-la-Plaine; — présentation par Antoine Legay, sieur de La Hamonnière, de la chapelle du Crucifix desservie en l'église de Champigné; — fondation par Claude Leroux, veuve d'Antoine Legay, d'une messe hebdomadaire en l'église Saint-Serge d'Angers; — procès-verbal de la visite de la chapelle seigneuriale de La Giraudière, dressé à la requête de Louis Legay, afin d'être autorisé à y faire célébrer la messe; — partage entre Louise Chérouvrier, veuve de Pierre Legay, Gabriel Legay, procureur au Parlement de Paris, Thomas Levenier, Jean Simon, Michelle Legay, veuve de Mathieu Drouart, des successions de Michel Legay, greffier de la châtellenie de Saint-Florent-Le-Vieil, et de Charlotte Brécheu, sa femme; — notes et extraits généalogiques du feudiste Audouys; etc.

E. 3100. (Carton.) — 1 pièce, parchemin; 1 pièce, papier.

1610-1679. — LEGEARD. — Prise à bail par René Legeard d'une terre aux Varennes-de-Sanziers; — vente par Gilles Legeard, tonnelier, d'une cave au Puy-Notre-Dame.

E. 3101. (Carton.) — 1 pièce, papier.

1769. — LEGENDRE. — Contrat de mariage de Jacques Legendre avec Marie-Madeleine Marsial.

E. 3102. (Carton.) — 2 pièces, papier.

[illegible]. — LEGENTILHOMME. — Acquêt par Hervé Legentilhomme, sergent-royal aux Ponts-de-Cé, d'une terre à Sorges; — détail des frais pour la sépulture de René Legentilhomme.

E. 3103. (Carton.) — 3 pièces, papier.

[illegible]. — LÉGER. — Marché passé par Michel Léger, maître maçon tailleur de pierres, avec François Mocquet, avocat, et Louis Duboys, notaire, pour la construction d'une écurie; — acquêt par Gervais Léger, architecte, de la maison du Pont à Neuillé; — par sa veuve Françoise Renault d'une rente foncière en ladite paroisse.

E. 3104. (Cahier.) — In-folio, papier, 14 feuillets.

[illegible]. — LEGOUVRE. — « Livre journal pour servir à « Pierre Legouvre, maître serrurier à Saint-Georges-sur- « Loire, à registrer les ouvrages par luy faites et fournies « à différants particuliers. »

E. 3105. (Carton.) — 1 pièce, papier.

[illegible]. — LEGOFF. — Partage entre Guillemette Legoff, femme de Guillaume Lebreton, Anne Legoff, femme de Julien Gendée, notaire, Julienne Legoff, femme de Guillaume Dubreil, maître menuisier à Rennes, des successions de Pierre Legoff et de Barbe Savary.

E. 3106. (Carton.) — 4 pièces, parchemin; 88 pièces, papier.

1580-XVIIIe siècle. — LEGOUZ. — Présentation par Raoul Legouz de sa chapelle seigneuriale de Poligné en la paroisse de Verneuil-le-Fourier; — acquêt par le même de la seigneurie de Senecé; — mémoire pour Raoul Legouz, sieur des Bordes, contre les héritiers de Toussaint Chauffeteau; — lettres royaux qui maintiennent Gabriel Legouz, sieur de La Cantinière, en ses privilèges de noblesse, nonobstant la dérogeance de ses père et mère; — passeports : délivrés par l'ambassade de France à Constantinople à Legouz de Laboullaye, « lequel s'en va à « l'isle de Narsie et lieux circonvoisins » (il est coupé par la moitié en deux morceaux dont un seul reste); — par le vice-consul de France à Alexandrie « pour s'en aller « à Libourne sur le vaisseau Jésus-Maria-Sainte-Anne »; (Legouz Laboullaye est le célèbre voyageur auteur de la relation du *Voyage en Perse*); — inventaire des biens de Raoul Legouz de Poligné et de Marie Charlot; — frais d'école et de pension pour Legouz de Bordes; — contrat de mariage d'Antoine Legouz, sieur du Bois, avec Catherine de Varice; — « mémoire instructif sur toutes les « contestations qui pouroient naître entre les cohéritiers « de feu M. Legouz Duplessis, écuyer, seigneur de Juigné- « René, et entre M. Duplessis Le Vicomple, son père, pre- « nant qualité d'héritier mobilier et d'usufruitier, et ce, « à fin de procéder aux partages des biens de ladite succes- « sion en ce qui dépend au maternel »; — extrait des titres du Pressoir-Franc dans la paroisse Saint-Michel-du-Tertre d'Angers; — sentence d'émancipation pour Marie-Augustine et Augustin-Louis Legouz, enfants de Louis Legouz Duplessis et d'Augustine de Vaugirault; — généalogie de la famille Legouz; — notes et extraits généalogiques par le feudiste Audouys; etc.

E. 3107. (Carton.) — 1 pièce, parchemin; 1 pièce, papier.

[illegible]. — LEGRAND. — Cession par François Gondault à Alexandre Legrand d'une rente de 60 livres sur Jean Effray; — licitation d'une maison dépendant de la succession de Judith Morin, veuve de Charles Legrand, et léguée en partie par elle à sa fille Marie Legrand, femme de Jean Jallier.

E. 3108. (Carton.) — 17 pièces, parchemin; 6 pièces, papier.

[illegible]-XVIIIe siècle. — LEGRAS. — Donation par Jean Tabaut et Perronnelle, sa femme, de tous leurs biens à frère Guillaume Legras, prieur de La Faurcière; — complainte par-devant le prévôt de Nantes de Jean, Perrin et Thomas Lelasse, marchands résidant à Fougères, à l'encontre du capitaine du château de Chalonnes, Guillaume Legras, qui a arrêté au passage leurs marchandises, comme appartenant à des marchands originaires de Normandie et du parti anglais; — partage de la succession de Pierre de Ciersay, sieur de Chizay, et de Jeanne Dubois, entre Jeanne Giraud, dame de La Fresnaye, veuve de Guillaume Legras, et Gillet de Pulgué, capitaine de Thouarcé; — contrat de mariage de Jean Morin, sieur de Lugré, avec Régente Legras; — présentation par Guillaume Legras, sieur de La Roche-Tabuteau, de la chapelle de Bray, desservie en l'église de Thouarcé; — par Amaury Legras de la chapelle de Sainte-Catherine en l'église de Saint-Rémy-en-Mauges; — contrat pour la réception d'Henriette Legras au couvent des religieuses de Saint-François de Cholet; — quittance de deux quartiers de la pension de ladite sœur, donnée par Jeanne de Villeneuve, mère des religieuses; — acquêt par René Legras, sieur de Mécrin, de la seigneurie du Souchereau en Jallais; — distribution entre les créanciers de René Legras des deniers provenant de la vente des seigneuries de La Fresnaye et de Mécrin; — notes et extraits généalogiques par le feudiste Audouys; etc.

E. 3109. (Carton.) — 3 pièces, papier; 1 pièce, parchemin.

[illegible]. — LEGRIS. — Contrat de mariage de Paul Legris avec Élizabeth Brisse; — acquêt par Étienne Legris de vignes à Épiré ; — testament de Jacques Legris, ancien consul des marchands et échevin d'Angers, qui déshérite son fils aîné ; — arrêt du Présidial qui entérine ledit testament.

E. 3110. (Carton.) — 13 pièces, parchemin ; 11 pièces, papier.

[illegible]-1780. — Legros. — Acquêt par Claude Legros, contrôleur du grenier à sel de Beaufort : des droits de Catherine Bonreau dans la succession de son mari Balthasar Cointereau ; — de nombreuses parcelles de prés et terres à La Noire, dans la paroisse de Beaufort, et de champs aux Brouillards ; — bail à rente par François Legros, sieur de Chappe, maître particulier des eaux-et-forêts d'Anjou à Baugé, d'une maison en la rue Saint-Martin d'Angers ; — échange de terres entre Charles Legros, président au siège royal de Beaufort, et Jean Ponchion, notaire ; — partage de la succession de Claude Cupif, veuve de François Legros ; — transaction portant règlement de droits pour le partage de la succession de Charles Legros de Princé entre Louis-Paul Legros de Princé, lieutenant d'une compagnie de dragons, François-Henri Legros de Princé, clerc tonsuré du diocèse de Saint-Paul-de-Léon, Charles-Alexandre Legros de Princé, lieutenant au régiment de Picardie, François-Armand Legros, ingénieur ordinaire du Roi, et Louise-Catherine Legros de Princé.

E. 3111. (Carton.) — 1 pièce, parchemin.

1620. — Leguédois. — Prise à bail par Philippe Leguédois de la métairie du Bois dans la paroisse de Seiches et de Montreuil-sur-Loir.

E. 3112. (Carton.) — 3 pièces, papier.

1604-1684. — Lejau. — Acquêt par Antoine Lejau, sieur de La Motte, d'une partie du jeu de paume du Pélican, à Angers ; — partages de la succession de Charlotte Lemarié, veuve de Claude Lejau ; — de la succession de René Lejau et de Renée Chantreau entre Jean Chantreau, Suzanne, Pierre et Jeanne Godivier.

E. 3113. (Carton.) — 16 pièces, parchemin ; 44 pièces, papier.

1576-1660. — Lejeune. — Testament de Louise Tiphaine, femme de Jean Lejeune, receveur des tailles à Saumur ; — acquêt de terre par ledit Jean Lejeune près le village de Montfert ; — inventaire de la succession de Jean Lejeune, sieur de Bonnevau, et de Françoise Foullon ; — compte par Gilles Lejeune de la tutelle de François et Lucrèce Berthault ; — acquêt par Gilles Lejeune, avocat à Angers, d'une maison rue de La Croix-d'ancbe ; — brevet pour Gilles Lejeune d'un office de conseiller au Présidial d'Angers ; — acquêt par Jean Lejeune, libraire-juré en l'Université d'Angers, d'un petit logis près les remparts ; — accord pour le partage de la succession de Gilles Lejeune et de Perrine Dinan, sa femme, entre son fils Gilles Lejeune, conseiller au Parlement de Bretagne, Abraham Chalopin et René Hirat de Nalpaire ; — contrat de mariage de Gilles Lejeune avec Gabrielle Galichon, etc.

E. 3114. (Carton.) — 7 pièces, parchemin ; 70 pièces, papier.

1601-XVIIIe siècle. — Procédure et transaction entre Jean Lejeune de Bonnevau et Marthe Giroust, sa femme ; — bail par Gilles Lejeune de la terre de Landeronde ; — fondation par Marguerite Porcheron de Sainte-Gemmes, veuve de Gilles Lejeune de Bonnevau, en exécution des volontés de son mari, de deux messes perpétuelles à célébrer l'une dans la chapelle de l'église de Bécon, l'autre dans la chapelle seigneuriale de Landeronde ; — mémoire des frais de sépulture de Gilles Lejeune ; — inventaire de sa succession ; — mémoire pour Marthe Giroust, veuve de Jean Lejeune, contre Charles-Léon Dorat, au sujet de la succession d'Henri Aubriot, trésorier de France à Poitiers ; — contrat de mariage de Gilles Lejeune avec Mauricette-Anne Leclerc ; — partage de l'argenterie et des bijoux dépendant de la succession de Marthe Giroust ; — inventaire de la succession d'Anne-Mauricette Leclerc ; — notes et extraits généalogiques par le feudiste Audouys.

E. 3115. (Carton.) — 38 pièces, papier.

1681-1697. — Lettres d'affaires et de famille adressées à Madame Marthe Giroust, femme de Jean Lejeune de Bonnevau ; — par Philipeau de La Boissière : sachant la part qu'elle prend « dans le livre de M. de Meaux contre « celuy de M. de Cambray, il lui envoie un extrait de la « bulle du pape, qui censure le livre de l'évêque de « Cambray » ; — Esturmy ; — Foullon, lieutenant criminel de Saumur, son beau-frère : il lui demande son assistance contre le juge-prévôt d'Angers ; « il m'a condempné de « réintégrer le boureau dans un mois parce que je l'avois « eslargy des prisons après une violence que luy avoit faicte « le juge, qui l'avoit batu publiquement, parce qu'il m'avoit « obéi dans une affaire dont j'estois le juge. S'agissoit de « Deschamps et autres gentilshommes accusés, lequel Des- « champs il auroit condempné d'estre pendu et l'avoit faict « exécuter par des mendiants et pendant l'exécution auroit « dit plusieurs paroles injurieuses et, entre autres, m'auroit « appelé poltron, que je n'oserois paroistre où il estoit ; etc. ; — « le succès de la prise d'habit de ma fille Magdelon a « esté aussi heureux que nous le pouvions souhetter ; elle « y parut dans les habillements du monde de belle taille et « fort belle et avec un visaige qui tesmoignoit estre dans un contentement inconcevable. L'habit de religieuse ne luy sied pas moins que l'autre, qu'elle quitta sans regret. Elle s'est si bien acquitée de son devoir en cette cérémonie, que par un admirable effet de la providence de Dieu, la puisnée des filles de M. Anceau, qui luy avoit presté sa robbe, fut inspirée d'une saincte vocation d'entrer le mesme jour dans le couvent, quoiqu'on fût sur le point de la marier à M. Capel »; — « Les dames de la Visitation prétendent faire une bienfaitrice de Magdelon soubs prétexte d'incapacité, dont je suis désabusé par l'entretien que j'ay eu avec elle et les visites que j'ay faict faire à des personnes d'esprit, qui la jugent capables de religion. J'en ay dit ce matin mes sentiments à la supérieure et je ne luy ay pas celé ce que je pensois de son artifice, qui ne tendoit qu'à me *rançonner* »; — « nous ne vous parlons point du bruit qui court icy de vostre dévotion exemplaire, parce que vous ne voudriez par humilité en demeurer d'accord et nous contentons de l'attestation de tous ceux qui viennent *de Paris*, qui *le publient partout* »; — Marin Foucques, religieux de la Charité; — Marie Furgon; — Jacques et Madeleine Giroust; — Giroust d'Avrillé.

E. 3116. (Carton.) — 147 pièces, papier.

1683-1698. — Lettres d'affaires : — M. Paris : il lui rend compte de la santé de l'évêque d'Angers, qui est meilleure : « Il est toujours au lit. La maladie de M. Musard est présentement son plus grand mal, car il feroit une très-grande perte »; — Penchien : « Je vous asseure que j'estois retiré chez moy, couché en mon lict et avois déjà faict un somme, lorsque ma servante me vint esveiller, me donnant à entendre que certains personnages vouloient tuer mes enfans. Alors je me mins en place et allé à la porte de ma maison, où estant, j'apperçus mes enfans qui venoient de conduire la fille de M. Vallet chez elle et de là s'en alloient avecq violons pour faire donner des aubades. Alors je les contraigny et tous ceux de leur compagnie d'entrer chez moy, parce que j'avois appris qu'on *les gueittoit en quelque endroit proche de là pour* leur faire insulte; et estant entrez et moy remis au lict, les assassinateurs vinrent effrontément jusque dans l'allée de ma maison, l'espée nue en main et disant : tue! tue! »; — l'abbé de La Salle : « M. l'abbé de Quincé, à qui le Roy avoit donné l'éveschê de Poitiers, s'est excusé de l'accepter sur ce que sa santé ne lui suffiroit pas pour le travail d'un diocèse plein de nouveaux convertis, et le Roy dans cette veue l'a donné à nostre illustre amy M. de Baillont, qu'on tire par là de la Basse-Bretagne pour le placer en homme de capacité et de vertu »; — « je n'avois garde de vous oublier dans la distribution qui s'est faite de l'oraison funèbre de feu M. l'évêque de Poitiers; il m'avoit trop souvent répété la vénération qu'il avoit pour vous et les obligations qu'il vous avoit »; — Vallet : « Je n'ay receu que mardy dernier les bagues d'oreilles; quoyque je ne me cognoisse pas fort bien en telles sortes de choses, j'ay néanmoins bien veu que je ne les devois pas présenter à celle pour laquelle je les avois demandées et en effet je me serois mocqué d'elle. La pierre en est des trois-quarts trop grosse pour ne pas paroistre fauce et puis elle est montée sur du fer-blanc et la bague d'une matière à faire pourir les oreilles »; etc.

E. 3117. (Carton.) — 14 pièces, papier; 11 cachets armoriés.

1686-1697. — Lettres adressées à madame Lejeune de Bonneveau par François-Ignace de Baglion, évêque de Tréguyer, puis de Poitiers : « Il faut, ma chère madame, croire que vous avez une bonté bien particulière pour moy et vous regarder comme la personne sur laquelle on compte de passer jusques au dernier moment de la vie, pour oser vous dire, qu'arrivant à Paris, il me sera d'un avantage que je ne puis vous expliquer de traitter avec M. Pélisson, et payer ce qui luy revient pour l'économat de l'éveschê de Poitiers. Il m'est dû *treize moys de jouissance*; mais l'usage de ce pays est de n'estre payé que six moys après l'échéance. Ainsi un secours de 900 livres au 15e du moys de may me seroit bien favorable et me vaudroit beaucoup plus que je ne puis vous dire; sans manquer et sans remise, je vous payerai, ma chère madame, 2,000 francs au 1er jour d'octobre »; — « ce que vous me dites de monseigneur d'Angers est admirable. Il n'y a que les parfaits serviteurs de Dieu qui soyent dignes de pareilles grâces; vous ne pouvez pas m'obliger davantage, ma chère madame, que de continuer à luy demander le secours de ses saintes prières »; — « nous avons chaque jour de nouvelles manœuvres à faire à l'esgart des nouveaux convertis. Faites-moy sçavoir, je vous supplie, comment ils se conduisent à Saumur et quelle est la manière d'agir à leur esgart dans ce diocèse d'Angers »; — « nous avons à Poitiers depuis dix jours MM. les commissaires souverains de la réformation de la justice. Je leur ay donné à tous dès le premier *jour à* manger, et depuis *chaque jour quatre d'entre eux* ont dîné céans. Je leur ay dict pontificalement la messe de leur entrée. Je ne crois pas qu'ils soyent encore plus d'un moys en cette ville. Il y a grand nombre de prisonniers et beaucoup de gents libres qui viennent voir la *feste*; — « *je ne vous ai point* parlé d'une amie et d'une chère fille que j'ay en ce pays de Loudun, avec laquelle je voudrais bien que vous entrassiez en liaison. C'est madame Charron, sœur de M. de

« Ménars et de feu madame Colbert, qui est supérieure de « la Visitation, l'un des plus beaux couvents de France. Il y « a aussi en ce lieu là un homme qui par l'esprit, la déli« catesse, la sel et la critique de tous les bons ouvrages, « vous conviendroit parfaitement. C'est le fameux M. Che« vreau, qui estoit précepteur et même gouverneur de « M. du Maine, qui s'est retiré au grand regret de ce prince « pour estre plus en liberté d'estudier »; — « non-seulle« ment on répette l'*Ester*, mais mesme on le représente à « Fontevrault. Monsieur l'évesque de Sarla me dit hier « qu'il avoit ouy prononcer le prologue par la princesse, « qui est un éloge du Roy, que j'ay trouvé admirable. Dès « le commencement on m'envoia cette tragédie. Sy vous « préférez le sermon de la Nativité de la Vierge à cette re« présentation d'*Ester*, M. de La Salle vous en sera bien « obligé »; — « la dame dont vous me parlés, qui est à « Maubuisson, m'a fait escrire par mes meilleures amies « d'un ton d'estime et de considération auquel je ne m'at« tendois pas. Elle a particulièrement articulé, qu'elle « n'avait pas oublié un seul des vers, que M. Le Laboureur « avoit fait en mon honneur et gloire. Si dans le séjour « qu'elle a quitté, elle eût tenu un pareil langage, j'aurois « esté obligé de luy en savoir beaucoup de gré »; etc.

E. 3118. (Carton.) — 9 pièces, papier; 7 pièces, parchemin.

1540-XVIIIe siècle. — LEJUMEAU. — Acquêt par Jean Lejumeau de la terre de La Rochefoulques en Soucelle; — transaction entre Louis Leroux, sieur des Aubiers, et Toussaint Lejumeau, son gendre, au sujet de droits stipulés dans le contrat de mariage de Claude Leroux; — mémoire pour Claude Toussaint Lejumeau, seigneur des Pôriers, baron de Blou, contre Marie-Anne de Gilliers, veuve Louis Leroux Des Aubiers; — présentation par René-Toussaint Lejumeau, baron de Blou, de la cure de Blou; — et de la chapelle seigneuriale des Perrières; — notes et extraits généalogiques du feudiste Audouys; etc.

E. 3119. (Carton.) — 3 pièces, papier; 1 pièce, parchemin.

1642-XVIIIe siècle. — LELARGE. — Lettres d'anticipation notifiées aux bedeaux de l'Université d'Angers par Henri Lelarge, prêtre docteur aggrégé de la faculté des droits, recteur; — acquêt par Maurille Lelarge, boulanger, d'une maison en Chanlocé; — notes et extraits généalogiques par le feudiste Audouys sur la famille Lelarge de La Fautrais, de La Guillonnière, de Pierre-Basse.

E. 3120. (Carton.) — 4 pièces, papier.

1629-XVIIIe siècle. — LELIÈVRE. — Acquêt par Nicolas Lelièvre de la terre de Millepieds; — par Nicolas Lelièvre, écuyer, sieur de Chauvigny et de Morfontaine, d'une rente de 50 livres sur René de Lavernot; — notes et extraits généalogiques du feudiste Audouys sur la famille Lelièvre de La Mazure.

E. 3121. (Carton.) — 1 pièce, parchemin; 1 pièce, papier.

1603-1619. — LELON. — Acquêt par Jean Lelon, avocat du Roi à Angers, de deux rentes sur Thomas Rousseau et Hardouin Coural; — échange par René Lelon, sieur des Ferranderies, avec Guillaume Deslandes de la maison du Lion-d'Or à Angers contre une maison sise près la grande porte des Cordeliers.

E. 3122. (Carton.) — 6 pièces, parchemin; 13 pièces, papier.

1602-XVIIIe siècle. — LEMAÇON. — Présentation par Maurille Lemaçon de la chapelle de Laugerie en l'église de Simplé; — par Michel Lemaçon de l'aumônerie de Fontaine-Milon; — par Mathieu Lemaçon, sieur de La Trébuchetière, de la chapelle de Saint-Jean-Baptiste en l'église d'Étriché; — accord entre Maurice Lemaçon et René Champion au sujet de la tutelle des enfants mineurs de Jean Lemaçon et de Françoise Bouget; — inventaire des titres de la seigneurie de La Bolinière, dépendant de la succession d'Antoine Lemaçon et vendue à Charles Audouin, docteur-ès-droits de l'Université d'Angers; — notes et extraits généalogiques du feudiste Audouys sur la famille Lemaçon de Launay et d'Escharbot; etc.

E. 3123. (Carton.) — 2 pièces, papier.

1620-1630. — LEMAIRE. — Compte rendu par Adam Eslys, avocat, de la tutelle des enfants mineurs de René Lemaire, sieur de Launay-Gringuenière et de Renée Ledevin; — accord entre Suzanne de Brie, femme de Philippe Lemaire, et Adam Eslys, au sujet du partage de la succession d'Hilaire Lemaire, sieur du Velier.

E. 3124. (Carton.) — 1 pièce, papier.

XVIIIe siècle. — LEMAISTRE. — Note et extraits généalogiques par le feudiste Audouys sur la famille Lemaistre de Montsabert, de Ferrières, de Montmort, de Boismozé et de Boisbignon.

E. 3125. (Carton.) — 1 pièce, parchemin.

1617. — LEMAL. — Vente à Daniel Fournier, sieur de La Gomenaudière, par Renée et Catherine Lemal, héritières de Jacques Lemal, sieur de L'Aubriaye, de partie d'une maison de la rue Godeline à Angers.

E. 3126. (Carton.) — 2 pièces, papier.

1675-1681. — LEMANCEAU. — Prise à bail par Pierre Lemanceau de la métairie des Bourrelières, près Durtal; — acquêt par Joseph Lemanceau d'une petite maison rue de L'Écorcherie, à Angers.

E. 3127. (Carton.) — 1 pièce, parchemin.

1503. — LEMARÉCHAL. — Acquêt par René Lemaréchal, sieur du Boismoreau, de partie du lieu de La Saimonière dans la paroisse de Gouis.

E. 3128. (Carton.) — 3 pièces, papier.

1649-1767. — LEMARIÉ. — Acquêt par Joseph Lemarié, sieur de La Crossonnière, de prés dans les paroisses des Ponts-de-Cé, Mûrs et Denée; — nomination de Michel Falloux, à la tutelle des enfants mineurs de François-Joseph Lemarié de La Crossonnière et de Madeleine Armenault; — constitution par Guillaume-Pierre Lemarié de La Crossonnière d'une rente de cent livres au profit d'Angélique-Marie de Gohin.

E. 3129. (Carton.) — 9 pièces, papier; 3 pièces, parchemin.

1601-XVIIIe siècle. — LEMASLE. — Bail par Jean Lemasle de son domaine de La Renoillère en la paroisse de Jarzé; — présentation par Jean Lemasle, sieur de La Chevrière, de la chapelle de Saint-Lézin desservie en l'église de Bessé; — compte des rentes reçues par Jeanne Lemasle; — partage de la succession de Jacques Lemasle entre Anceau et Louis Lemasle, Gabriel et Laurent de Millard; — acquêt par Louis Lemasle, sieur de Montplant, de terres en la paroisse de Nerannes; — notes et extraits généalogiques du feudiste Audouys.

E. 3130. (Carton.) — 1 pièce, parchemin.

1519. — LEMAUGIN. — Extrait du testament de Jean Lemaugin portant donation de 80 livres pour la réparation de l'église Saint-Aubin des Ponts-de-Cé.

E. 3131. (Carton.) — 2 pièces, papier.

XVIIIe siècle. — LEMEIGNAN. — Notes et extraits généalogiques du feudiste Audouys sur la famille Lemeignan, seigneur de La Touche-Baranger, du Pontereau et de La Ruchenière.

E. 3132. (Carton.) — 21 pièces, parchemin; 42 pièces, papier.

1541-1788. — LEMERCIER. — Acquêt par Thomas Lemercier de la métairie de La Jouannière dans la paroisse d'Azé; — contrats de mariage d'Hector Lemercier avec Jeanne Behotte; — d'Arthus Lemercier, « conseiller et « secrétaire de Madame sœur unique de Sa Majesté et esleu « pour le Roy en l'eslection d'Andely, Vernon et Gournay », avec Madeleine Leprévost, veuve Nicolas Duval; — partage de la succession d'Hector Lemercier; — aveu rendu par sa veuve Marie Leroy à l'abbaye de Jumièges pour « vergers « et jardinaiges » en dépendant; — contrats de mariage de Jean Lemercier, grenetier au Grenier à sel des Andelys, avec Marie Ladvocat; — de Pierre Lemercier, avocat en la Cour des Aides de Normandie, avec Marguerite Hermel; — saisie des biens de Pierre Lemercier, lieutenant criminel de robe courte à Beaufort, à la requête de François Foullon, lieutenant général à Saumur; — contrat de mariage de Pierre Lemercier, procureur du Roi au Présidial de Gisors, avec Madeleine de Monthiers; — aveu rendu au Roi par Pierre Lemercier, sieur de Montmort, pour maisons en la ville des Andelys; — arrêt du Conseil d'État portant maintenue des privilèges de noblesse pour Louis Lemercier, sieur de Hautelage, à l'encontre des habitants de la paroisse de Boisroger; — sentence de l'Intendant de Rouen qui déclare Pierre Lemercier, sieur de Montmort, « usurpateur du titre « et qualité d'écuyer, et le condamne à 2,000 livres d'a- « mende et aux frais de l'instance »; — requête aux commissaires députés, généalogies de la famille et inventaire des pièces produites à l'appui de l'appel; — testament de Madeleine Lemercier, veuve de Pierre Belot; — contrat de mariage de René Lemercier avec Renée Touchelaume; — partage de la succession de Louis Lemercier, sieur de Saint-Médard, président trésorier de France au Bureau des finances de Tours; etc.

E. 3133. (Carton.) — 2 pièces, parchemin; 1 pièce, papier.

1610-1694. — LEMERLE. — Lettres de provision pour Marc Lemerle de l'office d'assesseur en la juridiction du prévôt des maréchaux d'Angers; — acquêt par le même de la seigneurie de La Petite-Verderie.

E. 3134. (Carton.) — 2 pièces, parchemin; 9 pièces, papier.

1506-1769. — LEMESLE. — Lettre de Nicolas Apvril au sieur Lemesle au sujet de la vente de La Gontardière; — vente par René Lemesle et Guillaume Détriché d'une rente de 30 livres à l'Hôtel-Dieu d'Angers; — acquêt par René Lemesle d'une rente de seigle sur la terre de La Baudre en la paroisse de La Jumellière; — testament de Jeanne Boureau, veuve de Michel Lemesle; — acquêt par René Lemesle, receveur des décimes du clergé d'Anjou, d'une rente de 90 livres sur Claude Pauvert; — déclaration des dettes actives et passives d'Étienne Lemesle; — acquêt par Marc Lemesle, sieur de La Verderie, de la métairie du Creuseron en la paroisse de Saint-Laurent-de-Lin; — par Joseph Lemesle, « *salpêtrier pour le Roy* », d'une terre en la paroisse de Bessé.

E. 3135. (Carton.) — 3 pièces, papier.

1624-1784. — LEMEUSNIER. — Acquêt par Simphorien Lemeusnier, d'une maison en la rue de L'Écorcherie, à Angers; — nomination d'experts au sujet d'un droit d'usage contesté entre Jean Godin et Louis Lemeusnier dans le pré de La Secrétainerie, à Cheffes; — partage de la succession de Michel Lemeusnier.

E. 3136. (Carton.) — 8 pièces, parchemin; 15 pièces, papier.

1508-XVIIIe siècle. — Lemoine. — Acquêt par Jean Lemoine : du fief de Contigné ; — de vignes à La Basinière; — aveu rendu par Thomas Lemoine à la seigneurie de Royère du fief de Hellaut ; — transaction entre Pierre Dumortier, sieur de La Ruchenière, Thomas Lemoine, sieur de Margat, et Jean Lemoine, sieur de La Rollangerie, son fils, au sujet du niveau d'eau de l'étang du Margat, de la chaussée de La Ruchenière et du droit d'usage aux prés qui en dépendent; — acquêt par Étienne Lemoine de vignes en Turquant; — partage des successions de Mathurin et de Madelon Lemoine; — note généalogique du feudiste Audouys; etc.

E. 3137. (Carton.) — 3 pièces, papier.

1650-1778. — Lemonnier. — Contrat d'apprentissage de Mathurin Lemonnier chez Pierre Évellon, marchand ferron; — dispenses d'affinité pour le mariage de Pierre Lemonnier avec Jeanne Lemonnier ; — accord au sujet de la succession d'Étienne Lemonnier entre Simone Drouin, sa veuve, Pierre Lemonnier et Pierre Lambert.

E. 3138. (Carton.) — 1 pièce, parchemin ; 4 pièces, papier.

1581-1700. — Lemotheux. — Acquêt par René Lemotheux de prés en la paroisse de Sorges; — enquête de bonne vie et mœurs de René Lemotheux, praticien ; — partage de la succession de Georges Lemotheux ; — acquêt par Pierre Lemotheux, vicaire du Lion-d'Angers, de la métairie de La Rétière.

E. 3139. (Carton.) — 21 pièces, parchemin ; 22 pièces, papier.

1449-XVIIIe siècle. — Lenfant. — Partage de la succession d'Ambroise Lenfant, sieur de La Patrière; — contrat de mariage de Lancelot Lenfant, sieur de La Guesnerie, avec Jacquette de La Barre; — cession par Robert Perret, écuyer, homme d'armes en la compagnie du bâtard de Bourbon, et Catherine Lenfant, sa femme, à Jean Lenfant, sieur de La Guesnerie, de tous leurs droits dans les successions de Lancelot Lenfant et de Jacquette et Africain de La Barre; — partage entre Roberde de Chalus, veuve de Jean Lenfant, et Marie de Chalus, sa tante, des successions d'Émery de Chalus et d'Agathe Asseline; — transaction entre Ambroise de More, sieur du Val, et Guy Lenfant, sieur de Monternault, touchant la succession de Françoise de More, femme de Guy Lenfant ; — contrat de mariage de Claude Lenfant avec Jacques du Tertre, sieur de Goubis; — acquêt par Jean Lenfant de la closerie de La Gaulterie; — ratification par Perrine Lenfant, veuve Guy Minault, de la transaction conclue entre son mari et Marie Dubost, veuve de Jean Lenfant, au sujet de la propriété de Fourchomme en la paroisse d'Athée; — testament de Christophe Lenfant, sieur de La Brancheraye; — notes et extraits généalogiques par le feudiste Audouys; etc.

E. 3140. (Carton.) — 4 pièces, parchemin; 7 pièces, papier.

1580-1659. — Lenfantin. — Acquêt par Jean Lenfantin de la closerie de La Courtiaie; — présentation par Jeanne Ernault, veuve de Jean Lenfantin, sieur de La Thibergère, de la chapelle de Saint-Antoine desservie en son château de Ballisson; — offre d'hommage faite à La Motte-Sourchin par Antoinette Lenfantin, veuve de Pierre Jourdan, pour sa terre de Fleins; — partage entre Suzanne et Françoise Lenfantin de la succession de Dominique Lenfantin et d'Étiennette Gallisson ; — présentation par Catherine Fardeau, veuve de Pierre Lenfantin, sieur de La Touschebaron, de la chapelle du Plessis desservie en son lieu seigneurial de La Denillière ; — contrat de mariage de Dominique Lenfantin avec Marie Boullain.

E. 3141. (Carton.) — 3 pièces, parchemin ; 9 pièces, papier.

1399-1780. — Lenormant. — Vente par Jeanne veuve Pierre Lenormant à l'Hôtel-Dieu d'Angers d'une rente de 20 sous pour aider à entretenir la chapellenie fondée par Jean Pichon ; — inventaire de la succession de Benoîte Guineman, veuve de Simphorien Lenormant; — inventaire de la succession et vente des meubles de Simphorien Lenormant et de Françoise Fresneau ; — acquêt par Jean Lenormant de vignes à Champtoceaux ; — lettres d'affaires de Gibot de Moulinvieux au sieur Lenormant, procureur au Présidial de Poitiers; — distribution des deniers provenant de la vente de Jean Lenormant, notaire à Champtoceaux ; — sentence d'interdiction d'Honorat Lenormant pour cause de démence.

E. 3142. (Carton.) — 1 pièce, parchemin.

1367. — Léon (de). — Constitution par Anne de Dinan, femme d'Érart de Léon, au profit de Marguerite de Léon, leur fille, de cent livres de rente pour son mariage avec Yvon de Karoulay.

E. 3143. (Carton.) — 5 pièces, papier.

1538-1772. — Lepage. — Vente par Pierre Lepage à Julien Goupilleau de la seigneurie du Moulinet dans la paroisse de Brain-sur-l'Authion; — acquêt par Michel Lepage, de la maison dite Le Moulin-à-Vent dans la paroisse de Sorges ; — testament de Pierre Lepage; — acquêt par Jeanne Bourmault, veuve de Jean Lepage, du moulin Daguenet en la paroisse Saint-Michel-du-Tertre.

E. 3144. (Carton.) — 1 pièce, parchemin.

1670. — LEPAINTRE. — Acquêt par Jacques Lepaintre archidiacre de Saint-Gatien de Tours, de la terre de Marigny sur la paroisse de Barouges.

E. 3145. (Carton.) — 2 pièces, parchemin; 4 pièces, papier.

1604-XVIIIe siècle. — LEPAUVRE. — Aveu rendu à La Haye-du-Puy par André Lepauvre pour sa terre de La Vacherie; — à la seigneurie du Bellay par Christophe et Anne Lepauvre pour leur fief du Tusseau; — offre d'hommage faite par le même à Montreuil-Bellay par la haute justice de Meigné; — notes et extraits généalogiques par le feudiste Audouys.

E. 3146. (Carton.) — 2 pièces, parchemin; 6 pièces, papier.

1457-1702. — LEPELLETIER. — Acquêt par Jean Lepelletier de terres et jardins près les vignes de Meilleray; — par Nicolas Lepelletier,, prêtre, sieur de Châteaupoissy, de 500 livres de rente hypothécaires sur le comté de Joigny en Champagne; — partage des successions de François Lepelletier, sieur de Norton, et de Catherine Urseau; — lettres royaux portant confirmation pour Étienne Lepelletier, sieur de La Foucaudière, de ses privilèges de noblesse; — testament de François Lepelletier, sieur de La Tremblaye, portant don de sa maison à la cure de Séronnes pour une école gratuite.

E. 3147. (Carton.) — 3 pièces, papier.

1658-XVIIIe siècle. — LEPETIT. — Acquêt par Catherine Lepetit de Verne de la seigneurie d'Arcé; — *notes et extraits* généalogiques par le feudiste Audouys sur la famille Lepetit de La Besnerie, de Cellaine et de Mondonne.

E. 3148. (Carton.) — 2 pièces, papier; 1 pièce, parchemin.

1626-XVIIIe siècle. — LEPICARD. — Contrat de mariage de Charles Lepicard, sieur des Chapelles, avec Catherine de La Bruyère; — transaction entre Henriette Lepicard et Joseph Duchesne, sieur de Villevert, au sujet de la succession de Catherine Lepicard; — notes généalogiques du feudiste Audouys.

E. 3149. (Carton.) — 6 pièces, papier.

1627-1691. — LÉPICIER. — Testament de Marie Bluyneau, veuve de Michel Lépicier; — partage de la succession de Michel Lépicier, monnayeur de la monnaie d'Angers; — inventaire des meubles de Michelle Lemoine, veuve de Pierre Lépicier; — partage des successions de René Lépicier, greffier de l'officialité, et de Jacquine Cosbron; — de Pierre Lépicier et de Michelle Lemoine, entre Jeanne Pacquet, veuve Pierre Lépicier, Mathurin Daniau, Claude Lépicier, Étienne Moreau et Étienne Baudeiller.

E. 3150. (Carton.) — 1 pièce, papier.

1704. — LEPICQ. — Acquêt par Toussaint Lepicq d'une pièce de terre aux Rosiers.

E. 3151. (Carton.) — 6 pièces, papier; 3 pièces, parchemin.

1597-1709. — LEPOITEVIN. — Partage des successions de René Lepoitevin et de Catherine Cochelin entre Abel Cailleteau, René, Jean et Pascal Lepoitevin, Jean Dumesnil et Maurice Legendre; — bail par René Lepoitevin, sieur de Hautebelle, substitut du procureur du Roi à Angers, de la métairie de La Grange et de vignes dans la paroisse de La Meignanne; — aveu par le même à la seigneurie de La Touche de son fief de Béconnaye; — acquêt par Gaspard Lepoitevin, sieur des Portes, de la closerie du Petit-Morisson en la paroisse de Saint-Martin-du-Fouilloux; — partage de la succession de Pierre Lepoitevin, sieur des Portes; — fragment d'une généalogie.

E. 3152. (Carton.) — 1 pièce, parchemin.

1656. — LEPONGNEUR. — Brevet pour François Lepongneur, sieur des Petits-Champs, de l'office de capitaine du château de Beaufort-en-Vallée.

E. 3153. (Carton.) — 3 pièces, papier.

1580-XVIIIe siècle. — LEPORC. — Bail à ferme par François Leporc, connétable de Nantes, « de tout et tel « devoir de guet de portes qui lui peut appartenir en ladite « ville de Nantes »; — adjudication de la métairie de La Noe, saisie sur René Leporc, « de la nouvelle opinion », pour n'avoir « obéy aux édits et intentions du Roy pour la « réunion de ses subjets à l'église catholique, apostolique « et romaine »; — notes généalogiques par le feudiste Audouys.

E. 3154. (Carton.) — 5 pièces, papier.

1611-XVIIIe siècle. — LEPOULCRE. — Extrait du compte-rendu par Marie Lepoulcre, veuve de Jacques de Chavigny, à Philippe du Ludre, veuve de Philippe Lepoulcre; — fragments d'une généalogie; — *notes et extraits* par le feudiste Audouys sur le famille Lepoulcre de La Motte-Messemé, La Benoistaye, Coulongé, Senonne et La Pouceraye.

E. 3155. (Carton.) — 1 pièce, parchemin; 3 pièces, papier.

1685-1739. — LEPRÊTRE. — Contrat de mariage de Julien Leprêtre, sieur de La Blonnière, avec Perrinne Bedard; — inventaire des meubles de Julien Leprêtre, marchand; — acquêt par Marguerite Danes, veuve de Claude Leprêtre, conseiller au Parlement de Paris, d'une rente de 300 livres tournois; — compte entre René Guy d'Espeaux et autres cohéritiers en la succession de Julien Leprêtre, avocat au Présidial d'Angers, et Marie-Thérèse Legendre, sa veuve.

E. 3156. (Carton.) — 1 pièce, papier.

1777. — LÉPRON. — Acquêt par Jean Lépron de terres près La Marzelle en Soulaine.

E. 3157. (Carton.) — 7 pièces, parchemin; 38 pièces, papier.

1408-XVIIIe siècle. — LERESTRE. — Transaction entre Jeanne Lerestre et René Lerestre, sieur de L'Aubinière, pour le partage de la succession de Pierre Lerestre, leur père; — acquêt par René Lerestre d'un champ en la paroisse de Sainte-Gemmes, près Segré; — par François Lerestre de terres et prés dans les paroisses de Charé-sur-Argos, de Sainte-Gemmes et de Noyant-La-Gravoyère; — partage de la succession de René Lerestre et de Jeanne Veillon, sa femme; — contrat de mariage de René Lerestre et de Louise Baudin; — acquêt par les mêmes de partie de La Basse-Aubinière; — extraits des registres de baptême de la paroisse de Sainte-Gemmes près Segré, à l'appui de la noblesse de la famille Lerestre; — contrat de mariage de Charles Lerestre avec Madeleine Laurens; — sentence des commissaires députés pour le regaillement des tailles en la généralité de Tours, qui confirme Charles Lerestre en ses privilèges de noblesse; — certificat délivré par Philippe de Clérembault, baron de Palluau, à Claude Lerestre, de sa réception en la compagnie de chevau-légers faisant service à Salbertron, près Suze en Piémont; — inventaire des titres de noblesse produits par François Lerestre, sieur de L'Aubinière; — contrat de mariage de François Lerestre avec Perrine Verdier; — notes et extraits généalogiques par le feudiste Audouys; etc.

E. 3158. (Carton.) — 1 pièce, papier.

1767. — LEROCHER. — Acquêt par Robert Lerocher de la part de Pierre Lavoué dans la succession de son père.

E. 3159. (Carton.) — 32 pièces, parchemin; 29 pièces, papier.

1449-1690. — LEROUX. — Aveux rendus à Briollay par Hardy et Jean Leroux, sieurs de La Roche-des-Aubiers, pour leur terre de Chemens; — présentation par Jean Leroux de la chapellenie de Saint-Antoine-de-Padoue desservie en son manoir seigneurial de La Tour-de-Ménive; — mémoires pour le seigneur de Chemens à l'appui de son droit de parnage dans les landes de Chemens; — et de son droit d'armoiries et de litre en l'église de Corzé; — acquêt par Jean Leroux de la closerie de La Raynière; — par Louis Leroux, chanoine d'Angers, sieur d'Avort, de la châtellenie de Corzé; — don par Jean Leroux à Jeanne Leroux, sa fille naturelle, du lieu de La Millonnière; — testament de Charles Leroux, gentilhomme ordinaire de la Chambre, conseiller d'État, portant entre autres legs, don à Louis d'Aubigny, d'un cheval, ainsi qu'à Charles Duvau, son page, « pour « estre hors de page », et à Jean Bottereau, dit La Plagne, de 30 livres pour la peine prise pendant sa maladie, etc.; — acte baptistaire de Jean, fils d'Emmanuel Leroux de La Roche-des-Aubiers; — transaction entre Louis Leroux de La Roche-des-Aubiers, Claude Leroux, femme de Toussaint Lejumeau, et René Trochon, juge-prévôt civil et criminel d'Angers, pour le partage de la succession de mademoiselle de Brissac, fille de Charles de Brissac, sieur du Lavouer.

E. 3160. (Carton.) — 7 pièces, parchemin; 107 pièces, papier.

1702-XVIIIe siècle. — « Livre journal de mes « affaires particulières » tenu par madame Leroux de La Roche-des-Aubiers; — compte rendu à Marie-Anne de Gillier, femme de Louis Leroux de La Roche-des-Aubiers, de la succession de Louise Croisil, sa mère, veuve de Georges de Gillier, marquis de Marmande; — contrat de mariage de Louis-Pierre Leroux de La Roche-des-Aubiers, sieur du Plessis-Clérembault, avec Marie-Françoise de Salles; — acquêt par René Leroux, notaire royal, de terres dans la paroisse de Corné; — inventaire des meubles du château du Plessis-Clérembault dans la paroisse de Saint-Rémy-en-Mauges; — délégation par Louis-Pierre-Georges Leroux de La Roche-des-Aubiers à Marie-Anne de Gillier, sa mère, des fermages de La Raffraire, de La Hunelière, L'Échasserie, Lorvoire et autres dans les paroisses de Saint-Rémy, Tilliers et Gesté, pour représentation de la rente de 3,000 livres qu'il lui doit; — testaments de Marie-Françoise de Salles et de Louis-Georges Leroux de La Roche-des-Aubiers; — inventaire des meubles de Louis-Pierre Leroux de La Roche-des-Aubiers; — don par Jean Simon, receveur des décimes du clergé d'Anjou, en avancement d'hoirie, à René-Jean Leroux, son gendre, docteur en droit, de la terre de La Chotardière; — testament dudit René-Jean Leroux, portant instructions spéciales à sa femme pour la conservation légale de son douaire; — notes et extraits généalogiques par le feudiste Audouys; etc.

E. 3161. (Carton.) — 18 pièces, papier; 14 pièces, parchemin.

1512-1780. — LEROY. — Lettres de Gervais « par la « haulte puissance et divine clémence roy triomphant de la « bazoche royal d'Angiers », qui institue Raoul Leroy « bazochien et vrai suppost de ladicte bazoche »; — brevet du duc de Mayenne, « lieutenant général de l'estat roïal et « couronne de France », portant donation « à madame la « duchesse de Genevois, en considération des grans meubles « dont elle a faict perte en sa maison de Verneuil... des « meubles qui se trouveront en ceste ville de Paris aparte- « nans au sieur de Serres La Poterie absent et tenant party « contraire »; — vente par Jean Leroy, sieur de La Foucherie, de la seigneurie de Chauvigné; — transaction entre Charlotte Pinon, veuve de Claude Leroy, trésorier général de l'ordinaire des guerres, et François Turpin, son fermier de la terre de Mancy; — contrat de mariage d'Honorat Leroy de La Vérouillère avec Hélye de Villeprouvée; — de René Leroy, sieur du Mesnil, avec Françoise Paulmier; — provision pour Robert Leroy de La Potherie, prieur de Saint-Honorat, de l'office de conseiller-clerc en la Cour des Aides et finances du Dauphiné; — contrat de mariage de Fleurant Leroy, sieur de La Croix, avec Renée Baudon; — partage entre Louis et René Leroy de la succession de Nicole Carré, femme de Louis Leroy; — arrêt de l'intendant de Tours qui maintient en ses titres et priviléges de noblesse Pierre Leroy de La Potherie, sieur de Mancy et de Chandemanche; — diplôme de bachelier en droit pour Louis-Jacques-Cyr Leroy de Mancy; — inventaire des meubles de Pierre Leroy de La Potherie, dressé à la requête de Françoise-Madeleine Boylesve de La Gillière et de leurs enfants; — dispense pour le mariage de Charles-Louis-François-Joseph Boylesve avec Perrine-Françoise-Renée Leroy de La Potherie.

E. 3162. (Carton.) — 4 pièces, parchemin; 56 pièces, papier.

1720-XVIIIe siècle. — Contrat de mariage de Pierre Leroy de La Potherie avec Antoinette de Roye; — testament de ladite dame, portant donation de tous ses biens à son mari; — présentation par Cyr-Louis-Pierre Leroy de La Potherie de la chapelle de Sainte-Émerance en son château de Chandemanche en Morannes; — contrat de mariage de Pierre Leroy de La Potherie avec Geneviève-Catherine Petit; — bail à ferme de la seigneurie de Mancy; — partage de la succession de Françoise Boylesve, veuve de Pierre Leroy de La Potherie; — acquêt de la châtellenie de Neuville; — acte de notoriété attestant qu'Étienne Petit, juge-garde au mesurage des sels de La Pointe, n'a laissé d'autre héritier que Catherine Petit, épouse de Pierre Leroy de La Potherie; — vente de la terre de La Roche-des-Aubiers, saisie judiciairement sur Eustache-Guillaume Leroy de La Roche-Vérouillère; — partage de la succession de Catherine-Renée-Marguerite Cupif, femme en secondes noces d'Urbain Leroy de La Potherie; — lettre du comte de La Potherie au commandeur de La Potherie, son frère, au sujet de la vente de ses biens de Paris; — contestation entre l'Hôtel-de-Ville et Pierre Leroy de Mancy, au sujet de la propriété de fossés bordant le Mail et l'avant-Mail; — sentence des arbitres qui adjuge le droit à la ville; — arrêt du Conseil d'État qui maintient les sieurs Leroy de La Potherie, seigneur de Neuville, et de La Grandière, seigneur de Grez, en leur droit de tenir un bac sur la Sarthe entre Grez et Neuville; — aveu rendu par Louis Leroy, comte de La Potherie, à la seigneurie de La Touchebureau pour ses seigneuries de La Bizollière et de Launay-Monteclere; — notes et extraits généalogiques par le feudiste Audouys; etc.

E. 3163. (Carton.) — 4 pièces, parchemin; 23 pièces, papier.

1397-1760. — Leroyer. — Don par Guillemette Leroyer à Vincent Leroyer de vignes à Sainte-Gemmes-sur-Loire; — acquêt par Macé Leroyer d'une maison à Beaufort; — baux de la maison de La Tête-Noire en Beaufort par Pierre Leroyer, sieur de Beauchamps, en sa qualité de curateur des enfants de René Cherbonnier et de Jeanne Leroyer; — testament de Marie Leroyer, femme de Jean Gourreau, sieur de La Roche; — extrait de l'inventaire des meubles et papiers de Jean Leroyer, religieux de l'hôpital Saint-Jean-l'Évangéliste d'Angers; — inventaire de la succession de René Leroyer et de Mathurin Bélier; — notes et extraits de l'histoire d'Anjou de Hiret et des traités juridiques de Chopin par Leroyer, curé de Bazouges; — partage de la succession d'Eustache Leroyer, curé de Cornillé; — de la succession de François Leroyer, avocat au Présidial d'Angers, et de Charlotte Allancau, sa femme; — contrat de mariage de Joseph Leroyer avec Françoise-Marie Poitras; — testament de Gilberde Bodard, veuve de Pierre Leroyer; — inventaire des meubles de Joseph Leroyer, sieur de La Hautallière, président au Grenier-à-Sel de Candé.

E. 3164. (Carton.) — 1 pièce, papier.

1666. — Leschallier. — Contrat de mariage de François Leschallier avec Renée Couanne, veuve de Jean Beton.

E. 3165. (Carton.) — 12 pièces, papier.

1600-XVIIIe siècle. — Lescrivain. — Aveu rendu à la seigneurie de Cunauld par Louis Lescrivain pour sa terre de Boisnoblet; — accord entre Louis Lescrivain, sieur de Boisnoblet, et Thomas Lescrivain, sieur de Saint-Marc, au sujet de la succession de leur sœur, Bertrande Lescrivain, femme de Jean d'Estrelan; — partage entre Louis Lescrivain, sieur de La Béchardière, et René Lescrivain, sieur de La Pléchère, de la succession de Pierre Lescrivain et de Catherine Blandin; — contrat de mariage de Jean de Lescrivain, sieur du Boisnoblet, avec Renée Davy; — requête et inventaire des titres produits par Jean de Lescrivain pour la maintenue de sa noblesse; — notes et extraits généalogiques par le feudiste Audouys.

E. 3166. (Carton.) — 1 pièce, papier.

1760. — Leseigneur. — Nomination de Jean Nays à la tutelle des enfants mineurs de Joseph Leseigneur et de Marie Granry

E. 3167. (Carton.) — 3 pièces, parchemin; 11 pièces, papier.

1690-1789. — Leseiller. — Acquêt par Louise Godin, veuve de Marin Leseiller, d'une maison et d'une pièce de terre à Beaufort; — par Françoise Leseiller d'un champ en ladite paroisse; — et d'une rente foncière sur Guillaume Leseiller, notaire à Brion; — titres de rente pour Marin Leseiller, ancien grenetier au Grenier à sel de Beaufort, sur le lieu de Foussebault; — acte de baptême de Marie-Dorothée-Anne Leseiller; — échange entre Marie-Dorothée Delhomme, veuve de Marin Leseiller, et Julien Boisnard, de terres et maisons dans la paroisse de La Bohalle; — acquêt par Charles Leseiller de la métairie des Fosses en la paroisse de Longué.

E. 3168. (Carton.) — 4 pièces, parchemin; 40 pièces, papier.

1730-XVIIIe siècle. — Leshénault. — Publication du mariage d'Antoine-Hercule Leshénault, seigneur de Bouillé, Saint-Sauveur, Marigné, avec Perrine-Bernardine Barrin, veuve de Jacques-René Joubert de La Jarie; — acte de baptême de Claude-Henri-René Leshénault; — sentence de la Sénéchaussée d'Angers qui reconnait comme nobles d'extraction et de nom Marie de Scépeaux, veuve d'Antoine-Hercule Leshénault, sieur de Bouillé, Thévalle, Saint-Sauveur, et Antoine Hercule Leshénault, son fils, et condamne Guillaume de Champagné à leur donner lesdits titres dans tous les actes qu'il pourrait passer ou faire insérer aux registres de déclarations de sa seigneurie de Moiré; — reçu délivré par le trésorier de la Compagnie des Indes à l'Ile-de-France, à M. de Saint-Sauveur, enseigne sur le *Minotaure*, des avances pécuniaires à lui faites par la Compagnie; — congé de deux mois accordé au sieur de Bouillé de Saint-Sauveur, « lieutenant de vaisseaux du « département de Brest » (avec signatures autographes du roi Louis XV et du duc de Choiseul); — contrat de mariage d'Antoine-Gabriel-Joseph Leshénault, seigneur de Marigné, lieutenant des vaisseaux du Roi, avec Marie-Félicité Gibot de La Perrinière; — du même, en secondes noces, avec Mélanie-Françoise Louet, veuve de Pierre Dumesnil, seigneur du Pineau; — commission de capitaine d'infanterie de la marine pour le sieur de Saint-Sauveur (avec signature autographe de Louis XVI et de Sartine); — lettre de madame Varice de Meaulne à M. de Saint-Sauveur : elle a acheté son ancien banc en l'église de Bécon et se fait un plaisir de le lui offrir; — passeport délivré à Henri Leshénault par le Comité-Permanent de la ville d'Angers; — notes et extraits généalogiques par le feudiste Audouys.

E. 3169. (Carton.) — 8 pièces, parchemin; 14 pièces, papier.

1566-1700. — Lesirier ou Lecirier. — Partage entre Jacques et Pierre Lesirier de la succession de Pierre Lesirier et de Renée Thibergeau; — affermement par René Lecirier, dit de Semur, commandeur de la commanderie du Temple de La Rochelle, du temporel de la commanderie; — testament de François Lecirier et Marguerite de Buz, sa femme; — contrat de mariage de René Lecirier, seigneur de Semur, de Buz et de Saint-Quentin, avec Suzanne de Vassé; — « information et preuves secrettes de la noblesse, « vertu et légitimation d'Henri Lesirier de Semur, escuyer, « pour estre receu au rang de frère chevallier de l'ordre « Saint Jean de Hierusalem; » — sentence de l'Élection de Château-du-Loir, qui porte maintenue des titres et priviléges de noblesse pour Suzanne de Vassé, veuve de René Lecirier, et leurs enfants; — acte de baptême d'Henri Lecirier, fils de Marin Lecirier et de Catherine Levalleur; — inventaire des titres produits par Marin Lesirier, sieur de Villiers et de Boisguignot, pour le maintien de sa noblesse; — contrat de mariage d'Henri-Emmanuel Lesirier avec Françoise de La Noue; — consultation de Mes Martin et Guyne, avocats de Paris, à l'appui des droits d'Henri Lesirier dans la succession de Suzanne Du Grenier; — extraits délivrés par d'Hozier de l'Armorial général, portant les armoiries peintes d'Henri-Emmanuel Le Sirier et de Suzanne Du Grenier.

E. 3170. (Carton.) — 7 pièces, papier.

1663-1709. — Lesné. — Partage de la succession de Pierre Lesné et de Perrine Godier entre Philippe Besnard, Jean Leroyer, René, Pierre et Marie Lesné; — réglement entre lesdits héritiers; — partage des biens de Philippe Besnard et de Marguerite Lesné; — inventaire et partage des meubles de Marie Lesné.

E. 3171. (Carton.) — 3 pièces, parchemin; 5 pièces, papier.

1546-1786. — Lesourt ou Lesourd. — Provisions par Jean Lesourt de l'office de procureur de la juridiction de la seigneurie de La Rivière en Couaron; — constitution par François Lesourt et Jean de Tiercé, marchands, d'une rente de 300 liv. au profit de l'Hôtel-Dieu d'Angers; — acquêt par Symphorien Lesourt de vignes en la paroisse de

Brain-sur-l'Authion; — contrat de mariage de Michel Lesourt, sieur de La Noiraye, avec Antoinette Jarry; — vente par Louise Lesourd de La Clémencière à Charles-André Rancelin des closeries des Grands et Petits-Aireaux en la paroisse de Foudon; — contrat d'une rente de 90 livres consentie par François Lesourd, marchand, et sa femme, Emélie Fournier, au profit de Françoise Lailler.

E. 3172. (Carton.) — 11 pièces, parchemin; 107 pièces, papier.

1629-1780. — LESPAGNEUL. — Extraits des registres des paroisses Saint-Maurille d'Angers, Saint-Aubin des Ponts-de-Cé, Saint-Nicolas de Saumur et Saint-Quentin de Chaunay, concernant la famille de Lespagneul; — contrat de mariage de Gilles Lespagneul, sieur de La Plante, avec Claude Moriveau; — donation mutuelle entre les deux époux; — partage de leur succession; — vente par Catherine de Romanet, veuve de Jean Racine, à Gilles Lespagneul, de l'office de conseiller-secrétaire du Roi; — acquêt par le même d'une part d'intérêt dans la forge de Château-Lavallière; — contrat de mariage du même avec Marie Lemercier; — inventaire des biens dépendant de leur communauté, après décès dudit Gilles Lespagneul; — procédure par Marie Lemercier, veuve de Gilles Lespagneul, baronne de Rillé, contre Gabriel de Ruzé, baron de Saint-Mars, afin de faire effacer les armes dudit seigneur en l'église de Savigné; — procès-verbal des bâtiments de la baronnie de Rillé; — partage des successions de Jean-Baptiste Lespagneul, sieur de La Baudrairie; — et de René-Nicolas Lespagneul, sieur de Médouin; — contrat de mariage de Jean-François Lespagneul de La Plante avec Reine-Catherine Mocet de Chavagnes; etc.

E. 3173. (Carton.) — 1 pièce, parchemin; 9 pièces, papier.

1611-XVIIIe siècle. — LESPERONNIÈRE (de). — Présentation par Louise Richer, veuve de François de Lesperonnière, de sa chapelle seigneuriale de La Boullaye en la paroisse de Cronières; — vente par Antoine de Lesperonnière, sieur de La Rochebardoul, lieutenant de la vénerie du Roi, d'une maison près Saint-Mainbœuf d'Angers; — contrat de mariage d'Henri Des Herbiers, sieur de Létanduère, capitaine d'un des vaisseaux du Roi, avec Marie-Françoise de Lesperonnière; — présentation par Antoine de Lesperonnière des chapelles du Pineau et du Champ en Thouarcé; — notes et extraits généalogiques par le feudiste Audouys.

E. 3174. (Carton.) — 5 pièces, parchemin; 39 pièces, papier.

1590-XVIIIe siècle. — LESPINAY (de). — Accord entre Baptiste Buor, sieur de La Lande, et Pierre de Lespinay, au sujet du contrat de mariage d'Olympe de Lespinay; — partage entre Samuel de Lespinay, sieur de Chaffault, Briort et Monceaux, et Claude Bosq, sieur d'Espiné, des terres roturières de Flandres, descendant de la succession de Henri de Perceau, sieur de Trémar, Marcheville, Vilers, Valdève, Erzel, Lacourt de Vulpain, Neustrya et Lodicq en Zélande; — vente par Pierre de Lespinay à Gilles Stalins, « conseiller du Roy Catholicque en son conseil provincial de Flandres, » de prés en la paroisse de Fuste; — note des terres sises en la seigneurie de Weldene en Zeeverghem; — contrats de vente (en flamand) de terres et seigneuries sises en Flandres; — notes et extraits généalogiques par le feudiste Audouys; etc.

E. 3175. (Carton.) — 1 pièce, parchemin; 1 pièce, papier.

1450-XVIIIe siècle. — LESPINE (de). — Accord au sujet de la succession de Thibaut de Lespine entre Crespine de Fourmentières, sa veuve, et Ysabeau de Lespine, sa fille; — note du feudiste Audouys sur la famille de Lespine, seigneur de Beauchesne.

E. 3176. (Carton.) — 2 pièces, parchemin; 45 pièces, papier.

1550-1784. — LESRAT ou LERAT (de). — Acquêt et prise de possession par Guillaume Lerat, « abréviateur *de majori parco* en la court de Rome, » de la seigneurie de Lancreau; — vente par Jehan Lerat, greffier en la prévôté d'Angers, du moulin à vent de Monteclère; — partage de La Bouchardière en Chantocé entre Joachim Duhardas et Guillaume de Lesrat, conseiller au Parlement de Paris; — factums pour Guy de Lesrat, conseiller au Parlement de Bretagne, contre Louis de Coetlogon au sujet des comptes de tutelle de Marguerite Avril, sa femme; — testament d'Antoine Lerat, chanoine de Saint-Martin d'Angers; — lettres de M. Lechat à M. Lerat des Briottières au sujet de réglements d'intérêts; — mémoire pour Guy de Lesrat contre Madame Langlois de Lantivy de Bonchamps, veuve de Pierre-Jacques de Lantivy, au sujet du compte de tutelle de Marie-Louise de La Saugère; — testament de Guillaume-Guy de Lesrat, sieur de Bedain, et de Pauline-Françoise Louise Lechat de Lesrat, sa femme, portant donation réciproque de tous leurs biens; — transaction au sujet du retrait féodal de la seigneurie d'Aulnay en la paroisse d'Aubigné, près Peulon, entre Guillaume Guy de Lesrat, capitaine au régiment de Foy-infanterie, Anne Cadock, veuve de François Patry de L'Aubinière, Pierre-Joseph Coustard, seigneur de Souvré, et Guillaume de Champagné-Giffard.

E. 3177. (Carton.) — 3 pièces, parchemin.

1471-1494. — LESSAY (de). — Accord entre Benoît et Jean de Lessay et Laurent Simonneau au sujet de la vente de terres près Saumur; — nomination de Laurent Simonneau à la tutelle de Matheline, fille de Benoît de Lessay; — acquêt par Jean de Lessay, dit de Saumur, de prés et pâtures en la paroisse des Rosiers et dans la comté de Beaufort; — par le même de terres et prés au Port-Saint-Maur; — et à la Boire-Supplice.

E. 3178. (Carton.) — 1 pièce, papier.

1548. — LESTORÉ. — Aveu rendu à Louise Colinon, dame du Fief-Lecomte, pour son fief des Loges, par Jean Lestoré.

E. 3179. (Carton.) — 3 pièces, papier.

1760-1786. — LETESSIER. — Vente par René Letessier d'une terre en la paroisse de Brain-sur-l'Authion; — acquêt par Jacques Letessier de la closerie du Pressoir-Vausanne en la paroisse de Miré; — nomination de Jean-Nicolas Coustard, notaire, à la tutelle des enfants mineurs de Jean-Louis-Marie Letessier et de Françoise Godellier.

E. 3180. (Carton.) — 3 pièces, papier; 2 pièces, parchemin.

1598-XVIIIe siècle. — LETHEULLE. — Acquêt par Jean Letheulle de la terre de La Goupillère en la paroisse de Genneteil; — et d'une pièce de terre aux Rouillées; — acte de notoriété de la valeur réelle des biens fonciers sur lesquels est consignée la rente de 60 livres à René Letheulle pour sa promotion au sous-diaconat; — lettre du notaire Fillon à Letheulle, cordonnier, rue Saint-Laud, à Angers, au sujet de la succession de la dame Letheulle, veuve Prieur; — notes généalogiques du feudiste Audouys.

E. 3181. (Carton.) — 2 pièces, papier.

XVIIIe siècle. — LÉTOILE (de). — Notes et extraits généalogiques du feudiste Audouys sur la famille de Létoile, seigneur de Bouillé et de Sourdigné.

E. 3182. (Carton.) — 3 pièces, parchemin; 8 pièces, papier.

1629-1789. — LETORT. — Testament de Catherine Foussier, femme de François Letort, sieur de La Gaudais; — compte entre René Fauveau, commis au Grenier à sel de Pouancé, et les héritiers de Denis Letort, conseiller audit Grenier à sel; — brevet de procureur du Roi au Grenier à sel de Pouancé par François Letort; — contrat de mariage dudit François Letort avec Renée Besnard; — acquêt par le même de moitié de la lande dite la Lande-Neuve en la paroisse de Carbay; — dispense d'âge au bénéfice de Jean-François Letort pour sa réception en la charge de son père au Grenier à sel de Pouancé; — partage des successions de François Letort entre Renée Besnard, sa veuve et ses enfants; — et de Pierre Letort, sieur de La Bretellière entre Renée Letort, veuve de René Baillon, François Goussé de La Lande et François Besnard de La Féchalière; — acquêt par Jacques Letort, commis à la recette du Grenier à sel d'Angers, du lieu de Bonvaille en Saint-Laud.

E. 3183. (Carton.) — 6 pièces, papier.

1658-1781. — LÉTOURNEAU. — Traité entre Philippe Létourneau et Charles Renaud, son gendre, pour la propriété du greffe civil de l'officialité d'Angers; — lettres du sieur Lehaguais, de Paris, à M. Létourneau de Beaumortier, procureur du Roi en la Sénéchaussée, au sujet d'affaires fiscales; — licitation d'immeubles dépendant de la succession de Jacques Létourneau; — lettre d'envoi de papiers d'affaires par le sieur Camoin, de Chalonnes, à Létourneau, procureur au Consulat à Angers.

E. 3184. (Carton.) — 10 pièces, parchemin; 41 pièces, papier.

1554-1786. — LETOURNEUX. — Acquêt par Jean Letourneux d'une maison près le Pilory d'Angers; — contrat de mariage de Vincent Madéon avec Charlotte Letourneux; — contrats passés par Jean Letourneux, sieur de La Goronnière, pour la pension de sa fille Françoise, religieuse professe à la Visitation d'Angers, et de son fils Pierre, religieux cordelier; — contrat de mariage de François Letourneux avec Marie Foyer; — partage des successions de Pierre Letourneux, sieur d'Épluchard, et de Jeanne Mahé, sa femme; — partage de la succession de Jean Letourneux et de Claude Jollivet, sa première femme; — inventaire des meubles de la dite succession; — accord entre René Letourneux, docteur en la faculté de médecine d'Angers, Jean Letourneux et Marie Letourneux, veuve de René Davy de Vaux, héritiers de Jean Letourneux de La Goronnière; — constitution d'une rente de 60 livres par Jeanne Contarini, veuve de Pierre Halton, au profit de René Letourneux, docteur-régent; — nomination de Paul Vollaige de Civray à la curatelle de Jean Guy Letourneux; — acquêt par François Letourneux, sieur d'Avrillé, de la closerie des Grandes-Goronnières en la paroisse Saint-Lazare d'Angers; — dispenses d'affinité pour le mariage de François-Jean-Gabriel Letourneux avec Marie-Mélanie de La Tullaye; — prise à rente d'une maison en la rue Saint-Martin d'Angers, dépendant de la cure de Sainte-Croix par René-Sébastien Letourneux, seigneur de La Perraudière, lieutenant des maréchaux de France; etc.

E. 3185. (Carton.) — 2 pièces, papier.

XVIIIe siècle. — LEVACHER. — Notes et extraits généalogiques du feudiste Audouys sur la famille Levacher, seigneur du Sentier et de La Chèze.

E. 3186. (Carton.) — 6 pièces, papier.

[illegible]. — LEVASSEUR. — Constitution par Gilles de Bellanger d'une rente de 85 livres au profit de Louis Levasseur, gentilhomme ordinaire de la chambre du Roi; — contrat de mariage de Jacques Levasseur, horloger, avec Renée Pintard; — vente par lesdits époux d'une maison à Abbeville; — inventaire de leur communauté après décès de ladite Pintard; — vente des meubles en dépendant; — testament de Renée Levasseur, femme Chevalier.

E. 3187. (Carton.) — 18 pièces, papier; 7 pièces, parchemin.

[illegible]. — LEVAYER ou LEVOYER. — Déclaration rendue à Bécon par Auger Levayer pour sa seigneurie de La Haute-Bergère; — aveu rendu à La Motte-Garnier par René Levayer pour sa seigneurie de La Bruyère; — prise de possession par Jacques Levayer de la maison de Rasibus au village des Essarts; — acquêt par Auger Levayer du pré de La Claye dans la paroisse des Essarts; — contrat de mariage de René Levayer avec Marie Constantin; — de Pierre Chaudet avec Marguerite Levayer; — provisions par François Levayer de l'office de secrétaire du Roi; — arrêt du Grand-Conseil, qui maintient, à l'encontre des paroissiens de Saint-Nicolas du Mans, Élisabeth Leboindre, veuve de François Levayer, en ses privilèges nobles de veuve d'un secrétaire du Roi; — prise à bail par Louis Levayer, sieur de La Sauvagère, de la seigneurie de Bourmant; — dispenses d'affinité pour le mariage de Pierre-Constantin Levayer avec Claudine Boureau de Versillé; — notes sur la famille Levayer de La Haute-Bergère.

E. 3188. (Carton.) — 2 pièces, parchemin; 8 pièces, papier.

[illegible]. — LEVENIER. — Quittance par Pierre Barbotorte, grenetier à Angers, de sa part dans l'héritage d'Émery Levenier; — testament de Michel Levenier, charpentier; — contrat de mariage de Thomas Levenier avec Catherine Legay; — partage entre Thomas Levenier, fermier de la prévôté de Saint-Laurent-du-Mottay, et René Murault de la succession de Philippe Gerfaut; — aveu rendu par Renée Thireau, veuve de René Levenier, à la seigneurie du Petit-Bois pour son fief de La Mélinière; — acquêt par Thomas Levenier de vignes à La Pommeraye; — par Françoise Levenier, veuve Guérin, de la seigneurie de La Chauvinière.

E. 3189. (Carton.) — 2 pièces, parchemin; 11 pièces, papier.

[illegible]. — LÉVESQUE. — Acquêt par Jean Lévesque de partie d'une maison à Jallais; — partage de la succession de Jean Lévesque entre Jean et Mathurin Lévesque, ses enfants, René Richoust et Jean Bourgeault, ses gendres; — acquêt par René Lévesque de La Petite-Chesnaie dans la paroisse du Petit-Paris; — par Pierre Lévesque d'une maison à Grainder en Chantocé; — baux pour Jean Lévesque de la métairie de La Challère; — règlement pour la succession de Pierre Lévesque, prêtre; — répartition entre les créanciers des deniers provenant de la succession répudiée de Renée Gareau, veuve de Pierre Lévesque, maître boucher.

E. 3190. (Carton.) — 1 pièce, parchemin.

[illegible]. — LEVIEL. — Présentation par Nicolas Leviel de la chapellenie de Sainte-Barbe en l'église Saint-Pierre de Thouars.

E. 3191. (Carton.) — 1 pièce, parchemin.

[illegible]. — LEVRAULT. — Aveu rendu à Montreuil-Bellay par Pierre Levrault pour son fief de Varennes.

E. 3192. (Carton.) — 1 pièce, parchemin.

[illegible]. — LÉVY. — Brevet pour Étienne Lévy, ancien capitaine au régiment d'Enghien, de l'office de secrétaire du Roi.

E. 3193. (Carton.) — 1 pièce, papier.

[illegible]. — LHERMINIER. — Acquêt par René Lherminier, éperonnier du corps des carabiniers, d'un emplacement de jardin au Chardonnet de Saumur.

E. 3194. (Carton.) — 2 pièces, papier.

[illegible]. — LHERMITE. — Contrat de mariage de Gilles Lhermite, seigneur de Saint-Denis, avec Catherine Lesirier; — acte d'apprentissage du métier de couvreur pour Jean Lhermite.

E. 3195. (Carton.) — 1 pièce, papier.

[illegible]. — LHOSTELIER. — Acte d'émancipation de Renée Lhostelier, fille mineure de Charles Lhostelier et de Marie Brevet.

E. 3196. (Carton.) — 1 pièce, parchemin; 2 pièces, papier.

1458 (?)-XVIIIe siècle. — LIBOREAU. — Déclaration rendue à Sainte-Gemmes-d'Andigné par Jean Liboreau pour sa terre de La Pasquerayo; — notes et extraits généalogiques par le feudiste Audouys.

E. 3197. (Carton.) — 6 pièces, parchemin; 18 pièces, papier.

1601 (?)-XVIIIe siècle. — LICQUET. — Contrat de mariage de Pierre Licquet, sieur de Livois, fils de Pierre Licquet, héraut d'armes de l'écurie du Roi, avec Charlotte Lefebvre; — testament de Jacques Licquet, conseiller au Présidial d'Angers; — contrat de mariage de Jacques Licquet de La Maisonneuve, son fils, avec Jeanne Martineau;

— testament de Jacques Licquet, maître ordinaire des requêtes de l'hôtel de la Reine-mère; — acte de fondation par Catherine Licquet, veuve de Simon de Gaudis, du couvent de Sainte-Catherine d'Angers; — présentation par René Licquet, sieur de La Hardouinière, de la chapellenie de Saint-Jean-Baptiste desservie en son château d'Ételan; — partage des successions de Jacques Licquet et de Jeanne Gourreau entre Jeanne Martineau, François Launier et Jacques Jouet; — notes et extraits généalogiques par le feudiste Audouys; etc.

E. 3398. (Carton.) — 5 pièces, papier.

1624-1669. — LIGATS. — Partage entre Jean Ligats et Nicolas Polton de la métairie des Trappereaux; — inventaire de la succession de Jean Ligats; — contrat de mariage de Nicolas Ligats avec Jeanne Helvé; — partage de leurs successions; — inventaire des meubles appartenant à Denise Ligats, fiancée de Nicolas Lejeune.

E. 3399. (Carton.) — 4 pièces, parchemin, 21 pièces, papier.

1470-XVIIIe siècle. — LIGER et LIGIER. — Déclaration rendue à la seigneurie des Essarts par Jean Liger pour sa tenure de La Godillerie; — acquêt par Guillaume Liger, sieur de La Tranchandière, d'un logis rue du Cornet; — par Macé Liger d'une maison à Corné; — partage de la succession de Macé Liger et d'Urbaine Lottier entre Macé Liger, chirurgien, Jean et René Liger, ses frères; — licitation de La Hupellière, dépendant de la succession de Guillaume Liger; — acquêt par Joseph Liger de la closerie du Hault-Vau en Soulaire; — partage de la succession de Denis Liger; — acquêt par René Liger, sergent royal, d'un pré en Corné; — testament de Jeanne Péhu, veuve de Macé Liger, chirurgien; — partage de partie des immeubles provenant de la succession de Claude Ligier, chanoine honoraire de Saint-Laud d'Angers; — note du feudiste Audouys sur l'alliance des familles Liger, Lefrère et Leroux de la paroisse de Corné.

E. 3400. (Carton.) — 2 pièces, parchemin; 8 pièces, papier.

1480-XVIIIe siècle. — LIMESLE (de). — Vente par Pierre de Limesle à Vincent Crespin de la terre de La Naussionnière en la paroisse de Bécon; — aveu rendu à Champiré par Jean de Limesle pour son fief de La Brientaye; — acquêt par Jacques de Limesle de vignes aux Nouelles.

E. 3401. (Carton.) — 6 pièces, parchemin; 11 pièces, papier.

1620-1760. — LIMIERS. — Acquêt par Gilles Limiers de la closerie du Grand-Beaumont en Soulaire; — par le même d'un bois dans la paroisse de Bourg; — par Françoise Chesneau, sa veuve, d'un champ et de vignes voisins du Grand-Beaumont; — arpentage desdites vignes par René Touchaleaume; — partage des successions de Gilles Limiers et de Françoise Chesneau.

E. 3402. (Carton.) — 1 pièce, papier.

[illegible]. — LINGIER. — Cession par Jean de Jusel à Jean Lingier de tous ses droits en la succession de Jean de Jusel, son père.

E. 3403. (Carton.) — 1 pièce, parchemin; 1 pièce, papier.

1640-XVIIIe siècle. — LINGRÉE (de). — Présentation par Julien de Lingrée, sieur de Salbœuf, de la chapellenie de Saint-Julien en son manoir de Lingrée; — notes et extraits généalogiques du feudiste Audouys sur la famille de Lingrée.

E. 3404. (Carton.) — 6 pièces, parchemin; 4 pièces, papier.

1610-1600. — LISCOUET (de). — Contrat de mariage de Charles de Liscouet avec Françoise Du Fay; — partage par Jacqueline de Tiennes, veuve de René de Liscouet, de ses biens propres en avancement d'hoirie entre ses enfants; — arrêt de la Chambre établie par le Roi pour la réformation de la noblesse de Bretagne, qui maintient en leurs titres et privilèges de noblesse Marc et Jean de Liscouet (en tête sont peintes les armoiries de la famille : d'argent au chef de gueule rempli de sept billettes, quatre et trois); — autre arrêt de la même Chambre en faveur de Philippe-Armand de Liscouet, seigneur du Bois-de-La-Roche; — contrat de mariage de Pierre de Liscouet avec Louise Leslier; — extraits délivrés par d'Hozier de l'Armorial général, portant les armoiries peintes de Pierre et de René de Liscouet.

E. 3405. (Carton.) — 1 pièce, papier.

1652. — LIVACHE. — Testament de René Livache portant fondation de divers services en l'église de Saint-Maurice et des Jacobins d'Angers.

E. 3406. (Carton.) — 1 pièce, papier.

1619. — LOBIAU. — Partage de la succession de Jacques Lobiau entre Jacques et Jean, ses enfants.

E. 3407. (Carton.) — 1 pièce, papier.

1659. — LOINTEAU. — Certificat de bonnes vie et mœurs pour Louis Lointeau, prêtre, portant libre exeat du diocèse d'Angers (avec signature autographe de l'évêque Henri Arnauld).

E. 3409. (Carton.) — 5 pièces, papier.

1553-1775. — LOINTIER. — Aveux rendu au Boisnoblet par Jean Lointier pour ses terres de La Pinsonnière;

— contrat de mariage de Jacques Lointier, architecte, avec Françoise Martin ; — constitution de 30 livres de rente au profit de Marie Lointier, religieuse au couvent de La Visitation ; — vente par Françoise Rouillon, veuve de François Lointier, receveur des décimes d'Anjou, Jean-Marc Lointier, Félix Lointier, curé de Villedornier, Françoise et Anne-Marie Lointier de la closerie du Veillier en Saint-Laud.

E. 3309. (Carton.) — 9 pièces, papier.

1640-XVIIIe siècle. — LONGUEIL (de). — Présentation par Sainte de Longueil de la chapellenie de Saint-René en son manoir seigneurial de La Grande-Devansaye ; — note généalogique du feudiste Audouys.

E. 3310. (Carton.) — 1 pièce, papier.

1659. — LOPITEAU (de). — Partage des successions de René de Lopiteau, greffier du comté de Chemillé, et de sa femme, Marguerite Fillon.

E. 3311. (Carton.) — 1 pièce, papier.

1679. — LORENDEAU. — Contrat de mariage d'Étienne Lorendeau avec Marie Justeau.

E. 3312. (Carton.) — 3 pièces, papier.

1632-1770. — LORIER. — Partage de la succession de Jean Lorier ; — acquêt par Jeanne d'Estriché, sa veuve, de vignes à L'Hourmelet ; — aveu rendu au Plessis-au-Jau par Mathurin Lorier pour terres sises aux Champs-David.

E. 3313. (Carton.) — 1 pièce, papier.

1667. — LORIOT. — Acquêt par Jacquine Loriot de la métairie du Cormier en la paroisse de Saint-Georges-du-Puy-de-La-Garde.

E. 3314. (Carton.) — 1 pièce, parchemin.

1659. — LORRAINE (de). — Provisions du gouvernement d'Anjou pour Henri de Lorraine, comte d'Harcourt, grand écuyer de France, et en survivance, pour Louis de Lorraine, comte d'Armagnac, son fils aîné.

E. 3315. (Carton.) — 1 pièce, papier.

XVIIe siècle. — LORY. — Partage de la succession de Jean Lory entre Charles et René Lory, ses enfants.

E. 3316. (Carton.) — 1 pièce, papier.

1685. — LOSSENDIÈRE (de). — Acquêt par Jean de Lossendière, avocat, d'un jardin à Saumur.

E. 3317. (Carton.) — 2 pièces, papier.

1663-1669. — LOUARIE (de LA). — Contrat de mariage de Jean de La Louarie, sieur de Grand-Bois, avec Marie-Louise de Chouppes ; — hommage rendu par Jean de La Louarie au marquisat de Cholet pour sa terre de La Haye.

E. 3318. (Carton.) — 3 pièces, parchemin ; 3 pièces, papier ; 1 sceau.

1480-XVIIIe siècle. — LOUBES (de). — Contrat de mariage d'Antoine de Loubes, sieur de La Tousche, pannetier du Roi, avec Renée de Daillon, dame de Fontaines ; — testament de Louis de Loubes sieur de La Tousche et d'Availloles ; — offre d'hommage par Antoine de Loubes, capitaine de Grandville, pour sa terre de Fontaine-Guérin ; — présentation par Antoine de Loubes, de La Motte-de-Souzay, de la chapellenie de Saint-Jacques en l'église de Fontaine-Guérin ; — notes du feudiste Audouys.

E. 3319. (Carton.) — 8 pièces, parchemin ; 80 pièces, papier.

1626-1760. — LOUET. — Remise par René Louet, sieur de La Souche, à Charles Louet, sieur de La Marsaulaye, de son office de lieutenant particulier ; — acquêt par Lucrèce Thevin, veuve de René Louet, de terres en la paroisse de Saint-Mathurin ; — compte-rendu en forme de procès-verbal des démarches de Charles Louet, seigneur de Longchamps, lieutenant particulier au Présidial d'Angers, député en poste par le Roi, avec commission spéciale pour lever de concert avec M. Dubellay, gouverneur, hommes et argent dans les villes d'Angers, Craon, Baugé et Beaufort ; — cession par Marguerite de Breghel à Clément Louet de son droit d'usufruit sur les closeries de Lessé et de La Garellière ; — acquêt par René Louet, de la terre de Loiron ; — partage des successions de Clément Louet, capitaine au régiment de Feonlay ; — aveu rendu à la baronnie de Rochefort-sur-Loire par Charles Louet, sieur de Chauvon, pour sa terre du Rêvéroux en Joué ; — testament de Charles Louet, ancien prieur des Roches-Saint-Paul-lès-Chinon : il donne à l'aîné de ses neveux « ceux de ses « livres qui traitent de l'histoire, son génie et son goust le « portant de ce costé-là » ; à l'abbé Louet « son neveu le « cadet, prieur du prieuré des Roches-Saint-Paul, touts ses « manuscrits qu'il luy donne générallement quelconques « soit de prose et de poésie, consistant en 13 tragédies tant « saintes que profanes, qu'il le prie de ne pas donner au « public, attendu qu'elles ont besoin d'estre revues et cor- « rigées, comme aussy toutes ses autres pièces de prose et « de poésie, qui toutes ont besoin d'estre retouchées, les « ouvrages de ces deux genres n'estant jamais exactement « finis ; lesquelles pièces ledit testateur prie mondit sieur « l'abbé Louet, son cher neveu, de garder, les lire et d'en « faire son profit, s'il en trouve des propres à cet usage, « comme aussy de faire brûler toutes les pièces de prose

« ou de vers, où il se trouveroit quelque chose contre les « bonnes mœurs ou contre le prochain »; à son petit-neveu, « ses livres de littérature et sa viole angloise et ses « estampes et desseins et tout ce qui regarde la peinture, « ledit neveu ayant du goust et du génie pour tout ce qui « concerne les beaux-arts »; à la dame Boylesve, sa nièce, 4 tableaux au choix, « priant aussy instamment ses « héritiers de n'en vendre aucun et au contraire de les « garder soigneusement dans la famille en mémoire de luy, « étant le fruit d'une longue étude de son loisir et d'un « grand travail, son intention étant que son grand portrait « jouant de la basse de violle reste à son neveu, Sébastien « Louet père, si ledit testateur n'en fait pas présent à « l'Académie royalle d'Angers comme un monument de son « zèle et de son respect pour elle, etc. »; — règlement des successions de René-Nicolas Louet de La Romanerie et de Marie-Adélaïde de Cheverue entre René-Charles Louet de La Bontonnerie, Guillaume-François-Geneviève Ayrault et Françoise Louet, veuve Pierre Dumesnil; etc.

E. 3[illegible]. (Registre.) — In-folio, 1[illegible] feuillets, [illegible] papier.

[illegible]. — Livre-journal de René Louet de Longchamps, contenant l'état de tous ses biens patrimoniaux, des notes sur les successions de Mlle Boylesve, sa femme, l'entrée et la sortie des fermiers, la recette des fermes, les gages des domestiques.

E. 3[illegible]. (Carton.) — [illegible] pièces, parchemin; [illegible] pièces, papier, dont 1 dessin.

[illegible]. — Titres de propriété de l'hôtel Louet sur la place des Halles, à Angers : — accord et transaction entre Jeanne Richard, veuve de René de Charnières, Charles Gaultier, René Louet, sieur de La Tousche et de La Maresulaye, etc.; — requête de Charles Louet, afin d'être autorisé à agrandir de 6 pieds la cour de son hôtel; — enquête et autorisation donnée par le Sénéchal d'Anjou, à charge d'un cens de 2 deniers payable au Domaine; — procès-verbal d'experts, dressé sur la plainte de Charles Louet contre l'Hôtel-de-Ville, pour dégradation du mur de son hôtel; — acquêt d'une petite maison voisine; — contestation avec la ville pour la construction d'une remise et d'une écurie; — sommation faite par Guillaume Louet, sieur de La Motte-d'Orvault, au Conseil de ville d'avoir à lui payer le loyer de sa maison et d'en choisir une autre à l'avenir pour le logement du Roi et des princes et seigneurs de passage, sous peine d'être responsable des dommages et dégâts; — devis et quittances de travaux de restauration de l'hôtel, avec un dessin de la façade.

E. 3[illegible]. (Carton.) — [illegible] pièces, parchemin; [illegible] pièces, papier.

[illegible]. — Chapelle Louet en l'église Saint-Michel-du-Tertre d'Angers : — offres par Charles Louet, conseiller du Roi, aux paroissiens de Saint-Michel-du-Tertre pour la construction d'une chapelle attenante à leur église; — conclusion des paroissiens portant désignation de l'emplacement à concéder; — marchés avec Jean Camus, maître architecte, pour la construction; — avec Jacques Trébuchet, maître charpentier, pour la couverture de la chapelle; — quittance de Collart, vitrier, pour le prix de la façon du vitrail; — état des meubles et ornements de ladite chapelle; — nominations de chapelains par Charles Louet de Chauvon.

E. 3[illegible]. (Carton.) — 1 pièce, parchemin; 1 pièce, papier.

[illegible]. — Loutraige. — Partage de la succession d'Yves Loutraige et de Jeanne Bouguelier entre leurs enfants; — sentence arbitrale entre Simonne Loutraige, veuve de Robert Duvau, et Yves Loutraige, au sujet du partage de la maison dite du Papegault en la rue des Tonneliers d'Angers.

E. 3[illegible]. (Carton.) — 1 pièce, parchemin.

[illegible]. — Louvet. — Constitution par Jean Pinard, greffier en chef de la Maréchaussée d'Anjou, d'une rente de 60 livres tournois au profit de Jacques Louvet, sieur de La Barre.

E. 3[illegible]. (Carton.) — 1 pièce, papier.

[illegible]. — Loyant. — Acquêt par Jean Loyant, marchand, d'une petite maison en la rue des Beaux-Manteaux d'Angers.

E. 3[illegible]. (Carton.) — 1 pièce, papier; [illegible] pièces, parchemin.

[illegible]. — Loyau. — Marché pour la construction d'une maison passé par René Loyau avec Étienne Brelan, maçon de Fontevrault; — échange entre René Loyau et Jean Moutardier de terres, vignes et maisons à Montsoreau; — partage entre Michel Baguenard et Louis Meschin des biens acquis par eux à la vente judiciaire faite sur René et Philippe Loyau; — répartition de deniers entre les créanciers de René et Philippe Loyau; — donation mutuelle entre Jean Loyau, tisserant, et sa femme Françoise Esnault.

E. 3[illegible]. (Carton.) — 1 pièce, parchemin; 1 pièce, papier.

[illegible]. — Loyer. — Acquêt par Julien Loyer d'un pré en la paroisse de Villaines; — partage de partie de la terre de Laubriaye, près Candé, dépendant des successions de Nicolas Herreau, prêtre, et de Vincent Loyer.

E. 3228. (Carton.) — 1 pièce, parchemin.

[illegible]. — LOYSON. — Testament de François Loyson, curé de Saint-Jacques d'Angers, portant donation de ses chapes, chasubles, calices et autres ornements d'église aux fabriques de Saint-Jacques et de La Trinité.

E. 3229. (Carton.) — 2 pièces, papier; 1 sceau.

[illegible]. — LUCAS. — Brevet pour Pierre Lucas de l'office de sergent des comté et gruerie de Trèves en Anjou; — acquêt par Jean Lucas de bois en la paroisse de Soulaines.

E. 3230. (Carton.) — 2 pièces, papier.

[illegible]. — LUCAREAU. — Prise à bail par Mathurin Lucareau d'un jardin à Vaudelenay; — acquêt par Jacques Lucareau de vignes au Puy-Notre-Dame.

E. 3231. (Carton.) — 1 pièce, parchemin.

XVe siècle. — LUDEAU. — Rôle des acquêts faits pendant la communauté de Guillaume Ludeau et Guillemette Feneau, sa femme, à Chaviré-Le-Rouge, Moulines et Rigné.

E. 3232. (Carton.) — 1 pièce, papier.

[illegible]. — LUGRÉ (de). — Testament de Mathurine Bienvenu, veuve de Jacques de Lugré, sieur des Champs, portant fondation de trois messes annuelles en l'église de Quincé.

E. 3233. (Carton.) — 6 pièces, papier.

[illegible]-1780. — LUSSON. — Testament de Renée Brunet, veuve de Jacques Lusson; — partage de la succession de Geneviève Bernard, veuve de Lusson, sieur de La Villatte; — vente des meubles de Jacques Lusson, prêtre; — aveu rendu par Georges Lusson, sieur de La Bénaudière, à la seigneurie de Lépinay pour sa teneure de L'Hébergement-Pallin; — état de la recette et de la dépense faites au décès de M. Lusson et de l'argenterie trouvée chez lui; détail de sa succession tant mobilière qu'immobilière.

E. 3234. (Registre.) — In-folio, papier, 96 feuillets.

1780-An VI. — Jou[rnal] de la recette et de la dépense des revenus de la successio[n] vacante de Georges Lusson de La Bénaudière, mort le 12 novembre 1780.

E. 3235. (Carton.) — 1 pièce, papier.

1680. — LUSTIN (de) — Aveu rendu à la seigneurie de Bédain par Renée Allaneau, veuve de François de Lustin pour sa terre de Bougard.

E. 3236. (Carton.) — 4 pièces, papier; 1 pièce, parchemin.

1707-XVIIIe siècle. — LUTHIER. — Sentence des Requêtes ordinaires de l'hôtel du Roi, qui attribue à Claude-Pierre Luthier de La Richerie les honneurs seigneuriaux en l'église de Sainte-Gemmes-sur-Loire; — acquêt par Michel Luthier, sieur de Montourois, d'une rente de 125 livres sur Louise-Lucrèce de Sarcé; — ordonnance du subdélégué, rendue sur requête d'Alexis-Joseph Barnabé de La Haye et de Françoise-Auguste Luthier de La Richerie, son épouse, qui les autorise à faire rechercher dans les études des notaires et à prendre connaissance du contrat de vente de la terre de Sainte-Gemmes-sur-Loire passé par Philippe-Pierre Luthier de La Richerie au profit du sieur Baudard de Vaudésir; — notes et extraits généalogiques du feudiste Audouys.

E. 3237. (Carton.) — 3 pièces, parchemin; 2 pièces, papier.

[illegible]-XVIIIe siècle. — MABILLÈRE (de La). — Hommage rendu par Jean de La Mabillère à la Commanderie du Temple d'Angers pour sa seigneurie de Chauvigné en Corzé; — testament de Jean de La Mabillère; — acquêt par René de La Mabillère de bois en Corzé; — par Lancelot de La Mabillère de terres à La Venellière; — notes et extraits généalogiques par le feudiste Audouys.

E. 3238. (Carton.) — 22 pièces, papier; 1 pièce, parchemin.

[illegible]-XVIIIe siècle. — MABILLE. — Acquêt par Gilles Mabille, maître boucher, d'une maison en la rue de L'Écorcherie à Angers; — vente de partie du grand moulin de Gennes pour l'acquit des dettes des enfants mineurs de Claude Mabille, sieur de La Paumellière; — acte de mariage de Léonard Mabille et de Jacquine Niveleau; — dispenses d'affinité pour le mariage d'Étienne Mabille avec Anne Legaigneux; — et pour celui de Claude-Gabriel Mabille avec Jacquine-Renée Nau; — partage de la succession de Louis-Alexandre Mabille de La Paumellière; — accord entre Georges-Gaspard-François-Auguste, marquis de Contades, et Louis-Henri-Alexandre Mabille de La Paumellière, seigneur du Lavouer, au sujet de la mouvance contestée des fiefs dans les paroisses de Neuvy et de Chaudefonds; — hommage rendu à la châtellenie de Pocé par les enfants mineurs de Louis-Pierre-Claude Mabille pour leur terre, fief et seigneurie du Boisgilbert en la paroisse de Bessé; — au marquisat de Cholet pour les métairies de La Collinière et de La Saulaye; — notes et extraits généalogiques du feudiste Audouys.

E. 3239. (Carton.) — 1 pièce, parchemin; 1 pièce, papier.

1652-1668. — MABIT. — Présentation par Pierre Mabit, « marchand droguiste et bourgeois d'Angers », de la chapelle de La Raphardière en l'église d'Anetz; — constitution d'une rente de 60 livres au profit de Catherine Grézil, veuve de Jean Mabit.

E. 3240. (Carton.) — 1 pièce, papier; 1 pièce, parchemin.

[illegible]. — Macé. — Contrat de mariage d'Amaury Macé avec Anne Chesneau; — vente par Jean Macé, sieur de La Roche, à Françoise Cupif, veuve de Guy Artaud, des closeries de La Giletterie, Colonière et Le Bouchet dans les paroisses de Corzé et de Villevêque.

E. 3241. (Carton.) — 2 pièces, papier.

[illegible]. — Machefert. — Apposition de scellés au domicile d'Antoine Machefert; — nomination d'Henri Marion à la curatelle des enfants mineurs d'Aubin Machefert et d'Anne Nourrisson.

E. 3242. (Carton.) — 2 pièces, papier.

[illegible]. — Macquin. — Acquêt par René et Perrine Macquin d'une maison en la paroisse Saint-Laurent-de-La-Plaine; — testament de Pierre Macquin, chapelain du Champ en la paroisse de Thouarcé, portant don de tous ses habits et ornements d'église à la chapelle du Champ.

E. 3243. (Carton.) — 9 pièces, papier.

[illegible]-XVIIIe siècle. — Madaillan (de). — Engagement pris par Marthe de Madaillan d'indemniser son frère Pierre de Madaillan des frais et dépenses qu'il a faits pour elle; — accord entre Pierre de Madaillan, comte de Chauvigny, et ses frères et sœurs, pour le partage de la succession de Philippe de Madaillan, leur père; — monitoire, à la requête d'Amaury de Madaillan et de Suzanne de Boisguineux, sa femme, contre les quidams qui ont chassé avec chiens et armes à feu sur les terres des plaignants; — répartition entre créanciers des deniers provenant des biens vendus judiciairement sur René Madaillan de Lesparre, sieur de Chauvigny; — notes et extraits généalogiques par le feudiste Audouys.

E. 3244. (Carton.) — 2 pièces, papier.

[illegible]. — Madelin. — Inventaire des meubles dépendant de la communauté existant entre Jacques Levasseur et Madeleine Madelin, sa veuve; — partage de la succession de Madeleine Madelin entre Pierre Eslys et Étienne Lemaire.

E. 3245. (Carton.) — 1 pièce, papier.

[illegible]. — Mahé. — Acquêt par Renée Richard, veuve Frémondière, curatrice de Mathurin Mahé, son petit-fils, de la closerie du Petit-Chesnaye en la paroisse du Petit-Paris.

E. 3246. (Carton.) — 1 pièce, papier.

[illegible]. — Mahé (de). — Quittance donnée par Catherine de Mahé à Marguerite de Mahé, sa sœur, femme de François Marineau, seigneur du Chastelier, de [illegible] livres à elle dues pour tous ses droits dans la succession paternelle.

E. 3247. (Carton.) — 1 pièce, papier.

[illegible]. — Mahot. — Mémoire pour Jacques Mahot contre Marguerite Mahot, veuve de Jean-Phelipeau, au sujet du partage de la succession d'Anne Mahot, veuve Claude Coustard, leur sœur.

E. 3248. (Carton.) — 1 pièce, papier.

[illegible]. — Mahou. — Acquêt par François Mahou de vignes au Puy-Notre-Dame.

E. 3249. (Carton.) — 13 pièces, parchemin; 31 pièces, papier.

[illegible]. — Maillard. — Testament de P. Maillard, prêtre de la communauté du Logis-Barrault, à qui il lègue ses meubles et livres, et aux filles de La Trinité, « son « petit tableau, où est enchassé une lettre écrite de la main « de saint François de Sales »; — règlement entre Charles Maillard, écuyer, garde du corps, et autres héritiers pour le partage de la succession de Laurent Gourlade, écuyer de la bouche du Roi; — inventaire des biens meubles, habits, linge, vaisselle d'argent, argent, titres et papiers dépendant de la communauté de Charles Maillard, sous-brigadier des gardes du corps, et d'Élizabeth Gourlade, sa défunte femme; — acquêt par Perrinne Bodin, veuve de Louis Maillard, de vignes à Corné; — testament d'André Maillard, jardinier; — mémoire pour Laurent-Charles Maillard, gendarme de la garde du Roi, contre Michel-Étienne Guitonneau, receveur des aides à Lusignan, son receveur; — carnet de notes de Charles-Laurent Maillard, contenant l'indication de la naissance et du décès de ses parents, la date des contrats passés, l'adresse des avocats et procureurs chargés de ses intérêts.

E. 3250. (Carton.) — 36 pièces, parchemin; 43 pièces, papier; 12 sceaux.

[illegible]-XVIIIe siècle. — Maillé (de). — Présentation par Hardouin de Maillé de la cure de Parcé et de la chapellenie de Saint-Léger en l'église de Gohier; — par Pierre de Maillé, sieur de Lathan, de la cure de Breil; — par Charles de Maillé de la chapellenie de Saint-Gervaise en la paroisse de Louresse; — par Artus de Maillé, seigneur de Brézé, de la chapelle de Maillé en l'église de Milly-Le-Meugon; — don par Hardouin de Maillé à Jacques de Lusigné de la closerie de Lespine en Montreuil-Belfroy; — don par le roi de France, Henri II, à Philippe de Maillé, dit de Brézé, d'un droit d'usage et de chauffage dans la forêt de Bellepoule; — lettres royaux portant exemption pour le sieur de Brézé de la contribution du ban et arrière-ban (avec signature autographe du roi Charles IX); — consultation de Fontenay,

Pommerais et René Choppin, au sujet de l'interprétation d'une clause de contrat de mariage de Jacques Lepore avec Louise de Maillé (avec la signature autographe de René Choppin); — don par François de Contigné, curé de Saint-Maixent, à Louis de Maillé, sieur du Margat, du tiers de la terre de La Gadellière en la paroisse de Villaine; — cédule quittancée de Jacqueline de Tévalle, veuve de Charles de Maillé, d'une somme de 250 livres, due par elle à Charles Aubineau, marchand droguiste de Saumur; — « articles « que M. le Prince a demandés au traité de paix » avec la cour : « qu'il soit expédié commission au Parlement de « Paris pour faire une recherche bien exacte de tous ceux « qui ont participé au détestable parricide du feu Roy de « très-heureuse mémoire et que Sa Majesté enjoigne à tous « les évêques de son Royaume de faire publier le décret du « concile de Constance contre ceux qui osent attenter à la « personne sacrée des Roys »; etc.; — présentation par Simonne de Maillé, abbesse du Ronceray d'Angers, d'un des trois vicariats de l'église de La Trinité; — « mémoire « des papiers trouvés à Milly concernant les droits et suc« cessions de Jeanne de Maillé et ses créanciers et du sieur « de Sansac, son premier mary »; — dispenses d'affinité pour le mariage de Charles-Henri-François de Maillé de La Tour Landry avec Marie-Henriette de Maillé de La Tour Landry; — « filiation de MM. de Maillé, de La Galisson« nière et de La Borde pour la succession de M. de Jarzé »; — notes et extraits généalogiques sur la famille de Maillé seigneur de La Tour-Landry, de Brézé, de Châteaubriand, par le feudiste Audouys; — armoiries gravées de Gilles de Maillé, seigneur de Brézé, grand-maître de la vénerie de René d'Anjou, suivant une note autographe de Pocquet de Livonnière; etc.

E. 3451. (Carton.) — 24 pièces, papier.

1574-1638. — Correspondance provenant du chartrier de Milly-Le-Meugon (*Don de M. de Fos*) : lettres de René Hardouin à M. de Maillé-Brézé au sujet de ses fermages et de la terre de Baucheron; — du cardinal du Bellay à son neveu M. de Maillé-Brézé : il est malade et s'en prend à l'air de Paris; — de Simon de Maillé, archevêque de Tours, « au sire Ménard, appothicaire à Saumur » : il lui demande l'envoi de demi-once de rhubarbe, une once de séné, une livre de sucre, etc., et signe : « vostre bon voisin et ami de « Maillé, archevêque de Tours »; — d'Angennes à M. de Maillé-Brézé : il recevra, ainsi qu'il lui en a exprimé le désir, le sieur de La Bellangerie, en remplacement du capitaine Michel; — de Nau à l'archevêque de Tours au sujet de ses procès contre les religieux de Montreuil-Bellay et la maréchale de Cossé; — de M. de La Minotière et de La Touche-Marquillé à Mme de Maillé-Brézé, rendant compte d'affaires domestiques et de recettes pécuniaires; — de Philippe-Christophe de Sottern, archevêque-électeur de Trèves, au maréchal de Brézé à qui il se plaint des contributions exagérées mises sur ses sujets et de la violation de la neutralité (en latin); — d'Anselme-Casimir Wambold d'Umbstatt de Heiffemberg, archevêque de Mayence, au même (en latin) : il recommande au maréchal les malheureux habitants de sa ville épiscopale taxés par le roi de Suède d'une contribution de 160,000 impériaux, qu'il leur est impossible de payer, à défaut de laquelle ils sont menacés d'être livrés au pillage; — d'Hébron aux maréchaux de La Force et de Brézé : il leur donne le détail du campement de ses deux brigades, en attendant l'ordre « touchant l'armée, s'il « doibt passer de là Le Ryne ou pour sçavoyr les moyens « pour faire subsister l'armée en deçà »; — de Louis Schmidberg, colonel d'un régiment allemand, au maréchal de Brézé : il s'en va à Haguenau voir ce que M. d'Aiguebonne jugera de son régiment; — de M. de Noyers au maréchal lieutenant-général de l'armée du Roi en Picardie : « Son Éminence approuve avec grande raison généralement « tout le contenu en vos despesches. Pour moy je les ho« nore et estime au dernier point, n'estant jamais rien veu « ny de mieux raisoné ny de plus judicieux ny de mieux « couché par escript. Ce qui nous dona hier soir une bone « demi-heure de très-doux entretien avec S. E.; etc. »; — du sieur Hamond, au même : « Sa Majesté est à Versailles et « Son Éminence à Ruel que Sadite Majesté a visité en passant. « L'on tient la prise du fort de Squin (Schenck) pour asseu« rée »; — du sieur Hontemps au même, au sujet des 15,000 livres assignées sur les Aides pour le quartier d'octobre de la garnison de Saumur; — du roi Louis XIII, au même, portant avis de l'envoi à Ingrandes et Chantocé du régiment de M. de La Meilleraye (avec signature autographe); — de Lanier, lieutenant général d'Angers : il le remercie humblement de la protection qu'il lui veut bien accorder : « j'auré « tousjours assez bien réussi d'avoir esté jugé digne d'une « faveur, à laquelle tous les amis du cours de ma vie n'eus« sent jamais peu arriver, si vostre générosité ne m'avoit « aidé. »

E. 3452. (Carton.) — 14 pièces, papier.

1638-1642. — Lettres de M. de Lavergne au maréchal de Brézé : « Je sçay que vous trouvés les divertissements du « climat, où vous estes, si doux, que je n'auroys garde de « les interrompre, si ce n'estoit pour vous rendre compte « de l'estat des yeux de M. vostre fils qui commencent à se « porter beaucoup mieux, comme M. de Roques mesmes le « vous pourra confirmer. Il vous pourra dire aussy les particularités de la prise de Jehan de Vert et les joyes que l'on en a fay es ; — de Diodaty au même, pour l'exécution es arrêts du Conseil en matière de finances ; — du roi Louis XIII, pour passer le paiement des taxes pour la subsistance des troupes en Anjou (avec signature autographe) ; — « roolle de la monstre et reveue faicte en armes en une place appellée le Chardonnet, près le faubourg de La Billange de Saumur, par Jean de La Court, commissaire à la compagnie de 40 arquebuziers à cheval dicts carabins, ordonnez pour servir de gardes près la personne de M. le mareschal de Brézé, gouverneur pour le Roi en Anjou » ; — « estat de la despense que le Roy veult et ordonne estre faicte par le trésorier général de l'extraordinaire de ses guerres pour la solde et entretenement des gens de guerre à pied François, estans en garnison ès-villes et chasteaux d'Angers et Saumur, estats et appointements des gouverneur et officiers y entretenus » ; — minutes de lettres écrites par le maréchal de Brezé à M. de Saint-Estienne : il lui a envoyé depuis six ou sept jours le sieur de La Tour, dont il n'a plus reçu nouvelles ; il lui adresse un second messager « pour sçavoir ce qu'il en est et ce que nous debvons attendre de Son Altesse de Bavière, le Roy de Suède nous pressant continuellement de luy dire sa volonté, laquelle il croit que nous sçavons et que nous ne luy voulons pas dire pour donner temps à Sa dite Altesse de se préparer contre luy » ; — au Roi (en chiffres) ; — à monsieur Bouthillier : « je ne vous cache point que je croy que le sieur de Lisle rapportera bien plus fidèlement au Roy de Suède vos sentiments qu'il vous aura descouvert les siens. Je ne mande rien du tout de cecy au R. P. Joseph, de peur qu'il ne soit assez coiffé de cet homme pour n'adjouster pas foy à mes parolles. M. de Charnacé, qui est très-véritable, très-homme de bien et très-affectionné, s'en va pour vous dire plusieurs choses, etc. ; je ne vois nulle apparence d'obtenir rien de ce que vous demandez, le mespris du roi de Suède allant jusques là, qu'il tesmoigne qu'on luy fait tort et qu'on diminue ses victoires et conquêtes en diminuant le nombre de ses ennemis » ; etc. ; — à M. de Bullion : « il est du tout impossible que nostre cavallerie vive de huit mois et principallement en garnison. Très-certainement vous la verrez se desbander et peut-estre se rendre à l'ennemy. Et vous sçavez bien, Monsieur, que je ne suis pas un piailleur » ; etc. ; — à M. de Noyers : « La lettre que vous m'avez fait la faveur de m'escrire par M. de Bellefonds, m'ayant bien fait cognoistre à quel point l'on avoit trouvé mauvais à la cour le rapport qu'il avoit fait de nos troupes, quoique véritable, m'empeschera d'icy en avant de plus prendre la hardiesse de vous « en parler... ; il y a deux choses que je vous demande po-« sitivement, l'une, des gens par le moyen desquels vous « puissiez sçavoir le véritable estat de nos troupes, l'autre, « lorsque vous en sçaurez les forces, un commandement « exprès et précise de ce à quoy l'on veut que nous les em-« ploions ; après quoy, sans faire la moindre réplique du « monde, je marcheray dès le lendemain ; etc. » ; — au même : il envoie des détails sur les travaux du siège de Bapaume.

E. 3253. (Carton.) — 2 pièces, parchemin ; 2 pièces, papier.

1561-1606. — MAILLOT. — Acquêt par Mathurin Maillot, apothicaire d'Angers, d'une rente de seigle sur la terre de Laigné ; — partage de la succession de Mathurin Maillot et de Claude Oger, sa femme ; — fondation par Claude Maillot, dame de La Passelandière, veuve de Pierre Deshayes, de Vigilles à neuf leçons à l'église des Cordeliers d'Angers ; — inventaire des meubles de Jacques Maillot, chirurgien en l'Hôtel-Dieu d'Angers.

E. 3254. (Carton.) — 1 pièce, parchemin.

1558. — MAINIÈRE. — Contrat de mariage de Jean Mainière, seigneur du Plessis-Bérard, avec Catherine Bastard.

E. 3255. (Carton.) — 1 pièce, papier.

1772. — MAITREAU. — Acquêt par Jacques Maitreau de terres en la paroisse de Saint-Georges-Châtelaison.

E. 3256. (Carton.) — 3 pièces, papier.

1622-1624. — MALAQUIN. — Acquêt par Etienne Malaquin d'une maison aux Ponts-de-Cé ; — bail de partie de ladite maison à Fleury Cordon ; — résiliation dudit bail.

E. 3257. (Carton.) — 5 pièces, papier.

1560-1577. — MALAUNAY (de). — Cession par Philippe de Malaunay, sieur de La Porte, à René et Artouis de Malaunay, ses frères, de terres, vignes et bois près Sermaise ; — acquêt par le même de bois et prés en ladite paroisse ; — vente par Claude de Malaunay, sieur des Aubiers, de terres dans le fief de La Porte ; — cession par le même à Antoine de Malaunay de vignes en Sermaise.

E. 3258. (Carton.) — 1 pièce, papier.

1680. — MALBRANCHE. — Acquêt par Pierre Malbranche, marchand gantier, de La Jametterie en Saint-Barthélemy.

E. 3259. (Carton.) — 4 pièces, papier ; 2 pièces, parchemin.

1610-1748. — MALÉCOT. — Compte-rendu par François Malécot de la curatelle de Jeanne Bichon ; —

sentence arbitrale rendue au profit dudit Malécot; — partage entre sa veuve, Étiennette Lemasson, et la veuve de Michel Thuau, d'une maison au faubourg Nantilly de Saumur; — partage de la succession de Louise Malécot, femme de Thomas Genêt; — transaction entre les héritiers de Guillemette Malécot; — acquêt par François Malécot de terres en la paroisse de Saint-Cyr-de-La-Lande.

E. 3260. (Carton.) — 8 pièces, parchemin; 1 pièce, papier.

1404-1499. — Maligné (de). — Contrat de mariage de Guillaume de Maligné avec Yolande *Des Aubiers*; — constitution par ledit Guillaume de Maligné au profit de sa femme Yolande d'une rente de 20 livres sur son domaine de Maligné; — contrat de mariage de Jean Frétart avec Catherine de Maligné; — partage entre Jean et Mathieu de Maligné de l'héritage paternel.

E. 3261. (Carton.) — 8 pièces, parchemin; 3 pièces, papier.

XIV°-XVIII° siècles. — Malineau (de). — Cens dus à Jean Malineau, seigneur de Vaulx; — constitution sur Claude Malineau, sieur du Plessis, d'une rente de 50 livres au profit de Pierre Fleuriot; — prise à viage par Michel Malineau, sieur de La Perraye, de La Guilboterie en la paroisse de Tilliers; — notes du feudiste Audouys.

E. 3262. (Carton.) — 1 pièce, parchemin.

1650. — Malivernė (de). — Aveu rendu à la baronnie de Montreuil-Bellay par Pierre de Malivernė pour son hôtel seigneurial de La Mauche.

E. 3263. (Carton.) — 1 pièce, papier.

1612. — Mallegrappe. — Contrat de mariage de Pierre Mallegrappe avec Madeleine Bigottière.

E. 3264. (Carton.) — 2 pièces, papier.

1620-1700. — Malville. — Marché pour l'apprentissage de Philippe Malville chez Pierre Éveillon, marchand ferron; — acquêt par Louis Malville d'un pré en Juvardeil.

E. 3265. (Carton.) — 1 pièce, parchemin; 1 sceau.

1529. — Mambier (de). — Présentation par Philippe de Mambier, dame de Monthibault et de Maupertuis, de la chapellenie d'Aulnaise en la paroisse de Méral.

E. 3266. (Carton.) — 1 pièce, papier.

1757. — Mamineau. — Acquêt par Galien Mamineau, contrôleur des sels à La Pointe, d'une maison près les douves du château d'Angers.

E. 3267. (Carton.) — 3 pièces, papier.

1550-XVIII° siècle. — Mandon (de). — Testament de Jean de Mandon, chanoine de Saint-Pierre d'Angers; il donne entre autres legs à son église « son corporalier « faict à lices d'or traict, où est l'histoire de la Nativité de « Nostre Seigneur »; — notes du feudiste Audouys.

E. 3268. (Carton.) — 4 pièces, papier.

1704-1780. — Manissier. — Procédure entre Marie Manissier et Renée Royer, veuve de Victor Aubry, au sujet de la succession de Marie Lamotte, veuve Lemeunier, de Saumur; — cession par Marie et Catherine Manissier à Françoise Lorilleux de tous leurs droits en ladite succession.

E. 3269. (Carton.) — 1 pièce, papier.

1677. — Manson. — Provisions pour Raoul Manseau, avocat, de l'office de conseiller premier et ancien assesseur en la Maréchaussée de Baugé.

E. 3270. (Carton.) — 1 pièce, parchemin; 1 pièce, papier; fragment de sceau.

1491-1500. — Maquillé (de). — Don par Geoffroy de Maquillé à Jeanne Sébille, sa femme, de vignes entre le grand clos de Maquillé et les terres de Malilage (original en français); — testament d'Olivier de Maquillé et de Guillemette, sa femme, portant élection de sépulture en l'église Saint-Pierre d'Angers et fondation de divers services en ladite église et en celle de Brissac.

E. 3271. (Carton.) — 9 pièces, papier; 1 pièce, parchemin.

1530-1780. — Marais. — Testament de Perrine Marais portant fondation de messes et services en l'église Saint-Nicolas d'Angers; — acquêt par Guillaume Marais de terres aux Auneaux dans la paroisse de Soucelles; — par Renée Marais d'une maison à Château-Gontier; — traité entre Françoise Berthelot, veuve Pierre Serru, et Jacques Marais Des Loges, pour la gestion des affaires de ladite dame; — acquêt par ledit Jacques Marais des meubles de la veuve Serru; — prise à bail par le même de terres et maisons, dépendants des chapellenies de Saint-Jacques et Saint-René en la paroisse de Grez-Neuville.

E. 3272. (Carton.) — 1 pièce, papier.

1754. — Marat. — Mémoire sommaire pour Paul-François-Pierre Marat, notaire et greffier des juridictions de Saumur, contre le Procureur général, afin d'être réintégré en ses dits offices dont il a été déchu sous accusation de concussion et désobéissance à justice.

E. 3273. (Carton.) — 3 pièces, parchemin; 14 pièces, papier.

1641-1755. — Marbeuf (de). — Procès-verbal des preuves de noblesse fournies par Claude de Marbeuf, fils de Claude de Marbeuf, sieur de Blaison, et de Roberde Lefebvre, pour sa réception en l'ordre des Hospitaliers de Jérusalem; — inventaire de titres produits à l'appui; — extrait d'une généalogie de la famille; — récépissé des titres de Séraphin de Marbeuf, sieur de La Saminière, à fin d'exemption des tailles; — sentence conforme du président Barentin, commis à la vérification de la noblesse dans la Généralité de Poitiers; — autre sentence en faveur de sa veuve, Jeanne Letourneur et de ses enfants; — contrat de mariage de Séraphin de Marbeuf avec Louise de La Haye-Montbault, veuve de Prosper Sapinaud; — extrait du testament d'Alexis de Marbeuf.

E. 3274. (Carton.) — 1 pièce, papier.

1[illegible]. — Marcé (de). — Donation mutuelle entre Rolland de Marcé et Marie de Foyal, sa femme.

E. 3275. (Carton.) — 1 pièce, papier.

1605. — Marceau. — Nomination de René Lelon, à la curatelle des enfants mineurs de Thibault Marceau, lieutenant des maréchaux de France, et de Françoise Lelon.

E. 3276. (Carton.) — 1 pièce, papier.

1[illegible]. — Acquêt par François Marchais de terres en la paroisse de Corné.

E. 3277. (Carton.) — 13 pièces, parchemin; 83 pièces, papier.

1[illegible]-1[illegible]. — Marchand. — Acquêt par François Marchand de terres aux Closeaux dans le fief de Goizé; — partage de la succession de Pierre Marchand, entre François Branlard, Nicolas Sirot, Jean et Claude Marchand; — consultation des avocats Ariaut et Caille au sujet du porc gras dû sur le lieu de Goizé; — partage de la succession d'Étienne Marchand et de Renée Huet; — acquêt par René Marchand d'une maison à Tigné; — donation mutuelle entre Pierre Marchand et Renée Landry, sa femme; — contrats de mariage de Pierre Marchand avec Andrée Robreau; — de François Hersard, maître chirurgien, avec Madeleine Marchand; — partage de la succession d'Urbain Marchand, messager de Paris à Angers, entre Euphémie Goupil, sa veuve, et leurs enfants; — contrat de mariage de Jean-Baptiste Marchand, sieur de La Pasquerie, avocat avec Marie Ollivier; — partage des successions d'André Marchand et de Marie Gallais; — acquêt par Maurice Marchand de terres en la paroisse de Villebernier; — dispenses d'affinité pour le mariage d'Urbain Marchand avec Geneviève Morna; etc.

E. 3278. (Carton.) — 1 pièce, papier (imprimée).

1759. — Marchandeau. — Billet de mariage du sieur Marchandeau fils.

E. 3279. (Carton.) — 1 pièce, papier.

1[illegible]. — Marcheteau. — Nomination de François Marcheteau à la curatelle des enfants mineurs de François Marcheteau, son fils, et de Jeanne Riolle.

E. 3280. (Carton.) — 2 pièces, papier.

XVIIIe siècle. — Marconné (de). — Notes du feudiste Audouys sur la famille de Marconné, seigneur de Cursay et de Morné.

E. 3281. (Carton.) — 1 pièce, parchemin.

1[illegible]. — Marcou. — Contrat de mariage de Michel Marcou et de Marie Garnault.

E. 3282. (Carton.) — 1 pièce, papier.

1[illegible]. — Maré. — Licitation entre Pierre Maré et Jean Courtillé des closeries de La Reculière dans les paroisses de Saint-Samson et de Saint-Silvain.

E. 3283. (Carton.) — 2 pièces, papier.

1755. — Mareau. — Inventaire et vente des meubles d'Ollivier Mareau et de Marguerite Bouttier.

E. 3284. (Carton.) — 1 pièce, papier.

1[illegible]. — Maréchau de Pudeau. — Acquêt par Martin Maréchau de Pudeau et Madeleine Maréchau de Pudeau, sa sœur, d'une maison rue Bourgeoise, à Angers.

E. 3285. (Carton.) — 1 pièce, parchemin.

14[illegible]. — Mareschal. — Acquêt par Husson Mareschal, sergent de la mairie d'Angers, de 27 sols tournois de rente.

E. 3286. (Carton.) — 1 pièce, parchemin; 4 pièces, papier.

15[illegible]-15[illegible]. — Maresche. — Acquêt par François Maresche, marchand, bedeau et suppôt de l'Université d'Angers, d'une maison à Rochefort; — contrat de mariage d'Étienne Michel avec Marie Maresche; — donation mutuelle entre lesdits époux; — testament de Marguerite Moresne, veuve d'Ambroise Maresche, portant fondation d'un anniversaire en l'église Saint-Maurice d'Angers; — partage des biens d'Ambroise Maresche, de Jean Maresche, son fils, et de Marguerite Moresne entre Jean Gallichon et Étienne Michel.

E. 3287. (Carton.) — 1 pièce, parchemin; 3 pièces, papier.

1[illegible]-XVIIIe siècle. — Margariteau. — Sentence de la Prévôté d'Angers, qui ordonne l'exhumation du corps de Claude Margariteau, chanoine de Saint-Pierre, pour être transféré en l'église des Carmes, suivant son testament; — constitution d'une rente de 50 livres par madame de Maillé au profit de Suzanne Margariteau de La Morinière; — billet de faire part du mariage de M. Margariteau, conseiller au Conseil du Cap, île de Saint-Domingue, et en la Sénéchaussée d'Angers, avec mademoiselle Eudel d'Amignon.

E. 3288. (Carton.) — 1 pièce, papier; 2 pièces, parchemin.

1680-1749. — MARGUERIT (de). — Commission pour Jacques de Marguerit, avocat, de l'office de conseiller non originaire en la cour du Parlement de Bretagne; — contrat de mariage de Pierre de Marguerit, sieur de La Chapelle-Mauvoisin, avec Mauricette Des Briands; — constitution par Pierre Bruneau, sieur de La Pécotière, d'une rente de 100 livres au profit d'Alexandre-Pierre de Marguerit, sieur de Saint-Mars.

E. 3289. (Carton.) — 6 pièces, parchemin; 1 pièce, papier; 5 sceaux.

1528-1680. — MARIDORT (de). — Présentation par Jean de Maridort, sieur de Goneteil, de la chapelle Sainte-Anne en son manoir du Breil-de-Fains; — par Ollivier de Maridort, sieur de La Freslonnière, des chapelles Saint-Claude en l'église Saint-Thomas de La Flèche; — de Notre-Dame en l'église Saint-Florent du château de Saumur; — et de la chapelle Saint-Jacques et Saint-Jean de son château de Lartusière; — « s'ensuit la généalogie du nom « des Maridort. »

E. 3290. (Carton.) — 2 pièces, papier.

1626-1648. — MARION. — Acquêt par Pierre Marion, sieur de La Chapelle, de la maison de Belair dans les faubourgs de Beaupréau; — partage de la succession de Louise Marion entre Gilles et Marie Garnier.

E. 3291. (Carton.) — 3 pièces, papier.

1700-1753. — MARIONNEAU. — Inventaire de la succession de René Marionneau; — nomination de Louis Marionneau à la curatelle de Marie et de Charlotte Marionneau, ses nièces; — sentence d'émancipation desdites mineures.

E. 3292. (Carton.) — 4 pièces, papier.

1573-1680. — MAROT. — Collation par le chapitre de Notre-Dame-de-Nantilly de Saumur d'un canonicat vacant à maître Jean Marot; — bail à ferme par Jean Marot, prêtre, d'un jardin dans le fossé du château de Saumur; — mémoire pour Jeanne Bertault, veuve de Nicolas Marot, docteur en médecine, au sujet du partage de la succession de Pierre Bertault, son père; — inventaire des titres produits par la dite veuve.

E. 3293. (Carton.) — 4 pièces, parchemin; 6 pièces, papier

1502-1668. — MARQUERAYE (de LA). — Bail à rente par Claude de La Marqueraye, sieur du Plateau, du moulin à vent de Lierru en la paroisse d'Avrillé; — prise de possession par Pierre de La Marqueraye de vignes au clos de Gaubourg; — partage de la succession de Guillemine Sirot, veuve de Louis de La Marqueraye, sieur du Plateau, entre Joseph de La Marqueraye, maître des comptes de Bretagne, Nicolas et Renée de La Marqueraye et Renée Béreau; — partage entre René de La Marqueraye, sieur de Vilgontier, Pierre de La Marqueraye, sieur de La Chaussée, et Nicolas de La Marqueraye, sieur de L'Espinay, de la succession de Joseph de La Marqueraye, leur père, et de Catherine Gaultier, sa veuve; — acquêt par Nicolas de La Marqueraye du logis du Vieil-Estre en la paroisse de Chantoussé; — vente par Nicolas de La Marqueraye, lieutenant général civil et criminel au siége de Châteaugontier, sieur de La Herlangeraye, des domaines du Nombrail et de La Gallerie en la paroisse de Saint-Georges-sur-Loire; — sentence de l'Élection d'Angers, qui ordonne la radiation de Georges de La Marqueraye, en sa qualité d'écuyer, du rôle des tailles de la paroisse de Chantelou.

E. 3294. (Carton.) — 27 pièces, parchemin; 120 pièces, papier.

1570-1781. — MARQUIS. — Testament de Macé Marquis, prêtre; — partage de la succession d'Étienne Marquis et de Nicole Pelletier; — acquêts par Jean Marquis de terres dans la paroisse de Louresse; — contrats de mariage d'Étienne Marquis avec Perrine Daviau; — de Jean Marquis avec Claude Hubert; — partage de la succession de Sébastienne Marquis, veuve de Guy Abraham; — testament de Charles Marquis, curé de La Jumelière, portant fondation d'une école gratuite en sa paroisse; — vente de ses meubles; — testament de Renée Reverdy, veuve de Jean Marquis, portant don à la fabrique de Louresse de tous ses domaines dans la paroisse de Trèves-en-Vallée; — partage de la succession de Jean Marquis et de Claude Daviau, sa première femme; — inventaire de leurs papiers; — partage de la terre de Chantelou entre Catherine Marquis, femme de Jean-Jacques Chantelou, sieur de Portebise, Pierre-François Gourreau de La Blanchardière, Louis-Alexandre Mabille de La Paumelière et Charles Salmon de La Tufferie; — partage entre Perrine Marquis, femme de Louis-Alexandre Mabille de La Paumelière, Marin-Louis et Pierre-François Gourreau de La Blanchardière, des successions de Pierre Marquis et d'Étienne Daviau; — provisions pour François-Augustin Marquis, sieur des Places, de l'office de conseiller secrétaire auditeur en la Chambre des Comptes de Bretagne; — acquêt par le même d'un terrain et d'une maison sur la rue de l'Académie, à Angers.

E. 3295. (Carton.) — 2 pièces, papier.

1600-1637. — MARSAIS. — Acquêt par René Marsais de terres en la paroisse de Juigné-sur-Loire; — testament de René Marsais, portant fondation de messes et services en l'église de Saint-Pierre de Saumur.

E. 3296. (Carton.) — 1 pièce, papier.

1564. — MARSAULT. — Testament de Jean Marsault, maître apothicaire, et de Jeanne Bruère, sa femme, portant donation à la confrérie des nobles Bourgeois d'Angers, desservie en l'église de Saint-Germain en Saint-Laud, des domaines du Perrin-Saint-Jean dans la paroisse de La Trinité et des Poiriers dans la paroisse de Montreuil-Belfroy.

E. 3297. (Carton.) — 1 pièce, papier.

1597. — MARSOLLES. — Acquêt par Jean Marsolles, vigneron, de terres au Coudray-Macouard.

E. 3298. (Carton.) — 2 pièces, papier.

1567-1640. — MARTEAU. — Acquêt par Antoine Marteau d'un champ près Saumur; — testament de Marguerite Marteau, veuve de Charles Blondeau, portant legs de diverses sommes d'argent aux Cordeliers et à l'Hôtel-Dieu de Saumur.

E. 3299. (Carton.) — 2 pièces, papier.

1657-1777. — MARTEL. — Transaction entre Charles Martel, sieur de Dercé, et Marguerite Martel, veuve de Joachim de Petitjean, au sujet du partage de la succession de Susanne de Landepoustre, veuve en premières noces de Jacques Petitjean; — constitution par Roland de Martel, sieur de Villeneuve, d'une rente de 75 livres au profit de Pierre Chollet, huissier.

E. 3300. (Carton.) — 2 pièces, parchemin.

1620-1634. — MARTELIÈRE (de LA). — Constitution et amortissement par Françoise de Schomberg, veuve de François de Daillon, comte du Lude, d'une rente de 500 livres, créée par elle au profit de Pierre de La Martelière, avocat.

E. 3301. (Carton.) — 2 pièces, papier.

1674-1742. — MARTIGNÉ (de). — Partage des successions d'Honoré de Martigné, sieur de Villenoble, et de Pétronille Aubineau entre Henri de Martigné de Villenoble, Honoré, Joseph, et Henriette de Martigné; — dispenses pour le mariage de Louis-Henri de Martigné avec Marie-Charlotte-Julie de La Lande.

E. 3302. (Carton.) — 3 pièces, parchemin ; 33 pièces, papier.

1543-XVIIIe siècle. — MARTIN. — Acquêt par Mathurin Martin de vignes près Brissac ; — par Jean Martin du domaine de Chemans, près Blaizon ; — par Jamet Martin, sieur de Montagu, de la seigneurie de L'Étang et des grands moulins de Gennes ; — contrat de mariage de Jacques Martin avec Nicole Chalumeau ; — extrait du testament d'Andrée Leboucher, veuve de François Martin ; — partage de la succession d'Espérance Martin, veuve de Michel Carix ; — factum pour Florent Martin, Jean-Michel Haguet et François Goudault contre Claude de La Motte et Jean Bontemps ; — inventaire et vente des meubles de Jeanne Martin ; — donation par Anne Mazurier, veuve de Denis Lezignière, de tous ses biens à Florent Martin, notaire de Saumur ; — acquêt par Louis Martin, teinturier, d'une maison, à Angers, rue des Carmes ; — inventaire des meubles et dettes actives et passives de Marie Delaunay, veuve de Maurice Martin, perruquier à Chalonnes-sur-Loire ; — généalogie et notes sur la famille Martin par le feudiste Audouys.

E. 3303. (Carton.) — 12 pièces, parchemin ; 80 pièces, papier (2 imprimées) ; 1 gravure.

1478-XVIIIe siècle. — MARTINEAU. — Sentence des commissaires royaux ordonnés pour le fait des francs fiefs et nouveaux acquêts du pays et duché de Touraine, qui renvoie exempt, à titre de noble, Guillaume Martineau, sieur de La Sauvagère ; — sentence des élus de l'Élection d'Angers, qui confirme sa radiation des rôles de la taille pour la paroisse de Joué ; — acquêt par Jean Martineau de la terre de La Galonnière ; — inventaire des meubles et papiers dépendant de la communauté de Mathieu de La Lande, prévôt provincial des maréchaux de France en Anjou, et de Françoise Martineau, sa veuve ; — testament de Françoise Martineau ; — acte de baptême de René Martineau ; — partage de la succession de Mathurin Martineau et de Jacquine Bossut, sa femme ; — compte entre Gilbert de Martineau, seigneur de La Galonière, et René Blouin, sieur de La Varenne, son fermier de la terre du Plessis-Baudouin ; — déposition de témoins de l'assassinat de Louis Martineau par Charles-Esprit Baudry, sieur de Landelière ; — cession par Louise Raimbaud, veuve dudit Martineau, à René Bouchère de tous ses droits pour l'action criminelle en justice contre le sieur de Landelière ; — sentence de l'intendant de Tours qui maintient Guillaume, Nicolas et Germain Martineau en leurs titres et privilèges de noblesse ; — « arbre généalogique de messieurs de Martineau, écuyers, seigneurs de La Galonnière, de La Sauvagère et de Fromentière en Anjou » ; — acquêt par Hilaire-Nicolas Martineau, professeur en droit de l'Université de Pau, de l'office de conseiller au Présidial d'Angers ; — vente par Germain Martineau de la closerie de Chandoiseau en Frémur ; —

mémoire pour Madeleine-Aimée de Martineau de Fromentière, épouse de J. B. Louis de Demaigné de La Rochehue, contre le chapitre Saint-Maurice d'Angers, au sujet du droit de sixte prétendu sur sa terre de La Galonnière; — note du feudiste Audouys; etc.

E. 3304. (Carton.) — 1 pièce, papier.

1680. — Martinet. — Acquêt par Jacques Martinet, juge consul d'Angers, d'un logis en la rue Bourgeoise.

E. 3305. (Carton.) — 1 pièce, parchemin; 1 pièce, papier.

1595-XVIIIe siècle. — Marvilleau. — Procuration donnée par Louis Marvilleau, sieur des Boarts, à Étienne Hodiau pour la gestion de ses affaires; — note du feudiste Audouys.

E. 3306. (Carton.) — 4 pièces, papier.

1582-1670. — Maslin. — Accord entre René Maslin et Jean Lenfantin, sieur de La Thibergère, au sujet de la succession de Claude Maillet; — partage de la succession de Guillaume Maslin entre Jacques Boys, Étienne Durant et Guillaume Maslin; — inventaire des meubles de René Maslin, avocat à Angers; y figurent « ung vieil coutelas « faict à bec de corbin, de longueur de trois piedz, trois « grands arballestres d'acier, garnyes de tours bandaiges « de fer et cordaiges, ung vieil morion blanc gravé, ung « pourpoinct faict à esquaille et doublé de thoylle noyre, « dix traicts d'arballestre de boys empannez, ung petit « carcoys de cuir noyr, ung damier ou trictracq n'estant « garny de ses tablettes, une vieille hallebarde faicte en « forme de croissant »; suit le catalogue de sa bibliothèque; — testament de Barbe Maslin, femme de Théodore Bellet, à qui elle ordonne de faire « un voyaige pour elle « à Nostre-Dame des Ardrilliers, lequel elle avoit promins « et voué faire pour René Bellet, leur filz, et qu'il y porte « sa première chemise et robbe, qui sont en leurs piesses « en leurs chambres, Angers. »

E. 3307. (Carton.) — 10 pièces, parchemin; 19 pièces, papier; 3 sceaux.

1402-XVIIIe siècle. — Masseille (de). — Présentation par Pierre et Jean de Masseille, sieur de Fougeré, de la chapelle de La Devronne en l'église de Fontaine-Millon; — abandon consenti par Louis de Masseille à ses frères René, Ambroise, Pierre et Jean de Masseille de tous ses droits en la succession de Jean de Masseille et de Renée Jarry, leur père et mère; — extrait du contrat de mariage de René de Masseille avec Louise Louet; — acquêt par Joseph de Masseille, sieur de Lisle, de la closerie du Grand-Beauchamp en la paroisse de Saint-Mathurin-sur-Loire; — requête par Ambroise de Masseille, sieur de Launay, et Pierre de Masseille, sieur de Petite-Motte, au lieutenant général de Baugé, afin d'être maintenu en tout son droit de dîme dans la paroisse de Fontaine-Millon, contesté par le prieur; — présentation par Louis de Masseille du prieuré-cure de Millon; — par Marie-Anne de Masseille de la chapelle seigneuriale de son château de Léchigné; — notes et extraits généalogiques par le feudiste Audouys; etc.

E. 3308. (Carton.) — 1 pièce, papier.

1772. — Massonneau. — Vente par Pierre Massonneau à Jean-Baptiste Gaultier, de la closerie des Petites Perruches en Saint-Silvain.

E. 3309. (Carton.) — 1 pièce, papier.

1704. — Mathignon. — Partage de la succession de Louis Mathignon entre Sébastien Trouvé, Charles Mathignon et Jacques Mathignon.

E. 3310. (Carton.) — 2 pièces, papier.

1724-1760. — Mauchien. — Inventaire des meubles de Thomas Mauchien, maître serger, drapier-drapant et teinturier d'Angers; — nomination de Mathurin Mauchien à la curatelle de son neveu, fils mineur de Pierre Mauchien et de Marguerite Basin.

E. 3311. (Carton.) — 1 pièce, papier; 1 pièce, parchemin.

1545-1749. — Maudet. — Acquêt par Jean Maudet du bois de La Grivelle en Saint-Barthélemy; — constitution par la communauté des maîtres carrossiers et selliers d'Angers d'une rente de 45 livres au profit de Françoise Maudet.

E. 3312. (Carton.) — 2 pièces, parchemin; 4 pièces, papier.

1622-1686. — Maudoux. — Acquêt par René Maudoux d'une maison à La Flèche; — arrentement de ladite maison à Jean Recappé, corroyeur; — jugement du sénéchal de La Flèche portant privilége au profit de François Maudoux sur le prix de la vente des biens de Jean Chaudet; — rente due par René Desboys, sieur du Chastelet, à Mauricette Maudoux, veuve de René Tandon, Jacques Odiau et Marie Maudoux; — acquêt par François Maudoux, curé de Saint-Michel-du-Tertre, de la closerie de La Juvancière en Trélazé.

E. 3313. (Carton.) — 2 pièces, parchemin; 24 pièces, papier.

1596-1729. — Maugars ou Mogars (de). — Échange entre René de Maugars, sieur de La Pilletière, et Élye Riffault, de terres et vignes en la paroisse de Sermaise; — acquêt par René de Maugars, gouverneur et capitaine de la ville et du château de Baugé, de prés le long du ruisseau du Moulin-du-Bois; — et de pâtis près Pont-Ruelle; — lettres d'anoblissement par François de Maugars; — mémoires pour Françoise de Maugars, veuve d'Armand de Broc, contre Charles Dupont d'Aubevoie, au maintien de ses droits seigneuriaux sur la terre de Moulinea; — sentence conforme de la Sénéchaussée de Baugé.

E. 3314. (Carton.) — 1 pièce, parchemin; 3 pièces, papier.

1601-1776. — MAUGARS. — Extrait du contrat de mariage de René Maugars avec Louise Joubert; — don par Jeanne Esly Des Roches à Jean-Jacques Maugars, sieur de La Gaucherie, échevin d'Angers, de la closerie de La Grande-Tranchardière en Pruniers; — aveu par Louis Maugars, sieur de La Fosse, à la seigneurie de La Brudre pour son fief de La Fosse; — acquêt par Nicolas Maugars d'une maison, à Angers, rue Valdemaine.

E. 3315. (Carton.) — 1 pièce, papier.

1681. — MAUGEAIS. — Nomination de Mathurin Maugeais à la curatelle des enfants mineurs de René Maugeais et de Catherine Brunet.

E. 3316. (Carton.) — 1 pièce, parchemin.

1465. — MAUGENDRE. — Testament de Pierre Maugendre, licencié en droit, portant élection de sépulture en l'église Saint-Serge d'Angers, à laquelle il lègue trois quartiers de vignes dans le clos de Tournebelle en Saint-Laud.

E. 3317. (Carton.) — 5 pièces, parchemin; 3 pièces, papier.

1565-1780. — MAUGIN. — Acquêts par Gilles Maugin, maître parcheminier, d'une maison en la rue de La Roë à Angers; — d'une autre en la rue Valdemaine; — par François Maugin, marchand de draps de soie, d'un logis rue Chaussée-Saint-Pierre; — de terres dans le champ des Trois-Mores; — et de partie des bois de La Charpenterie en la paroisse de Brain-sur-L'Authion; — par Olive Maugin, veuve de Mathurin Chasteau, de la terre de La Berterie en ladite paroisse; — par Pierre Maugin, curé de Saint-Nicolas d'Angers, de vignes au clos de L'Image; — aveu rendu par Renée Maugin, veuve de Gilles de Lépagneul, à la seigneurie du Plessis-au-Jau pour partie de la terre de Landifer.

E. 3318. (Carton.) — 1 pièce, papier.

1779. — MAUGIS. — Monitoire de l'officialité de Poitiers publié à la requête d'Antoine Falligan, avocat, et de Pierre Courtantin, marchand, héritiers d'Anne Hervé, veuve de Jean Maugis, conseiller et avocat du Roi en l'élection de Montreuil-Bellay, contre ceux qui ont pillé ou fraudé sa succession.

E. 3319. (Carton.) — 2 pièces, papier.

1648-XVIIIe siècle. — MAUGUY (de). — Extrait du testament de Jacques de Mauguy, sieur de La Chaufournaye, portant don de toutes ses maisons d'Angers à François Goussin, prêtre, son neveu; — note du feudiste Audouys sur la famille de Mauguy.

E. 3320. (Carton.) — 1 pièce, parchemin; 1 pièce, papier.

XVIIIe siècle. — MAUMÉCHIN (de). — Présentation par René de Mauméchin de la chapelle de La Bauzelinière en la paroisse de Luigné; — note du feudiste Audouys sur la famille de Mauméchin.

E. 3321. (Carton.) — 3 pièces, papier.

1601-1781. — MAUMOUSSEAU. — Acquêt par Louis Maumousseau, curé de La Trinité d'Angers, de la closerie de Chanzé, *alias* Les Tourelles, près le couvent de La Baumette; — contrat de mariage de Pierre Maumousseau, sieur de La Gaudinière, contrôleur au Grenier à sel de Craon, avec Françoise Hernault; — accord entre François Maumousseau, Jean Maumousseau et Étienne Tricouère au sujet de la succession de Marie Maumousseau.

E. 3322. (Carton.) — 1 pièce, parchemin; 1 pièce, papier.

1639-1693. — MAUMUSSARD. — Acquêt par Simonne Chartier, veuve de Pierre Maumussard, d'une rente de 50 livres sur François de Chérité, sieur de Voisin; — règlement de compte entre Jacques Maumussard, droguiste, et Françoise Gilloust, veuve de René Jouet, teinturier.

E. 3323. (Carton.) — 3 pièces, parchemin; 13 pièces, papier.

1593-XVIIIe siècle. — MAUNOIR. — Acquêt par Jacques Maunoir, marchand perrier, d'un pré en la vicomté de Sorges; — par Michel Maunoir de la métairie des Mazeris; — d'un logis au bourg de Sorges; — et du domaine de Cartigné; — prise à bail par le même des revenus du prieuré de Trélazé; — inventaire des meubles de Louis Maunoir et d'Andrée Bardin; — dispenses pour le mariage de François Maunoir avec Perrine Chauveau; — provisions pour Étienne-Charles Maunoir de l'office de conseiller élu en l'Élection d'Angers; — contrat de mariage de Pierre Maunoir avec Françoise Gaillard; — note du feudiste Audouys.

E. 3324. (Carton.) — 3 pièces, papier.

1760-1785. — MAUPASSANT. — Dispenses pour le mariage de Nicolas Maupassant avec Françoise Maupassant; — acquêt par Nicolas Maupassant de La Motte de partie du pré de La Royanne en la paroisse de Varrains; — par Pierre-Charles Maupassant de La Croix de l'hôtel de *La Corne*, à Saumur.

E. 3325. (Carton.) — 1 pièce, papier.

[illegible]. — Maupillier. — Acquêt par Pierre Maupillier, chirurgien à Chalonnes, d'une vigne aux Fresnayes dans la paroisse de Saint-Maurille.

E. 3326. (Carton.) — 8 pièces, papier; 4 cachets.

[illegible]. — Maur. — Passeports délivrés par les grands vicaires des évêques de Lausanne, de Bâle et de l'archevêque de Lyon, le roi de France Louis XIV (avec signatures autographes du roi et de Colbert) et le nonce apostolique à Jean-Baptiste Maur et Georges Chappet, « anciens catoliques françois, confiseurs de profession, s'en allans de Paris à Rome. »

E. 3327. (Carton.) — 1 pièce, parchemin.

[illegible]. — Mauray. — Acquêt par Jean Maurat de la closerie de La Croix-Verte à Bécon.

E. 3328. (Carton.) — 3 pièces, parchemin; 4 pièces, papier.

[illegible]-XVIIIᵉ siècle. — Mauviel (de). — Présentation par Guy de Mauviel de la chapelle de La Petite-Mothe en l'église Notre-Dame de Durtal; — par François de Mauviel de la chapelle de Sainte-Catherine en la même église; — transaction entre René de Mauviel, Jean Du Buat et Hélye de La Coussaye au sujet du partage des successions de Guy de Mauviel, de Charlotte de Mauviel et d'Hélène de Mauviel; — notes et extraits généalogiques par le feudiste Audouys.

E. 3329. (Carton.) — 1 pièce, parchemin; 13 pièces, papier.

1705-1769. — Mauvif. — Acquêt par Marie Mauvif, veuve de Joseph Douillard, d'un pré en Étriché; — par Jeanne Esnault, veuve de Pierre Mauvif, sieur de La Plante, d'une rente de 25 livres sur François Payneau, sieur de La Giraudière; — par Mathieu Mauvif, sieur de La Baudinière, de terres à Tiercé; — de vignes au clos des Puiselières; — et de prés dans la paroisse d'Étriché; — provisions pour Michel Mauvif de La Plante de l'office de conseiller élu en l'Élection d'Angers; — et de conseiller honoraire; — pour René Mauvif de suppléant en ladite Élection; — acte de mariage d'Anne Mauvif avec Louis Marchant; etc.

E. 3330. (Carton.) — 2 pièces, papier.

[illegible]-1646. — Mauxion. — Acte de baptême de René, fils de Claude Mauxion et de Renée Guyon; — acquêt par Martine Dezcot, veuve de Jean Mauxion, de terres à La Gaillardière en la paroisse de Longué.

E. 3331. (Carton.) — 1 pièce, papier.

XVIIᵉ siècle. — Mayenne (de). — Notice anonyme sur la famille de Mayenne.

E. 3332. (Carton.) — 2 pièces, papier.

[illegible]. — Mazeau. — Actes de baptême de Marie et d'Antoine Mazeau, enfants de Julien Mazeau et de Marie Guerrier.

E. 3333. (Carton.) — 2 pièces, papier.

[illegible]. — Mazière. — Acquêt par Jean Mazière de terres et vignes en la paroisse de Cantenay; — inventaire après décès des papiers dudit Jean Mazière.

E. 3334. (Carton.) — 15 pièces, parchemin; 40 pièces, papier.

[illegible]-XVIIIᵉ siècle. — Meaulne (de). — Testament de Pierre de Meaulne, sieur de La Bouillière, portant fondation d'un anniversaire solennel en l'église de Marcillé; — contrat de mariage de René de Meaulne avec Marie Lemercier; — de René de Meaulne avec Françoise Du Mesnil; — inventaire, après décès, de leurs meubles; — acquêt par Gabriel de Meaulne de la terre d'Unon; — par René de Meaulne de la seigneurie de Villeneuve; — inventaires des titres de noblesse produits par Claude de Meaulne, sieur de Lanchenil et Boissé, et par René de Meaulne, sieur de Pontallain; — contrats de mariage de Charles de Meaulne, sieur des Aulnais, avec Marie-Agnès Du Grosménil; — de René-Joseph de Meaulne avec Gillonne Lemaczon; — de René-Joseph de Meaulne, en secondes noces, avec Madeleine de Thienne; — inventaire des meubles trouvés au château de Villeneuve après le décès dudit Joseph de Meaulne; — contrat de mariage de René de Meaulne, sieur de Saint-Frambault, avec Anne Lejeune; — enregistrement de la commission, obtenue par Claude-Joseph de Meaulne, d'inspecteur général et intendant des chasses dans le duché de Mayenne; — brevet pour René-Gilles de Meaulne d'une charge de capitaine dans le régiment d'infanterie Lyonnais (avec signatures autographes du roi Louis XV et de Voyer-d'Argenson); — contrat de mariage dudit Gilles de Meaulne, sieur de Landeronde, avec Louise de Marbeuf; — partage de la succession de Claude-Joseph de Meaulne, sieur de Villeneuve; — présentation par Gilles-René de Meaulne, sieur de Landeronde, baron de Claye, de la chapellenie de Saint-Jacques en l'église Saint-Germain de Chavagnes; — aveu rendu au comté de Sainte-Gemme-d'Andigné par Louise de Varice, veuve de Louis-Gayétan-Baltazard de Meaulne, pour sa terre de La Daviaye; — partage de la succession de Louise de Marbeuf, veuve de Gilles-René de Meaulne; — contrat de mariage de Louis-Pierre-Ambroise de Meaulne avec Louise-Renée de Meaulne; — fragments de généalogies, notes et extraits d'actes authentiques par le feudiste Audouys.

E. 3335. (Carton.) — 2 pièces, parchemin; 13 pièces, papier.

1632-XVIII° siècle. — MEAUSSÉ (de). — Présentation par Madeleine de Vert, veuve de François de Meaussé, de la chapelle des Marchais en l'église de Faveraye; — enquête sur le meurtre de François de Meaussé, sieur de Coulaines; — requêtes adressées aux maréchaux de France par François de Meaussé, sieur de Coulaines, des Marchais et de Champagne, au soutien de ses droits seigneuriaux dans l'église de Faveraye contre le sieur de Tigné; — mémoires et consultations à l'appui; — acquêt par Louis-Henri, marquis de Meaussé, d'une maison en la rue Chaperonnière d'Angers; — et d'un hôtel sur la place Neuve; — notes du feudiste Audouys; etc.

E. 3336. (Carton.) — 1 pièce, parchemin.

1600. — MÉGAUDAIS (de). — Transaction entre Julien de Mégaudais et Charles de La Corbière au sujet du partage de la succession de Jacques de Mégaudais, sieur de Lépinolière.

E. 3337. (Carton.) — 2 pièces, parchemin; 32 pièces, papier.

1602-1756. — MÉGUYON (de). — Don par Geneviève Davoust, veuve de François de Méguyon, à Pierre de Méguyon, son fils, de 5,626 livres en avancement d'hoirie; — acquêt par Pierre de Méguyon, sieur de La Houssaye, de la terre de Sermaise; — don mutuel entre François de Méguyon et Marthe Jousselin, sa femme, de tous leurs biens; — mémoire par Pierre de Méguyon contre Louis de La Villoutreys et autres créanciers de la succession de mademoiselle Du Lavouer; — accord entre François de Méguyon et Louis Leroux de La Roche-des-Aubiers; — compte rendu par François-René Boylesve de Goismard, prêtre, à Marthe de Méguyon, veuve de Julien-François de Crépy, Anne Sénocq, veuve de Pierre de Méguyon, et Anne Boylesve de Goismard, des deniers de la succession de Louise de Méguyon, veuve de Jean-Jacques Lanier, sieur de Sainte-Gemme.

E. 3338. (Carton.) — 4 pièces, parchemin; 5 pièces, papier.

1600-1770. — MEIGNAN. — Extrait du testament de Marie Bodin, femme de Jean Meignan, portant fondation de services religieux en l'église des Cordeliers d'Angers; — jugement de la Sénéchaussée de Saumur, portant condamnation de 45 livres de rente contre Pierre Lambert au profit de Pierre Meignan; — acquêt par René Meignan, prêtre, de vignes en la paroisse de Luigné; — et de la closerie d'Armaillé; — par François Meignan de terres et maison en Saint-Aubin-de-Pouancé; — vente par René Meignan, d'une maison en la ville de Saumur.

E. 3339. (Carton.) — 2 pièces, parchemin; 2 pièces, papier.

1365-XVIII° siècle. — MELAY (de). — Lettres royaux obtenues par Gaucher de Melay, sieur de Serlay, pour l'annulation d'un contrat par lui passé en âge de minorité; — mandat d'arrêt contre Jean de Melay et le sieur de La Bastardière, accusés d'assassinat par Anne de La Noue, dame de Chavannes; — cession par René de Brie à Pierre de Melay et Claude Brie, du domaine de Mocquesouris, en Saint-Gilles de Chemillé; — note du feudiste Audouys.

E. 3340. (Carton.) — 1 pièce, parchemin, 1 pièce, papier.

1569-1600. — MELLET. — Acquêt par Macé Mellet d'une rente de 25 livres sur les domaines d'Aubigné et de La Robillière dans les paroisses de Baillé et de Huttal; — testament de Pierre Mellet, portant fondation d'une chapellenie en l'église St-Thomas de La Flèche.

E. 3341. (Carton.) — 2 pièces, parchemin.

1370-1587. — MELUN (de). — Testament de Guillaume, vicomte de Melun, seigneur de Montreuil-Bellay, portant divers legs d'argent aux abbayes du Jard de Sens, de Saint-Pierre de Melun, de Nemours, d'Asnières-Bellay et de Passe-Bellay; — contrat de mariage d'Olivier d'Eté avec Bonne de Melun.

E. 3342. (Carton.) — 40 pièces, papier.

1654-1768. — MÉNAGE. — Constitution par Louis Leroux Des Aubiers d'une rente de 122 livres au profit de Madeleine Louet, veuve de Guillaume Ménage; — acquêt par Guillaume Ménage, chanoine de St-Pierre d'Angers, de la closerie de Chandoiseau en Frémur; — par le même, de vignes au clos de Gaubouta; — partage entre Gilles Ménage, Guillaume Ménage, Jean-Baptiste Ménage, sieur de La Morinière, Guyonne Ménage, Marie Louet, veuve de Gilles Ménage, et René Ménage, notaire, de la succession de Pierre Ménage, avocat du Roi, et de Madeleine Foissie, leur père et mère; — mémoire au sujet du procès survenu entre lesdits héritiers; — partage des biens immeubles dépendant des successions de Gilles, Guyonne, René et Guillaume Ménage, entre Jean Cacquereau, sieur de Boisbernier, Jacques-Philippe Bernard, sieur de La Barre, et Charles François Charbonnier, sieur de La Guesnerie; — acquêt par Jean-Baptiste-Joseph Ménage de la terre de Soucelles; — vente par le même de son hôtel de la rue des Deux-Haies, à Angers.

E. 3343. (Carton.) — 8 pièces, papier.

1660-1737. — MÉNAGER. — Nomination de Gabriel Guyot à la curatelle des enfants mineurs de Pierre Ménager et de Madeleine Mabon.

E. 3344. (Carton.) — 9 pièces, parchemin ; 34 pièces, papier.

1500-XVIIIe siècle. — Ménard. — Présentation par Jean Ménard de la chapelle de St-Mélaine en l'église de Miré; — acquêt par Étienne Ménard du domaine des Quars en la paroisse du Pin-en-Mauges; — testament de Marie Holgudière, veuve de Pierre Ménard, maître tanneur, portant fondation d'un anniversaire en l'église de La Trinité d'Angers; — acquêt par Jacques Ménard, sieur de Uraff, d'un champ à La Moignanne; — partage de la succession de Michel Ménard; — acquêt par Charles Ménard, d'un office de conseiller au Présidial d'Angers; — autorisation donnée par le chapitre de St-Maurille à Claude Ménard, sieur du Tertre, d'élire sa sépulture et celle de sa famille dans la chapelle Saint-Accelin de leur église; — testaments d'Anceau Ménard, marchand de Baugé; — de Renée Loriot, veuve de René Ménard, sieur des Loges; — et de Louis Ménard, notaire à Candé; — acquêt par Louis Ménard, tailleur de pierre, de partie d'une maison en la paroisse de Saucelles; — testament de Marguerite Ménard; — inventaire de son mobilier; — testament d'Anne Ménard de Touchepré, veuve de Jean de Lacour, sieur de La Crespelle; — testament d'Anne Ménard de Touchepré, veuve de Jean de La Cour, sieur de La Crespelle, portant fondation de messes et d'anniversaires en l'église des Herbiers; — partage de la succession du marquis de Touchepré, entre René-Augustin-François Ménard de Touchepré, marquis de Touchepré, comte de Bréhan, baron de Châteaumont, François Leloup, sieur de Chasseloir, Honoré de La Sayette, Paul et Gabriel de La Sayette, Marc-Antoine de Joubert, René-Marie Le Bault, René Holland de Martel, Philippe Gorin, sieur de Ponsay, Jacob Marchegais, sieur de La Salle, Pierre Marchegais, sieur de La Gaillardie et autres cohéritiers; — « articles arrêtés et signés entre les héritiers de M. le marquis de Touchepré d'une part et madame la marquise de Touchepré » ; — notes du feudiste Audouys; etc.

E. 3345. (Carton.) — 1 pièce, papier.

1672. — Ménardeau. — Arrêt du Conseil d'État qui confirme à Joseph Ménardeau, sieur du Perray, le bénéfice des privilèges de noblesse, accordés aux maires et échevins de Nantes.

E. 3346. (Carton.) — 1 pièce, parchemin ; 7 pièces, papier.

1628-1716. — Menoir. — Partage des meubles de Renée Pineau, femme en premières noces de René Menoir; — lettres de bénéfice d'inventaire au profit de René Menoir pour la succession de son père, sieur des Essarts, lieutenant-général de la maîtrise des Eaux et forêts de Baugé; — partage de la dite succession entre René et Pierre Menoir et Jean Charbonnier; — contrat de mariage de Pierre Menoir sieur de Langotière avec Marie Chauvin; — don par ledit Pierre Menoir, à son fils, des terres de la Touche-des-Pieds et de La Guiberdière; — inventaire des meubles de Pierre Menoir de Langotière, doyen des conseillers de la Sénéchaussée de Baugé.

E. 3347. (Carton.) — 3 pièces, parchemin ; 2 pièces, papier ; 1 sceau.

1609-1648. — Menon (de). — Présentation par François de Menon, sieur de Turbilly, de la chapellenie de Saint-Aubin en l'église de Vaulandry; — sentence du Présidial d'Angers, portant défense audit François de Menon de tenir juridiction en son bourg et châtellenie de La Cornuaille; — acquêt par le même de la métairie de Bastean près Turbilly; — acte de baptême d'Henri-Albert de Menon.

E. 3348. (Carton.) — 1 pièce, papier.

1740. — Menon. — Testament de Jacques-François Menon, prêtre, docteur en théologie de l'Université d'Angers, principal du collège de Rueil, « demeurant à Paris depuis « environ 18 mois en la maison de M. de Réaumur, inten- « dant de l'ordre de Saint-Louis »; il lègue tous ses meubles et hardes aux pauvres de la paroisse Sainte-Marguerite de Paris et ses livres à son ami l'abbé Faguet.

E. 3349. (Carton.) — 1 pièce, parchemin ; 4 pièces, papier.

1695-1699. — Menou. — Acquêt dans la paroisse de Sorges par Urbain Menou d'un champ aux Grands-Champs; — par Jean Menou, de deux quartiers de pré; — par René Menou de la maison de L'Hôpital; — de la pâture Barbot; et de la closerie de La Baudrairie.

E. 3350. (Carton.) — 2 pièces, papier.

1582-1608. — Menoust. — Contrat de mariage de François Menoust, avec Jeanne Peloquin; — testament de Charles Menoust, sieur de La Cousture, portant élection de sépulture en l'église de Saint-Saturnin.

E. 3351. (Carton.) — 1 pièce, parchemin ; 3 pièces, papier. (2 imprimées).

1610-1760. — Mercier. — Acquêt par Michel Mercier d'un champ en la paroisse de Freigné; — inventaire des meubles de Mathurin Mercier et de Perrine Bigot; — mémoires pour Joseph-Louis-Madeleine-Florent Mercier, sieur de Marigny de La Gallière, contre les héritiers d'Armand-Charles-Gabriel de La Forest, comte d'Armaillé; — et contre Charles-Joseph de Fesques, au sujet des successions du comte d'Armaillé et de madame de Marigny.

E. 3352. (Carton.) — 6 pièces, papier.

1608-XVIIIe siècle. — Mergot (de). — Hommage rendu au fief de La Cour-de-Pierre par René de Mergot, sieur de Montergon, pour la métairie de la Pigatière; — présentation par Marguerite de Rennes, veuve de Charles de Mergel, de la chapellenie de Sainte-Catherine, en l'église de Saint-Lambert-des-Levées; — notes généalogiques par le feudiste Audouys.

E. 3333. (Carton.) — 1 pièce, parchemin; 8 pièces, papier.

[illegible]. — MÉRIC. — Contrat de mariage de François Méric, sieur de Clérinçais, avec Madeleine Gouchot; — inventaire de la succession mobilière de Pierre-François Méric, sieur de Clérinçais et de Freyssinet; — accord entre sa veuve et son gendre, Alexandre-Dominique de Jouet, sieur de Langerière; — état des titres remis auxdits héritiers; — transaction définitive entre ladite dame Méric et son gendre.

E. 3334. (Carton.) — 1 pièce, papier.

[illegible]. — MERLAUD. — Acquêt par Claude-François-de-Paul Merlaud, sieur de La Cossaunière, avocat, de l'office de conseiller-secrétaire du Roi, auditeur en la Chambre des Comptes de Bretagne.

E. 3335. (Carton.) — 4 pièces, papier.

[illegible]-1740. — MERLET. — Partage de la succession de Jean Merlet entre Alexis Merlet, Jean Pallu, Jacques Vion et René Rigaudeau; — acquêt par François Merlet de vignes au Puy-Notre-Dame.

E. 3336. (Carton.) — 1 pièce, papier.

1690. — MÉRY. — Partage de la succession de Jean Méry et de René Fouquet, entre Pierre, René, François, Jeanne Méry et Mathurin Lemeunier.

E. 3337. (Carton.) — 1 pièce, papier.

1640. — MÉSANGÉ (de). — Prise à bail par Louis de Mésangé, sieur du Pont, du domaine de La Tigrenière en la paroisse de Précigné.

E. 3338. (Carton.) — 1 pièce, papier.

1649. — MÉSANGER. — Testament de Françoise Mésanger, veuve de Pierre Chauvel, portant élection de sépulture en l'église Saint-Michel-du-Tertre.

E. 3339. (Carton.) — 13 pièces, parchemin; 20 pièces, papier.

[illegible]. — MESCHINE. — Acquêt par Julien Meschine d'un champ en la paroisse de La Chapelle-Blanche; — contrat de mariage de Louis Meschine avec Perrine Baguenard; — acquêt par Louis Meschine de 100 livres de rente sur Martin Bernard; — arrêt ... Parlement de Paris, au profit de Julien Meschine, contre les débiteurs de la succession Collet; — partage de la succession de François Baguenard entre René Guillon et Louis Meschine; — jugement de la cour de Chinon, portant ordre à Mathurin Marchand de déguerpir une maison dite de Saint-Martin, en la ville de Candes, appartenant aux enfants Meschine; — acquêt par Louis Meschine, sieur de Sablonnière, de terres en la paroisse de Chouzé.

E. 3340. (Carton.) — 1 pièce, parchemin; 8 pièces, papier.

[illegible]-XVIIIe siècle. — MESLET. — Aveu rendu à la seigneurie de Ligron par Renée Meslet, pour sa terre de La Boutelonnière en Corzé; — présentation par Marquis Meslet, curé de Contigné, de la chapelle Saint-Fiacre desservie en son église; — contrat de mariage de François Meslet, sieur du Bois-de-L'Hommeau, avec Guillemine Brelandes; — aveu rendu à La Motte-de-Baracé par Michel Meslet pour ses fiefs de La Besnerie et de Montfomay; — acquêt par René Meslet, maître de grammaire, du domaine de L'Étaillage en Beaucouzé; — notes du feudiste Audouys.

E. 3341. (Carton.) — 4 pièces, parchemin; 3 pièces, papier.

[illegible]. — MESNIER. — Acquêt par Pierre Mesnier, de vignes aux clos des Bataillères et de Gratteau; — de terres au village de Monceaux; — à La Barrière et au Coteau, aux Brégeons, dans la paroisse d'Andard; — testament de Noël Mesnier, portant fondation de messes et services en l'église Saint-Laurent-de-La-Plaine; — acquêt par Marie Courant, veuve d'Yves Mesnier, de la closerie de La Gaillerie.

E. 3342. (Carton.) — 1 pièce, parchemin.

[illegible]. — MESNIÈRE (de). — Acquêt par Claude de Mesnière, sieur du Plessis-Biard, du domaine de La Chapelière.

E. 3343. (Carton.) — 2 pièces, papier; 1 pièce, parchemin.

1540-1570. — MESSAC (de). — Lettres de procuration de Jean de Messac, sieur de La Rochepallière; — acquêt par Simon de Messac, de la terre des Monceaux; — et de champs en la paroisse de Corzé.

E. 3344. (Carton.) — 1 pièce, parchemin; 2 pièces, papier.

[illegible]. — MESTIVIER. — Testament de Simon Mestivier, prêtre, portant fondation de la prestimonie de la Conception en l'église Saint-Vincent du Lude; — acquêt par Laurent Mestivier du domaine du Grand-Grassigné en Saint-Maurille de Chalonnes; — attestation portant garantie solidaire par Jean Maurat et Toussaint Besnier de la donation faite par Jacques Mestivier à Étienne Mestivier, son fils, pour sa réception à la tonsure.

E. 3345. (Carton.) — 3 pièces, papier.

[illegible]. — MESTREAU. — Acquêt par Mathurin Mestreau de vignes en Sanziers; — par André Mestreau de champs aux Minières en Neuillé-Lorette; — de vignes au Grand-Chambouneau; — par Pierre Mestreau de partie de la terre de Bouticu-de-Glande.

E. 3366. (Carton.) — 1 pièce, parchemin; 3 pièces, papier.

1580-XVIIIe siècle. — MEULLES (de). — Lettres royaux portant ratification au profit de *Pierre de Meulles, sieur du Fresne et de Nuell*, de l'échange des terres de Mouffiet et de Jausteau, contesté par Charles de Chastillon; — nomination de Pierre Bernardeau, sieur de La Briaudière, à la tutelle des enfants mineurs de François de Meulles et de Catherine Renier; — procès-verbal de levée des scellés mis sur les minutes du notaire Charron pour la recherche d'actes passés en son étude par Louis et François de Meulles; — notes du feudiste Audouys.

E. 3367. (Carton.) — 3 pièces, papier.

1623-1752. — MEUSNIER. — Acquêt par Jean Meusnier de terres et vignes près Varrains; — *testament de Jeanne Meusnier*, femme de Julien Héritault, portant élection de sépulture en l'église de Gohier; — caution donnée par Jacques-Philippe Dessources-Quatrebœufs à Charles Meusnier, sieur de Perdrier, receveur du Grenier à sel de Cholet, pour la gestion de sa recette par Jean Chesné, son beau-frère.

E. 3368. (Carton.) — 1 pièce, papier.

1722. — MÉZIÈRE. — Testament de Jean Mézière, curé de Gohier, portant don de diverses sommes à son église, à l'Hôpital Saint-Jean et à l'Hôpital-Général d'Angers.

E. 3369. (Carton.) — 1 pièce, papier.

1747. — MICAULT. — Dispenses ecclésiastiques pour le mariage de Charles-René Micault avec Michelle-Anne Toutain.

E. 3370. (Carton.) — 1 pièce, parchemin; 2 pièces, papier.

1572-1680. — MICHAU. — Acquêt par Jean Michau du fief d'Angenay en la paroisse de Feneu; — par René Michau de partie du bois des Gasts en Thorigné; — prise à rente par Laurent Michau de la métairie de Toucheronde en Jallais.

E. 3371. (Carton.) — 1 pièce, parchemin; 2 pièces, papier.

1601-1656. — MICHEL. — Acquêt par Claude Michel, sieur de La Croix, du domaine du Houx en la paroisse de Neuillé; — legs par Jeanne Galliczon, dame de Boisplu, femme de René Michel, sieur de La Roche-Maillet, d'une rente de 10 livres à l'église Saint-Maurille d'Angers; — contrat de mariage de Jean Michel avec Perrine Chevrier.

E. 3372. (Carton.) — 1 pièce, papier.

1690. — MIETTE. — Testament de Jean Miette, *maître pêcheur, et de Françoise Pouillet*, sa femme, portant fondation de messes et de services solennels en l'église des Augustines d'Angers.

E. 3373. (Carton.) — 1 pièce, papier.

1660. — MIGNONNET. — Testament de Jeanne Lescrivain, femme de Gilles Mignonnet, portant élection de *sépulture en l'église Sainte-Croix d'Angers*.

E. 3374. (Carton.) — 2 pièces, papier.

1640. — MIGNOT. — *Partage des successions de Pierre* Mignot et de Françoise Viau entre Françoise et Jacques Mignot, leurs enfants.

E. 3375. (Carton.) — 1 pièce, papier.

1702. — MILET. — Acquêt par Jean-Jacques Milet, maître menuisier, d'une maison à l'enseigne de *L'Enfant-Jésus*, en la rue du Faubourg-Saint-Honoré de Paris.

E. 3376. (Carton.) — 1 pièce, parchemin; 3 pièces papier.

1620-1692. — MILLERAN. — Contrat d'apprentissage de François Milleran chez Julien Batalêry, marchand droguiste; — *prise à bail* par François Milleran, voiturier par eau, d'une maison à Saumur; — cession par Pierre Bidault, maître arquebusier, et Suzanne Milleran, sa femme, d'une rente *hypothécaire* de 6 livres à Bernard Desloges et à Marguerite Milleran, veuve Rousseau; — acquêt par Gabriel Milleran d'un champ en la paroisse de Neuillé.

E. 3377. (Carton.) — 1 pièce, papier.

1750. — MILLET. — Arrentement par Pierre Millet, sieur de La Borderie, de partie des landes défrichées de Gossuet en la paroisse de Thorigné.

E. 3378. (Carton.) — 1 pièce, parchemin.

1647. — MILLIÈRE. — Acquêt par Jean Millière, prêtre, vicaire de *Saint-Quentin-en-Mauges*, de la métairie de La Cudeloire.

E. 3379. (Carton.) — 1 pièce, parchemin.

1620. — MILLOCHEAU. — Acquêt par Jean Millocheau du jardin des Basses-Perrières, à Saumur.

E. 3380. (Carton.) — 2 pièces, parchemin; 6 pièces, papier.

1567-1677. — MILLON. — Acquêt par Étienne Millon de la maison de Saint-Sébastien en Bressigny, à Angers; — contrat de mariage de Jacques Millon avec Françoise Fauchery; — attestation par Jacques Fauchery « des accoutremens et vestemens » donnés par lui à sa fille pour son mariage : « une robe de drap neuf faicte à longue queue, « qui a esté chamarrée et bandée de velours noyr, la queue « doublée de taffetas, le drap prins chez Olivier de Crespy, « qui a cousté 8 livres 5 sols aulne, aussi un chapperon « de mesme drap, avec une cotte de drap noyr doublée de « rouge », etc. ; — acquêt par Madeleine Lepelletier, veuve de Julien Milon, sieur de La Mauldière, du bois des Brosses en la paroisse de Mûrs.

E. 3341. (Carton.) — 3 pièces, parchemin; 29 pièces, papier.

[illegible]. — MILSONNEAU. — Prise à bail par Christophe Milsonneau, avocat, d'un logis en la grande rue de Saumur; — lettre de Du Grollay, portant revendication d'une créance sur Albert Delapierre; — quittance de livres saisis sur Jean Desmoulins et acquis par ledit Milsonneau : « Philippes de Comingnes, l'Histoire de France par « Duhaillan et l'Histoire de Pline en françoys »; — lettre de P. Bodin pour s'excuser d'avoir brusquement quitté la maison de Milsonneau : « orés que je vous soys, comme dit « Aristote, plus ou autant obligé qu'à mes propres père et « mère; mais la cholère où je vous vis contre moy, et le « visage sévère que me monstrâtes par quelques jours « furent occasion que... je me désistay de vostre fréquen-« tation », etc. ; — inventaire des meubles et de la biblio-thèque de Christophe Milsonneau, dressé après le décès d'Espérance Rivereul, sa première femme; — accord avec Mathurine Oger, veuve d'André Bourneau, seconde femme de Christophe Milsonneau, au sujet des meubles de leur communauté; — quittances de loyer et de fermages; — lettre de M. de Villchamon : « Envoyez-moy mes obligations, « afin que j[illegible] ma fortune de partye ou du tout... et par « ung mesme je vous veux bailler et rendre la promesse « par escrit que vous m'avez baillée, etc. »

E. 3342. (Carton.) — 34 pièces, papier.

[illegible]. — Lettres de la comtesse de La Suze, à Christophe Milsonneau, sieur des Baraudières, avocat, au sujet du procès dont il est chargé contre les héritiers de Martineau, Jacob et Sagot : « Quant à vostre affaire tou-« chant vos cent escus, madame de Lestourmière, vostre « sœur, m'est ce jourd'huy venu trouver, d'aultant que son « mary n'a osé entreprendre le voiage à cause des volleurs « qui sont continuellement en ces quartiers et aultres de « La Flèche (signature autographe): Vostre plus certaine et « affectionnée amye, H. Melun »; — acquêt par Christophe Milsonneau de terres vagues à Champrouge, près Courcelles; — état de la maison de Brou; — quittances des travaux faits à ladite maison par André Rameau, maître maçon, et par Florent Chollet, charpentier; — accord entre Christophe Milsonneau, avocat, François Genest, greffier du prévôt des maréchaux, et Benjamin Aubéry, sieur du Maurier, secrétaire de la Chambre du Roi suivant la Cour, pour l'argent prêté à leur sœur, Marthe Aubéry, lors de son mariage avec Manuel Dechaux; — quittances de loyers; etc.

E. 3343. (Carton.) — 1 pièce, parchemin; 19 pièces, papier.

[illegible]. — Procès-verbal de visite de Christophe Milsonneau, malade, par Gabriel Pidoux, docteur en médecine, et Jean Duvaléry, apothicaire, pour obtenir délai à la faction d'hommage qu'il doit à Châteaugontier pour ses moulins de La Mayenne; — décharge générale et réciproque de tous comptes, consentie par Christophe Milsonneau, secrétaire du Roi, maison et couronne de Navarre, et Benjamin Aubéry, sieur du Maurier, secrétaire de la Chambre; — mémoire d'apothicaire pour le sieur des Baraudières; — bail de prés à Menet; — lettre d'Aubéry, sieur du Maurier, à Milsonneau au sujet du règlement de diverses affaires de famille; — quittances de fermages; — bail par la dame Mathurine Oger, veuve Milsonneau, du droit de huitième du vin à percevoir en la ville de Doué; — par Marie Milsonneau, veuve de Vallois de La Noue, et Anne Milsonneau, de l'île Paviny en la paroisse de Villebernier; etc.

E. 3344. (Carton.) — 13 pièces, papier; 8 cachets.

[illegible]. — Lettres de Benjamin Aubéry, sieur du Maurier, à Mathurine Oger, veuve de Christophe Milsonneau, sa belle-sœur, portant quittance ou envoi d'argent : — « La nouvelle relevée et le dernier petit, qui « a nom Daniel, avec tous les autres, se portent fort bien, « grâces à Dieu; » — « je vous supply croire que je n'ay « jamais eu aucun sentiment de trouver mauvais, que vous « ayez par devers vous les seuretez nécessaires pour ce qui « s'est passé entre nous. Cela répugneroit à l'équité de la « chose mesme et à la coustume, etc. »; — « le dessein « que nous avions faict de vous aller visiter, vostre sœur et « moy, avec tout nostre petit trouppeau, est changé en la « contrainte de prendre une brisée toute contraire par le « commandement que la Royne m'a faict d'un long voyage « pour le service du Roy et le sien, et ce, avec telle haste « que mesmes il m'a esté impossible d'obtenir permission « d'aller pourveoir à mes mesnages des champs... Il faudra « que dans six sepmaynes ou deux moys vostre sœur me « suive avec sa famille; car il semble que cette absence ne « doive estre moindre de trois ans »; — « nous sommes « tousjours en dessein d'aller par-delà, mais il survient « tousjours quelque petit hannicrochement... Je suis après

« à contracter avec M. de Racan pour une affaire où j'ay « besoin de prendre bien mes seuretez... et viendray à « vous supplier me faire cette faveur de me donner des « greffes de vostre poirier de Bézy de Héry, de Milan d'Esté « du jardin du bourg de Coulesnil, de Vitagne et de Pro- « vence, seulement quatre ou six de chacune sorte, etc. »; — « je supplie ma sœur de me faire acheter près de « Saumur six pipes du meilleur vin qui se pourra recouvrer, « pris ès-endroicts qui sont remarquez n'avoir point les « mauvais gousts ordinaires au pays..., item, me faire « trouver des plus belles pommes de raynette et de Cap- « pendu que l'on pourra » et les envoyer à La Haye où il était ambassadeur; — du sieur Marhault, concernant les fermes de Rioux; — de Marthe Bourneau, ursuline, à madame Milsonneau, sa mère, veuve en premières noces d'André Bourneau : « Ces lignes seront pour vous faire « une petite prière de la part de nostre révérende mère de « vouloir bien prendre la peine de nous faire des confitures, « pour ce que ceux que l'on faict en ce pais ne sont point « du tout de garde, trois livres de griotes, huict livres « d'abricots, dix livres de pesches », etc.

E. 3345. (Carton.) — 110 pièces, papier.

1585-1605. — Frais d'études et d'entretien des enfants nés du premier mariage de Mathurine Oger, femme en secondes noces de Christophe Milsonneau, avec André Bourneau; — notes du cordonnier, du libraire, du marchand de drap; — quittances de Pierre et de Daniel Boulenger, « principaux des escoles de la ville de « Loudun », d'Antoine Dupiney, principal du collége de Saumur, de Michel Chevalier, principal du collége d'Anjou, de Boutot, principal du collége de Navarre; — lettres de Daniel Boulenger : il demande l'avance du quartier de la pension et l'envoi de livres, qu'on ne peut tirer de Poitiers à cause des troubles; — « pour le regart de la langue « grecque, elle est tousjours de dure digestion à ceux « qui commencent s'y addonner... Il ne se passe pas de « jour que je ne luy fasse recoler ses préceptes...; vostre « fils a bon esprit, mais il est quelque peu paresseux et « opiniastre depuis qu'il a chaussé une opinion »; — de Michel Chevalier : « Vostre escollier a esté mallade plus « tost de paresse que aultrement... Il ne fault que luy « continuer la mesme médecine. Je commance à cognoistre « la nature de sa malladie; s'il a besoign d'aultre purgation « que me mandez, j'y donneré ordre »; — de Leroyer : « Le petit Bourneau est revenu scéans et après les remons- « trances deues, il a promis d'estre homme de bien et de « se tenir dans le collége »; — de Saulmon, principal du collége de Boncourt : « J'ay receu vostre fils à pension de « 75 escus par an. Je tascheray de luy faire pareil traitement « qu'à ses compagnons, desquels tous de tout temps j'ay « 80 escus », etc.; — du docteur Boutot : « J'ay esté fort « esmerveillé de vouloir retiré une personne, sans me mandé « un seul mot de faire ny encore moins satisfaire à sa « pension. Il semble par ses façons de faire que je sois « cause de la desbauche qu'a faict vostre fils... Si j'eusse « esté adverty de ses façons, pour rien je ne l'eusse reçeu « en une si honorable compaignie que la nostre. Appréciés, « s'il vous plaist, qu'il n'y a poinct de comparaison entre « le collége de Navarre et de Boncourt », etc.

E. 3346. (Carton.) — 41 pièces, papier.

1597-1601. — Lettres écrites à M. et à Mme Milsonneau par François, Guillaume et André Bourneau, pendant le cours de leurs études à Paris, Bordeaux et Toulouse : « On nous faisoit entendre par-delà que toutes choses « estoient à Bordeaux à si bon marché soit des vivres, soit « des pancions, soit des estofes...; mais c'estoit pour nous « nourir de belle et vaine espérance; car les moindres « pancions sont de 90 ou 100 escus... La plus grande « incommodité est de ce qu'ils n'ont icy bled ny farines « aucunes, qui ne leurs soient amenés toutes esmouleues « de 8, 10 ou 15 lieues par mer, et si on fault d'en recepvoir « tous les jours, vous ne sçauriez trouver un morceau de « pain aux estaux et marchés publics, etc.; nous sommes « assez bon nombre de François en ceste ville; d'Angevins « nous ne sommes que cinq ou six... Quant à l'Université, « elle est certainement belle, mais non pas telle qu'on me « disoit par-delà. Il y a de grands et incomparables philo- « sophes, de pertinents et expérimentez légistes, mais « d'humanistes, ce n'est pas grand chose », etc.; — « vous « me reprenés de ce que je escris tousjours mal et que ne « ortografie pas; mais puisque je voys que estes si affec- « tionné que je soys homme de laytre, certènement je y « metré ordre et feré mieux que je pouray »; — « j'ay « quitté une belle ville pour en veoir une plus belle et ay « changé une bonne Université en une plus fameuse... « Tholoze est fort bonne Université quand à la diligence « des docteurs et très-dangereuse quand aux desbauches « excessives des escolliers. Quant à moy, j'imiteray les « tintariers, lesquels s'addonnent aux tintures qu'ilz esti- « ment plus agréables aux yeux des hommes; aussy je « m'addonneray aux vertus », etc.; — « je me suis délibéré « avec quelques honnestes hommes de prendre mes Insti- « tutes soubz un docte homme de ceste ville, qui les « enseigne jà de longtemps en chambre particulièrement, « moyennant deux escus par mois. Je me passerois bien « de ceste despanse, mais j'aime mieux achepter bien cher

« dans trois ou quatre mois une parfaite intelligence des « Institutes qu'employer un an aux rudes leçons de quelque « nouveau inexpérimenté jeune homme », etc.; — « je ne « scay ce que la destinée me promet, mais mon haut cou- « rage, conjoinct à la vertu, m'entretient en telles espé- « rances, qu'il faut que je sois un jour quelque chose de « grand ou rien du tout; car jamais choses moyennes « ne me contenteront. Je suis fort aise de l'advancement « de mon cousin Abel Bourneau; cela me servira d'esguil- « lon à l'esgaller ou surpasser; d'une chose je m'assure « sans vaine venterie, que je ne seray moins que luy »; etc., etc.

E. 3387. (Carton.) — 1 pièce, parchemin; 2 pièces, papier.

1600-XVIIIe siècle. — MINAULT. — Contrat de mariage de Gilles Minault, sieur de La Hellaudière, avec Charlotte Charbonnier; — quittance pour Gilles Minault d'une somme de 147 livres par lui payée à Perrine Leroyer; — notes et extraits par le feudiste Audouys.

E. 3388. (Carton.) — 1 pièce, parchemin; 2 pièces, papier.

1694-1708. — MINGON. — Vente par Hélène Ambellon, veuve de René Mingon, avocat, de partie d'une maison à Beaufort; — compte des deniers provenant de la vente des biens de Jean Mingon; — brevet royal portant autorisation à Isaac Mingon de vendre sa métairie du Chesne pour payer ses dettes (avec signature autographe de Louis XIV).

E. 3389. (Carton.) — 1 pièce, parchemin.

1611. — MINOT. — Aveu rendu à la seigneurie de Fromentières par Jean Minot pour son fief de La Minotière.

E. 3390. (Carton.) — 3 pièces, papier.

1692-1697. — MINTIER. — Acquêt par Renée Mintier sur Pierre Huchelou et Marie Normand, veuve de Mathieu Lafontaine, de 7 livres dix sous de rente.

E. 3391. (Carton.) — 1 pièce, papier.

1780. — MIOT. — Acquêt par Marie Miot d'une rente de 10 livres sur Pierre Marchand, laboureur.

E. 3392. (Carton.) — 1 pièce, parchemin.

1627. — MOCQUARD. — Acquêt par Jean Mocquard, sergent royal, d'une rente de 6 livres sur Laurent et Pierre Bossoreille.

E. 3393. (Carton.) — 8 pièces, parchemin; 6 pièces, papier.

1557-1695. — MOCQUEREAU. — Testament de Jean Mocquereau portant élection de sépulture en l'église de Saint-Clément de Craon; — transaction entre Guillaume Moreau et Jacques Mocquereau au sujet d'un terrain contesté; — contrats de mariage de Jean Mocquereau avec Louise Jousselin; — de Philippe Chevallerie avec Olive Mocquereau; — d'Étienne Aubry avec Renée Mocquereau; — sentence du sénéchal de Craon au profit de Philippe Chevallerie contre Jean Mocquereau, son beau-père; — testament de Pierre Mocquereau, prêtre, sieur de La Guinardière, portant, entre autres legs, don d'une somme de 400 livres à la fabrique de Marcé pour la construction d'une sacristie; — lettre du curé de Marcé, Duperron, contenant copie d'un second testament du même, « en reli- « gion frère Albéric, novice en l'abbaye de La Trappe dans « la paroisse de Soligny. »

E. 3394. (Carton.) — 2 pièces, papier.

1680-1688. — MOCQUET. — Partage de la succession de Jean Mocquet, conseiller du Roi en la Sénéchaussée de Saumur, entre ses enfants Jacques, Charles et François Mocquet; — requête de Catherine Dillard, veuve de Jacques Mocquet, avocat, au sujet de la succession de son mari contre François et Charles Mocquet, ses beaux-frères.

E. 3395. (Carton.) — 2 pièces, papier.

1658-1680. — MOCQUIN. — Vente par Catherine Vallée, veuve de François Mocquin, avocat à Saumur, d'une maison de la rue de Vaudebrin; — transaction entre François Maudet, époux de Perrine Mocquin, et Pierre Girard, au sujet des successions de Jean Mocquin, avocat, et d'Élisabeth Moreau.

E. 3396. (Carton.) — 1 pièce, parchemin.

1601. — MOIGARS. — Acquêt par Urbain Moigars d'une pièce de bois à Cornillé.

E. 3397. (Carton.) — 1 pièce, papier.

1610. — MOINARD. — Testament de Louise Moinard, portant don à douze pauvres, « où seront comprins mes « mestaiers et cloisiers et les autres seront choisy sans « faveur et les plus paouvres, savoir les hommes de « chausses, chapeaulx, robes et souliers, et les femmes de « couvrechefs, cheminse, robe et soulliers », avec un repas le jour de l'enterrement, « et prie mon fils avoir agréable « de les servir à table. »

E. 3398. (Carton.) — 1 pièce, papier.

1748. — MOISIN (de). — Licitation entre François de Moisin, Marie-Françoise de Moisin, Marie-Louise Rabeau, Louis de Moisin, sieur de Laugerie, Marie de Vélat et Charles Rabeau, de la closerie de La Savinerie.

E. 3399. (Carton.) — 6 pièces, papier.

[illegible]. — MOLLAY. — Acquêt par Julien Mollay et René Razin de partie de deux moulins et de vignes près le château de Saumur; — par Denis Mollay, d'un champ en la paroisse de Nantilly.

E. 3400. (Carton.) — 1 pièce, parchemin; 6 pièces, papier.

1620-1668. — MOINIER. — Acquêt par Jean Moinier d'une rente de 18 livres sur Jeanne Bluineau, veuve de Florent Camus; — par Jean Moinier, marchand de draps de soie, d'une maison en la grande rue de Saumur; — mémoire à l'appui des droits de Mathurin Allart dans la succession de Marguerite Moinier; — relevé des pièces produites par Étienne Moinier, maître apothicaire, contre Françoise Coronnier, pour la débouter de tout droit en la communauté de Michel Allard, son premier mari; — jugement de la Prévôté de Saumur au profit dudit Moinier.

E. 3401. (Carton.) — 1 pièce, parchemin; 1 pièce, papier.

1599-1770. — MONCELET (de). — Acquêt par François de Moncelet, sieur de La Hubaudière, Marie de Moncelet, femme de Pierre de Gurie, sieur du Mast, major pour le Roi en la ville et château de Saumur, et Madeleine de Moncelet, de la terre de La Richardière en Chantocé; — acquêt par Marie Marthe de Gurie, veuve de François de Moncelet, d'une rente de 10 livres sur Charles Robert, sieur de La Ménardière.

E. 3402. (Carton.) — 1 pièce, parchemin; 1 pièce, papier.

1507-1619. — MONDIÈRES (de). — Contrat de mariage de Jeanne Fortuné, veuve de Jacques de Mondières, avec Jean Guibert, sieur de Fontenelles; — acquêt par Jean Mondières, sieur de Brisson, porte-manteau ordinaire du Roi, des métairies de Gahart, La Fouquetière et La Chauvelière.

E. 3403. (Carton.) — 1 pièce, papier.

XVIIIe siècle. — MONDOT (de). — Note du feudiste Audouys sur la famille de Mondot, seigneur de Mondot, en la paroisse de Villiers-Charlemagne.

E. 3404. (Carton.) — 1 pièce, papier.

1720. — MONGEOT. — Extrait baptistaire de Bernard Mongeot, fils de Richard Mongeot, recteur des écoles de la ville de Nuits en Bourgogne.

E. 3405. (Carton.) — 1 pièce, parchemin.

1580. — MONS (de). — Don par Perrin Quatrebœufs à Jean de Mons d'un emplacement de maison à Chantocé.

E. 3406. (Carton.) — 1 pièce, papier.

1661. — MONSAINT. — Partage de la succession de René Monsaint entre Jacques Louettière et Françoise Monsaint, Mathurin Robin et Suzanne Monsaint, René Monsaint, Jean Belon et Claude Monsaint, Julien Toublanc et Perrine Monsaint.

E. 3407. (Carton.) — 1 pièce, papier.

XVIIIe siècle. — MONTAIGU (de). — Note du feudiste Audouys sur la famille de Montaigu, seigneur du Bois-Davy.

E. 3408. (Carton.) — 15 pièces, parchemin; 16 pièces, papier; 2 sceaux.

1472-1680. — MONTALAIS (de). — Partage entre Hugues de Montalais et Jeanne de Montalais, sa sœur, femme de Robert Morin, de la succession paternelle; — déclaration rendue par Hugues de Montalais à l'abbaye Saint-Aubin d'Angers pour son fief de Chambellay; — décharge accordée par le roi Charles VIII à Mathurin de Montalais, maître des eaux et forêts d'Anjou, de toute responsabilité dans l'administration des forêts de Baugé, Monnais et Chandelais, concédées par le roi Louis XI au maréchal de Gyé (avec signature autographe de Charles VIII); — aveu rendu au château d'Angers par Mathurin de Montalais pour sa seigneurie de Daon; — don par le même à Robert, son fils, des domaines de Vassé et Montansault; — présentation par Françoise de Poydufou, veuve de Robert de Montalais, de la chapelle Saint-Jean, desservie en l'église de Chanteussé; — transaction entre Pierre de Montalais et Barbe de Montalais, veuve de Tristan de Martineau, au sujet des successions de Mathurin de Montalais et d'Anne Levoyer; — acquêt par Pierre de Montalais des moulins de La Roche en Chambellay; — fragment d'une généalogie.

E. 3409. (Carton.) — 1 pièce, parchemin.

1679. — MONTAUFRAY. — Acquêt par Jean Montaufray de grange et vignes en Neuville.

E. 3410. (Carton.) — 1 pièce, parchemin; 4 pièces, papier.

1599-1641. — MONTAUSIER (de). — Arrêt du Présidial de Poitiers en faveur de Jean de Châteaubriand contre René de Montausier, requérant la délivrance des fermages de La Charrouillière, près Luçon; — consultation de Davy et Bitault, avocats d'Angers, sur le précédent arrêt; — contrat de mariage de Jean de Montausier avec Marguerite Lepore de Vezins; — consultation de René Choppin, Deschamps et Frémond, avocats de Paris, sur l'emploi des deniers dotaux (avec signature autogr. de R. Choppin);

— procuration de Suzanne de Montausier, dame de Saint-Jean-des-Mauvrets, Juigné, Clervault et Les Granges, pour notifier en son nom aux officiers de la comtesse du Lude, qu'elle n'est qu'usufruitière de la châtellenie de Saint-Jean-des-Mauvrets et que ce n'est pas elle qui en doit rendre aveu, mais bien la comtesse de Châteauroux.

E. 3411. (Carton.) — 1 pièce, parchemin.

1460. — MONTBEL (de). — Présentation par Jacques de Montbel et Anne de Razoges, sa femme, de la chapelle de La Roche-Joulain desservie en l'église de Feneu.

E. 3412. (Carton.) — 5 pièces, parchemin ; 3 pièces, papier ; 1 sceau.

1441-XVIII° siècle. — MONTBERON ou MONTBRON (de). — Lettres patentes de René d'Anjou contenant garantie au profit de François de Montberon, seigneur de Maulévrier, contre Jean de Malestroit, seigneur d'Oudon, des deniers dotaux de Catherine de Montberon ; — aveu rendu par François de Montbron au château de Saumur pour sa vicomté de Richebourg et du Toureil ; — présentation par Jacques de Montberon de la chapelle de Saint-Jean desservie à La Baudière, paroisse de Miré ; — par Louis de Montberon, de la chapelle Sainte-Catherine en l'église de La Chapelle-du-Genêt ; — notes du feudiste Audouys.

E. 3413. (Carton.) — 9 pièces, parchemin ; 8 pièces, papier ; 3 sceaux brisés.

1487-XVIII° siècle. — MONTBOURCHER (de). — Présentation par René de Montbourcher de la chapelle du Grand-Bourg-Chevrard desservie en l'église de Méral ; — par Bertrand de Montbourcher, de la chapelle seigneuriale de La Corbière ; — lettre d'ajournement par-devant le juge d'Anjou de François de Saint-Amadour opposant au droit d'étalage et de coutume dû, régulièrement en la paroisse de La Selle-Craonnaise à Bertrand de Montbourcher ; — décharge des taxes pour Renée de Montbourcher ; — contre lettre qui réduit de 900 à 800 livres le bail du Breil-Bérard passé par Françoise de Montbourcher à Simon Heureau ; — notes et extraits généalogiques par le feudiste Audouys.

E. 3414. (Carton.) — 1 pièce, papier.

1703. — MONTDOR (de). — Lettre de Montdor, curé de Vauchrétien, à son frère de Montdor, négociant à La Martinique : « un de mes voisins et amis, M. Perrault de « La Chaussée, conseiller du Roy à la Chambre des Comptes « de Nantes, m'a promis de vous protéger auprès de M. de « La Rivière, intendant général des Iles de La Martinique, « qui est son proche parent » ; etc.

E. 3415. (Carton.) — 7 pièces, parchemin ; 12 pièces, papier.

1460-XVIII° siècle. — MONTECLER (de). — Présentation par René de Montecler de la chapelle de La Madeleine en l'église Saint-Aubin de Trèves ; — acquêt par Jean de Montecler des seigneuries de Chenecbé et de La Voûte en Mirebalais ; — lettre du roi Henri III au sieur de Carrouges pour recommander le mariage de son fils avec mademoiselle de Burgon qu'il trouve fort sortable : « et seray très-ayse qu'il s'effectue et s'accomplisse..., vous « asseurant que je ne consentiray point que ladite demoi- « selle soit ostée des mains de sa mère ni riens entrepris « à vostre préjudice » (signature autographe de Henri III) ; — vente par Urbain de Laval et Louis de Montecler à Madelon Hunault de la métairie de La Huttière en la paroisse de Brain-sur-Longuenée ; — notes et extraits généalogiques du feudiste Audouys ; etc.

E. 3416. (Carton.) — 1 pièce, parchemin ; 7 pièces, papier.

1510-1698. — MONTERNAULT. — Donation mutuelle entre Guillaume Monternault et Jeanne Goussault, sa femme ; — partage de leur succession entre Jean Boulanger, mari d'Olive Monternault, Pierre et René Lemarchand, Jean et Guillaume Monternault, René Cordier, mari de Françoise Monternault, Étienne Prime et Martin Lecamus ; — vente des meubles de Jean Monternault ; — partage de la succession de René Monternault et de Marie Dubreil entre Jacques Dagureau et Urbain Monternault ; — extrait des titres concernant Guillaume Monternault, trouvés en l'étude de Claude Davy, notaire à Baugé.

E. 3417. (Carton.) — 1 pièce, papier.

XVIII° siècle. — MONTERNAULT (de). — Notes et extraits généalogiques par le feudiste Audouys sur la famille de Monternault, seigneur de Monternault-Le-Guillaume et de Monternault-L'Amaury en la paroisse de Livré, près Craon.

E. 3418. (Carton.) — 3 pièces, parchemin ; 7 pièces, papier ; 1 sceau.

1533-XVIII° siècle. — MONTESPÉDON (de). — Procurations délivrées par Marie de Montespédon à Jacques Legeay pour rendre aveu en son nom des fiefs dépendant de la châtellenie de Chalonnes ; — par Philippe de Montespédon à Guy Lasnier pour reconnaître la rente qu'elle doit au Ronceray d'Angers sur sa terre de La Jumellière ; — testament de Philippe de Montespédon, duchesse de Beaupréau, princesse de La Roche-sur-Yon, comtesse de Chemillé, baronne de Montaigu, Cholet, etc., portant élection de sépulture en l'abbaye de Bellefontaine, avec divers legs à ladite abbaye ; « et où il adviendroit que lors

« de son trépas les sépultures en représentation de mon« sieur son espoux et de messieurs ses enfans ne seroient « faicts en marbre sur une seule tombe, selon que le por« traict en a esté cy-devant faict et mis ès-mains de son « aumosnier, veult et ordonne qu'ils soient diligemment « faicts et parfaicts et mis à costé du charnier où reposent « leurs corps en ladite esglise »; suivent de nombreux dons à l'église de Saint-Léonard de Chemillé, aux religieuses de l'Ave-Maria de Paris et de Sainte-Claire de Moulins, aux Cordeliers d'Alençon, etc., au collège de Beaupréau « appellé la Fondation des pauvres de La Misé« ricorde »; à l'abbaye de Saint-Vandrille, etc., et à tous les officiers de sa maison, médecin, secrétaire, solliciteur, écuyers de cuisine, argentiers; nommant pour exécuter son testament la Reine-mère, ou en cas de prédécès, madame de Longueville « et néantmoins pour les descharger, messire Christophe de Thou, premier président du « Parlement de Paris, à qui elle donne un diamant de « quatre à 500 escus »; — copie de l'épitaphe de la dite dame; — notes généalogiques de Pétrineau des Noulis et du feudiste Audouys sur la famille de Montespédon.

E. 3419. (Carton.) — 1 pièce, parchemin; 5 pièces, papier.

1587-1659. — Montesson (de). — Procuration de René de Montesson pour rendre aveu en son nom de ses fiefs de Hellaut et des Landes; — sentence du Sénéchal d'Anjou qui reconnait au seigneur de Châtelais son droit de rachat sur la terre de La Blairie, saisie sur René de Montesson; — ratification par Charles de Montesson de la vente de la seigneurie de Viviers dans les paroisses de Cheffes et d'Écuillé, faite en son nom par Guillaume Potier, curé de Bais; — procuration de Charles de Montesson audit Guillaume Potier pour comparaître en son nom au conseil de famille des enfants mineurs de Beaumont.

E. 3420. (Carton.) — 1 pièce, papier.

1478. — Montfaulcon (de). — Contrat de mariage de Jacques de Montfaulcon avec Jeanne de Beaumont.

E. 3421. (Carton.) — 5 pièces, parchemin; 7 pièces, papier.

1568-1772.—Montgodin (de).—Acquêt par Henriette Gaignard, veuve de Gilles de Montgodin, du domaine de Puybosset; — contrat de mariage d'Adrien de Montgodin, sieur de La Landaiserie, avec Catherine de La Bruyère, veuve de Charles Lepicart; — saisie de la terre des Chapelles en Brie au nom dudit Montgodin, comme tuteur des enfants Lepicart; — arrêt du Présidial d'Angers qui reconnait à Catherine de La Bruyère, dame de Noyant, veuve d'Adrien de Montgodin, ses droits sur le moulin des Trois-Chopines; — lettre du grand-vicaire de Saint-Maurice, Legouvello, à Jean-Baptiste Montgodin, desservant de la chapelle de Changé, qu'il félicite d'avoir accepté cette fonction; — nomination par l'évêque d'Angers, Lepelletier, dudit Montgodin à la chapellenie Notre-Dame de l'église de Cré; — nomination de Foucher de Monségur à la curatelle des enfants mineurs d'Alexis-Théophraste de Montgodin, capitaine de grenadiers, et de Thérèse-Cécile Boussion.

E. 3422. (Carton.) — 3 pièces, papier.

1625-1632. — Montholon (de). — Contrat de mariage de François de Montholon, avocat au Parlement de Paris, avec Marie Lanier; — vente par Marie Lanier, épouse de François de Montholon, de la closerie du Chesne en la paroisse de Brain-sur-L'Authion; — procuration dudit sieur de Montholon pour toucher en son nom le prix de la vente.

E. 3423. (Carton.) — 1 pièce, papier.

1711. — Montigné. — Inventaire des meubles de Jeanne Boisard, veuve de Nicolas Montigné.

E. 3424. (Carton.) — 34 pièces, parchemin; 14 pièces, papier; 13 sceaux frustes.

1410-XVIIIe siècle. — Montjean (de). — Acquêt par Renauld de Montjean de la terre de Lenay, près Montreuil-Bellay; — mandement par Renault de Montjean, bailli royal de Touraine, à tous sergents du ressort, de contraindre, en vertu des lettres royaux obtenues par le duc d'Anjou, « tous ceulx, tant gens d'église, comme « autres, qui ont eu au temps passé, ont de présent et « puent avoir plus prompt reffuge, en cas de péril, de néces« sité et de guerre, au lieu de Mirebeau, que ailleurs, à faire « guet et garde audit chastel et ville »; — don par Hardouin de Maillé d'une rente de 20 livres à sa nièce Marguerite de Montjean pour son entretien en l'abbaye de Beaumont-lès-Tours; — ratification par Thibault de Beaumont de l'accord passé par son procureur avec Louis de Montjean au sujet de la terre de Vern en Anjou; — présentation par Louis de Montjean des chapelles Sainte-Anne et Sainte-Catherine en l'église de Montjean; — de La Fontaine-Saint-Martin en l'église de La Pommeraye; — de La Grande Foresterie en l'église de Bécon; — par René de Montjean de la chapellenie de Poinet en l'église de Beaupréau; — accord entre Claude de Villeblanche, sieur de Brou, et René de Montjean au sujet d'une rente contestée de 110 écus d'or; — monitoire adressé par l'archidiacre et l'official de Nantes et les chanoines commissaires, en vertu des bulles spéciales du pape, à tous abbés, curés, vicaires et tabellions ecclésiastiques, pour obtenir révélation et preuves des pratiques et violences tentées par Jean de Laval contre Anne de Montjean, veuve de Jean d'Acigné; — vente par ladite dame des moulins, chaussées et pêcheries de Montjean; — fragments de généalogies; — notes et extraits historiques par Pétrineau des Noulis et le feudiste Audouys; — notice sur le maréchal René de Montjean par Pocquet de Livonnière.

E. 3425. (Carton.) — 1 pièce, parchemin; 4 pièces, papier; 1 sceau; 2 cachets.

1550-1754. — Montmorency (de). — Cession par *Jean de Bretagne*, duc d'*Étampes*, au connétable *Anne de* Montmorency de tous les droits provenant des successions d'Henri et Gaston de Foix ou de Jean de Laval sur la baronnie de Châteaubriant; — présentation par Charles de Montmorency, colonel général des Suisses à la solde de France, baron de Châteauneuf et de Gonnord, comte de Secondigny, de la chapelle Saint-Vincent en l'église de Gonnord; — par Anne-Marie de Montmorency, prince de Robec, grand d'Espagne, et par Alexandre-Joseph de Montmorency, maréchal de camp, de la chapelle de Saint-Malo en l'église de La Jumellière; — par Louis-Joseph de Montmorency, abbé commendataire de Sainte-Croix de Bordeaux, de la chapelle Sainte-Anne du Toulon en la paroisse du Bourg-d'Iré.

E. 3426. (Carton.) — 2 pièces, parchemin; 7 pièces, papier.

1614-XVIII° siècle. — Montours (de). — Accord entre René de Mergot, mari de Jacquine de Montours, Jean-Hector, mari de Roberde de Montours, et Claude de Montours, au sujet de la succession paternelle des dames de Montours; — lettres royaux au profit de Claude de Montours, portant surséance à l'arrêt obtenu au Présidial d'Angers par son curateur, François Bonvoisin; — constitution par Roberde de Montours, veuve de Charles de La Grézille, d'une rente de 20 livres au profit de Marguerite de Grégel; — procuration donnée par René de Grand-Mesnil et Urbaine de Montours, sa femme, à Claude de Montours pour rendre aveu en leur nom de la terre du Pineau; — factum pour Toussaint Chastelain et Jean Burolleau contre Marguerite Chenu, veuve de Claude de Montours; — notes et extraits historiques par le feudiste Audouys.

E. 3427. (Carton.) — 3 pièces, parchemin; 11 pièces, papier.

1497-XVIII° siècle. — Montplacé (de). — Contrats de mariage de Jean de Montplacé, sieur de Champagne, avec Marguerite de Dureil; — de Marguerite de Montplacé avec Jacques de La Tranchée; — rachat de Symphorien de Chérité sur Marguerite de Montplacé de la closerie de La Madeleine en Corzé; — accord entre Michel et Louis de Montplacé pour le partage de la succession de René de Montplacé; — contrat de mariage de François de Montplacé avec Marie-Claude de Sorhoette, dame de Pommérieux; — inventaire après décès des meubles de ladite dame; — notes et extraits généalogiques par le feudiste Audouys.

E. 3428. (Carton.) — 1 pièce, papier.

1760. — Montrieul. — Acquêt par Michel Montrieul de la métairie de L'Épinière en Jarzé.

E. 3429. (Carton.) — 1 pièce, papier.

1750. — Moran. — Institution d'Urbain Caillon à la curatelle des enfants mineurs de Jean Moran et de Françoise Chicoine.

E. 3430. (Carton.) — 1 pièce, parchemin; 3 pièces, papier.

1509. — Mordret. — Acquêt par Jean Mordret, écuyer, d'une rente de 30 livres sur Allain Guibert, sieur des Fontenelles; — cession par Guy de Mordret, sieur de La Cheverie, à René Bariller, sieur des Brosses, d'une rente de 16 livres; — nomination de Jean Jallet à la curatelle des enfants mineurs d'André Mordret et de Françoise Talluet; — notes et extraits généalogiques par le feudiste Audouys.

E. 3431. (Carton.) — 13 pièces, papier; 1 plan.

1717-1780. — More. — Dispenses de deux bans pour le mariage de Christophe More, receveur des Traites à Rochefort, avec Marie Desmazières; — contrat de mariage desdits époux; — règlement entre Christophe More, Nicolas Desmazières, Marie Guyonneau, Maurille Martin et autres cohéritiers de la succession d'Augustin Jolivet, sieur du Mauvray; — partage de la succession de Françoise Desmazières; — contestation entre la veuve de Christophe More et Béritault de La Chesnaye au sujet d'un droit de passage sur des dépendances d'une maison du village de L'Aubriais; — plan à l'appui; — testament de Françoise Chauveau, femme de Christophe More; — renonciation par ledit More à la succession de sa femme; — lettre du sieur de Saint-Delmet, négociant de Chauny en Picardie, au sieur Avril, directeur des domaines à Saint-Georges-sur-Loire, au sujet de la succession de la dame Avril, née More, dont il se porte héritier.

E. 3432. (Carton.) — 1 pièce, papier.

XVIII° siècle. — Moré (de). — Note du feudiste Audouys sur la famille de Moré.

E. 3133. (Carton.) — 8 pièces, parchemin ; 80 pièces, papier.

1316-XVIIIe siècle. — Moreau. — Acquêt par Perrin Moreau de vignes en la paroisse de Bouchemaine; — testament de Nicolas Moreau, prêtre, portant *fondation* d'une chapellenie en l'église de Cléré; — transaction entre Pierre Moreau, notaire, François Lepeltier de Morton, et René Bariller, sieur des Brosses, au sujet de la propriété d'un mur dépendant d'un logis sur la place du Pilory d'Angers; — contrat passé par Jean Moreau avec les administrateurs de l'Hôtel-Dieu d'Angers pour la charge de receveur dudit Hôtel-Dieu ; — présentation par Urbain Moreau, sieur de La Morinière et de Bagneux, de la chapellenie de La Conception desservie en l'église du prieuré-cure de Bagneux; — *donation par* Étienne Moreau, cordonnier, à Nicolas Moreau, son fils, de terres et vignes en la paroisse Saint-Georges-des-Sept-Voies, pour sa réception aux saints ordres; — acquêt par René Moreau, sieur du Plessis, de la métairie de La Grande-Doublonnière en Savennières; — *inventaire des meubles de M. Moreau, prêtre, décédé à* l'Hôtel-Dieu d'Angers; — nomination de Jean Lebouvier à la curatelle des enfants mineurs de Mathurin Moreau et de Jeanne Chevreuil, de Brissarthe; — contrats de mariage de Nicolas-Joseph Moreau, *entrepreneur des ouvrages du* Roi, avec Jeanne Marteau; — d'André Moreau avec Marie Sinart; — traité passé entre Joseph Moreau et Pierre Cordier, entrepreneur des ouvrages du Roi, pour la construction de la levée à Montjean; — notes du feudiste Audouys; etc.

E. 3134. (Carton.) — 3 pièces, parchemin ; 6 pièces, papier.

1540-XVIIIe siècle. — Morel. — Inventaire de la succession mobilière de Robert Morel, sieur des Landelles; — sentence du *Parlement de Paris en faveur* de Pierre Morel, contre Pierre de La Gaubetière, au sujet des revenus de La Bourjonnière; — appel par François Morel d'une sentence d'ordre donnée par le Sénéchal d'Anjou à ses créanciers; — aveu par le même à Pouancé de sa seigneurie des Landelles; — *mémoire* des créances de Morel, sieur de La Barre; — lettre du sieur Davoines à Morel de La Mothe-de-Gennes au sujet de droits de vente dus au village de La Blotais; — extrait de la généalogie de la famille Morel de La Barre; — notes du feudiste Audouys.

E. 3135. (Carton.) — 17 pièces, parchemin; 3 pièces, papier; 3 sceaux.

1360-XVIIIe siècle. — Morellière (de La). — Partage entre Jean et Lucas de La Morellière de la *succession d'Hamelin de La* Morellière, leur père; — transaction entre Jacquet de La Morellière et Jeanne Jarozeau, sa mère, pour raison de son droit de douaire; — procédure pour Louis de La Morellière, sieur de La Béhuguerie, contre Julien Delabarre, sieur de La Roche et consors, au sujet du *déplacement* d'un banc dans l'église de La Selle-Craonnaise; — « marché faict entre Loys de La Morellière, « escuyer, et Robert Lecuillerier, par lequel ledit de La « Morellière a poyé content aud. Lecuillerier six escus d'or « *pour aller et acquictez ledit de La Morellière de faire le* « voyaige de la guerre que le Roy conduigt et maine de « présent ès marches du duc de Bourgougne, avecques « brigandynes, sallade, voulge, dacque, espée, gardebraz « d'estoffe et gantellets, lesqueuls habillemens de guerre « *ledit Lecuillerier promect rendre, où cas qu'il ne les perd* « par fortune de guerre » ; — testament de Guillaume de La Morellière, sieur de La Caillerie; — certificat de comparution à la montre du ban et arrière-ban d'Anjou pour François de La Morellière « monté et armé luy deuxiesme « *et à deux chevaulx* »; — *mémoire* pour François de La Morellière, requérant, à l'encontre de Christophe de La Morellière, son frère, le partage noble de la succession de Joachim de La Morellière, leur père; — notes et extraits généalogiques par le feudiste Audouys; etc.

E. 3136. (Carton.) — 3 pièces, parchemin ; 11 pièces, papier.

1577-1765. — Moriceau. — Acquêt par Macé Moriceau de terres, vignes et *maisons en* Sainte-Gemmes-sur-Loire; — vente par Charles Moriceau d'une terre au Pont-de-La-Ville; — acquêt par Louis Moriceau de deux maisons au bourg de Neuillé; — testament de Marie Moriceau, veuve de Philippe Lemercier, président au Grenier à sel du Lude, *portant divers dons à l'église*, à l'hôpital et aux Récollets du Lude; — partage des successions de Louis Moriceau, sergent royal, et de Marguerite Bourdon, sa femme, entre Anne Moriceau, leur fille, et Pierre Herpin, mari de Louise Moriceau; — adjudication *des immeubles* dépendant de la succession répudiée d'Anne Ondoyer, veuve de Jacques Moriceau; — contrat de mariage de Pierre Moriceau et d'Anne Basile; — vente à Laurent Bougère par Jean Moriceau du moulin Daguenet aux Deux-Croix de Saint-Michel-du-Tertre.

E. 3137. (Carton.) — 2 pièces, papier.

1621-1675. — Morier. — Acte *de mariage de René Morier et de Jeanne* Bruand; — partage des biens de René Morier et Marie Lespron, entre Jacquine, Jacques, Michel et Mathurin Morier, leurs enfants.

E. 3138. (Carton.) — 2 pièces, papier.

1602-1694. — Morigné. — Acquêt par Anne Morigné de terres à Boiserie, près la croix de Jonchère en Saint-Laud, — et aux Bas-Champs en Saint-Michel-La-Palud.

E. 3139. (Carton.) — 8 pièces, parchemin ; 4 pièces, papier.

1574-1789. — MORILLON. — Sentence des commissaires royaux « sur le fait des francs-fiefs dans les ressorts « des Parlements de Paris et de Rouen », qui maintient en ses titres et privilèges de noblesse Jacques de Morillon, lieutenant du bailli de Vermandois à Châlons en Champagne et lève la main mise sur ses domaines; — contrat de mariage de Didier Morillon, sieur de La Grandmaison, avec Renée Tallot; — reconnaissance par Jean Morillon, maître tailleur de pierre à Saumur, d'une rente par lui due au fief de Gloriette pour son logis de La Palaine; — partage de la succession d'Odette Sageot, veuve de Jean de Morillon, conseiller d'État, sieur de Marne; — acquêt par Claude Morillon, de vignes au Puy-Notre-Dame; — licitation de biens immeubles, dépendant de la succession de Jean Morillon, entre Jacquine Maugars, sa veuve, et François Désaunay.

E. 3140. (Carton.) — 11 pièces, parchemin; 35 pièces, papier.

1447-XVIIIe siècle. — MORIN. — Acquêt par Jean Morin d'un emplacement de maison à Ruzebouc; — par André Morin de vignes à Grézillé; — don par Claude d'Aubigné à Urbain Morin « du pouvoir de chasser sur son bien « et domaine de La Bossaire et sur les terres et seigneuries « de La Tranchais et de La Varenne »; — contrat de mariage d'Hervé Morin, sieur du Chaffault, avec Renée Deville; — acquêt par Martin Morin, maçon, du pré de Launay en la seigneurie de Poligné; — partage de la succession d'Arthus Morin, sieur de La Morlais, entre Joseph et Marguerite Morin, ses enfants; — acquêts et ventes par Joseph Morin, notaire, de terres en Chantoceaux; — afféagement à Yves Morin « d'un terrain vague, fait en pointe, « faisant partie des anciennes garennes du château de « Chantoceaux, rempli de pierres inutiles »; — acquêt par François Morin de partie du lieu des Valinières en Saint-Sylvain; — par Yves Morin du bordage de La Rivière en Chantoceaux; — note du feudiste Audouys; etc.

E. 3141. (Carton.) — 12 pièces, parchemin; 20 pièces, papier.

1547-1701. — MORINEAU. — Partage des successions de Simonne Jossault, femme d'Étienne Morineau, entre Marguerite, Simonne, Jeanne et Anne Morineau, ses enfants; — de Marguerite Morineau, femme de Jean Gastesau, entre Louise et Anne Gastesau, ses enfants, et Jean Morineau, aumônier de Brissac; — legs par ledit aumônier de diverses rentes à la fabrique de Brissac, notamment pour les frais de la prédication de la Semaine-Sainte; — contrat de mariage de Guy Morineau, sieur de La Garde, et de Marguerite Hayau; — inventaire après décès des titres et papiers de Guy Morineau, avocat au Présidial d'Angers; — lettres d'acceptation de sa succession sous bénéfice d'inventaire par Guyonne Morineau, sa fille; — accord entre Jean Dutertre, sieur de Baugé, et Jean Lefèvre, sieur du Tusseau, au sujet de leurs droits respectifs sur les successions de Perrine et de Guy Morineau; — brevet de secrétaire honoraire de la maison et couronne de France pour Louis Morineau; — don par Guyonne Morineau, veuve de René Bellet, à François Morineau, son frère, d'une rente viagère de 150 livres; etc.

E. 3142. (Carton.) — 8 pièces, papier.

1721-1736. — MORIVEAU (de). — Inventaire après décès des biens de René Moriveau, écuyer, receveur général des finances de Picardie; — extrait du testament de Marguerite-Thérèse Galleran, veuve dudit René de Moriveau; — extrait de son inventaire; — procuration de Marie-Anne Roussel, veuve de Pierre Bertrand, pour assister à la levée des scellés apposés sur la succession de ladite veuve; — renonciation par Paul-François Ollin, sieur de Torcy, maître de camp d'infanterie, à tout droit en ladite succession; — lettre d'acceptation sous bénéfice d'inventaire par Anne Roussel, veuve Bertrand; — sentence des Requêtes du Palais, portant ordre pour la délivrance des legs inscrits dans le testament de Thérèse Galleran, au profit de Catherine Lépaigneul, veuve Foullon, de Jean-Baptiste Gallyot, d'Étienne de La Brue, curé de Saint-Germain-l'Auxerrois et autres cohéritiers.

E. 3143. (Carton.) — 1 pièce, papier.

XVIIIe siècle. — MORLET. — Note du feudiste Audouys sur la famille Morlet Du Muzeau.

E. 3144. (Carton.) — 2 pièces, parchemin; 4 pièces, papier.

1730-1786. — MORNA. — Acte de baptême de Joseph Morna, fils de René Morna, conseiller du Roi, juge des traites d'Anjou; — constitution par Jean-René Morna et Geneviève Dupont, sa femme, d'une rente de 100 livres au profit de Gervais et François Lejau; — abandon par Geneviève Dupont, veuve de René Morna, de tous ses biens à ses enfants, Geneviève Morna, femme d'Urbain-René Marchand de La Roche, premier lieutenant des vaisseaux de la compagnie des Indes, Pierre, Renée et Jeanne Morna et Joseph Morna, juge des Traites foraines d'Anjou; — contrat de mariage dudit Joseph Morna avec Marie-Perrine Trochon; — bail par Joseph Morna de la ferme de Chandoiseau, dépendant de sa terre de La Possonnière; — reconnaissance par Claude Mercier Des Loges, mari de Jeanne Morna, et par Pierre, Noël et Renée Morna de la rente constituée par leurs parents au profit des Lejau et transférée à la famille Pellemeine.

E. 3445. (Carton.) — 6 pièces, papier.

1540-1689. — MORON. — Acquêt par René Moron de vignes en la paroisse de Chemellier; — partage des successions d'André Moron et de Jeanne Vizier entre Augustin Chauveau, mari de Jeanne Moron, Jean Moron, Andrée Moron, veuve de Laurent Santereau, et André Moron; — testaments de Clément Moron, prêtre, portant fondation d'un anniversaire en l'église de Quincé; — de Mathurine Bellalay, veuve de Simon Moron; — contrat de mariage de Gilles Moron et de Marie Mabille; — vente par Mathieu Moron de terre et maison en la paroisse Saint-Michel-du-Tertre.

E. 3446. (Carton.) — 2 pièces, parchemin; 3 pièces, papier.

1680-1787. — MORTIER. — Partage d'un logis dans la rue Malnault, à Angers, dépendant de la succession de Jacques Mortier, entre Michelle Lamotte, veuve de Gilles Mortier, et Claude Penanceau, mari de Perrine Mortier; — acquêt par François Mortier d'un logis à Baracé; — par Michel Mortier de terres à Mathefelon, dans la paroisse de Seiches; — prise à bail par Guy Mortier, pâtissier, d'une maison sur la place Neuve.

E. 3447. (Carton.) — 2 pièces, papier.

1674-1679. — MOTHIER. — Prise à ferme par Mathurin et Florent Mothier de vignes en la paroisse de Dampierre; — testament de Mathurine Hubert, veuve de René Mothier, portant fondation d'un anniversaire en l'église de Varrains.

E. 3448. (Carton.) — 4 pièces, papier.

1642-1700. — MOTTAIS. — Actes de mariage de René Mottais et de Perrine Godoul; — de baptême de François-René Mottais, leur fils; — et de Françoise Mottais, fille de François Mottais et de Renée Lebaudy; — de décès dudit François Mottais.

E. 3449. (Carton.) — 6 pièces, parchemin; 11 pièces, papier.

1474-XVIII° siècle. — MOTTE (de LA). — Acquêt par Jean de La Motte, procureur au Parlement de Paris, de prés en la paroisse de Bécon; — hommage rendu à la seigneurie de Bécon par Adenette Ferrand, veuve de Jean de La Motte, pour le fief de Landerende; — vente par Jean de La Motte, sieur de La Motte-de-Baracé, de la seigneurie d'Aubigné en la paroisse d'Huillé; — partage de la succession d'Abraham de La Motte, sieur de La Brahannière; — aveu rendu au Plessis-Guellier par Pierre de La Motte, sieur de La Motte-de-Baracé, pour la seigneurie d'Aubigné; — notes et extraits généalogiques par le feudiste Audouys; etc.

E. 3450. (Carton.) — 1 pièce, papier.

1602. — MOUCHET. — Inventaire après décès des biens meubles de Claude Mouchet.

E. 3451. (Carton.) — 1 pièce, papier.

1609. — MOUCHETEAU. — Acquêt par Nicolas Moucheteau d'un logis à Méron, près Montreuil-Bellay.

E. 3452. (Carton.) — 1 pièce, papier.

1690. — MOUILLEBERT (de). — Vente par Antoine de Mouillebert et Jeanne de Lestoille, sa femme, à Étienne Fenault, de la terre de Saint-Barthélemy-des-Vignes en Champtocé.

E. 3453. (Carton.) — 1 pièce, parchemin.

1480. — MOULINS (de). — Testament de Jeanne Marchegolère, femme de Jean de Moulins, portant donation à son mari d' « une court nommée Le Vau-de-Sarte et ung « moulin nommé le moulin Aubert. »

E. 3454. (Carton.) — 1 pièce, papier.

1574. — MOUREUX. — Inventaire des papiers de François Moureux, trouvés après son décès dans son hôtel de La Tournerie.

E. 3455. (Carton.) — 1 pièce, parchemin.

XV° siècle. — MOURIN. — Aveu rendu à l'assavant par Girefre Mourin, chevalier, pour son hôtel et fief du Bourderon.

E. 3456. (Carton.) — 1 pièce, papier.

1551. — MOUSSAINT. — Aveu rendu au château de Rochefort par Jean Moussaint pour ses tenures dans le fief Beluet.

E. 3457. (Carton.) — 11 pièces, parchemin; 26 pièces, papier; 1 sceau.

1560-1687. — MOUSSEAU. — Acquêt par Mathurin Mousseau de vignes en la paroisse Saint-Maurille de Chalonnes; — contrat de mariage de Julien Angevin, sieur de La Touche, et de Jeanne Mousseau; — lettres de Charles de Cossé, comte de Brissac, colonel général des vieilles bandes françaises de Piémont, capitaine et gouverneur des ville et château d'Angers, portant exemption de tout logement militaire pour la maison de La Barre, appartenant à Mathurin Mousseau; — inventaire des titres et papiers dudit Mathurin Mousseau; — contrat de mariage de Renée Mousseau avec Jean Courtin; — partage des successions de Mathurin Mousseau et de Vincende Béguyer, sa femme, entre René Boylesve, sieur de Goymard, Julien Langevin, sieur de La Touche, René Dellage, sieur de La Grange, et Robert Courtin, leurs gendres; — acquêt par Perrine Mousseau du bordage de Crapuchon, près Ardenay en Chaudefonds; — partage de la succession de Renée Mousseau, veuve de Robert Courtin; etc.

E. 3158. (Carton.) — 1 pièce, papier.

16[illegible]. — Moustelière. — Partage des biens immeubles dépendant de la succession de Claudine Rachelat, femme de Jean Moustelière, entre Susanne Moustelière et Jacques de La Bécanière.

E. 3159. (Carton.) — 1 pièce, parchemin.

1666. — Moynard. — Constitution d'une rente de 35 livres au profit de Françoise Lemercier, veuve François Albert, par Jean Moynard, prêtre, « ci-devant avocat au « Présidial » d'Angers, Claude Moynard, sa fille, et Étienne Moynard, son fils, curé de Marcé.

E. 3160. (Carton.) — 1 pièce, papier.

1697-XVIIIe siècle. — Moysant. — Testament d'Anne Bolnet, veuve de Guillaume Moysant, portant fondation d'un anniversaire en l'église de la Trinité d'Angers; — note généalogique du feudiste Audouys.

E. 3161. (Carton.) — 2 pièces, parchemin; 1 pièce, papier.

1555-1600. — Muce (de La). — Foi et hommage rendus par François de La Muce pour son fief de La Plesse-Plédouault en Avrillé; — constitution par César de La Muce, baron de La Muce, seigneur de Ponthus et Trégu, d'une rente de 200 livres au profit de François Luzeau de La Baudrière; — par Ursuline de Champagne, veuve dudit sieur de La Muce, d'une rente de 150 livres au profit du couvent de Sainte-Élisabeth de Nantes; — sur la marquise de La Muce et son fils aîné, d'une rente de 437 livres au profit de M. et Mme de Landormière; etc.

E. 3162. (Carton.) — 1 pièce, parchemin; 7 pièces, papier.

14[illegible]-XVIIIe siècle. — Mullet. — Reconnaissance par Jacques Mullet, écuyer, d'une rente par lui due sur une vigne de son fief de L'Estang en Montfaucon; — contrat de mariage de Jacques-Charles Mullet, sieur de La Sauvagère, et de Marie Bernard du Ronceray; — acquêt par Jacques-Charles Mullet de la closerie de La Foucherie en Bouchemaine; — partage entre Marie Bernard Du Ronceray, femme dudit Mullet, et Catherine-Virginie Bernard Du Ronceray, sa sœur, de la succession mobilière de François-Armand Boutillé de La Pinardière, oratorien de Saumur; — accord au sujet de la succession de Jacques-Charles Mullet entre Marie Bernard Du Ronceray, sa veuve, et François Mullet de La Sauvagère, son frère; — notes et extraits généalogiques par le feudiste Audouys.

E. 3163. (Carton.) — 1 pièce, papier.

[illegible]. — Mullet. — Acquêt par Jacques Mullet de prés dans la paroisse de [illegible]-en-Vallée.

E. 3164. (Carton.) — 1 pièce, parchemin; 7 pièces, papier.

[illegible]-[illegible]. — Muncin (de). — Ordonnance du commissaire royal « départi pour l'exécution des ordres de « Sa Majesté en la Généralité de Poitiers » portant maintenue de noblesse et décharge des taxes pour Daniel de Muncin; — sentence de séparation de biens entre Daniel de Muncin et Charlotte Gallichon, sa femme; — inventaire des meubles et papiers de Daniel de Muncin, sieur de Saint-Gilady; — acquêt par Laurent-Charles de Muncin de la closerie des Grandes-Fauconneries en Saint-Augustin, près Angers; — aveu rendu par ledit acquéreur à la baronnie de Sainte-Gemme pour partie de son fief des Fauconneries; — lettre d'invitation au convoi de Charles-Daniel de Muncin; — partage de la succession de Charles-Daniel de Muncin entre Claude de Hussen et Marie de Vaice, veuve de Gaston de Meaulne; — acquêt par Jacques Deville, notaire, de la closerie de Lébaupin, dépendant de la succession de Jeanne Mingan, veuve de Laurent-Charles de Muncin.

E. 3165. (Carton.) — 1 pièce, parchemin; 11 pièces, papier.

17[illegible]-17[illegible]. — Murault. — Constitution par Charlotte Gaudé, veuve de Maillé de La Tour-Landry, d'une rente de 15 livres au profit de René-Jean Murault, notaire; — lettres adressées au sieur Murault, notaire et receveur des consignations à Angers, par Édin Delatouche, son commis, et Potel, greffier, au sujet de la perception des droits dans le bailliage de Candé, et de la faillite du sieur Commandeur, menuisier.

E. 3166. (Carton.) — 1 pièce, parchemin.

1608. — Murzeau. — Présentation par Jean Murzeau, sieur de La Fellière, de la chapelle Notre-Dame desservie en l'église du Grand-Montrevault.

E. 3167. (Carton.) — 2 pièces, papier.

1700. — Mussault. — Inventaire, après décès, des meubles de Pierre-Pascal Mussault, titulaire de la chapelle de La Touche en la paroisse de Faye; — vente desdits meubles.

E. 3168. (Carton.) — 7 pièces, papier.

16[illegible]-16[illegible]. — Musy. — Lettres adressées à Musy, peintre, et Serin, marchand à Saumur, par Saillant, Saulet et Gascengne, leurs cousins, pour les convoquer à des réunions de famille à l'occasion du partage d'une succession.

E. 3469. (Carton.) — 1 pièce, parchemin; 1 pièce, papier.

1663-XVIIIe siècle. — Mureau. — Contrat de mariage de Pierre Mureau, sieur de La Petite-Ville, et de Perrine Rauset; — *note du feudiste Audouys.*

E. 3470. (Carton.) — 1 pièce, papier.

1766. — Musset. — Inventaire, après décès, des meubles dépendant de la succession de Louis Musset en sa maison de la rue Normandie, à Angers.

E. 3471. (Carton.) — 1 pièce, papier; 6 pièces, parchemin.

1604-1610. — Myonnet. — Compte rendu par Gilles Myonnet de la tutelle d'Étiennette Myonnet, sa fille, héritière de Jeanne Lécrivain, sa mère; — acquêt par Gilles Myonnet, d'une maison en la rue de la Tannerie; — constitution par le même d'une rente de 15 livres au profit de Marie Lemée.

E. 3472. (Carton.) — 1 pièce, papier.

1577. — Naillac (de). — Acquêt par René de Naillac, chevalier, premier écuyer de l'écurie du Roi, de la seigneurie de Châtelaison.

E. 3473. (Carton.) — 5 pièces, parchemin; 16 pièces, papier.

1466-XVIIIe siècle. — Nau. — Acquêt par Jacques Nau de vignes près Saumur; — cession par François Roux, marchand voiturier, à Michel Nau, avocat à Chinon, de tous ses droits sur l'héritage de Louise Nau, mère de Marie Aurain, sa femme; — testament de Martine Aubin, femme d'Urbain Nau; — acquêt par Jacques Nau de terres en la paroisse Saint-Georges-Châtelaison; — partage des successions de Mathurin Nau et de Julienne Esnou entre Philippe, Jean et Renée Nau, leurs enfants; — acquêt par René Nau, notaire, de vignes en Turquant; — constitution par Charlotte Grudé, veuve de Maillé-La-Tour-Landry, d'une rente de 20 livres au profit des enfants mineurs de Jean Nau et de Charlotte Raimbaud; — dispenses ecclésiastiques pour le mariage de Gabriel Nau de Cordais avec Gabrielle-Claude de Launay-Gautrais; — testament de Claude de Launay, veuve Nau de Cordais, portant legs à l'église de Longué d'une rente de 20 livres sur sa métairie de Gautrais; — compte des frais de la maladie et de la sépulture de ladite veuve; — note du feudiste Audouys.

E. 3474. (Carton.) — 2 pièces, papier.

1628-1648. — Naurais. — Acquêt par Maurille Naurais d'une terre au Jaulnay en Bourgueil; — et de vignes et partie de maison sur le chemin de Brain.

E. 3475. (Carton.) — 2 pièces, papier.

1600-1610. — Nauteau. — Testament de François Nauteau, prieur des Alleuds, portant fondation d'un anniversaire en l'église de Quincé et don à l'église des Alleuds d'un calice en argent et d'une chasuble de damas blanc; — constitution par Albert de Cossé-Brissac d'une rente de 100 livres au bénéfice de Louis Nauteau, curé de Vauchrétien.

E. 3476. (Carton.) — 1 pièce, papier.

1700. — Navineau. — Acte de baptême d'Anne Navineau, fille de René Navineau et de Marguerite Chesneau.

E. 3477. (Carton.) — 2 pièces, papier.

1603-1747. — Négrier. — Acquêt par Mathurin Négrier, vigneron, de terres en Saint-Laud; — aveu rendu au comté de Trèves par Jacques Négrier Des Granges, marchand, pour sa dîme en la paroisse de Coutures.

E. 3478. (Carton.) — 6 pièces, parchemin; 14 pièces, papier.

1500-XVIIIe siècle. — Nepveu ou Neveu. — Acquêt par Jean Nepveu, sieur de Maillé et de La Ricoulière, du fief de Quercé; — présentation par Jacques Neveu, sieur de La Perrière, de la chapelle des Violettes, desservie en l'église d'Avrillé; — partages des successions d'Eustache Nepveu et de Marie Ledevin entre Guillemine Nepveu, veuve de Victor Lepelletier, Mathurin Nepveu, bailli de Sablé, Yves Pélion, mari de Françoise Nepveu, et Olivier Richer, mari de Renée Nepveu; — des successions de Mathurin Nepveu et de Jeanne de Baugé, sa femme, entre Marie Daguys, veuve d'Eustache Nepveu, procureur du Roi à Blois, Roland Nepveu, bailli de Sablé, Antoine Thomas, conseiller au présidial du Mans, mari d'Aliénor Nepveu, Jean Esnault, procureur du Roi à Châteaugontier, mari de Jeanne Nepveu et autres cohéritiers; — contrat de mariage de Jean Nepveu, sieur de La Hamardière, et de Marguerite Davy; — acquêt par Jean Nepveu d'une maison près le cimetière de Saint-Jean-Baptiste d'Angers; — par Thomas Neveu, sieur d'Urbé, conseiller au Parlement de Bretagne, de la terre de Raguin en la paroisse de Chazé-sur-Argos; — constitution par Jacques et François Payneau d'une rente de 50 livres au profit de Jean Nepveu, sieur de La Hamardière; — inventaire, après décès, des meubles d'Antoinette Gourreau, veuve d'Étienne Nepveu; — notes et extraits généalogiques par le feudiste Audouys.

E. 3479. (Carton.) — 1 pièce, parchemin.

1609. — Neufbourg (de). — Transfert par Jean de La Haye, orfèvre du Roi, « demeurant au bout du Pont-aux-« Changeurs, à l'enseigne de la Belle Ymaige, » à Roland de Neufbourg, maître en la Chambre des Comptes de Paris, d'une rente de cent écus constituée par François de Daillon, comte du Lude.

E. 3180. (Carton.) — 2 pièces, parchemin, 3 pièces, papier.

[illegible]. — NICOLAS. — Contrat de mariage d'André Nicolas avec Michelle Trouvé; — acquêt par Marie Froger, veuve de Toussaint Nicolas, sieur des Guarbillonnières, de parties de prés à La Grue et à La Grande-Prée en Saint-Germain-des-Prés; — inventaire des titres de la chapelle de La Fardelière, remis à François Girugé, chapelain, par Joseph Nicolas, chevalier, sieur de La Fardelière.

E. 3181. (Carton.) — 3 pièces, papier.

[illegible]. — NICOLLE. — Inventaire des « meubles « fournis à René Nicolle par Olive Boffaye, sa mère, en « conséquence de son contrat de mariage »; — inventaire après décès des meubles de René Nicolle, dressé à la requête d'Anne Murault, sa veuve; — acquêt par René Nicolle, de terres au Village d'Empiré.

E. 3182. (Carton.) — 1 pièce, parchemin.

1540. — NIHART. — Aveu rendu à Juvardeil par Simon Nihart, pour sa terre et seigneurie de L'Estang.

E. 3183. (Carton.) — 1 pièce, papier.

1607. — NIVARD. — Testament de Denis Nivard, qui lègue tous ses livres à l'Hôpital-Général et à l'Hôtel-Dieu d'Angers pour être vendus au profit des pauvres de la ville d'Angers et de la paroisse de Morannes. Par un codicille spécial, il prie le prieur de Primé, « parce que la plupart « des administrateurs sont des marchands », de faire lui-même la vente, « attendu qu'il y a quelques livres de prix. »

E. 3184. (Carton.) — 1 pièce, papier.

1701. — NOEL. — Mémoire pour Michel Noël, sieur de Villeneaux, et Gilles Seré, sieur de La Cibonière, mari de Guyonne Noël, contre Jean de Cadelac et Perrine de La Bécanière, pour le partage des successions de Gilles Georget, sieur de Hérobert, et de Renée Gaudon.

E. 3185. (Carton.) — 2 pièces, parchemin; 20 pièces, papier.

1601-1779. — NORMAND. — Acquêt par Nicolas Normand de terres aux Rosiers; — vente après décès des meubles de Françoise Fresneau, femme de Symphorien Normand, marchand; — inventaire des meubles dépendant de leur communauté; — partage de la succession de Benoîte Guinemeau, femme de Symphorien Normand, corroyeur, entre Symphorien, Jacques, Urbain et Jeanne Normand, leurs enfants; — procès-verbal d'apposition de scellés sur les meubles et hardes de Françoise Guillot, veuve de Symphorien Normand, marchand quincaillier; — contrat de mariage d'Aubin Normand et d'Anne Doussin; — constitution par Joseph Caillin, avocat, d'une rente de 6 livres au profit de Mathieu Normand, sergent; — amortissement de ladite rente par Charles Blondé, chapelain de Montreuil-Bellay; — thèse de philosophie d'Olivier Normand de La Mulotière; — acquêt par Jean Normand, sieur du Hardas, correcteur en la Chambre des Comptes de Bretagne, de l'hôtel de Vertus, à Angers; — requête d'Étienne Normand au bailli de la baronnie de Blaison, afin d'être admis à l'office d'avocat procureur de la baronnie; — acquêt par Augustin-Laurent Normand de Chambourg, conseiller en la sénéchaussée de Baugé, de la closerie de La Martinière en Jarzé.

E. 3186. (Carton.) — 2 pièces, papier.

1667-1786. — NOURISSON. — Testament de Renée Nourisson, portant fondation d'un anniversaire en l'église de Vigné; — apposition de scellés sur la succession d'Urbain Nourisson.

E. 3187. (Carton.) — 1 pièce, papier.

1704. — NOYEIL. — Acquêt par Jacques Noyeil d'une maison dans le faubourg Saint-Laud d'Angers.

E. 3188. (Carton.) — 3 pièces, papier.

1750-1782. — NOUILLEAU. — Acquêt de champs et terres dans la paroisse Saint-Martin-de-La-Place par Marie Jeuniet, veuve de Jean Nouilleau; — par Pierre Nouilleau; — et par Nicolas Nouilleau.

E. 3189. (Carton.) — 1 pièce, papier.

1584. — NOYAU. — Acquêt par Jean Noyau d'une maison en la rue Saint-Laud d'Angers, dépendant de la succession de l'apothicaire Boisseau.

E. 3190. (Carton.) — 2 pièces, papier.

1603-1605. — NOYELLES (de). — Acquêt par Jeanne Mabille, femme de Jean de Noyelles, sieur de La Pierre, de vignes en la paroisse de Neuillé; — échange de terres dans ladite paroisse entre ladite dame et Gilles Delarue, maître maçon.

E. 3191. (Carton.) — 6 pièces, parchemin.

1332-1480. — ODART. — Don par le roi Philippe VI à son « amé et féal chevalier Jehan Oudart » du droit de chasse dans les bois de Chemens; — vidimus des lettres royaux par André Papin, maître général et enquesteur des eaux et forêts d'Anjou; — et par le sénéchal d'Anjou; — ordonnance conforme du Conseil de la Reine de Sicile, duchesse de Touraine et d'Anjou; — acquêt par Thibault

Olivier, sieur de Chemans, des terres de Faye; — et de la Poitevinière en Gâtine.

E. 3489. (Carton.) — 1 pièce, papier.

[illegible]. — Ogier. — Acquêt par Marc Ogier, inspecteur des domaines de Monsieur et conservateur de ses chasses, d'une vigne en Saint-Martin-de-la-Place.

E. 3490. (Carton.) — 15 pièces, parchemin; 22 pièces, papier.

[illegible]. — Oger et Ogier. — Acquêt par Anceau Oger d'une maison en la rue des Carmes d'Angers; — présentation par Jean Oger de la chapelle de La Corbière, desservie en l'église Saint-Pierre d'Angers; — partage des successions de Jean Oger et de Marie Poullain entre François Oger, leur fils, et André Belhommeau, leur gendre; — testament de Françoise Oger, qui donne entre autres legs à « son fils, l'aumosnyer de Saint-Nicolas d'Anggers, « une chambre garnye de [illegible] draps, deux lictz garnys de « rouëtes, traversyers et oilliers, demye douzaine de con- « sterliers, une douzaine de nappes, six grans et six « pettites, six douzaines de grosses servilles et deux dou- « zaines de servielles de lin et demye douzaine de banque- « touëres de lin commun »; — inventaire après décès des meubles d'André Belhommeau et de Françoise Oger; — lettre de créance et de recommandation pour Françoise Oger, adressée par Gabriel Bouquet à Odias Hamelot, marchand de La Rochelle; — partage de la succession de Guillemine Bouvery, femme de Martin Oger; — vente par Pierre Oger, sieur de Beauvais, de la terre et seigneurie de Clerray; — contrat de mariage de Clément Oger et de Jacquine Boré; — acquêt par Claude Oger, sieur de Chasain, d'un hôtel en la rue Saint-Jacques d'Angers; — mémoire pour Marie Oger, veuve de Jacques Lemasson, contre René-François Testu de Balincourt au sujet de la succession de Jacques Goussault; — « généalogie des Oger « d'Angers par Malleville, notaire royal, tirée des papiers « de la famille »; etc.

E. 3491. (Carton.) — 2 pièces, parchemin; 8 pièces, papier.

1663-1680. — Ogereau. — Acquêt par Pierre Ogereau, étudiant en l'Université d'Angers, de vignes en la paroisse de Faveraye; — par le même, avocat à Angers, de partie des fief et domaine de La Jumeraye; — vente par Mathurin Ogereau, laboureur, de ses vignes de Vieilles-Vignes; — échange entre Pierre et Mathurin Ogereau de vignes en ladite paroisse de Faveraye; — relevé des acquêts faits par les Ogereau de La Jumeraye dans le fief de Vieilles-Vignes.

E. 3492. (Carton.) — 1 pièce, parchemin; 11 pièces, papier.

1614-XVIIIe siècle. — Ogeron. — Vente par Pierre Ogeron, sieur de La Boudre, marchand, de vignes à Rochefort; — prise à rente par Bertrand Ogeron, sieur de La Boudre, marchand, « de l'accroissement qui est autour de l'île des Verdeaux », près Chalonnes-sur-Loire; — attestations pour Jean Ogeron, avocat, qu'il n'a aucuns parents au degré prohibé au Parlement de Rennes; — que Claude Huder s'est démis en sa faveur de l'office de conseiller non originaire en la cour du Parlement de Rennes et de commissaire aux requêtes du palais; — qu'il a atteint l'âge de vingt-cinq ans; — provisions dudit office au profit dudit Jean Ogeron; — procès-verbal d'experts constatant l'état du temporel du prieuré de Saint-Lambert-du-Lattay, dressé à la requête de François Mesnard, fermier entrant, et de Bertrand Ogeron de La Boudre, fermier sortant; — résignation par Jean Ogeron de son office de conseiller au Parlement de Rennes au bénéfice de Jacques Pringuet; — arrentement par Bertrand Ogeron, sieur de La Boudre, capitaine au régiment de la marine, d'un emplacement vague et vide « qui ne sert qu'à enterrer les corps sans « aveu des personnes trouvées noyées dans les eaux du « prieuré de Lesvière »; — notes et extraits par le feudiste Audouys.

E. 3493. (Carton.) — 3 pièces, parchemin; 13 pièces, papier.

1802-1790. — Ollivier et Olivier. — Offre d'hommage à Montreuil-Bellay par Guillaume Olivier, pour son fief de Milgaleu; — sommation faite au Conseil de ville d'Angers par les héritiers de Pierre Ollivier, sieur du Chaumineau, cessionnaire du fermier des subsides sur le vin, pour obtenir la communication de ses comptes; — constitution par François Ollivier d'une rente de 50 livres au profit d'Adam Eslys, sieur de La Renardière; — procuration donnée par Perrine Chevallier, veuve de Pierre Ollivier, à Philippe Goiseault pour procéder en son nom dans le partage de la succession de son mari; — inventaire des meubles de Pierre Ollivier; — accord entre René Ollivier, oratorien, Marie Ollivier, veuve de Jean-Baptiste Marchant, avocat, et Catherine Ollivier, femme de Pierre-René Choudieu, grenetier au Grenier à sel d'Angers, pour le partage des successions de René Ollivier, négociant et de Marie Gillet; — constitution par Charlotte de Grudé, veuve de Charles de Maillé, d'une rente de 100 livres au profit de « noble homme Michel Ollivier, négociant, ancien juge « consul et conseiller échevin perpétuel d'Angers »; — mémoire pour Joseph-René Olivier, sieur de La Plesse, correcteur des Comptes de Bretagne, et Jeanne Simon, veuve Heurtelou, contre Armand-Joseph de Béthune, duc de Charost et consorts, au sujet des fermes des forges de La Provotière, La Vallée et La Poitevinière; — acquêt par

Perrine Ollivier, veuve de Charles Gaudicher, de la closerie de La Gourmandière en la paroisse de Brissarthe.

E. 3497. (Carton.) — 1 pièce, parchemin; 1 pièce, papier.

1630-1649. — Onfray. — Quittance pour Pierre Onfray du droit de marc d'or pour l'achat de l'office de lieutenant des gardes du Roi sous la charge du marquis de Sourches; — certificat de publication au prône de Saint-Julien de Caen de la démission donnée par Pierre Onfray de son office de lieutenant des gardes, au profit de René Poullon.

E. 3498. (Carton.) — 1 pièce, papier.

XVIIIe siècle. — Orange (d'). — Note du feudiste Audouys sur la famille d'Orange, seigneur de Princé.

E. 3499. (Carton.) — 2 pièces, papier.

1610-1670. — Orieust. — Acquêt par André Orieust d'une partie de maison au Vaudelenay; — partage des successions de Jean Orieust et Marthe Blandeau entre Michel et René Orieust.

E. 3500. (Carton.) — 10 pièces, parchemin; 25 pièces, papier; 1 sceau.

1490-XVIIIe siècle. — Orvaulx (d'). — Présentation par Marie d'Orvaulx, dame de Mécrin, de la chapelle Sainte-Catherine desservie en l'église du Pin-en-Mauges; — constitution d'une rente de 15 livres au profit de Jean d'Orvaulx par Catherine Descstars, veuve de Pierre d'Orvaulx, sa mère, et Mathurin d'Orvaulx, sieur de Champiré, son frère, pour sa réception « aux salutres ordres de « prebtrise »; — fondation par François d'Orvaulx et Radegonde de Chahannay, sa femme, d'une chapelle en leur manoir de Danne; — procuration donnée à Guillaume Nicolas par Louis d'Orvaulx, sieur de La Renaudière et de Champiré, pour percevoir en son nom « les deniers de la « ferme de l'huictiesme des parroisses de Charé-sur-Ergos « et Gastines »; — contrat de mariage de François d'Orvaulx avec Claude Du Chesne; — partage des successions de René d'Orvaulx et de Françoise Gabory, sa femme entre Gédéon de Chorbay, sieur d'Ardanne, mari de Claude d'Orvaulx, Claude Jarry, sieur de Saint-Loup, mari d'Adrienne d'Orvaulx, et Renée et Claude d'Orvaulx, filles de François d'Orvaulx; — notes et extraits généalogiques par le feudiste Audouys; etc.

E. 3501. (Carton.) — 1 pièce, papier.

1769. — Orye. — Acquêt par Pierre Orye de la métairie du Frétis en la paroisse de Méon.

E. 3502. (Carton.) — 1 pièce, parchemin.

1659. — Outin. — Acquêt par Pierre Outin, contrôleur des Traites, d'un terrain en friche dans le bourg et près l'église d'Ingrandes.

E. 3503. (Carton.) — 8 pièces, papier.

1653-1700. — Ouvrard. — Prise à ferme par François Ouvrard, marchand, de prés en la paroisse de Sarrigné; — distribution entre créanciers des deniers provenant de la vente des meubles de Michel Ouvrard et de Perrine Coullaon; — transaction pour le partage de la succession de François de Nouault, sieur de Villetrouvée, entre Hubert Ouvrard, notaire à Briollay, Jean Courtaillay et Pierre Boscher; — testament de Jacquine Ouvrard, veuve de François Esnault, portant fondation d'un anniversaire en l'église de La Trinité d'Angers; — partage de la succession d'André Ouvrard, prêtre, entre Pierre Bilon, marchand, mari de Marguerite Ouvrard, Louis Ouvrard, Jean Hibourd et Anne Ouvrard, Pierre Ouvrard et Étienne Chastelain, mari de Jeanne Ouvrard.

E. 3504. (Carton.) — 1 pièce, papier.

1636. — Pagerie. — Partage de la succession de Jeanne Pagerie, femme de René Fraquet, entre Jacques Jouin, mari de Jacquine Pagerie, Antoine Brunean, mari de Renée Pagerie, Georges Rabineau, mari de Louise Pagerie et Jacques Gauvain, mari de Marie Pagerie.

E. 3505. (Carton.) — 2 pièces, parchemin, 3 pièces, papier.

1498-1755. — Paillart ou Paillard. — Acquêt par Jean Paillart de terres en la paroisse de Laigné; — accord entre Jean et Robert Paillart, Antoine Forgeon et Jacquine Paillard et Colas Collin, au sujet des biens meubles et des revenus des enfants mineurs dudit Collin, veuf d'Anne Paillart; — prise à bail par Jean Paillard, licencié ès-lois, du temporel du prieuré des Bons-Hommes de Craon; — inventaire des meubles de Pierre Boutreux et de Jeanne Dupont, dressé sur requête de Mathurin Paillard, curateur de leurs enfants; — requête de René-Marc Lanier, officier de la Connétablie de France, mari d'Anne-Jeanne Paillard, afin d'obtenir inventaire nouveau et contradictoire de la succession de Jacques Paillard, notaire royal à Craon, son beau-père.

E. 3506. (Carton.) — 1 pièce, papier.

1640. — Paillette. — Partage de la succession de Julien Paillette, laboureur, et de Michelle Crochet, sa femme, entre Julien Paillette et Jeanne Paillette, femme de Pierre Bousseau.

E. 3507. (Carton.) — 1 pièce, papier.

1667. — Pain. — Inventaire de la succession de Gilbert Pain, curé de Villeneuve-en-Mauges.

E. 3308. (Carton.) — 1 pièce, parchemin.

1522. — PALLIOT. — Commission royale pour Raoul Palliot de l'office de garde et contrôleur en la Monnaie de Tours.

E. 3309. (Carton.) — 1 pièce, parchemin.

1610. — PALLOT. — Acquêt par Pierre Pallot, receveur des amendes de police du Châtelet de Paris, d'une rente de 10 livres constituée sur Renée Jamet, veuve de René Bionseau.

E. 3310. (Carton.) — 2 pièces, parchemin; 1 pièce, papier.

1601-XVIIIe siècle. — PALU (de La). — Présentations par Louis de La Palu de la chapelle de La Bourelière en la paroisse Notre-Dame de Durtal; — notes et extraits généalogiques par le feudiste Audouys.

E. 3311. (Carton.) — 1 pièce, papier.

1670. — PALLUET. — Partage des successions d'Étienne Palluet, sieur de Boisnivet, exempt en la maréchaussée d'Angers, et de Marie Brunsard, sa femme, entre Étienne Palluet, sieur de La Gohardière, et Marguerite Palluet, leurs enfants.

E. 3312. (Carton.) — 3 pièces, papier.

1678-1782. — PALLUSSIÈRE. — Contrat de mariage de Mathurin Pallussière avec Françoise Chollet; — testament de ladite Françoise Chollet, portant divers legs à l'Hôpital-Général d'Angers et aux pauvres de la paroisse de La Trinité, et à son frère, directeur du petit Séminaire; — extrait mortuaire de ladite dame.

E. 3313. (Carton.) — 2 pièces, papier.

1610-1684. — PANACHE. — *Compte d'arrérages dus* par Jean Panache, hôtelier, à Alphonse Bizard, avocat à Saumur; — vente, après décès, des meubles de Jean Panache, dit la Jeunesse.

E. 3314. (Carton.) — 1 pièce, papier.

1780. — PANIOT. — Acquêt par Jean Paniot de la closerie des Brosses en la paroisse de Lorges.

E. 3315. (Carton.) — 1 pièce, parchemin; 2 pièces, papier.

1590-XVIIIe siècle. — PANNARD (de). — Ratification par Christine de Pannard de la rente de 36 livres consentie par René de La Chapelle, son mari, au profit du chapitre Saint-Mainbœuf d'Angers; — transaction entre Pierre de Pannard, sieur de Forges, et Jeanne de Bauligné, sa mère, au sujet de leurs droits respectifs en la succession de Pierre de Pannard; — note du feudiste Audouys.

E. 3316. (Carton.) — 4 pièces, papier.

1590-1788. — PANNETIER. — Acquêt par Jean Pannetier, greffier du Grenier à sel d'Angers, de vignes dans les paroisses de Pellouailles; — et de Savennières; — testament de René Pannetier, greffier au Grenier à sel d'Angers, portant élection de sépulture en l'église Saint-Michel-du-Tertre; — acquêt par René Pannetier de la closerie de La Garhelière.

E. 3317. (Carton.) — 1 pièce, parchemin; 1 pièce, papier.

1601-XVIIIe siècle. — PANNETIER (LE). — Abandon par Prégente Boutreau, veuve d'Hector Le Pannetier, sieur de La Planche, du tiers de son domaine et seigneurie de La Martinière au profit de Jean Le Pannetier, son fils, « pour l'entretenir, sa vie durant, en la dignité sacerdotale »; — notes et extraits généalogiques du feudiste Audouys.

E. 3318. (Carton.) — 8 pièces, parchemin; 16 pièces, papier.

1460-XVIIIe siècle. — PANTIN. — *Offre d'aveu* à la seigneurie de La Rochebaraton par Pierre Pantin, sieur de La Hamelinière; — accord entre Charles Leclerc de Vaux, Michel Duval de La Rousselaye et René de Brye, sieur de La Motte, au sujet de la succession de Catherine Pantin; — testament de Marie de La Crossonnière, veuve de Claude Pantin de La Hamelinière, qui fonde un anniversaire en l'église de La Visitation d'Angers; — mémoires contradictoires au sujet de la succession de Madeleine Bidé, veuve de Samuel Pantin, contestée entre Charles Pantin, sieur de La Hamelinière, Hardy Pantin, mousquetaire du Roy, et Jean-Baptiste de Racapé; — sentence d'ordre entre les créanciers de Samuel et de Sébastien Pantin; — accord entre François-Anne Legouvello, sieur de La Porte, conseiller au Parlement de Bretagne, et Philippe-Auguste Pantin, sieur de La Guerre, au sujet de la succession d'Anne-Marie Legouvello, femme de François de La Grée, sieur de Briacé; — présentation par Marguerite-Paule-Mélanie Pantin et Marie-Françoise-Ursule Pantin de la chapelle Sainte-Anne desservie en leur château de La Huberdrie, paroisse de La Rouaudière; — notes et extraits généalogiques du feudiste Audouys.

E. 3319. (Carton.) — 1 pièce, parchemin; 2 pièces, papier.

1478-1779. — PAPIAU. — Testament de Jean Papiau, qui fonde un anniversaire en l'église de Corzé; — procès-verbal d'apposition de scellés sur les meubles de Marie Tirot, veuve de Pierre Papiau; — acquêt par Jacques Papiau de champs en la paroisse Saint-Aubin des Ponts-de-Cé.

E. 3520. (Carton.) — 1 pièce, papier.

1782. — PAPILLON. — Acquêt par François Papillon, ancien entrepreneur de bâtiments à la Martinique, d'une maison à Saumur.

E. 3521. (Carton.) — 3 pièces, papier.

1650-XVIII° siècle. — PAPIN. — Présentation par Marie Papin de la chapelle Sainte-Catherine desservie en l'église de Gesté; — acquêt par Anne Bonnet, veuve de Jean Papin, de terres en la paroisse de Sorges; — notes et extraits généalogiques par le feudiste Audouys.

E. 3522. (Carton.) — 1 pièce, parchemin; 1 pièce, papier.

1540-1683. — PAPOT. — Testament de Jean Papot, prêtre, qui augmente d'une messe par semaine la fondation faite par Jean Papot, son oncle, en l'église Saint-Pierre de Saumur; — accord entre Jean Papot, sieur de Champeaux, Marthe Brouillet, veuve de Maurille Hamelin, Gabrielle Brouillet, veuve de Pierre Jamet, et autres cohéritiers dans la succession de Jean Brouillet, sieur des Hommeaux.

E. 3523. (Carton.) — 1 pièce, parchemin; 2 pièces, papier.

1660-1780. — PARAGE. — Acquêt par Jean Parage de diverses coupes de bois dans la paroisse de Bailleul; — extrait du contrat de mariage de Jacques Logerais, tanneur, avec Anne Parage; — quittance d'abonnement du sieur Parage, négociant, à la *Gazette de Leyde*.

E. 3524. (Carton.) — 1 pièce, parchemin; 3 pièces, papier.

1635-1780. — PARENT. — Arrêt du Présidial d'Angers qui condamne Catherine d'Aubigné, veuve de René Gaborin, *à payer 200 livres d'indemnité à Pierre Parent*, sieur de La Berthaudière, à qui elle avait promis mariage; — codicille de Jacques Parent, curé de *Sainte-Foy*, *au profit de son* neveu François Houdet; — inventaire des meubles et papiers dudit curé; — appel par Pierre-Nicolas Parent, président trésorier de France au Bureau des finances d'Alençon, des saisies faites sur ses biens par l'Hôtel-Dieu d'Angers; — délibération du Conseil de ville d'Angers à l'appui de la mesure de garantie prise par l'Hôtel-Dieu; — nomination d'Étienne Parent à la tutelle des enfants mineurs d'Étienne Parent et de Marie Guillot.

E. 3525. (Carton.) — 2 pièces, parchemin.

1659-1707. — PARIS. — Acquêt par François Paris, sieur de Beauchesne, prévôt et juge ordinaire à Tours, de la seigneurie de Bleré; — lettres de bénéfice d'inventaire pour la succession d'Henri Paris, sieur de Boisbonnas, trésorier de France au Bureau des finances de Tours, au profit de Marie Paris, veuve de Claude Forget, capitaine général des fauconniers du cabinet du Roi, gouverneur de Loudun, et Élisabeth Paris, veuve de Philippe Lebascle, *conseiller au présidial de Tours*.

E. 3526. (Carton.) — 1 pièce, papier.

1683. — PARIS (de). — Prestation de serment et installation de François de Paris en la charge de conseiller-chevalier d'honneur au bailliage et présidial de Chartres.

E. 3527. (Carton.) — 1 pièce, parchemin; 2 pièces, papier.

1452-1607. — PARPACÉ (de). — Lettres du roi Charles VII, qui met sursis à « toutes les causes et querel- « les meues et à mouvoir en demandant et en deffendant « debtes, besoingnes, possessions et biens quelzconques de « nostre bien amé Guillaume de Parpassé, escuier, lequel « se dit présentement estre occuppé en nostre service ou « fait de nos guerres en ce présent voiaige de Guyenne, « soubs la charge et compaignie de nostre amé et féal che- « valier Jehan de Daillon »; — sommation par Geoffroy de Chemens à Guillaume de Parpacé de payer le retrait féodal qu'il a *fait sur lui de la terre de Beauvais*; — aveu rendu par Thibert de Parpacé à la seigneurie de Gizeux pour son fief de Polligné.

E. 3528. (Carton.) — 1 pièce, papier.

XVIII° siècle. — PASNANTAIS (de). — Notes et extraits généalogiques par le feudiste Audouys sur la famille de Pasnantais.

E. 3529. (Carton.) — 45 pièces, papier.

1603-XVIII° siècle. — PASQUERAYE. — Compte entre François Pasqueraye, sieur de La Tousche, marchand, et Jean Pasqueraye, avocat, pour l'acquisition en commun de la maison de La Fontaine; — acquêt par François Pasqueraye d'une maison en la rue Saint-Laud d'Angers; — par Mathurin Pasqueraye, archiprêtre d'Angers, d'une créance de 1,000 livres sur René Blouin, sieur des Varennes; — déclaration rendue par Étienne Pasqueraye, sieur du Rouzay, conseiller en l'Élection d'Angers, pour ses fiefs et teneures dans la mouvance de La Motte-Motereau; — partage de la succession de Perrine Maugin, veuve de René Dupas, entre Étienne Pasqueraye, Mathurin Pasqueraye, sieur du Rouzay, et François Maunoir; — acquêt par Madeleine Leconte, veuve de René Pasqueraye, avocat, *d'une maison au village du Temple en Mozé*; — thèses de René Pasqueraye Du Bordage pour les grades de bachelier et de licencié; — *acquêt par Anselme-Étienne* Pasqueraye Du Rouzay, sieur de Saint-Jean-des-Mauvrets, d'un champ en Villevêque; — *lettres des avocats Benoist* et Brevet sur des questions de droit féodal; — de Cotelle de La Blandinière et Chatizel, concernant le paiement de rentes; — quittances du serrurier, du jardinier, du plombier, de l'armurier, du maître d'armes O'Sullivan, du chirurgien Fouquet, de l'orfèvre; — lettre d'invitation au convoi de René Pasquerayo Du Hanlage, avocat; — compte du ménage et des domestiques; — notes et extraits généalogiques par le feudiste Audouys; etc.

E. 3530. (Carton.) — 8 pièces, parchemin; 8 pièces, papier.

1577 [?]-1609. — PASQUEREAU. — Acquêt par *Pierre Pasquereau* de terres au Noyer-Margot, près Loudun; — contrat de mariage de Jacques Pasquereau avec Catherine Barault; — acquêt par Pierre Pasquereau, marchand, de terres et maisons en la paroisse de Corné; — par Julien et Jacques Pasquereau, de la métairie de La Sabonlardière en Villedieu.

E. 3531. (Carton.) — 10 pièces, parchemin; 67 pièces, papier.

1630-1788. — PASQUERON. — Acte de baptême de Michel, fils de Mathieu Pasqueron et d'Adrienne de Reuly; — quittance d'André Chauvin, *maçon, et d'Étienne Guérif, charpentier*, pour travaux faits à la maison de Michel Pasqueron, capitaine dans les fermes du Roi; — acquêt par Michel Pasqueron, sieur des Marchais, de prés et vignes en Chantoceaux; — transaction *entre ledit Pasqueron et* Gabriel Hallé, prêtre, au sujet de la mitoyenneté de leurs maisons; — acte de baptême de Marie-Louise-Josèphe, fille de Magloire Pasqueron et d'Isabelle Duplex; — testament de Geneviève Brelet, femme *de Michel Pasqueron, portant entre autres legs*, don « de son habit de satin » à l'église de Drain, « pour y faire un tabernacle »; — procès-verbaux d'opposition et de levée des scellés sur la succession de Michel Pasqueron; — partage *de ladite succession entre Marie-Louise-Josèphe Pasqueron*, Marie-Thérèse Pasqueron, Michel Brelet, sieur d'Aigrefeuille, Marie-Philippe-Josèphe-Bernard Pasqueron, femme de Robert Leplay, et Louis-François Métivier; etc.

E. 3532. (Carton.) — 1 pièce, parchemin; 7 pièces, papier.

1573-1765. — PASQUIER. — Acquêt par *Mathurin Pasquier, marchand*, de la closerie de La Teillaye en la paroisse de Pruniers; — par Gabriel Pasquier, praticien, d'un office de notaire royal à Saumur; — extrait des titres de propriété de la terre des Rivettes; — *partage de la succession mobilière* de Michel Pasquier, sieur de Villetrouvée, gentilhomme servant ordinaire du Roi; — vente des meubles de Charlotte Périgault, veuve de Charles Pasquier; — partage des acquêts faits pendant *la communauté de Jacques Pasquier* et Renée Foucault; etc.

E. 3533. (Carton.) — 1 pièce, papier.

XVIIIe siècle. — PASSAVANT (de). — Note du feudiste Audouys sur la famille de Passavant.

E. 3534. (Carton.) — 1 pièce, papier.

XVIIIe siècle. — PASTELLIÈRE (de LA). — Note du feudiste Audouys sur la famille de La Pastellière.

E. 3535. (Carton.) — 1 pièce, papier.

1601. — PASTOUR. — Contrat de mariage d'Henri Pastour, praticien en cour laye, et de Colette Haye.

E. 3536. (Carton.) — 38 pièces, parchemin; 49 pièces, papier.

1587-1767. — PASTOUREL (de). — *Lettres de tonsure de sous-diacre* et de prêtrise pour Claude de Pastourel, religieux-profès de Saint-Pierre de Melun; — installation par l'archiprêtre et l'official de Poitiers dudit Pastourel en son prieuré de Puycherrier au diocèse de Poitiers; — *autorisation par ledit prieur d'aller étudier* pendant six ans en l'Université de Paris; — prise de possession par le même de la cure de Bois-Guérard au diocèse de Rouen; — certificats d'étude en l'Université de Poitiers par ledit Claude de Pastourel, *prieur-curé de* Saint-Martin de Lavoux; — collation à son profit de la cure de Savigné-d'Anjou; — de la cure de Luigné, près Saulgé; — de la chapelle de Pigeon, desservie à l'Hôpital d'Angers; — vente après décès *de ses meubles*; — *acte de* baptême de Mariette-Madeleine-Antoinette, fille de Pierre-Antoine Pastourel de Florensac, garde-du-corps, et de Madeleine Levrard du Fougeray; — donation par ladite dame veuve de Pastourel de tous *ses biens à ses enfants*; — baux de terres et prés dans les paroisses de Sougé-Le-Ganneion et de Saint-Germain-de-La-Coudre; — partage des meubles dépendant de la communauté de Pierre-Antoine Pastourel de Florensac et de *Madeleine Levrard, sa veuve, femme en secondes noces* d'Augustin Jobé de Lisle; — entérinement des lettres d'émancipation des enfants mineurs dudit Pastourel.

E. 3537. (Carton.) — 1 pièce, parchemin; 1 pièce, papier.

1604-1639. — PATER. — Contrats de mariage de François Pater, receveur du taillon et prieur du prévôt des maréchaux à Baugé, avec Madeleine Barre; — de François de Sousson, sieur du Lys, avec Madeleine Pater.

E. 3538. (Carton.) — 1 pièce, papier.

1678. — PATOT. — Testament de Michelle Boux, veuve de Pierre Patot, qui fonde un anniversaire en l'église de Saint-Pierre de Saumur.

E. 3539. (Carton.) — 1 pièce, papier.

XVIIIe siècle. — PATRIÈRE (de LA). — Note du feudiste Audouys sur la famille de La Patrière.

E. 3540. (Carton.) — 5 pièces, papier.

1727-1786. — PATRY. — Contrat de mariage de François Patry, négociant, et d'Anne Cadots; — testament de Noël Patry, qui institue le sieur Ibler, de Saint-Domingue, son légataire universel; — inventaire et vente des biens dépendant de la succession dudit Patry; — note de l'avocat Bardoul sur le partage de cette succession; — acte de notoriété attestant la filiation de Noël Patry, né dans la paroisse de Chambellay.

E. 3541. (Carton.) — 1 pièce in-4°, papier, 16 pages (imprimée).

1750. — PAULINIER. — Thèse latine de théologie, soutenue par Pierre-François Paulinier, chanoine régulier de Sainte-Geneviève de Paris.

E. 3542. (Carton.) — 1 pièce, papier.

1600. — PAULMEAU. — Partage de la succession de Jacques Paulmeau et de Julienne Bienvenu entre René, Jeanne et Catherine Paulmeau, leurs enfants.

E. 3543. (Carton.) — 4 pièces, papier.

1623-1704. — PAULMIER. — Extrait du testament de Pierre Paulmier, marchand, concernant la fondation d'un anniversaire en l'église de Thouarcé; — testament de Catherine Cochelin, veuve de René Paulmier, avocat au Présidial d'Angers, portant élection de sépulture en l'église Saint-Maurille d'Angers; — bail par François Paulmier, avocat, de la métairie de La Chalière en la paroisse de Beausse; — acquêt par Martin Paulmier, boucher, de prés à Offard, près Saumur.

E. 3544. (Carton.) — 6 pièces, papier.

1580-1775. — PAUVERT. — Testament de Jean Pauvert, qui élit sa sépulture et fonde un anniversaire avec sermon dans l'église des Cordeliers d'Angers; — traité passé par Philippe Pauvert et Sébastien Corbière, marchands à Saumur, avec François Cosnier père et fils, maîtres maçons, pour les réparations de leurs maisons; — alignement donné auxdits Pauvert et Corbière par le juge de police de Saumur; — bail par Marie et Gervais Pauvert, d'une maison sur la place Saint-Pierre de Saumur; — acquêt par Claude Pauvert, boulanger, de la closerie de La Morinière dans la paroisse de Cantenay; — par Jacques-Félix Pauvert, négociant, de l'ancien bâtiment du Grenier à sel, derrière l'église des Carmes, à Angers.

E. 3545. (Carton.) — 6 pièces, papier.

1697-1769. — PAVALIER. — Actes de baptême de René, fils de René Pavalier et de Madeleine Grille; — acte de décès de René Pavalier dit Beauséjour, caporal de la compagnie de M. de Castellane; — certificat de décès dudit Pavalier délivré par le commissaire de la marine, Daubenton; — acquêt par Madeleine Grille, veuve de René Pavalier, du domaine de Chandoiseau en Frémur.

E. 3546. (Carton.) — 1 pièce, papier.

1776. — PAVART. — Nomination de Pierre Pavart à la tutelle des enfants mineurs de René Pavart et de Françoise Hamelin.

E. 3547. (Carton.) — 2 pièces, papier.

1779-1781. — PAVIE. — Reconnaissance par Louis-Victor Pavie, libraire-imprimeur, d'une somme de 8,000 livres à lui prêtée par Louis-Joseph Pavie, son frère, marchand pelletier à La Rochelle, « pour son établissement « et installation dans l'état d'imprimeur-libraire à Angers »; — contrat de mariage de Louis-Victor Pavie, imprimeur, avec Marie-Marguerite Fabre.

E. 3548. (Carton.) — 1 pièce, parchemin.

1693. — PAVIN. — Constitution par Prosper de Collasseau d'une rente de 10 livres au profit de Marguerite et Henri Pavin, enfants mineurs d'Henri Pavin et d'Anne Guinchout.

E. 3549. (Carton.) — 3 pièces, papier.

1759-1777. — PAVY. — Acte de baptême et lettre de tonsure de Jean-Baptiste-René, fils de Julien Pavy et de Marie Lebreton; — certificat d'étude en l'Oratoire d'Angers.

E. 3550. (Carton.) — 1 pièce, papier.

1701. — PAYEN. — Sentence d'émancipation des enfants mineurs de Claude Payen et de Perrine Ouvrard.

E. 3551. (Carton.) — 3 pièces, parchemin; 30 pièces, papier.

1619-1750. — PAYNEAU. — Résignation par Louis Dugué, sieur de La Rivière, de son office de maître des Eaux et forêts d'Anjou au bénéfice de Pierre Payneau, sieur de La Boucherie; — présentation par Perrine Gallais, veuve de Pierre Payneau, de la chapelle de La Giraudière; — constitution par Paul Payneau, capitaine au régiment Duplessis-Praslin, Pierre Payneau, sieur de Pégon et consorts, d'une rente de 40 livres au profit de François Coustard; — contrat de mariage de Jacques Payneau et de Renée Eslys; — donation mutuelle entre Paul Payneau et Françoise Gaultier, sa femme; — partage de la succession de Jacques Payneau, sieur de Pégon, entre René Sourdrille, sieur de La Tremblaye, Charlotte Eslys, veuve de René Davy de Vaux, et Jacques Audouin; — requête par Paul Payneau, sieur des Noues, afin d'obtenir décharge des taxes et de la capitation, en considération de ses services militaires et de ceux de son fils, François Payneau de Lespinay; — inventaires, après décès, des meubles de François Payneau de La Giraudière; — et des meubles de Jacques Payneau, sieur des Noues; — mémoires pour Madeleine-Radegonde Moreau, veuve de François Payneau de La Giraudière, contre les créanciers d'Antoine Moreau, sieur du Puy-Cadoret; — partage entre Nicolas Blanchard, receveur des Tailles en l'Élection d'Angers, et Françoise Payneau, dame des Noues, des successions de Jacques Payneau et de Marthe Guitau.

K. 3552. (Carton.) — 5 pièces, parchemin; 10 pièces, papier.

1729-1769. — PAYS. — Acquêt par Geneviève-Françoise Grandhomme, veuve de Donatien Pays, capitaine de milice de Léoganne à Saint-Domingue, de la terre *et seigneurie* de Bouillé-Loretz, près Doué en Anjou; — nomination de Jacques Taillebouis à la curatelle de la succession vacante de Louis Pays; — lettres d'affaires de MM. de Messac, Beaumont, Quirit de La Motte et de Mme de La Ripaudière; — vente par Charles Pays-Duvau, sieur de Roceau, de terres dans la paroisse de Foudon; — baux par Jacques-Marie Pays, sieur de Lathan, de la métairie de La Beaudonnière dans la paroisse de Breil; — de prés dans *la paroisse* de Rillé; — du greffe de la baronnie de Rillé et de la seigneurie de Savigné.

E. 3553. (Carton.) — 7 pièces, parchemin; 31 pièces, papier.

1492-1787. — PÉAN. — Partage des successions de Jean Péan *entre* Briant Gueignard, Pierre Millon et Louis Pichon; — et de Julien Péan, contrôleur particulier des Traites au bureau de Candé, entre Jeanne Brindeau, sa veuve, et Guillaume Berthelot; — testament de Catherine Péan, veuve de Henri Lecamus; — acquêt par Jean Péan, marchand, de maison et jardin à Savigné-L'Évêque; — déclaration rendue à Ardenay par Charles Péan pour sa métairie de La Chesnaye; — acquêt par Louis Péan, receveur général des *Fermes*, de la seigneurie de La Perrière en Avrillé; — inventaire des meubles et papiers de Jean Péan, maréchal-ferrant; — diplômes pour Eustache Péan de bachelier et de licencié en droit de l'Université d'Angers; — pour Charles Péan de docteur en médecine de l'Université de Reims; — partage des successions de Jean Péan, sieur du Chesnay, greffier en chef du Grenier à sel du Lude, et de Marie-Anne Fouy, sa femme; — contrat de mariage d'Eustache Péan-Duchesnay, docteur médecin, et de Marie-Jeanne Lebaron; — sommations respectueuses faites par Renée Péan-Duchesnay à Marie Berthelot-Dupasty, veuve d'Eustache Péan-Duchesnay, sa mère, opposante à son mariage avec Auguste Labry, feudiste; — fragment d'une généalogie de la famille Péan.

E. 3554. (Carton.) — 1 pièce, papier.

1715. — PEAUX. — Constitution par François Brouillet, sieur de Lisle, d'une rente de 30 livres au profit de Charlotte Prisset, veuve de Jean Peaux, notaire de la baronnie de Mauléon.

E. 3555. (Carton.) — 2 pièces, papier.

1720-1781. — PÉHU. — Acquêt par Jacques Péhu de terres à La Fosse en Grézillé; — prise à ferme par Pierre Péhu de la closerie du Hutreau en Sainte-Gemmes-sur-Loire.

E. 3556. (Carton.) — 2 pièces, papier.

1575-1655. — PEIGNÉ. — Acquêt par Catherine Boureau, veuve de René Peigné, de l'hôtellerie du Cheval-Blanc dans la paroisse Saint-Laud d'*Angers*; — *renonciation* par Urbain Houdin, sieur des Quêtiers, de tous ses droits au profit de Florent Peigné, sur une maison au *carrefour de* La Billange de Saumur.

E. 3557. (Carton.) — 1 pièce, parchemin; 2 pièces, papier.

1501-XVIII° siècle. — PELAUD. — Présentation par Antoine Pelaud de la chapellenie d'Érigné desservie en l'église paroissiale de Saint-Pierre d'Érigné; — notes du feudiste Audouys sur la famille Pelaud, seigneur de Boisbernier et *de Lespinay*.

E. 3558. (Carton.) — 8 pièces, papier.

1607-XVIII° siècle. — PELÉ. — Vente par François Pelé, sieur de Landebry, d'*une maison* près le cimetière Saint-Martin d'Angers; — cession par René Pelé et Marie Chasteau, sa femme, à Philippe Callot de tous leurs droits dans la succession de Louis Blanchet; — transaction entre Jean Pelé, valet de chambre du Roi, et René Blouin de La Varanne, portant acquit de la vente de la seigneurie de Verdigné; — commission pour Guillaume Pelé, sieur de La Sablonnière, de la charge de garde-du-corps, aux lieu et place de son frère *Jean Pelé, décédé*; — arrêt de la Cour des Aides qui ordonne en cette qualité son inscription sur l'état des officiers du duc d'Orléans; — *enregistrement de ladite commission* au greffe de l'Élection d'Angers; — acte de baptême de Jeanne Céleste, fille de François-André Pelé et de Madeleine Boutin; — note du feudiste Audouys sur François Pelé, capitaine du château de Sablé.

E. 3559. (Carton.) — 2 pièces, papier.

1533-1555. — PÈLERIN. — Acquêt par Pasquier Pèlerin de partie de la closerie de La Motte-Manguin; — mémoire de Michel Lemasson, procureur du Roi, en réponse aux réclamations d'Antoine Pèlerin, receveur de l'arrière-ban d'Anjou, et son ancien clerc.

E. 3560. (Carton.) — 1 pièce, papier.

1691. — PÉLISSON. — Constitution par François Pélisson, prêtre, Hyacinthe Besnard, docteur en médecine, et Anne Pélisson, Charles Armenault et Élisabeth Pélisson, et Françoise Pélisson, d'une pension de 500 livres au profit de Jeanne Déan, veuve de Daniel Pélisson, leur mère et belle-mère.

E. 3361. (Carton.) — 5 pièces, parchemin; 68 pièces, papier.

1616-1788. — PELLETIER. — Acquêt par André Pelletier de la closerie de Haubusson en la paroisse du Louroux-Béconnais; — par Isaac Pelletier, marchand de draps de soie, d'une maison en la rue du Puy-Neuf à Saumur; — contrat de mariage de Philippe Guyot, marchand quincaillier, et de Jeanne Pelletier; — abandon par Marguerite Moreau, veuve de Charles Pelletier, de tous ses biens meubles à ses enfants; — cession par Pierre Moreau-Duplessis à Marguerite et Claire Pelletier de tous ses droits dans la succession d'Étienne Moreau, son frère; — acte de décès de Charles-René Pelletier; — aveu rendu à la châtellenie de Foudon par Charles Pelletier et Denis Quatrembat pour leur closerie des Gaudichères; — acte d'association pour la vie commune entre Marguerite-Perrine Pelletier et Perrine Cucu de Beaulieu, veuve de Charles Pelletier; — vente par Perrine Pelletier à Auguste Labry d'une maison place Sainte-Croix d'Angers; — lettres de *La Cochetière*, prieur de Faye, Malécot, Vallée, curé de Blaison, Alexandre de Lauzières de Thémines, évêque de Blois, Herbert, curé de Gohier, Du Buisson, curé de Charcé, Leau, archiprêtre de Saumur, Lecomte, chanoine de Blaison, en *réponse aux demandes de secours adressées par Marguerite* Pelletier, sœur de l'ancien curé de Blaison; — testament de Marguerite-Perrine Pelletier; — fragment d'une généalogie de la famille Pelletier; etc.

E. 3362. (Carton.) — 1 pièce, parchemin.

1620. — PELLU. — Acquêt par Jean-Pellu d'une pièce de vigne aux Coutans, près Montreuil-Bellay.

E. 3363. (Carton.) — 1 pièce, papier.

1776. — PELUET. — Acquêt par André Peluet de terres en la paroisse de Soulaines.

E. 3364. (Carton.) — 1 pièce, parchemin; 1 pièce, papier.

1664-1699. — PENCHIEN. — Acquêt par Charles Penchien, notaire, de partie du pré de Bousseline en Beaufort; — « mémoire des assistances et visittes rendues « par Denis Chédailleau, maître chirurgien à Beaufort, à la « personne de Pierre Penchien, en sa maladie dont il est « décédé. »

E. 3365. (Carton.) — 1 pièce, parchemin.

1804. — PENNET. — Prise à rente par Jean Pennet d'une maison « séant au Pont-de-Fer en la ville d'Espinaz ».

E. 3366. (Carton.) — 6 pièces, parchemin; 6 pièces, papier; 4 sceaux frustes.

1510-XVIIIe siècle. — PERCAULT. — Présentation par Guillaume, Hélye et Olivier Percault, sieurs de Combrée, de la chapelle de La Fontaine en l'église de Miré; — aveux et hommages rendus par Guillemine Percault à la seigneurie de La Haye pour son fief de La Savinerie; — par Jean Percault au Port-Joullain pour sa terre du Hargat; — par Pierre Percault à Châtelais pour sa seigneurie de La Blairie; — notes et extraits généalogiques du feudiste Audouys.

E. 3367. (Carton.) — 1 pièce, papier.

1788. — PERDRIAU. — Sentence d'émancipation de Perrine Perdriau, fille d'Hilaire Perdriau et de Marie Gasté.

E. 3368. (Carton.) — 1 pièce, papier; 1 pièce, parchemin.

1548-XVIIIe siècle. — PÉRETTIÈRE (de LA). — Vente par Jeanne de La Pérettière de divers prés en la paroisse de Nyoiseau; — note généalogique du feudiste Audouys.

E. 3369. (Carton.) — 1 pièce, parchemin; 1 pièce, papier.

1675-1683. — PÉRIER. — Acquêt par Joachim Périer d'une maison à Pellouailles; — reconnaissance pour René Périer, sieur de La Binetière, d'une somme de 100 francs, par lui prêtée à Aimé Gehère, tanneur.

E. 3370. (Carton.) — 10 pièces, parchemin; 14 pièces, papier; 3 sceaux.

1420-XVIIIe siècle. — PÉRIERS (de). — Ratification par l'évêque d'Angers du don de 20 boisseaux de blé et 2 sous tournois de rente, fait à la cure de Marsillé par Marie de Périers; — présentation par François de Périers de la chapelle de son manoir d'Aupignelle en la paroisse de Cheviré-Le-Rouge; — *testament de Jacques de Périers*, qui fonde divers services et anniversaires dans les églises de Lasse, Breil, Noyant et Cheviré-Le-Rouge; — fondation par Ambroise de Maillé, sa veuve, d'une chapelle en son château du Bouchet; — présentation par Louis de Périers, *sieur du Bouchet, de la chapelle de La Puy-Mainerie en la* paroisse d'Allonnes; — inventaire des titres produits par les créanciers d'Ambroise de Périers, baron de Saint-Georges-du-Bois, et de Charles Joubert, seigneur de La Jarrie; — sentence d'ordre pour la répartition de l'actif; — *testament de Louis-François de Périers, qui lègue entre* autres sommes, 300 livres aux pauvres de Bocé et 700 livres pour lambrisser l'église; — notes et extraits généalogiques par le feudiste Audouys; etc.

E. 3371. (Carton.) — 14 pièces, parchemin; 8 pièces, papier.

1633-1683. — PÉRIGAULT. — Vente par Claude Périgault de terres en l'île de L'Asnerie; — contrat de mariage de René Périgault et de Jeanne Boussier; — acquêt par René Périgault de terres en la paroisse de Chalonnes-sur-Loire; — de prés et maisons en l'île de *Guldebœuf*, paroisse du Mesnil; — d'une maison au bourg de Saint-Macaire; — testament dudit René Périgault portant fondation de divers services en l'église Notre-Dame de Chalonnes-sur-Loire; — partage de sa succession entre Marie, sa fille, et Louis Barbot, fils de Jeanne Boussier, sa veuve, femme en premières noces de Louis Barbot.

E. 3372. (Carton.) — 3 pièces, papier.

1518-1756. — Périgois. — Vente par Jean Périgois, arbalêtrier, de vignes en la paroisse du Puy-Notre-Dame; — transaction entre Anne Babin et Jean Duportal, Jacquine Périgois, Perrine Périgois, veuve de Pierre Jouet et en secondes noces de Michel Lejoy, Gilles Périgois, créanciers d'Alexandre Périgois; — acquêt par René Périgois des grands moulins de Brissarthe.

E. 3373. (Carton.) — 2 pièces, parchemin; 18 pièces, papier.

1460-1782. — Perrault. — Acquêt par Robin Perrault d'une rente de 100 sous tournois sur une maison au faubourg Bressigny d'Angers; — testament d'Olive Perrault, portant don de partie de ses meubles et de tout son linge à Perrine Cocu, sa cousine; — délibérations des paroissiens de Saint-Maurice, Saint-Étienne et Saint-Jacques de Chinon, attestant leur satisfaction de l'administration de Perrault de Mainières, leur maire; — actes de baptême de Claude et de Pierre-Maurice, fils de Pierre Perrault, sieur de La Chaussée, et de Jeanne Treton; — contrat de mariage de Claude Perrault, sieur de La Chaussée, auditeur en la Chambre des Comptes de Bretagne, et de Marie-Claude de Lespagneul; — accusé de réception par le cardinal de Fleury d'un mémoire sur la contestation survenue entre la Chambre des Comptes de Bretagne et M. de La Tullaye (signature autographe); — ordre du Roi à la Chambre des Comptes de Nantes pour le *Te Deum*, en reconnaissance « des succès heureux que le Dieu des « armées a bien voulu accorder à la droiture et au désinté- « ressement de nos intentions » (avec signature autographe de Louis XV); — partage entre Claude Perrault de La Chaussée et Pierre-Maurice Perrault de Lessard de la succession de Madeleine Treton, leur tante; — contrat de mariage de Pierre-Claude Perrault, sieur de La Bertaudière, et de Laurence-Joseph-Jacquine-Perrine Falloux-du-Lys; etc.

E. 3374. (Carton.) — 1 pièce, papier.

1751. — Perrochel. — Acte de baptême d'Henri-François-Constance, fils de Louis-Jacques-Charles-François Perrochel et de Charlotte-Françoise Usmond.

E. 3375. (Carton.) — 2 pièces, parchemin; 1 pièce, papier.

1675-1729. — Person. — Acquêt par Michel Person, chirurgien, de la métairie du Bois-Jouan en la paroisse de Coron; — accord entre Michel Person, avocat, et Marie Gaillard, sa femme, au sujet de la propriété indivise du bordage de La Billangerie en la paroisse du Voisde; — prise à bail par Nicolas-Michel Person de la métairie de La Grande-Chevrie en Coron.

E. 3376. (Carton.) — 2 pièces, parchemin; 11 pièces, papier

1540-XVIIIe siècle. — Pescherart ou Pescherat. — Contrats de mariage de Madelon Pescherat et de Marquise Dupont; — de Pierre Pescherat et de Renée Chaillou; — de Gabriel Bertelot et de Renée Pescherart; — démission par Catherine Sansereau, veuve de Pierre Pescherart, de tous ses biens au profit de ses enfants; — partage des successions de René Bertelot et de Sainte Pescherart; — de Renée Pescherart, femme de Gabriel Bertelot; — notes du feudiste Audouys.

E. 3377. (Carton.) — 1 pièce, parchemin.

1746. — Pesneau. — Acquêt par Pierre Pesneau, meunier, de vignes et prés au Moucheau dans la paroisse de Saint-Just-sur-Dive.

E. 3378. (Carton.) — 13 pièces, parchemin; 62 pièces, papier.

1393-1666. — Petit. — Ajournement par devant le sénéchal de La Rochelle, signifié à André Renouart, Jean Petit, capitaine du château de Brissac et autres, pour répondre, sur les plaintes de la dame de Denée, d'excès et violences commis en son fief; — acquêt par Jean Petit de vignes près Pocé; — acte de baptême de Pierre, fils de Jean Petit, receveur général de Picardie, et de Geneviève Robineau; — testament de Françoise Gaultreau, femme de Martin Petit; — arrêt du Parlement de Paris, rendu sur requête de Jean Petit, conseiller maître d'hôtel ordinaire du Roi, garde et receveur général des gabelles à Ingrandes, qui fait défense « à toutes personnes quelles soient de se « servir à autre usage qu'au service divin de la chapelle » fondée dans le cimetière des Innocents de Paris par ses ancêtres et où sont enterrés les sieurs Louis Petit, de La Saulnerie et Bonnet; « et lequel Louis Petit, ayeul du sup- « pliant, a laissé un tableau escrit de sa main sur du par- « chemin dans la nef de l'église des religieux Minimes, « proche le village de Chaliot, où il y a ces mots : « *Voyez « cy l'homme saint, innocent et juste* », où sont portraits « lesdits Petit et de La Saulnerie, sa femme, avec quatorze « enfants procédans de leur mariage, et leurs armes »; — commission pour Jean Petit, sieur de La Combrie, de la charge de maître d'hôtel ordinaire du Roi (avec signature autographe de Louis XIV); — contrat de mariage d'Antoine Petit, maître d'hôtel ordinaire du Roi, avec Catherine Doussin; — acquêt par Antoine Petit, avocat au Parlement, de l'office d'avocat aux Conseils d'État et privé; — partage de la succession de Jean Petit et de Geneviève Robineau entre Toussaint, Antoine, Jean et Catherine Petit, leurs enfants; — vente des meubles dépendant de ladite succession; — état des biens saisis sur Pierre Petit, sieur de Piedfelon, et Prégente de Saint-Denis, sa femme; — testament de Françoise Petit, femme de Louis de Saint-Sécille; — mémoire par Antoine Petit, avocat, et Catherine Doussin, sa femme, contre Edme-Hélye et Anne de Certaine de Fricambault, au sujet de la succession d'Antoinette Lemaistre; — bail par Guy Petit, sieur de La Pichonnière, des revenus de son fief de Turcart en Luigné; — lettres et mémoires adressés par Jouard de Gissey, conseiller du Roi au bailliage de Châtillon-sur-Seine, à Antoine Petit, avocat au conseil privé du Roi, concernant l'acquisition de la charge de maire de Châtillon; — testament de Jean Petit, conseiller du Roi au siége général de la Table de marbre, portant divers legs à l'hôpital des Enfants-Trouvés et aux Jésuites de Paris.

E. 3579. (Carton.) — 7 pièces parchemin; 88 pièces, papier.

1560-XVIIIe siècle. — Inventaire de la succession de Catherine Petit; — constitution par Pierre Petit, marchand bonnetier à Paris, d'une rente viagère de 30 livres au profit de Marie Petit, sa fille, religieuse de la Visitation de Saumur; — acte de décès de Toussaint Petit; — dispenses pour le mariage d'Étienne Petit avec Geneviève Petit; — contrat de mariage de Guy Petit, chevalier de Saint-Louis, sieur de La Pichonnière, commandant le second bataillon du régiment d'Orléanais, avec Marie Legouz de Bordes; — acte de décès d'Antoine Petit, avocat au Conseil privé; — inventaire de ses meubles; — acte de baptême de Geneviève-Catherine, fille d'Étienne Petit, juge-garde au mesurage de La Pointe, et de Geneviève Petit; — mémoire pour Guy Petit, agissant comme aîné et au nom de la famille, contre Marie Petit, veuve de Joseph de Cherbaye; — mémoire, réplique et titres à l'appui (1560-1718) de l'instance intentée par Guy Petit, sieur de La Pichonnière, en revendication d'un terrain et de la maison des Caves, à lui appartenant rue Saint-Michel, à Angers; — don par Catherine Petit à Geneviève Petit, sa sœur, de tous ses droits en la succession de Catherine Doussin, leur mère; — acquêt par Guy Petit de La Pichonnière, de la métairie de Valette en la paroisse de Faye; — testaments et actes de décès d'Étienne Petit et de Geneviève Petit, sa femme; — testament de Guy Petit; — partage de sa succession entre Marc-Charles-Guy Petit, lieutenant au régiment de Flandres-infanterie, Raoul-Jean-Jacques-René Petit, prêtre, et Marie-Thérèse-Pélagie Petit, ses enfants; — « généalogie et maisons dont sont issues les Petits et leurs « alliances »; — « cahier des preuves de la généalogie de « la famille Petit »; — notes et extraits généalogiques par le feudiste Audouys; etc.

E. 3580. (Carton.) — 1 pièce, papier.

XVIIIe siècle. — PETIT-JEAN. — Note du feudiste Audouys sur la famille Petit-Jean, seigneur de Linières-Bouton.

E. 3581. (Carton.) — 2 pièces, papier.

1693-1719. — PÉTRINEAU. — Lettre de Moreau d'Estavigny à Pétrineau des Noulis à l'occasion de son projet d'histoire d'Anjou et contenant envoi de renseignements demandés sur la famille Moreau, originaire du Poitou, établie partiellement en Anjou depuis le XVIe siècle : « Si par un trait de vostre hounêteté naturel, « vous voulié au moins dire quelque chose de plus elloquans et de plus glorieux que le sieur de Blancourt n'a « fait sur la bonté de mon nom, quoyque commun à une « infinité de famile qui se trouvent dans la lie du peuple, je « vous serois très-sansiblement obligé; car je ne trouve « pas qu'il est assé distingué ma famille de celles qui por- « tent mon nom et qui ne la vaillent pas. Vous me dirés « petaistre comme luy, qu'elle est assé distinguée par son « antiennoté et par ces grandes allience; mais encore le « faudrait-il dire en termes un peu plus fors dans le com- « mancement de la généalogie... en aussi peu de mots « qu'il vous plaira, pourvu qu'ils y soient », etc; — testament de Françoise Bridon, veuve de Nicolas Pétrineau, sieur des Noulis, portant fondation de services en l'église Saint-Germain de Saint-Laud d'Angers.

E. 3582. (Carton.) — 2 pièces, papier.

1661-1669. — PETUN. — Testament de Marin Petun, chirurgien de la famille de Courcelles, portant élection de sépulture en l'église de La Fontaine-Saint-Martin et don de « ses bagues, diamants, émeraude, petits portraits et « linges » aux trois sœurs du curé; — inventaire, après décès, de ses meubles et papiers.

E. 3583. (Carton.) — 9 pièces, papier; 1 pièce, parchemin.

1614-1759. — PHELIPPEAU. — Constitution par René et Charles Phelippeau, bouchers, d'une rente de 36 livres au profit de Pierre Delhommeau, conseiller en la Sénéchaussée de Saumur; — acquêt par Gabriel Phelippeau, contrôleur au Grenier à sel de Saumur, d'une rente de 40 livres sur Raoul Chalopin, sieur de La Plesse; —

aveu rendu à Gabriel Phelippeau, sieur du Grand-Taunay, pour le fief du Pont-de-Varenne; — requête de Jean Oriot, marchand, à l'appui des droits d'Anne Phelippeau, sa femme, dans la succession de Jean Mingon et de Judith Lecercler; — mémoire pour Pierre Routard, contre Charles Phelippeau, son beau-père, pour lui retirer l'administration des biens de ses enfants, dont il touche l'usufruit; — constitution par Anne Maugars, veuve de Pierre Phelippeau, marchand de draps de soie, d'une rente de 80 livres au profit de Charles Phelippeau, son fils, pour sa promotion aux ordres sacrés.

E. 3384. (Carton.) — 1 pièce, papier.

1670. — Phelippon. — Vente par André Phelippon à Pierre Phelippon, son frère, de terres aux Ulmes-Saint-Florent.

E. 3385. (Carton.) — 4 pièces, papier.

1480-1653. — Piau. — Acquêt par Macé Piau, boulanger, d'une maison en la rue du Papegault à Angers; — par André Piau de la closerie de L'Huis-de-Fer en Saint-Laud; — par Maurice Piau de la closerie de Chandoiseau en Frémur; — testament de Françoise Piau, veuve de Jean Cognée et en secondes noces de Nicolas Ledoyen, portant divers legs à l'église de Jallais, aux Pauvres-Renfermés et aux Pénitentes d'Angers.

E. 3386. (Carton.) — 1 pièce, parchemin.

1758. — Picarin. — Acquêt par Roch Picarin, lieutenant des fermes du Roi, d'une rente de 60 livres sur Jean de Chessé.

E. 3387. (Carton.) — 4 pièces, papier.

1529-1589. — Pichard. — Acquêt par Étienne Pichard, marchand, de la terre, seigneurie, moulin à eau, domaines et appartenances de Marens; — testament de René Pichard, marchand, et d'Élisabeth Baudouin, qui fondent en l'église de Séronne une messe par semaine et lèguent à cet effet à la fabrique une maison dans le bourg de Châteauneuf; — approbation dudit legs par René, Jacques et Marie Pichard, enfants et héritiers des donateurs; — décharge pour Marguerite Bousselin, veuve de Michel Pichard, avocat, des papiers et titres de son mari, remis par elle à Nicolas Chevalier, sieur de Belessort.

E. 3388. (Carton.) — 2 pièces, papier; 1 pièce, parchemin.

1505-1768. — Picherit. — Lettres de maîtrise du métier de cordonnier octroyées par Louis de Cossé, duc de Brissac, à Gabriel Picherit; — licitation entre Pierre Picherit et Anne Cady, sa femme, d'une maison à Rochefort-sur-Loire.

E. 3389. (Carton.) — 6 pièces, parchemin; 20 pièces, papier.

1500-1788. — Pichon. — Quittance par Sébastien Pichon d'une rente de 120 livres sur le jeu de paume des Basses-Rues, à Saumur; — codicille de Jean Pichon, marchand, portant divers legs d'argent à ses fermiers et fondation d'une rente de 50 livres tournois au profit de l'Hôtel-Dieu d'Angers; — inventaire, après saisie, des meubles de Sébastien Pichon; — partage entre Guillaume Pichon et Louise Pichon, veuve de René Caillé, de la succession de François Pichon et de Marguerite Réveillon, sa femme; — mémoires pour Jeanne Brouilly, veuve de Pierre Pichon, sieur de La Billeterie, contre Joseph Motet et Yves Boureau, au sujet de la succession de Renée Godin, veuve de Florent Brouilly; — déclarations rendues par François Pichon au fief de La Guimondière, en la paroisse de Meigné; etc.

E. 3390. (Carton.) — 2 pièces, parchemin; 1 pièce, papier.

1586-1684. — Pichot. — Acquêt par Michel Pichot d'une closerie à Mûrs; — par Jean Pichot, docteur en théologie, curé de Saint-Germain de Châteaugontier, de la closerie de L'Appentis dans la paroisse Saint-Laud d'Angers; — sentence du sénéchal de Bécon, qui condamne Daniel Pichot à payer une rente par lui due sur la métairie de Boisgautier à la baronnie de Bécon.

E. 3391. (Carton.) — 1 pièce, parchemin.

2016. — Picques. — Constitution par François de Daillon d'une rente de 400 livres tournois au profit d'Olivier Picques, bourgeois de Paris.

E. 3392. (Carton.) — 1 pièce, papier.

1680. — Pidoux. — Partages des successions de Gabriel Pidoux, sieur du Petit-Bois, docteur en médecine, de Pierre Pidoux, sieur de Nesdo, et de Catherine Lemaistre, veuve de Jean Pidoux, sieur de La Madoire, entre Gabrielle et Marie Pidoux.

E. 3393. (Carton.) — 1 pièce, parchemin; 1 pièce, papier.

1376-XVIIIe siècle. — Piédouault (de). — Partage entre Jean, Geoffroy et Aimery de Piédouault de la succession paternelle; — note généalogique du feudiste Audouys.

E. 3394. (Carton.) — 1 pièce, parchemin.

1782. — Piel. — Acquêt par Jacques-René-Hyacinthe Piel de La Porte, contrôleur des guerres, de la closerie du Grand-Champ en Combrée.

E. 3395. (Carton.) — 25 pièces, parchemin; 41 pièces, papier; 9 sceaux.

1408-XVIIIe siècle. — Pierres. — Présentation par René Pierres, sieur du Plessis-Baudouin, de la chapelle de Jeanne Denise desservie en l'église de Joué; — par Guy Pierres, docteur-ès-droits, maître-école et chanoine d'Angers, de la chapelle de La Plesse en la paroisse de Précigné; — vente par Pierre Pierres, sieur de La Perraudière, d'une maison au village de Saugré; — déclaration rendue par Pierre Pierres au chapitre Saint-Maurice d'Angers des cens et tenures qu'il tient pour sa terre du Plessis-Baudouin en la paroisse de Joué; — testament de Jeanne Pierres, portant fondation d'un anniversaire en l'église de Montilliers; — de Guy Pierres, chanoine d'Angers, portant fondation d'un anniversaire en l'église Saint-Maurice; — aveu rendu à la seigneurie de Vallières par Charles Pierres pour son fief de La Noue-Bachelot dans la paroisse de Chazé-sur-Argos; — mémoire pour René Pierres, écuyer, sieur de Bellefontaine, contre Barbes d'Aulnières, refusant aveu pour son fief de Raguin; — bail à ferme par Marie Chapot, veuve de François Pierres, de la seigneurie du Plessis-Baudouin; — testament de Renée Pierres, veuve de Benjamin de Chouppes, portant élection de sépulture en l'église des Augustins d'Angers; — contrat de mariage de Guy Pierres, sieur de La Quairie, et de Renée-Élisabeth de La Saugère; — partage de la succession de Marie Jahanault, veuve d'Urbain Justeau, entre Paul Pierres, prêtre habitué en l'église de Corné, et Mathurin Justeau; — extrait authentique de titres imprimés ou manuscrits, délivré par Louis Lefebvre, notaire à Méral, sur requête et production de Jean-Marie Pierres, curé de Méral; — notes et extraits généalogiques par le feudiste Audouys.

E. 3596. (Carton.) — 1 pièce, papier.

1607. — Piet. — Cession par Charles Dupont d'Aubevois, sieur de La Russière, de tous ses droits à Charles-Hilaire Piet, sieur de Beaurepaire, dans la succession d'Arthur de La Cour, sieur de La Grise.

E. 3597. (Carton.) — 1 pièce, papier.

1618. — Pigeon (de). — Mémoire par Jacques de Pigeon contre François de Cuillé au sujet de la mouvance de la terre de La Remolière.

E. 3598. (Carton.) — 1 pièce, parchemin.

1576. — Pignonneau. — Dispenses ecclésiastiques pour le mariage d'Antoine Pignonneau avec Jacquette Hervet.

E. 3599. (Carton.) — 1 pièce, papier.

1766. — Pihery. — Vente par Louis-Gabriel Pihery, président au Présidial de La Flèche, de la closerie du Gros-Billot en la paroisse de Saint-Sylvain.

E. 3600. (Carton.) — 1 pièce, papier.

1609. — Pihu. — Acquêt par Jean Pihu, marchand, de la terre de La Rallangeraye dans la paroisse de Loiré.

E. 3601. (Carton.) — 4 pièces, papier.

1604-1765. — Pilastre. — Vente de la métairie de La Guillotaye par Renée Mégendre, veuve de Pierre Lenoir, Jean Pilastre, notaire, Jean Pilastre, marchand, et Jacques Pilastre, praticien; — acquêt par Jean Pilastre des lieux du Rocher, de L'Étang et de La Guillotière en la paroisse de Contigné; — bail par Nadeleine Pilastre, veuve de Renée Perrault, notaire royal, de la closerie du Puy en Corzé; — acquêt par Urbain et Urbaine Pilastre de La Brardière des closeries des Moricières en la paroisse de Champiré.

E. 3602. (Carton.) — 2 pièces, parchemin; 2 pièces, papier.

1600-1661. — Pillegault. — Relevé des dettes de Jean Pillegault, sieur du Temple; — partage de sa succession entre Jeanne et Perrine, ses enfants, et Pierre Renart; — sentence de la Sénéchaussée d'Anjou portant injonction à René Pillegault de vider une maison sise en la ville de Segré; — vente par Pierre Damours, Raoullet Jouannolles, mari de Nicole Pillegault, et autres héritiers de Jean Pillegault, de partie de la métairie de La Bourière en la paroisse de Saint-Aubin-du-Pavoil.

E. 3603. (Carton.) — 10 pièces, papier.

1703-1786. — Pillerault. — Acte de mariage de Nicolas Pillerault avec Anne Halnabault; — mémoire des médicaments fournis audit Pillerault par Poupart, apothicaire; — quittances de la rente viagère servie par Étienne Pillerault à Marie-Anne-Bonne Dehogues; — achat par Étienne Pillerault, lieutenant des carabiniers, de la closerie de La Gagnerie; — de la métairie de La Chauvinière; — du Clos-Chauveau; — et d'une maison en la paroisse de Villebernier.

E. 3604. (Carton.) — 78 pièces, papier.

1779-1784. — Pillerault. — Correspondance entre le capitaine Pillerault, trésorier des carabiniers de Monsieur, et madame Pillerault, née Delport, sa femme; lettres intimes d'affaires de ménage et d'intérêt : « Cher « ami, conserve ton embompoint, qui te sied on ne peut « mieux; tout le monde me fait compliment de t'avoir pour « mon mary; je suis bien convaincue de ce qu'on me dit à « ton avantage, et je trouve qu'on n'en dit pas encore « assés; car d'honneur je te trouve charmant »; — « la « misère qui règne fait frémir; les pauvres meurent de « faim et de froid, depuis toutes ces glaces; plusieurs mal-

« heureux se sont laissés tombés et se sont cassés bras et « jambes; on ne cesse de venir aux portes demander la « charité »; — « il y a une quantité de pauvres dont tu ne « peux pas te faire d'idée; plusieurs ont arrêté des gens « dans les rues en leur disant qu'ils n'en vouloient point à « leur vie, mais qu'il *leur falloit de l'argent.* Nous retran- « chons deux de nos bals pour donner cet argent.. On « trouve de ces malheureux morts de froid sur la paille »; — « quelqu'un qui vient d'Orléans dit qu'il est affreux de « voir un nombre considérable de bateaux sur des mon- « tagnes *de glace, les uns renversés* d'un côté, les autres « de l'autre. J'ai vu une lettre écrite de Blois; la glace a « dans beaucoup d'endroits jusques à 40 pieds de haut », etc.; — « ce qui me chagrine tout de bon, parce que je « n'y vois pas de remède, c'est la mort du père Bruno, « *mon confesseur*; je t'assure que je le regrette bien « sincèrement; il me connoissoit et actuellement il faut « recommencer à se faire connoître. C'est bien désa- « gréable »; — « voilà pourtant le fruit des lettres anony- « mes; tu parois y ajouter foi; je voudrois pouvoir me le « dissimuler à moi-même; mais cela est impossible;... « ainsi sans connoître cet infâme calomniateur, il mesurera « *mes démarches et mes actions*; avant de rien faire ou « entreprendre, il faudra que je calcule ce qu'il en pourra « penser;... il verra que je ne vais pas à Chinon; il sera « satisfait; il ne lui manqueroit plus pour l'être complète- « ment que de savoir que le militaire, que j'y trouverois, « est *un obstacle*, et que tu ne veux pas que je reçoive ceux « qui sont ici »; — « tu verras ton fils, mais ce n'est pas « le même enfant que tu m'as laissé; il parle, il jase « avec un esprit incroyable pour son âge. Quand il voit un « officier, il dit que c'est un carabinier, et que c'est son « *papa*, n'importe quel uniforme. Tu en seras dans l'en- « chantement. »

E. 3605. (Carton.) — 160 pièces, papier.

1779-1789. — Lettres adressées à M. Étienne Pillerault, capitaine *trésorier* des carabiniers de Monsieur, par M. et Mme Delport, son beau-père et sa belle-mère; — Delport jeune et *Delport*, prêtre, oncles de *madame* Pillerault; — d'Arboucard; — Audouin; — d'Avrange; — de Béthune : il remercie du service d'ami, qu'il lui a rendu et qu'il reconnaîtra en toute occasion; — de La Boissière; — Boscage-Bouillé; — Boutin, vicomtesse de Montboissier : « Il vient d'entrer *dans* les *carabiniers* et *de* joindre le « corps pour la première fois M. le vicomte de Lévis, fils « de M. le marquis de Lévis, capitaine des gardes de « MONSIEUR. Quelqu'un que j'aime infiniment a des veues « sur ce jeune homme pour un mariage et a causé avec « *moy sur les* moyens de prendre sur luy les informations « les plus exactes...; par exemple, si dans son intérieur et « sa deppense il paroist avare, ou deppensier, ou raisonnable « ou indifférent, s'il annonce du goût pour le jeu, s'il est « doux et facile avec ses domestiques ou s'il a de l'hu- « meur, s'il se fait aimer de ses camarades et s'il a un bon « ton avec eux, si dans l'espèce de petit libertinage auquel « on *se laisse presque toujours entraîner* à son âge, on « peut voir si c'est goût pour la mauvaise compagnie ou « bien simplement légèreté de son âge » etc.; — Busson; — Cauchard; — comte de Chabrillant; — Clervarie; — le chevalier de Saint-Clou; — Deshayes-Pillerault; — Renault; — Fontaine; — de Ganville; — Guichard; — Lebret; — Lefrançois; — Lemercier; — Lenoir; — de Livron : « il vient de m'arriver une assez bonne aventure « avec Lousse. J'ay acheté ici un cheval gris pour le corps; « je luy ay confié et je le fis partir jeudy après luy avoir « avancé deux louis pour la dépense du cheval. Au lieu de « cela, j'ay appris que jeudy il a été sur ce cheval enlever « une fille à Tarbes; *ils sont venus icy vendredy* et sont « partis dans la nuit avec une chaise de voiturier; » etc., — « il devoit partir aujourd'hui un nouveau balon avec « deux nouveaux voyageurs aériens; mais il est renvoyé à « lundy; les deux derniers qui ont parcouru les airs à « balon perdu ont fait la plus grande sensation. Tout le « monde est saisi d'admiration! »; — de Mondomaine, major du château de Saumur; — Oudry : il lui envoie la formule d'un remède empirique contre les calculs des reins et de la vessie; — Prieur, commissaire des guerres; — Rallier.

E. 3606. (Carton.) — 2 pièces, papier; 1 pièce, parchemin.

1601-1770. — PILLET. — Arrêt du Parlement de Paris portant *règlement de la succession* de Mathurin Pillet, marchand maître-ouvrier en soie à Tours; — acquêt par Marguerite et Jeanne Pillet de l'hôtellerie de Saint-Julien à Angers; — par Michel Pillet de l'auberge de Saint-Martin à Échemiré.

E. 3607. (Carton.) — 1 pièce, papier.

XVIIIe siècle. — PILLOIS (de). — Note du feudiste Audouys sur la famille de Pillois, seigneur de La Coquemillière.

E. 3608. (Carton.) — 2 pièces, parchemin.

1577. — PILLOUST. — Opposition mise par François Pilloust, docteur en médecine, et *Antoine Gourery*, capitaine du château de Pouancé, à la vente de La Malabrie.

E. 3609. (Carton.) — 1 pièce, parchemin; 2 pièces, papier.

1548-1699. — PIMOT. — Acquêt par Étienne Pimot

d'une rente de 8 sols sur un jardin à Jarzé; — testament de Renée Cordé, femme de Jean Pimot, maçon, portant fondation d'un anniversaire en l'église de Varrains; — sentence de la Prévôté de Saumur pour la répartition des sommes provenant de la succession de Pierre Pimot; — testament de Louis Pimot, femme d'Étienne Pimot, laboureur à Varrains; — reconnaissance par les héritiers de Symphorien Pimot et de Marguerite Pimot d'une rente de 6 livres due à la fabrique de Notre-Dame-de-Nantilly de Saumur.

E. 3610. (Carton.) — 11 pièces, parchemin; 10 pièces, papier.

1600-1699. — PINARD. — Acquêt par Jean Pinard d'un jardin à Mathefelon; — d'une partie du moulin à eau de Seiches; — de jardins et saulaies à Brè; — de prés en la paroisse de Montreuil-sur-Loir; — d'une maison au bourg de Mathefelon; — d'une ancienne tannerie près le moulin de Mathefelon sur le Loir; — de deux maisons à la chapelle Saint-Laud; — contrat de mariage de Jean Pinard, sieur de La Plessonnière, avec Jacquine Bernard; — du même, en secondes noces, avec Louise Boustel; — inventaire, après décès, des papiers de Jean Pinard et de Catherine Piau, sa femme; — testament de Simon Pinard, sieur du Portal; — partage des successions de Jean Pinard, de Catherine Piau et de Simon Pinard, sieur du Portal, leur fils, entre Jean Pinard, greffier en chef de la maréchaussée principale d'Anjou, et Marin Pinard, sieur de La Suardière; etc.

E. 3611. (Carton.) — 21 pièces, parchemin; 24 pièces, papier; 10 sceaux frustes.

1450-XVIIIe siècle. — PINCÉ (de). — Acquêt par Jean de Pincé et Guillaume d'Alencé, sa femme, « de deux « corps de maisons, caves, celiers » au carrefour de La Cheverie, à Angers; — aveu rendu à Vieilleville par Guillaume de Pincé pour son fief de Prignais; — fondation par Jean de Pincé de la chapelle de Lespinay en la paroisse de Bouchamp; — présentation par René de Pincé, curé du Louroux-Béconnais, à la chapellenie de Sainte-Anne; — acquêt par Jean de Pincé, lieutenant général d'Anjou, des métairies de La Blanchardière, de La Cloustière et de la closerie de La Greslerie dans la paroisse du Petit-Paris; — déclaration rendue par Renée Fournier, veuve de Jean de Pincé, et Christophe de Pincé, son fils, aux assises de Saint-Maurille pour leur « maison nouvellement édiffiée « appellée vulgairement Les Créneaux »; — et pour « un « avancement et adjoustement aux deux tourelles en la rue « du Figuier »; — acquêt par Renée Fournier et Christophe de Pincé de la seigneurie de La Roche-Fouques en Soucelles; — contrat de mariage de Christophe de Pincé avec Simonne Chevreul; — testament de Renée de Pincé, dame de La Jailletière; — sentence d'ordre entre les créanciers de François de Pincé, sieur de Parigné; — fragment d'une généalogie de la famille de Pincé par le fendiste Audouys.

E. 3612. (Carton.) — 9 pièces, parchemin; 7 pièces, papier.

1595-1697. — PINEAU. — Acquêt par Sylvestre Pineau d'une métairie au village de Verbriesse; — par Gabriel Pineau de partie d'une maison à Chemant; — testament de Macé Pineau, prêtre, qui fonde une chapellenie en l'église Saint-Pierre d'Angers; — partage de la succession de Blaise Pineau entre Maurice Coué et Gervaise Pineau, Pierre Pineau, Jean Béconnais et autres cohéritiers; — procuration par Amaury de Ladvocat pour vendre en son nom son office de conseiller au Présidial d'Angers à Gabriel Pineau; — remise par Henri de La Trémoille de ses droits de vente sur une terre vendue par Pierre Pineau, secrétaire de son aïeule (avec signature autographe); — acquêt par Thomas Pineau, chirurgien, de la closerie de La Grande-Barre en Beaucouzé; — par Louis Pineau, marchand, d'une maison au faubourg Saint-Laud; — acte de décès de Jean Pineau; — brevet pour Urbain Pineau, praticien, de l'office de greffier des fiefs et seigneuries d'Aubigné, Vaucallé, Gatine et Tigné.

E. 3613. (Carton.) — 3 pièces, papier.

1622-1660. — PINET. — Procès-verbal de criée de biens saisis sur Jacques Pinet et Suzanne Daviau; — extraits des registres de la paroisse de Blou, concernant la famille Pinet; — partage de la succession de Louis Darbin entre Jacques, Philippe et Pierre Pinet.

E. 3614. (Carton.) — 1 pièce, parchemin.

1600. — PINGAULT. — Acquêt par Nicolas Pingault de partie du domaine de La Balinière en la paroisse de Bouchamp.

E. 3615. (Carton.) — 1 pièce, papier.

1604. — PINON. — Acquêt par Geneviève Guiberteau, veuve de Nicolas Pinon, sieur de Mancy, d'une rente de 100 livres sur la ville de Paris.

E. 3616. (Carton.) — 1 pièce, parchemin; 15 pièces, papier.

1587-XVIIIe siècle. — PINSON. — Acquêt par Simon Pinson de prés en la paroisse d'Allonnes; — et d'un champ « affié d'arbres » près Le Moul-Bessard en Neuillé; — contrat de mariage de Jacques Pinson avec Claude Allaneau; — partage des successions de René Pinson, curé de Carbay, et de Jacquine Pinson, femme de Jean Godier, —

inventaire des peaux et cuirs trouvés après le décès de Jacques Pinson en sa tannerie d'Armaillé; — acquêt par Jacques Pinson d'un logis en la paroisse de Saint-Sylvain; — vente des immeubles dépendant des successions de Pierre Pinson, voyer particulier d'Angers, et de sa femme Madeleine Deslandes; — contrat de mariage de René Féron avec Marie Pinson; — notes et extraits généalogiques par le feudiste Audouys.

E. 3617. (Carton.) — 2 pièces, papier.

1669-1670. — PINTARD. — Inventaire de la succession de Pierre Pintard et de Renée Tocqué, sa femme; — et partage entre Jacques Levasseur, mari de Renée Pintard, Mathurine Tesnier, veuve de Pierre Pintard, et Marguerite Pintard.

E. 3618. (Carton.) — 1 pièce, papier.

1622. — PLOCHON. — Inventaire des meubles de Jeanne Plochon, veuve de Jean Marain.

E. 3619. (Carton.) — 4 pièces, parchemin; 16 pièces, papier.

1620-1789. — PIOLIN. — Acquêt par Jean Piolin de champs en la paroisse de Sorges; — quittance donnée par Girard Romain à Jacques Piolin d'une rente par lui due sur la métairie de Bois-Richard en Blaison; — vente de la terre de Boisgirard saisie sur Claude, Catherine et Françoise Piolin; — contrat de mariage de Jean Piolin avec Marguerite de Crespy; — vente par Jean Piolin, receveur du chapitre de Saint-Maimbeuf, à Jacques Cotard, peintre, d'une rente de 33 livres; — inventaire des papiers de Jean Piolin et d'Andrée Pineau, sa femme; — testament de François Piolin, perrayeur, qui donne à Étienne Tesson ses maillets à fendre l'ardoise, un dalleau, deux ferments et un ciseau.

E. 3620. (Carton.) — 3 pièces, papier.

1654. — PION. — Apposition de scellés sur les meubles de Pierre Pion, prêtre habitué en l'église Saint-Michel-du-Tertre; — inventaire et vente desdits meubles.

E. 3621. (Carton.) — 2 pièces, parchemin; 1 pièce, papier.

1495-1692. — PIRON. — Acquêt par Guillaume Piron, religieux de La Roë, d'une rente de 2 septiers de seigle sur la métairie de La Savarière; — don par Robert Piron d'une métairie en la paroisse de La Salle-de-Vihiers à son fils Jean Piron, pour sa réception et son entretien en l'ordre de prêtrise; — prise à bail par Pierre Piron de la closerie de Puymoisant en la paroisse de Châteauneuf.

E. 3622. (Carton.) — 9 pièces, parchemin; 72 pièces, papier.

1680-1789. — PISSONNET. — Acquêt par Guillaume Pissonnet, sieur de Bellefonds, de la seigneurie de Lancreau en Chantocé; — quittance des lettres d'anoblissement dudit Guillaume Pissonnet, sieur de Bellefonds et de Lancreau; — arrêt du Conseil d'État qui maintient, malgré l'édit de révocation des nouveaux nobles, Guillaume-Édouard Pissonnet de Bellefonds aux privilèges de noblesse obtenus par son père; — acquêt par André-Édouard Pissonnet de Bellefonds d'une rente de 36 livres sur un logis à Montreuil-Bellay; — vente de la closerie de Mouchaux en la paroisse d'Ingrandes; — contestation entre André-Édouard Pissonnet de Bellefonds et les Cordeliers d'Angers, au sujet des *dépendances et servitudes de l'hôtel de Lancreau*; — mémoires et répliques; — transaction et sentence de la Sénéchaussée; — contenance de la terre de Montifroy; — menu d'un grand dîner servi dans l'hôtel de Lancreau; — baux de la terre et des bois et châtaigneraies de La Jousselinière et de La Pouèze; — requête, mémoires et arrêt du grand Conseil, concernant la fixation de la mesure à blé du Grand Montrevault; — lettre du curé du Pin-en-Mauges à Édouard Pissonnet de Bellefonds, concernant l'autel qu'il fait bâtir dans l'église. Il ajoute un avis particulier que les élus du nouveau comité ont l'intention de solliciter de lui le don d'un tambour et d'un drapeau.

E. 3623. (Registre.) — In-folio, papier, 60 feuillets.

1767-1789. — Rentes dues à Édouard Pissonnet de Bellefonds par René Dieu, Louis Guilloteau, madame de La Béraudière, Cheton, Esnault, de Vaudésir, Blanchard, de La Bouverays, Mlle Gaudin, etc.

E. 3624. (Registre.) — In-4°, papier, 142 feuillets.

1778-1793. — Recette des baux et fermages de la métairie du Verger, des maisons d'Ingrandes et de Chantocé, des boires de Lancreau, de la closerie de *La Giraudevie* et de la maison rue Saint-Michel, à Angers.

E. 3625. (Carton.) — 3 pièces, papier.

1483-1694. — PITARD. — Testament de Jean Pitard, portant don à l'abbaye de Toussaint d'une maison en Saint-Laud; — partage entre Jean Marest, sieur de Lucé, Marthe Pitard, sa femme, et René Pitard, sieur d'Orthe, avocat, des successions de Jeanne Chalot et de Marie Pitard, fille naturelle de René Pitard; — entre Pierre Du Tremblier et Mathurin Briand, des successions de René Pitard, sieur d'Orthe, et de Michelle Galliczon, sa femme.

E. 3626. (Carton.) — 1 pièce, papier.

1696. — PLANCHARD. — Partage entre René Gouesse, René Théard, André Esnault, *de partie* de la succession de René Planchard, prêtre chapelain en l'église d'Angers.

E. 3627. (Carton.) — 1 pièce, parchemin; 10 pièces, papier.

1630-XVIIIe siècle. — PLANCHE (de LA). — Mémoire pour René de La Planche, sieur de Ruillé, au sujet de la mouvance de ses fiefs de Chartres, Le Fief-au-Bouteiller et L'Hopitau, contre le seigneur de Malicorne; — présentation par François de La Planche, sieur de Ruillé, de la chapelle de L'Asnerie en Morannes; — partage de la succession de Françoise de Saint-Aubin, femme de Jean de La Planche-de-Ruillé; — contrat de mariage de René-Pierre de La Planche, sieur des Étoubles, avec Marie Pissonnet de Bellefonds; — acquêt par Marie Pissonnet de Bellefonds, veuve de René-Pierre de La Planche, de la terre et châtellenie du Plessis-Bourré; — constitution par ladite dame d'une rente de 150 livres au profit de Vincent Benoist, ancien maire d'Angers; — d'une rente de 200 livres au profit de Catherine Martineau; — d'une rente de 60 livres au profit de François Gautreau; — d'une rente de 50 livres au profit de Madeleine Gohory, veuve de Maximilien d'Orvaux; — notes et extraits généalogiques par le feudiste Audouys.

E. 3628. (Carton.) — 1 pièce, parchemin.

1608. — PLANCHE (LA). — Arrentement par Urbain La Planche à Nicolas Chené d'une maison dans la ville de La Flèche.

E. 3629. (Carton.) — 3 pièces, parchemin; 11 pièces, papier.

1693-1780. — PLANCHENAULT. — Extrait de l'acte de partage de la succession de Pierre Planchenault; — transaction entre Hilaire Serin et Pierre Planchenault, au sujet de la propriété du pré de La Grée dépendant de La Foucheraye; — quittance délivrée à Pierre Planchenault par Étienne Pasqueraye, sieur du Rozay, son gendre, de toutes les obligations et finances comprises au contrat de mariage d'Anne Planchenault; — prisée des biens dépendant de la succession de Pierre Planchenault et d'Anne Gault, sa femme; — échange entre Pierre Planchenault, sieur de La Bellangeraye, et François Planchenault, de terres dans la paroisse de Loiré; — programmes des thèses de Charles Planchenault de La Chevallerie pour le baccalauréat en droit; — constitution par Gilles Poilpré d'une rente de 16 livres au profit de Pierre Planchenault, sieur de La Bellangeraye; — inventaire des meubles et papiers de François Planchenault; — dispenses pour le mariage de François-Marie-Magdeleine Planchenault avec Marie Trochon.

E. 3630. (Carton.) — 1 pièce, papier.

1667. — PLANCHET. — Vente par Jean Jouain et Marie Planchet à Louis Planchet d'un champ à Louresse.

E. 3631. (Carton.) — 3 pièces, papier.

1579-1639. — PLASSAIS. — Rachat par Jeanne Poitier, veuve de Julien Plassais, de partie d'une rente due en la paroisse Saint-Nicolas de Bourgueil; — acquêts par Michel Plassais de terres à Brain-sur-Allonnes — et à Saint-Nicolas de Bourgueil.

E. 3632. (Carton.) — 1 pièce, parchemin.

1644. — PLESCHARD. — Prise à bail par Pierre Pleschard d'une maison en la paroisse de Vilbernier.

E. 3633. (Carton.) — 4 pièces, papier.

1610-1708. — PLESSIS. — Testaments de René Plessis, prêtre; — de Jean Plessis, vicaire de Doué, qui fonde une chapellenie en l'église Saint-Maurice de Souvigné, diocèse du Mans; — contrat de mariage d'Étienne Plessis et de Vincente Babin; — testament de Nicolas Plessis, notaire de la baronnie du Plessis-Macé, qui fonde divers services et anniversaires en l'église de Mûrs et donne 1,500 livres à l'hôpital Saint-Jean d'Angers.

E. 3634. (Carton.) — 1 pièce, papier.

1709. — PLOQUIN. — Compte entre Toussaint Maugin et Julienne Ploquin, Marie Ploquin, René Rousseau et Renée Ploquin, Jeanne Ploquin et Julien Brindeau des successions de Mathurin Ploquin et de Julienne Malherbe.

E. 3635. (Carton.) — 2 pièces, papier.

1641-1735. — POCQUEREAU. — Inventaire des meubles dépendant de la succession de Marie Pocquereau, fille de René Pocquereau et de Suzanne Guyonneau; — acquêt par Pierre Pocquereau de la closerie de Villesicart.

E. 3636. (Carton.) — 4 pièces, papier.

1719-1775. — POCQUET DE LIVONNIÈRE. — Lettres adressées à Claude Pocquet de Livonnière, professeur de droit français en l'Université d'Angers, par Gontard, au sujet de la succession de Gencian; — par madame Martineau, pour obtenir copie d'un acte passé par M. Gibot de Moulinvieux; — acte de décès d'Henri-Prosper Pocquet de Livonnière, grand archidiacre d'Angers; — vente par Claude-Scévole Pocquet de Livonnière d'une maison en la rue Valdemaine d'Angers.

E. 3637. (Carton.) — 2 pièces, parchemin; 6 pièces, papier.

1531-XVIIIe siècle. — POËZE (de LA). — Acquêt par François de La Poëze, sieur de La Jonchère, d'une rente de seigle sur le lieu de La Colinière; — cote de la taille des nobles pour François de La Poëze; — contrat de mariage de François de La Poëze, sieur du Pont-Guinebault, et de Jacquine de Mésangé; — accord entre Marguerite Michel et Renée Guillottin, veuve Goullier, concernant leurs droits respectifs dans la succession de Jacquine de La Poëze; — notes et extraits généalogiques du feudiste Audouys.

E. 3638. (Carton.) — 6 pièces, parchemin; 14 pièces, papier.

1586-1787. — POICTEVIN, POITEVIN et LE POITEVIN. — Don par le roi Henri III à Jacques Poictevin d'un office de notaire nouvellement créé à Montsoreau; — quittance de son droit de confirmation audit office; — acquêt par René Poitevin, sieur de Hautebelle, de terres au Plessis-Grammoire; — aveu rendu par René Poitevin, avocat, à La Touchegelé pour son domaine de Réconaré; — inventaire des meubles et papiers de Maurice Poitevin; — généalogie de Pascal Poitevin ou Lepoitevin et de Jeanne Jauneaux, avec consultation de Pocquet de Livonnière pour le partage de leur succession; — partage de la succession de Pierre Poitevin ou Lepoitevin, sieur des Portes; — acte de baptême de Jeanne, fille de Jean Poitevin et de Louise Toutain; — bulle et enquête portant dispense pour le mariage de Joseph Aubert avec Louise-Jeanne Poitevin.

E. 3639. (Carton.) — 1 pièce, papier.

1691. — POILASNE. — Dispenses ecclésiastiques pour le mariage de Guillaume Poilasne avec Renée Bourein.

E. 3640. (Carton.) — 1 pièce, papier.

1775. — POILIÈVRE. — Acquêt par Toussaint Poillièvre de La Gastelière *alias* Cythère, en la paroisse de La Trinité d'Angers.

E. 3641. (Carton.) — 1 pièce, papier.

1691. — POINEAU. — Acquêt par Michel Poineau de prés dans la vallée de Rochefort-sur-Loire.

E. 3642. (Carton.) — 4 pièces, parchemin; 3 pièces, papier.

1359-XVIIIe siècle. — POINTEAU. — Certificat de bons services délivré par Amaury de Craon à Jean Pointeau, son receveur; — acquêt par Guillaume Pointeau, « docteur « en lois », du tiers du domaine de Boisclair; — déclaration rendue par Guillaume Pointeau à la seigneurie de Beaupréau pour son hébergement de La Roche-Abillen; — acquêt par Guillaume Pointeau d'une rente de 20 livres tournois sur les héritiers de Hugues Le Jau; — par Jullien Pointeau, de la closerie de La Jodoinière en Saint-Martin de Limet; — insinuation du brevet de maître-ès-arts de Louis Pointeau au greffe de la seigneurie de Bourgueil; — notes et extraits généalogiques par le feudiste Audouys.

E. 3643. (Carton.) — 1 pièce, parchemin.

1764. — POINTIER. — Collation par le Roi à Jacques-Philippe Pointier des chapelles de Saint-Sébastien et de Saint-Jean desservies en l'église paroissiale de Marcilly (avec signature autographe de Louis XV).

E. 3644. (Carton.) — 3 pièces, parchemin; 8 pièces, papier.

1519-1780. — POIRIER. — Testament de Fabienne Poirier, qui fonde divers services dans l'église de La Trinité d'Angers et de Grézillé; — lettres royaux portant création de l'office de procureur au Grenier à sel d'Ingrandes au bénéfice de *Michel Poirier*; — acquêt par Louis Poirier de partie des meubles de Renée Menuau, veuve de François Cizay; — procès-verbal d'installation de Jean Poirier comme chapelain du château de La Chifolière; — bulle et enquête de dispense pour le mariage de Guy-Michel Poirier avec Renée Chartier; — constitution par Antoine Claveroul, curé de La Trinité d'Angers, d'une rente de 100 livres au profit de Jacquine Poirier; — acquêt par Nicolas Poirier de terres en Saint-Laud; — et de la closerie du Pressoir-Franc.

E. 3645. (Carton.) — 12 pièces, parchemin; 28 pièces, papier.

1498-1779. — POISSON. — Acquêt par Jamet Poisson des domaines du Petit-Bois et du Petit-Fougeré; — présentation par René Poisson de la chapelle de Gastines en la paroisse de Chemazé; — provisions pour Pierre Poisson de l'office de conseiller et avocat du Roi au Présidial d'Angers; — contrats de mariage d'Ambrois Poisson avec Renée Bernier; — de Simon Poisson, avocat au Parlement de Bretagne, avec Charlotte Ledevin; — acquêt par René Poisson, sieur de Neuville, de la closerie de La Mullonnière; — partage de la succession de René Poisson, élu en l'Élection de Châteaugontier; — de la succession de Charles Guespin, sieur de La Blanchardière, entre Pierre Charlot et Marguerite Gaultier, veuve de René Poisson; — contrat de mariage de René Poisson avec Jacquine Ganeau; — accord entre Charles Poisson, sieur de Neuville, Honoré Boylesve, sieur de La Morouzière, François Poisson, sieur de Soulpuy, et Françoise Poisson pour le partage des successions de Charles Poisson, sieur de Neuville, et de sa femme Marie Payneau; — inventaire, après décès, des meubles de Guy-Auguste Poisson de Montaigu; — partage entre sa veuve, Marguerite Volaige de Vaugirauld, et Charles Poisson, sieur de La Fautrière, de la succession de Charles Poisson de Montaigu.

E. 3646. (Carton.) — 11 pièces, papier.

1731-1786. — POISSONNEAU. — Contrat de mariage de René Poissonneau avec Marie Trottier; — sentence vendue, sur l'avis du conseil de famille, par le sénéchal de la baronnie de Chalonnes, au profit des enfants mineurs desdits époux ; — transaction entre les héritiers et liquidation de leurs droits ; — acte de liquidation du douaire de Julienne Leduc, veuve de René Poissonneau père, et de Marie Trottier, veuve de René Poissonneau fils ; — inventaire des meubles dépendant de la succession dudit René Poissonneau fils ; — quittances de Pierre Thuleau, curateur des enfants mineurs ; — et du curé, pour les frais de sépulture ; — mémoire des droits de Marie Trottier, des filles Ribault et de Louise Joly, ses enfants, dans la succession de René Poissonneau.

E. 3647. (Carton.) — 4 pièces, papier ; 1 pièce, parchemin.

1700-1788. — POITOU. — Partage de la succession de Catherine Baranger, femme de René Poitou, entre Louise, Marie, Claude, Mathurine et René Poitou, leurs enfants ; — acquêt par René-Germain Poitou du droit de tiers des fruits dans les vignes du Clos-Bonnet ; — état de maisons au faubourg de Nantilly de Saumur, dépendant des successions de Pierre Faligan et de Jacquine Péan, veuve Touzeau.

E. 3648. (Carton.) — 3 pièces, papier ; 1 pièce, parchemin.

1686-1711. — POITRAS. — Transaction entre Pierre Poitras, sieur de Savonnière, et Jean Poitras, sieur de La Milletière, au sujet du partage de la succession de leur père, Jean Poitras de Coulaine ; — factum pour Pierre Poitras, receveur des consignations de Saumur, contre les héritiers de Noël Herbereau ; — compte des sommes dues par Pierre Poitras, sieur de Savonnière, à la succession de Joseph Poitras, sieur de Coulaine ; — note sur la succession d'Anne Poitras, fille de Jean Poitras et d'Anne Louvard.

E. 3649. (Carton.) — 1 pièce, papier.

1680. — POLIGNY (de). — « S'ensuit ce que M. et « Mlle Poligny ont eu en mariaige sous condition de rapor- « ter pour moitié en l'estre paternel. »

E. 3650. (Carton.) — 1 pièce, papier.

1660. — POLLEAU. — Partage de la succession de Michel Polleau entre René Polleau, François Polleau, prêtre, René Brossard et Raouline Polleau, François Landais et Andrée Polleau, René Gloton et Nicolle Polleau, et Andrée Peloquin, veuve de Michel Polleau.

E. 3651. (Carton.) — 1 pièce, papier.

XVIIIe siècle. — POMMERAYE (de LA). — Note du feudiste Audouys sur la famille de La Pommeraye, seigneur de Mareil et de Fontaine-Couverte.

E. 3652. (Carton.) — 1 pièce, parchemin ; 4 pièces, papier.

1602-XVIIIe siècle. — PONCE (de). — Testament de Jean de Ponce, sieur de Ponce et de L'Espinay, qui fonda une chapelle en son château de L'Espinay, paroisse de Rouchamp ; — quittance par Catherine de Mauny, *femme de René de Ponce, du droit de « rachapt » dû par* Pierre et René Chevallier, pour leurs métairies de La Bouguellière et du Petit-Romefort ; — présentation par René de Ponce de la chapelle de La Hamardière en la paroisse d'Ampoigné ; — notes et extraits généalogiques par le feudiste Audouys.

E. 3653. (Carton.) — 1 pièce, papier.

1777. — PONNEAU. — Acquêt par Jean-Louis Ponneau, conseiller rapporteur du Point d'honneur en la Sénéchaussée de Saumur, de champs en Saint-Lambert-des-Levées.

E. 3654. (Carton.) — 4 pièces, papier.

1581-1740. — PONS (de). — Sentence de séparation de biens prononcée entre Anne Aubry et René de Pons, sieur de Razé, par le lieutenant civil de Baugé ; — procès-verbaux de publication de ladite sentence dans les carrefours des villes de Tours et d'Angers ; — « mémoire et « estat sommaire des créances et prétentions de M. et « Mme de Pons et leurs cohéritiers dans la succession de « Louis Anceau et Julienne Bontemps. »

E. 3655. (Carton.) — 1 pièce, papier.

1565. — PONTIN (de). — Acquêt par Ysabeau Lecousturier, veuve de Pierre de Pontin, sieur de Beauregard, du grand logis de Rougemont en Saint-Georges-Châtelaison.

E. 3656. (Carton.) — 3 pièces, parchemin ; 8 pièces, papier.

1581-XVIIIe siècle. — PONTLEVOY (de). — Présentation par Anne de Pontlevoy de la chapelle Saint-Julien en l'église Notre-Dame de Beaufort ; — procurations en blanc par Louis de Pontlevoy, sieur de La Mothe et de Tusseau, « prisonnier ès prisons du petit Chastellet de « Paris », pour rendre hommage en son nom au château du Bellay ; — aveux rendus au Bellay pour le fief de Tusseau ; — vente par Louis de Pontlevoy de son fief de Tusseau à Jean Tréqueneau, avocat ; — notes et extraits généalogiques par le feudiste Audouys.

E. 3657. (Carton.) — 2 pièces, parchemin ; 5 pièces, papier ; 2 sceaux.

1549-XVIIIe siècle. — PONTOISE (de). — « Re- « cousse et rachapt de la terre de La Roche-Fouques par « Catherine de Laval sur Gabriel de Pontoise » ; — acquêt par Gabriel de Pontoise du domaine des Cloîtres en Querré ; — « recousse » dudit domaine par Françoise de Puy-du-Fou sur Louise de Sainte-Marthe, veuve de Gabriel de Pontoise; — présentation par Gabriel de Pontoise, médecin ordinaire du Roi et du dauphin, des chapellies de Saint-Julien et de Saint-Michel en Saint-Lambert-des-Levées; — notes et extraits généalogiques par le feudiste Audouys.

E. 3658. (Carton.) — 1 pièce, papier.

1709. — Pontonnier. — Lettres de bénéfice d'inventaire pour René et Marie Pontonnier, héritiers d'Antoine Pontonnier, curé de Rillé.

E. 3659. (Carton.) — 2 pièces, parchemin; 1 pièce, papier.

1445-1660. — Porcher. — Acquêt par Jean Porcher, secrétaire du roi de Sicile, d'une rente de 11 livres 5 sous tournois sur la terre de Huillé; — extrait du testament de Jeanne Péan, veuve de Jean Porcher, portant élection de sépulture et fondation d'un anniversaire en l'église Saint-Michel-du-Tertre.

E. 3660. (Carton.) — 17 pièces, papier; 1 pièce, parchemin.

1633-1680. — Porcheron. — Contrat de mariage de Jacques Porcheron, sieur de Béroutles, avec Marguerite Foullon; — partages entre Charles Lebreton et Pierre Porcheron de la succession de Mathurin Porcheron et de Perrine de Crespy; — de la succession de Pierre Porcheron; — de Jacques Porcheron de Sainte-Gemmes et de Marguerite Foullon; — compte entre Jacques Porcheron, sieur d'Aussigny, Philippe-Pierre Porcheron, sieur de Verné, et Gilles Lejeune, sieur de Bonnerau; — vente des meubles dépendant des successions de Jacques de Porcheron, sieur d'Aussigny, et de Lucrèce de Boison, sa femme.

E. 3661. (Carton.) — 1 pièce, papier.

XVIe siècle. — Porée. — Compte de recette et mise de la succession de Jean Porée : — « par son testament « a donné à Guillaume Duchemin une paire de chausses « neufves et ou lieu d'icelle a prins une robbe fourée, qui « ne vault lesdites chausses; et icelles chausses ont esté « prinses par Me Guillaume Blanche, pour poyment des « solutions qu'il a dict en ce karesme à la requeste dudit « Porée, etc.; — l'angraveure de la pierre mise sur la « fousse, x sols. »

E. 3662. (Carton.) — 1 pièce, papier.

1754. — Portais. — Compte rendu par Augustin Pingault, tuteur des enfants mineurs de René Portais, tanneur, de la succession paternelle.

E. 3663. (Carton.) — 4 pièces, parchemin; 2 pièces, papier.

1584-1690. — Porte (de La). — Testament d'Étienne de La Porte, chapelain de Bonne-Nouvelle, portant fondation de divers services en l'église de Cerzé; — sentence d'ordre entre les créanciers de Jean de La Porte; — contrat de mariage de Charles de La Porte, seigneur de La Meilleraye, grand-maître et capitaine général de l'artillerie de France, gouverneur des ville et château de Nantes, avec Marie de Cossé-Brissac; — contrats de rentes de 500 livres constituées par la duchesse de La Meilleraye au profit de Jean Chesné, bourgeois de Paris; — et de Joseph-René Jacob de Tigné, avocat à Saumur; — de 700 livres, au profit de Louis Blouin, premier valet de chambre du Roi.

E. 3664. (Carton.) — 2 pièces, parchemin; 12 pièces, papier.

1501-XVIIIe siècle. — Portebise (de). — Lettre du prieur de La Haye-aux-Bons-Hommes à l'official d'Angers, attestant qu'il a donné « le sainct sacrement de confirmation et couronne » à André et Jean de Portebise; — constitution par Charles de Portebise d'une rente de 600 livres au profit de Jeanne Liquet; — distribution entre créan[illegible] des deniers provenant de la vente de la terre de Guin[illegible], saisie sur Charles de Portebise; — vente de la métairie de La Reustière dans les paroisses d'Athée et de Saint-Clément de Craon, appartenant à ses enfants mineurs; — sentence de la Chambre établie par le Roi pour la réformation de la noblesse de Bretagne, qui confirme et maintient Henri de Portebise, sieur du Bois-de-Soulaire, en son titre d'écuyer et ses priviléges de noblesse; — vente par Guy de Portebise de la métairie de Chamoix en Cherré; — extraits et notes généalogiques par le feudiste Audouys.

E. 3665. (Carton.) — 2 pièces, papier.

1654-1777. — Portier. — Partage de la succession d'Étienne Portier et Simonne Chemineau entre Mathurin et Pierre Portier; — acquêt par Marie Boireau, veuve de Pierre Portier, notaire, de terres en Saint-Barthélemy.

E. 3666. (Carton.) — 2 pièces, parchemin; 1 pièce, papier.

1496-XVIIIe siècle. — Possart. — Saisie, à la requête de Renée Possart, veuve de Jean Lecommandeur, de la terre du Verger en Écuillé; — prise de possession par Pierre et Jean Possart des domaines de La Perrine et de La Guénauderie dans les paroisses de Coudray et d'Argenton; — notes et extraits généalogiques par le feudiste Audouys.

E. 3667. (Carton.) — 1 pièce, papier.

1698. — Postel. — Acquêt par Jean Postel d'une maison au village de La Gravelle en Trélazé.

E. 3668. (Carton.) — 1 pièce, parchemin; 4 pièces, papier.

1580-XVIIIe siècle. — Potery. — Transaction entre Roberde Moreau, veuve de Marc Potery, et Pierre

Voisin au sujet de la propriété de partie du clos du Moulin-à-Vent, près Gaigné ; — don par René Potery, prieur de Daumeray, à Jeanne Potery, sa sœur, d'une maison devant l'église de Daumeray ; — acquêt par Jeanne Potery, femme de René Chauvrier, d'une pièce de terre en la paroisse de Saint-Germain ; — notes et extraits généalogiques par le feudiste Audouys.

E. 3669. (Carton.) — 3 pièces, parchemin ; 14 pièces, papier ; 1 sceau.

1554-1720. — POTIER. — Vente par Gilles Potier de sa part d'héritage en la succession de Louise de Houssemaine, sa mère ; — testament de Nicole Morin, femme de Maurice Potier, qui fonde divers services en l'église Saint-Pierre d'Angers ; — extrait des partages de la succession de Gabriel et de Pierre Potier, enfants de Mathurin Potier et de Marie Leprestre ; — contrat de 75 livres de rente au profit de Simon Potier, prêtre, principal du collége de Bueil, à Angers ; — mémoires pour Pierre Potier, sieur de Fresnay, et Catherine Avril, sa femme, contre Madeleine Avril, veuve de Pierre Du Tremblier, au sujet des droits d'hommage de la terre de Louzil ; — inventaire, après décès, des meubles de Pierre Potier, sieur de Fresnay ; — ordonnance de l'intendant de Tours, qui décharge Catherine Avril, sa veuve, de la taxe des francs-fiefs, « attendu « sa qualité de noble et de veuve de secrétaire du Roi près « le Parlement de Bretagne. »

E. 3670. (Carton.) — 1 pièce, papier.

1729. — POTIRON. — Inventaire, après décès, des meubles de René Potiron, décédé à l'auberge du *Plat-d'Étain*, paroisse de Querré.

E. 3671. (Carton.) — 2 pièces, papier.

1596-1597. — POUGEAUST. — Acquêt par Barthélemy Pougeaust, arquebusier, de terres en la paroisse de Sorges, près Angers ; — et d'un jardin dans le bourg.

E. 3672. (Carton.) — 8 pièces, parchemin ; 44 pièces, papier ; 2 sceaux.

1501-1785. — POULLAIN. — Acquêt par Pierre Poullain, de Saumur, d'une rente de quatre boisseaux de seigle ; — présentation par Étienne et Mathurine Poullain de la chapelle de Notre-Dame-de-Toute-Consolation en l'église de Querré ; — acte de mariage d'Antoine Poullain avec Bernardine Bodin ; — acquêt par François Poullain, sieur de Grée, de la closerie du Pin en Feneu ; — testament de Catherine Poullain ; — arrêt de la Chambre royale de réformation de la noblesse de Bretagne, qui maintient Thibault Poullain, sieur de Mauny, René Poullain, sieur de La Vallée, Guy Poullain, sieur de La Vallée, Mathieu Poullain, sieur de L'Isle, dans leurs priviléges de noblesse ; — partage de la succession d'Antoine Poullain et de Bernardine Bodin ; — octroi par Madeleine de Laval, veuve de Louis d'Alongny, seigneur de la paroisse de Savennières, d'un banc dans l'église à Antoine Poullain de La Tirtière ; — contrats de mariage de Guy Poullain, sieur de Grée, avec Marie Herreau ; — de Germain-François Poullain, sieur de La Guerche, avec Madeleine-Guillelmine Riollan ; — dispenses ecclésiastiques pour le mariage de Jean-Michel Poullain, sieur de Brétignolles, avec Françoise-Perrine-Chrétienne de Bonétat ; — acquêt par Jean Poullain d'une maison en la paroisse de Lézigné ; — brevet pour Germain-François Poullain, sieur de La Guerche, de l'office de conseiller honoraire au Présidial d'Angers (avec signature autographe de Louis XV) ; — dispenses ecclésiastiques pour le mariage de René Poullain, sieur de La Tremblaye, avec Thérèze de L'Étoile ; — de Philippe Poullain avec Françoise Souvestre ; — testament d'Antoine Poullain, portant partage de ses biens entre ses enfants.

E. 3673. (Carton.) — 8 pièces, papier.

1698-1720. — POULLARD. — Partage des successions de François Poullard et de Marie Chartier, entre Rose Poullard, veuve d'Antoine Brichet, Isidore Poullard, sieur du Coudray, Denis Poullard, sieur de La Faverie, Louis Poullard, curé de Saint-Julien de Concelle, Jean Leclerc, sieur de La Roussière, et Louise Poullard, veuve de Claude Chapelain ; — bail par Claude Poullard, sieur des Places, des revenus du Trait-du-Jaudret ; — lettres adressées à Claude Poullard, juge-garde de la Monnaie à Rennes, par le sieur Mestivier, concernant un procès contre le greffier de Lamballe ; — par le sieur Chevalier, au sujet de la succession abandonnée de René Lambert, sieur de La Havardière ; — mémoire pour Claude Poullard contre Jean Geligaut, curateur de ladite succession ; — ordonnance de l'intendant de Bretagne, portant réduction de la taxe des francs-fiefs au profit de Claude Poullard, sieur des Places.

E. 3674. (Carton.) — 1 pièce, papier.

1540. — POULLEAU. — Vente par René Poulleau, chanoine de Saint-Maimbœuf d'Angers, d'une maison dans le faubourg Saint-Laud.

E. 3675. (Carton.) — 2 pièces, papier.

1646-1760. — POUPARD. — Testament de Catherine Poupard, veuve de Jacques Besnard, qui fonde divers services en la chapelle de La Gilberderie, près le village du Champ ; — déclaration rendue par Bernard Poupard de Mauru à la seigneurie du Plessis-au-Jau pour terres dans la paroisse de Beaufort.

E. 3676. (Carton.) — 1 pièce, papier.

1600. — POUSSE. — Contrat de mariage de Martin Pousse avec Madeleine Tribois.

E. 3677. (Carton.) — 1 pièce, papier.

1719. — POUSSET. — Accord entre Anne Pousset et Sébastien *Legoux de Bordes* pour le partage des successions de Jacques Pousset, sieur de Brimbart, et de Scipion Pousset, président à la Prévôté du Mans.

E. 3678. (Carton.) — 1 pièce, papier.

1622. — POUSSIN. — Acquêt par Jean Poussin de terres dans le fief de Tillon, près Neuillé.

E. 3679. (Carton.) — 1 pièce, papier.

1782. — POUTEAU. — Constitution d'une rente viagère de 300 livres par Édouard Pissonnet de Bellefonds au profit de Jacques Pouteau, prêtre.

E. 3680. (Carton.) — 27 pièces, parchemin ; 23 pièces, papier.

1455-1636. — POYET. — Rapports d'experts, à la requête de Guy Poyet, « juge ordinaire de la mairie » d'Angers, de la visite d'un logis avoisinant sa maison de la rue Valdemaine ; — sentence arbitrale concernant les servitudes réciproques ; — acquêt par Pierre Poyet, sieur des Granges, échevin, de la seigneurie de Ileges ; — rapport de François de Nuchèzes et André Rotier, commandeurs de l'Hôpital du Temple, qui règle les conditions de l'échange de maisons à intervenir entre le chapelain de La Saulaye et Pierre Poyet, maire d'Angers ; — acquêt par Pierre Poyet de la terre de Chauvon ; — déclaration rendue par Claude Landévy, sa veuve, au chapitre de Saint-Maurille pour sa maison de la rue d'Écachebreton en Valdemaine ; — acquêt par ladite veuve du *jeu de paume* des Aisses ; — partage entre Avertin Poyet et Guillaume Hiret des successions de Michel Poyet et de Guillelmine Lefaulcheux ; — présentation par Louis Poyet de la chapelle de Saint-Nicolas de La Garelière.

E. 3681. (Carton.) — 1 pièce, papier.

XVIIe siècle. — PRADIER. — Lettre de Delommeau à Pradier, de Brissac, contenant envoi d'une recette contre les brûlures.

E. 3682. (Carton.) — 1 pièce, papier.

1696. — PRADINNES. — Testament d'André Pradinnes, banquier expéditionnaire en cour de Rome, qui donne 130 livres aux pauvres honteux et « déclare ne vouloir « donner aucune chose aux hôpitaux, quoiqu'adverty de ce « faire. »

E. 3683. (Carton.) — 1 pièce, papier.

1775. — PRÉAU. — Distribution entre créanciers des sommes provenant des successions de Julien Préau, curé de Balots, et de Pierre Préau, corroyeur.

E. 3684. (Carton.) — 1 pièce, papier.

1760. — PRÉAUBERT. — Acquêt par Mathurin Préaubert, ancien maréchal en œuvre blanche, d'une closerie au canton de La Gravelle dans la paroisse de Trélazé.

E. 3685. (Carton.) — 3 pièces, papier.

1662-1674. — PRÉS (de). — Mémoire pour Louise de Heulant, veuve de René de Prés, contre Jean Le Gras, au sujet de la propriété du fief de Contigny, pays du Maine ; — donation mutuelle entre René de Prés et Marie Laurent, sa femme ; — inventaire, après décès, de la succession mobilière dudit René de Prés.

E. 3686. (Carton.) — 1 pièce, papier.

1624. — PRESTRE. — Sentence arbitrale portant compte entre Jean Prestre, greffier en l'Élection de Saumur, et Louis Dunon, des successions de Michelle et de Marie Dunon.

E. 3687. (Carton.) — 1 pièce, papier.

1526. — PREUDOMME. — Lettres royaux, adressant au receveur des Aides et tailles de la vicomté d'Alençon, Argentan et Domfront, qui portent commission pour Guillaume Preudomme, général des finances en Normandie, de lever et rapporter la moitié des gages des officiers royaux « à l'occasion des guerres et autres infortunes et adversitez « advenues » (avec signature autographe de François Ier).

E. 3688. (Carton.) — 6 pièces, parchemin ; 19 pièces, papier

1536-XVIIIe siècle. — PRÉVOST. — Contrat de mariage d'Ysabeau Prévost avec Gilles Lamyre ; — monitoire, obtenu par Anne de Bournan, femme de Jacques Prévost, contre tous voleurs des meubles et ménages de sa fille Renée Desmarais, décédée à Turquant ; — sommation par Pierre Prévost, marchand à Angers, ayant charge de Jean Legrand, seigneur de Marsillac, et Pierre Regnard, sieur de Saint-Malo, « gardes du cabinet des armes de Sa « Majesté, tant pour eux que pour Ambroyse Audouyn, leur « assotié », au commis et au contrôleur des Traites d'Anjou de lui délivrer un laissez-passer pour 21 canons de fonte de fer qu'il doit amener à Saint-Malo au sieur de Voutouronde et consorts, auxquels il les a vendus pour le service du Roi ; — reconnaissance par Jean, Marie et Renée Cottereau d'une rente de 66 livres due à Madeleine, fille de Noël Prévost, juge à la Sénéchaussée de Saumur ; — nomination de Pierre Pérard à la curatelle des enfants mineurs de Théodore Prévost, perruquier, et d'Anne Mauny; — dispenses pour le mariage de Jacques-Louis Prévost avec Marie-Perrine Loiseau de Mauny; — acquêt par Jean Prévost, corroyeur, d'un grand corps de logis rue de La Folie, derrière les Carmes d'Angers; — mémoire par Marie-Bénigne Bertran, épouse de Christophe-François Prévost de La Boutetière, contre Madeleine-Françoise Bertran, épouse de Louis Gareau de La Brandasnière; — notes et extraits généalogiques du feudiste Audouys.

E. 3689. (Carton.) — 2 pièces, parchemin; 3 pièces, papier.

1612-XVIIIe siècle. — Prézeau. — Vente par Claude Prézeau à Pierre Du Bellay de la seigneurie de Champiré dans la paroisse de Chazé-sur-Argos; — transaction entre Henri de Montmorency, baron de Chantoceaux, et Julien Prézeau, sieur de La Guilletière, au sujet des droits seigneuriaux en l'église Saint-Sauveur de Chantoceaux; — notes et extraits généalogiques par le feudiste Audouys.

E. 3690. (Carton.) — 2 pièces, papier.

1632-1784. — Prieur. — Partage des successions de François Prieur et de Françoise Chaillou entre Michel Prieur, Nicolas Prieur et Mathurin Chailloux; — prise à bail par Pierre Prieur, jardinier, des jardins dépendant du château du Pineau, en Saint-Laurent-de-La Plaine.

E. 3691. (Carton.) — 1 pièce, papier.

XVIIIe siècle. — Primaudaye (de La). — Notes généalogiques du feudiste Audouys sur la famille de La Primaudaye.

E. 3692. (Carton.) — 9 pièces, papier.

1622-1650. — Prime. — Acquêt par Julien Prime, boucher, de diverses pièces de terre dans la prée de La Vicomté; — aux Grands-Champs; — près le port Jupille; — et aux Gasts, dans la paroisse de Sorges; — partage de la succession de Noëlle Prime; — acquêt par Étiennette Goulu, veuve de Julien Prime, d'une maison au bourg de Sorges.

E. 3693. (Carton.) — 1 pièce, papier.

1671. — Princé. — Prise à bail par Jean Princé, maître sellier, d'une boutique près l'église Saint-Pierre de Saumur.

E. 3694. (Carton.) — 1 pièce, papier.

XVIIIe siècle. — Princé (de). — Note du feudiste Audouys sur la famille de Princé, seigneur de Princé, paroisse de Champigné-sur-Sarthe.

E. 3695. (Carton.) — 2 pièces, parchemin; 1 pièce, papier.

1649. — Pringuel. — Quittances des droits de contrôle et de marc d'or dus par Jacques Pringuel pour l'achat de son office de conseiller non originaire en la Cour du Parlement de Bretagne; — attestation par René de Kerverien, avocat général audit Parlement, que Jacques Pringuel n'y a aucun parent au degré prohibé; — brevet pour Jacques Pringuel, avocat, dudit office de conseiller au Parlement de Bretagne.

E. 3696. (Carton.) — 2 pièces, papier.

1449-1686. — Priou. — Vente par André Priou de la métairie de Gouëze à Jean Maucourt; — acquêt par Pierre Priou de partie du clos de Bourgneuf en Grézillé.

E. 3697. (Carton.) — 2 pièces, parchemin; 3 pièces, papier.

1501-1624. — Priouleau. — Ratification par Jeanne Garcielle de la vente faite par Jean Deniau, son mari, d'une rente de 2 septiers de seigle et de 50 sols à Jean Priouleau; — acquêt par Jean Priouleau de vignes près La Roche-Baraton; — par Nicolas Priouleau de terres en la paroisse de Chaunay; — testament de Pierre Priouleau, curé de Saint-Nicolas d'Angers, qui lègue une rente de 2 septiers de blé à l'Hôtel-Dieu d'Angers; — partage de la succession de François Boylesve, sieur de La Brisarderie, et de Philippe Priouleau, sa femme.

E. 3698. (Carton.) — 1 pièce, parchemin; 5 pièces papier.

1634-1784. — Proust. — Procuration de Catherine Doillard, femme de Louis Proust, pour autoriser Gabriel Morel à la représenter dans le partage de la succession de Jacques Doillard; — contrat de mariage de Pierre Proust, voiturier par eau, et de Perrine Duchesne; — vente par Louis Proust de vignes près Moncontour; — par Claude Proust de la closerie du Chêne-Bottereau en la paroisse de Corzé; — acquêt par Joseph Proust, apothicaire, d'une maison à Briollay; — testament de Marie Proust, veuve de Louis Clémot, portant diverses aumônes aux pauvres de la paroisse de Coron.

E. 3699. (Carton.) — 4 pièces, papier.

1579-1698. — Prousteau. — Acquêt par Jean Prousteau d'une partie de maison en la paroisse des Rosiers; — par Pierre Prousteau, de deux jardins à Brain-sur-Allonnes; — par Martin Prousteau, d'une maison; — par François Prousteau, d'une pièce de terre au Jainay en ladite paroisse de Brain.

E. 3700. (Carton.) — 1 pièce, papier.

1769. — Prouvenza (de). — « Détail des faits qui

« doivent faire la matière des dépositions des témoins « appellés pour servir à l'interdiction de M. de Prouvensa. »

E. 3701. (Carton.) — 3 pièces, parchemin ; 3 pièces, papier.

1574-1757. — PROVOST. — Amortissement par Jacques Provost et Anne de Bournan, sa femme, d'une rente constituée par René de Bournan au profit de Jean de Blavon ; — contrat de mariage de Jacques Provost de La Morinière avec Marie Dupeirat ; — acquêt par Louise Aigrefeuille, veuve d'Hilaire Provost, d'une pièce de terre près le moulin de La Cressonnière en Mozé ; — échange entre René Provost, sieur de La Garde, et Jacques Provost, sieur de La Croix, de biens dépendant de la succession paternelle ; — contrats de mariage de Pierre Provost et de Françoise Barbereau ; — de Pierre Provost, maître chirurgien, et de Monique Ernault.

E. 3702. (Carton.) — 1 pièce, papier.

1666. — PRUNIER. — Consultation des jurisconsultes Bruneau et de La Bigotière à l'appui de la validité du testament de Pierre Prunier, marchand.

E. 3703. (Carton.) — 2 pièces, parchemin.

1444-1469. — PUIGNÉ (de). — Accord entre Gilles de Puigné, capitaine de Thouarcé, et Jeanne Giraud, veuve de Guillaume Legros, concernant le partage de la succession de Guillaume Girault et de Jeanne Du Boys ; — donation mutuelle entre Gilles de Puigné, sieur de La Crespelle, et Marie Giraud, sa femme.

E. 3704. (Carton.) — 3 pièces, parchemin ; 15 pièces, papier.

1556-1780. — QUANTIN et QUENTIN. — Partage de la succession de René Quentin, sieur de La Goufferie ; — aveu rendu à la seigneurie de La Gourdouère par Pierre Quentin pour sa terre de La Gouffrie ; — quittance par Pierre Quantin, sieur de La Trancherie, de 500 livres à lui deues par Amaury de Saint-Offange ; — partage de la succession de René Quantin, receveur de la baronnie de Châteaugontier, entre François Foucquet, René Quantin, sieur de La Viennière, Robert Guillotteau, sieur du Hallay, et Jeanne Quantin ; — vente par Pierre de Quantin, sieur de Gaujac, de partie du pré des Corbiers, près les moulins d'Yvré ; — déclaration rendue par Jean Quantin, sieur des Allières, à la seigneurie de *La Coudre* pour sa tenure de La Mulonnière ; — constitution par Pierre Foyer, sieur de La Fleuriais, d'une rente de 30 livres au profit de Renée de Gazeau, veuve d'Anselme Quantin ; — note sur l'alliance des familles Bouju et Quentin.

E. 3705. (Carton.) — 9 pièces, parchemin ; 16 pièces, papier.

1445-XVIIIe siècle. — QUATREBARBES (de). — Aveu rendu à la seigneurie de Marcillé par Isabeau de Quatrebarbes pour sa terre de La Guillonnière ; — bail par Pierre Quatrebarbes, sieur de La Rongère, de terres et maisons dans les faubourgs de Saumur ; — acquêt par Christophe de Quatrebarbes, sieur du Breil, de vignes en Chantocé ; — vente par le même à Louis Cuissart, sieur du Pin, de sa part en la succession de René de Mareil ; — mémoire pour Louis Cuissart contre Robert de Quatrebarbes, afin d'obtenir l'exhumation de Christophe de Quatrebarbes, enterré contre le droit exclusif des seigneurs du Pin dans la chapelle Saint-Martin de Chantocé ; — inventaire des meubles de Madeleine de Galliczon, femme de Charles Quatrebarbes, sieur de Monceaux ; — acte de baptême d'Anne, fille de Jean de Quatrebarbes, sieur de La Marquisière, et de Catherine Chasles de La Bourgonnière ; — constitution par Jean de Quatrebarbes, sieur de La Marquisière, d'une rente de 93 livres au profit des religieuses de Saint-Florent-Le-Vieil ; — contrat de mariage de François de Quatrebarbes, sieur de Juigné, et d'Anne Rousseau ; — notes et extraits généalogiques par le feudiste Audouys.

E. 3706. (Carton.) — 3 pièces, papier.

1777-1779. — QUATREMBAT. — Acte de décès de Françoise Pelletier, femme de Denis Quatrembat ; — accord au sujet de la succession de ladite dame entre Marguerite Pelletier, sa sœur, et Denis Quatrembat, son mari ; — état des réparations urgentes du lieu des Gaudichères et autres immeubles, cédés en usufruit à Denis Quatrembat.

E. 3707. (Carton.) — 1 pièce, papier.

1718. — QUÉHET. — Acquêt par Renée Guillon, veuve Quéhet, d'une partie du pré de La Cocuère en Vivy.

E. 3708. (Carton.) — 1 pièce, papier.

1578. — QUÉLEN (de). — Extrait de l'aveu de la seigneurie de Murs rendu au Plessis-Macé par Olivier de Quélen.

E. 3709. (Carton.) — 2 pièces, parchemin ; 28 pièces, papier.

1641-1755. — QUÉLIER. — Échange entre René Quélier, sieur de La Hubellière, et Guillaume Robert, de terres en la paroisse de Chaillain ; — contrat de mariage de Louis Quélier, sieur de Marcé, et de Geneviève Guilbault ; — provisions pour Louis Quélier de l'office de lieutenant du prévôt général des maréchaux de France ; — inventaire, après décès, de sa succession mobilière ; — inventaire et vente des meubles de Laurent Buscher, notaire, à la requête de Madeleine Buscher, femme de Jean Quélier ; — requête de ladite dame, afin d'obtenir décharge de la taxe de l'ustensile ; — contrat de mariage de Claude Péan et de

Marguerite Quélier de Harcé; — acquêt par Louis et Laurent Quélier de l'office de procureur du Roi au Grenier à sel de Candé; — inventaire du mobilier de Madeleine Buscher, veuve de Jean Quélier; — et de Marguerite Quélier, veuve de Claude Péan.

E. 3710. (Carton.) — 1 pièce, papier.

XVIIIe siècle. — Quélin. — Généalogie de la famille Quélin ou Quélain *par le feudiste Audouys.*

E. 3711. (Carton.) — 2 pièces, papier.

XVIIIe siècle. — Quellenec (de). — Notes du feudiste Audouys sur la famille de Quellenec, seigneur de La Groussinière en Contigné.

E. 3712. (Carton.) — 10 pièces, papier.

1616-1770. — Quénion. — Acquêt par Michel Quénion d'un logis en la rue Saint-Michel-du-Tertre d'Angers; — par Vincent Quénion, des deux tiers des charges et bénéfices de la succession de Vincende Blancvillain; — procédure entre Charles Boylesve et Michel Quénion, au sujet des jours et servitudes de la maison dudit Quénion; — lettre de Moisy à Michel Quénion, traitant d'affaires privées; — acquêt par Antoine Quénion d'une rente de 4 livres sur Augustin Déniau; — d'une pièce de terre; — et de partie du pré Moriceau en la paroisse Saint-Aubin des Ponts-de-Cé.

E. 3713. (Carton.) — 1 pièce, parchemin; 1 pièce, papier.

1562-1576. — Quétineau. — Acquêt par André Quétineau, sergent royal, du Fief-Portau en la paroisse du Puy-Notre-Dame; — et de vignes près Sanziers.

E. 3714. (Carton.) — 1 pièce, papier.

1652. — Quiercy (de). — Contrat de mariage de Jean de Quiercy et d'Anne Romain, veuve de Jean Grimaudet.

E. 3715. (Carton.) — 1 pièce, parchemin; 1 pièce, papier.

1661-1691. — Quillet. — Testament de Claude Quillet, abbé de Doudeauville, qui déclare mourir en la créance de la religion catholique et romaine: « Si quelquefois il m'est eschappé quelques discours peu conformes « à ce sentiment, ça esté par pur libertinage et complai« sance mondaine ». Il donne à de Launay, docteur en théologie de La Sorbonne, tous les livres, tapisseries, lit, matelas, fauteuils, chaires, sièges pliants, tables et tablettes de sa chambre, à l'exception des tableaux, le priant « d'empêcher que tous les livres prohibez qui se trouveront « ne soient veus et de les supprimer entièrement, ainsy que « les papiers satiriques..., et parce que M. Mesnage m'a « témoigné qu'il prendroit vollontiers la peine de faire « imprimer ce que je luy laissois de mes ouvrages latins et « françois, je le suplie de revoir ma *Calipædia*, où il y a « entre autres choses un vers où je fais *li* dans *liminis* « *bref*, qui est une faute, et un endroit où j'ay mis *natalia* « pour *primordia*. J'y prétends encore adjouster quelques « vers qu'on trouvera attachez, avec le lieu où ils doibvent « estre insérez. Pour le poëme héroïque que j'ay faict de « Henry le Grand, que je n'ay pas eu le loisir de revoir et « repolir, je remets à la censure de M. Mesnage de le brus« ler ou de le faire imprimer, etc.; ... je donne à M. Du « Housset tous les tableaux qui sont dans ma chambre, sur « lesquels il trouvera bon que Mme Du Housset prenne une « Nostre-Dame et M. Clerget un Arion; etc. » — En postscriptum est ajouté : « Je m'estois oublié de recommander « à M. l'abbé Mesnage de voulloir laisser dans mes œuvres, « au cas qu'elles soient réimprimées par ses soings, les « louanges que j'y ai insérées de feu M. le cardinal de « Mazarin, à cause de quelque gratitude, à laquelle je me « sens obligé, et de se contenter *de les modérer seulement*, « si elles semblent excessives »; — contrat de mariage de Guillaume Quillet, marchand boucher, et de Marie Jardinier.

E. 3716. (Carton.) — 9 pièces, parchemin; 3 pièces, papier; 1 sceau.

1499-XVIIIe siècle. — Quincé (de). — Sentence du sénéchal de Briançon au profit de Jean de Quincé contre Macé Tambonneau, pour *des arrérages de rentes dus à la* seigneurie de Saint-Victor; — compte entre Jean de Quincé et Philippe de Chaston d'arrérages de rentes dus à ladite seigneurie; — aveu rendu à l'évêché d'Angers par Urbain de Quincé pour sa terre de Saint-Victor; — lettres de sauvegarde pour Urbain de Quincé, archer du Roi; — ordonnance pour enquérir des mauvaises mœurs et prodigalités de Louis de Quincé, sur la plainte de Marie Dolbeau, sa femme; — note du feudiste Audouys.

E. 3717. (Carton.) — 1 pièce, papier.

1692. — Quiquaire. — Acquêt par René Quiquaire d'une pièce de pré en *Cornillé.*

E. 3718. (Carton.) — 1 pièce, papier.

XVIIIe siècle. — Quirit. — Notes généalogiques du feudiste Audouys sur la famille Quirit, seigneur de Chantelou.

E. 3719. (Carton.) — 1 pièce, parchemin.

1729. — Quirot. — Acquêt par Pierre Quirot, architecte juré expert, bourgeois de Paris, d'une rente de 100 livres sur les terres de Juvardeil et de La Boulaye, appartenant à Denis Amelot de Chaillou.

E. 3720. (Carton.) — 1 pièce, parchemin.

1684. — Rabarou. — Acquêt par Denys Rabarou, cocher de M. Clapisson, auditeur en la Chambre des Comptes de Paris, de pièces de terre en la paroisse des Rosiers.

E. 3721. (Carton.) — 2 pièces, parchemin ; 1 pièce, papier.

1520-1599. — Rabeau. — Prise à bail par Mathurin Rabeau des maisons et jeu de paume du Cornet ; — transaction avec Guyonne de Villeprouvée au sujet d'une rente de 70 sols tournois prétendue sur lesdites maisons ; — acquêt par Guillaume Rabeau des métairies des Oudonnières en la paroisse de Laigné.

E. 3722. (Carton.) — 2 pièces, parchemin ; 2 pièces, papier.

1588-XVIII° siècle. — Rabeil. — Procuration de Jean Rabeil, sieur de L'Espinay, pour rendre en son nom aveu du fief d'Asneau à la seigneurie de La Burelière ; — arrêt du Parlement de Paris portant réglement de la succession de René de Rabeil, sieur de La Loustière, entre François de Marans, Madeleine et Christophe de Rabeil, Jean de Chapuis et autres cohéritiers ; — notes et extraits généalogiques par le feudiste Audouys.

E. 3723. (Carton.) — 1 pièce, papier.

1598. — Raberdeau. — Testament de Charlotte Raberdeau, portant fondation de messes et divers services en l'église de La Trinité d'Angers.

E. 3724. (Carton.) — 1 pièce, papier.

1652. — Rabory. — Inventaire des meubles de Pierre Rabory.

E. 3725. (Carton.) — 1 pièce, papier.

1759. — Rabouin. — Nomination de Pierre Delaunay à la curatelle des enfants mineurs de Pierre Rabouin et de Marie Livet.

E. 3726. (Carton.) — 8 pièces, parchemin ; 6 pièces, papier.

1577-1612. — Rabut. — Partage entre Julien Guyot, Macé Rabut et Jean Gamelin de la succession de Jean Fourmond et de Madeleine Cherbonneau ; — acquêt par Macé Rabut, messager juré de l'Université, d'une maison au carrefour de La Chevrie ; — concession audit Rabut par le Domaine d'un emplacement voisin de la maison, pour y bâtir ou l'enclore ; — acquêt par le même d'un logis attenant à sa maison ; — transfert par Florent Gruget au profit de Jean Maulevault, son gendre, d'une créance de 1,500 livres sur Macé Rabut ; — vente par Macé Rabut, sieur de La Venaiserie, à la mairie d'Angers de sa maison de la place de La Chevrie pour l'agrandissement de la place.

E. 3727. (Carton.) — 9 pièces parchemin ; 40 pièces, papier.

1543-XVIII° siècle. — Racappé (de). — Testament de Thibault Racappé, « l'un des serviteurs de M. de « Chambellay » ; — présentation par Claude de Racappé, capitaine aux gardes-du-corps, de la chapelle de Theigné ; — par Louise Chalopin, veuve de René de Racappé, de la chapelle de Chevigné ; — acquêt par J.-B. de Racappé, sieur de La Lisière, de la châtellenie de Chambellay ; — dispenses ecclésiastiques pour le mariage de Jean-Baptiste de Racappé avec Marie-Placide-Eugénie-Thérèse de Collasseau ; — donation mutuelle entre Henri-Michel-Augustin de Racappé, marquis de Meignanne, et Marie-Louise-Charlotte Le Roux-de-La-Roche-des-Aubiers, sa femme ; — inventaire, après décès, des titres et papiers de Jean-Baptiste de Racappé ; — inventaire et prisée de ses meubles ; — acquêt par Augustin de Racappé de la closerie de La Fouquelleraye en la paroisse de Ménil ; — aveu de la seigneurie de Crais rendu à la seigneurie de Ménil ; — mémoire pour Eugénie-Thérèse de Collasseau, veuve en premières noces de J.-B. de Racappé, en secondes de Charles de La Béraudière, contre Pierre de Hélyand et Augustine de Juigné, sa femme, concernant la succession d'Augustin-René de Racappé ; — contestation entre les sieurs de Racappé et de Goddes au sujet de la seigneurie de la paroisse de Saint-Fort, près Châteaugontier ; — notes et extraits généalogiques par le feudiste Audouys ; etc.

E. 3728. (Carton.) — 1 pièce, parchemin.

1658. — Racault. — Acquêt par Marguerite Racault de vignes à Mihervé, près Fossebellay.

E. 3729. (Carton.) — 1 pièce, parchemin ; 1 pièce, papier.

1599-1603. — Raciquot. — Acquêt par Henri Raciquot d'une partie de maison ; — et d'un pré près le Chêne-du-Parnage, dans la paroisse de Bocé.

E. 3730. (Carton.) — 1 pièce, papier.

1704. — Raffray. — Partage de la succession de René Raffray, notaire et directeur de l'Hôpital-Général d'Angers, entre Marie, Pierre et Jean Cesbron et Jacques Garciau, sieur de La Brosse, capitaine au régiment de Clermont-Tonnerre.

E. 3731. (Carton.) — 1 pièce, papier.

1607. — Ragaru. — Acquêt par Jean Ragaru de la closerie de La Rapinière en la paroisse de Cosmes.

E. 3732. (Carton.) — 1 pièce, papier.

1663. — Ragonneau. — Extrait du partage de la succession de Pierre Bizard, avocat à Saumur, pour ce qui concerne François Ragonneau, conseiller du Roi élu à Richelieu.

E. 3733. (Carton.) — 10 pièces, parchemin ; 6 pièces, papier.

1492-1789. — RAGOT. — Vente par Jean Ragot d'un logis en la rue Saint-Georges d'Angers ; — transaction entre Gilles Ragot et Marie Fouline, demanderesse en indemnité à raison d'une promesse rompue de mariage ; — présentation par René Ragot de la chapelle de La Gallicheraye ; — contrat de mariage de Jean Ragot et de Jeanne Liger ; — acquêt par René Ragot, notaire, de maisons et terres à Écuillé ; — par Jean Ragot, drapier, de La Cheminée en Saint-Barthélemy ; — par Pierre Ragot, docteur régent en la faculté de médecine, d'un logis rue Saint-Laud ; — accord entre Michel Ribay, chanoine de La Trinité, et Catherine Ragot, veuve d'Urbain de Beauvoys, sa locataire, pour les réparations de sa maison.

E. 3734. (Carton.) — 1 pièce, papier.

1614. — RAGUIDEAU. — Testament de Renée Bellemotte, femme de Martin Raguideau, portant divers legs à la fabrique de Saint-Pierre d'Angers, à l'Hôtel-Dieu, aux Augustins.

E. 3735. (Carton.) — 16 pièces, papier.

1620-1770. — RAHIER. — Contrat de mariage de Liger Rahier et de Charlotte Linier ; — enquête judiciaire pour la séparation de corps et de biens de Liger Rahier et de Perrine Legros, sa femme ; — partage de la succession de Françoise Cize entre Étienne et Louise Cize et Gilles Rahier ; — compte des dépenses faites pour Nicolas Rahier, apprenti cordonnier, par son père ; — contrat de mariage de Liger Rahier et de Marie Creusault ; — inventaire de la garde-robe de Marie Creusault à son entrée en ménage ; — bail par Liger Rahier, cordonnier, d'un logis sur le port Liguer ; — testament de Nicolas Rahier, qui lègue 800 livres à l'Hôtel-Dieu d'Angers ; — quittances de Jacques Maillard, héritier de René Rayer.

E 3736. (Carton.) — 4 pièces, parchemin ; 24 pièces, papier.

1597-1774. — RAIMBAULD. — Partage des successions de Pierre Raimbauld et de Catherine Martineau entre Pierre Raimbauld, leur fils, et Pierre Joly, leur gendre ; — inventaire des meubles de Simonne Bardin, veuve de Jacques Raimbauld ; — contrat de mariage de Claude Raimbauld et de Marie Pichon ; — acquêt par Gabriel Raimbauld, sieur de Boisgast, de la métairie de Puymoisant en Châteauneuf ; — et d'une maison sur le tertre Saint-Laurent ; — testament de Françoise Gourdon, veuve de René Raimbauld ; — contestation entre Jean-François Raimbauld, sieur de La Foucherie, Jean Du Rocher, sieur de Maison-Neuve, Bonaventure Jarry et autres cohéritiers ; — inventaire, après saisie, des meubles de Jacques Raimbauld, fermier de La Criboliêre, paroisse du May ; etc.

E. 3737. (Carton.) — 1 pièce, papier.

1760. — RAISTEAU. — Acquêt par René Raisteau, de maison et champs en la paroisse de Somloire.

E. 3738. (Carton.) — 2 pièces, parchemin ; 2 pièces, papier.

1404-XVIIIe siècle. — RALLAY (de). — Transaction entre Jean de Rallay et le prieur d'Azé au sujet de la propriété contestée d'un pré ; — acquêt par Jean de Rallay, sieur de Beauregard, de la métairie de Tessecourt en Chantocé ; — vente par Robert de Rallay des closeries du Petit-Aulnay et de La Mignonnière, en Chambellay ; — notes généalogiques par le feudiste Audouys.

E. 3739. (Carton.) — 1 pièce, parchemin ; 1 pièce, papier.

1690-1709. — RALLIER. — Contrat de mariage d'Étienne Rallier et de Renée Doussin ; — acquêt par Thomas Rallier, sieur de La Tertinière, contrôleur ordinaire des guerres, de la métairie de La Coudre en la paroisse du Ménil.

E. 3740. (Carton.) — 2 pièces, papier.

1616. — RANGEARD — Acquêt par André Rangeard de vignes en Montreuil-Bellay.

E. 3741. (Carton.) — 1 pièce, parchemin ; 8 pièces, papier.

1589-XVIIIe siècle. — RANGOT. — Transaction entre le curé de Saint-Laud et Renée Darien, veuve de Jean Rangot, au sujet des dîmes de la closerie des Aires ; — publications du mariage de Martin Picquineau avec Marguerite Rangot ; — accord entre François de La Roche, sieur de Beauchesne, et Gabriel Rangot, sieur de La Fuye, pour le droit de ventes de la terre de La Guinemoire ; — acquêt par Gabriel Rangot de terres à La Burelière, dans la paroisse de Somloire ; — sentence de répartition de deniers, provenant de saisies sur Gabriel Rangot, entre Marguerite Rangot, Élizabeth Rangot, Jacques Belhomme et autres créanciers ; — notes généalogiques par le feudiste Audouys.

E. 3742. (Carton.) — 2 pièces, papier.

1556-XVIIIe siècle. — RAOUL. — Partage des successions de Michel Raoul et de Jeanne Louin, entre René Raoul, Yvon Joullain, Pierre Picaudaye et autres cohéritiers ; — notes généalogiques par le feudiste Audouys.

E. 3743. (Carton.) — 1 pièce, parchemin.

1569. — RAOULLAND. — Don par Marthe Ragot à

Grégoire Raouliand, praticien, son mari, de partie de son patrimoine.

E. 3744. (Carton.) — 1 pièce, parchemin, avec sceau.

1599. — RAOULIN. — Contrat de mariage de Laurent Raoulin et de Jeanne Huguet.

E. 3745. (Carton.) — 1 pièce, parchemin.

1686. — RAPAILLON. — Constitution d'une rente de 89 livres par François Marillet de La Frébaudière au profit d'Hélie Rapaillon, messager ordinaire de Tours à Paris.

E. 3746. (Carton.) — 1 pièce, papier.

1697. — RAPHAEL. — « Observations sommaires pour « justiffier la gennéalogie de Magdelaine et Marguerite « Raphaël et leur parenté avec défunt André Pradinnes, « vivant expéditionnaire en cour de Rome. »

E. 3747. (Carton.) — 10 pièces, parchemin ; 20 pièces, papier

1690-XVIIIe siècle. — RAPHAÉLIS (de). — « Preuves et enquestes faictes d'office par nous frères « François de Boniface-La-Molle, commandeur de Puis- « moissan, et Gaspard de Villeneufve-Vaucluse, comman- « deur d'Aix, *commissaires députés*, sur la noblesse du « costé paternel de noble Pierre de Raphaélis-Rouges, pré- « senté pour estre receu au rang des frères chevalliers au « grand prieuré de Saint-Gilles » ; — acte de baptême de Jean, fils de Balthazar de Raphaélis et de Françoise de Villeneuve ; — arrêt des commissaires royaux pour la recherche de la noblesse de Provence, qui maintient en leurs privilèges de noblesse Pierre, Honoré et Melchior de Raphaélis ; — acte de baptême de Balthazar, fils de Jean de Raphaélis et d'Anne Trochon ; — commission de gouverneur de l'île de Noirmoutiers pour Jean de Raphaélis, sieur du Pinet (avec signatures autographes de Louis XIV et de Colbert) ; — partage de la succession d'Anne-Mauricette Trochon, femme de Jean de Raphaélis, et veuve en premières noces de Louis Leclerc de Mauny ; — constitution par Balthazar de Raphaélis, prêtre, d'une rente de 750 livres au profit de l'hôpital d'Alise-Sainte-Reine en Bourgogne ; — vente par le même, de son hôtel de la rue Pot-de-Fer à Paris ; — et de la baronnie de Claye ; — lettres de bénéfice d'inventaire au profit des héritiers de Balthazar de Raphaélis ; — notes du feudiste Audouys.

E. 3748. (Carton.) — 1 pièce, papier.

1685. — RASPIN. — Acquêt par Gabriel Raspin, marchand-toilier, du logis de Beaumont, à Cholet.

E. 3749. (Carton.) — 1 pièce, papier.

1676. — RASSETEAU. — Renonciation par Marie Rasseteau à la succession de Renée Bâtet, veuve de Jacques Moreau, sa cousine.

E. 3750. (Carton.) — 2 pièces, papier.

1697-1654. — RATOUIS. — Acquêt par François Ratouis, vigneron, d'une maison à Turquant ; — vente par François Ratouis, tonnelier, d'une maison à Dampierre.

E. 3751. (Carton.) — 4 pièces, papier ; 6 pièces, parchemin.

1621-1691. — RATTIER. — Acquêt par Jean Rattier de terres en Saint-Sylvain ; — partage de la succession d'Élie Rattier, curé de Foudon, entre *Urbain Letessier*, Louis Chantelou et Philippe Rattier ; — brevet pour Sébastien Rattier, avocat au Parlement de Paris, de l'office de conseiller au Présidial d'Angers ; — quittances des droits ; — attestation de bonne vie, mœurs et religion catholique de l'impétrant ; — quittance pour J. Rattier, trésorier de la guerre, de son acquisition de La Gagnerie dans la paroisse de Mettray.

E. 3752. (Carton.) — 1 pièce, papier.

XVIIIe siècle. — RAZILLY (de). — Note généalogique du feudiste Audouys sur la famille de Razilly, seigneur de Vaux.

E. 3753. (Carton.) — 4 pièces, papier.

1675-1754. — RÉBEILLEAU. — Partage de la succession d'Étienne Rébeilleau et de Marguerite de Brénezay entre Étienne, Antoine et Catherine Rébeilleau ; — testament de Martine Rébeilleau, qui fonde un anniversaire en l'église de Cizay ; — prise à bail par Michel Rébeilleau, vigneron, de terres en Champigné ; — arrentement par Louis Rébeilleau, tonnelier, d'une maison à Saumur ; — vente par Mathurin Rébeilleau de vignes en Champigné.

E. 3754. (Carton.) — 1 pièce, papier.

1649. — REBÉLIER. — Partage de la succession d'Étienne Rebélier, entre François Vallin, Pierre-Marin et Anne Prost.

E. 3755. (Carton.) — 2 pièces, papier.

1745-1764. — RÉBIN. — Constitution par Marie-Thérèse de Collasseau d'une rente de 20 livres au profit de Mathurin Rébin, maître architecte, de Briollay ; — titre nouveau consenti par ladite dame au profit des enfants et héritiers de Mathurin Rébin.

E. 3756. (Carton.) — 1 pièce, papier.

1649. — RÉCAPPÉ. — Acquêt par Jean Récappé, corroyeur, et Urbaine Lasnon, sa femme, du domaine de La Bardinière en Vaulandry.

E. 3737. (Carton.) — 4 pièces, parchemin ; 14 pièces, papier.

1637-1780. — REGNARD et RENARD. — Vente par Michelle Berson, veuve de Jean Renard, serrurier, d'une maison au faubourg Bressigny d'Angers ; — partage de la succession de Jean Renard, maître maçon, entre Pierre Renard et Pierre Deschamps ; — contrat de mariage de Jean Renard et d'Urbaine Gautereau ; — vente par Mathurin Regnard, sieur de La Bretonnaye, de la métairie de La Fresnaye en Chantelou ; — transaction entre Jeanne Bazin, veuve d'Étienne Régnard, et les héritiers de son mari ; — prise de possession de la chapelle de La Giraudière par *Louis Renard de Lorière, curé de Chalonnes-sur-Loire* ; — arrentement par le même d'une maison sur le chemin de Chalonnes à Jallais ; — testament dudit curé, qui lègue tous ses biens meubles à l'Hôtel-Dieu d'Angers ; — inventaire et vente de ses meubles.

E. 3738. (Carton.) — 8 pièces, parchemin ; 41 pièces, papier.

1484-1784. — REGNAULT et RENAULT. — Partage entre Robert Regnault, *Jean Leconte* et *Philippon Gastebié* des successions de Colas Guerriau et de Catherine Bordelle ; — acquêt par Hervé Regnault de tous droits en la succession de Colette de Vallée, veuve Roullet Lemoyne ; — par René Renault de vignes au Tertre-au-Jau ; — mémoire pour Catherine Regnault, héritière de Jean Renault et de Thomasse Édelin ; — testament de ladite Catherine Regnault, veuve de Nicolas Drugeon ; — acquêt par Jean Renault, chirurgien, de terres en la paroisse de Château-du-Loir ; — transaction entre Augustin Regnault, sieur de La Fosse, gouverneur des pages de la Reine, et Jean Regnault, chirurgien, pour des rentes dues par la succession de Jeanne Dumoulin, femme de Jean Regnault ; — testament de Jean Renault, chirurgien ; — diplôme pour Jacques Regnault, de maître barbier et chirurgien, délivré par le lieutenant du premier barbier-chirurgien *du Roi et de la Reine*, maître et garde des lettres et statuts ordinaires et des privilèges royaux en la ville, comté et ressort de Beaufort ; — contrat de mariage de Louis Regnault avec Renée Petit ; — inventaire, après décès, des meubles de Jacques Renault, chirurgien ; — contrat de mariage de Pierre Renault, serrurier, et de Renée Mallaire ; — lettre de Renault, curé de Chênehutte, à sa cousine Renault, de La Pointe, traitant des affaires de son église ; — prise de possession par Alexandre Renault, aumônier de Tigné, de la chapelle de La Jallière en l'église Saint-Léonard de Nantes.

E. 3739. (Carton.) — 4 pièces, papier.

1605-1775. — RÉGNIER. — Partage de la succession de Françoise Régnier ; — contrats de mariage de Pierre Régnier, conseiller au Présidial de La Rochelle, avec Marie Teramitte ; — de Jean-Honoré Régnier, avocat, avec Élizabeth Bordat Du Boyneau ; — acquêt par Marie Régnier, femme de Jacques Deschamps, de terres dans la paroisse de Brain-sur-L'Authion.

E. 3760. (Carton.) — 1 pièce, papier.

1660. — RÉGNIER (de). — Échange entre Pierre de Régnier, sieur du Courtion, et Pierre Drouineau de terres dépendant de la seigneurie de La Citardière.

E. 3761. (Carton.) — 1 pièce, papier.

1781. — RÉGNON. — Transaction entre Joseph Régnon, sieur de La Noue-Beauchesne, et Joseph de Mayalères au sujet de la propriété du Plessis-Brard en Tilliers.

E. 3762. (Carton.) — 1 pièce, papier.

XVIIIe siècle. — RÉMEFORT (de). — Notes généalogiques du feudiste Audouys sur la famille de Rémefort, seigneur de La Greslière.

E. 3763. (Carton.) — 8 pièces, papier ; 3 pièces, parchemin.

1702-1761. — REMOLUT. — Sentences du sénéchal de Boullogne-sur-Mer rendues au profit de Jean-Baptiste Remolut, major des troupes Boullenoises, puis commandant de la basse ville de Boulogne, contre Jean Rault, sieur du Nollet, pour défaut de paiement de marchandises ; — comptes des frais et dépens, qui lui sont adjugés ; — copie d'une lettre du duc d'Aumont, et de certificat des maire et échevins de Boulogne, attestant ses bons services ; — et de ses brevets de major et de capitaine au régiment d'infanterie des troupes Boullenoises ; — inventaire et prisée, après décès, de ses meubles et papiers ; etc.

E. 3764. (Carton.) — 1 pièce, papier.

1704. — REMONNEAU. — Vente par Urbain Remonneau, maître chirurgien, de la closerie du Clos-Gasnier en Mazé.

E. 3765. (Carton.) — 1 pièce, parchemin.

1666. — RÉMUSSON (de). — Constitution par René Dubreuil, baron d'Ingrandes, d'une rente de 100 livres au profit de Françoise Saincton, veuve de Mathurin de Rémusson.

E. 3766. (Carton.) — 3 pièces, parchemin.

1646-1647. — RENARDIÈRE (de LA). — Vente par Pierre de La Renardière, sieur de Crais, de la closerie de Lergulière en la paroisse de Marigné-sous-Daon ; — contrat de mariage de Pierre de La Renardière et de Louise Blondeau ; — donation mutuelle entre lesdits époux.

E. 3767. (Carton.) — 22 pièces, parchemin; 61 pièces, papier.

1484-1766. — RENOU, RENOUL et REGNOUL. — Acquêt par Pierre Regnoul d'une rente de 12 sous *sur un* jardin en Sainte-Gemmes, près Angers; — par Pierre Renou, drapier de Saumur, d'une cave au Puy-Girault; — contrat de mariage de François Regnoul, apothicaire au Lude, et de Louise Dabadie; — *acquêt* par Charles Renoul, sieur de La Ripperaye, de la closerie de La Goupillère en Bauné; — réception de Mathieu Renou en l'office de receveur des épices de la Sénéchaussée d'Angers; — contrats de *mariage* de Samson Regnoul et de Françoise Fontenay; — de Gabriel Renou et de Nicole Courant; — baux de la métairie du Petit-Bois en Savigné; — quittance pour Mathieu Renou *de La Féauté* du droit de confirmation de noblesse municipale; — vente par le même de son office de juge-magistrat en la Sénéchaussée d'Angers; — lettres de conseiller honoraire (avec signature autographe de *Louis XIV*); — procès-verbal d'élection de Mathieu Renou de La Féauté en la charge de maire d'Angers; — procès-verbal d'acceptation par le même des privilèges de noblesse; — acquêt par Mathieu Renou *de La Féauté de l'office* de conseiller d'honneur héréditaire au Présidial d'Angers; — testament de Marie-Madeleine Renou, femme de Jean-Charles-Marie de Cumont, sieur de Marcé; — baux des métairies des *Brosses* et de La Montagne dans la paroisse de Brais; — prisée des meubles d'Anne Regnoul de La Châtaignère; — vente des meubles de Louis Regnoul, prieur curé de Courléon; — *acquêts par Joseph-Étienne* Renou, directeur des mines de Châtelaison, de terrains en la paroisse de Saint-Georges; — note du feudiste Audouys; etc.

E. 3768. (Carton.) — 1 pièce, papier.

1677. — RENOUARD. — Brevet pour Gabriel Renouard de l'office de conseiller *notaire et secrétaire honoraire* de la maison et couronne de France.

E. 3769. (Carton.) — 1 pièce, papier.

1591. — RESTIF. — Acquêt par René Restif, sieur de La Graffinière, des métairies de Villiers et Challon, La Thioudière et La Goderie dans les paroisses de Pruillé, Brain-sur-Longuenée et Le Lion-d'Angers.

E. 3770. (Carton.) — 1 pièce, parchemin.

1778. — RÉTAILLAUD. — Prise à bail par Pierre Rétaillaud de la métairie de La Chalonnière dans la paroisse du Bourg-Notre-Dame des Herbiers.

E. 3771. (Carton.) — 1 pièce, papier.

1780. — REULLIER. — Acquêt par René Reullier d'une portion *de maison* à Chalonnes-sur-Loire.

E. 3772. (Carton.) — 9 pièces, parchemin; 5 pièces, papier.

1602-1784. — RÉVEILLÉ. — Aveu rendu par Hilaire Réveillé pour son fief de Baugé-Menuau dans la paroisse des Verchers; — acquêt par le même de la maison de Beaulieu en la paroisse du Coudray-Macouard; — partage des successions d'Hilaire Réveillé, capitaine de gendarmes, et de Renée Laurand, sa femme, entre Hilaire Réveillé, gendarme, et ses frères et sœurs; — vente, après saisie, des biens d'Hilaire Réveillé, sieur de Beaulieu, *et de Marie* Faligan, sa femme; — échange entre Joseph Réveillé, sieur de La Fosse, et Charles Hernet, de dîmes et vignes en la paroisse de Distré; — sentence de l'Élection de Saumur, *qui maintient à Marguerite Réveillé*, veuve en secondes noces de Pierre Gondouin, les exemptions et privilèges de noblesse de son père; — brevet pour André Réveillé de la charge de premier lieutenant de grenadiers (avec signatures autographes de Louis XVI, du maréchal de Ségur et du prince Louis-Joseph de Bourbon).

E. 3773. (Carton.) — 10 pièces, parchemin; 20 pièces, papier.

1661-1790. — RÉVELLIÈRE et de LA RÉVELLIÈRE. — Arrentement par Jean Révellière d'un logis à Saint-Léger, dans la paroisse *du May*; — *diplômes pour* Jean-Joseph Révellière, étudiant en l'Université, de bachelier et de licencié en droit; — brevet pour le même « des offices de « conseillers-lieutenans ancien mytriennal, alternatif-« mytriennal, des droits de sorties et entrées et autres « droits y joints établys en la ville de Montaigu pour la « jurisdiction tant du bureau de la ville que de ceux en « dépendans »; — *enregistrement dudit brevet par la* Cour des Aides; — procès-verbal d'installation auxdits offices; — acte de baptême de Jean-Baptiste-Louis, fils de Jean-Baptiste-Joseph Révellière et de Marie-Anne Maillocheau; — vente *par* Jean-Louis Maillocheau, sieur de La Daunière, à Jean-Baptiste-Joseph de La Révellière, « licentié-ès-loix, « lieutenant juge royal des Traites foraines et autres du « Bas-Poitou et du Bas-Anjou au département de la ville de « Montaigu et maire d'ycelle », d'une rente de 240 livres sur la métairie de La Lande-Riveret; — certificat d'inscription de Jean-Baptiste-Louis Révellière au registre matricule des avocats du Parlement de Paris; — vente par Marie-René-François Verdier-de-La-Miltière à J.-B.-Louis de La Révellière, avocat au Parlement de Paris, de son office de conseiller au Présidial d'Angers; — *lettres de* provision dudit office; — compte des frais d'acquisition et d'enregistrement; — certificat de non-parenté au degré prohibé; — quittances pour J.-B.-Louis Révellière, de son droit de chapelle et de la gratification des huissiers; — lettres du sieur Hullin à J.-B.-Louis de La Révellière, son cousin, conseiller au Présidial d'Angers, pour lui recommander son procès contre Gautret de La Moricière.

E. 3774. (Carton.) — 1 pièce, parchemin; 1 pièce, papier.

1520-1564. — Reverdy. — Prise à rente par Joseph Reverdy de terres à Sanziers; — contrat de mariage de François Reverdy et de Perrine Guérin.

E. 3775. (Carton.) — 1 pièce, parchemin.

1587. — Revers. — Don par Étienne Revers à Pierre Gauldin, clerc, d'une borderie près La Ricoullaye en Loiré, pour la réception et l'entretien dudit clerc « aux nobles et « sainctes ordres de prêtrises », à charge par lui de célébrer une messe par mois pour le donateur.

E. 3776. (Carton.) — 1 pièce, parchemin; 5 pièces, papier.

1509-1762. — Reyneau et Rayneau. — Constitution par Mathurin d'Orvaulx, sieur de Champiré, d'une rente de cinq setiers de seigle au profit d'Anceau Rayneau, docteur-ès-lois, régent en l'Université d'Angers; — dispenses pour le mariage de Claude-Charles Reyneau avec Anne Garnier; — acquêt par Aubin-Jacques Reyneau, de prés et terres en Saint-Georges-Châtelaison; — lettres de faire part du mariage de Mlle Rayneau avec M. Bernard de La Bernardière, notaire à Pouancé.

E. 3777. (Carton.) — 2 pièces, papier.

1711-1749. — Rezé. — Acte de baptême d'Anne, fille de René Rezé et d'Anne Renier; — acte de décès de René Rezé.

E. 3778. (Carton.) — 1 pièce, papier.

1717. — Rézeau. — Acquêt par Laurent Rézeau de terres dans la paroisse de Bauné.

E. 3779. (Carton.) — 1 pièce, parchemin.

1666. — Riants (de). — Arrêt du Conseil privé qui décharge Henri de Riants, conseiller général provincial des monnaies au département de Provence, de l'assignation à lui donnée en la Cour des Monnaies à l'occasion de la nomination d'ouvriers monnayeurs.

E. 3780. (Carton.) — 1 pièce, parchemin; 6 pièces, papier.

1661-1776. — Ribault. — Testament d'Yolande de Ferrand, veuve de Pierre Ribault, sieur de La Grenouillère, qui fonde divers services en l'église de Varrains, notamment un trentain pour le repos de l'âme de La Pelotte, sa nourrice, qui lui a légué tous ses meubles, à cette condition; — transaction au sujet du partage de la succession de ladite dame entre Françoise et Cécile Ribault, ses enfants; — acquêt par René Ribault, sieur de La Roche-Atrault, et Jacques Ribault, sieur de Lisle, de terres et vignes en Rochefort; — prise à bail par Pierre Ribault d'une maison à Chalonnes-sur-Loire; — lettre d'émancipation pour Pierre Ribault, son fils; — inventaire des biens de la communauté dudit Pierre Ribault et de Marie Trottier, sa veuve; — requête présentée par André Fabre, lieutenant de vaisseau, mari de Marie-Anne Artier, veuve d'Antoine Ribault de Laugardière, Joseph-Hyacinthe Ribault de Laugardière, aide-de-camp du comte de Néry, et Adélaïde Ribault de Laugardière, femme de Joseph de Bouchiat, pour le partage de la succession de Marie-Anne Ribault de Lisle, veuve d'André-Charles Curieux.

E. 3781. (Carton.) — 1 pièce, papier.

1629. — Ribier (de). — Présentation par Jean de Ribier de la chapellenie de La Roussière, desservie en l'église de Concesme.

E. 3782. (Carton.) — 3 pièces, papier.

1574-1736. — Ribot. — Partage de la succession de Marie-Arthur entre Pierre Ribot, Guillaume Rouzay et Thomas Bausard; — arrentement par Pierre Ribot d'une maison au Puy-Notre-Dame; — extrait du partage de la succession de Simon Ribot, sergent-royal.

E. 3783. (Carton.) — 2 pièces, parchemin; 2 pièces, papier.

1598-1659. — Riboteau. — Prise à bail par Jean Riboteau des terres et seigneuries de Montreuil-Bellay, Fosse-Bellay, La Marche et Gennes-sur-Loire; — partage entre René et Michel Riboteau des successions de Jean Riboteau et de Jacquette de Fondettes; — extrait du contrat de mariage de François Riboteau et de Jacquine Célo; — résiliation d'association entre François Riboteau et Sébastien Corbière.

E. 3784. (Carton.) — 1 pièce, papier.

1529. — Riboulle. — Lettres de répit accordées par le roi François I à Macé Riboulle, « chargé de femme et « plusieurs petiz enffans, affirmant luy avoir perdu la grei-« gneur partye de ses biens et chevanches, tant pour la « stérilité du temps, pouvreté du peuple que plusieurs « aultres fortunes. »

E. 3785. (Carton.) — 2 pièces, papier.

1609-1711. — Ribourg. — Acquêt par Jean Ribourg de partie de maison en Villevêque; — par Pierre Ribourg du moulin de Terre-Noire en Saint-Laud.

E. 3786. (Carton.) — 1 parchemin; 1 sceau.

1491. — Ricaville (de). — Réception par le seigneur de Montreuil-Bellay de l'hommage rendu par Guillaume de Ricaville pour son fief de Ricaville.

E. 3787. (Carton.) — 6 pièces, parchemin; 21 pièces, papier.

1409-1788. — RICHARD. — Déclaration rendue au Bois-Nobleт par Jeanne Richard pour tenures dans la paroisse d'Ambillou; — acquêt par Mathurin Richard, de terres aux Neddes dans la paroisse du Puy-Notre-Dame; — acquêt par Guillaume Richard de la seigneurie de Chauvois en Cherré; — contrat de mariage de François Richard et de Perrine Bérard; — partage de la succession de Jean Richard et de Marie Levenier entre Gilles Pionneau et Renée Richard, veuve de Jean Girault; — inventaire des meubles dépendant de la communauté de François Richard et de Perrine Bérard; — factum pour René Richard, oratorien, contre Jean Godineau, notaire à Saumur; — inventaire, après décès, des meubles de Charles Richard, chanoine de Saint-Maurice d'Angers; — ordonnance de l'intendant de Tours, sur requête de Toussaint Richard de Beauchamp, qui raie Augustin Richard, son fils, du rôle de la capitation des bourgeois et l'inscrit au rôle de la noblesse; — bail des moulins à eau de Gaubourg dans la paroisse de Saint-Mélaine; — permission donnée par le duc d'Estissac, seigneur de Durtal, à Toussaint-Augustin Richard, seigneur de Beauchamp, d'ouvrir un chemin sur sa terre d'Auvers pour faciliter l'accès de la seigneurie des Gringuenières, en la paroisse de la Chapelle-d'Aligné; — acquêt par Charles Richard, avocat à Saumur, de l'Ile du Laurier, en Loire.

E. 3788. (Carton.) — 3 pièces, papier.

1763-1787. — RICHARD (de). — Contrat de mariage de Louis-Joseph-Amable de Richard de Castelnau, lieutenant de carabiniers, et de Marie-Renée-Jeanne Le Roux; — extrait de l'inventaire, après décès, de Jean-René Leroux, docteur en droit de l'Université d'Angers, dressé à la requête de sa fille et de son gendre Amable Richard de Castelnau; — inventaire, après décès, de la succession d'Henri-Joseph-Ignace de Richard, chevalier de Gaix, ancien officier de dragons.

E. 3789. (Carton.) — 1 pièce, papier.

1656. — RICHARDEAU. — Testament de Florence Richardeau, qui fonde divers services dans les églises de Saint-Pierre de Doué et de La Chapelle-sous-Doué.

E. 3790. (Carton.) — 1 pièce, parchemin; 2 pièces, papier.

1609-1654. — RICHARDIN. — Constitution par Pierre Lemestayer, curé de Chérancé, d'une rente de 31 livres au profit de Jean Richardin, avocat au Présidial d'Angers; — transfert par Jean Richardin de ladite rente à l'Hôtel-Dieu d'Angers; — testament de Rachel Guérin, veuve de François Richardin, qui fonde un anniversaire en l'église de Saint-Georges-Châtelaison.

E. 3791. (Carton.) — 1 pièce, papier.

1716. — RICHAUDEAU (de). — Acte de baptême de Jacques, fils d'Urbain-Jacques de Richaudeau, seigneur de Purnay, et de Marie Vallet.

E. 3792. (Carton.) — 1 pièce, papier.

1785. — RICHE. — Acquêt par Jean-François Riche, négociant, du lieu du Moulinet en la paroisse Saint-Jean-Baptiste d'Angers.

E. 3793. (Carton.) — 7 pièces, parchemin; 11 pièces, papier.

1569-1779. — RICHER. — Transfert par Louis Boisard à Barbe Richer, dame de Pontfou, d'une créance de 66 écus sur Mathurin Préaueteau; — acquêt par Pierre Richer, chanoine de Saint-Pierre d'Angers, d'un logis sur les Lices; — acte de baptême de Louis, fils de Louis Richer et d'Espérance Saulleau; — acte de décès de Jeanne Chauveau, femme de Louis Richer, chirurgien à Brissac; — interrogatoire par-devant le sénéchal de Blaison, de Louis Richer, chirurgien, accusé d'avoir tué Maupoint et blessé Chevalier à coups d'épée à la foire de Blaison; — ordonnance de mise en liberté sous caution; — accord entre Claude Richer et Jacques Commeau, au sujet de l'exhaussement d'un mur mitoyen; — déclaration de Marie-Françoise Richer, veuve de Louis Parage, qu'elle entend, par suite du décès de son mari, rentrer dans tous ses droits et privilèges de noblesse; — accord entre ladite dame et Madeleine Leroyer, veuve Belin, au sujet des servitudes d'une maison en la grande rue de La Flèche; — aveu rendu au Plessis-au-Jau par Marie Estienvrot, veuve de Florent Richer, pour tenures dans la paroisse de Beaufort.

E. 3794. (Carton.) — 1 pièce, papier.

1750. — RICHEU. — Inventaire, après décès, du mobilier de Françoise Cireul de La Touche, femme de Jacques Richeu.

E. 3795. (Carton.) — 6 pièces, parchemin; 5 pièces, papier; 2 sceaux.

1474-1660. — RICHOMME. — Transaction entre Jean Richomme, sieur de La Gouberie, et Jean Bernard, secrétaire du roi de Sicile, au sujet de la mouvance du fief de Bordes; — sentence du juge ordinaire d'Anjou qui autorise Jean Richomme à reporter le fief de Bordes dans son aveu au château de Baugé; — vente par Jacques Richomme de la métairie de La Hardouinière; — présentation par Jean Richomme de la chapelle Saint-Urbain, desservie en Saint-

Laurent de Baugé « jusques ad ce qu'il y ait chappelle « propice et convenable en la maison seigneuriale de La « Gouberie »; — échange entre Macée Thiriau, veuve de Julien Richomme, et René Béritault, de terres en Gréaillé; — testament de Robert Richomme, sieur de La Gouberie, portant élection de sépulture en la chapelle Saint-Roch du Vieil-Baugé.

E. 3796. (Carton.) — 1 pièce, papier.

1785. — Richou. — Constitution par Jean et François Richou, vignerons, d'une rente viagère de 430 livres au profit de Françoise Richou, leur sœur, en échange de l'abandon consenti par elle de ses biens.

E. 3797. (Carton.) — 1 pièce, parchemin ; 1 pièce, papier.

1721-1730. — Ricouart (de). — Sentence de l'Élection d'Angers, qui ordonne la restitution des vins saisis par les fermiers des Aides sur Charlotte de Ricouart, veuve d'Olivier Subleau, et François-Antoine de Ricouart, capitaine de vaisseau; — ordre d'assignation des héritiers d'Henri de Beauchamps, à la requête de François-Antoine de Ricouart.

E. 3798. (Carton.) — 1 pièce, papier.

1736. — Rideau (Du). — Présentation par Anne de Lestoile, veuve de Mathurin Du Rideau, de la chapelle Sainte-Barbe en l'église de Vernoil-le-Fourier.

E. 3799. (Carton.) — 2 pièces, parchemin; 2 pièces, papier.

1403-XVIIIe siècle. — Ridouet (de). — Acquêt par Jamet Ridouet, sieur de Landifer, du tiers de la grande métairie de Pontigné; — par Jean Ridouet, de bois dans la paroisse de Bocé; — par René-Armand de Ridouet, seigneur de Sancé, ancien officier de dragons, des métairies de La Maugassière et de La Darouinière en Cheviré-le-Rouge.

E. 3800. (Carton.) — 1 pièce, parchemin.

1760. — Riffault. — Constitution par André Pissonnet de Bellefonds d'une rente de 150 livres au profit de Marguerite Voluette, veuve de René Riffault.

E. 3801. (Carton.) — 1 pièce, parchemin ; 7 pièces, papier.

1589-1771. — Rigauld. — Acquêt par Anceau Rigauld, prieur de l'Hôtel-Dieu d'Angers, d'une rente de 20 livres sur la métairie de La Bouchetière en Avrillé; — présentation par Jacques Rigauld, sieur de Millepieds, de la chapellenie de La Trinité en l'église de Brigné; — requête par Jacques Rigauld, sieur de Bouzillé, afin d'être autorisé par l'évêque à faire dire la messe dans sa chapelle seigneuriale; — présentation par François Rigauld de la chapelle de La Grueschère en Thouarcé; — acquêt par Mathieu Rigauld, sieur de La Bergerie, de l'office de conseiller-procureur du Roi au Grenier à sel de Candé; — vente par Anne Rigauld d'un jardin à Saumur.

E. 3802. (Carton.) — 4 pièces, papier.

1634-1769. — Riobé. — Partage entre Jean Riobé et Pierre Guitton des successions de Pierre Riobé et de Mathurine Perrault; — constitution par François-Auguste de Contades d'une rente viagère de 100 livres au profit de Jeanne Riobé; — prise à bail par Jacquine Saulnier, veuve de Louis Riobé, de la métairie de Limesle en Brain-sur-L'Authion; — sentence de la Sénéchaussée d'Angers qui valide le titre d'une rente de 300 livres consentie par Marcel Avril de Pignerolle au profit de Jean Riobé.

E. 3803. (Carton.) — 10 pièces, parchemin; 9 pièces, papier.

1633-1691. — Riolland. — Constitution d'une rente de 44 livres par René Riolland au profit de Marie Guérin; — acquêt par Jean Riolland d'une terre dite La Martellerie près Matelay; — compte entre Perrine Texier, veuve de Jean Riolland, et Madeleine Esnauld, veuve de Pascal Moriceau, de leurs dettes et créances respectives dans les successions de leurs maris; — sentence du lieutenant-général-criminel de Saumur qui condamne François Riolland à être rompu vif sur une croix de Saint-André à Saumur, « et ce faict, mis « sur une roue et porté dans le grand chemin de Longué « devant la maison des Montaux inhabitée, pour y servir « d'exemple » (il n'est pas dit pour quel crime); — partage des successions de Jean Riolland et de Perrine Texier entre Jean Bascher, André Guérineau, Gilles Riolland et Martin Fournier, docteur médecin; — acquêt par Martial Riolland, maître de la poste de Saint-Mathurin, de prés en la paroisse de Mozé; — mémoires et pièces de procédure pour Marie Ledoyen, plaidant en séparation de corps et de biens contre Gilles Riolland; — saisie et inventaire des biens immeubles de Gilles Riolland; — contrat pour la pension de leur fille chez Renée Charpentier, sa grand' mère; — mémoire de l'apothicaire de Marie Ledoyen, veuve Riolland; — notes et mémoires sur la succession de Gilles Riolland.

E. 3804. (Carton.) — 1 pièce, parchemin.

1756. — Rioto — Constitution par la marquise de Maillé d'une rente de 480 livres au profit de Claude-Nicolas Rioto, huissier-proclamateur.

E. 3805. (Carton.) — 2 pièces, papier.

1596. — Riotteau. — Acquêt par René Riotteau, maître rôtisseur, d'une maison; — et de prés dans la paroisse de Sorges.

E. 3806. (Carton.) — 1 pièce, papier.

XVIII° siècle. — Rieu (de). — Note du feudiste Audouys sur la famille de Rieu, *seigneur de Champrolin.*

E. 3807. (Carton.) — 1 pièce, parchemin.

1441. — Rivaud. — Contrat de mariage de Jean Rivaud et Catherine de Treuc.

E. 3808. (Carton.) — 2 pièces, parchemin; 10 pièces, papier.

1592-1789. — Rivecourt (de). — Licitation entre François Dubé et Louis de Rivecourt, de la closerie de La Maison-Neuve en Saint-Rémy-en-Mauges; — acquêt par Louis-Guy de Rivecourt des droits dudit Dubé dans la succession de François Ralleau, son beau-frère; — mémoires pour Marie-Guy de Rivecourt, veuve Arial, contre Louis-Guy de Rivecourt en revendication de la propriété de La Maison-Neuve; — répliques de Guy de Rivecourt; — consultation de l'avocat Raimbault de La Douve; — accord entre Guy de Rivecourt et Perrine Mingret, veuve Desroches, au sujet de la propriété de La Petite-Lande, en Saint-Rémy; — note généalogique.

E. 3809. (Carton.) — 2 pièces, papier.

1628-1658. — Riverain. — Cession par René de Charnières à François Riverain, *sieur de* La Grange, d'une créance de 3,000 l. sur Audouin *Lejeune*, *marchand* de Laval; — transaction entre Pierre Riverain, sieur de Channaye, et Claude de Longuequeue, veuve Giffard, concernant la vente des terres de Fleuré et Grange-Boureau en Saint-Lambert-des-Levées.

E. 3810. (Carton.) — 1 pièce, papier.

1702. — Rivet. — Constitution par Prosper de Collasseau d'une rente de 18 livres au profit de René Rivet, *marchand boucher.*

E. 3811. (Carton.) — 2 pièces, parchemin; 8 pièces, papier.

1621-1786. — Rivière. — Acquêt par Jean Rivière, marchand de draps de laine, de terres en la paroisse d'Écuillé; — partage entre Pierre Esnault, Nicolas Boceau, Étienne Beaugrand et Michel Esnault de la succession de Jeanne Jolly, femme de Michel Esnault et en secondes noces de Jean Rivière; — contrat de mariage de René Rivière et de Clémence Gaye; — partage entre Philippe Bernard, Hilarion de La Guérinière et Fabien Raoul de la succession de Marie Rivière, veuve de Nicolas Boceau et femme en secondes noces de Pierre de La Guérinière; — apposition de scellés sur le mobilier de Jean-Michel Rivière.

E. 3812. (Carton.) — 15 pièces, parchemin; 10 pièces, papier.

1380-XVIII° siècle. — Rivière (de La). — Constitution par Macé de La Rivière d'une rente de 20 livres au profit d'Étienne d'Usure, clerc; — accord entre Roland de La Rivière, tuteur de Jeanne de La Rivière, et Jeanne Meignanne, veuve d'Olivier de La Rivière, pour l'assiette de son douaire; — don par le roi Charles VII à « son élu « et féal cousin le sire de La Rivière, comte de Dammartin, des château, ville et châtellenie d'Issoudun en Berry, « eue considération aux très-grans et notables services que « nostre dit cousin et les siens, ceulx aussi de nostre « chière et amée cousine Ysabeau de La Trémoille, à pré« sent *sa femme*, nous ont fais et font de jour en jour...; « aussi les grandes et notables places, seigneuries et reve« nues que nostre susdit cousin a perdues et du tout « délaissées à nos dis ennemis pour sa loyaulté envers nous « garder » (Chinon, 27 mars 1424); — contrats de mariage de Pierre de La Rivière et d'Ysabeau de Chazé; — de René de La Rivière et de Marie Louet; — testament de Guillaume de La Rivière; — enquête par René Régu, huissier en l'Élection d'Angers, contre François de La Rivière, pour violences et voies de fait à lui reprochées contre Mathurin Jamin, collecteur des tailles; — notes et extraits généalogiques par le feudiste Audouys.

E. 3813. (Carton.) — 3 pièces, papier.

1669-1700. — Robereau. — Partage entre Charles, Olivier, René, Louis, Andrée et Mathurin Robereau des successions de Mathurin Robereau, notaire, et de Françoise Avolleau; — testament d'Étiennette Godeau, femme de Pierre Robereau; — inventaire, après décès, du mobilier de Louis Robereau et de Louise Justeau.

E. 3814. (Carton.) — 6 pièces, parchemin; 32 pièces, papier.

1620-1789. — Robert. — Contrat de mariage de Jean Robert, sieur de La Hussaudaye, et de Marguerite Boceau; — partage de la succession de Jean Pihut entre Marc Robert, sieur du Tertre, Pierre Lenfantin, Jean Duroger et autres cohéritiers; — mémoire pour Jean Duroger et Perrine Robert contre René Delaunay et Renée Robert, au sujet de la succession de Mathurin Robert; — acquêt par Claude Robert, sieur de Valtigny, de la closerie de L'Artellerie en Cheviré-le-Rouge; — lettres du prieur de Crespy portant demande d'emprunt à Robert, sieur de Rosée; — vente, à la requête d'Augustin Éveillon, mari de Renée-Simonne Robert, et de Mathurin Berrard, sieur des Liardières, du mobilier et de la bibliothèque de Philippe Robert, supérieur de la petite communauté de Saint-Sulpice de Paris; — mémoire pour les habitants de La Meignanne afin de faire maintenir le sieur Robert au rôle des tailles et du sel; — mémoire pour Claude-René Robert, sieur des Marchais, contre le seigneur de Gonnord, au sujet des honneurs seigneuriaux dans l'église de Faveraye; — partage de la succession de Madeleine-Charlotte Robert entre Renée-Simonne Robert, veuve Éveillon, et Philippe-Auguste Letourneux de Hauny; — contrat de mariage de Thomas-François de Giberti, comte de Correggio, avec Marguerite-Éléonore Trouillet, veuve de Guillaume-Marie Robert, sieur des Marchais; — compte rendu par ladite dame de la tutelle de sa fille Marie-Renée Robert Des Marchais.

E. 3815. (Carton.) — 3 pièces, parchemin; 14 pièces, papier.

1570-XVIIIe siècle. — Robin. — Partage de la succession de Charles Robin, sieur de La Bruère, entre Jean et Louise Robin, ses enfants; — testament de François Robin, portant fondation de divers services dans l'église de Saint-Saturnin; — acquêt par Mathurin et Jean Robin de terres dans la paroisse de La Chapelle-des-Choux; — partage entre René, Renée et Julienne Robin des successions de Julienne Guesdon, leur mère, et de René Nozé, son oncle; — aveu rendu à la baronnie de Trèves par René Robin, marquis de La Tremblaye, pour ses châtellenies du Pimpéan, de Grézillé et d'Aligné et ses fiefs de La Brisemondière et de La Bruère; — donation mutuelle de tous leurs biens entre François-Joseph Robin, sieur de La Tremblaye, et Marie Grandet, sa femme; — acquêt par Renée Villiers, veuve François Robin, d'une terre en Saint-Hilaire de Rillé; — vente par René Robin de La Tremblaye de la seigneurie du Pimpéan; — dispenses ecclésiastiques pour le mariage de René Robin de La Basinière avec Marguerite-Renée Aubin; — notes et extraits généalogiques par le feudiste Audouys.

E. 3816. (Carton.) — 1 pièce, parchemin; 5 pièces, papier; 1 sceau.

1590-1765. — Robineau. — Nomination d'Antoine Robineau à la curatelle des enfants mineurs de Claude Duflos et d'Élisabeth Robineau; — reconnaissance par Jeanne Robineau d'une dette de 400 écus envers Jacques Boullay; — testament d'Antoine Robineau; — partage de sa succession entre Antoine, Henri, Geneviève, Marie Robineau, ses enfants; — prise à ferme par Jacques Robineau de la terre de La Touche d'Escoublanc; — par Jean Robineau, postillon, de la maison de Saint-Christophe en Saint-Lambert-des-Levées.

E. 3817. (Carton.) — 1 pièce, parchemin; 3 pièces, papier.

1609-1750. — Robinet. — Acquêt par Michel Robinet de terres dans la paroisse de Dampierre; — baux desdites terres par Michel et Pierre Robinet; — procès-verbal de mise en vente des domaines dépendant de la succession de Charles Robinet, prieur de Sanzay.

E. 3818. (Carton.) — 4 pièces, papier.

1718-1720. — Roblastre. — Apposition de scellés sur la succession de François Roblastre, receveur des décimes d'Anjou; — nomination de Pierre Goujon, avocat, et Christophe Rousseau de Pantigny à la curatelle des enfants mineurs de François Roblastre et de Dorothée Vanbredenbeck; — lettres d'émancipation desdits mineurs.

E. 3819. (Carton.) — 4 pièces, parchemin; 1 pièce, papier.

1541-1699. — Rochard. — Acquêt par Jean Rochard de L'Aiglerie en Saint-Aubin-de-Luigné; — et de La Brarderie en Jallais; — procès-verbal de prise de possession dudit bordage; — acquêt par le même de prés et terres près La Grande-Brosse en Jallais; — constitution par Pierre de Collasseau d'une rente hypothécaire de cinq livres au profit de Pierre Rochard, marchand.

E. 3820. (Carton.) — 3 pièces, papier.

1691. — Roche. — Testament de Marie Roche, portant divers legs au profit de la fabrique de Saint-Aignan d'Angers; — notes des frais de sépulture; — relevé des legs et libéralités testamentaires.

E. 3821. (Carton.) — 1 pièce, papier.

1665. — Roche (de La). — Contrat de mariage de René de La Roche, sieur de Moraine, et de Gabrielle de Liniers.

E. 3822. (Carton.) — 1 pièce, papier.

XVIIIe siècle. — Roche-Abilen (de La). — Note du feudiste Audouys sur la famille de La Roche-Abilen, seigneur de La Roche-Abilen en Saint-Georges-du-Bois.

E. 3823. (Carton.) — 1 pièce, parchemin.

1595. — Rochechouard. — Procuration de Louis, comte de Rochechouard, pour rendre en son nom foi et hommage aux baronnies de Candé et du Lion-d'Angers pour sa seigneurie de Neuville.

E. 3824. (Carton.) — 5 pièces, papier.

1547-XVIIIe siècle. — Rochefort (de). — Aveux rendus à Bécon par Louis et René de Rochefort pour son domaine de Précort; — vente par René de Rochefort des landes de Lanjouère dans la paroisse de La Pouëze; — notes généalogiques du feudiste Audouys.

E. 3825. (Carton.) — 2 pièces, papier.

1635-1694. — Rochefoucault (de La). — Acquêt par Catherine de La Rochefoucault, marquise de Senecé, dame d'honneur de la Reine, de la seigneurie de Maulmont; — aveu rendu à Longchamps par Françoise de La

Rochefoucault pour sa seigneurie du Vivier dans la paroisse de *Léaigné*.

E. 3826. (Carton.) — 3 pièces, papier ; 1 pièce, parchemin.

1450-1775. — ROCHER. — Testament de Jeanne Rocher portant élection de sépulture au cimetière Saint-Laurent d'Angers et don de tous ses meubles à son mari; — aveu rendu à Contigné par Marguerite de Salles, veuve de Jacques Rocher, de sa terre de Bois-Germont; — acquêt par Pierre Rocher de terres dans la paroisse de Sorges; — diplôme de licencié en droit pour Jean-Marie-René Rocher.

E. 3827. (Carton.) — 1 pièce, papier.

1760. — ROCHEVILLE (de). — Mémoire pour le sieur de Rocheville, seigneur de La Haye-du-Temple contre Philippe Bichon, en revendication des droits d'usage et de propriété de prés dans la paroisse du Puy-Notre-Dame.

E. 3828. (Carton.) — 1 pièce, parchemin.

1620. — ROCQUE (de LA). — Présentation par Claude de La Rocque de la chapelle Sainte-Anne desservie au manoir seigneurial du Marais en Longué.

E. 3829. (Carton.) — 1 pièce, parchemin ; 1 pièce, papier.

1754. — ROCQUET. — Constitution par Paul Camus, sieur de Villefort, d'une rente de 50 livres au profit de Marie Rocquet de La Brunnière; — note anonyme sur l'origine de la famille Rocquet, de Bretagne.

E. 3830. (Carton.) — 3 pièces, papier.

1659-1727. — RODAIS. — Compte rendu par André Rodais, titulaire des offices de receveur des Traites foraine et domaniale d'Ingrandes, à Marie Lefebvre, sa mère, de la recette intérimaire des droits et gages desdits offices; — actes de baptême de Marie et de Madeleine, filles de Jean-André Rodais et de Marie-Madeleine Rouillé; — compte rendu par Jean-Pierre Lucas, ancien contrôleur des rentes de l'Hôtel-de-Ville de Paris, à Pierre Rodais, sieur de Larzillier, Édouard Pissonnet-de-Bellefonds, Joseph-Claude de Monty-de-Rezé, André Rodais, sieur de La Hutière, Daniel-Gaspard Rousseau, sieur de La Ménardière, Urbain Rodais, sieur de La Moinerie, et Guillaume-Marie Leclerc de La Verrière, de l'administration indivise des biens à eux délaissés par Madelaine Rouillé, veuve d'André Rodais.

E. 3831. (Carton.) — 9 pièces, parchemin ; 27 pièces, papier.

1579-1780. — ROGER. — Testaments de Marie de La Mothe, femme de Jean Roger; — d'Anne Gasnier, veuve de Marin Roger, boulanger; — contrat de mariage de Louis Du Plessis-de-Genonville avec Anne Roger de Creux; — acte de notoriété concernant la naissance de Louis Roger, sieur de Campagnolle; — lettre de Goujon, baron de Châteauneuf, à madame Roger de Campagnolle pour lui recommander la grâce du fils de son garde arrêté pour délit de chasse; — contrat pour la pension de Françoise-Louise Roger, religieuse en l'Hôtel-Dieu Saint-Julien d'Azé; — lettres de M. de Kervézio à madame de Campagnolle, sa tante : il lui donne des conseils et lui indique un parti pour le mariage de son fils; — pleins pouvoirs donnés par Emmanuel-François et André-François Roger-de-Campagnolle à Louis-Anne Roger, leur frère aîné, de se transporter en leur nom à Londres pour y tirer d'affaires leur frère Léon, tombé en démence, et y poursuivre devant tout juge les intrigants qui l'exploitent; — inventaire, après décès, des papiers de Louis Roger-de-Campagnolle, commandant du château de Brest, et d'Anne Allain, sa femme; — consultation des avocats Gardin, Quérard et Poullain, concernant la succession de ladite dame.

E. 3832. (Carton.) — 9 pièces, parchemin ; 89 pièces, papier.

1721-1788. — Acte de baptême de Françoise, fille de Louis Roger, sieur de Campagnolle, et d'Anne Allain; — « lettres de M. le chevalier de Campagnolle à M. de « Montplacé, avec les réponces, le tout fidèlement copié « sur les originaux »; il s'agit de mauvais propos tenus par M. de Montplacé sur la noblesse des Campagnolle et dont le chevalier lui demande et lui fait rendre raison; — contrat de mariage de Louis-Anne Roger-de-Campagnolle, sieur de La Réauté, et de Françoise-Claude de Montplacé; — fragment de l'inventaire du mobilier du château de Pommérieux; — attestation délivrée par M. d'Autichamp à Louis-Anne Roger-de-Campagnolle, qu'il a vérifié sur titres sa noblesse; — testament de Louis-Anne Roger-de-Campagnolle; — acquêt par le même d'une maison en Boisnet; — partage de la succession de Claude de Sorhoette, épouse de François de Montplacé entre Louis-Anne Roger-de-Campagnolle, Pierre-Clovis Brillet, sieur de Loiré, et Madeleine de Montplacé; — vente de la seigneurie de La Platrerie dans la paroisse de Restigné; — inventaires, après décès, des successions de Louise-Françoise Roger-de-Campagnolle, et de Louis-Anne Roger-de-Campagnolle; — vente des meubles; — acte d'association entre Claude-Françoise de Montplacé, veuve du précédent, et Marguerite Gaultier de La Valette, veuve de Pierre d'Arlus-de-Montclerc, pour l'achat d'un billet de la loterie royale; — acquêt par Vincent Roger de deux maisons rue du Cornet; — dispenses ecclésiastiques pour le mariage de Jean et de Madeleine Roger; — contrat de mariage de Louis-François-

Armand Roger de Campagnolle et de Mélanie-Charlotte-Marie Poisson de Montégut; — aveu par ladite dame de sa terre de Montégut à la baronnie de Chalonnes; — lettre du sieur Halbert, sénéchal de Châteaugontier, qui dénie à la terre de Brissarthe le titre de châtellenie, inséré à tort dans le dernier aveu présenté.

E. 3833. (Carton.) — 59 pièces, papier.

1703-1758. — Procédures pour Louis-Anne Roger, sieur de Campagnolle et de La Réauté, au maintien de sa noblesse déniée par les collecteurs des tailles et les paroissiens de Brissarthe; — inventaire des titres produits à la Cour des Aides; — notes et mémoires pour Roger de Campagnolle; — généalogies de la famille; — requêtes à l'Intendant de Tours; — copie du brevet d'armes délivré par d'Hozier; — « *projet* envoyé à M. d'Hozier pour insérer « dans son Nobiliaire, dont il a fait peu d'état; ce qui l'a « fait tomber dans des erreurs grossières et désavantageuses « à la famille »; — procédure contre le curé de Brissarthe, Jean Lejeune, au sujet d'une porcherie, *construite*, à son dire, sur le terrain dépendant de la cure.

E. 3834. (Registre.) — In-folio, papier, 84 feuillets.

1772-1777. — Recette des rentes, baux et fermages pour madame la douairière de Campagnolle.

E. 3835. (Registre.) — In-4°, papier, 32 feuillets.

1782-1788. — Recette des rentes, baux et fermages pour Louis-François-Armand Roger de Campagnolle.

E. 3836. (Carton.) — 4 pièces, parchemin; 14 pièces, papier.

1466-1775. — ROGERON. — Recette par Charles Rogeron des rentes à lui dues à La Cour-du-Bois dans la paroisse des Rosiers; — acquêt par Jacques Rogeron, marchand, de vignes en Saint-Saturnin; — par Charles Rogeron, sieur de La Pontonnière, d'une maison place Sainte-Croix, à Angers; — par Jacques Rogeron, sieur de La Groie, d'une maison rue du Chef-Saint-Jean-Baptiste; — dispenses pour le mariage de Pierre Cailleau avec Perrinne Rogeron; — extrait du contrat de mariage de Pierre Rogeron et de Renée Maunoir; — inventaire, après décès, du mobilier de Jacques Rogeron, maître de poste à La Daguenière; — présentation par Suzanne Tesnier, veuve de Charles Rogeron, de la chapelle Notre-Dame de Chavagnes; — contrat de mariage de Jean Goyet et de Jeanne Rogeron; — dispenses pour le mariage de Jean Rogeron avec Marguerite Courault; — testament de Jeanne Émery, veuve Rogeron, portant fondation de divers services dans l'église de La Daguenière.

E. 3837. (Carton.) — 8 pièces, papier.

1570-1680. — ROGUES. — Testaments de Marie de La Mothe, femme de Jean Rogues, portant divers legs et fondations au profit de l'église de La Trinité et du couvent des Carmes d'Angers; — de Françoise Rogues, veuve de Jean Leduc, qui fonde un anniversaire en l'église Saint-Pierre d'Angers.

E. 3838. (Carton.) — 33 pièces, parchemin; 81 pièces, papier; 9 sceaux.

1461-XVIIIe siècle. — ROHAN (de). — Présentation par le maréchal Pierre de Rohan, sieur de Baugé et de Gyé, de la chapelle Saint-Thomas de Châtelais; — certificat délivré par Louis de Rohan, sieur de Guémené, au fermier de la Cloison d'Angers, pour attester qu'il lui a laissé passer quittes de tout droit les vins de ses terres d'Anjou par don spécial de la Mairie d'Angers; — présentation par Louis de Rohan du prieuré d'Avrillé; — contrat de mariage d'Henri de Rohan, sieur de Landal, avec Marguerite Du Pont, dame de Pluscalec; — commission royale, donnée à la requête de Pierre de Rohan, sieur de Gilbourg, pour enquérir de la dévastation par le Seigneur des Marchais des bois et pacages sis entre le Layon et les bois Saumuraux, au détriment des droits des usagers de la seigneurie de Gilbourg; — présentation par Louis de Rohan, baron de Briollay, de la chapelle Saint-Nicolas desservie en son château seigneurial; — par Charlotte de Bautru, veuve de Jean-Baptiste-Amand de Rohan, de la chapelle de Saint-Jean-Baptiste de L'Hôtellerie-de-Flée, fondée en la châtellenie et métairie de Flée, membre dépendant de la baronnie de Mortiercrolles; — contrat de mariage d'Hercule de Rohan, sieur de Montbazon, et de Madeleine de Lenoncourt; — arrêt du Parlement de Paris, sur requête des paroissiens de Briollay, Cheffes et Tiercé, qui ordonne la distraction des communs dans la vente de la baronnie de Briollay; — testament d'Anne de Rohan, veuve de Louis de Rohan, duc de Montbazon; — notes et extraits généalogiques par le feudiste Audouys.

E. 3839. (Carton.) — 5 pièces, parchemin; 8 pièces, papier.

1543-1746. — ROISNÉ et ROYNÉ. — Partage de la succession de Jean Royné et de Thibaulde Renauldier entre leurs enfants; — « mémoire de ce que doibt Arthus « Roisné, comme héritier mobiliaire et *usuffruitier* de « Renée Roisné, sa fille, à Urbaine Cormier, fille de « Jeanne Cordier, sa femme, veuve en premières noces « d'Urbain Cormier »; — acquêt par Jean Royné de vignes en Turquant; — quittance de compte entre lesdits Royné et Cormier; — acquêt par Yves Royné d'un office de notaire royal à Montsoreau; — brevet dudit office; — accord entre

Jeanne Harrault, femme de Philippe Roysné, veuve en premières noces de François Vaillant, et Ursule Vaillant, leur fille, au sujet de sa succession; — requête en assignation par Pierre Roisné des héritiers de Jean Vauger, son créancier.

E. 3840. (Carton.) — 1 pièce, parchemin; 4 pièces, papier.

1621-1762. — ROLLAND. — Acquêt par Pierre Rolland de terres aux Grands-Champs; — de prés à La Rocherie; — et de grange et maison dans le bourg de Sorges; — constitution par Charles de Maillé, marquis d'Étiau, d'une rente viagère de 200 livres au profit de Thérèse Fureille, femme de Gabriel Rolland.

E. 3841. (Carton.) — 1 pièce, papier.

1669. — ROLLAND. — Partage de la succession d'Étiennette Rollard, veuve de Louis Delisle, entre Jean Rollard, huissier, Simon Gassot et Françoise Rollard, Henri Du Poirier et Anne Lemercier, François Coiscault, Louis Babin et Mathurine Rollard.

E. 3842. (Carton.) — 5 pièces, parchemin; 9 pièces, papier.

1571-1787. — ROMAIN. — Acquêt par Jean Romain, marchand à Montreuil-Bellay, de terres à Lenay; — par Jeanne Romain d'une rente de 16 boisseaux de blé sur des tenanciers de la seigneurie de Chandeliveaux; — procès-verbal de visite des immeubles dépendant de la succession de Jean Romain; — sommation faite à Françoise Romain, fille de François Romain, sieur de La Galonnière, de rendre aveu pour les tenures qu'elle possède dans la baronnie de Montreuil-Bellay; — vente des terres et maisons saisies sur François Romain, sieur de Lessart, et Lucrèce Dagouet, sa femme; — constitution par Charles Gaudicher, notaire, d'une rente de 60 livres au profit d'Étienne Romain, avocat au Présidial d'Angers; — interrogatoire des demoiselles Anne, Françoise et Madeleine Romain, filles d'Étienne Romain, au sujet de conventions orales faites par leur père, au lit de mort, avec M. Sorhoette de Pommérieux; — constitution par Alexandre de La Fresnaye d'une rente viagère de 200 livres au profit de Jacques-Antoine Romain, clerc; — abandon de ladite rente par ledit Romain à l'abbaye de Saint-Florent; — foi et hommage rendu au comté de Trèves par René-Marie Romain et Marie-Anne Romain pour leur terre de La Sansonnière.

E. 3843. (Carton.) — 2 pièces, papier.

1718-1720. — ROMANS (de). — Testament de Marie Chevrier, veuve en premières noces de François de Romans, et en secondes noces de René de Laroche-Vernaise, qui déshérite son fils François de Romans, au profit de ses petits-enfants; — arrêt du Parlement de Paris concernant l'enquête ordonnée sur la demande en inscription de faux poursuivie par François de Romans contre diverses pièces produites à son préjudice.

E. 3844. (Carton.) — 1 pièce, papier.

XVIIIe siècle. — ROMIER et ROMIEU. — Notes généalogiques par le feudiste Audouys sur la famille Romier, primitivement Romieu, originaire d'Arles, établie en Anjou au XVIe siècle.

E. 3845. (Carton.) — 2 pièces, papier.

1627-1655. — RONCERAY. — Acquêt par Jacques Ronceray de partie de maison à Angers; — par Marin Ronceray et Jacques Du Vacher de la closerie de La Savariais en Châtelais.

E. 3846. (Carton.) — 1 pièce, papier.

1641. — RONDEAU. — Partage entre Pierre Rondeau, valet de chambre du duc de Bellegarde, et Julien Martin, mari de Perrine Rondeau, de la succession de Pierre Rondeau et Françoise Hue.

E. 3847. (Carton.) — 2 pièces, parchemin; 1 pièce, papier.

1408-1552. — RONSART. — Acquêt par Pierre Ronsart d'une rente de froment à Fournieux; — aveu rendu à Saint-Mars-La-Pile par Françoise Gaultier, veuve de Jean Ronsart, licencié ès-lois, pour sa terre de Munet dans la paroisse de Distré; — prise à rente par François Ronsart, licencié ès-lois, de maison, terre et vignes à la Minaudière en Champigné-le-Sec.

E. 3848. (Carton.) — 3 pièces, papier.

1575-1775. — RONTARD. — Acquêt par Jean Rontard du moulin à vent de La Rogerie en Mozé; — par François Rontard de prés dans la paroisse de Sorges; — par Pierre Rontard, vigneron, de terres à La Casse dans la paroisse de Soulaine.

E. 3849. (Carton.) — 4 pièces, papier; 3 pièces, parchemin.

1530-XVIIIe siècle. — RORTAIS ou ROTAIS (de). — Procuration donnée par Jean de Rotais, sieur de La Dorbelière, à Louis Gaultier, pour le représenter en ses affaires et procès; — acquêt par le même d'une maison et jardin à Saint-Généroux; — contrat de mariage de Pierre de Rortais et de Marie de La Forest; — testament de Pierre de Rortais; — fondation par Marie de Rortais, prieure de Seiches, de seize sermons dans l'église de La Trinité d'Angers; — fragments d'une généalogie; — notes et extraits par le feudiste Audouys.

E. 3830. (Carton.) — 1 pièce, papier.

XVIIIe siècle. — ROSIÈRES (de). — Note par Madame de Rosières sur « les neveux et nièces de feu son mary », leurs alliances, leur état de fortune, etc.

E. 3831. (Carton.) — 1 pièce, papier.

XVIIIe siècle. — ROSSEAU (de). — Note du feudiste Audouys sur la famille de Rosseau, seigneur de Rosseau, dans la paroisse de Brain-sur-L'Authion.

E. 3832. (Carton.) — 1 pièce, parchemin; 1 pièce, papier.

1567-1571. — ROSSIGNOL. — Contrat de mariage de René Loiseau et d'Anne Rossignol; — abandon par ledit Loiseau et Jean Rossignol, son beau-frère, à René Rossignol, leur père et beau-père, de l'usufruit d'une maison au Port-La-Pille en Saint-Étienne de Chigné.

E. 3833. (Carton.) — 1 pièce, papier.

1648. — ROTIER. — Inventaire, après décès, de la succession de Jeanne Belot, femme de François Rotier.

E. 3834. (Carton.) — 1 pièce, papier.

XVIIIe siècle. — ROTOURS (DES). — Notes généalogiques du feudiste Audouys sur la famille Des Rotours, seigneur de La Mothe-Cormerant en Saint-Laurent-des-Mortiers.

E. 3835. (Carton.) — 2 pièces, papier.

1759. — ROTTEREAU. — Adjudication au rabais de la pension de Louise et Urbain Rottereau, enfants mineurs de René Rottereau et de Marguerite Foucher; — émancipation de Marie Rottereau.

E. 3836. (Carton.) — 1 pièce, parchemin; 1 pièce, papier.

1599-XVIIIe siècle. — ROUAULDIÈRE (de LA). — Vente par François de La Rouauldière du domaine du Châteigner en Bécon; — notes généalogiques du feudiste Audouys.

E. 3837. (Carton.) — 6 pièces, parchemin; 6 pièces, papier.

1449. — ROUAULT. — Acquêt par Jacques Rouault d'une maison en la rue de la Petite-Boucherie d'Angers; — réception par le promoteur de l'Officialité de Nantes du compte rendu par Louis et Jeanne Rouault de la succession d'Antoine Millon; — acte de baptême d'Étienne, fils d'Étienne Rouault, boulanger, et de Françoise Moreau; — acquêt par Étienne Rouault d'un office de notaire royal à Montsoreau; — réception dudit Rouault en son office; — circulaires de Morleau et Persac, syndics des notaires royaux de Saumur, relatives à la réduction des taxes du contrôle et au règlement des expéditions.

E. 3838. (Carton.) — 1 pièce, papier.

XVIIIe siècle. — ROUFFLE. — Note du feudiste Audouys sur la famille Rouffle, seigneur des Grandes-Villattes en Challain.

E. 3839. (Carton.) — 3 pièces, parchemin; 10 pièces, papier.

1377-XVIIIe siècle. — ROUGÉ (de). — Ratification par Jeanne Allain de la vente de certains domaines faite par son mari à Guillaume de Rougé; — attestation par le curé et le sacristain de Saint-Pierre-Maulimart « qu'il n'y « a sur la chapelle et oratoire du lieu seigneurial de La « Bellière » appartenant à René de Rougé « aucune gallerie « ny coulombier, mais estre bien propre et aornée à célé« brer la messe et y avoir des aornements bons et antiers « et un calice d'argent »; — état des services fondés par le seigneur de La Bellière dans sa chapelle et dans l'église de Saint-Pierre-Maulimart; — contrat de mariage d'Urbain Le Cornu, sieur du Plessis-de-Côme, et de Marguerite de Rougé; — dispenses ecclésiastiques pour le mariage de Gabriel-César de Rougé et de Marie-Gabrielle Dubois de La Ferté; — et pour celui d'Augustin-Achille de Rougé et de Jeanne-Rosalie de Rougé; — ordonnance sur requête de François de Rougé, concernant la réduction des chapelles de La Roblaye, de Notre-Dame-du-Pont, de La Roussière et de Saint-Étienne au service de trois messes à célébrer en la chapelle du château de La Bellière; — consentement des chapelains titulaires; — fragments de généalogies et notes du feudiste Audouys.

E. 3860. (Carton.) — 2 pièces, papier.

1679-1689. — ROUGER. — Déclarations rendues par Michel Rouger à la seigneurie de Carbay pour maison dans le bourg de Carbay; — par Anne Rouger, sa fille, pour champs à La Nachère.

E. 3861. (Carton.) — 1 pièce, parchemin; 1 sceau fruste.

1372. — ROUHAUD. — Acquêt par Jean Rouhaud, sieur de La Rousselière, de 50 livres de rente sur Marguerite de Corbon, veuve de Jean Milon.

E. 3862. (Carton.) — 4 pièces, papier.

1704-1769. — ROUILLARD. — Acquêt par Sébastien Rouillard, vigneron, de terres en Saint-Laud, près Angers; — et à Épluchard, — par Mathurin Rouillard, de prés devant La Baumette; — et de la closerie du Grand-Mayet en Frémur.

E. 3863. (Carton.) — 4 pièces, parchemin; 3 pièces, papier; 1 cachet.

1668-1754. — ROUILLÉ. — Acquêt par Pierre Rouillé de la terre de La Gaucherie; — et du pré dit Le Bois-Collin dans la paroisse de Faveraye; — de la seigneurie de Michoudy en Aubigné-Briant; — présentation par Antoine-Louis Rouillé, ministre secrétaire d'État au département des affaires étrangères, des chapelles de Saint-Sébastien et de Saint-Eustache desservies en l'église paroissiale de Fontaine-Guérin.

E. 3864. (Carton.) — 3 pièces, papier.

1705-1757. — ROUILLON. — Accord entre Jacques-François Rouillon, Jacques Rouillon, marchand de soie, René Rogues, huissier, et Guillaume Rouillon, pâtissier, pour le partage de la succession de Jacques Rouillon; — partage de ladite succession; — partage de la succession de Claudine Corneau entre Marguerite Rouillon, Élisabeth Sée, Nicolas Vigner et autres cohéritiers.

E. 3865. (Carton.) — 6 pièces, papier.

1621-1720. — ROULLEAU. — Vente de la closerie de Niteveulle en Bessé saisie sur Jean Roulleau; — renonciation par Paul Frappier et Catherine Roulleau, sa femme, à la succession de Jean Roulleau, au bénéfice de Jean Roulleau, apothicaire, son fils; — transaction entre ledit Roulleau, Hugues Abraham et autres cohéritiers pour le partage de la succession d'Antoine Landry, ancien curé de Saint-Léger-des-Bois; — saisie des biens de Macé Roulleau; — nomination d'Urbain Montault à la curatelle des enfants mineurs de Pierre Roulleau et de Charlotte Bertin. — retrait lignager par Françoise Roulleau sur René Delalande, notaire, d'une maison sise à Gennes.

E. 3866. (Carton.) — 1 pièce, papier.

1638. — ROULLIER. — Contrat de mariage de Christophe Roullier et de Jeanne Virdoux.

E. 3867. (Carton.) — 1 pièce, papier.

1769. — ROULLIÈRE. — Acquêt par Urbain-Jean Roullière, chirurgien, de la closerie de la Petite-Maulevrie en Saint-Augustin, près Angers.

E. 3868. (Carton.) — 1 pièce, papier.

1786. — ROULLIN. — Vente des meubles et livres de R. Roullin, chapelain de Vernée.

E. 3869. (Carton.) — 1 pièce, parchemin.

1756. — ROUSIÈRE. — Provisions pour Jean Rousière, d'Épinard, de l'office de conseiller-grenetier au Grenier à sel de Pouancé, vacant par décès de Joseph Gouin, sieur de La Terrandière.

E. 3870. (Carton.) — 5 pièces, parchemin; 10 pièces, papier.

1626-XVIIIe siècle. — ROUSSARDIÈRE (de LA). — Testament de François de Chérité et de Louise de La Roussardière, sa femme; — aveu rendu à Savennières par François de La Roussardière pour sa terre de La Boissière en Craonnais; — vente de ladite terre à Gabriel de Scépeaux; — arrentement par le même de la métairie de La Brunetière en la paroisse Saint-Aignan; — acquêt par Louis-François de La Roussardière de la seigneurie de Vautorte; — lettre d'invitation au convoi et enterrement de Marie-Françoise de La Roussardière, veuve de René-Olivier Duguesclin; — notes et extraits généalogiques par le feudiste Audouys.

E. 3871. (Carton.) — 20 pièces parchemin; 17 pièces, papier.

1422-1684. — ROUSSEAU. — Acquêt par Jean Rousseau de près dans la paroisse de La Chapelle-Saint-Florent; — par Jean Rousseau, sieur de La Devansaye, de terres dans la paroisse de Marans; — par Pierre Rousseau de maison et jardin à Épinard; — partage de la succession de Jean Rousseau, sieur du Perrin, entre ses enfants; — testament de Vincent Rousseau, sieur du Perrin; — commission délivrée par M. de La Maduère au seigneur du Perrin, son cornette, « d'assambler et amasser tel nombre d'arquebuziers « à cheval esquippez et armez qu'il luy sera possible »; — acquêt par Jacques Rousseau, notaire, d'une maison dans la paroisse d'Avoine; — transaction entre Anne Rousseau et François Rousseau, son frère, au sujet du testament contesté de Louise de Chazé, leur mère; — acquêt par François Rousseau, sieur du Perrin et de La Martinaye, de la métairie de La Blanchaye; — partage de la succession de Marie Chevrolier, veuve de Michel Garnier et en secondes noces de Mathurin Rousseau; — « mémoire de « certaines pièces, concernant François Rousseau et Fran« çoise de Couesme »; — contrats de mariage de Guillaume Rousseau, sieur des Gaudrées, et de Jeanne Normant; — de François Rousseau, sieur du Perrin, et de Suzanne d'Andigné.

E. 3872. (Carton.) — 9 pièces, parchemin; 24 pièces, papier.

1635-1696. — Sentence des commissaires royaux « députés pour le regallement des tailles de la Généralité « de Tours », qui maintient en leurs priviléges de noblesse François Rousseau, sieur du Perrin, Pierre Rousseau, sieur de La Richandaye, Claude Rousseau, sieur du Chardonnay; — mandement de Martin Du Bellay, lieutenant général au gouvernement d'Anjou, qui ordonne à François Rousseau, sieur du Perrin, de fournir 300 livres et un cheval, pour sa contribution de ban et arrière-ban, à René d'Andigné, sieur des Touches; — congé dudit ban pour René d'Andigné; — provisions pour Philippe Rousseau de l'office de receveur triennal des tailles de l'Élection de Montreuil-Bellay; — contrats de mariage de Charles Rousseau et d'Anne Chevallerie; — de Jacques Rousseau et d'Henriette Robin; — testament de Sébastien Rousseau, qui fonde une messe hebdomadaire dans la chapelle seigneuriale de La Marmitière en Saint-Barthélemy; — don par Claude Rousseau de la métairie de La Michelais à son frère Pierre Rousseau, « estant au service de Sa Majesté « depuis sept ans continuels sans s'estre retourné sur le « pays »; — *inventaire, après décès, du mobilier de* Charles Rousseau et d'Anne Chevallerie; — partage de la succession d'Étienne Rousseau, maître apothicaire, et de Jeanne Aubin, entre Mathurin Rousseau, avocat, François Rousseau, curé de Montreuil-Belfroy, Louis Aubin, curé de La Chaussaire, et autres cohéritiers; — contrat de mariage de François Rousseau, sieur du Perrin, et de Marie Lambaré; — testament de Marie-Gabrielle Rousseau, religieuse de l'hôpital de Craon.

E. 3873. (Carton.) — 12 pièces, parchemin; 42 pièces, papier.

1602-1787. — Aveu rendu au comté de La Bigeotière par François Rousseau, sieur du Perrin et de La Martinais, pour son fief de Chaubreil; — testament dudit François Rousseau, portant diverses distributions d'argent et de *froment aux pauvres de Challain, sa paroisse*; — *acte* de baptême de Marie-Anne, fille de François Rousseau et de Marie-Anne Coquereau; — inventaire, après décès, du mobilier de François Rousseau; — testament de Claude Rousseau, vicaire de Sainte-Gemmes-sur-Loire, portant don à son église d'une rente de 15 livres pour la construction du grand autel; — ordonnance de l'Intendant de Tours qui maintient Marie-Anne Coquereau en ses privilèges de veuve de noble et d'écuyer avec tous les honneurs et exemptions de la noblesse; — acquêt par Mathurin Rousseau de la métairie de La Court-de-Romagne; — dispenses pour le mariage d'Olivier Rousseau et de René Boivin; — de Charles Rousseau et de Madeleine-Marthe-Rose de La Besnardaye; — de Guillaume Rousseau et de Michelle-Marie Duchâtel; — de Jean-Mathurin Rousseau et de Jeanne-Mathurine Burgevin; — inventaire, après décès, du mobilier de la maison de campagne de François-René Rousseau de Pantigny, chanoine honoraire de Saint-Maurice d'Angers; — fragments de généalogies; — notes et extraits *par le feudiste Audouys; etc.*

E. 3874. (Carton.) — 1 pièce, parchemin; 1 pièce, papier.

1744-1746. — ROUSSEL. — Constitution par Charles Grudé d'une rente de 58 livres au profit de Pierre Roussel, marchand de draps de soie; — nomination de Pierre Burolleau de Feslo à la curatelle d'Anne Roussel, fille mineure du précédent, et de Marie-Claude Aubert.

E. 3875. (Carton.) — 3 pièces, parchemin; 10 pièces, papier.

1475-XVIIIe siècle. — ROUSSELÉ et ROUXELÉ (de). — Contrat de mariage de Guillaume Estourneau et Guillemine Rouxelé de La Coappelière; — acquêt *par René de* Rouxelé de la terre de Saint-Barthélemy en Chantocé; — procuration par François de Rousselé, marquis de Saché, à René Béritault de La Chesnaye pour la régie de sa terre du Pontreau; — bail *judiciaire de ladite terre saisie sur* Éléonor de Rousselé; — transaction avec les créanciers; — foi et hommage rendu à Rillé par Henri de Rousselé pour les seigneuries du Breil, Lhommois, Lathan et Malcombe; — notes et extraits généalogiques par le feudiste Audouys.

E. 3876. (Carton.) — 1 pièce, papier.

1745. — ROUSSIER. — Contrat de mariage de René Roussier et d'Anne Touchaleaume.

E. 3877. (Carton.) — 3 pièces, parchemin; 4 pièces, papier.

1548-XVIIIe siècle. — ROUSSIÈRE (de LA). — Présentation par Jean de La Roussière de la chapelle seigneuriale des Bruères en Bauné; — par Françoise de Blavon, veuve d'Antoine de La Roussière, de la chapelle du Bignon, desservie en Saint-Maurille de Chalonnes; — testament de ladite veuve, portant élection de sépulture en l'église de Seiches; — consultation, sur mémoire, des avocats Mangot et d'Ogier, concernant la succession de François Moreux, prétendue par Françoise Du Plessis-Florentin, femme du sieur de La Roussière; — fragment d'une généalogie; — notes et extraits par le feudiste Audouys.

E. 3878. (Carton.) — 9 pièces, parchemin; 15 pièces, papier.

1493-XVIIIe siècle. — ROUVERAYE (de LA). — Aveu rendu à Craon par Jacques de La Rouveraye pour ses terres de La Subardière et de La Beuzelinière; — mémoire pour Jacques de La Rouveraye, sieur de Bressault, à l'encontre de Marguerite de Guébriac, dame de Saint-Amadour, au maintien de ses droits honorifiques dans l'église de La Selle-Craonnaise; — *inventaire des titres produits à l'appui* de ses prétentions; — réponse de madame de Guébriac; — présentation par Jacques de La Rouveraye de la chapelle Sainte-Barbe de son château de Bressault; — aveu rendu à La Corbière pour sa métairie de Launay-Fournier; — notes généalogiques par le feudiste Audouys.

E. 3879. (Carton.) — 3 pièces, papier.

1612-1696. — ROY. — Bail par François Roy, marchand drapier de Saumur, de vignes à Varrains; — lettre de M. d'Armaillé au sieur Roy, procureur en Parlement, traitant d'affaires de procédure; — acquêt par Jean Roy, vigneron, des droits de Mathurine Bourdiliaud dans la succession de Guillaume Cailuau, son mari.

E. 3880. (Carton.) — 7 pièces, papier.

1704-1746. — ROYE (de). — Projet de contrat de mariage de Bonaventure de Roye et de Catherine Bizot (autographe du jurisconsulte Pocquet de Livonnière); — quittances des pensions servies par Bonaventure de Roye à Charlotte Verdier, sa mère, veuve de Claude de Roye; — et à sœur religieuse au couvent des Ponts-de-Cé; — dispenses pour le mariage de René de Roye et de Louise-Aimée de Varice de Villiers.

E. 3881. (Carton.) — 1 pièce, parchemin; 6 pièces, papier.

1542-XVIII° siècle. — ROYRAND. — Aveu rendu à la baronnie de Doué par Jean Royrand, pour sa terre d'Aubigné-Briant; — présentation par le même de la chapelle Saint-Jacques desservie dans l'église paroissiale; — contrat de mariage de Jacques Du Bouchet avec Claude Royrand; — accord entre l'abbesse de Sainte-Croix de Poitiers et Jean Lefebvre, sieur du Tusseau, créanciers de Jacques Du Bouchet et de sa femme; — notes et extraits généalogiques par le feudiste Audouys.

E. 3882. (Carton.) — 1 pièce, papier.

1759. — RUAU. — Nomination de Jacques Lefebvre à la tutelle de Marie Ruau, enfant mineure de Pierre Ruau et de Françoise Lefebvre.

E. 3883. (Carton.) — 16 pièces, papier.

1690-1691. — RUBION. — Contrat de mariage de Jean Rubion, sieur du Pasty, avec Nicolle Biette, veuve de Guillaume Joubert; — transaction entre Jean Rubion et les héritiers de Guillaume Joubert; — inventaire des meubles de Nicolle Biette; — partage entre René de Crespy, Renée Rubion et Nicolas Rubion des successions de Guy Boullay, sieur de Manny, et de Renée Cornuau; — compte de la succession de Nicolle Biette; — testament de ladite dame; — partage des successions de Jean Rubion, sieur du Pasty, et de Renée Boulay, sa première femme; — règlement entre les créanciers de Nicolas Rubion, sieur du Pasty, et de Françoise Sicot.

E. 3884. (Carton.) — 2 pièces, papier.

1596-1659. — RUELLAN. — Acquêt par Guillaume Ruellan, docteur régent en la Faculté de médecine d'Angers, de la métairie de Beauregard en Savennières; — testament de Renée Ruellan, portant divers legs aux Augustins, aux Cordeliers, aux Minimes d'Angers et aux Récollets de La Flèche.

E. 3885. (Carton.) — 1 pièce, papier; 1 sceau.

1704. — RUELLE. — Commission pour François-Albert Ruelle de l'office de notaire royal apostolique à la résidence de Bourgueil.

E. 3886. (Carton.) — 2 pièces, parchemin; 2 pièces, papier.

1504-XVIII° siècle. — RUFFIER. — Contrats de mariage de Guillaume d'Écorse et de Marie Ruffier; — de Jean Ruffier et de Marguerite Viau; — notes généalogiques par le feudiste Audouys.

E. 3887. (Carton.) — 4 pièces, papier.

1676-1759. — RULLIER. — Partage entre Michel Rullier et Jeanne Gilbert, Mathurin Richardin, Pierre, Marie et Renée Gilbert, des successions de Claude Rollier et de Renée Gilbert; — testament de Louise Richard, femme d'Étienne Rullier; — contrat de mariage de Mathurin Rullier et de Catherine Daviau; — prise à bail par Étienne Rullier de terres à Varrains.

E. 3888. (Carton.) — 4 pièces, parchemin; 7 pièces, papier.

1640-XVIII° siècle. — RUSSON (de). — Partage de la succession d'André Russon entre Bernard Desloges, Jean Buillet et Andrée Russon; — échange entre Jacques de Russon et Renée Guynoiseau de terres et vignes dans les paroisses de Saint-Laud et de Savennières; — acceptation sous bénéfice d'inventaire par Jacquine de Russon de la succession de Pierre de Russon, son frère; — acquêt par Pierre de Russon, sieur de La Brardière, des métairies de La Carrelière et du Grand-Maurisson dans les paroisses de Savennières et de Saint-Martin-du-Fouilloux; — de terres et prés joignant lesdites métairies; — cession par François de Russon à Pierre d'Andigné de tous ses droits dans la succession paternelle; — dispenses ecclésiastiques pour le mariage de Claude de Russon de La Grée avec Catherine Pays de Launay; — notes généalogiques par le feudiste Audouys.

E. 3889. (Carton.) — 5 pièces, parchemin; 13 pièces, papier.

1622-XVIII° siècle. — RUZÉ. — « Réponse au « mémoire duquel il a pleu à madame la mareschalle « d'Effiat charger Monsieur de La Harbelière, à Paris, con« cernant ses affaires d'Anjou » ; — brevet pour Henri Ruzé de l'office de secrétaire des finances; — transaction entre Antoine Ruzé, marquis d'Effiat, et Françoise de Schomberg, dame du Lude, par laquelle ledit d'Effiat, acquéreur de la terre de Rillé, déclare, en cas de contestation, dégager les vendeurs de toute garantie pour le titre de baronnie que lui donne le contrat; — présentation par Madeleine Godefroy, veuve de Martin Ruzé, de la chapelle Saint-Marlin desservie en son château de La Présaye; — affermement par Jean Ruzé d'Effiat de la terre et baronnie de Saint-Mars-la-Pile; — testament d'Antoine Ruzé, marquis d'Effiat et maréchal de France, gouverneur du haut et bas pays d'Auvergne et du Bourbonnais et Nivernais, grand-maître des mines et mineries de France, faisant la charge de grand-maître de l'artillerie, surintendant des finances de Sa Majesté et général de son armée en Allemagne, « estant de présent en cette ville et principauté de La Petite-Pierre audit païs d'Allemagne. » — Il demande que son corps soit transporté à Effiat dans l'église des Oratoriens, qu'il a fondée, et qu'en chemin les prêtres qui le reconduiront distribuent aux pauvres les 12,000 livres que contient sa cassette de menus plaisirs, institue sa femme, Marie de Foucy, tutrice de ses enfants, avec jouissance de l'usufruit de tous ses biens, les sieurs Royer, avocat au Parlement, et de Champflour, conseiller à la Cour des Aides de Clermont, curateurs de toutes ses affaires, avec pension au premier de 3,000 livres, au second, de 2,000 livres, lègue 14,000 livres au prieuré de Longjumeau, 700 livres aux Bénédictins de Saint-Nicolas-du-Port en Lorraine, 40,000 livres aux Oratoriens de Paris, où il a fait bâtir une chapelle, 2,000 livres de rente à l'Oratoire d'Effiat, 60,000 livres pour y bâtir un hôpital et 3,000 livres de rente pour l'entretenir, 30,000 livres pour y instituer un Mont-de-Pitié « en la manière de celuy « de Rome... pour le gain qui se trouvera bon par chacun « an estre employé à marier les pauvres filles de la pa- « roisse », 1,000 livres de rente à Mlle La Pallu, gouvernante de ses enfants, 2,000 livres à chacun de ses trois argentiers, Barassies, Saint-Rémy et La Roche, 1,500 livres au médecin Bitauld, 3,000 livres à l'apothicaire Bernard, 3,000 livres au chirurgien Félix, 1,000 livres à son cordonnier Pétau, 3,000 livres à son médecin Morel, etc. « La dignité que possède le cardinal de Richelieu et ses « employs dans l'estat luy ont osté la hardiesse de la sup- « plier de vouloir luy-mesme faire exécutter ses dernières « vollontez comme durant sa vie il en a esté tousjours le « maistre absolu. » Il le supplie « d'agréer que sa femme « ni son conseil ne fassent rien d'important sans son ordre, « s'il daigne se donner la payne d'en ouyr parler et de « continuer à estre le protecteur de sa maison, luy recom- « mandant ses enfants » ; — factum pour Jean-Baptiste Dugué et Gabrielle Liquet contre Louis-Armand de Ruzé; — notes généalogiques par le feudiste Audouys; etc.

E. 3890. (Carton.) — 1 pièce, papier.

1574. — SABOURIN. — Partage de la succession de Guillaume Sabourin et de Jacquette le Maçon, sa femme.

E. 3891. (Carton.) — 2 pièces, parchemin; 1 pièce, papier.

1302-1656. — SACÉ (de). — Retrait féodal par Guillaume de Sacé sur Jean Briant de la terre de Sacé; — contrat de mariage de Mathurin de Sacé et d'Agnès de Saint-Loup; — inventaire des aveux et déclarations produits par François de Sacé pour les fiefs, terres et seigneuries de Massifrotte.

E. 3892. (Carton.) — 2 pièces, parchemin; 1 pièce, papier.

1482-1715. — SAGET. — Acquêt par Thierry Saget d'une maison dans la paroisse de La Chapelle-Craonnaise; — « mémoire pour sçavoir ce qui est deut par la ville de « Saumur aux héritiers de Jean et de René Saget »; — testament de Françoise Hunault, veuve de René Saget, qui lègue tous ses meubles à Pierre-Armand Tripier de La Fresnais.

E. 3893. (Carton.) — 1 pièce, parchemin; 7 pièces, papier.

1690-1784. — SAILLAND. — Acquêt par Jean Sailland de partie des pêcheries de La Jarrie et du Grand-Chênedé en la paroisse Saint-Aubin des Ponts-de-Cé; — nomination d'Anne-Thérèse Sailland à la tutelle des enfants mineurs d'Urbain Sailland et de Marie Gaschet; — procuration donnée par le sieur Chauvin à Labry pour percevoir en son nom et au nom de Claudine Sailland, sa femme, les arrérages de rentes et créances provenant de la succession de Pierre Sailland; — acquêt par Pierre-Louis Sailland, avocat, de la maison de Beaulieu et de terres et vignes dans la paroisse de Pocé; — opposition mise par Étienne-Mathurin Sailland, sieur d'Épinats, au paiement par le fermier Leteuil des sommes et rentes dues au sieur Guittière; — bail par le même des terres de La Bournellerie et de La Guyonnière en Cizay.

E. 3894. (Carton.) — 5 pièces, parchemin; 25 pièces, papier.

1406-XVIII° siècle. — SAINT-AIGNAN (de). — Contrat de mariage de Régnault de Saint-Aignan avec Jeanne de La Pommeraye; — aveu rendu à la seigneurie des Essarts pour le fief de Limesle par Hamelin de Saint-Aignan; — testament de Jeanne de Saint-Aignan, dame de Saint-Aignan, de La Cheverie et de La Galicheraye; — contrat de mariage de Jean Garnier, sieur de La Courtaiserie, et de Jeanne de Saint-Aignan; — procédure concernant le droit de vente de la terre de Chemens revendiquée par le baron de Briolay sur Catherine de Saint-Aignan; — relation de la prise et défense du château de Rochefort-sur-Loire par le capitaine Jacques de Saint-Aignan, sieur du Marais, contre les troupes du duc de Montpensier; « et « fut ledit Marays rompu sur la roc où les corbins ont

« champté pour luy et les lous mangé » ; — notes et extraits généalogiques par le feudiste Audouys ; etc.

E. 3895. (Carton.) — 1 pièce, parchemin ; 3 pièces, papier.

1470-XVIIIe siècle. — SAINT-AMADOUR (de). — Procuration de Marguerite de Guébriac, veuve de Guillaume de Saint-Amadour, pour transiger en son nom avec Jacques de La Rouvraye au sujet des droits seigneuriaux dans l'église de La Selle-Craonnaise ; — sentence du sénéchal de Craon qui condamne François de Saint-Amadour à laisser percevoir, de trois années une, par le seigneur de Cornilleau les droits de denrées vendues dans le bourg de La Selle le jour de saint Mathieu ; — notes et extraits généalogiques par le feudiste Audouys.

E. 3896. (Carton.) — 1 pièce, papier.

XVIIIe siècle. — SAINT-AUBIN (de). — Note du feudiste Audouys sur la famille de Saint-Aubin, seigneur de Limeslo et du Bois-Rahier.

E. 3897. (Carton.) — 8 pièces, parchemin ; 18 pièces, papier.

1580-XVIIIe siècle. — SAINT-DENIS (de). — Acquêt par Julien de Saint-Denis du champ de La Trêtterie ; — et de partie du domaine de La Maison-Neuve dans la paroisse de Sainte-Suzanne ; — vente par Pierre de Saint-Denis d'une maison près la Place-Neuve, à Angers ; — reconnaissance par Fiacre de Saint-Berthevin d'une somme de 35 livres à lui prêtée par Jean de Saint-Denis ; — certificat d'inscription et de présence aux cours de la Faculté de droit d'Angers pour Julien de Saint-Denis ; — transfert par Jean de Saint-Denis à Julien, son frère, de sa créance sur Saint-Berthevin ; — promesse de vente par René Lelevin de son office d'enquesteur ordinaire en la Sénéchaussée d'Anjou à Samson de Saint-Denis ; — contrat de mariage de Jean de Saint-Denis avec Prégente de La Chaussée ; — arrêt de la Cour des Aides qui maintient aux titres et prérogatives de noblesse Françoise de Beloce, veuve de Pierre de Saint-Denis ; — transaction entre François Romain, Samson et Jean de Saint-Denis au sujet de l'acquisition de la terre de La Galonnière ; — « généalogie des gentils« hommes de St-Denis ; » — notes et extraits généalogiques par le feudiste Audouys.

E. 3898. (Carton.) — 3 pièces, parchemin.

1468-1540. — SAINT-FRAIMBAULT (de). — Contrats de mariage de François de Saint-Fraimbault et de Jeanne des Escotais ; — de Guillaume Patras, sieur de La Roche-Mabille, et de Guillemine de Saint-Fraimbault ; — procès-verbal de comparution de Guillaume de Saint-Fraimbault par-devant le commissaire du Roi pour la production de ses titres de noblesse.

E. 3899. (Carton.) — 1 pièce, papier.

XVIIIe siècle. — SAINT-GEORGES (de). — Note du feudiste Audouys sur la famille de Saint-Georges, seigneur des Noulis et de Vauboisseau.

E. 3900. (Carton.) — 16 pièces, papier.

1680-1754. — SAINT-GERMAIN (de). — Aveu rendu à la baronnie de Blou par Pierre de Saint-Germain pour ses terres et châtellenie de Coutures, Vaux, Gennes, Les Gaudinières ; — affermement par Marguerite Baudry, veuve de Pierre-Joseph de Saint-Germain, des dîmes de Channais et de Pont-Doré ; — acquêt par François-Pierre de Saint-Germain, sieur des Coutures et de Vaudelenay, de la terre et seigneurie de La Bismart ; — état des rentes dues à madame de Saint-Germain lors de son mariage ; — mémoires de l'apothicaire ; — du maître de danse ; — du chirurgien ; — de l'horloger ; — du drapier.

E. 3901. (Carton.) — 1 pièce, papier.

XVIIIe siècle. — SAINT-HERBLON (de). — Note du feudiste Audouys sur la famille de Saint-Herblon.

E. 3902. (Carton.) — 1 pièce, parchemin ; 1 pièce, papier.

1676-XVIIIe siècle. — SAINT-JOUIN (de). — Acquêt par Arthus de Saint-Jouin de la métairie de La Galairie en Neuvy ; — notes généalogiques par le feudiste Audouys.

E. 3903. (Carton.) — 1 pièce, papier.

1655. — SAINT-MARTIN (de). — Obligations d'une somme de 130 livres consentie par Jean Perrier au profit de Pierre de Saint-Martin, exempt ordinaire des gardes-du-corps de la Reine et major pour le Roi en ses ville et château de Saumur.

E. 3904. (Carton.) — 6 pièces, parchemin ; 26 pièces, papier.

1509-XVIIIe siècle. — SAINT-OFFANGE (de). — Testament de René de Saint-Offange, sieur de L'Éperonnière ; — aveu par René de Saint-Offange à la baronnie de Rochefort des cens et rentes relevant de sa seigneurie de L'Éperonnière ; — arrêts du Conseil privé du Roi qui cassent et annulent les procédures contre les sieurs de Heurtault et de La Houssaye-Saint-Offange à raison des derniers troubles ; — autorisation par Charles Turpin, seigneur de La Poitevinière, à François de Saint-Offange, sieur de La Vieillère et de L'Olivraye, d'occuper, en son absence, le banc seigneurial dans l'église ; — mandements du roi Henri IV portant ordre au trésorier de son épargne de payer aux frères de Saint-Offange, anciens commandants du château de Rochefort, diverses sommes, prix de la reddition dudit château; — compte de curatelle de Philippe, Renée et Jeanne, enfants mineurs de François de Saint-Offange, sieur de Heurtault, et de Marie de Brie; — interrogatoire par-devant Jacques Gourreau, juge au Présidial, de René de Saint-Offange au sujet de ses prétentions honorifiques dans l'église de Rochefort; — présentation par Louise de Saint-Offange, veuve de Charles du Plessis, de sa chapelle seigneuriale de Jarzé; — notes et extraits généalogiques par le feudiste Audouys; etc.

E. 3905. (Carton.) — 1 pièce, papier.

XVIIIe siècle. — SAINT-OUEN (de). — Notes généalogiques du feudiste Audouys sur la famille de Saint-Ouen, seigneur de La Genouillère et de La Millasserie.

E. 3906. (Carton.) — 2 pièces, papier.

1614-XVIIIe siècle. — SAINT-RÉMY (de). — Vente de la terre du Pin saisie judiciairement sur René de Saint-Rémy; — note du feudiste Audouys sur la famille de Saint-Rémy, seigneur de Chantenay et du Pin.

E. 3907. (Carton.) — 3 pièces, papier.

1737-1743. — SAINT-VALAIS (de). — Quittances pour M. de Saint-Valais du droit de sol pour livre à raison de l'acquisition de la terre de Gilbourg en Thouarcé; — extrait des partages de la succession de M. de Saint-Valais.

E. 3908. (Carton.) — 3 pièces, parchemin; 1 pièce, papier.

1529-1551. — SAINTE-MARTHE (de). — Présentation par Gaucher de Sainte-Marthe, docteur en médecine, conseiller et médecin ordinaire du Roi, — et par Louis de Sainte-Marthe, « procureur pour le Roi en son pays de Lodunois » des chapelles de Toussaint desservies dans l'église paroissiale de Saint-Lambert-des-Levées, — et de la chapelle Notre-Dame-de-Conception desservie dans la chapelle Sainte-Catherine, près leur château du Chapeau; — quittance par Gaucher de Sainte-Marthe d'une somme de 60 livres à lui due par Jean Coudreux, boucher à Fontevrault.

E. 3909. (Registre.) — In-fol., papier, 20 feuillets.

1469. — SAINTE-MAURE (de). — Aveu rendu au château d'Angers par Jean de Sainte-Maure pour sa baronnie de La Haye-Joulain.

E. 3910. (Carton.) — 1 pièce, papier.

1758. — SALFRÉ. — Acquêt par Charlotte Bois, veuve de Michel Salfré, de la closerie de L'Éveillardière dans la paroisse de Lanbrière.

E. 3911. (Carton.) — 1 pièce, parchemin; 2 pièces, papier.

1581-1630. — SALLAIS. — Ordonnance de mise en liberté sous caution de Thomas Sallais détenu dans les prisons d'Angers; — note généalogique sur la famille Sallais; — « ramaige de Urbaine Sallais, mariée avec « Antoine Godebille, et de Pol Sallais, pour monstrer qu'ilz « sont héritiers de Perrine Gendron. »

E. 3912. (Carton.) — 21 pièces, parchemin; 20 pièces, papier.

1461-1607. — SALLES (de). — Partage des successions de Jamet Salles, écuyer, et de Guillemine Legay, sa femme, entre leurs enfants; — extrait de l'enquête faite à Angers au sujet de la noblesse de Guillaume Salles, sieur de Lescoublère; — acquêt par Amaury Salles, sieur de Flée, de prés dans la paroisse Saint-Clément de Craon; — aveu rendu par Lancelot Salles, sieur de Beaumont, de son fief de Flée à la seigneurie de La Motte-Chaorsin; — ratification par Claude de Rorthais, femme de René de Salles, de la vente de la closerie du Pin dans la paroisse de Mesnil-sur-Maine; — sentence du commissaire député pour le « régaillement » des tailles dans la Généralité de Tours, qui maintient en leur qualité de noble Antoine Salles et ses descendants; — commission du sieur de Boisdauphin, « lieutenant général pour messeigneurs les princes « de l'Union catholicque en la ville du Mans », à Antoine de Salles, sieur de Beaumont, pour lever un corps de 120 arquebusiers à pied et de 6 arquebusiers à cheval pour tenir avec lui garnison dans le château de Sablé; — du duc de Mayenne, qui le confirme en sa charge de gouverneur de Sablé; — « roolle de la monstre et reveue « faicte ès halles de ceste ville de Sablé par le sieur de « Beaumont... du nombre de huict-vingts hommes de « guerre à pied français et dix à cheval pour le service de « messieurs les princes de l'Union »; — mandement du duc de Mayenne au receveur général des finances de la Généralité du Maine pour le règlement des dépenses faites par Antoine de Salles pour la garnison du château de Sablé; — lettres royaux qui annulent et suppriment toutes procédures pour faits de guerre, notamment contre Antoine de Salles (avec signature autographe de Henri IV); — dispenses pour Antoine de Salles, sieur de Beaumont et de Miré, du service et de la contribution pour le ban et l'arrière-ban « à raison des bons et agréables services qu'il « nous a tousjours faictz et lesquelz continue chacun « jour le sieur de Miré, son fils » (avec signature autographe d'Henri IV); — autorisation royale pour le même « de chasser et tirer de l'harquebuse à toute sorte de gibier « non deffendu tant en ses boys, sur ses terres et domaynes « que noz estangs, marais et rivières », avec cette mention autographe, ainsi que la signature de Henri IV, : « *J'ay accordé la permyssyon cy-dessus*. HENRY » ; — contrat de mariage du marquis de Salles et de Jeanne de Charnacé.

E. 3913. (Carton.) — 13 pièces, parchemin ; 68 pièces, papier.

1614-XVIII° siècle. — Contrat de mariage de Raoul de Salles et de Jacqueline Clausse ; — inventaire du mobilier de Gabriel de Salles ; — mandat pour le sieur de Beaumont, lieutenant au gouvernement de Clermont en Argonne, d'une somme de 3,000 livres sur la recette des amendes forestières ; — passeport pour la Hollande pour le sieur de Miré (avec signature autographe du roi Louis XIII) ; — don par le Roi au sieur de Beaumont, gouverneur de Clermont, « des biens meubles et immeubles « qui ont appartenu au nommé Rutempierre, le jeune, « assesseur à Saint-Miel, et à Jean Lemolleur, lesquels se « sont jetez dans les troupes du duc Charles » (avec signature autographe de Louis XIII) ; — testament de Jacques de Salles, sieur de Miré, major au régiment du marquis de Brézé ; — traité pour la pension de Jacqueline de Salles, religieuse au Perray-aux-Nonains ; — testament du marquis de Salles, sieur de Beaumont et de Miré ; — contrat de mariage d'Urbain de Salles et de Félice de Giruis ; — testament de Louis de Salles, sieur de La Contée ; — contrat de mariage d'Urbain de Salles, sieur de Saint-Macaire, et de Claude Nau ; — état de compte de ce qui est dû à Charles Belon, héritier bénéficiaire dans la ligne maternelle d'Urbain de Salles, sieur de Saint-Macaire ; — testament de Renée Belocier, femme de Charles-François de Salles, sieur de Miré ; — congé de René Du Goullet, remplaçant de Charles-François de Salles, au service du ban d'Anjou ; — testament d'Urbain de Salles, sieur de Saint-Macaire ; — contrat de mariage de Louis-Pierre Leroux, comte de La Roche-des-Aubiers, et de Marie-Françoise de Salles ; — sentence de l'Intendant de Tours, qui maintient Charles-François de Salles, sieur de Miré, en ses titres et privilèges de noblesse ; — notes généalogiques du feudiste Audouys ; etc.

E. 3914. (Carton.) — 4 pièces, papier.

1668-1766. — SALLEZARD. — Contrat de mariage de Gilles Sallezard, maître arquebusier, et d'Anne Poisson ; — acquêt par les mêmes de vignes à Huillé ; — contrat de mariage en secondes noces de Gilles Sallezard avec Françoise Talvard, veuve de Jean Frémy ; — prise à bail par N. Sallezard, adjudicataire des fermes, d'une maison à Saumur.

E. 3915. (Carton.) — 1 pièce, papier.

1632. — SALLOT. — Testament de Renée de Faye, veuve de Jacques Sallot, portant divers legs au profit des Minimes et des Augustins d'Angers et fondation d'un anniversaire dans l'église de Cherré.

E. 3916. (Carton.) — 5 pièces, parchemin ; 20 pièces, papier.

1580-1784. — SALMON. — Acquêt par Philippe Salmon et Louise de La Court, sa fiancée, de la terre de La Guerche et de vignes dans la paroisse de Savennières ; — contrat de mariage de Claude Salmon, sieur du Plessis, et de Jeanne Bourreau ; — donation mutuelle entre lesdits époux ; — contrat de mariage de Pierre Salmon et de Marthe Bourneau ; — acquêt par François Salmon, menuisier, d'une maison à Saumur ; — diplôme de maître-ès-arts de l'*Université* d'Angers et lettres de prêtrise pour Pierre Salmon ; — inventaires, après décès, du mobilier de Françoise Thérault, femme d'André Salmon, et de la succession d'André Salmon ; — contrat entre Thimothée Salmon et Thérèze Ducerne, sa femme, portant règlement de la séparation de biens prononcée contre le mari par sentence de la Sénéchaussée d'Angers.

E. 3917. (Carton.) — 4 pièces, parchemin ; 8 pièces, papier.

1596-XVIII° siècle. — SAMSON (de). — Acquêt par Jean Samson, de la maison des Basibus, près le bourg des Essarts ; — testament de Nicolle Samson, femme de Jean Marsollier, qui fonde un anniversaire en l'église de La Trinité d'Angers ; — bail judiciaire de la terre de La Grande-Orchère saisie sur les héritiers d'Antoine de Samson ; — acquêt par Charles de Samson de vignes et terres en Montjean ; — partage des successions de Jean de Samson, sieur de Millon, et de Marie de Samson, religieuse de La Visitation du Mans ; — vente judiciaire de la seigneurie de Millon dans la paroisse d'Auené en Champagne ; — partage de la succession de Françoise Chauvel, veuve d'Henri de Samson, entre François de Crespy, sieur de La Mabilière, Ignace Chauvel de La Boulaye, François Éveillard et autres cohéritiers ; — notes généalogiques par le feudiste Audouys.

E. 3918. (Carton.) — 1 pièce, papier.

1745. — SANCIER. — Acte de décès de Charles-Marie Sancier, juré-crieur d'enterrements.

E. 3919. (Carton.) — 12 pièces, papier ; 1 pièce, parchemin.

1600-XVIII° siècle. — SANGLIER. — Vente par Antoinette Sanglier, dame de Chanzeaux, d'une rente de 10 setiers de seigle sur le lieu de La Guillardière ; — factums pour Louis Sanglier, sieur de La Noblaye, contre Renée et Claude Beloteau, héritières d'Antoine Beloteau, sieur de La Treille ; — mémoire par Claude Beloteau contre Louis Sanglier; — notes et extraits généalogiques par le feudiste Audouys.

E. 3920. (Carton.) — 24 pièces, parchemin; 26 pièces, papier; 7 sceaux.

1380-XVIII° siècle. — SANZAY (de). — Quittance par Jeanne de Sanzay des 200 livres à elle promises en dot par son père, Robert de Sanzay; — contrat de mariage de Jean de Sanzay et de Jeanne de La Rivière; — vente par René de Sanzay de la seigneurie de La Jalletière; — procédures entre René de Sanzay, sieur des Marchais, mari de Renée Du Planty, René de Cossé et Jean Du Villier au sujet de la terre de Godonvilliers; — reproches de témoins; — mémoires et répliques; — inventaire des titres produits par François de Rohan, sieur de Gilbourg, contre René de Sanzay, au sujet des droits d'usage dans les bois Saumurois; — « s'ensuilt les noms des subjectz à faire la porte « ordonnez de par monseigneur de Sanzay, capitaine et « gouverneur des ville et château de Nantes soubz mon- « seigneur le duc de Momorancy » — acquêt par René de Sanzay de la seigneurie de La Basse-Guerche; — présentation par René de Sanzay de la chapelle de Notre-Dame en l'église du prieuré-cure de Beaufort; — et de la chapelle Saint-Nicolas en l'église de Sainte-Christine; — bail judiciaire de la seigneurie de Vauchrétien, saisie sur René de Sanzay; — testament de Renée Du Planty, dame des Marchais, veuve de René, comte de Sanzay; — notes et extraits généalogiques par le feudiste Audouys.

E. 3921. (Carton.) — 2 pièces, parchemin; 4 pièces, papier.

1669-17. — SAPINAUD. — Contrat de mariage d'Henri Sapinaud, sieur d'Aubert, avec Marguerite Thironneau; — donation mutuelle entre lesdits époux; — sentence arbitrale entre Marguerite Thironneau, veuve d'Honoré Sapinaud, et Louise Sapinaud, femme de Jean Thironneau, au sujet de la succession du défunt sieur d'Aubert; — requête en assignation par Charles Sapinaud, sieur du Bois-Huguet, des héritiers paternels de François-Henri Bizot, sieur des Noues; — prise à bail d'une partie de maison sur la place Saint-Maurice d'Angers par Louis-Esprit Sapinaud de La Rairie et Louis-Marie Huvino de Bourghelles, vicaires généraux du diocèse; — constitution par Jacques Maugin de Lingré d'une rente de 30 livres au profit d'Ambroise Tolour, veuve de Louis-Félicité Sapinaud, sieur du Bois-Huguet.

E. 3922. (Carton.) — 1 pièce, parchemin.

1692. — SARCÉ (de). — Transaction entre René de Sarcé et René de Lescrivain au sujet des successions de Jean Carbonnier et de Perrine de Chérité.

E. 3923. (Carton.) — 1 pièce, parchemin; 8 pièces, papier.

1448-XVIII° siècle. — SARRASIN (de). — Testament de Robert Sarrasin, chevalier, qui fonde divers services en l'église d'Échemiré; — acquêt par Robert Sarrasin et Marguerite de Champagne, sa femme, d'une rente de 15 sous et deux poules sur un domaine en ladite paroisse; — contrat de mariage de Jacques-Gabriel de Sarrasin et de Marie-Madeleine Lerestre; — acte de mariage desdits époux; — testament de Jacques-Gabriel de Sarrasin, qui fonde un anniversaire en l'église de Faverayo; — notes généalogiques par le feudiste Audouys.

E. 3924. (Carton.) — 21 pièces, papier.

1756-17. — SARTRE. — Contrat de mariage de Louis Sartre et de Marguerite Heurtelou; — dates de naissance des enfants de Louis Sartre et de Marie Pédano; — mémoire pour Jeanne Simon, veuve de Jean Heurtelou, contre André Guérin, Louis Sartre, Marie de La Motte et Baron, ses cointéressés dans la carrière de La Noue; — bordereau fourni par Sartre fils des ardoises fabriquées pour le compte de madame Heurtelou; — inventaire du mobilier saisi sur Louis Sartre fils, à la requête de ses créanciers; — requête de Louis Sartre au ministre secrétaire d'État, afin d'obtenir sauf-conduit pour passer au Port-au-Prince « où il se propose de trouver un frère et un « beau-frère qui sont en état de l'occuper utilement »; — compte de sa succession après décès à Léogane; — compte et inventaire rendus par Jean-Baptiste Sartre-Poitevinière de sa société avec Sartre père et Dorothée Sartre pour le marché des ardoises de La Gravelle et des Persillères; etc.

E. 3925. (Carton.) — 1 pièce, papier.

1759. — SAUCIER. — Acquêt par René-Julien Saucier de la closerie de La Licorne en la paroisse Saint-Laud, près Angers.

E. 3926. (Carton.) — 3 pièces, papier; 1 pièce, parchemin.

1591-1786. — SAUDUBOIS. — Acquêt par Louis Saudubois de terres en la paroisse de Cunauld; — contrat de mariage de Louis Saudubois et de Jeanne Hulquin; — vente à viage par René et Aimée Saudubois de la terre et seigneurie de La Chalinière; — par René Saudubois de son office de greffier ancien alternatif et triennal au passage et contremesurage des sels d'Ingrandes.

E. 3927. (Carton.) — 9 pièces, parchemin; 28 pièces, papier

1539-XVIII° siècle. — SAUGÈRE (de LA). — Présentation par Antoine de La Saugère de la chapellenie de La Fino·re en l'église de La Trinité d'Angers; — vente par Guillaume de La Saugère de la métairie de La Chauvelais en Saint-Aubin-du-Pavoil; — testament de Renée Jarrit, femme de Charles de La Saugère; — présentation par Paul de La Saugère de la chapelle Notre-Dame desservie en son château de Bouche-d'Usure; — sentence de remploi de Marguerite d'Écuillé sur les biens de Paul de La Saugère, son mari; — aveu rendu à la seigneurie du Petit-Bois par Alexandre de La Saugère pour son fief du Petit-Fougerais en la paroisse de Pommérieux; — vente par Paul de La Saugère, clerc tonsuré, et ses sœurs Marie-Anne et Françoise de La Saugère, de la seigneurie de La Joubardière en Saint-Martin-du-Limet; — testament de Paul-Charles de La Saugère, qui ordonne de distribuer incontinent après son décès trois charretées de blé aux pauvres de la paroisse de Livré; — notes et extraits généalogiques par le feudiste Audouys; etc.

E. 3928. (Carton.) — 2 pièces, papier.

1693-1711. — Sauleau. — Acquêt par Mathurin Sauleau d'un logis à Mathefelon; — partage de la succession de Mathurin Lecamus et de Madeleine Lenoir entre Françoise Lecamus, *femme de Mathurin Sauleau*, et Antoine, Pierre, Jean et Urbain Lecamus.

E. 3929. (Carton.) — 1 pièce, papier; 1 pièce, parchemin.

1686-1708. — Saullais. — Vente judiciaire, après saisie sur Maurice Saullais et Guyonne Rabier, de terres et maison en la paroisse Saint-Germain-des-Prés; — acquêt par René Saullais, droguiste, des closeries de La Haute-Guesnerie et de La Noirette en la paroisse Saint-Samson d'Angers.

E. 3930. (Carton.) — 1 pièce, parchemin.

1781. — Saultreau. — Constitution de 75 livres de rente hypothécaire par Jacques Bellanger à Perrinne Saultreau.

E. 3931. (Carton.) — 1 pièce, parchemin.

1348. — Saumoussay (de). — Contrat de mariage de Geoffroy de Saumoussay et d'Isabeau de Maillé.

E. 3932. (Carton.) — 1 pièce, papier.

1769. — Saunier. — Acquêt par Jean Saunier de l'auberge de Hannelou, à Angers.

E. 3933. (Carton.) — 3 pièces, papier.

XVIIIe siècle. — Saussaye (de La). — Notes et extraits généalogiques par le feudiste Audouys sur la famille de La Saussaye, seigneur des Briottières en Champigné et de La Freslonnière en Briollay.

E. 3934. (Carton.) — 1 pièce, papier.

1586. — Sauvereau. — Partage de la succession de Nicaise Sauvereau, *veuve de Pierre Espron*, entre François Babin, Gervais Raimbault et Jeanne Espron.

E. 3935. (Carton.) — 8 pièces, parchemin; 16 pièces, papier; 6 cachets.

1449-XVIIIe siècle. — Savary. — Contrat de mariage de Pierre Savary, clerc, avec Oliette Regnault; — quittance par lesdits époux « *des choses promises et baillées par maistre* Robert Regnault » dans le contrat de mariage de sa fille, *tant argent que linge*, « c'est assavoir « ung fin drap de lit de parement de quatre toiles de lin; « item, ung autre fin drap de lit de trois toiles de lin;... « item, trois queuvrechiefs fin; item, une toilète à mectre « sur le chevet en couche; item, ung tablier ouvré bel et « notable; item, deux longières ouvrées, dont l'une est « fine et très-honnourable; item, une coète et ung travers- « lit et une voieune à l'envelopper; item, unes brasseroles « d'escarlate my usée; item, ung cresneau »; — vente judiciaire de la terre de La Crilloire, saisie sur René Savary; — partage de la succession de Jean Savary et de Blanche Baron, sa femme; — acquêt par Simon Savary de la maison de L'Huis-de-Fer en Saint-Laud, près Angers; — contrat de mariage de Pierre Savary, lieutenant général des Eaux et Forêts de France, avec Louise-Catherine Ragueneau; — *présentation* par Madeleine Chollet, veuve de Camille Savary, comte de Brèves, d'un canonicat au chapitre de Jarzé; — par *Jean-Baptiste-Camille* Savary, de la chapelle de Montplacé; — notes et extraits généalogiques par le feudiste Audouys.

E. 3936. (Carton.) — 2 pièces, papier.

1731-1735. — Savatier. — Acquêt par Renée Olivier, veuve de Pierre Savatier de Chambon, *de prés dans* la paroisse Saint-Lambert-des-Levées; — prise à rente viagère par Mathurin Savatier d'une maison à Saumur.

E. 3937. (Carton.) — 1 pièce, papier.

1659. — Savoie. — Testament de Laurence Savoie, qui donne 120 livres pour délivrer sept prisonniers pour dettes le jour de son enterrement et fonde un anniversaire dans l'église Saint-Martin.

E. 3938. (Carton.) — 3 pièces, parchemin; 6 pièces, papier.

1529-XVIIIe siècle. — Savonnières (de). — Présentation par Jean de Savonnières de la chapelle desservie en son château de Meaulne; — testament de Charlotte de Saint-Germain, veuve d'Antoine de Savonnières, qui fonde un anniversaire en l'église des Augustins d'Angers; — présentation par Madeleine de Savonnières, veuve d'Isaac de Frézeau, de la chapelle Sainte-Catherine de son château du Vivier-des-Landes en la paroisse de Courcelles; —

codicille de Madeleine de Monterlere, veuve de François de Savonnières, portant élection de sépulture en l'église des Récollets de La Baumette, près Angers; — notes et extraits généalogiques par le feudiste Audouys.

E. 3939. (Carton.) — 20 pièces, parchemin; 59 pièces, papier.

1379-1550. — SCÉPEAUX (de) et d'ESPEAUX. — Vente par « Yvon de Ceppeaux, chevalier, un herbergement « appelé le chasteau de Malemort... en la ville d'Angers en « la rue de La Griffonnière »; — acquêt par Bertrand « Des Ceppeaux » d'une rente de dix boisseaux de seigle et d'une closerie près Beauchesne dans la paroisse de Ballotz; — échange entre Louis Lehaier et Jean de Scépeaux de terres et bois dans ladite paroisse; — présentation par François de Scépeaux des chapelles de Sainte-Marguerite en l'église de Pommérieux et de Saint-Sébastien en son château de Vieilleville; — contestation entre l'Hôtel-Dieu d'Angers et les héritiers de Guillemette de Montenay, veuve d'Yvon de Scépeaux, au sujet de la fondation par ladite dame de quatre anniversaires à desservir dans l'église de l'Hôtel-Dieu; — acquêt par Marguerite de La Jaille, femme de René d'Espeaux, de l'hôtel d'Estanche à Angers; — don par François de Scépeaux de la terre et seigneurie de Vieilleville à Jean Du Mas, protonotaire du Saint-Siége apostolique.

E. 3940. (Carton.) — 6 pièces, parchemin; 11 pièces, papier.

1554-1568. — Donation mutuelle entre François de Scépeaux, *gouverneur de Metz, sieur de Vieilleville et de* Saint-Michel-du-Bois, et Renée Leroux, sa femme; — lettres du roi Henri II portant pleins pouvoirs à François de Scépeaux, sieur de Vieilleville, pour prendre telle mesure de sûreté qu'il avisera contre toutes tentatives des ennemis dans le pays Messin et de Luxembourg pendant les opérations de l'armée royale (avec signature autographe d'Henri II); — lettres royaux confirmant l'union des terres et seigneuries de Lézigné, Baracé, Saint-Léonard, le port de Vieilleville; — fragments du carnet des dépenses de l'argentier du maréchal de Vieilleville : « le 15e jour de « juillet baillé à ung faulconnier qui a apporté ung tiercelet « à monsieur, 4 testons; à Monsieur pour jouer aux « tarotz avec Monsieur de Senetaire, 3 fleurins; à Car- « loys qui estoit de moitié avec Monsieur pour jouer à « première avec les cappitaines La Vallette et Saint-Cha- « mas, 12 testons; à Carloys pour bailler à des prisonniers « espagnols, 16 écus; à maistre Damien pour reste de « paiement de troys loups qu'il a acheptè à Strasbourg pour « Monsieur, 3 écus »; — lettre de Catherine de Médicis au maréchal, pour qu'il s'informe d'un achat de 7 à 800 matelas fait à Troyes par un marchand de Saint-Nicolas nommé Antoine Go (avec signature autographe); — lettres du maréchal au prieur de l'Hôtel-Dieu d'Angers, au sujet de la procédure concernant le testament de Guillemette de Montenay; — à Monsieur de Leffretière; il se trouvera le dimanche suivant à Durtal et met à la disposition de la ville d'Angers tout ce qu'il a (avec signatures autographes); — « département des compagnies de gendarmerie qui « feront monstre tant en armes qu'en robbe » à Cognac (avec signature autographe de Montmorency, 1565); — « advis de Monsieur le mareschal de Vieilleville et du sieur « de Bassompierre, bailly de l'éveschè de Metz, sur les « demandes, responses, répliques et dupplicques de M. le « cardinal et du sieur de Salzède » (avec signature autographe de Bassompierre); — ordre du roi Charles IX au maréchal de Vieilleville d'envoyer au roi Casimir un gentilhomme porteur de dépêches concernant l'arrestation du sieur de Lansac et les articles accordés au prince de Condé (avec signature autographe de Charles IX); — rapport fait au maréchal de Vieilleville de l'abandon par les capitaines Boucault, Cassault, Sarelabouc et Lherbette de la ville de Saint-Jean-d'Angély et de sa prise par les troupes du prince de Condé.

E. 3941. (Carton.) — 21 pièces, parchemin; 74 pièces, papier; 5 sceaux frustes.

1569-XVIIIe siècle. — Acquêt par Marguerite de Scépeaux « d'une forge de fer »; — acquêt par François d'Espeaux du bois taillis des Besnardières dans la paroisse de Saint-Martin-du-Bois; — présentation par Guy de Scépeaux de la chapelle seigneuriale de son château de Chemillé; — par Marguerite de Scépeaux, comtesse de Durtal, de la cure de La Chapelle-Saint-Laud; — transaction entre Michel de Scépeaux, sieur du Challonge, et Pierre Delabarre, sieur du Huron, au sujet d'un banc et de droits honorifiques dans l'église de Châtelais; — partage entre Michel et Raphaël de Scépeaux de la succession de Pierre de Scépeaux, leur père; — inventaire des papiers d'Esther Durand, veuve de Raphaël de Scépeaux; — procuration laissée par Joseph de Scépeaux, colonel et brigadier d'infanterie dans les troupes d'Espagne, à son départ pour rejoindre son régiment; — présentation par René-Paul de Scépeaux de la chapelle du Bois-Blin, paroisse de La Boissière; — vente par René-Pierre-Louis de Scépeaux des terres de Challonge, Châtelais et La Boissière; — notes et extraits généalogiques du feudiste Audouys; etc.

E. 3942. (Carton.) — 4 pièces, parchemin; 13 pièces, papier.

1590-XVIIIe siècle. — SCHOMBERG (de). — Contrat de mariage d'Henri de Schomberg et de Françoise d'Espinay; — inventaire des titres produits par Henri de Schomberg pour mettre opposition à la vente des seigneuries de La Bérardière et de Saint-Michel-du-Bois; — acquêt par Henri de Schomberg des bois taillis du Giraud et du petit Chaillon en Montigné; — aveu rendu à la baronnie de Mathefelon par Françoise de Schomberg pour sa seigneurie de Sacé; — acquêt par Françoise de Schomberg de La Saullaye en Corné; — présentation par Charles de Schomberg de la chapelle de La Pièce-Tison desservie en l'église Notre-Dame de Durtal; — aveu rendu à la seigneurie de Longchamps par Jeanne de Schomberg pour sa terre du Vivier; — « généalogie et recueil des actes mémorables « des seigneurs comtes de Schomberg »; — notes et extraits généalogiques par le feudiste Audouys.

E. 3943. (Carton.) — 3 pièces, papier.

1633-XVIIIe siècle. — SCOLLIN (de). — Transaction entre Ysaac de Scollin, sieur du Plessis de Cherré, et Claude de Chardon, sieur de Beauvois, au sujet de la succession de Jeanne Beuvereau, femme de Louis Mordret; — ratification de ladite transaction par Marie Beuvereau, femme d'Ysaac Scollin; — notes et extraits généalogiques par le feudiste Audouys sur la famille de Scollin, seigneur du Plessis-de-Fontenaille.

E. 3944. (Carton.) — 5 pièces, parchemin; 7 pièces, papier; 2 sceaux.

1507-XVIIIe siècle. — SÉBILLE et SIBILLE. — Ratification par Isabeau Duboys, femme de Foucques Sébille, de la vente de La Jarillaye; — acquêt par Jean Sébille, notaire, de terres en Turquant; — présentation par François Sébille, sieur de La Buronnière, de la chapellenie du Crucifix desservie dans l'église de Champigné-sur-Sarthe; — partage des successions de François Sébille et de Hardouin de Germaincourt entre Antoine de Brie, Julienne et Anne Sébille; — acquêt par Michel Sébille de l'office de receveur au grenier à sel de Saumur; — notes et extraits généalogiques par le feudiste Audouys.

E. 3945. (Carton.) — 1 pièce, parchemin.

1625. — SEGAUD. — Lettre de tonsure de Thomas Segaud, fils de Jean Segaud et de Perrine Chevreux.

E. 3946. (Carton.) — 1 pièce, papier.

1748. — SÉGUIER. — Acquêt par Maximilien Séguier, marquis de Saint-Brisson, Saint-Martin-sur-Ocre, Montifaut, etc., et Catherine-Sidonie Berthelot, son épouse, de la terre et seigneurie de Mansy dans les paroisses de Saint-Brisson, Saint-Martin-sur-Ocre et Saint-Firmin.

E. 3947. (Carton.) — 1 pièce, parchemin; 4 pièces, papier.

1601-1639. — SÉGUIN. — Testament de Françoise Cousin, femme de Mathurin Séguin, portant élection de sépulture en l'église de La Trinité d'Angers; — constitution par Marguerite Breslay d'une rente de 6 livres au profit de Jeanne Séguier; — quittance du droit de rachat de la terre de Loisron dû par Charles Séguier à la seigneurie de Longchamps; — transaction entre René Sérezin, seigneur de Longchamps, et Charles Séguier, seigneur du Jau, au sujet de la propriété d'un chemin.

E. 3948. (Carton.) — 6 pièces, parchemin; 13 pièces, papier.

1300-XVIIIe siècle. — SEILLONS (de). — Aveu rendu à la seigneurie de Veillon de la terre de Massifrotte par Charles de Seillons; — fondation par Abel de Seillons de la chapelle de Souvigné; — acquêt par François de Seillons de prés dans la paroisse de La Selle-Craonnaise; — contrat passé entre les paroissiens de Laigné et Émar de Seillons pour la construction d'une chapelle attenante à l'église paroissiale; — arrêt du Parlement de Paris portant sentence de mort contre Guillaume de Seillons pour crime de rapt, inceste et faux; — testament de Renée Égret, femme de Charles de Seillons; — notes et extraits généalogiques par le feudiste Audouys.

E. 3949. (Carton.) — 5 pièces, papier.

1777-1781. — SEINGSTACK. — État de la succession immobilière de Nicolas-Urbain Seingstack, contrôleur du taillon de Bretagne; — transaction au sujet du partage de ladite succession entre Jean de La Tullaye, au nom de René et Albert de La Tullaye, et Anne-Julie Laurenceau, veuve de Pierre-Albert Seingstack; — compte rendu aux héritiers par les héritiers de François Gédouin, procureur au Présidial de Nantes.

E. 3950. (Carton.) — 1 pièce, parchemin.

1691. — SENDÉ. — Acquêt par Vital Sendé, maître chirurgien à Angers, d'un pré sous le château de Chantocé.

E. 3951. (Carton.) — 1 pièce, papier.

1635. — SENSIER. — Partage de la succession de Nicolas Sensier entre Marie Ligatz, sa veuve, Mathurin Mallier et Nicole Ysabeau.

E. 3952. (Carton.) — 1 pièce, papier.

XVIIIe siècle. — SEREIN. — Note du feudiste Audouys sur la famille Serein, seigneur de La Motte en Loiré.

E. 3953. (Carton.) — 1 pièce, parchemin; 26 pièces, papier.

1626-1718. — SÉREZIN. — Inventaire, après décès, de la succession mobilière de Sébastien Sérezin, premier président en l'Élection d'Angers; — partage de la succession de René Sérezin, sieur du Rocher, entre Sébastien Sérezin, François Gohin, François Denisu et Clément Louet; — contrats de mariage de Claude Lemaistre de Montsabert et d'Anne Sérezin; — de Sébastien Sérezin et de Claude Hernault; — inventaire, après décès, de la succession mobilière de Perrine Gardeau, veuve de René Sérezin; — dispenses ecclésiastiques pour le mariage de Sébastien Sérezin et de Charlotte de Landévy; — acquêt par Sébastien Sérezin des closeries de Haute-Mule, La Moretière et Beaumanoir en Saint-Léonard, près Angers; etc.

E. 3954. (Carton.) — 2 pièces, papier.

1646-1780. — SERIZIER. — Testament de René Serizier et de Marguerite Moutardeau, portant legs de 400 livres aux Recollets d'Angers pour l'achèvement de leur hospice; — acquêt par André Serizier de terres dans la paroisse de Vauchrétien.

E. 3955. (Carton.) — 5 pièces, parchemin ; 3 pièces, papier.

1391-XVIIIe **siècle.** — SERPILLON. — Testament de Jean Serpillon, sieur de La Giraudière, qui fonde divers services dans les églises de Saint-Léonard de Chemillé, de Montrelais, de Saint-Georges-du-Puy-de-La-Garde; — contrats de mariage de Guillaume Serpillon, sieur des Noulis, et de Jeanne Du Planty; — de Jean Serpillon et de Louise de Maligné; — fondation par Pierre Serpillon et Guillaume Clérembault d'une chapellenie en l'église de Saint-Denis de Doué; — présentation par Louise Serpillon de la chapelle Sainte-Catherine de son château de Maligné; — notes généalogiques du feudiste Audouys.

E. 3956. (Carton.) — 1 pièce, parchemin; 1 pièce, papier; 1 sceau.

1629-XVIIIe **siècle.** — SERVIEN (de). — Présentation par Louis-François de Servien, marquis de Sablé, de la chapelle seigneuriale de son château de La Claye dans la paroisse de Pressigny; — notes généalogiques du feudiste Audouys.

E. 3957. (Carton.) — 3 pièces, parchemin; 10 pièces, papier.

1495-XVIIIe **siècle.** — SESMAISONS (de). — Détail du revenu de la seigneurie de La Rivière échue par héritage de Jeanne de Malestroit à Guillaume de Sesmaisons; — acquêt par Joseph de Sesmaisons de la métairie de La Ligerie dans la paroisse de La Boissière; — autorisation par l'évêque d'Angers à Françoise de Sesmaisons, veuve de Guy de Laval, de mettre un banc dans l'église de Villevêque, au bas du chœur; — vente par Jean-Baptiste Beedelièvre et Renée de Sesmaisons de la seigneurie d'Écheuilly en Saint-Just-des-Verchers; — présentation par Joseph de Sesmaisons de la chapelle de Saint-Nicolas desservie dans l'église de Saint-Rémy-en-Mauges; — notes et extraits généalogiques par le feudiste Audouys; etc.

E. 3958. (Carton.) — 1 pièce, parchemin; 1 pièce, papier.

1654-1710. — SÉVIN. — Fondation par Jean Sévin d'une chapellenie dans l'église du Lude; — partage de la succession de Pierre Sévin, sieur de La Rivière.

E. 3959. (Carton.) — 1 pièce, parchemin.

1645. — SICARD. — Partage entre Robinette Sicard, femme de Louis de Gallinère, Renée Sicard, dame de La Pommeraye, Charles et René Sicard, sieurs de La Brunière et de La Bréchoire, de la succession de Marguerite Jousselin, leur mère.

E. 3960. (Carton.) — 1 pièce, parchemin; 5 pièces, papier.

1649-1719. — SICAULD. — Bail à rente par Marie Sicauld, veuve de Jacques Launay, de la terre de La Louettière en Jallais; — aveu rendu par ladite dame à la seigneurie de La Gautresche; — mémoire à l'appui des prétentions pécuniaires de madame de La Frogerie contre madame de La Noue-Sicault; — requête par Marc Sicault, sieur de La Noue, valet de chambre du Roi, afin d'être déchargé, comme gentilhomme, de la taxe imposée sur sa métairie noble de La Reuetière; — recette des rentes et fermages pour le sieur de La Noue; — transaction au sujet de la succession de Marc Sicault entre Louise Puget, sa veuve, et ses enfants.

E. 3961. (Carton.) — 1 pièce, papier.

1568. — SICOT. — Acquêt par Guy Sicot, sieur de Laurière, d'une maison en la rue Valdemaine à Angers.

E. 3962. (Carton.) — 5 pièces, parchemin; 84 pièces, papier.

1699-1799. — SIETTE. — Acquêt par Thomas Siette, sieur du Verger, d'un logis en la rue du Temple, à Saumur; — compte des réparations par Pierre Trigalleu; — procédure pour Thomas Siette contre François Foullon, son beau-père; — brevet de gentilhomme servant donné par le Roi à René Siette, en considération « des preuves de « son courage et de sa fidélité, nommément au siège de la « Rochelle et aux fortifications du chasteau de Saumur et « au démolissement d'iceluy » (avec signature autographe de Louis XIII); — procédure pour le règlement de la succession de Thomas Siette, receveur des tailles de l'Élection de Montreuil-Bellay; — vente judiciaire de ses maisons et propriétés à Montreuil-Bellay; etc.

E. 3963. (Carton.) — 10 pièces, papier.

1646-1781. — SIGONGNE. — Contrat de mariage de René Sigongne et de Marie Britault; — prise à rente par

Pierre Sigongne de vignes dans la paroisse de Chemellier; — acquêt par Jacques Sigongne d'un jardin près les Ursulines de Saumur; — lettres de madame Réthault de La Chesnaye et du sieur Foulon à l'avocat Sigongne, traitant d'affaires privées; — monitoire contre Mathurin Sigongne, huissier, accusé de manœuvres frauduleuses et d'exactions; — thèse de droit de Guillaume-Pierre Sigongne.

E. 3364. (Carton.) — 3 pièces, parchemin.

[illegible]. — SIGONNEAU. — Certificat d'inscription et d'assiduité pour Jean Sigonneau aux cours de la Faculté de Théologie d'Angers; — bail judiciaire de la terre du Bois-de-Luigné en Villevêque, à la requête de François Sigonneau, curateur des enfants mineurs de Pierre Sigonneau; — arrêt de la Sénéchaussée de Baugé qui maintient lesdits mineurs sous la curatelle de François Sigonneau.

E. 3365. (Carton.) — 1 pièce, parchemin.

[illegible]. — SILVESTRE. — Acquêt sur François Hirot, conseiller au Présidial d'Angers, par Jean Silvestre, d'un pré en la paroisse du Bailleul.

E. 3366. (Carton.) — 13 pièces, parchemin; 47 pièces, papier.

[illegible]-XVIIIe siècle. — SIMON. — Acquêt par Guillaume Simon de la terre de Beauchêne en la paroisse de Baliots; — présentation par François Simon, sieur de La Bernardais, de la chapellenie de Sainte-Anne en l'église de La Poueze; — par Louis et Julien Simon de la chapellenie de Notre-Dame en l'église Saint-Nicolas du Grand-Montrevault; — concession par le baron de Gonnord à Jacques Simon, boucher, d'un emplacement près l'église, à la charge d'y faire bâtir dans le délai d'un mois « une « boutieque, banc ou estau pour y tenir de la viande « frescho ordinairement et aultre marchandise licite, comme « gibier, poisson frays et sallé, chandelles et aultres vivres « nécessaires à la communauté du peuple »; — don à Yvon Simon, sieur de Pénanguéo, par Henri de Gondy, duc de Retz et de Beaupréau, de l'office de notaire pour les juridictions de Saint-Renan, Brest et Lesneven; — contrat de mariage de Simon Simon et d'Anne Hernault; — partage des successions de Jean Simon, commis à la recette des consignations d'Angers, et de Marie Nicollet, sa femme; — contrats de mariage de Jean Heurtelou et de Jeanne Simon; — de René-Jean Leroux et de Marie Simon; — compte de la succession bénéficiaire de Louis Simon, sieur des Granges, entre Simon Simon, secrétaire de l'Hôtel-de-Ville d'Angers, Jeanne Simon, veuve de René Richard, et René Leroux, avocat au Présidial; — notes et extraits généalogiques par le feudiste Audouys; etc.

E. 3367. (Carton.) — 1 pièce, parchemin; 3 pièces, papier.

[illegible]. — SIMONNEAU. — Acquêt par Pierre Simonneau, marchand, d'une rente hypothécaire de 30 livres sur les terres de La Champfretière et de Lugré; — par François Simonneau, d'une cave et d'un jardin dans la paroisse de Turquant; — par Guillaume Simonneau, de vignes au Laccollet; — partage des successions de Jean Simonneau et de Renée Brûlier entre leurs enfants.

E. 3368. (Carton.) — 1 pièce, papier.

[illegible]. — SIMONNET. — Contrat de mariage de Louis Simonnet et de Rose Richard.

E. 3369. (Carton.) — 1 pièce, papier.

[illegible]. — SIRET. — Partage entre Christophe Bardet, André Davy, Jean et Madeleine Siret de la succession de Jean Siret, notaire.

E. 3370. (Carton.) — 1 pièce, papier.

[illegible]. — SOCHET. — Partage de la succession de Marie Sochet entre Jean Legeay et Gillette Pasquer.

E. 3371. (Carton.) — 1 pièce, parchemin; 1 pièce, papier.

[illegible]. — SOLLIMON. — Testament de Symphorien Sollimon portant don de 600 livres à l'Hôtel-Dieu d'Angers; — acquêt par Pierre Sollimon, marchand de draps de laine, d'un champ en la paroisse d'Andard.

E. 3372. (Carton.) — 15 pièces, parchemin; 60 pièces, papier.

[illegible]. — SORHOETTE (de). — Rapport par l'huissier Pedro de Yndart des menaces à lui faites au château de Sorhoette (en espagnol); — extrait baptistaire de Jean, fils de Pierre de Sorhoette et de Jeanne de Campaigne; — testament de ladite dame de Campaigne, qui déclare mourir dans la religion prétendue réformée et veut être enterrée dans la chapelle Sainte-Catherine de Peyrehorade; — acquêt par Jean de Sorhoette, gouverneur de Montfort en Bretagne, de la terre de Pommérieux; — copie de lettres royaux attestant la qualité de gentilhomme du sieur de Sorhoette, avec dispense d'en faire autre preuve; — contrat de mariage de Jean de Sorhoette et de Louise Lhuillier, veuve de Claude Dubois; — procès-verbal d'enquête par-devant l'alcade et juge royal du pays et vallée de Cize, concernant la noblesse et famille de Jean et Pierre de Sorhoette; — partage, après décès, des meubles de Charles de Sorhoette, d'Esther de Lépinay, sa femme, et de leur fils David; — compte rendu par Anne de Lanfernat à ses enfants de la succession de Charles de Sorhoette, son mari; — vente par Charles de Sorhoette à Jacques Lanier de la terre et seigneurie de Contigné; etc. (quatre pièces sont écrites en langue espagnole, cinq autres en sont traduites).

E. 3973. (Carton.) — [illegible] pièces, papier, [illegible] pièces, parchemin.

[illegible]-1678. — Abjuration de David de Sorhoette, sieur de Pommérieux; — compte entre David de Sorhoette, sieur de Pommérieux, et Guillaume de Sorhoette, sieur du Bois, de la succession de Catherine de Quantin; — enquête sur les délits de chasse dénoncés par David de Sorhoette contre André Hosin; — procès-verbal d'arrestation, à Anvers, de David de Sorhoette, à la requête de Pierre La Roze, son créancier; — mémoires du tailleur et du marchand de draps du sieur de Pommérieux; — procédures entre David de Sorhoette et Alexandre de La Saugère, au sujet des successions de Mathurin de Charnacé et de Renée de Fesvelle; — monitoire contre les quidams qui désertent les étangs et les bois taillis de Pommérieux; — testament de Perrine de Sorhoette, femme de Charles Sibille; etc.

E. 3974. (Carton.) — [illegible] pièces, parchemin; [illegible] pièces, papier.

[illegible]-XVIIIe siècle. — Certificat de présence au corps délivré par le maréchal d'Albret au sieur de Sorhoette de Pommérieux, premier brigadier, et à son frère, soldat dans la première compagnie de ses gardes (avec signature autographe); — acquêt par Louis-Armand de Sorhoette de maison et vignes à Châteauneuf; — ordonnance de l'Intendant de Tours, portant main-levée de la saisie faite sur la dame Catherine Gaudichee, « religionnaire fugitive », de ses revenus de La Coutardière et de Villiers, comme étant née de parents suisses, « lesquels « ont le privilége de professer la religion protestante dans « le royaume et d'y posséder des héritages »; — procuration donnée par ladite dame à Claude de Sorhoette pour agir et donner quittance en son nom; — mémoire contre des créanciers de ladite dame; — lettre de Pocquet de Livonnière portant consultation; — contrat de mariage de François de Montplacé et de Marie-Claude de Sorhoette; — lettres de MM. de La Brosse-Maldemeure, de La Girouardière, de Lucé, de madame de Juigné, traitant d'affaires privées; — notes et extraits généalogiques par le feudiste Audouys; etc.

E. 3975. (Carton.) — 1 pièce, parchemin; 2 pièces, papier.

1664-1770. — SORIN. — Contrats de mariage : de Gabriel Sorin et d'Élisabeth Hamon; — de Mathurin Sorin et de Sébastienne Trouvé; — délégation par Renée Picard, veuve Sorin, au profit de Mathurin Picot, d'une créance de 250 livres sur Claude Avril.

E. 3976. (Carton.) — 14 pièces, parchemin; 18 pièces, papier; 3 sceaux.

1464-XVIIIe siècle. — SOUCELLES (de). — Vente par Anceau de Soucelles à Thomas Du Verger des service et hommage par lui dus pour sa terre de La Plesse à la seigneurie de La Saulaye; — présentation par Marc de Soucelles de la chapellenie de La Radinière desservie en l'église paroissiale de Soucelles; — par Anceau de Soucelles de la chapelle seigneuriale de son manoir de Soucelles; — reconnaissance par Gédéon de Soucelles des droits de chasse et de pêche du seigneur de Romillon dans les communs de Tourché et la haire des Cochières; — vente par Samson de Soucelles à Charles Audouin du lieu de Sorée en Soucelles; — inventaire, après décès, du mobilier de Marie de Gillin, veuve de Samson de Soucelles; — notes généalogiques par le feudiste Audouys.

E. 3977. (Carton.) — 2 pièces, papier.

[illegible]. — SOUCHAY. — Contrat de mariage de Pierre Souchay, procureur du Roi au Présidial de Tours, et de Renée Lefebvre; — testament de Renée Lefebvre, veuve de Pierre Souchay, portant divers legs aux Jacobins de Tours, aux Cordeliers de Craon, à l'église de Châtelais et à l'Hôtel-Dieu de Châteaugontier.

E. 3978. (Carton.) — [illegible] pièces, papier.

[illegible]. — SOURDEILLE ou SOURDILLE. — Inventaire des titres et papiers de René Sourdille, grenetier au grenier à sel de Châteaugontier, et de Renée Poisson, sa femme; — dispenses pour le mariage : de Gilles Sourdille avec Marie Duchemin; — de Jules Sourdille avec Catherine Houllay; — présentation par Jacques Sourdille de la chapelle de Luigné en la paroisse du Coudray; — mémoire pour Jacques Sourdille, sieur de Chambressais, contre Pierre Sourdille, sieur de Saint-Michel, Françoise et Marie Sourdille, au sujet du partage de la succession paternelle; — vente par Françoise de Champagné, veuve de Jules Sourdille, de l'hôtel de Bel-Air en la paroisse Saint-Michel-du-Tertre d'Angers.

E. 3979. (Carton.) — 2 pièces, papier; 1 pièce, parchemin.

1503-[illegible]. — SOUSSON (de). — Contrats de mariage : de François de Sousson, sieur de Daussé, et d'Anne de Domaigné; — de François de Sousson, sieur du Lys, et de Madeleine Pater; — de Louis de Sousson, sieur de Vernelle, et de Renée Des Vaux.

E. 3980. (Carton.) — 6 pièces, parchemin; 8 pièces, papier.

[illegible]-XVIIIe siècle. — SOUVIGNÉ (de). — Fondation par Aimery de Souvigné d'une chapelle en l'honneur de Sainte-Catherine dans son château de La Roche-Bousseau; — vente par Catherine de Villeneuve, veuve de Jacques de Souvigné, et son fils Charles de Souvigné, de prés à Aubigné-Briant; — compte rendu par Artus de

Souvigné, abbé de La Roche-Rousseau, de la succession de Louis de Souvigné; — « papier terrier de messieurs de « La Roche-Rousseau, contenant partie des biens qu'ils ont « eus des successions paternelle et maternelle et de la « succession de Louis de Souvigné, leur frère aîné »; — amortissement par Artus et Armand de Souvigné d'une rente de 200 livres due à la famille Lésineau; — extrait mortuaire d'Artus de Souvigné; — notes généalogiques par le feudiste Audouys.

E. [illegible]. (Carton.) — 1 pièce, parchemin.

[illegible]. — Staal. — Vente par Henry Staal, « gentil- « homme aleman du païs de Westphalie, naïf de la ville de « Munster », de tous ses meubles de la maison de Haute-Mule où il demeure à Angers, à sa belle-sœur Marguerite Baranger.

E. [illegible]. (Carton.) — 1 pièce, papier.

[illegible]. — Subille. — Nomination de René Subille à la tutelle du fils mineur de François Subille et de Jacquine Picherit.

E. [illegible]. (Carton.) — 1 pièce, parchemin.

[illegible]. — Subleau. — Acquêt par Olivier Subleau de 10 livres de rente hypothécaire sur les sieurs Chalot et de La Grandière.

E. [illegible]. (Carton.) — 3 pièces, parchemin; 28 pièces, papier.

[illegible]. — Sué. — Acte de baptême de Jean, fils de Jean Sué et de Barbe Lenoir; — contrat de mariage dudit Jean Sué et de Jeanne Pierrequin; — actes de baptême de leurs neuf enfants; — inventaire et vente, après décès, de la succession mobilière de Jean Sué, marchand; — règlement des droits de sa veuve dans la communauté; — diplômes de bachelier et de licencié en droit pour Jean Sué; — contrat de mariage dudit Jean, notaire royal, et de Perrine Gayeau; — publications du mariage de Christophe Labry et de Jeanne Sué; — testament de Madeleine Pierrequin; etc.

E. [illegible]. (Carton.) — 1 pièce, parchemin.

[illegible]. — Sully (de). — Lettres du roi Charles VI, vidimées par le bailly de Chartres, qui octroient à Isabelle de Sully un droit d'aide et de subside pour subvenir aux réparations de ses châteaux de Craon, Briollay et Châteauneuf-sur-Sarthe.

E. [illegible]. (Carton.) — 7 pièces, papier.

[illegible]. — Sureau. — Testament de Gabrielle Loyauté, veuve de Pierre Sureau, portant diverses fondations dans les églises des Récollets et des Cordeliers d'Angers; — prisée des meubles de la communauté de Gervais Sureau et de Gabrielle Boubier; — partage de la succession de Jacques Sureau et de Perrine Gautia; — acquêts : par René Sureau de maison et vignes dans la paroisse de Brain-sur-l'Authion et dans la paroisse de Fontou; — par François Sureau d'une maison à Saumur.

E. [illegible]. (Carton.) — 2 pièces, parchemin; 2 sceaux.

[illegible]. — Surguin. — Présentation par Jacques Surguin de la chapelle Notre-Dame du château de Gilbourg.

E. [illegible]. (Carton.) — 1 pièce, parchemin.

[illegible]. — Symbault. — Cession par Hector de Monbron, sieur de Champeaux, à Vallérien Symbault, argentier de l'abbesse de Fontevrault, de tous ses droits sur la terre de L'Épinay-Greffier.

E. [illegible]. (Carton.) — 2 pièces, papier.

[illegible]. — Tabareau. — Acte de décès de Louise Ledoyen, femme de Jacques Tabareau, maître ouvrier en soie; — testament de Perrine Tabareau.

E. [illegible]. (Carton.) — 2 pièces, papier.

[illegible]. — Tabary. — Testament de Claude Tabary, qui fonde deux services annuels dans l'église de Saint-Florent-Le-Vieil; — acquêt par René Tabary, sieur de La Renaudière, d'un office de conseiller au grenier à sel de Saint-Florent-Le-Vieil.

E. [illegible]. (Carton.) — 6 pièces, papier.

[illegible]. — Tahureau (de). — Lettres des sieurs de La Touche-Moreau, Poullard, Raison, Dubreil de La Sauvionnière, concernant le partage de la succession de Louise Chapelain, femme de Pierre de Tahureau; — règlement des droits des héritiers Poullard.

E. [illegible]. (Carton.) — 1 pièce, papier.

[illegible]. — Taillé — Nomination de Pierre Lebrun à la tutelle des enfants mineurs de Jean Taillé et de Renée Lebrun.

E. [illegible]. (Carton.) — 2 pièces, papier.

[illegible]. — Taillebois. — Contrat de mariage d'Antoine Lebrun et d'Urbaine Taillebois; — vente par Andrée Camus, veuve d'Antoine Taillebois, des closeries du Petit-Nantes et de La Maison-Neuve en Saint-Laud.

E. [illegible]. (Carton.) — 2 pièces, papier.

[illegible]. — Talluau. — Testament de René Talluau, prêtre, portant fondation d'un anniversaire en l'église Saint-Pierre de Louresse; — acquêt par Jacques Talluau, avocat, de la terre de La Hartellière en la paroisse de La Pouëze.

E. [illegible]. (Carton.) — 1 pièce, papier, imprimée.

[illegible]. — Tardy. — Testament et codicille de Françoise

Boujat, veuve d'Omer Talon, avocat général au Parlement de Paris, portant divers legs à l'Hôtel-Dieu et à l'Hôpital-Général de Paris, à la Communauté de Saint-Séverin, etc.

E. 3996. (Carton.) — 5 pièces, papier; 2 pièces, parchemin.

[illegible]-XVIIIe siècle. — TALOUR. — Partage entre Pierre Talour, Simon Mireleau et Ambrois Faurmy de terres et champs en Bécon; — acquêt par Barthélemy Talour de terres près La Carterie; — vente par le même à René Haire, maître apothicaire, d'un logis place Neuve, à Angers; — acquêt par Mathieu Talour des prééminences et droits honorifiques en la paroisse de Bécon; — mémoire pour Jean-Jacques Talour, sieur de La Villenière et de Quinzé, contre François-Jacques Walsh, sieur de Serrant, au sujet des titres de « haut et puissant seigneur » réclamés par ce dernier dans l'aveu de La Villenière; — note généalogique par le feudiste Audouys.

E. 3997. (Carton.) — 1 pièce, parchemin.

[illegible]. — TANNERIE. — Partage de la succession de Raoul Tannerie entre Réatrix et René Guyet, ses petits-enfants.

E. 3998. (Carton.) — 6 pièces, parchemin; 6 pièces, papier; 2 sceaux.

[illegible]-[illegible]. — TARIN. — Procès-verbal de réception de Pierre Tarin « au métier de baudrairie et bourserie »; — partage des successions de Jean Tarin entre Pierre Tarin, Vincent Bernier et Jacques Pelletier; — de Jacques Tarin et de Marie Sureau entre Jean et Philippe Tarin; — acquêt par Jean Tarin, bachelier en théologie, de la closerie du Chérisson en Cornillé; — bulle et enquêtes pour les dispenses ecclésiastiques du mariage de Philibert Tarin avec Modeste-Lucile Tarin; — constitution d'une rente hypothécaire de cent livres par Jean-Baptiste Tarin au profit de Claude Turpin; etc.

E. 3999. (Carton.) — 1 pièce, parchemin.

[illegible]. — TARRY. — Contrat de mariage de Bonaventure Tarry, sieur de La Guinoisellerie, et de Renée Adam.

E. 4000. (Carton.) — 1 pièce, parchemin.

[illegible]. — TAUPIN. — Nomination de Mathieu Davy à la curatelle des enfants mineurs de Jacques Taupin et de Marguerite Foucher.

E. 4001. (Carton.) — 4 pièces, papier.

[illegible]-[illegible]. — TAVERNIER. — Contrat de mariage de Jacques Tavernier, sieur de Monredon, avec Renée Boucault; — extrait du contrat de mariage de Jacques Tavernier, marchand de draps de soie, avec Claude Ferrand de Beaumont, fille de Ferrand de Beaumont, tailleur des écuyers de la Reine; — testaments : de François Tavernier, président au grenier à sel de Craon; — et de Renée Tavernier, qui donne divers legs à l'hôpital et aux pauvres honteux de la ville de Craon.

E. 4002. (Carton.) — 1 pièce, papier.

[illegible]. — TAYARD. — Acquêt par Louis Tayard du pré de La Maréchaussée dans la paroisse de Feigréac.

E. 4003. (Carton.) — 1 pièce, parchemin; 2 pièces, papier.

[illegible]-XVIIIe siècle. — TEILLAYE (de La). — Testament de Jeanne de La Teillaye, dame de Fontenelles et de Vergonne; — notes et extraits généalogiques par le feudiste Audouys.

E. 4004. (Carton.) — 3 pièces, papier.

[illegible]-[illegible]. — TELLIER. — Partage de la communauté de René Tellier et de Catherine Baranger; — contrat de mariage de Michel Tellier et de Renée Chauvreau; — inventaire, après décès, des meubles de Jeanne Tellier, veuve Rollet.

E. 4005. (Carton.) — 2 pièces, papier.

[illegible]. — TENDRON. — Apposition de scellés sur les meubles dépendant de la succession de Charles Tendron, chanoine pénitencier de Saint-Maurice d'Angers; — inventaire desdits meubles.

E. 4006. (Carton.) — 2 pièces, parchemin; 4 pièces, papier.

[illegible]-XVIIIe siècle. — TERRIEN. — Acquêt par Jean Terrien, marchand, de La Hénantière dans la paroisse de La Poitevinière; — testament de Marguerite Terrien, qui fonde deux messes perpétuelles dans l'église de Martigné-Briant; — acquêts : par Joseph Terrien d'une pièce de terre en Champtoceaux; — par René Terrien d'une rente de huit setiers de seigle sur la métairie du Verger en Saint-Macaire; — notes et extraits généalogiques par le feudiste Audouys.

E. 4007. (Carton.) — 2 pièces, parchemin; 6 pièces, papier.

[illegible]-[illegible]. — TERRIER. — Acquêts : par Étienne Terrier, marchand de draps de soie, du clos des Fouassières en Saint-Nicolas d'Angers; — par Jeanne Du Cimetière, sa veuve, de la seigneurie de Longchamp en Saint-Silvain; — partage entre ses enfants du lieu de La Licorne, dépendant de sa succession; — prise à ferme par Pierre Terrier, notaire, des terres, fiefs et seigneuries du Marest dans la paroisse de La Varenne, et de Belligné dans la paroisse de Thouarcé; — acquêt par Pierre Terrier, marchand, de terres et champs en Corné.

E. 4008. (Carton.) — 2 pièces, parchemin; 10 pièces, papier.

[illegible]-XVIIIe siècle. — TERVES (de). — Échange entre René de Terves, sieur de Rochefort, et René Du

Simon, sieur du Plessis-Millon, de terres et maisons au village d'Argenté, près Loudun; — transaction entre Antoine Simon, sieur de La Bernardaye et de Précart, et René de Terves, sieur de Lanjoubre, portant délimitation desdites seigneuries; — acquêt par René de Terves, sieur de Glandes, de 10 livres de rente sur Prosper de Collasseau; — partage entre Pierre de Terves, sieur de Lanjoubre, Aimée de Terves, femme de Claude Du Verdier, Charles-Prosper de Terves, sieur de Glandes, Charlotte-Françoise de Terves, femme de J. B. Du Vau de Chavagne, René Guy de La Haye-Montbault et autres cohéritiers, des successions de Charlotte et Anne de Jameray-d'Armaillé; — dispenses pour le mariage de Jean de Terves avec Marguerite Vaillant; — requêtes adressées à l'intendant d'Ormesson par Pierre-Charles et Charles-Aimé de Terves, afin d'obtenir l'admission, à titre d'ancienne noblesse, d'un de leurs frères à l'école de Saint-Cyr; — généalogies à l'appui desdites demandes; — notes et extraits par le feudiste Audouys.

E. 4009. (Carton.) — 2 pièces, papier.

[illegible]. — Tessier. — Acquêt par Claude Tessier de terres, vignes et prés dans les paroisses de Soulaine et de Vauchrétien.

E. 4010. (Carton.) — 3 pièces, papier.

1650-1699. — Tessard. — Contrat de mariage de Philippe Tessard, docteur en médecine, et de Jeanne Bontemps; — mémoire présenté contre les héritiers dudit Philippe Tessard, par François Hiret, afin d'obtenir l'annulation d'une transaction antérieure; — partage de la succession de Jeanne Bontemps entre François et René Hiret, enfants de son premier mariage.

E. 4011. (Carton.) — 13 pièces, parchemin; 30 pièces, papier.

[illegible]-XVIIIe siècle. — Tessé (de). — Testament d'Hugues de Tessé, portant divers legs à l'église de Martigné, où il désire être enterré; — contrats de mariage : entre Huet de Tessé et Marie de Mathefelon; — entre Jean de La Roche et Marie de Tessé; — entre Charles de Tessé et Guillemette de Guéaquin; — vente par Jeanne de Champagne, veuve de Charles de Tessé, de la seigneurie de La Fromentinière en la paroisse de Chazé-Henry; — contrat de mariage entre Jean de Tessé, sieur de Mené, et Françoise Quillet; — testament de René de Tessé, prêtre; — contrats de mariage : entre Claude de Tessé, sieur de Saint-Loup, et Charlotte Perrault; — entre Jean de Tessé, sieur du Mergot, et Catherine Quentin; — testament de ladite Catherine Quentin; — notes et extraits généalogiques par le feudiste Audouys; etc.

E. 4012. (Carton.) — 18 pièces, papier; 1 pièce, parchemin.

[illegible]. — Tessier. — Contrat de mariage de René Tessier et de Barbe Faradon; — testament de Jean Tessier, maître d'hôtel de l'abbesse du Ronceray d'Angers, qui fonde divers services dans l'église de La Trinité d'Angers et dans celle de Saint-Cyr-en-Bourg, « lieu de sa « naissance »; — inventaire de ses meubles et papiers; — compte rendu de sa succession par René Touret, maître apothicaire, et Charles Barbereau, aux enfants d'Hilaire et d'Olivier Tessier; — acquêt par Jacques Tessier de prés dans la paroisse de Saint-Georges-Châtelaison; — inventaire, après décès, des meubles d'Antoine Tessier, garde-chasse de la baronnie de Rillé; — concession et accensement par les commissaires de l'apanage de Monsieur à Gilles-André Tessié du Mottay, de quinze parties d'îles, îlots et grèves de Loire; — vente par Gilles-André Tessié du Mottay, maître de poste à la Ménitré, d'une petite maison à Trélazé.

E. 4013. (Carton.) — 2 pièces, papier.

[illegible]. — Tesson — Acquêt par Lucas Tesson pour François Gilles, sieur de La Bérardière, de la terre, fief et seigneurie de Beaumont en Soulaine; — par Jean Tesson, perrayeur, d'un petit logis et jardin dans la paroisse de Sorges.

E. 4014. (Carton.) — 3 pièces, papier.

1621-1658. — Testard. — Contrat de mariage de René Testard, marchand de draps de laine, et de Françoise Bidouet; — testaments dudit René Testard et de Françoise Bidouet, qui élisent leur sépulture en l'église des Carmes d'Angers.

E. 4015. (Carton.) — 2 pièces, papier.

[illegible]. — Testedois. — Brevet de maître pêcheur dans les rivières de Loire et de l'Authion, délivré par la comtesse de Trêves à Michel Testedois; — prise à bail par Étienne Testedois, pêcheur, d'une maison en l'Ile-Neuve de Saumur.

E. 4016. (Carton.) — 1 pièce, papier.

1636. — Testier. — Contrat de mariage de Henri Testier et de Marie Blouin.

E. 4017. (Carton.) — 125 feuillets, in-folio, papier.

1740-1764. — Testu-Desbrosses. — Livre-journal de Testu-Desbrosses et compagnie, négociants en draps à Nantes.

E. 4018. (Carton.) — 1 pièce, papier.

1626. — Tetereau. — Inventaire, après décès, des successions mobilières d'Antoine Tetreau et de Marguerite Romain.

E. 4009. (Carton.) — 8 pièces, papier, 1 pièce, parchemin.

[illegible]. — TÉVALLE (de). — Assignation par Aymar de Tévalle d'une rente de 4 livres 10 sous 7 deniers au profit de la fabrique de Sainte-Croix d'Angers sur ses domaines de Bellenaue et de La Petite-Fresnaye dans les paroisses de Saint-Rémy-La-Varenne et de Mozé, pour le service d'un anniversaire fondé par testament de sa femme Renée Fournier; — accord par Jean Du Mar, abbé de Saint-Thierry, grand doyen d'Angers, et Jean de Tévalle, au sujet de la succession de Marguerite de La Jaille et de René Du Mar; — « discours des propos qui ont passé entre monsieur de Tévalle et monsieur le président » à Metz, au sujet de l'arrestation par les gens de la justice du portier de la porte Mézelle (avec signature autographe du sieur de Tévalle); — lettre du sieur Brulart à Tévalle, lieutenant général à Metz, sans intérêt; — factum pour les sieurs et dame de Tévalle contre la dame de Vaulx et ses filles, héritières de leur père; — lettre de M. de Tévalle portant demande d'argent et envoi de papiers d'importance à son procureur; etc.

E. 4010. (Carton.) — 10 pièces, parchemin; 8 pièces, papier.

[illegible]. — TEXIER. — Arrentement par Jean Texier, notaire, de maisons et jardins dans la paroisse d'Alonnes-sous-Montsoreau; — acquêt par Jean Texier, docteur en médecine, d'une rente hypothécaire de 25 livres sur les biens immeubles de Jean Macé; — saisie, en son nom, desdits immeubles, pour défaut de paiement des arrérages de cinq années; — acquêt par le docteur Jean Texier du fief d'Anjou dans la paroisse de Chétigné; — extrait de l'inventaire de sa succession; — acquêt par Marguerite Lehoux, veuve de Pierre Texier, du champ des Guillonnières en la paroisse de Brain-sur-Allonnes; etc.

E. 4011. (Carton.) — 2 pièces, papier.

[illegible]. — THÉARD. — Testament de Catherine Prieur, veuve d'Étienne Théard, sieur de La Courtinière, qui fonde divers services en l'église de Thouarcé; — cession par Suzanne d'Andigné à Marie de Monsallier, veuve d'Isaac Théard, sieur de La Burolière, des droits de ventes et issues dus par les acquéreurs de La Fouquetterie en la paroisse de Sainte-Gemme près Segré.

E. 4012. (Carton.) — 3 pièces, parchemin; 10 pièces, papier.

[illegible]. — THÉRONNEAU. — Contrats de mariage : de René Théronneau, sieur de La Pépinière, et de Claude Perret; — de René Mesnard de Toucheprés et de Marguerite Théronneau; — testament de René Théronneau qui fonde divers services en l'église Notre-Dame des Herbiers; — partage de sa succession entre René et Marguerite, ses enfants; — testament de Françoise Richard, femme de René Théronneau; — testament de Marguerite Théronneau; — acquêt par François Théronneau de vignes dans le fief de La Pépinière.

E. 4013. (Carton.) — 8 pièces, parchemin; 13 pièces, papier.

[illegible]. — THÉVIN. — Acquêt par Robert Thévin de prés en Saint-Mathurin; — par Jacques Thévin, trésorier receveur général des finances de Bretagne, de terres en la paroisse de Beaufort; — arrêt du Présidial rendu entre les enfants de Jacques Thévin et Lucrèce de Charnières, sa femme, au sujet de la propriété de la maison Godeline à Angers; — prise de possession par François Thévin des terres de Montravault et Bohardy et des métairies en dépendant; — contestation entre François Thévin et Pierre de Cheverue, sieur du Bas-Plessis, au sujet de la seigneurie de la paroisse de Chaudron; — entre le même et Charles Turpin, au sujet de la seigneurie des paroisses de Saint-Quentin et de Saint-Pierre-Maulimart.

E. 4014. (Carton.) — 3 pièces, papier.

[illegible]. — THIANGES (de). — Don par Gédéon de Thianges, sieur de La Bouvrière et de Moulines, à Pierre Lemeusnier, son domestique, d'une closerie en la paroisse de Rigné; — à Jacquine Hanelin de la part qu'il pouvait prétendre, à titre d'aubénage, dans la succession d'Henri Duchesne, son mari; — quittance par le même d'une somme de 400 livres à lui due par Jean Dufour, lieutenant en l'Élection de Blois.

E. 4015. (Carton.) — 7 pièces, parchemin; 44 pièces, papier.

[illegible]. — THIBAULT. — Acquêt par Hervé Thibault de vignes en la paroisse des Essarts; — testament d'Étiennette Vallin, femme de Jean Thibault; — provisions pour Jean Thibault de l'office de receveur triennal des tailles en l'Élection de Montreuil-Bellay; — contrats de mariage : de François Thibault et de Mathurine Orioust; — de Jean Thibault, sieur de Pompierre, et de Marie Houchoux, veuve de Pierre Goyon; — testament de Pierre Thibault et de Marie Tullau, sa femme; — contrat de mariage de Mathurin Thibault et de Marguerite Guibert; — sentence d'ordre entre les créanciers de Françoise Joubert, *femme de Jacques Thibault, huissier*; — *généalogies* des familles Thibault, Miette et Gaignard; etc.

E. 4016. (Carton.) — 1 pièce, papier.

1680. — THIBAULT (de). — Contrat de mariage de Jacques de Thibault, sieur de Chaisseignes, L'Ile-Malo, La Boudinière, capitaine exempt des gardes-du-corps, avec Claude Chasian.

E. 4027. (Carton.) — 2 pièces, papier.

[illegible]. — Thiberge. — Acquêt par Noël et par René Thiberge de terres dans la paroisse de Corné.

E. 4028. (Carton.) — 8 pièces, papier.

[illegible]. — Thibouëe. — Démission de tous biens par René Thibouëe, maître apothicaire, au profit de ses enfants ; — contrat de mariage de François Thibouëe, avocat, et d'Anne Bonian ; — partage de leur succession entre Marguerite et Antoine Thibouëe et René Cormerie ; — testament de Marguerite Thibouëe.

E. 4029. (Carton.) — 1 pièce, parchemin ; 1 pièce, papier.

[illegible]-XVIIIe siècle. — Thiélin (de). — Bail par Jacques de Thiélin, de sa ferme de La Higuetorie en Sarcenières ; — notes du feudiste Audouys sur la famille de Thiélin.

E. 4030. (Carton.) — 1 pièce, parchemin ; 7 pièces, papier.

[illegible]. — Thierry. — Présentation d'aveu aux assises de Saint-Jean-des-Mauvrets par Françoise Du Puy-du-Fou, veuve de François Thierry, gouverneur de Rennes, pour sa terre d'Érigné en Anjou ; — aveu rendu à la seigneurie de Lavoure par Françoise Thierry, veuve d'Antoine de Brie, pour diverses rentes dans les paroisses de Chaudefonds et de La Jumellière ; — acquêt par Françoise de Thierry de Laugerale d'une maison à Angers ; — présentation par Hyacinthe de Thierry, sieur de La Prévalaye, de la chapelle Sainte-Barbe desservie à Nantilly ; — nomination de Charles Thierry, vicaire de Chantocé, à la tutelle des enfants mineurs de Pierre Thierry et de Perrine Boibeau ; — baux à ferme d'une closerie sise au Breil en Chantocé.

E. 4031. (Carton.) — 1 pièce, papier.

[illegible]. — Thiéville (de). — Contrat de mariage d'Hervé de Thiéville avec Suzanne Du Grenier, fille de René Du Grenier, baron d'Oleron.

E. 4032. (Carton.) — 3 pièces, parchemin ; 8 pièces, papier.

[illegible]. — Thion. — Acquêt par Pierre Thion, sieur de La Véronillère, de la métairie des Bouchères en la paroisse d'Avoise ; — bail par le même des métairies du Grand-Tail et de Marigné ; — provisions par René Thion de l'office de conseiller au Présidial d'Angers ; — entérinement desdites lettres par le bureau des finances de Tours ; — quittance des droits casuels ; — constitution par Guy de La Haye-Montbault d'une rente hypothécaire de 15 livres au profit de Marie Laurenceau Du Roulle, veuve de François Thion ; etc.

E. 4033. (Carton.) — 3 pièces, papier.

[illegible]. — Thiot. — Contrat de mariage de Pierre Thiot, sieur de La Bastinière, et de Jeanne Marsais ; — procès-verbal d'opposition et de levée des scellés sur la succession de Louis Thiot, curé de Billé.

E. 4034. (Carton.) — 1 pièce, papier.

[illegible]. — Thirouflet. — Testament de Jean Thirouflet, chapelain de La Trinité d'Angers, qui fonde divers services dans les églises de La Trinité et des Cordeliers d'Angers.

E. 4035. (Carton.) — 10 pièces, parchemin ; 10 pièces, papier.

[illegible]. — Thomas. — Contrat de mariage de Pierre Chollet, maître pâtissier, et de Marguerite Thomas ; — acquêt par Mathieu Thomas, sieur de Jonchères, de la closerie de La Boumerie ; — et de partie de La Grande-Poulerie en Avrillé ; — testament de Mathieu Thomas, prêtre ; — prise de possession par Élie Thomas de La Roussellière de la chapelle des Essarts du château de La Bourrière ; — acquêt par Jacques-François Thomas, sieur de Jonchères, de la métairie de La Grange dans la paroisse de La Meignanne ; — et du bordage Gaugy en Jallais ; — prise à rente par le même de huit arpents dans les landes de Hallay ; etc.

E. 4036. (Carton.) — 1 pièce, parchemin ; 6 pièces, papier.

[illegible]. — Thoreau. — Testament de Lucas Thoreau, prêtre, portant divers legs aux églises de Gohier, de Chemellier, de Blaison, de Saint-Michel-en-Mer, de Rocamadour ; — acquêt par René Thoreau de terres à Blaison ; — partage de la succession de Toussaint Thoreau entre Nicolas, Jean, Florent et Collas Thoreau, René Escot, Jamet Proust, Denis Moreau ; — acquêt par Philippe Thoreau de La Martinière de terres dans la commune de Meigné ; — et d'une maison à Saumur.

E. 4037. (Carton.) — 12 pièces, papier.

[illegible]-XVIIIe siècle. — Thorode. — Partage de la succession de Jacques Thorode entre Jacques et Jean Thorode et Joseph de Lacroix ; — compte de la succession d'Élisabeth Thorode ; — acquêt par Louis Thorode de la closerie de La Rivière en la paroisse de Sorges ; — vente par Michel Thorode des closeries du Logis-Neuf et de L'Aireau ; — brouillons de lettres de madame Labry à son beau-frère Thorode, concernant la mauvaise conduite de son fils ; — notes généalogiques du feudiste Audouys ; etc.

E. 4038. (Carton.) — 5 pièces, parchemin ; 2 pièces, papier.

[illegible]-XVIIIe siècle. — Thory (de). — Présentation par René de Thory de la chapelle de Sainte-Marie-Madeleine en l'église de Trèves ; — de la chapelle de Saint-Sébastien en son manoir seigneurial de Cré ; — arrêt de la Sénéchaussée de Baugé qui reconnaît les droits de René de

Thory sur la terre de Fromentières en Baugé; — ratification par Anne Asse de la vente de ladite terre par René de Thory, son mari; — ordonnance de l'évêque d'Angers, Henri Arnaud, qui autorise les Visitandines de La Flèche à recevoir en religion Jacqueline de Thory; — notes généalogiques par le feudiste Audouys.

E. 4039. (Carton.) — 10 pièces, papier.

[illegible]-[illegible]. — THUAULT et THUAU. — Acquêts de terres : par Martine Aulbineau, femme de Jeanne Thuault, Jean et Aimery Thuault, ses enfants, dans la paroisse de Brain-sur-Allonnes; — par Toussaint Thuault dans la paroisse de Sorges; — testament d'Anne Thuau, veuve de François Froger; — inventaire et vente de ses meubles; — compte de sa succession.

E. 4040. (Carton.) — 4 pièces, parchemin; 33 pièces, papier.

[illegible]-[illegible]. — THULEAU. — Partage de la succession de J. Drouet, femme de Jean Belon, entre Jacques Thuleau et Macée Belon; — inventaire des meubles de la communauté de Maurice Ribault et de Marie Thuleau; — acquêt par Jean Thuleau de terres, de vignes et d'une maison en la paroisse de Saint-Maurille de Chalonnes; — contrat de mariage de Jean Thuleau et de Marie Bastard; — baux de terre dans la grande île de Chalonnes; — partage de la succession de René Dauneau entre Jean Bastard et Marie Thuleau; — de la succession de Jean Thuleau et d'Anne Cady, sa femme, entre leurs enfants.

E. 4041. (Carton.) — 1 pièce, parchemin.

[illegible]. — TIBERT. — Contrat de mariage de Pierre Tibert et de Catherine de Maligné, veuve de Jean Frétart.

E. 4042. (Carton.) — 4 pièces, papier.

[illegible]-[illegible]. — TICQUET. — Requêtes au Conseil du Roi contre Françoise Brisset, veuve de Jacques Aubert, par Nicolas Ticquet, marchand drapier de Paris, son créancier et par Marie-Jeanne et Hélène Ticquet, héritières de leur père; — compte entre ladite veuve, Philibert Falloux, mari de Jeanne Ticquet, et Jacques Baubé, mari d'Hélène Ticquet.

E. 4043. (Carton.) — 1 pièce, papier.

XVIIIe siècle. — TIERCELIN (de). — Note généalogique du feudiste Audouys sur la famille de Tiercelin, seigneur de La Roche-du-Maine.

E. 4044. (Carton.) — 1 pièce, parchemin; 2 pièces, papier.

[illegible]-XVIIIe siècle. — TIGEOUÈRE (de LA). — Don viager par François de La Tigeouère, sieur des Marchais, à Jean Bonneau, son domestique, à l'occasion de son mariage avec Marguerite de La Treille, d'une maison avec jardin dans le bourg de Faveraye; — présentation par le même de sa chapelle seigneuriale des Marchais; — notes généalogiques par le feudiste Audouys.

E. 4045. (Carton.) — 3 pièces, parchemin; 1 pièce, papier; 2 sceaux.

[illegible]-XVIIIe siècle. — TIGNÉ (de). — Contrat de mariage d'Amaury de Tigné et de Jeanne de Maillé; — présentation par Jacques de Tigné, sieur de Pressigny en Touraine, de la cure de Tigné; — et de la chapelle Saint-Jean en ladite paroisse; — procuration d'avoué par Anne d'Espinay à Jacques de Tigné, son mari, pour recevoir en son nom de son frère la somme de 4,000 livres à elle due par son contrat de mariage; — note du feudiste Audouys sur la famille et le château de Tigné.

E. 4046. (Carton.) — 12 pièces, parchemin; 10 pièces, papier; 4 sceaux.

[illegible]-XVIIIe siècle. — TILLON. — Acquêt par Olivier Tillon des biens de Jean Eschallé en la paroisse de Mûrs; — aveux rendus à la seigneurie de Mathefelon par le même du fief de Sacé; — présentation par Jean Tillon de sa chapelle seigneuriale de Contereulles en la paroisse du Vieil-Baugé; — partage par Urbain Tillon et Catherine de Hauteville, sa femme, de leurs biens entre Urbain, Antoine, Nicolas, Élisabeth et Marguerite Tillon, leurs enfants; — acquêt par Urbain Tillon, sieur de Sacé, de vignes en Baugé; — présentation par Claude Tillon, dame de Greillay, de la chapelle Sainte-Anne dans la paroisse de La Salle-de-Vihiers; — notes et extraits généalogiques par le feudiste Audouys; etc.

E. 4047. (Carton.) — 1 pièce, papier.

[illegible]. — TINGUY. — Inventaire, après décès, de la succession mobilière de Gabriel-Charles Tinguy, sieur du Pouet.

E. 4048. (Carton.) — 9 pièces, parchemin; 7 pièces, papier; 3 sceaux.

[illegible]-XVIIIe siècle. — TINTÉNIAC (de). — Fondation par Pierre de Tinténiac, sieur du Plessis-Melle, d'une chapellenie en l'église de Carhay; — présentation par Simon et Pierre de Tinténiac de leur chapelle seigneuriale du Perche; — vente par Pierre de Tinténiac de la métairie de L'Angevinière en Montguillon; — bail judiciaire des terres et seigneuries saisies sur Pierre de Tinténiac à la requête de ses créanciers; — « note de filiation « de quelques degrés du nom de Tinténiac »; — « notes « prises par M. Bigeaud, archiviste en Bretagne, dans les « actes et titres de la maison d'Andigné » sur la famille de Tinténiac.

E. 4029. (Carton.) — 2 pièces, papier.

[illegible]. — Toché. — Acquêt par Charles-Félix Toché, chirurgien, de maison et vignes à Meud ; — généalogie de la famille Toché.

E. 4030. (Carton.) — 1 pièce, papier.

[illegible]. — Tocqué. — Vente par Marie-Renée Chessé, veuve de Claude-Philippe Quatrebœuf-Roussouces à Jacques-Antoine Tocqué, receveur particulier des finances de l'Élection de Châtillon-sur-Sèvres, d'une maison et terres en la paroisse Notre-Dame-des-Herbiers.

E. 4031. (Carton.) — 3 pièces, parchemin ; 3 pièces, papier.

XVIII° siècle. — Torchard (de). — Contrat de mariage de Jean Torchard et de Jeanne Leroux ; — présentations : par Étienne de Torchard de sa chapelle seigneuriale de La Girauldière ; — par Hardie de Torchard, de la chapelle Saint-Jacques desservie en l'église de Cunauld ; — par François de Torchard, de sa chapelle seigneuriale du Châtelet ; — testament de Jeanne de Villeneuve, veuve de Jean de Torchard ; — notes et extraits généalogiques par le feudiste Audouys.

E. 4032. (Carton.) — 3 pièces, parchemin ; 2 pièces, papier.

[illegible]-1654. — Toublanc. — Partage de la succession de Renée Toublanc entre Lézin Bonneau et Anne Péron ; — constitution de 101 livres de rente par Charles de Harouys à Yves Toublanc, conseiller du Roi ; — bail à rente par Jean Toublanc, sieur de Pontibault, de terres en la vallée de Vauvert, paroisse d'Épiré, dépendant de sa chapelle des Caillots ; — constitution pour Madeleine Toublanc de 100 livres de rente sur Madeleine Brossard, dame de La Sorinière ; — par Charles Toublanc de 55 livres de rente sur Louis de Breslay.

E. 4033. (Carton.) — 2 pièces, parchemin ; 1 pièce, papier.

[illegible]-1700. — Touchaleaume. — Constitutions : par Louis Poullain de La Potherie d'une rente de 27 livres au profit de René Touchaleaume, secrétaire de l'Hôtel-de-Ville d'Angers ; — par Édouard Pissonnet de Bellefonds d'une rente de 100 livres au profit de Jacquine Touchaleaume, directrice de l'école de charité de la paroisse Saint-Maurille ; — procès-verbal d'apposition de scellés, après décès, sur le mobilier d'Étienne Touchaleaume, chanoine de Saint-Pierre d'Angers.

E. 4034. (Carton.) — 2 pièces, parchemin ; 2 pièces, papier.

[illegible]-XVIII° siècle. — Touchard. — Donation, en forme de partage noble, faite par Jean Touchard au profit de Baudouin Touchard, son frère, du Bas-Perrin et de Foulmissan dans la paroisse de Ballois ; — donation mutuelle entre Baudouin Touchard et Catherine de La Barre, sa femme ; — « état des dettes actives et passives de madame Touchard » ; — notes généalogiques par le feudiste Audouys.

E. 4035. (Carton.) — 1 pièce, papier.

[illegible]. — Toupelain. — Acquêt par Pierre Toupelain d'une maison derrière le couvent des Carmes d'Angers.

E. 4036. (Carton.) — 9 pièces, parchemin ; 2 pièces, papier.

[illegible]-[illegible]. — Tour-Landry (de La). — Présentation par Hardouin et René de La Tour-Landry de la chapelle de La Béaulière en l'église d'Ampoigné ; — par François de La Tour-Landry de sa chapelle seigneuriale de Gilbourg ; — par Diane de Rohan, sa femme, de la chapelle de Saint-Pierre *alias* de Montaugibert, en l'église Notre-Dame d'Alençon ; — vente par François de La Tour-Landry des domaines de L'Espine et de La Durantière dans les paroisses de Montreuil-Belfroy et de Juigné ; — extrait du contrat de mariage de Jean de La Tour-Landry et de Louise de Châteaubriand ; etc.

E. 4037. (Carton.) — 1 pièce, parchemin.

1580. — Tournemine (de). — Présentation par Anne de Montjean, veuve de Georges de Tournemine, de la chapelle Saint-Julien de son manoir de La Bérardière.

E. 4038. (Carton.) — 1 pièce, papier.

[illegible]. — Touschais. — Licitation entre Martin Viot, François Dureau, Pierre Lavigne et autres héritiers de Françoise Touschais des biens dépendant de sa succession.

E. 4039. (Carton.) — 3 pièces, papier.

[illegible]-[illegible]. — Toutain. — Acquêt par Arthemise Mercier, veuve de Laurent Toutain, de la closerie des Champs en Saint-Augustin, près Angers ; — vente par ladite dame de ladite closerie à Marie Toutain, sa fille ; — thèse de philosophie soutenue par Simon Toutain et Urbain Bernier, clercs d'Angers.

E. 4040. (Carton.) — 4 pièces, papier.

[illegible]-[illegible]. — Touzé. — Contrat de mariage de Louis Touzé, sieur de Champrond, et de Jeanne Cordon ; — requête au Sénéchal de Baugé par Louis Touzé, afin d'obtenir prisée de la maison habitée par sa mère ; — traité passé entre Touzé Du Bocage, feudiste, et M. de Meaulne, pour le classement des archives de la baronnie de Clayé et la tenue de ses assises ; — lettre d'Ambroise Pasquier, prieur de La Chartreuse de Nantes, pour s'excuser de n'avoir pu comparaître aux assises indiquées, par suite de la mort de D. Charpentier.

E. 4041. (Carton.) — 2 pièces, papier.

[illegible]-[illegible]. — Tremblier. — Extrait du testament de Marie Trambliér, concernant le legs fait par elle d'une somme de 3,000 livres à François Malville; — acquêt par René Trambliér d'une vieille maison à Brigné.

E. 4061. (Carton.) — 1 pièce, parchemin.

1603. — TRANCHANT. — Partage entre Christophe Tranchant, André Dumesnil, Jean de Longlée, Jean Letellier, et Pierre Hry, dit Cordier, des successions de Jean Tranchant et de Thomasse, sa femme.

E. 4062. (Carton.) — 3 pièces, parchemin; 5 pièces, papier.

1595-1700. — TRÉBUCHET. — Partage entre Jean et Thomas Tréburhet de la closerie de La Richardière; — acquêts: par Thomas Trébuchet d'une rente de 24 livres sur Simon de Goubis, drapier; — par Jean Trébuchet d'une rente de deux boisseaux de seigle sur Jean Trébuchet, son frère aîné; — contrat de mariage de Robert Trébuchet et de Julienne Pollpré; — marché d'apprentissage pour Abel Trébuchet du *métier de ferronnerie*; — *testament de Jacques* Trébuchet, clerc, qui lègue à l'église et aux pauvres de Martigné-Briant tous ses meubles.

E. 4064. (Carton.) — 1 pièce, papier.

1762. — TRÉGIS. — Sommations respectueuses faites par Renée Trégis à Pierre Trégis, son père, opposant à son mariage avec *Louise* Tesnier.

E. 4065. (Carton.) — 1 pièce, papier.

1593. — TRÉGUIL. — Partage entre Nicolas Tréguil, Laurent Lesourt, Jean Carré, Renée, Jean et Gabriel Tréguil des successions d'Hugues Tréguil et de Jeanne Raciquet.

E. 4066. (Carton.) — 1 pièce, papier.

1629. — TREMBLER. — Acquêt par Pierre Trembler de partie d'une maison à Trélazé.

E. 4067. (Carton.) — 1 pièce, papier.

1667. — TRÉMIGON (de). — Vente par Anne de Trémigon, *dame du Rouvray*, des immeubles à elle échus des successions de Bertrand de Trémigon, son aïeul, et de René de Trémigon, son père.

E. 4068. (Carton.) — 7 pièces, parchemin; 8 pièces, papier; 1 sceau.

1422-1660. — TRÉMOILLE (*de* LA). — *Don par le roi* Charles à son grand chambellan, Georges, sire de La Trémoille, de Sully et de Craon, d'un tribut et péage à établir en son château de Rochefort-sur-Loire sur chaque pipe de vin descendant et sur chaque muids de sel montant par terre ou par Loire; — procuration donnée par Jean de La Trémoille, évêque de Poitiers, à Louis Leroux pour rendre hommage en son nom à l'évêque d'Angers de partie du fief de La Basse-Guerche; — présentation par Gabrielle de Bourbon, dame de La Trémoille, de la chapelle Saint-Victor *de Briolay*; — *contrat de mariage de Philippe de Lévis*, sieur de Mirepoix, maréchal de La Foix avec Louise de La Trémoille; — vente par Louis de La Trémoille du domaine de La Touche-à-l'Abbesse dans la paroisse de Saint-Clément de Craon; — ordonnance du même qui réduit à cinq le nombre des notaires de sa baronnie de Rochefort; — procès-verbal de montrée de l'Ile de La Pelletrée, près Béhuard, dépendant de la baronnie de Rochefort; — procuration de Louis de La Trémoille à Maurice Bautru pour vendre en son nom l'hôtel Bellepogne d'Angers; — lettres du même qui confèrent un état de boucher à Rochefort.

E. 4069. (Carton.) — 6 pièces, papier.

1666-1760. — TRETON. — « Mémoire pour M. Treton « d'Angers », concernant ses droits dans la succession de madame Du Bois-Béranger; — ordonnance de l'intendant de Tours, rendue sur requête de *Jean* Treton, sieur de Boumois, qui le décharge du droit de francs-fiefs; — ventes par Ambroise-Joseph Treton: d'une maison à Saumur; — de terres en la paroisse des Ulmes.

E. 4070. (Carton.) — 1 pièce, papier.

1641. — TRIGORY. — Testament de François Trigory, prêtre, chapelain de Frémureau, qui donne à maître Gabriel Percault, prêtre, « toutes et chacunes ses nothes, « *minutes, protocolles et registres des passemens* » qu'il peut avoir faits et passés en son vivant « pour en délivrer « et expédier à qui il appartiendra les grosses et coppies, « sans aucune chose y adjouster ny diminuer, fors le stille « accoustumé. »

E. 4071. (Carton.) — 1 pièce, parchemin; 8 pièces, papier.

1594-XVIIIe siècle. — TRIPIER. — Bail judiciaire de La Basse-Guerche, à la requête de Bertrande de Poiriers, veuve de Christophe Tripier, et de François Bienvenu, mari d'Anne Tripier; — acquêt par François Tripier de la métairie de La Bretonneraye en la paroisse de La Pouëze; — contrat de mariage de Pierre Tripier, poëlier, et de Jeanne Préau; — notes et extraits généalogiques par le feudiste Audouys.

E. 4072. (Carton.) — 17 pièces, parchemin; 84 pièces, papier.

1632-1784. — TROCHON. — Acquêt par Jean Trochon, sieur de La Guichardière, d'une partie du domaine de La Roe en la paroisse de Marigné-sous-Daon; — contrat de mariage de François Trochon et de Renée Pelet; — partage entre René Gouin, Françoise Trochon, Julien Meslier, Thomas Rallier et autres cohéritiers de la succession de Pierre Trochon, élu en l'Élection d'Angers, et de Renée

Croyer; — acquêt par René Trochon, greffier du greffe des appellations d'Angers, de la terre du Petit-Nantilly dans la paroisse de Brain-sur-L'Authion; — par Mathurine Avril, veuve de Pierre Trochon, sieur de La Martinière, d'un hôtel rue de La Croix-Blanche; — vente, après décès, des meubles de René Trochon, sieur de Boisnard; — partages : de la succession de René Trochon et de Renée Jarry, son épouse; — de la succession de Michel Trochon, sieur des Gaudrées; — contrat de mariage entre René Trochon, sieur de La Davière, et Geneviève Petit; — testament d'Anne Trochon; — inventaires, après décès, des successions : de Pierre Trochon, sieur des Gaudrées; — d'Antoine Trochon, chanoine de Saint-Maurice d'Angers; etc.

E. 4073. (Carton.) — 2 pièces, papier.

1624-1689. — TROTEREAU. — Contrat de mariage de Jean Trotereau et de Françoise de Chanay; — vente par lesdits époux de la métairie de La Bournaye en Chalain.

E. 4074. (Carton.) — 1 pièce, papier.

1570. — TROTET. — Acquêt par Pierre Trotet d'une mais'n avec jardin à Saumur.

E. 4075. (Carton.) — 1 pièce, parchemin; 4 pièces, papier.

1500-1582. — TROTIER. — Acquêt par Olivier Trotier, vicaire de Bierné, de la métairie de La Grande-Salouzière en la paroisse Saint-Aignan; — partage entre François Trotier, Jacques Chalain, Anne et Marin Trotier des successions de Mathurin Baranger et de Françoise Baranger, veuve de François Trotier; — acquêt par Pierre Trotier d'une rente hypothécaire de 70 livres sur Marie-François Lebel de La Jaillère; — dispenses ecclésiastiques pour le mariage d'Étienne Trotier et de Jeanne Lacoudre; — acquêt par Étienne Trotier de terres à Rochefort-sur-Loire.

E. 4076. (Carton.) — 37 pièces, papier; 3 pièces, parchemin; 2 cachets.

1625-1787. — TROUILLET. — Acquêts : par Adrien Trouillet d'un logis dans la rue de La Croix-Blanche; — par François Trouillet de la seigneurie de La Crossonnière; — mémoires : pour François Crespy de La Mabilière et J. J. Lasnier de Sainte-Gemme contre René Trouillet et Marin Grimaudet, au sujet de la succession de René Trouillet, prêtre; — pour les sieurs Lemarié, héritiers de la dame Bacquet, et par elle, de Mlle Trouillet, contre Trouillet de L'Échasserie; — partage de la succession de Jean-Jacques Trouillet, oratorien, doyen de Saint-Thugal de Laval; — information des vie, mœurs, âge et religion catholique de René-Nicolas Trouillet, pourvu d'un office de conseiller au Présidial d'Angers; — certificat de bons services délivré par le comte d'Avejan, capitaine lieutenant des mousquetaires à cheval, au sieur Trouillet de L'Échasserie, mousquetaire dans sa compagnie; — brevet pour Jean-Louis-Auguste-Nicolas Trouillet de l'office de conseiller non originaire au Parlement de Bretagne (avec signature autographe de Louis XV); — lettres de M. de La Foucherie au sujet de l'aveu du domaine de Presviat à La Berthière; — aveu rendu par Marie-Auguste Trouillet au comté de Maulévrier pour sa châtellenie de Pellouailles.

E. 4077. (Carton.) — 1 pièce, papier.

1682. — TROUILLAY. — Acquêt par Symphorien Trouillay de terres dans la paroisse de Foudon.

E. 4078. (Carton.) — 1 pièce, papier.

1694. — TROUPPEAU. — Acquêt par Jean Trouppeau de la closerie de La Roche en Saint-Martin-de-Linet.

E. 4079. (Carton.) — 1 pièce, parchemin; 4 pièces, papier.

1594-1609. — TROUVÉ. — Arrêt du sénéchal de Martigné-Briant portant interdiction de Guillemine Trouvé; — partage des successions : de René Trouvé et de Martine Foucher; — de Louis et Jacques Mathignon, entre Sébastien Trouvé, Charles et Jacques Mathignon; — acquêt par Jeanne Doussin, veuve de Sébastien Trouvé, de terres en Saint-Georges-Châtelaison; — testament de Denise Renauld, femme de Marin Trouvé.

E. 4080. (Carton.) — 5 pièces, parchemin; 66 pièces, papier.

1614-1769. — TROVIT. — Acquêt par Urbain Trovit, sieur de La Gasnerie, de terres en la paroisse de Loueille; — par Alexandre Trovit, du pré du Ruisseau en la paroisse de Parcé; — abandon par le même à ses enfants de tous ses biens à charge d'une rente viagère de 2000 livres; — partage de sa succession; — contrat de mariage d'Alexandre Trovit, avocat au Parlement, et de Michelle Sorin; — acquêt par Urbain Trovit de la closerie de La Vieillère dans le bourg de Loueille; — lettres de rescision pour Michelle Sorin, veuve d'Alexandre Trovit, qui la remettent en possession des biens dont elle avait fait abandon à ses enfants; — lettres de M. Dandenac, de Saumur, et Chauvelin, concernant l'envoi et la vente de grains; etc.

E. 4081. (Carton.) — 1 pièce, parchemin.

1661. — TRUDAINE. — Acquêt par Charles Trudaine, maître ordinaire de la Chambre des comptes de Paris, d'une rente de 500 livres sur Claude de Boylesve.

E. 4082. (Carton.) — 1 pièce, parchemin; 30 pièces, papier.

[illegible]-XVIIIe siècle. — TULLAYE (DE LA). — Contrat de mariage de Pierre Tallour, sieur du Perray, et de Louise de La Tullaye; — bail par Louis-Salomon de La Tullaye de la closerie de La Lande en Jallais; — vente par le même de la terre des Grandes et des Petites Chapelais; — dispenses pour les mariages : d'Alexandre Letexier de Saint-Germain avec Marie-Anne de La Tullaye; — et de Pierre-Gabriel Voisin de Baillé avec Pulchérie de La Tullaye; — présentation par Salomon de La Tullaye de sa chapelle seigneuriale du manoir de Clerzay; — lettres du sieur Hérault, de Nantes, rendant compte de la gestion des biens de Bretagne; — prise à rente par ledit Hérault de la seigneurie de La Verrière-Boissière; — note des meubles laissés par M. de La Tullaye en son château du Tertre; — notes et extraits généalogiques par le feudiste Audouys; etc.

E. 4083. (Carton.) — 1 pièce, papier.

1680. — TURGIS. — Testament d'Urbain Turgis, sieur de La Morandière, notaire, qui donne à l'église de Fléo sa maison de Beausoleil, pour la fondation d'une messe chaque mois à perpétuité.

E. 4084. (Carton.) — 40 pièces, parchemin; 23 pièces, papier; 10 sceaux.

1370-XVIIIe siècle. — TURPIN. — Testament de Jamette de Monternault, femme de Guyon Turpin; — saisie sur Guillaume Turpin de la terre de Trognes à la requête du commandeur de L'Ile-Bouchart; — fondation par Anne de La Grézille, femme d'Antoine Turpin, sieur de Crissé, du chapitre de La Grézille; — présentations : par Jacques Turpin, baron de Vihiers, seigneur de Crissé, de la chapelle Saint-Georges en l'église Notre-Dame de Montrevault; — par Antoine Turpin, sieur de Monteugibert, de la chapelle Saint-Georges de Rochemenier; — par Louise de Blanchefort, veuve de Jacques Turpin, d'un canonicat de la Grézille; — notes et extraits généalogiques par le feudiste Audouys sur la famille Turpin, comte de Crissé, de Sanzay, de Vihiers, de Montrevault et de Marigné-sous-Daon; etc.

E. 4085. (Carton.) — 1 pièce, parchemin.

1625. — TURQUANT. — Partage entre Jacquine et Marguerite Leblanc et Christophe Lenfant de la succession de Françoise Turquant.

E. 4086. (Carton.) — 1 pièce, papier.

XVIIIe siècle. — URSOY. — Notes du feudiste Audouys sur la famille Ursoy, seigneur de La Tousche, de La Bretandière, de La Rougellière, de Pruillé.

E. 4087. (Carton.) — 4 pièces, papier.

1677-1760. — VAILLANT. — Transaction entre Sébastien Vaillant, curé de Saint-Macaire, et Marie Du Verger, dame de La Gemisière, au sujet de la succession de Blaise Vaillant; — nomination de Maurice Vaillant à la curatelle des enfants mineurs d'Étienne Vaillant et de Marie Boucher; — acquêt par Guillaume Vaillant d'une maison sur les grands ponts d'Angers; — inventaire, après décès, des meubles de Marie Boucher, veuve Vaillant.

E. 4088. (Carton.) — 2 pièces, parchemin; 4 pièces, papier.

1420-XVIIIe siècle. — VAISOUSIÈRE (de LA). — Procédure entre Jean de Montrelais et René de La Vaisousière au sujet de la chaussée d'un étang près la métairie des Cloitres; — constitution par Paul de La Vaisousière d'une rente de 25 livres à la veuve Hiérôme Cossé; — notes généalogiques par le feudiste Audouys.

E. 4089. (Carton.) — 1 pièce, papier.

1626. — VALADE (de LA). — Cession par Dieudonnée de Vyon, veuve de Guillaume de Collas, à Guillaume de La Valade de tout son droit en la succession de Marie de Vyon, veuve d'Urbain de La Valade.

E. 4090. (Carton.) — 2 pièces, parchemin; 3 pièces, papier.

1681-XVIIIe siècle. — VALLEAU. — Acquêts, par Louis Valleau : de la métairie de La Choustellerie en Trémentines; — de prés en Chantelou; — contrat de mariage de Guillaume Valleau et de Françoise Lemée; — partage de la succession de ladite Françoise Lemée entre Jeanne Blouin, veuve de François Collas, François Blouin, abbé de Saint-Vincent de Bourg-sur-Mer, René Blouin, sieur du Pin, et autres cohéritiers; — note du feudiste Audouys.

E. 4091. (Carton.) — 6 pièces, parchemin; 2 pièces, papier.

1444-1561. — VALLÉE (de). — Contrat de mariage de Jean de Vallée et de Jeanne Sarrasin; — partage par Jean de Vallée, sieur du Puy-de-Gennes et de Chandoiseau, de ses biens et de ceux d'Isabeau de Brézé, sa défunte femme, entre leurs enfants; — acquêt par Marguerite de Vallée de la seigneurie de Sarré; — présentation par ladite dame de la chapelle de Saint-Jean desservie dans l'église Saint-Vétérin de Gennes, et de la chapelle des Trois-Maries dans l'église des Rosiers; — testament de ladite dame, qui choisit sa sépulture en la chapelle Sainte-Catherine de Gennes; — aveu par René de Vallée de son hôtel de La Greslepesière à la baronnie de Doué.

E. 4092. (Carton.) — 1 pièce, parchemin; 10 pièces, papier.

1550-1789. — VALLÉE. — Acquêt par Marie, veuve de Mathurin Vallée, d'une rente de 100 sous sur le jeu de paume des Aisses à Angers; — par Mathurin Vallée de terres en la paroisse de Saint-Mathurin; — partage de la succession de Gervaise Vallée; — inventaire, après décès, des meubles et papiers de Pierre Vallée et de Jacquette

Blandin; — requête de Jeanne Doussard, femme de Jacques Vallée, portant demande de séparation de corps et de biens de Jeanne Vallée, sa fille, et d'Antoine Guernier; — compte de recette et dépense de la succession du docteur-médecin Vallée; — testament de Marguerite Vallée, femme de Jean Maugin.

E. 4093. (Carton.) — 4 pièces, parchemin ; 10 pièces, papier

1616-1782. — Vallet. — Acquêts : par Guillaume Vallet de vignes en Jarzé ; — par Georges Vallet, de terres en Grézillé; — par Jean Vallet, du clos Balaine en Beaufort; — sentence d'ordre entre créanciers pour la répartition des deniers provenant de la vente des seigneuries de La Reillière et d'Avrillé, poursuivie par Jean Vallet; — dispenses ecclésiastiques pour le mariage de Mathurin Vallet avec Jacquine Giroust; — partage de la succession de Guillaume Vallet, avocat; — acquêt par Mathieu Vallet de terres en Villebernier.

E. 4094. (Carton.) — 3 pièces, papier.

1650-1691. — Vallette. — Sentence de la Sénéchaussée de Saumur concernant des tenures et maisons possédées par Jean Vallette, sieur de La Varanne, à Saumoussay et à Saumur dans le fief du roy; — acquêt par le même : de partie des prés de Molay; — de deux rentes de 25 livres sur les veuves de René Vallois et de René Guyon; — par Gilles Vallette, sieur de La Ménage, de vignes en la paroisse de Nantilly.

E. 4095. (Carton.) — 3 pièces, parchemin ; 10 pièces, papier.

1608-1680. — Vallier. — Afferme ment par Jean Vallier de sa métairie des Coiffiniers; — acquêt par le même de terres en Saint-Lambert-des-Levées; — comptes de la succession de Vallier, sieur de La Barre, entre J. Vallier, sieur de Saint-Jean, et Anne Vallier, femme de Bourneau de Bron; — quittance d'une pipe de blanc due annuellement par Jean Vallier aux Cordeliers de Saumur; — déclaration par Jean Vallier de ses fiefs et tenures relevant de la seigneurie de Briacé; — vente par Hector Vallier, avocat, d'un petit logis, à Saumur; — partage de la succession de Judith Vallier entre François Ciret, Hilaire Coustis, François Vallier et autres cohéritiers.

E. 4096. (Carton.) — 6 pièces, papier.

1582-1787. — Vallin. — Procuration consentie par René Vallin, docteur ès-droit, pénitencier et official d'Angers, à Jean Harangot et René Quentin; — thèse de philosophie de J. B. Vallin, de Saumur; — déclaration rendue par René Vallin, laboureur, de ses tenures dans le fief de La Turpinière; — partage de la succession de Jeanne Vallin, veuve de Toussaint Maugars, entre Anne Maugars, veuve Renou, Toussaint Maugars, Jacques Poissonneau et Antoine Ronet; — acquêt par Charles Vallin de terres à Antoigné; — inventaire, après décès, des meubles de Charles Vallin, menuisier.

E. 4097. (Carton.) — 1 pièce, papier.

XVIIIe siècle. — Vallinière (de La). — Note généalogique du feudiste Audouys sur la famille de La Vallinière, seigneur du Gué d'Angrie et de La Robinaye.

E. 4098. (Carton.) — 2 pièces, papier.

1662-1679. — Vallois. — Transaction entre René Vallois et Pierre Lévesque au sujet des servitudes de leurs maisons sur le pont de Saumur; — aveu rendu par René Vallois, sieur de Verdigné, au fief de Saint-Marc-La-Pile pour sa terre de Munet.

E. 4099. (Carton.) — 63 pièces, parchemin ; 85 pièces, papier.

1409-XVIIIe siècle. — Valory (de). — Offre de foi et hommage par Antoine de Valory à la seigneurie de La Grézille pour sa terre de La Galopinière en Ambillou; — acquêt par Guy de Valory de terres et maison en la paroisse de Sougé-Le-Bruant; — partage de la succession de Madeleine de La Pommeraye entre Guy de Valory, son fils, François de La Picquetaye et Renée de La Sigourdaye; — présentation par François de Valory de sa chapelle Saint-Cosme d'Ambillou; — testament de Marie de Valory, veuve de François Desnoës; — rentes dues au marquis de Valory, pour ses terres de Lecé, La Barre et Lugré dans les paroisses de Varennes-sous-Montsoreau et de Brain-sur-Allonnes : par le prieur de Saint-Philbert-La-Pelouze; — par le chapelain du Saint-Sacrement; — par le chapelain de Saint-Armel en Saint-Pierre de Rest; — par le chapelain de Montoron en Varennes-sous-Montsoreau; — par le prieuré des Loges; — par le curé de Brain-sur-Allonnes; — par le prieuré de Verneil-Le-Fourier; — par le prieuré de Courléon; — par le chapelain de Saint-Jacques en Varennes-sous-Montsoreau; — notes généalogiques par le feudiste Audouys; etc.

E. 4100. (Carton.) — 1 pièce, parchemin ; 1 pièce, papier.

1625-1680. — Valtère. — Acquêt par Catherine Valtère, veuve Breteau, d'une rente de 89 livres sur Jean et Pierre de Hiret; — don par Cécile Mesnard, veuve Valtère, à Pierre-François Valtère, son fils, clerc tonsuré, pour son titre sacerdotal, d'une maison à Angers, rue Montauban.

E. 4101. (Carton.) — 1 pièce, papier.

1672. — Vandelant. — Testament de Catherine Vandelant, qui fonde un anniversaire en l'église Saint-Pierre d'Angers.

E. 4102. (Carton.) — 2 pièces, parchemin ; 1 pièce, papier.

[illegible]-XVIIIe siècle. — VANGEAU. — Contrat de mariage de Jean de Vangeau et d'Étiennette de Jonchères ; — présentation par Jean d'Andigné et Béatrix de Vangeau de la chapelle Saint-Blaise de leur manoir de Vangeau ; — note généalogique du feudiste Audouys.

E. 4103. (Carton.) — 2 pièces, papier ; 1 pièce, parchemin.

[illegible]. — VARANNE. — Acquêt par François Varanne de vignes à Chétigné, près Saumur ; — bulle et enquête de dispenses pour le mariage de Pierre Varanne avec Jacquine Chaslot.

E. 4104. (Carton.) — 2 pièces, parchemin ; 1 pièce, papier.

[illegible]. — VARENNES. — Acquêt par Jean Varennes, chirurgien, de vignes à Soucelles dans les clos des Perruches et des Marzelles ; — acte de décès de Simon Varennes, curé de Grez-Neuville.

E. 4105. (Carton.) — 1 pièce, papier.

XVIIIe siècle. — VARENNES (de). — Note du feudiste Audouys sur la famille de Varennes, seigneur de Varennes, en la paroisse de Feneu.

E. 4106. (Carton.) — 8 pièces, parchemin ; 39 pièces, papier.

[illegible]. — VARICE (de). — Acte de baptême de Pierre Varice, fils de Jacques Varice, sieur du Chastelier ; — acquêt par Françoise Dupont, veuve de Philippe Varice, sieur de Vallière, d'une rente de 66 livres sur Louis de Breslay et Christophe Fouquet ; — inventaire des titres produits à l'appui de leur noblesse par Louis Varice, sieur d'Aubigné, Jacques Varice, sieur du Chastelier, et Gaspard Varice, sieur de Vauléart ; — acquêt par Catherine Belot, veuve de Gaspard Varice, sieur de Juigné-Béné, de partie de la terre du Pineau ; — testament de ladite dame ; — dispenses pour les mariages : d'Alexis Varice avec Élisabeth Duchesne ; — de Pierre de Varice de Marcilly avec Jacquine-Renée Marguerite[illegible] ; — contrat de mariage d'Alexis-Pierre de Varice et d'Anne Gauvin ; — présentation par madame de Varice de la chapelle de Villedavy en l'église de Montreuil-sur-Maine ; — passeport pour René de Varice, lieutenant au régiment de Rouergue (avec signature autographe du maréchal de Broglie) ; — contrat de mariage de Louis de Varice et de Marie Esnault ; — mémoires pour Alexis-René de Varice, officier de cavalerie légère réformé, « absent du royaume » et condamné à mort pour meurtre de Beauvais fils, officier de dragons, avec consultation tendant à prouver qu'il peut être admis à profiter du privilége de Saint-Romain de Rouen ; — brevet délivré par le chapitre métropolitain de Rouen, pour attester qu'Alexis-René de Varice, sieur des Epois, Gercey, La Vieille-Lande, « a « publiquement et selon les formalités ordinaires levé la « châsse de saint Romain, au moyen de quoi il est rendu « maître de sa personne, son crime lui est remis, et ne « peut ledit sieur de Varice en être inquiété ni recherché « dans la suite par qui que ce soit » ; — requête dudit sieur contre l'ordre ministériel qui l'exile à plus de quarante lieues de Paris et de Thouars ; etc.

E. 4107. (Carton.) — 2 pièces, papier.

[illegible]. — VARLET. — Partage de la succession de Françoise Varlet entre Julien Gault, Antoine et Renée Varlet ; — testament de Françoise Varlet, portant fondation de divers services dans les églises de Montjean et de Saint-Denis d'Anjou.

E. 4108. (Carton.) — 2 pièces, papier.

1740. — VARNEAU. — Dispenses ecclésiastiques pour les mariages : de Jean Varneau avec Marie Chuche ; — de Paul Varneau et de Jeanne Proust.

E. 4109. (Carton.) — 1 pièce, parchemin ; 1 pièce, papier.

[illegible]. — VASSÉ (de). — Acquêt par Guillaume de Vassé de la terre et seigneurie d'Anneville ; — mémoire des travaux de serrurerie faits pour la marquise de Vassé.

E. 4110. (Carton.) — 2 pièces, papier.

[illegible]. — VAUCELLES (de). — Contrat de mariage de François de Vaucelles et de Jeanne de Chevenier ; — mémoire au sujet de leur succession pour Charlotte Faiye, veuve Davy de Vaux, contre Alexandre de Vaucelles, sieur de Cordouan.

E. 4111. (Carton.) — 1 pièce, papier.

1762. — VAUCENÉ (de). — Accord entre Claude Phelippes, sieur des Aires, Madeleine Audouin, veuve de Philippe Bernard de La Barre, Charles-François Charbonnier de La Guesnerie et Auguste Collas de L'Éperonnière, pour le règlement de la succession de François de Vaucené, sieur de La Mesnardière, ancien capitaine au régiment de Goudrin-infanterie.

E. 4112. (Carton.) — 9 pièces, parchemin ; 23 pièces, papier.

[illegible]-XVIIIe siècle. — VAUGIRAULT (de). — Don par Jean de Vaugirault de la terre de La Haye à son fils Gilles de Vaugirault, étudiant en la faculté de théologie de Paris ; — acquêt par René de Vaugirault de la terre de La Cheminée en la paroisse de la Chapelle-Rousselin ; — contrat de mariage de Jean de Vaugirault, sieur de La Boizardière, et de Suzanne Méthivaux ; — constitution d'une rente viagère de 120 livres par Jacques de Vaugirault au profit de Marie de La Roche, sa belle-sœur, pour sa réception en l'abbaye du Ronceray d'Angers; — don par Marie de Vaugirault à Charlotte de Vaugirault, sa sœur, de la terre des Brillières; — testament de Marie de Vaugirault, qui fonde un anniversaire en l'église de Sainte-Christine; — acte de baptême de Jean de Vaugirault; — acte de décès de Renée Du Bouchet, sa mère; — notes et extraits généalogiques par le feudiste Audouys; etc.

E. 4113. (Carton.) — 1 pièce, papier.

XVIIIe siècle. — VAUGUILLAUME (de La). — Note généalogique par le feudiste Audouys sur la famille de La Vauguillaume en Louvaines.

E. 4114. (Carton.) — 9 pièces, parchemin; 6 pièces, papier.

[illegible]. — VAULDREY (de). — Transaction entre Georges de Vauldrey, sieur de Saint-Phal, et Jacques de Beauvau, sieur de Tigné, au sujet de la rescousse de la terre de Tigné; — présentations : par Jeanne Du Plessis, femme de Georges de Vauldrey, de la chapelle dite de La Batrie en l'église Saint-Martin de La Pommeraye; — par Melchior de Vauldrey de la chapelle Sainte-Catherine en son manoir de La Ménantière, et de la chapelle Sainte-Marguerite en l'église de Saint-Pierre-Maulimart; — testament de Charles de Vauldrey; — enquête sur l'authenticité dudit testament; — partage des successions de Charles de Vauldrey, sieur de Saint-Phal, et de Jeanne Du Plessis, sa sœur, entre Georges de Vauldrey et le comte de Cossé-Brissac; — transaction entre lesdits héritiers; — vente par Georges-Anne-Louis de Vauldrey des seigneuries de Bouzillé, La Bourgonnière et La Pierre-Baudron.

E. 4115. (Carton.) — 1 pièce, parchemin; 1 pièce, papier.

1501-1580. — VAULX (de). — Présentation par Pierre de Vaulx de la chapelle de La Madeleine en l'église de Saint-Aubin de Trèves; — sentence du juge d'Anjou qui institue Jean Bouchard curateur à la succession vacante de Pierre de Vaulx.

E. 4116. (Carton.) — 1 pièce, papier.

1648. — VAUMORIN. — Partage entre Madeleine Hayer, veuve Poitevin, Amand Riveron et Claudine Vaumorin de la succession de Françoise Hayer, veuve de Gabriel Vaumorin.

E. 4117. (Carton.) — 1 pièce, papier.

1647. — VAVASSEUR. — Inventaire des meubles de la communauté de Pierre Vavasseur et de Catherine Dubois.

E. 4118. (Carton.) — 2 pièces, papier.

1700. — VÉDY. — Testament de Marie de Flandres, veuve de Pierre Védy; — vente de son mobilier.

E. 4119. (Carton.) — 1 pièce, parchemin; 6 pièces, papier.

[illegible]. — VEILLON. — Acte de décès de René Veillon, sieur de La Renfolaye; — aveu rendu à La Touche-Bureau par Jean Veillon pour son fief de La Garoullaye; — transaction entre Françoise Renault, veuve de René Veillon, sieur de La Basse-Rivière, et Jeanne Veillon, veuve de Philippe Leclerc, concernant le douaire de la dame de La Basse-Rivière; — notes et extraits généalogiques par le feudiste Audouys.

E. 4120. (Carton.) — 1 pièce, parchemin.

[illegible]. — VENDEL (de). — Foi et hommage rendu à la baronnie de Vitré, par Guyon de Vendel et Guyon de Cadelac, mari de Guyonne de Vendel, pour leur domaine de La Bonnelaye dans la paroisse de Saint-Aubin-des-Landes.

E. 4121. (Carton.) — 3 pièces, parchemin; 17 pièces, papier.

[illegible]-XVIIIe siècle. — VER (de). — Présentation par Hervé de Ver, sieur du Lavouer, de la cure de Chaudefonds; — offre de foi et hommage à la seigneurie d'Armaillé par Madeleine Lecoq, veuve de Marc de Ver, pour la terre de Lanjouère; — vente par ladite dame de la métairie des Champs-Marais, près Angers; — présentation par François de Ver de la chapelle seigneuriale des Marchais-Renault en Faveraye; — retrait lignager par Charles de Ver de la closerie du Petit-Rouzay; — vente de ladite closerie à Jean Pasquerayé, avocat; — testament de Madeleine de Ver; — contrat de mariage d'Étienne Lepelletier et d'Andrée de Ver; — procédures entre Jean-Baptiste de Ver et René d'Andigné de Ribou au sujet de la propriété de la terre de Poligné.

E. 4122. (Carton.) — 18 pièces, parchemin; 78 pièces, papier; 1 cachet.

[illegible]-XVIIIe siècle. — VERDIER ou DU VERDIER. — Partage entre Jean Verdier et Guillaume Brezeon, mari de Marie Verdier, de la succession de Micheau Verdier; — acquêts par Jean Verdier : de la seigneurie de La Perrière; — de la closerie de La Chouinière en Saint-Augustin, près Angers; — contrat de mariage de Claude-Philippe Verdier et de Marie Legascoin, veuve de François de Carré; — inventaire et prisée des meubles de Gabriel Verdier, interdit, demeurant au château de La Garonnière; — testament de Marie Daudier, veuve de Jean Verdier, conseiller au Présidial d'Angers; — présentations : par Charles-François Du Verdier de la chapelle seigneuriale de son manoir de La Sorinière; — par Jean-Louis Du Verdier de Genouillac de sa chapelle seigneuriale du château de La Grue; — sentence d'interdiction d'Aimeric Croanier, rendue sur requête de Nicolas Verdier de La Militière, son parent; — accord entre Augustin Verdier, sieur de La

Perrière, François et Madeleine Verdier, au sujet du partage de la succession de Marie-Anne Joulo, leur tante; — provisions et dispenses d'âge pour René-François Verdier de l'office de conseiller au Présidial d'Angers; — provisions du même office pour Marie-René-François Verdier de La Millière (avec signature autographe de Louis-Stanislas-Xavier, duc d'Anjou); — « mémoire pour prouver que « Messieurs Verdier viennent à la succession de messire « Marie-Urbain Du Plessis, marquis de Jarzé »; — notes généalogiques par le feudiste Audouys; etc.

E. 4123. (Carton.) — 2 pièces, papier; 1 pièce, parchemin.

[illegible]. — VERDON. — Vente par Pierre Verdon, sieur de La Cantinière, de terres en Saint-Jean-des-Mauvrets; — constitution par Jean de Moulins et René de Bonchamps d'une rente de 450 livres au profit de Marguerite Leroy, veuve de Pierre Verdon, sieur de Moquart; — reconnaissance d'une rente de 300 livres due à ladite dame par Marie Binel, veuve de Pierre Verdon, sieur de La Cantinière, et Pierre Verdon, sieur de Piedlouet.

E. 4124. (Carton.) — 1 pièce, papier.

[illegible]. — VERDUN (de). — Partage des successions de Bertrand et de Julienne de Verdun, entre Pierre de Racquet et Pierre Lescrivain.

E. 4125. (Carton.) — 2 pièces, papier.

[illegible]. — VERGE. — Acquêt par Gilbert Verge, avocat, de la terre de Beuzon, près Angers; — quittance d'une somme de 200 livres reçue du marquis de Créans par Guillaume Verge, sieur de Rosseau, « pour se mettre « en équipage pour servir cette campagne seulement » dans la compagnie de gendarmes du prince de Conti.

E. 4126. (Carton.) — 1 pièce, parchemin.

[illegible]. — VERGNAULT. — Acquêt par noble homme Pierre Vergnault, « escuyer de cuisine de bouche de madame mère du Roy », du domaine de Morton en Longué.

E. 4127. (Carton.) — 1 pièce, papier.

XVIIIe siècle. — VERN (de). — Note du feudiste Audouys sur la famille de Vern.

E. 4128. (Carton.) — 1 pièce, papier.

[illegible]. — VERNAULT. — Sentence d'ordre entre les créanciers de Jean Vernault.

E. 4129. (Carton.) — 2 pièces, parchemin; 1 pièce, papier.

[illegible]-XVIIIe siècle. — VERNÉE (de). — Don emphytéotique par Mathieu de Vernée à Guillaume de Lépinay de vignes dans la paroisse d'Écuillé; — contrat de mariage de René de Vernée et de Marguerite de Forges; — notes généalogiques par le feudiste Audouys.

E. 4130. (Carton.) — 2 pièces, papier.

[illegible]. — VÉRON. — Partage de la succession d'Antoine Véron et d'Anne Renault entre leurs enfants; — attestation du décès de Louis Véron par le bureau de l'Hôtel-Dieu d'Angers.

E. 4131. (Carton.) — 2 pièces, papier.

[illegible]. — VÉROT. — Acquêt par Michel Vérot de la closerie de Fossebault en Mazé; — par Jean-Louis Vérot des terres de La Jaudonnière et du Bréhard dans les paroisses de Mûrs et d'Érigné.

E. 4132. (Carton.) — 1 pièce, papier.

[illegible]. — VERRYE. — Marché par Jean Verrye, maître chirurgien, pour les réparations de sa maison des Rosiers avec Jean Hargotin, couvreur d'ardoises.

E. 4133. (Carton.) — 2 pièces, parchemin.

[illegible]. — VIANDIÈRE (de La). — Sentence du sénéchal du Poitou, qui confirme à la veuve de Jean de La Viandière et à Louise, sa fille, la propriété d'un petit bois sis près leur maison; — amortissement par Louise de La Viandière d'une rente de setiers de blé et seigle due à Jean Touleau et à Marie de La Viandière, sa tante.

E. 4134. (Carton.) — 1 pièce, parchemin.

[illegible]. — VIART. — Don par Guillaume de Tancarville, seigneur de Montreuil-Bellay, à maître Nicolas Viart, docteur en médecine, de la terre et seigneurie de Blangy « pour les grans services, paines et labeurs qu'il a eus et « soufferts entour sa personne et grans cures et garisons « qu'il luy a faictes de plusieurs et divers maladies. »

E. 4135. (Carton.) — 3 pièces, papier.

[illegible]. — VIAU. — Acquêt par Florence Viau de terres au Coudray-Macouart; — vente par Robert Viau de l'hôtellerie du *Cerf d'Argent*, à Saumur; — accord pour le partage de la succession d'Élisabeth Marcoron, veuve de Pierre Viau, sieur du Cléray, entre Catherine Gurie, veuve de René Beloin, René Dubois, Pierre Lecomte, Claude Mesnard, Catherine Pellé et autres cohéritiers.

E. 4136. (Carton.) — 1 pièce, papier.

1749. — VIDIE. — Dispenses pour le mariage de Nicolas Vidie avec Anne Lenoir.

E. 4137. (Carton.) — 1 pièce, parchemin; 7 pièces, papier.

[illegible]. — VIEL. — Bail par Marin Viel, sieur de La Plesse, de sa closerie de La Georgerie à Champigné;

— répartition entre les créanciers des sommes provenant de la vente des biens de René Viel, sieur de Laurière; — partage de la succession de Renée Viel entre Amaury de La Gaudinière, Jeanne Viel et Pierre Viel, sieur de La Plesse; — bail de la closerie de La Demoisellerie par Simon Viel de La Plesse; etc.

E. 4138. (Carton.) — 3 pièces, parchemin.

[illegible]. — VIEILLEVILLE. — Acquêt par Macé Vieilleville de terres, vignes et prés dans les paroisses des Essarts et de Saint-Léger-des-Bois; — arrentement par le même de terres et champs près le prieuré des Essarts; — partage entre Pierre et Simon Vieilleville de la succession de Roberde Pinault, femme d'Étienne Vieilleville, leur mère.

E. 4139. (Carton.) — 1 pièce, papier.

[illegible]. — VIGER. — Partage de la succession de Georges Viger et de Jacquette Séguelais entre Jean Gaultier et Pierre Migne.

E. 4140. (Carton.) — 1 pièce, papier.

[illegible]. — VIGNOLLE (de). — Testament de Susanne de Vignolle, portant élection de sépulture dans la chapelle de La Madeleine d'Angers.

E. 4141. (Carton.) — 4 pièces, papier.

[illegible]-XVIIIe siècle. — VIGRÉ (de). — Transaction entre Lézin Grosbois et Anne Brossard au sujet de la propriété de la terre de La Rondelière, dépendant de la succession de Françoise de Vigré; — acquêt par Georges de Vigré, sieur de La Devansaye, de la métairie de La Bernardaye, paroisse de La Chapelle-sur-Oudon; — accord entre François de Vigré et Pierre Guinoiseau, avocat au Présidial, au sujet de la succession d'Yves Brundeau; — notes généalogiques par le feudiste Audouys.

E. 4142. (Carton.) — 2 pièces, parchemin; 1 pièce, papier; 1 sceau.

[illegible]. — VILLAIN. — Abandon par Jean Villain de tous ses biens à Jean de Sillé; — partage entre Michel Mestrier et Hilaire Davian de la succession d'Antoine Villain; — arrentement par François Villain de terres dans la paroisse de Chétigné.

E. 4143. (Carton.) — 11 pièces, parchemin; 1 sceau.

[illegible]. — VILLEBLANCHE (de). — Confirmation par le duc Pierre de Bretagne à son bien amé et féal chevalier, chambellan, conseiller et grand maître d'hôtel, Henri de Villeblanche, des accords intervenus entre lui et Pierre de Brezé au sujet des seigneuries de Brou et de La Marche; — attestation par Pierre de La Marcillère de l'hommage rendu par Henri de Villeblanche au duc de Bretagne pour sa seigneurie de La Marche; — assiette par Pierre de Villeblanche d'une rente de 25 livres sur ses domaines de la paroisse d'Aucaline au profit de Charles Du Breil; — lettres du vicaire général de Reims qui dégage et délie Claude de Villeblanche des engagements excessifs pris par lui vis-à-vis de Jacques de Guengat et de Jeanne de Lalhourz; — reconnaissance par Jacques Haussart, sieur du Breil, que Charlotte de Villeblanche lui a payé les deux chevaux de service à lui dus pour ses terres du Breil et de Boisbellay; etc.

E. 4144. (Carton.) — 1 pièce, parchemin; 8 pièces, papier.

[illegible]-XVIIIe siècle. — VILLEBOIS (de). — Constitution par Charles de Grudé d'une rente de 100 livres au profit de Pierre-François-Gabriel de Villebois; — contrat de mariage de Pierre-François-Gabriel de Villebois et de Marie-Jeanne-Philippe Bardet Des Gléreaux; — notes généalogiques par le feudiste Audouys; — réponse aux doutes exprimés par Audouys sur la sincérité des titres produits.

E. 4145. (Carton.) — 1 pièce, papier.

[illegible]. — VILLE-DE-FÉROLLES (de La). — Partage des successions de Guy-René de La Ville-de-Férolles et de Marie Mauras, entre Charles-René de La Ville-de-Férolles, Pierre-Jean de La Boucherie, René-Joseph Sochet et autres cohéritiers.

E. 4146. (Carton.) — 1 pièce, papier.

[illegible]. — VILLECHIEN. — Testament de Bernardine Collin, veuve de Jean Villechien, qui fonde un anniversaire de trois messes en l'église de Saint-Léonard, près Angers.

E. 4147. (Carton.) — 1 pièce, parchemin; 8 pièces, papier.

[illegible]. — VILLEMEREAU (de). — Échange entre Michel Villemereau, licencié en droit, juge de Bourgueil, et Simon Hasle de terres près le moulin de Restae; — prise à rente de la closerie de Guinefolle par Michel de Villemereau; — présentation par Anne de Villemereau de la chapelle Saint-Maurice ou Saint-Aubin de Pouancé.

E. 4148. (Carton.) — 1 pièce, parchemin; 13 pièces, papier.

[illegible]-XVIIIe siècle. — VILLENEUVE (de). — Acquêt par Jean Villeneuve, greffier de Chantocé, de vignes en la paroisse de Chantocé; — vente par Jean de Villeneuve des métairies de La Touche en Martigné-Briant; — et de La Clissonnière en Faveraye; — cession par Charles-François de Villeneuve, sieur du Cazeau, à Louise Gaudineau, veuve d'André Gilbert, d'une rente de 24 boisseaux de seigle sur le lieu de La Bergerie; — présentation par Urbain de Viltenure, sieur de Coué, de la chapelle Saint-Gilles de Durtal; — dispense pour le mariage de Charles-François de Villeneuve avec Louise de Crespy; — notes généalogiques par le feudiste Audouys.

E. 4149. (Carton.) — 10 pièces, parchemin; 4 pièces, papier, débris de sceaux.

[illegible]-XVIII° siècle. — VILLEPROUVÉE (de). — Présentation par Gervais de Villeprouvée, comme tuteur d'Anne de Maumbier, de la chapelle seigneuriale de Cangen dans la paroisse de Laigné, près Craon; — par François de Villeprouvée de la chapelle Sainte-Catherine, près son château de La Bigeottière; — de la chapelle de la Madeleine en Saint-Aubin de Trèves; — et de la chapelle de la Bourgeoise en l'église du Bourg-d'Iré; — aveu rendu au Fief-aux-Gaudis par Yvon de Villeprouvée pour son domaine du Plessis-Bagot; — compte rendu par Jean Gaultier de Bruslon de la curatelle d'Hélie de Villeprouvée; — notes et extraits généalogiques par le feudiste Audouys.

E. 4150. (Carton.) — 3 pièces, parchemin; 10 pièces, papier.

[illegible]-XVIII° siècle. — VILLIERS (de). — Présentation par Jean de Villiers, sieur de La Graffinière, du prieuré-cure de Gée; — contrat de mariage de Jean Couette et d'Anne de Villiers; — partage de la succession de Jean de Villiers entre Pierre, Louis, Gabriel et Christophe de Villiers et Jacques Couette; — contrat de mariage de Pierre de Villiers de l'Isle-Adam, gentilhomme ordinaire de la chambre du Roy, et de Barbe Lefebvre de Laubrière; — de Gabriel de Villiers, sieur du Bois-de-Gites, et d'Hélène de Chouppes; — notes et extraits généalogiques par le feudiste Audouys; etc.

E. 4151. (Carton.) — 4 pièces, parchemin; 38 pièces, papier.

1600-XVIII° siècle. — VILLOUTREYS (de). — Bans et contrat de mariage de Louis de Villoutreys avec Élisabeth Avoise de Rougé; — inventaire et prisée des meubles appartenant à Louis de Villoutreys, lieutenant de vaisseau, dans son château du Bois-Plessis, paroisse de Chaudron; — mémoires pour Louis de Villoutreys, capitaine au régiment lyonnais-infanterie, contre Étienne Jolly, sous-fermier des domaines de la Généralité de Tours, au sujet de la propriété de la terre du Bois-Plessis; — acquêt par Hardy-Germain de Villoutreys du marquisat de Châteaugontier; — et de la terre et seigneurie de Beaumont en Saint-Laurent-des-Mortiers; — consultation des avocats Dardoul et Delaunay sur une clause du contrat d'acquêt par M. de Villoutreys de la seigneurie de Juvré; — notes généalogiques par le feudiste Audouys.

E. 4152. (Carton.) — 2 pièces, papier.

1600-1700. — VINCENT. — Acte de baptême de Jeanne-Baptiste-Françoise Vincent; — transaction entre *Pierre Jallet, René Legendre, René Touchaleaume, Vincent* Mattel, au sujet du lieu de La Georgerie, dépendant de la succession de Geoffroy Vincent, chanoine de Notre-Dame de Paris; — consistance de La Georgerie, près Le Grand-Marais en Champigné; — partage de ladite succession; — lettres du sieur Gain au sieur Vincent, contrôleur des guerres, au château de Roué, concernant des rendez-vous d'affaires.

E. 4153. (Carton.) — 2 pièces, papier.

[illegible]-1700. — VIOT. — Partage des successions de Louis Viot, droguiste, et de Perrine Chantelou, sa femme, entre Perrine et Renée Viot, Élie Hollerol et Jacques Gaultéon; — lettre de M. de La Houssaye à Mme Viot, orfèvre, pour la charger de diverses commissions en ville et au greffe du Présidial.

E. 4154. (Carton.) — 1 pièce, papier.

1608. — VIRE (de). — Acquêt par René de Vire, seigneur de Vire dans le Maine, de la terre et seigneurie de Lemay.

E. 4155. (Carton.) — 6 pièces, parchemin, 8 pièces, papier.

1402-XVIII° siècle. — VITRÉ (de). — Don par Denise de Lépine, veuve de Robert de Brue, à Jean de Vitré, de la terre de Luzenne; — contrat de mariage de Jean de Vitré et de Roberde Beaudenis; — attestation de noblesse, délivrée après enquête, par le sénéchal de Craon à François de Vitré; — contrat de mariage de René de Vitré et de Françoise d'Andigné; — attestation de noblesse délivrée à François et René de Vitré par le procureur du Roi en l'Élection d'Angers; — acquêt par René de Vitré de l'hôtellerie du *Dauphin*; — et de la maison de l'*Image-Saint-François* dans le faubourg Saint-Jacques d'Angers; — notes et extraits généalogiques par le feudiste Audouys.

E. 4156. (Carton.) — 8 pièces, papier; 3 pièces, parchemin.

1504-1700. — VIVIEN. — Aveu par Sainton Vivien à la seigneurie de Voisin de tenures en Corzé; — acquêt par Jacques Vivien de La Moutonnière en Jumelles; — et de terres au Foucquereau; — contrat de mariage de Georges Vivien, apothicaire, et de Renée Breteau; — testament de Macée Vivien, veuve de François Lespicier, qui fonde un service en l'église de La Trinité; — prisée et inventaire des meubles de Jacquine Vivien; — prise à bail par Jean Vivien d'une maison rue Valdemaine.

E. [illegible]. (Carton.) — 8 pièces, papier.

[illegible]. — VIVIER. — Testament de Jean Vivier, avocat, et de Geneviève Vallée, sa femme, qui fondent divers services dans l'église de La Baumette, à Saint-Mauville d'Angers, à La Jaille-Yvon et un anniversaire dans l'église des Cordeliers d'Angers; — partage de la succession de Françoise Vivier entre Renée Lesannier, René et Geneviève Giraud.

E. 4158. (Carton.) — 12 pièces, parchemin; 16 pièces, papier.

[illegible]-XVIIIe siècle. — VOISIN. — Acquêt par Pierre Voisin de terres et vignes dans les paroisses de Mûrs et de Morè; — acte de baptême d'Hilaire, fils de Claude Voisin, docteur régent en la Faculté de droit d'Angers; — contrat et acte de mariage d'Hilaire Voisin avec Jeanne Rasourdy; — inventaire de leur mobilier; — contrat de mariage de Pierre Voisin, marchand tanneur, avec Madeleine Hutay; — acquêt par Claude Voisin de terres en Jallais; — par Hilaire Voisin de la métairie de Touche-Ronde; — des terres du Souchereau, — et du Chêne-Percé, même paroisse; — compte de gestion rendu par Hilaire Voisin de la succession de Catherine Voisin; — note généalogique par le feudiste Audouys.

E. 4159. (Carton.) — 1 pièce, papier.

[illegible]. — VOISINE. — Acquêt par Louise Voisine de jardin et terres près La Rondinière en Chantoré.

E. 4160. (Carton.) — 21 pièces, parchemin; 101 pièces, papier.

[illegible]. — VOLLAIGE. — Acquêt par Pierre et Joachim Vollaige de terres, vignes et maison dans la paroisse de Quincé; — partage entre Joachim Vollaige, Étienne Périer et Simon Meusnier de la succession de Gilles et Marie Vollaige; — aveu rendu à la seigneurie de La Gaulraiche par Joachim Vollaige pour ses tenures des Fougeouls; — partage entre Pierre Vollaige et Allain Davy des successions de Joachim Vollaige et de Jeanne Chaudet; — acquêt par Pierre Vollaige, sieur de Vaux, de la terre de Cierzay en Jallais; — acte de baptême de Paul Vollaige; — partage des successions de Pierre Vollaige et de Marie Le Breton; — contrats de mariage de Paul Vollaige et de Françoise Talour; — de Guy Lanier de Verousson et de Françoise Vollaige; — de Jacques Vollaige et de Renée Gaultreau; — inventaire, après décès, des meubles et papiers de Paul Vollaige, sieur de Vaugirault; — partage entre Jacques Vollaige de Vaugirault et François Vollaige d'Amigné de la succession de Geneviève Lefebvre, leur mère; — acte de baptême d'Armand-Célestin Vollaige; — mémoire des biens dépendant de la succession de Marie Vollaige, veuve de Charles de [illegible]; — partage de la succession de Jacques Vollaige de Cierzay et de Madeleine [illegible].

E. 4161. (Carton.) — 9 pièces, papier; 9 pièces, parchemin.

[illegible]. — VOLUETTE. — Aveu rendu à la seigneurie de Voisin par Hervé Voluette pour sa terre de La Brlotière; — bail judiciaire des biens saisis sur les enfants mineurs de René Voluette; — partage de la succession de Jean Voluette et de Marie Barbereau entre Hervé et Jean Voluette, Mathurin Guillot et Jean Fontenau; — mémoire « pour parvenir aux partages de la succession de « Marie Voluette, fille d'Olivier Voluette et de Judith « Garrau. »

E. 4162. (Carton.) — 2 pièces, parchemin; 1 pièce, papier; 2 sceaux.

[illegible]-XVIIIe siècle. — VOIGNÉ (de). — Présentation par Jean de Voigné — et par Christophe de Voigné de leur chapelle seigneuriale de Moiré; — notes généalogiques du feudiste Audouys.

E. 4163. (Carton.) — 6 pièces, papier, dont 3 imprimées.

[illegible]. — WALSH. — Dispenses ecclésiastiques pour le mariage d'Antoine-Jean-Baptiste Walsh et de Marie-Joseph-Dorothée Walsh; — contrat de mariage d'Antoine-Joseph-Philippe Walsh, capitaine de cavalerie réformé, et de Renée-Anne-Honorée de Choiseul; — mémoire pour Jean-Jacques Talour contre François-Jacques Walsh, seigneur de Serrant et du Plessis-Macé, qui exigeait de son tenancier le titre de haut et puissant seigneur; — mémoire pour Poulain de La Guerche contre le comte Walsh de Serrant, au sujet des droits de moyenne justice; — réplique du comte de Serrant; — billets à ordre signés au profit de madame Grou, de Nantes, par Antoine-Paulin Walsh.

E. 4164. (Carton.) — 27 pièces, parchemin; 36 pièces, papier.

[illegible]. — WIMERS (de). — Acquêt par Jacques de Wimers, marchand bourgeois, — et par Jean de Wimers, orfèvre à Angers, de maisons, terres, champs et prés dans la paroisse de La Bohalle; — partage entre Daniel, Jean et Marie de Wimers des successions de Jacques de Wimers et de Mad[illegible]ine Aveline; — inventaire des papiers dudit Jacques de Wimers; — mémoire par Jean de Wimers, Catherine Crispin et Judith Crispin, femme de Guy de Postebise, au sujet du partage de la succession d'Israël Crispin; — partage de la succession de Jean de Wimers entre ses filles Marie-Magdeleine et Dorothée de Wimers; — des successions de Jean-Jacques-René Belhomme et de

Baptêmes de Wimereux entre Jean-René et Dorothée Bethoume, leurs enfants.

E. 41[illegible]. (Carton.) — 1 pièce, parchemin.

1620. — Yesac. — Émancipation par Claude Yesac, « marchand pottallier à Lyon », de Baptiste Yesac, son fils, à qui il donne tout pouvoir de trafiquer en son particulier avec quelque personne que ce soit, comme aussi de se marier aux conditions qu'il verra être pour le mieux.

E. 41[illegible]. (Carton.) — 1 pièce, papier.

XVIIIe siècle. — Yeaubert. — Note généalogique sur la famille Yeaubert.

E. 41[illegible]. (Carton.) — 1 pièce, parchemin; 1 pièce, papier.

[illegible]. — Yvain. — Échange par Olivier Yvain de la moitié du moulin à draps de la boire de Soucelles contre trois quartiers de vigne appartenant au clour de Chérité; — partage entre Jean Yvain, Jean Huvau et Catherine Beaudonnière de la succession de Jean Houssay.

E. 41[illegible]. (Carton.) — 5 pièces, papier.

[illegible]. — Yver. — Déclaration faite en conseil de ville par Jacques Yver, échevin d'Angers, qu'il entend jouir des privilèges de la noblesse; — extraits des partages de la succession de Marie Yver, femme de Jean Hennequin; — apposition des scellés sur la succession de Jean Yver, chapelain en l'église Saint-Maurice d'Angers; — inventaire de ses meubles et papiers.

E. 41[illegible]. (Carton.) — 1 pièce, parchemin; 4 pièces, papier.

1561-1570. — Yvon. — Amortissement par Hilaire Yvon d'une rente de 25 livres par lui due à Pierre Herbault; — d'une autre de 6 livres à Hilaire Caternu; — testament de Jeanne Yvon, femme de René Ferchault; — transaction entre Renée Parcher, veuve d'Hilaire Yvon, et Marguerite Yvon, veuve de Jean Sancereau, au sujet de la succession d'Hilaire Yvon; — entre René Ferchault, veuf de Jeanne Yvon, et les héritiers maternels de sa femme.

TABLE DU TOME II.

Inventaire-Sommaire.

— Série E. — Titres féodaux. — Titres de famille. — Notaires et tabellions. — Communes et municipalités. — Corporations d'arts et métiers. — Confréries et sociétés laïques.

1° Titres féodaux.

Roe (châtellenie de).
Roullière (La).
Rossay.
St-Jean-des-Mauv. (châtell. de).
Sainte-Gemme (comté de).
Sap (Le).
Saulaye (La).
Savonnières.
Sceaux.
Segré (baronnie de).
Sermaise.
Serrant (comté de).
Sévrie (baronnie de La).
Soibray.
Soucelles (baronnie de).
Taunay (Le Grand).
Tigné.
Tirepoil.
Trèves (comté de).
Turbilly (marquisat de).
Turpinière (La).
Varennes.
Vauboisseau.
Vern (châtellenie de).
Vignolle (La).
Vilgué.
Villegontier.
Vivier (Le).

2° Collection d'aveux féodaux (Cabinet Grille).

3° Titres de famille par ordre alphabétique de noms.

Abafour.
Abraham.
Aché (d').
Acigné (d').
Adam.
Adriet.
Adron.
Aguté.
Ahuillé (d').
Albert.
Alemaigne (d').
Alencé (d').
Alençon (d').
Alexandre.
Allain.
Allard.
Allaneau.
Allaume.
Allioux.
Allery.
Alleuri.
Alloigny.
Alotte.
Amelot.
Aménard.
Amoureux.
Amyot.
Amyrault.
Amys.
Ancelot.
Andigné (d').
Angevin.
Angoulvent.
Anjou (d').
Antenaise (d').
Antier.
Antoine.
Arambourg.
Archange.
[illegible] (d').
Armaillé (d').
Arnaudeau.
Arnauld.
Arondeau.
Arras (d').
Artoys.
[illegible].
Asse.
Asselin.
Athon.
Aubert.
Aubert (d').
Aubery.
Aubigné (d').
Aubin.
Aubineau.
Aubrée.
Aubry.
Audemont.
Audenet (d').
Audouin.
Audouys.
Audusson.
Augeneau.
Augereau.
Augier.
Augigrard.
Aulnières (d').
Aupeix.
Auvé.
Auvers (d').
Auvré.
Avaugour (d').
Aveline.
Averton (d').
Avisart (d').
Avoines (d').
Avoir (d').
Avril.
Ayrault.
Babin.
Babineau.
Bachelier de Barcy.
Bachelot.
Bagnolles (de).
Baguenard.
Bahoulière.
Bahourd.
Baïf (de).
Baigneux (de).
Baillergeau.
Baillif.
Bain.
Ballande.
Ballarin (de).
[illegible].
Ballisson.
Ballodes (de).
Balue.
Balzac.
Banchereau.
Baraillery.
Baranger.
Barat.
Baraton.
Barbier.
Barbier Du Doré.
Barbereau.
Barberie (de La).
Bardet.
Bardin.
Bardoul.
Barenger.
Barillet.
Barillon.
Barjot.
Barnabé (de).
Baron.
Barrault.
Barrier.
Barrin de La Galissonnière.
Barrouel.
Barroys.
Barrut.
Bascher.
Basourdy.
Bastard.
Batonné.
Baudard.
Baudé.
Baudenis (de).
Baudin.
Baudon.
Baudriller.
Baudron.
Baudry.
Bauduceau.
Baugé.
Bault.
Bautru.
Baye de Teuillin.
Beauce (de).
Beauchamp (de).
Beaudouin.
[illegible].
Beaulieu (de).
Beaumanoir (de).
Beaumont.
Beaumont (de).
Beaumont-le-Vicomte (de).
Beaumont d'Autichamp (de).
Beauregard (de).
Beausire.
Beausse.
Beautemps.
Beauvau (de).
Bécanière (de La).
Becantin.
Bécel.
Béchereau.
Béduneau.
Bégault.
Bégeon (de).
Béguyer.
Belhomme.
Béliard.
Bélime.
Belin ou Blin.
Belin ou Blain (de).
Bellamy.
Bellanger.
Bellemothe.
Bellesœur.
Bellet.
Bellier.
Bellière.
Bellion.
Belfort (de).
Belnoux.
Belocier.
Belot.
Beloteau.
Belouin.
Belriant (de).
Bélu.
Benault.
Benion.
Benoiste.
Benoît.
Bérard.
Bérard (de).
Bérardière (de La).
Bérault.
Berge.
Béritault.
Bernard.

ANGERS, IMPRIMERIE P. LACHÈSE, BELLEUVRE ET DOLBEAU.

www.ingramcontent.com/pod-product-compliance
Lightning Source LLC
Chambersburg PA
CBHW051135230426
43670CB00007B/817

* 9 7 8 2 0 1 2 5 5 7 2 4 6 *